해커스변호사

Law Man
형법 각론

Criminal Law

이재철

해커스

머리말

먼저 「Law Man 형법 각론(2026 변호사시험 대비 최신판)」을 출간하기에 앞서 2024년부터 해커스변호사 출판사에서 출간된 「Law Man 형사소송법(2025 변호사시험 대비 최신판)」, 「Law Man 형사소송법 핵심암기장(2025 변호사시험 대비 최신판)」 등 Law Man 형사법 자매서들에 많은 성원을 보내주신 독자분들에게 감사의 말씀을 전합니다. 이러한 독자분들의 성원에 힘입어 「Law Man 형법 각론(2026 변호사시험 대비 최신판)」 교재를 출간하게 되었습니다.

본서는 기본적으로 변호사시험에서의 선택형과 사례형 그리고 기록형 시험을 대비하고, 부수적으로 Law School 재학생들의 학점관리와 법전협이 주관하는 모의시험을 대비하기 위한 수험기본서이며, 변호사시험 이외에 각종 국가고시 등을 대비하기 위한 교재이기도 합니다.

따라서 본서는 기본적으로 변호사시험을 대비하기 위한 수험기본서이므로 그 내용이 이론적인 면에서 깊이가 있고 판례도 상당한 양으로 구성되어 있습니다. 그럼에도 불구하고 본서는 형법 각론의 기본 내용을 맥락이 분명하게 서술하여 단편적인 암기가 아닌 정확하고 체계적인 이해를 할 수 있도록 하였고, 판례도 철저한 분석을 통한 체계적인 정리를 하여 맹목적인 단순 암기가 아닌 정확하게 이해하고 가장 효과적으로 정리될 수 있도록 하였습니다.

2025년에 출간되는 「Law Man 형법 각론(2026 변호사시험 대비 최신판)」 교재의 기본적인 형식은 자매서인 「Law Man 형법 총론(2026 변호사시험 대비 최신판)」과 동일하게 ① 충분한 기본 내용을 정리하고 ② 2024년 12월까지의 최신 법령과 판례를 반영하고 ③ 2024년까지 시행된 변호사시험과 법전협 모의고사의 내용을 반영하고 출전을 해당 부분에 표시하였습니다.

이러한 내용의 본서의 목적과 특장점을 간단히 정리하면 다음과 같습니다.

"본서의 목적은 변호사시험이나 기타 국가고시 등의 시험을 대비하기 위한 충분한 내용을 체계적으로 서술하여 정확하게 이해하고, 빠르게 정리할 수 있도록 함에 있습니다."

1. 변호사시험 등 각종 국가고시 대비에 충실한 기본 내용의 정리

본서는 변호사시험 등 각종 국가고시 시험을 대비하기 위한 수험기본서가 될 수 있도록 형법 각론의 기본이론과 판례를 체계적으로 정리하였습니다. 특히 본서는 수험기본서이므로 기본이론과 판례를 체계적으로 정리하면서도 시험과 관련 없는 부분은 과감히 생략하고, 시험과 관련 있는 부분은 그 내용을 충실하게 보완하면서 체계적으로 정리하였습니다.

2. [GUIDE]와 [COMMENT]로 형법 각론의 이해를 위한 친절한 설명

본서는 형법 각론에 대한 정확한 이해를 돕기 위하여 부가적인 설명 등이 필요한 부분에는 [GUIDE]와 [COMMENT]를 설정하여 친절하게 설명하였습니다. 즉 종래 각주로 처리했던 내용들을 모두 본문 부분에서 설명하면서, 해당 목차의 내용을 전체적으로 안내하는 내용인 경우에는 [GUIDE]를 활용하고, 해당 내용에 대한 보충 설명의 경우에는 [COMMENT]를 활용하여 보다 친절한 교재가 되도록 하였습니다.

3. 사례형 시험대비를 위한 중요 쟁점에 대한 학설/판례/검토 정리

본서는 형법 각론의 중요 쟁점을 명확히 파악하고 이해할 수 있도록 중요 쟁점을 박스로 처리하면서 1. 논의점 2. 견해의 대립 3. 판례의 태도 4. 검토 5. 관련 판례의 순서로 정리하였습니다. 따라서 이러한 쟁점들을 익히시면 사례형 문제 중 배점에 큰 쟁점 문제에 대한 충분한 대비가 될 것입니다. 그리고 수험생들의 편의를 위하여 가급적이면 검토 부분에서의 결론은 대부분 판례의 입장으로 정리하였고, 판례가 없는 경우에는 다수설의 입장으로 정리하였습니다.

4. 충분한 판례 수록과 판례에 대한 제목 설정으로 효율적인 이해와 정리

본서는 변호사시험 등 각종 국가고시 등을 대비하기 위한 수험기본서가 되도록 충분한 양의 판례를 수록하였습니다. 따라서 본서에 나오는 판례를 충실히 익히신다면 난이도가 높은 선택형시험은 물론 사례형시험과 기록형시험을 대비함에도 부족함이 없을 것입니다. 그리고 모든 판례에 적절한 제목을 설정하여 판례의 이해와 기억에 도움이 되도록 함과 동시에 시험을 앞두고 판례를 가장 효과적으로 정리할 수 있도록 하였습니다.

5. 형법 각론상의 죄의 명칭에 [죄명예규]에 따른 죄명을 추가 적시

본서는 형법 각론상의 죄를 표기함에 있어 강학상의 죄를 기본으로 설시하였으나, 검찰실무 등을 대비할 수 있도록 실제 공소장이나 불기소장에 기재되는 죄명 즉 「공소장 및 불기소장에 기재할 죄명에 관한 예규(약칭 죄명예규, 죄명표)」에서 규정하고 있는 죄명을 추가로 설시하였습니다. 즉 강학상의 죄명과 「죄명예규」상의 명칭이 동일한 경우에는 이를 별도로 적시하지 않았으나, 강학상의 죄명과 「죄명예규」상의 죄명이 다른 경우에는 각 죄의 [죄명예규]란에서 「죄명예규」에서의 죄명을 추가로 적시하였으므로 검찰실무 수업은 물론 실제 실무에 도움이 될 수 있도록 하였습니다.

6. 변호사시험과 법전협모의고사 기출문제에 대한 출전 표시

최근 변호사시험은 모든 시험의 기준이 되고 있습니다. 사례형 시험은 5급공채 시험 등의 표준이 되고, 선택형 시험은 경찰·경간 공개채용시험 등의 표준이 되고 있습니다. 따라서 본서는 변호사시험과 법전협 모의고사 기출문제 등에 대한 출전을 표시하였습니다. 출전을 표시하는 방법은 사례형은 [2024 변시] 등의 방법으로 표시하고, 선택형은 (24 변시) 등으로 표시하였습니다. 다만, 법전협 모의고사 선택형 기출문제에 대한 출전표시는 그 양이 너무 많아 부득이 2021년 이후의 선택형 지문에 대한 기출 지문만 표시하였습니다. 이러한 기출 문제에 대한 출전 표시를 통하여 보다 강약을 조절하며 효율적으로 공부할 수 있을 것입니다.

위와 같은 내용을 담고 있는 「Law Man 형법 각론(2026 변호사시험 대비 최신판)」 교재로 형법 각론을 익히시고 정리하시면, 현재 시행되고 있는 변호사시험 등의 국가고시는 물론 법학전문대학원의 학점관리와 법전협 모의시험 등에 대한 충분한 대비가 될 것입니다.

본서가 출간된 이후에 나오는 최신판례와 기출문제에 대한 출전의 표시 등에 대한 추록은 적절한 시기에 해커스변호사 출판사와 저의 카페 등에 게재할 예정이니 이를 참고하시기 바랍니다.

마지막으로 본서가 출간됨에 있어 해커스변호사 출판사 임직원분들에게도 감사의 말을 전합니다. 그럼 본서가 독자분들의 형법의 기초를 튼튼히 하여 훌륭한 법조인이 되는데 도움이 되기를 바라며 이만 줄입니다.

2025. 1. 15.

중암 이 재 철
http://cafe.daum.net/ljc7329

목차

목차

목차

목차

목차

제4편

개인적 법익에 대한 죄

제1장 | 생명·신체에 대한 죄

제1절 | 살인의 죄

1 살인죄 [미수범 처벌, 예비·음모 처벌]

> 제250조 (살인, 존속살해) ① 사람을 살해한 자는 사형, 무기 또는 5년 이상의 징역에 처한다.

Ⅰ. 서

살인죄란 고의로 사람을 살해하는 범죄를 말한다. 보호법익은 사람의 생명이며, 보호의 정도는 침해범이다.

Ⅱ. 구성요건

1. 객체

사람이다.

(1) 사람의 의의

사람은 자연인인 타인을 의미한다. 따라서 법인은 살인죄의 객체가 될 수 없으며, 자신은 객체가 될 수 없다. 그러나, 살아있는 사람인 이상 **생존능력의 유무는 불문하며, 자살 도중의 사람도 객체가 된다.** [2023 3차]

〈**확인사살 사건**〉 [다수의견] 무릇 살인죄의 객체는 생명이 있는 이상, 생존기능의 유무는 불문한다 할 것이고, 독립행위가 사망의 결과에 원인이 된 것이 분명한 경우에는 각 행위를 모두 기수범으로 처벌한다고 하여 어떤 모순이 있을 수 없으므로 이미 총격을 받은 피해자에 대한 확인사살도 살인죄를 구성한다(대판 1980.5.20. 80도306 전합).

〈**자살 도중 사건**〉 피해자가 자살도중이라고 하더라도 이에 가공하여 살해의 목적을 달성한 경우에는 살인죄의 성립을 인정한다(대판 1948.5.14. 4281형상38).

(2) 사람의 시기

1) **일반론** : 사람의 시기를 정하는 것은 낙태죄와 살인죄를 구별하는 실익이 있다. 이에 대

하여는 ① 진통설 ② 일부노출설 ③ 전부노출설 ④ 독립호흡설 등이 대립하고 있으나, 다수설과 판례는 진통설을 따르고 있다. 생각건대 분만 중의 영아의 생명도 보호할 가치가 있으므로 진통설이 타당하다.

2) **제왕절개의 경우** : 제왕절개의 경우에는 분만을 대신하는 의사의 수술이 있을 때 즉 자궁의 절개에 의하여 태아는 사람이 된다.

〈사람의 시기와 제왕절개수술〉 [1] 사람의 생명과 신체의 안전을 보호법익으로 하고 있는 형법의 해석으로는 규칙적인 진통을 동반하면서 분만이 개시된 때(소위 진통설 또는 분만개시설)가 사람의 시기라고 봄이 타당하다. [2] 제왕절개 수술의 경우 '의학적으로 제왕절개 수술이 가능하였고 규범적으로 수술이 필요하였던 시기'는 판단하는 사람 및 상황에 따라 다를 수 있어, 분만개시 시점 즉, 사람의 시기도 불명확하게 되므로 이 시점을 분만의 시기로 볼 수는 없다(대판 2007.6.29. 2005도3832). (18 변시)

(3) 사람의 종기

사람은 사망함으로써 생명이 없는 사체로 된다. 사람의 종기에 대하여는 종래 ① 호흡종지설 ② 맥박종지설 ③ 뇌사설의 대립이 있으며, 종래의 다수설은 맥박종지설을 따르고 있었다. 뇌사와 관련하여 '**장기등이식에 관한 법률**'이 있지만, 장기등이식에 관한 법률에 따르더라도 뇌사를 사람의 종기로 명문화한 규정은 없다.

[COMMENT] 〈장기등이식에 관한 법률〉 제4조 5호 "살아있는 사람"이란 사람 중에서 뇌사자를 제외한 사람을 말하고, "뇌사자"란 이 법에 따른 뇌사판정기준 및 뇌사판정절차에 따라 뇌 전체의 기능이 되살아날 수 없는 상태로 정지되었다고 판정된 사람을 말한다.

2. 행 위

사람을 살해하는 것이다.

(1) 살해의 의의

살해란 고의로 타인의 생명을 자연적인 사기에 앞서서 단절시키는 것을 말한다. 살해의 수단과 방법에는 제한이 없다.

(2) 실행의 착수시기와 기수시기

실행의 착수시기는 행위자가 살의를 가지고 타인의 생명을 위태롭게 하는 행위를 직접 개시하였을 때이며, 기수시기는 사망의 결과가 발생한 때이다.

〈살해하려고 낫을 들고 다가서려고 하였다면 살인죄의 실행의 착수를 인정할 수 있다는 판례〉 피고인이 격분하여 피해자를 살해할 것을 마음먹고 밖으로 나가 낫을 들고 피해자에게 다가서려고 하였으나 제3자가 이를 제지하여 그 틈을 타서 피해자가 도망함으로써 살인의 목적을 이루지 못한 경우, 피고인이 낫을 들고 피해자에게 접근함으로써 살인의 실행행위에 착수하였다고 할 것이므로 이는 살인미수에 해당한다(대판 1986.2.25. 85도2773).

(3) 인과관계

본죄는 살해행위로 사망의 결과가 발생하고 행위와 결과 사이에 인과관계가 있을 때 기수가 성립한다. 따라서 사망의 결과가 발생하였더라도 인과관계가 인정되지 않는다면 미수범이 될 뿐이다.

〈살해행위 외에 다른 사실이 개재되어도 통상 예견할 수 있는 것이라면 인과관계가 인정된다는 판례〉
살인의 실행행위가 피해자의 사망이라는 결과를 발생하게 한 유일한 원인이거나 직접적인 원인이 어야만 되는 것은 아니므로, 살인의 실행행위와 피해자의 사망과의 사이에 다른 사실이 개재되어 그 사실이 치사의 직접적인 원인이 되었다고 하더라도 그와 같은 사실이 통상 예견할 수 있는 것에 지나지 않는다면 살인의 실행행위와 피해자의 사망과의 사이에 인과관계가 있는 것으로 보아야 한다(대판 1994.3.22. 93도3612). **[COMMENT]** 비유형인과관계와 관련된 판례이다. (18 변시)

3. 고 의

사람을 살해한다는 인식과 의사가 있어야 한다. 확정적 고의는 물론 미필적 고의로도 충분하다. 그리고 순간적인 격정범이나 우발적 범행의 경우에도 고의는 존재할 수 있다.

> ### ▌살인죄의 고의 관련 판례 정리
>
> **1. 기본 법리 판례**
> 〈살인죄의 고의〉 살인죄의 범의는 자기의 행위로 인하여 피해자가 사망할 수도 있다는 사실을 인식 · 예견하는 것으로 족하고 피해자의 사망을 희망하거나 목적으로 할 필요는 없고, 또 확정적인 고의가 아닌 미필적 고의로도 족한 것이다(대판 1994.12.22. 94도2511). (12 변시)
>
> **2. 살인죄의 고의를 긍정한 판례**
> 〈순간적 살해 사건〉 피고인이 정교관계를 가졌던 피해자로부터 금품요구와 협박을 받아 오다가 위 피해자를 타이르던 중 반항하는 위 피해자를 순간적으로 살해하기로 결의하고 양손으로 피해자의 목을 졸라 질식 사망케 한 사실이 인정된다면 피고인에게 살인의 확정적 범의가 있었음이 분명하고 과실이나 결과적 가중범의 범의를 논할 여지가 없다(대판 1983.9.13. 83도1817).
> 〈격정범 사건〉 피고인이 피해자의 욕설에 크게 격분하여 흉기인 과도를 들고 피해자에게 달려가서 막바로 피해자의 목(경부)을 위 흉기로 치명상을 입도록 힘껏 내리 찔러 그 자리에서 바로 사망하게 하였다면 위 피고인에게 살해의 의식이 없었다 할 수는 없다(대판 1987.7.21. 87도1091).
> 〈각이 진 목재 사건〉 가로 15㎝, 세로 16㎝, 길이 153㎝, 무게 7㎏의 각이 진 목재로 길바닥에 누워 있던 피해자의 머리를 때려 피해자가 외상성뇌지주막하출혈로 사망한 경우에 살인의 미필적 고의를 인정한 사례(대판 1998.6.9. 98도980).
> 〈울대 사건〉 인체의 급소를 잘 알고 있는 무술교관 출신의 피고인이 무술의 방법으로 피해자의 울대(성대)를 가격하여 사망케 한 행위에 살인의 범의가 있다고 본 사례(대판 2000.8.18. 2000도2231).
> 〈설골 사건〉 건장한 체격의 군인이 왜소한 체격의 피해자를 폭행하고 특히 급소인 목을 설골이 부러질 정도로 세게 졸라 사망케 한 행위에 살인의 범의가 있다고 본 사례(대판 2001.3.9. 2000도5590). (18 변시)

〈9세 여아 목조른 사건〉 피고인이 9세의 여자 어린이에 불과하여 항거를 쉽게 제압할 수 있는 피해자의 목을 감아서 졸라 실신시킨 후 그곳을 떠나버린 이상 그와 같은 자신의 가해행위로 인하여 피해자가 사망에 이를 수도 있다는 사실을 인식하지 못하였다고 볼 수 없으므로, 적어도 그 범행 당시에는 피고인에게 살인의 범의가 있었다(대판 1994.12.22. 94도2511).

〈예리한 식도로 하복부 찔러 살해한 사건〉 피고인이 예리한 식도로 피해자의 하복부를 찔러 직경 5센티, 길이 15센티미터 이상의 자상을 입힌 결과 사망하였다면 일반적으로 내장파열 및 다량의 출혈과 자창의 감염으로 사망의 결과를 발생하게 하리라는 점을 경험상 예견할 수 있는 것이므로 피고인에게 살인의 결과에 대한 확정적 고의는 없다 치더라도 미필적 인식은 있었다고 볼 것이다(대판 1982.12.28. 82도2525).

Ⅲ. 죄수 및 다른 범죄와의 관계

(1) 죄 수

1) 죄수결정의 기준 : 생명은 전속적 법익이므로 피해자의 수에 따라 죄수가 결정된다.

〈처와 자식을 각기 1발씩 쏘아 순차로 살해한 사건〉 피고인이 단일한 범의로 동일한 장소에서 동일한 방법으로 시간적으로 접착된 상황에서 처와 자식들을 살해하였다고 하더라도 휴대하고 있던 권총에 실탄 6발을 장전하여 처와 자식들의 머리에 각기 1발씩 순차로 발사하여 살해하였다면, 피해자들의 수에 따라 수개의 살인죄가 성립한다(대판 1991.8.27. 91도1637).

2) 구체적인 검토

(가) 1개의 행위로 수인을 살해한 경우 : 사람의 생명은 전속적 법익이므로 수죄가 성립하지만 1개의 행위로 인한 경우이므로 수개의 살인죄의 상상적 경합이 된다.

(나) 동일인에 대한 살인예비·살인미수·살인기수 : 법조경합 중 묵시적 보충관계인 불가벌적 사전행위이므로 1개의 살인죄 기수만 성립한다.

(다) 동일인에 대한 살인의사로 동일인에게 일시·장소를 달리하는 수회의 공격을 가하여 목적을 달성한 경우 : 판례에 의하면 1개의 살인죄가 성립한다.

〈동일인을 살해할 목적으로 수차례의 예비와 미수에 그치다가 결국 살해하였다면 포괄하여 살인기수죄 일죄가 된다는 판례〉 살해의 목적으로 동일인에게 일시·장소를 달리하고 수차에 걸쳐 단순한 예비행위를 하거나 또는 공격을 가하였으나 미수에 그치다가 드디어 그 목적을 달성한 경우에 그 예비행위 내지 공격행위가 동일한 의사발동에서 나왔고 그 사이에 범의의 갱신이 없는 한 각 행위가 같은 일시 장소에서 행하여졌거나 또는 다른 장소에서 행하여졌거나를 막론하고 또 그 방법이 동일하거나 여부를 가릴 것 없이 그 살해의 목적을 달성할 때까지의 행위는 모두 실행행위의 일부로서 이를 포괄적으로 보고 단순한 한 개의 살인기수죄로 처단할 것이지 살인예비 내지 미수죄와 동 기수죄의 경합죄로 처단 할 수 없는 것이다(대판 1965.9.28. 65도695). (22 2차)

(2) 다른 범죄와의 관계

1) 손괴죄와의 관계 : 살인행위에 의하여 피해자의 의복을 손괴한 경우 즉 손괴행위가 살인행위와 불가분적 수반관계에 있는 경우 손괴죄는 살인죄에 흡수된다(불가벌적 수반행

위). 그러나 살인행위에 불가분적으로 수반되지 아니한 손괴의 경우에는 손괴죄가 별도로 성립한다.

2) **사체유기죄와의 관계** : 사람을 살해한 다음 그 범죄의 흔적을 은폐하기 위하여 그 시체를 다른 장소로 옮겨 유기하였을 때에는 살인죄와 사체유기죄의 실체적 경합범이 성립한다.

〈**살해 후 시체유기한 사건**〉 사람을 살해한 다음 그 범죄의 흔적을 은폐하기 위하여 그 시체를 다른 장소로 옮겨 유기하였을 때에는 살인죄와 사체유기죄의 경합범이 성립하는 것이므로, 사체유기는 불가벌적 사후행위라는 피고인측 주장은 독자적 견해로서 채용할 것이 되지 못한다(대판 1984.11.27. 84도2263). (19 변시)

2 존속살해죄 [미수범 처벌, 예비 · 음모 처벌, 부진정신분범]

> **제250조 (살인, 존속살해)** ② 자기 또는 배우자의 직계존속을 살해한 자는 사형, 무기 또는 7년 이상의 징역에 처한다.

(1) 의의와 보호법익

존속살해죄란 고의로 자기 또는 배우자의 직계존속을 살해함으로써 성립하는 범죄이며 신분관계로 인하여 형이 가중되는 부진정신분범이다. 보호법익은 존속의 생명이며, 보호의 정도는 침해범이다.

(2) 객체 : 자기 또는 배우자의 직계존속이다.

1) **배우자** : 배우자란 혼인에 의해 결합된 부부의 일방이 타방을 가리키는 말이다. 혼인은 법률상의 혼인만을 말한다.

2) **직계존속의 의의와 범위**

   (가) **직계존속의 의의** : 직계존속이란 혈통이 직상직하하는 형태로 연결되는 친족으로서 부모 및 부모와 동일한 항렬이상에 속하는 친족을 말한다.

   (나) **직계존속의 범위** : 직계존속은 법률상의 직계존속에 한정된다. 그리고 직계존속은 실질에 따라 결정되므로 형식적인 호적의 기재 여하에 따라 좌우되지 않는다.

〈**호적법상 기재 사건**〉 친자관계라는 사실은 호적법상의 기재 여하에 의하여 좌우되는 것은 아니며 호적상 친권자라고 등재되어 있다 하더라도 사실에 있어서 그렇지 않은 경우에는 법률상 친자관계가 생길 수 없다(대판 1983.6.28. 83도996). [COMMENT] 본 판례는 직계존속의 범위를 법률상 친족으로 보고 있는 존속상해죄에 대한 판례이지만, 존속살해죄의 경우에도 동일한 논리가 적용되므로 여기에 게재하였다.

3) 직계존속 범위에 대한 구체적 검토

직계존속 범위에 대한 구체적 검토

1. 혼인외의 출생자인 경우

어머니의 경우에는 출산으로 당연히 존속이 되지만, 아버지의 경우에는 인지를 요한다. 즉 사실상 부자관계의 경우에는 인지절차를 거치지 않는 한 직계존속이 아니다.

〈생모 사건〉 혼인 외의 출생자와 생모간에는 생모의 인지나 출생신고를 기다리지 않고 자의 출생으로 당연히 법률상의 친족관계가 생기는 것이다(대판 1980.9.9. 80도1731).

2. 입양의 경우

타인 사이라 할지라도 합법절차에 의하여 입양관계가 성립하면 법률상 직계존속이 되므로 양부모는 법률상의 직계존속이 된다. 그리고 입양된 양자가 **친생부모를 살해한** 경우에도 존속살해죄가 성립한다.

〈양자가 친생부모를 살해한 사건〉 양자가 양가 친족과 법정 혈족 관계를 맺더라도 친생부모와의 자연 혈족 관계는 소멸하지 않으므로 양자가 친생부모를 살해하면 존속살해죄가 성립한다(대판 1967.1.31. 66도1483).

3. 친자의 형식으로 입양한 경우

입양은 요식행위이므로 친자의 형식으로 입양한 경우 양친자관계는 원칙적으로 부정되나, 민법상의 무효행위의 전환이 되는 경우에는 **예외**적으로 존속이 될 수 있다.

〈입양요건 구비된 사건〉 피고인이 입양의 의사로 친생자 출생신고를 하고 자신을 계속 양육하여 온 사람을 살해한 경우, 위 출생신고는 입양신고의 효력이 있으므로 존속살해죄가 성립한다고 한 사례(대판 2007.11.29. 2007도8333).

〈입양요건이 구비되지 않은 사건〉 피살자(女)가 그의 문전에 버려진 영아인 피고인을 주어다 기르고 그 부와의 친생자인 것처럼 출생신고를 하였으나 입양요건을 갖추지 아니하였다면 피고인과의 사이에 모자관계가 성립될 리 없으므로, 피고인이 동녀를 살해하였다고 하여도 존속살인죄로 처벌할 수 없다(대판 1981.10.13. 81도2466).

---

(3) 고의

자기 또는 배우자의 직계존속을 살해한다는 인식과 의사가 있어야 한다.

〈무차별 횡포 사건〉 제 분에 이기지 못하여 식도를 휘두르는 피고인을 말리거나 그 식도를 뺏으려고 한 그 밖의 피해자들을 닥치는 대로 찌르는 무차별 횡포를 부리던 중에 그의 아버지까지 찌르게 된 결과를 빚은 경우, 피고인이 칼에 찔려 쓰러진 아버지를 부축해 데리고 나가지 못하도록 한 일이 있다고 하여 그의 아버지를 살해할 의사로 식도로 찔러 살해하였다는 사실을 인정하기는 어렵다고 봄이 상당하다(대판 1977.1.11. 76도3871).

3 촉탁 · 승낙살인죄 [미수범 처벌]

> 제252조 (촉탁, 승낙에 의한 살인 등) ① 사람의 촉탁이나 승낙을 받아 그를 살해한 자는 1년 이상 10년 이하의 징역에 처한다.

(1) 의의와 법적 성격

촉탁 · 승낙살인죄는 피해자의 촉탁 또는 승낙을 받아 그를 살해함으로써 성립하는 범죄이다. 피해자의 승낙이 있더라도 처벌된다는 의미에서 제24조의 특별규정에 해당한다.

(2) 객체 : 촉탁 · 승낙을 한 자이다.

촉탁 · 승낙자는 죽음의 의미를 이해할 수 있는 생명에 대한 가치판단능력과 자유로운 의사 결정능력이 있는 자이어야 한다.

(3) 고의와 착오

1) 고의 : 촉탁 · 승낙의 인식 및 촉탁 · 승낙자를 살해한다는 인식과 의사가 있어야 한다.

2) 촉탁 · 승낙의 착오

   (개) 촉탁 · 승낙이 없는데도 있다고 오인하고 살인한 경우 : 제15조 제1항이 적용되어 촉탁 · 승낙살인죄만 성립한다.

   (내) 촉탁 · 승낙이 있는데도 없다고 오인하고 살인한 경우 : ① 촉탁 · 승낙살인죄설 ② 보통 살인죄설 ③ 보통살인죄의 불능미수와 촉탁 · 승낙살인죄의 상상적 경합설 등의 견해가 대립하고 있다.

> [COMMENT] 우연방위 이론을 응용할 수 있는 부분이다.

4 자살교사 · 방조죄 [미수범 처벌]

> 제252조 (촉탁, 승낙에 의한 살인 등) ② 사람을 교사하거나 방조하여 자살하게 한 자도 제1항의 형에 처한다.

(1) 의의와 법적 성격

자살교사 · 방조죄는 사람을 교사 또는 방조하여 자살하게 함으로써 성립하는 범죄이다. 자살 교사 · 방조는 공범이 아니라 정범이며, 살인죄에 비하여 불법이 감경된 감경적 구성요건이다.

(2) 객 체

본죄의 객체는 자살의 의미를 아는 정신능력과 자유로운 의사결정을 할 수 있는 모든 사람이다. 따라서 자살의 의미를 모르는 자를 자살하게 하는 경우에는 보통살인죄가 성립하게 된다.

(3) **행 위**

  1) **자살의 교사** : 자살의 교사란 자살의사가 없는 자에게 자살을 결의하게 하는 일체의 행위를 말한다.

  2) **자살의 방조** : 자살의 방조란 이미 자살을 결의하고 있는 자에게 도움을 주어 자살을 용이하게 하는 일체의 행위를 말한다.

〈**자살방조의 방법**〉 형법 제252조 제2항의 자살방조죄는 자살하려는 사람의 자살행위를 도와주어 용이하게 실행하도록 함으로써 성립되는 것으로서, 그 방법에는 자살도구인 총, 칼 등을 빌려주거나 독약을 만들어 주거나, 조언 또는 격려를 한다거나 기타 적극적, 소극적, 물질적, 정신적 방법이 모두 포함된다(대판 1992.7.24. 92도1148).

  3) **실행의 착수시기** : 형법은 자살은 처벌하고 있지 않지만, 자살관여죄인 자살의 교사·방조를 처벌하고 있다. 이러한 자살관여죄는 미수를 처벌하므로 자살의 교사·방조의 실행의 착수시기에 대하여 ① 교사·방조행위시설 ② 자살행위시설 등이 대립하고 있으나, 다수설은 교사·방조행위시설을 따르고 있다.

(4) **주관적 구성요건**

자살교사죄는 타인으로 하여금 자살을 결심하게 하겠다는 고의가 있어야 하고, 자살방조죄는 자살의 실행을 원조하여 이를 용이하게 하겠다는 고의가 있어야 한다.

〈**자살방조죄의 고의**〉 형법 제252조 제2항의 자살방조죄는 자살하려는 사람의 자살행위를 도와주어 용이하게 실행하도록 함으로써 성립되는 것으로서, 이러한 자살방조죄가 성립하기 위해서는 그 방조 상대방의 구체적인 자살의 실행을 원조하여 이를 용이하게 하는 행위의 존재와 그 점에 대한 행위자의 인식이 요구된다(대판 2010.4.29. 2010도2328).

〈**'죽고 싶다' 사건**〉 피고인의 부인인 피해자가 피고인과 말다툼을 하다가 '죽고 싶다' 또는 '같이 죽자'고 하며 피고인에게 기름을 사오라고 하자 피고인이 휘발유 1병을 사다주었는데 피해자가 몸에 휘발유를 뿌리고 불을 붙여 자살한 사안에서, 자살방조죄를 인정한 원심판단을 수긍한 사례(대판 2010.4.29. 2010도2328).

〈**자살 사이트 사건**〉 피고인이 인터넷 사이트 내 자살 관련 카페 게시판에 청산염 등 자살용 유독물의 판매광고를 한 행위가 단지 금원 편취 목적의 사기행각의 일환으로 이루어졌고, 변사자들이 다른 경로로 입수한 청산염을 이용하여 자살한 사정 등에 비추어, 피고인의 행위는 자살방조에 해당하지 않는다고 한 사례(대판 2005.6.10. 2005도1373).

5 위계 등에 의한 촉탁살인 등 죄 [미수범 처벌, 예비·음모 처벌]

제253조 (위계등에 의한 촉탁살인등) 전조의 경우에 위계 또는 위력으로써 촉탁 또는 승낙하게 하거나 자살을 결의하게 한 때에는 제250조의 예에 의한다.

(1) 의 의

위계등에 의한 촉탁살인등 죄란 위계 또는 위력으로써 사람의 촉탁 또는 승낙을 받아 그를 살해하거나 자살을 결의시켜 자살하게 함으로써 성립하는 범죄이다. 본죄는 이론적으로 살인죄의 간접정범에 해당하지만 독립된 범죄로 규정하고 있다.

(2) 객 체

제253조는 제252조를 전제로 하므로 본죄의 객체는 제252조의 객체와 동일하게 죽음의 의미를 이해할 수 있는 정신능력이 있어야 한다.

〈7세, 3세 남짓된 어린 자식들과 동반자살하려 한 사건〉 피고인이 7세, 3세 남짓된 어린 자식들에 대하여 함께 죽자고 권유하여 물 속에 따라 들어오게 하여 결국 익사하게 하였다면 비록 피해자들을 물 속에 직접 밀어서 빠뜨리지는 않았다고 하더라도 자살의 의미를 이해할 능력이 없고 피고인의 말이라면 무엇이나 복종하는 어린 자식들을 권유하여 익사하게 한 이상 살인죄의 범의는 있었음이 분명하다(대판 1987.1.20. 86도2395). [COMMENT] 7세, 3세 남짓의 어린 자식들은 죽음의 의미를 알지 못하므로 제252조의 객체에 해당하지 않아 제253조로 의율하지 않고 제250조를 적용한 사안이다. (23 경1)

(3) 위계와 위력

1) **위계** : 진정한 의도 내지 목적을 알리지 아니하여 상대방을 착오에 빠지게 하고, 이러한 착오를 이용하여 목적을 달성하는 것을 말한다.
2) **위력** : 사람의 의사를 제압할 수 있는 유형적·무형적인 일체의 세력을 말한다. 따라서 유형적인 폭행 이외에 무형적인 협박 기타 정치적·경제적·사회적 지위를 이용하는 것을 모두 포함한다.

(4) 처 벌

제250조에 예에 의한다. 따라서 객체가 일반인이면 보통살인죄로 처벌되고, 객체가 자기 또는 배우자의 직계존속이면 존속살해죄로 처벌된다.

6 살인예비·음모죄

제255조 (예비, 음모) 제250조와 제253조의 죄를 범할 목적으로 예비 또는 음모한 자는 10년 이하의 징역에 처한다.

(1) 의 의

살인예비 · 음모죄란 살인죄, 존속살해죄, 위계 · 위력에 의한 살인죄를 범할 목적으로 예비 또는 음모함으로써 성립하는 범죄이다.

(2) 객관적 요건

2인 이상이 모의하거나, 외적인 준비행위가 있어야 한다. 외적인 준비행위는 객관적으로 살인죄의 실현에 실질적으로 기여할 수 있는 외적 행위를 말한다.

〈살인예비죄의 성립요건〉 [1] 형법 제255조, 제250조의 살인예비죄가 성립하기 위하여는 형법 제255조에서 명문으로 요구하는 살인죄를 범할 목적 외에도 살인의 준비에 관한 고의가 있어야 하며, 나아가 실행의 착수까지에는 이르지 아니하는 살인죄의 실현을 위한 준비행위가 있어야 한다. 여기서의 준비행위는 물적인 것에 한정되지 아니하며 특별한 정형이 있는 것도 아니지만, 단순히 범행의 의사 또는 계획만으로는 그것이 있다고 할 수 없고 객관적으로 보아서 살인죄의 실현에 실질적으로 기여할 수 있는 외적 행위를 필요로 한다. [2] 갑이 을을 살해하기 위하여 병, 정 등을 고용하면서 그들에게 대가의 지급을 약속한 경우, 갑에게는 살인죄를 범할 목적 및 살인의 준비에 관한 고의뿐만 아니라 살인죄의 실현을 위한 준비행위를 하였음을 인정할 수 있다는 이유로 살인예비죄의 성립을 인정한 사례(대판 2009.10.29. 2009도7150). (18 변시)(21 변시)(24 3차)

〈권총 교부 사건〉 권총 등을 교부하면서 사람을 살해하라고 한 자는 피교사자의 범죄 실행결의의 유무와 관계없이 그 행위 자체가 독립하여 살인예비죄를 구성한다(대판 1950.4.18. 4283형상10).

(3) 주관적 요건

예비 · 음모행위 자체에 대한 고의 외에 기본범죄인 살인죄의 구성요건을 실현하려는 목적이 있어야 한다. 그리고 고의의 특정성에 따른 **예비의 특정성**으로 인하여 적어도 살해할 대상자는 구체적으로 특정되어야 한다.

〈살인예비죄의 주관적 요건〉 형법 제255조, 제250조의 살인예비죄가 성립하기 위하여는 형법 제255조에서 명문으로 요구하는 살인죄를 범할 목적 외에도 살인의 준비에 관한 고의가 있어야 한다(대판 2009.10.29. 2009도7150).

〈살해 대상자를 확정하지 않았으면 살인예비죄가 성립하지 않는다는 판례〉 살해의 용도에 공하기 위한 흉기를 준비하였다 하더라도 그 흉기로서 살해할 대상자가 확정되지 아니한 한 살인예비죄로 다스릴 수 없다(대판 1959.9.1. 4292형상387).

(4) 죄 수

예비 · 음모가 발전하여 미수 또는 기수의 단계에 이를 때에는 본죄는 이에 흡수되어 별도로 성립하지 아니한다.

제2절 | 상해와 폭행의 죄

1 상해죄 [미수범 처벌]

> **제257조 (상해)** ① 사람의 신체를 상해한 자는 7년 이하의 징역, 10년 이하의 자격정지 또는 1천만원 이하의 벌금에 처한다.

Ⅰ. 서 설

상해죄란 고의로 타인의 신체를 상해함으로써 성립하는 범죄이다. 보호법익은 생리적 기능이며, 보호의 정도는 침해범이다.

Ⅱ. 구성요건

1. 객체

사람의 신체이다.

(1) 사람의 신체

상해죄의 객체는 자기 이외의 타인의 신체이므로, 자기의 신체에 대한 상해는 상해죄의 구성요건에 해당하지 않는다.

(2) 태아의 상해죄 객체 여부

태아에 대한 상해가 인정될 것인지에 대하여 논의가 있지만 ① 상해죄의 객체는 사람이므로 태아는 상해죄의 객체가 될 수 없고 ② 태아에 대한 상해를 긍정하게 되면 태아를 살해한 경우보다 더 무겁게 처벌되는 것은 불합리하므로 부정하는 것이 일반적이다.

(3) 낙태와 산모에 대한 상해

태아를 상해 또는 사망에 이르게 한 행위에 대하여 산모에 대한 상해죄를 인정할 수 있는지에 대하여 논의가 있지만 ① 자기낙태를 처벌하는 취지에 비추어 태아를 모체의 일부라 할 수 없고 ② 산모에 대한 상해죄를 인정하면 낙태의 고의가 있는 자에게 중한 상해죄를 인정하게 되는 불합리한 결과가 되므로 부정하는 것이 일반적이다.

〈낙태행위는 임산부에 대한 상해가 아니라는 판례〉 우리형법은 태아를 임산부 신체의 일부로 보거나, 낙태행위가 임산부의 태아양육, 출산 기능의 침해라는 측면에서 낙태죄와는 별개로 임산부에 대한 상해죄를 구성하는 것으로 보지는 않는다고 해석된다. 따라서 태아를 사망에 이르게 하는 행위가 임산부 신체의 일부를 훼손하는 것이라거나 태아의 사망으로 인하여 그 태아를 양육, 출산하는 임산부의 생리적 기능이 침해되어 임산부에 대한 상해가 된다고 볼 수는 없다(대판 2007.6.29. 2005도3832). (23 1차)

2. 행 위

본죄의 행위는 상해의 결과를 초래하는 일체의 행위이다.

(1) 상해행위의 태양

상해행위의 수단, 방법에는 제한이 없다. 따라서 간접정범의 형식으로도 가능하다.

〈**피해자를 협박하여 자상하게 사건**〉 피고인이 피해자를 협박하여 그로 하여금 자상케 한 경우에 피고인에게 상해의 결과에 대한 인식이 있고 또 그 협박의 정도가 피해자의 의사결정의 자유를 상실케 함에 족한 것인 이상 피고인에 대하여 상해죄를 구성한다(대판 1970.9.22. 70도1638).

(2) 상해죄의 실행의 착수

상해를 발생시키는 행위 시에 실행의 착수가 있다. 일반적으로 대부분의 상해의 결과는 폭행이나 협박에 의하여 발생하므로, 폭행과 협박 등을 할 때 실행의 착수가 있게 된다.

3. 결과 : 상해

상해죄의 기수가 성립하기 위해서는 상해의 결과가 발생하여야 한다. 이러한 상해의 개념을 어떻게 파악할 것인지에 대하여는 ① 신체의 완전성 침해설 ② 생리적 기능장애설 ③ 절충설 등이 대립하고 있으며, ④ 판례는 신체의 완전성설을 따른 판례와 신체의 완전성과 생리적 기능장애설을 결합한 경우의 판례 그리고 생리적 기능장애설을 따른 판례가 혼재하고 있지만, 기본적으로는 생리적 기능장애설을 따르고 있다고 볼 수 있다.

▌상해죄의 상해 관련 판례 정리

1. 기본 법리 판례

〈**상해의 인정 방법**〉 상해죄의 성립에는 상해의 고의가 있는 행위와 이로 인하여 발생하는 인과관계 있는 상해의 결과가 있어야 하므로 이러한 행위와 그로 인한 상해의 부위와 정도가 증거에 의하여 명백하게 확정되어야 하고 상해부위의 판시 없는 상해죄의 인정은 위법하다(대판 1993.5.11. 93도711).

2. 상해죄의 상해를 긍정한 판례

〈**치료일수 미상 사건**〉 상해부위를 명시하고 있는 이상 그 치료일수가 미상이라 하여도 상해죄의 성립에 아무런 지장이 없다(대판 1983.11.8. 83도1667).

〈**정신적 스트레스 사건**〉 생리적 기능에는 육체적 기능뿐만 아니라 정신적 기능도 포함하기 때문에 정신과적 증상인 외상 후 스트레스 장애도 상해에 해당한다(대판 1999.1.26. 98도3732).

〈**보행불능, 수면장애, 식욕감퇴 사건**〉 타인의 신체에 폭행을 가하여 보행불능, 수면장애, 식욕감퇴 등 기능의 장해를 일으킨 때에는 외관상 상처가 없더라도 형법상 상해를 입힌 경우에 해당한다 할 것이다(대판 1969.3.11. 69도161). (23 1차)

〈**기절 사건**〉 오랜 시간 동안의 협박과 폭행을 이기지 못하고 실신하여 범인들이 불러온 구급차 안에서야 정신을 차리게 되었다면, 외부적으로 어떤 상처가 발생하지 않았다고 하더라도 생리적 기능에 훼손을 입어 신체에 대한 상해가 있었다고 봄이 상당하다(대판 1996.12.10. 96도2529). (23 1차)

3. 상해죄의 상해를 부정한 판례

〈동전크기 멍 사건〉 위 상해는 피고인이 피해자와 연행문제로 시비하는 과정에서 생긴, 치료도 필요없는 가벼운 상처로서 그 정도와 상처는 일상생활에서 얼마든지 생길 수 있는 극히 경미한 상처이므로 굳이 따로 치료할 필요도 없는 것이어서 그로 인하여 인체의 완전성을 해하거나 건강상태를 불량하게 변경하였다고 보기 어려우므로, 피해자가 입은 약 1주간의 치료를 요하는 동전크기의 멍이 든 상처를 가지고서 상해죄에서 말하는 상해에 해당한다고 할 수 없다(대판 1996.12.23. 96도2673). [COMMENT] 본 판례는 상해죄의 상해의 판단에 대하여도 일상생활성과 자연치유가능성을 기준으로 한다는 점에서 의미가 있다. 따라서 판례가 상대적 상해 개념을 따르지 않는다는 근거가 될 수 있는 판례로써 의미가 있다. 상대적 상해개념에 대한 논의에 대하여는 강간등 상해·치상죄 부분 참조.

4. 고 의

(1) 상해의 고의

사람의 생리적 기능을 훼손한다는 인식과 의사가 있어야 한다. 이와 관련하여 판례의 주류는 상해의 원인인 폭행에 관한 인식만 있으면 족하다고 보고 있으나, 상해의 고의를 언급한 판례도 있다. 그러나 현행법은 구법과는 달리 상해죄와 폭행죄를 구별하고 있으므로 상해의 고의를 가진 경우에만 상해죄가 성립한다고 보아야 한다.

〈상해죄의 고의〉 상해죄는 결과범이므로 그 성립에는 상해의 원인인 폭행에 관한 인식이 있으면 충분하고 상해를 가할 의사의 존재는 필요하지 않으나, 폭행을 가한다는 인식이 없는 행위의 결과로 피해자가 상해를 입었던 경우에는 상해죄가 성립하지 아니한다(대판 2000.7.4. 99도4341).

〈상해의 고의를 언급한 판례〉 피고인 등은 가벼운 상해 또는 폭행 등의 범의로 피고인 6의 소위로 살인의 결과를 발생케 한 것이나 피고인 등이 상해 또는 폭행죄 등과 결과적 가중범의 관계에 있는 상해치사 또는 폭행치사 등의 죄책은 이를 면할 수 없다고 하더라도 피고인 6의 살인 등 소위는 피고인 등이 전연 예기치 않은 바로서 상피고인의 살인 등 소위에 대하여 피고인 등에게 그 책임을 물을 수는 없다고 할 것이다(대판 1984.10.5. 84도1544).

(2) 개별적 고찰

1) 상해의 고의로 폭행에만 그친 경우 : 상해미수죄가 성립한다.
2) 폭행의 고의로 폭행을 하였으나 상해가 발생한 경우 : 상해죄가 아닌 폭행치상죄가 성립한다. 그러나 폭행치상죄도 제262조에 의하여 상해죄의 규정이 준용되어 처벌되므로 논할 실익은 적다.

Ⅲ. 위법성

(1) 일반적인 위법성 조각사유

총론상의 일반적인 위법성조각사유는 상해죄에 그대로 적용되는 것이 원칙이다.

〈칼 뺏어 반격한 사건〉 피해자가 칼을 들고 피고인을 찌르자 그 칼을 뺏어 그 칼로 반격을 가한 결과 피해자에게 상해를 입게 하였다 하더라도 그와 같은 사실만으로는 피고인에 대한 현재의 부당한 침해를 방위하기 위한 행위로서 상당한 이유가 있는 경우에 해당한다고 할 수 없다(대판 1984.1.24. 83도1873).

〈안수기도와 상해〉 통상의 안수기도 방식과 정도를 벗어나 환자의 신체에 과도한 유형력을 행사하여 상해를 입힌 경우 비록 안수기도의 명목과 방법으로 이루어졌다 해도 사회상규상 용인되는 정당행위라고 볼 수 없어 상해죄가 성립한다(대판 2008.8.21. 2008도2695).

(2) 치료행위와 치료유사행위

환자의 건강을 증진시키는 치료행위는 업무로 인한 정당행위로 위법성이 조각되지만, 미용을 위한 성형수술과 같은 치료유사행위는 피해자의 승낙에 의하여 위법성이 조각된다.

Ⅳ. 죄수 및 타죄와의 관계

(1) 죄 수

1) 죄수판단의 기준 : 신체의 생리적 기능장애는 일신전속적 법익이므로 피해자의 수에 따라 죄수가 결정된다.

2) 구체적 검토

㈎ 1개의 행위로 수인을 상해한 경우 : 수개의 상해죄의 상상적 경합이 된다.

㈏ 동일의사에 기한 수개의 행위로 동일인을 상해한 경우 : 상해죄의 포괄일죄가 된다.

㈐ 동일의사에 기한 수개의 행위로 수인을 상해한 경우 : 수개의 상해죄의 실체적 경합이 된다.

〈피해자가 다른 사건〉 상해를 입힌 행위가 동일한 일시, 장소에서 동일한 목적으로 저질러진 것이라 하더라도 피해자를 달리하고 있으면 피해자별로 각각 별개의 상해죄를 구성한다고 보아야 할 것이고 1개의 행위가 수 개의 죄에 해당하는 경우라고 볼 수 없다(대판 1983.4.26. 83도524).

(2) 타죄와의 관계

1) 폭행 · 협박죄와의 관계 : 상해죄가 성립하면 그 수단이 된 폭행죄와 협박죄는 상해죄에 흡수된다.

〈상해시 협박한 사건〉 피고인의 협박사실행위가 피고인에게 인정된 상해사실과 같은 시간 같은 장소에서 동일한 피해자에게 가해진 경우에는 특별한 사정이 없는 한 상해의 하나의 범의 하에서 이루어진 하나의 폭언에 불과하여 위 상해죄에 포함되는 행위라고 봄이 상당하다(대판 1976.12.14. 76도3375).

2) 살인죄와의 관계 : 살인죄가 성립하게 되면 상해죄는 살인죄에 흡수되어 논하지 않는다. 즉, 살해의 고의로 상해를 입힌 경우는 살인죄의 미수범만 성립한다.

2 존속상해죄 [미수범 처벌, 부진정신분범]

> 제257조 (상해, 존속상해) ② 자기 또는 배우자의 직계존속에 대하여 제1항의 죄를 범한 때에는 10년 이하의 징역 또는 1천500만 원 이하의 벌금에 처한다.

> [GUIDE] 존속상해죄의 일반적인 논리는 존속살해죄 부분 참조. 그리고 앞으로 나오는 일반범죄에 대한 존속범죄의 경우에도 동일하다.

〈호적상 기재 사건〉친자관계라는 사실은 호적법상의 기재 여하에 의하여 좌우되는 것은 아니며 호적상 친권자라고 등재되어 있다 하더라도 사실에 있어서 그렇지 않은 경우에는 법률상 친자관계가 생길 수 없다 할 것인바, 피고인은 호적부상 피해자와 모 사이에 태어난 친생자로 등재되어 있으나 피해자가 집을 떠난 사이 모가 타인과 정교관계를 맺어 피고인을 출산하였다면 피고인과 피해자 사이에는 친자관계가 없으므로 존속상해죄는 성립될 수 없다(대판 1983.6.28. 83도996).

3 중상해죄, 존속중상해죄 [부진정결과적 가중범, 제3항 부진정신분범]

> 제258조 (중상해, 존속중상해) ① 사람의 신체를 상해하여 생명에 대한 위험을 발생하게 한 자는 1년 이상 10년 이하의 징역에 처한다.
> ② 신체의 상해로 인하여 불구 또는 불치나 난치의 질병에 이르게 한 자도 전항의 형과 같다.
> ③ 자기 또는 배우자의 직계존속에 대하여 전2항의 죄를 범한 때에는 2년 이상 15년 이하의 징역에 처한다. [개정 2016.1.6.]

> [죄명예규] 중상해/중존속상해

(1) 의의와 법적 성격

중상해죄란 단순히 타인의 생리적 기능에 장애를 야기하는 것이 아니라 그 정도를 넘어 생명에 대한 위험을 발생하게 하거나, 불구 또는 불치나 난치의 질병에 이르게 함으로써 성립하는 범죄를 말한다.

> [COMMENT] 본죄는 대표적인 부진정결과적 가중범이다.

(2) 중상해의 결과

1) **생명에 대한 위험** : 생명에 대한 구체적 위험을 의미하며 보통은 치명상을 말한다. 구체적으로는 의학적 자료로 판단하여야겠지만 궁극적으로는 법원이 규범적으로 판단하게 될 것이다. 또한 결과적 가중범이면서도 구체적 위험범이라는 것을 주의하여야 한다.

2) **불구** : 신체외형상의 중요부분이 상실되거나 그 고유기능이 상실되는 경우를 말하며, 불구인가는 **객관적으로** 판단한다. 따라서 피아니스트의 새끼손가락을 절단하는 것은 중상해에 해당하지 않는다. [2016 2차]

〈실명은 중상해라는 판례〉머리를 강타하여 뇌진탕을 일으키거나 눈을 때려 실명케 한 경우에는 중상해에 해당한다(대판 1960.4.6. 4292형상395).

〈콧등 1.5센티미터 사건〉피고인이 피해자를 협박하여 그로 하여금 자상(면도칼로 자기의 콧등을 길이 1.5센티 가량 그어 안면부 불구가 됨)케 한 경우, 피고인에게 상해의 결과에 대한 인식이 있고 또 그 협박의 정도가 피해자의 의사결정의 자유를 상실케 함에 족한 것인 이상 피고인의 행위는 상해죄를 구성한다(대판 1970.9.22. 70도1638). **[COMMENT]** 해당 판례의 참조조문은 제257조로 되어 있으나, 판결이유 부분에서는 중상해 사실을 인정하고 있다.

〈다리부러지거나 우측흉부자상은 중상해가 아니라는 판례〉1~2개월간 입원할 정도로 다리가 부러진 상해 또는 3주간의 치료를 요하는 우측흉부자상이 중상해에 해당하지 않는다고 한 사례(대판 2005.12. 9. 2005도7527).

  3) 불치 또는 난치의 질병 : 의학적 치료가능성이 없거나 현저히 곤란한 정신적 · 육체적 질병을 말한다.

4 특수상해죄 [제1항만 미수범 처벌]

> 제258조의2 (특수상해) ① 단체 또는 다중의 위력을 보이거나 위험한 물건을 휴대하여 제257조제1항 또는 제2항의 죄를 범한 때에는 1년 이상 10년 이하의 징역에 처한다.
> ② 단체 또는 다중의 위력을 보이거나 위험한 물건을 휴대하여 제258조의 죄를 범한 때에는 2년 이상 20년 이하의 징역에 처한다.
> ③ 제1항의 미수범은 처벌한다. [본조신설 2016.1.6.]

[죄명예규] 특수(제257조 제1항, 제2항 각 죄명)/특수(제258조 각 죄명)

(1) 의의와 법적 성격

특수상해죄는 단체 또는 다중의 위력을 보이거나 위험한 물건을 휴대하여 상해 또는 존속상해를 범하거나 중상해 또는 존속중상해를 범함으로써 성립하는 범죄이다. 일반 상해죄에 비하여 행위태양에 의해 불법이 가중된 불법가중유형이다.

(2) 단체 또는 다중의 위력을 보이는 경우 〈특수폭행죄 부분 참조〉

(3) 위험한 물건을 휴대한 경우 〈특수폭행죄 부분 참조〉

(4) 상해 또는 중상해 〈상해와 중상해죄 부분 참조〉

(5) 고의 〈특수폭행죄 부분 참조〉

(6) 미 수

특수상해죄는 제1항의 미수범만 처벌한다.

5 상해치사죄, 존속상해치사죄 [결과적 가중범, 제2항 부진정신분범]

> 제259조 (상해치사) ① 사람의 신체를 상해하여 사망에 이르게 한 자는 3년 이상의 유기징역에 처한다.
> ② 자기 또는 배우자의 직계존속에 대하여 전항의 죄를 범한 때에는 무기 또는 5년 이상의 징역에 처한다.

> [GUIDE] 상해치사죄는 결과적 가중범의 가장 일반적인 예이므로 총론에서의 결과적 가중범 부분을 복습하는 것이 바람직하다.

(1) 의의 및 법적 성격

1) **상해치사죄** : 상해치사죄란 사람의 신체를 상해하여 치사하게 함으로써 성립하는 범죄이며, 결과적 가중범의 가장 전형적인 범죄이다.

〈**상해모면하려고 도로 건너다 차량에 치어 사망한 사건**〉 교제하기를 원하는 자신의 제의를 거절한다는 이유로 피고인이 피해자의 얼굴을 주먹으로 수회 때리자 피해자는 이에 대항하여 피고인의 손가락을 깨물고 목을 할퀴게 되었고, 이에 격분한 피고인이 더욱 심한 폭행을 하므로 이러한 상해행위를 모면하기 위하여 도로 건너편으로 도망가다가 차량에 치어 사망한 경우 폭행행위와 피해자의 사망의 결과 사이에는 상당인과관계가 있다(대판 1996.5.10. 96도529).

2) **존속상해치사죄** : 존속상해치사죄는 자기 또는 배우자의 직계존속의 신체를 상해하여 사망의 결과를 발생하게 하는 경우에 성립하는 범죄로써 결과적 가중범이며, 신분관계로 형이 가중되는 부진정신분범이다.

(2) 상해치사죄의 공동정범과 교사 · 방조범

판례는 결과적 가중범인 상해치사죄의 공동정범을 인정하고 있으며, 결과적 가중범인 상해치사죄의 교사 또는 방조범을 예견가능성을 기준으로 인정하고 있다.

〈**상해치사의 공동정범을 인정한 판례**〉 결과적 가중범인 상해치사죄의 공동정범은 폭행기타의 신체침해행위를 공동으로 할 의사가 있으면 성립되고 결과를 공동으로 할 의사는 필요없다 할 것이므로 패싸움 중 한사람이 칼로 찔러 상대방을 죽게 한 경우에 다른 공범자가 그 결과 인식이 없다 하여 상해치사죄의 책임이 없다고 할 수 없다(대판 1978.1.13. 77도2193).

〈**상해치사의 교사범을 인정한 판례**〉 교사자가 피교사자에 대하여 상해를 교사하였는데 피교사자가 이를 넘어 살인을 실행한 경우, 일반적으로 교사자는 상해죄에 대한 교사범이 되는 것이고, 다만 이 경우 교사자에게 피해자의 사망이라는 결과에 대하여 과실 내지 예견가능성이 있는 때에는 상해치사죄의 교사범으로서의 죄책을 지울 수 있다(대판 1997.6.24. 97도1075).

6 폭행죄 [거동범, 반의사불벌죄]

> 제260조 (폭행, 존속폭행) ① 사람의 신체에 대하여 폭행을 가한 자는 2년 이하의 징역, 500만 원 이하의 벌금, 구류 또는 과료에 처한다.

I. 서 설

폭행죄란 사람의 신체에 대하여 폭행을 가함으로써 성립하는 범죄를 말한다. 보호법익은 신체의 완전성이며, 보호의 정도는 침해범이다.

II. 구성요건

1. 객 체

사람의 신체이다. 사람은 자연인인 타인을 의미하므로 자신의 신체는 폭행죄의 객체가 되지 아니한다. 단, 그 타인이 외국의 원수이거나 외교사절인 경우에는 외국원수·외교사절에 대한 폭행등 죄가 성립한다(제107조 제1항, 제108조 제1항 등 참조).

2. 행 위

폭행죄의 행위는 폭행이다.

(1) 형법상 폭행의 개념

> **│ 형법상 폭행의 개념**
>
> **1. 최광의의 폭행**
>
> 일체의 유형력의 행사를 말한다. 예 소요죄(제115조), 다중불해산죄(제116조) 등
>
> **2. 광의의 폭행**
>
> 사람의 신체에 대한 직·간접의 유형력의 행사를 말한다. 반드시 사람의 신체에 대하여 가하여질 필요는 없고 물건에 대한 것이라도 간접적으로 사람에 대한 것으로 볼 수 있으면 족하다. 예 공무집행방해죄(제136조 제1항), 강요죄(제324조 제1항) 등
>
> **3. 협의의 폭행**
>
> 사람의 신체에 대한 직접적인 유형력의 행사를 말한다. 따라서 직접폭행만을 의미하고 간접폭행은 포함되지 않지만, 행사된 유형력이 반드시 사람의 신체에 직접적으로 접촉할 필요는 없다. 예 폭행등 가혹행위죄(제125조), 폭행죄(제260조), 강제추행죄(제298조) 등
>
> **4. 최협의의 폭행**
>
> 상대방의 반항을 불가능하게 하거나 현저하게 곤란하게 할 정도의 유형력의 행사를 말한다. 강도죄와 강간죄가 가장 대표적인 예이다. 단, 강도죄의 폭행은 상대방의 저항이 불가능할 정도를 요하지만, 강간의 폭행은 상대방의 저항이 불가능한 경우 이외에 현저히 곤란하게 하는

정도를 포함하므로 강도죄의 폭행은 가장 최협의의 폭행을 의미한다. 예 강도죄(제333조), 강간죄(제297조) 등

(2) 폭행죄에서의 폭행

1) **폭행죄에서의 폭행의 개념** : 협의의 폭행으로서 사람의 신체에 대한 직접적인 유형력의 행사를 말한다.

2) **유형력** : 유형력이란 물리적 작용 뿐만 아니라 화학적 · 생리적 작용을 포함한다.

3) **유형력의 대상** : 유형력의 대상은 사람의 신체이며, 사람의 신체에 대한 유형력의 행사라면 이로써 족하고 반드시 신체에 직접 접촉할 것을 요하지 않는다.

4) **유형력 행사의 불법성** : 유형력의 행사가 폭행죄가 되기 위해서는 피해자에 대한 불법적인 공격이어야 한다.

▍폭행죄의 폭행 관련 판례 정리

1. 기본 법리 판례

〈음향과 폭행〉 형법 제260조에 규정된 폭행죄는 사람의 신체에 대한 유형력의 행사를 가리키며, 그 유형력의 행사는 신체적 고통을 주는 물리력의 작용을 의미하므로 신체의 청각기관을 직접적으로 자극하는 음향도 경우에 따라서는 유형력에 포함될 수 있다(대판 2003.1.10. 2000도5716). (18 변시)(21 3차)

〈손발을 휘두른 사건〉 피해자에게 근접하여 욕설을 하면서 때릴 듯이 손발이나 물건을 휘두르거나 던지는 행위는 직접 피해자의 신체에 접촉하지 않았다고 하여도 피해자에 대한 불법한 유형력의 행사로서 폭행에 해당한다(대판 1990.2.13. 89도1406). (18 변시)

2. 폭행죄의 폭행을 긍정한 판례

〈안수기도와 폭행〉 안수기도행위에 수반하는 신체적 행위가 단순히 손을 얹거나 약간 누르는 정도가 아니라 그것이 지나쳐서 가슴과 배를 반복하여 누르거나 때려 그로 인하여 사망에 이른 것과 같은 정도의 것이라면 이는 사람의 신체에 대한 유형력의 행사로서 폭행의 개념에 속하는 행위이다(대판 1994.8.23. 94도1484).

3. 폭행죄의 폭행을 부정한 판례

(1) **사람의 신체에 대한 직접적인 유형력의 행사가 아니므로 폭행을 부정한 판례**

〈인분 투척 사건〉 폭행죄의 폭행이란 사람에 대한 유형력의 행사 등 불법한 공격을 뜻하고 "그 대상은 사람의 신체"이므로, 비닐봉지에 넣어 둔 인분을 타인의 집의 앞마당에 던졌을 뿐 사람의 신체에 대하여 공격한 것이 아니면 이 사실만으로는 형법상의 폭행의 범주에 들어간다고 할 수 없다(대판 1977.2.8. 75도2673).

〈욕설하면서 대문을 발로 찬 사건〉 형법 제260조에서 말하는 폭행이란 사람의 신체에 대하여 유형력을 행사하는 것을 의미하는 것으로서 피고인이 피해자에게 욕설(종화야 이 개같은 년아)을 한 것만을 가지고 당연히 폭행을 한 것이라고 할 수는 없을 것이고, 피해자 집의 대문을 발로 찬 것이 막바로 또는 당연히 피해자의 신체에 대하여 유형력을 행사한 경우에 해당한다고 할 수도 없다(대판 1991.1.29. 90도2153).

〈시정된 방문을 발로 찬 사건〉 공소외인이 피고인을 만나주지 않는다는 이유로 시정된 탁구장 문과 주방문을 부수고 주방으로 들어가 방문을 열어주지 않으면 모두 죽여버린다고 폭언하면서 시정된 방문을 수회 발로 찬 피고인의 행위는 재물손괴죄 또는 숙소안의 자에게 해악을 고지하여 외포케 하는 단순 협박죄에 해당함은 별론으로 하고, 단순히 방문을 발로 몇번 찼다고 하여 그것이 피해자들의 신체에 대한 유형력의 행사로는 볼 수 없어 폭행죄에 해당한다 할 수 없다(대판 1984.2.14. 83도3186, 83감도535). (23 3차)

〈전화 욕설 사건〉 거리상 멀리 떨어져 있는 사람에게 전화기를 이용하여 전화하면서 고성을 내거나 그 전화 대화를 녹음 후 듣게 하는 경우에는 특수한 방법으로 수화자의 청각기관을 자극하여 그 수화자로 하여금 고통스럽게 느끼게 할 정도의 음향을 이용하였다는 등의 특별한 사정이 없는 한 신체에 대한 유형력의 행사를 한 것으로 보기 어렵다(대판 2003.1.10. 2000도5716).

(2) 불법한 공격이라고 볼 수 없어 폭행을 부정한 판례

〈팔을 2, 3회 끌은 사건〉 상대방의 시비를 만류하면서 조용히 얘기나 하자며 그의 팔을 2, 3회 끌은 사실만 가지고는 사람의 신체에 대한 불법한 공격이라고 볼 수 없어 형법 제260조 제1항 소정의 폭행죄에 해당한다고 볼 수 없다(대판 1986.10.14. 86도1796).

〈피해자가 먼저 덤벼들자 부둥켜 안은 사건〉 "갑"이 먼저 "을"에게 덤벼들고, 뺨을 꼬집고, 주먹으로 쥐어 박았기 때문에 피고인이 상대방을 부둥켜 안은 행위를 유형력의 행사인 폭행으로 볼 수 없다(대판 1977.2.8. 76도3758).

3. 고 의

타인의 신체에 대하여 직접적인 유형력을 행사한다는 사실에 대한 인식과 의사가 있어야 한다. 따라서 상해의 고의로 폭행에만 그친 경우에는 상해죄의 미수가 성립하고, 폭행의 고의로 폭행하여 상해의 결과가 발생한 경우에는 상해죄가 아닌 폭행치상죄가 성립한다.

Ⅲ. 위법성

(1) 일반론

정당방위, 긴급피난, 자구행위 등의 개별적인 요건에 해당되면 그에 의해 그 위법성이 조각될 수 있다.

(2) 정당행위에 의한 위법성조각

법령에 의한 행위, 업무로 인한 행위 기타 사회상규에 어긋나지 않는 행위는 위법성이 조각된다.

〈강제연행 모면 사건〉 강제연행을 모면하기 위하여 팔꿈치로 뿌리치면서 가슴을 잡고 벽에 밀어부친 행위는 소극적인 저항으로 사회상규에 위반되지 아니한다(대판 1972.11.28. 81도2958).

〈멱살 잡힌 사건〉 피해자가 갑자기 달려나와 정당한 이유 없이 피고인의 멱살을 잡고 파출소로 가자면서 계속하여 끌어당기므로 피고인이 그와 같은 피해자의 행위를 제지하기 위하여 그의 양팔부분의 옷자락을 잡고 밀친 것이라면 이러한 피고인의 행위는 멱살을 잡힌데서 벗어나기 위한 소극적인

저항행위에 불과하고 그 행위에 이른 경위 등에 비추어 볼 때 사회통념상 허용될 만한 정도의 상당성이 있는 행위로서 형법 제20조 소정의 정당행위에 해당한다(대판 1990.1.23. 89도1328).

〈피해자가 싸움 걸어 온 사건〉 피해자가 피고인을 따라다니면서 귀찮게 싸움을 걸어오는 것을 막으려고 피고인이 피해자의 멱살을 잡고 밀어 넘어뜨렸다면 이는 사회통념상 용인되는 행위로서 위법성이 없다(대판 1983.5.24. 83도942).

〈피해자가 양팔 잡는 것을 뿌리친 사건〉 피해자가 시비를 걸려고 양팔을 잡는 것을 피하고자 몸을 틀어 뿌리친 것 뿐인 행위는 이를 폭행에 해당한다고 할 수 없을 뿐만 아니라 설사 폭행에 해당한다고 하더라도 위 행위는 피해자의 불법한 공격으로부터 자신을 보호하고 이를 벗어나기 위하여 필요한 최소한도의 방어를 한 것으로서 사회상규에 어긋나지 아니하여 위법성이 없다(대판 1985.10.8. 85도1915).

IV. 관련문제

(1) 죄 수

신체의 완전성은 전속적 법익이므로 침해된 법익의 수에 따라 죄수가 결정된다.

(2) 타죄와의 관계

1) 상해와 살인죄와의 관계 : 상해나 살해의 수단으로 사용된 폭행은 불가벌적 수반행위로서 상해죄나 살인죄에 흡수된다.
2) 협박죄와의 관계 : 폭행(또는 상해)을 가하면서 그 사실을 협박한 때에는 협박 행위 내지 협박의 내용이 폭행에 대하여 독립된 의미가 없는 한 협박죄는 불가벌적 수반행위로서 폭행죄에 흡수된다.

(3) 반의사불벌죄

본죄는 피해자의 명시한 의사에 반하여 공소를 제기할 수 없다(제260조 제3항). 주의할 것은 특수폭행죄, 상습폭행죄는 반의사불벌죄가 아니라는 점이다.

〈처벌불원의 의사표시는 대리할 수 없다는 판례〉 폭행죄 등 반의사불벌죄에서 처벌불원의 의사표시는 의사능력 있는 피해자가 단독으로 할 수 있으며, 피해자 사망 후 상속인이 그 의사표시를 대신할 수 없다(대판 2010.5.27. 2010도2680). (14 변시)

〈주한미군의 기지에서 발생한 군인 사이의 폭행은 반의사불벌죄가 아니라는 판례〉 군인 등이 대한민국의 국군이 군사작전을 수행하기 위한 근거지에서 군인 등을 폭행했다면 그곳이 대한민국의 영토 내인지, 외국군의 군사기지인지 등과 관계없이 군형법 제60조의6 제1호에 따라 형법 제260조 제3항이 적용되지 않는다(대판 2023.6.15. 2020도927).

7 **존속폭행죄** [거동범, 부진정신분범, 반의사불벌죄]

> 제260조 (폭행, 존속폭행) ② 자기 또는 배우자의 직계존속에 대하여 제1항의 죄를 범한 때에는 5년 이하의 징역 또는 700만 원 이하의 벌금에 처한다.

8 **특수폭행죄**

> 제261조 (특수폭행) 단체 또는 다중의 위력을 보이거나 위험한 물건을 휴대하여 제260조 제1항 또는 제2항의 죄를 범한 때에는 5년 이하의 징역 또는 1천만 원 이하의 벌금에 처한다.

> **[죄명예규]** 특수(제260조 각 죄명)

(1) 의의와 법적 성격

특수폭행죄는 단체 또는 다중의 위력을 보이거나 위험한 물건을 휴대하여 폭행을 가함으로써 성립하는 범죄이다. 일반 폭행죄에 비하여 행위태양에 의해 불법이 가중된 불법가중유형이다.

(2) 단체 또는 다중의 위력을 보이는 경우

1) 단체 또는 다중의 개념 : 단체란 공동의 목적을 가진 다수인의 계속·조직적 결합체를 말하며, 다중이란 단체를 이루지 못한 다수인이 집합을 말한다.

2) 위력을 보이는 경우 : '위력'이란 사람의 의사를 제압하기에 족한 세력을 말하며, '보인다'는 것은 위력을 상대방에게 인식시키는 것을 말한다.

〈단체 또는 다중의 위력의 의미〉 폭력행위 등 처벌에 관한 법률 제3조 제1항 소정의 '다중'이라 함은 단체를 이루지 못한 다수인의 집합을 말하는 것으로, 이는 결국 집단적 위력을 보일 정도의 다수 혹은 그에 의해 압력을 느끼게 해 불안을 줄 정도의 다수를 의미한다 할 것이고, 다중의 '위력'이라 함은 다중의 형태로 집결한 다수 인원으로 사람의 의사를 제압하기에 족한 세력을 지칭하는 것으로서 그 인원수가 다수에 해당하는가는 행위 당시의 여러 사정을 참작하여 결정하여야 할 것이며, 이 경우 상대방의 의사가 현실적으로 제압될 것을 요하지는 않는다고 할 것이지만 상대방의 의사를 제압할 만한 세력을 인식시킬 정도는 되어야 한다(대판 2006.2.10. 2005도174). [COMMENT] 개정 이전의 폭처법에 관한 판례나 그 내용이 동일하므로 여기에 게재한다.

(3) 위험한 물건을 휴대한 경우

1) 위험한 물건

위험한 물건

甲은 배우자와 이혼분쟁을 하는 상태에 있었다. 그러던 어느 날 배우자 측의 사람들이 甲의 아들을 승낙없이 자동차에 태우고 떠나려고 하였다. 甲은 피해자들 일행을 상대로 급하게 추격 또는 제지하기 위해 자신의 소형승용차(라노스)로 피해자들의 중형승용차(쏘나타)를 충격하였다. 충격할 당시 두 차량 모두 정차하여 있다가 막 출발하는 상태로서 차량 속도가 빠르지 않았으며 상대방 차량의 손괴 정도가 그다지 심하지 않았고, 자동차의 충격으로 피해자들이 입은 상해의 정도도 비교적 경미하였다. 甲은 위험한 물건을 휴대한 경우에 해당하는가?

1. 위험한 물건의 의의

위험한 물건이란 흉기는 아니라고 하더라도 그 본래의 성질이나 사용용법에 따라서는 사람의 생명·신체에 위해를 줄 수 있는 물건을 말한다. 이러한 위험한 물건의 판단은 획일적인 것이 아니라 상대적이므로 위험한 물건에 해당하는지 여부는 구체적인 사안에서 사회통념에 비추어 그 물건을 사용하면 상대방이나 제3자가 생명 또는 신체에 위험을 느낄 수 있는지 여부에 따라 판단하여야 한다.

2. 위험한 물건과 흉기와의 관계

흉기란 사람을 살상할 의도로 제작된 물건을 말한다. 이러한 흉기는 위험한 물건이 되는 것이 원칙이지만, 위험한 물건은 상대적으로 판단하는 것이므로 흉기라도 위험한 물건이 되지 않는 예외적인 경우도 있다.

3. 기본 법리 판례

〈위험한 물건의 의미〉 '위험한 물건'이라 함은 흉기는 아니라고 하더라도 널리 사람의 생명, 신체에 해를 가하는 데 사용할 수 있는 일체의 물건을 포함한다고 풀이할 것이므로, 본래 살상용·파괴용으로 만들어진 것뿐만 아니라 다른 목적으로 만들어진 칼·가위·유리병·각종 공구·자동차 등은 물론 화학약품 또는 사주된 동물 등도 그것이 사람의 생명·신체에 해를 가하는 데 사용되었다면 본조의 '위험한 물건'이라 할 것이다(대판 1997.5.30. 97도597).(13 변시)

〈위험한 물건의 판단〉 어떤 물건이 '위험한 물건'에 해당하는지 여부는 구체적인 사안에서 사회통념에 비추어 그 물건을 사용하면 상대방이나 제3자가 생명 또는 신체에 위험을 느낄 수 있는지 여부에 따라 판단하여야 한다. 이러한 판단 기준은 자동차를 사용하여 사람의 생명 또는 신체에 위해를 가하거나 다른 사람의 재물을 손괴한 경우에도 마찬가지로 적용된다(대판 2010.11.11. 2010도10256). (21 경1)

4. 위험한 물건을 긍정한 판례

〈깨어지지 않은 맥주병 사건〉 '흉기 기타 위험한 물건'이라 함은 사람을 살상할 특성을 갖춘 총, 칼과 같은 물건은 물론 그 밖의 물건이라도 사회통념상 이를 이용하면 상대방이나 제3자가 살상의 위험을 느낄 수 있는 것을 포함하는바, 깨어지지 아니한 상태의 맥주병 역시 위의 위험한 물건에 해당한다고 하여야 할 것이다(대판 1991.12.27. 91도2527).

〈보복운전 사건〉 피고인이 갑과 운전 중 발생한 시비로 한차례 다툼이 벌어진 직후 갑이 계속하여 피고인이 운전하던 자동차를 뒤따라온다고 보고 순간적으로 화가 나 갑에게 겁을 주기 위하여 자동차를 정차한 후 4 내지 5m 후진하여 갑이 승차하고 있던 자동차와 충돌한 사안에서, 본래 자동차 자체는 살상용, 파괴용 물건이 아닌 점 등을 감안하더라도, 위 충돌 당시와 같은 상황하에서는 갑은 물론 제3자라도 피고인의 자동차와 충돌하면 생명 또는 신체에 살상의 위험을 느꼈을 것이므로, 피고인이 자동차를 이용하여 갑에게 상해를 가하고, 갑의 자동차를 손괴한 행위는 폭력행위 등 처벌에 관한 법률 제3조 제1항이 정한 '위험한 물건'을 휴대하여 이루어진 범죄라고 봄이 상당함에도, 이와 달리 판단한 원심판결에 법리오해의 위법이 있다고 한 사례(대판 2010.11.11. 2010도10256).

〈대나무 사건〉 피고인이 길이 140cm, 지름 4cm인 대나무를 휴대하여 피해자 갑, 을에게 상해를 입혔다는 내용으로 기소된 사안에서, 피고인이 위 대나무로 갑의 머리를 여러 차례 때려 대나무가 부러졌고, 갑은 두피에 표재성 손상을 입어 사건 당일 병원에서 봉합술을 받은 점 등에 비추어 피고인이 사용한 위 대나무가 '위험한 물건'에 해당한다고 본 원심판단이 정당하다고 한 사례(대판 2017.12.28. 2015도5854). (21 경1)

5. 위험한 물건을 부정한 판례

〈쇠파이프에 대항하기 위한 각목은 위험한 물건이 아니라는 판례〉 쇠파이프(길이 2미터, 직경 5센티미터)로 머리를 구타당하면서 이에 대항하여 그곳에 있던 각목(길이 1미터, 직경 5센티미터)으로 상대방의 허리를 구타한 경우에는 위 각목은 위 법조 소정의 위험한 물건이라고 할 수 없다(대판 1981.7.28. 81도1046).

〈당구공으로 머리를 톡톡 건드렸다면 위험한 물건이아니라는 판례〉 당구공으로는 피해자의 머리를 톡톡 건드린 정도에 불과한 것으로 보인다면, 위와 같은 사정 아래에서는 피고인이 당구공으로 피해자의 머리를 때린 행위로 인하여 사회통념상 피해자나 제3자에게 생명 또는 신체에 위험을 느끼게 하였으리라고 보여지지 아니하므로 위 당구공은 폭력행위 등 처벌에 관한 법률 제3조 제1항의 '위험한 물건'에는 해당하지 아니한다(대판 2008.1.17. 2007도9624). (13 변시)

〈칼 뺏어 칼자루부분으로 머리를 가볍게 쳤다면 위험한 물건이 아니라는 판례〉 피해자가 먼저 식칼을 들고 나와 피고인을 찌르려다가 피고인이 이를 저지하기 위하여 그 칼을 뺏은 다음 피해자를 훈계하면서 위 칼의 칼자루 부분으로 피해자의 머리를 가볍게 쳤을 뿐이라면 피해자가 위험성을 느꼈으리라고는 할 수 없다(대판 1989.12.22. 89도1570). (13 변시)

〈라노스와 쏘나타 사건〉 [사실관계] − [쟁점사실관계] [판결요지] 자동차(소형 라노스)를 이용하여 다른 자동차(중형 쏘나타)를 충격한 사안에서, 충격 당시 차량의 크기, 속도, 손괴 정도 등 제반 사정에 비추어 위 자동차가 폭력행위 등 처벌에 관한 법률 제3조 제1항에 정한 '위험한 물건'에 해당하지 않는다고 한 사례(대판 2009.3.26. 2007도3520). 답 위험한 물건을 휴대한 경우에 해당하지 않는다. (13 변시)

6. 주의할 판례

〈자동차로 다른 자동차 2대 손괴한 사건〉 [1] 위험한 물건을 휴대하고 다른 사람의 재물을 손괴하면 상대방이 그 위험한 물건의 존재를 인식하지 못하였거나 그 위험한 물건의 사용으로 생명 또는 신체에 위해를 입지 아니하였다고 하더라도 폭력행위 등 처벌에 관한 법률 제3조 제1항 위반죄가 성립한다. [2] 자동차를 이용하여 다른 사람의 자동차 2대를 손괴한 경우, 그 자동차의 소유자 등이 실제로 해를 입거나 해를 입을 만한 위치에 있지 아니하였다고 하더라도 폭력행위 등 처벌에 관한 법률 제3조 제1항 위반죄가 성립한다(대판 2003.1.24. 2002도5783).

2) 휴대하여

> **휴대하여**
>
> 甲은 교통관리직원인 A가 견인료 납부를 요구하면서 자신의 승용차의 앞을 가로막자 승용차를 그대로 전진시켜 승용차 앞범퍼 부분으로 A의 다리 부분을 들이받고 약 1미터 정도 진행하여 A를 땅바닥에 넘어뜨렸다. 甲의 죄책은? [2013 2차][2014 2차]
>
> ### 1. '휴대하여'의 의미
>
> '휴대하여'란 범행현장에서 범행에 사용할 의도 아래 위험한 물건을 몸 또는 몸 가까이 소지하는 것을 말한다. 따라서 범행과는 무관하게 우연히 이를 소지하는 경우에는 여기에 포함되지 않는다. 그리고 휴대하면 족하고 상대방에게 인식시킬 필요는 없다.
>
> 〈'휴대하여'의 의미〉 '휴대하여'란 범행 현장에서 그 범행에 사용하려는 의도 아래 흉기를 소지하거나 몸에 지니는 경우를 가리키는 것이고, 그 범행과는 전혀 무관하게 우연히 이를 소지하게 된 경우까지를 포함하는 것은 아니라 할 것이나, 범행 현장에서 범행에 사용하려는 의도 아래 흉기 등 위험한 물건을 소지하거나 몸에 지닌 이상 그 사실을 피해자가 인식하거나 실제로 범행에 사용하였을 것까지 요구되는 것은 아니다(대판 2004.6.11. 2004도2018). (18 변시)(21 1차)
>
> 〈깨어진 유리조각 사건〉 휴대라 함은 반드시 몸에 지니고 다니는 것을 뜻한다고는 할 수 없으나 범행 현장에서 범행에 사용할 의도 아래 이를 소지하거나 몸에 지니는 경우도 휴대라고 볼 것이므로, 피고인이 깨어진 유리조각을 들고 피해자의 얼굴에 던졌다면 이는 위험한 물건을 휴대하였다고 볼 것이다(대판 1982.2.23. 81도3074).
>
> 〈호주머니속 과도 사건〉 피고인이 이 사건 폭력행위 당시 판시 과도를 범행 현장에서 호주머니 속에 지니고 있었던 이상 이는 위험한 물건을 휴대한 경우로서 폭처법 제3조 제1항 소정의 죄에 해당한다(대판 1984.4.10. 84도353).
>
> ### 2. '휴대하여'의 범위
>
> '휴대하여'의 범위에 대하여 ① 다수설은 사전적 의미 그대로 몸에 지니는 것을 의미한다고 보는 협의설의 입장이지만 ② 판례는 '널리 이용하여'를 의미한다고 보는 광의설의 입장이다. 생각건대 자동차 등을 이용한 범죄에 대처하기 위하여 '휴대하여'의 의미를 '널리 이용하여'로 해석하는 판례의 입장이 타당하다. 그러나 이러한 해석은 유추해석의 여지가 있으므로 자동차 등을 이용한 폭행의 경우에는 신범죄로 입법하는 것이 바람직하다.
>
> 〈'휴대하여'의 범위〉 [사실관계] ─ [쟁점사실관계] [판결요지] 본래 살상용·파괴용으로 만들어진 것뿐만 아니라 다른 목적으로 만들어진 칼·가위·유리병·각종공구·자동차 등은 물론 화학약품 또는 사주된 동물 등도 그것이 사람의 생명·신체에 해를 가하는 데 사용되었다면 본조의 '위험한 물건'이라 할 것이며, 이러한 위험한 물건을 '휴대하여'라는 말은 소지뿐만 아니라 널리 이용한다는 뜻도 포함하고 있다(대판 1997.5.30. 97도597). 🖐 甲에게는 특수폭행죄가 성립한다. (13 변시)

(4) 폭 행

본죄의 폭행도 폭행죄의 폭행과 같다. 즉 협의의 폭행을 의미하므로 사람의 신체에 대한 직접적인 유형력의 행사만이 본죄의 폭행에 해당한다.

〈차를 조금씩 전진시킨 사건〉 폭행죄에서 말하는 폭행이란 사람의 신체에 대하여 육체적·정신적으로 고통을 주는 유형력을 행사함을 뜻하는 것으로서 반드시 피해자의 신체에 접촉함을 필요로 하는 것은 아니고, 그 불법성은 행위의 목적과 의도, 행위 당시의 정황, 행위의 태양과 종류, 피해자에게 주는 고통의 유무와 정도 등을 종합하여 판단하여야 한다. 따라서 <u>자신의 차를 가로막는 피해자를 부딪친 것은 아니라고 하더라도, 피해자를 부딪칠 듯이 차를 조금씩 전진시키는 것을 반복하는 행위 역시 피해자에 대해 위법한 유형력을 행사한 것이라고 보아야 한다</u>(대판 2016.10.27. 2016도9302). [COMMENT] 판례문구에는 정확히 나타나 있지 않지만, 특수폭행죄를 인정한 판례이다. [2020 3차] (23 변시)

(5) 고 의

단체·다중의 위력을 보이거나 위험한 물건을 휴대하고 폭행한다는 사실에 대한 인식과 의사가 있어야 한다. 따라서 위험한 물건을 휴대한 사실을 인식하지 못하고 폭행한 자에게는 단순폭행죄가 성립한다.

9 폭행치사상죄 [결과적 가중범]

> 제262조 (폭행치사상) 제260조와 제261조의 죄를 지어 사람을 사망이나 상해에 이르게 한 경우에는 제257조부터 제259조까지의 예에 따른다.

[죄명예규] (제260조, 제261조 각 죄명)(치사, 치상)

(1) 의 의

폭행치사상죄는 폭행·존속폭행 또는 특수폭행의 죄를 범하여 사람을 사상에 이르게 함으로써 성립하는 결과적 가중범이다. 폭행치사상죄를 규정한 것은 상해죄가 폭행죄의 결과적 가중범이 아니라는 것을 명확히 했다는 점에서 의미가 있다.

(2) 성립요건

본죄도 결과적 가중범이므로 결과적 가중범의 일반적인 성립요건인 ① 기본범죄인 폭행 또는 특수폭행에 대한 고의행위 ② 사상의 결과 ③ 폭행과 사상의 결과 사이에 인과관계 및 ④ 사상의 결과에 대한 예견가능성(과실)이 있어야 한다.

〈속칭 '생일빵' 사건〉 [1] 폭행치사죄는 결과적 가중범으로서 폭행과 사망의 결과 사이에 인과관계가 있는 외에 사망의 결과에 대한 예견가능성 즉 과실이 있어야 하고, 이러한 예견가능성의 유무는 폭행의 정도와 피해자의 대응상태 등 구체적 상황을 살펴서 엄격하게 가려야 한다. [2] 속칭 '생일빵'을 한다는 명목 하에 피해자를 가격하여 사망에 이르게 한 사안에서, 폭행과 사망 간에 인과관계는 인정되지만 폭행 당시 피해자의 사망을 예견할 수 없었다는 이유로 폭행치사의 공소사실에 대하여 무죄를 선고한 원심판단을 수긍한 사례(대판 2010.5.27. 2010도2680).

〈어린애 업은 사람 밀친 사건〉 피고인은 빚독촉을 하다가 시비 중 멱살을 잡고 대드는 피해자의 손을 뿌리치고 그를 뒤로 밀어 넘어뜨렸는데 그 순간 피해자의 등에 업힌 생후 7개월된 어린아이가 그 충격으로 두개골절 등 상해를 입고 사망한 사안에서, 피고인이 폭행을 가한 대상자와 그 폭행의 결과 사망한 대상자는 서로 다른 인격자라 할지라도 위와 같이 어린애를 업은 사람을 밀어 넘어뜨리면 그 어린애도 따라서 필연적으로 넘어질 것임은 피고인도 예견하였을 것이므로 어린애를 업은 사람을 넘어뜨린 행위는 그 어린애에 대해서도 역시 폭행이 된다 할 것이고, 따라서 폭행치사죄가 성립한다(대판 1972.11.28. 72도2201). (16 변시)

〈지병 만취자 사건〉 피해자를 2회에 걸쳐 두 손으로 힘껏 밀어 땅바닥에 넘어뜨리는 폭행을 가함으로써 그 충격으로 인한 쇼크성 심장마비로 사망케 하였다면 비록 위 피해자에게 그 당시 심관성동맥경화 및 심근섬유화증세 등의 심장질환의 지병이 있었고 음주로 만취된 상태였으며 그것이 피해자가 사망함에 있어 영향을 주었다고 해서 피고인의 폭행과 피해자의 사망간에 상당인과 관계가 없다고 할 수 없다(대판 1986.9.9. 85도2433).

(3) 폭행치사상죄의 공범

판례는 결과적 가중범인 폭행치사상죄의 **공동정범**을 인정하고 있으며, 피교사 · 방조자가 결과적 가중범의 중한 결과를 발생시킨 경우에는 교사 · 방조자에게 중한 결과에 대한 **예견가능성**이 있으면 폭행치사상죄의 교사 · 방조범을 인정하고 있다.

(4) 처 벌

1) **폭행치사상죄** : 폭행치사상죄는 제257조 내지 제259조의 예에 의하여 처벌된다.
2) **특수폭행치사상죄** : 특수폭행치사죄의 경우에는 제259조의 예에 의하여 처벌된다는 점은 이론의 여지가 없다. 그런데 특수폭행치상죄의 경우에는 ① 상해죄로 처벌하자는 제257조 제1항설과 ② 특수상해죄로 처벌하자는 제258조의2 제1항설이 대립하고 있으며, **판례는 제257조 제1항설에 따라 상해죄로 처벌하고 있다.**

〈특수폭행치상 사건〉 **[사실관계]** 甲은 승용차를 운전하여 가던 중 A가 타고 가던 자전거 앞으로 승용차의 진로를 변경한 후 급하게 정차하여 충돌을 피하려는 A의 자전거를 땅바닥에 넘어지게 함으로써 A에게 약 2주간의 치료를 요하는 상해를 입게 하였다. 甲은 어떻게 처벌되는가? **[판결요지]** 2016. 1. 6. 형법 개정으로 특수상해죄가 형법 제258조의2로 신설됨에 따라 문언상으로 형법 제262조의 "제257조 내지 제259조의 예에 의한다"는 규정에 형법 제258조의2가 포함되어 특수폭행치상의 경우 특수상해인 형법 제258조의2 제1항의 예에 의하여 처벌하여야 하는 것으로 해석될 여지가 생기게 되었다. 그러나 형벌규정 해석에 관한 법리와 폭력행위 등 처벌에 관한 법률의 개정 경과 및 형법 제258조의2의 신설 경위와 내용, 그 목적, 형법 제262조의 연혁, 문언과 체계 등을 고려할 때, 특수폭행치상의 경우 형법 제258조의2의 신설에도 불구하고 종전과 같이 형법 제257조 제1항의 예에 의하여 처벌하는 것으로 해석함이 타당하다(대판 2018.7.24. 2018도3443). 🖹 甲은 형법 제257조 제1항의 예에 의하여 처벌된다. (22 변시)

10 상해의 동시범

1. 동시범의 의의

2인 이상의 자가 상호간에 공동의 범행결의 없이 동일 객체에 대하여 동시 또는 이시에 각자의 범죄를 실현하는 경우를 말한다.

> [COMMENT] 동시범은 의사의 연락이 없으므로 공동정범이 아니며, 공동정범이 아니므로 일부실행 전부책임의 원리가 적용되지 않고 **인과관계를 개별적으로 검토**한다.

2. 제19조의 동시범

> **제19조 (독립행위의 경합)** 동시 또는 이시의 독립행위가 경합한 경우에 그 결과발생의 원인된 행위가 판명되지 아니한 때에는 각행위를 미수범으로 처벌한다.

(1) 의의

제19조의 동시범이란 동시 또는 이시의 독립행위가 경합한 경우에 그 결과발생의 원인된 행위가 판명되지 아니한 때에는 각행위를 미수범으로 처벌하는 것을 말한다.

> [COMMENT] 독립행위의 경우를 동시범이라고 명명하지만, 이시의 경우도 포함된다는 점을 주의하여야 한다.

(2) 요건

제19조의 동시범이 성립하기 위해서는 ① 동시 또는 이시의 독립행위가 경합하고 ② 결과가 발생하고 ③ 원인관계가 판명되지 않아야 한다.

(3) 효과

각자를 미수범으로 처벌한다.

3. 제263조의 특칙

> **제263조 (동시범)** 독립행위가 경합하여 상해의 결과를 발생하게 한 경우에 있어서 원인된 행위가 판명되지 아니한 때에는 공동정범의 예에 의한다.

(1) 제263조의 의의

1) 제263조의 의의 : 독립행위가 경합하여 상해의 결과를 발생하게 한 경우에 있어서 원인된 행위가 판명되지 아니한 때에는 공동정범의 예에 의하는 것을 상해죄의 동시범이라고 한다. **제19조가 인권보장을 위한 규정이라면 제263조는 형사정책적인 측면을 강조한 규정이다.**

2) 제263조의 위헌성 : 동시범의 특례인 제263조는 형사정책적인 측면을 강조함에 따라 피고인의 인권을 침해할 여지가 있으므로 위헌성 여부가 문제되었지만, 최근 헌법재판소는 제263조를 합헌이라고 결정하였다.

(2) 성립요건

  1) **독립행위의 경합** : 2인 이상의 행위가 서로 의사연락 없이 동시 또는 이시에 동일한 객체에 대하여 행하여져야 한다. 그러나 실행행위를 한 것 자체가 불분명한 경우에는 본조를 적용할 수 없다.

  〈잡귀사건(공동가공의사가 있는 사건)〉 2인 이상이 상호의사의 연락 없이 동시에 범죄구성요건에 해당하는 행위를 하였을 때에는 원칙적으로 각인에 대하여 그 죄를 논하여야 하나 그 결과발생의 원인이 된 행위가 분명하지 아니한 때에는 각 행위자를 미수범으로 처벌하고(독립행위의 경합), 이 독립행위가 경합하여 특히 상해의 결과를 발생하게 하고 그 결과발생의 원인이 된 행위가 밝혀지지 아니한 경우에는 공동정범의 예에 따라 처단(동시범)하는 것이므로 공범관계에 있어 공동가공의 의사가 있었다면 이에는 도시 동시범 등의 문제는 제기될 여지가 없다(대판 1985.12.10. 85도1892). (20 변시)

  〈가해행위가 분명치 않은 사건〉 상해죄에 있어서의 동시범은 두 사람 이상이 가해행위를 하여 상해의 결과를 가져올 경우에 그 상해가 어느 사람의 가해행위로 인한 것인지가 분명치 않다면 가해자 모두를 공동정범으로 본다는 것이므로, 가해행위를 한 것 자체가 분명치 않은 사람에 대하여는 동시범으로 다스릴 수 없다(대판 1984.5.15. 84도488). (18 변시)

  2) **상해의 결과발생** : 상해의 결과발생이 있어야 함이 원칙이나, 판례는 제263조의 적용범위에 폭행치사나 상해치사의 경우도 포함시키고 있다.

  3) **원인행위가 판명되지 않을 것** : 본조가 적용되기 위해서는 특정한 독립된 행위에 의하여 결과가 발생되었는가를 입증할 수 없어야 한다. 원인행위가 판명된 때는 각자 자기행위로부터 발생한 결과에 대하여 책임을 지면 충분하기 때문이다.

(3) 효 과

  상해죄의 동시범의 경우에는 공동정범의 예에 의한다. 따라서 동시범이지만 공동정범의 예에 의하므로 **일부실행전부책임의 원리**가 적용되어 동시범 전원에게 발생결과의 기수범이 성립한다.

(4) 법적 성질

  [GUIDE] 법적 성질을 의의와 취지 다음에서 설명할 수도 있지만, 제263조의 기본내용을 충실하게 이해한 연후에 법적 성질을 정리하는 것이 바람직하므로 본서에서는 **효과 이후**에 법적 성질을 검토한다.

  제263조는 의사의 연락이 없는 독립된 행위자들을 원인행위가 판명되지 아니한 경우에 공동정범의 예에 의하여 처벌하도록 하고 있으므로 공동정범의 예로 처벌되는 근거에 대하여 논의가 있다. 이에 대하여는 ① 법률상 추정설 ② 법률상 의제설 ③ 거증책임전환설 등이 대립하고 있으나, 다수설은 제263조는 입증의 곤란을 구제하기 위한 정책적 예외규정으로서 피

고인에게 자기의 행위로 상해의 결과가 발생하지 않았음을 증명할 거증책임을 전환한 규정이라고 보고 있다.

> [COMMENT] 제263조는 제310조와 더불어 거증책임의 전환이 논의되는 대표적인 범죄이다.

(5) 적용범위

1) **상해죄와 폭행치상죄** : 상해죄와 폭행치상죄에 대하여 제263조를 적용하는데에 대하여는 이론이 없다.

2) **상해치사죄와 폭행치사죄** : 상해의 결과가 아닌 사망의 결과가 발생한 상해치사죄와 폭행치사죄의 경우에도 제263조를 적용할 것인지에 대하여 논의가 있다. 이에 대하여 ① 다수설은 제263조는 책임주의를 구현한 제19조의 예외규정이므로 제한 해석할 필요성이 있고, 사망의 결과가 발생한 경우까지 그 적용범위를 넓히는 것은 피고인에게 불리한 유추적용이 되므로 제263조가 적용되지 않는다는 **부정설**을 따르고 있지만, ② **판례**는 상해의 결과가 발생한 이상 폭행치사죄, 상해치사죄의 경우에도 제263조가 적용된다는 **긍정설**의 입장을 따르고 있다. 생각건대 제263조는 위헌의 소지가 있는 규정이며, 법문에 '상해의 결과'라고 명시하고 있음에도 이 규정을 폭행치사죄 및 상해치사죄의 경우까지 적용하는 것은 죄형법정주의에 반하는 해석이므로 제263조가 적용되지 않는다고 보는 것이 타당하다. [2016 1차][2021 변시]

〈**상해치사나 폭행치사와 제263조**〉 시간적 차이가 있는 독립된 상해행위나 폭행행위가 경합하여 사망의 결과가 일어나고 그 사망의 원인된 행위가 판명되지 않은 경우에는 공동정범의 예에 의하여 처벌할 것이다(대판 2000.7.28. 2000도2466). (18 변시)(20 변시)

〈**상해치사와 제263조**〉 동시범의 특례를 규정한 형법 제263조는 상해치사죄에도 적용된다(대판 1985.5.14. 84도2118).

〈**3시간 사건**〉 甲은 술에 취해 있던 A의 어깨를 주먹으로 때리고 쇠스랑 자루로 머리를 강타하고 가슴을 밀어 땅에 넘어뜨렸는바, 그 후 3시간가량 지나서 이번에는 乙이 A의 멱살을 잡아 평상에 앉혀 놓고 A의 얼굴을 때리고 손으로 가슴을 밀어 땅에 넘어뜨린 다음, 슬리퍼로 A의 얼굴을 수회 때렸는데, A는 그로부터 6일 후에 뇌출혈로 사망한 경우, 이시(異時)의 독립된 상해행위가 경합하여 사망의 결과가 일어난 경우에 그 원인된 행위가 판명되지 아니한 때에는 공동정범의 예에 의하여야 한다(대판 1981.3.10. 80도3321).

3) **강간치상죄와 업무상과실치상죄** : 판례는 강간치상죄와 업무상과실치상죄의 경우 제263조의 적용을 부정한다.

〈**강간치상과 제263조**〉 형법 제263조의 동시범은 상해와 폭행죄에 관한 특별규정으로서 동 규정은 그 보호법익을 달리하는 강간치상죄에는 적용할 수 없다(대판 1984.4.24. 84도372). (21 1차)

〈**업무상과실치상과 제263조**〉 선행 교통사고와 후행 교통사고 중 어느 쪽이 원인이 되어 피해자가 사망에 이르게 되었는지 밝혀지지 않은 경우 후행 교통사고를 일으킨 사람의 과실과 피해자의 사망

사이에 인과관계가 인정되기 위해서는 후행 교통사고를 일으킨 사람이 주의의무를 게을리하지 않았다면 피해자가 사망에 이르지 않았을 것이라는 사실이 증명되어야 하고, 그 증명책임은 검사에게 있다(대판 2007.10.26. 2005도8822). (20 변시)(21 변시)

11 상습 상해 · 폭행죄 [부진정신분범]

> 제264조 (상습범) 상습으로 제257조, 제258조, 제258조의2, 제260조 또는 제261조의 죄를 범한 때에는 그 죄에 정한 형의 2분의 1까지 가중한다. [개정 2016.1.6.]

[죄명예규] 상습(제257조, 제258조, 제258조의2, 제260조, 제261조 각 죄명)

〈제264조에서 상습의 의미〉상해죄 및 폭행죄의 상습범에 관한 형법 제264조는 "상습으로 제257조, 제258조, 제258조의2, 제260조 또는 제261조의 죄를 범한 때에는 그 죄에 정한 형의 2분의 1까지 가중한다."라고 규정하고 있다. 형법 제264조에서 말하는 '상습'이란 위 규정에 열거된 상해 내지 폭행행위의 습벽을 말하는 것이므로, 위 규정에 열거되지 아니한 다른 유형의 범죄까지 고려하여 상습성의 유무를 결정하여서는 아니 된다(대판 2018.4.24. 2017도21663). (23 3차)

〈상습 존속 폭행 · 상해 사건〉직계존속인 피해자를 폭행하고, 상해를 가한 것이 존속에 대한 동일한 폭력습벽의 발현에 의한 것으로 인정되는 경우, 그 중 법정형이 더 중한 상습존속상해죄에 나머지 행위들을 포괄시켜 하나의 죄만이 성립한다(대판 2003.2.28. 2002도7335). (21 법행)

〈존속폭행의 상습성〉[1] 피고인에게 폭행 범행을 반복하여 저지르는 습벽이 있고 이러한 습벽에 의하여 단순폭행, 존속폭행 범행을 저지른 사실이 인정된다면 단순폭행, 존속폭행의 각 죄별로 상습성을 판단할 것이 아니라 포괄하여 그중 법정형이 가장 중한 상습존속폭행죄만 성립한다고 볼 여지가 있다. [2] 폭행의 습벽이 있는 피고인이 계부를 여러 차례 때리고 친모를 1회 때린 행위에 대하여 검사가 포괄하여 상습존속폭행으로 기소한 사건에서, 원심은 피고인에게 폭행의 습벽이 있다고 보아 계부에 대한 부분은 상습폭행을 인정하면서도 존속을 폭행한 습벽은 없다는 이유로 친모에 대한 부분은 단순존속폭행만을 인정하고 제1심판결 선고 전 처벌불원 의사표시가 있었다는 이유로 주문에서 공소기각을 선고하였으나, 폭행죄와 존속폭행죄의 상습범 처벌 규정인 형법 제264조의 '상습'의 의미를 위 규정에 열거된 상해 또는 폭행행위를 반복적으로 저지르는 습벽이라고 판단하여 파기환송한 사례(대판 2018.4.24. 2017도10956). (22 경1)

〈상습특수상해죄의 가중 방법 관련 판례〉형법은 제264조에서 상습으로 제258조의2의 죄를 범한 때에는 그 죄에 정한 형의 2분의 1까지 가중한다고 규정하고, 제258조의2 제1항에서 위험한 물건을 휴대하여 상해죄를 범한 때에는 1년 이상 10년 이하의 징역에 처한다고 규정하고 있다. 위와 같은 형법 각 규정의 문언, 형의 장기만을 가중하는 형법 규정에서 그 죄에 정한 형의 장기를 가중한다고 명시하고 있는 점, 형법 제264조에서 상습범을 가중처벌하는 입법 취지 등을 종합하면, 형법 제264조는 상습특수상해죄를 범한 때에 형법 제258조의2 제1항에서 정한 법정형의 단기와 장기를 모두 가중하여 1년 6개월 이상 15년 이하의 징역에 처한다는 의미로 새겨야 한다(대판 2017.6.29. 2016도18194).

12 폭처법상 공동폭행죄 관련 최신 판례

〈**피고인들 중 1인이 피해자를 폭행하고 나머지는 이를 휴대전화로 촬영하거나 지켜본 사건**〉 [사실관계]
고등학생인 피고인 甲, 乙, 丙이 피해자를 아파트 놀이터로 불러내어 그중 甲이 피해자를 폭행하고
乙은 이를 휴대전화로 촬영하였으며 丙은 옆에서 싸움과정을 지켜보았다면, 甲, 乙, 丙에게 폭처법
상의 공동폭행죄가 성립하는가? [**판결요지**] 「폭력행위 등 처벌에 관한 법률」 제2조 제2항 제1호의
'2명 이상이 공동하여 폭행의 죄를 범한 때'라고 함은 그 수인 사이에 공범관계가 존재하고, 수인
이 동일 장소에서 동일 기회에 상호 다른 자의 범행을 인식하고 이를 이용하여 폭행의 범행을
한 경우임을 요한다. 따라서 폭행 실행범과의 공모사실이 인정되더라도 그와 공동하여 범행에 가
담하였거나 범행장소에 있었다고 인정되지 아니하는 경우에는 공동하여 죄를 범한 때에 해당하지
않고, 여러 사람이 공동하여 범행을 공모하였다면 그중 2인 이상이 범행장소에서 실제 범죄의 실행
에 이르렀어야 나머지 공모자에게도 공모공동정범이 성립할 수 있을 뿐이다(대판 2023.8.31. 2023도63
55).

제3절 | 과실치사상의 죄

1 과실치사상죄 [과실치상죄만 반의사불벌죄]

> 제266조 (과실치상) ① 과실로 인하여 사람의 신체를 상해에 이르게 한 자는 500만원 이하의 벌금, 구류 또는 과료에 처한다.
>
> 제267조 (과실치사) 과실로 인하여 사람을 사망에 이르게 한 자는 2년 이하의 금고 또는 700만 원 이하의 벌금에 처한다.

[죄명예규] 과실치상죄/과실치사죄

(1) 의 의

과실치사상죄는 과실로 사람을 사망에 이르게 하거나 상해에 이르게 함으로써 성립하는 범죄이다.

(2) 구성요건

과실치사상죄가 성립하기 위해서는 과실범 일반의 논리에 따라 ① 결과의 발생 ② 과실 ③ 과실행위와 결과발생 사이에 인과관계가 있어야 한다.

과실치사상죄 관련 판례 정리

1. 기본 법리 판례

〈골프공 캐디 상해 사건〉[1] 골프와 같은 개인 운동경기에 참가하는 자는 자신의 행동으로 인해 다른 사람이 다칠 수도 있으므로, 경기 규칙을 준수하고 주위를 살펴 상해의 결과가 발생하는 것을 미연에 방지해야 할 주의의무가 있다. 이러한 주의의무는 경기보조원에 대하여도 마찬가지로 부담한다. [2] 운동경기에 참가하는 자가 경기규칙을 준수하는 중에 또는 그 경기의 성격상 당연히 예상되는 정도의 경미한 규칙위반 속에 제3자에게 상해의 결과를 발생시킨 것으로서, 사회적 상당성의 범위를 벗어나지 아니하는 행위라면 과실치상죄가 성립하지 않는다. 그러나 골프경기를 하던 중 골프공을 쳐서 아무도 예상하지 못한 자신의 등 뒤편으로 보내어 등 뒤에 있던 경기보조원(캐디)에게 상해를 입힌 경우에는 주의의무를 현저히 위반하여 사회적 상당성의 범위를 벗어난 행위로서 과실치상죄가 성립한다(대판 2008.10.23. 2008도6940). (23 법행)

2. 과실치사상죄를 긍정한 판례

〈촛불 사건〉 함께 술을 마신 후 만취된 피해자를 촛불이 켜져 있는 방안에 혼자 눕혀 놓고 촛불을 끄지 않고 나오는 바람에 화재가 발생하여 피해자가 사망한 경우 과실치사책임을 인정한 사례(대판 1994.8.26. 94도1291). [COMMENT] 현행법은 독일형법과 같은 실화치사죄가 없음을 주의하여야 한다.

〈중앙선 사건〉 중앙선에 서서 도로횡단을 중단한 피해자의 팔을 갑자기 잡아끌고 피해자로 하여금 도로를 횡단하게 만든 피고인으로서는 위와 같이 무단횡단을 하는 도중에 지나가는 차량에 충격당하여 피해자가 사망하는 교통사고가 발생할 가능성이 있으므로, 이러한 경우에

는 피고인이 피해자의 안전을 위하여 차량의 통행 여부 및 횡단 가능 여부를 확인하여야 할 주의의무가 있다 할 것이므로, 피고인으로서는 위와 같은 주의의무를 다하지 않은 이상 교통사고와 그로 인한 피해자의 사망에 대하여 과실책임을 면할 수 없다(대판 2002.8.23. 2002도2800). (18 변시)

〈바다에서 장난삼아 헹가레 친 사건〉 피해자와 같은 내무반원인 피고인 등 여러 사람이 곧 전역할 병사 丙을 손발을 붙잡아 헹가레를 쳐서 장난삼아 바다에 빠뜨리려고 하다가 그가 발버둥치자 동인의 발을 붙잡고 있던 피해자가 몸의 중심을 잃고 미끄러지면서 바다에 빠져 사망한 경우 과실치사죄가 성립한다(대판 1990.11.13. 90도2106).

3. 과실치사상죄를 부정한 판례

〈유리창 사건〉 담임교사가 학교방침에 따라 학생들에게 교실청소를 시켜왔고 유리창을 청소할 때는 교실 안쪽에서 닦을 수 있는 유리창만을 닦도록 지시하였는데도 유독 피해자만이 수업시간이 끝나자마자 베란다로 넘어 갔다가 밑으로 떨어져 사망하였다면 담임교사에게 그 사고에 대한 어떤 형사상의 과실책임을 물을 수 없다(대판 1989.3.28. 89도108).

(3) 과실치상죄의 반의사불벌규정

> 제266조 (과실치상) ② 제1항의 죄는 피해자의 명시한 의사에 반하여 공소를 제기할 수 없다.

형법은 과실치상죄에 대해서는 반의사불벌죄로 규정하면서, 과실치사죄는 반의사불벌죄로 규정하지 않고 있다는 점을 주의하여야 한다.

2 업무상과실치사상죄 [부진정신분범]

> 제268조 (업무상과실·중과실 치사상) 업무상과실 또는 중대한 과실로 사람을 사망이나 상해에 이르게 한 자는 5년 이하의 금고 또는 2천만원 이하의 벌금에 처한다.

[죄명예규] (업무상, 중)과실(치사, 치상)

(1) 업무상과실치사상죄의 의의

업무상과실치사상죄란 업무상의 과실로 인하여 사람을 사망 또는 상해에 이르게 함으로써 성립하는 범죄이다. 업무상과실은 단순과실에 비하여 업무자라는 신분관계로 인하여 형이 가중되는 가중적 구성요건, 즉 부진정신분범이다.

〈업무상과실치사상죄를 가중처벌하는 근거〉 업무상과실치사상죄를 형법 제266조의 단순 과실치상죄에 비하여 가중처벌하는 것은 사람의 생명, 신체에 대한 위험을 초래할 우려가 있거나 이를 방지할 의무가 있는 업무에 종사하는 자에 대해서는 일반인에 비해 그러한 결과발생에 대한 고도의 주의의무가 부과되거나 그 예견가능성이 크다는 점 등의 사정을 고려한 때문이다(대판 2009.10.29. 2009도5753).

(2) **업 무**

1) 업무의 의의 : 업무란 사람이 사회생활상의 지위에 기하여 계속·반복하는 사무이다.

2) 업무상과실치사상죄의 업무상과실의 내용 : 본죄는 생명 또는 신체의 건강을 보호하기 위한 범죄이므로 수행하는 직무 자체가 위험성을 갖기 때문에 안전배려를 의무의 내용으로 하는 경우는 물론 사람의 생명·신체의 위험을 방지하는 것을 의무의 내용으로 하는 업무도 포함된다. 그리고 이러한 업무인 이상 공무·사무를 포함하며, 업무의 적법 여부, 면허의 소지 여부 등도 묻지 않는다.

▎ 업무상과실 관련 판례 정리 ─────────────────────

1. 기본 법리 판례

〈업무상과실치상죄의 업무〉업무상과실치상죄의 '업무'란 사람의 사회생활면에서 하나의 지위로서 계속적으로 종사하는 사무를 말한다. 여기에는 수행하는 직무 자체가 위험성을 갖기 때문에 안전배려를 의무의 내용으로 하는 경우는 물론 사람의 생명·신체의 위험을 방지하는 것을 의무의 내용으로 하는 업무도 포함된다(대판 2022.12.1. 2022도11950).

〈도급인의 주의의무〉원칙적으로 도급인에게는 수급인의 업무와 관련하여 사고방지에 필요한 안전조치를 취할 주의의무가 없으나, 법령에 의하여 도급인에게 수급인의 업무에 관하여 구체적인 관리·감독의무 등이 부여되어 있거나 도급인이 공사의 시공이나 개별 작업에 관하여 구체적으로 지시·감독하였다는 등의 특별한 사정이 있는 경우에는 도급인에게도 수급인의 업무와 관련하여 사고방지에 필요한 안전조치를 취할 주의의무가 있다(대판 2009.5.28. 2008도7030). (17 변시)(18 변시)

2. 업무상과실을 긍정한 판례

〈구치소 소장 대리 사건〉공휴일 또는 야간에는 소장을 대리하는 당직간부에게는 구치소에 수용된 수용자들의 생명·신체에 대한 위험을 방지할 법령상 내지 조리상의 의무가 있다고 할 것이고, 이와 같은 의무를 직무로서 수행하는 교도관들의 업무는 업무상과실치사죄에서 말하는 업무에 해당한다(대판 2007.5.31. 2006도3493).

〈골프 경기보조원 사건〉골프와 같은 개인 운동경기에서, 경기보조원은 그 업무의 내용상 기본적으로는 골프채의 운반·이동·취급 및 경기에 관한 조언 등으로 골프경기 참가자를 돕는 역할을 수행하면서 아울러 경기 진행 도중 위와 같이 경기 참가자의 행동으로 다른 사람에게 상해의 결과가 발생할 위험성을 고려해 예상할 수 있는 사고의 위험을 미연에 방지하기 위한 조치를 취함으로써 경기 참가자들의 안전을 배려하고 그 생명·신체의 위험을 방지할 업무상 주의의무를 부담한다(대판 2022.12.1. 2022도11950).

〈자동차 수리공이 무면허로 운전한 사건〉업무상 과실치사상죄에 있어서의 업무라 함은 사람의 사회생활면에 있어서의 하나의 지위로서 계속적으로 종사하는 업무를 말하고 반복 계속의 의사 또는 사실이 있는한 그 사무에 대한 각별한 경험이나 법규상의 면허를 필요로 하지 아니한다(대판 1961.3.22. 4294형상5).

〈골재채취허가 사건〉골재채취허가 여부는 골재채취업무가 업무상과실치사죄에 있어서의 업무에 해당하는 사실에 아무런 지장이 없다(대판 1985.6.11. 84도2527).

3. 업무상과실을 부정한 판례

〈임대인의 업무성〉건물 소유자가 안전배려나 안전관리 사무에 계속적으로 종사하거나 그러한 계속적 사무를 담당하는 지위를 가지지 않은 채 단지 건물을 비정기적으로 수리하거나 건물의 일부분을 임대하였다는 사정만으로는 건물 소유자의 위와 같은 행위가 업무상과실치상죄의 '업무'에 해당한다고 보기 어렵다(대판 2017.12.5. 2016도16738). (17 변시)(18 변시)(22 변시)

(3) 교통사고 관련 판례

교통사고 관련 판례 정리

1. 업무상과실치사상죄를 긍정한 판례

(1) 고속도로 관련 업무상과실치사상을 긍정한 판례

〈고속도로 노면 결빙 사건〉 고속도로의 노면이 결빙된 데다가 짙은 안개로 시계가 20m 정도 이내였다면 차량운전자는 제한시속에 관계없이 장애물 발견 즉시 제동정지할 수 있을 정도로 속도를 줄이는 등의 조치를 취하였어야 할 것이므로 단순히 제한속도를 준수하였다는 사실만으로는 주의의무를 다하였다 할 수 없다(대판 1990.12.26. 89도2589).

〈야간 고속도로 사건〉 야간에 고속도로에서 차량을 운전하는 자는 주간에 정상적인 날씨 아래에서 고속도로를 운행하는 것과는 달리 노면상태 및 가시거리상태 등에 따라 고속도로상의 제한최고속도 이하의 속도로 감속·서행할 주의의무가 있다. 따라서 야간에 선행사고로 인하여 전방에 정차해 있던 승용차와 그 옆에 서 있던 피해자를 충돌한 경우 운전자에게 고속도로상의 제한최고속도 이하의 속도로 감속운전하지 아니한 과실이 있다(대판 1999.1.15. 98도2605).

〈빗물로 노면이 미끄러운 고속도로 사건〉 빗물로 노면이 미끄러운 고속도로에서 진행전방의 차량이 빗길에 미끄러져 비정상적으로 움직이고 있다면 앞으로의 진로를 예상할 수 없는 것이므로 그 차가 일시 중앙선을 넘어 반대차선으로 진입되었더라도 노면의 상태나 다른 차량 등 장애물과의 충돌에 의하여 원래의 차선으로 다시 미끄러져 들어올 수 있으므로 그 후방에서 진행하고 있던 차량의 운전자로서는 이러한 사태에 대비하여 속도를 줄이고 안전거리를 확보해야 할 주의의무가 있다(대판 1990.2.27. 89도777).

(2) 선행 후행 차량 관련 업무상과실치사상을 긍정한 판례

〈오토바이 치인 후 후행 차에 깔려 사망한 사건〉 피고인이 야간에 오토바이를 운전하다가 도로를 무단횡단 하던 피해자를 충격하여 피해자로 하여금 위 도로상에 전도케 하고, 그로부터 약 40초 내지 60초 후에 다른 사람이 운전하던 타이탄 트럭이 도로 위에 전도되어 있던 피해자를 역과하여 사망케 하였다면 피고인에게 업무상과실치사죄가 성립한다(대판 1990.5.22. 90도580). **[COMMENT]** 선행 오토바이 운전자에게 업무상과실치사죄를 긍정한 판례이다.

〈후행 차량 운전자의 주의의무〉 피고인이 01 : 10경으로서 야간인데다가 비까지 내려 시계가 불량하고 내린 비로 인하여 노면이 다소 젖어 있는 상태였으며, 사고지점은 비탈길의 고개마루를 지나 내리막길이 시작되는 곳에서 차량을 운전하여 편도 2차선 도로중 2차로를 시속 약 60킬로미터의 속도로 선행차량과 약 30미터가량의 간격을 유지한 채 진행하다가 선행차량에 역과되어 부상을 입은 채 진행 도로상에 누워있는 乙을 뒤늦게 발견하고 급제동을 할 겨를도 없이 이를 그대로 역과하여 사망케 하였다면 업무상과실치사죄가 성립한다(대판 2001.12.11. 2001도5005). **[COMMENT]** 후행 차량 운전자에게 업무상과실치사죄를 긍정한 판례이다.

(3) 기타 업무상과실치사상을 긍정한 판례

〈심야 비탈길에 누워 있던 피해자 사건〉 택시 운전자인 피고인이 심야에 밀집된 주택 사이의 좁은 골목길이자 직각으로 구부러져 가파른 비탈길의 내리막에 누워 있던 피해자의 몸통 부위를 택시 바퀴로 역과하여 그 자리에서 사망에 이르게 하고 도주하였다면 업무상과실치사죄가 성립한다(대판 2011.5.26. 2010도17506).

〈11세 어린아이가 시동 건 사건〉 운전자가 차를 세워 시동을 끄고 1단 기어가 들어가 있는 상태에서 시동열쇠를 끼워놓은 채 11세 남짓한 어린이를 조수석에 남겨두고 차에서 내려온 동안 동인이 시동열쇠를 돌리며 악셀러레이터 페달을 밟아 차량이 진행하여 사고가 발생하였다면 업무상과실치사죄가 성립한다(대판 1986.7.8. 86도1048).

2. 업무상과실치사상죄를 부정한 판례

(1) 고속도로 관련 업무상과실치사상을 부정한 판례

〈야간 고속도로 무단횡단 사건〉 고속도로를 운행하는 자동차의 운전자로서는 일반적인 경우에 고속도로를 횡단하는 보행자가 있을 것까지 예견하여 보행자와의 충돌사고를 예방하기 위하여 급정차 등의 조치를 취할 수 있도록 대비하면서 운전할 주의의무가 없고, 다만 고속도로를 무단횡단하는 보행자를 충격하여 사고를 발생시킨 경우라도 운전자가 상당한 거리에서 보행자의 무단횡단을 미리 예상할 수 있는 사정이 있었고, 그에 따라 즉시 감속하거나 급제동하는 등의 조치를 취하였다면 보행자와의 충돌을 피할 수 있었다는 등의 특별한 사정이 인정되는 경우에만 자동차 운전자의 과실이 인정될 수 있다(대판 2000.9.5. 2000도2671).

(2) 신뢰의 원칙 관련 업무상과실치사상을 부정한 판례

〈보행자 신호등이 적색인 사건〉 교통이 빈번한 간선도로에서 횡단보도의 보행자 신호등이 적색으로 표시된 경우, 자동차운전자에게 보행자가 동 적색신호를 무시하고 갑자기 뛰어나오리라는 것까지 미리 예견하여 운전하여야 할 업무상의 주의의무까지는 없다(대판 1985.11.12. 85도1893).

〈행인끼리 충돌하여 차 뒷바퀴에 머리가 치인 사건〉 버스정류장에서 버스를 타려고 뛰어가던 행인끼리 충돌하여 넘어지면서 순간적으로 막 출발하려는 버스의 앞바퀴와 뒷바퀴 사이로 머리가 들어가 사고가 발생한 경우, 위 버스운전사에게 피해자가 다른 행인과 부딪쳐 넘어지면서 동인의 머리가 위 버스 뒷바퀴에 들어 올 것까지 예견하여 사전에 대비하여야 할 주의의무까지는 없다(대판 1986.8.19. 86도1123).

〈차높이 제한표시 사건〉 차높이 제한표지를 설치하고 관리할 책임이 있는 행정관청은 차량의 통행에 장애가 없을 정도로 충분한 여유고를 두고 그 높이 표시를 하여야 할 의무가 있으므로, 차높이 제한표지가 설치되어 있는 지점을 통과하는 운전자들은 그 표지판이 차량의 통행에 장애가 없을 정도의 여유고를 계산하여 설치된 것이라고 믿고 운행하면 되는 것이고, 구조물의 실제 높이와 제한표지상의 높이와의 차이가 전혀 없어졌을 가능성을 예견하여 차량을 일시 정차시키고 그 충돌 위험성이 있는지 여부까지 확인한 후 운행하여야 할 주의의무가 있다고 보기 어렵다(대판 1997.1.24. 95도2125).

(3) 기타 업무상과실치사상을 부정한 판례

〈갑자기 2차로에서 1차로로 근접하여 운전한 사건〉 [1] 일반적으로 도로상에서 자기 차로를 따라 진행하는 운전자에게 다른 차로를 운행하는 다른 차량과의 관계에서 업무상의 주의의무 위반의 과실이 있다고 인정하려면, 구체적인 도로 및 교통상황하에서 다른 차로를 운행하는 타인에게 위험이나 장해를 주는 속도나 방법으로 운전하였다는 점이 인정되어야 할 것이고, 단순히 갑자기 진행차로의 정중앙에서 벗어나 다른 차로와 근접한 위치에서 운전하였다는 것만으로는 다른 차로에서 뒤따라오는 차량과의 관계에서 운전자로서의 업무상의 주의의무를 위반한 과실이 있다고 할 수 없다. [2] 차량을 운전하여 편도 2차로 도로의 2차로상에서 진행하던 중 운전하던 차량을 방향지시등을 작동하지 않은 채 1차로상으로 갑자기 부딪힐 정도로 근접하여 운전한 결과 1차로를 따라 진행하던 차량의 운전자가 핸들을 좌측으로 돌리면서 급제동 조치를 취하였으나 미끄러지면서 전방에 설치된 중앙분리대를 충격하게 되어 사고가 일어났다면 갑자기 진행차로의 정중앙에서 벗어나 다른 차로와 근접한 위치에서 운전한 자에게는 업무상과실 책임이 없다(대판 1998.4.10. 98도297).

(4) 의료사고 관련 판례

의료사고 관련 판례 정리

1. 기본 법리 판례

⟨의료과오사건에서 의사에게 상당한 재량권이 있다는 판례⟩ 의사에게는 환자의 상황, 당시의 의료수준, 자신의 지식·경험 등에 따라 적절하다고 판단되는 진료방법을 선택할 폭넓은 재량권이 있으므로, 의사가 특정 진료방법을 선택하여 진료를 하였다면 해당 진료방법 선택과정에 합리성이 결여되어 있다고 볼 만한 사정이 없는 이상 진료의 결과만을 근거로 하여 그중 어느 진료방법만이 적절하고 다른 진료방법을 선택한 것은 과실에 해당한다고 말할 수 없다(대판 2015.6.24. 2014도11315). (18 변시)

⟨의사의 설명의무위반과 인과관계⟩ 의사가 설명의무를 위반한 채 의료행위를 하였다가 환자에게 상해 또는 사망의 결과가 발생한 경우 의사에게 업무상 과실로 인한 형사책임을 지우기 위해서는 의사의 설명의무 위반과 환자의 상해 또는 사망 사이에 상당인과관계가 존재하여야 한다(대판 2015.6.24. 2014도11315). (17 변시)(23 변시)

⟨수혈 거부 사건⟩ [1] 환자의 명시적인 수혈 거부 의사가 존재하여 수혈하지 아니함을 전제로 환자의 승낙(동의)을 받아 수술하였는데 수술 과정에서 수혈을 하지 않으면 생명에 위험이 발생할 수 있는 응급상태에 이른 경우에, 환자의 생명을 보존하기 위해 불가피한 수혈 방법의 선택을 고려함이 원칙이라 할 수 있지만, 한편으로 환자의 생명 보호에 못지않게 환자의 자기결정권을 존중하여야 할 의무가 대등한 가치를 가지는 것으로 평가되는 때에는 이를 고려하여 진료행위를 하여야 한다. [2] 환자의 생명과 자기결정권을 비교형량하기 어려운 특별한 사정이 있다고 인정되는 경우에 의사가 자신의 직업적 양심에 따라 환자의 양립할 수 없는 두 개의 가치 중 어느 하나를 존중하는 방향으로 행위하였다면, 이러한 행위는 처벌할 수 없다(대판 2014.6.26. 2009도14407). (21 2차)

⟨내과 외래에서 염증수치(CRP) 검사결과를 확인하지 아니하고 환자를 귀가조치한 의사의 업무상 과실이 인정되지 않는다는 판례⟩ [1] 의사에게 진단상 과실이 있는지 여부를 판단할 때는 의사가 비록 완전무결하게 임상진단을 할 수는 없을지라도 적어도 임상의학 분야에서 실천되고 있는 진단 수준의 범위에서 전문직업인으로서 요구되는 의료상의 윤리, 의학지식과 경험에 기초하여 신중히 환자를 진찰하고 정확히 진단함으로써 위험한 결과 발생을 예견하고 이를 회피하는 데에 필요한 최선의 주의의무를 다하였는지를 따져 보아야 한다. [2] 피고인이 피해자를 급성 장염으로 진단하고 그 증상을 완화하기 위해 시행한 대증적 조치나 C-반응성단백질 수치 결과가 확인된 이후 피해자에 대한 입원조치를 하지 않은 것에 의료상 과실이 있다고 보기 어렵고, 피해자에게 패혈증, 패혈증 쇼크 등의 증상이 발현되어 하루 만에 사망에 이를 정도로 급격하게 악화될 것을 예견할 수 있었다고 보기도 어렵다고 보아, 이와 달리 판단한 원심을 파기·환송한 사례(대판 2024.10.25. 2023도13950).

2. 업무상과실치사상죄를 긍정한 판례

(1) 의사 관련 업무상과실치사상죄를 긍정한 판례

〈태반 조기박리로 응급 제왕절개 수술한 사건〉 산부인과 의사가 산모의 태반조기박리에 대한 대응조치로서 응급 제왕절개 수술을 시행하기로 결정하였다면 이러한 경우에는 적어도 제왕절개 수술 시행 결정과 아울러 산모에게 수혈을 할 필요가 있을 것이라고 예상되는 **특별한 사정이 있어** 미리 혈액을 준비하여야 할 업무상 주의의무가 있다고 보아야 한다고 한 사례(대판 2000.1.14. 99도3621).

[비교판례] 〈제왕절개분만 중 혈액 부족한 사건〉 헌혈 부족으로 충분한 혈액을 확보하지 못하고 있는 당시 우리나라의 실정상 만약 산부인과 개업의들이 매 분만마다 수혈용 혈액을 미리 준비하고, 이를 폐기한다면 혈액 부족이 심화될 우려가 있음을 알 수 있는바, 제왕절개분만을 함에 있어서 산모에게 수혈을 할 필요가 있을 것이라고 예상할 수 있었다는 사정이 보이지 않는 한, 산후과다출혈에 대비하여 제왕절개수술을 시행하기 전에 미리 혈액을 준비할 업무상 주의의무가 있다고 보기 어렵다(대판 1997.4.8. 96도3082).

(2) 간호사나 산후조리원 관련 업무상과실치사상죄를 긍정한 판례

〈약제가 잘못 처방된 사건〉 의사들의 주의의무 위반과 처방체계상의 문제점으로 인하여 수술 후 회복과정에 있는 환자에게 인공호흡 준비를 갖추지 않은 상태에서는 사용할 수 없는 약제가 잘못 처방되었고, 종합병원의 간호사로서 환자에 대한 투약 과정 및 그 이후의 경과 관찰 등의 직무 수행을 위하여 처방 약제의 기본적인 약효나 부작용 및 주사 투약에 따르는 주의사항 등을 미리 확인·숙지하였다면 과실로 처방된 것임을 알 수 있었음에도 그대로 주사하여 환자가 의식불명 상태에 이르게 된 사안에서, 간호사에게 업무상과실치상의 형사책임을 인정한 사례(대판 2009.12.24. 2005도8980).

〈산후조리원의 책임자 사건〉 산후조리원에 입소한 신생아가 출생 후 10일 이상이 경과하도록 계속하여 수유량 및 체중이 지나치게 감소하고 잦은 설사 등의 이상증세를 보임에도 불구하고, 산후조리원의 신생아 집단관리를 맡은 책임자가 의사나 한의사 등의 진찰을 받도록 하지 않아 신생아가 탈수 내지 괴사성 장염으로 사망한 사안에서, 위 집단관리 책임자가 산모에게 신생아의 이상증세를 즉시 알리고 적절한 조치를 구하여 산모의 지시를 따른 것만으로는 업무상 주의의무를 다하였다고 볼 수 없다며 신생아 사망에 대한 업무상 과실치사의 죄책을 인정한 사례(대판 2007.11.16. 2005도1796).

3. 업무상과실치사상죄를 부정한 판례

(1) 의사 관련 업무상과실치사상죄를 부정한 판례

〈마취통증의학과 의사 사건〉 마취통증의학과 의사인 피고인이 수술실에서 환자인 피해자 甲(73세)에게 마취시술을 시행한 다음 간호사 乙에게 환자의 감시를 맡기고 수술실을 이탈하였는데, 이후 甲에게 저혈압이 발생하고 혈압 회복과 저하가 반복됨에 따라 乙이 피고인을 수회 호출하자, 피고인은 수술실에 복귀하여 甲이 심정지 상태임을 확인하고 마취해독제 투여, 심폐소생술 등의 조치를 취하였으나, 甲이 심정지 등으로 사망에 이르게 된 사안에서, 피고인에게 업무상과실치사죄를 인정한 원심판단에 의사의 업무상과실과 피해자의 사망 사이의 인과관계 증명 등에 관한 법리오해의 잘못이 있다고 한 사례(대판 2023.8.31. 2021도1833). [COMMENT] 원심은 업무상과실치사죄를 인정하였다. 그러나 대법원은 업무상과실은 인정하였으나, 인과관계의 증명이 없다고 보아 파기환송한 사안이다.

〈봉침 사건〉 한의사인 피고인이 피해자에게 문진하여 과거 봉침을 맞고도 별다른 이상반응이 없었다는 답변을 듣고 알레르기 반응검사(skin test)를 생략한 채 환부인 목 부위에 봉침시술을 하였는데, 피해자가 위 시술 직후 아나필락시 쇼크반응을 나타내는 등 상해를 입은 사안에서, 피고인에게 과거 알레르기 반응검사 및 약 12일 전 봉침시술에서도 이상반응이 없었던 피해자를 상대로 다시 알레르기 반응검사를 실시할 의무가 있다고 보기는 어렵고, 설령 그러한 의무가 있다고 하더라도 제반 사정에 비추어 알레르기 반응검사를 하지 않은 과실과 피해자의 상해 사이에 상당인과관계를 인정하기 어렵다는 이유로, 같은 취지의 원심판단을 수긍한 사례(대판 2011.4.14. 2010도10104).

〈익수환자 사건〉 병원 인턴인 피고인이, 응급실로 이송되어 온 익수환자 갑을 담당의사 을의 지시에 따라 구급차에 태워 다른 병원으로 이송하던 중 산소통의 산소잔량을 체크하지 않은 과실로 산소 공급이 중단된 결과 갑을 폐부종 등으로 사망에 이르게 하였다는 내용으로 기소된 사안에서, 을에게서 이송 도중 갑에 대한 앰부 배깅(ambu bagging)과 진정제 투여 업무만을 지시받은 피고인에게 일반적으로 구급차 탑승 전 또는 이송 도중 구급차에 비치되어 있는 산소통의 산소잔량을 확인할 주의의무가 있다고 보기는 어렵고, 다만 피고인이 갑에 대한 앰부 배깅 도중 산소 공급 이상을 발견하고도 구급차에 동승한 의료인에게 기대되는 적절한 조치를 취하지 아니하였다면 업무상 과실이 있다고 할 것이나, 피고인이 산소부족 상태를 안 후 취한 조치에 어떠한 업무상 주의의무 위반이 있었다고 볼 수 없는데도, 피고인에게 산소잔량을 확인할 주의의무가 있음을 전제로 업무상과실치사죄를 인정한 원심판단에 응급의료행위에서 인턴의 주의의무 범위에 관한 법리오해 또는 심리미진의 위법이 있다고 한 사례(대판 2011.9.8. 2009도13959).

(2) 간호사 관련 업무상과실치사상죄를 부정한 판례

〈마취과 사건〉 [사실관계] 마취과의사 甲은 회복실에 마취환자 A를 두고 떠나면서 다른 환자의 치료에 전념하고 있던 간호사 乙에게 아무런 지시를 하지 않고 떠난 결과 A가 사망하였다. 甲과 乙의 죄책은? [판결요지] 피해자를 감시하도록 업무를 인계받지 않은 간호사가 자기 환자의 회복처치에 전념하고 있었다면 회복실에 다른 간호사가 남아있지 않은 경우에도 다른 환자의 이상증세가 인식될 수 있는 상황에서라야 이에 대한 조치를 할 의무가 있다고 보일 뿐 회복실 내의 모든 환자에 대하여 적극적, 계속적으로 주시, 점검을 할 의무가 있다고 할 수 없다(대판 1994.4.26. 92도3283). 답 甲은 업무상과실치사죄 성립, 乙은 무죄

(5) 기타 업무상과실치사상죄 관련 판례

┌ **기타 판례 정리**

1. 업무상과실치사상죄를 긍정한 판례

〈토마토 상자 일부가 떨어져 행인 상해입힌 사건〉 화물차를 주차하고 적재함에 적재된 토마토 상자를 운반하던 중 적재된 상자 일부가 떨어지면서 지나가던 피해자에게 상해를 입힌 경우, 교통사고처리 특례법에 정한 '교통사고'에 해당하지 않아 업무상과실치상죄가 성립한다고 한 사례(대판 2009.7.9. 2009도2390). [COMMENT] 교특법이 적용되지 않아 업무상과실치상죄가 성립한다는 점을 주의하여야 한다.

〈골프 카트 사건〉 골프장의 경기보조원인 피고인이 골프 카트에 피해자 등 승객들을 태우고 진행하기 전에 안전 손잡이를 잡도록 고지하지도 않고, 또한 승객들이 안전 손잡이를 잡았는지 확인하지도 않은 상태에서 만연히 출발하였으며, 각도 70°가 넘는 우로 굽은 길을 속도를 충분히 줄이지 않고 급하게 우회전한 업무상 과실로, 피해자를 골프 카트에서 떨어지게 하여 두개골골절, 지주막하출혈 등의 상해를 입게 하였다고 본 원심판단을 수긍한 사례(대판 2010. 7.22. 2010도1911). (22 경2)

2. 업무상과실치사상죄를 부정한 판례

〈호텔 회장 사건〉 호텔을 경영하는 주식회사에 대표이사가 따로 있고 동 회사의 실질적인 책임자로서 업무전반을 총괄하는 전무밑에 상무, 지배인, 관리부장, 영업부장 등을 따로 두어 각 소관업무를 분담처리하도록 하는 한편, 소방법 소정의 방화관리자까지 선정, 당국에 신고하여 동인으로 하여금 소방훈련 및 화기사용 또는 취급에 관한 지도감독 등을 하도록 하고 있다면 위 회사의 업무에 전혀 관여하지 않고 있던 소위 회장에게는 위 회사의 직원들에 대한 일반적, 추상적 지휘감독의 책임은 있을지언정 동 호텔 종업원의 부주의와 호텔구조상의 결함으로 발생, 확대된 화재에 대한 구체적이고도 직접적인 주의의무는 없다고 할 수 밖에 없다 (대판 1986.7.22. 85도108).

〈건물 2층에서 추락한 사건〉 3층 건물의 소유자로서 건물 각 층을 임대한 피고인이, 건물 2층으로 올라가는 계단참의 전면 벽이 아크릴 소재의 창문 형태로 되어 있고 별도의 고정장치가 없는데도 안전바를 설치하는 등 낙하사고 방지를 위한 관리의무를 소홀히 함으로써, 건물 2층에서 나오던 甲이 신발을 신으려고 아크릴 벽면에 기대는 과정에서 벽면이 떨어지고 개방된 결과 약 4m 아래 1층으로 추락하여 상해를 입었다고 하여 업무상과실치상으로 기소된 사안에서, 피고인이 건물에 대한 수선 등의 관리를 비정기적으로 하였으나 그 이상의 안전배려나 안전관리 사무에 계속적으로 종사하였다고 인정하기 어렵다고 보아 업무상과실치상의 공소사실을 이유에서 무죄로 판단하고 축소사실인 과실치상 부분을 유죄로 인정한 원심판결이 정당하다고 한 사례(대판 2017.12.5. 2016도16738).

〈타워크레인 설치작업 도급 사건〉 건설회사가 건설공사 중 타워크레인의 설치작업을 전문업자에게 도급주어 타워크레인 설치작업을 하던 중 발생한 사고에 대하여 건설회사의 현장대리인에게 업무상과실치사상의 죄책을 물을 수 없다고 한 원심의 판단을 수긍한 사례(대판 2005.9.9. 2005도3108). (24 변시)

(6) 죄 수

1) 하나의 과실로 2인 이상을 동시에 사상하게 한 경우 : 수 개의 본죄의 상상적 경합이 성립한다.
2) 업무자가 중대한 과실로 사람을 사상에 이르게 한 경우 : 업무상과실치사상죄의 일죄만 성립한다.
3) 무면허운전과의 관계 : 운전면허 없이 운전을 하다가 두 사람을 한꺼번에 치어 사상케 한 경우에 두 사람을 사상케 한 행위는 업무상 과실치사상의 상상적 경합죄에 해당하고 이와 무면허운전죄와는 실체적 경합관계에 있다고 한다.

(7) 운전행위 관련 죄수 판례 정리

▌운전행위 관련 죄수 판례 정리

〈무면허운전과 음주운전은 상상적 경합이라는 판례〉 형법 제40조에서 말하는 1개의 행위란 법적 평가를 떠나 사회관념상 행위가 사물자연의 상태로서 1개로 평가되는 것을 말하는 바, 무면허인데다가 술이 취한 상태에서 오토바이를 운전하였다는 것은 위의 관점에서 분명히 1개의 운전행위라 할 것이고 이 행위에 의하여 도로교통법 제111조 제2호, 제40조와 제109조 제2호, 제41조 제1항의 각 죄에 동시에 해당하는 것이니 두 죄는 형법 제40조의 상상적 경합관계에 있다고 할 것이다(대판 1987.2.24. 86도2731). (21 변시)

〈무면허운전과 과실치사상죄는 실체적 경합이라는 판례〉 운전면허 없이 운전을 하다가 두 사람을 한꺼번에 치어 사상케 한 경우에 이 업무상 과실치사상의 소위는 상상적 경합죄에 해당하고 이와 무면허운전에 대한 본법위반죄와는 실체적 경합관계에 있다(대판 1972.10.31. 72도2001). (21 변시)

〈음주운전과 위험운전치사상죄는 실체적 경합이라는 판례〉 특정범죄 가중처벌 등에 관한 법률 위반(위험운전치사상)죄와 도로교통법위반(음주운전)죄는 입법취지와 보호법익 및 적용영역을 달리하는 별개의 범죄로서 양 죄가 모두 성립하는 경우 두 죄는 실체적 경합관계에 있는 것으로 보아야 한다(대판 2008.11.13. 2008도7143). [2022 2차](22 변시)(23 변시)

〈위험운전치사상죄가 성립하면 교통사고처리특례법위반죄는 이에 흡수된다는 판례〉 음주로 인한 특정범죄가중처벌 등에 관한 법률 위반(위험운전치사상)죄는 그 입법 취지와 문언에 비추어 볼 때, 주취상태의 자동차 운전으로 인한 교통사고가 빈발하고 그로 인한 피해자의 생명·신체에 대한 피해가 중대할 뿐만 아니라, 사고발생 전 상태로의 회복이 불가능하거나 쉽지 않은 점 등의 사정을 고려하여, 형법 제268조에서 규정하고 있는 업무상과실치사상죄의 특례를 규정하여 가중처벌함으로써 피해자의 생명·신체의 안전이라는 개인적 법익을 보호하기 위한 것이다. 따라서 그 죄가 성립하는 때에는 차의 운전자가 형법 제268조의 죄를 범한 것을 내용으로 하는 교통사고처리특례법 위반죄는 그 죄에 흡수되어 별죄를 구성하지 아니한다(대판 2008.12.11. 2008도9182). (21 변시)(22 변시)

〈음주 후 무면허 운전하여 사람 상해입히고 재물손괴하면, 음주운전죄와 무면허운전죄는 상상적 경합이며, 위험운전치사상죄와 업무상과실재물손괴죄는 상상적 경합이며, 두 상상적 경합범들 사이는 실체적 경합관계에 있다는 판례〉 [사실관계] 甲은 자동차 운전면허 없이 술에 취하여 정상적인 운전이 곤란한 상태에서 차량을 운전하던 중 전방에 신호대기로 정차해 있던 화물차의 뒷부분을 들이받아 그 화물차가 밀리면서 그 앞에 정차해 있던 다른 화물차를 들이받도록 함으로써 화물차 운전사 A에게 상해를 입게 함과 동시에 위 각 화물차를 손괴하였다. 甲의 죄책은? [판결요지] [1] 음주 또는 약물의 영향으로 정상적인 운전이 곤란한 상태에서 자동차를 운전하여 사람을 상해에 이르게 함과 동시에 다른 사람의 재물을 손괴한 때에는 특정범죄가중처벌 등에 관한 법률 위반(위험운전치사상)죄 외에 업무상과실 재물손괴로 인한 도로교통법 위반죄가 성립하고, 위 두 죄는 1개의 운전행위로 인한 것으로서 상상적 경합관계에 있다. [2] 자동차 운전면허 없이 술에 취하여 정상적인 운전이 곤란한 상태에서 차량을 운전하던 중 전방에 신호대기로 정차해 있던 화물차의 뒷부분을 들이받아 그 화물차가 밀리면서 그 앞에 정차해 있던 다른 화물차를 들이받도록 함으로써, 피해자에게 상해를 입게 함과 동시에 위 각 화물차를 손괴하였다는 공소사실에 대하여, 유죄로 인정되는 각 범죄 중 도로교통법 위반(음주운전)죄와 도로교통법 위반(무면허운전)죄 상호간만 상상적 경합관계에 있고 특정범죄가중처벌 등에 관한 법률 위반(위험운전치사상)죄와 각 업무상과실 재물손괴로 인한 도로교통법 위반죄는 실체적 경합관계라고 본 원심판결에 죄수관계에 관한 법리를 오해한 위법이 있다고 한 사례(대판 2010.1.14. 2009도10845). 🄳 도로교통법 위반(음주운전)죄와 도로교통법 위반(무면허운전)죄 상호간 상상적 경합관계에 있고, 특정범죄가중처벌 등에 관한 법률 위반(위험운전치사상)죄와 각 업무상과실 재물손괴로 인한 도로교통법 위반죄도 상상적 경합관계 있으며, 양 상상적 경합 범죄들 사이는 실체적 경합관계에 있다.

〈사람을 상해함과 동시에 물건을 손괴하고 도주한 사안에서 특가법 제5조의3의 도주차량죄와 손괴후미조치죄의 죄수관계를 상상적경합으로 본 판례〉 차의 운전자가 업무상 주의의무를 게을리하여 사람을 상해에 이르게 함과 아울러 물건을 손괴하고도 피해자를 구호하는 등 도로교통법 제50조 제1항의 규정에 의한 조치를 취하지 아니한 채 도주한 때에는, 같은 법 제113조 제1호 소정의 제44조 위반죄와 같은 법 제106조 소정의 죄 및 특정범죄가중처벌등에관한법률위반죄가 모두 성립하고, 이 경우 특정범죄가중처벌등에관한법률위반죄와 물건손괴 후 필요한 조치를 취하지 아니함으로 인한 도로교통법 제106조 소정의 죄는 1개의 행위가 수개의 죄에 해당하는 상상적 경합범의 관계에 있다(대판 1993.05.11. 93도49). [COMMENT] 본 판례에서의 제113조 제1호 소정의 제44조 위반죄는 안전의무위반죄를 말하고, 제106조 소정의 죄는 현행법 제148조의 미조치죄를 말한다. (21 변시)

3 중과실치사상죄

제268조 (업무상과실·중과실치사상) 업무상과실 또는 중대한 과실로 인하여 사람을 사상에 이르게 한 자는 5년 이하의 금고 또는 2천만 원 이하의 벌금에 처한다.

[죄명예규] (업무상, 중)과실(치사, 치상)

《'마귀야 물러가라' 사건(긍정)》 피고인이 84세 여자 노인과 11세의 여자 아이를 상대로 안수기도를 함에 있어서 그들을 바닥에 반듯이 눕혀 놓고 기도를 한 후 "마귀야 물러가라", "왜 안 나가느냐"는 등 큰 소리를 치면서 한 손 또는 두 손으로 그들의 배와 가슴 부분을 세게 때리고 누르는 등의 행위를 여자 노인에게는 약 20분간, 여자아이에게는 약 30분간 반복하여 그들을 사망케 한 사안에서, 고령의 여자 노인이나 나이 어린 연약한 여자아이들은 약간의 물리력을 가하더라도 골절이나 타박상을 당하기 쉽고, 더욱이 배나 가슴 등에 그와 같은 상처가 생기면 치명적 결과가 올 수 있다는 것은 피고인 정도의 연령이나 경험 지식을 가진 사람으로서는 약간의 주의만 하더라도 쉽게 예견할 수 있음에도 그러한 결과에 대하여 주의를 다하지 않아 사람을 죽음으로까지 이르게 한 행위는 중대한 과실이라고 보아, 피고인에 대하여 중과실치사죄로 처단한 원심판결을 수긍한 사례이다(대판 1997.4.22. 97도538).

《'러시안 룰렛' 게임 사건(부정)》 경찰관인 피고인들은 동료 경찰관인 甲 및 피해자 乙과 함께 술을 마셔 취하여 있던 중 갑자기 위 甲이 총을 꺼내 乙과 함께 총을 번갈아 자기의 머리에 대고 쏘는 소위 '러시안 룰렛'게임을 하다가 乙이 자신이 쏜 총에 맞아 사망한 경우 피고인들은 위 甲과 乙이 '러시안 룰렛'게임을 함에 있어 甲과 어떠한 의사의 연락이 있었다거나 어떠한 원인행위를 공동으로 한 바가 없고, 다만 위 게임을 제지하지 못하였을 뿐인데 보통사람의 상식으로는 함께 수차에 걸쳐서 흥겹게 술을 마시고 놀았던 일행이 갑자기 자살행위와 다름없는 위 게임을 하리라고는 쉽게 상상할 수 없는 것이고(신뢰의 원칙), 게다가 이 사건 사고는 피고인들이 '장난치지 말라'며 말로 위 甲을 만류하던 중에 순식간에 일어난 사고여서 음주만취하여 주의능력이 상당히 저하된 상태에 있던 피고인들로서는 미처 물리력으로 이를 제지할 여유도 없었던 것이므로, 경찰관이라는 신분상의 조건을 고려하더라도 위와 같은 상황에서 피고인들이 이 사건 '러시안 룰렛'게임을 즉시 물리력으로 제지하지 못하였다한들 그것만으로는 위 甲의 과실과 더불어 중과실치사죄의 형사상 책임을 지을 만한 위법한 주의의무위반이 있었다고 평가할 수 없다(대판 1992.3.10. 91도3172).

제4절 | 유기와 학대의 죄

1 유기죄 [진정신분범]

> 제271조 (유기, 존속유기) ① 나이가 많거나 어림, 질병 그 밖의 사정으로 도움이 필요한 사람을 법률상 또는 계약상 보호할 의무가 있는 자가 유기한 경우에는 3년 이하의 징역 또는 500만원 이하의 벌금에 처한다.

I. 서 설

유기죄란 나이가 많거나 어림, 질병 그 밖의 사정으로 도움이 필요한 사람을 보호해야 할 법률상 또는 계약상 의무 있는 자가 도움이 필요한 사람을 내버리거나 버려두고 떠남으로써 성립하는 범죄이다. 보호법익은 요부조자의 생명·신체의 안전이며, 보호의 정도는 추상적 위험범이다.

II. 구성요건

(1) 주 체 : 보호의무자이다.

1) 보호의무의 의의 : 요부조자의 생명·신체에 대한 위험으로부터 요부조자를 보호해 주어야 할 의무를 말한다.

2) 보호의무의 발생근거

▌보호의무의 발생근거

甲은 우연히 A와 함께 술에 취하여 동행하던 중 함께 개울로 떨어졌는데, A는 후두부 타박상을 입어서 움직이기가 어렵게 되었다. 그러나 甲이 A를 방치하고 혼자서 집으로 돌아오는 바람에 A는 심장마비로 사망하고 말았다. 甲의 죄책은?

1. 논의점

구 형법하에서는 보호의무 범위에 제한이 없었으나, 현행 형법에서는 법문에서 '법률 또는 계약'이라고 범위를 좁히고 있어 보호의무 범위에 대하여 논의가 있다.

2. 견해의 대립

이에 대하여는 ① 제271조가 '법률상 또는 계약상 의무'로 한정하고 있으므로 본 규정을 한정적 열거규정으로 보아 보호의무 범위를 법률상 또는 계약상 의무로 제한 해석하려는 **협의설** ② 제271조의 '법률상 또는 계약상 의무'는 예시규정에 불과하다고 보아 본죄의 보호의무는 사무관리와 관습 또는 조리에 의해서도 발생한다는 **광의설**이 대립하고 있다.

3. 판례의 태도

판례는 '현행 형법은 유기죄에 있어서 구법과는 달리 보호법익의 범위를 넓힌 반면에, 보호의무 없는 자의 유기죄는 없애고 법률상 또는 계약상의 의무 있는 자만을 유기죄의 주체로 규정하고 있으니 명문상 사회상규상의 보호책임을 관념할 수 없다'라고 하여 **협의설**의 입장이다.

4. 검토

생각건대 조리의 범위를 명확하게 한정지을 수 없으며, 조리를 포함하게 되면 그 범위가 너무 넓어져 인권보장에 반하므로 법률·계약한정설이 타당하다.

5. 관련판례

〈유기죄의 보호의무는 법률상 또는 계약상 의무로 제한된다는 판례〉[사실관계] - [쟁점사실관계]
[판결요지] 현행 형법은 유기죄에 있어서 구법과는 달리 보호법익의 범위를 넓힌 반면에, 보호의무 없는 자의 유기죄는 없애고 법률상 또는 계약상의 의무 있는 자만을 유기죄의 주체로 규정하고 있으니 명문상 사회상규상의 보호책임을 관념할 수 없다고 하겠으며, 유기죄의 죄책을 인정하려면 보호책임이 있게 된 경위, 사정관계 등을 설시하여 구성요건이 요구하는 법률상 또는 계약상 보호의무를 밝혀야 될 것이다(대판 1977.1.11. 76도3419). **답** 범죄가 성립하지 않는다. (17 법행)

3) 보호의무의 내용

보호의무의 내용
---

1. 법률상의 보호의무

법률상의 보호의무란 부조를 요하는 자를 보호해야 할 의무의 근거가 법령에 규정되어 있는 경우를 말한다. 그러나 유기죄에서의 보호의무는 생명·신체에 대한 위험으로부터 보호할 의무를 말하므로 민법상의 일반적인 보호의무인 부양의무와 반드시 일치하는 것은 아니다.
〈내연녀 사건〉 [1] 형법 제271조 제1항에서 말하는 법률상 보호의무 가운데는 민법 제826조 제1항에 근거한 부부간의 부양의무도 포함되며, 나아가 법률상 부부는 아니지만 사실혼 관계에 있는 경우에도 위 민법 규정의 취지 및 유기죄의 보호법익에 비추어 위와 같은 법률상 보호의무의 존재를 긍정하여야 하지만, 사실혼에 해당하여 법률혼에 준하는 보호를 받기 위하여는 단순한 동거 또는 간헐적인 정교관계를 맺고 있다는 사정만으로는 부족하고, 그 당사자 사이에 주관적으로 혼인의 의사가 있고 객관적으로도 사회관념상 가족질서적인 면에서 부부공동생활을 인정할 만한 혼인생활의 실체가 존재하여야 한다. [2] 동거 또는 내연관계를 맺은 사정만으로는 사실혼관계를 인정할 수 없고, 내연녀가 치사량의 필로폰을 복용하여 부조를 요하는 상태에 있었음을 인식하였다는 점을 인정할 증거가 부족하다는 이유로 유기치사죄의 성립을 부정한 사례(대판 2008.2.14. 2007도3952). (19 변시)(23 1차)

2. 계약상의 보호의무

계약이 유기자와 피유기자간에 체결된 것임을 요하지 않으므로 유기자와 제3자간에 체결된 것이라도 무방하다. 명시적·묵시적, 유상·무상을 불문한다. 따라서 동거하는 피용자가 질병에 걸린 경우 사용자는 묵시적 계약에 의해 보호의무를 부담한다. 또한 계약에 기한 주된 급부의무가 부조를 제공하는 것인 경우에 반드시 한정되지 아니하고, 상대방의 신체 또는 생명에 대하여 주의와 배려를 한다는 **부수적 의무**의 한 내용으로 상대방을 부조하여야 하는 경우를 포함할 수 있다.

〈술집 사건〉 [1] 유기죄에 관한 형법 제271조 제1항은 그 행위의 주체를 "노유, 질병 기타 사정으로 부조를 요하는 자를 보호할 법률상 또는 계약상 의무 있는 자"라고 정하고 있다. 여기서의 '계약상 의무'는 간호사나 보모와 같이 계약에 기한 주된 급부의무가 부조를 제공하는 것인 경우에 반드시 한정되지 아니하며, 계약의 해석상 계약관계의 목적이 달성될 수 있도록 상대방의 신체 또는 생명에 대하여 주의와 배려를 한다는 부수적 의무의 한 내용으로 상대방을 부조하여야 하는 경우를 배제하는 것은 아니라고 할 것이다. 그러나 그 의무 위반의 효과로서 주로 손해배상책임이 문제되는 민사영역에서와는 달리 유기죄의 경우에는 당사자의 인적 책임에 대한 형사적 제재가 문제된다는 점 등을 고려하여 보면, 단지 위와 같은 부수의무로서의 민사적 부조의무 또는 보호의무가 인정된다고 해서 형법 제271조 소정의 '계약상 의무'가 당연히 긍정된다고는 말할 수 없고, 당해 계약관계의 성질과 내용, 계약당사자 기타 관련자들 사이의 관계 및 그 전개양상, 그들의 경제적·사회적 지위, 부조가 필요하기에 이른 전후의 경위, 필요로 하는 부조의 대체가능성을 포함하여 그 부조의 종류와 내용, 달리 부조를 제공할 사람 또는 설비가 있는지 여부 기타 제반 사정을 고려하여 위 '계약상의 부조의무'의 유무를 신중하게 판단하여야 한다. [2] 피고인이 자신이 운영하는 주점에 손님으로 와서 수일 동안 식사는 한 끼도 하지 않은 채 계속하여 술을 마시고 만취한 피해자를 주점 내에 그대로 방치하여 저체온증 등으로 사망에 이르게 하였다는 내용으로 예비적으로 기소된 사안에서, 피해자가 피고인의 지배 아래 있는 주점에서 3일 동안 과도하게 술을 마시고 추운 날씨에 난방이 제대로 되지 아니한 주점 내 소파에서 잠을 자면서 정신을 잃은 상태에 있었다면, 피고인은 주점의 운영자로서 피해자의 생명 또는 신체에 대한 위해가 발생하지 아니하도록 피해자를 주점 내실로 옮기거나 인근에 있는 여관에 데려다 주어 쉬게 하거나 피해자의 지인 또는 경찰에 연락하는 등 필요한 조치를 강구하여야 할 계약상의 부조의무를 부담한다고 판단하여 유기치사죄를 인정한 원심판결을 수긍한 사례(대판 2011.11.24. 2011도12302). [2017 변시](23 1차)

⑵ **객 체** : 나이가 많거나 어림, 질병 그 밖의 사정으로 도움이 필요한 사람이다.

⑶ **행 위** : 유기이다.

　1) 유기의 의의 : 유기란 요부조자의 생명·신체에 추상적인 위험이 될 만큼 그를 보호 없는 상태에 버려두는 행위를 말한다.

　2) 유기의 태양

　　㈎ 협의의 유기(移置) : 요부조자를 보호받는 상태에서 적극적으로 보호없는 상태로 옮겨서 유기하는 경우를 말한다.

　　㈏ 광의의 유기(置去) : 요부조자를 종래의 상태에 두고 그대로 떠나는 경우를 말한다.

　　㈐ **최광의의 유기(부작위에 의한 유기 포함)** : 이치나 치거가 아닐지라도 피해자의 생존에 필요한 보호조치를 하지 않는 부작위를 말한다. (23 1차)

　3) 유기의 수단과 방법 : 유기의 수단과 방법에는 제한이 없다. 따라서 작위와 부작위에 의한 유기를 모두 포함한다.

　4) 기수시기 : 본죄는 추상적 위험범이므로 법익침해의 결과가 발생할 필요가 없으며 유기행위가 있으면 바로 기수가 된다. 이 경우 피해자에 대한 제3자의 구조가능성의 여부는 불문한다.

(4) 고 의

1) 고의 : 행위자에게 자신이 보호의무자이며, 요부조자를 유기한다는 인식과 의사가 있어야 한다.

〈유기죄의 고의〉 유기죄가 성립하기 위하여는 행위자가 형법 제271조 제1항이 정한 바에 따라 '노유, 질병 기타 사정으로 인하여 부조를 요하는 자를 보호할 만한 법률상 또는 계약상 의무 있는 자'에 해당하여야 할 뿐만 아니라, 요부조자에 대한 보호책임의 발생원인이 된 사실이 존재한다는 것을 인식하고, 이에 기한 부조의무를 해태한다는 의식이 있음을 요한다(대판 2008.2.14. 2007도3952). (23 1차)

〈경찰관이 구호조치를 취하지 않아 유기죄의 범의를 인정한 판례〉 국민의 생명과 신체의 안전을 보호하기 위한 응급의 조치를 강구하여야 할 직무를 가진 경찰관인 피고인으로서는 술에 만취된 피해자가 향토예비군 4명에게 떼메어 운반되어 지서 나무의자 위에 눕혀 놓았을 때 숨을 가쁘게 내뿜고 자신의 수족과 의사도 자제할 수 없는 상태에 있음에도 불구하고 근 3시간 동안이나 아무런 구호조치를 취하지 아니한 것은 유기죄에 대한 범의를 인정할 수 있다(대판 1972.6.27. 72도863). [COMMENT] 국민의 생명, 신체의 안전을 보호하기 위한 응급의 조치를 강구하여야 할 직무를 가진(경찰관 직무집행법 제4조 참조)경찰관에게 보호의무를 인정한 사안이다.

〈피해자가 창문으로 뛰어내린 것을 몰라 유기죄의 고의를 부정한 판례〉 피고인이 성류파크호텔 7층 1713호실에서 피해자 에게 성관계를 요구하다가 피해자가 그 순간을 모면하기 위하여 7층 창문으로 뛰어내린 것을 피고인이 전혀 알지 못하였다면 피고인에게 유기죄의 범의를 인정 할 수 없다(대판 1988.8.9. 86도225).

2) 착오 : ① 보호자의 지위에 대한 착오는 구성요건적 착오로서 고의가 조각되며 ② 보호의무의 내용과 범위에 대한 착오는 법률의 착오가 된다.

Ⅲ. 위법성

(1) 위법성조각사유

총론상의 위법성조각사유가 일반적으로 적용된다.

(2) 피해자의 동의가 있는 경우

본죄는 개인적 법익에 관한 범죄이지만 사회적 풍속을 유지하기 위한 측면도 있으므로, 보호자와 피보호자간에 합의가 있는 경우라 할지라도 사회상규에 어긋나는 경우에는 위법성을 조각시키지 못한다.

Ⅳ. 타죄와의 관계

(1) 상해죄 및 살인죄와의 관계

상해 및 살인의 수단으로 유기한 경우에는 본죄는 상해죄 및 살인죄에 흡수된다.

(2) 유기죄의 고의로 상해 및 살인의 결과가 발생한 경우

상해 및 살인의 고의가 없었다면 유기치사상죄만이 성립 가능하다.

(3) 강간치상 등의 죄와의 관계

일정한 고의범행(강간죄 또는 강도죄)의 실행 중에 유기죄에 의해 발생할 정도의 위험이 발생한 때에는 그 고의 범죄로 처벌될 뿐 유기죄는 성립하지 않는다. 이 경우는 법률상·계약상 보호의무를 인정할 수 없기 때문이다.

〈강간 후 방기 사건〉 강간치상의 범행을 저지른 자가 그 범행으로 인하여 실신상태에 있는 피해자를 구호하지 아니하고 방치하였다고 하더라도 그 행위는 포괄적으로 단일의 강간치상죄만을 구성한다(대판 1980.6.24. 80도726). (23 변시)

2 존속유기죄 [부진정신분범]

제271조 (유기, 존속유기) ② 자기 또는 배우자의 직계존속에 대하여 제1항의 죄를 지은 경우에는 10년 이하의 징역 또는 1천500만원 이하의 벌금에 처한다.

3 중유기죄, 중존속유기죄 [구체적 위험범, 부진정결과적 가중범]

제271조 (유기, 존속유기) ③ 제1항의 죄를 지어 사람의 생명에 위험을 발생하게 한 경우에는 7년 이하의 징역에 처한다.
④ 제2항의 죄를 지어 사람의 생명에 위험을 발생하게 한 경우에는 2년 이상의 유기징역에 처한다.

4 학대죄, 존속학대죄 [제1항 진정신분범, 제2항 부진정신분범]

제273조 (학대, 존속학대) ① 자기의 보호 또는 감독을 받는 사람을 학대한 자는 2년 이하의 징역 또는 500만 원 이하의 벌금에 처한다.
② 자기 또는 배우자의 직계존속에 대하여 전항의 죄를 범한 때에는 5년 이하의 징역 또는 700만 원 이하의 벌금에 처한다.

〈학대죄는 상태범 또는 즉시범〉 자기의 보호 또는 감독을 받는 사람에게 육체적으로 고통을 주거나 정신적으로 차별대우를 하는 행위가 있으면 성립하는 상태범 또는 즉시범이며, 비록 수십회에 걸쳐서 계속되는 일련의 폭행행위가 있었다 하더라도 그 중 친권자로서의 징계권의 범위에 속하여 위법성이 조각되는 부분이 있다면 그 부분을 따로 떼어 무죄의 판결을 할 수 있다(대판 1986.7.8. 84도2922).

〈학대의 개념과 그 정도〉 형법 제273조 제1항에서 말하는 '학대'라 함은 육체적으로 고통을 주거나 정신적으로 차별대우를 하는 행위를 가리키고, 이러한 학대행위는 형법의 규정체제상 학대와 유기의 죄가 같은 장에 위치하고 있는 점 등에 비추어 단순히 상대방의 인격에 대한 반인륜적 침해만으로는 부족하고 적어도 유기에 준할 정도에 이르러야 한다(대판 2000.4.25. 2000도223).

〈닭장 사건〉 4세인 아들이 대소변을 가리지 못한다고 닭장에 가두고 전신을 구타한 것은 친권자의 징계권 행사에 해당한다고 볼 수 없다(인정된 죄명 : 학대죄)(대판 1969.2.4. 68도1793). [COMMENT] 법리적으로만 검토하면 중감금죄가 성립될 수 있는 사안이다.

5 아동혹사죄 [진정신분범, 필요적 공범(대향범)]

> 제274조 (아동혹사) 자기의 보호 또는 감독을 받는 16세 미만의 자를 그 생명 또는 신체에 위험한 업무에 사용할 영업자 또는 종업자에게 인도한 자는 5년 이하의 징역에 처한다. 그 인도를 받은 자도 같다.

[COMMENT] 필요적 공범 중 쌍방이 동일한 형으로 처벌되는 대향범이다.

6 유기 등 치사상죄 [결과적 가중범]

> 제275조 (유기 등 치사상) ① 제271조 내지 제273조의 죄를 범하여 사람을 상해에 이르게 한 때에는 7년 이하의 징역에 처한다. 사망에 이르게 한 때에는 3년 이상의 유기징역에 처한다.
> ② 자기 또는 배우자의 직계존속에 대하여 제271조 또는 제273조의 죄를 범하여 상해에 이르게 한 때에는 3년 이상의 유기징역에 처한다. 사망에 이르게 한 때에는 무기 또는 5년 이상의 징역에 처한다.

[죄명예규] (제271조제1항, 제3항, 제272조, 제273조제1항 각 죄명)(치상, 치사)/(제271조제2항, 제4항, 제273조제2항 각 죄명)(치상, 치사)

〈청산가리 음독 사건〉 치사량의 청산가리를 음독했을 경우 미처 인체에 흡수되기 전에 지체없이 병원에서 위 세척을 하는 등 응급 치료를 받으면 혹 소생할 가능은 있을지 모르나 이미 이것이 혈관에 흡수되어 피고인이 피해자를 변소에서 발견했을 때의 피해자의 증상처럼 환자의 안색이 변하고 의식을 잃었을 때는 우리의 의학기술과 의료시설로서는 그 치료가 불가능하여 결국 사망하게 되는 것이고 또 일반적으로 병원에서 음독환자에게 위세척 호흡촉진제 강심제주사 등으로 응급가료를 하나 이것이 청산가리 음독인 경우에는 아무런 도움도 되지 못하는 것이므로 피고인의 유기행위와 피해자의 사망간에는 상당인과 관계가 없다 할 것이다(대판 1967.10.31. 67도1151).

〈여호와 증인 사건〉 피고인이 믿는 여호와 증인에 대한 종교적 신념 때문에 의사가 당시 권유한 국내 최선의 치료방법인 수혈을 완강하게 거부하고 방해하였다면 이는 결과적으로 요부조자를 위험한 장소에 두고 떠나는 것(치거)이나 다름이 없다고 할 것이므로, 이를 유기치사죄에 해당한다고 판시한(작량감경하여 징역 1년 6월을 선고) 원심은 옳고, 치료방법을 선택할 자유권의 행사인 정당행위에 대한 법리오해나 종교의 자유를 보장한 헌법위반 등의 위법사유가 없으므로 상고를 기각한다(대판 1980.4.24. 79도1387). [COMMENT] 이론적으로는 부작위에 의한 살인죄를 인정할 수 있으나, 종교적 신념 등을 고려하여 유기치사죄만 인정한 사안이다.

제2장 | 자유에 대한 죄

제1절 | 협박의 죄

1 협박죄 [미수범 처벌, 반의사불벌죄]

> **제283조 (협박, 존속협박)** ① 사람을 협박한 자는 3년 이하의 징역, 500만 원 이하의 벌금, 구류 또는 과료에 처한다.

I. 서 설

협박죄는 사람에게 해악을 고지함으로써 개인의 의사결정의 자유를 침해하는 범죄이다. 보호법익은 의사결정의 자유이며, 보호의 정도는 위험범이다.

> [COMMENT] 협박죄는 자유에 관한 죄 중 가장 기본적인 죄이므로 가장 먼저 설명하는 것이 일반적이지만, 조문상으로 체포 · 감금죄 다음에 있다는 점을 주의하여야 한다.

II. 구성요건

1. 객 체

협박죄의 객체는 해악의 고지에 의하여 공포심을 느낄 수 있는 정신능력이 있는 사람이다. 따라서 공포심을 느낄만한 정신능력이 없는 영아 · 명정자 · 정신병자 · 수면자는 포함되지 아니한다. 또한 정신능력이 없는 법인이나 국가기관은 객체가 될 수 없다.

〈자연인이 아닌 법인은 협박죄의 객체가 될 수 없다는 판례〉 [1] 협박죄는 사람의 의사결정의 자유를 보호법익으로 하는 범죄로서 형법규정의 체계상 개인적 법익, 특히 사람의 자유에 대한 죄 중 하나로 구성되어 있는바, 위와 같은 협박죄의 보호법익, 형법규정상 체계, 협박의 행위 개념 등에 비추어 볼 때, 협박죄는 자연인만을 그 대상으로 예정하고 있을 뿐 법인은 협박죄의 객체가 될 수 없다. [2] 채권추심 회사의 지사장이 회사로부터 자신의 횡령행위에 대한 민 · 형사상 책임을 추궁당할 지경에 이르자 이를 모면하기 위하여 회사 본사에 '회사의 내부비리 등을 금융감독원 등 관계 기관에 고발하겠다'는 취지의 서면을 보내는 한편, 위 회사 경영지원본부장이자 상무이사에게 전화를 걸어 자신의 횡령행위를 문제삼지 말라고 요구하면서 위 서면의 내용과 같은 취지로 발언한 사안에서, 위 상무이사에 대한 협박죄를 인정한 원심의 판단을 수긍한 사례(대판 2010.7.15. 2010도1017). (12 변시) (14 변시)(15 변시)(23 3차)

2. 행 위

협박하는 것이다.

(1) 형법상 협박의 개념

> **형법상 협박의 개념**
>
> #### 1. 협박의 개념
>
> 협박이란 상대방에 대한 해악의 고지를 말한다. 그리고 고지된 해악의 실현 여부가 직접·간접적으로 행위자에 의하여 좌우될 수 있는 것이어야 한다.
>
> #### 2. 협박과 경고의 구별
>
> 경고란 자연발생적인 재앙 또는 길흉화복이나 천재지변의 도래를 알리는 것을 말한다. 이러한 경고는 고지된 해악의 실현 여부가 직접·간접적으로 행위자에 의하여 좌우될 수 없다는 점에서 협박과 구별된다.
>
> 〈조상천도제 사건〉 [1] 공갈죄의 수단으로써의 협박은 객관적으로 사람의 의사결정의 자유를 제한하거나 의사실행의 자유를 방해할 정도로 겁을 먹게 할 만한 해악을 고지하는 것을 말하고, 그 해악에는 인위적인 것뿐만 아니라 천재지변 또는 신력이나 길흉화복에 관한 것도 포함될 수 있으나, 다만 천재지변 또는 신력이나 길흉화복을 해악으로 고지하는 경우에는 상대방으로 하여금 행위자 자신이 그 천재지변 또는 신력이나 길흉화복을 사실상 지배하거나 그에 영향을 미칠 수 있는 것으로 믿게 하는 명시적 또는 묵시적 행위가 있어야 공갈죄가 성립한다. [2] 조상천도제를 지내지 아니하면 좋지 않은 일이 생긴다는 취지의 해악의 고지는 길흉화복이나 천재지변의 예고로서 행위자에 의하여 직접, 간접적으로 좌우될 수 없는 것이고 가해자가 현실적으로 특정되어 있지도 않으며 해악의 발생가능성이 합리적으로 예견될 수 있는 것이 아니므로 협박으로 평가될 수 없다고 한 사례(대판 2002.2.8. 2000도3245).
>
> #### 3. 광의의 협박
>
> 일체의 해악의 고지를 말한다. **예** 내란죄(제87조), 소요죄(제115조) 등
>
> #### 4. 협의의 협박
>
> 상대방에게 공포심을 일으킬 수 있는 정도의 해악을 고지를 말한다. **예** 협박죄(제283조), 강요죄(제324조 제1항), 강제추행죄(제298조), 공갈죄(제350조) 등
>
> #### 5. 최협의의 협박
>
> 상대방의 반항을 현저히 곤란하게 하거나 억압할 정도의 해악의 고지를 말한다. **예** 강도죄(제333조), 준강도죄(제335조), 강간죄(제297조) 등

(2) 협박죄에서의 협박

1) **협의의 협박** : 협박죄의 협박은 협의의 협박이다. 따라서 일반적으로 보아 사람으로 하여금 공포심을 일으킬 수 있는 정도의 해악을 고지하는 것을 의미한다. 협박이 행하여진 이상 실제로 행위자가 해악을 가할 의사가 있었는지는 묻지 아니한다.

〈협박의 의미와 판단〉 협박죄에 있어서의 협박이라 함은 일반적으로 보아 사람으로 하여금 공포심을 일으킬 수 있는 정도의 해악을 고지하는 것을 의미하므로 그 주관적 구성요건으로서의 고의는

행위자가 그러한 정도의 해악을 고지한다는 것을 인식 · 인용하는 것을 그 내용으로 하고 고지한 해악을 실제로 실현할 의도나 욕구는 필요로 하지 아니하고, 다만 행위자의 언동이 단순한 감정적인 욕설 내지 일시적 분노의 표시에 불과하여 주위사정에 비추어 가해의 의사가 없음이 객관적으로 명백한 때에는 협박행위 내지 협박의 의사를 인정할 수 없으나 위와 같은 의미의 협박행위 내지 협박의사가 있었는지의 여부는 행위의 외형뿐만 아니라 그러한 행위에 이르게 된 경위, 피해자와의 관계 등 주위상황을 종합적으로 고려하여 판단해야 할 것이다(대판 1991.5.10. 90도2102).

〈'방에 불을 지르겠다' 사건〉 피고인이 피해자인 누나의 집에서 갑자기 온 몸에 연소성이 높은 고무놀을 바르고 라이타 불을 켜는 동작을 하면서 이를 말리려는 피해자 등에게 가위, 송곳을 휘두르면서 "방에 불을 지르겠다" "가족 전부를 죽여버리겠다"고 소리쳤고 피해자가 피고인의 행위를 약 1시간가량 말렸으나 듣지 아니하여 무섭고 두려워서 신고를 하였다면, 피고인의 행위는 피해자 등에게 공포심을 일으키기에 충분할 정도의 해악을 고지한 것이고, 나아가 피고인에게 실제로 피해자 등의 신체에 위해를 가할 의사나 불을 놓을 의사가 없었다고 할지라도 위와 같은 해악을 고지한다는 점에 대한 인식, 인용은 있었다고 봄이 상당하고, 피해자가 그 이상의 행동에 이르지 못하도록 막은 바 있다 해도 피고인의 행위가 단순한 감정적 언동에 불과하거나 가해의 의사가 없음이 객관적으로 명백한 경우에 해당한다고는 볼 수 없다(대판 1991.5.10. 90도2102).

2) 해 악

(가) **해악의 내용** : 해악의 내용에는 제한이 없다. 해악의 내용은 반드시 실현가능성이 있어야 할 필요도 없고, 범죄를 구성하거나 불법해야 할 필요도 없다. 또한 해악의 내용은 장래의 해악도 포함하고, 조건부라도 상관없다.

〈'세무조사 받게 하여 망하게 하겠다' 사건〉 피고인이 피해자의 장모가 있는 자리에서 서류를 보이면서 "피고인의 요구를 들어주지 않으면 서류를 세무서로 보내 세무조사를 받게 하여 피해자를 망하게 하겠다"라고 말하여 피해자의 장모로 하여금 피해자에게 위와 같은 사실을 전하게 하고, 그 다음날 피해자의 처에게 전화를 하여 "며칠 있으면 국세청에서 조사가 나올 것이니 그렇게 아시오"라고 말한 경우, 위 각 행위는 협박죄에 있어서 해악의 고지에 해당한다고 한 사례(대판 2007.6.01. 2006도1125). **[COMMENT]** 고지하는 내용이 위법하지 않은 경우에도 해악이 될 수 있다는 취지의 판례이다.

(나) **해악의 대상** : 해악의 대상은 반드시 상대방에 대한 해악임을 요하지 않고 상대방과 밀접한 관계가 있는 제3자에 대한 해악이라도 무방하다. 그리고 제3자는 자연인이 아닌 법인인 경우에도 가능하다.

> [COMMENT] 협박죄의 객체와 해악의 대상을 잘 구별하여야 한다.

〈피해자와 밀접한 제3자에 대한 해악의 고지도 피해자에 대한 협박이 될 수 있다는 판례〉 협박죄에서 협박이란 일반적으로 보아 사람으로 하여금 공포심을 일으킬 정도의 해악을 고지하는 것을 의미하며, 그 고지되는 해악의 내용, 즉 침해하겠다는 법익의 종류나 법익의 향유 주체 등에는 아무런 제한이 없다. 따라서 피해자 본인이나 그 친족뿐만 아니라 그 밖의 '제3자'에 대한 법익 침해를 내용으로 하는 해악을 고지하는 것이라고 하더라도 피해자 본인과 제3자가 밀접한 관계에 있어 그 해악의 내용이 피해자 본인에게 공포심을 일으킬 만한 정도의 것이라면 협박죄가 성립할 수 있다. 이 때 '제3자'에는 자연인뿐만 아니라 법인도 포함된다 할 것인데, 피해자 본인에게 법인에 대한 법익을 침해하겠다는 내용의 해악을 고지한 것이 피해자 본인에 대하여 공포심을 일으킬 만한 정도가 되는지 여부는 고지된 해악의 구체적 내용 및 그 표현방법, 피해자와 법인의 관계, 법인 내에서의 피해자의 지위와 역할, 해악의 고지에 이르게 된 경위, 당시 법인의 활동 및 경제적 상황 등 여러 사정을 종합하여 판단하여야 한다(대판 2010.7.15. 2010도1017). (22 변시)

〈경찰관에게 정당 당사 폭파하겠다고 말한 사건〉 피고인이 혼자 술을 마시던 중 甲 정당이 국회에서 예산안을 강행처리하였다는 것에 화가 나서 공중전화를 이용하여 경찰서에 여러 차례 전화를 걸어 전화를 받은 각 경찰관에게 경찰서 관할구역 내에 있는 甲 정당의 당사를 폭파하겠다는 말을 한 사안에서, 피고인은 甲 정당에 관한 해악을 고지한 것이므로 각 경찰관 개인에 관한 해악을 고지하였다고 할 수 없고, 다른 특별한 사정이 없는 한 일반적으로 甲 정당에 대한 해악의 고지가 각 경찰관 개인에게 공포심을 일으킬 만큼 서로 밀접한 관계에 있다고 보기 어려운데도, 이와 달리 피고인의 행위가 각 경찰관에 대한 협박죄를 구성한다고 본 원심판결에 협박죄에 관한 법리오해의 위법이 있다고 한 사례(대판 2012.8.17. 2011도10451).

   (다) 해악의 정도 : 해악의 정도는 사람으로 하여금 공포심을 일으킬 수 있을 정도여야 하며, 협박죄가 성립하기 위하여는 적어도 발생 가능한 것으로 생각될 수 있는 정도의 구체적인 해악의 고지가 있어야 한다.

〈해악의 정도 관련 판례〉 협박죄에 있어서의 협박이라 함은 사람으로 하여금 공포심을 일으킬 수 있을 정도의 해악을 고지하는 것을 말하고 협박죄가 성립하기 위하여는 적어도 발생 가능한 것으로 생각될 수 있는 정도의 구체적인 해악의 고지가 있어야 하며, 해악의 고지가 있다 하더라도 그것이 사회의 관습이나 윤리관념 등에 비추어 사회통념상 용인될 정도의 것이라면 협박죄는 성립하지 않으나, 이러한 의미의 협박행위 내지 협박의 고의가 있었는지 여부는 행위의 외형뿐 아니라 그러한 행위에 이르게 된 경위, 피해자와의 관계 등 전후 상황을 종합하여 판단해야 할 것이다(대판 2011.5.26. 2011도2412).

〈채권추심을 위하여 남편과 시댁에게 과거행적을 알리겠다 한 것도 협박이라는 판례〉 사채업자인 피고인이 채무자 갑에게, 채무를 변제하지 않으면 갑이 숨기고 싶어하는 과거 행적과 사채를 쓴 사실 등을 남편과 시댁에 알리겠다는 등의 문자메시지를 발송한 사안에서, 피고인에게 협박죄를 인정하는 한편 위와 같은 행위가 정당행위에 해당한다는 주장을 배척한 원심판단을 수긍한 사례(대판 2011.5.26. 2011도2412). [COMMENT] 본 판례는 권리행사를 위하여 사회상규에 어긋나는 협박을 한 경우이지만, 채무자의 처분행위가 없어 협박죄만 인정한 사안으로 보인다. (23 변시)

〈'앞으로 수박이 없어지면 네 책임으로 한다' 사건〉 피고인이 '앞으로 수박이 없어지면 네 책임으로 한다.'고 말하였다고 하더라도 그것만으로는 구체적으로 어떠한 법익에 어떠한 해악을 가하겠다는 것인지를 알 수 없어 이를 해악의 고지라고 보기 어렵다(대판 1995.9.29. 94도2187).

〈'한번 만나자 나한테 자신 있나' 사건〉 피해자의 처와 통화하기 위하여 야간에 피해자의 집에 여러 차례 전화를 하여 피해자가 전화를 받으면 20-30분 동안 아무 말도 하지 않고 있다가 전화를 끊어버리거나 어떤 때는 '한번 만나자 나한테 자신 있나'라고 말을 한 경우에는 피해자로 하여금 의구심을 가지게 하여 심적인 고통을 가하거나 분노를 일으키는 등 감정을 자극하는 폭언을 한 정도에 그칠 뿐 피해자의 생명이나 신체 등에 대하여 일정한 해악을 고지한 협박에 이른다고 볼 수 없다(대판 1985.7.5. 85도638).

〈'입을 찢어 버릴라' 사건〉 甲이 乙에게 '입을 찢어 버릴라'라고 한 말은 甲과 乙의 관계, 甲이 그와 같은 폭언을 하게 된 동기와 그 당시의 주위사정 등에 비추어 단순한 감정적인 욕설이었다고 보기에 충분하고, 을에게 해악을 가할 것을 고지한 경우라고 볼 수 없다(대판 1986.7.22. 86도1140).

〈'두고보자' 사건〉 같은 동리에 사는 동년배간에 동장직을 못하게 하였다는 불만의 표시로서 "두고 보자"는 말을 하였다 하더라도 그 정도의 폭언을 본 조 소정의 협박에 해당한다고 하기 어렵다(대 판 1974.10.8. 74도1892).

3) 해악의 고지

(가) 해악고지의 방법 : 해악고지의 방법은 제한이 없다. 따라서 통상 언어에 의하는 것이나, 경우에 따라서는 한마디 말도 없이 거동에 의하여서도 가능하다. 그리고 자신을 자해하는 방법도 해악을 고지하는 방법이 될 수 있다.

〈한마디 말도 없이 거동에 의한 협박도 가능하다는 판례〉 협박죄에 있어서의 해악을 가할 것을 고지하는 행위는 통상 언어에 의하는 것이나, 경우에 따라서는 한마디 말도 없이 거동에 의하여서도 고지할 수 있는 것이다(대판 1975.10.7. 74도2727).

〈회칼 2자루를 들고 나와 죽어버리겠다며 자해하려 한 것도 협박이 될 수 있다는 판례〉 피고인의 주장에 의하더라도, 피고인은 피해자와 횟집에서 술을 마시던 중 피해자가 모래 채취에 관하여 항의하는 데에 화가 나서, 횟집 주방에 있던 회칼 2자루를 들고 나와 죽어버리겠다며 자해하려고 하였다는 것이다. 이를 앞서 본 법리에 비추어 보면, 피고인의 행위는 단순한 자해행위 시늉에 불과한 것이 아니라 피고인의 요구에 응하지 않으면 피해자에게 어떠한 해악을 가할 듯한 위세를 보인 행위로서 협박에 해당한다고도 볼 수 있다(대판 2011.1.27. 2010도14316). (23 3차)

(나) 제3자에 의한 가해의 고지 : 행위자가 직접 해악을 가할 것을 요하지 않고 제3자에 의한 해악을 고지하는 것도 포함한다. 제3자에 의한 가해를 고지한 경우에는 그 제3자는 허무인이라도 관계가 없지만, 행위자가 제3자에게 사실상 영향력을 행사할 수 있음을 상대방에게 인식시켜야 한다.

〈제3자로 하여금 해악을 가하도록 하겠다는 것도 협박죄가 성립할 수 있다는 판례〉 협박의 경우 행위자가 직접 해악을 가하겠다고 고지하는 것은 물론, 제3자로 하여금 해악을 가하도록 하겠다는 방식으로도 해악의 고지는 얼마든지 가능하지만, 이 경우 고지자가 제3자의 행위를 사실상 지배하거나 제3자에게 영향을 미칠 수 있는 지위에 있는 것으로 믿게 하는 명시적·묵시적 언동을 하였거나 제3자의 행위가 고지자의 의사에 의하여 좌우될 수 있는 것으로 상대방이 인식한 경우에 한하여 비로소 고지자가 직접 해악을 가하겠다고 고지한 것과 마찬가지의 행위로 평가할 수 있고, 만약 고지자가 위와 같은 명시적·묵시적 언동을 하거나 상대방이 위와 같이 인식을 한 적이 없다면 비록 상대방이 현실적으로 외포심을 느꼈다고 하더라도 이러한 고지자의 행위가 협박죄를 구성한다고 볼 수는 없다(대판 2006.12.8. 2006도6155).

3. 고 의

상대방에게 해악을 고지하여 공포심을 느끼게 한다는 사실에 대한 인식과 의사가 있어야 한다. 그러나 고지한 해악을 실제로 실현할 의도나 욕구는 필요로 하지 아니하다.

〈'파묻어 버리겠다' 사건〉 피고인이 자신의 동거남과 성관계를 가진 바 있던 피해자에게 "사람을 사서 쥐도 새도 모르게 파묻어버리겠다. 너까짓 것 쉽게 죽일 수 있다"라고 한 말에 관하여 이는 언성을 높이면서 말다툼으로 흥분한 나머지 단순히 감정적인 욕설 내지 일시적 분노의 표시를 한 것에 불과하고 해악을 고지한다는 인식을 갖고 한 것이라고 보기 어렵다(대판 2006.8.25. 2006도546).

〈'목을 자른다'고 한 사건〉 지서에 연행된 피고인이 경찰관으로부터 반공법위반 혐의사실을 추궁당하고 뺨까지 얻어맞게 되자 술김에 흥분하여 항의조로 "내가 너희들의 목을 자른다. 내 동생을 시켜서라도 자른다"라고 말하였다 하여 당시 피고인에게 협박죄를 구성할 만한 해악을 고지할 의사가 있었다고 볼 수 없다(대판 1972.8.29. 72도1565). [COMMENT] 여기에서의 목은 인체의 목이 아니라 지위를 말한다.

4. 협박죄의 기수시기

> **▮ 협박죄의 보호의 정도와 기수시기**
>
> 정보과 소속 경찰관 甲은 친구 乙을 만나 이야기 하던 중 A가 사업을 이유로 자신에게 돈을 빌려 간 후 이를 갚지 않아 독촉을 하고 있지만 돈이 없다고 하면서 변제하지 않고 있다는 말을 듣고 그 자리에서 A에게 전화를 걸어 '나는 ○○경찰서 정보과에 근무하는 형사다. 乙이 집안 동생인데 돈을 언제까지 해 줄 것이냐. 빨리 안 해주면 상부에 보고하여 문제를 삼겠다.'라고 말하였다. 하지만 A는 이를 무시하고 전화를 끊었다. 甲의 죄책은? [2015 2차]

1. 논의점

협박죄의 협박이란 상대방을 외포시킬 정도의 해악의 고지를 말한다. 현행법상 협박죄는 미수범을 처벌하고 있으며, 통상 미수범을 처벌하는 경우에 보호의 정도는 침해범으로 보는 것이 일반적이다. 그러나 협박죄의 경우에는 외포된 상태가 극히 주관적이어서 입증하기 어려운 점이 있으므로 보호의 정도와 기수시기에 대하여 논의가 있다.

2. 보호의 정도에 대한 견해의 대립

이에 대하여는 ① 피해자의 정서적 반응을 객관적으로 심리·판단하는 것이 현실적으로 불가능하므로 협박죄를 위험범으로 보는 **위험범설**(전합의 다수의견) ② 피해자가 현실적으로 공포심을 일으켰는지 여부는 여러 구체적인 사정 등을 모두 종합하여 판단할 수 있으므로 협박죄를 침해범으로 보는 **침해범설**(전합의 소수의견))이 대립하고 있다.

3. 검 토

생각건대 협박죄의 본질은 거동범에 가까우며, 미수규정이 있다고 하여 반드시 침해범으로 해석할 것은 아니므로 위험범설이 타당하다. 이러한 위험범설에 의하면 상대방이 해악의 고지의 의미를 인식한 때에 기수가 된다고 보아야 할 것이다.

4. 보호의 정도에 따른 기수시기

(1) 침해범설에 따른 기수시기

침해범설에 의하면 일반적으로 사람으로 하여금 공포심을 일으킬 수 있는 정도의 해악의 고지가 상대방에게 도달하여 상대방이 그 의미를 인식하고 나아가 현실적으로 공포심을 일으켰을 때에 비로소 기수에 이르는 것으로 본다.

(2) 위험범설에 따른 기수시기

위험범설에 의하면 해악의 고지를 하여 상대방이 그 의미를 인식한 때 기수가 되며, 협박죄의 미수범 처벌조항은 해악의 고지가 현실적으로 상대방에게 도달하지 아니한 경우나, 도달은 하였으나 상대방이 이를 지각하지 못하였거나 고지된 해악의 의미를 인식하지 못한 경우 등에 적용될 뿐이다.

5. 관련판례

〈경찰관이 친구 채권을 전화로 추심한 사건(위험범설의 입장에서 해악의 고지가 도달하여 상대방이 의미를 인식하였다면 상대방이 공포심을 느끼지 않았어도 협박죄의 기수라는 전합 판례)〉 [사실관계] - [쟁점사실관계] [판결요지] [다수의견] [1] 협박죄가 성립하려면 고지된 해악의 내용이 행위자와 상대방의 성향, 고지 당시의 주변 상황, 행위자와 상대방 사이의 친숙의 정도 및 지위 등의 상호관계, 제3자에 의한 해악을 고지한 경우에는 그에 포함되거나 암시된 제3자와 행위자 사이의 관계 등 행위 전후의 여러 사정을 종합하여 볼 때에 일반적으로 사람으로 하여금 공포심을 일으키게 하기에 충분한 것이어야 하지만, 상대방이 그에 의하여 현실적으로 공포심을 일으킬 것까지 요구하는 것은 아니며, 그와 같은 정도의 해악을 고지함으로써 상대방이 그 의미를 인식한 이상, 상대방이 현실적으로 공포심을 일으켰는지 여부와 관계없이 그로써 구성요건은 충족되어 협박죄의 기수에 이르는 것으로 해석하여야 한다. [2] 결국, 협박죄는 사람의 의사결정의 자유를 보호법익으로 하는 위험범이라 봄이 상당하고, 협박죄의 미수범 처벌조항은 해악의 고지가 현실적으로 상대방에게 도달하지 아니한 경우나, 도달은 하였으나 상대방이 이를 지각하지 못하였거나 고지된 해악의 의미를 인식하지 못한 경우 등에 적용될 뿐이다. [3] 정보보안과 소속 경찰관이 자신의 지위를 내세우면서 타인의 민사분쟁에 개입하여 빨리 채무를 변제하지 않으면 상부에 보고하여 문제를 삼겠다고 말한 사안에서, 객관적으로 상대방이 공포심을 일으키기에 충분한 정도의 해악의 고지에 해당하므로 현실적으로 피해자가 공포심을 일으키지 않았다 하더라도 협박죄의 기수에 이르렀다고 본 사례(대판 2007.9.28. 2007도606 전합). 🔲 협박죄의 기수 (13 변시)(20 변시)(22 변시)(24 1차)

Ⅲ. 위법성

(1) 일반적인 위법성조각사유

협박죄의 경우에도 일반적인 개개의 위법성조각사유에 해당하게 되면 위법성이 조각된다. 따라서 해악의 고지가 있다 하더라도 그것이 사회의 관습이나 윤리관념 등에 비추어 볼 때에 사회통념상 용인할 수 있을 정도의 것이라면 협박죄는 성립하지 아니한다.

〈증여세 포탈 취재 사건〉 신문기자인 피고인이 고소인에게 2회에 걸쳐 증여세 포탈에 대한 취재를 요구하면서 이에 응하지 않으면 자신이 취재한 내용대로 보도하겠다고 말하여 협박하였다는 취지로 기소된 사안에서, 위 행위는 설령 협박죄에서 말하는 해악의 고지에 해당하더라도 특별한 사정이 없는 한 기사 작성을 위한 자료를 수집하고 보도하기 위한 것으로서 신문기자의 일상적 업무 범위에 속하여 사회상규에 반하지 아니하는 행위이다(대판 2011.7.14. 2011도639).

《'딸이 가정파괴범이다' 사건》 [사실관계] 甲(여)은 같은 집에 세들어 사는 乙(여)이 자신의 남편 丙과 불륜관계가 있다는 것이 밝혀진 이후에도 계속 관계를 유지하자 乙의 언니에게 "乙을 빨리 찾아내 어 해결하여야 할 것이 아닌가, 그렇지 않으면 乙을 간통죄로 고소하겠다."라고 말하였다. 그리고 乙의 아버지에게는 "딸이 가정파괴범이다. 시집을 보내려고 하느냐, 안 보내려고 하느냐"라고 말한 경우 甲의 죄책은? [판결요지] [1] 협박죄에 있어서의 협박이라 함은 사람으로 하여금 공포심을 일으 킬 수 있을 정도의 해악을 고지하는 것을 의미하고, 협박죄가 성립하기 위하여는 적어도 발생 가능 한 것으로 생각될 수 있는 정도의 구체적인 해악의 고지가 있어야 한다. 또한 해악의 고지가 있다 하더라도 그것이 사회의 관습이나 윤리관념 등에 비추어 볼 때에 사회통념상 용인할 수 있을 정도의 것이라면 협박죄는 성립하지 아니한다. [2] 협박죄에 대하여 유죄를 선고한 원심판결을 해 악의 고지는 있지만 사회통념에 비추어 용인할 수 있는 정도의 것이기 때문에 협박죄가 성립하지 아니한다고 보아 파기한 사례(대판 1998.3.10. 98도70). ⊟ 범죄가 성립하지 않는다. [COMMENT] 본 판 례는 협박죄의 위법성을 조각시킨 판례로 보는 것이 일반적이지만, 협박죄의 구성요건해당성을 부 정해야 한다는 견해(오영근)도 있다.

(2) 권리행사를 위하여 협박한 경우

1) 사회상규에 어긋나지 않은 협박으로 권리행사한 경우 : 권리행사를 위하여 협박을 한 경우 에 협박이 사회상규에 어긋나지 않는 때에는 위법성이 조각되어 범죄가 성립되지 않는다.

《'여관 명도해 주든가' 사건》 피고인이 피해자에게 '여관을 명도해 주든가 명도소송비용을 내놓지 않 으면 고소하여 구속시키겠다'고 말하였다면 이는 매수인으로서 정당한 권리행사라 할 것이며 위와 같이 다소 위협적인 말을 하였다고 하여도 이는 사회통념상 용인될 정도의 것으로서 협박으로 볼 수 없다(대판 1984.6.26. 84도648).

《사임제안서 사건》 피고인들을 비롯한 직원들의 임금이 체불되고 사무실 임대료를 내지 못할 정도 로 재정 상태가 좋지 않는 등의 이유로 이 사건 회사의 경영상황이 우려되고 대표이사 겸 최대주주 인 피해자의 경영능력이 의심받던 상황에서, 직접적 이해당사자인 피고인들이 2015. 11. 23. 동료 직원들과 함께 피해자를 만나 '사임제안서'만 전달하였을 뿐 별다른 말을 하지 않았고, 피해자도 약 5분 동안 이를 읽은 후 바로 그 자리를 떠난 사안에서 피고인들의 '사임제안서' 전달 행위를 협박죄 에서의 '협박'으로 볼 수 없고, 설령 '협박'에 해당하더라도 사회통념상 용인할 수 있는 정도이거 나 이 사건 회사의 경영 정상화라는 정당한 목적을 위한 상당한 수단에 해당하여 사회상규에 반하지 아니한다고 봄이 타당하다고 보아 협박죄를 인정한 원심판결을 파기환송한 사례(대판 2022.1 2.19. 2022도9187).

2) 사회상규에 어긋난 협박으로 권리행사한 경우 : 권리행사를 위하여 협박을 한 경우에 협박 이 사회상규에 어긋나는 때에는 ① 협박죄설과 ② 공갈죄설이 대립하고 있으나, 판례는 공갈죄설을 따르고 있다.

[COMMENT] 보다 자세한 것은 공갈죄 부분 참조.

Ⅳ. 관련문제

(1) 타죄와의 관계

1) 폭행을 가한 후 다시 협박한 경우나 협박한 후 폭행을 가한 경우 : 협박죄와 폭행죄의 경합범이 성립하지만, 폭행에 수반된 협박 즉 폭행을 가하면서 협박한 경우는 폭행죄만 성립한다.

〈상해시 협박하면 원칙적으로 상해죄만 성립한다는 판례〉 피고인이 위험한 물건인 소주병으로 피해자의 머리를 1회 쳐서 상해를 가하고 또 흉기인 가위로서 동 피해자를 찔러 죽인다고 협박을 하였다면, 위 피고인의 협박사실 행위가 피고인에게 인정된 상해사실과 같은 시간, 같은 장소에서 동일한 피해자에게 가해진 경우에는 특별한 사정이 없는 한 상해의 단일의 범의 하에서 이루어진 하나의 폭언에 불과하여 위 상해죄에 포함되는 행위라 봄이 상당하다(대판 1976.12.14. 76도3375).

2) 폭행을 가하겠다고 고지한 후 고지된 일시 · 장소에서 폭행한 경우 : 협박도 폭행에 흡수되어 폭행죄만 성립하지만, 폭행고지자가 현실로 가한 폭행이 고지된 폭행의 내용 및 시간적 · 장소적으로 별개인 경우에는 협박죄와 폭행죄의 경합범이 성립한다.

3) 감금상태를 유지하기 위한 수단으로 협박한 경우 : 협박행위는 감금죄에 흡수되어 감금죄만 성립한다.

〈감금을 위한 수단으로 협박한 사건〉 감금을 하기 위한 수단으로서 행사된 단순한 협박행위는 감금죄에 흡수되어 따로 협박죄를 구성하지 아니한다(대판 1982.6.22. 82도705). (17 변시)

(2) 반의사불벌죄

제283조 (협박, 존속협박) ③ 제1항 및 제2항의 죄는 피해자의 명시한 의사에 반하여 공소를 제기할 수 없다.

본죄는 반의사불벌죄이므로 비록 협박죄가 성립하더라도 피해자의 명시한 의사에 반하여 공소를 제기할 수 없다(제283조 제3항).

2 존속협박죄 [미수범 처벌, 부진정신분범, 반의사불벌죄]

제283조 (협박, 존속협박) ② 자기 또는 배우자의 직계존속에 대하여 제1항의 죄를 범한 때에는 5년 이하의 징역 또는 700만 원 이하의 벌금에 처한다.
③ 제1항 및 제2항의 죄는 피해자의 명시한 의사에 반하여 공소를 제기할 수 없다.

3 특수협박죄 [미수범 처벌]

제284조 (특수협박) 단체 또는 다중의 위력을 보이거나 위험한 물건을 휴대하여 전조 제1항, 제2항의 죄를 범한 때에는 7년 이하의 징역 또는 1천만 원 이하의 벌금에 처한다.

〈회칼 사건〉[1] 형법 제284조, 제283조 제1항은 위험한 물건을 휴대하여 사람을 협박한 자를 특수협박죄로 처벌하도록 규정하고 있는바, 여기서 위험한 물건을 '휴대하여'는 범행현장에서 사용하려는 의도 아래 위험한 물건을 소지하거나 몸에 지니는 경우를 가리키고, '협박'은 일반적으로 그 상대방이 된 사람으로 하여금 공포심을 일으키기에 충분한 정도의 해악을 고지하는 것을 말한다. [2] 피고인이 미리 준비해 간 위험한 물건인 회칼을 책상 위에 수회 내리치면서 피해자 공소외 1, 공소외 2에게 해악을 고지하였고, 그것이 일반적으로 사람으로 하여금 공포심을 느끼게 하기에 충분한 행위에 해당하므로 피고인은 특수협박죄를 저질렀다(대판 2017.3.30. 2017도771).

〈실탄 장전하지 않은 공기총도 위험한 물건이라는 판례〉[사실관계] 甲은 자신의 승용차 트렁크에서 실탄을 장전하지 아니한 공기총(구경 4.5㎜로 독일제인 다이아나 54이다)을 꺼내어 V를 향해 들이대고 협박하였다. 그러나 그 무렵 甲은 위 승용차 트렁크에 공기총 실탄 474개를 위 공기총과 함께 보관하고 있었다. 甲의 죄책은? [판결요지] 피고인이 공기총에 실탄을 장전하지 아니하였다고 하더라도 범행 현장에서 공기총과 함께 실탄을 소지하고 있었고 피고인으로서는 언제든지 실탄을 장전하여 발사할 수도 있으므로 공기총이 '위험한 물건'에 해당한다고 한 사례(대판 2002.11.26. 2002도4586). ⑤ 특수협박죄가 성립한다. (13 변시)

〈청산염을 협박편지에 동봉한 것은 위험한 물건의 휴대가 아니라는 판례〉폭력행위등처벌에 관한 법률 제3조 제1항 소정의 위험한 물건의 "휴대"라 함은 범행현장에서 범행에 사용할 의도 아래 위험한 물건을 몸 또는 몸 가까이 소지하는 것을 말하므로 청산염 2그램 정도를 협박편지에 동봉 우송하여 피해자에게 도달케 하였다는 것만으로는 위 법조에서 말하는 위험한 물건의 휴대라고 할 수 없다(대판 1985.10.8. 85도1851).

4 상습협박죄 [미수범 처벌]

> 제285조 (상습범) 상습으로 제283조 제1항, 제2항 또는 전조의 죄를 범한 때에는 그 죄에 정한 형의 2분의 1까지 가중한다.

제2절 | 강요죄

1 강요죄 [미수범 처벌]

> 제324조 (강요) ① 폭행 또는 협박으로 사람의 권리행사를 방해하거나 의무없는 일을 하게 한 자는 5년 이하의 징역 또는 3천만원 이하의 벌금에 처한다. [개정 1995.12.29., 2016.1.6.]

I. 서 설

강요죄는 폭행 또는 협박으로 사람의 권리행사를 방해하거나 의무 없는 일을 하게 함으로써 성립하는 범죄이다. 보호법익은 사람의 의사결정의 자유 및 활동의 자유이며, 보호의 정도는 침해범이다.

II. 구성요건

1. 객 체

사람이다. 사람이란 행위자 이외의 자연인인 타인을 말하므로, 법인과 국가기관은 강요죄의 객체가 될 수 없다. 강요죄는 사람의 의사결정의 자유도 침해하는 범죄이므로 의사의 자유를 가진 자로 제한된다고 것은 협박죄와 동일하다.

2. 행 위

폭행·협박으로 사람의 권리행사를 방해하거나 의무 없는 일을 하게 하는 것이다.

(1) 폭행과 협박

1) **폭행** : 폭행이란 권리행사를 방해하거나 의무 없는 일을 하도록 하기 위한 유형력의 행사를 말한다. 폭행의 정도는 광의의 폭행이므로 사람에 대한 직접적인 유형력의 행사뿐만 아니라 간접적인 유형력의 행사도 포함한다.

〈주택 대문 바로 앞에 차량을 주차한 사건〉 [1] 강요죄의 폭행은 사람에 대한 직접적인 유형력의 행사뿐만 아니라 간접적인 유형력의 행사도 포함하며, 반드시 사람의 신체에 대한 것에 한정되지 않는다. 사람에 대한 간접적인 유형력의 행사를 강요죄의 폭행으로 평가하기 위해서는 피고인이 유형력을 행사한 의도와 방법, 피고인의 행위와 피해자의 근접성, 유형력이 행사된 객체와 피해자의 관계 등을 종합적으로 고려해야 한다. [2] 피고인은 이 사건 도로의 소유자인데, 피해자를 포함한 이 사건 도로 인접 주택 소유자들에게 도로 지분을 매입할 것을 요구하였음에도 피해자 등이 이를 거부하자, 피해자 주택 대문 바로 앞에 피고인의 차량을 주차하여 피해자가 자신의 차량을 주차장에 출입할 수 없도록 한 사안에서, 피고인이 피해자에 대하여 어떠한 유형력을 행사하였다고 보기 어려울 뿐만 아니라, 피해자는 주택 내부 주차장에 출입하지 못하는 불편을 겪는 외에 차량을 용법에 따라 정상적으로 사용할 수 있었다는 이유로, 강요죄의 성립을 인정한 원심을 파기한 사례 (대판 2021.11.25. 2018도1346). (23 3차)

2) **협박** : 협박이란 객관적으로 사람의 의사결정의 자유를 제한하거나 의사실행의 자유를 방해할 정도로 겁을 먹게 할 만한 해악을 고지하는 것을 말한다. 협박이 인정되기 위해서는 발생 가능한 것으로 생각할 수 있는 정도의 구체적인 해악의 고지가 있어야 한다. 그리고 해악의 고지는 반드시 명시적인 방법이 아니더라도 말이나 행동을 통해서 상대방에게 어떠한 해악을 끼칠 것이라는 인식을 갖도록 하면 충분하고, 제3자를 통해서 간접적으로 할 수도 있다.

〈강요죄에서의 협박의 의미〉[다수의견] [1] 강요죄는 폭행 또는 협박으로 사람의 권리행사를 방해하거나 의무 없는 일을 하게 하는 범죄이다. 여기에서 협박은 객관적으로 사람의 의사결정의 자유를 제한하거나 의사실행의 자유를 방해할 정도로 겁을 먹게 할 만한 해악을 고지하는 것을 말한다. 이와 같은 협박이 인정되기 위해서는 발생 가능한 것으로 생각할 수 있는 정도의 구체적인 해악의 고지가 있어야 한다. [2] 해악의 고지는 반드시 명시적인 방법이 아니더라도 말이나 행동을 통해서 상대방에게 어떠한 해악을 끼칠 것이라는 인식을 갖도록 하면 충분하고, 제3자를 통해서 간접적으로 할 수도 있다(대판 2019.8.29. 2018도13792 전합).

〈골프장 회원 사건〉 골프시설의 운영자가 골프회원에게 불리하게 변경된 내용의 회칙에 대하여 동의한다는 내용의 등록신청서를 제출하지 아니하면 회원으로 대우하지 아니하겠다고 통지한 것이 강요죄에 해당한다고 한 사례(대판 2003.9.26. 2003도763). (14 변시)

〈'서명하지 않으면 법에 저촉된다' 사건〉 환경단체 소속 회원들이 축산 농가들의 폐수 배출 단속활동을 벌이면서 폐수 배출현장을 사진촬영하거나 지적하는 한편 폐수 배출사실을 확인하는 내용의 사실확인서를 징구하는 과정에서 서명하지 아니할 경우 법에 저촉된다고 겁을 주는 등 행한 일련의 행위가 '협박'에 의한 강요행위에 해당한다고 한 사례(대판 2010.4.29. 2007도7064).

〈범죄행위를 저지른 부하직원에게 사직할 것을 권유한 사건〉 강요죄라 함은 폭행 또는 협박으로 사람의 권리행사를 방해하거나 의무 없는 일을 하게 하는 것을 말하고, 여기에서의 협박은 객관적으로 사람의 의사결정의 자유를 제한하거나 의사실행의 자유를 방해할 정도로 겁을 먹게 할 만한 해악을 고지하는 것을 말하는바, 직장에서 상사가 범죄행위를 저지른 부하직원에게 징계절차에 앞서 자진하여 사직할 것을 단순히 권유하였다고 하여 이를 강요죄에서의 협박에 해당한다고 볼 수는 없다(대판 2008.11.27. 2008도7018).

〈최순실 국정농단 사건 - 공무원이 상대방에게 요구한 행위의 강요죄의 성부〉 공무원이 자신의 직무와 관련한 상대방에게 공무원 자신 또는 자신이 지정한 제3자를 위하여 재산적 이익 또는 일체의 유·무형의 이익 등을 제공할 것을 요구하고 상대방은 공무원의 지위에 따른 직무에 관하여 어떠한 이익을 기대하며 그에 대한 대가로서 요구에 응하였다면, 다른 사정이 없는 한 공무원의 위 요구 행위를 객관적으로 사람의 의사결정의 자유를 제한하거나 의사실행의 자유를 방해할 정도로 겁을 먹게 할 만한 해악의 고지라고 단정하기는 어렵다(대판 2019.8.29. 2018도13792 전합). [COMMENT] 대통령과 청와대 경제수석비서관 등이 전국경제인연합회나 대기업들에 재단법인의 출연금 또는 특정 단체에 지원금을 지급하게 하거나 특정 업체와 계약을 체결하게 하는 등의 요구를 한 것은 그 언동의 내용과 경위, 요구 당시의 상황 등에 비추어 강요죄의 성립요건인 협박으로 보기 부족하다는 이유로, 이와 달리 일부 강요죄를 유죄로 판단한 원심판결을 파기한 사례이다. (23 3차)

3) 폭행·협박의 상대방 : 폭행·협박의 상대방인 사람은 반드시 피강요자와 일치할 필요는 없다. 따라서 피해자와 일정한 관계가 있는 제3자에게 유형력을 행사하는 것도 본죄의 폭행에 해당할 수 있다.

(2) 권리행사방해와 의무 없는 일의 강요

1) 권리행사의 방해 : 권리행사방해란 타인이 행사할 수 있는 권리를 행사하지 못하게 하는 것을 말한다. 권리는 재산적 권리 뿐 아니라 비재산적 권리로 볼 수 있는 개인의 계약체결에 대한 자유권도 포함한다.

〈강요죄의 권리에는 비재산적 권리인 계약체결의 자유권도 포함된다는 판례〉 본조에서 말하는 권리라 함은 재산적 권리 뿐 아니라 비재산적 권리로 볼 수 있는 개인의 계약체결에 대한 자유권도 포함되고 그 계약체결이 법률상 위법 기타 제한이 있다 하더라도 폭력에 의한 권리행사방해죄의 성립에는 영향이 없다(대판 1962.1.25. 4293형상233).

2) 의무 없는 일의 강요 : 의무 없는 일의 강요란 의무가 없는 자에게 일정한 작위·부작위 또는 수인을 강요하는 것을 말한다. '의무 없는 일'이란 법령, 계약 등에 기하여 발생하는 법률상 의무 없는 일을 말한다. 따라서 폭행 또는 협박으로 법률상 의무 있는 일을 하게 한 경우에는 폭행 또는 협박죄만 성립할 뿐 강요죄는 성립하지 아니한다.

〈'의무 없는 일'의 의미〉 강요죄는 폭행 또는 협박으로 사람의 권리행사를 방해하거나 의무 없는 일을 하게 하는 것을 말하고, 여기에서 '의무 없는 일'이란 법령, 계약 등에 기하여 발생하는 법률상 의무 없는 일을 말하므로, 폭행 또는 협박으로 법률상 의무 있는 일을 하게 한 경우에는 폭행 또는 협박죄만 성립할 뿐 강요죄는 성립하지 아니한다(대판 2008.5.15. 2008도1097). (13 변시)(22 변시) (23 3차)

〈진술서 강제로 작성케 한 사건〉 피고인이 피해자를 협박하여 동인으로 하여금 법률상 의무 없는 진술서를 작성케 한 행위는 사람의 자유권 행사를 방해한 것이므로 형법 제324조의 폭력에 의한 권리행사방해죄를 구성한다(대판 1974.5.14. 73도2578).

〈부하에게 직무수행의 내역을 일지 형식으로 기재하여 보고하도록 명령한 사건〉 군인사법 제47조의2의 위임에 따른 군인복무규율 제7조 제1항, 제8조, 제22조 제1항, 제2항, 제23조 제1항의 내용 및 취지 등에 비추어 보면, 상관이 직무수행을 태만히 하거나 지시사항을 불이행하고 허위보고 등을 한 부하에게 근무태도를 교정하고 직무수행을 감독하기 위하여 직무수행의 내역을 일지 형식으로 기재하여 보고하도록 명령하는 행위는 직무권한 범위 내에서 내린 정당한 명령이므로 부하는 명령을 실행할 법률상 의무가 있고, 명령을 실행하지 아니하는 경우 군인사법 제57조 제2항에서 정한 징계처분이 내려진다거나 그에 갈음하여 얼차려의 제재가 부과된다고 하여 그와 같은 명령이 형법 제324조의 강요죄를 구성한다고 볼 수 없다(대판 2012.11.29. 2010도1233).

3. 기수시기

폭행 또는 협박에 의하여 권리행사가 현실적으로 방해되었거나, 의무 없는 일을 현실적으로 하였을 때에 기수가 된다. [2013 변시]

〈여권 강제 회수 사건〉 형법 제324조 소정의 폭력에 의한 권리행사방해죄는 폭행 또는 협박에 의하여 권리행사가 현실적으로 방해되어야 할 것인바, 피해자의 해외도피를 방지하기 위하여 피해자를 협박하고 이에 피해자가 겁을 먹고 있는 상태를 이용하여 동인 소유의 여권을 교부하게 하여 피해자가 그의 여권을 강제 회수당하였다면 피해자가 해외여행을 할 권리는 사실상 침해되었다고 볼 것이므로 권리행사방해죄의 기수로 보아야 한다(대판 1993.7.27. 93도901). (12 변시)(13 변시)

4. 고 의

폭행·협박에 의하여 권리행사를 방해하거나 의무 없는 일을 하게 한다는 사실에 대한 인식과 의사가 있어야 한다.

〈팬미팅 사건〉 폭력조직 전력이 있는 피고인이 특정 연예인에게 팬미팅 공연을 하도록 강요하면서 만날 것을 요구하고, 팬미팅 공연이 이행되지 않으면 안 좋은 일을 당할 것이라고 협박한 사안에서, 위 연예인에게 공연을 할 의무가 없다는 점에 대한 미필적 인식 즉, 강요죄의 고의가 피고인에게 있었다고 단정하기 어렵다고 판단한 원심을 수긍한 사례(대판 2008.5.15. 2008도1097). [판결이유 중 일부 인용] 일본 팬미팅 공연에 관하여 합법적인 절차에 의하여 서명·날인 작성한 계약서에 명시되어 있다는 2006. 3. 10.자 확인서까지 보여 주었기 때문에, 위 피고인으로서는 팬미팅 공연을 할 의무가 있다고 믿었을 가능성이 농후하여, 팬미팅 공연을 할 의무가 없거나 의무 없음에 대한 미필적 인식 즉, 강요죄의 고의가 위 피고인에게 있었다고 단정하기 어렵다.

Ⅲ. 위법성

본죄는 형법총칙상의 일반적인 위법성조각사유가 그대로 적용된다. 특히 강요행위는 행위자의 권리실현을 위한 수단으로 이루어지는 경우가 많은데 이 경우에는 사회상규에 어긋나지 않는 한도 내에서 위법성이 조각될 수 있다.

〈해악의 고지가 권리실현의 수단으로 행해진 사건〉 강요죄의 수단으로서 협박에 의한 해악의 고지가 비록 정당한 권리의 실현 수단으로 사용된 경우라고 하여도 권리실현의 수단 방법이 사회통념상 허용되는 정도나 범위를 넘는다면 강요죄가 성립하고, 여기서 어떠한 행위가 구체적으로 사회통념상 허용되는 정도나 범위를 넘는 것인지는 그 행위의 주관적인 측면과 객관적인 측면, 즉 추구된 목적과 선택된 수단을 전체적으로 종합하여 판단하여야 한다(대판 2017.10.26. 2015도16696).

《'원산폭격' 사건》 [1] 상사 계급의 피고인이 그의 잦은 폭력으로 신체에 위해를 느끼고 겁을 먹은 상태에 있던 부대원들에게 청소 불량 등을 이유로 40분 내지 50분간 머리박아(속칭 '원산폭격')를 시키거나 양손을 깍지 낀 상태에서 약 2시간 동안 팔굽혀펴기를 50-60회 정도 하게 한 행위가 형법 제324조에서 정한 강요죄에 해당한다고 한 사례. [2] 상사 계급의 피고인이 부대원들에게 얼차려를 지시할 당시 얼차려의 결정권자도 아니었고 소속 부대의 얼차려 지침상 허용되는 얼차려도 아니라는 등의 이유로, 피고인의 얼차려 지시 행위를 형법 제20조의 정당행위로 볼 수 없다고 한 사례(대판 2006.4.27. 2003도4151).

Ⅳ. 죄수 및 타죄와의 관계

(1) 죄 수

전속적 법익이므로 각 개인마다 강요죄가 성립한다. 따라서 1개의 폭행 · 협박으로 수인을 강요한 경우에는 수개의 강요죄의 상상적 경합이 된다.

(2) 타죄와의 관계

1) 다른 자유에 관한 범죄와의 관계 : 강요죄가 성립하면 협박죄는 이에 흡수된다. 그러나 기타 다른 자유에 관한 범죄(체포 · 감금의 죄, 약취 · 유인의 죄, 강간죄, 강제추행죄 등)가 성립하면 강요죄는 이에 흡수된다.

2) 공갈죄 · 강도죄와 관계 : 강요죄는 공갈죄 · 강도죄에 대하여 보충관계에 있으므로 공갈죄나 강도죄가 성립하는 경우에는 강요죄는 따로 성립하지 않는다.

2 특수강요죄 [미수범 처벌]

> 제324조 (강요) ② 단체 또는 다중의 위력을 보이거나 위험한 물건을 휴대하여 제1항의 죄를 범한 자는 10년 이하의 징역 또는 5천만원 이하의 벌금에 처한다. [신설 2016.1.6.]

> [COMMENT] 특수강요죄의 내용에 대하여는 특수폭행죄 부분을 참조하고, 강요죄와의 관계에서 별도의 조문이 있는 것이 아니라 제2항에 위치하고 있다는 점도 주의하여야 한다.

3 인질강요죄 [미수범 처벌, 해방감경 적용]

> 제324조의2 (인질강요) 사람을 체포 · 감금 · 약취 또는 유인하여 이를 인질로 삼아 제3자에 대하여 권리행사를 방해하거나 의무없는 일을 하게 한 자는 3년 이상의 유기징역에 처한다.

(1) 의의와 입법취지

인질강요죄란 사람을 체포 · 감금 · 약취 또는 유인하여 이를 인질로 삼아 제3자에 대하여 권리행사를 방해하거나 의무 없는 일을 하게 함으로써 성립하는 범죄이다.

(2) 객 체

인질강요죄의 객체인 피강요자는 인질 이외의 제3자이다. 이러한 제3자에는 자연인뿐만 아니라 법인이나 국가기관도 포함된다.

> [COMMENT] 이러한 점에서 객체가 자연인에 한정되는 강요죄의 차이가 있다.

(3) 행 위

1) 행위상황 : 인질강요죄가 성립하기 위해서는 행위상황으로서 체포·감금·약취·유인된 인질이 있어야 한다. 그리고 자연인인 사람만이 인질이 될 수 있다.

2) 강요행위 : 체포·감금·약취·유인된 자를 인질로 삼아 강요 즉 권리행사를 방해하거나 의무 없는 일을 하게 하는 것이다.

(4) 실행의 착수시기와 기수시기

1) 실행의 착수시기 : 실행의 착수시기에 대하여는 ① 인질로 삼기 위하여 체포·감금·약취·유인을 할 때라는 체포·감금·약취·유인시설 ② 인질의 석방이나 안전보장의 대가로 강요한 때라는 강요시설 등이 대립하고 있다. 그러나 ① 인질로 삼기 위하여 체포·감금·약취·유인을 할 때 법익침해의 밀접한 행위가 있었으며 ② 결합범의 일반논리에 따르면 제1의 행위를 할 때 실행의 착수를 인정하는 것이 일반적이므로 체포·감금·약취·유인시설이 타당하다.

2) 기수시기 : 권리행사가 현실적으로 방해되었거나 의무 없는 일을 행하게 된 현실적 결과가 발생한 때 기수가 된다.

(5) 형의 감경(제324조의6)

> 제324조의6 (형의 감경) 제324조의2 또는 제324조의3의 죄를 범한 자 및 그 죄의 미수범이 인질을 안전한 장소로 풀어준 때에는 그 형을 감경할 수 있다.

4 인질상해·치상죄 [미수범 처벌, 해방감경 적용]

> 제324조의3 (인질상해·치상) 제324조의2의 죄를 범한 자가 인질을 상해하거나 상해에 이르게 한 때에는 무기 또는 5년 이상의 징역에 처한다

5 인질살해·치사죄 [미수범 처벌]

> 제324조의4 (인질살해·치사) 제324조의 2의 죄를 범한 자가 인질을 살해한 때에는 사형 또는 무기징역에 처한다. 사망에 이르게 한 때에는 무기 또는 10년 이상의 징역에 처한다.

6 인질상해·치상, 인질살해·치사의 미수범

> 제324조의5 (미수범) 제324조 내지 제324조의4의 미수범은 처벌한다.

[죄명예규] (제324조, 제324조의2, 제324조의3, 제324조의4 각 죄명) 미수

[COMMENT] 결과적 가중범인 인질치상, 인질치사에 대한 미수범을 처벌하고 있는 듯한 규정으로서 결과적 가중범의 미수가 논의될 수 있는 규정이다. 결과적 가중범의 미수에 대하여는 총론 제2편 범죄론 제7장 특별한 범죄유형 중 결과적 가중범 부분 참조.

7 해방감경규정

> 제324조의6 (형의 감경) 제324조의2 또는 제324조의3의 죄를 범한 자 및 그 죄의 미수범이 인질을 안전한 장소로 풀어준 때에는 그 형을 감경할 수 있다.

[COMMENT] 해방감경 규정은 본조 이외에 약취·유인의 죄에 제295조의2가 있다.

8 중강요죄 [구체적 위험범, 결과적 가중범]

> 제326조 (중권리행사방해) 제324조 또는 제325조의 죄를 범하여 사람의 생명에 대한 위험을 발생하게 한 자는 10년 이하의 징역에 처한다.

[죄명예규] 중권리행사방해

[COMMENT] 중강요죄는 시험과는 거리가 있으므로 조문 정도만 확인해 두면 된다.

제3절 | 체포와 감금의 죄

1 체포 · 감금죄 [미수범 처벌]

> 제276조 (체포, 감금, 존속체포, 존속감금) ① 사람을 체포 또는 감금한 자는 5년 이하의 징역 또는 700만 원 이하의 벌금에 처한다.

Ⅰ. 서 설

체포 · 감금죄는 사람을 체포 · 감금함으로써 개인의 신체적 활동의 자유, 특히 장소선택의 자유를 침해하는 것을 내용으로 하는 범죄이다. 이러한 체포 · 감금죄는 대표적인 계속범이다. 보호법익은 **잠재적 장소 이전의 자유**이며, 보호의 정도는 침해범이다.

> [COMMENT] 체포 · 감금죄는 대표적인 계속범이므로 체포 · 감금죄를 통하여 즉시범과 상태범 및 계속범을 정확히 이해하는 것이 바람직하다.

Ⅱ. 구성요건

1. 객 체

(1) 사 람

본죄의 객체는 자연인인 사람이다. 따라서 법인은 체포 · 감금죄의 객체가 될 수 없다.

(2) 사람의 범위

체포 · 감금죄의 객체가 될 수 있는 자연인의 범위에 대해 논의가 있지만, 다수설과 판례는 자연인 중 잠재적인 활동의 자유를 가진 자이면 객체가 될 수 있다는 입장이다.

〈정신병자도 감금죄의 객체가 될 수 있다는 판례〉 정신병자도 감금죄의 객체가 될 수 있다(대판 2002.1 0.11. 2002도4315). (17 변시)(24 2차)

2. 행 위

체포 또는 감금이다.

(1) 체 포

체포란 사람의 신체에 대하여 직접적이고 현실적인 구속을 가하여서 그 신체활동의 자유를 박탈하는 행위를 의미하는 것으로서 수단과 방법을 불문한다.

〈체포의 의미〉 형법 제276조 제1항의 체포죄에서 말하는 '체포'는 사람의 신체에 대하여 직접적이고 현실적인 구속을 가하여 신체활동의 자유를 박탈하는 행위를 의미하는 것으로서 수단과 방법을 불문한다(대판 2018.2.28. 2017도21249).

(2) 감 금

1) **감금의 의의** : 감금이란 사람을 일정한 구획을 가진 장소에 가두어 그 장소 밖으로 벗어나지 못하게 하거나 심히 곤란하게 함으로써 신체활동의 자유를 장소적으로 제한하는 것을 말한다.

> [COMMENT] 감금은 장소적 제한이 있다는 점에서 체포와 구별된다.

2) **감금의 수단·방법** : 감금의 수단·방법에는 제한이 없으므로 물리적, 유형적인 방법뿐만 아니라 심리적, 무형적 방법에 의하여서도 가능하다

〈감금행위의 방법〉 감금죄는 사람의 행동의 자유를 그 보호법익으로 하여 사람이 특정한 구역에서 나가는 것을 불가능하게 하거나 또는 심히 곤란하게 하는 죄로서 이와 같이 사람이 특정한 구역에서 나가는 것을 불가능하게 하거나 심히 곤란하게 하는 그 장해는 물리적, 유형적 장해뿐만 아니라 심리적, 무형적 장해에 의하여서도 가능하다(대판 2000.3.24. 2000도102). (24 2차)

〈도피하기를 단념시킨 사건〉 피해자가 만약 도피하는 경우에는 생명, 신체에 심한 해를 당할지도 모른다는 공포감에서 도피하기를 단념하고 있는 상태 하에서 그를 호텔로 데리고 가서 함께 유숙한 후 그와 함께 항공기로 국외에 나간 행위는 감금죄를 구성한다(대판 1991.8.27. 91도1604).

3) **감금과 전면적 자유박탈** : 감금에 있어서 사람의 행동의 자유의 박탈은 반드시 전면적이어야 할 필요는 없다. 따라서 감금된 특정구역 내부에서 일정한 생활의 자유가 허용되어 있었다고 하더라도 감금죄의 성립에는 영향이 없다.

〈감금죄와 전면적 자유박탈〉 감금죄가 성립하기 위하여 반드시 사람의 행동의 자유를 전면적으로 박탈할 필요는 없고, 감금된 특정한 구역 범위 안에서 일정한 생활의 자유가 허용되어 있었다고 하더라도 유형적이거나 무형적인 수단과 방법에 의하여 사람이 특정한 구역에서 벗어나는 것을 불가능하게 하거나 매우 곤란하게 한 이상 감금죄의 성립에는 아무런 지장이 없다(대판 1998.5.26. 98도1036). (24 2차)

(3) 피해자의 자유박탈 또는 제한에 대한 인식요부

장소이전의 자유를 보호하는 체포·감금죄가 성립하기 위해서는 피해자가 신체활동의 자유 박탈 또는 제한을 인식할 필요성이 있는지에 대한 논의가 있지만, 다수설은 감금죄의 보호법익은 잠재적 장소이전의 자유이므로 피해자의 인식이 필요 없다고 하는 인식불요설의 입장이다.

> [COMMENT] 감금죄의 보호법익은 잠재적 장소이전의 자유이므로 피해자의 인식이 필요 없다는 점에 대한 논리적 이해가 필요하다.

3. 실행의 착수와 기수시기

체포·감금죄의 실행의 착수는 체포·감금의 고의로써 타인의 신체적 활동의 자유를 현실적으로 침해하는 행위를 개시한 때이다. 그리고 체포·감금죄는 계속범이므로 확실히 사람의 신체의 자유를 구속한다고 인정할 수 있을 정도의 시간적 계속이 있을 때 기수가 된다.

〈체포죄의 실행의 착수와 기수시기〉 [1] 체포죄는 사람의 신체에 대하여 직접적이고 현실적인 구속을 가하여 신체활동의 자유를 박탈하는 죄로서, 그 실행의 착수 시기는 체포의 고의로 타인의 신체적 활동의 자유를 현실적으로 침해하는 행위를 개시한 때이다. [2] 체포죄는 계속범으로서 체포의 행위에 확실히 사람의 신체의 자유를 구속한다고 인정할 수 있을 정도의 시간적 계속이 있어야 기수에 이르고, 신체의 자유에 대한 구속이 그와 같은 정도에 이르지 못하고 일시적인 것으로 그친 경우에는 체포죄의 미수범이 성립할 뿐이다(대판 2020.3.27. 2016도18713). (21 3차)(24 1차)(24 2차)

4. 고 의

본죄의 고의는 신체활동의 자유를 박탈 또는 제한한다는 인식과 의사이다.

III. 관련문제

(1) 위법성

형사소송법상의 체포(제200조의2), 현행범 체포행위(제212조), 긴급체포(제200조의3) 혹은 구속(제201조) 등과 같이 정당행위로 인정되는 경우에는 위법성이 조각된다.

〈정신병자 어머니 부탁받고 보호실 문을 야간에 한해 3일간 시정한 사건〉 정신병자의 어머니의 의뢰 및 승낙하에 그 감호를 위하여 그 보호실 문을 야간에 한해서 3일간 시정하여 출입을 못하게 한 감금 행위는 그 병자의 신체의 안정과 보호를 위하여 사회통념상 부득이 한 조처로서 수긍될 수 있는 것이면, 위법성이 없다(대판 1980.2.12. 79도1349).

〈부랑인들의 도주 방지를 위하여 취침시간 중 출입문을 시정조치 한 사건〉 수용시설에 수용중인 부랑인들의 야간도주를 방지하기 위하여 그 취침시간 중 출입문을 시정조치하여 감금한 것은 그 행위에 이른 과정과 목적, 수단 및 행위자의 의사 등 제반사정에 비추어 사회적 상당성이 인정되는 행위이므로 형법 제20조의 정당행위에 해당되어 위법성이 조각된다(대판 1988.11.8. 88도1580).

(2) 죄 수

체포한 후에 감금한 경우에는 포괄적으로 감금죄 하나만 성립한다. 그리고 자유는 전속적 법익이므로 1개의 행위로 수인을 감금한 경우에는 수죄가 성립하나 상상적 경합이 된다.

(3) 타죄와의 관계

1) 체포·감금죄와 폭행·협박죄와의 관계 : ① 체포·감금시의 폭행·협박은 체포·감금죄에 흡수되며 ② 체포·감금의 수단이 아닌 경우에는 경합범이 성립하며 ③ 체포·감금상태에서의 폭행·협박의 경우는 중체포·감금죄가 성립한다.

〈감금을 위한 수단으로 협박 한 사건〉 감금을 하기 위한 수단으로서 행사된 단순한 협박행위는 감금죄에 흡수되어 따로 협박죄를 구성하지 아니한다(대판 1982.6.22. 82도705).

2) 체포·감금죄와 약취·유인죄와의 관계 : 미성년자를 약취·유인 후 계속 체포·감금한 경우에는 약취 또는 유인죄와 체포 또는 감금죄는 실체적 경합범이 된다.

〈미성년자를 유인한 후 감금 한 사건〉 미성년자를 유인한 자가 계속하여 미성년자를 불법하게 감금하였을 때에는 미성년자유인죄 이외에 감금죄가 별도로 성립한다(대판 1998.5.26. 98도1036). (23 경1) (24 2차)

3) 체포·감금죄와 강간죄·강도죄와의 관계 : 원칙적으로 별죄를 구성한다. 따라서 ① 체포·감금행위가 강간·강도죄의 수단이 되어 행위의 동일성이 있는 경우에는 상상적 경합이 성립하고 ② 체포·감금행위가 강간·강도죄의 수단이 되지 않아 행위의 동일성이 없는 경우는 실체적 경합이 된다.

〈강간죄나 강도죄의 수단으로서의 감금〉 감금행위가 강간죄나 강도죄의 수단이 된 경우에도 감금죄는 강간죄나 강도죄에 흡수되지 아니하고 별죄를 구성한다(대판 1997.1.21. 96도2715). (17 변시)

〈조개 트럭 사건〉 [사실관계] 甲은 화물자동차에 조개를 싣고 운행하던 도중에 A(여, 17세)가 중간지점까지 태워 달라고 부탁하자 A를 운전석 옆에 태우고 가다가 A를 강간할 마음이 생겼다. 甲은 A를 목적지로 데려다 주지 아니하고 하차요구를 거절한 채 계속 운행하면서 강제로 추행을 하고, 이어서 그 차에서 내리지 못한 A를 강제로 여관까지 데리고 가서 여관방에서 강간하려고 하였으나 A가 화장실에 들어가 문을 잠그고 소리를 질러 그 목적을 달성하지 못하였다. 甲의 죄책은? [판결요지] [1] 강간죄의 성립에 언제나 직접적으로 또 필요한 수단으로서 감금행위를 수반하는 것은 아니므로 감금행위가 강간미수죄의 수단이 되었다 하여 감금행위는 강간미수죄에 흡수되어 범죄를 구성하지 않는다고 할 수는 없는 것이고, 그때에는 감금죄와 강간미수죄는 일개의 행위에 의하여 실현된 경우로서 형법 제40조의 상상적 경합관계에 있다. [2] 피고인이 피해자가 자동차에서 내릴 수 없는 상태에 있음을 이용하여 강간하려고 결의하고, 주행중인 자동차에서 탈출불가능하게 하여 외포케 하고 50킬로미터를 운행하여 여관 앞까지 강제연행한 후 강간하려다 미수에 그친 경우 위 협박은 감금죄의 실행의 착수임과 동시에 강간미수죄의 실행의 착수라고 할 것이다(대판 1983.4.26. 83도323). 🖎 강간죄와 감금죄가 성립하며 양자는 상상적 경합관계에 있다.

〈강도상해 후 계속 감금한 사건〉 [사실관계] 甲은 乙과 강도를 공모하고 00단란주점 앞길에서 그 주점 종업원인 A(여)를 강제로 승용차에 태우고 가다가 乙이 주먹으로 A를 때려 상해를 가하여 억압한 다음 현금 35만 원 등이 들어 있는 가방을 강취하였다. 甲과 乙은 계속하여 A를 태우고 가던 중 교통사고가 나자 현장에 있던 경찰관에게 체포되었다. 甲과 乙의 죄책은? [판결요지] 감금행위가 단순히 강도상해 범행의 수단이 되는 데 그치지 아니하고 강도상해의 범행이 끝난 뒤에도 계속된 경우에는 1개의 행위가 감금죄와 강도상해죄에 해당하는 경우라고 볼 수 없고, 이 경우 감금죄와 강도상해죄는 형법 제37조의 경합범 관계에 있다(대판 2003.1.10. 2002도4380). 🖎 강도상해죄와 감금죄가 성립하며 양죄는 실체적 경합관계에 있다. (14 변시)(17 변시)(18 변시)(24 2차)

2 **존속체포 · 감금죄** [미수범 처벌, 부진정신분범]

> 제276조 (체포, 감금, 존속체포, 존속감금) ② 자기 또는 배우자의 직계존속에 대하여 제1항의 죄를 범한 때에는 10년 이하의 징역 또는 1천500만 원 이하의 벌금에 처한다.

3 **중체포 · 감금죄, 존속중체포 · 감금죄** [미수범 처벌, 제2항 부진정신분범]

> 제277조 (중체포, 중감금, 존속중체포, 존속중감금) ① 사람을 체포 또는 감금하여 가혹한 행위를 가한 자는 7년 이하의 징역에 처한다.
> ② 자기 또는 배우자의 직계존속에 대하여 전항의 죄를 범한 때에는 2년 이상의 유기징역에 처한다.

[죄명예규] 중체포, 감금죄/중존속(체포, 감금)

4 **특수 체포 · 감금죄** [미수범 처벌]

> 제278조 (특수체포, 특수감금) 단체 또는 다중의 위력을 보이거나 위험한 물건을 휴대하여 전 2조의 죄를 범한 때에는 그 죄에 정한 형의 2분의 1까지 가중한다.

[죄명예규] 특수(제276조, 제277조 각 죄명)

5 **상습 체포 · 감금죄** [미수범 처벌]

> 제279조 (상습범) 상습으로 제276조 또는 제277조의 죄를 범한 때에는 전조의 예에 의한다.

[죄명예규] 상습(제276조, 제277조 각 죄명)

6 **체포 · 감금치사상죄, 존속체포 · 감금치사상죄** [결과적 가중범, 제2항 부진정신분범]

> 제281조 (체포 · 감금등의 치사상) ① 제276조 내지 제280조의 죄를 범하여 사람을 상해에 이르게 한 때에는 1년 이상의 유기징역에 처한다. 사망에 이르게 한 때에는 3년 이상의 유기징역에 처한다.
> ② 자기 또는 배우자의 직계존속에 대하여 제276조 내지 제280조의 죄를 범하여 상해에 이르게 한 때에는 2년 이상의 유기징역에 처한다. 사망에 이르게 한 때에는 무기 또는 5년 이상의 징역에 처한다.

〈차량에 17시간 이상 감금하여 사망에 이르게 한 사건〉 4일 가량 물조차 제대로 마시지 못하고 잠도
자지 아니하여 거의 탈진 상태에 이른 피해자의 손과 발을 17시간 이상 묶어 두고 좁은 차량 속에서
움직이지 못하게 감금한 행위와 묶인 부위의 혈액 순환에 장애가 발생하여 혈전이 형성되고 그 혈전
이 폐동맥을 막아 사망에 이르게 된 결과 사이에는 상당인과관계가 있다(대판 2002.10.11. 2002도4315).
(17 변시)(24 2차)

〈강제로 승차시키고 하차요구 무시한 사건〉 승용차로 피해자를 가로막아 승차하게 한 후 피해자의
하차 요구를 무시한 채 당초 목적지가 아닌 다른 장소를 향하여 시속 약 60km 내지 70km의 속도로
진행하여 피해자를 차량에서 내리지 못하게 한 행위는 감금죄에 해당하고, 피해자가 그와 같은 감
금상태를 벗어날 목적으로 차량을 빠져 나오려다가 길바닥에 떨어져 상해를 입고 그 결과 사망에
이르렀다면 감금행위와 피해자의 사망 사이에는 상당인과관계가 있다고 할 것이므로 감금치사죄
에 해당한다(대판 2000.2.11. 99도5286).

〈가혹행위를 피하기 위하여 아파트에서 뛰어 내린 사건〉 피고인이 아파트 안방에서 안방 문에 못질을
하여 동거하던 피해자가 술집에 나갈 수 없게 감금하고, 피해자를 때리고 옷을 벗기는 등 가혹한 행
위를 하여 피해자가 이를 피하기 위하여 창문을 통해 밖으로 뛰어내리려 하자 피고인이 이를 제지한
후, 피고인이 거실로 나오는 사이에 갑자기 안방 창문을 통하여 알몸으로 아파트 아래 잔디밭에 뛰
어내리다가 사망한 경우에 피고인의 중감금행위와 피해자의 사망 사이에는 인과관계가 있어서 피
고인에게 중감금치사죄의 죄책을 인정한 사례이다(대판 1991.10.25. 91도2085).

제4절 | 약취와 유인의 죄

1 미성년자약취 · 유인죄 [예비 처벌, 미수 처벌, 해방감경, 세계주의]

> 제287조 (미성년자의 약취, 유인) 미성년자를 약취 또는 유인한 사람은 10년 이하의 징역에 처한다.

I. 서 설

미성년자 약취 · 유인죄는 미성년자를 약취 또는 유인하여 자기 또는 제3자의 실력적 지배하에 둠으로써 개인의 신체활동의 자유를 침해하는 범죄이다. 피인취자의 잠재적 장소이전의 자유를 주된 보호법익으로 하고 감독권자의 감독권을 부차적으로 보호한다. 따라서 감독권자의 감독권도 보호법익이므로 미성년자의 동의가 있다고 하여도 미성년자약취 · 유인죄가 성립한다. 보호의 정도는 침해범이다.

> 〈미성년자의 동의가 있어도 미성년자약취죄가 성립한다는 판례〉 형법 제287조에 규정된 미성년자약취죄의 입법 취지는 심신의 발육이 불충분하고 지려와 경험이 풍부하지 못한 미성년자를 특별히 보호하기 위하여 그를 약취하는 행위를 처벌하려는 데 그 입법의 취지가 있으며, 미성년자의 자유 외에 보호감독자의 감호권도 그 보호법익으로 하고 있다는 점을 고려하면, 피고인과 공범들이 미성년자(여,14세)를 보호 · 감독하고 있던 그 아버지의 감호권을 침해하여 그녀를 자신들의 사실상 지배하로 옮긴 이상 미성년자약취죄가 성립한다 할 것이고, 약취행위에 미성년자의 동의가 있었다 하더라도 본죄의 성립에는 변함이 없다(대판 2003.2.11. 2002도7115). (22 2차)

II. 구성요건

1. 주 체

본죄의 주체에는 제한이 없다. 따라서 미성년자를 보호 · 감독하는 친권자나 감독자도 주체가 될 수 있다. 또한 실부모라도 본죄의 주체가 될 수 있다.

> 〈친부가 약취해도 미성년자약취유인죄가 성립된다는 판례〉 [1] 미성년자를 보호감독하는 자라 하더라도 다른 보호감독자의 감호권을 침해하거나 자신의 감호권을 남용하여 미성년자 본인의 이익을 침해하는 경우에는 미성년자 약취 · 유인죄의 주체가 될 수 있다. [2] 외조부가 맡아서 양육해오던 미성년인 자를 자의 의사에 반하여 사실상 자신의 지배하에 옮긴 친권자에 대하여 미성년자 약취 · 유인죄를 인정한 사례(대판 2008.1.31. 2007도8011). (14 변시)(24 2차)

2. 객 체

미성년자는 규범적 구성요건요소로서 민법에 의하여 그 범위가 정해진다. 즉, 미성년자란 민법 제4조에 의하여 만 19세 미만의 자를 말한다. 그리고 성년으로 의제된 자도 포함된다.

3. 행 위

약취 또는 유인하는 것이다.

(1) 약 취

약취란 피해자를 그 의사에 반하여 자유로운 생활관계 또는 보호관계로부터 범인이나 제3자의 사실상 지배하에 옮기는 행위를 말한다.

〈약취의 수단으로 사용하는 폭행 또는 협박은 실력적 지배하에 둘 수 있을 정도면 족하다는 판례〉 형법 제288조에 규정된 약취행위는 피해자를 그 의사에 반하여 자유로운 생활관계 또는 보호관계로부터 범인이나 제3자의 사실상 지배하에 옮기는 행위를 말하는 것으로서, 폭행 또는 협박을 수단으로 사용하는 경우에 그 폭행 또는 협박의 정도는 상대방을 실력적 지배하에 둘 수 있을 정도이면 족하고 반드시 상대방의 반항을 억압할 정도의 것임을 요하지는 아니한다(대판 2009.7.9. 2009도3816). (24 2차)

〈베트남 부인 사건(13개월 된 자녀의 양육을 유지하는 행위는 약취행위가 아니라는 판례)〉 [다수의견] 베트남 국적 여성인 피고인이 남편의 동의 없이 생후 13개월 된 자녀를 베트남의 친정으로 데려간 행위에 대하여 국외이송약취 및 피약취자국외이송의 공소사실로 기소된 사안에서, 피고인의 행위는 실력을 행사하여 자녀를 평온하던 종전의 보호·양육 상태로부터 이탈시킨 것이라기보다 친권자인 모(母)로서 출생 이후 줄곧 맡아왔던 보호·양육을 계속 유지한 행위에 해당하여 이를 폭행, 협박 또는 불법적인 사실상의 힘을 사용하여 자녀를 자기 또는 제3자의 지배하에 옮긴 약취 행위로 볼 수 없다고 판단하여, 원심의 무죄 판결을 수긍한 사례(대판 2013.6.20. 2010도14328 전합). [2015 1차](21 경2)

〈프랑스에서 살던 자녀 면접교섭 사건〉 [1] 미성년자를 보호·감독하는 사람이라고 하더라도 다른 보호감독자의 보호·양육권을 침해하거나 자신의 보호·양육권을 남용하여 미성년자 본인의 이익을 침해하는 때에는 미성년자에 대한 약취죄의 주체가 될 수 있으므로, 부모가 이혼하였거나 별거하는 상황에서 미성년의 자녀를 부모의 일방이 평온하게 보호·양육하고 있는데, 상대방 부모가 폭행, 협박 또는 불법적인 사실상의 힘을 행사하여 그 보호·양육 상태를 깨뜨리고 자녀를 자기 또는 제3자의 사실상 지배하에 옮긴 경우 그와 같은 행위는 특별한 사정이 없는 한 미성년자에 대한 약취죄를 구성한다. [2] 피고인과 갑은 각각 한국과 프랑스에서 따로 살며 이혼소송 중인 부부로서 자녀인 피해아동 을(만 5세)은 프랑스에서 갑과 함께 생활하였는데, 피고인이 을을 면접교섭하기 위하여 그를 보호·양육하던 갑으로부터 을을 인계받아 국내로 데려온 후 면접교섭 기간이 종료하였음에도 을을 데려다주지 아니한 채 갑과 연락을 두절한 후 법원의 유아인도명령 등에도 불응한 사안에서, 피고인의 행위가 미성년자약취죄의 약취행위에 해당한다고 한 사례(대판 2021.9.9. 2019도16421).

〈아버지의 부탁받고 어머니의 인도요구를 거부하면 미성년자약취죄가 아니라는 판례〉 미성년자의 아버지의 부탁으로 그 아이들을 보호하고 있는 자는 위 아이를 인도하라는 어머니의 요구를 거부하였다 하여 미성년자약취죄의 죄책을 진다고 볼 수 없다(대판 1974.5.28. 74도840).

(2) 유 인

유인이란 기망 또는 유혹을 수단으로 하여 미성년자를 꾀어 현재의 보호상태로부터 이탈케 하여 자기 또는 제3자의 사실적 지배하로 옮기는 행위를 말한다.

〈유혹의 내용은 허위일 것을 요하지 않는다는 판례〉 [1] 미성년자유인죄라 함은 기망 또는 유혹을 수단으로 하여 미성년자를 꾀어 현재의 보호상태로부터 이탈케 하여 자기 또는 제3자의 사실적 지배하로 옮기는 행위를 말하고, 여기서의 유혹이라 함은 기망의 정도에는 이르지 아니하나 감언이설로써 상대방을 현혹시켜 판단의 적정을 그르치게 하는 것이므로 반드시 그 유혹의 내용이 허위일 것을 요하지는 않는다 할 것이다. [2] 4촌 매형의 청소대행업소에서 일하면서 숙식을 해결하는 저능아를 제주도로 데리고 간 후 이 사실을 매형에게 숨긴 경우에는 미성년자유인죄가 성립한다(대판 1996.2.27. 95도2980).

〈미성년자가 하자있는 승낙을 하여도 미성년자유인죄가 성립한다는 판례〉 미성년자유인죄라 함은 기망, 유혹 같은 달콤한 말을 수단으로 하여 미성년자를 꾀어 사려 없고 나이 어린 피해자의 하자 있는 의사를 이용하여 현재의 보호상태로부터 이탈케 하여 자기 또는 제3자의 사실적 지배하에 옮기는 것을 말하며, 본죄의 범의는 피해자가 미성년자라는 것을 알면서 유인의 행위에 대한 인식이 있으면 족하고 유인하는 행위가 피해자의 의사에 반하는 것까지 인식하여야 하는 것은 아니며 또 유인으로 인하여 피해자가 하자있는 의사로 승낙하였다 하더라도 본죄의 성립에 소장이 없다(대판 1976.9.14. 76도2072).

〈주의 일 사건〉 피해자가 스스로 가출하였다고는 하나 그것이 피고인의 독자적인 교리 설교에 의하여 하자 있는 의사로서 이루어진 것이고, 동 피해자를 보호감독권자의 보호관계로부터 이탈시켜 피고인의 지배하에 옮긴 이상 미성년자유인죄가 성립한다(대판 1982.4.27. 82도186).

〈영화배우가 되기 위해 가출한 여고생 사건〉 甲은 영화배우가 되기 위해서 가출한 여고생 乙에게 수 차례 집으로 돌아갈 것을 권유했지만 말을 듣지 않으므로 자신의 자취방에서 함께 지낸 사안에서, 미성년자유인죄에 대하여 유죄를 인정한 원심판결을 미성년자를 가출하도록 유인하여 사실적 지배하에 둔 것으로 보기 어렵다는 이유로 파기한 사례(대판 1998.5.15. 98도690).

(3) 폭행 · 협박 · 기망 · 유혹의 상대방

폭행 · 협박 · 기망 · 유혹은 미성년자에게 행해지는 것이 일반적이지만, 미성년자가 아닌 제3자에게 행해져도 무방하다. (24 2차)

(4) 사실적 지배

약취 · 유인이 있다고 하기 위해서는 미성년자를 자기 또는 제3자의 사실상 지배하에 두어야 한다. 사실적 지배를 인정하기 위하여 피인취자의 **장소적 이전이 필요한지**에 대하여 논의가 있지만, 판례는 '장소적 이전 없이 기존의 자유로운 생활관계 또는 부모와의 보호관계로부터 이탈시켜 범인이나 제3자의 사실상 지배하에 두는 경우도 포함된다'라고 보아 **불요설**의 입장이다.

〈'아들을 살리려면' 사건(장소적 이전없어도 약취죄가 성립할 수 있으나 당 사안에서는 부정한 판례)〉
[1] 형법 제287조에 규정된 약취행위는 폭행 또는 협박을 수단으로 하여 미성년자를 그 의사에 반하여 자유로운 생활관계 또는 보호관계로부터 이탈시켜 범인이나 제3자의 사실상 지배하에 옮기는 행위를 말하는 것이다. 물론, 여기에는 미성년자를 장소적으로 이전시키는 경우뿐만 아니라 장소적 이전 없이 기존의 자유로운 생활관계 또는 부모와의 보호관계로부터 이탈시켜 범인이나 제3

자의 사실상 지배하에 두는 경우도 포함된다고 보아야 한다. [2] 미성년자 혼자 머무는 주거에 침입하여 강도 범행을 하는 과정에서 미성년자와 그 부모에게 폭행·협박을 가하여 일시적으로 부모와의 보호관계가 사실상 침해·배제되었더라도, 미성년자가 기존의 생활관계로부터 완전히 이탈되었다거나 새로운 생활관계가 형성되었다고 볼 수 없고 범인의 의도도 위와 같은 생활관계의 이탈이 아니라 단지 금품 강취를 위한 반항 억압에 있었으므로, 형법 제287조의 미성년자약취죄가 성립하지 않는다고 한 사례(대판 2008.1.17. 2007도8485). (14 변시)(18 변시)(24 2차)

(5) 실행의 착수와 기수시기

1) 실행의 착수시기 : 약취·유인을 하기 위하여 폭행·협박·기망·유인 등의 행위를 개시한 때에 실행의 착수가 있다.

2) 기수시기 : 본죄는 계속범이므로 미성년자에 대한 약취·유인 하여 자기 또는 제3자의 실력적 지배 상태에 둔 후 어느 정도의 시간이 경과한 때 기수가 되며, 미성년자가 실력적 지배하에서 벗어났을 때 범죄는 종료된다.

4. 고 의

본죄의 고의는 피인취자가 미성년자라는 사실과 약취·유인에 대한 인식과 의사가 있어야 한다. 동기나 목적 여부는 불문하지만 동기나 목적이 있는 경우에는 약취·유인죄의 장의 특별한 구성요건에 해당되는 경우가 있다.

〈미성년자유인죄의 고의〉미성년자유인죄의 범의는 피해자가 미성년자라는 것을 알면서 유인의 행위에 대한 인식이 있으면 족하고 유인하는 행위가 피해자의 의사에 반하는 것까지 인식하여야 하는 것은 아니며 또 유인으로 인하여 피해자가 하자있는 의사로 승낙하였다 하더라도 본죄의 성립에 소장이 없다(대판 1976.9.14. 76도2072).

Ⅲ. 위법성

(1) 일반론

일반적인 위법성조각사유에 의한 위법성조각은 당연히 인정된다.

(2) 미성년자 및 보호감독자의 동의가 있는 경우

미성년자의 동의가 있어도 미성년자약취·유인죄가 성립하지만, 미성년자 및 보호자의 동의가 있는 경우에는 구성요건해당성이 인정되지 않아 범죄가 성립하지 않는다.

Ⅳ. 죄수와 타죄와의 관계

(1) 죄 수

본죄는 약취적 요소와 유인적 요소가 포함되어 이루어지는 경우가 많은데 이 경우에는 약취·유인죄의 포괄일죄가 성립한다.

(2) 타죄와의 관계

1) 감금죄와의 관계 : 미성년자를 약취 · 유인한 후 계속하여 감금한 때에는 약취 · 유인죄와 감금죄의 양 죄가 성립하며 실체적 경합이 된다.

〈미성년자를 유인한 후 감금 한 사건〉 미성년자를 유인한 자가 계속하여 미성년자를 불법하게 감금 하였을 때에는 미성년자유인죄 이외에 감금죄가 별도로 성립한다(대판 1998.5.26. 98도1036).

2) 약취 · 유인한 자를 유기한 경우 : 약취 · 유인한 자를 유기한 경우에 유기죄가 성립하는지에 대하여는 견해가 대립하고 있으나, 불법한 인취행위로부터 보호의무가 발생하는 것은 아니므로 원칙적으로 부정하는 것이 타당하다.

V. 해방감경

제295조의2 (형의 감경) 제287조부터 제290조까지, 제292조와 제294조의 죄를 범한 사람이 약취, 유인, 매매 또는 이송된 사람을 안전한 장소로 풀어준 때에는 그 형을 감경할 수 있다. 〈2013.4.5. 개정〉

(1) 의 의

제287조부터 제290조까지, 제292조와 제294조의 죄를 범한 사람이 약취, 유인, 매매 또는 이송된 사람을 안전한 장소로 풀어준 때에는 그 형을 감경할 수 있다.

(2) 입법취지

해방감경 규정을 둔 이유는 이미 기수에 달하여 돌이킬 수 없는 상황에 있는 행위자에 대하여 중지의 유혹을 줌으로써 피해자를 보호하고자 하는 형사정책적 목적에 있다.

(3) 해방감경의 요건과 효과

해방감경은 범죄가 기수에 달한 경우에도 성립하고 그 효과는 **임의적 감경**이다. 따라서 중지미수와는 ① 자의성을 요건으로 하지 않으며 ② 기수 이후에도 가능하며 ③ 그 효과가 임의적 감경이라는 점에서 구별된다.

[GUIDE] 약취 · 유인의 죄 중 미성년자약취 · 유인의 죄를 제외하고는 시험출제가능성이 높지 않다. 따라서 아래의 죄들에게 대하여는 조문 정도만 기억하여도 무방하므로, 내용 설명 없이 조문과 관련 판례만 설시한다.

2 추행 등 목적 약취·유인 등죄 [예비 처벌, 미수 처벌, 해방감경, 세계주의]

제288조 (추행 등 목적 약취, 유인 등) ① 추행, 간음, 결혼 또는 영리의 목적으로 사람을 약취 또는 유인한 사람은 1년 이상 10년 이하의 징역에 처한다.〈2013.4.5. 개정〉
② 노동력 착취, 성매매와 성적 착취, 장기적출을 목적으로 사람을 약취 또는 유인한 사람은 2년 이상 15년 이하의 징역에 처한다.〈2013.4.5. 신설〉
③ 국외에 이송할 목적으로 사람을 약취 또는 유인하거나 약취 또는 유인된 사람을 국외에 이송한 사람도 제2항과 동일한 형으로 처벌한다.〈2013.4.5. 개정〉

[죄명예규] (추행, 간음, 결혼, 영리)(약취, 유인)/(노동력착취, 성매매, 성적착취, 장기적출)(약취, 유인)/국외이송(약취, 유인), (피약취자, 피유인자)국외이송

〈추행 등 목적 약취죄의 폭행·협박의 정도〉 형법 제288조에 규정된 약취행위는 피해자를 그 의사에 반하여 자유로운 생활관계 또는 보호관계로부터 범인이나 제3자의 사실상 지배하에 옮기는 행위를 말하는 것으로서 폭행 또는 협박을 수단으로 하는 경우에 그 폭행 또는 협박의 정도는 상대방을 실력적 지배하에 둘 수 있을 정도면 족하고 반드시 상대방의 반항을 억압할 정도의 것임을 요하지 않는다(대판 1990.2.13. 89도2558).

〈11세 여아를 모텔 앞길에서 모텔로 데리고 간 사건〉 [1] 형법 제288조에서 말하는 '유인'이란 기망 또는 유혹을 수단으로 사람을 꾀어 그 하자 있는 의사에 따라 그 사람을 자유로운 생활관계 또는 보호관계로부터 이탈하게 하여 자기 또는 제3자의 사실적 지배 아래로 옮기는 행위를 말하고, 여기서 사실적 지배라고 함은 미성년자에 대한 물리적·실력적인 지배관계를 의미한다고 할 것이다. [2] 피고인이 11세에 불과한 어린 나이의 피해자를 유혹하여 위 모텔 앞길에서부터 위 모텔 301호실까지 데리고 간 이상, 그로써 피고인은 피해자를 자유로운 생활관계로부터 이탈시켜 피고인의 사실적 지배 아래로 옮겼다고 할 것이고, 이로써 간음목적유인죄의 기수에 이른 것으로 보아야 할 것이다(대판 2007.5.11. 2007도2318)

〈'우리 집에 같이 자러 가자' 사건〉 甲이 간음할 목적으로 초등학교 5학년 여학생인 乙의 소매를 잡아끌면서 "우리 집에 같이 자러가자"고 한 사안에서, 위험에 대한 대처능력이 미약한 초등학교 5학년 여학생인 피해자의 소매를 잡아끌면서 '우리 집에 같이 자러가자'라고 한 행위는 그 행위의 목적과 의도, 행위 당시의 정황, 행위의 태양과 종류, 피해자의 의사 등을 종합하여 볼 때, 피고인이 피해자를 그 의사에 반하여 자유로운 생활관계 또는 보호관계로부터 피고인의 사실상 지배하에 옮기기 위한 약취행위의 수단으로서 폭행에 충분히 해당한다고 할 것이고, 또한 약취의 의사도 인정된다고 할 것이므로, 피고인에게 약취행위에 해당하는 실행행위가 있다고 보아야 할 것이다(대판 2009.7.9. 2009도3816). (22 경1)

3 **인신매매죄** [예비 처벌, 미수 처벌, 해방감경, 세계주의]

제289조 (인신매매) ① 사람을 매매한 사람은 7년 이하의 징역에 처한다. 〈2013.4.5. 신설〉
② 추행, 간음, 결혼 또는 영리의 목적으로 사람을 매매한 사람은 1년 이상 10년 이하의 징역에 처한다. 〈2013.4.5. 신설〉
③ 노동력 착취, 성매매와 성적 착취, 장기적출을 목적으로 사람을 매매한 사람은 2년 이상 15년 이하의 징역에 처한다. 〈2013.4.5. 신설〉
④ 국외에 이송할 목적으로 사람을 매매하거나 매매된 사람을 국외로 이송한 사람도 제3항과 동일한 형으로 처벌한다. 〈2013.4.5. 신설〉

[죄명예규] 인신매매/(추행, 간음, 결혼, 영리)인신매매/(노동력착취, 성매매, 성적착취, 장기적출)인신매매/국외이송인신매매, 피매매자국외이송

4 **약취 · 유인 · 매매 · 이송 등 상해 · 치상죄** [상해만 예비와 미수 처벌, 해방감경, 세계주의]

제290조 (약취, 유인, 매매, 이송 등 상해 · 치상) ① 제287조부터 제289조까지의 죄를 범하여 약취, 유인, 매매 또는 이송된 사람을 상해한 때에는 3년 이상 25년 이하의 징역에 처한다. 〈2013.4.5. 신설〉
② 제287조부터 제289조까지의 죄를 범하여 약취, 유인, 매매 또는 이송된 사람을 상해에 이르게 한 때에는 2년 이상 20년 이하의 징역에 처한다. 〈2013.4.5. 신설〉

[죄명예규] (피약취자, 피유인자, 피매매자, 피국외이송자)상해/(피약취자, 피유인자, 피매매자, 피국외이송자)치상

5 **약취 · 유인 · 매매 · 이송 등 살인 · 치사죄** [살인만 예비와 미수 처벌, 세계주의]

제291조 (약취, 유인, 매매, 이송 등 살인 · 치사) ① 제287조부터 제289조까지의 죄를 범하여 약취, 유인, 매매 또는 이송된 사람을 살해한 때에는 사형, 무기 또는 7년 이상의 징역에 처한다. 〈2013. 4.5. 신설〉
② 제287조부터 제289조까지의 죄를 범하여 약취, 유인, 매매 또는 이송된 사람을 사망에 이르게 한 때에는 무기 또는 5년 이상의 징역에 처한다. 〈2013.4.5. 신설〉

[죄명예규] (피약취자, 피유인자, 피매매자, 피국외이송자)살해/(피약취자, 피유인자, 피매매자, 피국외이송자)치사

6 약취, 유인, 매매, 이송된 사람의 수수·은닉 등죄

[제1항만 예비와 미수 처벌, 해방감경, 세계주의]

제292조 (약취, 유인, 매매, 이송된 사람의 수수·은닉 등) ① 제287조부터 제289조까지의 죄로 약취, 유인, 매매 또는 이송된 사람을 수수(授受) 또는 은닉한 사람은 7년 이하의 징역에 처한다. 〈2013.4.5. 개정〉
② 제287조부터 제289조까지의 죄를 범할 목적으로 사람을 모집, 운송, 전달한 사람도 제1항과 동일한 형으로 처벌한다. 〈2013.4.5. 개정〉

[죄명예규] (피약취자, 피유인자, 피매매자, 피국외이송자)(수수, 은닉)/(제287조 내지 제289조 각 죄명)(모집, 운송, 전달)

7 미수범 처벌 [세계주의]

제294조 (미수범) 제287조부터 제289조까지, 제290조제1항, 제291조제1항과 제292조제1항의 미수범은 처벌한다. 〈2013.4.5. 개정〉

[죄명예규] (제287조 내지 제289조, 제290조제1항, 제291조제1항, 제292조제1항 각 죄명)미수

8 벌금의 병과

제295조 (벌금의 병과) 제288조부터 제291조까지, 제292조제1항의 죄와 그 미수범에 대해서는 5천만원 이하의 벌금을 병과할 수 있다. 〈2013.4.5. 신설〉

9 해방감경

제295조의2 (형의 감경) 제287조부터 제290조까지, 제292조와 제294조의 죄를 범한 사람이 약취, 유인, 매매 또는 이송된 사람을 안전한 장소로 풀어준 때에는 그 형을 감경할 수 있다. 〈2013.4.5. 개정〉

10 예비·음모의 처벌

제296조 (예비, 음모) 제287조부터 제289조까지, 제290조제1항, 제291조제1항과 제292조제1항의 죄를 범할 목적으로 예비 또는 음모한 사람은 3년 이하의 징역에 처한다. 〈2013.4.5. 개정〉

[죄명예규] (제287조 내지 제289조, 제290조제1항, 제291조제1항, 제292조제1항 각 죄명)(예비, 음모)

11 세계주의의 적용

제296조의2 (세계주의) 제287조부터 제292조까지 및 제294조는 대한민국 영역 밖에서 죄를 범한 외국인에게도 적용한다.〈2013.4.5. 신설〉

[COMMENT] 현행법상 유일한 세계주의 규정이다.

제5절 | 강간과 추행의 죄

1 강간죄 [미수범 처벌, 예비·음모 처벌]

> 제297조 (강간) 폭행 또는 협박으로 사람을 강간한 자는 3년 이상의 유기징역에 처한다.〈개정 201
> 2.12.18〉

> [GUIDE] 강간 등과 관련된 성범죄의 특별법으로는 성폭력범죄의 처벌 등에 관한 특례법, 아
> 동·청소년의 성보호에 관한 법률 등이 있다. 그리고 종래 강간과 추행의 죄에 대하여는 친고
> 죄 규정이 있었으나, 2012년 개정으로 친고죄의 규정을 삭제하였으므로 이제는 강간과 추행의
> 죄는 모두 비친고죄이다.

I. 서 설

강간죄는 폭행 또는 협박으로 사람을 강간함으로써 성립하는 범죄이다. 보호법익은 사람의 성
적 자기결정의 자유이며, 보호의 정도는 침해범이다.

〈'강간과 추행의 죄'의 '성적 자유'의 의미〉 형법은 제2편 제32장에서 '강간과 추행의 죄'를 규정하고
있는데, 이 장에 규정된 죄는 모두 개인의 성적 자유 또는 성적 자기결정권을 침해하는 것을 내용으
로 한다. 여기에서 '성적 자유'는 적극적으로 성행위를 할 수 있는 자유가 아니라 소극적으로 원치
않는 성행위를 하지 않을 자유를 말하고, '성적 자기결정권'은 성행위를 할 것인가 여부, 성행위를
할 때 상대방을 누구로 할 것인가 여부, 성행위의 방법 등을 스스로 결정할 수 있는 권리를 의미한다
(대판 2019.6.13. 2019도3341). (22 경간)

〈성적 자기결정권 행사의 의미〉 성적 자기결정권은 스스로 선택한 인생관 등을 바탕으로 사회공동체
안에서 각자가 독자적으로 성적 관념을 확립하고 이에 따라 사생활의 영역에서 자기 스스로 내린
성적 결정에 따라 자기책임하에 상대방을 선택하고 성관계를 가질 권리로 이해된다. 여기에는 자신
이 하고자 하는 성행위를 결정할 권리라는 적극적 측면과 함께 원치 않는 성행위를 거부할 권리라는
소극적 측면이 함께 존재하는데, 위계에 의한 간음죄를 비롯한 강간과 추행의 죄는 소극적 성적
자기결정권을 침해하는 것을 내용으로 한다(대판 2020.8.27. 2015도9436 전합). (21 경간)

II. 구성요건

1. 객 체

(1) 사 람

사람이다. 2012년 개정으로 '부녀'로 규정되어 있던 것을 '사람'으로 변경하였다. 따라서 부
녀 이외에 남자도 강간죄의 객체가 된다. 그러나 현행법 체계상 제13세 미만의 자를 강간하
면 성폭력범죄의 처벌 등에 관한 특례법 제7조에 따라 가중처벌되고, 제13세 이상 제19세 미

만의 자를 강간하면 아동·청소년의 성보호에 관한 법률 제7조에 따라 가중 처벌된다. 따라서 형법 제297조에 의한 강간죄의 객체는 19세 이상의 사람이 된다.

〈미성년자를 강간하면 강간죄가 성립한다는 판례〉 피해자가 16세의 미성년자라 하더라도 폭행의 방법으로 강간을 한 이상 본 건 소정의 강간죄에 해당되며 이를 본법 제302조 소정의 미성년자 등에 대한 간음죄로 규정할 수 없다(대판 1965.3.30. 65도45). [COMMENT] 그러나 현행법 체계에 따르면 16세의 자를 강간한 경우에는 아동·청소년의 성보호에 관한 법률 제7조에 따라 처벌된다.

[COMMENT] 주의할 것은 성폭력범죄의 처벌 등에 관한 특례법에는 친족이나 장애인을 강간한 경우에는 가중처벌하는 특별규정이 있고(성폭법 제5조, 제6조 등 참조), 아동·청소년의 성보호에 관한 법률에 따르면 장애인을 강간한 경우에는 가중처벌하는 특별규정이 있다(아청법 제8조 참조).

(2) 법률상의 부부인 경우

부부강간죄의 성립 여부

甲은 아내 A와의 사이에 자녀 둘을 두고 한집에 살고 있지만, 최근 2~3년 전부터 불화를 겪고 있다. 특히 아내가 밤늦게 귀가하는 것에 불만을 품고 있던 甲은 어느 날 밤늦게 집으로 돌아온 A를 주먹과 발로 마구 때린 뒤 부엌에서 칼을 들고 나와 찌를 듯이 위협한 다음 강제로 성관계를 맺었다. 甲에게 강간죄가 성립하는가? [2015 1차]

1. 부부강간죄의 성립 여부

법률상의 부부가 상대방에 대하여 강간죄의 객체가 될 수 있는지에 대하여는 ① 혼인계약의 내용에 강요된 성행위까지 포함된다고 해석할 수 없으므로 법률상의 부부도 강간죄의 객체가 된다는 **긍정설**과 ② 부부관계의 특수성을 고려할 때 부부는 본죄의 객체가 될 수 없다고 하는 **부정설** ③ 원칙적으로 부정설이 타당하지만 혼인이 파탄되어 실질적인 부부관계가 없고 명목상의 부부에 불과할 때에는 강간죄의 성립이 가능하다고 보는 **절충설**이 대립하고 있다. 이에 대해 종래의 판례는 절충설의 입장이었으나, **최근의 전합판례**는 '형법은 법률상 처를 강간죄의 객체에서 제외하는 명문의 규정을 두고 있지 않으므로, 문언 해석상으로도 법률상 처가 강간죄의 객체에 포함된다고 새기는 것에 아무런 제한이 없다'라고 하여 **긍정설**의 입장을 따르고 있다.

2. 판례의 태도

〈부부강간죄의 성립을 긍정한 전합 판례〉 [사실관계] - [쟁점사실관계] [판결요지] [1] 형법 제297조는 부녀를 강간한 자를 처벌한다고 규정하고 있는데, 형법이 강간죄의 객체로 규정하고 있는 부녀란 성년이든 미성년이든, 기혼이든 미혼이든 불문하며 곧 여자를 가리키는 것이다. 이와 같이 형법은 법률상 처를 강간죄의 객체에서 제외하는 명문의 규정을 두고 있지 않으므로, 문언 해석상으로도 법률상 처가 강간죄의 객체에 포함된다고 새기는 것에 아무런 제한이 없다. [2] 헌법이 보장하는 혼인과 가족생활의 내용, 가정에서의 성폭력에 대한 인식의 변화, 형법의 체계와 그 개정 경과, 강간죄의 보호법익과 부부의 동거의무의 내용 등에 비추어 보면, 형법 제297조가 정한 강간죄의 객체인 '부녀'에는 법률상 처가 포함되고, 혼인관계가 파탄된 경우뿐만 아니라 실질적인 혼인관계가 유지되고 있는 경우에도 남편이 반항을 불가능하게 하거나 현저히 곤란하게 할 정도의 폭행이나 협박을 가하여 아내를 간음한 경우에는 강간죄가 성립한다고 보아야 한다. 다만 남편의 아내에 대한 폭행 또는 협박이 피해자의 반항을 불가능하게 하거나 현저히 곤란하게 할 정도에 이른 것인지 여부는, 부부 사이의 성생활에 대한 국가의 개입은 가정의 유지라는 관점에서 최대한 자제하여야 한다는 전제에서, 그 폭행 또는 협박의 내용과 정도가 아내의 성적 자기결정권을 본질적으로 침해하는 정도에 이른 것인지 여부, 남편이 유형력을 행사하게 된 경위, 혼인생활의 형태와 부부의 평소 성행, 성교 당시와 그 후의 상황 등 모든 사정을 종합하여 신중하게 판단하여야 한다(대판 2013.5.16. 2012도14788, 2012전도252 전합). [답] 강간죄가 성립한다. (22 1차)

2. 행 위

폭행ㆍ협박하여 사람을 강간하는 것이다.

> [COMMENT] 형법에는 특수강간 등의 죄는 처벌하지 않지만, 성폭법 제4조에서는 '흉기나 그 밖의 위험한 물건을 지닌 채 또는 2인 이상이 합동하여' 강간 등을 하는 특수강간 등의 죄를 처벌하고 있다.

(1) 폭행ㆍ협박

폭행이란 사람에 대한 유형력의 행사를 말하여, 협박이란 해악의 고지를 말한다. 폭행ㆍ협박의 정도는 **최협의의 폭행ㆍ협박** 즉 상대방의 항거를 불가능하게 하거나 현저히 곤란하게 할 정도여야 한다.

> [COMMENT] 강간죄의 폭행ㆍ협박의 정도는 최협의의 폭행ㆍ협박이지만, 현저히 곤란하게 하는 경우도 포함된다는 점에서 상대방의 항거를 불가능하게 할 정도의 폭행ㆍ협박을 사용하여야 하는 강도죄보다는 그 범위가 넓다.

〈강간죄의 폭행ㆍ협박의 정도〉 강간죄가 성립하려면 가해자의 폭행ㆍ협박은 피해자의 항거를 불가능하게 하거나 현저히 곤란하게 할 정도의 것이어야 한다(대판 2010.11.11. 2010도9633).

〈강간죄의 폭행ㆍ협박 판단하는 방법〉 강간죄가 성립하기 위한 가해자의 폭행ㆍ협박이 있었는지 여부는 폭행ㆍ협박의 내용과 정도는 물론 유형력을 행사하게 된 경위, 피해자와의 관계, 행위 당시와 그 후의 정황 등 모든 사정을 종합하여 피해자가 당시 처하였던 구체적인 상황을 기준으로 판단하여야 하며, 사후적으로 보아 피해자가 범행 현장을 벗어날 수 있었다거나 피해자가 사력을 다하여 반항하지 않았다는 사정만으로 가해자의 폭행ㆍ협박이 피해자의 항거를 현저히 곤란하게 할 정도에 이르지 않았다고 섣불리 단정하여서는 안 된다(대판 2018.2.28. 2017도21249).

〈혼인외 성관계를 폭로한다고 협박한 사건〉 [1] 가해자가 폭행을 수반함이 없이 오직 협박만을 수단으로 피해자를 간음 또는 추행한 경우에도 그 협박의 정도가 피해자의 항거를 불가능하게 하거나 현저히 곤란하게 할 정도의 것(강간죄)이거나 또는 피해자의 항거를 곤란하게 할 정도의 것(강제추행죄)이면 강간죄 또는 강제추행죄가 성립하고, 협박과 간음 또는 추행 사이에 시간적 간격이 있더라도 협박에 의하여 간음 또는 추행이 이루어진 것으로 인정될 수 있다면 달리 볼 것은 아니다. [2] 유부녀인 피해자에 대하여 혼인 외 성관계 사실을 폭로하겠다는 등의 내용으로 협박하여 피해자를 간음 또는 추행한 사안에서 위와 같은 협박이 피해자를 단순히 외포시킨 정도를 넘어 적어도 피해자의 항거를 현저히 곤란하게 할 정도의 것이었다고 보기에 충분하다는 이유로, 강간죄 및 강제추행죄가 성립한다고 한 사례(대판 2007.1.25. 2006도5979). [COMMENT] 본 판례 이후 강제추행죄의 협박의 정도는 협의의 협박으로 변경되었다. 변경된 내용에 대하여는 강제추행죄 부분 (대판 2023.9. 21. 2018도13877 전합) 참조.

〈방문걸고 성교요구한 사건〉 피고인이 피해자를 여관방으로 유인하여 방문을 걸어 잠근 후 성교할 것을 요구한 사안에서, 피해자의 항거를 현저하게 곤란하게 할 정도의 유형력을 행사한 것으로 인정한 사례(대판 2000.8.18. 2000도1914).

〈창피함 때문에 구조요청 못한 사건〉 甲이 애인 A를 간음하려고 강제로 손목을 비틀며 여관으로 끌고 가서 간음하였던 바, 당시 여관주인이 방을 안내하였지만 A는 창피하다는 이유로 구조를 요청하지 않은 경우라면 A의 반항을 억압하거나 현저히 곤란할 정도였다고 볼 수 없다(대판 1990.9.29. 90도1562).

〈여자에게 '한 번만'이라고 애원한 사건〉 [사실관계] 甲은 친구에게 소개받은 A(여)와 같이 술을 마신 후 여관에서 자기로 하고 여관에 들어갔다가 먼저 잠이 들었던 甲이 아침에 깨어나서 옆에서 자고 있는 A를 보자 갑자기 욕정을 느껴 A의 옷을 벗기려 하였다. 이에 A가 잠에서 깨어나 반항하였지만 그 곳에서 탈출하려거나 소리를 질러 구조를 요청하는 등 적극적인 반항을 하지 않으므로 甲이 A의 몸을 누른채 애원하듯이 "한 번만"이라고 말하여 반항이 덜해지자 성교를 시도했으나 호흡기소리에 그만두고 말았다. 다만 그 과정에서 A에게 2주의 치료를 요하는 질열상을 입혔다. 甲을 강간치상죄로 의율할 수 있는가? [판결요지] 간음 당시 행사한 유형력이 피해자의 의사에 반하는 정도에 불과하고 피해자의 반항을 현저히 곤란하게 할 정도에 이르지 않았다고 보아 강간치상죄의 성립을 부정한 사례(대판 1999.9.21. 99도2608). 답 무죄

(2) 강 간

강간이란 폭행 또는 협박으로 저항이 불가능하거나 현저히 곤란한 상태에 있는 사람를 간음하는 것을 말한다. 간음이란 성교행위로서 남자의 성기를 여자의 성기에 삽입하는 것을 말한다.

(3) 실행의 착수시기와 기수시기

1) 실행의 착수시기 : 실행의 착수시기는 사람을 간음하기 위하여 최협의의 폭행·협박을 개시한 때이며, 실제로 피해자의 항거가 불능하게 되거나 현저히 곤란하게 되어야만 실행의 착수가 있다고 볼 것은 아니다.

〈강간죄의 실행의 착수시기〉 강간죄는 부녀를 간음하기 위하여 피해자의 항거를 불능하게 하거나 현저히 곤란하게 할 정도의 폭행 또는 협박을 개시한 때에 그 실행의 착수가 있다고 보아야 할 것이고, 실제로 그와 같은 폭행 또는 협박에 의하여 피해자의 항거가 불능하게 되거나 현저히 곤란하게 되어야만 실행의 착수가 있다고 볼 것은 아니다(대판 2000.6.9. 2000도1253). [21 법행]

〈'뛰어 내리겠다' 사건〉 간음할 목적으로 새벽 4시에 여자 혼자 있는 방문 앞에 가서 방문을 열어주지 않으면 부수고 들어갈 듯한 기세로 방문을 두드리고 피해자가 위험을 느끼고 창문에 걸터앉아 가까이 오면 뛰어 내리겠다고 하는데도 베란다를 통하여 창문으로 침입하려고 하였다면 강간의 수단으로서의 폭행에 착수하였다고 할 수 있다(대판 1991.4.9. 91도288). (21 2차)

〈사촌 여동생 엉덩이 만진 사건〉 강간죄의 실행의 착수가 있었다고 하려면 강간의 수단으로서 폭행이나 협박을 한 사실이 있어야 할 터인데 피고인이 강간할 목적으로 피해자(사촌 여동생, 18세)의 집에 침입하였다 하더라도 안방에 들어가 누워 자고있는 피해자의 가슴과 엉덩이를 만지면서 간음을 기도하였다는 사실만으로는 강간의 수단으로 피해자에게 폭행이나 협박을 개시하였다고 하기는 어렵다(대판 1990.5.25. 90도607). (21 경2)

2) 기수시기 : 기수시기에 대하여는 논의가 있으나, 다수설은 본죄의 보호법익은 사람의 성적 자기결정권이므로 성기의 결합에 의하여 기수가 되는 삽입설의 입장이다.

(4) 폭행·협박과 강간 사이의 인과관계

강간죄가 성립하기 위해서는 폭행·협박과 간음 사이에 인과관계가 있어야 하지만, **폭행·협박이 반드시 간음행위보다 선행되어야 할 필요는 없다.**

〈강간죄에서 폭행·협박과 간음 사이에 인과관계〉 강간죄에서의 폭행·협박과 간음 사이에는 인과관계가 있어야 하나, 폭행·협박이 반드시 간음행위보다 선행되어야 하는 것은 아니다(대판 2017.10.12. 2016도16948, 2016전도156). **[COMMENT]** 본 사안의 사실관계는 피고인이 성관계를 거부하는 동거녀에게 성기를 삽입하지 않겠다고 하다가 갑자기 자신의 성기를 피해자의 성기에 삽입하고, 이에 놀란 피해자가 일어나면서 이를 벗어나려고 하자, 피고인은 양팔로 피해자의 팔과 몸통을 세게 끌어안은 채 가슴으로 피해자의 등을 세게 눌러 움직이지 못하도록 피해자의 반항을 억압한 상태에서 간음행위를 계속한 사안이다. (21 3차)

3. 주관적 구성요건

폭행·협박에 의하여 사람을 강간한다는 인식과 의사인 고의가 있어야 한다.

Ⅲ. 관련문제

(1) 죄 수

강간죄의 죄수는 행위표준설을 따르는 것이 판례의 태도이다. 따라서 수개의 강간행위인 경우에는 원칙적으로 수개의 죄가 성립하지만, 예외적으로 피고인의 의사 및 범행 시각과 장소 등으로 고려하여 일죄로 판시한 판례도 있다.

〈1시간 후 장소 옮겨 또 강간하면 실체적 경합이라는 판례〉 피해자를 1회 강간하여 상처를 입게 한 후 약 1시간 후에 장소를 옮겨 같은 피해자를 다시 1회 강간한 행위는 그 범행시간과 장소를 달리하고 있을 뿐만 아니라 각 별개의 범의에서 이루어진 행위로서 형법 제37조 전단의 실체적 경합범에 해당한다(대판 1987.5.12. 87도694).

〈강간미수 후 1시간 30분 후 간음한 사건〉 피고인이 이 사건 범행 당일 02 : 00경 피고인 운전의 화물 차량 안에서 위험한 물건인 쇠말뚝을 피해자에게 들이대며 강간하려고 하였으나 마침 그곳을 지나 가던 사람에게 발각되어 그 뜻을 이루지 못하고 미수에 그치자, 다시 1시간 30분 가량 위 차량을 운전, 이동하여 정차한 후 이미 겁을 먹고 항거불능 상태에 있던 동 피해자를 1회 간음하였다면 피고 인의 두 번에 걸친 행위는 그 범행시간과 장소를 달리하고 있을 뿐만 아니라, 별개의 범의하에 이루어진 것으로서 1개의 강간미수죄와 1개의 강간죄가 별개로 성립한다(대판 1996.9.6. 96도1763).

〈협박하여 1회 간음 후 200m쯤 오다 다시 1회 간음하면 단순일죄라는 판례〉 피해자를 위협하여 항거 불능케 한 후 1회 간음하고 2백미터쯤 오다가 다시 1회 간음한 경우에 있어 피고인의 의사 및 그 범행시각과 장소로 보아 두 번째의 간음행위는 처음 한 행위의 계속으로 볼 수 있어 이를 단순일 죄로 처단한 것은 정당하다(대판 1970.9.29. 70도1516).

(2) 타죄와의 관계

1) 폭행·협박죄와의 관계 : 본죄와 폭행·협박죄와의 관계는 법조경합 중 특별관계로 강간 죄만 성립한다.

〈폭행·협박으로 강간하면 강간죄만 성립한다는 판례〉 폭행 또는 협박으로 부녀를 강간한 경우에는 강간죄만 성립하고, 그것과 별도로 강간의 수단으로 사용된 폭행·협박이 형법상의 폭행죄나 협박 죄 또는 폭력행위등처벌에관한법률위반의 죄를 구성한다고는 볼 수 없으며, 강간죄와 이들 각 죄 는 이른바 법조경합의 관계일 뿐이다(대판 2002.5.16. 2002도51 전합).

2) 감금죄와의 관계 : 본죄와 감금죄와의 관계에서는 강간죄 이외에 감금죄도 별죄로 성립한 다. 이러한 경우에 상상적 경합이 되느냐 아니면 실체적 경합이 되느냐는 행위의 동일성 여하에 따라 결정된다.

3) 강도죄와의 관계 : 본죄와 강도죄와의 관계에서는 강간 후 강도는 강간죄와 강도죄의 실 체적 경합이 되고, 강도의 기회에 강간한 경우는 강도강간죄가 성립한다.

[COMMENT] 보다 자세한 내용은 강도강간죄 부분 참조.

2 **유사강간죄** [미수범 처벌, 예비·음모 처벌]

제297조의2 (유사강간) 폭행 또는 협박으로 사람에 대하여 구강, 항문 등 신체(성기는 제외한다)의 내부에 성기를 넣거나 성기, 항문에 손가락 등 신체(성기는 제외한다)의 일부 또는 도구를 넣는 행위를 한 사람은 2년 이상의 유기징역에 처한다. 〈신설 2012.12.18〉

[COMMENT] 형량이 강간죄의 3년 이상보다 낮은 2년 이상이라는 점을 주의하여야 한다.

3 **강제추행죄** [미수범 처벌]

> 제298조 (강제추행) 폭행 또는 협박으로 사람에 대하여 추행을 한 자는 10년 이하의 징역 또는 1천
> 500만 원 이하의 벌금에 처한다.

(1) 의 의

강제추행죄는 폭행 또는 협박으로 사람에 대하여 추행함으로써 성립하는 범죄이다.

(2) 주체와 객체

강제추행죄의 주체와 객체는 사람이다.

(3) 행 위

폭행 · 협박으로 추행하는 것이다.

1) **폭행 · 협박의 정도** : 폭행 · 협박의 정도에 대하여 종래 판례는 기습추행형과 폭행 · 협박
선행형으로 구별하여 그 정도를 달리 보았으나, 최근 전합판례에 의하면 강제추행죄의
'폭행 또는 협박'은 상대방의 항거를 곤란하게 할 정도로 강력할 것이 요구되지 아니하고,
상대방의 신체에 대하여 불법한 유형력을 행사(폭행)하거나 일반적으로 보아 상대방으로
하여금 공포심을 일으킬 수 있는 정도의 해악을 고지(협박)하는 것이라고 보아야 한다고
보아 종래 판례를 변경하였다. 따라서 이러한 판례에 의하면 강제추행죄의 폭행 · 협박의
정도는 협의의 폭행 · 협박의 정도를 의미한다.

〈강제추행죄에서 '폭행 또는 협박'의 의미를 변경한 전합 판례〉[1] [다수의견] (가) 형법 및 성폭력범
죄의 처벌 등에 관한 특례법(이하 '성폭력처벌법'이라 한다)은 강제추행죄의 구성요건으로 '폭행 또
는 협박'을 규정하고 있는데, 대법원은 강제추행죄의 '폭행 또는 협박'의 의미에 관하여 이를 두
가지 유형으로 나누어, 폭행행위 자체가 곧바로 추행에 해당하는 경우(이른바 기습추행형)에는
상대방의 의사를 억압할 정도의 것임을 요하지 않고 상대방의 의사에 반하는 유형력의 행사가
있는 이상 그 힘의 대소강약을 불문한다고 판시하는 한편, 폭행 또는 협박이 추행보다 시간적으
로 앞서 그 수단으로 행해진 경우(이른바 폭행 · 협박 선행형)에는 상대방의 항거를 곤란하게 하
는 정도의 폭행 또는 협박이 요구된다고 판시하여 왔다(이하 폭행 · 협박 선행형 관련 판례 법리
를 '종래의 판례 법리'라 한다). (나) 강제추행죄의 범죄구성요건과 보호법익, 종래의 판례 법리의
문제점, 성폭력범죄에 대한 사회적 인식, 판례 법리와 재판 실무의 변화에 따라 해석 기준을 명확히
할 필요성 등에 비추어 강제추행죄의 '폭행 또는 협박'의 의미는 다시 정의될 필요가 있다. 강제추행
죄의 '폭행 또는 협박'은 상대방의 항거를 곤란하게 할 정도로 강력할 것이 요구되지 아니하고,
상대방의 신체에 대하여 불법한 유형력을 행사(폭행)하거나 일반적으로 보아 상대방으로 하여금
공포심을 일으킬 수 있는 정도의 해악을 고지(협박)하는 것이라고 보아야 한다. (다) 요컨대, 강제
추행죄는 상대방의 신체에 대해 불법한 유형력을 행사하거나 상대방으로 하여금 공포심을 일으
킬 수 있는 정도의 해악을 고지하여 상대방을 추행한 경우에 성립한다. 어떠한 행위가 강제추행
죄의 '폭행 또는 협박'에 해당하는지 여부는 행위의 목적과 의도, 구체적인 행위태양과 내용, 행위
의 경위와 행위 당시의 정황, 행위자와 상대방과의 관계, 그 행위가 상대방에게 주는 고통의 유무
와 정도 등을 종합하여 판단하여야 한다. [2] 피고인이 자신의 주거지 방안에서 4촌 친족관계인
피해자 甲(女, 15세)의 학교 과제를 도와주던 중 甲을 양팔로 끌어안은 다음 침대에 쓰러뜨린
후 甲의 가슴을 만지는 등 강제로 추행하였다는 성폭력범죄의 처벌 등에 관한 특례법 위반(친족

관계에의한강제추행)의 주위적 공소사실로 기소된 사안에서, 당시 피고인은 방안에서 甲의 숙제를 도와주던 중 甲의 왼손을 잡아 자신의 성기 쪽으로 끌어당겼고, 이를 거부하고 자리를 이탈하려는 甲의 의사에 반하여 甲을 끌어안은 다음 침대로 넘어져 甲의 위에 올라탄 후 甲의 가슴을 만졌으며, 방문을 나가려는 甲을 뒤따라가 끌어안았는바, 이러한 피고인의 행위는 甲의 신체에 대하여 불법한 유형력을 행사하여 甲을 강제추행한 것에 해당한다고 볼 여지가 충분하다는 이유로, 이와 달리 피고인의 행위가 甲의 항거를 곤란하게 할 정도의 폭행 또는 협박에 해당하지 않는다고 보아 위 공소사실을 무죄로 판단한 원심의 조치에 강제추행죄의 폭행에 관한 법리오해 등의 잘못이 있다고 한 사례(대판 2023.9.21. 2018도13877 전합). (24 3차)

〈폭행행위 자체가 추행행위인 사건〉 강제추행죄는 상대방에 대하여 폭행 또는 협박을 가하여 항거를 곤란하게 한 뒤에 추행행위를 하는 경우뿐만 아니라 폭행행위 자체가 추행행위라고 인정되는 이른바 기습추행의 경우도 포함된다. 특히 기습추행의 경우 추행행위와 동시에 저질러지는 폭행행위는 반드시 상대방의 의사를 억압할 정도의 것임을 요하지 않고 상대방의 의사에 반하는 유형력의 행사가 있기만 하면 그 힘의 대소강약을 불문한다는 것이 일관된 판례의 입장이다. 이에 따라 대법원은, 피해자의 옷 위로 엉덩이나 가슴을 쓰다듬는 행위, 피해자의 의사에 반하여 그 어깨를 주무르는 행위, 교사가 여중생의 얼굴에 자신의 얼굴을 들이밀면서 비비는 행위나 여중생의 귀를 쓸어 만지는 행위 등에 대하여 피해자의 의사에 반하는 유형력의 행사가 이루어져 기습추행에 해당한다고 판단한 바 있다(대판 2020.3.26. 2019도15994). [COMMENT] 전합 판례에 의하여 변경되기 이전의 기습추행형 강제추행과 관련된 판례이다. (19 변시)

〈춤추면서 유방 만진 사건〉 피해자와 춤을 추면서 피해자의 유방을 만진 행위가 순간적인 행위에 불과하더라도 피해자의 의사에 반하여 행하여진 유형력의 행사에 해당하고 피해자의 성적 자유를 침해할 뿐만 아니라 일반인의 입장에서도 추행행위라고 평가될 수 있는 것으로서, 폭행행위 자체가 추행행위라고 인정되어 강제추행에 해당된다고 한 사례(대판 2002.4.26. 2001도2417).

2) 추행 : 추행은 일반인에게 성적 수치심이나 혐오감을 일으키게 하고 선량한 성적 도덕관념에 반하는 행위로서 피해자의 성적 자유를 침해하는 것을 말한다. 이러한 추행의 판단 기준에 대하여는 ① 성욕의 자극·흥분·또는 만족을 목적으로 하는 행위로서 일반인으로 하여금 성적 수치심이나 혐오감을 느끼게 하는 일체의 행위라는 **주관설**도 있으나, ② 다수설과 판례는 성욕의 자극·흥분 또는 만족과 같은 주관적 요소와 무관하게 객관적으로 일반인에게 성적 수치심이나 혐오감을 일으키게 하는 일체의 행위라고 하는 **객관설**의 입장이다. 생각건대 개인적인 성적 자기결정권의 침해가 행위자의 주관에 의하여 좌우되는 것은 범죄의 확정을 모호하게 하고, 주관적 요소를 요구할 때에는 복수 등의 목적으로 성적 수치심을 주는 행위를 처벌할 수 없게 되는 불합리함이 있으므로 객관설이 타당하다.

▎ 강제추행죄의 추행 관련 판례 정리

1. 기본 법리 판례

〈추행의 의미와 판단〉 추행이라 함은 객관적으로 일반인에게 성적 수치심이나 혐오감을 일으키게 하고 선량한 성적 도덕관념에 반하는 행위로서 피해자의 성적 자유를 침해하는 것이라고 할 것이고, 이에 해당하는지 여부는 피해자의 의사, 성별, 연령, 행위자와 피해자의 이전부터의 관계, 그 행위에 이르게 된 경위, 구체적 행위태양, 주위의 객관적 상황과 그 시대의 성적 도덕관념 등을 종합적으로 고려하여 신중히 결정되어야 한다. 그리고 강제추행죄의 성립에 필요한 주관적 구성요건으로 성욕을 자극·흥분·만족시키려는 주관적 동기나 목적이 있어야 하는 것은 아니다(대판 2013.9.26. 2013도5856). (21 3차)

〈여성에 대한 추행에 있어 신체 부분에 따라 본질적인 차이가 없다는 판례〉 여성에 대한 추행에 있어 신체 부분에 따라 본질적인 차이가 있다고 볼 수는 없다(대판 2020.12.10. 2019도12282).

〈놀이터 의자에 앉아 통화를 하고 있는 피해자 등 쪽에 소변을 본 사건〉 [1] 성적 자유를 침해당했을 때 느끼는 성적 수치심은 부끄럽고 창피한 감정만으로 나타나는 것이 아니라 다양한 형태로 나타날 수 있다. [2] 추행 행위에 해당하기 위해서는 객관적으로 일반인에게 성적 수치심이나 혐오감을 일으키게 할 만한 행위로서 선량한 성적 도덕관념에 반하는 행위를 행위자가 대상자를 상대로 실행하는 것으로 충분하고, 그 행위로 말미암아 대상자가 성적 수치심이나 혐오감을 반드시 실제로 느껴야 하는 것은 아니다. [3] 피고인은 처음 보는 여성인 피해자의 뒤로 몰래 접근하여 성기를 드러내고 피해자를 향한 자세에서 피해자의 등 쪽에 소변을 보았는바, 그 행위를 앞서 본 법리에 비추어 평가하면 객관적으로 일반인에게 성적 수치심이나 혐오감을 일으키게 하고 선량한 성적 도덕관념에 반하는 행위로서 피해자의 성적 자기결정권을 침해하는 추행행위에 해당한다고 볼 여지가 있고, 피고인의 행위가 객관적으로 추행행위에 해당한다면 그로써 행위의 대상이 된 피해자의 성적 자기결정권은 침해되었다고 보아야 하며, 행위 당시에 피해자가 이를 인식하지 못하였다고 하여 추행에 해당하지 않는다고 볼 것은 아니다(대판 2021.10.28. 2021도7538).

2. 강제추행죄의 추행을 긍정한 판례

〈성욕의 목적 없이 보복의 의미로 입술 등을 깨문 사건〉 한때 내연관계에 있던 피해자가 피고인의 머리채를 잡아 폭행을 가하자 이에 대한 보복의 의미에서 피고인이 여성인 피해자의 입술, 귀, 유두, 가슴을 입으로 깨무는 등의 행위를 한 사안에서, 피고인에게 성욕을 자극·흥분·만족시키려는 주관적 동기나 목적이 없었다고 할지라도 일반적이고도 평균적인 사람으로 하여금 성적 수치심이나 혐오감을 일으키게 하고 선량한 성적 도덕관념에 반하는 행위에 해당하고, 그로 인하여 피해자의 성적 자유를 침해하였다고 봄이 타당하므로 '추행'에 해당한다고 평가하여 원심을 파기한 사례(대판 2013.9.26. 2013도5856).

〈엘리베이터 안에서 11세 여아에게 성기 꺼낸 사건〉 피고인이 아파트 엘리베이터 내에 13세 미만인 갑(여, 11세)과 단둘이 탄 다음 갑을 향하여 성기를 꺼내어 잡고 여러 방향으로 움직이다가 이를 보고 놀란 갑 쪽으로 가까이 다가갔다면, 비록 피고인이 갑의 신체에 직접적인 접촉을 하지 아니하였고 엘리베이터가 멈춘 후 갑이 위 상황에서 바로 벗어날 수 있었다고 하더라도, 피고인의 행위는 갑의 성적 자유의사를 제압하기에 충분한 세력에 의하여 추행행위에 나아간 것으로서 위력에 의한 추행에 해당한다고 보아야 한다(대판 2013.1.16. 2011도7164).

〈엘리베이터 안에서 자위행위 보여준 사건〉 피고인이 엘리베이터라는 폐쇄된 공간에서 피해자들을 칼로 위협하는 등으로 꼼짝하지 못하도록 자신의 실력적인 지배하에 둔 다음 피해자들에게 성적 수치심과 혐오감을 일으키는 자신의 자위행위 모습을 보여 주고 피해자들로 하여금 이를 외면하거나 피할 수 없게 한 행위는 강제추행죄의 추행에 해당한다(대판 2010.2.25. 2009도13716).

〈놀이터에서 만 7, 8세 여아들 음부 만진 사건〉 피고인은 공터에서 피해자들(만 8세와 만 7세인 여아들)이 놀고 있는 것을 발견하고 다가가 피해자들을 끌어안고 손으로 피해자들의 음부 부위를 갑자기 1회 만졌다면 강제추행죄에 해당한다(대판 2012.6.14. 2012도3893).

〈회사 대표가 회식 장소에서 여성 직원에게 헤드락을 한 사건〉 회사 대표인 피고인(남, 52세)이 직원인 피해자(여, 26세)를 포함하여 거래처 사람들과 함께 회식을 하던 중 피고인의 왼팔로 피해자의 머리를 감싸고 피고인의 가슴 쪽으로 끌어당기는 일명 '헤드락' 행위를 하고 손가락이 피해자의 두피에 닿도록 피해자의 머리카락을 잡고 흔드는 등 행위를 하였다면 **강제추행죄에 해당한다**(대판 2020.12.24. 2020도7981).

〈**미용업체 직장 회식 사건**〉 미용업체인 갑 주식회사를 운영하는 피고인이 갑 회사의 가맹점에서 근무하는 을(여, 27세)을 비롯한 직원들과 노래방에서 회식을 하던 중 을을 자신의 옆자리에 앉힌 후 귓속말로 '일하는 것 어렵지 않냐. 힘든 것 있으면 말하라'고 하면서 갑자기 을의 볼에 입을 맞추고, 이에 을이 '하지 마세요'라고 하였음에도 계속하여 '괜찮다. 힘든 것 있으면 말해라. 무슨 일이든 해결해 줄 수 있다'고 하면서 오른손으로 을의 오른쪽 허벅지를 쓰다듬었다면 **강제추행죄에 해당한다**(대판 2020.3.26. 2019도15994)

〈**회식 후 모텔에 가고 손목을 잡아 끈 사건**〉 甲이 2017. 7. 6. 00:01경 직원 회식을 마친 후 같은 회사 경리 직원인 A(여, 28세)와 단둘이 남게 되자 A에게 모텔에 같이 가자고 하였고, 이에 A가 거절하였음에도 "모텔에 함께 가고 싶다, 모텔에 같이 안 갈 이유가 뭐가 있냐?"라는 등의 말을 하며 강제로 A의 손목을 잡아끌었다면 **강제추행죄에 해당한다는** 사례(대판 2020.7.23. 2019도15421).

〈**한의원 여실장 사건**〉 한의원에서 근무하는 실장 甲(여)은 한의원에서 한의원 간호조무사인 A(여)가 거부의사를 밝힌 바 있음에도 불구하고 A의 가슴을 움켜쥐거나 엉덩이를 만지고 甲의 볼을 A의 볼에 가져다 대는 등의 행동을 하였다면 **강제추행죄에 해당한다**(대판 2021.7.21. 2021도6112).

3. 강제추행죄의 추행을 부정한 판례

〈**장년의 남녀사이에서 남자가 자신의 바지를 벗어 성기 보여준 사건**〉 [사실관계] 甲(48)은 2010년 10월11일 오후 7시50분경 부산 동래구 온천1동 식당 앞 길거리에서 평소 감정이 좋지 않던 A(여ㆍ48)에게 욕설을 하며 위협하면서 자신의 바지를 벗어 성기를 보여주었다. 甲의 죄책은? [판결요지] 피고인이 피해자 갑(여, 48세)에게 욕설을 하면서 자신의 바지를 벗어 성기를 보여주는 방법으로 강제추행하였다는 내용으로 기소된 사안에서, 제반 사정을 고려할 때 단순히 피고인이 바지를 벗어 자신의 성기를 보여준 것만으로는 폭행 또는 협박으로 '추행'을 하였다고 볼 수 없는데도, 이와 달리 보아 유죄를 인정한 원심판결에 강제추행죄의 추행에 관한 법리오해의 위법이 있다고 한 사례(대판 2012.7.26. 2011도8805). ▣ **강제추행죄가 성립하지 않는다.** (13 변시)

〈**중대장이 젖꼭지 비튼 사건**〉 육군 중대장이 소속 중대원들의 젖꼭지 등 특정 신체부위를 비틀거나 때린 사안에서, 장소의 공개성, 범행시각, 피해자들이 불특정 다수인 점 등에 비추어 군이라는 공동사회의 건전한 생활과 군기를 침해하는 비정상적인 성적 만족 행위라고 보기 어려우므로, 군형법 제92조의 추행죄에 해당하지 않는다고 한 사례(대판 2008.5.29. 2008도2222).

(4) 고 의

강제추행에 대한 고의, 즉 폭행 또는 협박에 의하여 추행한다는 인식과 의사가 있어야 한다.

(5) 실행의 착수와 기수시기

강제추행죄의 실행의 착수시기는 폭행ㆍ협박을 개시한 때이며, 추행의 결과가 발생하면 기수가 된다.

〈**기습추행 미수 사건**〉 피고인이 밤에 술을 마시고 배회하던 중 버스에서 내려 혼자 걸어가는 피해자 甲(여, 17세)을 발견하고 마스크를 착용한 채 뒤따라가다가 인적이 없고 외진 곳에서 가까이 접근하여 껴안으려 하였으나, 甲이 뒤돌아보면서 소리치자 그 상태로 몇 초 동안 쳐다보다가 다시 오던 길로 되돌아갔다고 하여 아동·청소년의 성보호에 관한 법률 위반으로 기소된 사안에서, 피고인의 팔이 甲의 몸에 닿지 않았더라도 양팔을 높이 들어 갑자기 뒤에서 껴안으려는 행위는 甲의 의사에 반하는 유형력의 행사로서 폭행행위에 해당하며, 그때 '기습추행'에 관한 실행의 착수가 있는데, 마침 甲이 뒤돌아보면서 소리치는 바람에 몸을 껴안는 추행의 결과에 이르지 못하고 미수에 그쳤으므로, 피고인의 행위는 아동·청소년에 대한 강제추행미수죄에 해당한다고 한 사례(대판 2015.9.10. 2015도6980, 2015모2524). [2023 3차](15 변시)(18 변시)(19 변시)

[COMMENT] 위 판례는 아청법위반 관련 판례이지만, 논리가 동일하므로 이곳에 게재한다.

(6) 강제추행죄의 간접정범

강제추행죄는 사람의 성적 자유 내지 성적 자기결정의 자유를 보호하기 위한 죄로서 정범 자신이 직접 범죄를 실행하여야 성립하는 자수범이라고 볼 수 없으므로, 처벌되지 아니하는 타인을 도구로 삼아 피해자를 강제로 추행하는 간접정범의 형태로도 범할 수 있다. [2021 변시][2022 3차]

〈강제추행죄의 간접정범〉 강제추행죄는 사람의 성적 자유 내지 성적 자기결정의 자유를 보호하기 위한 죄로서 정범 자신이 직접 범죄를 실행하여야 성립하는 자수범이라고 볼 수 없으므로, 처벌되지 아니하는 타인을 도구로 삼아 피해자를 강제로 추행하는 간접정범의 형태로도 범할 수 있다. 여기서 강제추행에 관한 간접정범의 의사를 실현하는 도구로서의 타인에는 피해자도 포함될 수 있으므로, 피해자를 도구로 삼아 피해자의 신체를 이용하여 추행행위를 한 경우에도 강제추행죄의 간접정범에 해당할 수 있다(대판 2018.2.8. 2016도17733). [판결이유 중 일부 인용] 피고인이 피해자들을 협박하여 겁을 먹은 피해자들로 하여금 어쩔 수 없이 나체나 속옷만 입은 상태가 되게 하여 스스로를 촬영하게 하거나, 성기에 이물질을 삽입하거나 자위를 하는 등의 행위를 하게 하였다면, 이러한 행위는 피해자들을 도구로 삼아 피해자들의 신체를 이용하여 그 성적 자유를 침해한 행위로서, 그 행위의 내용과 경위에 비추어 일반적이고도 평균적인 사람으로 하여금 성적 수치심이나 혐오감을 일으키게 하고 선량한 성적 도덕관념에 반하는 행위라고 볼 여지가 충분하다. 따라서 원심이 확정한 사실관계에 의하더라도, 피고인의 행위 중 위와 같은 행위들은 피해자들을 이용하여 강제추행의 범죄를 실현한 것으로 평가할 수 있고, 피고인이 직접 위와 같은 행위들을 하지 않았다거나 피해자들의 신체에 대한 직접적인 접촉이 없었다고 하더라도 달리 볼 것은 아니다. (19 변시)(22 변시)

(7) 처 벌

제298조 (강제추행) 폭행 또는 협박으로 사람에 대하여 추행을 한 자는 10년 이하의 징역 또는 1천 500만 원 이하의 벌금에 처한다.

[COMMENT] 강제추행죄의 폭행·협박의 범위를 넓게 보는 근거 중에 하나가 강제추행죄의 형량이 강간죄의 형량에 비하여 가볍기 때문이다.

4 **준강간, 준유사강간, 준강제추행죄** [미수범 처벌, 준강간만 예비·음모 처벌]

> 제299조 (준강간, 준강제추행) 사람의 심신상실 또는 항거불능의 상태를 이용하여 간음 또는 추행을 한 자는 제297조, 제297조의2, 제298조의 예에 의한다. 〈개정 2012.12.18〉

(1) 의 의

준강간·준강제추행죄는 사람의 심신상실이나 항거불능의 상태를 이용하여 간음하거나, 유사강간하거나 또는 추행함으로써 성립하는 범죄이다.

〈준강간죄의 보호법익〉 형법 제299조는 '사람의 심신상실 또는 항거불능의 상태를 이용하여 추행을 한 자'를 처벌하도록 규정한다. 이러한 준강제추행죄는 정신적·신체적 사정으로 인하여 성적인 자기방어를 할 수 없는 사람의 성적 자기결정권을 보호해 주는 것을 보호법익으로 하며, 그 성적 자기결정권은 원치 않는 성적 관계를 거부할 권리라는 소극적 측면을 말한다(대판 2021.2.4. 2018도9781).

(2) 객 체

심신상실 또는 항거불능의 상태에 있는 자이다.

1) **심신상실** : 준강간죄에서의 '심신상실'이란 정신기능의 장애로 인하여 성적 행위에 대한 정상적인 판단능력이 없는 상태를 의미한다.

〈블랙아웃 사건〉 [1] 준강간죄에서 '심신상실'이란 정신기능의 장애로 인하여 성적 행위에 대한 정상적인 판단능력이 없는 상태를 의미하고, '항거불능'의 상태라 함은 심신상실 이외의 원인으로 심리적 또는 물리적으로 반항이 절대적으로 불가능하거나 현저히 곤란한 경우를 의미한다. 이는 준강제추행죄의 경우에도 마찬가지이다. [2] 피해자가 깊은 잠에 빠져 있거나 술·약물 등에 의해 일시적으로 의식을 잃은 상태 또는 완전히 의식을 잃지는 않았더라도 그와 같은 사유로 정상적인 판단능력과 대응·조절능력을 행사할 수 없는 상태에 있었다면 준강간죄 또는 준강제추행죄에서의 심신상실 또는 항거불능 상태에 해당한다(대판 2021.2.4. 2018도9781). (22 3차)

〈black out과 passing out〉 [1] 의학적 개념으로서의 '알코올 블랙아웃(black out)'은 중증도 이상의 알코올 혈중농도, 특히 단기간 폭음으로 알코올 혈중농도가 급격히 올라간 경우 그 알코올 성분이 외부 자극에 대하여 기록하고 해석하는 인코딩 과정(기억형성에 관여하는 뇌의 특정 기능)에 영향을 미침으로써 행위자가 일정한 시점에 진행되었던 사실에 대한 기억을 상실하는 것을 말한다. [2] 알코올 블랙아웃은 인코딩 손상의 정도에 따라 단편적인 블랙아웃과 전면적인 블랙아웃이 모두 포함한다. 그러나 알코올의 심각한 독성화와 전형적으로 결부된 형태로서의 의식상실의 상태, 즉 알코올의 최면진정작용으로 인하여 수면에 빠지는 의식상실(passing out)과 구별되는 개념이다(대판 2021.2.4. 2018도9781). [COMMENT] '알코올 블랙아웃(black out)'은 항거불능의 상태에 해당할 수 있음은 별론으로 하고 심신상실에 해당하지 않을 수 있지만, 의식상실(passing out)은 심신상실에 해당한다.

〈'그냥 빨리 하라' 사건〉 [사실관계] 甲은 자기 집에서 친구 乙 및 그의 애인 A(여)등과 함께 음주하면서 놀다가 시간이 늦어지자 함께 자게 되었다. 그런데 甲은 술에 취하여 안방에서 잠을 자고 있던 A를 발견하고는 A의 옆에 누워 몸을 더듬다가 바지를 벗기려 하였다. 그러자 A는 어렴풋이 잠에서 깨어 자신의 옷을 벗기려는 甲을 자신의 애인 乙로 착각하여 '불을 끄라'고 하였고, 甲이 여관으로 갈 것을 제의하자 '그냥 빨리 하라'고 하여 그 자리에서 간음하였다. 甲에게 준강간죄가 성립하는가? **[판결요지]** 간음행위 당시 피해자가 심신상실상태에 있었다고 볼 수 없다고 한 사례(대판 2000.2.25. 98도4355). 甲 甲에게 준강간죄는 성립하지 않는다. (15 변시)

> 2) **항거불능** : 준강간죄에서 '항거불능'의 상태라 함은 심신상실 이외의 원인 때문에 심리적 또는 물리적으로 반항이 절대적으로 불가능하거나 현저히 곤란한 경우를 의미한다.

〈항거불능의 상태〉 형법 제299조에서의 항거불능의 상태라 함은 같은 법 제297조, 제298조와의 균형상 심신상실 이외의 원인 때문에 심리적 또는 물리적으로 반항이 절대적으로 불가능하거나 현저히 곤란한 경우를 의미한다(대판 2000.5.26. 98도3257).

〈교회 노회장이 여신도 간음·추행한 사건(정신적 혼란 사건)〉 교회 노회장이 교회 여신도들을 간음·추행한 사안에서, 교회 여신도들이 종교적 믿음에 대한 충격 등 정신적 혼란으로 인한 항거불능의 상태에 있었다고 보아 교회 노회장에게 준강간·강제추행죄 등을 인정한 사례(대판 2009.4.23. 2009도2001).

〈안수기도와 성관계(대화 주고받은 사건)〉 피해자들이 본인이나 가족의 병을 낫게 하려는 마음에서 목사인 피고인의 요구에 응하였고, 당시 피고인과 대화를 주고받기도 한 사실을 인정한 다음, 피고인의 이 사건 범행의 경위 및 횟수, 당시 피고인과 피해자들이 주고받은 대화의 내용 등에 비추어 피해자들은 당시 피고인의 성적 행위를 인식하고 이에 따른 것이 항거가 현저히 곤란한 상태였다고 보기 어렵고 달리 이를 인정할 증거가 없다(대판 2000.5.26. 98도3257).

(3) 행 위

심신상실 또는 항거불능의 상태를 이용하여 간음, 유사강간 또는 추행하는 것이다.

> 1) **심신상실 또는 항거불능의 상태를 이용하여** : '이용하여'란 행위자가 피해자의 이러한 상태를 인식하고 있고 또 그러한 상태로 인하여 간음·추행이 용이하게 되었을 것을 말한다.

> 2) **간음, 유사강간 또는 추행** : 간음, 유사강간 또는 추행은 강간죄와 유사강간 그리고 강제추행죄의 개념과 동일하다.

(4) 고 의

본죄가 성립하기 위해서는 상대방이 심신상실 또는 항거불능의 상태에 있다는 것을 알면서 그러한 상태를 이용하여 간음, 유사강간 또는 추행을 한다는 인식과 의사인 고의가 있어야 한다.

〈준강간 불능미수 전합 판례(추상적 위험설을 따른 판례)〉 [사실관계] 甲은 2017. 4. 17. 22:30경 자신의 집에서 A(여), 甲의 처인 W와 함께 술을 마시다가 다음날 01:00경 W가 먼저 잠이 들고 02:00경 A도 안방으로 들어가자 A를 따라 들어간 뒤, A가 항거불능의 상태에 있는 것으로 알고 이를 이용하여 간음하였다. 그러나 실제로 A는 항거불능상태에 있지 아니하였다. 甲의 죄책은? **[판결요지] [1]** 형법 제297조는 "폭행 또는 협박으로 사람을 강간한 자는 3년 이상의 유기징역에 처한다."라고 규정하고, 제299조는 "사람의 심신상실 또는 항거불능의 상태를 이용하여 간음 또는 추행을 한 자는

제297조, 제297조의2 및 제298조의 예에 의한다."라고 규정하고 있다. 형법은 폭행 또는 협박의 방법이 아닌 심신상실 또는 항거불능의 상태를 이용하여 간음한 행위를 강간죄에 준하여 처벌하고 있으므로, 준강간의 고의는 피해자가 심신상실 또는 항거불능의 상태에 있다는 것과 그러한 상태를 이용하여 간음한다는 구성요건적 결과 발생의 가능성을 인식하고 그러한 위험을 용인하는 내심의 의사를 말한다. [2] [다수의견] 형법 제300조는 준강간죄의 미수범을 처벌한다. 또한 형법 제27조는 "실행의 수단 또는 대상의 착오로 인하여 결과의 발생이 불가능하더라도 위험성이 있는 때에는 처벌한다. 단, 형을 감경 또는 면제할 수 있다."라고 규정하여 불능미수범을 처벌하고 있다. 따라서 피고인이 피해자가 심신상실 또는 항거불능의 상태에 있다고 인식하고 그러한 상태를 이용하여 간음할 의사로 피해자를 간음하였으나 피해자가 실제로는 심신상실 또는 항거불능의 상태에 있지 않은 경우에는, 실행의 수단 또는 대상의 착오로 인하여 준강간죄에서 규정하고 있는 구성요건적 결과의 발생이 처음부터 불가능하였고 실제로 그러한 결과가 발생하였다고 할 수 없다. 피고인이 준강간의 실행에 착수하였으나 범죄가 기수에 이르지 못하였으므로 준강간죄의 미수범이 성립한다. 피고인이 행위 당시에 인식한 사정을 놓고 일반인이 객관적으로 판단하여 보았을 때 준강간의 결과가 발생할 위험성이 있었으므로 준강간죄의 불능미수가 성립한다(대판 2019.3.28. 2018도16002 전합). 🔖 준강간죄의 불능미수범이 성립한다. [2019 3차][2022 변시](21 변시)(23 변시)(24 변시)(22 1차)(24 2차)

(5) 실행의 착수시기와 기수시기

본죄의 실행의 착수시기는 항거불능의 상태를 이용하여 간음 등을 할 의도를 가지고 간음 등의 수단이라고 할 수 있는 행동을 개시할 때 실행의 착수가 있고, 간음 등의 행위 결과가 발생하였을 때에 기수가 된다.

〈잠자는 부녀의 옷을 벗기고 음부 등을 만진 사건〉 피고인의 행위를 전체적으로 관찰할 때, 피고인은 잠을 자고 있는 피해자의 옷을 벗기고 자신의 바지를 내린 상태에서 피해자의 음부 등을 만지는 행위를 한 시점에서 피해자의 항거불능의 상태를 이용하여 간음을 할 의도를 가지고 간음의 수단이라고 할 수 있는 행동을 시작한 것으로서 준강간죄의 실행에 착수하였다고 보아야 할 것이고, 그 후 피고인이 위와 같은 행위를 하는 바람에 피해자가 잠에서 깨어나 피고인의 성기를 삽입하려고 할 때에는 객관적으로 항거불능의 상태에 있지 아니하였다고 하더라도 준강간미수죄의 성립에 지장이 없다(대판 2000.1.14. 99도5187).

〈술에 취한 여자의 속바지를 벗기려고 한 사건〉 피고인이 피해자 갑(여, 18세)과 성관계를 할 의사로 술에 취하여 모텔 침대에 잠들어 있는 갑의 속바지를 벗기다가 갑이 깨어나자 중단함으로써 갑의 항거불능 상태를 이용하여 간음하려다가 미수에 그쳤다고 하여 아동·청소년의 성보호에 관한 법률 위반(준강간)으로 기소된 사안에서, 피고인이 갑의 속바지를 벗기려던 행위는 간음의 의도를 가지고 간음의 수단이라고 할 수 있는 행동을 시작한 것으로서 준강간죄의 실행에 착수한 것이라고 한 사례(대판 2019.2.14. 2018도19295). (24 2차)

> [GUIDE] 강간과 추행의 죄의 장에서는 제300조에 미수범 처벌규정을 두고 있으므로, 아래의 제301조 이하의 죄는 미수범을 처벌하지 않는다. 그러나 성폭법 제15조에서는 형법상 강간살인죄의 미수범을 처벌하고 있다는 점을 주의하여야 한다.

5 강간등 상해 · 치상죄 [상해는 결합범, 치상은 결과적 가중범, 강간 등 상해죄만, 예비 · 음모 처벌]

> 제301조 (강간등 상해 · 치상) 제297조, 제297조의2 및 298조부터 제300조의 죄를 범한 자가 사람을 상해하거나 상해에 이르게 한 때에는 무기 또는 5년 이상의 징역에 처한다.〈개정 2012.12.18〉

[죄명예규] (제297조, 제297조의2, 제298조, 제299조 각 죄명)(상해, 치상)

(1) 의의와 법적 성격

강간등 상해 · 치상죄는 강간 · 유사강간 · 강제추행 등을 하면서 상대방에게 고의로 상해를 입히거나 과실로 사망에 이르게 함으로써 성립하는 범죄이다. 강간등 상해죄는 강간죄와 상해죄기 결합한 결합범으로서 가중적 구성요건이고, 강간등 치상죄는 진정 결과적 가중범으로서 가중적 구성요건이다.

(2) 주체 및 객체

강간죄, 유사강간, 강제추행죄, 준강간죄, 준유사강간, 준강제추행죄의 죄를 범한 자이다.

(3) 행 위

1) 강간상해죄와 강간치상죄의 성립요건 : 일반논리에 따라 ① 강간등상해죄의 경우에는 강간 등의 주체가 고의로 상해행위를 하여 상해의 결과가 발생하게 하여야 하고 ② 강간등 치상죄의 경우에는 강간 등의 기본행위와 상해와의 관계에 대하여 인과관계와 예견가능성이 있어야 한다.

2) 강간 등의 기회 : 강간등 상해 · 치상죄에 있어 상해의 결과는 ① 강간 등의 수단으로 사용한 폭행으로부터 발생한 경우뿐 아니라 ② 간음행위 그 자체로부터 발생한 경우나 ③ 강간등에 수반하는 행위에서 발생한 경우도 포함한다.

[COMMENT] 강간 등의 기회 세 가지 유형은 암기해 두는 것이 바람직하다.

〈강간의 기회〉 강간이 미수에 그치거나 간음의 결과 사정을 하지 않은 경우라도 그로 인하여 피해자가 상해를 입었으면 강간치상죄가 성립하는 것이고, 강간치상죄에 있어 상해의 결과는 강간의 수단으로 사용한 폭행으로부터 발생한 경우뿐 아니라 간음행위 그 자체로부터 발생한 경우나 강간에 수반하는 행위에서 발생한 경우도 포함하는 것이다(대판 1999.4.9. 99도519). [2018 3차]

〈상해를 가한 다음 강제추행한 사건〉 [1] 강제추행치상죄에서 상해를 가한 부분을 고의범인 상해죄로 처벌하면서 이를 다시 결과적 가중범인 강제추행치상죄의 상해로 인정하여 이중으로 처벌할 수는 없다. [2] 피고인이 피해자를 폭행하여 비골 골절 등의 상해를 가한 다음 강제추행한 사안에서, 피고인의 위 폭행을 강제추행의 수단으로서의 폭행으로 볼 수 없어 위 상해와 강제추행 사이에 인과관계가 없다는 이유로, 상해를 다시 결과적 가중범인 강제추행치상죄의 상해로 인정한 원심판결을 파기한 사례(대판 2009.7.23. 2009도1934). (14 변시)

(4) 결 과

1) 상해의 결과 : 상해는 피해자의 신체의 완전성을 훼손하거나 생리적 기능에 장애를 초래
하는 것, 즉 피해자의 건강상태가 불량하게 변경되고 생활기능에 장애가 초래되는 것을
말하며, 여기서의 생리적 기능에는 육체적 기능뿐만 아니라 정신적 기능도 포함된다.

강간 등 상해·치상죄 관련 판례 정리

1. 기본 법리 판례

〈강간치상죄나 강제추행죄에서의 상해〉 강간치상죄나 강제추행치상죄에 있어서의 상해는 피해
자의 신체의 완전성을 훼손하거나 생리적 기능에 장애를 초래하는 것, 즉 피해자의 건강상태
가 불량하게 변경되고 생활기능에 장애가 초래되는 것을 말하는 것으로, 여기서의 생리적
기능에는 육체적 기능뿐만 아니라 정신적 기능도 포함된다(대판 2017.6.29. 2017도3196).

〈'졸피뎀' 사건〉 [1] 수면제와 같은 약물을 투약하여 피해자를 일시적으로 수면 또는 의식불명
상태에 이르게 한 경우에도 약물로 인하여 피해자의 건강상태가 불량하게 변경되고 생활기능
에 장애가 초래되었다면 자연적으로 의식을 회복하거나 외부적으로 드러난 상처가 없더라도
이는 강간치상죄나 강제추행치상죄에서 말하는 상해에 해당한다. [2] 피고인이 피해자 모르
게 향정신성의약품인 '졸피뎀' 성분이 포함된 수면제를 성인 권장용량을 초과하여 커피에 타
마시게 한 후 정신을 잃자 간음하거나 추행한 사안에서, 피해자는 약물 투약으로 항거가 불가
능하거나 현저히 곤란해진 데에서 더 나아가 건강상태가 나쁘게 변경되고 생활기능에 장애가
초래되는 피해를 입었다고 할 것이므로, 이는 강간치상죄나 강제추행치상죄에서 말하는 상해
에 해당한다고 보아, 피고인의 상고를 기각한 사안임(대판 2017.6.29. 2017도3196). **[COMMENT]**
종래 약물 등을 수단으로 강도나 강간한 경우에는 상해를 인정하지 않았지만 본 판례는 상해
가 성립된다고 본 리딩케이스에 해당하는 판례사안이다. 그리고 이와 동일한 취지의 판례(대
판 2017.7.11. 2015도3939)도 있다. (18 변시)(23 1차)

2. 상해를 긍정한 판례

〈새로 형성된 처녀막 사건〉 처녀막은 부녀자의 신체에 있어서 생리조직의 일부를 구성하는 것
으로서, 그것이 파열되면 정도의 차이는 있어도 생활기능의 장애가 오는 것이라고 보아야 하
고, 처녀막파열이 그와 같은 성질인 한 비록 피해자가 성경험을 가진 여자로서 특이체질로
인해 새로 형성된 처녀막이 파열되었다 하더라도 강간치상죄를 구성하는 상처에 해당한다(대
판 1995.7.25. 94도1351).

〈요치 10일의 회음부찰과상 사건〉 피고인들이 피해자를 강간하여 피해자에게 요치 10일의 회음
부찰과상을 입혔다면 상해의 정도가 0.1cm 정도의 찰과상에 불과하더라도 이것도 형법상 상
해의 개념에 해당하므로 강간치상죄의 성립에 영향이 없다(대판 1983.7.12. 83도1258).

〈음부의 상처를 치료하는데 2일 걸리는 사건〉 피고인이 7세 1월 남짓밖에 안되는 피해자의 질내
에 손가락을 넣어 만지는 등 추행을 하여 피해자의 음순 좌우 양측에 생긴 남적색 피하일혈반
이 타박이나 마찰로 말미암아 음순내부에 피멍이 든 것으로서 그 상처부위에 소변의 독소가
들어가면 염증이 생길 수도 있는 것이라면, 그 상처를 치료하는데 필요한 기간이 2일에 불과
하더라도, 형법 제301조 소정의 상해의 개념에 해당하는 것으로 보아야 한다(대판 1990.4.13.
90도154).

〈외음부 부위 염증 발생한 사건〉 미성년자에 대한 추행행위로 인하여 그 피해자의 외음부 부위
에 염증이 발생한 것이라면, 그 증상이 약간의 발적과 경도의 염증이 수반된 정도에 불과하다
고 하더라도 그로 인하여 피해자 신체의 건강상태가 불량하게 변경되고 생활기능에 장애가

초래된 것이 아니라고 볼 수 없으니, 이러한 상해는 미성년자의제강제추행치상죄의 상해의 개념에 해당한다고 본 사례(대판 1996.11.22. 96도1395).

〈부녀 가슴 움켜쥔 사건〉 피해자가 강제추행 과정에서 가해자로부터 왼쪽 젖가슴을 꽉 움켜잡 힘으로 인하여 왼쪽 젖가슴에 약 10일간의 치료를 요하는 좌상을 입고, 심한 압통과 약간의 종창이 있어 그 치료를 위하여 병원에서 주사를 맞고 3일간 투약을 한 경우, 피해자는 위와 같은 상처로 인하여 신체의 건강상태가 불량하게 변경되고 생활기능에 장애가 초래되었다 할 것이어서 이는 강제추행치상죄에 있어서의 상해의 개념에 해당한다(대판 2000.2.11. 99도4794).

3. 상해를 부정한 판례

〈음모 잘라낸 사건〉 음모는 성적 성숙함을 나타내거나 치부를 가려주는 등의 시각적·감각적 인 기능 이외에 특별한 생리적 기능이 없는 것이므로, 피해자의 음모의 모근(毛根) 부분을 남기고 모간(毛幹) 부분만을 일부 잘라냄으로써 음모의 전체적인 외관에 변형만이 생겼다면, 이로 인하여 피해자에게 수치심을 야기하기는 하겠지만, 병리적으로 보아 피해자의 신체의 건강상태가 불량하게 변경되거나 생활기능에 장애가 초래되었다고 할 수는 없을 것이므로, 그것이 폭행에 해당할 수 있음은 별론으로 하고 강제추행치상죄의 상해에 해당한다고 할 수 는 없다(대판 2000.3.23. 99도3099). **(23 1차)**

〈손바닥에 약 2센티미터 상처난 사건〉 피고인이 피해자를 강간하려다가 미수에 그치고 그 과정 에서 위 피해자의 왼쪽 손바닥에 약 2센티미터 정도의 긁힌 가벼운 상처가 발생한 경우라면 그 정도의 상처(소상)는 일상생활에서 얼마든지 생길 수 있는 극히 경미한 상처로서 굳이 치 료할 필요도 없는 것이어서 그로 인하여 인체의 완전성을 해하거나 건강상태를 불량하게 변 경하였다고 보기 어려우므로 피해자가 입은 위 소상을 가지고서 강간치상죄의 상해에 해당된 다고는 할 수 없다(대판 1987.10.26. 87도1880).

2) 상대적 상해개념에 대한 논의

▌상대적 상해개념에 대한 논의

甲은 나이트클럽에서 A(여)와 동석하여 술을 마신 후 집까지 데려다주겠다고 하여 자신의 승용차 에 태워가던 중 갑자기 욕정을 일으켜 강간하려 하였으나 미수에 그쳤다. 이 과정에서 A는 전치 1주의 동전크기 정도의 경부타박상을 입게 되었다. 甲의 죄책은?

1. 논의점

상대적 상해개념이란 형법상의 상해의 개념을 일률적으로 파악하지 않고 각 범죄마다 상대 적으로 달리 파악해야 한다는 것이다. 특히 강간상해·치상과 강도상해·치상의 경우에 상 대적 상해개념의 인정 여부에 대하여 논의가 있다.

2. 견해의 대립

이에 대하여는 ① 강간 상해·치상죄와 강도상해·치상죄의 경우에는 형량이 과도하게 무거 우므로 상해의 개념을 상해죄의 상해와는 다르게 파악해야 한다는 **상대적 상해개념 긍정설** ② 각칙의 구성요건마다 상해의 개념을 다르게 해석하는 것은 실정법적 근거가 없는 것이며, 상 대적 상해개념의 판단기준도 명확하지 아니하여 자의적인 법해석이 될 위험이 있으므로 부 정해야 한다는 **상대적 상해개념 부정설**이 대립하고 있다.

3. 판례의 태도

판례는 강간치상죄에서의 상해를 ① 일상생활에 장애를 초래하는 상처인지를 판단하는 **일상생활성** ② 치료받을 필요가 없이 자연치유되는 상처인지를 판단하는 **자연치유가능성** 등을 기준으로 판단하고 있다. 이러한 판례의 입장에 대하여는 ① 상해의 결과가 발생하였어도 이러한 기준을 설정한다는 것은 상대적 상해개념을 인정한 것이라고 보는 평석과 ② 상해인지의 여부만을 판단한 것이라고 보는 **평석**이 대립되고 있지만, 위에 설시한 기준을 강간치상이나 강도치상 이외의 경우에도 적용한다는 점에서 상해인지 여부만을 판단한다는 평석이 보다 설득력이 있다.

4. 검 토

생각건대 강간 또는 강도 상해 · 치상의 경우에는 극도로 형량이 무거워 그 범죄성립을 제한할 필요성이 크며, 결합범이나 결과적 가중범은 가능한 그 성립범위를 제한하는 것이 인권보장에 부합되므로 상대적 상해개념을 받아들이는 것이 타당하다.

5. 관련판례

(1) 기본법리 판례

〈여중생 강간 미수 사건〉 [1] 강간행위에 수반하여 생긴 상해가 극히 경미한 것으로서 굳이 치료할 필요가 없어서 자연적으로 치유되며 일상생활을 하는 데 아무런 지장이 없는 경우에는 강간치상죄의 상해에 해당되지 아니한다고 할 수 있을 터이나, <u>그러한 논거는 피해자의 반항을 억압할 만한 폭행 또는 협박이 없어도 일상생활 중 발생할 수 있는 것이거나 합의에 따른 성교행위에서도 통상 발생할 수 있는 상해와 같은 정도임을 전제로 하는 것이므로 그러한 정도를 넘는 상해가 그 폭행 또는 협박에 의하여 생긴 경우라면 상해에 해당된다고 할 것이며, 피해자의 건강상태가 나쁘게 변경되고 생활기능에 장애가 초래된 것인지는 객관적, 일률적으로 판단될 것이 아니라 피해자의 연령, 성별, 체격 등 신체, 정신상의 구체적 상태를 기준으로 판단되어야 한다.</u> [2] 피해자(여자 중학생)가 소형승용차 안에서 강간범행을 모면하려고 저항하는 과정에서 피고인과의 물리적 충돌로 인하여 입은 '우측 슬관절 부위 찰과상' 등이 강간치상죄의 상해에 해당하지 않는다고 본 원심판결을 파기한 사례(대판 2005.5.26. 2005도1039).

(2) 일상생활성과 자연치유가능성이 있어 상해를 부정한 판례

〈7일 가료 상해 사건〉 [사실관계] – [쟁점사실관계] [판결요지] 피해자를 강간하려다가 미수에 그치고 그 과정에서 피해자에게 경부 및 전흉부 피하출혈, 통증으로 약 7일간의 가료를 요하는 상처가 발생하였으나 <u>그 상처가 굳이 치료를 받지 않더라도 일상생활을 하는데 아무런 지장이 없고 시일이 경과함에 따라 자연적으로 치유될 수 있는 정도라면</u> 그로 인하여 신체의 완전성이 손상되고 생활기능에 장애가 왔다거나 건강상태가 불량하게 변경되었다고 보기는 어려워 강간치상죄의 상해에 해당되지 아니한다(대판 1994.11.4. 94도1311). 🖐 강간미수죄만 성립한다.

〈동전크기의 반상출혈상 사건〉 강간도중 흥분하여 피해자의 왼쪽 어깨를 입으로 빨아서 생긴 동전크기 정도의 반상출혈상은 별다른 통증이나 자각증상도 없어 피해자는 그 상처를 알아차릴 수도 없었는데 의사가 진찰을 하던 과정에서 우연히 발견한 것이고 의학상 치료를 받지 아니하더라도 자연흡수되어 보통 1주 정도가 지나면 <u>자연치유되는 것으로서 인체의 생활기능에 장애를 주고 건강상태를 불량하게 변경하는 것이 아니어서 강간치상죄의 상해에 해당한다</u> 할 수 없다(대판 1986.7.8. 85도2042).

〈3, 4일간의 가료 요하는 사건〉 피해자가 이미 성행위의 경험이 있는 자로서 그가 입은 상처가 3, 4일간의 가료를 요하는 외음부충혈과 양상박부근육통으로서 피해자가 병원에 가서 치료를 받지 않더라도 일상생활을 하는데 아무런 지장이 없고 자연적으로 치유될 수 있는 정도이며 실제 아무런 치료를 받은 일이 없다면, 이로 인하여 신체의 완전성이 손상되고 생활기능에 장애가 왔다거나 건강상태가 불량하게 변경되었다고 보기는 어려우므로 위 상처가 강간치상죄의 상해에 해당한다고 할 수 없다(대판 1989.1.31. 88도831).

(3) 일상생활성과 자연치유가능성이 있지만 상해를 긍정한 판례

〈코피 흘리고 콧등이 부은 사건〉 피고인이 강간하려고 피해자의 반항을 억압하는 과정에서 주먹으로 피해자의 얼굴과 머리를 몇 차례 때려 피해자가 코피를 흘리고(흘린 코피가 이불에 손바닥 만큼의 넓이로 묻었음) 콧등이 부었다면 비록 병원에서 치료를 받지 않더라도 일상생활에 지장이 없고 또 자연적으로 치료될 수 있는 것이라 하더라도 강간치상죄에 있어서의 상해에 해당한다(대판 1991.10.22. 91도1832).

(5) 기수시기

강간이나 유사강간, 추행 등의 기회에 상해의 결과가 발생한 이상 강간 또는 강제추행이 미수에 그친 경우에도 강간상해죄 또는 강간치상죄의 기수가 인정 된다.

〈결과적 가중범의 미수 규정이 없는 경우에는 기본범죄가 미수라도 결과적 가중범이 성립한다는 판례〉 강간이 미수에 그친 경우라도 그 수단이 된 폭행에 의하여 피해자가 상해를 입었으면 강간치상죄가 성립하는 것이며, 미수에 그친 것이 피고인이 자의로 실행에 착수한 행위를 중지한 경우이든 실행에 착수하여 행위를 종료하지 못한 경우이든 가리지 않는다(대판 1988.11.8. 88도1628).

(6) 주관적 구성요건

강간등 상해죄의 경우에는 강간 등 행위와 상해행위에 대해 각각 고의가 있어야 한다. 그러나 강간등 치상죄의 경우에는 진정 결과적 가중범이므로 고의는 기본범죄 행위인 강간 등에 대해서만 있으면 되고, 중한 결과인 상해에 대해서는 예견가능성이 인정되어야 한다.

〈강간을 모면하기 위하여 4층 여관방의 창문을 넘어 뛰어내린 사건〉 결과로 인하여 형이 중한 죄에 있어서 그 결과의 발생을 예견할 수 없었을 때에는 중한 죄로 벌할 수 없는 것인 바(형법 제15조 제2항), 이 사건에 있어서 원심이 판시한 바에 의하더라도, 피해자가 피고인과 만나 함께 놀다가 큰 저항 없이 여관방에 함께 들어갔으며, 피고인이 강간을 시도하면서 한 폭행 또는 협박의 정도가 강간의 수단으로는 비교적 경미하였고, 피해자가 여관방 창문을 통하여 아래로 뛰어내릴 당시에는 피고인이 소변을 보기 위하여 화장실에 가 있는 때이어서 피해자가 일단 급박한 위해상태에서 벗어나 있었을 뿐 아니라, 무엇보다도 4층에 위치한 위 방에서 밖으로 뛰어내리는 경우에는 크게 다치거나 심지어는 생명을 잃는 수도 있는 것인 점을 아울러 본다면, 이러한 상황 아래에서 피해자가 강간을 모면하기 위하여 4층에서 창문을 넘어 뛰어내리거나 또는 이로 인하여 상해를 입기까지 되리라고는 예견할 수 없다고 봄이 경험칙에 부합한다 할 것인바, 원심이 판시 증거만에 의하여 피고인이 이 사건 당시 피해자의 상해를 예견할 수 있었다고 보아 강간치상죄로 처단한 것은 결과적 가중범에 있어서의 예견가능성에 관한 법리오해 또는 채증법칙위배의 위법의 소치라 할 것이고, 이 점을 지적하는 상고논지는 이유 있다(대판 1993.4.27. 92도3229). [COMMENT] 결과적 가중범에서의 중한

결과발생에 대한 예견가능성은 일반적으로 긍정되지만, 당 사안에서는 예견가능성을 부정하고 있는 예외적인 판례이다.

(7) 죄수 및 타죄와의 관계

본죄는 강간 등의 기회에 상해가 발생하여야 하므로 강간 행위를 종료한 이후에 비로소 상해의 고의가 생기어 부녀를 상해한 경우에는 강간 등의 기회에 상해를 한 것이 아니기 때문에 강간죄와 상해죄의 실체적 경합으로 인정해야 한다.

6 강간등 살인 · 치사죄 [살인은 결합범, 치사는 결과적 가중범]

> 제301조의2 (강간등 살인 · 치사) 제297조, 제297조의2 및 298조부터 제300조의 죄를 범한 자가 사람을 살해한 때에는 사형 또는 무기징역에 처한다. 사망에 이르게 한 때에는 무기 또는 10년 이상의 징역에 처한다. 〈개정 2012.12.18〉

[죄명예규] (제297조, 제297조의2, 제298조, 제299조 각 죄명)(살인, 치사)

(1) 의의와 법적 성격

강간등 살인 · 치사죄는 강간 · 유사강간 · 강제추행 등의 죄를 범한 자가 상대방을 고의로 살인하거나 과실로 사망에 이르게 함으로써 성립하는 범죄이다. 강간등살인죄는 결합범으로서 가중적 구성요건이고, 강간치사죄는 진정결과적 가중범으로서의 가중적 구성요건이다.

(2) 성립요건

결과가 상해가 아니라 사망이고, 고의 또는 과실이 사망의 결과에 대한 것이어야 한다는 점을 제외하면 강간등상해 · 치상죄의 성립요건과 동일하다.

〈강간의 기회〉 강간 등에 의한 치사상죄에 있어서 사상의 결과는 간음행위 그 자체로부터 발생한 경우나 강간의 수단으로 사용한 폭행으로부터 발생한 경우는 물론 강간에 수반하는 행위에서 발생한 경우도 포함한다(대판 2008.2.29. 2007도10120).

〈비닐창고 방치 사건〉 피고인들이 의도적으로 피해자를 술에 취하도록 유도하고 수차례 강간한 후 의식불명 상태에 빠진 피해자를 비닐창고로 옮겨 놓아 피해자가 저체온증으로 사망한 사안에서, 위 피해자의 사망과 피고인들의 강간 및 그 수반행위와의 인과관계 그리고 피해자의 사망에 대한 피고인들의 예견가능성이 인정되므로, 위 비닐창고에서 피해자를 재차 강제추행, 강간하고 하의를 벗겨 놓은 채 귀가한 피고인이 있다 하더라도 피고인들은 피해자의 사망에 대한 책임을 면한다고 볼 수 없어 강간치사죄가 인정된다고 한 사례(대판 2008.2.29. 2007도10120). (23 1차)

〈속셈학원 강사 사건〉 피고인이 자신이 경영하는 속셈학원의 강사로 피해자를 고용하고 학습교재를 설명하겠다는 구실로 유인하여 호텔 객실에 감금한 후 강간하려 하자, 피해자가 완강히 반항하던 중 피고인이 대실시간 연장을 위해 전화하는 사이에 객실 창문을 통해 탈출하려다가 지상에 추락하여 사망한 사안에서, 피고인의 강간미수행위와 피해자의 사망 사이에 상당인과관계가 있다고 보아 피고인에게 강간치사죄로 처단한 것은 정당하다(대판 1995.5.12. 95도425).

〈강간피해자 자살 사건〉 강간을 당한 피해자가 집에 돌아가 음독자살하기에 이른 원인이 강간을 당함으로 인하여 생긴 수치심과 장래에 대한 절망감 등에 있었다 하더라도 그 자살행위가 바로 강간행위로 인하여 생긴 당연의 결과라고 볼 수는 없으므로 강간행위와 피해자의 자살행위 사이에 인과관계를 인정할 수는 없다(대판 1982.11.23. 82도1446).

7 미성년자등에 대한 간음죄

> **제302조 (미성년자등에 대한 간음)** 미성년자 또는 심신미약자에 대하여 위계 또는 위력으로써 간음 또는 추행을 한 자는 5년 이하의 징역에 처한다.

[죄명예규] (미성년자, 심신미약자)(간음,추행)

(1) 의 의

미성년자등에 대한 간음죄는 미성년자 또는 심신미약자에 대하여 위계 또는 위력으로써 간음 또는 추행을 하는 것을 말한다. 만약 미성년자 또는 심신미약자에 대하여 폭행 또는 협박을 사용하여 간음 또는 추행하면 강간죄나 강제추행죄가 성립하게 된다.

〈제302조의 규정 취지〉 형법 제32장의 죄의 기본적 구성요건은 강간죄(제297조)나 강제추행죄(제298조)인데, 이 죄는 미성년자나 심신미약자와 같이 판단능력이나 대처능력이 일반인에 비하여 낮은 사람은 낮은 정도의 유·무형력의 행사에 의해서도 저항을 제대로 하지 못하고 피해를 입을 가능성이 있기 때문에 범죄의 성립요건을 보다 완화된 형태로 규정한 것이다(대판 2019.6.13. 2019도3341). (21 경1)

(2) 객 체

본죄의 객체는 미성년자 또는 심신미약자이다. 본조의 미성년자는 형법 제305조 및 성폭력범죄의 처벌 등에 관한 특례법 제7조 제5항의 관계를 살펴볼 때 '13세 이상 19세 미만의 사람'을 가리키는 것으로 보아야 한다. 심신미약자란 정신기능의 장애로 인하여 사물을 변별하거나 의사를 결정할 능력이 미약한 사람을 말한다.

〈형법 제302조의 객체〉 형법 제302조의 죄에서 '미성년자'는 형법 제305조 및 성폭력범죄의 처벌 등에 관한 특례법 제7조 제5항의 관계를 살펴볼 때 '13세 이상 19세 미만의 사람'을 가리키는 것으로 보아야 하고, '심신미약자'란 정신기능의 장애로 인하여 사물을 변별하거나 의사를 결정할 능력이 미약한 사람을 말한다(대판 2019.6.13. 2019도3341). (21 경2)

(3) 행 위

위계 또는 위력으로 간음 또는 추행하는 것이다.

1) **위계** : 위계란 행위자가 간음의 목적으로 상대방에게 오인, 착각, 부지를 일으키고는 상대방의 그러한 심적 상태를 이용하여 간음의 목적을 달성하는 것을 말한다. 다만, 행위자의 위계적 언동이 존재하였다는 사정만으로 위계에 의한 간음죄가 성립하는 것은 아니므로 위계적 언동의 내용 중에 피해자가 성행위를 결심하게 된 중요한 동기를 이룰 만한 사정이 포함되어 있어 피해자의 자발적인 성적 자기결정권의 행사가 없었다고 평가할 수 있어야 한다.

〈**위계의 의미를 변경한 전합 판례**〉 [**사실관계**] 甲은 자신을 고등학교 2학년으로 가장하여 14세의 A와 온라인으로 교제하던 중, 교제를 지속하고 스토킹하는 여자를 떼어내려면 자신의 선배와 성관계하여야 한다는 취지로 A에게 거짓말을 하고, 이에 응한 A를 그 선배로 가장하여 간음하였다. 甲에게 위계에 의한 간음죄가 성립하는가? [**판결요지**] [1] 행위자가 간음의 목적으로 피해자에게 오인, 착각, 부지를 일으키고 피해자의 그러한 심적 상태를 이용하여 간음의 목적을 달성하였다면 위계와 간음행위 사이의 인과관계를 인정할 수 있고, 따라서 위계에 의한 간음죄가 성립한다. 다만 행위자의 위계적 언동이 존재하였다는 사정만으로 위계에 의한 간음죄가 성립하는 것은 아니므로 위계적 언동의 내용 중에 피해자가 성행위를 결심하게 된 중요한 동기를 이룰 만한 사정이 포함되어 있어 피해자의 자발적인 성적 자기결정권의 행사가 없었다고 평가할 수 있어야 한다. 이와 같은 인과관계를 판단함에 있어서는 피해자의 연령 및 행위자와의 관계, 범행에 이르게 된 경위, 범행 당시와 전후의 상황 등 여러 사정을 종합적으로 고려하여야 한다. [2] 한편 위계에 의한 간음죄가 보호대상으로 삼는 아동·청소년, 미성년자, 심신미약자, 피보호자·피감독자, 장애인 등의 성적 자기결정 능력은 그 나이, 성장과정, 환경, 지능 내지 정신기능 장애의 정도 등에 따라 개인별로 차이가 있으므로 간음행위와 인과관계가 있는 위계에 해당하는지 여부를 판단함에 있어서는 구체적인 범행 상황에 놓인 피해자의 입장과 관점이 충분히 고려되어야 하고, 일반적·평균적 판단능력을 갖춘 성인 또는 충분한 보호와 교육을 받은 또래의 시각에서 인과관계를 쉽사리 부정하여서는 안 된다(대판 2020.8.27. 2015도9436 전합). [**판결이유 중 일부 인용**] 이와 달리 위계에 의한 간음죄에서 행위자가 간음의 목적으로 상대방에게 일으킨 오인, 착각, 부지는 간음행위 자체에 대한 오인, 착각, 부지를 말하는 것이지 간음행위와 불가분적 관련성이 인정되지 않는 다른 조건에 관한 오인, 착각, 부지를 가리키는 것은 아니라는 취지의 종전 판례는 이를 변경하기로 한다. 📖 위계에 의한 간음죄가 성립한다. (23 변시)(21 2차)(22 3차)

2) **위력** : 형법 제302조의 죄에서 '위력'이란 피해자의 성적 자유의사를 제압하기에 충분한 세력으로서 유형적이든 무형적이든 묻지 않으며, 폭행·협박뿐 아니라 행위자의 사회적·경제적·정치적인 지위나 권세를 이용하는 것도 가능하다. 그러나 폭행·협박의 경우는 강간죄나 강제추행죄의 폭행·협박의 정도에 이르지 않아야 한다. (22 3차)

〈**형법 제302조의 위력**〉 형법 제302조의 죄에서 '위력'이란 피해자의 성적 자유의사를 제압하기에 충분한 세력으로서 유형적이든 무형적이든 묻지 않으며, 폭행·협박뿐 아니라 행위자의 사회적·경제적·정치적인 지위나 권세를 이용하는 것도 가능하다. 위력으로써 추행한 것인지 여부는 피해자에 대하여 이루어진 구체적인 행위의 경위 및 태양, 행사한 세력의 내용과 정도, 이용한 행위자의 지위나 권세의 종류, 피해자의 연령, 행위자와 피해자의 이전부터의 관계, 피해자에게 주는 위압감 및 성적 자유의사에 대한 침해의 정도, 범행 당시의 정황 등 여러 사정을 종합적으로 고려하여 판단하여야 한다(대판 2019.6.13. 2019도3341).

3) **간음** : 간음이란 성교행위로서 남자의 성기를 여자의 성기에 삽입하는 것을 말한다.

4) **추행** : 추행이란 객관적으로 피해자와 같은 처지에 있는 일반적 · 평균적인 사람으로 하여금 성적 수치심이나 혐오감을 일으키게 하고 선량한 성적 도덕관념에 반하는 행위로서 구체적인 피해자를 대상으로 하여 피해자의 성적 자유를 침해하는 것을 의미한다.

〈**형법 제302조의 추행**〉 형법 제302조의 죄에서 '추행'이란 객관적으로 피해자와 같은 처지에 있는 일반적 · 평균적인 사람으로 하여금 성적 수치심이나 혐오감을 일으키게 하고 선량한 성적 도덕관념에 반하는 행위로서 구체적인 피해자를 대상으로 하여 피해자의 성적 자유를 침해하는 것을 의미하는데, 이에 해당하는지 여부는 피해자의 의사, 성별, 연령, 행위자와 피해자의 관계, 행위에 이르게 된 경위, 피해자에 대하여 이루어진 구체적 행위태양, 주위의 객관적 상황과 그 시대의 성적 도덕관념 등을 종합적으로 고려하여 판단하여야 한다(대판 2019.6.13. 2019도3341).

8 피보호자 · 피감독자간음죄 [진정신분범]

> 제303조 (업무상위력등에 의한 간음) ① 업무, 고용 기타 관계로 인하여 자기의 보호 또는 감독을 받는 사람에 대하여 위계 또는 위력으로써 간음한 자는 7년 이하의 징역 또는 3천만원 이하의 벌금에 처한다. [개정 1995.12.29, 2012.12.18, 2018.10.16]

> [GUIDE] 형법 제303조 제1항은 업무상위력등에 의한 간음죄를 처벌하지만, 성폭법 제10조 제1항에서는 업무상위력등에 의한 추행죄를 처벌하고 있다.

(1) 의의와 법적 성격

피보호 · 감독자간음죄는 업무 · 고용 기타 관계로 인하여 자기의 보호 또는 감독을 받는 사람에 대하여 위계 또는 위력에 의하여 간음함으로써 성립하는 범죄이다. 업무 · 고용 기타 관계로 인하여 보호 또는 감독하는 지위에 있는 자만이 주체가 되는 진정신분범이다.

(2) 객 체

본죄의 객체는 업무 · 고용 기타 관계로 인하여 보호 · 감독을 받는 사람이다. 사실상 보호 · 감독관계에 있으면 족하고, 그 원인은 불문한다. 제302조와 제305조로 인해 여기서의 **사람은 성인에 한정**된다. 왜냐하면 ① 13세 미만의 피보호 · 감독 사람를 위계 · 위력으로 간음한 때에는 미성년자의제강간죄(제305조)만 성립하고 ② 13세 이상의 미성년자 또는 심신미약자인 피보호 · 감독 부녀를 위계 · 위력으로 간음한 경우에는 미성년자 · 심신미약자간음죄(제302조)만 성립하기 때문이다.

〈**미장원 사건**〉 [**사실관계**] 미장원 여주인의 남편 甲은 자기를 "주인 아저씨", "주인 남자"라고 부르면서 직접 · 간접의 지시에 따르고 있었던 미장원 종업원 A(여)에게 저녁을 사주는 등 일부러 시간을 지체하여, 야간통행금지에 임박한 시간에 여관에 투숙한 후 말을 듣지 않으면 해고하겠다고 하면서 간음하였다. 甲의 죄책은? [**판결요지**] 형법 303조 제1항 규정 중 기타 관계로 자기의 보호 또는 감독을 받는 부녀라 함은 사실상의 보호 또는 감독을 받는 상황에 있는 부녀인 경우도 이에 포함되는 것으로 보는 것이 우리의 일반 사회통념이나 실정 그리고 동 법조를 신설하여 동 법조 규정 상황하에 있는 부녀의 애정의 자유가 부당하게 침해되는 것을 보호하려는 법의 정신에 비추어 타당하다(대판 1976.2.10. 74도1519). ☝ 피보호·감독자간음죄가 성립한다.

9 피감호자간음죄 [진정신분범]

> 제303조 (업무상위력등에 의한 간음) ② 법률에 의하여 구금된 사람을 감호하는 자가 그 사람을 간음한 때에는 10년 이하의 징역에 처한다. [개정 2012.12.18, 2018.10.16]

> [GUIDE] 형법은 제303조 제2항에서 피감호자간음죄를 처벌하지만, 성폭법 제10조 제2항에서는 피감호자추행죄를 처벌하고 있다.

피구금자간음죄는 법률에 의하여 구금된 사람을 감호하는 자가 그 사람을 간음함으로써 성립하는 범죄이다. 피구금자의 성적 자기결정권 뿐만 아니라 **피구금자에 대한 평등한 처우와 감호자의 청렴성에 대한 일반의 신뢰**도 보호법익으로 한다. 이러한 점 때문에 피구금자의 동의가 있어도 범죄가 성립하므로 제305조와 더불어 상대방의 동의가 있어도 범죄가 성립하는 대표적인 범죄이다. 주체는 피구금자를 감호하는 자이며, 객체는 법률에 의하여 구금된 사람이다.

10 미성년자에 대한 간음·추행죄 [미수범 처벌, 예비·음모 처벌]

> 제305조 (미성년자에 대한 간음, 추행) ① 13세 미만의 사람에 대하여 간음 또는 추행을 한 자는 제297조, 제297조의2, 제298조, 제301조 또는 제301조의2의 예에 의한다. 〈개정 2012.12.18, 2020.5.19〉
> ② 13세 이상 16세 미만의 사람에 대하여 간음 또는 추행을 한 19세 이상의 자는 제297조, 제297조의2, 제298조, 제301조 또는 제301조의2의 예에 의한다.〈신설 2020.5.19〉

> [죄명예규] 미성년자의제(강간, 유사강간, 강제추행, 강간상해, 강간치상, 강간살인, 강간치사, 강제추행상해, 강제추행치상, 강제추행살인, 강제추행치사)

(1) 의 의

미성년자에 대한 간음·추행죄는 13세 미만의 사람(제1항) 또는 13세 이상 16세 미만의 사람(제2항)을 간음 또는 유사간음하거나 추행을 함으로써 성립하는 범죄이다. 보호법익은 자유로운 성적 발전 즉 '13세 미만의 아동이 외부로부터의 부적절한 성적 자극이나 물리력의 행사가 없는 상태에서 심리적 장애 없이 성적 정체성 및 가치관을 형성할 권익'이며, 보호의 정도는 침해범이다.

〈제305조의 보호법익〉 형법 제305조의 미성년자의제강제추행죄는 '13세 미만의 아동이 외부로부터의 부적절한 성적 자극이나 물리력의 행사가 없는 상태에서 심리적 장애 없이 성적 정체성 및 가치관을 형성할 권익'을 보호법익으로 한다(대판 2006.1.13. 2005도6791).

(2) 주체와 객체 및 행위

1) **제1항의 13세 미만자에 대한 간음 등 죄** : 본죄의 객체는 13세 미만의 사람이며, 주체에는 제한이 없다. 행위는 간음 · 유사간음 · 추행하는 것이며 간음 · 유사간음 · 추행을 하기 위한 별도의 수단은 필요 없다. 또한 본죄는 13세 미만자의 자유로운 성적 발전을 보호법익으로 하므로 상대방의 동의가 있더라도 범죄가 성립한다.

〈**미성년자의제강간죄는 피해자의 동의가 있어도 성립한다는 판례**〉형법 제305조에 규정된 13세미만 부녀에 대한 의제강간, 추행죄는 그 성립에 있어 위계 또는 위력이나 폭행 또는 협박의 방법에 의함을 요하지 아니하며 피해자의 동의가 있었다고 하여도 성립하는 것이다(대판 1982.10.12. 82도2183). (16 변시)

〈**남자 담임교사가 초등학교 남학생 성기 만진 사건**〉초등학교 4학년 담임교사(남자)가 교실에서 자신이 담당하는 반의 남학생의 성기를 만진 행위가 미성년자의제강제추행죄에서 말하는 '추행'에 해당한다고 한 원심의 판단을 수긍한 사례(대판 2006.1.13. 2005도6791).

〈**5세 여아에게 음경을 빨게 한 사건**〉백주 도로변에서 술에 취한 자가 5세의 여아에게 그 음경을 빨게 하였다면 이는 제305조에 의한 추행죄에 해당한다(대판 1970.10.30. 70도1898).

2) **제2항의 13세 이상 16세 미만자에 대한 간음 등 죄** : 본죄의 객체는 13세 이상 16세 미만의 사람이며, 주체는 19세 이상의 사람이다. 본죄는 최근에 텔레그램을 이용한 성착취 사건 등 사이버 성범죄로 인한 피해가 날로 증가하고 있는바, 이를 방지하기 위하여 미성년자 의제강간 연령기준을 높이고 주체를 제한하여 2020년에 신설한 규정이다.

(3) 고의와 착오

제1항의 죄는 13세 미만의 자를 간음 · 유사간음 · 추행한다는 인식과 의사가 있어야 하지만, 그 외에 성욕을 자극 · 흥분 · 만족시키려는 주관적 동기나 목적까지 있어야 하는 것은 아니다. 이와 관련하여 ① 13세 미만자를 13세 이상자로 착오한 경우에는 사실부분에 대한 소극적 착오이므로 구성요건적 착오가 되어 고의가 조각되며 ② 13세 이상자를 13세 미만자로 착오한 경우에는 사실부분에 대한 적극적 착오이므로 불능범 내지 불능미수가 논의된다. 제2항의 죄의 경우에도 이와 동일한 논리가 적용될 수 있다.

〈**제305조의 주관적 요소**〉형법 제305조의 미성년자의제강제추행죄의 성립에 필요한 주관적 구성요건요소는 고의만으로 충분하고, 그 외에 성욕을 자극 · 흥분 · 만족시키려는 주관적 동기나 목적까지 있어야 하는 것은 아니다(대판 2006.1.13. 2005도6791).

(4) 미 수

제305조와 미수

학원의 승합차 운전기사인 甲은 A(여, 11세)를 태우고 가던 중 A를 간음할 것을 마음먹었다. 甲은 한적한 곳에 승합차를 주차해 놓은 뒤 승합차 뒷자석에 앉아있던 A에게 다가가 자기의 바지를 벗고 A의 바지를 벗긴 다음 간음하려고 하였다. 그러나 삽입이 되지 아니하고, A가 '경찰에 신고 하겠다'는 말을 하자 그만두었다. 甲의 죄책은?

1. 논의점

미성년자의제강간 · 강제추행죄를 규정한 형법 제305조는 "13세 미만의 사람을 간음하거나 추행을 한 자는 제297조, 제297조의2, 제298조, 제301조 또는 제301조의2의 예에 의한다"로 되어 있어 강간죄와 유사강간죄 및 강제추행죄의 미수범의 처벌에 관한 형법 제300조를 명시적으로 인용하고 있지 아니다. 따라서 미성년자의제강간죄의 경우에 미수범을 처벌할 것인지에 대하여 논의가 있다.

2. 견해의 대립

이에 대하여는 ① 형법 제305조의 입법 취지는 성적으로 미성숙한 13세 미만의 미성년자를 특별히 보호하기 위한 것이므로 미성년자의제강간죄 등의 처벌에 있어 그 법정형뿐만 아니라 미수범에 관하여도 강간죄 등의 예에 따른다는 취지로 해석되어야 하므로 제305조의 미수범을 긍정하는 **긍정설** ② 제305조의 '제297조 등의 예에 의한다'를 미수범처벌여부도 제297조 등의 예에 의한다고 해석하는 것은 언어의 가능한 의미를 넘어서는 유추해석에 해당하므로 제305조의 미수범을 부정하는 **부정설**이 대립하고 있다.

3. 판례의 태도

판례는 '형법 제297조와 제298조의 "예에 의한다"는 의미는 미성년자의제강간 · 강제추행죄의 처벌에 있어 그 법정형뿐만 아니라 미수범에 관하여도 강간죄와 강제추행죄의 예에 따른다는 취지로 해석된다'라고 하여 **미수긍정설**의 입장이다.

4. 검 토

생각건대 형법 제305조의 입법 취지는 성적으로 미성숙한 13세 미만의 미성년자를 특별히 보호하기 위한 것으로 보이는바 이러한 입법 취지에 비추어 보면 미수범에 관하여도 강간죄 등의 예에 따른다는 취지로 해석하는 것이 타당하다. 그리고 2020.5.19.의 개정으로 제305조의 예비 · 음모도 처벌하고 있으므로 미수를 처벌하는 것은 당연하게 되었다.

5. 관련판례

〈미성년자의제강간 · 강제추행죄는 미수범이 인정된다는 판례〉 [사실관계] - [쟁점사실관계] [판결요지] 미성년자의제강간 · 강제추행죄를 규정한 형법 제305조가 "13세 미만의 부녀를 간음하거나 13세 미만의 사람에게 추행을 한 자는 제297조, 제298조, 제301조 또는 제301조의2의 예에 의한다"로 되어 있어 강간죄와 강제추행죄의 미수범의 처벌에 관한 형법 제300조를 명시적으로 인용하고 있지 아니하나, 형법 제305조의 입법 취지는 성적으로 미성숙한 13세 미만의 미성년자를 특별히 보호하기 위한 것으로 보이는바 이러한 입법 취지에 비추어 보면 동조에서 규정한 형법 제297조와 제298조의 '예에 의한다'는 의미는 미성년자의제강간 · 강제추행죄의 처벌에 있어 그 법정형뿐만 아니라 미수범에 관하여도 강간죄와 강제추행죄의 예에 따른다는 취지로 해석되고, 이러한 해석이 형벌법규의 명확성의 원칙에 반하는 것이거나 죄형법정주의에 의하여 금지되는 확장해석이나 유추해석에 해당하는 것으로 볼 수 없다(대판 2007.3.15. 2006도9453). 답 제305조의 미수범이 인정되어 강간죄의 미수범으로 처벌된다.

(5) 죄 수

본죄는 성범죄이므로 행위표준설에 따라 죄수를 판단한다.

〈미성년자의제강간등죄에 대하여 행위표준설을 따른 판례〉 미성년자의제강간죄 또는 미성년자의제강제추행죄는 행위시마다 1개의 범죄가 성립한다(대판 1982.12.14. 82도2442).

(6) 처 벌

13세 미만의 사람 또는 13세 이상 16세 미만의 사람을 간음하거나 유사간음하거나 추행을 한 자는 강간죄, 유사강간죄, 강제추행죄로 처벌되고, 본죄를 범하여 상해나 사망의 결과를 초래한 경우에는 강간상해·치상죄, 강간살인·치사죄의 예에 의하여 처벌된다.

〈미성년자의제강제추행치상죄를 인정한 판례〉 미성년자에 대한 추행행위로 인하여 그 피해자의 외음부 부위에 염증이 발생한 것이라면, 그 증상이 약간의 발적과 경도의 염증이 수반된 정도에 불과하다고 하더라도 그로 인하여 피해자 신체의 건강상태가 불량하게 변경되고 생활기능에 장애가 초래된 것이 아니라고 볼 수 없으니, 이러한 상해는 미성년자의제강제추행치상죄의 상해의 개념에 해당한다(대판 1996.11.22. 96도1395). (15 변시)

11 상습범

제305조의2 (상습범) 상습으로 제297조, 제297조의2, 제298조부터 제300조까지, 제302조, 제303조 또는 제305조의 죄를 범한 자는 그 죄에 정한 형의 2분의 1까지 가중한다. 〈개정 2012.12.18〉

[죄명예규] 상습(제297조, 제297조의2, 제298조 내지 제300조, 제302조, 제303조, 제305조 각 죄명)

〈신설된 상습강제추행죄의 적용범위〉 포괄일죄에 관한 기존 처벌법규에 대하여 그 표현이나 형량과 관련한 개정을 하는 경우가 아니라 애초에 죄가 되지 아니하던 행위를 구성요건의 신설로 포괄일죄의 처벌대상으로 삼는 경우에는 신설된 포괄일죄 처벌법규가 시행되기 이전의 행위에 대하여는 신설된 법규를 적용하여 처벌할 수 없다(형법 제1조 제1항). 이는 신설된 처벌법규가 상습범을 처벌하는 구성요건인 경우에도 마찬가지라고 할 것이므로, 구성요건이 신설된 상습강제추행죄가 시행되기 이전의 범행은 상습강제추행죄로는 처벌할 수 없고 행위시법에 기초하여 강제추행죄로 처벌할 수 있을 뿐이며, 이 경우 그 소추요건도 상습강제추행죄에 관한 것이 아니라 강제추행죄에 관한 것이 구비되어야 한다(대판 2016.1.28. 2015도15669). (19 변시)(23 변시)

12 예비 · 음모죄

제305조의3 (예비, 음모) 제297조, 제297조의2, 제299조(준강간죄에 한정한다), 제301조(강간 등 상해죄에 한정한다) 및 제305조의 죄를 범할 목적으로 예비 또는 음모한 사람은 3년 이하의 징역에 처한다.

[죄명예규] [제297조, 제297조의2, 제305조 각 죄명, 준강간, (제297조, 제297조의2, 제298조, 제299조 각 죄명)상해](예비, 음모)

성범죄로 인한 피해 발생을 미연에 방지하여 국민의 성적 자기결정권 등 기본권을 보호하고 범죄로부터 안전한 사회를 조성하기 위하여 2020.5.19.에 신설된 규정이다. (23 변시)(21 3차)

[COMMENT] 이와 관련하여 제301조의 강간 등 상해죄의 경우는 미수를 처벌하지 않음에도 예비 또는 음모를 처벌한다는 것은 논리적 모순이므로 입법의 잘못이다. 그리고 제301조의 강간 등 상해죄의 경우에는 예비 또는 음모를 처벌하면서, 죄질이 더 중한 강간 등 살인죄의 경우(강간 등 살인죄의 미수범은 성폭법 제15조에서 처벌)에는 예비 또는 음모를 처벌하지 않는 것도 논리적 모순이므로 입법의 잘못이라고 할 수 있다.

13 성폭법 · 아청법 관련 최신 판례 정리

[GUIDE] 아래에서는 강간과 추행의 죄의 특별법인 성폭법과 아청법 관련 최신 판례 중 출제 가능성이 높은 판례를 정리한다.

〈모텔 객실에 침입한 후 강제추행한 사건 – 주거침입강제추행죄 위헌결정 반영 판례〉 피고인이 모텔 객실의 문이 살짝 열려 있는 것을 발견하고 객실에 침입한 후 불을 끈 상태로 침대에 누워 있던 갑(여)의 가슴, 허리 및 엉덩이를 만져 갑을 강제추행하였다는 성폭력범죄의 처벌 등에 관한 특례법(이하 '성폭력처벌법'이라 한다)위반(주거침입강제추행)의 공소사실에 대하여, 원심이 성폭력처벌법 제3조 제1항, 형법 제319조 제1항, 제298조를 적용하여 유죄로 인정하였는데, 원심판결 선고 후 헌법재판소가 성폭력처벌법(2020. 5. 19. 법률 제17264호로 개정된 것) 제3조 제1항 중 '형법 제319조 제1항(주거침입)의 죄를 범한 사람이 같은 법 제298조(강제추행), 제299조(준강제추행) 가운데 제298조의 예에 의하는 부분의 죄를 범한 경우에는 무기징역 또는 7년 이상의 징역에 처한다.'는 부분에 대하여 위헌결정을 선고한 사안에서, 위 법률조항 부분은 헌법재판소법 제47조 제3항 본문에 따라 소급하여 효력을 상실하였고, 위헌결정으로 인하여 형벌에 관한 법률 또는 법률조항이 소급하여 효력을 상실한 경우 해당 법조를 적용하여 기소한 피고사건은 범죄로 되지 아니하는 때에 해당하므로, 공소사실을 유죄로 인정한 원심판결은 그대로 유지될 수 없게 되었다고 한 사례(대판 2023.4.13. 2023도162).

〈유사강간죄의 실행행위에 착수한 이후 타인의 주거 또는 방실에 칩입한 사건〉 [1] 주거침입강제추행죄 및 주거침입강간죄 등은 사람의 주거 등을 침입한 자가 피해자를 간음, 강제추행 등 성폭력을 행사한 경우에 성립하는 것으로서, 주거침입죄를 범한 후에 사람을 강간하는 등의 행위를 하여야 하는 일종의 신분범이고, 선후가 바뀌어 강간죄 등을 범한 자가 그 피해자의 주거에 침입한 경우에는 이에 해당하지 않고 강간죄 등과 주거침입죄 등의 실체적 경합범이 된다. 그 실행의 착수시기는 주거침입 행위 후 강간죄 등의 실행행위에 나아간 때이다. [2] 한편, 강간죄는 사람을 강간하기 위하여 피해자의 항거를 불능하게 하거나 현저히 곤란하게 할 정도의 폭행 또는 협박을 개시한 때에 그 실행의 착수가 있다고 보아야 할 것이지, 실제 간음행위가 시작되어야만 그 실행의 착수가 있다고 볼 것은 아니다. 유사강간죄의 경우도 이와 같다. [3] 피해자를 주점의 여자화장실로 끌고 가 여자화장실의 문을 잠근 후 강제로 입맞춤을 하고 유사강간하려고 하였으나 미수에 그친 사안에서 피고인은 여자화장실에 들어가기 전에 이미 유사강간죄의 실행행위에 착수하였으므로 구「성폭력범죄의 처벌 등에 관한 특례법」위반(주거침입유사강간)죄를 범할 수 있는 지위 즉, '주거침입죄를 범한 자'에 해당되지 아니한다는 이유로 이 부분을 유죄로 판단한 원심을 파기한 사례(대판 2021.8.12. 2020도17796). [COMMENT] 본 판례는 성폭법관련 판례로 성폭법은 제3조 제1항에서는 주거침입강간 등 죄를 처벌하고 있다. (24 2차)

〈성폭법 제10조의 의미〉 성폭력범죄의 처벌 등에 관한 특례법 제10조는 '업무상 위력 등에 의한 추행'에 관한처벌 규정인데, 제1항에서 "업무, 고용이나 그 밖의 관계로 인하여 자기의 보호, 감독을 받는 사람에 대하여 위계 또는 위력으로 추행한 사람은 3년 이하의 징역 또는 1천500만원 이하의 벌금에 처한다."라고 정하고 있다. '업무, 고용이나 그 밖의 관계로 인하여 자기의 보호, 감독을 받는 사람'에는 직장 안에서 보호 또는 감독을 받거나 사실상 보호 또는 감독을 받는 상황에 있는 사람뿐만 아니라 채용 절차에서 영향력의 범위 안에 있는 사람도 포함된다(대판 2020.7.9. 2020도5646). (21 2차)

〈찜질방 수면실에서 옆에 누워 있던 피해자의 가슴 등을 손으로 만진 행위가 성폭법상의 공중밀집장소에서의 추행행위에 해당한다고 한 판례〉 [1] 공중밀집장소에서의 추행죄를 규정한 성폭력범죄의 처벌 및 피해자보호 등에 관한 법률 제13조에서 말하는 '공중이 밀집하는 장소'에는 현실적으로 사람들이 빽빽이 들어서 있어 서로간의 신체적 접촉이 이루어지고 있는 곳만을 의미하는 것이 아니라 이 사건 찜질방 등과 같이 공중의 이용에 상시적으로 제공·개방된 상태에 놓여 있는 곳 일반을 의미한다. 또한, 위 공중밀집장소의 의미를 이와 같이 해석하는 한 그 장소의 성격과 이용현황, 피고인과 피해자 사이의 친분관계 등 구체적 사실관계에 비추어, 공중밀집장소의 일반적 특성을 이용한 추행행위라고 보기 어려운 특별한 사정이 있는 경우에 해당하지 않는 한, 그 행위 당시의 현실적인 밀집도 내지 혼잡도에 따라 그 규정의 적용 여부를 달리한다고 할 수는 없다. [2] 찜질방 수면실에서 옆에 누워 있던 피해자의 가슴 등을 손으로 만진 행위가 성폭력범죄의 처벌 및 피해자보호 등에 관한 법률 제13조에서 정한 공중밀집장소에서의 추행행위에 해당한다고 한 사례(대판 2009.10.29. 2009도5704). [COMMENT] 판례에서의 성폭력범죄의 처벌 및 피해자보호 등에 관한 법률 제13조는 현행 성폭력범죄의 처벌 등에 관한 특례법 제11조가 된다.

〈상대방에게 성적 수치심을 일으키는 그림 등이 담겨 있는 웹페이지 등에 대한 인터넷 링크(internet link)를 보낸 사건〉 성폭력범죄의 처벌 등에 관한 특례법 제13조에서 '성적 수치심이나 혐오감을 일으키는 말, 음향, 글, 그림, 영상 또는 물건(이하 '성적 수치심을 일으키는 그림 등'이라 한다)을 상대방에게 도달하게 한다'는 것은 '상대방이 성적 수치심을 일으키는 그림 등을 직접 접하는 경우뿐만 아니라 상대방이 실제로 이를 인식할 수 있는 상태에 두는 것'을 의미한다. 따라서 행위자의 의사와 그 내용, 웹페이지의 성격과 사용된 링크기술의 구체적인 방식 등 모든 사정을 종합하여 볼 때 상대방에게 성적 수치심을 일으키는 그림 등이 담겨 있는 웹페이지 등에 대한 인터넷 링크(internet link)를 보내는 행위를 통해 그와 같은 그림 등이 상대방에 의하여 인식될 수 있는 상태에 놓이고 실질에 있어서 이를 직접 전달하는 것과 다를 바 없다고 평가되고, 이에 따라 상대방이 이러한 링크를 이용하여 별다른 제한 없이 성적 수치심을 일으키는 그림 등에 바로 접할 수 있는 상태가 실제로 조성되었다면, 그러한 행위는 전체로 보아 성적 수치심을 일으키는 그림 등을 상대방에게 도달하게 한다는 구성요건을 충족한다(대판 2017.6.8. 2016도21389). (22 경2)

〈성폭력처벌법위반(카메라등이용촬영)죄의 보호법익〉 카메라 기타 이와 유사한 기능을 갖춘 기계장치를 이용하여 성적 욕망 또는 수치심을 유발할 수 있는 타인의 신체를 그 의사에 반하여 촬영하는 행위를 처벌하는 성폭력처벌법 제14조 제1항은 인격체인 피해자의 성적 자유 및 함부로 촬영당하지 않을 자유를 보호하기 위한 것이다(대판 2022.4.28. 2021도9041).

〈피해자와 영상통화를 하면서 휴대전화에 수신된 피해자의 신체 이미지 영상을 휴대전화 녹화기능을 이용하여 녹화·저장한 행위가 「성폭력범죄의 처벌 등에 관한 특례법」 제14조 제1항의 '사람의 신체를 촬영한 행위'에 해당하지 않는다는 판례〉 「성폭력범죄의 처벌 등에 관한 특례법」(이하 '성폭력처벌법'이라고 한다) 제14조 제1항은 "카메라나 그 밖에 이와 유사한 기능을 갖춘 기계장치를 이용하여 성적 욕망 또는 수치심을 유발할 수 있는 사람의 신체를 촬영대상자의 의사에 반하여 촬영한 자는 7년 이하의 징역 또는 5천만원 이하의 벌금에 처한다."라고 규정하고 있다. 위 조항이 촬영의 대상을 '사람의 신체'로 규정하고 있으므로, 사람의 신체 그 자체를 직접 촬영하는 행위만이 위 조항에서 규정하고 있는 '사람의 신체를 촬영한 행위'에 해당하고, 사람의 신체 이미지가 담긴 영상을 촬영한 행위는 이에 해당하지 않는다(대판 2024.10.31. 2024도10477).

〈청바지를 입은 여성을 촬영한 사건〉 [1] 피고인이 같은 의도를 가지고 유사한 옷차림을 한 여성에 대한 촬영을 오랜 기간 지속한 경우에도, 피고인의 행위가 카메라등이용촬영죄에 해당하는지 여부는 개개의 촬영행위별로 촬영 장소와 촬영 각도 및 촬영 거리, 촬영된 원판의 이미지, 특정 신체 부위의 부각 여부 등을 종합적으로 고려하여 구체적·개별적으로 결정되어야 한다. [2] 이 사건 엑셀 파일에 정리된 사진 중 피고인이 청바지를 입은 여성을 따라다니면서 계단을 오르는 모습을 바로 뒤에서 엉덩이를 부각하여 촬영한 경우는 성적 수치심을 유발할 수 있다고 볼 여지가 있다. 그러나 특별히 엉덩이를 부각하지 않고 일상복인 청바지를 입은 여성의 뒷모습 전신을 어느 정도 떨어진 거리에서 촬영하였을 뿐이라면 일반적이고 평균적인 사람들의 관점에서 성적 욕망이 유발될 수 있다거나 그와같은 촬영을 당하였을 때 성적 수치심을 유발할 수 있는 경우에 해당한다고 단정하기 어렵다(대판 2022.3.17. .2021도13203).

〈휴대전화로 화장실 칸 촬영하려고 한 사건〉 범인이 카메라 기능이 설치된 휴대전화를 피해자의 치마 밑으로 들이밀거나, 피해자가 용변을 보고 있는 화장실 칸 밑 공간 사이로 집어넣는 등 카메라 등 이용 촬영 범행에 밀접한 행위를 개시한 경우에는 성폭력처벌법위반(카메라등이용촬영)죄의 실행에 착수하였다고 볼 수 있다(대판 2021.3.25. 2021도749). (22 경2)(24 3차)

〈인터넷 주소(URL)를 제공받은 사건〉 아동·청소년이용음란물 파일을 구입하여 시청할 수 있는 상태 또는 접근할 수 있는 상태만으로 곧바로 이를 소지로 보는 것은 소지에 대한 문언 해석의 한계를 넘어서는 것이어서 허용될 수 없으므로, 피고인이 자신이 지배하지 않는 서버 등에 저장된 아동·청소년이용음란물에 접근하여 다운로드받을 수 있는 인터넷 주소 등을 제공받은 것에 그친다면 특별한 사정이 없는 한 아동·청소년이용음란물을 '소지'한 것으로 평가하기는 어렵다(대판 2024.2.8. 2023도9305). (24 3차)

제3장 | 명예와 신용에 대한 죄

제1절 | 명예에 대한 죄

1 명예훼손죄 [반의사불벌죄]

> 제307조 (명예훼손) ① 공연히 사실을 적시하여 사람의 명예를 훼손한 자는 2년 이하의 징역이나 금고 또는 500만원 이하의 벌금에 처한다.
> ② 공연히 허위의 사실을 적시하여 사람의 명예를 훼손한 자는 5년 이하의 징역, 10년 이하의 자격정지 또는 1천만원 이하의 벌금에 처한다.

> [GUIDE] 명예에 관한 죄에 대한 특별법으로는 정보통신망 이용촉진 및 정보보호 등에 관한 법률(이하 정통망법으로 약칭)이 있다. 정통망법과 관련하여서는 제70조와 제74조 제1항 제3호가 출제가능성이 높으므로 기억하여 두는 것이 바람직하다.

I. 서 설

명예훼손죄는 공연히 사실을 적시하거나 또는 허위의 사실을 적시하여 타인의 명예를 훼손함으로써 성립하는 범죄이다. 보호법익은 외부적 명예 즉 사람의 가치에 대한 사회적 평가이며, 보호의 정도는 추상적 위험범이다.

〈명예훼손죄는 추상적 위험범이라는 판례〉 명예훼손죄는 추상적 위험범으로 불특정 또는 다수인이 적시된 사실을 실제 인식하지 못하였다고 하더라도 인식할 수 있는 상태에 놓인 것으로도 명예가 훼손된 것으로 보아야 한다. 발언 상대방이 이미 알고 있는 사실을 적시하였더라도 공연성 즉 전파될 가능성이 없다고 볼 수 없다(대판 2020.12.30. 2015도15619). (23 변시)

II. 구성요건

1. 객 체

> [COMMENT] 명예는 관념적이므로 보호법익이지 객체가 될 수 없다는 견해와 명예는 사실적시를 통한 공격의 대상이 되므로 객체가 될 수 있다는 견해가 대립하고 있으나, 본서에서는 명예에 대한 충실한 설명을 위하여 객체에서 설명한다.

명예훼손죄의 객체는 사람의 명예이다.

(1) 명예의 의의

명예의 의의에 대하여는 종래 ① 자기 또는 타인의 평가와는 독립하여 객관적으로 가지고 있는 사람의 내면적 가치 그 자체라는 **내적 명예설** ② 자기의 인격적 가치에 대한 자기 자신의 주관적인 평가 내지 감정이라는 **명예 감정설** ③ 개인의 진가 여하와는 관계없이 사람의 인격적 가치에 대해여 타인에 의해서 일반적으로 주어지는 사회적 평가라는 **외적 명예설**이 대립하고 있었으나, 현재는 외적 명예설로 확립되어 있다.

〈**명예훼손죄와 모욕죄**〉 명예훼손죄와 모욕죄의 보호법익은 다같이 사람의 가치에 대한 사회적 평가인 이른바 외부적 명예인 점에서는 차이가 없으나 다만 명예훼손은 사람의 사회적 평가를 저하시킬 만한 구체적 사실의 적시를 하여 명예를 침해함을 요하는 것으로서 구체적 사실이 아닌 단순한 추상적 판단이나 경멸적 감정의 표현으로서 사회적 평가를 저하시키는 모욕죄와 다르다(대판 1987.5. 12. 87도739).

(2) 명예의 주체

1) **자연인** : 명예의 주체는 원칙적으로 자연인인 사람이므로 태아는 명예의 주체가 되지 않는다. 그리고 사자의 경우에도 명예의 주체가 될 수 있으나, 제308조의 규정으로 처벌된다.

2) **법인과 법인격 없는 단체** : 판례는 법인에 대하여는 명예의 주체성을 인정하지만, 법인격 없는 단체에 대하여는 명예의 주체성을 부인하고 있다.

3) **국가나 지방자치단체** : 명예훼손죄는 개인적 법익에 관한 죄이며, 국가나 지방자치단체는 기본권의 주체가 아니므로 명예훼손죄의 명예의 주체가 될 수 없다.

〈**고흥군청 사건**〉 형법이 명예훼손죄 또는 모욕죄를 처벌함으로써 보호하고자 하는 사람의 가치에 대한 평가인 외부적 명예는 개인적 법익으로서, 국민의 기본권을 보호 내지 실현해야 할 책임과 의무를 지고 있는 공권력의 행사자인 국가나 지방자치단체는 기본권의 수범자일 뿐 기본권의 주체가 아니고, 정책결정이나 업무수행과 관련된 사항은 항상 국민의 광범위한 감시와 비판의 대상이 되어야 하며 이러한 감시와 비판은 그에 대한 표현의 자유가 충분히 보장될 때에 비로소 정상적으로 수행될 수 있으므로, 국가나 지방자치단체는 국민에 대한 관계에서 형벌의 수단을 통해 보호되는 외부적 명예의 주체가 될 수는 없고, 따라서 명예훼손죄나 모욕죄의 피해자가 될 수 없다(대판 2016.12.27. 2014도15290). (24 변시)

4) **공직자** : 공직자의 경우에는 명예의 주체이기는 하지만, 판례에 의하면 정부 또는 국가기관의 정책결정 또는 업무수행과 관련된 사항의 보도의 내용이 공직자 개인에 대한 악의적이거나 심히 경솔한 공격으로서 현저히 상당성을 잃은 것으로 평가되지 않는 한, 그 보도로 인하여 곧바로 공직자 개인에 대한 명예훼손이 된다고 할 수 없다고 한다.

〈**정부나 국가기관은 명예훼손죄의 피해자가 될 수 없으며, 공직자에 대한 명예훼손은 현저히 상당성을 잃은 것이 아닌 한 명예훼손죄가 성립하지 않는다는 판례**〉 정부 또는 국가기관은 형법상 명예훼손죄의 피해자가 될 수 없으므로, 정부 또는 국가기관의 정책결정 또는 업무수행과 관련된 사항을 주된 내용으로 하는 언론보도로 인하여 그 정책결정이나 업무수행에 관여한 공직자에 대한 사회적 평가가 다소 저하될 수 있더라도, 그 보도의 내용이 공직자 개인에 대한 악의적이거나 심히 경솔한 공격으로서 현저히 상당성을 잃은 것으로 평가되지 않는 한, 그 보도로 인하여 곧바로 공직자 개인에 대한 명예훼손이 된다고 할 수 없다(대판 2011.9.2. 2010도17237). (14 변시)(24 1차)

〈박근혜 대통령이 마약이나 보톡스를 했다는 의혹 사건〉 피고인 박○○이 4·16연대 사무실에 대한 압수·수색 규탄 기자회견에서 '세월호 참사 7시간 동안 박근혜 대통령이 마약이나 보톡스를 했다는 의혹이 사실인지 청와대를 압수·수색해서 확인했으면 좋겠다.'는 취지로 한 발언에 대하여 허위사실 적시에 의한 명예훼손으로 기소된 사건에서 피고인 박○○이 공적 인물과 관련된 공적 관심 사항에 대한 의혹을 제기하는 방식으로 표현행위를 한 것으로서 대통령인 피해자 개인에 대한 악의적이거나 심히 경솔한 공격으로서 현저히 상당성을 잃은 것으로 평가할 수 없으므로, 명예훼손죄로 처벌할 수 없다고 한 사례(대판 2021.3.25. 2016도14995).

2. 행 위

공연히 사실 또는 허위의 사실을 적시하여 명예를 훼손하는 것이다.

(1) 공연성

> **▌공연성**
>
> #### 1. 논의점
>
> 명예훼손죄와 모욕죄는 공연성을 요건으로 하며, '공연성'이란 '불특정 또는 다수인이 인식할 수 있는 상태'를 의미한다. 이러한 공연성의 의미 중 '불특정인 또는 다수인'에 대한 부분은 크게 문제가 없지만, '인식할 수 있는 상태'의 의미를 두고 논의가 있다.
>
> #### 2. 견해의 대립
>
> 이에 대하여는 ① 불특정 또는 다수인이 현실적으로 인식하였거나, 현실적으로 인식하지는 않았더라도 직접 인식하려면 언제든지 인식할 수 있는 정도가 되어야 한다는 **직접인식가능성설** ② 사실을 적시한 상대방이 특정인이거나 소수인 경우라 하더라도 그 말을 들은 사람이 불특정 또는 다수인에게 그 말을 전파할 가능성이 있는 정도가 되어야 한다는 **전파가능성설**이 대립하고 있다.
>
> #### 3. 판례의 태도
>
> 판례는 '명예훼손죄의 구성요건인 공연성은 불특정 또는 다수인이 인식할 수 있는 상태를 의미하므로 비록 개별적으로 한 사람에 대하여 사실을 유포하였다 하더라도 그로부터 불특정 또는 다수인에게 전파될 가능성이 있다면 공연성의 요건을 충족한다'라고 하여 **전파가능성설**을 따르고 있다.
>
> #### 4. 검 토
>
> 생각건대 명예훼손죄는 추상적 위험범이므로 명예를 침해할 위험이 발생한 것으로 족하고, 정보통신망 등 다양한 유형의 명예훼손 처벌규정에서의 공연성 개념에 부합한다고 볼 수 있는 전파가능성설이 타당하다.
>
> #### 5. 관련판례
>
> **〈공연성에 대하여 전파가능성을 따른 판례〉** 명예훼손죄에서 '공연성'은 불특정 또는 다수인이 인식할 수 있는 상태를 의미하므로 비록 개별적으로 한 사람에 대하여 사실을 유포하더라도 이로부터 불특정 또는 다수인에게 전파될 가능성이 있다면 공연성의 요건을 충족하지만, 이

와 달리 전파될 가능성이 없다면 특정한 한 사람에 대한 사실의 유포는 공연성이 없다(대판 2011.9.8. 2010도7497).

〈전파가능성 법리에 관한 대법원 판례를 유지한 전합 판례〉 [1] 추상적 위험범으로서 명예훼손죄는 개인의 명예에 대한 사회적 평가를 진위에 관계없이 보호함을 목적으로 하고, 적시된 사실이 특정인의 사회적 평가를 침해할 가능성이 있을 정도로 구체성을 띠어야 하나, 위와 같이 침해할 위험이 발생한 것으로 족하고 침해의 결과를 요구하지 않으므로, 다수의 사람에게 사실을 적시한 경우뿐만 아니라 소수의 사람에게 발언하였다고 하더라도 그로 인해 불특정 또는 다수인이 인식할 수 있는 상태를 초래한 경우에도 공연히 발언한 것으로 해석할 수 있다. [2] 전파가능성 법리는 정보통신망 등 다양한 유형의 명예훼손 처벌규정에서의 공연성 개념에 부합한다고 볼 수 있다. 따라서 정보통신망을 이용한 명예훼손행위에 대하여, 상대방이 직접 인식하여야 한다거나, 특정된 소수의 상대방으로는 공연성을 충족하지 못한다는 법리를 내세운다면 해결기준으로 기능하기 어렵게 된다. 오히려 특정 소수에게 전달한 경우에도 그로부터 불특정 또는 다수인에 대한 전파가능성 여부를 가려 개인의 사회적 평가가 침해될 일반적 위험성이 발생하였는지를 검토하는 것이 실질적인 공연성 판단에 부합되고, 공연성의 범위를 제한하는 구체적인 기준이 될 수 있다(대판 2020.11.19. 2020도5813 전합). (21 3차)(22 1차)(23 2차)

〈전파가능성은 고도의 가능성 내지 개연성이 필요하다는 판례〉 개별적인 소수에 대한 발언을 불특정 또는 다수인에게 전파될 가능성을 이유로 공연성을 인정하기 위해서는 막연히 전파될 가능성이 있다는 것만으로 부족하고, 고도의 가능성 내지 개연성이 필요하며, 이에 대한 검사의 엄격한 증명을 요한다(대판 2020.12.30. 2015도15619).

■ 공연성 관련 판례 정리

1. 판례의 기본 법리

판례는 공연성의 판단기준을 전파가능성에 두고 있으나 이를 제한하지 않는다면 인간의 의사교류는 존재할 수 없으므로 구체적인 상황에 따라 전파가능성이 없는 경우를 인정하고 있다. 일반적으로 가족간, 직장동료간 등에 대하여 전파가능성이 없다고 보고 있지만, 이는 획일적으로 판단되어지는 것이 아니라 구체적인 상황에 따라 판단되어지는 것이다.

2. 공연성을 긍정한 판례

〈개인 블로그 사건〉 개인 블로그의 비공개 대화방에서 상대방으로부터 비밀을 지키겠다는 말을 듣고 일대일로 대화하였다고 하더라도, 그 사정만으로 대화 상대방이 대화내용을 불특정 또는 다수에게 전파할 가능성이 없다고 할 수 없으므로, 명예훼손죄의 요건인 공연성을 인정할 여지가 있다고 본 사례(대판 2008.2.14. 2007도8155). (16 변시)(23 변시)(24 1차)

〈진정서와 고소장 사건〉 명예훼손죄의 요건인 공연성은 불특정 또는 다수인이 인식할 수 있는 상태를 말하는 것이므로, 진정서와 고소장을 특정 사람들에게 개별적으로 우송하여도 다수인(19명, 193명)에게 배포하였고, 또 그 내용이 다른 사람에게 전파될 가능성도 있어 공연성의 요건이 충족된다고 본 사례(대판 1991.6.25. 91도347). (14 변시)

〈전과사실 사건〉 피해자들이 전과가 많다는 내용을 들은 사람들이 피해자들과는 일면식이 없다거나 이미 피해자들의 전과사실을 알고 있었다고 하더라도 공연성 즉 발언이 전파될 가능성이 없다고 볼 수 없다(대판 1993.3.23. 92도455).

〈보도자료 사건〉 피고인이 보도자료를 만들어 서울특별시 교육청 내 공보실에서 기자들에게 배포한 행위는 공연성이 있다(대판 2000.10.10. 99도5407).

〈여군 명예훼손 사건〉 군인인 피고인이 여러명의 손님들이 있는 음식점에서 창밖으로 지나가는 피해자인 여군(女軍)을 보며 같이 식사하던 하사에게 "내가 새벽에 운동을 하고 나오면 헬스장 근처에 있는 모텔에서 피해자가 남자 친구와 나오는 것을 몇 번 봤다. 나를 봤는데 얼마나 창피했겠냐."라고 말하여 공연히 사실을 적시하여 피해자의 명예를 훼손하였다고 공소제기된 사안에서 공연성을 긍정하여 명예훼손죄를 긍정한 사례(대판 2020.12.10. 2019도12282).

〈'피해자가 노임 일부를 유용했다' 사건〉 도급인인 피고인이 수급인인 피해자의 소개로 공사현장에서 일한 상대방에게 '지급할 노임 일부를 피해자가 수령한 후 유용하였다'는 문자메시지를 보내 명예훼손죄로 기소된 사안에서, 전파가능성 및 그에 대한 피고인의 인식을 섣불리 부정할 수 없다고 판단한 사례(대판 2021.4.8. 2020도18437).

3. 공연성을 부정한 판례

〈기자 사건〉 통상 기자가 아닌 보통 사람에게 사실을 적시할 경우에는 그 자체로서 적시된 사실이 외부에 공표되는 것이므로 그 때부터 곧 전파가능성을 따져 공연성 여부를 판단하여야 할 것이지만, 그와는 달리 기자를 통해 사실을 적시하는 경우에는 기사화되어 보도되어야만 적시된 사실이 외부에 공표된다고 보아야 할 것이므로 기자가 취재를 한 상태에서 아직 기사화하여 보도하지 아니한 경우에는 전파가능성이 없다고 할 것이어서 공연성이 없다고 봄이 상당하다(대판 2000.5.16. 99도5622). (23 변시)

〈귀엣말로 그 사람 본인의 사회적 가치를 떨어뜨릴 말을 했다면 공연성이 없다는 판례〉 [사실관계] 甲은 A만 들을 수 있도록 귀엣말로 A와 B가 부적절한 성적 관계를 맺었다는 취지의 이야기를 하였다. 그 후 A는 乙에게 甲으로부터 들은 말을 전하였다. 甲의 죄책은? [판결요지] 어느 사람에게 귀엣말 등 그 사람만 들을 수 있는 방법으로 그 사람 본인의 사회적 가치 내지 평가를 떨어뜨릴 만한 사실을 이야기하였다면, 위와 같은 이야기가 불특정 또는 다수인에게 전파될 가능성이 있다고 볼 수 없어 명예훼손의 구성요건인 공연성을 충족하지 못하는 것이며, 그 사람이 들은 말을 스스로 다른 사람들에게 전파하였더라도 위와 같은 결론에는 영향이 없다(대판 2005.12.9. 2004도2880). 답 범죄가 성립하지 않는다.

〈집안간 사람들 사건〉 사실 적시행위가 피해자와 모두 집안간인 관계에 있는 사람들 앞에서 이루어졌고 그 이외의 타인들에게는 알려지지 않도록 감추려는 것이었다면 불특정 다수인에게 전파될 가능성이 없어 공연성을 갖춘 것이라고 할 수 없다(대판 1982.4.27. 82도371).

〈학교법인 이사장에게 진정한 사건〉 중학교 교사에 대해 "전과범으로서 교사직을 팔아가며 이웃을 해치고 고발을 일삼는 악덕 교사"라는 취지의 진정서를 그가 근무하는 학교법인 이사장 앞으로 제출한 행위 자체는 위 진정서의 내용과 진정서의 수취인인 학교법인 이사장과 위 교사의 관계 등에 비추어 볼 때 위 이사장이 위 진정서 내용을 타에 전파할 가능성이 있다고 보기 어려우므로 명예훼손죄의 구성요건인 공연성이 있다고 보기 어렵다(대판 1983.10.25. 83도2190).

〈병문안 사건〉 피고인이 자신의 아들 등에게 폭행을 당하여 입원한 피해자의 병실로 찾아가 그의 모 갑과 대화하던 중 갑의 이웃 을 및 피고인의 일행 병 등이 있는 자리에서 "학교에 알아보니 피해자에게 원래 정신병이 있었다고 하더라."라고 허위사실을 말하여 피해자의 명예를 훼손하였다는 내용으로 기소된 사안에서, 피고인이 병과 함께 피해자의 병문안을 가서 피고인·갑·을·병 4명이 있는 자리에서 피해자에 대한 폭행사건에 관하여 대화를 나누던 중 위 발언을 한 것이라면 불특정 또는 다수인이 인식할 수 있는 상태라고 할 수 없고, 또 그 자리에 있던 사람들의 관계 등 여러 사정에 비추어 피고인의 발언이 불특정 또는 다수인에게 전파될 가능성이 있다고 보기도 어려워 공연성이 없다(대판 2011.9.8. 2010도7497). (14 변시)(15 변시)

〈이혼소송 사건〉 이혼소송 계속중인 처가 남편의 친구(피해자의 친구인 대학교수로서 위 소송 과정에서 피해자에게 유리한 증거자료인 진술서를 작성하여 주었음)에게 서신을 보내면서 남편의 명예를 훼손하는 문구가 기재된 서신을 동봉한 경우, 공연성이 결여되었다고 본 사례(대판 2000.2.11. 99도4579).

〈증거자료 수집 사건〉 피고인을 명예훼손죄로 고소할 수 있도록 그 증거자료를 미리 은밀하게 수집, 확보하기 위하여 피고인의 발언을 유도하였다고 의심되는 사람들에게 한 피해자의 여자문제 등 사생활에 관한 피고인의 발언은 이들이 수사기관 이외의 다른 사람들에게 전파할 가능성이 있다고 단정하기는 어렵다고 보아 공연성에 대한 인식을 부정한 사례(대판 1996.4.12. 94도3309).

〈조합장이 조합운영에 협조를 구한 사건〉 조합장으로 취임한 피고인이 조합의 원만한 운영을 위하여 피해자의 측근이며 피해자의 불신임을 적극 반대하였던 甲에게 조합운영에 대한 협조를 구하기 위하여 동인과 단둘이 있는 자리에서 이사회가 피해자를 불신임하게 된 사유를 설명하는 과정에서 피해자에 대한 여자관계의 소문이 돌고 있다는 취지의 말을 한 것이라면 그것은 전파될 가능성이 있다고 할 수 없다(대판 1990.4.27. 89도1467).

〈범죄경력기록 사건〉 피고인이 평소 을이 자신의 일에 간섭하는 것에 기분이 나쁘다는 이유로 갑으로부터 취득한 을의 범죄경력기록을 같은 아파트에 거주하는 병에게 보여주면서 "전과자이고 나쁜 년"이라고 사실을 적시하여 을의 명예를 훼손하였다는 공소사실에 대하여, <u>위 유포 사실이 불특정 또는 다수인에게 전파될 가능성이 없다는 이유로 무죄를 선고한 원심판결을 수긍한 사례</u>(대판 2010.11.11. 2010도8265).

〈10개월 동안 말하지 않은 사건〉 피고인이 평소 피해자의 소개로 친하게 지내던 공소외 1과 공소외 2에게 그 판시와 같이 피해자의 명예를 훼손하는 취지의 말을 한 사실은 인정되나, 피고인과 피해자, 공소외 1 및 공소외 2 사이의 친분관계, 공소외 1이나 공소외 2는 피고인으로부터 위와 같은 말을 듣고도 10개월여가 지날 때까지는 그 사실을 피해자에게 알리거나 제3자에게 전파하지 않고 있던 중 피고인과 공소외 1 사이의 분쟁으로 인해 관계가 악화되자 공소외 1이 피해자에게 위와 같은 사실을 알림으로써 비로소 피고인의 행위가 문제화된 점 등에 비추어 보면, <u>피고인이 적시한 사실이 불특정 또는 다수인에게 전파될 가능성이 있었다고 보기는 어렵다</u>(대판 2006.9.22. 2006도4407).

(2) 사실의 적시

1) 사 실

사실의 적시에 있어 사실

1. 사실의 의의

사실이란 현실적으로 발생하고 증명할 수 있는 과거 또는 현재의 사실을 말한다. 따라서 주관적인 가치판단이나 의견은 사실이 될 수 없다.

(1) 기본 법리 판례

〈사실과 의견〉 <u>명예훼손죄에 있어서의 '사실의 적시'란 가치판단이나 평가를 내용으로 하는 의견표현에 대치되는 개념으로서 시간과 공간적으로 구체적인 과거 또는 현재의 사실관계에</u>

관한 보고 내지 진술을 의미하는 것이며, 그 표현내용이 증거에 의한 입증이 가능한 것을 말한다. 또한, 판단할 진술이 사실인가 또는 의견인가를 구별할 때는 언어의 통상적 의미와 용법, 입증가능성, 문제된 말이 사용된 문맥, 그 표현이 행하여진 사회적 상황 등 전체적 정황을 고려하여 판단하여야 한다(대판 2008.10.9. 2007도1220). (21 법행)

(2) 사실을 부정한 판례

〈'이단 중에 이단이다' 사건〉 목사가 예배중 특정인을 가리켜 '이단 중에 이단이다'라고 설교한 부분이 명예훼손죄에서 말하는 '사실의 적시'에 해당하지 않는다고 한 사례(대판 2008.10.9. 2007도1220). (12 변시)

〈민사판결과 반대되는 사실 주장 사건〉 피해자 종중이 모시는 선조 A가 B, C 중 누구의 아들인지에 관하여 논란이 있던 상황에서 관련 민사판결에 의하여 B의 아들인 것으로 어느 정도 정리가 되었음에도 피고인이 이와 다른 내용을 기재한 책을 출간하여 관련 종중 임원 등에게 배포함으로써 허위사실 적시로 인한 출판물에 의한 명예훼손으로 기소된 사안에서, 피고인이 위 책에서 사용한 표현은 결국 A가 B의 아들이 될 수 없다는 견해를 주장하면서 반대 주장의 근거가 빈약하다고 지적하는 평가 내지 이를 감정적·과장적으로 표현한 것에 불과하여 형법상 명예훼손죄에서의 '사실의 적시'라 보기 어렵다(대판 2017.12.5. 2017도15628)

〈재야사학자 사건〉 재야사학자인 피고인이 자신의 저서에서 K대학교 명예교수의 저서를 비평하면서 겉으로 보기에 구체적인 사실관계를 적시하는 것과 같은 표현을 사용하였으나, 이는 피고인의 주장을 함축적이고 단정적인 문장으로 서술한 것으로서 주관적 의견에 해당하고, 다만 피고인이 위 의견을 강조하기 위한 수단으로 그와 같은 표현을 사용한 것이라고 이해된다는 이유로 명예훼손죄가 성립하지 않는다고 판단하여 상고기각한 사안임(대판 2017.5.11. 2016도19255)

2. 사실의 내용

사람의 사회적 평가를 저하시킬 수 있는 것이면 그 내용은 불문한다. 따라서 **공지의 사실도 포함**된다. 그리고 직접 경험한 사실이외에 추측·소문에 의한 사실도 포함된다.

〈이미 사회에 잘 알려진 사실을 적시한 사건〉 명예훼손죄가 성립하기 위하여는 반드시 숨겨진 사실을 적발하는 행위만에 한하지 아니하고 이미 사회의 일부에 잘 알려진 사실이라고 하더라도 이를 적시하여 사람의 사회적 평가를 저하시킬 만한 행위를 한 때에는 명예훼손죄를 구성한다(대판 1994.4.12. 93도3535). (21 3차)

3. 장래의 사실의 주장과 사실

사실은 현재와 과거에만 존재할 수 있으므로 현재와 과거에 대한 사실의 적시가 원칙이지만, **장래의 사실의 주장**도 현재사실을 바탕으로 하는 경우에는 사실에 포함될 수 있다.

(1) 기본 법리 판례

〈장래의 사실의 주장과 사실〉 명예훼손죄가 성립하기 위하여는 사실의 적시가 있어야 하는데, 여기에서 적시의 대상이 되는 사실이란 현실적으로 발생하고 증명할 수 있는 과거 또는 현재의 사실을 말하며, 장래의 일을 적시하더라도 그것이 과거 또는 현재의 사실을 기초로 하거나 이에 대한 주장을 포함하는 경우에는 명예훼손죄가 성립한다고 할 것이고, 장래의 일을 적시하는 것이 과거 또는 현재의 사실을 기초로 하거나 이에 대한 주장을 포함하는지 여부는 그 적시된 표현 자체는 물론 전체적인 취지나 내용, 적시에 이르게 된 경위 및 전후 상황, 기타 제반 사정을 종합적으로 참작하여 판단하여야 한다(대판 2003.5.13. 2002도7420). (16 변시)(24 1차)

(2) 사실을 긍정한 판례

〈'내일부로 구속영장이 떨어진다' 사건〉 피고인이 경찰관을 상대로 진정한 사건이 혐의가 인정되지 않아 내사종결 처리되었음에도 불구하고 공연히 "사건을 조사한 경찰관이 내일부로 검찰청에서 구속영장이 떨어진다."고 말한 것은 현재의 사실을 기초로 하거나 이에 대한 주장을 포함하여 장래의 일을 적시한 것으로 볼 수 있어 명예훼손죄에 있어서의 사실의 적시에 해당한다고 한 사례(대판 2003.5.13. 2002도7420). (16 변시)

2) 사실의 적시

■ 사실의 적시에서 적시

1. 사실의 적시의 의의

사실의 적시란 명예훼손적인 사실을 사회적인 외부세계에 표시하는 일체의 행위를 말한다. 사실의 적시라고 하기 위해서는 **특정인의 명예가 훼손될 정도의 구체성**을 가져야 한다. 따라서 추상적인 가치판단의 표시나 주관적 의견에 해당하는 것은 사실의 적시가 아니다. 그리고 가치중립적인 표현을 사용하였다 하여도 사회통념상 그로 인하여 특정인의 사회적 평가가 저하되었다고 판단된다면 명예훼손죄가 성립할 수 있다.

(1) 기본 법리 판례

〈사실의 적시와 가치중립적 표현〉 가치중립적인 표현을 사용하였다 하더라도 사회 통념상 그로 인하여 특정인의 사회적 평가가 저하되었다고 판단된다면 명예훼손죄가 성립할 수 있다(대판 2007.10.25. 2007도5077).

〈구체성의 정도〉 특정인의 사회적 가치나 평가를 저하시키기에 충분한 구체적인 사실의 적시가 있다고 하기 위해서는, 반드시 그러한 구체적인 사실이 직접적으로 명시되어 있을 것을 요구하는 것은 아니지만, 적어도 적시된 내용 중의 특정 문구에 의하여 그러한 사실이 곧바로 유추될 수 있을 정도는 되어야 한다(대판 2011.8.18. 2011도6904).

〈주관적 의견의 표현과 사실의 적시〉 다른 사람의 말이나 글을 비평하면서 사용한 표현이 겉으로 보기에 증거에 의해 입증 가능한 구체적인 사실관계를 서술하는 형태를 취하고 있더라도, 글의 집필의도, 논리적 흐름, 서술체계 및 전개방식, 해당 글과 비평의 대상이 된 말 또는 글의 전체적인 내용 등을 종합하여 볼 때, 평균적인 독자의 관점에서 문제 된 부분이 실제로는 비평자의 주관적 의견에 해당하고, 다만 비평자가 자신의 의견을 강조하기 위한 수단으로 그와 같은 표현을 사용한 것이라고 이해된다면 명예훼손에서 말하는 사실의 적시에 해당한다고 볼 수 없다. 그리고 이러한 법리는 어떠한 의견을 주장하기 위해 다른 사람의 견해나 그 근거를 비판하면서 사용한 표현의 경우에도 다를 바 없다(대판 2017.12.5. 2017도15628). (21 경1)

〈고발과 사실의 적시〉 [1] 누구든지 범죄가 있다고 생각하는 때에는 고발할 수 있는 것이므로 어떤 사람이 범죄를 고발하였다는 사실이 주위에 알려졌다고 하여 그 고발사실 자체만으로 고발인의 사회적 가치나 평가가 침해될 가능성이 있다고 볼 수는 없다. 다만, 그 고발의 동기나 경위가 불순하다거나 온당하지 못하다는 등의 사정이 함께 알려진 경우에는 고발인의 명예가 침해될 가능성이 있다. [2] 갑이 제3자에게 을이 병을 선거법 위반으로 고발하였다는 말만 하고 그 고발의 동기나 경위에 관하여 언급하지 않았다면, 그 자체만으로는 을의 사회적 가치나 평가를 침해하기에 충분한 구체적 사실이 적시되었다고 보기 어렵다고 한 사례(대판 2009.9.24. 2009도6687).

(2) 사실의 적시를 긍정한 판례

〈타인으로부터 전문한 것으로 적시한 사건〉 명예훼손죄에 있어서의 사실의 적시는 그 사실의 적시자가 스스로 실험한 것으로 적시하던 타인으로부터 전문한 것으로 적시하던 불문한다 (대판 1985.4.23. 85도431).

〈이성관계 암시 발언 사건〉 교수가 학생들 앞에서 피해자의 이성관계를 암시하는 발언을 한 것에 대하여 명예훼손죄의 성립을 인정한 사례(대판 1991.5.14. 91도420).

〈암시하는 방식도 사실의 적시라는 판례〉 객관적으로 피해자의 사회적 평가를 저하시키는 사실에 관한 보도내용이 소문이나 제3자의 말, 보도를 인용하는 방법으로 단정적인 표현이 아닌 전문 또는 추측한 것을 기사화한 형태로 표현하였지만, 그 표현 전체의 취지로 보아 그 사실이 존재할 수 있다는 것을 암시하는 방식으로 이루어진 경우에는 사실을 적시한 것으로 보아야 한다(대판 2008.11.27. 2007도5312).

〈사실의 적시의 수단과 방법〉 명예훼손죄에 있어서의 사실의 적시는 사실을 직접적으로 표현한 경우에 한정될 것은 아니고, 간접적이고 우회적인 표현에 의하더라도 그 표현의 전 취지에 비추어 그와 같은 사실의 존재를 암시하고, 또 이로써 특정인의 사회적 가치 내지 평가가 침해될 가능성이 있을 정도의 구체성이 있으면 족한 것이다(대판 1991.5.14. 91도420).

〈지고지순 사건〉 피고인은 인터넷 포탈사이트의 피해자에 대한 기사란에 그녀가 재벌과 사이에 아이를 낳거나 아이를 낳아준 대가로 수십억 원을 받은 사실이 없음에도 불구하고, 그러한 사실이 있는 것처럼 댓글이 붙어 있던 상황에서, 추가로 "지고지순이 뜻이 뭔지나 아니? 모 재벌님하고의 관계는 끝났나?"라는 내용의 댓글을 게시하였다는 것인바, 위와 같은 댓글이 이루어진 장소, 시기와 상황, 그 표현의 전 취지 등을 위 법리에 비추어 보면, 피고인의 위와 같은 행위는 간접적이고 우회적인 표현을 통하여 위와 같은 허위 사실의 존재를 구체적으로 암시하는 방법으로 사실을 적시한 경우에 해당한다(대판 2008.7.10. 2008도2422). (14 변시)

〈동성애자 사건〉 사실은 피해자가 동성애자가 아님에도 불구하고 피고인이 인터넷사이트 싸이월드에 7회에 걸쳐 피해자가 동성애자라는 내용의 글을 게재한 사실이 인정되고, 현재 우리사회에서 자신이 스스로 동성애자라고 공개적으로 밝히는 경우 사회적으로 상당한 주목을 받는 점, 피고인이 피해자를 괴롭히기 위하여 이 사건 글을 게재한 점 등 그 판시의 사정에 비추어 볼 때, 피고인이 위와 같은 글을 게시한 행위는 피해자의 명예를 훼손한 행위에 해당한다(대판 2007.10.25. 2007도5077).

〈다른 사람을 사칭하여 게시글 올린 사건〉 이 사건에서 피고인이 피해자를 사칭하여 마치 피해자가 직접 작성한 글인 것처럼 가장하여 각 게시글을 올렸더라도, 그 행위는 피해자에 대한 사실을 드러내는 행위가 아니므로, 정보통신망법 제70조 제2항의 명예훼손행위에 해당하지 않는다(대판 2018.5.30. 2017도607). (24 변시)

(3) 사실의 적시를 부정한 판례

〈'뻐꺼, 대머리' 사건〉 이 사건 표현 중 문제가 되는 '뻐꺼'나 '대머리'라는 표현은, 그 표현을 하게 된 경위와 의도, 피고인과 피해자는 직접 대면하거나 사진이나 영상을 통해서라도 상대방의 모습을 본 적이 없이 단지 인터넷이라는 사이버 공간의 게임상대방으로서 닉네임으로만 접촉하였을 뿐인 점 등 여러 사정에 비추어 볼 때, 피고인이 피해자에 대한 경멸적 감정을 표현하여 모욕을 주기 위하여 사용한 것일 수는 있을지언정 객관적으로 그 표현 자체가 상대방의 사회적 가치나 평가를 저하시키는 것이라거나 그에 충분한 구체적 사실을 드러낸 것으로 보기는 어렵다 할 것이다(대판 2011.10.27. 2011도9033).

〈'애꾸눈, 병신' 사건〉 "애꾸눈, 병신"이라는 발언 내용은 피고인이 피해자를 모욕하기 위하여 경멸적인 언사를 사용하면서 욕설을 한 것에 지나지 아니하고, 피해자의 사회적 가치나 평가를 저하시키기에 충분한 구체적 사실을 적시한 것이라고 보기는 어렵다(대판 1994.10.2. 94도1770).

〈'똥꼬다리 같은 놈' 사건〉 "아무것도 아닌 똥꼬다리 같은 놈"이라는 구절은 모욕적인 언사일 뿐 구체적인 사실의 적시라고 할 수 없고 "잘 운영되어 가는 어촌계를 파괴하려 한다."는 구절도 구체적인 사실의 적시라고 할 수 없으므로 명예훼손죄에 있어서의 사실의 적시에 해당한다고 볼 수 없다(대판 1989.3.14. 88도1397).

〈"학교폭력범은 접촉금지!!!" 사건〉 피고인이 초등학생인 딸 갑에 대한 학교폭력을 신고하여 교장이 가해학생인 을에 대하여 학교폭력대책자치위원회의 의결에 따라 '피해학생에 대한 접촉, 보복행위의 금지' 등의 조치를 하였는데, 그 후 피고인이 자신의 카카오톡 계정 프로필 상태메시지에 "학교폭력범은 접촉금지!!!"라는 글과 주먹 모양의 그림말 세 개를 게시함으로써 을의 명예를 훼손하였다고 하여 정보통신망 이용촉진 및 정보보호 등에 관한 법률 위반(명예훼손)으로 기소된 사안에서, 제반 사정에 비추어 피고인이 위 상태메시지를 통해 을의 사회적 가치나 평가를 저하시키기에 충분한 구체적인 사실을 드러냈다고 볼 수 없는데도, 이와 달리 본 원심판결에 법리오해 등의 잘못이 있다고 한 사례(대판 2020.5.28. 2019도12750). (24 변시)

〈'관할 지청에서 을을 구속하고 갑 군수를 조사하고 있다' 사건〉 피고인이 제5회 전국동시지방선거에서 군수로 당선된 갑 후보의 운전기사 을이 공직선거법 위반으로 구속되었다는 소문을 듣고, 마치 관할 지방검찰청 지청에서 을에 대한 수사상황이나 피의사실을 공표하는 것처럼 갑을 비방하는 내용의 문자메시지를 기자들에게 발송하여 해당 지청장 또는 지청 구성원의 명예를 훼손하였다는 내용으로 기소된 사안에서, 공소사실 기재 문자메시지는 '관할 지청에서 을을 구속하고 갑 군수를 조사하고 있다'는 취지의 내용으로 보일 뿐이고, 피고인이 지청장실 전화번호 끝자리를 생략한 허위 발신번호를 게재한 사정까지 함께 고려하더라도 문자메시지 내용에서 '지청장 또는 지청 구성원이 그와 같은 내용을 알린다'는 사실이 곧바로 유추될 수 있다고 보이지 않으므로, 위 문자메시지에 의하여 지청장 또는 지청 구성원의 사회적 가치나 평가를 저하시키기에 충분한 구체적인 사실의 적시가 있다고 볼 수 없다고 한 사례(대판 2011.8.18. 2011도6904).

〈"피해자는 이혼했다는 사람이 왜 마을제사에 왔는지 모르겠다." 사건〉 부산 00구 00동장인 피고인이 00구 주민자치위원인 A에게 전화를 걸어 "어제 열린 00동 마을제사 행사에 남편과 이혼한 피해자도 참석을 하여, 이에 대해 행사에 참여한 사람들 사이에 안 좋게 평가하는 말이 많았다."고 말하고, 00동 주민들과 함께한 저녁식사 자리에서 "피해자는 이혼했다는 사람이 왜 마을제사에 왔는지 모르겠다."고 말하여 공연히 사실을 적시하여 피해자의 명예를 훼손하였다고 기소된 사안에서, ① 피고인이 피해자의 이혼 경위나 사유, 혼인관계 파탄의 책임 유무를 언급하지 않고 이혼 사실 자체만을 언급한 것은 피해자의 사회적 가치나 평가를 떨어뜨린다고 볼 수 없고, ② 이 사건 발언 배경과 내용 등에 비추어 보면, 이 사건 발언은 피해자에 관한 과거의 구체적인 사실을 진술하기 위한 것이 아니라 피해자의 당산제 참석에 대한 부정적인 가치판단이나 평가를 표현하고 있을 뿐이므로, 이 사건 발언은 피해자의 사회적 가치나 평가를 침해하는 구체적인 사실의 적시에 해당하지 않고 피해자의 마을제사 참여에 관한 의견표현에 지나지 않아 명예훼손죄의 '사실의 적시'에 해당하지 않는다고 보아 유죄를 인정한 원심을 파기한 사례(대판 2022.5.13. 2020도15642).

2. 피해자의 특정

사실의 적시는 특정인의 명예를 훼손하는 것이므로 피해자는 특정되어야 한다. 따라서 피해자의 성명을 명시할 필요는 요하지 않으나, 사실표현의 내용과 주위사정을 종합적으로 판단하면 누구에 대한 것인지를 알 수 있어야 한다. 그리고 피해자의 특정은 명예훼손의 사실적 시시를 기준으로 판단한다.

〈성명 명시하지 않은 사건〉 명예훼손죄가 성립하려면 반드시 사람의 성명을 명시하여 허위의 사실을 적시하여야만 하는 것은 아니므로 사람의 성명을 명시한 바 없는 허위사실의 적시행위도 그 표현의 내용을 주위 사정과 종합 판단하여 그것이 어느 특정인을 지목하는 것인가를 알아차릴 수 있는 경우에는 그 특정인에 대한 명예훼손죄를 구성한다(대판 1982.11.9. 82도1256).

〈인터넷 아이디 사건〉 [1] 인터넷 댓글로서 특정인의 실명을 거론하여 특정인의 명예를 훼손하거나, 또는 실명을 거론하지는 않더라도 그 표현의 내용을 주위사정과 종합하여 볼 때 그 표시가 특정인을 지목하는 것임을 알아차릴 수 있는 경우에는, 그와 같은 악의적 댓글을 단 행위자는 원칙적으로 특정인에 대한 명예훼손 또는 모욕의 죄책을 면하기 어렵다 할 것이다. [2] 하지만 인터넷 댓글에 의하여 모욕을 당한 피해자의 인터넷 아이디(ID)만을 알 수 있을 뿐 그 밖의 주위사정을 종합해보더라도 그와 같은 인터넷 아이디를 가진 사람이 청구인이라고 알아차릴 수 없는 경우에 있어서는 외부적 명예를 보호법익으로 하는 명예훼손죄 또는 모욕죄의 피해자가 청구인으로 특정된 경우로 볼 수 없으므로, 특정인인 청구인에 대한 명예훼손죄 또는 모욕죄가 성립하지 않는다(헌재결 2008.6.26. 2007헌마461). (22 경1)

(3) 집합적 명사에 의한 명예훼손

명예훼손죄는 피해자가 특정되어야 한다. 이와 관련하여 집합적 명사를 쓴 경우에도 명예훼손죄가 성립할 수 있는지가 문제되지만, 집합적 명사를 쓴 경우라도 어떤 범위에 속하는 특정인을 가리키는 것이 명백하면, 이를 각자의 명예를 훼손하는 행위라고 볼 수 있다.

〈집합적 명사를 사용한 경우의 명예훼손〉 명예훼손죄는 어떤 특정한 사람 또는 인격을 보유하는 단체에 대하여 명예를 훼손함으로써 성립하는 것이므로 피해자가 특정되어야 한다. 집합적 명사를 쓴 경우에도 어떤 범위에 속하는 특정인을 가리키는 것이 명백하면, 이를 각자의 명예를 훼손하는 행위라고 볼 수 있다. 그러나 명예훼손의 내용이 집단에 속한 특정인에 대한 것이라고 해석되기 힘들고 집단표시에 의한 비난이 개별구성원에 이르러서는 비난의 정도가 희석되어 구성원 개개인의 사회적 평가에 영향을 미칠 정도에 이르지 않는 것으로 평가되는 경우에는 구성원 개개인에 대한 명예훼손이 성립하지 않는다(대판 2018.11.29. 2016도14678). (21 변시)

〈3.19동지회 사건〉 [1] 명예훼손죄는 어떤 특정한 사람 또는 인격을 보유하는 단체에 대하여 그 명예를 훼손함으로써 성립하는 것이므로 그 피해자는 특정한 것임을 요하고, 다만 서울시민 또는 경기도민이라 함과 같은 막연한 표시에 의해서는 명예훼손죄를 구성하지 아니한다 할 것이지만, 집합적 명사를 쓴 경우에도 그것에 의하여 그 범위에 속하는 특정인을 가리키는 것이 명백하면, 이를 각자의 명예를 훼손하는 행위라고 볼 수 있다. [2] 피고인이 작성하여 배포한 보도자료에는 피해자의 이름을 직접적으로 적시하고 있지는 않으나, 3.19 동지회 소속 교사들이 학생들을 선동하여 무단하교를 하게 하였다고 적시하고 있는 사실, 이 사건 고등학교의 교사는 총 66명으로서 그 중 약 37명이 3.19 동지회 소속 교사들인 사실, 위 학교의 학생이나 학부모, 교육청 관계자들은 3.19 동지회 소속 교사들이 누구인지 알고 있는 사실을 인정한 다음, 그렇다면 3.19 동지회는 그 집단의 규모가 비교적 작고 그 구성원이 특정되어 있으므로 피고인이 3.19 동지회 소속 교사들에 대한 허위의 사실을 적시함으로써 3.19 동지회 소속 교사들 모두에 대한 명예가 훼손되었다고 할 것이고, 따라서 3.19 동지회 소속 교사인 피해자의 명예 역시 훼손되었다고 보아야 할 것이다(대판 2000.10.10. 99도5407).

(4) 진실한 사실과 허위의 사실

적시된 사실이 진실한 사실인가 또는 허위의 사실인가에 따라 제307조 제1항 또는 제307조 제2항의 죄가 성립한다. 허위인가의 판단은 적시된 사실의 내용 전체의 취지에 따라 판단하여야 한다. 그런데 제307조 제1항의 명예훼손죄는 적시된 사실이 진실한 사실인 경우이든 허위의 사실인 경우이든 모두 성립될 수 있고, 특히 적시된 사실이 허위의 사실이라고 하더라도 행위자에게 허위성에 대한 인식이 없는 경우에는 제307조 제2항의 명예훼손죄가 아니라 제307조 제1항의 명예훼손죄가 성립될 수 있다.

〈적시된 사실의 진실 여부의 판단〉 형법 제307조 제2항을 적용하기 위하여 적시된 사실이 허위의 사실인지 여부를 판단하는 경우, 적시된 사실의 내용 전체의 취지를 살펴볼 때 중요한 부분이 객관적 사실과 합치되면 세부에 있어서 진실과 약간 차이가 나거나 다소 과장된 표현이 있다 하더라도 이를 허위의 사실이라고 볼 수 없다(대판 2008.10.9. 2007도1220). (12 변시)

〈제307조 제1항과 제2항의 관계〉 [1] 형법 제307조 제1항, 제2항, 제310조의 체계와 문언 및 내용에 의하면, 제307조 제1항의 '사실'은 제2항의 '허위의 사실'과 반대되는 '진실한 사실'을 말하는 것이 아니라 가치판단이나 평가를 내용으로 하는 '의견'에 대치되는 개념이다. [2] 따라서 제307조 제1항의 명예훼손죄는 적시된 사실이 진실한 사실인 경우이든 허위의 사실인 경우이든 모두 성립될 수 있고, 특히 적시된 사실이 허위의 사실이라고 하더라도 행위자에게 허위성에 대한 인식이 없는 경우에는 제307조 제2항의 명예훼손죄가 아니라 제307조 제1항의 명예훼손죄가 성립될 수 있다. [3] 제307조 제1항의 법정형이 2년 이하의 징역 등으로 되어 있는 반면 제307조 제2항의 법정형은 5년 이하의 징역 등으로 되어 있는 것은 적시된 사실이 객관적으로 허위일 뿐 아니라 행위자가 그 사실의 허위성에 대한 주관적 인식을 하면서 명예훼손행위를 하였다는 점에서 가벌성이 높다고 본 것이다(대판 2017.4.26. 2016도18024). (21 변시)

3. 기수시기

본죄는 추상적 위험범이므로 사람에 대한 사회적 평가가 현실적으로 침해되었을 것을 요하지 않고, 단순히 명예를 해할 우려가 있는 상태에 이르면 기수가 된다.

〈게시행위로서 범죄행위가 종료된다는 판례〉 서적·신문 등 기존의 매체에 명예훼손적 내용의 글을 게시하는 경우에 그 게시행위로써 명예훼손의 범행은 종료하는 것이며 그 서적이나 신문을 회수하지 않는 동안 범행이 계속된다고 보지는 않는다는 점을 고려해 보면, 정보통신망을 이용한 명예훼손의 경우에, 게시행위 후에도 독자의 접근가능성이 기존의 매체에 비하여 좀 더 높다고 볼 여지가 있다 하더라도 그러한 정도의 차이만으로 정보통신망을 이용한 명예훼손의 경우에 범죄의 종료시기가 달라진다고 볼 수는 없다(대판 2007.10.25. 2006도346). (15 변시)(21 변시)

4. 고 의

(1) 고의의 내용

1) 일반론 : 타인의 명예를 훼손하는 데 적합한 사실 또는 허위사실을 공연히 적시한다는 인식이 있어야 한다. 그리고 적시한 사실이 진실한 사실인지 또는 허위의 사실인지에 대한 인식도 고의의 내용이 된다.

〈명예훼손죄의 고의〉 전파가능성을 이유로 명예훼손죄의 공연성을 인정하는 경우에는 적어도 범죄 구성요건의 주관적 요소로서 미필적 고의가 필요하므로 전파가능성에 대한 인식이 있음은 물론 나아가 그 위험을 용인하는 내심의 의사가 있어야 하고, 그 행위자가 전파가능성을 용인하고 있었는 지의 여부는 외부에 나타난 행위의 형태와 행위의 상황 등 구체적인 사정을 기초로 하여 일반인 이라면 그 전파가능성을 어떻게 평가할 것인가를 고려하면서 행위자의 입장에서 그 심리상태를 추인하여야 한다(대판 2004.4.9. 2004도340).

〈제307조 제2항의 고의〉 형법 제307조 제2항의 명예훼손죄에 있어서의 범의는 그 구성요건 사실 즉 적시한 사실이 허위인 점과 그 사실이 사람의 사회적 평가를 저하시킬 만한 것이라는 점을 인식하는 것을 말하고 특히 비방의 목적이 있음을 요하지 않는다(대판 1991.3.27. 91도156).

〈빌라 누수 공사 사건〉 빌라를 관리하고 있는 피고인들이 빌라 아랫집에 거주하는 갑으로부터 누수 문제로 공사 요청을 받게 되자, 갑과 전화통화를 하면서 빌라를 임차하여 거주하고 있는 피해자들 에 대하여 누수 공사 협조의 대가로 과도하고 부당한 요구를 하거나 막말과 욕설을 하였다는 취지로 발언하고, '무식한 것들', '이중인격자' 등으로 말하여 명예훼손죄와 모욕죄로 기소된 사안에서, 피 고인들이 갑에게 한 위 발언들이 불특정인 또는 다수인에게 전파될 가능성이 있었고 피고인들에게 이에 대한 인식과 위험을 용인하는 내심의 의사가 있었다고 본 원심판단에 법리오해의 잘못이 있다 고 한 사례(대판 2022.7.28. 2020도8336).

2) **질문이나 답변과 고의** : 불미스러운 소문의 진위를 확인하고자 질문을 하는 과정 또는 이 에 대한 답변을 하는 과정에서 타인의 명예를 훼손하는 발언을 하더라도 그 동기에 비추 어 고의를 인정할 수 없다.

〈질문에 대한 대답과 고의〉 '명예훼손사실을 발설한 것이 사실이냐'는 질문에 대답하는 과정에서 타 인의 명예를 훼손하는 사실을 발설하게 된 것이라면, 그 발설내용과 동기에 비추어 명예훼손의 범 의를 인정할 수 없고, 질문에 대한 단순한 확인대답이 명예훼손에서 말하는 사실적시라고도 할 수 없다(대판 2008.10.23. 2008도6515). (21 3차)

〈전임 목사 소문 확인 사건〉 명예훼손죄의 주관적 구성요건으로서의 범의는 행위자가 피해자의 명예가 훼손되는 결과를 발생케 하는 사실을 인식하므로 족하다 할 것이나 새로 목사로서 부임한 피고인이 전 임목사에 관한 교회 내의 불미스러운 소문의 진위를 확인하기 위하여 이를 교회집사들에게 물어보 았다면 이는 경험칙상 충분히 있을 수 있는 일로서 명예훼손의 고의 없는 단순한 확인에 지나지 아 니하여 사실의 적시라고 할 수 없다 할 것이므로 이 점에서 피고인에게 명예훼손의 고의 또는 미필적 고의가 있을 수 없다고 할 수밖에 없다(대판 1985.5.28. 85도588). (23 2차)

〈입점비 소문 확인 사건〉 마트의 운영자인 피고인이 마트에 아이스크림을 납품하는 업체 직원인 甲 을 불러 '다른 업체에서는 마트에 입점하기 위하여 입점비를 준다고 하던데, 입점비를 얼마나 줬냐? 점장 乙이 여러 군데 업체에서 입점비를 돈으로 받아 해먹었고, 지금 뒷조사 중이다.'라고 말하여 공연히 허위 사실을 적시하여 乙의 명예를 훼손하였다는 내용으로 기소된 사안에서, 피고인은 乙이 납품업체들로부터 입점비를 받아 개인적으로 착복하였다는 소문을 듣고 甲을 불러 소문의 진위를 확인하면서 甲도 입점비를 乙에게 주었는지 질문하는 과정에서 위와 같은 말을 한 것으로 보이므 로, 乙의 사회적 평가를 저하시킬 의도를 가지거나 그러한 결과가 발생할 것을 인식한 상태에서

위와 같은 말을 한 것이 아니어서 피고인에게 명예훼손의 고의를 인정하기 어렵다고 한 사례(대판 2018.6.15. 2018도4200). (23 2차)

〈'과태료 부과처분을 받게 된 상황이 억울하다' 사건 – 회의에서 상급자의 책임 추궁형 질문에 대답하면서 명예훼손적 발언을 한 사건〉 회의에서 상급자로부터 경과보고를 요구받으면서 과태료 처분에 관한 책임을 추궁 받게 되자, 이에 대답하면서 피해자와 관련한 명예훼손적 언급을 한 경우, 발설의 내용과 경위·동기 및 상황에 비추어 명예훼손의 고의를 가지고 발언을 하였다기보다는 자신의 책임에 대한 변명을 겸하여 단순한 확인 취지의 답변을 소극적으로 하는 과정에서 '과태료 부과처분을 받게 된 상황이 억울하다'는 취지의 주관적 심경이나 감정을 표출한 것이어서 명예훼손죄에서 말하는 사실의 적시라고 단정할 수 없다고 보아, 유죄를 인정한 원심을 파기환송한 사례(대판 2022.4.14. 2021도17744).

(2) 착 오

적시한 사실이 진실한 사실인지 또는 허위의 사실인지에 대한 인식도 고의의 내용이 되므로 이에 대한 착오는 구성요건적 착오로서 착오이론에 의하여 해결하여야 한다. 따라서 ① 허위사실을 진실한 사실로 오인하고 적시한 경우에는 제15조 제1항에 따라 제307조 제1항의 명예훼손죄가 성립하고 ② 진실한 사실을 허위사실로 오인하고 적시한 경우에는 이론상 제307조 제2항의 불능미수가 논의될 수 있으나 명예에 관한 죄는 미수범 처벌 규정이 없으므로 제307조 제2항의 죄는 성립하지 않고, 불법이 큰 고의는 불법이 작은 고의를 포함하므로 제307조 제1항의 명예훼손죄만 성립한다.

Ⅲ. 위법성

1. 일반적 위법성조각사유

(1) 피해자의 동의가 있는 경우

피해자의 동의가 있는 경우에는 ① 구성요건이 배제된다는 견해도 있지만, ② 다수설은 위법성이 조각된다는 견해이다. 생각건대 명예는 처분할 수 있지만 주체의 의사에 반하는 것을 구성요건요소로 하는 것은 아니므로 위법성이 조각된다는 견해가 타당하다.

(2) 정당행위

명예훼손의 경우 일정한 경우에는 정당행위로서 즉 ① 법령에 의한 행위 ② 업무로 인한 행위 등에 해당하여 위법성이 조각될 수 있다.

〈'제국의 위안부' 사건〉 [1] 학문적 표현행위는 기본적 연구윤리를 위반하거나 해당 학문 분야에서 통상적으로 용인되는 범위를 심각하게 벗어나 학문적 과정이라고 보기 어려운 행위의 결과라거나, 논지나 맥락과 무관한 표현으로 타인의 권리를 침해하는 등의 특별한 사정이 없는 한 원칙적으로 학문적 연구를 위한 정당한 행위로 보는 것이 타당하다. [2] 피고인이 2013년 출간한 도서 '제국의 위안부'에서 일본군 위안부였던 피해자들에 대해 허위 사실을 적시하여 그 명예를 훼손하였다는 혐의로 기소된 사안에서 원심이 유죄로 인정한 일부 공소사실은 피고인의 학문적 주장 내지 의견의 표명으로 평가함이 타당하고, 명예훼손죄로 처벌할 만한 '사실의 적시'로 보기 어렵다고 보아, 이와 달리 판단한 원심을 파기·환송한 사례(대판 2023.10.26. 2017도18697).

2. 제310조의 위법성조각

> 제310조 (위법성의 조각) 제307조 제1항의 행위가 진실한 사실로서 오로지 공공의 이익에 관한 때에는 처벌하지 아니한다.

(1) 서 설

형법 제310조는 '제307조 제1항의 행위가 진실한 사실로서 오로지 공공의 이익에 관한 때에는 처벌하지 아니한다'라고 하여 명예에 관한 죄의 특별한 위법성조각사유를 규정하고 있다. 그 취지는 개인의 명예보호와 민주주의 사회의 근간을 이루는 언론의 자유의 보장을 적절한 수준에서 조화시키고자 함에 있다.

(2) 제310조의 적용요건

1) **진실한 사실** : 진실이란 중요부분이 진실과 합치됨을 말한다. 따라서 적시된 사실이 중요부분에서 진실과 합치하여 전체로서 진실하다고 볼 수 있으면 족하며, 세부에서 약간 진실과 합치하지 않거나 다소의 과장이 있더라도 무방하다. 그리고 적시된 사실이 진실해야 하므로 본조는 허위사실의 적시를 요건으로 하는 제307조 제2항, 제308조 및 제309조 제2항에는 적용되지 않는다.

〈제310조의 개념〉 공연히 사실을 적시하여 사람의 명예를 훼손하는 행위가 진실한 사실로서 오로지 공공의 이익에 관한 때에는 형법 제310조에 따라 처벌할 수 없는데, 여기에서 '진실한 사실'이란 그 내용 전체의 취지를 살펴볼 때 중요한 부분이 객관적 사실과 합치되는 사실이라는 의미로서 일부 자세한 부분이 진실과 약간 차이가 나거나 다소 과장된 표현이 있다고 하더라도 무방하고, '공공의 이익'이라 함은 널리 국가·사회 기타 일반 다수인의 이익에 관한 것뿐만 아니라 특정한 사회집단이나 그 구성원의 관심과 이익에 관한 것도 포함한다(대판 2001.10.9. 2001도3594). (12 변시)

〈제307조 제2항과 제310조〉 허위사실 적시에 의한 명예훼손죄에 해당하는 행위에 대하여는 위법성조각에 관한 형법 제310조는 적용될 여지가 없다(대판 2015.7.9. 2013도4786).

〈공선법상 허위사실공표죄와 제310조〉 공직선거법 제250조 제2항의 허위사실공표죄가 성립하는 경우에는 그 행위가 공공의 이익을 위한 것이라고 하여 위법성이 조각된다고 볼 수 없다(대판 2011.12.22. 2008도11847).

2) **공공의 이익** : 공공의 이익이란 국가·사회 또는 다수인 일반의 이익에 관한 것뿐만 아니라 특정한 사회집단이나 그 구성원의 관심과 이익에 관한 것도 포함한다. 그리고 행위자의 주요한 동기 내지 목적이 공공의 이익을 위한 것이라면 부수적으로 다른 사익적 목적이나 동기가 내포되어 있더라도 공공의 이익으로 인정된다.

> [GUIDE] 공공의 이익과 관련된 판례는 상당히 많이 있으며 사실관계가 의미 있는 것이 많이 있으나, 교재의 양을 너무 부담스럽게 하므로 출제가능성이 높은 판례만을 게재합니다. 본서의 판례를 충분히 익힌 후에 더 많은 판례를 공부하시고 싶은 분들은 저의 카페 등에서 관련 자료를 다운받아 활용하시기 바랍니다.

1. 기본 법리 판례

〈공공의 이익의 의미와 판단〉형법 제310조에서 '오로지 공공의 이익에 관한 때'라 함은 적시된 사실이 객관적으로 볼 때 공공의 이익에 관한 것으로서 행위자도 주관적으로 공공의 이익을 위하여 그 사실을 적시한 것이어야 하는 것인데, 여기의 공공의 이익에 관한 것에는 널리 국가·사회 기타 일반 다수인의 이익에 관한 것뿐만 아니라 특정한 사회집단이나 그 구성원 전체의 관심과 이익에 관한 것도 포함하는 것이고, 행위자의 주요한 동기 내지 목적이 공공의 이익을 위한 것이라면 부수적으로 다른 사익적 목적이나 동기가 내포되어 있더라도 형법 제310조의 적용을 배제할 수 없다(대판 1998.10.9. 97도158). (12 변시)(23 변시)

〈사회 일반의 일부 이익에만 관련되거나, 개인에 관한 사항이더라도 공공의 이익이 인정될 수 있다는 판례〉[1] 여기의 공공의 이익에 관한 것에는 널리 국가사회 기타 일반 다수인의 이익에 관한 것뿐만 아니라 특정한 사회집단이나 그 구성원 전체의 관심과 이익에 관한 것도 포함하는 것이다. [2] 한편 사실적시의 내용이 사회 일반의 일부 이익에만 관련된 사항이라도 다른 일반인과의 공동생활에 관계된 사항이라면 공익성을 지닌다고 할 것이고, 이에 나아가 개인에 관한 사항이더라도 그것이 공공의 이익과 관련되어 있고 사회적인 관심을 획득한 경우라면 직접적으로 국가사회 일반의 이익이나 특정한 사회집단에 관한 것이 아니라는 이유만으로 형법 제310조의 적용을 배제할 것은 아니다. 사인이라도 그가 관계하는 사회적 활동의 성질과 사회에 미칠 영향을 헤아려 공공의 이익에 관련되는지 판단하여야 한다(대판 2022.2.11. 2021도10827).

〈정통망법 위반과 제310조〉구 정보통신망이용촉진 및 정보보호 등에 관한 법률(2007. 12. 21. 법률 제8778호로 개정되기 전의 것) 제61조 제2항 소정의 '사람을 비방할 목적'이란 가해의 의사 내지 목적을 요하는 것으로서, 공공의 이익을 위한 것과는 행위자의 주관적 의도의 방향에 있어 서로 상반되는 관계에 있다고 할 것이므로, 형법 제310조의 공공의 이익에 관한 때에는 처벌하지 아니한다는 규정은 사람을 비방할 목적이 있어야 하는 구 정보통신망이용촉진 및 정보보호 등에 관한 법률 제61조 제2항 소정의 행위에 대하여는 적용되지 아니한다(대판 2008.10.23. 2008도6999). (21 변시)(23 변시)

〈정통망법과 제310조〉정보통신망을 통한 명예훼손이나 허위사실적시 명예훼손 행위에는 위법성 조각에 관한 형법 제310조가 적용될 수 없다(대판 2006.8.25. 2006도648).

2. 공공의 이익을 긍정하여 위법성을 조각시킨 판례

〈'성형시술 결과에 대해 만족스럽지 못하다' 사건〉인터넷 포털사이트의 지식검색 질문·답변 게시판에 성형시술 결과가 만족스럽지 못하다는 주관적인 평가를 주된 내용으로 하는 한 줄의 댓글을 게시한 사안에서, 그 표현물은 전체적으로 보아 성형시술을 받을 것을 고려하고 있는 다수의 인터넷 사용자들의 의사결정에 도움이 되는 정보 및 의견의 제공이라는 공공의 이익에 관한 것이어서 비방할 목적이 있었다고 보기 어렵다고 한 사례(대판 2009.5.28. 2008도8812). (14 변시)

〈산후조리원 이용자 후기 사건〉갑 운영의 산후조리원을 이용한 피고인이 9회에 걸쳐 임신, 육아 등과 관련한 유명 인터넷 카페나 자신의 블로그 등에 자신이 직접 겪은 불편사항 등을 후기 형태로 게시하여 갑의 명예를 훼손하였다는 내용으로 정보통신망 이용촉진 및 정보보호 등에 관한 법률 위반으로 기소된 사안에서, 피고인이 적시한 사실은 산후조리원에 대한 정보를 구하고자 하는 임산부의 의사결정에 도움이 되는 정보 및 의견 제공이라는 공공의 이익에 관한 것이라고 봄이 타당하고, 이처럼 피고인의 주요한 동기나 목적이 공공의 이익을 위한 것이라면 부수적으로 산후조리원 이용대금 환불과 같은 다른 사익적 목적이나 동기가 내포되어 있다는 사정만으로 피고인에게 갑을 비방할 목적이 있었다고 보기 어렵다(대판 2012.11.29. 2012도10392).

〈'대학교수 여제자 성폭행 사건'을 인터넷에 게시한 사건〉 국립대학교 교수가 자신의 연구실 내에서 제자인 여학생을 성추행하였다는 내용의 글을 지역 여성단체가 자신의 인터넷 홈페이지 또는 소식지에 게재한 사안에서, 비록 성범죄에 관한 내용이어서 명예의 훼손정도가 심각하다는 점까지를 감안한다 할지라도 인터넷 홈페이지 또는 소식지에 위와 같은 내용을 게재한 행위는 학내 성폭력 사건의 철저한 진상조사와 처벌 그리고 학내 성폭력의 근절을 위한 대책 마련을 촉구하기 위한 목적으로 공공의 이익을 위한 것으로서 달리 비방의 목적이 있다고 단정할 수 없다고 한 사례(대판 2005.4.29. 2003도2137).

〈여성기간제 교사 사건〉 교장 甲이 여성기간제교사 乙에게 차 접대 요구와 부당한 대우를 하였다는 인상을 주는 내용의 글을 게재한 교사 丙의 명예훼손행위가 공공의 이익에 관한 것으로서 위법성이 조각된다고 한 사례(대판 2008.7.10. 2007도9885).

〈"甲은 남의 재산을 탈취한 사기꾼이다. 사기꾼은 내려오라." 사건〉 피고인들이 종중 회장 선출을 위한 종친회에서 피해자의 종친회 회장 출마에 반대하면서 "甲은 남의 재산을 탈취한 사기꾼이다. 사기꾼은 내려오라."로 말한 사안에서, 피해자에게 「특정경제범죄 가중처벌 등에 관한 법률」 위반(횡령)죄의 전과가 있는 이상 위 발언이 주요부분에 있어 객관적 사실에 합치되는 것으로 볼 수 있고, 피해자의 종친회 회장으로서의 적격 여부는 종친회 구성원들 전체의 관심과 이익에 관한 사항으로서 공익성이 인정됨에도, 형법 제310조의 위법성 조각사유에 관한 피고인들의 주장을 배척하고 유죄를 선고한 원심판단에 심리미진 등의 잘못이 있다고 보아 파기환송한 사례(대판 2022.2.11. 2021도10827).

〈고등학교 동창 단체 채팅방 사건〉 피고인이 고등학교 동창인 피해자로부터 사기 범행을 당했던 사실에 관하여 같은 학교 동창들이 참여한 단체 채팅방에서 '피해자가 내 돈을 갚지 못해 사기죄로 감방에서 몇 개월 살다가 나왔다. 집에서도 포기한 애다. 너희들도 조심해라.'라는 글을 올린 행위로 정보통신망 이용촉진 및 정보보호 등에 관한 법률 위반(명예훼손)으로 기소된 사안에서, 피고인이 드러낸 사실의 내용, 작성 경위와 동기 등 여러 사정을 위에서 본 법리에 비추어 살펴보면, 피고인이 이 사건 글을 작성한 주요한 동기와 목적이 공공의 이익을 위한 것으로 볼 여지가 있어 피고인에게 비방할 목적이 증명되었다고 보기 어렵다는 이유로, 이와 달리 원심이 이 사건 공소사실을 유죄로 인정한 것에 정보통신망 이용촉진 및 정보보호 등에 관한 법률 제70조 제1항에서 정한 '비방할 목적'에 관한 법리를 오해하여 판결에 영향을 미친 잘못이 있다고 보아 원심판결을 파기한 사례(대판 2022.7.28. 2022도4171). .

〈'총학생회장으로서 음주운전을 끝까지 막지 못하여 사과드립니다.'고 발언한 사건〉 갑 대학교 총학생회장인 피고인이 총학생회 주관의 농활 사전답사 과정에서 을을 비롯한 학생회 임원진의 음주 및 음주운전 사실이 있었음을 계기로 음주운전 및 이를 묵인하는 관행을 공론화하여 '총학생회장으로서 음주운전을 끝까지 막지 못하여 사과드립니다.'라는 제목의 글을 써 페이스북 등에 게시함으로써 음주운전자로 특정된 을의 명예를 훼손하였다는 내용으로 기소된 사안에서, 게시글의 전체적인 취지 · 내용에 비추어 중요한 부분이 '진실한 사실'에 해당하고, 게시글은 주된 의도 · 목적의 측면에서 공익성이 충분히 인정되는 점 등을 종합하면, 피고인의 행위는 형법 제310조에 따라 위법성이 조각된다고 봄이 타당하다고 한 사례(대판 2023.2.2. 2022도13425).

〈사이버대학교 법학과 학생 사건〉 사이버대학교 법학과 학생인 피고인이, 법학과 학생들만 회원으로 가입한 네이버밴드에 갑이 총학생회장 출마자격에 관하여 조언을 구한다는 글을 게시하자 이에 대한 댓글 형식으로 직전 연도 총학생회장 선거에 입후보하였다가 중도 사퇴한 을의 실명을 거론하며 '○○○이라는 학우가 학생회비도 내지 않고 총학생회장 선거에 출마하려 했다가 상대방 후보를 비방하고 이래저래 학과를 분열시키고 개인적인 감정을 표한 사례가 있다.'고 언급한 다음 '그러한 부분은 지양했으면 한다.'는 의견을 덧붙임으로써 을의 명예를 훼손하였다고 하여 정보통신망 이용촉진 및 정보보호 등에 관한 법률 위반(명예훼손)으로 기소된 사안에서, 피고인의 주요한 동기와 목적은 공공의 이익을 위한 것으로서 피고인에게 을을 비방할 목적이 있다고 보기 어렵다는 이유로, 이와 달리 본 원심판결에 법리오해의 잘못이 있다고 한 사례(대판 2020.3.2. 2018도15868). (21 경2)

3. 공공의 이익을 부정하여 처벌한 판례

〈조아세 홈페이지와 유인물 사건〉 피고인 등이 '조선일보 없는 아름다운 세상을 만드는 시민모임(약칭 조아세)' 홈페이지나 유인물 등에 게재한 게시물의 내용은 단순한 의견이나 논평에 불과한 것이 아니라 구체적 사실의 적시에 해당하고, 피해자인 조선일보를 비방할 목적도 인정된다는 이유로 피고인에 대한 정보통신망을 통한 명예훼손 및 출판물에 의한 허위사실적시 명예훼손의 범죄사실이 모두 성립한다고 본 사례(대판 2006.8.25. 2006도648).

〈거주지 앞에서 주소까지 명시한 사건〉 학교운영의 공공성, 투명성의 보장을 요구하여 학교가 합리적이고 정상적으로 운영되게 할 목적으로 공연히 사실을 적시하였더라도, 피해자들의 거주지 앞에서 그들의 주소까지 명시하여 명예를 훼손하였다면, 이는 공공의 이익을 위한 사실의 적시로 볼 수 없어 위법성이 조각되지 아니한다고 한 사례(대판 2008.3.14. 2006도6049).

〈징계절차 회부 안내문을 회사 게시판에 게시한 사건〉 회사에서 징계 업무를 담당하는 직원인 피고인이 피해자에 대한 징계절차 회부 사실이 기재된 문서를 근무현장 방재실, 기계실, 관리사무실의 각 게시판에 게시함으로써 공연히 피해자의 명예를 훼손하였다는 내용으로 기소된 사안에서, 피해자에 대한 징계절차 회부 사실을 공지하는 것이 회사 내부의 원활하고 능률적인 운영의 도모라는 공공의 이익에 관한 것으로 볼 수 없다고 한 사례(대판 2021.8.26. 2021도6416). (22 3차)

3) **주관적 정당화요소** : 제310조를 위법성조각사유로 해석할 때에는 사실의 진실과 공공의 이익을 인식하는 것이 주관적 정당화요소가 된다.

(3) 효 과

1) **실체법적 효과** : 제310조의 요건이 구비된 경우에는 위법성이 조각된다.

〈제310조가 위법성조각사유라는 판례〉 공연히 사실을 적시하여 사람의 명예를 훼손한 행위는 형법 제310조의 규정에 따라서 위법성이 조각되어 처벌대상이 되지 않는다(대판 1996.10.25. 95도1473).

2) **절차법적 효과** : 제310조가 거증책임전환규정인지에 대하여는 논의가 있지만, 판례는 거증책임전환규정으로 보고 있다. 따라서 피고인이 제310조의 요건에 해당함을 증명하여야 한다. 이와 관련하여 판례는 **공적 관심사안**에 관하여 진실하거나 진실이라고 봄에 상당한 사실을 공표한 경우에는 그것이 악의적이거나 현저히 상당성을 잃은 공격에 해당하지 않는 한 원칙적으로 공공의 이익에 관한 것이라는 증명이 있는 것으로 보고 있다.

〈제310조가 거증책임전환 규정이라는 판례〉 공연히 사실을 적시하여 사람의 명예를 훼손한 행위가 형법 제310조의규정에 따라서 위법성이 조각되어 처벌대상이 되지 않기 위하여는 그것이 진실한 사실로서 오로지 공공의 이익에 관한 때에 해당된다는 점을 행위자가 증명하여야 하는 것이나, 그 증명은 유죄의 인정에 있어 요구되는 것과 같이 법관으로 하여금 의심할 여지가 없을 정도의 확신을 가지게 하는 증명력을 가진 엄격한 증거에 의하여야 하는 것은 아니므로, 이때에는 전문증거에 대한 증거능력의 제한을 규정한 형사소송법 제310조의2는 적용될 여지가 없다(대판 1996.10.25. 95 도1473). (12 변시)(16 변시)(21 변시)

〈광우병 사건(공적 관심 사안)〉 공인이나 공적 기관의 공적 활동 혹은 정책에 대하여는 국민의 알 권리와 다양한 사상, 의견의 교환을 보장하는 언론의 자유의 측면에서 그에 대한 감시와 비판기능 이 보장되어야 하므로 명예를 훼손당한 자가 공인인지, 그 표현이 객관적으로 국민이 알아야 할 공 공성, 사회성을 갖춘 공적 관심사안에 관한 것으로 사회의 여론형성 내지 공개토론에 기여하는 것 인지, 피해자가 그와 같은 명예훼손적 표현의 위험을 자초한 것인지 여부 등의 사정도 적극 고려되 어야 한다. 따라서 이러한 공적 관심사안에 관하여 진실하거나 진실이라고 봄에 상당한 사실을 공표한 경우에는 그것이 악의적이거나 현저히 상당성을 잃은 공격에 해당하지 않는 한 원칙적으 로 공공의 이익에 관한 것이라는 증명이 있는 것으로 보아야 한다(대판 2007.1.26. 2004도1632).

(4) 진실성에 대한 착오의 경우

▌제310조에 있어 진실성에 대한 착오의 경우

○○신문 민권사회부 기자인 甲은 ○○대학 학생회장 A의 사망사건을 보도하면서, 다방 종업원이던 乙(여)이 경찰에서 A와 마지막으로 동행한 여자는 B였다는 진술을 기초로 A와 동행한 여자는 B이고 B는 안기부에 근무하고 있다는 기사를 작성·보도하였다. 그러나 B가 안기부에 근무하고 있었던 것은 사실이지만, B는 A와 동행하지 않았음이 밝혀졌다. 甲의 죄책은? [2015 1차][2016 변시][2017 1차][2020 2차]

1. 논의점

제310조는 '제307조 제1항의 행위가 진실한 사실로서 오로지 공공의 이익에 관한 때에는 처 벌하지 아니한다'라고 되어 있으며, 그 법적 성질은 위법성조각사유이다. 이 때 객관적으로 허위사실을 진실한 사실로 오인하고 공익을 위하여 사실을 적시한 경우에 그 효과에 대하여 논의가 있다.

2. 견해의 대립

이에 대하여는 ① 제310조를 위법성조각사유로 본다면 진실성에 대한 착오는 위법성조각사 유의 전제사실의 착오문제로 해결하여야 한다는 **위법성조각사유의 전제사실의 착오설** ② 허 위의 사실을 진실한 사실로 착오한 경우에 행위자가 진실한 사실인가에 대해 신중한 검토의 무를 이행하였다면 제310조가 적용된다는 **의무합치적 심사설** ③ 허위의 사실을 진실한 사실로 착오한 경우에 공익성이 있는 경우에는 법률의 착오로 보자는 **위법성 착오설**이 대립하고 있다.

3. 판례의 태도

판례는 제310조를 거증책임전환규정이라는 것을 전제로 하면서, 피고인이 진실한 것이라는 증명이 없어도 진실이라고 믿을 객관적인 상당한 이유가 있다면 '**위법성이 없다**'고 보고 있다.

4. 검 토

생각건대 먼저 의무합치심사설과 판례의 태도는 적시된 사실이 허위라면 객관적으로 위법성이 조각될 수 없음에도 불구하고 위법성이 조각된다고 보는 점에서 타당하지 않다. 또한 위법성 착 오설도 인식대상이 사실임에도 불구하고 규범에 대한 착오인 위법성의 착오로 보는 점에서 타당하지 않다. 제310조는 사실의 진실성은 위법성이 조각되기 위한 전제사실이므로 사실의 진실성에 대한 착오는 위법성조각사유의 전제사실의 착오이론으로 해결하는 것이 타당하다.

5. 관련판례

〈허위사실을 진실이라고 착오하고 공공의 이익을 위하여 신문기사로 보도한 행위가 위법성이 조각된다는 판례〉 [사실관계] - [쟁점사실관계] [판결요지] 내용 중에 일부 허위사실이 포함된 신문기사를 보도한 사안에서 기사작성의 목적이 공공의 이익에 관한 것이고 그 기사내용을 작성자가 진실하다고 믿었으며 <u>그와 같이 믿은 데에 객관적인 상당한 이유가 있는 경우에는 진실한 것이라는 증명이 없다고 할지라도 위법성이 없다고 보아야 한다</u>(대판 1996.8.23. 94도3191). 🗐 판례에 의하면 위법성이 없어 범죄가 성립하지 않는다. (22 3차)(24 변시)

Ⅳ. 죄수 및 타죄와의 관계

(1) 죄 수

명예는 일신전속적 법익이므로 피해자의 수를 기준으로 죄수가 결정된다. 따라서 1개의 문서로 2인 이상의 명예를 훼손한 때에는 수죄의 상상적 경합이 된다.

(2) 타죄와의 관계

1) 모욕죄와의 관계 : 명예훼손죄와 모욕죄는 사실적시 여하에 따라 구별되고, 모욕죄는 사실의 적시로 인정되지 못할 경우에 한하여 성립할 수 있으므로 양자는 묵시적인 보충관계에 있다.

2) 신용훼손죄와의 관계 : 진실한 사실을 적시하여 사람의 신용을 훼손할 경우에는 명예훼손죄만 성립한다. 그러나 허위사실을 적시하여 명예와 신용을 동시에 훼손하면 본죄와 신용훼손죄의 상상적 경합이 된다고 보아야 할 것이다.

Ⅴ. 반의사불벌죄

제312조 (고소와 피해자의 의사) ② 제307조와 제309조의 죄는 피해자의 명시한 의사에 반하여 공소를 제기할 수 없다. (개정 1995.12.29)

2 사자명예훼손죄 [친고죄]

제308조 (사자의 명예훼손) 공연히 허위의 사실을 적시하여 사자의 명예를 훼손한 자는 2년 이하의 징역이나 금고 또는 500만 원 이하의 벌금에 처한다.

(1) 의 의

사자의 명예훼손죄는 공연히 허위의 사실을 적시하여 사자의 명예를 훼손하는 범죄이다. 보호법익은 역사적 존재로서 사자의 인격적 가치이며, 보호의 정도는 추상적 위험범이다.

(2) 행 위

사자의 명예훼손죄는 허위의 사실을 적시한 경우에만 성립한다. 따라서 진실한 사실을 적시한 경우에는 본죄가 성립하지 않는다.

〈제308조의 허위사실의 판단〉 형법 제307조 제2항의 허위사실 적시에 의한 명예훼손죄에서 적시된 사실이 허위인지 여부를 판단함에 있어서는 적시된 사실의 내용 전체의 취지를 살펴볼 때 세부적인 내용에서 진실과 약간 차이가 나거나 다소 과장된 표현이 있는 정도에 불과하다면 이를 허위라고 볼 수 없으나, 중요한 부분이 객관적 사실과 합치하지 않는다면 이를 허위라고 보아야 한다. <u>위와 같은 법리는 형법 제308조의 사자명예훼손죄의 판단에서도 마찬가지로 적용된다</u>(대판 2014.3.13. 2013도12430).

〈'빚 때문에 죽은 척하는 나쁜 놈' 사건〉 사자명예훼손죄는 사자에 대한 사회적, 역사적 평가를 보호법익으로 하는 것이므로 그 구성요건으로서의 사실의 적시는 허위의 사실을 것을 요하는 바, 피고인이 사망자의 사망사실을 알면서 위 망인은 사망한 것이 아니고 빚 때문에 도망 다니며 죽은 척하는 나쁜 놈이라고 함은 공연히 허위의 사실을 적시한 행위로서 사자의 명예를 훼손하였다고 볼 것이다(대판 1983.10.25. 83도1520).

(3) 고 의

공연히 사자에 대한 허위사실을 적시한다는 인식이 있어야 한다.

〈제308조의 고의〉 범죄의 고의는 확정적 고의뿐만 아니라 결과 발생에 대한 인식이 있고 그를 용인하는 의사인 이른바 미필적 고의도 포함하므로 허위사실 적시에 의한 명예훼손죄 역시 <u>미필적 고의에 의하여도 성립하고, 위와 같은 법리는 형법 제308조의 사자명예훼손죄의 판단에서도 마찬가지로 적용된다</u>(대판 2014.3.13. 2013도12430).

〈제307조 제1항과 제2항의 관계〉 제307조 제1항의 법정형이 2년 이하의 징역 등으로 되어 있는 반면 제307조 제2항의 법정형은 5년 이하의 징역 등으로 되어 있는 것은 적시된 사실이 객관적으로 허위일 뿐 아니라 <u>행위자가 그 사실의 허위성에 대한 주관적 인식을 하면서 명예훼손행위를 하였다는 점에서 가벌성이 높다고 본 것이다</u>(대판 2017.4.26. 2016도18024). (21 변시)

(4) 착 오

1) 사자로 오인하고 허위의 사실을 적시하였으나 생존자인 경우 : 객관적으로는 생존자에 대한 허위사실을 적시한 부분에 대하여 제307조 제2항의 명예훼손죄가 발생하였지만, 주관적으로 사자로 오인하였으므로 제15조 제1항의 규정에 의하여 사자명예훼손죄만 성립한다.

2) 사자로 오인하고 진실의 사실을 적시하였으나 생존자인 경우 : 진실한 사실을 적시하였으므로 사자명예훼손죄는 성립하지 않으며, 생존자에 대한 과실명예훼손죄가 논의될 수 있으나 과실범 처벌규정이 없으므로 무죄가 된다.

3) 생존자로 오인하고 진실의 사실을 적시하였으나 사자인 경우 : 생존자에 대한 명예훼손죄의 불능미수가 논의될 수 있으나 미수범 처벌규정이 없고, 진실한 사실을 적시하였으므로 사자명예훼손죄도 성립하지 않으므로 무죄이다.

4) 생존자로 오인하고 허위의 사실을 적시하였으나 사자인 경우 : 생존자로 오인한 부분에 대하여는 불능미수가 논의될 수 있으나 미수범 처벌규정이 없고, 사자에 대하여는 큰 고의는 작은 고의를 포함하므로 사자명예훼손죄만 성립한다.

(5) 친고죄

> 제312조 (고소와 피해자의 의사) ① 제308조와 제311조의 죄는 고소가 있어야 공소를 제기할 수 있다.

본죄는 친고죄이다. 따라서 고소권자의 고소가 있어야 공소를 제기할 수 있다. 본죄의 고소권자는 사자의 친족 또는 자손을 원칙으로 하고, 이들이 없는 경우에는 이해관계인의 신청에 따라 검사가 10일 이내에 정한다(형사소송법 제227조, 제228조 참조).

3 출판물에 의한 명예훼손죄 [반의사불벌죄]

> 제309조 (출판물등에 의한 명예훼손) ① 사람을 비방할 목적으로 신문, 잡지 또는 라디오 기타 출판물에 의하여 제307조 제1항의 죄를 범한 자는 3년 이하의 징역이나 금고 또는 700만 원 이하의 벌금에 처한다.
> ② 제1항의 방법으로 제307조 제2항의 죄를 범한 자는 7년 이하의 징역, 10년 이하의 자격정지 또는 1천500만 원 이하의 벌금에 처한다.

[죄명예규] (출판물, 라디오)에의한명예훼손

(1) 의 의

출판물에 의한 명예훼손죄는 비방의 목적을 가지고 신문 · 잡지 · 라디오 · 컴퓨터통신망 등의 출판물에 의하여 사실을 적시함으로써 성립하는 범죄이다. 본죄는 제307조의 명예훼손죄에 비하여 전파성이 큰 신문 · 잡지 · 라디오 · 컴퓨터통신망 등 출판물에 의한다는 점에서 불법이 가중된 구성요건이다.

〈제309조를 중벌하는 이유〉 형법이 출판물 등에 의한 명예훼손죄를 일반 명예훼손죄보다 중벌하는 이유는 사실적시의 방법으로서의 출판물 등의 이용이 그 성질상 다수인이 견문할 수 있는 높은 전파성과 신뢰성 및 장기간의 보존가능성 등 피해자에 대한 법익침해의 정도가 더욱 크다는 데 있다(대판 1997.8.26. 97도133).

(2) 행 위

신문 · 잡지 또는 라디오 기타 출판물을 이용하여 사람의 명예를 훼손하는 것이다.
1) 신문 · 잡지 또는 라디오 기타 출판물의 이용 : 본죄는 신문 · 잡지 또는 라디오 기타 출판물을 이용하므로 공연성 보다 그 전파가능성이 높기 때문에 공연성은 요건으로 하지 않고 있다.
2) 출판물의 정도 : 출판물은 적어도 등록 · 출판된 인쇄물의 정도에 이르러야 하지만 이 정도의 효용과 기능을 가지고서 사실상 출판물로 유통 · 통용될 수 있는 외관을 가진 인쇄물도 포함된다.

〈'기타 출판물'의 의미〉 형법 제309조 제1항 소정의 '기타 출판물'에 해당한다고 하기 위하여는 그것이 등록·출판된 제본인쇄물이나 제작물은 아니라고 할지라도 적어도 그와 같은 정도의 효용과 기능을 가지고 사실상 출판물로 유통·통용될 수 있는 외관을 가진 인쇄물로 볼 수 있어야 한다(대판 1997.8.26. 97도133).

〈최고서 사본 사건〉 장수가 2장에 불과하며 제본방법도 조잡한 것으로 보이는 최고서 사본이 출판물이라고 할 수 있을 정도의 외관과 기능을 가진 인쇄물에 해당한다고 보기는 어렵다(대판 1997.8.26. 97도133).

〈A4 용지 7쪽 사건〉 컴퓨터 워드프로세서로 작성되어 프린트된 A4 용지 7쪽 분량의 인쇄물이 형법 제309조 제1항 소정의 '기타 출판물'에 해당하지 않는다고 본 사례(대판 2000.2.11. 99도3048). (15 변시)

〈모조지에 적은 무단가출자 사건〉 가로 약 25센티미터, 세로 약 30센티미터 되는 모조지 위에 싸인펜으로 특정인의 인적사항, 인상, 말씨 등을 기재하고 위 사람은 정신분열증 환자로서 무단가출하였으니 연락해 달라는 취지의 내용을 기재한 광고문은 형법 제309조에서 말하는 출판물에 해당한다고 보기 어렵다(대판 1986.3.25. 85도1143).

(3) 고의와 비방할 목적

1) 고의 : 적시 사실의 진실성(제1항) 또는 허위성(제2항)에 대한 인식뿐만 아니라 출판물 등을 통하여 (허위)사실의 적시된다는 데에 대한 인식과 의사가 있어야 한다.

〈허위사실의 고의와 입증책임〉 [1] 형법 제309조 제2항의 출판물 등에 의한 명예훼손죄가 성립하려면 그 적시하는 사실이 허위이어야 할 뿐 아니라 범인이 그와 같은 사실이 허위라고 인식을 하여야만 된다 할 것이고, 만일 범인이 그와 같은 사실이 허위라는 인식을 하지 못하였다면 형법 제309조 제1항의 죄로서 벌하는 것은 별론으로 하고 형법 제309조 제2항의 죄로서는 벌할 수 없다. [2] 허위의 점에 대한 인식, 즉 범의에 대한 입증책임은 검사에게 있다(대판 1994.10.28. 94도2186).

2) 비방할 목적 : 본죄는 고의 이외에 초과주관적인 요소로 비방할 목적이 있어야 하며, 비방의 목적이란 가해의 의사 내지 목적을 말한다. 비방할 목적이 없으면 단순명예훼손죄가 성립할 뿐이다. 또한 적시한 사실이 **공공의 이익**에 관한 때에는 특별한 사정이 없는 한 비방의 목적은 부인된다.

〈'비방할 목적'과 '공공의 이익'〉 형법 제309조 제1항 소정의 '사람을 비방할 목적'이란 가해의 의사 내지 목적을 요하는 것으로서 공공의 이익을 위한 것과는 행위자의 주관적 의도의 방향에 있어 서로 상반되는 관계에 있다고 할 것이므로, 적시한 사실이 공공의 이익에 관한 것인 경우에는 특별한 사정이 없는 한 비방 목적은 부인된다고 봄이 상당하다(대판 2003.12.26. 2003도6036). (16 변시)(24 1차)

〈'경찰가족사랑방' 사건〉 원심이 유지한 제1심이 적법하게 채택한 증거들에 의하면, 피고인이 '2011년 경찰특공대요원 경감 승진시험'에 응시하여 피해자 외 1명과 함께 1차 필기시험에 합격하여 2차 실기시험을 마치고 최종합격자 발표 전인 2011. 11. 25. 14 : 00경 인터넷 사이트인 '사이버경찰청(http : //www.police.go.kr)'에 접속한 다음, '경찰가족사랑방'란의 '국관과의 대화방' 게시판에 "특공대 승진시험 응시자에 문제가 있습니다"라는 제목으로 이 사건 글을 올린 사실을 알 수 있다. (중간 생략) 따라서 이와 같이 피고인의 주요한 동기 내지 목적이 공공의 이익을 위한 것이라면 부수적으로 피고인이 이 사건 글을 게시한 것에 원심이 인정한 바와 같이 다른 목적이나 동기가 내포되어 있더라도 이러한 사정만으로 피고인에게 비방할 목적이 있었다고 단정하기는 어렵다고 할 것이다(대판 2014.5.29. 2013도3517).

(4) 간접정범

본죄는 간접정범형식으로도 가능하다. 따라서 정을 모르는 기자에게 비방할 목적으로 허위 기사를 제공하여 신문에 보도하는 행위는 본죄의 간접정범에 해당한다.

〈기자를 이용한 출판물에 의한 명예훼손죄의 간접정범도 성립할 수 있다는 판례〉 타인을 비방할 목적으로 허위사실인 기사의 재료를 신문기자에게 제공한 경우에 기사를 신문지상에 게재하느냐의 여부는 신문 편집인의 권한에 속한다고 할 것이나 이를 편집인이 신문지상에 게재한 이상 기사의 게재는 기사재료를 제공한 자의 행위에 기인한 것이므로 기사재료의 제공행위는 형법 제309조 제2항 소정의 출판물에 의한 명예훼손죄의 죄책을 면할 수 없다(대판 1994.4.12. 93도3535). (21 2차)(22 변시)

〈신문기사 작성과 무관한 자에게 제보한 사건〉 출판물에 의한 명예훼손죄는 간접정범에 의하여 범하여질 수도 있으므로 타인을 비방할 목적으로 허위의 기사 재료를 그 정을 모르는 기자에게 제공하여 신문 등에 보도되게 한 경우에도 성립할 수 있으나 제보자가 기사의 취재·작성과 직접적인 연관이 없는 자에게 허위의 사실을 알렸을 뿐인 경우에는, 제보자가 피제보자에게 그 알리는 사실이 기사화 되도록 특별히 부탁하였다거나 피제보자가 이를 기사화 할 것이 고도로 예상되는 등의 특별한 사정이 없는 한, 피제보자가 언론에 공개하거나 기자들에게 취재됨으로써 그 사실이 신문에 게재되어 일반 공중에게 배포되더라도 제보자에게 출판·배포된 기사에 관하여 출판물에 의한 명예훼손죄의 책임을 물을 수는 없다(대판 2002.6.28. 2000도3045). (24 1차)

(5) 반의사불벌죄

제312조 (고소와 피해자의 의사) ② 제307조와 제309조의 죄는 피해자의 명시한 의사에 반하여 공소를 제기할 수 없다.

4 모욕죄 [친고죄]

제311조 (모욕) 공연히 사람을 모욕한 자는 1년 이하의 징역이나 금고 또는 200만 원 이하의 벌금에 처한다.

(1) 의 의

모욕죄는 공연히 사람을 모욕함으로써 성립하는 범죄이다. 보호법익은 외적 명예라는 점에서 명예훼손죄와 동일하다. 그러나 구체적 사실을 적시하면 명예훼손죄가 되고, 추상적인 경멸의 표현을 하면 모욕이 되므로 양 죄는 사실의 적시 여하에 따라 구별된다.

(2) 행 위

1) 공연성 : 명예훼손죄의 공연성과 동일하다. [2024 1차]

〈여관방 사건〉 피고인이 각 피해자에게 "사이비 기자 운운" 또는 "너 이 쌍년 왔구나"라고 말한 장소가 여관방안이고 그곳에는 피고인과 그의 처, 피해자들과 그들의 딸, 사위, 매형 밖에 없었고 피고인이 피고인의 딸과 피해자들의 아들간의 파탄된 혼인관계를 수습하기 위하여 만나 얘기하던 중 감정이 격화되어 위와 같은 발설을 한 사실이 인정된다면, 위 발언은 불특정 또는 다수인이 인식할 수 있는 상태, 또는 불특정다수인에게 전파될 가능성이 있는 상태에서 이루어진 것이라 보기 어려우므로 이는 공연성이 없다 할 것이다(대판 1984.4.10. 83도49). [COMMENT] 친족관계의 자들만 있었으므로 전파가능성설에 따르더라도 공연성을 부정하고 있는 판례이다. [2014 3차](17 변시)

〈모욕죄와 전파가능성〉 [1] 발언 후 실제로 전파되었는지 여부는 전파가능성 유무를 판단함에 있어 소극적 사정으로 고려될 수 있다. [2] 특히 발언의 내용 역시 피해자의 외부적 명예나 인격적 가치에 대한 사회적 평가를 저하시키거나 인격을 허물어뜨릴 정도로 모멸감을 주는 혐오스러운 표현이라기보다는 전체적으로 피해자의 입장에서 불쾌함을 느낄 정도의 부정적·비판적 의견이나 불편한 감정을 거칠게 나타낸 정도의 표현에 그치는 것으로서, 발언에 담긴 취지가 아니라 그와 같은 조악한 표현 자체를 피해자에게 그대로 옮겨 전파하리라는 사정을 쉽게 예상하기 어려운 경우에는 전파가능성을 인정함에 더욱 신중을 기할 필요가 있다(대판 2024.1.4. 2022도14571).

〈아파트 인터폰 사건〉 피고인들이 자신들의 주거지인 아파트에서 위층에 사는 피해자가 손님들을 데리고 와 시끄럽게 한다는 이유로 그 음향이 거실에 울려 퍼지는 인터폰으로 피해자에게 전화하여 손님과 그 자녀들이 듣고 있는 가운데 욕설을 하여 피해자를 모욕한 사안에서, 위와 같은 법리에 따라 전파가능성 이론에 따른 공연성 인정 여부 등을 판단해야 하는데, 원심이 위와 같은 법리에 따른 심리를 하지 않은 채 모욕죄의 공연성 및 미필적 고의가 없다는 이유로 무죄 판단을 한 것은 잘못이라고 보아 원심을 파기환송한 사례(대판 2022.6.16. 2021도15122).

2) 모욕 : 모욕이란 구체적인 사실을 적시하지 아니하고 사람의 사회적 평가를 저하시킬 만한 추상적 판단이나 경멸적 감정을 표현하는 것을 말한다. 모욕의 수단·방법에는 제한이 없다. 다만, 그것은 설명가치를 가져야 하므로 단순한 농담·불친절·무례만으로는 모욕이라 할 수 없다.

▍**모욕 관련 판례 정리**

1. 기본 법리 판례

〈모욕의 개념〉 모욕죄에서 말하는 모욕이란 사실을 적시하지 아니하고 사람의 사회적 평가를 저하시킬 만한 추상적 판단이나 경멸적 감정을 표현하는 것이다(대판 2003.11.28. 2003도3972).

〈무례하고 저속한 표현과 모욕〉 어떠한 표현이 상대방의 인격적 가치에 대한 사회적 평가를 저하시킬 만한 것이 아니라면 표현이 다소 무례한 방법으로 표시되었다 하더라도 모욕죄의 구성요건에 해당한다고 볼 수 없다(대판 2015.9.10. 2015도2229). (22 경)

2. 모욕을 긍정한 판례

〈'듣보잡' 사건〉 '듣보잡'이라는 신조어(新造語)가 '듣도 보도 못한 잡것(잡놈)'이라는 의미 외에 피고인의 주장과 같이 '유명하지 않거나 알려지지 않은 사람'이라는 의미로 사용될 수도 있음을 고려하더라도, 피고인이 이 부분 게시 글에서 '듣보잡'이라는 용어를 '함량 미달의 듣보잡',

'개집으로 숨어 버렸나? 비욘 드보르잡이 지금 뭐하고 있을까요?' 등과 같이 전자(前者)의 의미로 사용하였음이 명백한 이상 이로써 피해자의 사회적 평가를 저하시킬 만한 추상적 판단이나 경멸적 감정을 표현한 것으로 볼 수 있다고 한 사례(대판 2011.12.22. 2010도10130).

〈'이 개같은 잡년아' 사건〉 피해자에 대하여 "야 이 개같은 잡년아, 시집을 열두번을 간 년아, 자식도 못 낳는 창녀같은 년"이라고 큰소리 친 경우, 위 발언내용은 그 자체가 피해자의 사회적 평가를 저하시킬 만한 구체적 사실이라기보다는 피해자의 도덕성에 관하여 가지고 있는 추상적 판단이나 경멸적인 감정표현을 과장되게 강조한 욕설에 지나지 아니하여 형법 제311조의 모욕에는 해당할지언정, 형법 제307조 제1항의 명예훼손에 해당한다고 보기 어렵다(대판 1985.10.22. 85도1629)

〈'저 망할 년 저기 오네' 사건〉 동네사람 4명과 구청직원 2명 등이 있는 자리에서 피해자가 듣는 가운데 구청직원에게 피해자를 가리키면서 '저 망할년 저기 오네'라고 피해자를 경멸하는 욕설 섞인 표현을 하였다면 피해자를 모욕하였다고 볼 수 있다(대판 1990.9.25. 90도873).

〈MSN 대화명 사건〉 다니던 A 주식회사로부터 해고를 당하자, 자신의 MSN 대화명을 "A주식회사 사장(B)xx새끼 x까는 새끼"라고 바꾸어 놓아 자신의 대화상대에게 위와 같은 대화명이 보이도록 한 사안에서, 피고인이 피해자 A를 모욕하는 내용이 포함된 피고인의 대화명을 불특정 또는 다수인이라 할 수 있는 피고인의 메신저 대화 상대방들이 용이하게 볼 수 있는 상태에 놓아둔 행위는 '공연성'이 인정되는 행위이고 피고인도 이를 충분히 인식하고 있었다고 보아 모욕죄를 긍정한 사례(대판 2005.2.18. 2004도8351).

3. 모욕을 부정한 판례

〈"야, 이따위로 일할래." 사건〉 아파트 입주자대표회의 감사인 피고인이 관리소장 甲의 외부특별감사에 관한 업무처리에 항의하기 위해 관리소장실을 방문한 자리에서 甲과 언쟁을 하다가 "야, 이따위로 일할래.", "나이 처먹은 게 무슨 자랑이냐."라고 말한 사안에서, 피고인과 甲의 관계, 피고인이 발언을 하게 된 경위와 발언의 횟수, 발언의 의미와 전체적인 맥락, 발언을 한 장소와 발언 전후의 정황 등에 비추어 볼 때, 피고인의 발언은 상대방을 불쾌하게 할 수 있는 무례하고 저속한 표현이기는 하지만 객관적으로 甲의 인격적 가치에 대한 사회적 평가를 저하시킬 만한 모욕적 언사에 해당하지 않는다고 한 사례(대판 2015.9.10. 2015도2229).

〈"아이 씨발!" 사건〉 [1] 언어는 인간의 가장 기본적인 표현수단이고 사람마다 언어습관이 다를 수 있으므로 그 표현이 다소 무례하고 저속하다는 이유로 모두 형법상 모욕죄로 처벌할 수는 없다. [2] 피고인이 택시 기사와 요금 문제로 시비가 벌어져 112 신고를 한 후, 신고를 받고 출동한 경찰관 갑에게 늦게 도착한 데 대하여 항의하는 과정에서 "아이 씨발!"이라고 말한 사안에서, 제반 사정에 비추어 피고인의 발언은 직접적으로 피해자를 특정하여 그의 인격적 가치에 대한 사회적 평가를 저하시킬 만한 경멸적 감정을 표현한 모욕적 언사에 해당한다고 단정하기 어렵다고 한 사례(대판 2015.12.24. 2015도6622). (16 법행)

〈"일방적인 견해에 놀아났다" 사건〉 임대아파트의 분양전환과 관련하여 임차인 甲은 아파트 관리사무소의 방송시설을 이용하여 임차인대표회의의 전임회장을 비판하며 "전 회장의 개인적인 의사에 의하여 주택공사의 일방적인 견해에 놀아나고 있기 때문에"라고 말한 사안에서, 이 사건 공소사실이 모욕적 표현으로 적시한 "전 회장의 개인적인 의사에 의하여 주택공사의 일방적인 견해에 놀아나고 있기 때문에"의 중심적 의미는, 임차인대표회의의 회장이었던 공소외 2가 개인적 판단에만 기울어서 주택공사와의 관계에서 주민들의 의견을 관철시키지 못하고 주택공사의 견해에만 일방적으로 끌려 다닌다는 취지로 해석함이 상당하다. 이는 새로운 임차인대표회의를 구성하게 된 일반적 배경과 그 당위성을 강조하기 위하여 사회적으로 용납할 수 있는 비판을 가한 것으로서, 직접적으로 공소외 2를 겨냥하여 그의 사회적 평가를 저하시킬 만한 추상적 판단이나 그에 대한 경멸적 감정을 표현한 것으로 보기 어렵다(대판 2008.12.11. 2008도8917).

〈"부모가 그런 식이니 자식도 그런 것이다" 사건〉 "부모가 그런 식이니 자식도 그런 것이다"와 같은 표현으로 인하여 상대방의 기분이 다소 상할 수 있다고 하더라도 그 내용이 너무나 막연하여 그것만으로 곧 상대방의 명예감정을 해하여 형법상 모욕죄를 구성한다고 보기는 어렵다(대판 2007.2.22. 2006도8915).

〈해고 근로자가 부사장 이름 부른 사건〉 갑 주식회사 해고자 신분으로 노동조합 사무장직을 맡아 노조활동을 하는 피고인이 노사 관계자 140여 명이 있는 가운데 큰 소리로 피고인보다 15세 연장자로서 갑 회사 부사장인 을을 향해 "야 ○○아, ○○이 여기 있네, 니 이름이 ○○ 이잖아, ○○아 나오니까 좋지?" 등으로 여러 차례 을의 이름을 불러 을을 모욕하였다는 내용으로 기소된 사안에서, 피고인의 위 발언은 상대방을 불쾌하게 할 수 있는 무례하고 예의에 벗어난 표현이기는 하지만 객관적으로 을의 인격적 가치에 대한 사회적 평가를 저하시킬 만한 모욕적 언사에 해당한다고 보기 어렵다는 이유로, 이와 달리 본 원심판단에 형법상 모욕의 의미에 관한 법리를 오해한 잘못이 있다고 한 사례(대판 2018.11.29. 2017도2661). (23 법행)

〈'정말 야비한 사람인 것 같습니다' 사건〉 피고인이 직원들에게 피해자(민주노총 지부장)가 관리하는 사업소의 문제 등을 지적하는 내용의 카카오톡 문자메시지를 발송하면서 '민주노총 ○○○지부장은 정말 야비한 사람인 것 같습니다'라고 표현('이 사건 표현')하여 공연히 피해자를 모욕하였다는 혐의로 기소된 사안에서, 이 사건 표현은 피고인의 피해자에 대한 부정적·비판적 의견이나 감정이 담긴 경미한 수준의 추상적 표현에 불과할 뿐 피해자의 외부적 명예를 침해할 만한 표현이라고 단정하기 어렵다고 보아 법리오해를 이유로 원심판결을 파기환송한 사례(대판 2022.8.31. 2019도7370). (23 법행)

〈갑의 방송 영상을 게시하면서 갑의 얼굴에 '개' 얼굴을 합성한 사건〉 피고인이 자신의 유튜브 채널에 갑의 방송 영상을 게시하면서 갑의 얼굴에 '개' 얼굴을 합성하는 방법으로 갑을 모욕하였다는 내용으로 기소된 사안에서, 원심판단 중 피고인이 갑을 '개'로 지칭하지는 않은 점 및 효과음, 자막을 사용하지 않았다는 사정을 무죄의 근거로 든 것은 적절하지 않으나, 영상의 전체적인 내용을 살펴볼 때, 피고인이 갑의 얼굴을 가리는 용도로 동물 그림을 사용하면서 갑에 대한 부정적인 감정을 다소 해학적으로 표현하려 한 것에 불과하다고 볼 여지도 상당하므로, 해당 영상이 갑을 불쾌하게 할 수 있는 표현이기는 하지만 객관적으로 갑의 인격적 가치에 대한 사회적 평가를 저하시킬 만한 모욕적 표현을 한 경우에 해당한다고 단정하기 어렵다는 취지에서 공소사실을 무죄로 판단한 것은 수긍할 수 있다고 한 사례(대판 2023.2.2. 2022도4719).

〈공황장애 ㅋ 사건〉 피고인이 공소외인이 인터넷 포털 사이트 '○○'의 다른 카페에서 다른 회원을 강제탈퇴시킨 후 보여준 태도에 대하여 불만을 가지고 댓글을 게시하게 된 사실, 피고인이 게시한 댓글 내용은 '선무당이 사람 잡는다, 자승자박, 아전인수, 사필귀정, 자업자득, 자중지란, 공황장애 ㅋ'라고 되어 있는 사실을 알 수 있다. 위 사실관계에 나타난 피고인의 댓글 게시 경위, 댓글의 전체 내용과 표현 방식, 공황장애의 의미(뚜렷한 근거나 이유 없이 갑자기 심한 불안과 공포를 느끼는 공황 발작이 되풀이해서 일어나는 병) 등을 종합하면, 피고인이 댓글로 게시한 '공황장애 ㅋ'라는 표현이 상대방을 불쾌하게 할 수 있는 무례한 표현이기는 하나, 상대방의 인격적 가치에 대한 사회적 평가를 저하시킬 만한 표현에 해당한다고 보기는 어렵다(대판 2018.5.30. 2016도20890). (22 경2)

3) **집단표시에 의한 모욕** : 이른바 집단표시에 의한 모욕은 구성원 개개인에 대한 모욕이 성립되지 않는다고 봄이 원칙이고, 그 비난의 정도가 희석되지 않아 구성원 개개인의 사회적 평가를 저하시킬 만한 것으로 평가될 경우에는 예외적으로 구성원 개개인에 대한 모욕이 성립할 수 있다.

〈여자아나운서 사건〉 [사실관계] 현직 국회의원이었던 甲은 여대생들과의 저녁 회식 자리에서, (아나운서 지위를 유지하거나 승진하기 위하여) "다 줄 생각을 해야 하는데, 그래도 아나운서 할 수 있겠느냐?"라는 등의 발언을 하였다. 甲의 죄책은? [판결요지] [1] 모욕죄는 특정한 사람 또는 인격을 보유하는 단체에 대하여 사회적 평가를 저하시킬 만한 경멸적 감정을 표현함으로써 성립하는 것이므로 그 피해자는 특정되어야 한다. 이른바 집단표시에 의한 모욕은, 모욕의 내용이 그 집단에 속한 특정인에 대한 것이라고는 해석되기 힘들고, 집단표시에 의한 비난이 개별구성원에 이르러서는 비난의 정도가 희석되어 구성원 개개인의 사회적 평가에 영향을 미칠 정도에 이르지 아니한 경우에는 구성원 개개인에 대한 모욕이 성립되지 않는다고 봄이 원칙이고, 그 비난의 정도가 희석되지 않아 구성원 개개인의 사회적 평가를 저하시킬 만한 것으로 평가될 경우에는 예외적으로 구성원 개개인에 대한 모욕이 성립할 수 있다. 한편 구성원 개개인에 대한 것으로 여겨질 정도로 구성원 수가 적거나 당시의 주위 정황 등으로 보아 집단 내 개별구성원을 지칭하는 것으로 여겨질 수 있는 때에는 집단 내 개별구성원이 피해자로서 특정된다고 보아야 할 것인데, 그 구체적인 기준으로는 집단의 크기, 집단의 성격과 집단 내에서의 피해자의 지위 등을 들 수 있다. [2] 그 발언 내용이 매우 부적절하고 저속한 것이기는 하지만, '여성 아나운서'라는 집단의 규모와 조직 체계, 집단 자체의 경계가 불분명한 점 등에 비추어 집단 내 개별구성원이 피해자로서 특정되었다고 볼 수 없고, 피고인의 이 사건 발언은 여성 아나운서 일반을 대상으로 한 것으로서 그 개별 구성원인 피해자들에 이르러서는 비난의 정도가 희석되어 피해자 개개인의 사회적 평가에 영향을 미칠 정도에까지는 이르지 아니하였다는 이유로 형법상 모욕죄의 성립을 부정하여 원심을 파기·환송한 사례(대판 2014.3.27. 2011도15631). 📌 모욕죄는 성립하지 않는다. (16 변시)(24 변시)

4) **기수시기** : 본죄는 추상적 위험범이므로 공연히 모욕함으로써 기수가 되며, 피해자의 외부적 명예가 현실적으로 훼손되었음을 요하지 않는다.

〈모욕죄가 추상적 위험범이라는 판례〉 모욕죄는 피해자의 외부적 명예를 저하시킬 만한 추상적 판단이나 경멸적 감정을 공연히 표시함으로써 성립하는 것이므로 피해자의 외부적 명예가 현실적으로 침해되거나 구체적·현실적으로 침해될 위험이 발생하여야 하는 것도 아니다(대판 2016.10.13. 2016도9674).

〈"젊은 놈의 새끼야, 순경새끼, 개새끼야." 사건〉 [1] 피고인이 원심판시 식당에서 영업 업무를 방해하고 식당 주인을 폭행하던 중 식당 주인 부부, 손님, 인근 상인들이 있는 공개된 위 식당 앞 노상에서 112 신고를 받고 출동한 경찰관인 피해자를 향해 "젊은 놈의 새끼야, 순경새끼, 개새끼야.", "씨발 개새끼야, 좆도 아닌 젊은 새끼는 꺼져 새끼야."라는 욕설을 한 사실을 알 수 있다. [2] 위와 같은 피고인의 발언 내용과 그 당시의 주변 상황, 경찰관이 현장에 가게 된 경위 등을 종합해 보면, 당시 피고인은 업무방해와 폭행의 범법행위를 한 자로서 이를 제지하는 등 법집행을 하려는 경찰관 개인을 향하여 경멸적 표현을 담은 욕설을 함으로써 경찰관 개인의 인격적 가치에 대한 평가를 저하시킬 위험이 있는 모욕행위를 하였다고 볼 것이고, 이를 단순히 당면 상황에 대한 분노의 감정을 표출하거나 무례한 언동을 한 정도에 그친 것으로 평가하기는 어렵다. 그리고 설사 그 장소에 있던 사람들이 전후 경과를 지켜보았기 때문에 피고인이 근거 없이 터무니없는 욕설을 한다는 사정을 인식할 수 있었다고 하더라도, 그 현장에 식당 손님이나 인근 상인 등 여러 사람이 있어 공연성 및 전파가능성도 있었다고 보이는 이상, 피해자인 경찰관 개인의 외부적 명예를 저하시킬 만한 추상적 위험을 부정할 수는 없다고 할 것이다(대판 2016.10.13. 2016도9674). (22 경)

(3) 위법성

어떤 글이 특히 모욕적인 표현을 포함하는 판단 또는 의견의 표현을 담고 있는 경우에도 그 시대의 건전한 사회통념에 비추어 그 표현이 사회상규에 위배되지 않는 행위로 볼 수 있는 때에는 형법 제20조에 의하여 예외적으로 위법성이 조각된다.

▮ 모욕과 정당행위

1. 기본 판례

〈모욕죄와 정당행위〉 어떤 글이 특히 모욕적인 표현을 포함하는 판단 또는 의견의 표현을 담고 있는 경우에도 그 시대의 건전한 사회통념에 비추어 그 표현이 사회상규에 위배되지 않는 행위로 볼 수 있는 때에는 형법 제20조에 의하여 예외적으로 위법성이 조각된다(대판 2008.7.10. 2008도1433).

〈객관적으로 타당성이 있는 사실을 전제로 의견을 표현한 사건〉 모욕죄에서 말하는 모욕이란 사실을 적시하지 아니하고 사람의 사회적 평가를 저하시킬 만한 추상적 판단이나 경멸적 감정을 표현하는 것을 의미한다. 다만 어떤 글이 모욕적 표현을 담고 있는 경우에도 그 글이 객관적으로 타당성이 있는 사실을 전제로 하여 그 사실관계나 이를 둘러싼 문제에 관한 자신의 판단과 피해자의 태도 등이 합당한가 하는 데 대한 자신의 의견을 밝히고, 자신의 판단과 의견이 타당함을 강조하는 과정에서 부분적으로 모욕적인 표현이 사용된 것에 불과하다면 사회상규에 위배되지 않는 행위로서 형법 제20조에 의하여 위법성이 조각될 수 있다(대판 2021.3.25. 2017도17643). (22 3차)

2. 모욕행위이지만 정당행위로 인정한 판례

〈'한심하고 불쌍한 인간' 사건〉 골프클럽 경기보조원들의 구직편의를 위해 제작된 인터넷 사이트 내 회원 게시판에 특정 골프클럽의 운영상 불합리성을 비난하는 글을 게시하면서 위 클럽 담당자에 대하여 '한심하고 불쌍한 인간'이라는 등 경멸적 표현을 한 사안에서, 게시의 동기와 경위, 모욕적 표현의 정도와 비중 등에 비추어 사회상규에 위배되지 않는다고 보아 모욕죄의 성립을 부정한 사례(대판 2008.7.10. 2008도1433).

〈기레기 사건〉 자동차 정보 관련 인터넷 신문사 소속 기자 갑이 작성한 기사가 인터넷 포털 사이트의 자동차 뉴스 '핫이슈' 난에 게재되자, 피고인이 "이런걸 기레기라고 하죠?"라는 댓글을 게시함으로써 공연히 갑을 모욕하였다는 내용으로 기소된 사안에서, '기레기'는 기자인 갑의 사회적 평가를 저하시킬 만한 추상적 판단이나 경멸적 감정을 표현한, 모욕적 표현에 해당하나, 위 기사에 대한 다른 댓글들의 논조 및 내용과 비교할 때 댓글의 표현이 지나치게 악의적이라고 하기도 어려운 점을 종합하면, 위 댓글을 작성한 행위는 사회상규에 위배되지 않는 행위로서 형법 제20조에 의하여 위법성이 조각된다고 한 사례(대판 2021.3.25. 2017도17643).

〈도라이 사건〉 부사관 교육생이던 피고인이 동기들과 함께 사용하는 단체채팅방에서 지도관이던 피해자가 목욕탕 청소 담당에게 과실 지적을 많이 한다는 이유로 "도라이 ㅋㅋㅋ 습기가 그렇게 많은데"라는 글을 게시하여 공연히 상관인 피해자를 모욕하였다는 내용으로 기소된 사안에서, '도라이'는 상관인 피해자를 경멸적으로 비난한 것으로 모욕적인 언사라고 볼 수 있으나, 피고인의 위 표현은 동기 교육생들끼리 고충을 토로하고 의견을 교환하는 사이버공간에서 상관인 피해자에 대하여 일부 부적절한 표현을 사용하게 된 것에 불과하고 이로 인하여 군의 조직질서와 정당한 지휘체계가 문란하게 되었다고 보이지 않으므로, 이러한 행위는 사회상규에 위배되지 않는다고 한 사례(대판 2021.8.19. 2020도14576). (22 경2)

〈악의 축 사건〉 지역버스노동조합 조합원인 피고인이 자신의 페이스북에 집회 일정을 알리면서 노동조합 집행부인 피해자 갑과 을을 지칭하며 "버스노조 악의 축, 갑과 을 구속수사하라!!"라는 표현을 적시하여 피해자들을 모욕하였다는 내용으로 기소된 사안에서, 피고인이 노동조합 집행부의 공적 활동과 관련한 자신의 의견을 담은 게시글을 작성하면서 그러한 표현을 한 것은 사회상규에 위배되지 않는 정당행위로서 형법 제20조에 따라 위법성이 조각된다고 볼 여지가 크다는 이유로, 이와 달리 보아 공소사실을 유죄로 인정한 원심판단에 모욕죄의 위법성 판단에 관한 법리오해의 잘못이 있다고 한 사례(대판 2022.10.27. 2019도14421).

〈"철면피, 파렴치, 양두구육, 극우부패세력" 사건〉 피고인이 자신의 페이스북에 갑에 대한 비판적인 글을 게시하면서 "철면피, 파렴치, 양두구육, 극우부패세력"이라는 표현을 사용하여 갑을 모욕하였다는 내용으로 기소된 사안에서, 피고인이 갑의 공적 활동과 관련한 자신의 의견을 담은 게시글을 작성하면서 위 표현을 한 것은 사회상규에 위배되지 않는 행위로서 형법 제20조에 의하여 위법성이 조각된다고 볼 여지가 크다(대판 2022.8.25. 2020도16897). (23 2차)

3. 모욕행위이며 정당행위로 인정하지 않은 판례

〈'어용', '앞잡이' 사건〉 피고인들이 소속 노동조합 위원장 갑을 '어용', '앞잡이' 등으로 지칭하여 표현한 현수막, 피켓 등을 장기간 반복하여 일반인의 왕래가 잦은 도로변 등에 게시한 사안에서, '어용'이란 자신의 이익을 위하여 권력자나 권력 기관에 영합하여 줏대 없이 행동하는 것을 낮잡아 이르는 말, '앞잡이'란 남의 사주를 받고 끄나풀 노릇을 하는 사람을 뜻하는 말로서 언제나 위 표현들이 지칭된 상대방에 대한 모욕에 해당한다거나 사회상규에 비추어 허용되지 않는 것은 아니지만, 제반 사정에 비추어 피고인들의 위 행위는 갑에 대한 모욕적 표현으로서 사회상규에 위배되지 않는 행위로 보기 어렵다고 한 사례(대판 2021.9.9. 2016도88). [COMMENT] 언제나 모욕죄가 성립하는 것은 아니라는 점을 주의하여야 한다. (22 경)

〈국민호텔녀 사건〉 피고인이 사용한 표현들 중 "국민호텔녀"는 피해자의 사생활을 들추어 피해자가 종전에 대중에게 호소하던 청순한 이미지와 반대의 이미지를 암시하면서 피해자를 성적 대상화하는 방법으로 비하하는 것으로서 여성 연예인인 피해자의 사회적 평가를 저하시킬 만한 모멸적인 표현으로 평가할 수 있고, 정당한 비판의 범위를 벗어난 것으로서 정당행위로 보기도 어렵다(대판 2022.12.15. 2017도19229).

(4) 타죄와의 관계

1) **명예훼손죄와의 관계** : 명예훼손죄는 모욕죄의 특별관계에 있으므로 명예훼손죄가 성립하면 모욕죄는 이에 흡수된다.

2) **외국원수 · 외국사절에 대한 모욕죄와의 관계** : 본죄와 외국원수 · 외국사절에 대한 모욕죄와의 차이점은 ① 모욕죄는 공연성을 요건으로 하지만 제107조 제2항과 제108조 제2항에는 공연성이 요건이 아니며 ② 모욕죄는 친고죄이나 제107조 제2항과 제108조 제2항은 반의사불벌죄(제110조 참조)라는 점이다.

[COMMENT] 제107조와 제108조의 경우에는 이미 공연성이 내재되어 있으므로 공연성을 별도로 요구할 필요가 없다.

(5) 친고죄

제312조 (고소와 피해자의 의사) ① 제308조와 제311조의 죄는 고소가 있어야 공소를 제기할 수 있다.

제2절 | 신용·업무와 경매에 대한 죄

1 신용훼손죄

> 제313조 (신용훼손) 허위의 사실을 유포하거나 기타 위계로써 사람의 신용을 훼손한 자는 5년 이하의 징역 또는 1천500만 원 이하의 벌금에 처한다.

(1) 의 의

신용훼손죄는 허위의 사실을 유포하거나 기타 위계로써 사람의 신용을 훼손하는 범죄이다. 보호법익은 사람의 신용이며, 보호의 정도는 추상적 위험범이다.

(2) 행 위

허위의 사실을 유포하거나 기타 위계로써 사람의 신용을 훼손하는 것이다.

1) 허위사실의 유포 : 허위사실의 유포라 함은 객관적으로 진실과 부합하지 않는 과거 또는 현재의 사실을 유포하는 것을 말하며, 미래의 사실도 증거에 의한 입증이 가능할 때에는 여기의 사실에 포함된다.

〈'집도 없고 남편도 없는 과부'라고 한 것은 허위사실의 유포가 아니라는 판례〉 형법상 신용훼손죄는 허위사실의 유포 기타 위계로써 사람의 신용을 훼손할 것을 요하고, 여기서 허위사실의 유포라 함은 객관적으로 진실과 부합하지 않는 과거 또는 현재의 사실을 유포하는 것으로서(미래의 사실도 증거에 의한 입증이 가능할 때에는 여기의 사실에 포함된다고 할 것이다.) 피고인의 단순한 의견이나 가치판단을 표시하는 것은 이에 해당하지 않는다고 할 것이므로, 공소외 (갑)은 8년전부터 남편없이 3자녀를 데리고 생계를 꾸려왔을 뿐 아니라 피고인에 대한 다액의 채무를 담보하기 위해 동녀의 아파트와 가재도구까지를 피고인에게 제공한 사실이 인정되니 위 공소외 (갑)이 '집도 남편도 없는 과부'라고 말한 것이 허위사실이 될 수 없고 또 공소외 (갑)이 계주로서 계불입금을 모아서 도망가더라도 책임지고 도와줄 사람이 없다는 취지의 피고인의 말은 피고인의 위 공소외 (갑)에 대한 개인적 의견이나 평가를 진술한 것에 불과하여 허위사실의 유포라고 볼 수 없다(대판 1983.2.8. 82도2486). (24 2차)

2) 위계 : 위계란 행위자의 행위목적을 달성하기 위하여 상대방에게 오인·착각 또는 부지를 일으키게 하여 이를 이용하는 일체의 행위를 말하며, 비밀로 행하든 공공연하게 행하든 불문한다.

〈피해자가 대출금 이자 연체했다고 은행에 거짓 신고한 사건〉 피고인이 피해자에 관한 허위의 내용을 기재한 편지(피해자가 대출금 이자를 연체하지 않았음에도 연체했다는 내용)를 은행에 송부함으로써 은행의 오인 또는 착각 등을 일으켜 위계로써 피해자의 신용을 훼손하였다고 본 사례(대판 2006.12.7. 2006도3400).

3) 신용훼손 : 신용이란 사람의 경제활동에 대한 평가로서 그 사람의 경제적 지불능력 또는 지불의사에 대한 사회적 평가를 말한다. 그리고 신용훼손이란 사람의 지불능력이나 지불의사에 대한 사회적 신뢰를 저하시킬 우려가 있는 상태를 발생하게 하는 것을 말한다.

〈퀵서비스 사건〉 [1] 형법 제313조의 신용훼손죄에서 '신용'은 경제적 신용, 즉 사람의 지급능력 또는 지급의사에 대한 사회적 신뢰를 의미한다. [2] 퀵서비스 운영자인 피고인이 배달업무를 하면서, 손님의 불만이 예상되는 경우에는 평소 경쟁관계에 있는 피해자 운영의 퀵서비스 명의로 된 영수증을 작성·교부함으로써 손님들로 하여금 불친절하고 배달을 지연시킨 사업체가 피해자 운영의 퀵서비스인 것처럼 인식하게 한 사안에서, 퀵서비스의 주된 계약내용이 신속하고 친절한 배달이라 하더라도, 그와 같은 사정만으로 위 행위가 피해자의 경제적 신용, 즉 지급능력이나 지급의사에 대한 사회적 신뢰를 저해하는 행위에 해당한다고 보기는 어렵다(대판 2011.5.13. 2009도5549). (12 변시)

4) 기수시기 : 본죄는 추상적 위험범이므로 신용을 훼손하는 결과가 현실적으로 발생할 것을 요하지 않고, 신용을 훼손할만한 허위사실의 유포 또는 기타 위계의 행사가 있으면 기수가 된다.

(3) **고의와 착오**

본죄는 허위의 사실 등에 대한 인식과 신용을 해한다는 의사가 있어야 한다. 만약 ① 허위의 사실을 진실한 사실로 오인한 경우에는 제15조 제1항의 적용으로 범죄가 성립하지 아니하고 ② 진실한 사실을 허위의 사실로 오인한 경우에는 적극적 착오로 불능범 내지 불능미수가 논의될 수 있으나, 미수범 처벌규정이 없으므로 불가벌이다.

〈신용훼손죄의 고의는 미필적 고의로도 족하다는 판례〉 신용훼손죄에 있어서의 범의는 반드시 확정적인 고의를 요하는 것은 아니고, 허위사실을 유포하거나 기타 위계를 사용한다는 점과 그 결과 다른 사람의 신용을 저하시킬 염려가 있는 상태가 발생한다는 점에 대한 미필적 인식으로도 족하다 할 것이다(대판 2006.12.7. 2006도3400). (24 2차)

2 업무방해죄

제314조 (업무방해) ① 제313조의 방법 또는 위력으로써 사람의 업무를 방해한 자는 5년 이하의 징역 또는 1천 500만 원 이하의 벌금에 처한다.

I. 서 설

업무방해죄란 허위의 사실을 유포하거나 위계 또는 위력으로써 타인의 업무를 방해함으로써 성립하는 범죄이다. 보호법익은 사람의 업무이며, 보호의 정도는 추상적 위험범이다.

〈업무방해죄는 위험범이라는 판례〉 업무방해죄의 성립에는 업무방해의 결과가 실제로 발생함을 요하지 않고 업무방해의 결과를 초래할 위험이 발생하는 것이면 족하며, 업무수행 자체가 아니라 업무의 적정성 내지 공정성이 방해된 경우에도 업무방해죄가 성립한다(대판 2008.1.17. 2006도1721). (24 변시)(24 3차)

Ⅱ. 구성요건

1. 객 체

타인의 업무이다.

> [COMMENT] 업무방해죄의 보호법익을 무엇으로 보느냐에 따라 업무에 대한 체계적 지위가 달라진다. 판례는 업무를 보호대상으로 보고 있는 판례와 행위의 객체로 보고 있는 판례가 혼재하고 있으나, 본서에서는 객체에 위치시킨다.

　　1) 타인 : 타인으로서의 사람을 말하며, 자연인은 물론 법인과 법인격 없는 단체를 포함한다.

〈대학교 사건〉 업무방해죄에 있어서의 행위의 객체는 타인의 업무이고, 여기서 타인이라 함은 범인 이외의 자연인과 법인 및 법인격 없는 단체를 가리키므로, 법적 성질이 영조물에 불과한 대학교 자체는 업무방해죄에 있어서의 업무의 주체가 될 수 없다(대판 1999.1.15. 98도663).

〈강제집행은 집행관의 고유 업무이지 위임한 조합의 업무가 아니라는 판례〉 [1] 집행관은 집행관법 제2조에 따라 재판의 집행 등을 담당하면서 그 직무 행위의 구체적 내용이나 방법 등에 관하여 전문적 판단에 따라 합리적인 재량을 가진 독립된 단독의 사법기관이다. [2] 재개발정비사업조합의 건물명도소송 확정판결에 따른 강제집행에 대해 조합의 이주, 철거업무를 방해하였다는 공소사실로 기소된 사안에서 강제집행은 집행관의 고유 업무이지 위임한 조합의 업무가 아니므로 업무방해죄가 성립된다고 보기 어렵다는 이유로 원심판결을 파기·환송한 사례(대판 2023.4.27. 2020도34). [COMMENT] 집행관의 업무를 방해한 거슨 조합의 업무를 방해한 것은 아니라는 판례이다.

〈농협 이사회에서 허위의 자료를 제출하는 등의 방법으로 안건을 통과시킨 것은 이사회 구성원 아닌 감사의 업무가 방해된 경우에 해당하지 않는다는 판례〉 피고인들이 공모하여 이사회에서 '급여규정 일부 개정안'에 대하여 허위로 설명 또는 보고하거나 개정안과 관련하여 허위의 자료를 작성하여 제시하였는데, 위와 같은 행위로 위계로써 甲 농협 감사의 甲 농협의 재산과 업무집행상황에 대한 감사, 이사회에 대한 의견 진술 등에 관한 업무를 방해하였다는 내용으로 기소된 사안에서, 피고인들의 행위로 이사회에 출석하여 의견을 진술한 이사회 구성원 아닌 감사의 업무가 방해된 경우에 해당하지 않음에도, 이와 달리 본 원심판단에 법리오해의 잘못이 있다고 한 사례(대판 2023.9.27. 2023도9332). [COMMENT] 이사회의 구성원이 아닌 감사의 업무를 방해한 것은 아니라는 판례이다. (24 3차)

　　2) 업무의 의의 : 업무란 사람이 그 사회생활상의 지위에 기하여 계속적으로 종사하는 사무 또는 사업을 말하며, 주된 업무뿐만 아니라 이와 밀접불가분한 관계에 있는 부수적인 업무도 포함한다.

〈업무의 개념〉 형법상 업무방해죄의 보호대상이 되는 '업무'란 직업 또는 계속적으로 종사하는 사무나 사업으로서 타인의 위법한 행위에 의한 침해로부터 보호할 가치가 있으면 되고, 법률상 보호할 가치가 있는 업무인지 여부는 그 사무가 사실상 평온하게 이루어져 사회적 활동의 기반이 되고 있느냐에 따라 결정된다(대판 2020.11.12. 2016도8627).

〈주주총회의결권 사건〉 주주로서 주주총회에서 의결권 등을 행사하는 것은 주식의 보유자로서 그 자격에서 권리를 행사하는 것에 불과할 뿐 그것이 '직업 기타 사회생활상의 지위에 기하여 계속적으로 종사하는 사무 또는 사업'에 해당한다고 할 수 없다(대판 2004.10.28. 2004도1256).

〈초등학생 수업 사건〉 초등학생들이 학교에 등교하여 교실에서 수업을 듣는 것은 헌법 제31조가 정하고 있는 무상으로 초등교육을 받을 권리 및 초·중등교육법 제12, 13조가 정하고 있는 국가의 의무교육 실시의무와 부모들의 취학의무 등에 기하여 학생들 본인의 권리를 행사하는 것이거나 국가 내지 부모들의 의무를 이행하는 것에 불과할 뿐 그것이 '직업 기타 사회생활상의 지위에 기하여 계속적으로 종사하는 사무 또는 사업'에 해당한다고 할 수 없다(대판 2013.6.14. 2013도3829). [2018 변시](20 변시)(23 변시)

〈일회적인 공장 이전 사건〉 업무방해죄에 있어서의 "업무"라 함은 사람이 그 사회생활상의 지위에 기하여 계속적으로 종사하는 사무나 사업을 의미하는 것으로서, 주된 업무뿐만 아니라 이와 밀접불가분한 관계에 있는 부수적인 업무도 포함되는 것이지만, 계속하여 행하는 사무가 아닌 공장의 이전과 같은 일회적인 사무는 업무방해죄의 객체가 되는 "업무"에 해당되지 않는다(대판 1989.9.12. 88도1752).

〈사업장 이전 계속 사건〉 업무방해죄에 있어서의 업무란 직업 또는 사회생활상의 지위에 기하여 계속적으로 종사하는 사무나 사업의 일체를 의미하고, 그 업무가 주된 것이든 부수적인 것이든 가리지 아니하며, 일회적인 사무라 하더라도 그 자체가 어느 정도 계속하여 행해지는 것이거나 혹은 그것이 직업 또는 사회생활상의 지위에서 계속적으로 행하여 온 본래의 업무수행과 밀접불가분의 관계에서 이루어진 경우에도 이에 해당한다 할 것이다(대판 2005.4.15. 2004도8701).

〈종중 회장의 의사진행업무 사건〉 종중 정기총회를 주재하는 종중 회장의 의사진행업무 자체는 1회성을 갖는 것이라고 하더라도 그것이 종중회장으로서의 사회적인 지위에서 계속적으로 행하여 온 종중 업무수행의 일환으로 행하여진 것이라면 형법상 업무방해죄에 의하여 보호되는 업무에 해당한다(대판 1995.10.12. 95도1589). (23 변시)

3) 형법상 보호할 가치가 있는 업무 : 업무방해죄에서의 업무는 형법상 보호할 가치가 있는 업무이어야 한다.

〈정당한 업무집행이라고 할 수 없는 적재량 측량 사건〉 [1] 정당한 업무집행이라고 할 수 없는 행위에 대하여는 이를 위력으로 배제하였다고 하더라도 업무방해죄가 성립되지 아니한다고 할 것이다. [2] 도로관리청 또는 그로부터 권한을 위임받아 과적차량 단속을 위한 적재량 측정의 업무를 수행하는 자라고 하더라도, 적재량 측정을 강제할 수 있는 법령상의 근거가 없는 한, 측정에 불응하는 자를 고발하는 것은 별론으로 하고, 측정을 강제하기 위한 조치를 취할 권한은 없으므로, 이를 위한 조치가 정당한 업무집행이라고 볼 수는 없다(대판 2010.6.10. 2010도935).

〈수급인이 스스로 공사를 중단한 사건〉 도급인의 공사계약 해제가 적법하고 수급인이 스스로 공사를 중단한 상태에서 도급인이 공사현장에 남아 있는 수급인 소유의 공사자재 등을 다른 곳에 옮겨 놓았다고 하여 도급인이 수급인의 공사업무를 방해한 것으로 볼 수는 없다(대판 1999.1.29. 98도3240).

4) 보호할 가치가 있는 업무의 기초 : 형법상 보호할 가치가 있는 업무라면 그 업무의 기초가 된 계약·행정행위 등이 반드시 적법하여야 하는 것은 아니다. 따라서 기초가 되는 부분이 적법하지 않더라도 업무의 내용이 형법상 보호가치가 있는 경우에는 사실상 평온하게 행하여지면 족하다.

〈업무의 기초가 된 계약 또는 행정행위는 반드시 적법할 필요가 없다는 판례〉 업무방해죄의 보호대상이 되는 업무는 직업 또는 계속적으로 종사하는 사무나 사업을 말하는 것으로서 타인의 위법한 행위에 의한 침해로부터 보호할 가치가 있는 것이면 되고, 그 업무의 기초가 된 계약 또는 행정행위 등이 반드시 적법하여야 하는 것은 아니다(대판 1996.11.12. 96도2214).

〈관리인 선임에 무효사유가 있는 사건〉 아파트관리사무실의 경리가 관리단 총회에서 새로이 선임된 관리인에 의하여 재임명되어 경리업무를 수행하여 온 경우, 위 관리인 선임에 무효사유가 있다고 하더라도 위 경리의 아파트관리업무가 업무방해죄의 보호대상에서 제외된다고 보기는 어렵다고 한 사례(대판 2006.3.9. 2006도382).

〈임대인의 승낙 없이 전차한 사건〉 건물의 전차인이 임대인의 승낙 없이 전차하였다고 하더라도 전차인이 불법침탈 등의 방법에 의하여 위 건물의 점유를 개시한 것이 아니고 그 동안 평온하게 음식점 등 영업을 하면서 점유를 계속하여 온 이상 전차인의 업무를 업무방해죄에 의하여 보호받지 못하는 권리라고는 단정할 수 없다(대판 1986.12.23. 86도1372). (23 변시)

5) 반사회성 업무 : 업무방해죄의 업무는 형법상 보호할 가치가 있는 업무로 제한되므로 어떤 사무나 활동 자체가 위법의 정도가 중하여 **사회생활상 도저히 용인될 수 없는 정도로 반사회성을 띠는 경우**에는 업무방해죄의 보호대상이 되는 업무에 해당한다고 볼 수 없다. 그리고 업무가 반사회성을 띠는 경우라고까지는 할 수 없다고 하더라도 **그와 동등한 평가를 받을 수밖에 없는 경우**에도 보호대상이 되는 업무라고 볼 수 없다.

▌반사회성 업무 관련 판례 정리

1. 기본 법리 판례

〈반사회성 업무는 업무방해죄의 업무에 포함되지 않는다는 판례〉 형법상 업무방해죄의 보호대상이 되는 '업무'라고 함은 직업 또는 계속적으로 종사하는 사무나 사업으로서 타인의 위법한 침해로부터 형법상 보호할 가치가 있는 것이어야 하므로 어떤 사무나 활동 자체가 위법의 정도가 중하여 사회생활상 도저히 용인될 수 없는 정도로 반사회성을 띠는 경우에는 업무방해죄의 보호대상이 되는 '업무'에 해당한다고 볼 수 없다(대판 2001.11.30. 2001도2015). (24 2차)

〈반사회성 업무에 이르지 않았으나, 그와 동등한 평가를 받을 수밖에 없는 사건〉 업무의 개시나 수행과정에 실체상 또는 절차상의 하자가 있다 하더라도 그 정도가 사회생활상 도저히 용인할 수 없는 정도로 반사회성을 띠는 데까지 이르거나 법적 보호라는 측면에서 그와 동등한 평가를 받을 수밖에 없는 경우에 이르지 아니한 이상 업무방해죄의 보호대상이 된다(대판 2015.4.23. 2013도9828).

〈무자격자가 개설한 의료기관에 고용된 의료인의 진료업무 방해 사건〉 [1] 의료인이나 의료법인이 아닌 자가 의료기관을 개설하여 운영하는 행위는 업무방해죄의 보호대상이 되는 업무에 해당하지 않는다. 그러나 무자격자에 의해 개설된 의료기관에 고용된 의료인이 환자를 진료한다고 하여 그 진료행위 또한 당연히 반사회성을 띠는 행위라고 볼 수는 없다. [2] 의료인인 갑의 명의로 의료인이 아닌 을이 개설하여 운영하는 병 병원에서, 피고인이 단독으로 또는 공모하여 11회에 걸쳐 큰 소리를 지르거나 환자 진료 예약이 있는 갑을 붙잡고 있는 등의 방법으로 위력으로써 갑의 진료 업무를 방해하였다는 내용으로 기소된 사안에서, 피고인의 행위와 당시의 주변 상황 등을 종합하면, 공소사실 전부 또는 그중 일부는 피고인이 갑의 환자에 대한 진료행위를 방해한 것으로 볼 여지가 있다(대판 2023.3.16. 2021도16482). (24 3차)

2. 반사회성 업무로 보아 업무방해죄를 부정한 판례

〈비의료인이 개설한 의료기관 사건〉 의료인이나 의료법인이 아닌 자가 의료기관을 개설하여 운영하는 행위는 그 위법의 정도가 중하여 사회생활상 도저히 용인될 수 없는 정도로 반사회성을 띠고 있으므로 업무방해죄의 보호대상이 되는 '업무'에 해당하지 않는다(대판 2001.11.30. 2001도2015). (17 변시)

〈성매매업소 사건〉 [1] 성매매알선 등 행위는 법에 의하여 원천적으로 금지된 행위로서 형사처벌의 대상이 되는 중대한 범죄행위일 뿐 아니라 정의관념상 용인될 수 없는 정도로 반사회성을 띠는 경우에 해당하므로, 업무방해죄의 보호대상이 되는 업무라고 볼 수 없다. [2] 폭력조직 간부인 피고인이 조직원들과 공모하여 갑이 운영하는 성매매업소 앞에 속칭 '병풍을 치거나 차량을 주차해 놓는 등 위력으로써 업무를 방해하였다는 내용으로 기소된 사안에서, 갑의 성매매업소 운영업무는 업무방해죄의 보호대상이 되는 업무라고 볼 수 없다(대판 2011.10.13. 2011도7081). (13 변시)(14 변시)

〈공인중개사 아닌 사람이 중개업한 사건〉 공인중개사인 피고인이 자신의 명의로 등록되어 있으나 실제로는 공인중개사가 아닌 피해자가 주도적으로 운영하는 형식으로 동업하여 중개사무소를 운영하다가 위 동업관계가 피해자의 귀책사유로 종료되고 피고인이 동업관계의 종료로 부동산중개업을 그만두기로 한 경우, 피해자의 중개업은 법에 의하여 금지된 행위로서 형사처벌의 대상이 되는 범죄행위에 해당하는 것으로서 업무방해죄의 보호대상이 되는 업무라고 볼 수 없다고 한 사례(대판 2007.1.12. 2006도6599). (24 변시)

3. 반사회성 업무와 동등한 평가를 받아 업무방해죄를 부정한 판례

〈직무집행정지 가처분결정 사건〉 법원의 직무집행정지 가처분결정에 의하여 그 직무집행이 정지된 자가 법원의 결정에 반하여 직무를 수행함으로써 업무를 계속 행하는 경우 그 업무는 국법질서와 재판의 존엄성을 무시하는 것으로서 사실상 평온하게 이루어지는 사회적 활동의 기반이 되는 것이라 할 수 없고, 비록 그 업무가 반사회성을 띠는 경우라고까지는 할 수 없다고 하더라도 법적 보호라는 측면에서는 그와 동등한 평가를 받을 수밖에 없으므로, 그 업무자체는 법의 보호를 받을 가치를 상실하였다고 하지 않을 수 없어 업무방해죄에서 말하는 업무에 해당하지 않는다(대판 2002.8.23. 2001도5592). (17 변시)(23 변시)

6) **공무포함 여부** : 업무방해죄의 업무에 공무가 포함되는지에 대하여 종래 논의가 있었으나, 현재의 다수설과 판례는 공무는 업무에 포함되지 않는다고 보고 있다.

〈지방경찰청 민원실 행패 사건(공무는 업무방해죄의 업무에 포함되지 않는다는 판례)〉 [1] [다수의견] 업무방해죄와 공무집행방해죄는 그 보호법익과 보호대상이 상이할 뿐만 아니라 업무방해죄의 행위유형에 비하여 공무집행방해죄의 행위유형은 보다 제한되어 있다. 즉 공무집행방해죄는 폭행, 협박에 이른 경우를 구성요건으로 삼고 있을 뿐 이에 이르지 아니하는 위력 등에 의한 경우는 그 구성요건의 대상으로 삼고 있지 않다. 또한, 형법은 공무집행방해죄 외에도 여러 가지 유형의 공무방해행위를 처벌하는 규정을 개별적·구체적으로 마련하여 두고 있으므로, 이러한 처벌조항 이외에 공무의 집행을 업무방해죄에 의하여 보호받도록 하여야 할 현실적 필요가 적다는 측면도 있다. 그러므로 형법이 업무방해죄와는 별도로 공무집행죄를 규정하고 있는 것은 사적 업무와 공무를 구별하여 공무에 관해서는 공무원에 대한 폭행, 협박 또는 위계의 방법으로 그 집행을 방해하는 경우에 한하여 처벌하겠다는 취지라고 보아야 한다. 따라서 공무원이 직무상 수행하는 공무를 방해하는 행위에 대해서는 업무방해죄로 의율할 수는 없다고 해석함이 상당하다. [2] 지방경찰청 민원실에서 민원인들이 진정사건의 처리와 관련하여 지방경찰청장과의 면담 등을 요구하면서 이를 제지하는 경찰관들에게 큰소리로 욕설을 하고 행패를 부린 행위에 대하여, 경찰관들의 수사 관련 업무를 방해한 것이라는 이유로 업무방해죄의 성립을 인정한 원심판결에, 업무방해죄의 성립범위에 관한 법리를 오해한 위법이 있다고 한 사례(대판 2009.11.19. 2009도4166 전합). (20 변시)(23 3차)(24 변시)(24 1차)(24 2차)

〈경찰청 민원실 말똥 사건〉 [1] (위 판례 [1]과 동일한 내용) [2] 경찰청 민원실에서 말똥을 책상 및 민원실 바닥에 뿌리고 소리를 지르는 등 난동을 부린 행위가 '위력'으로 경찰관의 민원접수 업무를 방해한 것이라는 이유로 업무방해에 해당한다고 본 원심판결에 법리오해의 위법이 있다고 한 사례(대판 2010.2.25. 2008도9049).

〈공무원의 기자회견업무 사건〉 피고인이 갑 등과 공모하여 위력으로 시장 을 및 병 회사 관계자 등의 기자회견 업무를 방해하였다는 내용으로 기소된 사안에서, 공소사실 중 공무원 을의 기자회견 업무에 대한 업무방해의 점을 유죄로 인정한 원심판결에 업무방해죄 성립범위에 관한 법리오해의 위법이 있다고 한 사례(대판 2011.7.28. 2009도11104).

2. 행 위

허위의 사실을 유포하거나 위계 또는 위력으로 업무를 방해하는 것이다.

(1) 허위사실을 유포하거나 위계 또는 위력

1) 허위사실의 유포 : 허위사실의 유포란 객관적으로 진실과 부합하지 않는 사실을 유포하는 것으로서 단순한 의견이나 가치판단을 표시하는 것은 이에 해당하지 아니한다.

〈허위사실의 유포의 개념과 판단〉 업무방해죄에서 '허위사실의 유포'라고 함은 객관적으로 진실과 부합하지 않는 사실을 유포하는 것으로서 단순한 의견이나 가치판단을 표시하는 것은 이에 해당하지 아니한다. 유포한 대상이 사실인지 또는 의견인지를 구별할 때는 언어의 통상적 의미와 용법, 증명가능성, 문제된 말이 사용된 문맥, 당시의 사회적 상황 등 전체적 정황을 고려하여 판단하여야 한다. 그리고 여기서 허위사실은 기본적 사실이 허위여야만 하는 것은 아니고, 기본적 사실은 허위가 아니라도 이에 허위사실을 상당 정도 부가시킴으로써 타인의 업무를 방해할 위험이 있는 경우도 포함된다. 그러나 그 내용의 전체 취지를 살펴볼 때 중요한 부분은 객관적 사실과 합치되는데 단지 세부적인 사실에 약간 차이가 있거나 다소 과장된 정도에 불과하여 타인의 업무를 방해할 위험이 없는 경우는 이에 해당하지 않는다(대판 2017.4.13. 2016도19159). (23 3차)

〈변호사 사무실 앞에서 땡깡부린 사건〉 피고인이 구속 형사사건의 변호인으로 선임된 변호사가 피고인에게 무죄판결을 받아주겠다고 약속한 일이 없고 피고인이 범죄사실을 자백하여 유죄의 선고를 받고 확정되었는데도, 피고인이 사람의 통행이 빈번한 변호사 사무실 앞에서 등에 붉은색 페인트로 "무죄라고 약속하고 이백만원에 선임했다. 사건담당변호사"라는 등을 기재한 흰 까운을 입고 주변을 배회하는 등 하였다면 이는 공연히 허위의 사실을 적시하여 유포함으로써 변호사로서의 업무의 경영을 저해하는 경우에 해당하므로 업무방해죄를 구성한다(대판 1991.8.27. 91도1344).

2) 위계 : 위계라 함은 행위자의 행위목적을 달성하기 위하여 상대방에게 오인, 착각 또는 부지를 일으키게 하여 이를 이용하는 것을 말한다.

▎업무방해죄의 위계 관련 판례 정리

1. 기본 법리 판례

〈위계의 의미〉 위계에 의한 업무방해죄에 있어서 위계라 함은 행위자의 행위목적을 달성하기 위하여 상대방에게 오인, 착각 또는 부지를 일으키게 하여 이를 이용하는 것을 말하며, 상대방이 이에 따라 그릇된 행위나 처분을 하였다면 위계에 의한 업무방해죄가 성립된다(대판 1992.6.9. 91도2221).

〈컴퓨터 등 정보처리장치에 정보를 입력하여 업무 담당자를 기망한 사건〉 컴퓨터 등 정보처리장치에 정보를 입력하는 등의 행위가 그 입력된 정보 등을 바탕으로 업무를 담당하는 사람의 오인, 착각 또는 부지를 일으킬 목적으로 행해진 경우에는 그 행위가 업무를 담당하는 사람을 직접적인 대상으로 이루어진 것이 아니라고 하여 위계가 아니라고 할 수는 없다(대판 2013.11.28. 2013도5117). (13 변시)

2. 심사 관련 판례

(1) 기본 법리 판례

〈미국 방문 비자 사건〉 [사실관계] 甲은 乙의 미국방문비자를 주한미국대사관 영사부에 신청함에 있어서 허위의 사실을 기재하여 신청서를 제출한 것에 그치지 않고, 그 소명을 위하여 허위로 작성한 서류를 제출하고 乙로 하여금 비자 면접 때 그에 맞추어 허위의 답변을 하도록 연습을 시켜 그와 같이 면접을 하게하였다. 그 후 乙은 회사 재직 여부를 묻는 미국대사관 직원의 문의 전화에 대하여 허위의 답변을 하였다. 甲의 죄책은? **[판결요지]** 주한외국영사관의 비자발급업무와 같이 상대방으로부터 신청을 받아 일정한 자격요건 등을 갖춘 경우에 한하여 그에 대한 수용 여부를 결정하는 업무에 있어서는 신청서에 기재된 사유가 사실과 부합하지 않을 수 있음을 전제로 하여 그 자격요건 등을 심사·판단하는 것이므로, 그 업무담당자가 사실을 충분히 확인하지 아니한 채 신청인이 제출한 허위의 신청사유나 허위의 소명자료를 가볍게 믿고 이를 수용하였다면 이는 업무담당자의 불충분한 심사에 기인한 것으로서 신청인의 위계가 업무방해의 위험성을 발생시켰다고 할 수 없어 위계에 의한 업무방해죄를 구성하지 않는다고 할 것이지만, 신청인이 업무담당자에게 허위의 주장을 하면서 이에 부합하는 허위의 소명자료를 첨부하여 제출한 경우 그 수리 여부를 결정하는 업무담당자가 관계 규정이 정한 바에 따라 그 요건의 존부에 관하여 나름대로 충분히 심사를 하였으나 신청사유 및 소명자료가 허위임을 발견하지 못하여 그 신청을 수리하게 될 정도에 이르렀다면 이는 업무담당자의 불충분한 심사가 아니라 신청인의 위계행위에 의하여 업무방해의 위험성이 발생된 것이어서 이에 대하여 위계에 의한 업무방해죄가 성립된다(대판 2004.3.26. 2003도7927). 🔳 업무방해죄가 성립한다. **[COMMENT]** 출원에 대한 심사를 하는 경우의 위계에 의한 공무집행방해죄 및 위계에 의한 업무방해죄의 성립 여하를 판단하기 위하여는 '충분한 심사'에 주목하여야 한다. (21 경2)(24 1차)

(2) 충분한 심사로 판단하여 업무방해죄를 긍정한 판례

〈경품용 상품권 발행업체 지정 사건〉 경품용 상품권 발행업체 지정 여부를 결정하는 한국게임산업개발원의 업무담당자는 관계 규정이 정한 바에 따라 가맹점 내역에 관한 공인회계사 명의의 확인서를 받았고, 가맹점에 가맹점계약의 체결 여부를 확인하였으며, 공인회계사 등 전문적인 지식을 갖춘 자들을 실사위원으로 지정하여 현장실사하게 하는 등의 방법으로 그 요건의 존부에 관하여 나름대로 충분히 심사를 하였으나, 신청사유 및 소명자료가 허위임을 발견하지 못하고 결국 그 신청을 받아들여 A주식회사를 경품용 상품권 발행업체로 지정하게된 것이므로, 이는 한국게임산업개발원 업무담당자의 불충분한 심사가 아니라 피고인들의 위계행위에 의하여 한국게임산업개발원의 경품용 상품권 발행업체 지정업무가 방해될 위험성이 발생되었다고 할 것이다(대판 2010.3.25. 2008도4228).

〈택지개발사업 사건〉 대한주택공사가 시행하는 택지개발사업의 공동택지용지 수의공급업무와 관련하여 택지개발예정지구 지정공고일 이후에 대상토지를 매수하여 관련 규정상 신청자격이 없는 자가, 계약일자를 위 공고일 이전으로 허위기재한 매매계약서를 기초로 소유권이전등기를 마친 후 그 등기부등본과 계약일자를 허위로 기재한 소유토지조서를 첨부하여 수의공급신청을 한 경우, 위 공사의 택지공급업무의 적정성과 공정성을 해할 위험을 초래한 것에 해당하여 위계에 의한 업무방해죄를 구성한다고 한 사례(대판 2007.12.27. 2007도5030).

(3) 불충분한 심사로 판단하여 업무방해죄를 부정한 판례

〈대학교 시간강사 허위 학력 이력서 사건〉 대학교 시간강사 임용과 관련하여 허위의 학력이 기재된 이력서만을 제출한 사안에서, 임용심사업무 담당자가 불충분한 심사로 인하여 허위 학력이 기재된 이력서를 믿은 것이므로 위계에 의한 업무방해죄를 구성하지 않는다고 한 사례(대판 2009.1.30. 2008도6950).

〈예금거래신청서 허위기재 사건〉 계좌개설 신청인이 접근매체를 양도할 의사로 금융기관에 법인 명의 계좌를 개설하면서 예금거래신청서 등에 금융거래의 목적이나 접근매체의 양도의사 유무 등에 관한 사실을 허위로 기재하였으나, 계좌개설 심사업무를 담당하는 금융기관의 업무담당자가 단순히 예금거래신청서 등에 기재된 계좌개설 신청인의 허위 답변만을 그대로 믿고 그 내용의 진실 여부를 확인할 수 있는 증빙자료의 요구 등 추가적인 확인조치 없이 법인 명의의 계좌를 개설해 준 경우, 그 계좌개설은 금융기관 업무담당자의 불충분한 심사에 기인한 것이므로, 계좌개설 신청인의 위계가 업무방해의 위험성을 발생시켰다고 할 수 없어 위계에 의한 업무방해죄를 구성하지 않는다고 보아야 한다(대판 2023.8.31. 2021도17151). (24 3차)

3. 신규직원 채용 관련 판례 정리

〈지방공사 사장 신규직원 채용 사건〉 [1] 지방공사 사장이 신규직원 채용권한을 행사하는 것은 공사의 기관으로서 공사의 업무를 집행하는 것이므로, 위 권한의 귀속주체인 사장 본인에 대한 관계에서도 업무방해죄의 객체인 타인의 업무에 해당한다고 한 사례. [2] 신규직원 채용권한을 가지고 있는 지방공사 사장이 시험업무 담당자들에게 지시하여 상호 공모 내지 양해하에 시험성적조작 등의 부정한 행위를 한 경우, 법인인 공사에게 신규직원 채용업무와 관련하여 오인·착각 또는 부지를 일으키게 한 것이 아니므로, '위계'에 의한 업무방해죄에 해당하지 않는다고 한 사례(대판 2007.12.27. 2005도6404). [COMMENT] 본 판례는 타인의 업무성을 인정하면서도 업무방해죄의 성립을 부정하고 있으므로 주의를 요한다. (17 변시)(20 변시)(23 변시)

〈수협 신규직원 채용 사건〉 수산업협동조합의 신규직원 채용에 응시한 甲과 乙이 필기시험에서 합격선에 못 미치는 점수를 받게 되자, 채점업무 담당자들이 조합장인 피고인의 지시에 따라 점수조작행위를 통하여 이들을 필기시험에 합격시킴으로써 필기시험 합격자를 대상으로 하는 면접시험에 응시할 수 있도록 한 사안에서, 위 점수조작행위에 공모 또는 양해하였다고 볼 수 없는 일부 면접위원들이 조합의 신규직원 채용업무로서 수행한 면접업무는 위 점수조작행위에 의하여 방해되었다고 보아야 함에도, 이와 달리 무죄로 판단한 원심판결에 위계에 의한 업무방해죄의 법리를 오해한 위법이 있다고 한 사례(대판 2010.3.25. 2009도8506). (13 변시)

〈지방공기업 사장인 피고인이 자격요건을 무단으로 변경하여 특정인을 채용한 사건〉 [사실관계] 지방공기업 사장인 甲이 내부 인사규정 변경을 위한 적법한 절차를 거치지 않은 채 채용공고 상 자격요건을 무단으로 변경하여 A를 2급 경력직의 사업처장으로 채용하였다면 위계 또는 위력에 의한 업무방해죄가 성립하는가? [판결요지] 지방공기업 사장인 피고인이 내부 인사규정 변경을 위한 적법한 절차를 거치지 않은 채 채용공고상 자격요건을 무단으로 변경하여 공동피고인을 2급 경력직의 사업처장으로 채용한 행위에 대하여 위계 또는 위력에 의한 업무방해죄로 기소된 사안에서, 채용공고가 인사규정에 부합하는지 여부는 서류심사위원과 면접 위원의 업무와 무관하고, 피고인들이 서류심사위원과 면접위원에게 오인, 착각 또는 부지를 일으키게 하여 이를 이용하였다고 볼 수 없으며, 공기업 대표이사인 피고인은 직원 채용 여부에 관한 결정에 있어 인사담당자의 의사결정에 관여할 수 있는 권한을 갖고 있어 관련 업무지시를 위력 행사로 볼 수 없고, 피고인들이 서류심사위원과 면접위원, 인사담당자의 업무의 공정성, 적정성을 해하였거나, 이를 해한다는 인식이 있었다고 단정하기 어렵다고 보아 주위적 및 제1, 2 예비적 공소사실을 전부 무죄로 판단한 원심을 수긍한 사례(대판 2022.6.9. 2020도 16182). [COMMENT] 위계와 위력을 모두 부정한 판례이다. (23 3차)

4. 위계의 상대방이 없어 위계에 의한 업무방해죄가 성립하지 않는 판례

〈'쪼개기 송금' 사건〉 [1] 위계에 의한 업무방해죄에서 '위계'란 행위자가 행위 목적을 달성하기 위하여 상대방에게 오인, 착각 또는 부지를 일으키게 하여 이를 이용하는 것을 말한다. 컴퓨터 등 정보처리장치에 정보를 입력하는 등의 행위도 그 입력된 정보 등을 바탕으로 업무를 담당하는 사람의 오인, 착각 또는 부지를 일으킬 목적으로 행해진 경우에는 여기서 말하는 위계에 해당할 수 있으나, 위와 같은 행위로 말미암아 업무와 관련하여 오인, 착각 또는 부지를 일으킨 상대방이 없었던 경우에는 위계가 있었다고 볼 수 없다. [2] 전화금융사기 조직의 현금 수거책인 피고인이 무매체 입금거래의 '1인 1일 100만 원' 한도 제한을 회피하기 위하여 은행 자동화기기에 제3자의 주민등록번호를 입력하는 방법으로 이른바 '쪼개기 송금'을 한 것이 은행에 대한 업무방해죄로 기소된 사안에서, 대법원은 피고인의 행위가 업무방해죄에서 말하는 위계에 해당하지 않는다는 전제에서 위계에 의한 업무방해죄가 성립하지 않는다고 본 원심판단을 수긍한 사례(대판 2022.2.11. 2021도12394). [COMMENT] 사람에 대한 위계가 없어 업무방해죄를 부정한 사안이다. (23 3차)

〈무매체 입금거래 사건〉 [1] (위 판례 [1]과 동일한 내용 생략) [2] 피고인 1명이 자동화기기에서 전화금융사기 편취금을 성명불상의 전화금융사기 조직원이 지정한 계좌로 입금하는 것임에도 전화금융사기 조직원으로부터 제공받은 제3자 명의 주민등록번호를 이용해 마치 여러 명이 각각 피해자 금융기관의 한도를 준수하면서 정상적으로 입금하는 것처럼 가장하여 피고인이 성명불상자의 전화금융사기 조직원과 공모하여 위계로써 피해자 은행들의 자동화기기 무통장·무카드 입금거래 업무를 방해하였다는 공소사실로 기소된 사안에서, 그 입금거래 과정에 은행 직원 등 다른 사람의 업무가 관여되었다고 볼 만한 사정이 없다는 이유로, 피고인의 행위가 업무방해죄의 위계에 해당한다고 할 수 없다고 한 사례(대판 2022.5.12. 2022도3265).

5. 기타 위계에 의한 업무방해 관련 판례

(1) 위계에 의한 업무방해죄를 긍정한 판례

〈배달서류 사건〉 피고인이 서류배달업 회사가 고객으로부터 배달을 의뢰받은 서류의 포장 안에 특정종교를 비방하는 내용의 전단을 집어넣어 함께 배달되게 한 경우, 위 회사의 서류배달 업무를 방해한 것으로 업무방해죄가 성립한다고 한 사례(대판 1999.5.14. 98도3767).

〈위장취업 사건〉 피고인이 노동운동을 하기 위하여 노동현장에 취업하고자 하나, 자신이 대학교에 입학한 학력과 국가보안법위반죄의 처벌 전력 때문에 쉽사리 입사할 수 없음을 알고, 타인 명의로 허위의 학력과 경력을 기재한 이력서를 작성하고, 동인의 고등학교 생활기록부 등 서류를 작성 제출하여 시험에 합격하였다면, 피고인은 위계에 의하여 위 회사의 근로자로서의 적격자를 채용하는 업무를 방해하였다고 본 사례(대판 1992.6.9. 91도2221). (17 변시)

〈일방적 휴무 사건〉 노동조합 간부들이 회사와 협의 없이 일방적으로 휴무를 결정한 후 유인물을 배포하여 유급 휴일로 오인한 근로자들이 출근하지 아니하여 공장의 가동을 불능케 한 것이 위계에 의한 업무방해죄에 해당한다고 본 사례(대판 1992.3.31. 92도58).

〈논문 대필 사건〉 단순히 통계처리와 분석, 또는 외국자료의 번역과 타자만을 타인에게 의뢰한 것이 아니라 전체 논문의 초안작성을 의뢰하고, 그에 따라 작성된 논문의 내용에 약간의 수정만을 가하여 제출하였음이 인정된다는 이유로 업무방해죄에 대하여 무죄를 선고한 원심판결을 파기한 사례(대판 1996.7.30. 94도2708). (21 경2)

〈대학원 입시시험 사건〉 교수인 피고인 甲이 출제교수로부터 대학원신입생전형시험문제를 제출받아 피고인 乙, 丙에게 그 시험문제를 알려주자 그들이 답안쪽지를 작성한 다음 이를 답안지에 그대로 베껴 써서 그 정을 모르는 시험감독관에게 제출한 경우라면 甲, 乙, 丙 모두 위계로서 입시감독업무를 방해한 것이므로 업무방해죄에 해당한다(대판 1991.11.12. 91도2211). (17 변시)

〈허위 논문연구실적 사건〉 다른 사람이 작성한 논문을 피고인 단독 혹은 공동으로 작성한 논문인 것처럼 학술지에 제출하여 발표한 논문연구실적을 부교수 승진심사 서류에 포함하여 제출한 사안에서, 당해 논문을 제외한 다른 논문만으로도 부교수 승진 요건을 월등히 충족하고 있었다는 등의 사정만으로는 승진심사 업무의 적정성이나 공정성을 해할 위험성이 없었다고 단정할 수 없으므로, 위계에 의한 업무방해죄를 구성한다고 한 사례(대판 2009.9.10. 2009도4772).

〈한도우미 프로그램 사건〉 특정 회사가 제공하는 게임사이트에서 정상적인 포커게임을 하고 있는 것처럼 가장하면서 통상적인 업무처리 과정에서 적발해 내기 어려운 사설 프로그램 ('한도우미 프로그램')을 이용하여 약관상 양도가 금지되는 포커머니를 약속된 상대방에게 이전해 준 사안에서, 이는 구 정보통신망 이용촉진 및 정보보호 등에 관한 법률(2008. 6. 13. 법률 제9119호로 개정되기 전의 것) 제48조 제2항에서 정한 '악성프로그램'이나 형법 제314조 제2항에 정한 '부정한 명령의 입력'에 해당하지는 않지만, 회사의 정상적인 게임사이트 운영 업무를 방해한 것이므로 위계에 의한 업무방해죄를 구성한다고 한 사례(대판 2009.10.15. 2007도9334).

〈허위 봉사활동확인서 사건〉 사립고등학교 학생이 실제로 봉사활동을 한 사실이 없음에도 부모가 (다른 학교 교사인 상피고인과 공모하여) 외부기관으로부터 허위의 봉사활동내용이 기재된 확인서를 발급받은 후 이를 학교에 제출하여 학생으로 하여금 봉사상을 받도록 한 사안에서, 허위의 봉사활동확인서 제출로써 학교장의 봉사상 심사 및 선정업무 방해의 결과를 초래할 위험이 발생하였고, 위 업무가 학생으로부터 봉사상 수여에 관한 신청을 받아 자격요건 등을 심사하여 수용 여부를 결정하는 것이라거나 확인서의 내용이 사실과 부합하지 않을 수 있음을 전제로 자격요건 등을 심사·판단하는 업무로 볼 수 없다고 판단하여, 이와 달리 본 원심판결을 파기환송한 사례(대판 2020.9.24. 2017도19283).

(2) 위계에 의한 업무방해죄를 부정한 판례

〈인터넷게시판에 객관적 사실을 기재한 사건〉 형법 제314조 제1항 소정의 위계에 의한 업무방해죄에 있어서의 '위계'라 함은 행위자의 행위목적을 달성하기 위하여 상대방에게 오인·착각 또는 부지를 일으키게 하여 이를 이용하는 것을 말하므로, 인터넷 자유게시판 등에 실제의 객관적인 사실을 게시하는 행위는, 설령 그로 인하여 피해자의 업무가 방해된다고 하더라도, 위 법조항 소정의 '위계'에 해당하지 않는다(대판 2007.6.29. 2006도3839).

3) 위력 : 위력이란 사람의 자유의사를 제압할 만한 일체의 세력을 말한다. 유형적이든 무형적이든 불문하므로, 폭력·협박은 물론 사회적·경제적·정치적 지위와 권세에 의한 압박 등도 이에 포함된다. 그리고 피해자의 자유의사를 제압하기에 충분한 세력이어야 하지만, 현실적으로 피해자의 자유의사가 제압될 필요는 없다.

■ 업무방해죄의 위력 관련 판례 정리

1. 기본 법리 판례

〈위력의 개념과 판단〉 업무방해죄의 '위력'이란 사람의 자유의사를 제압·혼란케 할 만한 일체의 세력으로서 유형적이든 무형적이든 묻지 아니하므로, 폭력·협박은 물론 사회적·경제적·정치적 지위와 권세에 의한 압박 등도 이에 포함되고, 현실적으로 피해자의 자유의사가 제압될 필요는 없으나 피해자의 자유의사를 제압하기에 충분한 세력이어야 하며, 이러한 위력에 해당하는지 여부는 범행의 일시·장소, 범행의 동기, 목적, 인원수, 세력의 태양, 업무의 종류, 피해자의 지위 등 제반 사정을 고려하여 객관적으로 판단하여야 한다. 또한 반드시 업무에 종사 중인 사람에게 직접 가해지는 세력이어야만 하는 것은 아니고, 사람의 자유의사를 제압하기에 충분한 상태를 조성하여 사람으로 하여금 자유로운 행동을 불가능하게 하거나 현저히 곤란하게 하는 행위도 이에 포함될 수 있다(대판 2011.10.13. 2009도5698). (24 변시)

〈파업과 위력〉 [다수의견] 쟁의행위로서 파업(노동조합 및 노동관계조정법 제2조 제6호)도, 단순히 근로계약에 따른 노무의 제공을 거부하는 부작위에 그치지 아니하고 이를 넘어서 사용자에게 압력을 가하여 근로자의 주장을 관철하고자 집단적으로 노무제공을 중단하는 실력행사이므로, 업무방해죄에서 말하는 위력에 해당하는 요소를 포함하고 있다(대판 2011.3.17. 2007도482 전합). (13 변시)(24 2차)

〈소비자불매운동과 위력〉 소비자불매운동이 헌법상 보장되는 정치적 표현의 자유나 일반적 행동의 자유 등의 점에서도 전체 법질서상 용인될 수 없을 정도로 사회적 상당성을 갖추지 못한 때에는 그 행위 자체가 위법한 세력의 행사로서 형법 제314조 제1항의 업무방해죄에서 말하는 위력의 개념에 포섭될 수 있다(대판 2013.3.14. 2010도410).

〈정치적인 의사표현을 위한 집회나 행위와 위력〉 정치적인 의사표현을 위한 집회나 행위가 헌법 제21조에 따라 보장되는 정치적 표현의 자유나 헌법 제10조에 내재된 일반적 행동의 자유의 관점 등에서 보호받을 가능성이 있더라도 전체 법질서상 용인될 수 없을 정도로 사회적 상당성을 갖추지 못한 때에는 그 행위 자체가 위법한 세력의 행사로서 형법 제314조 제1항의 업무방해죄에서 말하는 위력의 개념에 포섭될 수 있다(대판 2022.6.16. 2021도16591).

〈권한이나 지위가 있는 행위자와 위력〉 어떤 행위의 결과 상대방의 업무에 지장이 초래되었더라도 행위자가 상대방의 의사결정에 관여할 수 있는 권한을 가지고 있거나 업무상의 지시를 할 수 있는 지위에 있는 경우에는 그 행위의 내용이나 수단이 사회통념상 허용될 수 없는 등 특별한 사정이 없는 한 위력을 행사한 것이라고 할 수 없다(대판 2023.3.30. 2019도7446).

2. 위력에 의한 업무방해죄를 긍정한 판례

〈농작물 트랙터 사건〉 피고인이 피해자들이 경작 중이던 농작물을 트랙터를 이용하여 갈아엎은 다음 그곳에 이랑을 만들고 새로운 농작물을 심어 피해자의 자유로운 논밭 경작 행위를 불가능하게 하거나 현저히 곤란하게 한 경우, 위력에 의한 업무방해죄에 해당한다고 한 사례(대판 2009.9.10. 2009도5732).

〈사인의 강제집행 사건〉 [1] 강제집행은 국가가 독점하고 있는 사법권의 한 작용을 이루고 채권자는 국가에 대하여 강제집행권의 발동을 신청할 수 있는 지위에 있을 뿐이므로, 법률이 정한 집행기관에 강제집행을 신청하지 않고 채권자가 임의로 강제집행을 하기로 하는 계약은 사회 질서에 반하는 것으로 민법 제103조에 의하여 무효라고 할 것이다. [2] 임대인이 임차인의 물건을 임의로 철거·폐기할 수 있다는 임대차계약 조항에 따라 임대인이 임차인 점포의 간판을 철거하고 출입문을 봉쇄한 행위는 위력을 사용하여 피해자의 업무를 방해한 행위에 해당한다(대판 2005.3.10. 2004도341).

〈자유게시판 접속 차단 사건〉 피고인이 회사 내부전산망인 Cubic-Net 전체 및 고객관리시스템 (SPMS) 중 자유게시판에 대한 접속을 각 차단한 행위가 형법 제314조 제1항에서 규정한 '위력'을 행사한 경우에 해당하는 한편 그 차단행위로 인해 피해자의 자동차판매와 관련된 부수적 업무가 방해받은 이상 주된 업무인 자동차판매업무의 경영도 어느 정도 방해되었거나 방해받을 위험이 발생하였다고 충분히 인정할 수 있다는 이유로 피고인에 대해 업무방해죄를 인정한 원심을 수긍한 사례(대판 2012.5.24. 2009도4141).

〈신고한 옥외집회 소음 사건〉 신고한 옥외집회에서 고성능 확성기 등을 사용하여 발생된 소음이 82.9dB 내지 100.1dB에 이르고, 사무실 내에서의 전화통화, 대화 등이 어려웠으며, 밖에서는 부근을 통행하기조차 곤란하였고, 인근 상인들도 소음으로 인한 고통을 호소하는 정도에 이르렀다면 이는 위력으로 인근 상인 및 사무실 종사자들의 업무를 방해한 업무방해죄를 구성한다고 한 사례(대판 2004.10.15. 2004도4467)

〈자물쇠의 비밀번호 변경한 사건〉 자신의 명의로 사업자등록이 되어 있고 자신이 상주하여 지게차 판매 등을 하고 있는 지위를 이용하여, 피해자의 사업장 출입을 금지하기 위하여 출입문에 설치된 자물쇠의 비밀번호를 변경한 행위는 위력에 의한 업무방해죄가 성립한다고 한 사례(대판 2009.4.23. 2007도9924). [COMMENT] 원심은 당 사안을 위계에 의한 업무방해죄로 보았지만, 대법원은 위력을 이용한 업무방해죄의 성립을 인정하고 있다.

〈유림총회 개최업무 방해한 사건〉 피고인들이 마이크를 빼앗으며 유림총회의 회의를 진행하지 못하게 하고 피해자를 비방하면서 걸려 있는 현수막을 제거하고 회의장에 들어가려는 대의원들을 회의에 참석하지 못하게 하였다면 위력으로 피해자의 유림총회 개최업무를 방해한 것이라고 보아야 할 것이고, 피해자가 유림대표선출에 관한 규정에 위배하여 위 회의를 개최하였고, 결국 총회의 무기연기가 선언되었다고 하여도 업무방해죄의 성립에 영향이 없다(대판 1991.2.12. 90도2501). [COMMENT] 대표선출에 관한 규정에 위배하여 개최된 유림총회의 회의를 위력으로 진행하지 못하게 한 행위가 업무방해죄를 구성한다고 본 판례이다.

〈'유치권 행사 중' 사건〉 토지 소유자 갑은 을 주식회사와 토지의 지상건물을 철거하고 그곳에 오피스텔을 신축하기로 하였고, 을 회사는 병에게 건물철거 부분을 도급하였는데, 갑과 을 회사 사이에 공사 진행 관련 합의가 이루어지지 않자 을 회사와 병, 피고인 등은 철거공사 관련 공사대금을 지급받지 못하였다는 이유로 유치권을 주장하면서 토지를 점유한 채 신축공사 현장에 컨테이너를 설치하고 공사현장을 둘러싼 울타리에 빨간색 스프레이 페인트로 '유치권 행사 중'이라고 표시하며 승용차를 출입구에 세워 두는 등의 방법으로 위력으로써 갑의 업무를 방해하였다는 내용으로 기소된 사안에서, 병은 을 회사와 건물철거 공사계약을 체결하고 지상건물을 철거한 뒤 그에 따른 공사대금채권을 취득한 자로서, 병이 유치권의 피담보채권으로 내세우는 위 공사대금채권은 토지 자체에 관하여 생긴 것이 아니어서 이를 피담보채권으로 하여 토지에 대한 유치권을 주장할 수는 없으므로 토지에 대한 정당한 유치권자라고 보기 어렵다는 이유로, 이와 달리 보아 피고인에게 무죄를 선고한 원심판결에 법리오해의 위법이 있다고 한 사례(대판 2020.5.28. 2020도3170).

3. 위력에 의한 업무방해죄를 부정한 판례

〈"참 선생님들이 말을 안 듣네." 사건〉 갑 고등학교의 교장인 피고인이 신입생 입학 사정회의 과정에서 면접위원인 피해자들에게 "참 선생님들이 말을 안 듣네. 중학교는 이 정도면 교장 선생님한테 권한을 줘서 끝내는데, 왜 그러는 거죠?" 등 특정 학생을 합격시키라는 취지의 발언을 하여 특정 학생의 면접 점수를 상향시켜 신입생으로 선발되도록 함으로써 위력으로 피해자들의 신입생 면접 업무를 방해하였다는 내용으로 기소된 사안에서, 제반 사정을 종합하면, 피고인은 학교 교장이자 학교입학전형위원회 위원장으로서 위 사정회의에 참석하여 자신의 의견을 밝힌 후 계속하여 논의가 길어지자 발언을 한 것인바, 그 발언에 다소 과도한 표현이 사용되었더라도 위력을 행사하였다고 단정하기 어렵고, 그로 인하여 피해자들의 신입생 면접 업무가 방해될 위험이 발생하였다고 보기도 어렵다고 한 사례(대판 2023.3.30. 2019도7446). [COMMENT] 행위자가 상대방의 의사결정에 관여할 수 있는 권한을 가지고 있거나 업무상의 지시를 할 수 있는 지위에 있다면 특별한 사정이 없는 한 위력을 행사한 것이 아니라는 취지의 판례이다. (24 3차)

〈안전운행 투쟁 사건〉 철도노동조합과 산하 지방본부 간부인 피고인들이 '구내식당 외주화 반대' 등 한국철도공사의 경영권에 속하는 사항을 주장하면서 업무 관련 규정을 지나치게 철저히 준수하는 등의 방법으로 안전운행투쟁을 전개하여 열차가 지연 운행되도록 함으로써 한국철도공사의 업무를 방해하였다는 내용으로 기소된 사안에서, 안전운행투쟁의 주된 목적이 정당하지 않다는 이유만으로 업무방해죄가 성립한다고 단정한 원심판단에 업무방해죄의 위력에 관한 법리오해 및 심리미진의 위법이 있다고 한 사례(대판 2014.8.20. 2011도468).

〈마트산업노동조합 간부와 조합원 사건〉 마트산업노동조합 간부와 조합원인 피고인들이 공모하여, 대형마트 지점 2층 매장 안에서 '부당해고'라고 쓰인 피켓을 들고 지점장 갑과 대표이사 등 임직원들을 따라다니며 "강제전배 멈추어라, 통합운영 하지마라, 직원들이 아파한다, 부당해고 그만하라."라고 고성을 지르는 방법으로 약 30분간 갑의 현장점검 업무를 방해하였다는 내용으로 기소된 사안에서, 피고인들이 갑 등의 자유의사를 제압하기에 족한 위력을 행사하였다고 단정하기 어렵다는 이유로, 이와 달리 보아 업무방해죄의 성립을 인정한 원심판단에 업무방해죄의 '위력'에 관한 법리오해의 잘못이 있다고 한 사례(대판 2022.9.7. 2021도9055). (23 3차)

4. 부작위에 의한 업무방해죄를 부정한 판례

〈공사대금을 받을 목적으로 건축자재를 치우지 않았더라도 부작위 위력 업무방해죄에 해당하지 않는다는 판례〉 [1] 업무방해죄와 같이 작위를 내용으로 하는 범죄를 부작위에 의하여 범하는 부진정 부작위범이 성립하기 위해서는 부작위를 실행행위로서의 작위와 동일시할 수 있어야 한다. [2] 피고인이 甲과 토지 지상에 창고를 신축하는 데 필요한 형틀공사 계약을 체결한 후 그 공사를 완료하였는데, 甲이 공사대금을 주지 않는다는 이유로 위 토지에 쌓아 둔 건축자재를 치우지 않고 공사현장을 막는 방법으로 위력으로써 甲의 창고 신축 공사 업무를 방해하였다는 내용으로 기소된 사안에서, 비록 공사대금을 받을 목적으로 건축자재를 치우지 않았더라도, 피고인이 자신의 공사를 위하여 쌓아 두었던 건축자재를 공사 완료 후에 단순히 치우지 않은 행위가 위력으로써 甲의 추가 공사 업무를 방해하는 업무방해죄의 실행행위로서 甲의 업무에 대하여 하는 적극적인 방해행위와 동등한 형법적 가치를 가진다고 볼 수 없다고 한 사례(대판 2017.12.22. 2017도13211). (22 변시)(23 변시)(23 3차)

(2) 업무방해

1) 업무방해 : 업무방해란 업무의 집행 자체를 방해하는 경우뿐만 아니라, 널리 업무의 경영을 저해하는 것도 포함한다.

〈업무방해란 업무의 경영 저해도 포함한다는 판례〉 업무방해죄에 있어 업무를 '방해한다'함은 업무의 집행 자체를 방해하는 것은 물론이고 널리 업무의 경영을 저해하는 것도 포함한다(대판 1999.5.14. 98도3767). (13 변시)

2) 기수시기 : 본죄는 추상적 위험범이므로 업무를 방해할 우려가 있는 상태가 발생하면 족하며, 방해의 결과가 현실적으로 발생하였음을 요하지 않는다. 그러나 결과발생의 염려가 없는 경우에는 본 죄가 성립하지 않는다.

〈업무방해죄는 위험범이라는 판례〉 업무방해죄의 성립에는 업무방해의 결과가 실제로 발생함을 요하지 않고 업무방해의 결과를 초래할 위험이 발생하는 것이면 족하며, 업무수행 자체가 아니라 업무의 적정성 내지 공정성이 방해된 경우에도 업무방해죄가 성립한다(대판 2008.1.17. 2006도1721).

〈전화공세로 채권 추심한 사건〉 대부업체 직원이 대출금을 회수하기 위하여 소액의 지연이자를 문제삼아 법적 조치를 거론하면서 소규모 간판업자인 채무자의 휴대전화로 수백 회에 이르는 전화공세를 한 것이 사회통념상 허용한도를 벗어난 채권추심행위로서 채무자의 간판업 업무가 방해되는 결과를 초래할 위험이 있었다고 보아 업무방해죄를 구성한다고 한 사례(대판 2005.5.27. 2004도8447). (17 변시)(18 변시)

〈결과발생의 염려가 없는 경우에는 업무방해죄가 성립하지 않는다는 판례〉 업무방해죄의 성립에 있어서는 업무방해의 결과가 실제로 발생함을 요하는 것은 아니고 업무방해의 결과를 초래할 위험이 발생하면 충분하다고 할 것이나, 결과발생의 염려가 없는 경우에는 본 죄가 성립하지 않는다(대판 2005.10.27. 2005도5432).

〈현황도로에 축대 쌓았으나 대체도로가 있는 사건〉 피고인이 피해자가 조경수 운반을 위하여 사용하던 피고인 소유 토지 위의 현황도로에 축대를 쌓아 그 통행을 막은 사안에서, 그 도로폐쇄에도 불구하고 대체도로를 이용하여 종전과 같이 조경수 운반차량 등을 운행할 수 있어 피해자의 조경수 운반업무가 방해되는 결과발생의 염려가 없었다는 이유로 피고인을 업무방해죄로 의율한 원심판결을 파기한 사례(대판 2007.4.27. 2006도9028).

〈시험 출제위원 사건〉 객관적으로 보아 당해 출제교사가 출제할 것이라고 예측되는 순수한 예상문제를 선정하여 수험생이나 그 교습자에게 주는 행위를 가지고 시험실시업무를 방해하는 행위라고 할 수는 없다. 시험의 출제위원이 문제를 선정하여 시험 실시자에게 제출하기 전에 이를 유출하였다고 하더라도 이러한 행위 자체는 위계를 사용하여 시험실시자의 업무를 방해하는 행위가 아니라 그 준비단계에 불과한 것이고, 그 후 그와 같이 유출된 문제가 시험 실시자에게 제출되지도 아니하였다면 그러한 문제유출로 인하여 시험실시 업무가 방해될 추상적인 위험조차도 있다고 할 수 없으므로 업무방해죄가 성립한다고 할 수 없다(대판 1999.12.10. 99도3487). (20 변시)

3. 고 의

본죄는 고의범이므로 허위사실을 유포하거나 위계 또는 위력으로 타인의 업무를 방해한다는 인식과 의사가 있어야 한다.

〈업무방해죄의 고의〉 업무방해죄에서 업무방해의 범의는 반드시 업무방해의 목적이나 계획적인 업무방해의 의도가 있어야 인정되는 것은 아니고, 자기의 행위로 인하여 타인의 업무가 방해될 것이라는 결과를 발생시킬 만한 가능성 또는 위험이 있음을 인식하거나 예견하면 족한 것이며, 그 인식이나 예견은 확정적인 것은 물론 불확정적인 것이라도 이른바 미필적 고의로 인정되는 것이다(대판 2013.1.31. 2012도3475). (23 변시)

〈허위의 적극적 인식〉 허위사실을 유포하는 방법에 의하여 타인의 업무를 방해함으로써 성립하는 업무방해죄에 있어, 허위사실을 유포한다고 함은 실제의 객관적 사실과 서로 다른 사항을 내용으로 하는 사실을 불특정 다수인에게 전파시키는 것을 말하고, 특히 이러한 경우 그 행위자에게 행위 당시 자신이 유포한 사실이 허위라는 점을 적극적으로 인식하였을 것을 요한다(대판 1994.1.28. 93도1278).

III. 위법성

(1) 일반적 위법성조각사유

1) 일반론 : 업무방해행위는 일반적 위법성조각사유인 정당방위, 긴급피난, 자구행위, 피해자의 승낙, 정당행위에 의하여 위법성이 조각된다.

〈케이블 티비 안테나 절단 사건〉 아파트 입주자대표회의 회장이 다수 입주민들의 민원에 따라 위성방송 수신을 방해하는 케이블TV방송의 시험방송 송출을 중단시키기 위하여 위 케이블TV방송의 방송안테나를 절단하도록 지시한 행위를 긴급피난 내지는 정당행위에 해당한다고 볼 수 없다고 한 원심의 판단을 수긍한 사례(대판 2006.4.13. 2005도9396). (18 변시)

2) 단전조치

┃ 단전조치 관련 판례 정리

1. 업무방해죄를 긍정한 판례

〈갱신계약 지체와 단전조치〉 사무실 임차인이 임대차계약 종료 후 갱신계약 여부에 관한 의사표시나 명도의무를 지체하고 있다는 이유로 임대인이 단전조치를 취하여 업무방해죄로 기소된 사안에서, 피해자의 승낙, 정당행위, 법률의 착오 주장을 모두 배척한 사례(대판 2006.4.27. 2005도8074).

〈잦은 진정과 비협조 한다는 이유로 단전조치한 사건〉 피해자가 시장번영회를 상대로 잦은 진정을 하고 협조를 하지 않는다는 이유로 시장번영회 총회결의에 의하여 피해자 소유점포에 대하여 정당한 권한없이 단전조치를 한 것이라면 이 경우에는 그 결의에 참가한 회원의 위력에 의한 업무방해 행위가 성립하고 피해자에게 사전통고를 한 여부나 피고인이 회장의 자격으로 단전조치를 한 여부는 위 죄의 성립에 영향이 없다(대판 1983.11.8. 83도1798).

2. 업무방해죄를 부정한 판례

〈관리비 체납자에 대한 단전조치〉 시장번영회 회장이 이사회의 결의와 시장번영회의 관리규정에 따라서 관리비 체납자의 점포에 대하여 실시한 단전조치는 정당행위로서 업무방해죄를 구성하지 아니한다고 한 사례(대판 2004.8.20. 2003도4732).

〈화재의 위험과 단전조치〉 백화점 입주상인들이 영업을 하지 않고 매장 내에서 점거 농성만을 하면서 매장 내의 기존의 전기시설에 임의로 전선을 연결하여 각종 전열기구를 사용함으로써 화재위험이 높아 백화점 경영 회사의 대표이사인 피고인이 부득이 단전조치를 취하였다면, 그 단전조치 당시 보호받을 업무가 존재하지 않았을 뿐만 아니라 화재예방 등 건물의 안전한 유지 관리를 위한 정당한 권한 행사의 범위 내의 행위에 해당하므로 피고인의 단전조치가 업무방해죄를 구성한다고 볼 수 없다고 한 원심판결을 수긍한 사례(대판 1995.6.30. 94도3136).

〈시장번영회 칸막이 사건〉 시장번영회의 회장으로서 시장번영회에서 제정하여 시행중인 관리규정을 위반하여 칸막이를 천장에까지 설치한 일부 점포주들에 대하여 단전조치를 하여 위력으로써 그들의 업무를 방해하였다는 공소사실에 대하여, 제반사정에 비추어 보면 피고인의 행위는 법익균형성, 긴급성, 보충성을 갖춘 행위로서 사회통념상 허용될 만한 정도의 상당성이 있는 것이므로 피고인의 각 행위는 형법 제20조 소정의 정당행위에 해당한다(대판 1994.4.15. 93도2899). (13 변시)

3. 개별적으로 고찰해야 한다는 판례

〈임차인의 차임 연체를 이유로 단전·단수조치를 취한 사건〉 호텔 내 주점의 임대인이 임차인의 차임 연체를 이유로 계약서상 규정에 따라 위 주점에 대하여 단전·단수조치를 취한 경우, 약정 기간이 만료되었고 임대차보증금도 차임연체 등으로 공제되어 이미 남아있지 않은 상태에서 미리 예고한 후 단전·단수조치를 하였다면 형법 제20조의 정당행위에 해당하지만, 약정 기간이 만료되지 않았고 임대차보증금도 상당한 액수가 남아있는 상태에서 계약해지의 의사표시와 경고만을 한 후 단전·단수조치를 하였다면 정당행위로 볼 수 없다고 한 사례(대판 2007.9.20. 2006도9157).

(2) 쟁의행위

근로자들의 근로조건 및 복지 향상을 위하여 정당한 쟁의행위를 하는 경우에는 위법성이 조각된다. 따라서 정리해고나 사업조직의 통폐합 등 경영주체에 의한 고도의 경영상 결단에 속하는 사항에 대한 것은 쟁의행위의 대상이 되지 아니하므로 위법성이 조각되지 않는다. 그리고 사업장을 전면적·배타적으로 점거하여 쟁의행위를 하는 것은 정당성의 한계를 벗어난 것으로 위법성이 조각되지 않는다.

▌쟁의행위 관련 판례 정리

1. 기본 법리 판례

〈적법한 쟁의행위에 통상 수반되는 부수적 행위 사건〉 [1] 근로자의 쟁의행위가 형법상 정당행위에 해당하려면, ① 주체가 단체교섭의 주체로 될 수 있는 자이어야 하고, ② 목적이 근로조건의 향상을 위한 노사 간의 자치적 교섭을 조성하는 데에 있어야 하며, ③ 사용자가 근로자의 근로조건 개선에 관한 구체적인 요구에 대하여 단체교섭을 거부하였을 때 개시하되 특별한 사정이 없는 한 조합원의 찬성결정 등 법령이 규정한 절차를 거쳐야 하고, ④ 수단과 방법이 사용자의 재산권과 조화를 이루어야 함은 물론 폭력의 행사에 해당되지 아니하여야 한다는 조건을 모두 구비하여야 한다. 이러한 기준은 쟁의행위의 목적을 알리는 등 적법한 쟁의행위에 통상 수반되는 부수적 행위가 형법상 정당행위에 해당하는지 여부를 판단할 때에도 동일하게 적용된다. [2] 한국철도시설공단 노동조합의 위원장인 피고인이 다른 노조간부 7명과 함께 공단의 경영노무처 사무실로 찾아가 방송실 관리자인 총무부장의 승인 없이 무단으로 방송실 안으로 들어가 문을 잠근 다음 방송을 하고, 다른 노조간부들은 방송실 문 밖에서 다른 직원들이 방송실에 들어가지 못하도록 막음으로써, 노조간부 7명과 공모하여 방송실에 침입함과 동시에 위력으로 방송실 관리업무를 방해하였다는 공소사실로 기소된 사안에서 전체적으로 수단과 방법의 적정성을 벗어난 것으로 보이지 않으므로, 형법상 정당행위에 해당하여 위법성이 조각된다고 봄이 타당하다고 판단하고, 피고인을 유죄로 인정한 원심을 파기·환송한 사례(대판 2022.10.27. 2019도10516).

〈기업의 구조조정과 쟁의행위의 정당성〉 정리해고나 사업조직의 통폐합 등 기업의 구조조정 실시 여부는 경영주체에 의한 고도의 경영상 결단에 속하는 사항으로서 이는 원칙적으로 단체교섭의 대상이 될 수 없고, 그것이 긴박한 경영상의 필요나 합리적인 이유 없이 불순한 의도로 추진되는 등의 특별한 사정이 없는 한, 노동조합이 실질적으로 그 실시 자체를 반대하기 위하여 쟁의행위에 나아간다면, 비록 그 실시로 인하여 근로자들의 지위나 근로조건의 변경이 필연적으로 수반된다 하더라도 그 쟁의행위는 목적의 정당성을 인정할 수 없다(대판 2003.12.11. 2001도3429).

〈직장폐쇄와 쟁의행위의 정당성〉 [1] 노동조합 및 노동관계조정법 제46조가 규정한 사용자의 직장폐쇄는 사용자와 근로자의 교섭태도 및 교섭과정, 근로자의 쟁의행위의 목적과 방법 및 그로 인하여 사용자가 받는 타격의 정도 등 구체적인 사정에 비추어 근로자의 쟁의행위에 대한 방어수단으로서 상당성이 있어야만 사용자의 정당한 쟁의행위로 인정할 수 있다. [2] 한편 근로자의 쟁의행위 등 구체적인 사정에 비추어 직장폐쇄의 개시 자체는 정당하다고 할 수 있지만, 어느 시점 이후에 근로자가 쟁의행위를 중단하고 진정으로 업무에 복귀할 의사를 표시하였음에도 사용자가 직장폐쇄를 계속 유지하면서 근로자의 쟁의행위에 대한 방어적인 목적에서 벗어나 적극적으로 노동조합의 조직력을 약화시키기 위한 목적 등을 갖는 공격적 직장폐쇄의 성격으로 변질되었다고 볼 수 있는 경우에는, 그 이후의 직장폐쇄는 정당성을 상실한 것으로 보아야 한다(대판 2017.7.11. 2013도7896).

〈쟁의행위 중 일부 소수의 근로자가 폭력행위를 한 사건〉 노동조합이 주도한 쟁의행위 자체의 정당성과 이를 구성하거나 여기에 부수되는 개개 행위의 정당성은 구별하여야 하므로, 일부 소수의 근로자가 폭력행위 등의 위법행위를 하였더라도, 전체로서의 쟁의행위마저 당연히 위법하게 되는 것은 아니다(대판 2017.7.11. 2013도7896).

〈쟁의행위로 인한 업무방해에 대한 방조범의 성립 요건〉 A노조 △△자동차 비정규직지회 조합원들이 △△자동차 생산라인을 점거하면서 쟁의행위를 한 것과 관련하여, A노조 미조직비정규국장인 피고인이 ① △△자동차 정문 앞 집회에 참가하여 점거 농성을 지원하고, ② 점거 농성장에 들어가 비정규직지회 조합원들을 독려하고, ③ A노조 공문을 비정규직지회에 전달하는 등 역할을 수행한 사안에서, 피고인의 농성현장 독려 행위는 정범의 범행을 더욱 유지·강화시킨 행위에 해당하여 업무방해방조죄로 인정할 수 있지만, 집회 참가 및 공문 전달 행위는 업무방해 정범의 실행행위에 해당하는 생산라인 점거로 인한 범죄 실현과 밀접한 관련성이 있다고 단정하기 어려워 방조범의 성립을 인정할 정도로 업무방해행위와 인과관계가 있다고 보기 어려움에도, 피고인2의 위 행위들을 모두 업무방해방조죄로 인정한 원심판결을 파기한 사례(대판 2021.9.16. 2015도12632).

2. 업무방해죄로 처벌한 판례

〈노조법 제41조 제1항 위반 사건〉 특히 그 절차에 관하여 쟁의행위를 함에 있어 조합원의 직접·비밀·무기명투표에 의한 찬성결정이라는 절차를 거쳐야 한다는 노동조합및노동관계조정법 제41조 제1항의 규정은 노동조합의 자주적이고 민주적인 운영을 도모함과 아울러 쟁의행위에 참가한 근로자들이 사후에 그 쟁의행위의 정당성 유무와 관련하여 어떠한 불이익을 당하지 않도록 그 개시에 관한 조합의사의 결정에 보다 신중을 기하기 위하여 마련된 규정이므로 위의 절차를 위반한 쟁의행위는 그 절차를 따를 수 없는 객관적인 사정이 인정되지 아니하는 한 정당성이 상실된다(대판 2001.10.25, 99도4837 전합).

〈정리해고 사건〉 쟁의행위의 주된 목적이 회사의 긴박한 경영상의 필요에 의하여 실시되는 정리해고 자체를 전혀 수용할 수 없다는 노동조합 측의 입장을 관철하기 위한 것이고, 이러한 노동조합 측의 요구는 사용자의 정리해고에 관한 권한 자체를 전면적으로 부정하고 경영권의 본질적인 내용을 침해하는 것으로서 단체교섭의 대상이 될 수 없는 사항에 관한 것이므로, 그와 같은 요구사항을 내용으로 하는 위 쟁의행위는 그 목적의 정당성을 인정받을 수 없다고 한 원심판단을 수긍한 사례(대판 2011.1.27, 2010도11030).

〈사업장시설을 전면적·배타적으로 점거한 사건〉 직장 또는 사업장시설의 점거는 적극적인 쟁의행위의 한 형태로서 그 점거의 범위가 직장 또는 사업장시설의 일부분이고 사용자측의 출입이나 관리지배를 배제하지 않는 병존적인 점거에 지나지 않을 때에는 정당한 쟁의행위로 볼 수 있으나, 이와 달리 직장 또는 사업장시설을 전면적·배타적으로 점거하여 조합원 이외의 자의 출입을 저지하거나 사용자측의 관리지배를 배제하여 업무의 중단 또는 혼란을 야기케 하는 것과 같은 행위는 이미 정당성의 한계를 벗어난 것이라고 볼 수밖에 없다(대판 1991.6.11, 91도383).

3. 업무방해죄로 처벌하지 않은 판례

〈노동위원회 결정전에 쟁의행위를 한 사건〉 노동조합이 노동위원회에 노동쟁의 조정신청을 하여 조정절차가 마쳐지거나 조정이 종료되지 아니한 채 조정기간이 끝나면 노동조합은 쟁의행위를 할 수 있는 것으로 노동위원회가 반드시 조정결정을 한 뒤에 쟁의행위를 하여야지 그 절차가 정당한 것은 아니다(대판 2001.6.26, 2000도2871).

〈사업장시설의 부분적·병존적인 점거 사건〉 노동조합의 조합원들이 쟁의행위로 사용자인 서울특별시건축사회의 사무실 일부를 점거한 사안에서, 점거한 곳의 범위와 평소의 사용형태, 사용자측에서 이를 사용하지 못하게 됨으로써 입은 피해의 내용과 정도 등에 비추어 이는 폭력의 행사에 해당하지 않는 사업장시설의 부분적·병존적인 점거로서 사용자의 재산권과 조화를 이루고 있고, 사용자의 업무가 실제로 방해되었거나 업무방해의 결과를 초래할 위험성이 발생하였다고 보기 어려우므로, 위 점거행위는 노동관계 법령에 따른 정당한 행위로서 위법성이 조각되어 업무방해죄의 책임을 물을 수 없다고 한 사례(대판 2007.12.28, 2007도5204).

IV. 죄수 및 타죄와의 관계

(1) 죄 수

허위사실을 수회 반복하여 수인에게 유포하거나 위계와 위력을 행사한 경우에는 본죄는 포괄하여 일죄가 된다.

〈업무방해죄 상상적 경합 사건〉 피고인이 '2015. 4. 16. 13 : 10경부터 14 : 30경까지 甲 업체 사무실에서 직원 6명가량이 있는 가운데 직원들에게 행패를 하면서 피해자 乙의 업무를 방해하였다'는 공소사실로 기소되었는데, 피고인은 '2015. 4. 16. 13 : 30경부터 15 : 00경 사이에 甲 업체 사무실에 찾아와 피해자 丙, 丁과 일반직원들이 근무를 하고 있음에도 피해자들에게 욕설을 하는 등 큰소리를 지르고 돌아다니며 위력으로 업무를 방해하였다'는 등의 범죄사실로 이미 유죄판결을 받아 확정되었다면 두 사실은 동일한 기회에, 동일한 장소에서 다수의 피해자를 상대로 한 위력에 의한 업무방해행위로써 사회관념상 1개의 행위로 평가할 수 있어 상상적 경합 관계에 있으므로 면소판결을 해야한다(대판 2017.9.21. 2017도11687). [COMMENT] 두 업무방해행위가 상상적 경합관계에 있고, 이미 하나의 업무방해행위에 대하여 확정판결이 있으므로 나머지 하나의 업무방해행위에 대하여는 면소판결을 해야 한다는 취지의 판례이다.

(2) 타죄와의 관계

1) **폭행죄와의 관계** : 폭행행위가 업무방해의 수단이 된 경우에는 폭행죄는 업무방해죄에 흡수되지 않고 별죄가 성립한다.

〈폭행행위가 업무방해의 수단이 된 사건〉 업무방해죄와 폭행죄는 구성요건과 보호법익을 달리하고 있고, 업무방해죄의 성립에 일반적 · 전형적으로 사람에 대한 폭행행위를 수반하는 것은 아니며, 폭행행위가 업무방해죄에 비하여 별도로 고려되지 않을 만큼 경미한 것이라고 할 수도 없으므로, 설령 피해자에 대한 폭행행위가 동일한 피해자에 대한 업무방해죄의 수단이 되었다고 하더라도 그러한 폭행행위가 이른바 '불가벌적 수반행위'에 해당하여 업무방해죄에 대하여 흡수관계에 있다고 볼 수는 없다(대판 2012.10.11. 2012도1895). (14 변시)(20 변시)

2) **명예훼손죄와의 관계** : 1개의 행위로 명예를 훼손함과 동시에 업무를 방해한 경우에는 상상적 경합이 된다.

〈출판물에 의한 명예훼손죄와 업무방해죄가 상상적 경합이라는 판례〉 한국소비자보호원을 비방할 목적으로 18회에 걸쳐서 출판물에 의하여 공연히 허위의 사실을 적시 유포함으로써 한국소비자보호원의 명예를 훼손하고 업무를 방해하였다는 각죄는 1개의 행위가 2개의 죄에 해당하는 형법 제40조 소정의 상상적경합의 관계에 있다(대판 1993.4.13. 92도3035).

3 컴퓨터 등 장애 업무방해죄

> **제314조 (업무방해)** ② 컴퓨터 등 정보처리장치 또는 전자기록 등 특수매체기록을 손괴하거나 정보처리장치에 허위의 정보 또는 부정한 명령을 입력하거나 기타 방법으로 정보처리에 장애를 발생하게 하여 사람의 업무를 방해한 자도 제1항의 형과 같다.

[죄명예규] (컴퓨터등손괴, 전자기록등손괴, 컴퓨터등장애)업무방해

(1) 의 의

컴퓨터 등 장애 업무방해죄는 컴퓨터 등 정보처리장치 또는 전자기록 등 특수매체기록을 손괴하거나 정보처리장치에 허위의 정보 또는 부정한 명령을 입력하거나 기타의 방법으로 정보처리에 장애를 발생하게 하여 사람의 업무를 방해함으로써 성립하는 범죄이다.

> [COMMENT] 본죄는 컴퓨터를 이용한 범죄로서 1995년에 신설되었으며, 컴퓨터조작죄와 컴퓨터파괴죄의 성격을 모두 지니고 있는 범죄이다.

(2) 객체와 행위

본죄의 객체는 컴퓨터 등 정보처리장치 또는 전자기록 등 특수매체기록이다. 본죄의 행위는 해당 객체를 손괴하거나 정보처리장치에 허위의 정보 또는 부정한 명령을 입력하거나 기타의 방법으로 정보처리장치에 장애를 발생케 하는 것이다.

〈컴퓨터 등 장애 업무방해죄의 기본 개념〉 형법 제314조 제2항의 컴퓨터 등 장애에 의한 업무방해죄에서 '컴퓨터 등 정보처리장치'란 자동적으로 계산이나 데이터처리를 할 수 있는 전자장치로서 하드웨어와 소프트웨어를 모두 포함하고, '손괴'란 유형력을 행사하여 물리적으로 파괴 · 멸실시키는 것뿐 아니라 전자기록의 소거나 자력에 의한 교란도 포함하며, '허위의 정보 또는 부정한 명령의 입력'이란 객관적으로 진실에 반하는 내용의 정보를 입력하거나 정보처리장치를 운영하는 본래의 목적과 상이한 명령을 입력하는 것이고, '기타 방법'이란 컴퓨터의 정보처리에 장애를 초래하는 가해수단으로서 컴퓨터의 작동에 직접 · 간접으로 영향을 미치는 일체의 행위를 말한다(대판 2012.5.24. 2011도7943).

〈조합장이 자신의 감사활동 방해하기 위해 직원 컴퓨터에 비밀번호를 설정하고 하드디스크를 분리 보관하면 컴퓨터 등 장애 업무방해죄가 성립한다는 판례〉 [1] 이 사건 컴퓨터와 하드디스크는 형법 제314조 제2항에 규정된 '컴퓨터 등 정보처리장치'에 해당하고, 업무수행을 위해서가 아니라 담당직원의 정상적인 업무수행을 방해할 의도에서 그 담당 직원의 의사와는 상관없이 함부로 컴퓨터에 비밀번호를 설정한 행위는 같은 항의 '허위의 정보 또는 부정한 명령의 입력'에 해당하며 컴퓨터의 하드디스크를 분리 · 보관한 행위는 같은 항의 '손괴'에 해당하므로, 피고인이 컴퓨터에 비밀번호를 설정하고 하드디스크를 분리 · 보관함으로써 조합의 정보처리에 관한 업무를 방해한 행위는 형법 제314조 제2항의 컴퓨터 등 장애 업무방해죄에 해당한다고 할 것이다. [2] 주택재건축조합 조합장인 피고인이 자신에 대한 감사활동을 방해하기 위하여 조합 사무실에 있던 컴퓨터에 비밀번호를 설정하고 하드디스크를 분리 · 보관함으로써 조합 업무를 방해하였다는 내용으로 기소된 사안에서, 위와 같은 방법으로 조합의 정보처리에 관한 업무를 방해한 행위는 형법 제314조 제2항의 컴퓨터 등 장애 업무방해죄에 해당한다는 이유로, 원심이 이를 형법 제314조 제1항의 업무방해 행위로 본 것은 잘못이나 그 법정형이 동일하여 판결에 영향이 없다고 한 사례(대판 2012.5.24. 2011도7943). (22 변시)(23 변시)

(3) 정보처리장치의 장애의 발생

컴퓨터 업무방해죄가 성립하기 위해서는 위와 같은 행위에 기하여 정보처리장치에 장애가 발생하여야 한다. 정보처리에 장애가 발생한다고 함은 정보처리장치가 정상적인 기능을 수행하지 못하게 됨을 의미한다.

〈비밀번호를 알려주지 않은 것은 컴퓨터등장애업무방해죄가 성립하지 않는다는 판례〉 메인 컴퓨터의 비밀번호는 시스템관리자가 시스템에 접근하기 위하여 사용하는 보안 수단에 불과하므로, 단순히 메인 컴퓨터의 비밀번호를 알려주지 아니한 것만으로는 정보처리장치의 작동에 직접 영향을 주어 그 사용목적에 부합하는 기능을 하지 못하게 하거나 사용목적과 다른 기능을 하게 하였다고 볼 수 없어 형법 제314조 제2항에 의한 컴퓨터등장애업무방해죄로 의율할 수 없다(대판 2004.7.9. 2002도631). (17 변시)

〈아이디와 비밀번호를 권한없이 무단으로 변경하면 컴퓨터등장애업무방해죄가 성립한다는 판례〉 대학의 컴퓨터시스템 서버를 관리하던 피고인이 전보발령을 받아 더 이상 웹서버를 관리 운영할 권한이 없는 상태에서, 웹서버에 접속하여 홈페이지 관리자의 아이디와 비밀번호를 무단으로 변경한 행위는, 피고인이 웹서버를 관리 운영할 정당한 권한이 있는 동안 입력하여 두었던 홈페이지 관리자의 아이디와 비밀번호를 단지 후임자 등에게 알려 주지 아니한 행위와는 달리, 정보처리장치에 부정한 명령을 입력하여 정보처리에 현실적 장애를 발생시킴으로써 피해 대학에 업무방해의 위험을 초래하는 행위에 해당하여 컴퓨터 등 장애 업무방해죄를 구성한다고 한 사례(대판 2006.3.10. 2005도382).

(4) 업무방해의 기수시기

본죄는 추상적 위험범이므로 컴퓨터에 장애가 발생하였다면 현실적인 업무방해의 결과가 발생할 필요는 없고 일반적인 위험성 내지 업무를 방해할 우려가 있는 상황만으로 기수가 된다. 본죄는 추상적 위험범이지만 행위만으로는 부족하고 반드시 장애가 발생하여야 기수가 된다는 점을 주의하여야 한다.

〈형법 제314조 제2항의 컴퓨터등장애업무방해죄가 성립하기 위해서는 정보처리에 장애가 현실적으로 발생하여야 한다는 판례〉 형법 제314조 제2항은 '컴퓨터 등 정보처리장치 또는 전자기록 등 특수매체기록을 손괴하거나 정보처리장치에 허위의 정보 또는 부정한 명령을 입력하거나 기타 방법으로 정보처리에 장애를 발생하게 하여 사람의 업무를 방해한 자'를 처벌하도록 정하고 있다. 여기에서 '허위의 정보 또는 부정한 명령의 입력'이란 객관적으로 진실에 반하는 내용의 정보를 입력하거나 정보처리장치를 운영하는 본래의 목적과 상이한 명령을 입력하는 것이고, '기타 방법'이란 컴퓨터의 정보처리에 장애를 초래하는 가해수단으로 컴퓨터의 작동에 직접·간접으로 영향을 미치는 일체의 행위를 말한다. 한편 위 죄가 성립하기 위해서는 위와 같은 가해행위 결과 정보처리장치가 그 사용목적에 부합하는 기능을 하지 못하거나 사용목적과 다른 기능을 하는 등 정보처리에 장애가 현실적으로 발생하여야 한다(대판 2022.5.12. 2021도1533). (24 변시)

〈허위의 클릭정보를 전송하여 반영되었다면 검색순위 변동을 초래하지 않았어도 컴퓨터등장애업무방해죄가 성립한다는 판례〉 형법 제314조 제2항의 '컴퓨터 등 장애 업무방해죄'가 성립하기 위해서는 가해행위 결과 정보처리장치가 그 사용목적에 부합하는 기능을 하지 못하거나 사용목적과 다른 기능을 하는 등 정보처리에 장애가 현실적으로 발생하였을 것을 요하나, 정보처리에 장애를 발생하게 하여 업무방해의 결과를 초래할 위험이 발생한 이상, 나아가 업무방해의 결과가 실제로 발생하지 않더라도 위 죄가 성립한다. 따라서 포털사이트 운영회사의 통계집계시스템 서버에 허위의 클릭정보를 전송하여 검색순위 결정 과정에서 위와 같이 전송된 허위의 클릭정보가 실제로 통계에 반영됨으로써 정보처리에 장애가 현실적으로 발생하였다면, 그로 인하여 실제로 검색순위의 변동을 초래하지는 않았다 하더라도 '컴퓨터 등 장애 업무방해죄'가 성립한다(대판 2009.4.9. 2008도11978). (16 변시)

〈악성코드 프로그램을 유포해 해당 스폰서링크를 클릭하지 않았어도 클릭한 것처럼 신호를 발송하여 정보처리에 장애를 일으키면 컴퓨터등장애업무방해죄가 성립한다는 판례〉 갑 주식회사 대표이사인 피고인이, 악성프로그램이 설치된 피해 컴퓨터 사용자들이 실제로 인터넷 포털사이트 '네이버' 검색창에 해당 검색어로 검색하거나 검색 결과에서 해당 스폰서링크를 클릭하지 않았음에도 악성프로그램을 이용하여 그와 같이 검색하고 클릭한 것처럼 네이버의 관련 시스템 서버에 허위의 신호를 발송하는 방법으로 정보처리에 장애를 발생하게 하였다고 하여 컴퓨터등장애업무방해로 기소된 사안에서, 피고인의 행위는 객관적으로 진실에 반하는 내용의 정보인 '허위의 정보'를 입력한 것에 해당하고, 그 결과 네이버의 관련 시스템 서버에서 실제적으로 검색어가 입력되거나 특정 스폰서링크가 클릭된 것으로 인식하여 그에 따른 정보처리가 이루어졌으므로 이는 네이버의 관련 시스템 등 정보처리장치가 그 사용목적에 부합하는 기능을 하지 못하거나 사용목적과 다른 기능을 함으로써 정보처리의 장애가 현실적으로 발생하였고, 이로 인하여 네이버의 검색어 제공서비스 등의 업무나 네이버의 스폰서링크 광고주들의 광고 업무가 방해되었다는 이유로 유죄를 인정한 원심판단을 수긍한 사례(대판 2013.3.28. 2010도14607).

〈'업링크솔루션'을 배포한 것은 컴퓨터등장애업무방해죄가 성립하지 않는다는 판례〉 피고인들이 불특정 다수의 인터넷 이용자들에게 배포한 '업링크솔루션'이라는 프로그램은, 갑 회사의 네이버 포털사이트 서버가 이용자의 컴퓨터에 정보를 전송하는 데에는 아무런 영향을 주지 않고, 다만 이용자의 동의에 따라 위 프로그램이 설치된 컴퓨터 화면에서만 네이버 화면이 전송받은 원래 모습과는 달리 피고인들의 광고가 대체 혹은 삽입된 형태로 나타나도록 하는 것에 불과하므로, 이것만으로는 정보처리장치의 작동에 직접·간접으로 영향을 주어 그 사용목적에 부합하는 기능을 하지 못하게 하거나 사용목적과 다른 기능을 하게 하였다고 볼 수 없어 컴퓨터 등 장애 업무방해죄로 의율할 수 없다고 본 원심판단을 수긍한 사례(대판 2010.9.30. 2009도12238).

(5) 죄수 및 타죄와의 관계

1) **죄수** : 한개의 정보처리장치에 수차례 반복하여 허위의 정보를 입력했더라도 동일한 전체 고의 안에서 시간적으로 연속되었을 경우에는 일죄만 성립한다.
2) **업무방해죄와의 관계** : 본죄는 업무방해죄에 대하여 특별관계에 있으므로 본죄가 성립하게 되면 업무방해죄는 성립하지 않는다.

4 경매·입찰방해죄

> 제315조 (경매, 입찰의 방해) 위계 또는 위력 기타 방법으로 경매 또는 입찰의 공정을 해한 자는 2년 이하의 징역 또는 700만 원 이하의 벌금에 처한다.

(1) 의의와 보호법익

위계 또는 위력 기타의 방법으로 경매 또는 입찰의 공정을 해함으로써 성립하는 범죄이다. 보호법익은 경매 또는 입찰의 공정성이며, 보호의 정도는 추상적 위험범이다.

(2) 객체 : 경매 또는 입찰

1) **경매** : 경매란 파는 사람이 2인 이상의 구매자에게서 구두로 청약을 받고 최고가격을 부른 청약자에게 매도를 승낙함으로써 성립하는 매매를 말한다.

2) **입찰** : 입찰이란 경쟁계약에서 경쟁에 참가한 다수 응모자에게 문서로 계약의 내용을 표시하도록 한 후에 주문자가 자신에게 가장 유리한 청약을 한 자를 상대방으로 하여 계약을 체결하는 것을 말한다.

3) **경매·입찰의 범위** : 경매·입찰의 종류는 불문한다. 따라서 국가·공공단체에 의한 것뿐만 아니라 개인이 하는 것 모두를 포괄한다.

4) **경매·입찰의 현존** : 경매·입찰방해죄가 성립하기 위해서는 최소한 적법하고 유효한 경매나 입찰 절차가 현실적으로 존재하여야 한다.

의 신청자와 맺은 합작투자의 약정에 따른 것으로서 위 분양업무의 주체인 한국토지공사가 예정하고 있던 범위 내의 행위이므로, 위 추첨방식의 분양업무의 적정성과 공정성 등을 방해하는 행위라고 볼 수 없어 입찰방해죄나 업무방해죄가 성립하지 않는다고 한 사례(대판 2008.5.29. 2007도5037).

(3) 행 위

위계 또는 위력 기타 방법으로 경매 또는 입찰의 공정을 해하는 것이다.

1) **위계 또는 위력 기타 방법** : 위계 또는 위력의 의미는 신용훼손죄 내지 업무방해죄와 동일하다.

〈**위력의 의미**〉형법 제315조 소정의 입찰방해죄에 있어 '위력'이란 사람의 자유의사를 제압, 혼란케 할 만한 일체의 유형적 또는 무형적 세력을 말하는 것으로서 폭행, 협박은 물론 사회적, 경제적, 정치적 지위와 권세에 의한 압력 등을 포함하는 것이다(대판 2000.7.6. 99도4079).

2) **공정을 해하는 행위** : 공정을 해하는 행위란 공정한 가격을 결정하는 데 있어서 뿐 아니라 적법하고 공정한 경쟁방법을 해하는 행위도 포함된다.

〈**'입찰의 공정을 해하는 행위'의 의미**〉형법 제315조의 입찰방해죄에서 '입찰의 공정을 해하는 행위' 란 공정한 자유경쟁을 통한 적정한 가격형성에 부당한 영향을 주는 상태를 발생시키는 것으로, 그 행위에는 가격결정뿐 아니라 적법하고 공정한 경쟁방법을 해하는 행위도 포함된다(대판 2008.5.29. 2007도5037).

〈**단독입찰하면서 경쟁입찰 가장한 사건**〉입찰방해죄는 위태범으로서 결과의 불공정이 현실적으로 나타나는 것을 요하는 것이 아니며 그 행위에는 가격을 결정하는데 있어서 뿐 아니라 적법하게 공정한 경쟁방법을 해하는 행위도 포함되므로 그 행위가 설사 유찰방지를 위한 수단에 불과하여 입찰가격에 있어 입찰실시자의 이익을 해하거나 입찰자에게 부당한 이익을 얻게 하는 것이 아니었다 하더라도 실질적으로 단독입찰하면서 경쟁입찰인것 같이 가장하였다면 그 입찰가격으로서 낙찰하게 한 점에서 경쟁입찰의 방법을 해한 것이 되어 입찰의 공정을 해한 것이 된다(대판 1994.11.8. 94도2142).

〈**예정가격을 알려준 사건**〉지명경쟁입찰의 시행자인 법인의 대표자가 특정인과 공모하여 그 특정인 이 낙찰자로 선정될 수 있도록 예정가격을 알려 주고 그 특정인은 나머지 입찰참가인들과 담합하여 입찰에 응하였다면 입찰의 실시 없이 서류상으로만 입찰의 근거를 조작한 경우와는 달리 현실로 실시된 입찰의 공정을 해하는 것으로 평가되어 입찰방해죄가 성립한다(대판 2007.5.31. 2006도8070).

3) **담합행위와 신탁입찰** : 공정을 해하는 행위와 관련하여 문제되는 것에는 담합행위와 신탁입찰이 있다.

    ⑺ **담합행위** : 담합행위란 경매 · 입찰의 경쟁에 참가하는 자가 서로 모의하여 그 중 특정한 자를 경락자 · 낙찰자로 하기 위해 나머지 참가자는 일정한 가격이상 또는 이하로 호가 또는 응찰하지 않을 것을 협약하는 것을 말한다. 이러한 담합행위의 경우에는 담합행위 를 통하여 가격과 방법의 공정성을 해한 경우에는 본죄가 성립한다. 그러나 담합행위를 하였으나 공정을 해한 것이 없이 무모한 출혈을 방지하기 위한 경우에는 본죄가 성립하지 않으며, 담합행위자간의 금전의 수수가 있었다 하더라도 문제되지 않는다.

〈누구라도 낙찰되면 동업하기로 한 사건〉 고속도로 휴게소 운영권 입찰에서 여러 회사가 각자 입찰에 참가하되 누구라도 낙찰될 경우 동업하여 새로운 회사를 설립하고 그 회사로 하여금 휴게소를 운영하기로 합의한 후 입찰에 참가한 경우 입찰방해죄가 성립한다고 한 사례(대판 2006.12.22. 2004도2581).

〈일부 담합 사건〉 가장경쟁자를 조작하거나 입찰의 경쟁에 참가하는 자가 서로 통모하여 그 중의 특정한 자를 낙찰자로 하기 위하여 일정한 가격 이하 또는 이상으로 입찰하지 않을 것을 협정하거나 입찰을 포기하게 하는 등의 소위 담합행위가 입찰방해죄로 되기 위하여는 반드시 입찰참가자 전원과의 사이에 담합이 이루어져야 하는 것은 아니고, 입찰참가자들 중 일부와의 사이에만 담합이 이루어진 경우라고 하더라도 그것이 입찰의 공정을 해하는 것으로 평가되는 이상 입찰방해죄는 성립한다(대판 2006.6.9. 2005도8498).

〈투찰행위 사건〉 일부 입찰참가자들이 가격을 합의하고, 낙찰이 되면 특정 업체가 모든 공사를 하기로 합의하는 등 담합하여 투찰행위를 한 사안에서, 이는 '적법하고 공정한 경쟁방법'을 해하는 행위로서 입찰의 공정을 해하는 경우에 해당하며, 결과적으로 위 투찰에 참여한 업체의 수가 많아서 실제로 가격형성에 부당한 영향을 주지 않았다고 하더라도 입찰방해죄가 성립한다고 한 사례 (대판 2009.5.14. 2008도11361). (22 경2)

〈담합보다 저가로 입찰한 사건〉 피고인이 서울특별시도시철도공사가 발주한 시각장애인용 음성유도기 제작설치 입찰에 관한 담합에 가담하기로 하였다가 자신이 낙찰받기 위하여 당초의 합의에 따르지 아니한 채 원래 낙찰받기로 한 특정업체보다 저가로 입찰한 사안에서, 이러한 피고인의 행위는 입찰방해죄에 해당하므로, 같은 취지에서 위계로써 입찰의 공정을 해하였다는 공소사실을 유죄로 인정한 원심판단을 수긍한 사례(대판 2010.10.14. 2010도4940). (22 경2)

〈무모한 출혈경쟁 방지 사건〉 담합의 목적이 주문자의 예정가격 내에서 적정한 가격을 유지하면서 무모한 출혈경쟁을 방지함에 있고 낙찰가격도 공정한 가격의 범위 내에서 이루어진 때에는 담합자 사이에 금품의 수수가 있었다 하더라도 경매나 입찰의 공정을 해했다고 볼 수 없다(대판 1982.11.9. 81도537).

〈담합이 이루어지지 않은 사건〉 입찰자들의 전부 또는 일부 사이에서 담합을 시도하는 행위가 있었을 뿐 실제로 담합이 이루어지지 못하였고, 또 위계 또는 위력 기타의 방법으로 담합이 이루어진 것과 같은 결과를 얻어내거나 다른 입찰자들의 응찰 내지 투찰행위를 저지하려는 시도가 있었지만 역시 그 위계 또는 위력 등의 정도가 담합이 이루어진 것과 같은 결과를 얻어내거나 그들의 응찰 내지 투찰행위를 저지할 정도에 이르지 못하였고 또 실제로 방해된 바도 없다면, 이로써 공정한 자유경쟁을 방해할 염려가 있는 상태 즉, 공정한 자유경쟁을 통한 적정한 가격형성에 부당한 영향을 주는 상태를 발생시켜 그 입찰의 공정을 해하였다고 볼 수 없어, 이는 입찰방해미수행위에 불과하고 입찰방해죄의 기수에 이르렀다고 할 수는 없다(대판 2003.9.26. 2002도3924).

〈담합금이 수수되었어도 자유로운 경쟁을 한 것과 같은 결과가 된 사건〉 입찰에 참가한 5개 회사 가운데 2개 회사 사이에 이루어졌고 담합금을 수수했지만 나머지 3개 회사가 자유경쟁을 통해서 낙찰가격이 형성된 경우, 응찰자 사이에 담합이 있었고 또 그에 대한 담합금이 수수되었다 하더라도 입찰

시행자의 이익을 해함이 없이 자유로운 경쟁을 한 것과 같은 결과가 된 경우에는 입찰의 공정을 해할 추상적 위험조차 있다고 할 수 없으므로 본죄는 성립하지 않는다(대판 1983.1.18. 81도824).

    (나) **신탁입찰** : 신탁입찰이란 각자가 일부씩 입찰에 참가하면서 1인을 대표자로 하여 단독으로 입찰케 하는 것을 말한다. 이러한 신탁입찰의 경우에는 입찰의 공정성을 해할 여지가 없으므로 본죄에 해당하지 않는다.

(4) 기수시기

입찰방해죄는 위험범이므로 입찰의 공정을 해할 행위를 하면 그것으로 기수가 되며 현실적으로 입찰의 공정을 해한 결과가 발생할 필요는 없다.

〈**입찰방해죄는 위험범**〉 입찰방해죄는 위계 또는 위력 기타의 방법으로 입찰의 공정을 해하는 경우에 성립하는 위태범으로서, 입찰의 공정을 해할 행위를 하면 그것으로 족한 것이지 현실적으로 입찰의 공정을 해한 결과가 발생할 필요는 없다(대판 1994.5.24. 94도600). (22 경1)

제4장 | 사생활의 평온에 대한 죄

제1절 | 비밀침해의 죄

1 비밀침해의 죄 [친고죄]

> 제316조 (비밀침해) ① 봉함 기타 비밀장치한 사람의 편지, 문서 또는 도화를 개봉한 자는 3년 이하의 징역이나 금고 또는 500만 원 이하의 벌금에 처한다.
> ② 봉함 기타 비밀장치한 사람의 편지, 문서, 도화 또는 전자기록등 특수매체기록을 기술적 수단을 이용하여 그 내용을 알아 낸 자도 제1항의 형과 같다.

[죄명예규] (편지, 문서, 도화)개봉/(편지, 문서, 도화, 전자기록등)내용탐지

I. 서 설

비밀침해의 죄는 개인의 정보 · 통신의 비밀과 개인의 사생활의 비밀을 침해하는 것을 내용으로 하는 범죄이다. 보호법익은 개인의 비밀이며, 보호의 정도는 ① 제316조 제1항은 추상적 위험범이며 ② 제316조 제2항은 침해범이다.

II. 구성요건

1. 객 체

본죄의 객체는 봉함 기타 비밀장치한 타인의 편지 · 문서 · 도화 또는 전자기록 등 특수매체기록이다.

(1) 봉함과 기타 비밀장치

1) 봉함 : 봉함이란 그 외부의 포장을 파훼하지 않고는 내용을 알 수 없거나 내용을 알기 곤란하게 하는 것을 말한다.

2) 기타 비밀장치 : 기타 비밀장치란 봉함 이외의 방법으로 외부의 포장을 만들어 그 내용을 알 수 없게 하는 일체의 장치를 말한다.

〈2단 서랍 사건〉 형법 제316조 제1항의 비밀침해죄는 봉함 기타 비밀장치한 사람의 편지, 문서 또는 도화를 개봉하는 행위를 처벌하는 죄이고, 이때 '봉함 기타 비밀장치가 되어 있는 문서'란 '기타 비밀장치'라는 일반 조항을 사용하여 널리 비밀을 보호하고자 하는 위 규정의 취지에 비추어 볼 때, 반드시 문서 자체에 비밀장치가 되어 있는 것만을 의미하는 것은 아니고, 봉함 이외의 방법으

로 외부 포장을 만들어서 그 안의 내용을 알 수 없게 만드는 일체의 장치를 가리키는 것으로, 잠금장치 있는 용기나 서랍 등도 포함한다고 할 것인바, 이 사건과 같이 서랍이 2단으로 되어 있어 그 중 아랫칸의 윗부분이 막혀 있지 않아 윗칸을 밖으로 빼내면 아랫칸의 내용물을 쉽게 볼 수 있는 구조로 되어 있는 서랍이라고 하더라도, 피해자가 아랫칸에 잠금장치를 하였고 통상적으로 서랍의 윗칸을 빼어 잠금장치 된 아랫칸 내용물을 볼 수 있는 구조라거나 그와 같은 방법으로 볼 수 있다는 것을 예상할 수 없어 객관적으로 그 내용물을 쉽게 볼 수 없도록 외부에 의사를 표시하였다면, 형법 제316조 제1항의 규정 취지에 비추어 아랫칸은 윗칸에 잠금장치가 되어 있는지 여부에 관계없이 그 자체로서 형법 제316조 제1항에 규정하고 있는 비밀장치에 해당한다(대판 2008.11.27, 2008도9071).

〈피해자의 컴퓨터에 해킹프로그램을 몰래 설치해 별도의 보안장치가 없는 인터넷 계정의 아이디, 비밀번호를 알아낸 행위는 형법 제316조 제2항 소정의 전자기록등내용탐지죄에 해당하지 않는다는 판례〉
[1] 개정 형법이 전자기록 등 특수매체기록을 위 각 범죄(컴퓨터관련범죄- 저자 주)의 행위 객체로 신설·추가한 입법취지, 전자기록등내용탐지죄의 보호법익과 그 침해행위의 태양 및 가벌성 등에 비추어 볼 때, 피해자의 아이디, 비밀번호(이하 '이 사건 아이디 등'이라 한다)는 전자방식에 의하여 피해자의 노트북 컴퓨터에 저장된 기록으로서 형법 제316조 제2항의 '전자기록 등 특수매체기록'에 해당한다. [2] 한편, 형법 제316조 제2항 소정의 전자기록등내용탐지죄는 봉함 기타 비밀장치한 전자기록 등 특수매체기록을 기술적 수단을 이용하여 그 내용을 알아낸 자를 처벌하는 규정인바, 전자기록 등 특수매체기록에 해당하더라도 봉함 기타 비밀장치가 되어 있지 아니한 것은 이를 기술적 수단을 동원해서 알아냈더라도 전자기록등내용탐지죄가 성립하지 않는다. [3] 피고인이 피해자의 컴퓨터에 해킹프로그램을 몰래 설치해 피해자의 ○○○○ 계정의 각 아이디 및 비밀번호(이 사건 아이디 등)를 알아내었다는 이유로 형법 제316조 제2항 소정의 전자기록등내용탐지죄로 기소된 사안에서, 이 사건 아이디 등이 전자기록 등 특수매체기록에는 해당한다고 보면서도, 이에 대하여 별도의 비밀장치가 된 것으로 볼 수 없는 이상, 이 사건 아이디 등을 위 프로그램을 이용하여 알아냈더라도 전자기록등내용탐지죄가 성립하지 않는다고 본 사례(대판 2022.3.31, 2021도8900). [COMMENT] 참고로 피고인이 이 사건 아이디 등을 이용해 피해자의 ○○○○ 계정 등에 접속한 행위 및 이를 통해 피해자와 다른 사람들 사이의 대화내용 등을 다운로드 받은 행위에 대해서는 원심에서「정보통신망 이용촉진 및 정보보호 등에 관한 법률」위반(정보통신망침해등)죄, 전자기록등내용탐지죄가 인정되었고 이 부분에 대해서는 피고인과 검사 모두 상고하지 아니하였음.

(2) 편지 · 문서 · 도화 또는 전자기록 등 특수매체기록

1) 편지 : 편지란 특정인으로부터 다른 특정인에게 의사를 전달하는 문서를 말한다.

2) 문서 : 문서란 편지가 아닌 것으로 문자 기타의 발음부호에 의하여 특정인의 의사를 표시한 것을 말한다.

3) 도화 : 도화란 그림에 의하여 의사가 표시된 것을 말한다.

4) 전자기록 등 특수매체기록 : 전자기록 등 특수매체기록이란 전자적 기록 이외에 전기적 기록이나 광기술을 이용하여 저장되어 있어 직접 지각할 수 없는 기록을 말한다.

2. 행 위

개봉하거나 기술적 수단을 이용하여 그 내용을 알아내는 것이다.

(1) 개 봉

개봉이란 봉함 기타 비밀장치를 파훼하여 편지·문서 또는 도화의 내용을 공개할 수 있는 상태로 두는 것을 말한다(제316조 제1항). 본죄는 추상적 위험범이므로 개봉으로써 기수가 되며 행위자가 그 내용을 알았는가를 묻지 않는다.

(2) 기술적 수단을 이용하여 그 내용을 알아내는 경우

기술적 수단을 이용하여 그 내용을 알아내는 경우란 본죄의 객체를 원형 그대로 두고 기술적인 방법을 써서 그 내용을 알아내는 것을 말한다(제316조 제2항). 따라서 기술적 수단이 아닌 단순히 불빛에 비추어 본 경우에는 본죄가 성립하지 않는다. 또한 본죄는 침해범이므로 기술적 수단을 사용하였으나 그 내용을 알아내지 못한 경우에는 본죄가 성립하지 않는다.

3. 고 의

본죄의 객체를 개봉하거나 기술적 수단을 이용하여 그 내용을 알아낸다는 점에 대한 인식과 의사인 고의가 있어야 한다.

Ⅲ. 위법성

(1) 피해자의 동의

피해자의 동의가 있으면 위법성이 조각된다.

(2) 정당행위

비밀침해죄의 가장 광범위한 위법성이 조각되는 대표적인 예는 법령에 의한 정당행위이며, 관련 법률로는 통신비밀보호법 제3조와 제5조, 형의집행및수용자의처우에관한법률 제43조 등이 있다.

Ⅳ. 소추조건

제318조 (고소) 본장의 죄는 고소가 있어야 공소를 제기할 수 있다

2 업무상비밀누설죄 [진정신분범, 친고죄]

> 제317조 (업무상비밀누설) ① 의사, 한의사, 치과의사, 약제사, 약종상, 조산사, 변호사, 변리사, 공인
> 회계사, 공증인, 대서업자나 그 직무상 보조자 또는 차등의 직에 있던 자가 그 업무처리중 지득한
> 타인의 비밀을 누설한 때에는 3년 이하의 징역이나 금고, 10년 이하의 자격정지 또는 700만 원
> 이하의 벌금에 처한다.
> ② 종교의 직에 있는 자 또는 있던 자가 그 직무상 지득한 사람의 비밀을 누설한 때에도 전항의
> 형과 같다.

(1) 의 의

업무상 비밀누설죄란 일정한 직업에 종사하는 자 또는 종사하던 자가 업무처리 중 또는 직
무상 지득한 타인의 비밀을 누설함으로써 성립하는 범죄이다. 보호법익은 개인의 비밀이며,
보호의 정도는 추상적 위험범이다.

(2) 주 체

본죄는 제317조 제1항과 제2항에 열거된 업무자만이 주체가 될 수 있는 진정신분범이다. 단
변호사 아닌 소송대리인, 세무사, 흥신업자, 카운셀러 등이 빠져있는 것은 입법의 불비이다.

> [COMMENT] 업무와 관련된 범죄이지만, 진정신분범이라는 점을 주의하여야 하며, 주체를 전부 기
> 억하려고 노력하기 보다는 입법의 불비를 기억하여야 하며, 조문 중 '보조자' 또는 '차등의 직에
> 있던 자'도 포함한다는 점을 주의하여야 한다.

(3) 객 체

업무처리 중 또는 직무상 지득한 타인의 비밀이다. 본죄의 비밀은 그 업무처리 중 또는 직무
상 지득한 것임을 요하므로 업무처리와 관계없이 알게 된 사실은 비밀에 속한다 하여도 본
죄의 비밀에는 해당하지 않는다.

(4) 행 위

본죄의 행위는 비밀을 누설하는 것이다. 누설이란 비밀에 속하는 사실을 아직 이를 모르는
제3자에게 고지하는 일체의 행위를 말한다.

(5) 친고죄

> 제318조 (고소) 본장의 죄는 고소가 있어야 공소를 제기할 수 있다.

제2절 | 주거침입의 죄

1 주거침입죄 [미수범 처벌]

> 제319조 (주거침입, 퇴거불응) ① 사람의 주거, 관리하는 건조물, 선박이나 항공기 또는 점유하는 방실에 침입한 자는 3년 이하의 징역 또는 500만 원 이하의 벌금에 처한다.

[죄명예규] (주거, 건조물, 선박, 항공기, 방실)침입

I. 서 설

1. 의의와 법적 성격

주거침입죄는 개인의 생활 또는 업무의 근거되는 일정한 구획된 장소의 평온을 침해하거나 위협하는 범죄이다. 주거침입죄의 법적 성격에 대하여는 논의가 있으나, 거동범이며 계속범으로 보는 것이 일반적이다.

2. 보호법익과 보호의 정도

1) **보호법익** : 주거침입죄의 보호법익에 대하여 ① 주거권설 ② 사실상 평온설 ③ 절충설 ④ 구분설이 대립하고 있으며, 다수설과 판례는 본죄의 보호법익은 권리로서의 주거권이 아니라 그 주거를 지배하고 있는 사실관계, 즉 공동생활자 모두의 사실상의 평온이라는 **사실상 평온설**을 따르고 있다.

> 〈**주거침입죄의 보호법익**〉 주거침입죄는 사실상의 주거의 평온을 보호법익으로 하는 것이므로, 그 주거자 또는 간수자가 건조물 등에 거주 또는 간수할 권리를 가지고 있는가의 여부는 범죄의 성립을 좌우하는 것이 아니다(대판 2008.5.8, 2007도11322). (22 변시)

2) **보호의 정도** : 보호법익이 보호받는 정도는 ① 침해범설과 ② 위험범설의 대립이 있다. 주거침입죄의 본질상 위험범으로 보아야 하겠지만, 미수처벌규정이 있는 현행 형법의 입장에서는 침해범설이 타당하다. 판례도 사실상 주거의 평온을 해하는 정도에 이르러야 기수가 된다고 보아 침해범설을 따르고 있다.

> 〈**주거침입죄가 침해범이라는 판례**〉 주거에 침입할 범의로써 예컨대 주거로 들어가는 문의 시정장치를 부수거나 문을 여는 등 침입을 위한 구체적 행위를 시작하였다면 주거침입죄의 실행의 착수는 있었다고 보아야 하고, 신체의 극히 일부분이 주거 안으로 들어갔지만 사실상 주거의 평온을 해하는 정도에 이르지 아니하였다면 주거침입죄의 미수에 그친다(대판 1995.9.15. 94도2561).

Ⅱ. 구성요건

1. 객 체

사람의 주거, 관리하는 건조물, 선박이나 항공기 또는 점유하는 방실이다.

(1) 사람의 주거

   1) **사람의 주거의 의의** : 사람의 주거란 사람이 기거하고 침식에 사용되는 장소를 말한다. 사람의 주거는 타인의 주거를 의미하며, 공동주거의 경우에는 공동생활에서 이탈한 후에는 타인의 주거가 된다.

   2) **주거의 범위** : 주거는 구조·설비 여하를 불문하며, 주거에 사용되는 한 일시적·영구적이든 불문한다. 그리고 단순히 가옥만을 말하는 것이 아니고 그 위요지를 포함한다.

〈**담장과 방 사이의 통로 사건(주거는 위요지를 포함한다는 판례)**〉 [1] 주거침입죄는 사실상의 주거의 평온을 보호법익으로 하는 것으로 거주자가 누리는 사실상의 주거의 평온을 해할 수 있는 정도에 이르렀다면 범죄구성요건을 충족하는 것이라고 보아야 하고, 주거침입죄에 있어서 주거라 함은 단순히 가옥 자체만을 말하는 것이 아니라 그 위요지를 포함한다. [2] 이미 수일 전에 2차례에 걸쳐 피해자를 강간하였던 피고인이 대문을 몰래 열고 들어와 담장과 피해자가 거주하던 방 사이의 좁은 통로에서 창문을 통하여 방안을 엿본 경우, 주거침입죄에 해당한다고 본 사례(대판 2001.4.24. 2001도1092). (24 변시)(24 1차)

   3) **공동주택의 경우** : 판례에 의하면 다가구용 단독주택이나 다세대주택·연립주택·아파트 등 공동주택의 내부에 있는 엘리베이터, 공용 계단과 복도는 특별한 사정이 없는 한 주거침입죄의 객체인 '사람의 주거'에 해당한다. 그리고 **공동주택의 지하주차장**이 주거에 해당하는지에 대하여는 논의가 있지만, 구체적인 상황에 따라 개별적으로 고찰하여야 할 것이다. [2018 1차]

〈**빌라 공용계단 사건**〉 [1] 주거침입죄에서 주거란 단순히 가옥 자체만을 말하는 것이 아니라 그 정원 등 위요지를 포함한다. 따라서 다가구용 단독주택이나 다세대주택·연립주택·아파트 등 공동주택 안에서 공용으로 사용하는 계단과 복도는, 주거로 사용하는 각 가구 또는 세대의 전용 부분에 필수적으로 부속하는 부분으로서 그 거주자들에 의하여 일상생활에서 감시·관리가 예정되어 있고 사실상의 주거의 평온을 보호할 필요성이 있는 부분이므로, 특별한 사정이 없는 한 주거침입죄의 객체인 '사람의 주거'에 해당한다. [2] 다가구용 단독주택인 빌라의 잠기지 않은 대문을 열고 들어가 공용 계단으로 빌라 3층까지 올라갔다가 1층으로 내려온 사안에서, 주거인 공용 계단에 들어간 행위가 거주자의 의사에 반한 것이라면 주거에 침입한 것이라고 보아야 한다는 이유로, 주거침입죄를 구성하지 않는다고 본 원심판결을 파기한 사례(대판 2009.8.20. 2009도3452).

〈**엘리베이터 안에서 폭행하고 계단에서 강간한 사건**〉 [1] 다가구용 단독주택이나 다세대주택·연립주택·아파트 등 공동주택의 내부에 있는 엘리베이터, 공용 계단과 복도는 특별한 사정이 없는 한 주거침입죄의 객체인 '사람의 주거'에 해당하고, 위 장소에 거주자의 명시적, 묵시적 의사에 반하여 침입하는 행위는 주거침입죄를 구성한다. [2] 피고인이 강간할 목적으로 피해자를 따라 피해자가 거주하는 아파트 내부의 엘리베이터에 탄 다음 그 안에서 폭행을 가하여 반항을 억압한 후 계단으로 끌고 가 피해자를 강간하고 상해를 입힌 사안에서, 피고인이 성폭력범죄의 처벌 및 피해자보호 등에 관한 법률 제5조 제1항에 정한 주거침입범의 신분을 가지게 되었다는 이유로, 주거침입을 인정하지 않고 강간상해죄만을 선고한 원심판결을 파기한 사례(대판 2009.9.10. 2009도4335). **[C OMMENT]** 판례에서의 성폭력범죄의처벌및피해자보호등에관한법률 제5조 제1항은 현행 성폭력범죄의 처벌 등에 관한 특례법 제8조 제1항의 범죄가 된다. [2023 2차](12 변시)(13 변시)(19 변시)(22 변시)

(2) 관리하는 건조물, 선박이나 항공기

1) **관리** : 관리란 타인이 침입하는 것을 방지할 만한 인적·물적 설비를 갖춘 것을 말한다.

2) **건조물** : 주거침입죄에 있어서 건조물은 주위벽 또는 기둥과 지붕 또는 천정으로 구성된 구조물로서 사람이 기거하거나 출입할 수 있는 장소를 말한다. 또한 단순히 건조물 그 자체만을 말하는 것이 아니고 **위요지를 포함하지만**, 위요지가 되기 위하여는 건조물에 인접한 그 주변 토지로서 관리자가 외부와의 경계에 문과 담 등을 설치하여 그 토지가 건조물의 이용을 위하여 제공되었다는 것이 **명확히 드러나야** 한다.

■ **건조물과 위요지 관련 판례 정리**

1. 기본 법리 판례

〈**건조물로서의 요건을 갖춘 구조물의 존재와 위요지**〉 건조물침입죄에서 침입행위의 객체인 '건조물'은 건조물침입죄가 사실상 주거의 평온을 보호법익으로 하는 점에 비추어 엄격한 의미에서의 건조물 그 자체뿐만이 아니라 그에 부속하는 위요지를 포함한다고 할 것이나, 여기서 위요지라고 함은 건조물에 인접한 그 주변의 토지로서 외부와의 경계에 담 등이 설치되어 그 토지가 건조물의 이용에 제공되고 또 외부인이 함부로 출입할 수 없다는 점이 객관적으로 명확하게 드러나야 한다. 그러나 관리자가 일정한 토지와 외부의 경계에 인적 또는 물적 설비를 갖추고 외부인의 출입을 제한하고 있더라도 그 토지에 인접하여 건조물로서의 요건을 갖춘 구조물이 존재하지 않는다면 이러한 토지는 건조물침입죄의 객체인 위요지에 해당하지 않는다고 봄이 타당하다(대판 2017.12.22. 2017도690). (23 경1)

〈**위요지와 외부인의 출입**〉 위요지라고 함은 건조물에 인접한 그 주변의 토지로서 외부와의 경계에 담 등이 설치되어 그 토지가 건조물의 이용에 제공되고 또 외부인이 함부로 출입할 수 없다는 점이 객관적으로 명확하게 드러나야 한다. 따라서 건조물의 이용에 기여하는 인접의 부속 토지라고 하더라도 인적 또는 물적 설비 등에 의한 구획 내지 통제가 없어 통상의 보행으로 그 경계를 쉽사리 넘을 수 있는 정도라고 한다면 일반적으로 외부인의 출입이 제한된다는 사정이 객관적으로 명확하게 드러났다고 보기 어려우므로, 이는 다른 특별한 사정이 없는 한 주거침입죄의 객체에 속하지 아니한다고 봄이 상당하다(대판 2010.4.29. 2009도14643). (22 변시)(24 변시)

2. 건조물이나 위요지를 긍정한 판례

〈**골리앗 크레인 사건**〉 선박건조자재운반용으로 도크에 고정되어 82m 높이에 설치되어 있으며 약 10평 정도되는 방실 등이 있고 평소 그 운전을 위해 1, 2명의 직원이 근무하며 인가자 이외의 출입이 금지되는 '골리앗크레인'에 출입통제를 위해 출입문이 잠긴 채 간수인이 없었다 하여도 피고인 등 70명 정도의 근로자가 함께 위 "골리앗크레인"에 들어가서 농성을 하였다면, 피고인 등이 다중의 위력을 보여 간수하는 건조물에 침입한 것이라고 본 사례(대판 1991.6.11. 91도753).

〈**대학교 강의실 사건**〉 일반적으로 대학교의 강의실은 그 대학당국에 의하여 관리되면서 그 관리업무나 강의와 관련되는 사람에 한하여 출입이 허용되는 건조물이지 널리 일반인에게 개방되어 누구나 자유롭게 출입할 수 있는 곳은 아니다(대판 1992.9.25. 92도1520).

〈사드(THAAD)기지 부지 침입 사건〉 피고인들이 골프장 부지에 설치된 사드(THAAD : 고고도 미사일 방어 체계)기지의 부지는 기지 내 건물의 위요지에 해당한다는 이유로, 이와 달리 보아 피고인들에게 무죄를 선고한 원심판결에 주거침입죄의 위요지에 관한 법리를 오해한 잘못이 있다고 한 사례(대판 2020.3.12. 2019도16484).

3. 건조물이나 위요지를 부정한 판례

〈타워 크레인 사건〉 피고인들이 건물신축 공사현장에 무단으로 들어간 뒤 타워크레인에 올라가 이를 점거한 사안에서, 타워크레인은 건설기계의 일종으로서 작업을 위하여 토지에 고정되었을 뿐이고 운전실은 기계를 운전하기 위한 작업공간 그 자체이지 건조물침입죄의 객체인 건조물에 해당하지 아니하다(대판 2005.10.7. 2005도5351).

〈축사앞 공터 사건〉 차량 통행이 빈번한 도로에 바로 접하여 있고, 도로에서 주거용 건물, 축사 4동 및 비닐하우스 2동으로 이루어진 시설로 들어가는 입구 등에 그 출입을 통제하는 문이나 담 기타 인적ㆍ물적 설비가 전혀 없고 노폭 5m 정도의 통로를 통하여 누구나 축사 앞 공터에 이르기까지 자유롭게 드나들 수 있는 사실 등을 이유로, 차를 몰고 위 통로로 진입하여 축사 앞 공터까지 들어간 행위가 주거침입에 해당한다고 본 원심판단에 법리오해 등의 위법이 있다고 한 사례(대판 2010.4.29. 2009도14643).

4. 일부는 건조물이지만 일부는 건조물이 아니라는 판례

〈소독 시설은 독립된 건조물이지만, 물탱크 시설은 건조물이 아니라는 판례〉 피해자 소유의 축사 건물 및 그 부지를 임의경매절차에서 매수한 사람이 위 부지 밖에 설치된 피해자 소유 소독시설을 통로로 삼아 위 축사건물에 출입한 경우, 위 소독시설은 축사출입차량의 소독을 위하여 설치한 것이기는 하나 별개의 토지 위에 존재하는 독립한 건조물로서 축사 자체의 효용에 제공된 종물이 아니므로, 위 출입행위는 건조물침입죄를 구성한다. 한편 건조물침입죄의 객체인 관리하는 건조물은 주위 벽, 기둥과 지붕 또는 천정으로 구성된 구조물로서 사람이 기거하거나 출입할 수 있는 장소를 말하므로, 물탱크시설은 이에 해당하지 않는다(대판 2007.12.13. 2007도7247).

3) 선박 : 선박이란 수상교통의 수단으로 사용되는 축조물로서 그 크기는 묻지 않으나 적어도 사람의 주거에 상응하는 정도의 규모이어야 한다.

4) 항공기 : 항공기란 사람의 조종에 의해 공중을 운행하는 기기를 말한다.

(3) 점유하는 방실

점유하는 방실이란 건물 내에서 사실상 지배관리하는 구획된 장소를 말한다.

〈공중화장실 용변칸 사건〉 피고인이 피해자가 사용 중인 공중화장실의 용변칸에 노크하여 남편으로 오인한 피해자가 용변칸 문을 열자 강간할 의도로 용변칸에 들어간 것이라면 피해자가 명시적 또는 묵시적으로 이를 승낙하였다고 볼 수 없어 주거침입죄에 해당한다고 한 사례(대판 2003.5.30. 2003도1256). (12 변시)

2. 행 위

침입하는 것이다.

(1) 침 입

침입이란 주거자, 관리자 또는 점유자의 의사 또는 추정적 의사에 반하여 주거 안으로 들어가는 것을 말한다. 따라서 주거자 등의 동의가 있으면 구성요건해당성이 부정된다. 침입은 공연히 또는 폭력적인가를 불문하며 어떠한 저항을 받는 것으로 요하지 않는다.

〈침입의 내용〉 침입이라 함은 거주자 또는 간수자의 의사에 반하여 들어가면 족한 것이고 어떤 저항을 받는 것을 요하지 않으며, 일반적으로 개방되어 있는 장소라도 필요한 때는 관리자가 그 출입을 금지 내지 제한할 수 있는 것이므로 그 출입금지 내지 제한하는 의사에 반하여 무리하게 주거 또는 건조물 구내에 들어간다면 주거침입죄를 구성한다(대판 1983.3.8. 82도1363).

〈퇴사한 회장 사건〉 [1] 주거침입죄는 사실상의 주거의 평온을 보호법익으로 하는 것이므로 그 거주자나 관리자와의 관계 등으로 평소 그 건조물에 출입이 허용된 사람이라 하더라도 주거에 들어간 행위가 거주자나 관리자의 명시적 또는 추정적 의사에 반함에도 불구하고 감행된 것이라면 주거침입죄는 성립하며, 출입문을 통한 정상적인 출입이 아닌 경우 특별한 사정이 없는 한 그 침입 방법 자체에 의하여 위와 같은 의사에 반하는 것으로 보아야 한다. [2] 피고인은 회장으로서 피해 회사의 업무처리를 위해 이 사건 사무실을 사용하였던 것이고, 피해 회사와는 무관하게 개인적인 용도에 사용한 것은 아니므로, 피고인이 공소외 2와 결별하고 사실상 피해 회사를 퇴사한 이상 피고인은 더 이상 피해 회사의 승낙 없이는 위 사무실을 출입할 수 없게 되었다고 봄이 상당하고, 이후 위 사무실에 나타나지 않다가 약 20일이 지나서 피해 회사의 명시적인 의사에 반하여 비정상적인 방법으로 위 사무실에 들어간 행위는 방실침입죄에 해당한다(대판 2007.8.23. 2007도2595). (22 변시)

〈甲에게 100m 이내로 접근하지 말 것' 사건〉 피고인이 '甲에게 100m 이내로 접근하지 말 것' 등을 명하는 법원의 접근금지가처분 결정이 있는 등 피고인이 甲을 방문하는 것을 甲이 싫어하는 것을 알고 있음에도 임의로 甲이 근무하는 사무실 안으로 들어감으로써 건조물에 침입하였다는 공소사실로 기소된 사안에서, 피고인이 위 결정에 반하여 甲이 근무하는 사무실에 출입한 것은 甲의 명시적인 의사에 반하는 행위일 뿐만 아니라, 출입의 금지나 제한을 무시하고 출입한 경우로서 출입 당시 객관적·외형적으로 드러난 행위태양을 기준으로 보더라도 사실상 평온상태가 침해된 것으로 볼 수 있으므로 건조물침입죄가 성립한다고 한 사례(대판 2024.2.8. 2023도16595).

〈절친한 옆집에 범죄 목적으로 들어간 사건〉 피고인이 피해자와 이웃 사이여서 평소 그 주거에 무상 출입하던 관계에 있었다 하더라도 범죄의 목적으로 피해자의 승낙 없이 그 주거에 들어간 경우에는 주거침입죄가 성립한다(대판 1983.7.12. 83도1394).

[비교판례] 〈고종사촌 집 절취 사건〉 피고인이 인근 동리에 사는 고모의 아들인 피해자의 집에 잠시 들어가 있는 동안에 동 피해자에게 돈을 갚기 위하여 찾아온 동 피해자의 이질의 돈을 절취하였다면 피고인이 당초부터 불법목적을 가지고 위 피해자의 집에 들어갔거나 그의 의사에 반하여 그의 집에 들어간 것이 아니어서 주거침입죄 부분의 공소사실은 범죄의 증명이 없는 때에 해당한다(대판 1984.2.14. 83도2897).

〈세차업자가 아파트 지하주차장 들어간 사건〉 세차업자인 피고인이 '피고인의 이 사건 아파트 지하주차장 출입을 금지'하는 입주자대표회의의 결정과 법원의 출입금지가처분 결정에 반하여 일부 입주자등과 체결한 세차용역계약의 이행을 위하여 이 사건 아파트 지하주차장에 들어가 건조물침입죄로 기소된 사건에서, 이 사건 아파트 입주자대표회의가 입주자등이 아닌 피고인의 아파트 지하주차장에 대한 출입을 금지하는 결정을 하고, 법원으로부터 출입금지가처분 결정을 받아 그 사실이 피고인에게 통지되었음에도 피고인이 입주자대표회의의 결정에 반하여 그 주차장에 들어갔다면, 출입 당시 관리자로부터 구체적인 제지를 받지 않았더라도 그 주차장의 관리관자인 입주자대표회의의 의사에 반하여 들어간 것이므로 건조물침입죄가 성립하고, 설령 피고인이 일부 입주자등의 승낙을 받고 이 사건 아파트의 지하주차장에 들어갔더라도 개별 입주자등이 그 주차장에 대하여 가지는 본질적인 권리가 침해되었다고 볼 수 없으므로 건조물침입죄의 성립에 영향이 없다고 판단한 사례(대판 2021.1.14. 2017도21323).

〈구체적인 제지를 받지 않고 대학교에 들어가서 집회해도 건조물침입죄가 성립한다는 판례〉 대학교가 교내에서의 집회를 허용하지 아니하고 집회와 관련된 외부인의 출입을 금지하였는데도 집회를 위하여 그 대학교에 들어간 것이라면 비록 대학교에 들어갈 때 구체적으로 제지를 받지 아니하였다고 하더라도 대학교 관리자의 의사에 반하여 건조물에 들어간 것으로서 건조물침입죄가 성립한다(대판 2004.8.30. 2004도3212).

〈전국노동자 대회 불허통보 받은 사건〉 전국노동조합대표자회의 등이 특정 대학교 총장에게 전국노동자대회 등 개최를 위한 장소사용 허가를 요청하였다가 명시적으로 불허통보를 받았음에도 대회 개최를 위하여 각 대학교에 들어간 행위는 건조물침입죄에 해당한다고 한 사례(대판 2008.11.13. 선고 2006도755).

〈학생회관 침입 사건〉 학생회관의 관리권은 그 대학당국에 귀속된다고 보아야 하므로 학생회의 동의가 있어 그 침입이 위법하지 않다고 믿었다 하더라도 이에 정당사유가 있다고 볼 수 없어 주거침입죄를 구성한다(대판 1995.4.14. 95도12).

〈해고를 다투는 근로자가 노조사무실에 들어간 경우에는 건조물침입죄가 성립하지 않는다는 판례〉 해고된 근로자라도 상당한 기간 내에 그 해고의 효력을 다투는 자에 대하여는 근로자 또는 조합원으로서의 지위를 인정하여야 할 것이므로 해당 근로자가 조합원의 자격으로서 회사 내 노조사무실에 들어가는 것은 정당한 행위로서 회사측에서도 이를 제지할 수 없는 것이므로 노조사무실 출입목적으로 경비원의 제지를 뿌리치고 회사 내로 들어가는 것은 건조물침입죄로 벌할 수 없다(대판 1991.11.8. 91도326).

〈직장폐쇄가 정당하지 않은 사건〉 사용자의 직장폐쇄가 정당한 쟁의행위로 인정되지 아니하는 때에는 다른 특별한 사정이 없는 한 근로자가 평소 출입이 허용되는 사업장 안에 들어가는 행위가 주거침입죄를 구성하지 아니한다(대판 2002.9.24. 2002도2243).

(2) 권리자에 의한 침입

주거침입죄는 사실상의 주거의 평온을 보호법익으로 하므로 권리자라 하더라도 그 권리를 실행함에 있어 법에 정하여진 절차에 의하지 아니하고 그 건조물 등에 침입한 경우에는 주거침입죄가 성립한다.

〈권리자도 주거침입죄를 범할 수 있다는 판례〉 주거침입죄는 사실상의 주거의 평온을 보호법익으로 하는 것이므로, 그 주거자 또는 간수자가 건조물 등에 거주 또는 간수할 권리를 가지고 있는가의 여부는 범죄의 성립을 좌우하는 것이 아니며, 점유할 권리 없는 자의 점유라 하더라도 그 주거의 평온은 보호되어야 할 것이므로, 권리자가 그 권리를 실행함에 있어 법에 정하여진 절차에 의하지 아니하고 그 건조물 등에 침입한 경우에는 주거침입죄가 성립한다(대판 2008.5.8. 2007도11322). (12 변시)(22 변시)(24 1차)

〈경락허가결정이 무효인 사건〉 가사 이 사건 건물에 대한 경락허가결정이 무효라고 하더라도 이에 기한 인도명령의 집행으로서 이 사건 건물의 점유가 피고인으로부터 주식회사 조흥은행을 거쳐 공소외 김창희에게 이전된 이상 함부로 다시 이 사건 건물에 들어간 피고인의 소위는 주거침입죄에 해당한다고 판단한 원심조치는 정당하고, 거기에 아무런 위법이 없다(대판 1987.11.10. 87도1760).

〈임대차 기간 종료 후 임차인이 건물 들어간 사건〉 적법한 임대차기간이 종료한 후 계속 점유하고 있는 건물에 대하여 소유자가 마음대로 건물출입문에 판자를 대어 폐쇄한 것을 자력으로 판자를 뜯어 위 건물에 들어갔다고 해서 건조물침입죄가 된다고 볼 수 없다(대판 1973.6.26. 73도460).

(3) 공동주거인 경우

1) 다른 공동주거자의 의사에 반하는 경우와 주거침입죄의 성부 : 공동주거자가 있는 경우에 일부 공동주거자의 동의가 다른 공동주거자의 의사에 반한 경우에 주거침입죄를 인정할 것인지가 문제된다. 특히 간통 목적으로 처의 승낙을 얻어 주거에 들어간 경우에 주거침입죄의 성립여부에 대하여 종래 판례는 긍정설의 입장이었으나, 최근 전합판례를 통하여 부정설로 판례를 변경하였다.

> **▎다른 공동주거자의 의사에 반하는 경우에 주거침입의 성부**
>
> 甲은 A의 처 乙과 혼외 성관계를 가질 목적으로 A의 부재중에 乙이 열어 준 현관 출입문을 통하여 A와 乙이 공동으로 거주하는 아파트에 들어가 乙과 성관계를 맺었다. 甲에게 주거침입죄가 성립하는가? [2023 변시]
>
> **1. 논의점**
>
> 사안과 같이 공동주거에 있어 주거 내에 현재하는 공동거주자의 현실적인 승낙을 받아 통상적인 출입방법에 따라 공동주거에 들어갔으나, 그것이 부재중인 다른 거주자의 추정적 의사에 반하는 경우 주거침입죄가 성립하는지에 대하여 논의가 있다.
>
> **2. 견해의 대립**
>
> **(1) 긍정설 – 전합의 반대의견**
>
> 공동주거의 주거침입죄 성립 여부는 부재중인 거주자의 의사를 기준으로 하여야 하므로 사안과 같이 부재중인 거주자가 피고인의 출입을 거부하였을 것임이 명백하다면 주거침입죄가 성립한다는 견해이다.

⑵ 부정설 - 전합의 다수의견

공동주거의 주거침입죄 성립 여부는 주거침입죄의 보호법익인 사실상 주거의 평온을 기준으로 하여야 하므로 사안의 경우에는 사실상 주거의 평온을 깨트렸다고 볼 수 없으므로 주거침입죄는 성립하지 않는다는 견해이다.

3. 결언 및 사안의 해결

생각건대 주거침입죄에서의 침입이란 거주자의 의사에 반하여 해당 주거에 들어가는 것을 말하므로 거주자의 의사와 객관적인 행위태양을 모두 참작하여 결정하여야 한다. 그러므로 사안과 같이 공동주거자 1인의 현실적인 승낙이 있고, 통상적인 출입방법으로 들어갔다면 다른 범죄의 성립은 논외로 하더라도 주거침입죄는 성립하지 않는다고 보아야 할 것이다.

사람을 기망하여 피해자가 반환청구 할 수 없는 불법한 급여를 하게 한 경우에 사기죄의 성립을 인정할 것인지에 대하여 논의가 있다.

4. 관련판례

〈혼외 성관계 목적으로 다른 배우자의 부재중 주거에 출입한 사건〉 [1] 주거침입죄의 보호법익은 사적 생활관계에 있어서 사실상 누리고 있는 주거의 평온, 즉 '사실상 주거의 평온'이다. [2] 주거침입죄의 구성요건적 행위인 침입은 주거침입죄의 보호법익과의 관계에서 해석하여야 한다. 따라서 침입이란 '거주자가 주거에서 누리는 사실상의 평온상태를 해치는 행위태양으로 주거에 들어가는 것'을 의미한다. 침입에 해당하는지 여부는 출입 당시 객관적·외형적으로 드러난 행위태양을 기준으로 판단함이 원칙이다. 단순히 주거에 들어가는 행위 자체가 거주자의 의사에 반한다는 거주자의 주관적 사정만으로 바로 침입에 해당한다고 볼 수는 없다. [3] 외부인이 공동거주자의 일부가 부재중에 주거 내에 현재하는 거주자의 현실적인 승낙을 받아 통상적인 출입방법에 따라 공동주거에 들어간 경우라면 그것이 부재중인 다른 거주자의 추정적 의사에 반하는 경우에도 주거침입죄가 성립하지 않는다고 보아야 한다(대판 2021.9.9. 2020도12630 전합). **[판결이유 중 일부 인용]** 이와 달리 공동거주자 중 한 사람의 승낙에 따라 주거에 출입한 것이 다른 거주자의 의사에 반한다는 사정만으로 다른 거주자의 사실상 주거의 평온을 해치는 결과가 된다는 전제에서, 공동거주자 중 주거 내에 현재하는 거주자의 현실적인 승낙을 받아 통상적인 출입방법에 따라 주거에 출입하였는데도 부재중인 다른 거주자의 추정적 의사에 반한다는 사정만으로 주거침입죄가 성립한다는 취지로 판단한 앞서 본 대법원 83도685 판결을 비롯한 같은 취지의 대법원판결들은 이 사건 쟁점에 관한 이 판결의 견해에 배치되는 범위 내에서 모두 변경하기로 한다. (24 변시)(24 1차)

〈피고인이 교제하다 헤어진 피해자의 주거가 속해 있는 아파트 동의 출입구에 설치된 공동출입문에 피해자나 다른 입주자의 승낙 없이 비밀번호를 입력하는 방법으로 아파트의 공용 부분에 출입한 경우 주거침입에 해당한다는 판례〉 [1] (위 판례와 동일한 법리 생략) [2] 아파트 등 공동주택의 공동현관에 출입하는 경우에도, 그것이 주거로 사용하는 각 세대의 전용 부분에 필수적으로 부속하는 부분으로 거주자와 관리자에게만 부여된 비밀번호를 출입문에 입력하여야만 출입할 수 있거나, 외부인의 출입을 통제·관리하기 위한 취지의 표시나 경비원이 존재하는 등 외형적으로 외부인의 무단출입을 통제·관리하고 있는 사정이 존재하고, 외부인이 이를 인식하고서도 그 출입에 관한 거주자나 관리자의 승낙이 없음은 물론, 거주자와의 관계 기타 출입의 필요 등에 비추어 보더라도 정당한 이유 없이 비밀번호를 임의로 입력하거나 조작하는 등의 방법으로 거주자나 관리자 모르게 공동현관에 출입한 경우와 같이, 그 출입 목적 및 경위, 출입의 태양과 출입한 시간 등을 종합적으로 고려할 때 공동주택 거주자의 사실상 주거의 평온상태를 해치는 행위태양으로 볼 수 있는 경우라면 공동주택 거주자들에 대한 주거침입에 해당할 것이다(대판 2022.1.27. 2021도15507).

〈빌라 건물의 5층 계단까지 침입한 후 공업용 접착제를 흡입하였다면 주거침입죄가 성립한다는 판례〉 [1] (위 판례와 동일한 법리 생략) [2] 피고인이 甲이 거주하는 빌라 건물의 공동현관문을 열고 들어가 5층 계단까지 침입한 후 공업용 접착제를 흡입함으로써 甲의 주거지에 침입하였다는 공소사실로 기소된 사안에서, 피고인의 행위는 甲 등 위 건물에 거주하는 사람들의 '주거의 사실상 평온상태'를 해치는 행위로서 주거침입으로 평가할 수 있다는 이유로, 이와 달리 본 원심판결에 법리오해의 잘못이 있다고 한 사례(대판 2024.6.27. 2023도16019).

2) 다른 공동주거자의 출입 금지와 주거침입죄의 성부 : 판례에 의하면 행위자 자신이 단독으로 또는 다른 사람과 공동으로 거주하거나 관리 또는 점유하는 주거 등에 임의로 출입하더라도 주거침입죄를 구성하지 않으며, 공동거주자 상호 간에는 특별한 사정이 없는 한 다른 공동거주자가 공동생활의 장소에 자유로이 출입하고 이를 이용하는 것을 금지할 수 없다.

▌다른 공동주거자의 주거 출입 금지와 주거침입의 성부

甲은 처 乙과의 불화로 인해 乙과 공동생활을 영위하던 아파트에서 짐 일부를 챙겨 나왔는데, 그 후 자신의 부모인 丙, 丁과 함께 아파트에 찾아가 출입문을 열 것을 요구하였다. 그러나 乙은 외출한 상태로 乙의 여동생인 戊가 출입문에 설치된 체인형 걸쇠를 걸어 "언니가 귀가하면 오라."며 문을 열어주지 않자, 甲, 丙, 丁은 공동하여 걸쇠를 손괴한 후 아파트에 침입하였다. 甲, 丙, 丁에게 주거침입죄가 성립하는지 논하시오.

1. 논의점

사안과 같이 공동거주자가 일시적으로 주거에서 퇴거한 이후에 다소 폭력적인 방법으로 다시 주거에 들어가는 것이 주거침입죄가 성립하는지에 대하여 논의가 있다.

2. 견해의 대립

이에 대하여는 ① 주거침입을 출입 당시 객관적 · 외형적으로 드러난 행위태양을 기준으로 판단하는 입장에서 폭력적인 방법 또는 비정상적인 경로로 공동주거에 출입한 경우이므로 주거침입죄가 성립한다는 긍정설(전합의 반대의견)과 ② 공동주거자의 주거침입을 공동생활관계의 이탈이나 상실을 기준으로 판단하는 입장에서 사안과 같이 일시적으로 퇴거한 한 경우에는 주거침입죄가 성립하지 않는다는 부정설(전합의 다수의견)이 대립하고 있다.

3. 검토 및 사안의 해결

(1) 생각건대 공동거주자 각자는 공동의 공간을 이용할 수 있는 것과 같은 이유로, 다른 공동거주자가 이에 출입하여 이용하는 것을 용인할 수인의무도 있다고 할 것이다. 따라서 사안의 경우 甲에게는 주거침입죄가 성립하지 않는다.

(2) 그리고 공동거주자의 승낙을 받아 공동생활의 장소에 함께 들어간 외부인에 대하여도 역시 주거침입죄가 성립하지 않는다고 봄이 타당하다. 따라서 사안에서 甲, 丙, 丁에게는 특수주거침입죄가 성립하지 않는다.

4. 관련판례

〈처와 일시 별거 중인 남편이 주거지에 들어가려고 하는데 처제가 출입 못하게 한 사건〉 [다수의견]
[1] 주거침입죄의 객체는 행위자 이외의 사람, 즉 '타인'이 거주하는 주거 등이라고 할 것이므로 행위자 자신이 단독으로 또는 다른 사람과 공동으로 거주하거나 관리 또는 점유하는 주거 등에 임의로 출입하더라도 주거침입죄를 구성하지 않는다. 다만 다른 사람과 공동으로 주거에 거주하거나 건조물을 관리하던 사람이 공동생활관계에서 이탈하거나 주거 등에 대한 사실상의 지배·관리를 상실한 경우 등 특별한 사정이 있는 경우에 주거침입죄가 성립할 수 있을 뿐이다. [2] 주거침입죄가 사실상 주거의 평온을 보호법익으로 하는 이상, 공동주거에서 생활하는 공동거주자 개개인은 각자 사실상 주거의 평온을 누릴 수 있다고 할 것이다. 따라서 공동거주자 상호 간에는 특별한 사정이 없는 한 다른 공동거주자가 공동생활의 장소에 자유로이 출입하고 이를 이용하는 것을 금지할 수 없다. [3] 공동거주자 중 한 사람이 법률적인 근거 기타 정당한 이유 없이 다른 공동거주자가 공동생활의 장소에 출입하는 것을 금지한 경우, 다른 공동거주자가 이에 대항하여 공동생활의 장소에 들어갔더라도 이는 사전 양해된 공동주거의 취지 및 특성에 맞추어 공동생활의 장소를 이용하기 위한 방편에 불과할 뿐, 그의 출입을 금지한 공동거주자의 사실상 주거의 평온이라는 법익을 침해하는 행위라고는 볼 수 없으므로 주거침입죄는 성립하지 않는다. 설령 그 공동거주자가 공동생활의 장소에 출입하기 위하여 출입문의 잠금장치를 손괴하는 등 다소간의 물리력을 행사하여 그 출입을 금지한 공동거주자의 사실상 평온상태를 해쳤더라도 그러한 행위 자체를 처벌하는 별도의 규정에 따라 처벌될 수 있음은 별론으로 하고, 주거침입죄가 성립하지 아니함은 마찬가지이다. [4] 공동거주자 중 한 사람이 법률적인 근거 기타 정당한 이유 없이 다른 공동거주자가 공동생활의 장소에 출입하는 것을 금지하고, 이에 대항하여 다른 공동거주자가 공동생활의 장소에 들어가는 과정에서 그의 출입을 금지한 공동거주자의 사실상 평온상태를 해쳤더라도 주거침입죄가 성립하지 않는 경우로서, 그 공동거주자의 승낙을 받아 공동생활의 장소에 함께 들어간 외부인의 출입 및 이용행위가 전체적으로 그의 출입을 승낙한 공동거주자의 통상적인 공동생활 장소의 출입 및 이용행위의 일환이자 이에 수반되는 행위로 평가할 수 있는 경우라면, 이를 금지하는 공동거주자의 사실상 평온상태를 해쳤음에도 불구하고 그 외부인에 대하여도 역시 주거침입죄가 성립하지 않는다고 봄이 타당하다. [5] 피고인 갑은 처 을과의 불화로 인해 을과 공동생활을 영위하던 아파트에서 짐 일부를 챙겨 나왔는데, 그 후 자신의 부모인 피고인 병, 정과 함께 아파트에 찾아가 출입문을 열 것을 요구하였으나 을은 외출한 상태로 을의 동생인 무가 출입문에 설치된 체인형 걸쇠를 걸어 문을 열어 주지 않자 공동하여 걸쇠를 손괴한 후 아파트에 침입하였다고 하여 폭력행위 등 처벌에 관한 법률 위반(공동주거침입)으로 기소된 사안에서, 아파트에 대한 공동거주자의 지위를 계속 유지하고 있던 피고인 갑에게 주거침입죄가 성립한다고 볼 수 없고, 피고인 병, 정에 대하여도 같은 법 위반(공동주거침입)죄가 성립하지 않는다고 한 사례(대판 2021.9.9. 2020도6085 전합).

〈출입권한을 보유한 자가 야간에 절도 목적으로 건조물에 침입한 사건〉 [1] (위 판례와 동일한 취지 생략) [2] 피해자로부터 피해 회사 출입을 위한 스마트키를 교부받아 별다른 제한 없이 사용하던 피고인이 야간에 이를 이용하여 피해 회사에 들어가 물건을 절취하여 야간건조물침입죄로 기소된 사안에서 공소사실을 유죄로 본 원심의 판단에 건조물침입죄의 성립에 관한 법리를 오해함으로써 판결에 영향을 미친 잘못이 있다고 보아 원심판결을 파기·환송한 사례(대판 2023.6.29. 2023도3351).

3) 공동주거에서 이탈하거나 주거 등에 대한 사실상의 지배·관리를 상실한 경우와 주거침입죄의 성부 : 판례에 의하면 다른 사람과 공동으로 주거에 거주하거나 건조물을 관리하던 사람이 공동생활관계에서 이탈하거나 주거 등에 대한 사실상의 지배·관리를 상실한 경우 등 특별한 사정이 있는 경우에 주거침입죄가 성립할 수 있을 뿐이다.

〈예전 여자친구 스토킹 사건〉 피고인이 예전 여자친구인 甲의 사적 대화 등을 몰래 녹음하거나 현관문에 甲에게 불안감을 불러일으킬 수 있는 문구가 기재된 마스크를 걸어놓거나 甲이 다른 남자와 찍은 사진을 올려놓으려는 의도로 3차례에 걸쳐 야간에 甲이 거주하는 빌라 건물의 공동현관, 계단을 통해 甲의 2층 주거 현관문 앞까지 들어간 사안에서, 빌라 건물 공용 부분의 성격, 외부인의 무단출입에 대한 통제·관리 방식과 상태, 피고인과 甲의 관계, 피고인의 출입 목적 및 경위와 출입 시간, 출입행위를 전후한 피고인의 행동, 甲의 의사와 행동, 주거공간 무단출입에 관한 사회 통념 등 제반 사정을 종합하면, 피고인은 甲 주거의 사실상 평온상태를 해치는 행위태양으로 빌라 건물에 출입하였다고 볼 여지가 충분하다는 이유로, 이와 달리 본 원심판결에 주거침입죄의 '침입'에 관한 법리오해 등의 잘못이 있다고 한 사례(대판 2024.2.15. 2023도15164).

(4) 개방된 장소에의 주거자의 의사에 반하는 침입

> **▎개방된 장소에의 주거자의 의사에 반하는 침입**
>
> 甲 등은 공모하여, 乙이 운영하는 각 음식점에서 인터넷 언론사 기자 丙을 만나 식사를 대접하면서 丙이 부적절한 요구를 하는 장면 등을 확보할 목적으로 녹음·녹화장치를 설치하거나 장치의 작동 여부 확인 및 이를 제거하기 위하여 각 음식점의 방실에 들어갔다. 甲 등의 주거침입에 대한 죄책은? [2024 1차]

1. 논의점

일반인의 출입이 자유로운 공공장소(관공서의 청사, 음식점, 백화점 등)를 거주자의 의사에 반하여 들어가는 경우에 주거침입죄가 성립할 것인지에 대하여 논의가 있다.

2. 견해의 대립

이에 대하여는 ① 공공장소에의 관리자 등이 다른 목적을 알았더라면 동의를 하지 않았을 것이라고 판단하여 주거침입죄의 성립을 인정하는 **긍정설**과 ② 일반인의 출입이 허가된 장소에는 다른 목적을 가지고 출입한다고 해서 주거의 사실상의 평온이 침해되지 않기 때문에 주거침입죄를 인정할 수 없다고 하는 **부정설**이 대립하고 있다.

3. 판례의 태도

종전 판례는 '일반인의 출입이 허용된 음식점이라 하더라도, 영업주의 명시적 또는 추정적 의사에 반하여 들어간 것이라면 주거침입죄가 성립한다'라고 하여 **긍정설**의 입장이었으나, 최근 전합판례를 통하여 '일반인의 출입이 허용된 음식점에 영업주의 승낙을 받아 통상적인 출입방법으로 들어갔다면 특별한 사정이 없는 한 주거침입죄에서 규정하는 침입행위에 해당하지 않는다'라고 하여 종래 판례를 변경하였다.

4. 검토

생각건대 일반적 허가가 있는 경우에 단순히 그 허가를 다른 목적으로 남용했다는 이유만으로 주거침입죄의 성립을 인정하는 것은 부당하므로 부정설이 타당하다. 다만 이 경우에도 ① 특별히 개인적으로 내려진 출입금지에 위반하였거나 ② 침입방법 그 자체가 통상적인 출입방법이 아닌 경우라면 주거침입죄의 성립을 인정하여야 할 것이다.

5. 관련 판례

〈녹음·녹화장치를 설치할 목적으로 음식점에 들어간 사건 - 일반인의 출입이 허용된 음식점에 영업주의 승낙을 받아 통상적인 출입방법으로 들어갔으면 범죄 등을 목적으로 한 출입한 경우에도 주거침입죄는 성립하지 않는다는 판례 - 초원복집 사건 판례 변경 전합판례〉 [사실관계] - [쟁점사실관계] [1] [다수의견] (가) 주거침입죄는 사실상 주거의 평온을 보호법익으로 한다. 주거침입죄의 구성요건적 행위인 침입은 주거침입죄의 보호법익과의 관계에서 해석하여야 하므로, 침입이란 주거의 사실상 평온상태를 해치는 행위 태양으로 주거에 들어가는 것을 의미하고, 침입에 해당하는지는 출입 당시 객관적·외형적으로 드러난 행위 태양을 기준으로 판단함이 원칙이다. 사실상의 평온상태를 해치는 행위 태양으로 주거에 들어가는 것이라면 대체로 거주자의 의사에 반하겠지만, 단순히 주거에 들어가는 행위 자체가 거주자의 의사에 반한다는 주관적 사정만으로는 바로 침입에 해당한다고 볼 수 없다. 거주자의 의사에 반하는지는 사실상의 평온상태를 해치는 행위 태양인지를 평가할 때 고려할 요소 중 하나이지만 주된 평가 요소가 될 수는 없다. 따라서 침입행위에 해당하는지는 거주자의 의사에 반하는지가 아니라 사실상의 평온상태를 해치는 행위 태양인지에 따라 판단되어야 한다. (나) 행위자가 거주자의 승낙을 받아 주거에 들어갔으나 범죄나 불법행위 등(이하 '범죄 등'이라 한다)을 목적으로 한 출입이거나 거주자가 행위자의 실제 출입 목적을 알았더라면 출입을 승낙하지 않았을 것이라는 사정이 인정되는 경우 행위자의 출입행위가 주거침입죄에서 규정하는 침입행위에 해당하려면, 출입하려는 주거 등의 형태와 용도·성질, 외부인에 대한 출입의 통제·관리 방식과 상태, 행위자의 출입 경위와 방법 등을 종합적으로 고려하여 행위자의 출입 당시 객관적·외형적으로 드러난 행위 태양에 비추어 주거의 사실상 평온상태가 침해되었다고 평가되어야 한다. 이때 거주자의 의사도 고려되지만 주거 등의 형태와 용도·성질, 외부인에 대한 출입의 통제·관리 방식과 상태 등 출입 당시 상황에 따라 그 정도는 달리 평가될 수 있다. 일반인의 출입이 허용된 음식점에 영업주의 승낙을 받아 통상적 출입방법으로 들어갔다면 특별한 사정이 없는 한 주거침입죄에서 규정하는 침입행위에 해당하지 않는다. 설령 행위자가 범죄 등을 목적으로 음식점에 출입하였거나 영업주가 행위자의 실제 출입 목적을 알았더라면 출입을 승낙하지 않았을 것이라는 사정이 인정되더라도 그러한 사정만으로는 출입 당시 객관적·외형적으로 드러난 행위 태양에 비추어 사실상의 평온상태를 해치는 방법으로 음식점에 들어갔다고 평가할 수 없으므로 침입행위에 해당하지 않는다. [2] 피고인들이 공모하여, 갑, 을이 운영하는 각 음식점에서 인터넷 언론사 기자 병을 만나 식사를 대접하면서 병이 부적절한 요구를 하는 장면 등을 확보할 목적으로 녹음·녹화장치를 설치하거나 장치의 작동 여부 확인 및 이를 제거하기 위하여 각 음식점의 방실에 들어감으로써 갑, 을의 주거에 침입하였다는 내용으로 기소된 사안에서, 피고인들은 병을 만나 식사하기에 앞서 병과의 대화 내용과 장면을 녹음·녹화하기 위한 장치를 설치하기 위해 각 음식점 영업주로부터 승낙을 받아 각 음식점의 방실에 미리 들어간 다음 녹음·녹화장치를 설치하고 그 작동 여부를 확인하거나 병과의 식사를 마친 후 이를 제거하였는데, 피고인들이 각 음식점 영업주로부터 승낙을 받아 통상적인 출입방법에 따라 각 음식점의 방실에 들어간 이상 사실상의 평온상태를 해치는 행위태양으로 음식점의 방실에 들어갔다고 볼 수 없어 주거침입죄에서 규정하는 침입행위에 해당하지 아니하고, 설령 다른 손님인 병과의 대화 내용과 장면을 녹음·녹화하기 위한 장치를 설치하거나 장치의 작동 여부 확인 및 이를 제거할 목적으로 각 음식점의 방실에 들어간 것이어서 음식점 영업주가 이러한 사정을 알았더라면 피고인들의 출입을 승낙하지 않았을 것이라는 사정이 인정되더라도, 그러한 사정만으로는 사실상의 평온상태를 해치는 행위태양으로 각 음식점의 방실에 출입하였다고 평가할 수 없어 피고인들에게 주거침입죄가 성립하지 않는다고 한 사례(대판 2022.3.24. 2017도18272 전합). **[판결이유 중 일부 인용]** 이와 달리 일반인의 출입이 허용된 음식점이더라도 음식점의 방실에 도청용 송신기를 설치할 목적으로 들어간 것은 영업주의 명시적 또는 추정적 의사에 반한다고 보아 주거침입죄가 성립한다고 인정한 대법원 1997. 3. 28. 선고 95도2674 판결을 비롯하여 같은 취지의 대법원 판결들은 이 판결의 견해에 배치되는 범위 안에서 이를 변경하기로 한다. (22 경간)

〈야간에 편의점에서 담배를 절취한 사건〉**[공소사실의 요지]** '피고인이 2020. 4. 21. 04:21경 피해자가 운영하는 편의점에서 담배를 절취할 목적으로 편의점 출입문을 열고 침입하여 편의점 직원에게 담배 1보루를 달라고 하여 이를 받은 후 대금을 지급하지 않고 가지고 나와 절취하였다.' **[판결요지]** [1] 일반인의 출입이 허용된 영업점에 영업주의 승낙을 받아 통상적인 출입방법으로 들어갔다면 특별한 사정이 없는 한 주거침입죄에서 정하는 침입행위에 해당하지 않는다. 설령 행위자가 범죄 등을 목적으로 영업점에 출입하였거나 영업주가 행위자의 실제 출입 목적을 알았더라면 출입을 승낙하지 않았을 것이라고 하더라도 그러한 사정만으로는 사실상의 평온상태를 해치는 것도 아니어서 침입행위에 해당한다고 볼 수 없다. [2] 건조물침입을 구성요건으로 하는 야간건조물침입절도죄(형법 제330조)에서 건조물침입에 해당하는지를 판단할 때에도 위와 같은 법리가 적용된다(대판 2022.7.28. 2022도5659).

〈임차인이 출입문 열쇠 맡긴 사건〉**[사실관계]** 甲은 고양시 2층 점포를 A에게 2017. 5.경부터 2019. 5.경까지 임대한 사람으로, A가 2018. 12.경 이 사건 점포에서의 카페 영업을 중단하면서 甲에게 임차 희망자가 방문하는 경우 출입문 개폐에 사용하도록 출입문 열쇠를 맡기자, 2019. 3. 25. 위 열쇠로 점포 내에 있던 A 소유 집기 등을 철거하기 위해 이 사건 점포의 출입문을 열고 들어갔다. 甲에게 주거침입죄가 성립하는가? **[판결요지]** 이 사건 점포의 관리자인 공소외인은 피고인에게 이 사건 점포의 열쇠를 교부함으로써 출입을 승낙하였고, 피고인이 이러한 관리자의 승낙 아래 통상적인 출입방법에 따라 이 사건 점포에 들어간 이상 사실상의 평온상태를 해치는 행위 태양으로 이 사건 점포에 들어갔다고 볼 수 없으므로, 피고인의 행위는 건조물침입죄에서 규정하는 침입행위에 해당하지 않는다. 설령 피고인이 공소외인의 의사에 반하여 이 사건 점포에 있던 집기 등을 철거할 목적으로 이 사건 점포에 들어간 것이어서 공소외인이 이러한 사정을 알았더라면 피고인의 출입을 승낙하지 않았을 것이라는 사정이 인정되더라도, 그러한 사정만으로 피고인이 사실상의 평온상태를 해치는 행위 태양으로 이 사건 점포에 출입하였다고 평가할 수 없다고 보아, 이 부분 공소사실을 유죄로 판단한 원심판결에는 건조물침입죄의 성립 등에 관한 법리를 오해하여 판결에 영향을 미친 잘못이 있다고 보아 파기 환송한 사례(대판 2022.7.28. 2022도419).

〈호텔관리단 사건 - 업무시간 중 출입자격 등의 제한 없이 일반적으로 개방되어 있는 장소에 들어간 경우 원칙적으로 건조물침입죄가 성립하지 않는다는 판례〉**[사실관계]** 호텔관리단 소속 피고인들이 업무시간 중 A건설, B저축은행, C저축은행에 사전 면담약속·방문 통지를 한 후 방문하거나 면담요청을 하기 위해 방문하였다가 면담이 무산되어 각 장소를 점거하였다면 공동건조물침입죄가 성립하는가? **[판결요지]** 업무시간 중 출입자격 등의 제한 없이 일반적으로 개방되어 있는 장소에 들어간 경우, 관리자의 명시적 출입금지 의사 및 조치가 없었던 이상 그 출입 행위가 결과적으로 관리자의 추정적 의사에 반하였다는 사정만으로는 사실상의 평온상태를 해치는 행위태양으로 출입하였다고 평가할 수 없다(대판 2024.1.4. 2022도15955).

〈시청 1층 로비에 들어간 사건〉[1] 일반적으로 출입이 허용되어 개방된 시청사 로비에 관리자의 출입 제한이나 제지가 없는 상태에서 통상적인 방법으로 들어간 이상 사실상의 평온상태를 해치는 행위 태양으로 시청 1층 로비에 들어갔다고 볼 수 없으므로 건조물침입죄에서 규정하는 침입행위에 해당하지 않는다. [2] 피고인들이 공동하여 ○○시청에 이르러 150여 명의 조합원들과 함께 시청 1층 로비로 들어가 바닥에 앉아 구호를 외치며 소란을 피움으로써 시청 건물 관리자의 의사에 반하여 건조물에 침입하였다고 기소된 사안에서, 당시 피고인들 등 조합원들은 시청 1층 중앙현관을 통해 1층 로비에 들어가면서 공무원 등으로부터 아무런 제지를 받지 않았고, 다수의 힘 또는 위세를 이용하여 들어간 정황이 없었다는 이유 등을 들어, 관리자의 의사를 주된 근거로 유죄를 인정한 원심판결을 파기환송한 사례(대판 2022.6.16. 2021도7087).

(5) 관리자에 의하여 출입이 통제되는 건조물에 들어간 경우

판례에 의하면 관리자에 의해 출입이 통제되는 건조물에 관리자의 승낙을 받아 건조물에 통상적인 출입방법으로 들어갔다면, 이러한 승낙의 의사표시에 기망이나 착오 등의 하자가 있더라도 특별한 사정이 없는 한 형법 제319조 제1항에서 정한 건조물침입죄가 성립하지 않는다.

[COMMENT] 이와 같은 판례의 태도는 개방된 장소에의 주거자의 의사에 반하는 침입과 동일한 논리이다.

〈구치소장의 허가 없이 접견내용을 촬영·녹음할 목적으로 명함지갑 모양으로 제작된 녹음·녹화장비를 몰래 소지하고 구치소에 들어간 사건〉[1] 관리자에 의해 출입이 통제되는 건조물에 관리자의 승낙을 받아 건조물에 통상적인 출입방법으로 들어갔다면, 이러한 승낙의 의사표시에 기망이나 착오 등의 하자가 있더라도 특별한 사정이 없는 한 형법 제319조 제1항에서 정한 건조물침입죄가 성립하지 않는다. 이러한 경우 관리자의 현실적인 승낙이 있었으므로 가정적·추정적 의사는 고려할 필요가 없다. 단순히 승낙의 동기에 착오가 있다고 해서 승낙의 유효성에 영향을 미치지 않으므로, 관리자가 행위자의 실제 출입 목적을 알았더라면 출입을 승낙하지 않았을 사정이 있더라도 건조물침입죄가 성립한다고 볼 수 없다. 나아가 관리자의 현실적인 승낙을 받아 통상적인 출입방법에 따라 건조물에 들어간 경우에는 출입 당시 객관적·외형적으로 드러난 행위태양에 비추어 사실상의 평온상태를 해치는 모습으로 건조물에 들어간 것이라고 평가할 수도 없다. [2] 피고인들이 접견신청인으로서 서울구치소의 관리자인 서울구치소장으로부터 구치소에 대한 출입관리를 위탁받은 교도관의 현실적인 승낙을 받아 통상적인 출입방법으로 서울구치소 내 민원실과 접견실에 들어갔으므로, 관리자의 의사에 반하여 사실상의 평온상태를 해치는 모습으로 서울구치소에 들어갔다고 볼 수 없고, 피고인들이 서울구치소에 수용 중인 사람을 취재하고자 서울구치소장의 허가 없이 접견내용을 촬영·녹음할 목적으로 명함지갑 모양으로 제작된 녹음·녹화장비를 몰래 소지하고 서울구치소에 들어간다는 사정을 서울구치소장이나 교도관이 알았더라면 피고인들이 이를 소지한 채 서울구치소에 출입하는 것을 승낙하지 않았을 것으로 보이나, 이러한 사정은 승낙의 동기가 착오가 있는 것에 지나지 않아 피고인들이 서울구치소장이나 교도관의 의사에 반하여 구치소에 출입하거나 사실상의 평온상태를 해치는 모습으로 서울구치소에 침입한 것으로 평가할 수 없다고 보아, 이 부분 공소사실을 무죄로 판단한 원심을 유지하고 검사의 상고를 기각한 사안(대판 2022.3.31. 2018도15213; 동지 대판 2022.4.28. 2020도8030). (23 2차)(24 변시)

3. 고 의

고의는 주거권자의 의사에 반하여 타인의 주거공간에 들어간다는 인식과 의사가 있어야 한다. 그러나 의사의 내용에 대하여 ① 다수설은 신체의 전부가 들어갈 의사를 주거침입죄의 고의로 보는 **전부침입설**의 입장이지만, ② 판례는 주거침입죄의 고의는 신체의 전부가 아니라 일부만 침입할 의사도 포함한다고 보는 **일부침입설**의 입장이다. 생각건대 신체의 일부만 침입하여도 사실상의 평온을 해할 수 있으므로 고의의 내용은 일부침입설이 타당하다.

> [COMMENT] 전부침입설과 일부침입설을 기수시기로 설명하는 것이 일반적이지만, 이는 논리적으로 적절치 못하며 판례의 태도에 비추어 보아도 의문의 여지가 있다.

4. 실행의 착수와 기수시기

(1) 실행의 착수시기

주거침입죄를 거동범으로 본다면 실행의 착수는 논할 실익이 없게 되지만 현행법에는 미수규정이 있으므로 실행의 착수를 논할 실익이 있다. 일반적으로 주거에 침입할 범의로 주거로 들어가는 문의 시정장치를 부수거나 문을 여는 등 침입을 위한 구체적 행위를 시작할 때 주거침입죄의 실행의 착수가 있다 할 것이다.(아래의 창문으로 얼굴 들이민 사건 참조) 그러나 일부 판례에서는 현실적 위험성을 포함하는 행위를 개시하는 것으로 족하다고 판시하고 있다.

〈주거침입죄의 실행의 착수시기〉 주거침입죄의 실행의 착수는 주거자, 관리자, 점유자 등의 의사에 반하여 주거나 관리하는 건조물 등에 들어가는 행위, 즉 구성요건의 일부를 실현하는 행위까지 요구하는 것은 아니고 범죄구성요건의 실현에 이르는 현실적 위험성을 포함하는 행위를 개시하는 것으로 족하다고 할 것이나, 침입 대상인 아파트에 사람이 있는지를 확인하기 위해 그 집의 초인종을 누른 행위만으로는 침입의 현실적 위험성을 포함하는 행위를 시작하였다거나, 주거의 사실상의 평온을 침해할 객관적인 위험성을 포함하는 행위를 한 것으로 볼 수 없다 할 것이다(대판 2008.4.10. 2008도1464). [COMMENT] 아파트에 사람이 있는지를 확인하기 위해 그 집의 초인종을 누른 행위만으로는 주거침입의 실행의 착수가 아니라고 본 판결이다. 그러나 이후에 나온 대판 2009.9.10. 2009도4335 에서는 공동주택의 내부에 있는 엘리베이터, 공용 계단과 복도도 '사람의 주거'에 해당한다고 보고 있으므로 본 판례에 대하여는 의문의 여지가 있다.

〈초인종 누른 사건〉 침입 대상인 아파트에 사람이 있는지를 확인하기 위해 그 집의 초인종을 누른 행위만으로는 침입의 현실적 위험성을 포함하는 행위를 시작하였다거나, 주거의 사실상의 평온을 침해할 객관적인 위험성을 포함하는 행위를 한 것으로 볼 수 없다 할 것이다(대판 2008.4.10. 2008도1464). [COMMENT] 그러나 공용주택의 경우에는 공동현관도 주거에 해당하므로 의문의 여지가 있는 판례이다. (24 변시)

(2) 기수시기

주거침입죄의 기수시기에 대하여 ① 다수설은 신체의 전부가 들어갔을 때 기수가 된다고 보는 **신체기준설**을 따르지만, ② 판례는 실행에 착수하여 신체의 일부가 들어갔더라도 사실상의 평온이 깨졌다면 기수가 된다고 보는 **보호법익기준설**을 따르고 있다. 생각건대 본죄를 침해범으로 해석하는 한 보호법익을 기준으로 기수시기를 판단하는 보호법익기준설이 타당하다.

〈창문으로 얼굴 들이민 사건〉 [1] 주거침입죄는 사실상의 주거의 평온을 보호법익으로 하는 것이므로, 반드시 행위자의 신체의 전부가 범행의 목적인 타인의 주거 안으로 들어가야만 성립하는 것이 아니라 신체의 일부만 타인의 주거 안으로 들어갔다고 하더라도 거주자가 누리는 사실상의 주거의 평온을 해할 수 있는 정도에 이르렀다면 범죄구성요건을 충족하는 것이라고 보아야 하고, 따라서 주거침입죄의 범의는 반드시 신체의 전부가 타인의 주거 안으로 들어간다는 인식이 있어야만 하는 것이 아니라 신체의 일부라도 타인의 주거 안으로 들어간다는 인식이 있으면 족하다. [2] 주거에 침입할 범의로써 예컨대 주거로 들어가는 문의 시정장치를 부수거나 문을 여는 등 침입을 위한 구체적 행위를 시작하였다면 주거침입죄의 실행의 착수는 있었다고 보아야 하고, 신체의 극히 일부분이 주거 안으로 들어갔지만 사실상 주거의 평온을 해하는 정도에 이르지 아니하였다면 주거침입죄의 미수에 그친다. [3] 야간에 타인의 집의 창문을 열고 집 안으로 얼굴을 들이미는 등의 행위를 하였다면 피고인이 자신의 신체의 일부가 집 안으로 들어간다는 인식하에 하였더라도 주거침입죄의 범의는 인정되고, 또한 비록 신체의 일부만이 집 안으로 들어갔다고 하더라도 사실상 주거의 평온을 해하였다면 주거침입죄는 기수에 이르렀다(대판 1995.9.15. 94도2561). **[COMMENT]** [1]에서 기수시기를 보호법익을 기준으로 판시하고 있으며, 고의의 내용에 대하여 일부침입설을 따르고 있다. [2]에서 실행의 착수시기를 설시하고 있으며, 보호법익을 기준으로 미수의 경우를 설시하고 있다. [2017 1차][2018 변시](22 1차)(22 3차)

Ⅲ. 관련문제

(1) 위법성

총론상의 일반적인 위법성조각사유가 그대로 적용된다. 피해자의 동의가 있는 경우에 그 동의는 양해가 되므로 위법성이 조각되는 것은 아니라 구성요건해당성이 배제된다. 그러나 2인 이상이 하나의 공간에서 공동생활을 하고 있는 경우에는 각자 주거의 평온을 누릴 권리가 있으므로, 공동주거자 모두에게 위법성조각사유가 있어야 한다.

〈코스콤 쟁의 사건〉 [1] 2인 이상이 하나의 공간에서 공동생활을 하고 있는 경우에는 각자 주거의 평온을 누릴 권리가 있으므로, 사용자가 제3자와 공동으로 관리ㆍ사용하는 공간을 사용자에 대한 쟁의행위를 이유로 관리자의 의사에 반하여 침입ㆍ점거한 경우, 비록 그 공간의 점거가 사용자에 대한 관계에서 정당한 쟁의행위로 평가될 여지가 있다 하여도 이를 공동으로 관리ㆍ사용하는 제3자의 명시적 또는 추정적인 승낙이 없는 이상 위 제3자에 대하여서까지 이를 정당행위라고 하여 주거침입의 위법성이 조각된다고 볼 수는 없다. [2] 근로자들이 사용자인 (주)코스콤 이외에도 (주)한국증권선물거래소가 병존적으로 관리ㆍ사용하는 빌딩 로비에 쟁의행위를 이유로 침입하여, 그 중 일부를 점거하며 10여 일간 숙식하면서 선전전, 강연, 토론 등의 방법으로 농성한 사안에서, 위 행위가 제3자인 (주)한국증권선물거래소에 대한 관계에서도 정당하다고 하여 무죄로 인정한 원심판결에 쟁의행위의 위법성 조각 등에 관한 법리오해 또는 심리미진의 위법이 있다는 이유로 파기한 사례(대판 2010.3.11. 2009도5008).

〈출입카드가 정지된 감사 사건〉 갑 주식회사 감사인 피고인이 회사 경영진과의 불화로 한 달 가까이 결근하다가 자신의 출입카드가 정지되어 있는데도 이른 아침에 경비원에게서 출입증을 받아 컴퓨터 하드디스크를 절취하기 위해 회사 감사실에 들어간 사안에서, 위 방실침입 행위가 정당행위에 해당하지 않는다고 본 원심판단을 수긍한 사례(대판 2011.8.18. 2010도9570). (14 변시)(24 3차)

(2) 죄 수

본죄는 일신전속적 법익이므로 주거의 수에 따라 죄수가 결정된다. 주거침입죄는 계속범이 므로 주거에 침입함으로써 성립되지만 그 장소를 퇴거할 때까지는 1개의 주거침입죄만 성립하고 퇴거불응죄는 성립하지 않는다.

〈확정판결 이후에도 계속 거주한 사건〉 다른 사람의 주택에 무단 침입한 범죄사실로 이미 유죄판결을 받은 사람이 그 판결이 확정된 후에도 퇴거하지 않은 채 계속하여 당해 주택에 거주한 사안에서, 위 판결 확정 이후의 행위는 별도의 주거침입죄를 구성한다고 한 사례(대판 2008.5.8. 2007도11322). (12 변시)(23 2차)(24 1차)

(3) 타죄와의 관계

주거침입죄와 타죄와의 관계는 개개의 다른 범죄마다 달라지므로 개별적으로 검토하여야 한다.

〈주간합동절도와 주거침입죄〉 형법 제331조 제2항의 특수절도에 있어서 주거침입은 그 구성요건이 아니므로, 절도범인이 그 범행수단으로 주거침입을 한 경우에 그 주거침입행위는 절도죄에 흡수되지 아니하고 별개로 주거침입죄를 구성하여 절도죄와는 실체적 경합의 관계에 있게 되고, 2인 이상이 합동하여 야간이 아닌 주간에 절도의 목적으로 타인의 주거에 침입하였다 하여도 아직 절취할 물건의 물색행위를 시작하기 전이라면 특수절도죄의 실행에는 착수한 것으로 볼 수 없는 것이어서 그 미수죄가 성립하지 않는다(대판 2009.12.24. 2009도9667). (16 변시)

〈성폭력법의 주거침입강간과 주거침입죄〉 성폭력범죄및피해자보호등에관한법률 제5조 제1항은 형법 제319조 제1항의 죄를 범한 자가 강간의 죄를 범한 경우를 규정하고 있고, 성폭력범죄및피해자보호등에관한법률 제9조 제1항은 같은 법 제5조 제1항의 죄와 같은 법 제6조의 죄에 대한 결과적 가중범을 동일한 구성요건에 규정하고 있으므로, 피해자의 방안에 침입하여 식칼로 위협하여 반항을 억압한 다음 피해자를 강간하여 상해를 입히게 한 피고인의 행위는 그 전체가 포괄하여 같은 법 제9조 제1항의 죄를 구성할 뿐이지, 그 중 주거침입의 행위가 나머지 행위와 별도로 주거침입죄를 구성한다고는 볼 수 없다(대판 1999.4.23. 99도354). [COMMENT] 성폭법의 제정 이전의 판례는 주거에 침입하여 강간을 한 경우에는 주거침입죄와 강간죄의 실체적 경합으로 보았으나, 성폭법 제정 이후에는 제5조 제1항(현행 성폭력범죄의 처벌등에 관한 특례법에 따르면 제3조 제1항)의 죄가 성립할 뿐 별도로 주거침입죄를 구성하지 않는다.

〈상습단순절도와 주거침입죄〉 상습으로 단순절도를 범한 범인이 상습적인 절도범행의 수단으로 주간에 주거침입을 한 경우에 그 주간 주거침입행위의 위법성에 대한 평가가 형법 제332조, 제329조의 구성요건적 평가에 포함되어 있다고 볼 수 없다. 그러므로 형법 제332조에 규정된 상습절도죄를 범한 범인이 그 범행의 수단으로 주간에 주거침입을 한 경우 그 주간 주거침입행위는 상습절도죄와 별개로 주거침입죄를 구성한다. 또 형법 제332조에 규정된 상습절도죄를 범한 범인이 그 범행외에 상습적인 절도의 목적으로 주간에 주거침입을 하였다가 절도에 이르지 아니하고 주거침입에 그친 경우에도 그 주간 주거침입행위는 상습절도죄와 별개로 주거침입죄를 구성한다(대판 2015.10.15. 2015도9049). [COMMENT] 상습절도의 유형에 주간 주거침입은 포함되어 있지 않으므로 별개의 주거침입죄가 성립한다는 판례이다. (17 변시)(18 변시)(19 변시)

〈특가법 제5조의4 제6항과 주거침입죄〉 특정범죄 가중처벌 등에 관한 법률 제5조의4 제6항에 규정된 상습절도 등 죄를 범한 범인이 그 범행의 수단으로 주거침입을 한 경우에 주거침입행위는 상습절도 등 죄에 흡수되어 위 조문에 규정된 상습절도 등 죄의 1죄만이 성립하고 별개로 주거침입죄를 구성하지 않으며, 또 위 상습절도 등 죄를 범한 범인이 그 범행 외에 상습적인 절도의 목적으로 주거침입을 하였다가 절도에 이르지 아니하고 주거침입에 그친 경우에도 그것이 절도상습성의 발현이라고 보이는 이상 주거침입행위는 다른 상습절도 등 죄에 흡수되어 위 조문에 규정된 상습절도 등 죄의 1죄만을 구성하고 상습절도 등 죄와 별개로 주거침입죄를 구성하지 않는다(대판 2017.7.11. 2017도4044).
[COMMENT] 형법상의 상습절도가 각 유형의 절도범의 2분의 1을 가중하는 것과 달리 종합하여 3년 이상 25년 이하의 징역이라는 독자적인 형벌을 과하므로 특가법 제5조의4 제6항이 성립되는 경우에는 주거침입죄를 흡수시키고 있다. (22 변시)

2 퇴거불응죄 [미수범 처벌]

> 제319조 (주거침입, 퇴거불응) ② 전항의 장소에서 퇴거요구를 받고 응하지 아니한 자도 전항의 형과 같다.

(1) 의 의

퇴거불응죄는 처음에는 적법하게 또는 과실로 주거에 들어간 자가 주거권자의 퇴거요구를 받고도 이에 불응함으로써 성립하는 범죄이다. 본죄는 진정부작위범, 거동범, 계속범의 성질을 지닌다.

[COMMENT] 퇴거불응죄는 거동범임에도 미수범 처벌규정이 있어 입법의 과오라는 비판이 있다.

(2) 주 체

퇴거불응죄의 주체는 사람의 주거 등에 적법하게 또는 과실로 들어간 자이다. 처음부터 불법하게 주거에 들어가면 퇴거불응죄는 성립하지 않고 주거침입죄만 성립한다.

[COMMENT] 이러한 의미에서 퇴거불응죄는 주거침입죄와 보충관계에 있다.

(3) 객 체

퇴거불응죄의 객체는 주거침입죄와 기본적으로 동일하다.

〈화단 설치 사건〉 퇴거불응죄에 있어서 '건조물'이라 함은 단순히 건조물 그 자체만을 말하는 것이 아니고 위요지를 포함하고, '위요지'가 되기 위하여는 건조물에 인접한 그 주변 토지로서 관리자가 외부와의 경계에 문과 담 등을 설치하여 그 토지가 건조물의 이용을 위하여 제공되었다는 것이 명확히 드러나야 할 것인데, 화단의 설치, 수목의 식재 등으로 담장의 설치를 대체하는 경우에도 건조물에 인접한 그 주변 토지가 건물, 화단, 수목 등으로 둘러싸여 건조물의 이용에 제공되었다는 것이 명확히 드러난다면 위요지가 될 수 있다(대판 2010.3.11. 2009도12609).

(4) 행 위

퇴거불응죄의 행위는 퇴거요구를 받고 불응하는 것이다. 퇴거요구의 주체는 주거권자 또는 주거권자의 위임을 받은 자이다. 퇴거에 불응한다는 것은 퇴거할 수 있음에도 불구하고 퇴거하지 않고 부작위하는 것이다. 이와 관련하여 사용자의 **적법한 직장폐쇄**가 있은 후 근로자들이 퇴거요구에 불응하는 경우에도 퇴거불응죄를 구성한다.

〈**교회 예배 방해 사건**〉 피고인이 예배의 목적이 아니라 교회의 예배를 방해하여 교회의 평온을 해할 목적으로 교회에 출입하는 것이 판명되어 위 교회 건물의 관리 주체라고 할 수 있는 교회 당회에서 피고인에 대한 교회 출입금지 의결을 하고, 이에 따라 위 교회의 관리인이 피고인에게 퇴거를 요구한 경우 피고인의 교회 출입을 막으려는 위 교회의 의사는 명백히 나타난 것이기 때문에 이에 기하여 퇴거요구를 한 것은 정당하고 이에 불응하여 퇴거를 하지 아니한 행위는 퇴거불응죄에 해당한다(대판 1992.4.28. 91도2309).

〈**정당한 직장폐쇄 사건**〉 근로자들의 직장점거가 개시 당시 적법한 것이었다 하더라도 사용자가 이에 대응하여 적법하게 직장폐쇄를 하게 되면, 사용자의 사업장에 대한 물권적 지배권이 전면적으로 회복되는 결과 사용자는 점거중인 근로자들에 대하여 정당하게 사업장으로부터의 퇴거를 요구할 수 있고 퇴거를 요구받은 이후의 직장점거는 위법하게 되므로, 적법히 직장폐쇄를 단행한 사용자로부터 퇴거요구를 받고도 불응한 채 직장점거를 계속한 행위는 퇴거불응죄를 구성한다(대판 1991. 8.13. 91도1324). (11 법행)

〈**위법한 직장폐쇄 사건**〉 사용자측의 노사간 교섭에 소극적인 태도, 노동조합의 파업이 노사간 교섭력의 균형과 사용자측 업무수행에 미치는 영향 등에 비추어 노동조합이 파업을 시작한 지 불과 4시간 만에 사용자가 바로 직장폐쇄 조치를 취한 것은 정당한 쟁의행위로 인정되지 아니하므로, 사용자측 시설을 정당하게 점거한 조합원들이 사용자로부터 퇴거요구를 받고 이에 불응하였더라도 퇴거불응죄가 성립하지 아니한다고 한 사례(대판 2007.12.28. 2007도5204).

〈**가재도구 남겨둔 사건**〉 주거침입죄와 퇴거불응죄는 모두 사실상의 주거의 평온을 그 보호법익으로 하고, 주거침입죄에서의 침입이 신체적 침해로서 행위자의 신체가 주거에 들어가야 함을 의미하는 것과 마찬가지로 퇴거불응죄의 퇴거 역시 행위자의 신체가 주거에서 나감을 의미한다. 따라서 정당한 퇴거요구를 받고 건조물에서 나가면서 가재도구 등을 남겨둔 경우 퇴거불응죄를 구성하지 아니한다(대판 2007.11.15. 2007도6990). (22 변시)

(5) 기수시기

퇴거불응죄의 기수시기는 ① 퇴거요구를 받고 즉시 응하지 않음으로써 기수가 된다는 견해와 ② 퇴거요구를 받고 즉시 응하지 않은 것은 실행의 착수이며, 퇴거에 필요한 시간이 경과함으로써 기수가 된다는 견해가 대립하고 있다. 생각건대 현행법은 미수규정을 두고 있으므로 일정한 시간이 경과한 때에 기수가 된다는 견해가 타당하다.

3 **특수 주거침입죄** [미수범 처벌]

> 제320조 (특수주거침입) 단체 또는 다중의 위력을 보이거나 위험한 물건을 휴대하여 전조의 죄를 범한 때에는 5년 이하의 징역에 처한다.

> **[죄명예규]** 특수(제319조 각 죄명)

(1) 의 의

특수주거침입죄는 단체 또는 다중의 위력을 보이거나 위험한 물건을 휴대하여 주거침입죄 또는 퇴거불응죄를 범하는 범죄이다. 본죄는 주거침입죄와 퇴거불응죄에 비하여 위험성이 높은 행위수단·방법이 추가됨으로써 불법이 가중된 구성요건이다.

(2) 행위의 구체적 검토

1) 단체 또는 다중이 위력을 보이는 경우 : 단체 또는 다중이 위력을 보이는 경우에는 단체 또는 다중의 행위자 전원이 주거에 침입하지 않고 그 중 1인만 침입한 경우에도 본죄가 성립한다.

〈골리앗 크레인 사건〉 선박건조자재운반용으로 도크에 고정되어 82m 높이에 설치되어 있으며 약 10평 정도되는 방실 등이 있고 평소 그 운전을 위해 1, 2명의 직원이 근무하며 인가자 이외의 출입이 금지되는 '골리앗크레인'에 출입통제를 위해 출입문이 잠긴 채 간수인이 없었다 하여도 피고인 등 70명 정도의 근로자가 함께 위 "골리앗크레인"에 들어가서 농성을 하였다면, 피고인 등이 다중의 위력을 보여 간수하는 건조물에 침입한 것이라고 본 사례(대판 1991.6.11. 91도753).

2) 위험한 물건을 휴대한 경우 : 위험한 물건은 처음부터 휴대한 경우는 물론이고 빈손으로 침입하였다가 현장에서 위험한 물건을 휴대한 경우도 포함한다. 그리고 다수인이 공모한 경우에 위험한 물건을 휴대한 특수주거침입죄의 구성요건이 충족되었다고 볼 수 있는지의 여부는 직접 건조물에 들어간 범인을 기준으로 하여 그 범인이 흉기를 휴대하였다고 볼 수 있느냐의 여부에 따라 결정된다.

〈특수주거침입죄는 직접 건조물에 들어간 범인을 기준으로 판단하여야 한다는 판례〉 폭력행위등처벌에관한법률 제3조 제1항, 제2조 제1항, 형법 제319조 제1항 소정의 특수주거침입죄는 흉기 기타 위험한 물건을 휴대하여 타인의 주거나 건조물 등에 침입함으로써 성립하는 범죄이므로, 수인이 흉기를 휴대하여 타인의 건조물에 침입하기로 공모한 후 그 중 일부는 밖에서 망을 보고 나머지 일부만이 건조물 안으로 들어갔을 경우에 있어서 특수주거침입죄의 구성요건이 충족되었다고 볼 수 있는지의 여부는 직접 건조물에 들어간 범인을 기준으로 하여 그 범인이 흉기를 휴대하였다고 볼 수 있느냐의 여부에 따라 결정되어야 한다(대판 1994.10.11. 94도1991).

4 **신체 · 주거 수색죄** [미수범 처벌]

> 제321조 (주거 · 신체 수색) 사람의 신체, 주거, 관리하는 건조물, 자동차, 선박이나 항공기 또는 점유
> 하는 방실을 수색한 자는 3년 이하의 징역에 처한다.

[죄명예규] (신체, 주거, 건조물, 자동차, 선박, 항공기, 방실)수색

(1) 의의와 보호법익

신체 · 주거수색죄는 사람의 신체, 주거, 관리하는 건조물, 자동차, 선박이나 항공기 또는 점
유하는 방실을 수색함으로써 성립하는 범죄이다. 본죄의 객체에는 사람의 신체도 포함되므
로 단순한 주거의 평온뿐만 아니라 개인의 신체의 자유와 안전 및 사적 비밀도 보호법익이
된다.

(2) 객 체

본죄의 객체는 주거침입죄의 객체와는 달리 '사람의 신체'와 '자동차'도 그 객체에 포함됨에
주의를 요한다.

(3) 행 위

1) 수색 : 수색이란 사람 또는 물건을 발견하기 위하여 사람의 신체 또는 일정한 장소를 조사
하는 일체의 행위를 말한다. 수색은 불법하여야 하므로 합법적인 수색(형사소송법에 의
한 수색)인 경우에는 위법성이 조각되고, 피해자의 동의가 있는 경우는 양해에 해당하여
구성요건해당성이 배제된다.

〈주주총회 의결권 대리인 사건〉 주주총회에 참석한 의결권 대리인이 회사 사무실을 뒤져 원하는 장
부를 찾아낸 경우, 형법 제20조 소정의 정당행위라고 볼 수 없다는 이유로 방실수색죄가 성립한다
고 한 사례(대판 2001.9.7. 2001도2917).

2) 실행의 착수시기와 기수시기 : 실행의 착수시기는 수색을 개시한 때이며, 기수시기는 신
체적 안전 · 주거의 평온이 침해되거나 사적 비밀이 훼손되었을 때 기수가 된다.

(4) 타죄와의 관계

1) 주거침입죄와의 관계 : 주거침입죄를 범한 사람이 본죄를 범한 경우에는 주거침입죄와 본
죄의 경합범이 된다.

2) 절도 · 강도 등의 목적으로 주거 등을 수색한 경우 : 절도 · 강도 등의 목적으로 주거 등을 수
색한 경우에는 불가벌적 수반행위로 흡수관계에 해당되어 절도 등의 죄만 성립한다.

제5장 | 재산에 대한 죄

제1절 | 절도의 죄

1 절도죄 [미수범 처벌]

> 제329조 (절도) 타인의 재물을 절취한 자는 6년 이하의 징역 또는 1천만원 이하의 벌금에 처한다.

I. 서 설

절도죄는 타인이 점유하는 타인의 재물을 절취함으로써 성립하는 범죄이다. 보호법익에 대하여는 소유권이며, 보호의 정도는 침해범이다.

II. 구성요건

1. 객 체

타인이 점유하는 타인의 재물이다.

(1) 재 물

1) 형법상 재물의 개념에 관하여 유체성설과 관리가능성설의 대립이 있다. 이러한 다툼의 실익은 형법 제346조의 성격과 적용범위 문제로 귀결된다.

> [COMMENT] 형법은 제346조에서 "본장의 죄(절도, 강도의 죄)에 있어서 관리할 수 있는 동력은 재물로 간주한다"라고 규정하고 이를 사기죄, 공갈죄, 횡령죄, 배임죄, 손괴죄에 각각 준용하고 있다. 장물죄, 권리행사방해죄에는 준용규정이 없으나, 해석상 인정하는 것이 일반적이다.

    (가) **유체성설** : 재물을 유체물 즉 일정한 공간을 차지하고 있는 물체에 한한다고 보는 견해이다. 이러한 입장에서는 제346조의 규정을 예외규정 내지는 특별규정으로 본다.

    (나) **관리가능성설** : 재물을 관리할 수 있으면 유체물 뿐만 아니라 무체물도 재물이 된다고 보는 견해이다. 이러한 입장에서는 제346조의 규정을 예시규정, 주의규정, 당연규정으로 본다.

(대) **검토** : 생각건대 ① 절도죄의 보호법익은 소유권이므로 유체물·무체물을 불문하고 관리가 가능해야 소유권이 확정되며 ② 형법 제346조의 '간주한다'를 예시적 규정으로서 해석하는 한 이는 관리가능성설을 입법화한 것이므로 관리가능성설이 타당하다.

2) **재물의 범위** : 관리가능성설에 따르면 관리할 수 있는 유체물 및 동력이다.

(가) **관리할 수 있는 유체물** : 유체물이란 일정한 공간을 차지하고 있는 물체를 말한다. 관리가능성설 입장에서는 유체물이라고 하더라도 관리가 가능한 유체물만을 재물로 보게 된다.

[COMMENT] 따라서 바닷물이나 공기는 유체물이지만 형법상의 재물은 아니다.

(나) **관리할 수 있는 동력** : 관리할 수 있는 동력이란 관리할 수 있는 무체물을 말한다. 그리고 관리란 물리적 관리를 말하며, 사무적 관리는 포함되지 아니한다. 따라서 사무적 관리를 전제로 하는 권리는 재물이 될 수 없다.

〈**전기 절도 사건**〉 임의로 전기시설을 하여 도전한 경우에는 절도죄가 성립하고 구 전기사업령위반과는 실체적 경합의 관계에 있다(대판 1958.10.31. 4291형상361).

(다) **정보** : 정보는 그 자체로 유체물이라고 볼 수도 없고, 물질성을 가진 동력도 아니므로 재물이 될 수 없다. [2016 3차]

〈**정보 절도 사건**〉 [사실관계] ○○주식회사는 직물원단고무코팅시스템을 독자적으로 개발하였는데, 동 회사의 직원 甲은 업무용으로 지급한 노트북 컴퓨터에 저장되어 있는 직물원단고무코팅시스템의 설계도면과 공정도를 B4용지에 2장을 출력하여 가지고 나왔다. 甲에게 절도죄가 성립하는가? [판결요지] [1] 절도죄의 객체는 관리 가능한 동력을 포함한 '재물'에 한한다 할 것이고, 또 절도죄가 성립하기 위해서는 그 재물의 소유자 기타 점유자의 점유 내지 이용가능성을 배제하고 이를 자신의 점유 하에 배타적으로 이전하는 행위가 있어야만 할 것인바, 컴퓨터에 저장되어 있는 '정보' 그 자체는 유체물이라고 볼 수도 없고, 물질성을 가진 동력도 아니므로 재물이 될 수 없다 할 것이며, 또 이를 복사하거나 출력하였다 할지라도 그 정보 자체가 감소하거나 피해자의 점유 및 이용가능성을 감소시키는 것이 아니므로 그 복사나 출력 행위를 가지고 절도죄를 구성한다고 볼 수도 없다. [2] 피고인이 컴퓨터에 저장된 정보를 출력하여 생성한 문서는 피해 회사의 업무를 위하여 생성되어 피해 회사에 의하여 보관되고 있던 문서가 아니라, 피고인이 가지고 갈 목적으로 피해 회사의 업무와 관계없이 새로이 생성시킨 문서라 할 것이므로, 이는 피해 회사 소유의 문서라고 볼 수는 없다 할 것이어서, 이를 가지고 간 행위를 들어 피해 회사 소유의 문서를 절취한 것으로 볼 수는 없다(대판 2002.7.12. 2002도745). 圄 절도죄는 성립하지 않는다. (17 변시)(20 변시)(24 1차)

(라) **타인의 전화의 무단사용** : 타인의 전화를 무단으로 사용한 경우에 절도죄가 성립할 수 있는가에 대하여 논의가 있지만, 판례는 전화를 사용하는 것은 무형적인 이익을 얻는 것이므로 절도죄의 객체가 되지 아니한다고 보아 부정설의 입장이다.

〈**타인 전화 무단사용 사건**〉 타인의 전화기를 무단으로 사용하여 전화통화를 하는 행위는 전기통신사업자가 그가 갖추고 있는 통신선로, 전화교환기 등 전기통신설비를 이용하고 전기의 성질을 과학적으로 응용한 기술을 사용하여 전화가입자에게 음향의 송수신이 가능하도록 하여 줌으로써 상대방과의 통신을 매개하여 주는 역무, 즉 전기통신사업자에 의하여 가능하게 된 전화기의 음향송수신기능을 부당하게 이용하는 것으로, 이러한 내용의 역무는 무형적인 이익에 불과하고 물리적 관리의 대상이 될 수 없어 재물이 아니라고 할 것이므로 절도죄의 객체가 되지 아니한다(대판 1998.6.23. 98도700).

3) 재물의 가치성

(가) 객관적 가치와 주관적 가치 : ① 객관적 가치란 재물의 소유자나 점유자 개인에게 가치가 있을 뿐만 아니라 그 이외의 타인에게도 가치가 있는 것을 말하며 ② 주관적 가치란 그 재물의 소유자나 점유자가 느끼는 개인적인 가치를 말한다.

(나) 판례의 태도 : 판례는 재산죄의 객체인 재물은 반드시 객관적인 금전적 교환가치를 가질 필요는 없고, 소유자 · 점유자가 주관적인 가치를 가지고 있음으로써 족하다고 하여 주관적 가치설의 입장이다.

[COMMENT] 이러한 판례의 주관적 가치설에 따르면 가치가 없는 경우는 거의 없게 된다.

〈주관적 가치로 족하다는 판례〉 절도죄의 객체인 재물은 반드시 객관적인 금전적 교환가치를 가질 필요는 없고 소유자 · 점유자가 주관적인 가치를 가지고 있는 것으로 족하고, 이 경우 주관적 · 경제적 가치의 유무를 판별함에 있어서는 그것이 타인에 의하여 이용되지 않는다고 하는 소극적 관계에 있어서 그 가치가 성립하더라도 관계없다(대판 2007.8.23. 2007도2595). (24 2차)

〈특허사본 절취 사건〉 피고인이 근무하던 회사를 퇴사하면서 가져간 서류가 이미 공개된 기술내용에 관한 것이고 외국회사에서 선전용으로 무료로 배부해 주는 것이며 동 회사연구실 직원들이 사본하여 사물처럼 사용하던 것이라도, 위 서류들이 회사의 목적 업무중 기술분야에 관한 문서들로서 국내에서 쉽게 구할 수 있는 것도 아니며 연구실 직원들의 업무수행을 위하여 필요한 경우에만 사용이 허용된 것이라면, 위 서류들은 위 회사에 있어서는 소유권의 대상으로 할 수 있는 주관적 가치뿐만 아니라 그 경제적 가치도 있는 것으로 재물에 해당한다 할 것이어서 이를 취거하는 행위는 절도에 해당하고 비록 그것이 문서의 사본에 불과하고 또 인수인계 품목에 포함되지 아니 하였다 하여 그 위법성이 조각된다 할 수 없다(대판 1986.9.23. 86도1205).

〈주주명부가 기재된 용지 70장 사건〉 피고인이 절취한 주주명부가 기재된 용지 70장은 피해자 회사에 있어서는 소유권의 대상으로 할 수 있는 주관적 가치뿐만 아니라 그 경제적 가치도 있다 할 것이어서, 절도죄의 객체가 되는 재물에 해당한다(대판 2004.10.28. .2004도5183)

〈사원이 퇴사하면서 자료 가져간 사건〉 사원이 회사를 퇴사하면서 부품과 원료의 배합비율과 제조공정을 기술한 자료와 회사가 시제품의 품질을 확인하거나 제조기술 향상을 위한 각종 실험을 통하여 나타난 결과를 기재한 자료를 가져간 경우 이는 절도에 해당한다(대판 2008.2.15. 2005도6223).

〈주민등록증 사건〉 주민등록증은 국민 각자의 성명, 본적, 주소, 연령 기타 신분에 관한 사항을 증명하는 문서로서 국민 각자가 사회적 경제적 행위를 함에 있어서 항시 이를 소지함을 필요로 하는 경제적 가치있는 재물이라 할 것이며 따라서 이는 절도죄의 객체가 될 수 있다(대판 1969.12.9. 69도1627).

〈부동산매매계약서 사본 사건〉 사실상 퇴사하면서 회사의 승낙 없이 가지고 간 부동산매매계약서 사본들이 절도죄의 객체인 재물에 해당한다고 한 사례(대판 2007.8.23. 2007도2595).

〈자동차출고의뢰서 사건〉 피고인이 절취한 백지의 자동차출고의뢰서 용지도 그것이 어떠한 권리도 표창하고 있지 않다 하더라도 경제적 가치가 없다고는 할 수 없어 이는 절도죄의 객체가 되는 재물에 해당한다(대판 1996.5.10. 95도3057).

〈심문기일소환장 사건〉 법원으로부터 송달된 심문기일소환장은 재산적 가치가 있는 물건으로서 형법상 재물에 해당한다(대판 2000.2.25. 99도5775).

〈'도시계획구조변경계획서' 사건〉 피고인이 절취한 '도시계획구조변경계획서'가 폐지로서 소각할 것이라고 하더라도 그 내용을 알아볼 수 있고 그 내용이 경제생활상 가치가 있는 이상 재물에 해당된다(대판 1981.3.24. 80도2902).

〈주권포기각서 사건〉 주권포기각서는 주권을 포기한다는 의사표시가 담긴 처분문서로서 그 경제적 가치가 있어 재물성이 있다(대판 1996.9.10. 95도2747).

〈찢어진 약속어음 사건〉 발행자가 회수하여 세조각으로 찢어버림으로서 폐지로 되어 쓸모없는 것처럼 보이는 약속어음의 소지를 침해하여 가져갔다면 절도죄가 성립한다(대판 1976.1.27. 74도3442).

    4) **부동산절도** : 독일 형법은 절도죄의 경우 객체를 동산으로 한정하고 있지만, 우리 형법은 재물이라고 표현하고 있다. 따라서 현행법의 해석상 부동산이 절도죄의 객체인 재물에 포함되는지에 대하여 논의가 있지만, 다수설은 부동산은 가동성이 없어 점유이전이 있을 수 없으므로 객체성을 부정하고 있다.

(2) 타인의 재물

    1) **재물의 타인성** : 타인의 재물이란 타인의 단독소유 또는 자기와 타인의 공동소유에 속하는 재물을 말한다.

      (가) **무주물** : 무주물은 선점의 대상일 뿐 절도죄의 객체가 되지 않는다.

〈자연서식 반지락 사건〉 공소외인이 굴 양식면허를 받은 위 구역 내에서 피고인들이 자연서식의 반지락을 채취하였다고 하더라도 수산업법 위반이 됨은 별론으로 하고 절도죄를 구성한다고는 할 수 없다(대판 1983.2.8. 82도696).

〈자연산 모시조개 사건〉 어업권자와 어업권행사계약을 체결하고 어업권을 행사하는 피해자의 양식장에서 '자연산' 모시조개를 무단 채취한 행위가 절도죄에 해당하지 아니한다고 한 사례(대판 2010.4.8. 2009도11827).

(ᄂ) **행위자의 단독소유물** : 행위자의 단독소유물인 경우에는 절도죄의 객체가 될 수 없다.

〈생강 반출 사건(두 명의 동업관계에서 1인이 탈퇴하면 조합재산은 나머지 사람의 단독소유라는 판례)〉 두 사람으로 된 동업관계 즉, 조합관계에 있어 그 중 1인이 탈퇴하면 조합관계는 해산됨이 없이 종료되어 청산이 뒤따르지 아니하며 조합원의 합유에 속한 조합재산은 남은 조합원의 단독소유에 속하고, 탈퇴자와 남은 자 사이에 탈퇴로 인한 계산을 하여야 한다. 따라서 두 사람으로 된 생강농사 동업관계에 불화가 생겨 그 중 1인이 나오지 않자, 남은 동업인이 혼자 생강 밭을 경작하여 생강을 반출한 행위가 절도죄를 구성하지 않는다고 한 사례(대판 2009.2.12. 2008도11804). (23 경1)

(ᄃ) **행위자와 타인의 공동소유물** : 공동소유물인 경우에는 공유, 합유, 총유를 불문하고 타인성이 인정되어 절도죄의 객체가 된다.

〈공유물 사건〉 타인과 공동소유 관계에 있는 물건도 절도죄의 객체가 되는 타인의 재물에 속한다고 할 것이므로, 이 사건 절도죄의 객체가 되는 물건이 피고인과 피해자의 공유이었으므로 절도죄가 성립된다(대판 1994.11.25. 94도2432). (24 1차)

〈합유물 사건〉 조합원의 1인이 조합원의 공동점유에 속하는 합유의 물건을 다른 조합원의 승낙 없이 단독으로 취거한 경우에는 절도죄가 성립한다(대판 1982.4.27. 81도2956).

〈동업재산 사건〉 동업자의 공동점유에 속하는 동업재산을 다른 동업자의 승낙 없이 그 점유를 배제하고 단독으로 자기의 지배로 옮겼다면 절도죄가 성립한다 할 것이다(대판 1987.12.8. 87도1831). (22 경간)

〈총유물 사건〉 기독교 단체인 교회에 있어서 그 재산은 특별한 사정이 없는 한 그 교회소속 교인들의 총유에 속한다 할 것이고, 분열 당시의 그 교회 교인 전원의 총의에 따라 그 귀속을 정하지 않고 다른 교파 교인의 점유를 배제하고 자기 교파만의 지배하에 옮긴다는 인식아래 이를 취거 하였다면 이는 절도죄를 구성한다(대판 1984.8.21. 83도2981).

(ᄅ) **타인의 단독소유물** : 타인의 단독소유물인 경우는 당연히 타인성이 인정되어 절도죄의 객체가 된다.

〈감나무 사건〉 타인의 토지상에 권원없이 식재한 수목의 소유권은 토지소유자에게 귀속하고 권원에 의하여 식재한 경우에는 그 소유권이 식재한 자에게 있으므로, 권원 없이 식재한 감나무에서 감을 수확한 것은 절도죄에 해당한다(대판 1998.4.24. 97도3425). (13 변시)(24 1차)

〈영업허가증 사건〉 [사실관계] A는 신용불량정보가 등록되어 있어 그 명의로 신용카드가맹점을 개설하는 것이 불가능하자, 식당종업원으로 일하던 甲에게 영업허가명의 및 사업자등록명의를 빌리기로 하였다. A의 제안에 甲이 이를 승낙함에 따라 甲 명의로 일반음식점에 관한 식품접객업 영업허가를 받고 그 사업자등록을 한 다음, 甲 명의로 발급된 영업허가증과 사업자등록증을 A가 교부받아 그 처의 손가방 안에 보관하고 있던 중, 甲이 이를 꺼내어 갔다. 이 경우 甲의 죄책은? **[판결요지]** 명의대여 약정에 따른 신청에 의하여 발급된 영업허가증과 사업자등록증은 피해자가 인도받음으로써 피해자 소유가 되었다고 할 것이므로, 이를 명의대여자가 가지고 간 행위가 절도죄에 해당한다(대판 2004.3.12. 2002도5090). 🔲 절도죄가 성립한다.

⒨ **양도담보** : 양도담보의 경우에 채권자와 채무자 사이의 대내적 관계에서 채무자는 의연히 소유권을 보유하나 대외적인 관계에 있어서 채무자는 동산의 소유권을 이미 채권자에게 양도한 무권리자가 된다.

〈양도담보물의 소유권〉 [1] 금전채무를 담보하기 위하여 채무자가 그 소유의 동산을 채권자에게 양도하되 점유개정에 의하여 채무자가 이를 계속 점유하기로 한 경우, <u>특별한 사정이 없는 한 동산의 소유권은 신탁적으로 이전되고</u>, 채권자와 채무자 사이의 대내적 관계에서 채무자는 의연히 소유권을 보유하나 대외적인 관계에 있어서 채무자는 동산의 소유권을 이미 채권자에게 양도한 무권리자가 된다. 따라서 동산에 관하여 양도담보계약이 이루어지고 채권자가 점유개정의 방법으로 인도를 받았다면, 그 정산절차를 마치기 전이라도 양도담보권자인 채권자는 제3자에 대한 관계에 있어서는 담보목적물의 소유자로서 그 권리를 행사할 수 있다. [2] 양도담보권자인 채권자가 제3자에게 담보목적물인 동산을 매각한 경우, 제3자는 채권자와 채무자 사이의 정산절차 종결 여부와 관계없이 양도담보 목적물을 인도받음으로써 소유권을 취득하게 되고, 양도담보의 설정자가 담보목적물을 점유하고 있는 경우에는 그 목적물의 인도는 채권자로부터 목적물반환청구권을 양도받는 방법으로도 가능하다. 채권자가 양도담보 목적물을 위와 같은 방법으로 제3자에게 처분하여 그 목적물의 소유권을 취득하게 한 다음 그 제3자로 하여금 그 목적물을 취거하게 한 경우, 그 제3자로서는 자기의 소유물을 취거한 것에 불과하므로, <u>채권자의 이 같은 행위는 절도죄를 구성하지 않는다</u>(대판 2008.11.27. 2006도4263). **[COMMENT]** 대내적 관계와 대외적 관계로 나누어 정리하여야 한다. (14 변시)

⒝ **자동차의 명의신탁** : 자동차에 대한 소유권의 득실변경은 등록을 함으로써 그 효력이 생기고 등록이 없는 한 대외적 관계에서는 물론 당사자의 대내적 관계에서도 소유권을 취득할 수 없는 것이 원칙이지만, 당사자 사이에 소유권을 등록명의자 아닌 자가 보유하기로 약정하였다는 등의 **특별한 사정이 있는 경우**에는 그 내부관계에 있어서는 등록명의자 아닌 자가 소유권을 보유하게 된다.

〈제3자가 명의수탁자와 공모한 사건〉 [사실관계] A는 매그너스 승용차를 구입하였지만, 장애인에 대한 면세 혜택의 적용을 받기 위해 乙(여)의 명의를 빌려 등록하였다. 乙의 아들 甲은 乙과 매그너스 승용차를 팔아먹기로 모의하였다. 이에 甲은 매도용 인감증명을 교부받음과 동시에 매그너스 승용차의 열쇠를 복사하고, A의 사무실 근처에 세워져 있던 매그너스 승용차를 가져가 자동차매매상사에 매도하였다. 甲의 죄책은? [판결요지] [1] 자동차나 중기(또는 건설기계)의 소유권의 득실변경은 등록을 함으로써 그 효력이 생기고 그와 같은 등록이 없는 한 대외적 관계에서는 물론 당사자의 대내적 관계에 있어서도 그 소유권을 취득할 수 없는 것이 원칙이지만, 당사자 사이에 그 소유권을 그 등록 명의자 아닌 자가 보유하기로 약정하였다는 등의 특별한 사정이 있는 경우에는 그 내부관계에 있어서는 그 등록 명의자 아닌 자가 소유권을 보유하게 된다. [2] 자동차 명의신탁관계에서 제3자가 명의수탁자로부터 승용차를 가져가 매도할 것을 허락받고 인감증명 등을 교부받아 위 승용차를 명의신탁자 몰래 가져간 경우, <u>위 제3자와 명의수탁자의 공모·가공에 의한 절도죄의 공모공동정범이 성립한다고 한 사례</u>. [3] 부동산의 명의수탁자가 부동산을 제3자에게 매도하고 매매를 원인으로 한 소유권이전등기까지 마쳐 준 경우, 명의신탁의 법리상 대외적으로 수탁자에게 그 부동산의 처분권한이 있는 것임이 분명하고, 제3자로서도 자기 명의의 소유권이전등기가 마쳐진 이상 무슨 실질적인 재산상의 손해가 있을 리 없으므로 그 명의신탁 사실과 관련하여 신의칙상 고지의무가 있다거나 기망행위가 있었다고 볼 수도 없어서 그 제3자에 대한 사기죄가 성립될 여지가 없고, 나아가 그 처분시 매도인(명의수탁자)의 소유라는 말을 하였다고 하더라도 역시 사기죄가 성립하지 않으며, 이는 자동차의 명의수탁자가 처분한 경우에도 마찬가지이다(대판 2007.1.11.

2006도4498). 🔒 절도죄가 성립한다. **[COMMENT]** [3]에서 사기죄가 성립하지 않는다는 법리도 살펴두는 것이 바람직하다. (14 변시)(15 변시)(20 변시)

〈사실혼 배우자 증여 사건〉 [1] (위 판례 [1]과 동일한 내용) [2] 피고인이 자신의 명의로 등록된 자동차를 사실혼 관계에 있던 갑에게 증여하여 갑만이 이를 운행·관리하여 오다가 서로 별거하면서 재산분할 내지 위자료 명목으로 갑이 소유하기로 하였는데, 피고인이 이를 임의로 운전해 간 사안에서, 자동차 등록명의와 관계없이 피고인과 갑 사이에서는 갑을 소유자로 보아야 한다는 이유로 절도죄를 인정한 원심판단을 정당하다고 한 사례(대판 2013.2.28. 2012도15303). (21 경1)

〈어머니 명의로 자동차 구입한 사건〉 [1] 당사자 사이에 자동차의 소유권을 등록명의자 아닌 자가 보유하기로 약정한 경우, 약정 당사자 사이의 내부관계에서는 등록명의자 아닌 자가 소유권을 보유하게 된다고 하더라도 제3자에 대한 관계에서는 어디까지나 등록명의자가 자동차의 소유자라고 할 것이다. [2] 피고인이 자신의 모(母) 甲 명의로 구입·등록하여 甲에게 명의신탁한 자동차를 乙에게 담보로 제공한 후 乙 몰래 가져가 절취하였다는 내용으로 기소된 사안에서, 乙에 대한 관계에서 자동차의 소유자는 甲이고 피고인은 소유자가 아니므로 乙이 점유하고 있는 자동차를 임의로 가져간 이상 절도죄가 성립한다고 본 원심판단을 정당하다고 한 사례(대판 2012.4.26. 2010도11771). (14 변시)(15 변시)

⒮ **소유권유보부 매매 법리의 적용범위** : 동산의 소유권유보부 매매의 법리는 부동산과 등록이 필요한 자동차 등의 경우에는 적용되지 아니한다는 것이 판례이다.

〈부동산과 자동차, 중기 등 등록이 필요한 동산의 경우에는 소유권유보부매매법리가 적용되지 않는다는 판례〉 소유권유보부매매는 동산을 매매함에 있어 매매목적물을 인도하면서 대금완납시까지 소유권을 매도인에게 유보하기로 특약한 것을 말하며, 이러한 내용의 계약은 동산의 매도인이 매매대금을 다 수령할 때까지 그 대금채권에 대한 담보의 효과를 취득·유지하려는 의도에서 비롯된 것이다. 따라서 부동산과 같이 등기에 의하여 소유권이 이전되는 경우에는 등기를 대금완납시까지 미룸으로써 담보의 기능을 할 수 있기 때문에 굳이 위와 같은 소유권유보부매매의 개념을 원용할 필요성이 없으며, 일단 매도인이 매수인에게 소유권이전등기를 경료하여 준 이상은 특별한 사정이 없는 한 매수인에게 소유권이 귀속되는 것이다. 한편 자동차, 중기, 건설기계 등은 비록 동산이기는 하나 부동산과 마찬가지로 등록에 의하여 소유권이 이전되고, 등록이 부동산 등기와 마찬가지로 소유권이전의 요건이므로, 역시 소유권유보부매매의 개념을 원용할 필요성이 없는 것이다(대판 2010.2.25. 2009도5064).

2) 금제품의 타인성

┃ 재산죄의 객체와 금제품

甲은 ○○리조트 스키장의 리프트탑승권 발매기를 권한 없이 조작하여 리프트 탑승권을 발행하였다. 그리고 그 정을 알고 있는 乙에게 5회에 걸쳐 1,700여 장을 4,700만 원에 판매하였다. 甲과 乙의 죄책은? [2024 2차]

1. 논의점

금제품이란 소유 또는 점유가 금지되어 있는 물건을 말한다. 이러한 금제품이 재산죄의 객체가 될 수 있는가에 대하여는 견해가 대립하고 있다.

2. 견해의 대립

이에 대하여는 ① 형법의 독자성을 강조하는 입장에서 금제품일지라도 절차에 따라 몰수되기까지는 소유 또는 점유를 보호해야 하므로 재물성을 인정하는 **긍정설** ② 법질서의 통일을 강조하는 입장에서 금제품은 소유권의 목적이 될 수 없으므로 재물성을 인정할 수 없다는 **부정설** ③ 금제품 가운데 단순히 점유가 금지되어 있는 물건 즉 상대적 금제품(불법무기)은 재물성이 인정되지만, 소유와 점유가 모두 금지되어 있는 물건 즉 절대적 금제품(위조통화)은 재물성이 인정되지 않는다는 **절충설**이 대립하고 있다.

3. 판례의 태도

판례는 '리프트 탑승권 사건'에서 '위조된 유가증권이라고 하더라도 절차에 따라 몰수되기까지는 그 소지자의 점유를 보호하여야 한다는 점에서 형법상 재물로서 절도죄의 객체가 된다'라고 하여 **긍정설**의 입장이다.

4. 검 토

생각건대 형법에서 보호하는 소유권은 형식적 소유권이며, 사인의 소유 또는 점유가 금지된 물건도 궁극적으로는 국가가 소유권을 가진다는 점에서 긍정설이 타당하다.

5. 관련판례

〈스키장 리프트 탑승권 사건〉 [사실관계] – [쟁점사실관계] [판결요지] [1] 유가증권도 그것이 정상적으로 발행된 것은 물론 비록 작성권한 없는 자에 의하여 위조된 것이라고 하더라도 절차에 따라 몰수되기까지는 그 소지자의 점유를 보호하여야 한다는 점에서 형법상 재물로서 절도죄의 객체가 된다. [2] 리프트탑승권 발매기를 전산조작하여 위조한 탑승권을 발매기에서 뜯어 간 행위는 탑승권 위조행위와 위조탑승권 절취행위가 결합된 것이라는 이유로, 위조탑승권의 장물성을 인정한 사례(대판 1998.11.24. 98도2967). 답 甲에게는 유가증권위조죄 및 절도죄가 성립하며, 乙에게는 장물취득죄가 성립한다.

(3) 점 유

1) 형법상 점유

(가) **형법상의 점유** : 형법에 있어서의 점유는 재물에 대한 물리적 · 현실적 작용에 의하여 인정되는 순수한 사실상의 지배관계를 의미한다.

(나) **민법상의 점유와의 차이** : 이러한 형법상의 점유에서는 민법상의 점유와 같은 관념상의 점유(상속에 의한 점유, 간접점유 및 법인의 점유)는 인정되지 아니한다.

〈내연녀 사망 사건〉 [1] 절도죄란 재물에 대한 타인의 점유를 침해함으로써 성립하는 것이다. 여기서의 '점유'라고 함은 현실적으로 어떠한 재물을 지배하는 순수한 사실상의 관계를 말하는 것으로서, 민법상의 점유와 반드시 일치하는 것이 아니다. 물론 이러한 현실적 지배라고 하여도 점유자가 반드시 직접 소지하거나 항상 감수하여야 하는 것은 아니고, 재물을 위와 같은 의미에서 사실상으로 지배하는지 여부는 재물의 크기·형상, 그 개성의 유무, 점유자와 재물과의 시간적·장소적 관계 등을 종합하여 사회통념에 비추어 결정되어야 한다. 그렇게 보면 종전 점유자의 점유가 그의 사망으로 인한 상속에 의하여 당연히 그 상속인에게 이전된다는 민법 제193조는 절도죄의 요건으로서의 '타인의 점유'와 관련하여서는 적용의 여지가 없고, 재물을 점유하는 소유자로부터 이를 상속받아 그 소유권을 취득하였다고 하더라도 상속인이 그 재물에 관하여 위에서 본 의미에서의 사실상의 지배를 가지게 되어야만 이를 점유하는 것으로서 그때부터 비로소 상속인에 대한 절도죄가 성립할 수 있다. [2] 피고인이 내연관계에 있는 甲과 아파트에서 동거하다가, 甲의 사망으로 甲의 상속인인 乙 및 丙 소유에 속하게 된 부동산 등기권리증 등 서류들이 들어 있는 가방을 위 아파트에서 가지고 가 절취하였다는 내용으로 기소된 사안에서, 피고인이 가방을 들고 나온 시점에 乙 및 丙이 아파트에 있던 가방을 사실상 지배하여 점유하고 있었다고 볼 수 없어 피고인의 행위가 乙 등의 가방에 대한 점유를 침해하여 절도죄를 구성한다고 할 수 없다(대판 2012.4.26. 2010도6334). (16 법행)

2) 절도죄의 점유

(가) 객관적·물리적 요소 : 형법상의 점유가 성립하기 위하여는 물건에 대한 사실상의 지배가 있어야 하는데 이때의 사실상의 지배란 해당 물건과 점유자 사이에 시간적·장소적으로 밀접한 작용가능성이 있는 것을 말한다.

(나) 주관적·정신적 요소 : 형법상의 점유가 성립하기 위하여는 점유자가 물건에 대한 지배의사를 가지고 있어야 하는데 이때의 지배의사는 해당 물건을 사실상 처분할 수 있는 의사를 말하며, 일반적·포괄적·잠재적 의사로도 충분하다.

〈졸도 사건〉 설사 피해자가 졸도하여 의식을 상실한 경우에도 현장에 일실된 피해자의 물건은 자연히 그 지배하에 있는 것으로 보아야 할 것이다(대판 1956.8.17. 4289형상170).

(다) 사회적·규범적 요소 : 점유의 위 두 가지 요건을 사회통념 내지는 경험칙을 기준으로 재평가하여 점유의 범위를 확대하거나 또는 축소하는 것을 말한다. 즉 점유의 사회적·규범적 요소에 의하여 점유의 범위는 확대될 수도 있고, 제한될 수도 있다.

〈절도죄의 점유의 규범적 판단〉 어떤 물건이 타인의 점유하에 있다고 할 것인지의 여부는, 객관적인 요소로서의 관리범위 내지 사실적 관리가능성 외에 주관적 요소로서의 지배의사를 참작하여 결정하되 궁극적으로는 당해 물건의 형상과 그 밖의 구체적인 사정에 따라 사회통념에 비추어 규범적 관점에서 판단할 수밖에 없다(대판 1999.11.12. 99도3801).

〈강간피해자 손가방 사건〉 강간을 당한 피해자가 도피하면서 현장에 놓아두고 간 손가방은 점유이탈물이 아니라 사회통념상 피해자의 지배하에 있는 물건이라고 보아야 할 것이므로 피고인이 그 손가방 안에 들어있는 피해자 소유의 돈을 꺼낸 소위는 절도죄에 해당한다(대판 1984.2.28. 84도38). [2018 3차](24 1차)

(4) 타인의 점유

1) 점유의 주체

(가) 자연인 : 의사능력이나 책임능력의 유무를 불문하고 점유의 주체가 된다.

(나) 법인 : 형법에서는 점유의 관념화가 인정되지 않으므로 부정된다.

(대) 사자의 점유

사자의 점유

甲은 선배인 A의 방에서 A와 술을 마시던 중 A로부터 모욕적인 언사를 듣자 참지 못하고 새벽 01 : 30분경 그곳에 있던 칼로 A를 살해하였다. 그리고 甲은 A의 방에서 4시간 30분 동안 술에 취하여 잠에 들었다가 같은 날 06 : 00경 깨어나 A의 예금통장과 현금을 가지고 나왔다. 甲의 죄책은? [2016 3차][2023 2차][2023 3차]

1. 논의점

사안과 같이 甲이 선배인 A를 살해한 경우, 상속에 의한 점유를 인정하지 않는 형법에서 사망한 A의 물건에 대한 A의 점유를 인정할 것인지에 대하여 논의가 있다.

2. 견해의 대립

이에 대하여는 ① 규범적 관점에서 법의 필요에 의하여 피해자가 사망한 후에도 그 점유가 인정될 수 있다는 **긍정설** ② 사실적 관점에서 사람은 사망하게 되면 재물에 대한 지배의사를 가질 수 없기 때문에 사자의 점유를 인정할 수 없다는 **부정설** ③ 원칙적으로 사자에게는 점유의사를 인정할 수 없으므로 부정되지만, 예외적으로 사자의 생전의 점유가 사망 직후에는 다소간 계속된다는 **생전점유계속설**이 대립하고 있다.

3. 판례의 태도

판례는 피해자를 살해 후 재물을 가지고 나온 사안에서 '피해자가 생전에 가진 점유는 사망 후에도 여전히 계속되는 것으로 본다'라고 하여 **생전점유계속설**을 따르고 있다.

4. 결 론

생각건대 형법상의 점유는 주관적 요소와 객관적 요소 이외에 규범적 요소에 의하여 수정되어 확정된다. 따라서 원칙적으로 사자의 점유는 인정되지 않지만, 사안과 같은 경우에는 점유를 긍정하는 것이 구체적 타당성이 있으므로 점유를 확장하는 사자의 생전점유계속설이 타당하다.

5. 관련판례

〈자취방 살인 사건(사망자에 대하여 생전의 점유가 여전히 계속된다고 본 판례)〉 [사실관계] — [쟁점사실관계] [판결요지] 피고인이 피해자를 살해한 방에서 사망한 피해자 곁에 4시간 30분쯤 있다가 그 곳 피해자의 자취방 벽에 걸려 있던 피해자가 소지하는 원심판시 물건들을 영득의 의사로 가지고 나온 사실이 인정되는 바, <u>이와 같은 경우에 피해자가 생전에 가진 점유는 사망 후에도 여전히 계속되는 것으로 보아 이를 보호함이 법의 목적에 맞는 것이라고 할 것이고, 따라서 피고인의 위 행위는 피해자의 점유를 침탈한 것으로서 절도죄에 해당한다</u>(대판 1993.9.28. 93도2143). 답 甲에게는 살인죄와 절도죄가 성립한다. (17 변시)

---

2) **점유의 타인성**

(가) 일반론 : 원칙적으로 타인의 점유란 점유이탈물이 아닌 경우로서 **행위자의 단독점유에** 속하지 않는 경우를 말한다.

〈냉장고 전기 사건〉 임차인이 임대계약 종료 후 식당건물에서 퇴거하면서 종전부터 사용하던 냉장고의 전원을 켜 둔 채 그대로 두었다가 약 1개월 후 철거해 가는 바람에 그 기간 동안 전기가 소비된 사안에서, 임차인이 퇴거 후에도 냉장고에 관한 점유·관리를 그대로 보유하고 있었다고 보아야 하므로, 냉장고를 통하여 전기를 계속 사용하였다고 하더라도 이는 당초부터 자기의 점유·관리하에 있던 전기를 사용한 것일 뿐 타인의 점유·관리하에 있던 전기가 아니어서 절도죄가 성립하지 않는다고 한 사례(대판 2008.7.10. 2008도3252).

〈비자금 가방 사건〉 상사와의 의견 충돌 끝에 항의의 표시로 사표를 제출한 다음 평소 피고인이 전적으로 보관, 관리해 오던 이른바 비자금 관계 서류 및 금품이 든 가방을 들고 나온 경우, 불법영득의 의사가 있다고 할 수 없을 뿐만 아니라, 그 서류 및 금품이 타인의 점유하에 있던 물건이라고도 볼 수 없다(대판 1995.9.5. 94도3033). (14 변시)

〈광산개발기 사건〉 육지로부터 멀리 떨어진 섬에서 광산을 개발하기 위하여 발전기, 경운기 엔진을 섬으로 반입하였다가 광업권 설정이 취소됨으로써 광산개발이 불가능하게 되자 육지로 그 물건들을 반출하는 것을 포기하고 그대로 유기하여 둔 채 섬을 떠난 후 10년 동안 그 물건들을 관리하지 않고 있었다면, 그 물건들을 절도죄의 객체인 타인이 점유하는 물건으로 볼 수 없다(대판 1994.10.11. 94도1481). (13 변시)

(나) 공동점유 : 공동점유란 재물에 대하여 다수인이 사실상 지배하는 점유형태를 말한다. 이는 다시 동등한 공동점유와 상하관계의 공동점유로 나눌 수 있다.

㉠ 동등한 공동점유 : 동등한 권리를 가진 수인의 점유자간에는 점유의 타인성이 인정되어 상호간의 점유 침탈에 대해서는 절도죄가 성립한다.

〈동업관계자 물건 사건〉 동업자의 공동점유에 속하는 동업재산을 다른 동업자의 승낙 없이 그 점유를 배제하고 단독으로 자기의 지배로 옮겼다면 절도죄가 성립한다 할 것이다(대판 1987.12.8. 87도1831).

〈별거 부부 사건〉 인장이 들은 돈 궤짝을 사실상 별개 가옥에 별거 중인 남편이 그 거주가옥에 보관 중이었다면 처가 그 돈 궤짝의 열쇠를 소지하고 있었다고 하더라도 그 안에 들은 인장은 처의 단독 보관하에 있은 것이 아니라 남편과 공동 보관하에 있다고 보아야 할 것이므로, 공동보관 중의 1인인 처가 다른 보관자인 남편의 동의 없이 불법영득의 의사로 위 인장을 취거한 이상 절도죄를 구성한다고 보아야 할 것이다(대판 1984.1.31. 83도3027). [COMMENT] 단, 부부관계이므로 친족상도례가 적용되어야 할 것이다.

㉡ 상하관계에 의한 공동점유 : 상하관계(종속관계)에 의한 공동점유인 경우에는 점유는 주된 점유자에게 있게 된다. 따라서 원칙적으로 종속된 점유자가 주된 점유자의 점유를 침해하면 절도죄가 성립한다.

〈당구장 종업원이 손님이 잃어버린 금반지를 영득하면 절도죄가 성립한다는 판례〉 어떤 물건을 잃어버린 장소가 당구장과 같이 타인의 관리아래 있을 때에는 그 물건을 일응 그 관리자의 점유에 속한다 할 것이고, 이를 그 관리자가 아닌 제3자가 취거하는 것은 유실물횡령이 아니라 절도죄에 해당한다(대판 1988.4.25. 88도409).

〈피씨방 핸드폰 사건〉 피해자가 피씨방에 두고 간 핸드폰은 피씨방 관리자의 점유하에 있어서 제3자가 이를 취한 행위는 절도죄를 구성한다고 할 것이다(대판 2007.3.15. 2006도9338). (14 변시)

〈분묘에 설치된 석등 반출한 사건〉 산지기로서 종중 소유의 분묘를 간수하고 있는 자는 그 분묘에 설치된 석등이나 문관석 등을 점유하고 있다고는 할 수 없으므로 이러한 물건 등을 반출하여 가는 행위는 횡령죄가 아니고 절도죄를 구성한다(대판 1985.3.26. 84도3024).

〈종업원에게 가스대금을 지급하도록 위탁했으나 종업원이 이를 가지고 도주한 경우에 횡령죄가 성립한다는 판례〉 [사실관계] A는 상점을 운영하면서 甲을 종업원으로 두고 있다. 어느날 A는 甲에게 금고 열쇠와 오토바이 열쇠를 맡기고 금고 안의 돈은 배달될 가스대금으로 지급할 것을 지시한 후 외출하였으나, 甲은 혼자서 점포를 지키다가 금고 안에서 현금을 꺼내어 오토바이를 타고 도주하였다. 甲의 죄책은? **[판결요지]** [1] 민법상 점유보조자(점원)라고 할지라도 그 물건에 대하여 사실상 지배력을 행사하는 경우에는 형법상 보관의 주체로 볼 수 있으므로 이를 영득한 경우에는 절도죄가 아니라 횡령죄에 해당한다. [2] 피고인은 점원으로서는 평소는 점포 주인인 위 피해자의 점유를 보조하는 자에 지나지 않으나 위 범행 당시는 위 피해자의 위탁을 받아 금고 안의 현금과 오토바이를 사실상 지배하에 두고 보관한 것이라고 보겠으니, 피고인의 위 범행은 자기의 보관하에 있는 타인의 재물을 영득한 것으로서 횡령죄에 해당한다고 보아야 할 것이다(대판 1982.3.9. 81도3396). 📄 횡령죄가 성립한다. **[COMMENT]** 점원과 주인은 상하관계에 의한 점유이므로 주인에게 점유가 있으나, 본 판례에서는 예외적인 상황이므로 점원에게 점유를 인정하고 있다. (23 1차)

〈오토바이 심부름 사건〉 피해자가 그 소유의 오토바이를 타고 심부름을 다녀오라고 하여서 그 오토바이를 타고 가다가 마음이 변하여 이를 반환하지 아니한 채 그대로 타고 가버렸다면 횡령죄를 구성함은 별론으로 하고 적어도 절도죄를 구성하지는 아니한다(대판 1986.8.19. 86도1093). (22 경2)

〈동사무소 사환 사건〉 동회의 사환이 동직원으로부터 시청금고에 입금하도록 교부 받은 현금과 예금에서 찾은 돈을 사생활비에 소비한 경우에는 절도죄가 아니라 횡령죄가 성립된다(대판 1968.10.29. 68도1222).

   (다) **재물의 운반 위탁** : 재물의 운반을 위탁한 경우에 운반자와 위탁자 사이에 공동점유를 인정할 수 있느냐 또는 운반자의 단독점유에 속하느냐는 그에 대한 위탁자의 **현실적인 감독과 통제가 가능한지**의 여부에 따라 결정된다.

〈경리직원 동행 사건〉 [사실관계] 甲은 경리담당직원 A의 요청으로 A와 동행하여 은행에 가서 A가 찾은 현금 200만 원 중 50만 원을 그의 부탁으로 甲이 소지하고 A와 동행하여 같이 근무하는 사무실에 당도하여 위 50만 원을 교부할 때 그 중 10만 원을 현금처럼 가장한 돈뭉치와 바꿔치기하면서 10만 원을 영득하였다. 甲의 죄책은? **[판결요지]** 은행에서 찾은 현금을 운반하기 위하여 소지하게 된 자가 그 금원중 일부금을 꺼내어 이를 영득한 경우에는 피고인의 운반을 위한 소지는 피고인의 독립적인 점유에 속하는 것이 아니고 피해자의 점유에 종속하는 점유의 기관으로서 소지함에 지나지 않으므로 이를 영득한 행위는 피해자의 점유를 침탈함에 돌아가기 때문에 절도죄가 성립한다고 해석함이 정당하다(대판 1966.1.31. 65도1178). 📄 절도죄가 성립한다.

〈지게 짐꾼 사건〉 피해자가 시장 점포에서 물건을 매수하여 묶어서 그곳에 맡겨 놓은 후 그것에서 약 50미터 떨어져 동 점포를 살펴볼 수 없는 딴 가게로 가서 지게 짐꾼인 피고인을 불러 피고인 단독으로 위 점포에 가서 맡긴 물건을 운반해 줄 것을 의뢰하였더니 피고인이 동 점포에 가서 맡긴 물건을 찾아 피해자에게 운반해 주지 않고 용달차에 싣고 가서 처분한 것이라면 피고인의 위 운반을 위한 소지 관계는 피해자의 위탁에 의한 보관관계에 있다고 할 것이므로 이를 영득한 행위는 절도죄가 아니라 횡령죄를 구성한다(대판 1982.11.23. 82도2394). [COMMENT] 피고인에게 단독으로 운반해 줄 것을 의뢰하였으므로 피해자가 현실적인 감독과 통제를 할 수 없는 사안이다.

2. 행 위

절취이다. 절취란 타인이 점유하고 있는 자기 이외의 자의 소유물을 점유자의 의사에 반하여 그 점유를 배제하고 자기 또는 제3자의 점유로 옮기는 것을 말한다.

(1) 타인의 점유의 배제

1) **점유의 배제** : 점유자 또는 처분권자의 의사에 반해 지금까지의 점유자의 재물에 대한 사실상의 지배를 배제하는 것을 말한다.

2) **소유자 또는 점유자의 의사에 반한 배제** : 점유의 배제는 점유자 또는 처분권자의 의사에 반해야 하므로 피해자의 동의는 구성요건해당성을 배제하는 양해의 성질을 갖는다.

〈양도담보권자가가 변제기일 이후 채무자의 의사에 반하여 담보물 가져간 사건〉 점유개정의 방법에 의한 양도담보부 금전소비대차계약의 채권자가 변제기일 이후 채무자의 의사에 반하여 담보 목적물을 가져간 경우, 비록 약정에 기한 인도 등의 청구권이 인정된다고 하더라도, 취거 당시에 점유 이전에 관한 점유자의 명시적·묵시적인 동의가 있었던 것으로 인정되지 않는 한, 점유자의 의사에 반하여 점유를 배제하는 행위를 함으로써 절도죄는 성립하는 것이고, 그러한 경우에 특별한 사정이 없는 한 불법영득의 의사가 있다고 할 것이다(대판 2005.6.24. 2005도2861).

〈대포통장 분실신고하고 재발급 받은 사건〉 절취란 타인이 점유하고 있는 재물을 점유자의 의사에 반하여 그 점유를 배제하고 자기 또는 제3자의 점유로 옮기는 것을 말한다. 피고인이 발급받아 제3자에게 교부하여 준 속칭 '대포통장'의 명의인으로서, 그 계좌로 송금되어 온 금전을 인출하기 위하여 일단 위 통장의 분실신고를 하여 계좌거래를 정지시킨 다음 위 통장을 재발급받는 방법으로 위 금전의 인출한 행위는 자신의 명의로 된 은행계좌를 이용한 것이어서 애초 예금계좌를 개설한 은행의 의사에 반한다고 볼 수 없으므로 절취행위에 해당하지 않는다(대판 2009.12.10. 2009도8776).

〈현금을 꺼내 가는 것을 만류하지 않은 사건〉 피고인이 동거 중인 피해자의 지갑에서 현금을 꺼내가는 것을 피해자가 현장에서 목격하고도 만류하지 아니하였다면 피해자가 이를 허용하는 묵시적 의사가 있었다고 봄이 상당하여 이는 절도죄를 구성하지 않는다(대판 1985.11.26. 85도1487).

3) **점유배제의 수단·방법** : 점유배제 수단·방법은 불문한다.

4) **책략절도** : 기망행위가 있었더라도 그것이 점유침탈의 한 방법에 불과하고, 기망에 따른 피해자의 처분행위가 없는 경우에는 절도가 된다. [2024 변시][2024 1차]

〈귀금속 사건〉 피고인이 피해자 경영의 금방에서 마치 귀금속을 구입할 것처럼 가장하여 피해자로 부터 순금목걸이 등을 건네받은 다음 화장실에 갔다 오겠다는 핑계를 대고 도주한 것이라면 위 순금목걸이 등은 <u>도주하기 전까지는 아직 피해자의 점유하에 있었다</u>고 할 것이므로 이를 절도죄로 의율 처단한 것은 정당하다(대판 1994.8.12. 94도1487). (24 변시)

〈축의금 사건〉 피해자가 결혼예식장에서 신부 측 축의금 접수인인 것처럼 행세하는 피고인에게 축의금을 내어놓자 이를 교부 받아 가로챈 사안에서, 피해자의 교부행위의 취지는 신부 측에 전달하는 것일 뿐 <u>피고인에게 그 처분권을 주는 것은 아니므로, 이를 피고인에게 교부한 것이라고 볼 수 없고 단지 신부측 접수대에 교부하는 취지에 불과하므로 피고인이 그 돈을 가져간 것은 신부측 접수처의 점유를 침탈하여 범한 절취행위라고 보는 것이 정당하다</u>(대판 1996.10.15. 96도2227). (22 경간)

〈책 보는 척하다가 가져간 사건〉 피해자가 가지고 있는 책을 잠깐 보겠다고 하며 동인이 있는 자리에서 보는 척 하다가 가져갔다면 위 책은 아직 <u>피해자의 점유하에 있었다</u>고 할 것이므로 절도죄가 성립한다(대판 1983.2.22. 82도3115).

〈자전거 시운전 빙자 사건〉 자전거를 살 의사도 없이 시운전을 빙자하여 교부 받은 자전거를 타고 도주한 때에는 사기죄를 구성한다(대판 1968.5.21. 68도480). **[COMMENT]** 주인에게 처분행위가 없으므로 절도죄로 의율할 사안이나 판례는 사기죄로 의율한 예외적인 판례이다.

5) 날치기

│ 날치기의 법적 평가와 관련 판례

1. 날치기의 법적 평가

소위 '날치기'와 같이 강제력을 사용하여 재물을 절취하는 행위가 때로는 피해자를 넘어뜨리거나 상해를 입게 하는 경우가 있고, 그러한 결과가 피해자의 반항 억압을 목적으로 함이 없이 점유탈취의 과정에서 우연히 가해진 경우라면 이는 강도가 아니라 절도에 불과하지만, 그 강제력의 행사가 사회통념상 객관적으로 **상대방의 반항을 억압하거나 항거 불능케 할 정도의** 것이라면 이는 강도죄의 폭행에 해당한다. [2011 3차][2014 3차][2018 1차][2022 2차]

2. 관련 판례

〈날치기의 법적 평가〉 [1] <u>소위 '날치기'와 같이 강제력을 사용하여 재물을 절취하는 행위가 때로는 피해자를 넘어뜨리거나 상해를 입게 하는 경우가 있고, 그러한 결과가 피해자의 반항 억압을 목적으로 함이 없이 점유탈취의 과정에서 우연히 가해진 경우라면 이는 강도가 아니라 절도에 불과하지만, 그 강제력의 행사가 사회통념상 객관적으로 상대방의 반항을 억압하거나 항거 불능케 할 정도의 것이라면 이는 강도죄의 폭행에 해당한다.</u> 그러므로 날치기 수법의 점유탈취 과정에서 이를 알아채고 재물을 **뺏기지** 않으려는 상대방의 반항에 부딪혔음에도 계속하여 피해자를 끌고 가면서 억지로 재물을 **빼앗은** 행위는 피해자의 반항을 억압한 후 재물을 강취한 것으로서 강도에 해당한다. [2] 날치기 수법으로 피해자가 들고 있던 가방을 탈취하면서 가방을 놓지 않고 버티는 피해자를 5m 가량 끌고 감으로써 피해자의 무릎 등에 상해를 입힌 경우, 반항을 억압하기 위한 목적으로 가해진 강제력으로서 그 반항을 억압할 정도에 해당한다고 보아 강도치상죄의 성립을 인정한 사례(대판 2007.12.13. 2007도7601). (14 변시) (18 변시)

(2) 점유의 취득

점유의 취득이란 행위자 또는 제3자가 재물에 대한 사실상의 지배를 설정하는 것을 말한다. 피해자의 점유침탈에 대응해서 취득된 새로운 점유를 의미하며 일반적으로 점유의 배제와 점유의 취득이 동시에 이루어지나 반드시 시간적으로 일치할 것을 요하지 않는다.

(3) 실행의 착수와 기수시기

1) 실행의 착수시기 : 재물에 대한 사실상의 지배를 침해하는 데 밀접한 행위를 한 때 실행의 착수가 있다. 일반적인 절도의 경우에는 절취할 물건을 물색할 때에 실행의 착수가 인정되지만, 구체적인 절도의 태양에 따라 달리 판단될 수 있다.

▌절도죄의 실행의 착수 관련 판례 정리

1. 기본 법리 판례

〈절도죄의 실행의 착수시기〉 절도죄의 실행의 착수시기는 재물에 대한 타인의 사실상의 지배를 침해하는 데에 밀접한 행위를 개시한 때라고 보아야 하므로, 야간이 아닌 주간에 절도의 목적으로 타인의 주거에 침입하였다고 하여도 아직 절취할 물건의 물색행위를 시작하기 전이라면 주거침입죄만 성립할 뿐 절도죄의 실행에 착수한 것으로 볼 수 없는 것이어서 절도미수죄는 성립하지 않는다(대판 1992.9.8. 92도1650). (22 경1)

〈소매치기 사건〉 소매치기가 피해자의 양복상의 주머니로부터 금품을 절취하려고 그 주머니에 손을 뻗쳐 그 겉을 더듬은 때에는 절도의 범행은 예비의 단계를 넘어 실행에 착수하였다고 봄이 상당하다(대판 1984.12.11. 84도2524).

〈자동차 안 밍크코트 사건〉 절도죄의 실행의 착수시기는 재물에 대한 타인의 사실상의 지배를 침해하는데 밀접한 행위가 개시된 때라 할 것인바 피해자 소유 자동차 안에 들어 있는 밍크코트를 발견하고 이를 절취할 생각으로 공범이 위 차 옆에서 망을 보는 사이 위 차 오른쪽 앞문을 열려고 앞문 손잡이를 잡아당기다가 피해자에게 발각되었다면 절도의 실행에 착수하였다고 봄이 상당하다(대판 1986.12.23. 86도2256). (22 경간)

2. 절도죄의 실행의 착수를 긍정한 판례

〈절취할 물건을 찾지 못한 사건〉 피고인이 주간에 피해자가 빨래를 걷으러 옥상으로 올라간 사이에 피해자의 다세대주택에 절취할 재물을 찾으려고 신발을 신은 채 거실을 통하여 안방으로 들어가 여기저기를 둘러보고는 절취할 재물을 찾지 못하여 밖으로 나온 경우, 절도죄의 실행의 착수가 인정된다(대판 2003.6.24. 2003도1985, 2003감도26).

〈구리 사건〉 범인들이 함께 담을 넘어 마당에 들어가 그 중 1명이 그곳에 있는 구리를 찾기 위하여 담에 붙어 걸어가다가 잡혔다면 절취 대상품에 대한 물색행위가 없었다고 할 수 없다(대판 1989.9.12. 89도1153).

〈라디오선 건드리다 발각된 사건〉 피해자 집에 침입하여 응접실 책상위에 놓여 있던 라디오를 훔치려고 라디오 선을 건드리다가 발각된 경우에는 절도미수죄가 성립한다(대판 1966.5.3. 66도383).

〈고속버스 선반 위 손가방 사건〉 금품을 절취하기 위하여 고속버스 선반 위에 놓여진 손가방의 한쪽 걸쇠만 열었다 하여도 절도범행의 실행에 착수하였다 할 것이다(대판 1983.10.25. 83도2432).

3. 절도죄의 실행의 착수를 부정한 판례

〈손전등 사건〉 노상에 세워 놓은 자동차 안에 있는 물건을 훔칠 생각으로 자동차의 유리창을 통하여 그 내부를 손전등으로 비추어 본 것에 불과하다면 비록 유리창을 따기 위해 면장갑을 끼고 있었고 칼을 소지하고 있었다 하더라도 절도의 예비행위로 볼 수는 있겠으나 타인의 재물에 대한 지배를 침해하는데 밀접한 행위를 한 것이라고는 볼 수 없어 절취행위의 착수에 이른 것이었다고 볼 수 없다(대판 1985.4.23. 85도464). (14 변시)(15 변시)(22 변시)

〈창고 문 쪽으로 향하다가 발각된 사건〉 절도의 목적으로 피해자의 집 현관을 통하여 마루 위에 올라서서 창고 문 쪽으로 향하다가 피해자에게 발각, 체포되었다면 아직 절도행위의 실행에 착수하였다고 볼 수 없다(대판 1986.10.28. 86도1753).

〈부엌문 열쇠고리 장식 뜯은 사건〉 피해자의 집 부엌문에 시정된 열쇠고리의 장식을 뜯는 행위만으로는 절도죄의 실행행위에 착수한 것이라고 볼 수 없다(대판 1989.2.28. 88도1165).

〈소를 흥정하고 있는 자에게 접근한 사건〉 소를 흥정하고 있는 피해자의 뒤에 접근하여 그가 들고 있던 가방으로 돈이 들어 있는 피해자의 하의 왼쪽 주머니를 스치면서 지나간 행위는 단지 피해자의 주의력을 흐트러 주머니 속에 들은 금원을 절취하기 위한 예비단계의 행위에 불과한 것이고 이로써 실행의 착수에 이른 것이라고는 볼 수 없다(대판 1986.11.11. 86도1109).

〈전화채권 사건〉 평소 잘 아는 피해자에게 전화채권을 사주겠다고 하면서 골목길로 유인하여 돈을 절취하려고 기회를 엿본 행위만으로는 절도의 예비행위는 될지언정 행위의 방법, 태양 및 주변상황 등에 비추어 볼 때 타인의 재물에 대한 사실상 지배를 침해하는데 밀접한 행위가 개시되었다고 단정할 수 없다(대판 1983.3.8. 82도2944).

2) 기수시기

절도죄의 기수시기

1. 절도죄의 기수시기 일반론

절도죄의 기수시기에 대하여는 종래 논의가 있었으나, 현재는 물건에 대한 새로운 점유를 취득하면 기수가 된다는 **취득설로 확립**되어 있다.

〈창고 물건 사건〉 창고에서 물건을 밖으로 들고 나와 운반해 가다가 방범대원들에게 발각되어 체포되었다면 절도의 기수에 해당한다(대판 1984.2.14. 83도3242).

〈새로나 까페 사건〉 피고인이 피해자 경영의 '새로나' 까페에서 야간에 아무도 없는 그 곳 내실에 침입하여 장식장 안에 들어 있던 정기적금통장 등을 꺼내 들고 까페로 나오던 중 발각되어 돌려 준 경우, 피고인은 피해자의 재물에 대한 소지(점유)를 침해하고, 일단 피고인 자신의 지배내에 옮겼다고 볼 수 있으니 절도의 미수에 그친 것이 아니라 야간주거침입절도의 기수라고 할 것이다(대판 1991.4.23. 91도476). (14 변시)

2. 자동차 절도의 기수시기

절도죄의 기수시기는 시동을 걸어 **발진조작을 완료**하여 운전한 때이다.

〈자동차 시동이 걸리지 않은 사건〉 자동차를 절취할 생각으로 자동차의 조수석 문을 열고 들어가 시동을 걸려고 시도하는 등 차 안의 기기를 이것저것 만지다가 핸드브레이크를 풀게 되었는데 그 장소가 내리막길인 관계로 시동이 걸리지 않은 상태에서 약 10미터 전진하다가 가로수를 들이받는 바람에 멈추게 되었다면 절도의 기수에 해당한다고 볼 수 없을 뿐만 아니라 도로교통법 제2조 제19호 소정의 자동차의 운전에 해당하지 아니한다(대판 1994.9.9. 94도1522). (13 변시)

3. 무거운 물건이나 입목 절도의 기수시기

일반적인 재물이 아니라 무거운 물건이나 입목 절도의 경우에는 언제 취득한 것으로 볼 것인지에 대하여 논의가 있다. 특히 입목과 관련하여 ① 입목 등을 캐어낸 후 운반하거나 반출하였을 때 기수가 된다는 견해도 있지만 ② 판례는 **수목을 캐어내었을 때**를 기수로 보고 있다.

〈부부 영산홍 절취 사건(입목절도의 기수시기는 캐내었을 때라는 판례)〉 [사실관계] 甲(여)은 모 연구소 마당에 쏘렌토 승용차를 두고 그 곳에서 약 20m 떨어진 A 소유의 영산홍 1그루를 캐내었으나, 이 영산홍은 높이가 약1m 50cm 이상, 폭 약1m 정도로서 상당히 클 뿐만 아니라, 뿌리가 상하지 않도록 뿌리 부분의 흙까지 함께 캐내어져 甲이 혼자서 이를 운반하기는 어려웠다. 이에 甲은 남편인 乙에게 전화를 걸어 영산홍을 차에 싣는 것을 도와 달라고 말하였고, 잠시 후 현장에 온 乙은 甲과 함께 위 영산홍을 위 승용차까지 운반하였다. 甲과 乙에게 2인 이상이 합동한 특수절도죄가 성립하는가? [판결요지] [1] 입목을 절취하기 위하여 캐낸 때에 소유자의 입목에 대한 점유가 침해되어 범인의 사실적 지배하에 놓이게 되므로 범인이 그 점유를 취득하고 절도죄는 기수에 이른다. 이를 운반하거나 반출하는 등의 행위는 필요하지 않다. [2] 절도범인이 혼자 입목을 땅에서 완전히 캐낸 후에 비로소 제3자가 가담하여 함께 입목을 운반한 사안에서, 특수절도죄의 성립을 부정한 사례(대판 2008.10.23. 2008도6080). 🔲 특수절도죄는 성립되지 않는다. [2018 3차](13 변시)(17 변시)(24 2차)

3. 주관적 구성요건

(1) 고 의

타인이 점유하는 타인의 재물을 절취한다는 데 대한 인식과 의사이다. 특히 재물의 타인성인 규범적 구성요건요소도 고의의 인식내용이 된다.

(2) 불법영득의 의사

1) 의의 : 불법영득의 의사란 권리자를 배제하고 타인의 물건을 자기의 소유물과 같이 그 경제적 용법에 따라 이용·처분할 의사를 말한다.

〈불법영득의사의 의미〉 절도죄에 있어 영득의 의사라 함은 권리자를 배제하고 타인의 물건을 자기 소유물과 같이 그 경제적 용법에 따라 이용·처분할 의사를 말하는 것이므로, 피고인이 현금 등이 들어 있는 피해자의 지갑을 가져갈 당시에 피해자의 승낙을 받지 않았다면 가사 피고인이 후일 변제할 의사가 있었다고 하더라도 불법영득의사가 있었다고 할 것이다(대판 1999.4.9. 99도519). (22 2차)

2) 불법영득의사의 내용 : 불법영득의사의 내용은 행위자가 소유자의 지위를 지속적으로 빼앗아 그 물건에 대한 소유권유사의 지위를 누린다는 인식과 의사이다.

불법영득의사의 내용 관련 판례 정리

1. 기본 법리 판례

〈불법영득의사의 내용〉 어떠한 물건을 점유자의 의사에 반하여 취거하는 행위가 결과적으로 소유자의 이익으로 된다는 사정 또는 소유자의 추정적 승낙이 있다고 볼 만한 사정이 있다고 하더라도, 다른 특별한 사정이 없는 한 그러한 사유만으로 불법영득의 의사가 없다고 할 수는 없다(대판 2014.2.21. 2013도14139). (22 경1)

2. 불법영득의사를 긍정한 판례

〈굴삭기 대금채무 사건〉 굴삭기 매수인이 약정된 기일에 대금채무를 이행하지 아니하면 굴삭기를 회수하여 가도 좋다는 약정을 하고 각서와 매매계약서 및 양도증명서 등을 작성하여 판매회사 담당자에게 교부한 후 그 채무를 불이행하자 그 담당자가 굴삭기를 취거하여 매도한 경우, 굴삭기에 대한 소유권 등록 없이 매수인의 위와 같은 약정 및 각서 등의 작성, 교부만으로 굴삭기에 대한 소유권이 판매회사로 이전될 수는 없으므로 굴삭기 취거 당시 그 소유권은 여전히 매수인에게 남아 있고, 매수인의 의사표시 중에 자신의 동의나 승낙 없이 현실적으로 자신의 점유를 배제하고 굴삭기를 가져가도 좋다는 의사까지 포함되어 있었던 것으로 보기는 어렵다는 이유로, 그 굴삭기 취거행위는 절도죄에 해당하고 불법영득의 의사도 인정된다고 한 사례(대판 2001.10.26. 2001도4546). (15 변시)

〈물품 대금채권 확보 목적으로 채무자 자동차 운전해 간 사건〉 회사의 총무과장이 회사의 물품대금채권을 확보할 목적으로 채무자의 승낙을 받지 아니한 채 그의 의사에 반하여 부산에 있는 그의 점포 앞에 세워놓은 그의 소유인 자동차를 운전하여 광주에 있는 위 회사로 옮겨놓은 다음, 광주지방법원의 가압류결정과 감수보존명령에 따라 집달관이 보존하게 될 때까지 위 회사의 지배하에 두었다면, 위 자동차의 권리자를 배제하고 타인의 물건을 자기의 소유인 것과 마찬가지로 그 경제적 용법에 따라 이용하거나 처분할 의사로 자동차를 광주로 운전하여 간 것으로 보지 않을 수 없으므로 불법영득의 의사가 있었다고 볼 수밖에 없다(대판 1990.5.25. 90도573).

〈리스 승용차 사건〉 [사실관계] 甲은 이 사건 승용차의 소유자인 ○○캐피탈로부터 乙 명의로 위 승용차를 리스하여 운행하던 중, 사채업자 丙으로부터 1,300만 원을 빌리면서 위 승용차를 인도하였고, 위 丙은 甲이 차용금을 변제하지 못하자 위 승용차를 매도하였고 최종적으로 A가 위 승용차를 매수하여 점유하게 되었다. 그러나 甲은 위 승용차를 회수하기 위해서 A와 만나기로 약속을 한 다음 약속장소에 주차되어 있던 위 승용차를 미리 가지고 있던 보조열쇠를 이용하여 임의로 가져가 약 한 달 뒤에 ○○캐피탈에 반납하였다. 甲의 죄책은? [판결요지] 피고인이 자기 이외의 자의 소유물인 이 사건 승용차를 점유자인 피해자의 의사에 반하여 그 점유를 배제하고 자기의 점유로 옮긴 이상 그러한 행위가 '절취'에 해당함은 분명하다. 또한 피고인이 이 사건 승용차를 임의로 가져간 것이 소유자인 ○○캐피탈의 의사에 반하는 것이라고는 보기 어렵고 실제로 위 승용차가 ○○캐피탈에 반납된 사정을 감안한다고 하더라도, 그러한 사정만으로는 피고인에게 불법영득의 의사가 없다고 할 수도 없다(대판 2014.2.21. 2013도14139). 圄 절도죄가 성립한다. (16 변시)

3. 불법영득의사를 부정한 판례

〈증거인멸 사건〉 피고인이 살해된 피해자의 주머니에서 꺼낸 지갑을 살해도구로 이용한 골프채와 옷 등 다른 증거품들과 함께 자신의 차량에 싣고 가다가 쓰레기 소각장에서 태워버린 경우, 살인 범행의 증거를 인멸하기 위한 행위로서 불법영득의 의사가 있었다고 보기 어렵다고 한 사례(대판 2000.10.13. 2000도3655).

〈군인 총 분실 사건〉피고인은 자신이 잃어버린 총을 보충하기 위하여 같은 소속대 3화기중대 공소외 甲소지 군용 칼빈소총 1정을 무단히 가지고 나온데 불과하고 영득의 의사가 없었다는 것이며, 이는 피고인의 소위가 자기의 물건과 동양으로 그 경제적 용법에 따라 이를 이용 또는 처분하여 권리자를 배제할 의사를 가지고 한 것이 아니므로 피고인에게 영득의 의사가 있었다고 볼 수 없다는 취지로 판단한 원판결에 법령위반이 없다(대판 1965.2.24. 64도795).

〈총기 분실 사건〉군인이 총기를 분실하고 그를 보충하기 위하여 총기를 취거한 경우에는 불법영득의 의사가 있다고 할 수 없다(대판 1977.6.7. 77도1069). (23 1차)

〈군무를 이탈하면서 총기 휴대한 사건〉총기는 어떠한 경우라도 몸을 떠나서는 안 된다는 교육을 지속적으로 받아왔던 甲이 총기를 휴대하고 있는지 조차 인식할 수 없는 정신상태로 사격장에서 군무를 이탈하면서 총기를 휴대한 경우에 피고인에게 총기에 대한 불법영득의 의사가 있었다고 할 수 없다(대판 1992.9.8. 91도3149).

〈강간하는 과정에서 도망가지 못하도록 손가방을 뺏은 사건〉불법영득의 의사라 함은 권리자를 배제하여 타인의 물건을 자기의 물건과 같이 그 경제적 용법에 따라 이용 처분하는 의사를 말하는 것이므로 강간하는 과정에서 피해자들이 도망가지 못하게 하기 위해 손가방을 빼앗은 것에 불과하다면 이에 불법영득의 의사가 있었다고 할 수 없다(대판 1985.8.13. 85도1170).

〈혼내 주려고 가방 들고 나온 사건〉사촌형제인 피해자와의 분규로 재단법인 이사장직을 사임한 뒤 피해자의 집무실에 찾아가 잘못을 나무라는 과정에서 화가 나서 피해자를 혼내주려고 피해자의 가방을 들고 나온 경우에는 불법영득의사를 인정할 수 없다(대판 1993.4.13. 93도328).

3) 영득의 객체(대상)

(가) **영득의 객체 일반론** : 절취행위를 통하여 재물의 소유권 그 자체를 취득할 수는 없으므로 불법영득은 재물에 대하여 권리자를 배제하고 소유자와 유사한 지배권을 획득하는 것이다. 문제는 무엇에 대하여 이러한 영득의사가 있어야 하는지에 대하여 ① 영득의사의 대상은 재물 자체라는 물체설 ② 영득의사의 대상은 재물에 화체되어 있는 경제적 가치라는 가치설 ③ 영득의사의 대상은 재물 자체 또는 재물에 화체되어 있는 경제적 가치라는 절충설이 대립하고 있으나, 다수설과 판례는 절충설을 따르고 있다. [2017 변시]

[COMMENT] 절충설은 교재에 따라 종합설 혹은 물체 또는 가치설이라고도 표현되고 있다.

〈불법영득의사는 물질이나 가치를 침해하는 의사가 있어야 한다는 판례〉절도죄의 성립에 필요한 불법영득의 의사라 함은 권리자를 배제하고 타인의 물건을 자기의 소유물과 같이 그 경제적 용법에 따라 이용·처분할 의사를 말하는 것으로 영구적으로 그 물건의 경제적 이익을 보유할 의사가 필요한 것은 아니지만 단순한 점유의 침해만으로서는 절도죄를 구성할 수 없고 소유권 또는 이에 준하는 본권을 침해하는 의사 즉 목적물의 물질을 영득할 의사이거나 또는 그 물질의 가치만을 영득할 의사이든 적어도 그 재물에 대한 영득의 의사가 있어야 한다(대판 1992.9.8. 91도3149).

〈채무자의 재물을 담보목적으로 가져간 사건〉타인의 의사에 반하여 그 소유물건의 점유를 침탈한 사람이 그 목적물을 영구적으로 자기소유로 할 의사가 아니고 그 소유자에 대한 채권담보의 의사만을 가지고 있었다 하더라도 타인의 소유자로서의 점유를 배제하고 그 소유권을 지니고 있는 담보가치를 취득하기 위하여 그 물건의 점유를 침해한 이상 절도죄의 불법영득의 의사가 있다 할 것이다(대판 1973.2.26. 73도51).

(나) 재물에 화체된 경제적 가치의 의미(특수한 기능가치)

재물에 화체된 경제적 가치의 범위

1. 특수한 기능가치

절충설에서 말하는 재물에 화체된 경제적 가치란 그 재물의 단순한 사용가치가 아니라 재물에 결합되어 있는 특수한 기능가치를 의미한다. 특수한 기능가치란 그 재물의 종류와 기능에 따라 개념 본질적으로 결합되어 있는 재물의 특수한 가치를 의미한다.

2. 예금통장 사용 후 반환한 경우

예금통장을 절취하여 예금의 전부 또는 일부를 인출한 후 반환한 경우는 그 인출된 예금액에 대하여 예금통장 자체의 특수한 기능가치인 예금액 증명기능이 상실되고 이에 따라 그 상실된 기능에 상응한 경제적 가치도 감소되었기 때문에 **원칙적으로 불법영득의 의사가 인정된다.**

〈예금통장으로 예금인출한 후 반환한 사건〉 예금통장은 예금채권을 표창하는 유가증권이 아니고 그 자체에 예금액 상당의 경제적 가치가 화체되어 있는 것도 아니지만, 이를 소지함으로써 예금채권의 행사자격을 증명할 수 있는 자격증권으로서 예금계약사실 뿐 아니라 예금액에 대한 증명기능이 있고 이러한 증명기능은 예금통장 자체가 가지는 경제적 가치라고 보아야 하므로, 예금통장을 사용하여 예금을 인출하게 되면 그 인출된 예금액에 대하여는 예금통장 자체의 예금액 증명기능이 상실되고 이에 따라 그 상실된 기능에 상응한 경제적 가치도 소모된다. 그렇다면 타인의 예금통장을 무단사용하여 예금을 인출한 후 바로 예금통장을 반환하였다 하더라도 그 사용으로 인한 위와 같은 경제적 가치의 소모가 무시할 수 있을 정도로 경미한 경우가 아닌 이상, 예금통장 자체가 가지는 예금액 증명기능의 경제적 가치에 대한 불법영득의 의사를 인정할 수 있으므로 절도죄가 성립한다(대판 2010.5.27. 2009도9008). [2016 3차](19 변시)(23 1차)

3. 카드 사용 후 반환한 경우

타인의 신용카드나 현금카드를 이용하여 현금을 인출한 후 그 카드를 반환한 경우는 ① 카드가 가지는 특수한 기능가치가 인출된 액수만큼 감소된 것이 아니고 ② 카드의 사용으로 인한 가치의 소모가 무시할 수 있을 정도로 경미하고 ③ 본권을 침해할 의사가 없으므로 **불법영득의 의사가 인정되지 않는다.**

〈현금카드 사용 후 반환한 사건〉 [1] 타인의 재물을 점유자의 승낙 없이 무단사용하는 경우에 있어서 그 사용으로 인하여 물건 자체가 가지는 경제적 가치가 상당한 정도로 소모되거나 또는 사용 후 그 재물을 본래 있었던 장소가 아닌 다른 곳에 버리거나 곧 반환하지 아니하고 장시간 점유하고 있는 것과 같은 때에는 그 소유권 또는 본권을 침해할 의사가 있다고 보아 불법영득의 의사를 인정할 수 있을 것이나 그렇지 아니하고 그 사용으로 인한 가치의 소모가 무시할 수 있을 정도로 경미하고 또한 사용 후 곧 반환한 것과 같은 때에는 그 소유권 또는 본권을 침해할 의사가 있다고 할 수 없어 불법영득의 의사를 인정할 수 없다. [2] 피해자로부터 지갑을 잠시 건네받아 임의로 지갑에서 현금카드를 꺼내어 현금자동인출기에서 현금을 인출하고 곧바로 피해자에게 현금카드를 반환한 경우, 현금카드에 대한 불법영득의사가 없다 (대판 1998.11.10. 98도2642). (20 변시)

〈신용카드 사용 후 반환한 사건〉 신용카드업자가 발행한 신용카드는 이를 소지함으로써 신용구매가 가능하고 금융의 편의를 받을 수 있다는 점에서 경제적 가치가 있다 하더라도, 그 자체에 경제적 가치가 화체되어 있거나 특정의 재산권을 표창하는 유가증권이라고 볼 수 없고, 단지 신용카드회원이 그 제시를 통하여 신용카드회원이라는 사실을 증명하거나 현금자동지급기 등에 주입하는 등의 방법으로 신용카드업자로부터 서비스를 받을 수 있는 증표로서의 가치를 갖는 것이어서, 이를 사용하여 현금자동지급기에서 현금을 인출하였다 하더라도 신용카드 자체가 가지는 경제적 가치가 인출된 예금액만큼 소모되었다고 할 수 없으므로, 이를 일시 사용하고 곧 반환한 경우에는 불법영득의 의사가 없다(대판 1999.7.9. 99도857). [2018 변시] (23 1차)

〈직불카드 사용 후 반환한 사건〉 은행이 발급한 직불카드를 사용하여 타인의 예금계좌에서 자기의 예금계좌로 돈을 이체시켰다 하더라도 직불카드 자체가 가지는 경제적 가치가 계좌이체된 금액만큼 소모되었다고 할 수는 없으므로, 이를 일시 사용하고 곧 반환한 경우에는 그 직불카드에 대한 불법영득의 의사는 없다고 보아야 한다(대판 2006.3.9. 2005도7819). (15 변시) (23 1차)

4) **불법의 의미** : 불법영득의사의 불법이 무엇을 의미하는지에 대하여 ① 다수설은 법질서 전체의 입장에서 보아 실질적으로 타인의 재산권을 침해하였다고 평가할 수 있어야 불법하다는 **영득의 불법설**을 따르지만, ② 판례는 실질적인 타인의 재산권 침해와 관계없이 행위수단 그 자체에 불법성이 인정되기만 하면 불법하다는 **수단의 불법설**을 따르고 있다.

[COMMENT] 영득의 불법설은 행위자가 권한 없이 타인의 재산을 영득함을 불법이라고 보고, 수단의 불법설은 행위자에게 타인의 재물에 대한 권한이 있더라도 수단이 적법하지 않으면 불법이라고 본다. 이러한 수단의 불법설은 재산죄에 따라 절도죄의 경우에는 절취의 불법설, 공갈죄의 경우에는 갈취의 불법설 등으로 불리게 된다.

〈외상매매 물품 사건〉 외상 매매계약을 해제하여 동 외상 매매 물품의 반환청구권이 피고인에게 있다 하여도 매수인의 승낙을 받지 아니하고 동 물품을 가져갔다면 절도행위에 해당된다(대판 1973.2.28. 72도2538).

〈채무자의 책상서랍을 뜯어 돈을 꺼낸 사건〉 채무자의 책상서랍을 승낙없이 뜯어 돈을 꺼내 자기의 채권의 변제에 충당한 것은 자기채권의 추심을 위하여 채무자의 점유하에 있는 채무자 소유의 금원을 불법하게 탈취한 것으로 불법영득의 의사가 있다고 볼 것이다(대판 1983.4.12. 83도297).

〈시정장치 부수고 가구 가져간 사건〉 채권자들이 채무자인 피해자에 대한 채권을 우선적으로 확보할 목적으로 피해자의 물건을 무단으로 취거한 사안에서, 절도죄에서의 불법영득의사를 인정하고, 자구행위의 성립과 추정적 승낙의 존재를 부정한 사례(대판 2006.3.24. 2005도8081).

(3) **사용절도**

1) **사용절도의 의의** : 사용절도란 타인의 재물을 무단으로 임시사용한 후에 그 소유자에게 반환하는 것을 말한다. 이러한 사용절도는 원칙적으로 절도죄의 성립에 필요한 불법영득의사 가운데 소극적 요소를 결하고 있으므로 처벌되지 않는 것이 원칙이다.

2) 사용절도의 요건

　　㈎ **반환의사** : 재물의 반환의사가 있어야 한다. 즉 비록 타인의 재물을 승낙을 받지 않고 무단으로 사용하였지만 사용한 후에는 다시 소유자가 지배할 수 있도록 한다는 의사가 있어야 한다.

　　㈏ **재물의 기능적 가치 불감소** : 재물의 기능적 가치를 감소시키지 말아야 한다.

　　㈐ **소유자에게 반환** : 사용절도의 사용은 일시적 사용이므로 사용 후 소유자에게 반환하여야 한다. 따라서 일시사용의 목적으로 타인의 점유를 침탈한 경우에도 이를 반환할 의사 없이 상당한 장시간 점유하고 있거나 본래의 장소와 다른 곳에 유기하는 경우에는 절도죄가 성립한다.

〈**사용절도의 한계**〉 절도죄의 성립에 필요한 불법영득의 의사란 권리자를 배제하고 타인의 물건을 자기의 소유물과 같이 이용 · 처분할 의사를 말하고, 영구적으로 물건의 경제적 이익을 보유할 의사임은 요하지 않으며, 일시 사용의 목적으로 타인의 점유를 침탈한 경우에도 사용으로 인하여 물건 자체가 가지는 경제적 가치가 상당한 정도로 소모되거나 또는 상당한 장시간 점유하고 있거나 본래의 장소와 다른 곳에 유기하는 경우에는 이를 일시 사용하는 경우라고는 볼 수 없으므로 영득의 의사가 없다고 할 수 없다(대판 2012.7.12. 2012도1132). (21 2차)

〈**4개월 지난 시점에서 반환한 사건**〉 甲 주식회사 감사인 피고인이 회사 경영진과의 불화로 한 달 가까이 결근하다가 회사 감사실에 침입하여 자신이 사용하던 컴퓨터에서 하드디스크를 떼어간 후 4개월 가까이 지난 시점에 반환한 사안에서, 피고인이 하드디스크를 일시 보관 후 반환하였다고 평가하기 어려워 불법영득의사를 인정할 수 있다고 본 원심판단을 수긍한 사례(대판 2011.8.18. 2010도9570). (16 변시)

〈**허락없이 타인의 휴대전화를 사용하고 유기한 사건**〉 피고인이 甲의 영업점 내에 있는 甲 소유의 휴대전화를 허락 없이 가지고 나와 이를 이용하여 통화를 하고 문자메시지를 주고받은 다음 약 1~2시간 후 甲에게 아무런 말을 하지 않고 위 영업점 정문 옆 화분에 놓아두고 감으로써 이를 절취하였다는 내용으로 기소된 사안에서, 피고인이 甲의 휴대전화를 자신의 소유물과 같이 경제적 용법에 따라 이용하다가 본래의 장소와 다른 곳에 유기한 것이므로 피고인에게 불법영득의사가 있다(대판 2012.7.12. 2012도1132). (14 변시)(16 변시)(22 변시)(23 1차)

〈**오토바이 다른 장소에 버린 사건**〉 소유자의 승낙 없이 오토바이를 타고 가서 다른 장소에 버린 경우, 자동차등불법사용죄가 아닌 절도죄가 성립한다고 한 사례(대판 2002.9.6. 2002도3465).

〈**오토바이 7~8미터 되는 장소에 버린 사건**〉 소유자의 승낙 없이 오토바이를 타고 가서 용무를 마친 후 약 1시간 50분 후 본래 있던 곳에서 7~8미터 되는 장소에 버린 경우에 불법영득의사가 인정되어 절도죄가 성립한다(대판 1981.10.13. 81도2394). [2017 변시]

3) **효과** : 사용절도의 요건을 갖추게 되면 불법영득의사가 부정되므로 절도죄가 성립하지 않아 불가벌이다. 다만 자동차 등을 동의 없이 불법사용한 경우에는 **자동차 등 불법사용죄**(제331조의2)가 성립하게 된다.

〈혼인신고서 사건〉 피해자의 승낙 없이 혼인신고서를 작성하기 위하여 피해자의 도장을 몰래 꺼내어 사용한 후 곧바로 제자리에 갖다 놓은 경우, 도장에 대한 불법영득의 의사가 있었다고 볼 수 없다 (대판 2000.3.28. 2000도493).

〈인감도장 사건〉 피고인이 피해자의 도장과 인감도장을 그의 책상서랍에서 몰래 꺼내어 가서 그것을 차용금증서의 연대보증인란에 찍고 난 후 곧 제자리에 넣어둔 사실을 확정하고 이와 같은 사실만으로는 위 도장에 대한 불법영득의 의사가 있었다고 인정할 수 없다고 한 사례(대판 1987.12.8. 87도1959).

III. 죄수 및 타죄와의 관계

1. 죄 수

(1) 죄수판단의 원칙

절도죄의 죄수는 관리의 수, 즉 점유침해의 수에 따라 결정된다.

(2) 구체적 고찰

1) 1개의 행위로 1인 점유의 수인 소유의 수개 재물을 절취한 경우 : 1개의 절도죄가 성립한다.

〈관리자가 1인인 사건〉 단일의 범의로 절취한 시간과 장소가 접착되어 있고 같은 관리인의 관리하에 있는 방안에서 소유자를 달리하는 두 사람의 물건을 절취한 경우에는 1개의 절도죄가 성립한다(대판 1970.7.21. 70도1133).

2) 수개의 행위로 수개의 재물을 절취한 경우 : 원칙적으로 수개의 절도죄가 성립한다. 그러나 수개의 행위가 시간적 · 장소적으로 결합되어 있는 경우에는 **접속범**으로서 포괄일죄가 되고, 하나의 단일한 범죄의사의 연속으로 볼 수 있는 경우에는 **연속범**으로서 역시 포괄일죄가 된다.

〈주인집과 세집 사건〉 절도범이 甲의 집에 침입하여 그 집의 방안에서 그 소유의 재물을 절취하고 그 무렵 그 집에 세들어 사는 乙의 방에 침입하여 재물을 절취하려다 미수에 그쳤다면, 위 두 범죄는 그 범행장소와 물품의 관리자를 달리하고 있어서 별개의 범죄를 구성한다(대판 1989.8.8. 89도664). (23 법행)

(3) 주거침입죄와의 관계

주간에 주거에 침입하여 절취하는 경우에는 주거침입죄와 절도죄의 실체적 경합범이 되지만, 야간에 주거에 침입하여 절취하는 경우에는 야간주거침입절도죄만 성립한다.

2. 불가벌적 사후행위

(1) 의 의

불가벌적 사후행위란 절도죄에 의하여 획득한 이익을 확보 · 사용 · 처분하는 사후행위가 다시 다른 구성요건에 해당하더라도 그 불법의 질과 양이 이미 범해진 절도죄에서 완전히 평가된 것이기 때문에 별죄를 구성하지 않는 행위를 말한다.

(2) 요 건

1) **사후행위의 독립범죄성** : 사후의 행위가 일정한 독립된 범죄에 해당하여야 한다.

2) **새로운 법익 침해가 없을 것** : 절도행위 후의 사후행위가 새로운 제3자의 법익을 침해하거나 종래 침해된 법익의 양을 초과하지 않아야 한다.

3) **절도행위의 처벌 불요** : 절도범죄에 의하여 행위자가 처벌받았을 것을 요하지 않는다.

(3) 효 과

불가벌적 사후행위가 인정되면 법조경합 중 흡수관계가 인정되어, 절도 후의 범죄는 절도죄에 흡수되어 불가벌적인 행위로 된다.

> [COMMENT] 보다 자세한 내용은 총론 죄수론 부분 참조.

〈**자기앞수표 사건**〉 금융기관 발행의 자기앞수표는 그 액면금을 즉시 지급받을 수 있는 점에서 현금에 대신하는 기능을 가지고 있어서 장물인 자기앞수표를 취득한 후 이를 현금 대신 교부한 행위는 장물취득에 대한 가벌적 평가에 당연히 포함되는 불가벌적 사후행위로서 별도의 범죄를 구성하지 아니한다(대판 1993.11.23. 93도213).

〈**신용카드를 절취한 후 부정사용한 사건**〉 신용카드를 절취한 후 이를 사용한 경우 신용카드의 부정사용행위는 새로운 법익의 침해로 보아야 하고 그 법익침해가 절도범행보다 큰 것이 대부분이므로 위와 같은 부정사용행위가 절도범행의 불가벌적 사후행위가 되는 것은 아니다(대판 1996.7.12. 96도1181).

(4) 민법상 선의취득과의 관계

재산범죄에 의하여 취득한 재물을 제3자에게 양도하는 경우에 제3자에게 선의취득이 인정되는 경우에는 제3자에 대한 관계에서는 범죄가 성립하지 않는 것이 원칙이다. 그러나 민법 제250조와 제251조에 의하여 선의취득이 제한되는 **도품과 유실물**을 마치 자기의 소유인 것처럼 하여 제3자에게 매도한 경우에 제3자는 2년 동안은 선의취득을 하지 못하므로 제3자에 대한 사기죄가 성립하게 된다. 단 이러한 선의취득의 제한은 도품 및 유실물의 경우에만 적용되므로 횡령죄 등의 경우에는 적용이 없다. [2018 2차][2019 2차][2021 2차][2022 2차]

〈**절취한 장물 매도 사건**〉 절도범인이 그 절취한 장물을 자기 것인양 제3자를 기망하여 금원을 편취한 경우에는 새로운 법익의 침해가 있으므로 사기죄가 성립한다(대판 1980.11.25. 80도2310).

> [COMMENT] 민법의 선의취득과 관련된 쟁점은 사례 문제로 자주 출제되는 부분이므로 정확히 정리해 두는 것이 바람직하다.

Ⅳ. 친족상도례

제328조 (친족간의 범행과 고소) ① 직계혈족, 배우자, 동거친족, 동거가족 또는 그 배우자간의 제323조의 죄는 형을 면제한다.
② 제1항 이외의 친족간에 제323조의 죄를 범한 때에는 고소가 있어야 공소를 제기할 수 있다.
③ 전 2항의 신분관계가 없는 공범에 대하여는 전 2항을 적용하지 아니한다.
[헌법불합치, 2020헌마468, 2020헌바341, 2021헌바420, 2024헌마146(병합), 2024. 6. 27, 형법(2005. 3. 31. 법률 제7427호로 개정된 것) 제328조 제1항은 헌법에 합치되지 아니한다. 법원 기타 국가기관 및 지방자치단체는 2025. 12. 31.을 시한으로 입법자가 개정할 때까지 위 법률조항의 적용을 중지하여야 한다.]

[GUIDE] 헌법재판소는 2024년 6월 27일 재판관 전원일치 의견으로, 직계혈족, 배우자, 동거친족, 동거가족 또는 그 배우자간의 권리행사방해죄는 그 형을 면제하도록 한 형법 제328조 제1항은 헌법에 합치되지 아니한다는 결정을 선고하였으며, 이에 따라 형법 제328조 제1항은 2025. 12. 31.을 시한으로 입법자가 개정할 때까지 적용중지 되었다. 아래의 내용에는 적용중지 되어있는 제328조 제1항의 내용도 서술하였지만, 일응 참고하기를 바라며 제328조 제1항의 조문이 개정된다면 그 내용을 적절히 반영하여 정리하는 것이 바람직하다.

1. 서 설

(1) 의 의

1) 의의 : 친족상도례란 일정한 친족 사이의 재산범죄에 대하여는 형을 면제하거나 친고죄로 하고 있는 특례규정을 말한다.

2) 입법취지 : 친족상도례의 입법취지는 친족 사이의 정의를 고려하여 그들 사이의 재산문제에는 되도록 국가가 간섭하지 않겠다는 형사정책적 고려에서 기인한다.

3) 법적 성질 : 친족상도례의 법적 성질에 대하여 종래 논의가 있었지만, 현재는 **인적 처벌조각사유**로 보는 것으로 확립되어 있다. 따라서 친족상도례에 해당하면 범죄는 성립하지만 형벌권이 발동되지 않을 뿐이다.

(2) 재산죄와 친족상도례

친족상도례는 권리행사방해죄의 장인 제328조에서 제323조의 권리행사방해죄에 대해 규정하고 있다. 따라서 권리행사방해죄의 장에 있는 나머지 범죄들 즉 제325조의 점유강취죄와 준점유강취죄, 제326조의 중권리행사방해죄, 제327조의 강제집행면탈죄는 친족상도례가 적용되지 않는다는 점을 주의하여야 한다. 그리고 현행 형법은 친족상도례를 강도죄와 손괴죄를 제외한 재산범죄 일반에 준용하고 있으나, 장물죄에 있어서는 제365조 제1항·제2항에서 독자적으로 제328조를 수정하여 규정하고 있다. (20 변시)(24 2차)

2. 친족의 범위

(1) 친족관계는 민법에 의하여 결정

친족, 동거가족 등의 정의와 그 범위는 민법에 따른다.

〈사돈 사건〉 피고인이 백화점 내 점포에 입점시켜 주겠다고 속여 피해자로부터 입점비 명목으로 돈을 편취하였다며 사기로 기소된 사안에서, 피고인의 딸과 피해자의 아들이 혼인하여 피고인과 피해자가 사돈지간이라고 하더라도 민법상 친족으로 볼 수 없는데도, 2촌의 인척인 친족이라는 이유로 위 범죄를 친족상도례가 적용되는 친고죄라고 판단한 후 피해자의 고소가 고소기간을 경과하여 부적법하다고 보아 공소를 기각한 원심판결 및 제1심판결에 친족의 범위에 관한 법리오해의 위법이 있다고 하여 모두 파기한 사례(대판 2011.4.28. 2011도2170). (18 변시)(20 변시)

〈결혼 사기 사건〉 형법 제354조, 제328조 제1항에 의하면 배우자 사이의 사기죄는 이른바 친족상도례에 의하여 형을 면제하도록 되어 있으나, 사기죄를 범하는 자가 금원을 편취하기 위한 수단으로 피해자와 혼인신고를 한 것이어서 그 혼인이 무효인 경우라면, 그러한 피해자에 대한 사기죄에서는 친족상도례를 적용할 수 없다고 할 것이다(대판 2015.12.10. 2014도11533). (20 변시)

(2) 친족관계를 요하는 인적 범위

1) **절도죄에서의 인적 범위** : 재물의 소유자와 점유자 쌍방 사이에 친족관계가 있는 경우에만 친족상도례가 적용된다.

〈절도죄와 친족상도례〉 절도죄는 재물의 점유를 침탈하므로 인하여 성립하는 범죄이므로 재물의 점유자가 절도죄의 피해자가 되는 것이나 절도죄는 점유자의 점유를 침탈하므로 인하여 그 재물의 소유자를 해하게 되는 것이므로 재물의 소유자도 절도죄의 피해자로 보아야 할 것이다. 그러니 형법 제344조에 의하여 준용되는 형법 제328조 제2항 소정의 친족간의 범행에 관한 조문은 범인과 피해물건의 소유자 및 점유자 쌍방간에 같은 조문 소정의 친족관계가 있는 경우에만 적용되는 것이고, 단지 절도범인과 피해물건의 소유자간에만 친족관계가 있거나 절도범인과 피해물건의 점유자간에만 친족관계가 있는 경우에는 그 적용이 없는 것이라고 보는 것이 타당할 것이다(대판 1980. 11.11. 80도131). (18 변시)

2) **횡령죄에서의 인적 범위** : 재물의 소유자와 위탁자 쌍방 사이에 친족관계가 있는 경우에만 친족상도례가 적용된다.

〈횡령죄와 친족상도례〉 횡령범인이 위탁자가 소유자를 위해 보관하고 있는 물건을 위탁자로부터 보관받아 이를 횡령한 경우에 형법 제361조에 의하여 준용되는 제328조 제2항의 친족간의 범행에 관한 조문은 범인과 피해물건의 소유자 및 위탁자 쌍방 사이에 같은 조문에 정한 친족관계가 있는 경우에만 적용되고, 단지 횡령범인과 피해물건의 소유자간에만 친족관계가 있거나 횡령범인과 피해물건의 위탁자간에만 친족관계가 있는 경우에는 적용되지 않는다(대판 2008.7.24. 2008도3438). (12 변시)(20 변시)

3) **사기죄에서의 인적 범위** : 재산상의 피해자만 친족이면 친족상도례가 적용된다.

〈사기죄와 친족상도례〉 사기죄의 보호법익은 재산권이라고 할 것이므로 사기죄에 있어서는 재산상의 권리를 가지는 자가 아니면 피해자가 될 수 없다. 그러므로 법원을 기망하여 제3자로부터 재물을 편취한 경우에 피기망자인 법원은 피해자가 될 수 없고 재물을 편취당한 제3자가 피해자라고 할 것이므로 피해자인 제3자와 사기죄를 범한 자가 직계혈족의 관계에 있을 때에는 그 범인에 대하여는 형법 제354조에 의하여 준용되는 형법 제328조 제1항에 의하여 그 형을 면제하여야 할 것이다 (대판 2014.9.26. 2014도8076). (18 변시)(23 변시)

〈할아버지 예금 통장 사건〉 친척 소유 예금통장을 절취한 자가 그 친척 거래 금융기관에 설치된 현금 자동지급기에 예금통장을 넣고 조작하는 방법으로 친척 명의 계좌의 예금 잔고를 자신이 거래하는 다른 금융기관에 개설된 자기 계좌로 이체한 경우, 그 범행으로 인한 피해자는 이체된 예금 상당액의 채무를 이중으로 지급해야 할 위험에 처하게 되는 그 친척 거래 금융기관이라 할 것이고, 거래 약관의 면책 조항이나 채권의 준점유자에 대한 법리 적용 등에 의하여 위와 같은 범행으로 인한 피해가 최종적으로는 예금 명의인인 친척에게 전가될 수 있다고 하여, 자금이체 거래의 직접적인 당사자이자 이중지급 위험의 원칙적인 부담자인 거래 금융기관을 위와 같은 컴퓨터 등 사용사기 범행의 피해자에 해당하지 않는다고 볼 수는 없으므로, 위와 같은 경우에는 친족 사이의 범행을 전제로 하는 친족상도례를 적용할 수 없다(대판 2007.3.15. 2006도2704). [2013 1차][2014 3차][2017 1차](18 변시) (20 변시)(23 3차)

〈합유 등기된 부동산 사건〉 피고인 등이 공모하여, 피해자 갑, 을 등을 기망하여 갑, 을 및 병과 부동산 매매계약을 체결하고 소유권을 이전받은 다음 잔금을 지급하지 않아 같은 금액 상당의 재산상 이익을 편취하였다는 내용으로 기소된 사안에서, 갑은 피고인의 8촌 혈족, 병은 피고인의 부친이나, 위 부동산이 갑, 을, 병의 합유로 등기되어 있어 피고인에게 형법상 친족상도례 규정이 적용되지 않는다고 본 원심판단을 수긍한 사례(대판 2015.6.11. 2015도3160). (18 변시)

(3) 친족관계를 요하는 시적 범위

친족관계는 행위시에 존재하면 족하다. 다만 행위자가 행위시에 인지되지는 않았으나 형사재판시에 인지되었으면 **인지의 소급효에 의하여** 친족상도례가 적용된다는 것이 판례의 입장이다.

〈재판상 인지 사건〉 형법 제344조, 제328조 제1항 소정의 친족간의 범행에 관한 규정이 적용되기 위한 친족관계는 원칙적으로 범행 당시에 존재하여야 하는 것이지만, 부가 혼인 외의 출생자를 인지하는 경우에 있어서는 민법 제860조에 의하여 그 자의 출생시에 소급하여 인지의 효력이 생기는 것이며, 이와 같은 인지의 소급효는 친족상도례에 관한 위 규정의 적용에도 미친다고 보아야 할 것이므로, 인지가 범행 후에 이루어진 경우라고 하더라도 그 소급효에 따라 형성되는 친족관계를 기초로 하여 위 친족상도례의 규정이 적용되어야 한다고 할 것이다. 이와 같은 취지에서 범행 후 피고인이 재판상 인지의 확정판결을 받음으로써 피해자와의 사이에 형법 제328조 제1항의 친족관계가 소급하여 발생하였다고 하여 피고인에 대한 형을 면제한 원심의 조치는 정당하다(대판 1997. 1.24. 96도1731). (12 변시)(16 변시)(19 변시)

3. 적용의 효과

(1) 제328조의 적용 효과

1) 형의 면제 : 제328조 제1항의 친족관계 즉 직계혈족, 배우자, 동거친족, 동거가족 또는 그 배우자간의 재산범죄의 경우에는 형을 면제한다.

〈제328조 제1항의 '그 배우자'의 의미〉 [1] 형법 제354조에 의하여 준용되는 제328조 제1항에서 "직계혈족, 배우자, 동거친족, 동거가족 또는 그 배우자 간의 제323조의 죄는 그 형을 면제한다."고 규정하고 있는바, 여기서 '그 배우자'는 동거가족의 배우자만을 의미하는 것이 아니라, 직계혈족, 동거친족, 동거가족 모두의 배우자를 의미하는 것으로 볼 것이다. [2] 피고인이 피해자 조성만의 직계혈족의 배우자임을 이유로 형법 제354조, 제328조 제1항에 따라 피해자 조성만에 대한 상습사기의 점에 관한 공소사실에 대하여 형을 면제한 것은 정당하고, 거기에 상고이유의 주장과 같이 친족상도례에 관한 법리를 오해한 위법이 없다(대판 2011.5.13. 2011도1765). [2017 3차](19 변시)

2) 상대적 친고죄 : 제328조 제1항의 친족관계 이외의 친족의 경우에는 제328조 제2항에 따라 고소가 있는 경우에만 친족을 처벌할 수 있도록 친고죄로 하고 있다.

(2) 제328조의 적용범위

1) 친족상도례의 적용범위 : 친족상도례는 정범뿐만 아니라 협의의 공범인 교사 또는 방조범에게도 적용된다.

2) 장물죄의 특칙

(가) 장물범과 피해자 사이의 친족관계 : 장물범과 피해자간에 친족관계가 있는 경우에는 제328조 제1항·제2항이 동일하게 준용된다(제365조 제1항).

(나) 장물범과 본범 사이의 친족관계 : 장물범과 본범간에 친족관계가 있는 경우에는 제328조 제1항의 신분관계에 있는 자에 대해서만 형을 감경 또는 면제한다(제365조 제2항).

3) 특별형법에의 적용 : 특별형법상의 재산범죄의 경우에도 친족상도례를 배제한다는 명시적 규정이 없으면 친족상도례는 적용된다.

〈특경법 위반과 친족상도례〉 형법 제354조, 제328조의 규정에 의하면, 직계혈족, 배우자, 동거친족, 동거가족 또는 그 배우자 간의 사기죄는 그 형을 면제하여야 하고 그 외의 친족 간에는 고소가 있어야 공소를 제기할 수 있는바, 형법상 사기죄의 성질은 특정경제범죄 가중처벌 등에 관한 법률 제3조 제1항에 의해 가중처벌되는 경우에도 그대로 유지되고 같은 법률에 친족상도례의 적용을 배제한다는 명시적인 규정이 없으므로, 형법 제354조는 같은 법률 제3조 제1항 위반죄에도 그대로 적용된다(대판 2010.2.11. 2009도12627). (18 변시)(20 변시)(23 3차)

〈폭처법위반과 친족상도례〉 형법 제354조, 제328조의 규정에 의하면, 직계혈족, 배우자, 동거친족, 동거가족 또는 그 배우자 간의 공갈죄는 그 형을 면제하여야 하고 그 외의 친족 간에는 고소가 있어야 공소를 제기할 수 있는바, 흉기 기타 위험한 물건을 휴대하고 공갈죄를 범하여 '폭력행위 등 처벌에 관한 법률' 제3조 제1항, 제2조 제1항 제3호에 의하여 가중처벌되는 경우에도 형법상 공갈죄의 성질은 그대로 유지되는 것이고, 특별법인 위 법률에 친족상도례에 관한 형법 제354조, 제328조의 적용을 배제한다는 명시적인 규정이 없으므로, 형법 제354조는 '폭력행위 등 처벌에 관한 법률 제3조 제1항 위반죄'에도 그대로 적용된다(대판 2010.7.29. 2010도5795). [COMMENT] 주의할 점은 폭처법 제3조 제1항은 2016.1.6.의 개정으로 삭제되었으므로 논리만 참조하시기 바란다. (13 변시)

4. 관련문제

(1) 친족관계의 인식 및 착오

친족관계는 객관적으로 존재하면 족하고, 행위자가 그 존재를 인식할 필요는 없다. 객관적 구성요건요소만 고의의 대상이 되며 인적 처벌조각사유는 여기에 포함되지 않기 때문이다. 따라서 친족관계에 대한 착오는 고의를 조각하지 않는다.

(2) 친족상도례의 공범

친족상도례는 친족관계에 있는 자에게만 적용되므로 공범 모두가 친족관계에 있을 때는 모두에게 적용되지만, 공범 중 비친족이 있는 경우에는 비친족에게는 친족상도례의 적용이 없다.

2 야간주거침입절도 [미수범 처벌]

> 제330조 (야간주거침입절도) 야간에 사람의 주거, 관리하는 건조물, 선박, 항공기 또는 점유하는 방실에 침입하여 타인의 재물을 절취한 자는 10년 이하의 징역에 처한다.

[죄명예규] 야간(주거, 건조물, 선박, 항공기, 방실)침입절도

(1) 의의와 법적 성격

본죄는 야간에 사람의 주거, 간수하는 저택, 건조물이나 선박 또는 점유하는 방실에 침입하여 타인의 재물을 절취하는 범죄이다.

(2) 주 거

주거의 의미는 원칙적으로 주거침입죄에서의 주거와 동일하다.

〈담배점포 사건〉 야간주거침입절도죄에 있어서 침입행위의 객체인 건조물은 주위벽 또는 기둥과 지붕 또는 천정으로 구성된 구조물로서 사람이 기거하거나 출입할 수 있는 장소를 말하며, 반드시 영구적인 구조물일 것을 요하지 않는다. 이 사건 담배점포는 알미늄 샷시로 된 구조물이긴 하나 주위벽과 지붕으로 구성되어 사람이 그 내부에서 기거하거나 출입할 수 있을 뿐 아니라 실제로 피해자는 그 내부에 담배, 복권 기타잡화 등을 진열해 놓고 판매하는 일상생활을 영위해 오면서 침식의 장소로도 사용해왔음을 알 수 있으므로, 위 점포는 주거침입의 객체가 될 수 있는 건조물에 해당한다고 할 것이다(대판 1989.2.28. 88도2430).

(3) 행위상황

1) 야간의 의미 : 언제부터 언제까지가 야간에 해당하는지에 대하여 논의가 있지만, 현재의 다수설과 판례는 범죄지의 일몰 후부터 일출 전까지를 말한다는 **천문학적 기준설**을 따르고 있다.

〈야간의 의미〉 야간주거침입절도죄에 대하여 정하는 형법 제330조에서 '야간에'라고 함은 일몰 후부터 다음날 일출 전까지를 말한다(대판 2015.8.27. 2015도5381).

2) 야간이 미치는 범위

야간주거침입절도죄에서의 야간의 범위

甲은 15 : 40경 A가 운영하는 ○○모텔에 이르러, A가 평소 비어 있는 객실의 문을 열어둔다는 사실을 알고 그곳 202호 안까지 들어가 침입한 다음, 같은 날 21 : 00경 그곳에 설치되어 있던 A 소유의 LED모니터 1대 시가 3만 원 상당을 가지고 나와 절취하였다. 甲에게 야간주거침입절도죄가 성립하는가? [2017 변시][2018 1차][2024 2차]

1. 논의점

야간주거침입절도죄에 있어서 주거침입과 절취가 모두 야간에 있어야 하는지 아니면 일부라도 야간에 있으면 족한지에 대하여 논의가 있다. 특히 주간에 주거에 침입하였다가 야간에 절취를 한 경우가 논의의 중심이 된다.

2. 견해의 대립

이에 대하여는 ① 절취행위만 야간에 있으면 족하다는 **절취행위시기준설** ② 주거침입이 야간에 있으면 족하다는 **주거침입기준설** ③ 주거침입 또는 절취행위 중 어느 하나라도 야간에 있으면 족하다는 **주거침입 또는 절취행위기준설** ④ 주거침입 또는 절취행위 모두가 야간에 이루어진 경우에만 야간주거침입절도죄가 성립한다는 **주거침입 및 절취행위기준설** 등이 대립하고 있다.

3. 판례의 태도

판례는 주간에 주거에 침입한 이후에 야간에 절취한 사건에서 '형법은 야간에 이루어지는 주거침입행위의 위험성에 주목하여 그러한 행위를 수반한 절도를 야간주거침입절도죄로 중하게 처벌하고 있는 것으로 보아야 하고, 따라서 주거침입이 주간에 이루어진 경우에는 야간주거침입절도죄가 성립하지 않는다'라고 하여 **주거침입기준설**을 따르고 있다.

4. 검 토

생각건대 형법은 야간절도죄에 관하여는 별도로 처벌규정을 두고 있지 아니한 점을 고려한다면 주거침입기준설이 타당하다. 따라서 야간에 주거에 침입하여 절취한 경우에만 야간주거침입절도죄가 성립한다고 보아야 할 것이다.

5. 관련 판례

〈주간에 주거에 침입하여 야간에 절도하면 야주절이 성립할 수 없다는 판례〉 [사실관계] - [쟁점사실관계] [판결요지] 형법은 제329조에서 절도죄를 규정하고 곧바로 제330조에서 야간주거침입절도죄를 규정하고 있을 뿐, 야간절도죄에 관하여는 처벌규정을 별도로 두고 있지 아니하다. 이러한 형법 제330조의 규정형식과 그 구성요건의 문언에 비추어 보면, 형법은 야간에 이루어지는 주거침입행위의 위험성에 주목하여 그러한 행위를 수반한 절도를 야간주거침입절도죄로 중하게 처벌하고 있는 것으로 보아야 하고, 따라서 주거침입이 주간에 이루어진 경우에는 야간주거침입절도죄가 성립하지 않는다고 해석하는 것이 타당하다(대판 2011.4.14. 2011도300, 2011감도5). 冏 야간주거침입절도죄는 성립하지 않는다. (16 변시)(19 변시)(21 변시)(22 변시)

(4) 주거침입과 절취

주거침입행위와 절취행위는 주거침입죄와 절도죄에서의 행위와 동일하다.

〈야간에 편의점에서 담배를 절취한 사건〉[공소사실의 요지] '피고인이 2020. 4. 21. 04:21경 피해자가 운영하는 편의점에서 담배를 절취할 목적으로 편의점 출입문을 열고 침입하여 편의점 직원에게 담배 1보루를 달라고 하여 이를 받은 후 대금을 지급하지 않고 가지고 나와 절취하였다.' [판결요지] [1] 일반인의 출입이 허용된 영업점에 영업주의 승낙을 받아 통상적인 출입방법으로 들어갔다면 특별한 사정이 없는 한 주거침입죄에서 정하는 침입행위에 해당하지 않는다. 설령 행위자가 범죄 등을 목적으로 영업점에 출입하였거나 영업주가 행위자의 실제 출입 목적을 알았더라면 출입을 승낙하지 않았을 것이라고 하더라도 그러한 사정만으로는 사실상의 평온상태를 해치는 것도 아니어서 침입행위에 해당한다고 볼 수 없다. [2] 건조물침입을 구성요건으로 하는 야간건조물침입절도죄(형법 제330조)에서 건조물침입에 해당하는지를 판단할 때에도 위와 같은 법리가 적용된다(대판 2022.7.28. 2022도5659). [2024 1차]

(5) 실행의 착수와 기수시기

1) **실행의 착수시기** : 본죄의 실행의 착수시기는 **주거침입시**이다. 주거침입 자체가 아직 종료되지 않았다 하더라도 단순주거침입죄의 미수가 아니라 본죄의 미수가 성립한다.

〈야간주거침입절도죄의 실행의 착수시기〉 야간에 타인의 재물을 절취할 목적으로 사람의 주거에 침입한 경우에는 주거에 침입한 단계에서 이미 형법 제330조에서 규정한 야간주거침입절도죄라는 범죄행위의 실행에 착수한 것이라고 보아야 한다(대판 2006.9.14. 2006도2824). (24 1차)

〈출입문을 당겨본 사건〉 야간에 물건을 훔칠 생각으로 출입문이 열려 있으면 안으로 들어가겠다는 의사 아래 출입문을 당겨보는 행위는 바로 주거의 사실상의 평온을 침해할 객관적인 위험성을 포함하는 행위를 한 것으로 볼 수 있어 그것으로 주거침입(야간주거침입절도)의 실행에 착수한 것으로 보아야 한다(대판 2006.9.14. 2006도2824).

〈아파트 유리창문 사건〉 야간에 아파트에 침입하여 물건을 훔칠 의도하에 아파트의 베란다 철제난간까지 올라가 유리창문을 열려고 시도하였다면 야간주거침입절도죄의 실행에 착수한 것으로 보아야 한다(대판 2003.10.24. 2003도4417).

〈가스배관 사건〉 야간에 다세대주택에 침입하여 물건을 절취하기 위하여 가스배관을 타고 오르다가 순찰 중이던 경찰관에게 발각되어 그냥 뛰어내렸다면, 야간주거침입절도죄의 실행의 착수에 이르지 못했다고 한 사례(대판 2008.3.27. 2008도917). (13 변시)(19 변시)

2) **기수시기** : 절취행위의 기수시기, 즉 **재물취득시**이다.

〈새로나 까페 사건〉 피고인이 피해자 경영의 '새로나' 까페에서 야간에 아무도 없는 그 곳 내실에 침입하여 장식장 안에 들어 있던 정기적금통장 등을 꺼내 들고 까페로 나오던 중 발각되어 돌려 준 경우, 피고인은 피해자의 재물에 대한 소지(점유)를 침해하고, 일단 피고인 자신의 지배내에 옮겼다고 볼 수 있으니 절도의 미수에 그친 것이 아니라 야간주거침입절도의 기수라고 할 것이다(대판 1991.4.23. 91도476). (14 변시)

(6) 야간주거침입절도죄의 고의

야간주거침입절도죄는 주거침입죄와 절도죄의 결합범으로서 시간적으로 주거침입행위가 선행되는 것이므로 그 실행의 착수시점인 주거침입이 이루어질 때 절도의 고의가 있어야 한다.

〈야간주거침입절도죄의 고의〉 형법 제330조의 야간주거침입절도죄는 야간에 이루어지는 주거침입행위의 위험성에 주목하여 그러한 행위를 수반한 절도를 가중처벌하는 것으로서, 야간에 타인의 재물을 절취할 목적으로 사람의 주거에 침입한 경우에는 주거침입 단계에서 이미 야간주거침입절도죄의 실행에 착수한 것이라고 보아야 한다. 야간주거침입절도죄는 주거침입죄와 절도죄의 결합범으로서 시간적으로 주거침입행위가 선행되는 것이므로 그 실행의 착수시점인 주거침입이 이루어질 때 절도의 고의가 있어야 한다. 야간에 주거침입행위가 있은 후 비로소 절도의 고의가 생겼다면 주거침입죄와 절도죄의 경합범이 될 수 있을지언정 야간주거침입절도죄는 성립하지 않는다(대판 2025.1.9. 2022도5573).

3 특수절도죄 [미수범 처벌]

> 제331조 (특수절도) ① 야간에 문이나 담 그 밖의 건조물의 일부를 손괴하고 제330조의 장소에 침입하여 타인의 재물을 절취한 자는 1년 이상 10년 이하의 징역에 처한다.
> ② 흉기를 휴대하거나 2명 이상이 합동하여 타인의 재물을 절취한 자도 제1항의 형에 처한다.

[죄명예규] 특수절도 – 제1항과 2항 모두 특수절도라고 기재함

(1) 의의와 법적 성격

특수절도는 ① 야간에 문이나 담 그 밖의 건조물의 일부를 손괴하고 주거에 침입하여 타인의 재물을 절취하거나 ② 흉기를 휴대하거나 ③ 2명 이상이 합동하여 타인의 재물을 절취하는 범죄를 말한다. 특수절도는 수단의 강포성, 위험성 및 집단성 때문에 절도죄와 야간주거침입절도죄에 비하여 불법이 가중된 불법가중구성요건이다.

(2) 손괴 후 야간주거침입절도(제331조 제1항)

1) 객체 : 문이나 담 그 밖의 건조물의 일부이다. '문이나 담 그 밖의 건조물의 일부'란 주거 등에 대한 침입을 방지하기 위하여 설치된 일체의 위장시설을 말한다.

2) 행위상황 : 야간주거침입절도죄와 동일하다.

3) 행위 : 문이나 담 그 밖의 건조물의 일부를 손괴하고 타인의 주거에 침입하여 타인의 재물을 절취하는 것이다. '손괴'란 물리적으로 문호 또는 장벽 기타 건조물의 일부를 훼손하여 그 효용을 상실시키는 것을 말한다. 따라서 문이나 담의 일부를 손괴하여야 하므로 잠긴 문을 물리적으로 뜯고 들어간 경우에는 본죄에 해당하고, 기술적으로 열쇠로 열고 들어간 경우에는 야간주거침입절도죄에 해당한다.

〈출입문을 발로 걷어찬 사건〉 [1] 형법 제331조 제1항에 정한 '문호 또는 장벽 기타 건조물의 일부'라 함은 주거 등에 대한 침입을 방지하기 위하여 설치된 일체의 위장시설을 말하고, '손괴'라 함은 물리적으로 위와 같은 위장시설을 훼손하여 그 효용을 상실시키는 것을 말한다. [2] 야간에 불이 꺼져 있는 상점의 출입문을 손으로 열어보려고 하였으나 출입문의 하단에 부착되어 있던 잠금 고리가 잠겨져 있어 열리지 않았는데, 출입문을 발로 걷어차자 잠금 고리의 아래쪽 부착 부분이 출입 문에서 떨어져 출입문과의 사이가 뜨게 되면서 출입문이 열려 상점 안으로 침입하여 재물을 절취 하였다면, 이는 물리적으로 위장시설을 훼손하여 그 효용을 상실시키는 행위에 해당한다고 한 사례(대판 2004.10.15, 2004도4505).

〈연탄집게와 식도로 방문고리 파괴한 사건〉 야간에 연탄집게와 식도로서 방문고리를 파괴하고 방에 침입하여 재물을 절취하면 이는 문호의 손괴에 해당되어 특수절도죄가 성립한다(대판 1979.9.11, 79도1 736).

〈방충망 사건〉 건물의 창문과 방충망을 창틀에서 분리한 행위만으로는 창문과 방충망을 물리적으로 훼손하여 그 효용을 상실하게 하였다고 볼 수 없으므로 특수절도죄의 손괴에 해당하지 않는다고 판 단한 사례(대판 2015.10.29, 2015도7559). (17 변시)

4) **실행의 착수시기** : 건조물 등의 일부를 손괴하기 시작한 때이다. 그리고 야간주거침입절도 의 의사로 주거에 침입한 자가 건조물의 일부를 손괴하는 경우에도 본죄의 실행의 착수 가 인정된다.

〈방문고리 사건〉 현실적으로 절취 목적물에 접근하지 못하였다 하더라도 야간에 타인의 주거에 침 입하여 건조물의 일부인 방문고리를 손괴하였다면 형법 제331조의 특수절도죄의 실행에 착수한 것 이다(대판 1971.2.23, 77도1802). (20 변시)

〈자물통 고리를 절단한 사건〉 야간에 절도의 목적으로 출입문에 장치된 자물통 고리를 절단하고 출 입문을 손괴한 뒤 집안으로 침입하려다 발각된 것이라면 이는 특수절도죄의 실행에 착수한 것이다(대 판 1986.9.9, 86도1273). [2016 2차]

(3) 흉기휴대절도(제331조 제2항 전단)

1) **흉기의 의의** : 흉기휴대절도에서의 흉기는 본래 살상용·파괴용으로 만들어진 것이거나 이 에 준할 정도의 위험성을 가진 것을 의미한다. 그리고 그러한 위험성을 가진 물건에 해당하 는지 여부는 사회통념에 따라 객관적으로 판단한다.

〈제331조 제2항의 흉기의 의미(특별히 개조되지 않은 일반 드라이버는 흉기가 아니라는 판례)〉 [1] 형법은 흉기와 위험한 물건을 분명하게 구분하여 규정하고 있는바, 형벌법규는 문언에 따라 엄격 하게 해석·적용하여야 하고 피고인에게 불리한 방향으로 지나치게 확장해석하거나 유추해석해서는 아니 된다. 그리고 형법 제331조 제2항에서 '흉기를 휴대하여 타인의 재물을 절취한' 행위를 특수절도 죄로 가중하여 처벌하는 것은 흉기의 휴대로 인하여 피해자 등에 대한 위해의 위험이 커진다는 점 등 을 고려한 것으로 볼 수 있다. 이에 비추어 위 형법 조항에서 규정한 흉기는 본래 살상용·파괴용으 로 만들어진 것이거나 이에 준할 정도의 위험성을 가진 것으로 봄이 상당하고, 그러한 위험성을 가진 물건에 해당하는지 여부는 그 물건의 본래의 용도, 크기와 모양, 개조 여부, 구체적 범행

과정에서 그 물건을 사용한 방법 등 제반 사정에 비추어 사회통념에 따라 객관적으로 판단할 것이다. [2] 피고인이 사용한 이 사건 드라이버는 일반적인 드라이버와 동일한 것으로 특별히 개조된 바는 없는 것으로 보이고, 그 크기와 모양 등 제반 사정에 비추어 보더라도 피고인의 이 사건 범행이 흉기를 휴대하여 타인의 재물을 절취한 경우에 해당한다고 보기 어렵다(대판 2012.6.14. 2012도4175). [2020 3차](22 경1)

    2) **휴대** : 휴대는 범죄현장에서 상황에 따라서는 범행에 사용할 의도로 몸에 지니고 있는 것을 말한다.

    3) **고의** : 행위자는 흉기휴대의 사실을 인식하고 있어야 한다. 공동정범의 경우에는 다른 공범이 흉기를 휴대하고 있다는 사실을 인식하면 본죄의 고의는 인정된다.

(4) 합동절도(제331조 제2항 후단)

    1) **합동절도의 의의** : 2명 이상이 합동하여 절도죄를 범하는 것을 합동절도라고 한다.

> [COMMENT] 2인 이상이 합동하여 범행을 할 때 일반 공동정범에 비하여 가중처벌하는 범죄를 합동범이라고 한다. 형법상 합동범은 특수절도(제331조 제2항), 특수강도(제334조 제2항) 및 특수도주(제146조)의 세 가지 유형이 있다.

    2) **합동범의 법적 성격** [2021 2차][2024 변시]

┃ 합동범의 법적 성격

1. 논의점

    합동범은 각칙에 '2명 이상이 합동하여 … 죄를 범한 자'라는 형식으로 규정되어 있을 뿐 총칙에서의 규정은 없다. 이러한 합동범이 '2명 이상이 공동하여 죄를 범한 때'라고 규정되어 있는 총칙상의 공동정범과 차이가 있는지, 차이가 있다면 어떠한 차이가 있는지가 합동범의 본질의 문제이다. 이러한 합동범의 본질은 궁극적으로 '합동'의 의미를 어떻게 해석하느냐에 달려 있는바 이에 대하여 논의가 있다.

2. 견해의 대립

    이에 대하여는 ① 합동의 의미를 공모공동정범으로 해석하는 **공모공동정범설** ② 합동의 의미를 공동으로 해석하여 그 본질은 공동정범이지만 집단범죄에 대한 대책상 형을 특별히 가중한 것이라고 보는 **가중적 공동정범설** ③ 합동의 의미를 공동보다 좁게 해석하여 합동자들의 시간적 · 장소적 협동을 의미한다고 보는 **현장설** 등이 대립하고 있다.

3. 판 례

    판례는 합동범의 성립요건에 대하여 '주관적 요건으로서의 공모와 객관적 요건으로서의 실행행위의 분담이 있어야 하고, 그 실행행위는 시간적으로나 장소적으로 협동관계에 있다고 볼 정도에 이르면 된다'라고 하여 **현장설**을 따르고 있다.

4. 검 토

    생각건대 형법이 합동범에 대하여 특별히 '2명 이상이 합동하여'라고 규정하여 무겁게 처벌하는 것은 시간적 · 장소적 협동에 의하여 다수인이 동시에 죄를 범할 때에는 구체적 위험성이 증가한다는 데 그 이유가 있으므로 현장설이 타당하다.

5. 관련 판례

〈형제 절도 사건(합동범의 본질에 대하여 현장설을 따른 판례)〉 [1] 형법 제331조 제2항 후단의 2인 이상이 합동하여 타인의 재물을 절취한 경우의 특수절도죄가 성립하기 위하여는 주관적 요건으로서의 공모와 객관적 요건으로서의 실행행위의 분담이 있어야 하고 그 실행행위에 있어서는 시간적으로나 장소적으로 협동관계에 있음을 요한다. [2] 피고인이 피해자의 형과 범행을 모의하고 피해자의 형이 피해자의 집에서 절취행위를 하는 동안 피고인은 그 집 안의 가까운 곳에 대기하고 있다가 절취품을 가지고 같이 나온 경우 시간적, 장소적으로 협동관계에 있었다고 보아야 한다(대판 1996.3.22. 96도313). (18 변시)(24 3차)

6. 참조 판례(폭처법 제2조 제2항 '2인 이상이 공동하여'의 의미)

> [GUIDE] 형법상의 합동범과 폭처법상의 공동범은 그 내용은 유사하지만, 판례 문구가 다르므로 정확히 기억하는 것이 바람직하다.

〈과다한 광고비 요구한 사건〉 [1] 폭력행위등처벌에관한법률 제2조 제2항의 "2인 이상이 공동하여 제1항에 열거된 죄를 범한 때"라고 함은 그 수인 사이에 공범관계가 존재하는 것을 요건으로 하고, 수인이 동일 장소에서 동일 기회에 상호 다른 자의 범행을 인식하고 이를 이용하여 범행을 한 경우임을 요한다. [2] 신문사 사주 甲이 신문사의 부실공사 기사에 대하여 다른 신문에 반박기사를 게재한 건설사 사장 乙에게 부실공사에 관한 기사를 계속 내겠다고 말하자 회사의 신용의 실추를 염려한 乙은 甲에게 사과광고를 신문에 내겠다고 하였다. 이에 甲은 사과광고게재의 구체적인 절차는 광고국장과 협의하도록 하였는데, 전후사정을 아는 광고국장 丙이 기자들의 격앙된 분위기를 전하여 乙로부터 과다한 광고비를 요구하여 받아낸 사안에서, 신문사 사주 및 광고국장 사이에 광고료 갈취에 대한 사전모의는 없었으나 암묵적인 의사연락에 의한 공범관계가 존재하고, 동일 장소에서 동일 기회에 상호 다른 자의 범행을 인식하고 이를 이용한 경우에 해당한다고 보아, 신문사 사주 및 광고국장의 행위가 폭력행위등처벌에관한법률 제2조 제2항의 "2인 이상이 공동하여 공갈죄를 범한 때"에 해당한다(대판 1997.2.14. 96도1959).

3) 합동범의 공동정범 성립 여부

| 합동범의 공동정범 성립 여부

삐끼주점의 지배인인 甲은 술에 취한 피해자 A에게 술을 먹이고 신용카드를 강취하여 비밀번호를 알아낸 후, 폭력배인 乙과 丙에게 위 신용카드를 이용하여 현금자동지급기에서 현금 500만원을 인출하도록 하였다. 甲의 죄책은? [2011 3차][2016 2차][2018 1차][2021 1차][2021 3차][2022 변시][2024 변시]

1. 논의점

합동범의 본질에 대하여 현장설을 따를 경우에 현장에 있지 않은 자는 합동범이 성립할 수 없다. 그런데 현장에 있지 않은 자를 합동범의 공동정범으로 처벌할 수 있는지에 대하여 논의가 있다.

2. 견해의 대립

이에 대하여는 ① 합동범에 대하여도 공동정범의 일반이론이 적용되어야 하고, 기능적 행위지배가 있는 이상 공동정범으로 처벌해야 하므로 합동범의 공동정범도 성립할 수 있다는 긍정설 ② 합동범은 필요적 공범이어서 이론적으로 공동정범을 인정할 여지가 없으므로 합동범의 공동정범은 성립될 수 없다고 보는 부정설이 대립하고 있다.

3. 판 례

판례는 일정한 요건 하에 합동범의 공동정범의 성립을 긍정하고 있다. 즉 판례는 ① 3인 이상의 범인이 합동절도의 범행을 공모한 후 ② 적어도 2인 이상의 범인이 범행 현장에서 절도 범행을 하고 ③ 현장에 없었던 공모자에게 정범성의 표지를 인정할 수 있을 때에는 합동범의 공동정범을 인정하고 있다.

4. 검 토

생각건대 합동범에 있어서 현장에 있지 않은 배후 거물을 처벌할 필요성이 있다. 그렇지만 합동범의 특성상 판례의 법리처럼 3인 이상이 모의를 하고 2인 이상이 현장설에 따른 합동범이 성립하고 현장에 있지 않은 자에게 정범표지를 인정할 수 있을 때에만 합동범의 공동정범을 인정하여야 할 것이다.

5. 관련판례

〈삐끼 주점 사건(현장에 없는 자에게도 합동범의 공동정범을 인정한 판례)〉 [사실관계] − [쟁점사실관계] [판결요지] 3인 이상의 범인이 합동절도의 범행을 공모한 후 적어도 2인 이상의 범인이 범행 현장에서 시간적, 장소적으로 협동관계를 이루어 절도의 실행행위를 분담하여 절도 범행을 한 경우에는 공동정범의 일반이론에 비추어 그 공모에는 참여하였으나 현장에서 절도의 실행행위를 직접 분담하지 아니한 다른 범인에 대하여도 그가 현장에서 절도범행을 위 2인 이상의 범인의 행위를 자기 의사의 수단으로 하여 합동절도의 범행을 하였다고 평가할 수 있는 정범성의 표지를 갖추고 있다고 보여지는 한 그 다른 범인에 대하여 합동절도의 공동정범의 성립을 부정할 이유가 없다고 할 것이다. 형법 제331조 제2항 후단의 규정이 위와 같이 3인 이상이 공모하고 적어도 2인 이상이 합동절도의 범행을 실행한 경우에 대하여 공동정범의 성립을 부정하는 취지라고 해석할 이유가 없을 뿐만 아니라, 만일 공동정범의 성립가능성을 제한한다면 직접 실행행위에 참여하지 아니하면서 배후에서 합동절도의 범행을 조종하는 수괴는 그 행위의 기여정도가 강력함에도 불구하고 공동정범으로 처벌받지 아니하는 불합리한 현상이 나타날 수 있다. 그러므로 합동절도에서도 공동정범과 교사범·종범의 구별기준은 일반원칙에 따라야 하고, 그 결과 범행현장에 존재하지 아니한 범인도 공동정범이 될 수 있으며, 반대로 상황에 따라서는 장소적으로 협동한 범인도 방조만 한 경우에는 종범으로 처벌될 수도 있다(대판 1998.5.21. 98도321 전합). 답 강도죄와 합동절도의 공동정범이 성립한다. (13 변시)(23 변시)

〈세 명이 공모 후 한 명이 100m 떨어진 곳에서 망본 사건〉 피고인이 甲, 乙과 공모한 후 甲, 乙은 피해자 회사의 사무실 금고에서 현금을 절취하고, 피고인은 위 사무실로부터 약 100m 떨어진 곳에서 망을 보는 방법으로 합동하여 재물을 절취하였다고 하여 주위적으로 기소된 사안에서, 제반 사정에 비추어 甲, 乙의 합동절도 범행에 대한 공동정범으로서 죄책을 면할 수 없는데도, 이와 달리 보아 피고인에게 무죄를 인정한 원심판결에 법리오해의 위법이 있다고 한 사례(대판 2011.5.13. 2011도2021). (13 변시)

(5) 제331조 제2항의 실행의 착수시기

1) **주간에 주거에 침입하여 절도하는 경우의 제331조 제2항의 실행의 착수시기 :** 주간에 2인 이상이 합동하여 주거에 침입하여 절도하는 경우에는 절취할 물건을 물색할 때에 합동절도의 실행의 착수가 인정되고, 주거침입죄와 합동절도죄는 실체적 경합관계에 있다.

〈**주간합동절도와 주거침입죄**〉 [1] 형법 제331조 제2항의 특수절도에 있어서 주거침입은 그 구성요건이 아니므로, 절도범인이 그 범행수단으로 주거침입을 한 경우에 그 주거침입행위는 절도죄에 흡수되지 아니하고 별개로 주거침입죄를 구성하여 절도죄와는 실체적 경합의 관계에 있게 되고, 2인 이상이 합동하여 야간이 아닌 주간에 절도의 목적으로 타인의 주거에 침입하였다 하여도 아직 절취할 물건의 물색행위를 시작하기 전이라면 특수절도죄의 실행에는 착수한 것으로 볼 수 없는 것이어서 그 미수죄가 성립하지 않는다. [2] '주간에' 아파트 출입문 시정장치를 손괴하다가 발각되어 도주한 피고인들이 특수절도미수죄로 기소된 사안에서, '실행의 착수'가 없었다는 이유로 형법 제331조 제2항의 특수절도죄의 점에 대해 무죄를 선고한 원심 판단을 수긍한 사례(대판 2009.12.24. 2009도9667). (16 변시)

2) **야간에 주거에 침입하여 절도하는 경우의 제331조 제2항의 실행의 착수시기 :** 야간에 2인 이상이 합동하여 주거에 침입하여 절도하는 경우에는 주거침입시에 실행의 착수가 인정된다는 것이 판례의 태도이다.

〈**야간합동절도와 주거침입죄**〉 두 사람이 공모 합동하여 타인의 재물을 절취하려고 (야간에—저자 주) 한 사람은 망을 보고 또 한 사람은 기구를 가지고 출입문의 자물쇠를 떼어내거나 출입문의 환기창문을 열었다면 특수절도죄의 실행에 착수한 것이다(대판 1986.7.8. 86도843). (13 변시)

〈**건축중인 아파트 사건**〉 피고인이 아파트 신축공사 현장 안에 있는 건축자재 등을 훔칠 생각으로 (야간에—저자 주) 공범과 함께 위 공사현장 안으로 들어간 후 창문을 통하여 신축 중인 아파트의 지하실 안쪽을 살핀 행위가 특수절도죄의 실행의 착수에 해당하지 않는다고 한 사례(대판 2010.4.29. 2009도14554).

> [COMMENT] 제331조 제2항의 실행의 착수시기와 관련된 판례의 태도에 대하여는 불법이 무거운 야간주거침입행위는 특수절도죄에 흡수되고, 불법이 가벼운 주간주거침입행위는 특수절도죄 이외의 별죄가 성립하고 실체적 경합으로 처벌된다는 것은 불합리하다는 비판이 있다.

(6) 죄수 및 다른 범죄와의 관계

1) **제1항의 특수절도와 제2항의 특수절도를 같이 한 경우 :** 1개의 특수절도죄의 포괄일죄만 된다.

2) **제1항의 특수절도죄와 손괴죄·주거침입죄와의 관계 :** 본죄가 성립하면 그 행위를 이루는 구성요건인 손괴죄나 주거침입죄는 흡수되어 버린다. 본죄는 결합범이기 때문이다.

3) **주간에 문호 등을 손괴하고 주거에 침입하여 재물을 절취한 경우 :** 주거침입죄와 손괴죄 그리고 절도죄의 경합범이 성립한다.

4) **주간에 문호 등을 손괴하고 흉기휴대 내지 2인 이상이 합동하여 재물을 절취한 경우 :** 주거침입죄와 손괴죄 그리고 제2항의 특수절도죄의 경합범이 된다.

4 자동차 등 불법사용죄 [미수범 처벌]

> **제331조의2 (자동차 등 불법사용)** 권리자의 동의 없이 타인의 자동차, 선박, 항공기 또는 원동기장치자전거를 일시사용한 자는 3년 이하의 징역, 500만원 이하의 벌금, 구류 또는 과료에 처한다.

[죄명예규] (자동차, 선박, 항공기, 원동기장치자전거) 불법사용

[GUIDE] 자동차 등 불법사용죄는 사용절도의 일부를 처벌하는 규정이다. 즉 자동차 등은 사용절도에 해당하여 처벌하지 않지만, 연료의 소비를 처벌하는 규정이다.

(1) 의의 및 보호법익

자동차 등 불법사용죄는 권리자의 동의 없이 타인의 자동차, 선박, 항공기 또는 원동기장치자전거를 불법영득의사 없이 일시사용하였을 때 성립하는 범죄이다.

〈자동차 휘발유 절도 사건〉 불법영득의 의사없이 타인의 자동차를 일시 사용한 경우, 이에 따른 유류소비행위는 위 자동차의 일시사용에 필연적으로 부수되어 생긴 결과로서 절도죄를 구성하지 않는 위 자동차의 일시사용 행위에 포함된 것이라 할 것이므로 자동차 자체의 일시사용과 독립하여 별개의 절도죄를 구성하지 않는다(대판 1985.3.26. 84도1613). [COMMENT] 이러한 유류소비행위를 처벌하기 위하여 자동차 등 불법사용죄가 신설된 것이다.

(2) 객 체

자동차 등 불법사용죄의 객체는 자동차, 선박, 항공기, 원동기장치자전거를 말하며, 이는 한정적 열거규정이므로 자전거는 이에 포함되지 않는다.

[COMMENT] 자전거가 포함되지 않은 것은 자전거는 연료가 소비되지 않기 때문이다.

(3) 행 위

1) **일시사용** : 자동차 등을 권리자의 동의 없이 일시 사용하는 것을 말한다. **통행수단으로 이용하는 것을 의미하므로 자동차 안에서 잠자거나 자동차의 라디오를 켠 경우에는 본죄가 성립하지 않는다.**

2) **불법사용 개시** : 본죄의 사용이란 불법하게 사용을 개시한 경우만을 의미하므로 처음에는 정당하게 사용을 개시하였으나 그 후에 불법적으로 계속 사용한 경우에는 본죄에 해당하지 않는다.

3) **사용 후 반환** : 자동차등불법사용죄가 성립하기 위해서는 일시사용으로 인한 가치의 소모가 적어야 하고, 권리자에게 반환하여야 한다.

〈삼촌 친구 차량 사건〉 [사실관계] 甲과 乙은 乙의 삼촌인 A가 경영하는 카센터를 방문하였으나 마침 A는 자리에 없고 A의 친구인 B가 자기 승용차를 위 카센터 앞 노상에 주차한 채 위 카센터의 숙소에서 잠을 자고 있었다. 甲과 乙는 삼촌의 친구인 B의 승용차를 몰래 타고 돌려주기로 하고 甲이 운전하고 다니다 불심검문에 걸려 체포되었다. 甲과 乙의 죄책은? [판결요지] 차량을 반환할 의사로 피해자의 동의 없이 일시 사용한 경우이므로 특수절도죄가 아닌 자동차등불법사용죄를 적용해야 한다고 본 사례(대판 1998.9.4. 98도2181). 답 자동차등불법사용죄가 성립한다. [COMMENT] 경찰에 체포된 경우에도 반환한 것과 동일하게 취급하고 있다는 점도 주의하여야 한다.

(4) 주관적 구성요건

1) 고의 : 주관적 구성요건으로 고의를 필요로 한다. 그밖에 불법영득의사는 필요치 않다. 만약에 불법영득의사가 행위자에게 있다면 본죄가 아니라 절도죄가 성립한다.

2) 착오 : ① 권리자의 동의가 없음에도 불구하고 있다고 오인한 경우는 사실의 착오로 고의가 조각되며, ② 이와 반대로 권리자의 동의가 있음에도 없다고 오인한 때에는 불능미수 또는 불능범이 된다.

(5) 절도죄와의 관계

본죄는 절도죄에 대하여 보충관계에 있으므로 불법영득의사가 인정되어 절도죄가 성립하면 본죄는 성립하지 않는다.

5 상습절도죄 [미수범 처벌]

> 제332조 (상습범) 상습으로 제329조 내지 제331조의2의 죄를 범한 자는 그 죄에 정한 형의 2분의 1까지 가중한다.

[죄명예규] 상습(제329조 내지 331조의2 각 죄명)

(1) 성 격

본죄는 행위주체의 상습성이라는 신분요소에 의해 책임이 가중되는 가중적 구성요건이자 부진정신분범의 일종이다.

(2) 상습성

상습성이란 동종의 범죄를 반복하는 습벽을 말한다. 따라서 단순히 여러 번 범행을 했다는 것만으로 부족하고 절도습벽의 발현으로 인정될 수 있는 것이어야 한다. 절도범행이 불과 1회라 하더라도 그것이 상습적인 도벽의 발현이라면 상습절도이다.

〈절도의 상습성〉 절도에 있어서의 상습성은 절도범행을 반복 수행하는 습벽을 말하는 것으로서, 동종 전과의 유무와 그 사건 범행의 횟수, 기간, 동기 및 수단과 방법 등을 종합적으로 고려하여 상습성 유무를 결정하여야 한다(대판 2009.2.12. 2008도11550).

〈절도의 상습성의 판단〉 절도죄에 있어서 상습성의 인정은 절도행위를 여러번 하였다는 것만으로 반드시 인정된다고는 볼 수 없고 그 범행이 절도습성의 발현한 것으로 인정되는 경우에만 상습성의 인정이 가능한 것이고 수회의 범행이 우발적 동기나 급박한 경제적 사정에서 생한 것으로써 범인이 평소에 가지고 있던 절도습성의 발현이라고 볼 수 없는 경우에는 이를 상습절도로 인정할 수 없다(대판 1976.4.13. 76도259).

〈심신미약과 상습성〉 행위자가 범죄행위 당시 심신미약 등 정신적 장애상태에 있었다고 하여 일률적으로 그 행위자의 상습성이 부정되는 것은 아니다. 심신미약 등의 사정은 상습성을 부정할 것인지 여부를 판단하는 데 자료가 되는 여러 가지 사정들 중의 하나일 뿐이다(대판 2009.2.12. 2008도11550).

(3) 고의의 인식대상 여부

상습성의 인정 여부는 법원의 규범적인 판단에 의하여 확정되므로, 상습성은 행위당시의 고의의 인식대상이 아니다.

(4) 죄수 및 타죄와의 관계

1) 상습으로 범한 여러 유형의 절도 : 상습으로 범한 여러 유형의 절도는 중한 죄의 포괄일죄가 된다. 즉 절도·야간주거침입절도·특수절도를 상습으로 반복한 경우에는 가장 중한 상습특수절도죄만 성립된다.

〈절도와 야간주거침입절도를 상습으로 범한 사건〉 단순절도와 야간주거침입절도를 상습적으로 범한 경우에는 그중 법정형이 중한 상습야간주거침입절도죄에 나머지 행위들을 포괄시켜 하나의 죄만이 성립된다(대판 1979.12.11. 79도2371). (19 변시)

〈여러 절도 유형의 상습범인 사건〉 3번의 특수절도 사실, 2번의 특수절도미수 사실, 1번의 야간주거침입절도 사실, 1번의 절도 사실 등 7가지의 사실이 상습적으로 반복한 것으로 볼 수 있다면, 이러한 경우에는 법정형이 가장 중한 상습특수절도죄에 나머지 행위를 포괄시켜 하나의 죄만이 성립된다(인정된 죄명 : 상습특수절도)(대판 1975.5.27. 75도1184).

2) 상습절도와 자동차등불법사용죄와의 관계 : 상습절도죄가 성립하면 자동차등불법사용죄는 이에 흡수된다.

〈상습절도범이 자동차불법사용죄를 범하면 상습절도죄의 포괄일죄라는 판례〉 상습절도 등의 범행을 한 자가 추가로 자동차등불법사용의 범행을 한 경우에 그것이 절도 습벽의 발현이라고 보이는 이상 자동차등불법사용의 범행은 상습절도 등의 죄에 흡수되어 1죄만이 성립하고 이와 별개로 자동차등불법사용죄는 성립하지 않는다고 보아야 하고, 검사가 상습절도 등의 범행을 형법 제332조 대신에 특가법 제5조의4 제1항으로 의율하여 기소하였다 하더라도 그 공소제기의 효력은 동일한 습벽의 발현에 의한 자동차등불법사용의 범행에 대하여도 미친다고 보아야 한다(대판 2002.4.26. 2002도429). (23 경1)

3) **상습절도와 주거침입죄와의 관계** : 판례에 의하면 상습단순절도죄와 주거침입죄는 별죄가 되지만, 상습단순절도죄 이외의 유형인 상습절도죄가 성립하면 주거침입죄는 이에 흡수된다.

[COMMENT] 절도 유형과 주거침입죄와의 관계는 주거침입죄 부분 참조.

〈**상습단순절도와 주거침입죄**〉상습으로 단순절도를 범한 범인이 상습적인 절도범행의 수단으로 주간에 주거침입을 한 경우에 그 주간 주거침입행위의 위법성에 대한 평가가 형법 제332조, 제329조의 구성요건적 평가에 포함되어 있다고 볼 수 없다. 그러므로 형법 제332조에 규정된 상습절도죄를 범한 범인이 그 범행의 수단으로 주간에 주거침입을 한 경우 그 주간 주거침입행위는 상습절도죄와 별개로 주거침입죄를 구성한다. 또 형법 제332조에 규정된 상습절도죄를 범한 범인이 그 범행 외에 상습적인 절도의 목적으로 주간에 주거침입을 하였다가 절도에 이르지 아니하고 주거침입에 그친 경우에도 그 주간 주거침입행위는 상습절도죄와 별개로 주거침입죄를 구성한다(대판 2015.10.15. 2015도9049). [COMMENT] 상습절도의 유형에 주간 주거침입은 포함되어 있지 않으므로 별개의 주거침입죄가 성립한다는 판례이다. (17 변시)(18 변시)(19 변시)

제2절 | 강도의 죄

1 강도죄 [미수범 처벌, 예비·음모 처벌]

> 제333조 (강도) 폭행 또는 협박으로 타인의 재물을 강취하거나 기타 재산상의 이익을 취득하거나 제3자로 하여금 이를 취득하게 한 자는 3년 이상의 유기징역에 처한다.

[GUIDE] 강도죄는 재산죄 중에서도 가장 죄질이 좋지 않은 죄이므로 재산죄에서 유일하게 예비·음모를 처벌하고 있다. 또한 최협의의 폭행·협박을 수단으로 하므로 결과적 가중범도 처벌하고 있는 범죄이다.

I. 서 설

강도죄는 폭행 또는 협박으로 타인의 재물을 강취하거나 기타 재산상의 이익을 취득하거나 제3자로 하여금 이를 취득하게 함으로써 성립하는 범죄이다. 보호법익은 재산과 신체의 완전성 및 의사결정의 자유이며, 보호의 정도는 침해범이다.

II. 구성요건

1. 객 체

타인의 재물 또는 재산상의 이익이다.

(1) 재 물

강도죄의 재물은 기본적으로 절도죄에서의 재물과 동일하다. 이와 관련하여 부동산이 강도죄의 재물에 포함되는지에 대하여는 논의가 있으나, 재물의 강취는 점유를 탈취하여 이전하는 것을 말하므로 가동성이 없는 부동산은 포함되지 않는다고 보는 것이 타당하다.

(2) 재산상의 이익

형법 제333조 후단의 강도죄, 이른바 강제이득죄에서 말하는 '재산상의 이익'이란 재물 이외의 재산상의 이익을 말하는 것으로서 적극적 이익(재산의 증가)과 소극적 이익(부채의 감소)을 모두 포함한다. 이러한 재산상 이익을 어떻게 파악할 것인가에 대하여 ① 재산을 법률상 인정되는 재산상의 권리와 의무의 총체로 파악하는 **법률적 재산설** ② 재산을 순수한 경제적 이익의 총체로 파악하는 **경제적 재산설** ③ 경제적 재산개념에서 출발하지만, 경제적 가치가 있는 지위가 법질서에 의하여 인정되는 것을 요한다는 **법률적·경제적 재산설**이 대립하고 있으나, 판례는 경제적 재산설의 입장을 따르고 있다.

[COMMENT] 형법에서의 재산상 이익은 경제적 재산설을 따른다고 정리하는 것이 바람직하다.

《성매매대금 강취 사건》[1] 형법 제333조 후단의 강도죄, 이른바 강제이득죄에서 말하는 '재산상의 이익'이란 재물 이외의 재산상의 이익을 말하는 것으로서 적극적 이익(재산의 증가)과 소극적 이익(부채의 감소)을 모두 포함한다. 강제이득죄를 처벌하는 취지는 권리의무관계가 외형상으로라도 불법적으로 변동되는 것을 막고자 함에 있고, 강도죄는 항거불능이나 반항을 억압할 정도의 폭행·협박을 그 요건으로 한다. 따라서 법률상 정당하게 그 이행을 청구할 수 있는 것이 아니어도 강도죄에서의 재산상의 이익에 해당할 수 있고, 그 재산상의 이익은 반드시 사법상 유효한 재산상의 이득만을 의미하는 것이 아니며, 외견상 재산상의 이득을 얻을 것이라고 인정할 수 있는 사실관계만 있으면 여기에 해당된다. [2] 피고인과 그 공범들이 피해자를 속여 그로부터 성매매대금 명목의 돈을 받고 뒤이어 그 반환을 요구하는 피해자를 폭행·협박한 후 돈을 가지고 현장을 이탈함으로써 외견상 위 돈의 반환을 면하게 되는 재산상의 이익을 취득하였다고 판단한 사례(대판 2020.10.15. 2020도7218). (20 변시)

《허위서명 매출전표 사건》[1] (위 판례 [1]과 동일한 법리 생략) [2] 피고인들이 폭행·협박으로 피해자로 하여금 매출전표에 서명을 하게 한 다음 이를 교부받아 소지함으로써 이미 외관상 각 매출전표를 제출하여 신용카드회사들로부터 그 금액을 지급받을 수 있는 상태가 되었는바, 피해자가 각 매출전표에 허위 서명한 탓으로 피고인들이 신용카드회사들에게 각 매출전표를 제출하여도 신용카드회사들이 신용카드 가맹점 규약 또는 약관의 규정을 들어 그 금액의 지급을 거절할 가능성이 있다 하더라도, 그로 인하여 피고인들이 각 매출전표 상의 금액을 지급받을 가능성이 완전히 없어져 버린 것이 아니고 외견상 여전히 그 금액을 지급받을 가능성이 있는 상태이므로, 결국 피고인들이 '재산상 이익'을 취득하였다고 볼 수 있다(대판 1997.2.25. 96도3411).

2. 행 위

폭행·협박으로 타인의 재물을 강취하거나, 기타 재산상의 이익을 취득하거나 제3자로 하여금 이를 취득하게 하는 것이다.

(1) 폭행·협박

1) 폭행·협박 : 강도죄에 있어서 폭행·협박의 정도는 사회통념상 객관적으로 **상대방의 반항을 억압하거나 항거불능케 할 정도의 것이라야 한다.** 그리고 수면제 등을 이용하여 상대방이 반항할 수 없게 만드는 경우에도 강도죄의 폭행에 해당한다.

> [COMMENT] 강도죄에 있어서 폭행·협박의 정도는 최협의의 폭행·협박의 정도에서도 가장 강력한 폭행·협박이다.

《강도죄의 폭행·협박의 정도》강도죄에 있어서 폭행과 협박의 정도는 사회통념상 객관적으로 상대방의 반항을 억압하거나 항거불능케 할 정도의 것이라야 한다(대판 2001.3.23. 2001도359). (24 2차)

《아리반 사건》신경안정제인 아리반 4알을 탄 우유나 사와가 들어있는 갑을 휴대하고 다니다가 사람에게 마시게 하여 졸음에 빠지게 하고 그 틈에 그 사람의 돈이나 물건을 빼앗은 경우에 그 수단은 강도죄에서 요구하는 남의 항거를 억압할 정도의 폭행에 해당된다(대판 1979.9.25. 79도1735). [2015 2차]

2) 폭행·협박의 상대방 : 폭행·협박의 상대방은 반드시 재물 또는 재산상 이익의 피해자와 일치할 필요는 없다. 재물 또는 재산상 이익의 강취라는 목적수행에 장애가 될 수 있는 제3자라도 무방하다.

(2) 재물의 강취 또는 재산상의 이익의 취득

1) **재물의 강취** : 폭행·협박에 의하여 상대방의 의사에 반하여 타인의 재물을 자기 또는 제3자의 점유로 옮기는 것을 말한다.

2) **재산상의 이익의 취득** : 폭행·협박에 의하여 상대방의 의사에 반하여 재산상의 이익을 취득하거나 제3자로 하여금 취득하게 하는 것을 말한다.

3) 재산상 이익을 취득함에 있어서의 처분의 의사표시 요부

> ■ 강도이득죄에 있어서의 처분의 의사표시 요부
>
> **채무자인 甲은 채무를 면탈할 목적으로 채권의 존재를 아는 사람도 없고, 상속인 등도 전혀 없는 채권자 A를 산속으로 유인하여 살해하였다. 甲의 죄책은?** [2016 1차][2023 3차]
>
> **1. 논의점**
>
> 강제이득죄의 경우 재산상 이익의 취득에 피해자의 의사표시(처분행위)가 필요한지에 대하여 논의가 있다. 이는 특히 채무면탈을 목적으로 살인을 한 경우에 강도살인죄가 성립할 수 있는지와 관련하여 문제가 된다.
>
> **2. 견해의 대립**
>
> 이에 대하여는 ① 강도죄에서의 재산상의 이익의 취득에는 피해자의 일정한 처분의사가 있어야 한다는 **처분의사필요설** ② 강도죄에서의 재산상의 이득의 취득에는 피해자의 일정한 처분의사가 필요하지 않다는 **처분의사불요설**이 대립하고 있다.
>
> **3. 판례의 태도**
>
> 판례는 원칙적으로 처분의사불요설을 따라 강도살인죄가 성립한다고 보았으나, 최근 판례에서는 '채무를 면탈할 의사로 채권자를 살해하더라도 일시적으로 채권자측의 추급을 면한 것에 불과하여 재산상 이익의 지배가 채권자측으로부터 범인 앞으로 이전되었다고 보기는 어려운 경우에는 강도살인죄가 성립할 수 없다'고 판시하여 **단순히 추급만을 면한 경우**에는 강도살인죄의 성립을 부정하고 있다.
>
> **4. 검 토**
>
> 생각건대 원칙적으로 재산상의 이익의 처분행위가 필요없다는 소극설이 타당하지만, 채무면탈살인의 경우에는 채무면탈의 동기가 있더라도 채무의 존재 및 상속인의 존재 등 구체적인 행위사정을 고려하여 개별적으로 검토하여야 할 것이다.
>
> **5. 관련판례**
>
> 〈**피해자의 처분의사가 불요하므로 채무면탈살인은 강도살인죄가 성립한다는 판례**〉 [사실관계] - [쟁점사실관계] [**판결요지**] 형법 제333조 소정 재산상 이득행위 또한 같은 규정의 재물 강취와

마찬가지로 상대방의 반항을 억압할 폭행 또는 협박의 수단으로 재산상 이득을 취득하면 족한 것으로서 반드시 상대방의 의사에 의한 처분행위를 강제함을 필요로 하지 않는다고 해석함이 상당하다 할 것이므로 채무면탈의 목적을 가지고 살해행위에 착수한 피고인의 본건 범행을 강도살인 미수로 인정한 원판결에 위법이 있을 수 없다(대판 1964.9.8. 64도310). ☞ 강도살인죄가 성립한다.

〈채무면탈살인의 경우라도 일시적으로 추급만 면한 사건〉 [1] 강도살인죄가 성립하려면 먼저 강도죄의 성립이 인정되어야 하고, 강도죄가 성립하려면 불법영득(또는 불법이득)의 의사가 있어야 하며, 형법 제333조 후단 소정의 이른바 강제이득죄의 성립요건인 '재산상 이익의 취득'을 인정하기 위하여는 재산상 이익이 사실상 피해자에 대하여 불이익하게 범인 또는 제3자 앞으로 이전되었다고 볼 만한 상태가 이루어져야 하는데, 채무의 존재가 명백할 뿐만 아니라 채권자의 상속인이 존재하고 그 상속인에게 채권의 존재를 확인할 방법이 확보되어 있는 경우에는 비록 그 채무를 면탈할 의사로 채권자를 살해하더라도 일시적으로 채권자측의 추급을 면한 것에 불과하여 재산상 이익의 지배가 채권자측으로부터 범인 앞으로 이전되었다고 보기는 어려우므로, 이러한 경우에는 강도살인죄가 성립할 수 없다. [2] 피고인 갑, 을이 공모하여 채무를 면탈할 의사로 채권자 병을 살해한 사안에서, 갑의 병에 대한 채무의 존재가 명백할 뿐만 아니라 병의 상속인이 존재하고 그 상속인에게 채권의 존재를 확인할 방법이 확보되어 있으므로 일시적으로 채권자측의 추급을 면한 것에 불과하고 재산상 이익의 지배가 채권자측으로부터 갑 앞으로 이전되었다고 볼 수 없다는 이유로, 위 강도살인의 공소사실을 무죄로 인정한 원심판단을 수긍한 사례(대판 2010.9.30. 2010도7405). (21 1차)

4) 권리행사와 강도죄 : 채권자가 채무자의 반항을 억압할 정도의 폭행과 협박을 가하여 재물 또는 재산상 이득을 취득하면 정당한 권리행사라고 할 수 없어 강도죄가 성립한다.

[COMMENT] 이러한 내용은 불법영득의사에서 불법의 의미에 대하여 수단의 불법설을 따르는 판례의 입장을 반영한 것이다.

〈대금채권 회수 의뢰받은 사건〉 채권자로부터 채무자에 대한 외상물품 대금채권의 회수를 의뢰받았다 하더라도, 채무자의 반항을 억압할 정도의 폭행과 협박을 가하여 재물 및 재산상 이득을 취득한 이상 이는 정당한 권리행사라고 볼 수 없음이 명백하여 강도상해죄가 성립함에는 아무런 지장이 없다(대판 1995.12.13. 95도2385).

(3) 실행의 착수와 기수시기

실행의 착수시기는 재물 또는 재산산 이익을 강취하기 위하여 폭행·협박을 한 때이며, 기수시기는 재물 또는 재산상의 이익을 취득한 때이다. (24 2차)

3. 인과관계

(1) 일반론

강도죄에 있어서의 강취는 피해자의 의사가 억압되어 반항이 불가능한 상태에서 피해자의 의사에 반하여 재물을 자기 또는 제3자의 점유로 옮기는 것이다. 그러므로 강도가 인정되기 위해서는 폭행·협박에 의한 반항억압과 강취사이에 인과관계가 있어야 한다. 따라서 반항 불가능한 정도의 폭행·협박을 하였으나 ① 피해자가 억압당하지 않은 상태(연민에 의한 교부

등)에서 재물을 교부한 경우나 ② 피해자가 상당한 시간이 경과 등으로 반항억압에서 해방된 상태에서 재물을 교부한 경우에는 강도미수가 된다.

〈졸도시킨 후 재물 탈취의 의사가 생긴 사건〉 설사 피해자가 졸도하여 의식을 상실한 경우에도 현장에 일실된 피해자의 물건은 의연히 그 지배내에 있는 것으로 보아야 할 것이다. 타인에게 상해를 가하여 혼수상태에 빠지게 한 경우에 우발적으로 그의 재물을 도취하는 소위는 폭행을 도취의 수단으로 사용한 것이 아니므로 강도죄가 성립하지 아니한다(대판 1956.8.17. 4289형상170). (24 2차)

〈폭행, 협박 후 상당한 시간이 경과한 사건〉 [사실관계] 甲은 1994.4.2. 01 : 00경 A에게 25cm의 과도를 들이대며 돈을 요구하였으나 돈이 없다고 하자, A를 풀어준 뒤 A에게 같은 날 다시 돈을 요구하였다. 이에 A는 甲의 행패가 두려워 그로부터 상당한 시간이 경과한 후인 같은 날 19 : 00경 다른 장소에서 甲에게 돈을 지급하였다. 甲의 죄책은? [판결요지] 반항 불가능한 정도에 이른 폭행, 협박이 있은 후 그로부터 상당한 시간이 경과한 후 폭행, 협박이 있은 곳과는 다른 장소에서 금원을 교부받은 범죄사실을 특수강도죄의 기수로 처벌한 원심판결을 심리미진 · 법리오해의 위법을 이유로 파기한 사례(대판 1995.3.28. 95도91). 📋 특수강도죄의 미수

(2) 강간 후 항거불능상태의 피해자에게 재물을 탈취한 경우

> **▌강간 후 피해자에게 재물을 탈취한 경우**
>
> 甲은 A(여)를 강간한 직후 새로운 폭행 없이 A의 핸드백에서 10만 원을 꺼내어 영득하였다. 甲의 죄책은?

1. 논의점

강간 이후에 재물탈취를 위한 새로운 폭행, 협박이 없이 피해자에게서 재물을 탈취한 경우, 강도죄가 성립하는지 아니면 절도죄가 성립하는지에 대하여 논의가 있다.

2. 견해의 대립

이에 대하여는 ① 강간의 폭행 · 협박으로 인하여 피해자의 반항이 억압된 상태하에서 재물취득이 이루어진 것이므로 강도죄가 성립한다고 보는 **강도죄설** ② 강간을 위한 폭행 · 협박과 재물의 탈취 사이에 인과관계를 인정할 수 없으므로 절도죄만 성립한다고 보는 **절도죄설**이 대립하고 있다.

3. 판례의 태도

판례는 '강간범인이 부녀를 강간할 목적으로 폭행, 협박에 의하여 반항을 억압한 후 반항억압 상태가 계속 중임을 이용하여 재물을 탈취하는 경우에는 재물탈취를 위한 새로운 폭행, 협박이 없더라도 강도죄가 성립한다'라고 하여 **강도죄설**의 입장이다.

4. 검 토

생각건대 강간하는 행위 자체가 상대방의 반항을 억압케 할 정도의 최협의의 폭행으로 볼 수 있으므로 강도죄의 성립을 인정하는 강도죄설이 타당하다.

5. 관련판례

〈강간범이 재물 탈취하면 새로운 폭행·협박이 없더라도 강도죄가 성립한다는 판례〉 강간범인이 부녀를 강간할 목적으로 폭행, 협박에 의하여 반항을 억압한 후 반항억압 상태가 계속 중임을 이용하여 재물을 탈취하는 경우에는 재물탈취를 위한 새로운 폭행, 협박이 없더라도 강도죄가 성립한다(대판 2010.12.9. 2010도9630). (13 변시)(19 변시)

〈윤락행위 도중 시비 끝에 폭행하고 탁자위 손가방의 현금을 가져가면 강도죄는 성립하지 않는다는 판례〉 [1] 형법 제333조의 강도죄는 사람의 반항을 억압함에 충분한 폭행 또는 협박을 사용하여 타인의 재물을 강취하거나 재산상의 이익을 취득함으로써 성립하는 범죄이므로, 피고인이 타인에 대하여 반항을 억압함에 충분한 정도의 폭행 또는 협박을 가한 사실이 있다 해도 그 타인이 재물 취거의 사실을 알지 못하는 사이에 그 틈을 이용하여 피고인이 우발적으로 타인의 재물을 취거한 경우에는 위 폭행이나 협박이 재물 탈취의 방법으로 사용된 것이 아님은 물론, 그 폭행 또는 협박으로 조성된 피해자의 반항억압의 상태를 이용하여 재물을 취득하는 경우에도 해당하지 아니하여 양자 사이에 인과관계가 존재하지 아니한다 할 것이므로, 위 폭행 또는 협박에 의한 반항억압의 상태가 처음부터 재물 탈취의 계획하에 이루어졌다거나 양자가 시간적으로 극히 밀접되어 있는 등 전체적·실질적으로 단일한 재물 탈취의 범의의 실현행위로 평가할 수 있는 경우에 해당하지 아니하는 한 강도죄의 성립을 인정하여서는 안 될 것이다. [2] 주점 도우미인 피해자와의 윤락행위 도중 시비 끝에 피해자를 이불로 덮어씌우고 폭행한 후 이불 속에 들어 있는 피해자를 두고 나가다가 탁자 위의 피해자 손가방 안에서 현금을 가져간 사안에서, 폭행에 의한 강도죄의 성립을 인정한 원심을 파기한 사례(대판 2009.1.30. 2008도10308). (21 경1)

4. 주관적 구성요건

(1) 고 의

폭행 또는 협박으로 타인의 재물을 강취하거나 재산상의 이익을 취득한다는 인식과 의사가 있어야 한다.

(2) 불법영득의사와 불법이득의사

재물을 강취하는 때에는 불법영득의 의사가 있어야 한다. 재산상의 이익을 취득하는 때에는 불법이득의 의사가 있어야 한다.

〈팁 사건〉 강도죄가 성립하려면 불법영득의 의사가 있어야 하는 것인바, 피해자를 강간한 후 항거불능상태에 있는 피해자에게 돈을 내놓으라고 하여 피해자가 서랍안에서 꺼내주는 돈을 받는 즉시 팁이라고 하면서 피해자의 브라쟈 속으로 그 돈을 집어넣어 준 것이라면 이는 불법영득을 하려 한 것이 아니라 피해자를 희롱하기 위하여 돈을 뺏은 다음 그대로 돌려주려고 한 의도였다고 할 것이므로 불법영득의 의사가 있다고 보기 어렵다(대판 1986.6.24. 86도776).

〈술값 채무면탈 강도죄에서 불법이득의사의 판단〉 [1] 강도상해죄가 성립하려면 먼저 강도죄의 성립이 인정되어야 하고, 강도죄가 성립하려면 불법영득 또는 불법이득의 의사가 있어야 한다. 채권자를 폭행·협박하여 채무를 면탈함으로써 성립하는 강도죄에서 불법이득 의사는 단순 폭력범죄와 구별되는 중요한 구성요건 표지이다. 폭행·협박 당시 피고인에게 채무를 면탈하려는 불법이득 의사가 있었는지는 신중하고 면밀하게 심리·판단되어야 한다. 불법이득 의사는 마음속에 있는 의사이므로, 피고인과 피해자의 관계, 채무의 종류와 액수, 폭행에 이르게 된 경위, 폭행의 정도와 방법, 폭행 이후의 정황 등 범행 전후의 객관적인 사정을 종합하여 불법이득 의사가 있었는지를 판단할 수밖에 없다. [2] 피고인이 술을 마신 후 술값 지급과 관련한 시비 중 술집 주인과 종업원을 폭행하여 상해를 가한 사안에서, 폭행에 이르게 된 경위, 폭행 이후의 정황, 채무의 종류와 액수 등 제반 사정에 비추어 피고인이 피해자들을 폭행할 당시 술값 채무를 면탈하려는 불법이득의 의사를 인정하기 어렵다고 보아, 유죄로 인정한 원심을 파기환송한 사례(대판 2021.6.30. 2020도4539). (24 2차)

Ⅲ. 죄수 및 타죄와의 관계

(1) 죄 수

1) 죄수판단의 기준 : 강도죄는 재산권뿐만 아니라 개인의 의사결정의 자유도 보호법익이므로 죄수판단을 어떠한 기준으로 할 것인지에 대하여 논의가 있지만, 일반적으로 재산권을 기준으로 한다.

2) 구체적 적용

⑺ 한 가족인 여러 명에게 폭행을 하여 재물을 강취한 경우 : 강도죄의 1죄가 된다.

〈한 가족 강도 사건〉 강도가 시간적으로 접착된 상황에서 가족을 이루는 수인에게 폭행·협박을 가하여 집안에 있는 재물을 탈취한 경우 그 재물은 가족의 공동점유 아래 있는 것으로서, 이를 탈취하는 행위는 그 소유자가 누구인지에 불구하고 단일한 강도죄의 죄책을 진다(대판 1996.7.30. 96도1285). (19 법행)

⑻ 1개의 폭행으로 수인으로부터 재물을 강취한 경우 : 강도죄는 수죄가 성립하지만 1개의 행위에 의한 경우이므로 상상적 경합으로 처리한다.

⑼ 수개의 폭행으로 수인으로부터 재물을 강취한 경우 : 수인의 피해자들에게 각기 폭행 또는 협박을 한 경우에는 수죄가 성립하며, 각죄는 실체적 경합이 된다.

〈여관 강도 사건〉 강도가 서로 다른 시기에 다른 장소에서 수인의 피해자들에게 각기 폭행 또는 협박을 하여 각 그 피해자들의 재물을 강취하고, 그 피해자들 중 1인을 상해한 경우에는, 각기 별도로 강도죄와 강도상해죄가 성립하는 것임은 물론, 법률상 1개의 행위로 평가되는 것도 아닌바, 피고인이 여관에 들어가 1층 안내실에 있던 여관의 관리인을 칼로 찔러 상해를 가하고, 그로부터 금품을 강취한 다음, 각 객실에 들어가 각 투숙객들로부터 금품을 강취하였다면, 피고인의 위와 같은 각 행위는 비록 시간적으로 접착된 상황에서 동일한 방법으로 이루어지기는 하였으나, 포괄하여 1개의 강도상해죄만을 구성하는 것이 아니라 실체적 경합범의 관계에 있는 것이라고 할 것이다(대판 1991.6.25. 91도643). [2012 3차](14 법행)

〈특수강도의 피해자가 여러 사람인 사건〉 특수강도의 소위가 동일한 장소에서 동일한 방법에 의하여 시간적으로 접착된 상황에서 이루어진 경우에는 피해자가 여러 사람이더라도 단순일죄가 성립한다(대판 1979.10.10. 79도2093). [판결이유 중 일부 인용] 당원은 일찍이 단일한 범의로써 절취한 시간과 장소가 접착되어 있고 같은 사람의 관리하에 있는 방안에서 소유자가 다른 물건을 여러 가지 절취한 경우에는 단순일죄가 성립한다고 판시한 바 있는데(1970.7.21 선고 70도1133 판결), 이는 이 사건과 같은 강도죄의 경우에도 적용이 되는 것이라 함이 상당하고 또 절도나 강도죄와 같은 도죄의 죄수를 정하는 표준이 반드시 법익 침해의 개수에만 의거하지 않는 경우가 있다는 것을 말한 것이라 할 것이라 할 것이다. [COMMENT] 본 판례는 관리의 수가 하나인 경우이다.

(2) 타죄와의 관계

1) **폭행·협박죄와의 관계** : 폭행·협박 등과는 법조경합의 특별 관계에 있으므로 강도죄가 성립하면 이들의 죄는 별도로 성립하지 않는다.

2) **절도죄와의 관계** : 원칙적으로 강도죄가 성립하면 절도죄는 이에 흡수되어 별죄가 성립하지 않지만, 절도죄와 강도죄가 각각 독립하여 실현된 경우에는 양 죄의 실체적 경합범이 된다.

3) **감금죄와의 관계** : 감금행위가 강도죄의 수단이 된 경우에는 감금죄는 강도죄에 흡수되지 아니하고 별죄를 구성하여 상상적 경합이 된다. 그러나 감금 중에 별개의 고의로 강도한 경우 및 강도가 기수에 이른 후까지 감금상태가 계속된다면 실체적 경합범이 된다.

〈강도상해 후 계속 감금한 사건〉 [사실관계] 甲은 乙과 강도를 공모하고 00단란주점 앞길에서 그 주점 종업원인 A(여)를 강제로 승용차에 태우고 가다가 乙이 주먹으로 A를 때려 상해를 가하여 억압한 다음 현금 35만 원 등이 들어 있는 가방을 강취하였다. 甲과 乙은 계속하여 A를 태우고 가던 중 교통사고가 나자 현장에 있던 경찰관에게 체포되었다. 甲과 乙의 죄책은? [판결요지] 감금행위가 단순히 강도상해 범행의 수단이 되는 데 그치지 아니하고 강도상해의 범행이 끝난 뒤에도 계속된 경우에는 1개의 행위가 감금죄와 강도상해죄에 해당하는 경우라고 볼 수 없고, 이 경우 감금죄와 강도상해죄는 형법 제37조의 경합범 관계에 있다(대판 2003.1.10. 2002도4380). 🖉 강도상해죄와 감금죄가 성립하며 양죄는 실체적 경합관계에 있다. (14 변시)(17 변시)(18 변시)

2 특수강도죄 [미수범 처벌, 예비·음모 처벌]

> **제334조 (특수강도)** ① 야간에 사람의 주거, 관리하는 건조물, 선박이나 항공기 또는 점유하는 방실에 침입하여 제333조의 죄를 범한 자는 무기 또는 5년 이상의 징역에 처한다.
> ② 흉기를 휴대하거나 2인 이상이 합동하여 전조의 죄를 범한 자도 전항의 형과 같다.

(1) 의 의

야간에 주거 등에 침입하여 강도하거나, 흉기를 휴대하거나 또는 2인 이상이 합동하여 강도하는 것을 특수강도라고 한다. 본죄는 야간이라는 행위상황을 이용한다는 점, 행위태양의 위험성 및 집단성 때문에 불법이 가중되는 가중적 구성요건이다.

(2) 야간주거침입강도(제334조 제1항)

1) **의의** : 야간주거침입강도죄는 기본적으로 단순강도죄와 주거침입죄의 결합범이며 야간이라는 행위상황으로 인하여 형이 가중되고 있는 범죄이다.

2) **실행의 착수시기** : 야간주거침입강도죄의 실행의 착수시기에 대하여는 ① 본죄는 주거침입죄와 강도죄의 결합범이므로 결합범의 일반논리에 따라 주거침입죄에 실행의 착수를 인정하는 **주거침입시설**과 ② 강도죄의 기본은 폭행·협박이므로 폭행·협박시에 실행의 착수가 있다는 **폭행·협박시설**이 대립하고 있으나, 강도죄의 본질상 폭행·협박시설이

타당하다. 이에 대해 판례는 폭행·협박시설을 따른 판례와 주거침입시설을 따른 판례가 혼재하고 있다.

〈겁많은 강도 사건(특수강도의 실행의 착수시기를 주거침입시로 본 판례)〉 [사실관계] 甲과 乙은 야간에 A(여)의 집을 강도할 의도로 甲이 출입문 옆 창살을 통해 침입하고, 乙은 부엌 방충망을 뜯고 들어가다가, A의 시아버지 B의 헛기침 소리에 발각된 것으로 알고 모두 도주하였다. 甲과 乙의 죄책은? [판결요지] 형법 제334조 제1항 소정의 야간주거침입강도죄는 주거침입과 강도의 결합범으로서 시간적으로 주거침입행위가 선행되므로 주거침입을 한 때에 본죄의 실행에 착수한 것으로 볼 것인바, 같은 조 제2항 소정의 흉기휴대 합동강도죄에 있어서도 그 강도행위가 야간에 주거에 침입하여 이루어지는 경우에는 주거침입을 한 때에 실행에 착수한 것으로 보는 것이 타당하다(대판 1992.7.28. 92도917). 🔒 특수강도의 미수죄가 성립한다.

〈여아 강간 사건(특수강도의 실행의 착수시기를 폭행·협박시로 본 판례)〉 [1] 특수강도의 실행의 착수는 강도의 실행행위 즉 사람의 반항을 억압할 수 있는 정도의 폭행 또는 협박에 나아갈 때에 있다 할 것이다. [2] 강도의 범의로 야간에 칼을 휴대한 채 타인의 주거에 침입하여 집안의 동정을 살피다가 피해자를 발견하고 갑자기 욕정을 일으켜 칼로 협박하여 강간한 경우, 야간에 흉기를 휴대한 채 타인의 주거에 침입하여 집안의 동정을 살피는 것만으로는 특수강도의 실행에 착수한 것이라고 할 수 없으므로 위의 특수강도에 착수하기도 전에 저질러진 위와 같은 강간행위가 구 특정범죄가중처벌등에관한법률 제5조의6 제1항 소정의 특수강도강간죄에 해당한다고 할 수 없다(대판 1991.11. 22. 91도2296). [2021 변시]

(3) 흉기휴대강도(제334조 제2항 전단)

흉기휴대강도는 일반강도에 비하여 흉기를 휴대함으로써 일반강도에 비하여 법익침해의 위험성이 크므로 불법이 가중된 가중구성요건이다. 흉기휴대의 의미는 흉기휴대절도의 내용과 동일하다.

(4) 합동강도(제334조 제2항 후단)

합동강도는 2인 이상이 합동하여 강도를 범하는 경우에는 일반강도에 비하여 법익침해의 위험성이 커지므로 불법이 가중된 가중구성요건이다. 합동강도의 합동의 의미도 합동절도의 경우와 동일하다.

(5) 특수강도의 태양이 경합한 경우의 죄수관계

2인 이상이 합동하여 흉기를 휴대하고 야간에 주거에 침입하여 강도한 경우 포괄하여 특수강도죄의 일죄가 성립한다.

3 준강도 [미수범 처벌]

제335조 (준강도) 절도가 재물의 탈환에 항거하거나 체포를 면탈하거나 범죄의 흔적을 인멸할 목적으로 폭행 또는 협박한 때에는 제333조 및 제334조의 예에 따른다.

Ⅰ. 서 설

준강도죄란 절도범이 재물의 탈환에 항거하거나 체포를 면탈하거나 범죄의 흔적을 인멸할 목적으로 폭행 또는 협박을 가하는 범죄를 말한다. 준강도죄는 절도죄와 강도죄의 가중구성요건이 아니라 그 위험성 때문에 강도죄와 같이 처벌하는 독자적 구성요건이다.

[COMMENT] 준강도의 본질에 대해서는 ① 결합범설과 ② 신분범설이 대립하고 있으며, 그 본질에 따라 준강도죄의 실행의 착수와 기수시기 및 관여자의 죄책이 논리적으로 설명될 수 있다. 그러나 우리나라에서는 준강도의 본질을 출제하는 경우는 많지 않으므로 생략한다.

Ⅱ. 구성요건

1. 주 체

절도이다.

[COMMENT] 준강도죄가 신분범인지에 대하여는 논의가 있지만, 법조문의 형식에 비추어 절도를 주체에서 설명하기로 한다.

(1) 절도의 범위

1) **절도의 태양** : 준강도죄의 주체는 절도이며 여기에는 단순절도 · 야간주거침입절도 · 특수절도 등 모든 절도의 형태가 포함된다.

〈술값 면탈 사건〉 [1] 형법 제335조는 '절도'가 재물의 탈환을 항거하거나 체포를 면탈하거나 죄적을 인멸할 목적으로 폭행 또는 협박을 가한 때에 준강도가 성립한다고 규정하고 있으므로, 준강도죄의 주체는 절도범이고, 절도죄의 객체는 재물이다. [2] 피고인이 술집 운영자 갑으로부터 술값의 지급을 요구받자 갑을 유인 · 폭행하고 도주함으로써 술값의 지급을 면하여 재산상 이익을 취득하고 상해를 가하였다고 하여 강도상해로 기소되었는데, 원심이 위 공소사실을 '피고인이 갑에게 지급해야 할 술값의 지급을 면하여 재산상 이익을 취득하고 갑을 폭행하였다'는 범죄사실로 인정하여 준강도죄를 적용한 사안에서, 원심이 인정한 범죄사실에는 그 자체로 절도의 실행에 착수하였다는 내용이 포함되어 있지 않음에도 준강도죄를 적용하여 유죄로 인정한 원심판결에 준강도죄의 주체에 관한 법리오해의 잘못이 있다고 한 사례(대판 2014.5.16. 2014도2521). (15 변시)

2) **절도의 정범** : 준강도의 주체는 절도죄의 정범만이 될 수 있으므로 단독범과 공동정범 및 합동절도범 등은 당연히 포함되지만, 정범이 아니라 협의의 공범에 불과한 교사 · 방조범은 본죄의 주체가 될 수 없다.

3) **절도의 미수 포함 여부** : 절도가 언제부터 준강도의 주체가 될 수 있는가에 대하여 ① 절도죄의 실행의 착수만 있으면 족하다는 광의설과 ② 절도의 기수이후에 완료가 되기 이전

까지만 가능하다는 협의설이 대립하고 있지만, 다수설과 판례는 절도의 실행의 착수만 있으면 족하다는 광의설의 입장을 따르고 있다.

〈준강도죄의 주체인 절도의 범위〉 준강도의 주체는 절도 즉 절도범인으로, 절도의 실행에 착수한 이상 미수이거나 기수이거나 불문한다(대판 2003.10.24. 2003도4417). (15 변시)

(2) 강도의 준강도 주체성

준강도의 주체는 절도이다. 그런데 이미 양적으로 절도를 포함하고 있는 강도의 경우에도 그 주체성을 인정할 것인지를 두고 ① 긍정설과 ② 부정설이 대립하고 있으며, 판례는 부정설을 따르고 있다.

2. 객 체

사람이다. 사람의 범위는 절도의 피해자인 재물의 소유자·점유자에 한하지 않고, 준강도의 목적달성에 장애가 될 수 있는 제3자도 포함된다.

3. 행 위

폭행 또는 협박하는 것이다.

(1) 행위 상황 : 절도의 기회

준강도가 성립하기 위한 폭행·협박은 절도의 기회에 행하여졌을 것을 요건으로 한다. 절도의 기회란 ① 시간적으로는 절도의 실행에 착수하여 그 실행중이거나 그 실행 직후 또는 실행의 범의를 포기한 직후로서 사회통념상 범죄행위가 완료되지 아니하였다고 인정될 만한 단계에서 행하여짐을 요하고, ② 장소적으로는 절도의 현장이나 부근에 있는 경우와 같이 근접성이 있어야 하지만, 범행장소에서 추적 중인 경우에는 장소적 근접성이 없어도 무방하다.

〈절도 후 10분이 지나 버스정류장에서 잡힌 사건〉 [1] 준강도는 절도범인이 절도의 기회에 재물탈환, 항거 등의 목적으로 폭행 또는 협박을 가함으로써 성립되는 것이므로, 그 폭행 또는 협박은 절도의 실행에 착수하여 그 실행중이거나 그 실행 직후 또는 실행의 범의를 포기한 직후로서 사회통념상 범죄행위가 완료되지 아니하였다고 인정될 만한 단계에서 행하여짐을 요한다. [2] 피해자의 집에서 절도범행을 마친지 10분가량 지나 피해자의 집에서 200m 가량 떨어진 버스정류장이 있는 곳에서 피고인을 절도범인이라고 의심하고 뒤쫓아 온 피해자에게 붙잡혀 피해자의 집으로 돌아왔을 때 비로소 피해자를 폭행한 경우, 그 폭행은 사회통념상 절도범행이 이미 완료된 이후에 행하여졌다는 이유로 준강도죄가 성립하지 않는다고 한 사례(대판 1999.2.26. 98도3321). [2022 변시](20 변시)

〈신병확보 사건〉 [1] 준강도는 절도범인이 절도의 기회에 재물탈환의 항거 등의 목적으로 폭행 또는 협박을 가함으로써 성립되는 것으로서, 여기서 절도의 기회라고 함은 절도범인과 피해자측이 절도의 현장에 있는 경우와 절도에 잇달아 또는 절도의 시간·장소에 접착하여 피해자측이 범인을 체포할 수 있는 상황, 범인이 죄적인멸에 나올 가능성이 높은 상황에 있는 경우를 말하고, 그러한 의미에서 피해자측이 추적태세에 있는 경우나 범인이 일단 체포되어 아직 신병확보가 확실하다고 할 수 없는 경우에는 절도의 기회에 해당한다. [2] 절도범인이 일단 체포되었으나 아직 신병확보가 확실하지 않은 단계에서 체포 상태를 면하기 위해 폭행하여 상해를 가한 경우, 그 행위는 절도의 기회에 체포를 면탈할 목적으로 폭행하여 상해를 가한 것으로서 강도상해죄에 해당한다(대판 2001.10.23. 2001도4142). (16 법행)

〈200m 추격당한 사건〉 야간에 절도의 목적으로 피해자의 집에 담을 넘어 들어간 이상 절취한 물건을 물색하기 전이라고 하여도 이미 야간주거침입절도의 실행에 착수한 것이라고 하겠고, 그후 피해자에게 발각되어 계속 추격당하거나 재물을 면탈하고자 피해자에게 폭행을 가하였다면 그 장소가 소론과 같이 범행현장으로부터 200미터 떨어진 곳이라고 하여도 절도의 기회 계속 중에 폭행을 가한 것이라고 보아야 할 것이다(대판 1984.9.11. 84도1398). (24 1차)

(2) 폭행 · 협박의 정도

폭행 · 협박은 강도죄와 동일하게 상대방의 반항을 억압할 정도에 이르러야 하며, 그 정도에 이르렀는지 여부는 객관적 기준에 의하여 판단한다. 그러나 반드시 현실적으로 반항을 억압하였음을 필요로 하는 것은 아니다.

〈준강도의 폭행 · 협박의 정도 1〉 준강도죄의 구성요건인 폭행, 협박은 일반강도죄와의 균형상 사람의 반항을 억압할 정도의 것임을 요하므로, 일반적, 객관적으로 체포 또는 재물탈환을 하려는 자의 체포의사나 탈환의사를 제압할 정도라고 인정될 만한 폭행, 협박이 있어야만 준강도죄가 성립한다(대판 1990.4.24. 90도193).

〈준강도죄의 폭행 · 협박의 정도 2〉 준강도죄에 있어서의 폭행이나 협박은 상대방의 반항을 억압하는 수단으로서 일반적 · 객관적으로 가능하다고 인정하는 정도의 것이면 되고 반드시 현실적으로 반항을 억압하였음을 필요로 하는 것은 아니다(대판 1981.3.24. 81도409). (17 법행)

〈솥뚜껑 사건〉 피고인을 체포하려는 피해자가 체포에 필요한 정도를 넘어서서 발로 차며 늑골 9, 10번 골절상, 좌폐기흉증, 좌흉막출혈 등 전치 3개월을 요하는 중상을 입힐 정도로 심한 폭력을 가해오자 피고인이 이를 피하기 위하여 엉겁결에 솥뚜껑을 들어 위 폭력을 막아내려다가 그 솥뚜껑에 스치어 피해자가 상처를 입게 되었다면 피고인의 위 행위는 일반적, 객관적으로 피해자의 체포의사를 제압할 정도의 폭행에 해당하지 않는다고 할 것이므로 준강도상해죄는 성립되지 않는다(대판 1990.4.24. 90도193). (10 법행)

〈체포를 면하려고 잡은 손을 뿌리친 사건〉 피고인이 옷을 잡히자 체포를 면하려고 충동적으로 저항을 시도하여 잡은 손을 뿌리친 정도의 폭행을 준강도죄로 의율할 수는 없다(대판 1985.5.14. 85도619).

(3) 실행의 착수시기와 기수시기

1) 준강도의 실행의 착수시기 : 준강도의 실행의 착수시기는 폭행 · 협박을 개시할 때이다.

2) 준강도의 기수시기

甲과 乙은 합동하여 양주를 절취할 목적으로 야간에 장소를 물색하던 중 A가 운영하는 주점에 이르렀다. 乙은 1층과 2층 계단 사이에서 甲과 무전기로 연락을 취하면서 망을 보고, 甲은 위 주점의 잠금장치를 뜯고 침입하여 위 주점 내 진열장에 있던 양주 45병 시가 2백만 원 상당을 미리 준비한 바구니 3개에 담고 있던 중, 주점의 종업원 B에게 발각되었다. 甲은 양주를 그대로 둔 채 출입문을 열고 도망 나오다가 B가 甲을 붙잡자, 체포를 면탈할 목적으로 B에게 폭행을 하고 달아났다. 甲의 죄책은? [2010 1차][2013 1차]

1. 논의점

준강도의 주체는 재물을 취득하는 절도이며, 그 행위태양은 사람에 대한 폭행·협박이다. 따라서 준강도의 기수시기를 어떠한 기준으로 판단할 것인지에 대하여 논의가 있다.

2. 견해의 대립

이에 대하여는 ① 준강도는 기본적으로 재물죄이므로 절도의 기수·미수를 기준으로 해야 한다는 **절취행위기준설** ② 준강도의 행위태양이 폭행·협박이므로 폭행·협박의 기수·미수를 기준으로 해야 한다는 **폭행·협박행위기준설** ③ 준강도죄는 절취행위와 폭행·협박이 결합되어 있는 범죄이기 때문에 준강도의 기수가 되기 위해서는 폭행·협박과 절도 모두 기수가 되어야 한다는 **종합설**이 대립하고 있다.

3. 판례의 태도

판례는 종래 폭행·협박행위기준설을 취했으나, 최근 전원합의체판결을 통하여 '준강도의 기수여부는 절도행위의 기수여부를 기준으로 하여 판단하여야 한다'고 판시하여 **절취행위기준설**의 입장으로 태도를 변경하였다.

4. 검 토

생각건대 준강도도 기본적으로는 재산죄이며, 폭행과 협박은 속성상 일정한 행위만 있으면 바로 기수가 되므로 재산죄적인 성격을 명확히 한 절취행위기준설이 타당하다.

5. 관련판례

〈준강도의 기수시기를 절도행위의 기수 여부로 판단한다고 본 전합 판례〉 [사실관계] − [쟁점사실관계] [판결요지] [1] [다수의견] 형법 제335조에서 절도가 재물의 탈환을 항거하거나 체포를 면탈하거나 죄적을 인멸할 목적으로 폭행 또는 협박을 가한 때에 준강도로서 강도죄의 예에 따라 처벌하는 취지는, 강도죄와 준강도죄의 구성요건인 재물탈취와 폭행·협박 사이에 시간적 순서상 전후의 차이가 있을 뿐 실질적으로 위법성이 같다고 보기 때문인바, 이와 같은 준강도죄의 입법 취지, 강도죄와의 균형 등을 종합적으로 고려해 보면, 준강도죄의 기수 여부는 절도행위의 기수 여부를 기준으로 하여 판단하여야 한다. [2] 절도미수범이 체포를 면탈할 목적으로 폭행한 행위에 대하여 준강도미수죄로 의율한 원심판결을 수긍한 사례(대판 2004. 11.18. 2004도5074 전합). 달 준강도미수죄가 성립한다. (15 변시)(19 변시)(22 변시)(23 변시)(24 1차)

4. 고의와 목적

(1) 고의 및 불법영득의사

절취에 대한 고의와 폭행·협박에 대한 고의가 있어야 한다.

(2) 목 적

준강도는 고의 이외에 초과주관적인 요소로 목적을 가져야한다. 따라서 ① 재물의 탈환에 항거하거나 ② 체포를 면탈하거나 ③ 범죄의 흔적을 인멸할 목적이 있어야 한다. 목적의 달성 여부는 본죄의 기수·미수의 성립과 무관하다.

〈'재물의 탈환을 항거할 목적'의 의미〉 준강도죄에 있어서의 '재물의 탈환을 항거할 목적'이라 함은 일단 절도가 재물을 자기의 배타적 지배하에 옮긴 뒤 탈취한 재물을 피해자측으로부터 탈환당하지 않기 위하여 대항하는 것을 말한다(대판 2003.7.25. 2003도2316).

Ⅲ. 관련문제

(1) 합동절도의 준강도와 공범

> ### 합동절도의 준강도와 공범
>
> 甲과 乙은 재물을 절취하기로 공모하고 甲은 대문 밖에서 망을 보고 乙은 공모한대로 A의 집에 들어가 재물을 절취하여 나오는 순간 A에게 발각되자 체포를 면탈하기 위하여 A를 때려 상해를 입혔다. 甲과 乙의 죄책은? [2024 변시]
>
> #### 1. 논의점
>
> 합동절도범 중 일부가 준강도를 범한 경우에 폭행·협박을 행하지 않은 나머지 다른 합동절도범에게도 준강도죄의 성립을 인정할 수 있는지에 대하여 논의가 있다.
>
> #### 2. 견해의 대립
>
> 이에 대하여는 ① 다른 공범자에 의한 폭행과 협박에 대한 예견가능성 유무를 판단하여 예견가능성이 있으면 본죄의 공동정범이 성립한다는 **긍정설** ② 준강도는 공동의사의 범위를 초과한 것이므로 초과부분에 대해서는 단독범이 성립할 뿐이지 준강도죄의 공동정범을 인정할 수 없다는 **부정설**이 대립하고 있다.
>
> #### 3. 판례의 태도
>
> 판례는 '2인 이상이 합동하여 절도를 한 경우 범인 중의 1인이 체포를 면탈할 목적으로 폭행을 하여 상해를 가한 때에는 나머지 범인도 이를 예기하지 못한 것으로 볼 수 없으면 강도상해죄의 죄책을 면할 수 없다'라고 하여 **긍정설**의 입장이다.

4. 검 토

생각건대 합동절도범들 사이에서는 체포가 되어서는 안된다는 묵계가 있는 것이 일반적이 므로 폭행과 협박에 대한 예견가능성을 기준으로 판단하는 긍정설이 타당하다.

5. 관련판례

〈합동절도 중 일인이 준강도상해죄를 범한 사건〉 [사실관계] – [쟁점사실관계] [판결요지] 2인 이상이 합동하여 절도를 한 경우 범인 중의 1인이 체포를 면탈할 목적으로 폭행을 하여 상해 를 가한 때에는 나머지 범인도 이를 예기하지 못한 것으로 볼 수 없으면 강도상해죄의 죄책 을 면할 수 없다(대판 1988.2.9. 87도2460). 📖 판례에 의하면 A와 B는 강도상해죄가 성립한다. (13 변시)(17 변시)

〈담배창구 사건〉 절도를 공모한 피고인이 다른 공모자의 폭행행위에 대하여 사전양해나 의사 의 연락이 전혀 없었고, 범행 장소가 빈 가게로 알고 있었고, 다른 공모자가 담배창구를 통하여 가게에 들어가 물건을 절취하고 피고인은 밖에서 망을 보던 중 예기치 않았던 인기 척 소리가 나므로 도주해 버린 이후에 다른 공모자가 창구에 몸이 걸려 빠져나오지 못하게 되어 피해자에게 붙들리자 체포를 면탈할 목적으로 피해자에게 폭행을 가하여 상해를 입힌 것이고, 피고인은 그동안 상당한 거리를 도주하였을 것으로 추정되는 상황 하에서는 피고인 이 공범자의 폭행행위를 전연 예기할 수 없었다고 보여지므로 피고인에게 준강도상해죄의 공동책임을 지울 수 없다(대판 1984.2.28. 83도3321).

(2) 죄수 및 타죄와의 관계

1) **절도죄와의 관계** : 본죄는 절도죄와 법조경합의 관계에 있으므로 준강도죄가 성립하면 절 도죄는 이에 흡수된다.

2) **절도가 체포면탈 목적으로 추격하여 온 여러 명에게 폭행·협박을 가한 경우** : ① 상해 등이 발생하지 않은 경우에는 준강도의 재산죄적인 측면을 강조하여 준강도죄의 포괄일죄가 되며 ② 여러 명에게 폭행을 가하여 그 중의 한 사람에게만 상해를 입힌 경우에는 포괄하 여 강도상해죄 일죄만 성립하며 ③ 여러 명에게 폭행을 가하여 여러 명이 상해를 입은 경 우에는 수죄의 강도상해죄가 실체적 경합이 된다.

〈1인만 상해를 입힌 사건〉 절도범이 체포를 면탈할 목적으로 체포하려는 여러 명의 피해자에게 같은 기회에 폭행을 가하여 그 중 1인에게만 상해를 가하였다면 이러한 행위는 포괄하여 하나의 강도상 해죄만 성립한다(대판 2001.8.21. 2001도3447). (12 변시)(14 변시)(15 변시)(17 변시)(18 변시)

〈강도가 수인에게 폭행하여 각 상해를 입힌 사건〉 강도가 한 개의 강도 범행을 하는 기회에 수명의 피해자에게 각 폭행을 가하여 각 상해를 입힌 경우에는 각 피해자별로 수 개의 강도상해죄가 성립하 며 이들은 실체적 경합범의 관계에 있다(대판 1987.5.26. 87도527). [COMMENT] 판례 문구 중 각 폭행, 각 상해를 주의하여야 한다. (20 변시)

3) **공무집행방해죄와의 관계** : 절도범인이 체포를 면탈할 목적으로 경찰관에게 폭행·협박 을 가한 때에는 준강도죄와 공무집행방해죄를 구성하고 양죄는 상상적 경합관계에 있다.

〈**준강도 · 강도와 공무집행방해죄**〉 절도범인이 체포를 면탈할 목적으로 경찰관에게 폭행 · 협박을 가한 때에는 준강도죄와 공무집행방해죄를 구성하고 양죄는 상상적 경합관계에 있으나, 강도범인이 체포를 면탈할 목적으로 경찰관에게 폭행을 가한 때에는 강도죄와 공무집행방해죄는 실체적 경합관계에 있고 상상적 경합관계에 있는 것이 아니다(대판 1992.7.28. 92도917). (13 변시)(16 변시)(17 변시)(19 변시)

(3) 처 벌

1) 준강도의 처벌 : 준강도는 제335조에 의해 단순강도죄(제333조) 또는 특수강도죄(제334조)의 예에 의하여 처벌한다.

2) 특수강도의 준강도의 판단 기준

특수강도의 준강도의 처벌기준

甲은 A의 시계를 절취하던 중 A에게 발각되자 체포를 면탈하기 위하여 옆에 있던 몽둥이로 A를 협박하고 도주하였다. 甲의 죄책은?

1. 논의점

제335조에 의하면 준강도는 단순강도죄(제333조)또는 특수강도죄(제334조)의 예에 의하여 처벌된다. 그러나 제335조 규정의 해석상 제334조의 특수강도의 준강도로 처벌되는 판단기준에 대하여 논의가 있다.

2. 견해의 대립

이에 대하여는 ① 절도행위시를 기준으로 하여 단순절도이면 단순강도, 특수절도이면 특수강도라고 하는 **절취행위기준설** ② 폭행 · 협박행위시의 행위태양을 기준으로 하여 폭행 · 협박시에 흉기를 휴대한 경우에는 특수강도, 그렇지 않은 경우는 단순강도라고 하는 **폭행 · 협박행위기준설** ③ 양자를 모두 고려하여 어느 하나라도 가중사유가 있으면 특수강도가 된다는 종합설이 대립하고 있다.

3. 판례의 태도

판례는 '절도범인이 처음에는 흉기를 휴대하지 않았으나 체포를 면탈할 목적으로 폭행 · 협박을 할 때 흉기를 사용하게 되면 형법 제 334조의 예에 의한 준강도(특수강도의 준강도)가 된다'라고 하여 **폭행 · 협박행위기준설**을 따르고 있다.

4. 검 토

생각건대 준강도는 절도범이 절취의 기회에 폭행 · 협박을 하는 행위태양을 보임으로써 강도죄와 같은 불법행위로 평가되는 범죄이므로, 그 처벌에 있어서도 강도죄와 같이 폭행 · 협박의 행위태양에 따라 단순강도의 예로 처벌할 것인지 특수강도의 예로 처벌할 것인지를 결정하는 것이 타당하다.

---

5. 관련판례

〈특수강도의 준강도 판단기준〉[사실관계] – [쟁점사실관계] **[판결요지]** 준강도는 절도범인이 절도기수 후 또는 절도의 착수 후 그 수행의 범의를 포기한 후에 소정의 목적으로서 폭행 또는 협박을 하는 행위가 그 태양에 있어서 재물탈취의 수단으로서 폭행·협박을 가하는 강도죄와 같이 보여질 수 있는 실질적 위법성을 지니게 됨에 비추어 이를 엄벌하기 위한 취지로 규정되어 있는 것이며, 강도죄에 있어서의 재물탈취의 수단인 폭행 또는 협박의 유형을 흉기를 휴대하고 있는 경우와 그렇지 않은 경우로 나누어 흉기를 휴대하고 하는 경우를 특수강도로 하고, 그렇지 않은 경우를 단순강도로 하여 처벌을 달리하고 있음에 비추어 보면 절도 범인이 처음에는 흉기를 휴대하지 아니하였으나 체포를 면할 목적으로 폭행 또는 협박을 가할 때에 비로소 흉기를 휴대 사용하게 된 경우에는 형법 제334조의 예에 의한 준강도(특수강도의 준강도)가 되는 것으로 해석하여야 할 것이다(대판 1973.11.13. 73도1553 전합). (24 1차) 답 특수강도의 준강도죄가 성립한다. (19 변시)

4 인질강도죄 [미수범 처벌, 예비·음모 처벌]

> 제336조 (인질강도) 사람을 체포, 감금, 약취 또는 유인하여 이를 인질로 삼아 재물 또는 재산상의 이익을 취득하거나 제3자로 하여금 이를 취득하게 한 자는 3년 이상의 유기징역에 처한다.

(1) 의의와 보호법익

사람을 체포, 감금, 약취 또는 유인하여 이를 인질로 삼아 재물 또는 재산상의 이익을 취득하거나 제3자로 하여금 이를 취득하게 하는 범죄이다.

(2) 행 위

1) **행위상황** : 사람을 체포·감금·약취 또는 유인하여 인질로 삼아야 한다.

2) **실행의 착수시기** : 실행의 착수시기에 대하여는 ① 인질로 삼기 위하여 체포·감금·약취·유인을 할 때라는 견해와 ② 인질의 석방이나 안전보장의 대가로 재물 또는 재산상의 이익을 요구한 때라는 견해가 대립하고 있다. 생각건대 ① 인질로 삼기 위하여 체포·감금·약취·유인을 할 때 법익침해의 밀접한 행위가 있었으며 ② 결합범의 일반논리에 따르면 제1의 행위를 할 때 실행의 착수를 인정하는 것이 일반적이므로 체포·감금·약취·유인시설이 타당하다.

3) **기수시기** : 인질강도죄는 기본적으로 재산죄이므로 기수시기는 재물 또는 재산상 이익을 취득한 때이다. 재물이나 재산상의 이익을 취득하는 자는 인질강도행위를 하는 자 이외의 제3자도 무방하다.

(3) 죄수 및 타죄와의 관계

본죄는 결합범이므로 본죄가 성립하면 체포·감금죄 및 약취·유인죄는 별도로 성립하지 아니하고, 인질강도가 인질을 살해·치사하거나 상해·치상한 경우에는 강도살인·치사죄 및 강도상해·치상죄가 성립한다.

5 **강도상해 · 치상죄** [미수범 처벌, 상해는 결합범, 치상은 결과적 가중범]

> 제337조 (강도상해, 치상) 강도가 사람을 상해하거나 상해에 이르게 한 때에는 무기 또는 7년 이상의 징역에 처한다.

(1) 의 의

강도상해죄란 강도가 고의로 사람을 상해하는 범죄를 말하고, 강도치상죄란 강도가 과실로 사람을 상해에 이르게 하는 범죄를 말한다. 강도상해죄는 강도죄와 상해죄를 결합한 결합범이며, 강도치상죄는 결과적 가중범이다.

(2) 주 체

본죄에 주체는 강도의 실행에 착수하여 완료하기 이전의 자이며, 강도의 기수 · 미수를 불문한다. 따라서 예비 · 음모단계에 있는 자는 제외된다. 그리고 강도의 실행에 착수한 이상 단순강도 이외에 특수강도 · 준강도 · 인질강도 등 모든 강도 유형을 포함한다.

〈준강도가 상해 입힌 사건〉 절도가 절도행위의 기회계속중이라고 볼 수 있는 그 실행중 또는 실행직후에 체포를 면탈할 목적으로 폭행을 가한 때에는 준강도죄가 성립되고 이로써 상해를 입혔을 때는 강도상해죄가 성립된다(대판 1987.10.26. 87도1662). [2015 2차][2019 2차](15 변시)(16 변시)(17 변시)

(3) 객 체

강도의 피해자 이외에 체포 · 추적하는 경찰관 등 제3자를 포함한다.

(4) 행 위

1) **강도의 기회** : 강도의 기회란 강도범행의 실행 중이거나 실행 직후 또는 실행의 범의를 포기한 직후로서 사회통념상 범죄행위가 완료되지 아니하였다고 볼 수 있는 단계를 의미한다. 그러나 판례에 의하면 강도범행 이후에도 강도범행으로 인한 피해자의 심리적 저항 불능 상태가 해소되지 않은 상태에 있다면 강도의 기회라고 하고 있다.

〈택시운전사 강도 사건〉 [사실관계] 甲은 흉기인 회칼을 휴대하고 택시강도를 목적으로 택시에 탑승한 후 운전사인 A를 협박하여 현금과 신용카드를 강취하였다. 그리고 A를 짐칸으로 옮긴 후 스스로 운전하여 신용카드로 현금을 인출하였다. 그런데 甲이 택시를 운전하여 다른 곳으로 장소를 옮긴 이후에 A가 결박을 풀고 달아나자 甲은 흉기인 회칼을 들고 쫓아가 A의 어깨를 잡아당겨 넘어뜨리고, A가 甲이 손에 쥐고 있는 회칼의 칼날 부분을 잡자 회칼을 위쪽으로 잡아당겨 A에게 상해를 가하였다. 甲의 죄책은? **[판결요지]** 형법 제337조의 강도상해죄는 강도범인이 강도의 기회에 상해행위를 함으로써 성립하므로 강도범행의 실행 중이거나 실행 직후 또는 실행의 범의를 포기한 직후로서 사회통념상 범죄행위가 완료되지 아니하였다고 볼 수 있는 단계에서 상해가 행하여짐을 요건으로 한다. 그러나 반드시 강도범행의 수단으로 한 폭행에 의하여 상해를 입힐 것을 요하는 것은 아니고 상해행위가 강도가 기수에 이르기 전에 행하여져야만 하는 것은 아니므로, 강도범행 이후에도 피해자를 계속 끌고 다니거나 차량에 태우고 함께 이동하는 등으로 강도범행으로 인한 피해자의 심리적 저항불능 상태가 해소되지 않은 상태에서 강도범인의 상해행위가 있었다면 강취행위와 상해행위 사이에 다소의 시간적 · 공간적 간격이 있었다는 것만으로는 강도상해죄의 성립에 영향이 없다(대판 2014.9.26. 2014도9567). ⏊ 강도상해죄 성립 (16 변시)(18 변시)

〈피해자를 30미터 쯤 끌고가 폭행한 사건〉 강도가 재물 강취의 수단으로서 한 폭행에 의하여 상해를 입힌 경우가 아니라도 강도의 기회에 상해를 입힌 것이라면 강도상해죄가 성립한다 할 것인 바, 강취 현장에서 피고인의 발을 붙잡고 늘어지는 피해자를 30미터쯤 끌고 가서 폭행함으로써 상해한 피고인의 소위는 강도상해죄에 해당한다 할 것이다(대판 1984.6.26. 84도970).

〈피해자가 운전하는 차를 타고 도주한 사건〉 피고인이 피해자로부터 재물을 강취하고 피해자가 운전하는 자동차에 함께 타고 도주하다가 단속 경찰관이 뒤따라오자 피해자를 칼로 찔러 상해를 가하였다면 강도상해죄를 구성한다 할 것이고, 강취와 상해 사이에 1시간 20분이라는 시간적 간격이 있었다는 것만으로는 그 범죄의 성립에 영향이 없다(대판 1992.1.21. 91도2727).

〈강도의 폭행을 피하다 상해 입은 사건〉 폭행 또는 협박으로 타인의 재물을 강취하려는 행위와 이에 극도의 흥분을 느끼고 공포심에 사로잡혀 이를 피하려다 상해에 이르게 된 사실과는 상당인과관계가 있다 할 것이고 이 경우 강취 행위자가 상해의 결과의 발생을 예견할 수 있었다면 이를 강도치상죄로 다스릴 수 있다(대판 1996.7.12. 96도1142).

〈택시요금면탈 사건〉 강도치상죄에 있어서의 상해는 강도의 기회에 범인의 행위로 인하여 발생한 것이면 족한 것이므로, 피고인이 택시를 타고 가다가 요금지급을 면할 목적으로 소지한 과도로 운전수를 협박하자 이에 놀란 운전수가 택시를 급우회전하면서 그 충격으로 피고인이 겨누고 있던 과도에 어깨부분이 찔려 상처를 입었다면, 피고인의 위 행위를 강도치상죄에 의율함은 정당하다(대판 1985.1.15. 84도2397). (21 1차)

〈강도가 준강도의 목적으로 상해입힌 사건〉 강도범인이 강도를 하는 기회에 범행의 현장에서 사람을 상해한 이상, 재물 강취의 수단인 폭행으로 인하여 상해의 결과가 발생한 것이 아니고, 재물의 탈환을 항거하거나 체포를 면탈하거나 죄적을 인멸할 목적으로 폭행을 가한 것이라고 하더라도 강도상해죄가 성립한다(대판 1984.6.26. 92도408).

〈절도가 체포를 면탈하기 위하여 때린 것을 인정할 수 없는 사건〉 절도 피해자가 잠을 자다가 이마를 맞고 잠이 깨어 비로소 맞은 것을 알았다고 진술할 뿐, 피해자가 소리를 지르므로 피고인이 체포를 면탈하기 위하여 피해자를 때린 것이라고 인정할 수 없다면 피고인에게는 준강도상해의 죄책을 지울 수 없다(대판 1984.6.5. 84도460).

  2) 적극적 체포행위로 인한 경우 : 강도의 기회이지만 상해의 결과가 피해자의 적극적인 체포행위로 인하여 생긴 것이라면 강도상해죄는 성립하지 않는다.

〈적극적 체포 사건〉 강도상해죄는 강도가 사람을 상해한 경우에 성립하는 것이므로 도주하는 강도를 체포하기 위해 위에서 덮쳐 오른손으로 목을 잡고, 왼손으로 앞부분을 잡는 순간 강도가 들고 있던 벽돌에 끼어 있는 철사에 찔려 부상을 입었다거나 또는 도망하려는 공범을 뒤에서 양팔로 목을 감싸 잡고 내려오다 같이 넘어져 부상을 입은 경우라면 위 부상들은 피해자들의 적극적인 체포행위 과정에서 스스로의 행위의 결과로 입은 상처이어서 위 상해의 결과에 대하여 강도상해죄로 의율할 수 없다(대판 1985.7.9. 85도1109).

3) **행위와 결과** : 상해하거나 상해에 이르게 하는 것을 말한다. 여기서의 상해란 사람의 건강 상태가 불량하게 변경되고 생활기능에 장애가 초래되는 것이다.

[COMMENT] 강도 상해·치상죄는 상대적 상해개념이 논의될 수 있는 대표적인 범죄이다.

〈**강도상해죄의 상해**〉 강도상해죄에 있어서의 상해는 피해자의 신체의 건강상태가 불량하게 변경되고 생활기능에 장애가 초래되는 것을 말하는 것으로서, 피해자가 입은 상처가 극히 경미하여 굳이 치료할 필요가 없고 치료를 받지 않더라도 일상생활을 하는 데 아무런 지장이 없으며 시일이 경과함에 따라 자연적으로 치유될 수 있는 정도라면, 그로 인하여 피해자의 신체의 건강상태가 불량하게 변경되었다거나 생활기능에 장애가 초래된 것으로 보기 어려워 강도상해죄에 있어서의 상해에 해당한다고 할 수 없다(대판 2003.7.11. 2003도2313).

〈**2주 상해진단서 사건**〉 피해자가 범행 당일 우측 두부 타박으로 인한 피하출혈, 부종 및 찰과상, 두정부와 우측 발목 타박으로 부종과 동통 소견이 있어 약 2주일간의 치료를 요한다는 내용의 상해진단서를 발급 받았고, 가해자가 범행 당시 주먹으로 머리를 1회 때리고 피해자의 발을 걸어 넘어뜨린 후 발로 가슴을 1회 걸어 차 피해자가 위와 같은 상처를 입었다면 이로 인하여 피해자의 신체의 건강상태가 불량하게 변경되고 생활기능에 장애가 초래된 것이라고 볼 수 있어 강도상해죄를 구성하는 상해에 해당한다(대판 2002.1.11. 2001도5925).

〈**약물 사건**〉 약물을 탄 오렌지를 먹자 마자 정신이 혼미해지고 그 후 기억을 잃었다는 것은 강도죄에 있어서 항거불능 상태를 말하는 것은 될지언정 이것만으로는 약물중독 상해를 인정할 자료가 되지 못한다(대판 1984.12.11. 84도2324). [COMMENT] 그러나 최근 졸피뎀 사건 등에서는 수면제인 졸피뎀으로 인한 수면의 경우에도 강간치상죄의 상해를 인정하고 있다.

(5) 기수와 미수

1) **강도상해죄** : 강도상해죄는 결합범이므로 결합범의 일반논리에 따라 후행 결과인 상해의 발생여부에 따라 기수와 미수가 구별된다. 따라서 강도가 미수에 그친 경우라고 하더라도 상해가 발생하였다면 강도상해죄는 기수가 된다.

2) **강도치상죄** : 강도의 기수·미수에 관계없이 상해의 결과가 발생하면 된다. 그러나 진정 결과적 가중범의 미수를 인정하는 견해에 의하면 강도죄도 기수에 이르러야 본죄의 기수가 된다.

[COMMENT] 보다 자세한 내용은 총론의 결과적 가중범의 미수 부분 참조.

(6) 공 범

1) **논의가 되는 상황** : 강도범들 전원이 강도의 기회에 상해를 발생케 한 경우에는 크게 문제가 없으나, 강도범들 중 일부가 강도의 기회에 상해 또는 치상의 결과를 발생하게 하여 강도상해 내지는 강도치상의 범죄가 성립한 경우에 다른 공범자에게도 강도상해 내지는 강도치상의 범죄가 성립하는지가 문제된다.

2) **강도상해의 경우** : ① 판례는 강도상해죄의 공범의 성립을 인정하지만 ② 학설은 다른 공

범자의 예견가능성이 있는 경우에만 강도치상죄의 성립을 인정한다. 그러나 강도죄의 폭행·협박은 최협의를 의미하므로 예견가능성은 통상 있게 되며, 강도상해죄나 강도치상죄는 형량이 동일하므로 판례와 학설의 태도는 실제로 큰 차이가 없다. [2013 3차][2021 1차]

3) 강도치상의 경우 : 학설은 예견가능성이 있는 경우에는 강도치상죄의 공범의 성립을 인정한다.

■ 강도상해·치상죄 공범 관련 판례 정리

1. 공범에게 강도상해·치상죄를 긍정한 판례

〈합동강도 중 1인이 상해를 가한 사건〉 강도합동범 중 1인이 피고인과 공모한대로 과도를 들고 강도를 하기 위하여 피해자의 거소를 들어가 피해자를 향하여 칼을 휘두른 이상 이미 강도의 실행행위에 착수한 것임이 명백하고, 그가 피해자들을 과도로 찔러 상해를 가하였다면 대문 밖에서 망을 본 공범인 피고인이 구체적으로 상해를 가할 것까지 공모하지 않았다 하더라도 피고인은 상해의 결과에 대하여도 공범으로서의 책임을 면할 수 없다(대판 1998.4.14. 선고 98도356). (12 변시)(23 2차)

〈합동절도범 중 일인이 준강도상해죄를 범한 사건〉 2인 이상이 합동하여 절도를 한 경우 범인중의 1인이 체포를 면탈할 목적으로 폭행을 하여 상해를 가한 때에는 나머지 범인도 이를 예기하지 못한 것으로 볼 수 없으면 강도상해죄의 죄책을 면할 수 없다(대판 1988.2.9. 87도2460).

〈망보다 담배 사러간 사건〉 [사실관계] 甲은 乙 등 5인과 합동하여 A의 집에서 금품을 강취할 것을 공모하고 甲은 집 밖에서 망을 보기로 하였으나 乙 등이 A의 집에 침입한 후 담배생각이 나서 담배를 사러 가느라고 망을 보지 않았다. 甲이 담배를 사러 간 사이에 乙 등은 쇠파이프로 A를 때려 상해를 입혔다. 甲의 죄책은? [판결요지] 공동정범은 범죄행위시에 그 의사의 연락이 묵시적이거나 간접적이거나를 불문하고 행위자 상호간에 주관적으로 서로 범죄행위를 공동으로 한다는 공동가공의 의사가 있음으로써 성립하는 것이며 범죄의 실행을 공모하였다면 다른 공모자가 이미 실행행위에 착수한 이후에는 그 공모관계에서 이탈하였다고 하더라도 공동정범의 책임을 면할 수 없는 것이므로, 피고인 甲도 강도상해죄의 죄책을 면할 수가 없다(대판 1984.1.31. 83도2941). ☞ 강도상해죄 성립

〈발각 후 합동범들이 각각 다른 길로 도주한 사건〉 특수절도의 범인들이 범행이 발각되어 각기 다른 길로 도주하다가 그중 1인이 체포를 면탈할 목적으로 폭행하여 상해를 가한 때에는, 나머지 범인도 위 공범이 추격하는 피해자에게 체포되지 아니하려고 위와 같이 폭행할 것을 전연 예기하지 못한 것으로는 볼 수 없다 할 것이므로 그 폭행의 결과로 발생한 상해에 관하여 형법 제337조, 제335조의 강도상해죄의 책임을 면할 수 없다(대판 1984.10.10. 84도1887). [COMMENT] 발각 후에 흩어진 사안이므로 예견가능성을 긍정하고 있는 판례이다.

2. 공범에게 강도상해·치상죄를 부정한 판례

〈담배창구에 몸이 낀 사건〉 절도를 공모한 피고인이 다른 공모자의 폭행행위에 대하여 사전양해나 의사의 연락이 전혀 없었고, 범행 장소가 빈 가게로 알고 있었고, 다른 공모자가 담배창구를 통하여 가게에 들어가 물건을 절취하고 피고인은 밖에서 망을 보던 중 예기치 않았던 인기척 소리가 나므로 도주해 버린 이후에 다른 공모자가 창구에 몸이 걸려 빠져나오지 못하게 되어 피해자에게 붙들리자 체포를 면탈할 목적으로 피해자에게 폭행을 가하여 상해를 입힌 것이고, 피고인은 그동안 상당한 거리를 도주하였을 것으로 추정되는 상황 하에서는 피고인이 공범자의 폭행행위를 전연 예기할 수 없었다고 보여지므로 피고인에게 준강도상해죄의 공동책임을 지울 수 없다(대판 1984.2.28. 83도3321). [COMMENT] 합동절도의 1인이 준강도상해

를 범한 경우 타방도 예견가능성이 있다고 하여 준강도상해를 인정하는 것이 일반적이지만, 본 사안에서는 타방에게 예견가능성을 부정한 판례이다.

〈범인 두명을 각각 체포한 사건〉 피해자가 자기 집에서 범인 2인의 물건을 훔쳐 나왔다는 연락을 받고 도주로를 따라 1킬로미터 가량 추격하여 甲을 체포하여 같이 추격하여 온 동네 사람들에게 인계하고 1킬로미터를 더 추격하여 나머지 乙을 체포하여 가지고 간 몽둥이로 乙을 1회 구타하자 乙이 위 몽둥이를 빼앗아 피해자를 구타 상해를 가하고 도주한 경우에, 甲으로서는 사전에 乙과의 사이에 상의한 바 없었음은 물론 체포 현장에 있어서도 乙과의 사이에 전혀 의사연락 없이 乙이 피해자로부터 그가 가지고 간 몽둥이로 구타당하자 돌연 이를 빼앗아 피해자를 구타하여 상해를 가한 것으로서 甲이 이를 예기하지 못하였다고 할 것이므로 동 구타상해행위를 공모 또는 예기하지 못한 甲에게까지 준강도상해의 죄책을 문의할 수 없다고 해석함이 타당하다(대판 1982.7.13. 82도1352). [COMMENT] 발각 전에 흩어진 사안이므로 예견가능성을 부정하고 있는 판례이다.

(7) 죄 수

1) **일반론** : 강도상해·치상죄는 상해와 관련된 전속적 법익이므로 상해를 입은 사람의 수에 따라 죄수가 정해진다.

〈여러 명의 추격자 중 1인만 상해를 입힌 사건〉 절도범이 체포를 면탈할 목적으로 체포하려는 여러 명의 피해자에게 같은 기회에 폭행을 가하여 그 중 1인에게만 상해를 가하였다면 이러한 행위는 포괄하여 하나의 강도상해죄만 성립한다(대판 2001.8.21. 2001도3447). (12 변시)(14 변시)(15 변시)(17 변시)(18 변시)

〈강도가 수인에게 폭행하여 각 상해를 입힌 사건〉 강도가 한 개의 강도 범행을 하는 기회에 수명의 피해자에게 각 폭행을 가하여 각 상해를 입힌 경우에는 각 피해자별로 수 개의 강도상해죄가 성립하며 이들은 실체적 경합범의 관계에 있다(대판 1987.5.26. 87도527).

2) **강도상해죄와 주거침입죄의 관계** : 판례에 의하면 제334조 제1항의 특수강도범이 상해를 입힌 경우에는 주거침입죄는 강도상해죄에 흡수된다고 한다.

〈제334조 제1항 특수강도와 주거침입죄〉 형법 제334조 제1항은 "야간에 사람의 주거, 관리하는 건조물, 선박이나 항공기 또는 점유하는 방실에 침입하여 제333조(강도)의 죄를 범한 자는 무기 또는 5년 이상의 징역에 처한다."고 규정하고 있고, 형법 제337조는 "강도가 사람을 상해하거나 상해에 이르게 한 때에는 무기 또는 7년 이상의 징역에 처한다."고 규정하고 있는데, 강도상해죄에 있어서의 강도는 형법 제334조 제1항 특수강도도 포함된다고 보아야 한다. 그런데 형법 제334조 제1항 특수강도죄는 '주거침입'이라는 요건을 포함하고 있으므로 형법 제334조 제1항 특수강도죄가 성립할 경우 '주거침입죄'는 별도로 처벌할 수 없고, 형법 제334조 제1항 특수강도에 의한 강도상해가 성립할 경우에도 별도로 '주거침입죄'를 처벌할 수 없다고 보아야 할 것이다(대판 2012.12.27. 2012도12777).

6 강도살인 · 치사죄 [미수범 처벌, 살인은 결합범, 치사는 결과적 가중범]

> 제338조 (강도살인, 치사) 강도가 사람을 살해한 때에는 사형 또는 무기징역에 처한다. 사망에 이르게 한 때에는 무기 또는 10년 이상의 징역에 처한다.

(1) 의 의

강도살인죄는 강도가 고의로 사람을 살해하는 범죄를 말하며, 강도치사죄는 강도가 과실로 사람을 사망에 이르게 하는 범죄를 말한다. 강도살인죄는 결합범이며, 강도치사죄는 결과적 가중범이다.

(2) 주 체

본죄의 주체는 강도이다. 이에는 단순강도, 특수강도, 준강도, 인질강도 등이 포함된다.

〈강도살인죄의 주체와 준강도〉 강도살인죄(형법 제338조)의 주체인 강도는 준강도죄(형법 제335조)의 강도범인을 포함한다고 할 것이므로 절도가 체포를 면탈할 목적으로 사람을 살해한 때에는 강도살인죄가 성립한다(대판 1987.9.22. 87도1592). (24 1차)

(3) 객 체

강도상해 · 치상죄와 동일하게 강도의 피해자 이외에 체포 · 추적하는 경찰관 등 제3자를 포함한다.

(4) 행 위

1) **강도의 기회** : 강도상해 · 치상죄와 동일하게 살해 또는 치사는 강도의 기회에 발생한 것이어야 한다.

〈경찰관 살해 사건〉 [1] 강도살인이라 함은 강도범인이 강도의 기회에 살인행위를 함으로써 성립하는 것이므로, 강도범행의 실행 중이거나 그 실행 직후 또는 실행의 범의를 포기한 직후로서 사회통념상 범죄행위가 완료되지 아니하였다고 볼 수 있는 단계에서 살인이 행하여짐을 요건으로 한다. [2] 강도범행 직후 신고를 받고 출동한 경찰관이 위 범행 현장으로부터 약 150m 지점에서, 화물차를 타고 도주하는 피고인을 발견하고 순찰차로 추적하여 격투 끝에 피고인을 붙잡았으나, 피고인이 너무 힘이 세고 반항이 심하여 수갑도 채우지 못한 채 피고인을 순찰차에 억지로 밀어 넣고서 파출소로 연행하고자 하였는데, 그 순간 피고인이 체포를 면하기 위하여 소지하고 있던 과도로써 옆에 앉아 있던 경찰관을 찔러 사망케 하였다면 피고인의 위 살인행위는 강도행위와 시간상 및 거리상 극히 근접하여 사회통념상 범죄행위가 완료되지 아니한 상태에서 이루어진 것이라고 보여지므로(위 살인행위 당시에 피고인이 체포되어 신체가 완전히 구속된 상태이었다고 볼 수 없다), 원심이 피고인을 강도살인죄로 적용하여 처벌한 것은 옳다고 한 사례(대판 1996.7.12. 96도1108). 📋 강도살인죄가 성립한다.

〈살해 후 15시간이 지난 후 시체에서 돈을 가져간 사건〉 [1] (위 판례 [1]과 동일한 내용) [2] 피고인이 피해자 소유의 돈과 신용카드에 대하여 불법영득의 의사를 갖게 된 것이 살해 후 상당한 시간이 지난 후로서 살인의 범죄행위가 이미 완료된 후의 일이라면, 살해 후 상당한 시간이 지난 후에 별도의 범의에 터잡아 이루어진 재물 취거행위를 그보다 앞선 살인행위와 합쳐서 강도살인죄로 처단할 수 없다고 한 사례(대판 2004.6.24. 2004도1098).

2) **행위** : 강도가 사람을 살해하거나 사망에 이르게 하는 것이다.

(5) 기수와 미수

1) **강도살인죄** : 살인의 기수·미수를 기준으로 한다. 강도의 실행의 착수가 있으면 강도의 기수·미수는 불문한다.

2) **강도치사죄** : 강도의 기수·미수에 관계없이 사망의 결과가 발생하면 기수로 된다. 그러나 진정 결과적 가중범의 미수를 인정하는 견해에 의하면 강도죄도 기수에 이르러야 본죄의 기수가 된다. 〈총론의 결과적 가중범의 미수 부분 참조〉

(6) 채무면탈살인

[COMMENT] 채무면탈살인은 강도이득죄의 처분의사 요부와 관련이 있으므로 강도죄 부분 참조.

〈술집 주인 살해 사건〉 술집에 피고인과 술집 주인 두 사람밖에 없는 상황에서 술값의 지급을 요구하는 술집 주인을 살해하고 곧바로 피해자가 소지하던 현금을 탈취한 경우 강도살인죄가 성립한다(대판 1999.3.9. 99도242).

〈택시기사 살해 사건〉 [사실관계] 甲은 A의 택시를 무임승차하고 택시요금을 요구하는 A의 추급을 벗어나고자 A를 살해한 직후 A의 주머니에서 택시 열쇠와 돈 8,000원을 꺼내고 A의 택시를 운전하고 현장을 벗어났다. 甲의 죄책은? [판결요지] 채무면탈의 목적으로 채권자를 살해하고 동인의 반항능력이 완전히 상실된 것을 이용하여 즉석에서 동인이 소지하고 있던 재물까지 탈취하였다면 살인행위와 재물탈취행위는 서로 밀접하게 관련되어 있어 살인행위를 이용한 재물탈취행위라고 볼 것이므로 이는 강도살인죄에 해당한다(대판 1985.10.22. 85도1527). 🔲 강도살인죄

(7) 공 범

1) **강도범들 중 일부의 자가 강도살인의 기수를 범한 경우 다른 공범자의 죄책** : ① 다른 공범자도 살해행위에 관한 고의의 공동이 있었으면 그 또한 강도살인죄의 공동정범으로서 기수의 죄책을 지고, ② 다른 공범자에게 살해행위에 대하여 고의의 공동이 없었으면 피해자가 사망한 경우에는 예견가능성이 있었다면 강도치사죄가 성립한다. [2012 2차]

〈노상강도 사건〉 피고인들이 등산용 칼을 이용하여 노상강도를 하기로 공모한 사건에서 범행 당시 차안에서 망을 보고 있던 피고인 甲이나 등산용 칼을 휴대하고 있던 피고인 乙과 함께 차에서 내려 피해자로부터 금품을 강취하려 했던 피고인 丙으로서는 그때 우연히 현장을 목격하게 된 다른 피해자를 피고인 乙이 소지중인 등산용 칼로 살해하여 강도살인 행위에 이를 것을 전혀 예상하지 못하였다고 할 수 없으므로 피고인들 모두는 강도치사죄로 의율처단함이 옳다(대판 1990.11.27. 90도2262). (14 변시)

2) **강도범들 중 일부의 자가 강도살인의 미수를 범한 경우 다른 공범자의 죄책** : ① 다른 공범자도 살해행위에 관한 고의의 공동이 있었으면 그 또한 강도살인죄의 공동정범으로서 미수

의 죄책을 지고, ② 다른 공범자에게 살해행위에 대하여 고의의 공동이 없었고 미수행위에 의하여 상해가 발생하였으면 강도상해 또는 치상죄가 성립할 수 있다.

〈합동강도의 1인이 살인한 사건〉 [1] 강도살인죄는 고의범이므로 강도살인죄의 공동정범이 성립하기 위하여는 강도의 점뿐 아니라 살인의 점에 관한 고의의 공동이 필요하다. [2] 강도의 공범자 중 1인이 강도의 기회에 피해자에게 폭행 또는 상해를 가하여 살해한 경우, 다른 공모자가 살인의 공모를 하지 아니하였다고 하여도 그 살인행위나 치사의 결과를 예견할 수 없었던 경우가 아니면 강도치사죄의 죄책을 면할 수 없다고 할 것이나, 피고인이 나 변호인이 항소이유로서 이를 전혀 예견할 수 없었다고 주장하는 경우, 이에 관하여는 사실심인 항소심이 판단을 하여야 한다. [3] 강도살인죄는 고의범이지만 강도치사죄는 이른바 결과적 가중범으로서 살인의 고의까지 요하는 것은 아니므로 수인이 합동하여 강도를 한 경우 그 중 1인이 사람을 살해하는 행위를 하였다면 그 범인은 강도살인죄의 기수 또는 미수의 죄책을 지는 것이고 다른 공범자도 살해행위에 관한 고의의 공동이 있었으면 그 또한 강도살인죄의 (공동정범으로서) 기수 또는 미수의 죄책을 지는 것은 당연하다. [4] 그러나 [3]의 경우에 다른 공범자에게 (살해행위에 대하여) 고의의 공동이 없었으면 피해자가 사망한 경우에는 (예견가능성이 있었다면) 강도치사죄가 성립하고, 강도살인의 미수에 그치고 피해자가 상해만 입은 경우에는 강도상해 또는 치상죄가 성립하며, 피해자가 아무런 상처를 입지 않은 경우에는 강도의 죄책만 진다(대판 1991.11.12. 91도2156). (16 변시)(23 1차)

(8) 죄수 및 타죄와의 관계

1) **탈취의사로 살해 후 재물취득** : 처음부터 재물탈취 의사로 피해자를 살해한 후 재물을 탈취한 때에는 탈취가 사망의 전후에 있는가를 묻지 않고 강도살인죄가 성립된다.

2) **살해 후 탈취의사로 재물탈취** : 살해한 직후에 재물탈취 의사가 생겨 이를 영득한 경우에는 판례에 의하면 살인죄와 절도죄의 실체적 경합이 된다.

[COMMENT] 보다 자세한 것은 절도죄의 사자의 점유 부분 참조.

3) **강도살인죄와 현주건조물방화치사죄의 관계** : 강도가 살해의사로 현주건조물에 방화하여 사망케 하였으면 강도살인죄와 현주건조물방화치사죄의 상상적 경합이 된다.

7 강도강간죄 [미수범 처벌]

제339조 (강도강간) 강도가 사람을 강간한 때에는 무기 또는 10년 이상의 징역에 처한다.〈개정 2012.12.18〉

(1) 의 의

강도강간죄는 강도가 사람을 강간함으로써 성립하는 범죄이며, 강도죄와 강간죄의 결합범이다.

(2) 주 체

본죄의 주체는 강도이다. 강도인 이상 단순강도, 특수강도, 준강도, 인질강도를 모두 포함한다. 강도의 실행에 착수한 이상 기수·미수를 불문한다. 강도만이 주체가 되므로 강간범이 강간한 후 강도한 경우에는 본죄가 성립하지 않고 강간죄와 강도죄의 실체적 경합범이 된다. 그러나 강간범이 강간도중 강도를 하고 계속 강간한 경우에는 강도강간죄가 성립한다.

〈강간 후 강도를 범한 경우에는 강간죄와 강도죄의 경합범이라는 판례〉 형법 제339조의 강도강간죄는 일종의 신분범과 같아 강도범이 재물을 강취하는 기회에 부녀를 강간하는 것을 그 요건으로 하고 있는 것이다. 본건 공소사실에서 볼 수 있는 바와 같이 부녀를 강간한 자가 강간행위 후에 강도의 범의를 일으켜 그 부녀가 강간의 범행으로 항거불능상태에 있음을 이용하여 재물을 강취하는 경우에는 강간죄와 강도죄의 경합범이 성립될 수 있을 뿐 강도강간죄로서 의율될 수는 없다 할 것이다(대판 1977.9.28. 77도1350).

〈강간범이 재물 탈취한 후 계속 강간하면 강도강간죄가 성립한다는 판례〉 [사실관계] 甲은 B(여)의 집에 출입문을 통해 침입한 다음, 그 곳에서 컴퓨터를 하고 있던 A(여, 26세)에게 다가가 손으로 입을 틀어막고, 소지하고 있던 드라이버를 목에 들이대면서 "반항하면 죽여 버린다. 시키는 대로 해라."라는 등으로 협박을 하였다. 이후 A를 그 곳 방바닥에 눕힌 다음 치마와 팬티를 벗기고 자신의 성기를 A의 성기에 삽입하였고, 그 후 그 곳 방바닥에 있던 B의 손지갑 1개, 주민등록증 1장, 신용카드 4장, 체크카드 2장이 들어있던 여성용 핸드백 1개를 들고 나가면서 A를 끌고 그 곳 출입문 밖으로 나가 출입문 앞에서 A의 입에 자신의 성기를 넣었다가, 재차 A를 집안으로 끌고 들어와 방바닥에 눕힌 다음 강간하였다. 甲의 죄책은? **[판결요지]** [1] 강간범이 강간행위 후에 강도의 범의를 일으켜 그 부녀의 재물을 강취하는 경우에는 강도강간죄가 아니라 강간죄와 강도죄의 경합범이 성립될 수 있을 뿐이지만, 강간행위의 종료 전 즉 그 실행행위의 계속 중에 강도의 행위를 할 경우에는 이때에 바로 강도의 신분을 취득하는 것이므로 이후에 그 자리에서 강간행위를 계속하는 때에는 강도가 부녀를 강간한 때에 해당하여 형법 제339조에 정한 강도강간죄를 구성한다. [2] 강도죄는 재물탈취의 방법으로 폭행, 협박을 사용하는 행위를 처벌하는 것이므로 폭행, 협박으로 타인의 재물을 탈취한 이상 피해자가 우연히 재물탈취 사실을 알지 못하였다고 하더라도 강도죄는 성립하고, 폭행, 협박당한 자가 탈취당한 재물의 소유자 또는 점유자일 것을 요하지도 아니하며, 강간범인이 부녀를 강간할 목적으로 폭행, 협박에 의하여 반항을 억압한 후 반항억압 상태가 계속 중임을 이용하여 재물을 탈취하는 경우에는 재물탈취를 위한 새로운 폭행, 협박이 없더라도 강도죄가 성립한다. [3] 야간에 갑의 주거에 침입하여 드라이버를 들이대며 협박하여 갑의 반항을 억압한 상태에서 강간행위의 실행 도중 범행현장에 있던 을 소유의 핸드백을 가져간 피고인의 행위를 포괄하여 구 성폭력범죄의 처벌 및 피해자보호 등에 관한 법률(2010. 4. 15. 법률 제10258호 성폭력범죄의 피해자보호 등에 관한 법률로 개정되기 전의 것)위반(특수강도강간등)죄에 해당한다고 판단한 원심의 조치를 수긍한 사례(대판 2010.12.9. 2010도9630). **탭** 성폭법상 특수강도강간죄가 성립한다. (13 변시)(19 변시)(22 변시)

[COMMENT] 위 판례는 여러 가지 중요한 쟁점이 많이 있는 판례이므로 정확히 정리하는 것이 바람직하다.

〈준강도가 강제추행한 사건〉 성폭력범죄의 처벌 및 피해자보호 등에 관한 법률법 제5조 제2항 소정의 특수강도강제추행죄의 주체는 형법의 제334조 소정의 특수강도범 및 특수강도미수범의 신분을 가진 자에 한정되는 것으로 보아야 하고, 형법 제335조, 제342조에서 규정하고 있는 준강도범

내지 준강도미수범은 법 제5조 제2항의 행위주체가 될 수 없다(대판 2006.8.25. 2006도2621).

[COMMENT] 본 판례에서의 성폭력범죄의 처벌 및 피해자보호 등에 관한 법률법 제5조 제2항은 현행법에 따르면 성폭력범죄의 처벌 등에 관한 특례법 제3조 제2항이 된다.

(3) 행 위

사람을 강간하는 것이다. 강간은 강도의 기회에 행하여지면 족하고, 강취의 전후도 불문한다. 또한 상대방인 사람은 강도피해자와 일치할 것을 요하지 않는다.

〈강도피해자와 강간피해자가 다른 사건〉 피고인이 강도하기로 모의를 한 후 피해자 갑남으로부터 금품을 빼앗고 이어서 피해자 을녀를 강간하였다면 강도강간죄를 구성한다고 한 사례(대판 1991.11.12. 91도2241).

(4) 기수와 미수

본죄의 기수는 강도의 기수·미수와는 관계가 없이 강간의 기수로서 인정된다. 그리고 본죄의 미수범은 처벌된다. 이 경우 미수범은 강도의 기수·미수와는 관계없이 강간의 실행의 착수 이후에 기수가 되지 않은 경우라면 인정된다.

(5) 공 범

〈공범들이 강도강간시 자녀 감시한 사건〉 피고인이 공범들과 함께 강도범행을 저지른 후 피해자의 신고를 막기 위하여 공범들이 묶여있는 피해자를 옆방으로 끌고가 강간범행을 할 때에 피고인은 자녀들을 감시하고 있었다면 공범들의 강도강간범죄에 공동가공한 것이라 하겠으므로 비록 피고인이 직접강간행위를 하지 않았다 하더라도 강도강간의 공동죄책을 면할 수 없다(대판 1986.1.21. 85도2411).

(6) 죄수 및 타죄와의 관계

1) 죄수 : 사람의 성적자기결정권은 전속적 법익이므로 강도강간죄는 피해자의 수에 따라 죄수가 결정된다.

2) 타죄와의 관계 : 강도강간죄에 있어 강도가 사람을 강간하여 상해에 이르게 한 경우의 죄수관계에 대하여 ① 상해의 결과가 강도로 인한 경우에는 강도강간죄와 강도치상죄의 상상적 경합으로 처벌하고, 상해의 결과가 강간으로 인한 경우에는 강도강간죄와 강간치상죄의 상상적 경합으로 처벌하자는 이분설도 있지만, ② 다수설과 판례는 강도강간죄는 강도죄가 기본이므로 강도강간죄와 강도치상죄의 상상적 경합으로 처벌해야 한다는 강도강간죄와 강도치상죄의 상상적 경합범설을 따르고 있다.

〈강도강간범이 치상의 결과를 야기한 사건〉 강도가 재물강취의 뜻을 재물의 부재로 이루지 못한 채 미수에 그쳤으나 그 자리에서 항거불능의 상태에 빠진 피해자를 간음할 것을 결의하고 실행에 착수했으나 역시 미수에 그쳤더라도 반항을 억압하기 위한 폭행으로 피해자에게 상해를 입힌 경우에는 강도강간미수죄와 강도치상죄가 성립되고 이는 1개의 행위가 2개의 죄명에 해당되어 상상적 경합관계가 성립된다(대판 1988.6.28. 88도820). (22 변시)

8 해상강도죄, 해상강도 상해 · 치상 · 살인 · 치사 · 강간죄 [미수범 처벌]

제340조 (해상강도) ① 다중의 위력으로 해상에서 선박을 강취하거나 선박내에 침입하여 타인의 재물을 강취한 자는 무기 또는 7년 이상의 징역에 처한다.
② 제1항의 죄를 범한 자가 사람을 상해하거나 상해에 이르게 한 때에는 무기 또는 10년 이상의 징역에 처한다.
③ 제1항의 죄를 범한 자가 사람을 살해 또는 사망에 이르게 하거나 강간한 때에는 사형 또는 무기 징역에 처한다.〈개정 2012.12.18〉

[죄명예규] 해상강도/해상강도(상해, 치상)/해상강도(살인, 치사, 강간)

해상강도죄는 다중의 위력이 필요한 필요적 공범이며, 해상이란 지상의 경찰권이 미치지 않는 영해 · 공해를 말하므로 하천 · 호수 · 항만은 제외된다. 그리고 조문 중 제3항에 **해상강도강간죄**가 있다는 점을 주의하여야 한다.

〈**페스카마 15호 선상 살인사건**〉 선장을 비롯한 일부 선원들을 살해하는 등의 방법으로 선박의 지배권을 장악하여 목적지까지 항해한 후 선박을 매도하거나 침몰시키려고 한 경우에 선박에 대한 불법 영득의 의사가 있다고 보아 해상강도살인죄로 인정한 사례(대판 1997.7.25. 97도1142).

9 상습강도죄 [미수범 처벌]

제341조 (상습범) 상습으로 제333조, 제334조, 제336조 또는 전조 제1항의 죄를 범한 자는 무기 또는 10년 이상의 징역에 처한다.

[죄명예규] 상습(제333조, 제334조, 제336조, 제340조제1항 각 죄명)

10 강도예비 · 음모죄

제343조 (예비, 음모) 강도할 목적으로 예비 또는 음모한 자는 7년 이하의 징역에 처한다.

[COMMENT] 재산죄에서 예비 · 음모를 처벌하는 유일한 조문이며, 단순절도죄 보다도 형량이 무겁다는 점을 주의하여야 한다.

(1) 일반론

강도를 할 목적으로 예비 · 음모함으로써 성립하는 범죄이다. 그리고 강도죄는 비전속적 법익에 대한 죄이므로 살인죄와 같은 전속적 법익에 대한 죄에 비하여 예비의 특정성이 상대적으로 완화된다.

〈통행인을 기다린 사건〉 강도에 공할 흉기를 휴대하고 통행인의 출현을 대기하는 행위는 강도예비에 해당한다(대판 1948.8.17. 4281형상80).

(2) 준강도 목적과 강도예비죄

▌준강도 목적과 강도예비죄

甲은 주로 절도를 행해온 자로서 어느날 절도를 하러가면서 혹시라도 발각되면 체포를 면탈할 목적으로 사용하기 위하여 등산용 칼을 준비하였다. 甲의 죄책은? [2013 2차]

1. 논의점

절도를 준비하면서 발각되면 준강도를 할 목적으로 외적인 준비행위를 한 경우에 준강도에 대한 예비를 인정하여 강도예비죄로 처벌할 수 있는지에 대하여 논의가 있다.

2. 견해의 대립

이에 대하여는 ① 준강도죄가 강도죄와 같이 처벌되는 것은 준강도죄가 강도죄에 필적하는 불법을 갖춘 점에 있으므로 준강도의 예비를 강도예비죄로 처벌할 수 있다는 **긍정설** ② 준강도의 예비죄가 가능하다면 대부분의 절도예비행위가 강도예비죄로 파악되는 결과가 야기될 것이므로 준강도의 예비를 강도예비죄로 처벌할 수 없다는 **부정설**이 대립하고 있다.

3. 판례의 태도

판례는 '강도예비·음모죄가 성립하기 위해서는 예비·음모 행위자에게 미필적으로라도 강도를 할 목적이 있음이 인정되어야 하고 그에 이르지 않고 단순히 준강도할 목적이 있음에 그치는 경우에는 강도예비·음모죄로 처벌할 수 없다'라고 하여 **부정설**의 입장이다.

4. 검 토

생각건대 예비·음모죄는 중대한 법익에 대하여만 예외적으로 처벌하고 있으므로 엄격히 제한해석하여야 하고, 제343조는 '강도할 목적'이라고 되어 있으므로 문리해석상 '준강도할 목적'인 경우를 포함하지 않는다는 부정설이 타당하다.

5. 관련판례

〈준강도의 목적만 있다면 강도예비죄가 성립하지 않는다는 판례〉 [사실관계] − [쟁점사실관계]
[판결요지] 강도예비·음모죄가 성립하기 위해서는 예비·음모 행위자에게 미필적으로라도 '강도'를 할 목적이 있음이 인정되어야 하고 그에 이르지 않고 단순히 '준강도'할 목적이 있음에 그치는 경우에는 강도예비·음모죄로 처벌할 수 없다(대판 2006.9.14. 2004도6432). 답 범죄가 성립하지 않는다. (14 변시)(15 변시)(17 변시)(22 변시)(24 1차)(24 3차)

(3) 죄 수

강도예비죄는 강도죄와 보충관계가 있으므로 강도죄 등의 죄가 성립하면 이에 흡수된다.

〈**상습강도죄와 강도예비죄**〉 특정범죄가중처벌등에관한법률 제5조의4 제3항에 규정된 상습강도죄를
범한 범인이 그 범행 외에 상습적인 강도의 목적으로 강도예비를 하였다가 강도에 이르지 아니하
고 강도예비에 그친 경우에도 그것이 강도상습성의 발현이라고 보여지는 경우에는 강도예비행위
는 상습강도죄에 흡수되어 위 법조에 규정된 상습강도죄의 1죄만을 구성하고 이 상습강도죄와
별개로 강도예비죄를 구성하지 아니한다(대판 2003.3.28. 2003도665).

제3절 | 사기의 죄

1 사기죄 [미수범 처벌]

> 제347조 (사기) ① 사람을 기망하여 재물의 교부를 받거나 재산상의 이익을 취득한 자는 10년 이하의 징역 또는 2천만 원 이하의 벌금에 처한다.
> ② 전항의 방법으로 제3자로 하여금 재물의 교부를 받게 하거나 재산상의 이익을 취득하게 한 때에도 전항의 형과 같다.

I. 서 설

사기죄는 사람을 기망하여 재물을 교부받거나 재산상의 이득을 취득하거나, 제3자로 하여금 재물의 교부를 받게 하거나 재산상의 이익을 취득하게 함으로써 성립하는 범죄이다. 보호법익은 재산권이며, 보호의 정도는 침해범이다.

〈기망으로 농지보전부담금 면제 받은 사건〉 [1] 기망행위에 의하여 국가적 또는 공공적 법익을 침해하는 경우라도 그와 동시에 형법상 사기죄의 보호법익인 재산권을 침해하는 것과 동일하게 평가할 수 있는 때에는 행정법규에서 사기죄의 특별관계에 해당하는 처벌규정을 별도로 두고 있지 않는 한 사기죄가 성립할 수 있다. [2] 그런데 중앙행정기관의 장, 지방자치단체의 장 등 법률에 따라 금전적 부담의 부과권한을 부여받은 자(이하 '부과권자'라 한다)가 재화 또는 용역의 제공과 관계없이 특정 공익사업과 관련하여 권력작용으로 부담금을 부과하는 것은 일반 국민의 재산권을 제한하는 침해행정에 속한다. 이러한 침해행정 영역에서 일반 국민이 담당 공무원을 기망하여 권력작용에 의한 재산권 제한을 면하는 경우에는 부과권자의 직접적인 권력작용을 사기죄의 보호법익인 재산권과 동일하게 평가할 수 없는 것이므로, 행정법규에서 그러한 행위에 대한 처벌규정을 두어 처벌함은 별론으로 하고, 사기죄는 성립할 수 없다(대판 2019.12.24. 2019도2003). **[COMMENT]** 기망행위에 의하여 국가적 또는 공공적 법익을 침해하는 경우라도 형법상 사기죄가 성립할 수 있지만, 침해행정 영역에서 일반 국민이 담당 공무원을 기망하여 권력작용에 의한 재산권 제한을 면하는 경우에는 행정법규에서 그러한 행위에 대한 처벌규정을 두어 처벌함은 별론으로 하고, 사기죄는 성립할 수 없다는 판례이다. (21 경1)(22 경1)

〈조세포탈은 사기죄가 성립하지 않는다는 판례〉 [1] (위 판례 [1] 부분과 동일한 법리 생략) [2] 기망행위에 의하여 조세를 포탈하거나 조세의 환급·공제를 받은 경우에는 조세범처벌법 제9조에서 이러한 행위를 처벌하는 규정을 별도로 두고 있을 뿐만 아니라, 조세를 강제적으로 징수하는 국가 또는 지방자치단체의 직접적인 권력작용을 사기죄의 보호법익인 재산권과 동일하게 평가할 수 없는 것이므로 조세범처벌법 위반죄가 성립함은 별론으로 하고, 형법상 사기죄는 성립하지 않는다 (대판 2008.11.27. 2008도7303). (17 변시)

Ⅱ. 구성요건

1. 객 체

타인이 점유하는 타인의 재물 또는 재산상의 이익이다.

(1) 재 물

타인이 점유하는 타인의 재물을 말한다. 재물에는 부동산이 포함된다.

〈무효인 약속어음 공정증서 사건〉 약속어음 공정증서에 증서를 무효로 하는 사유가 존재한다고 하더라도, 그 증서 자체에 이를 무효로 하는 사유의 기재가 없고 외형상 권리의무를 증명함에 족한 체제를 구비하고 있는 한 그 증서는 형법상의 재물로서 사기죄의 객체가 됨에 아무런 지장이 없다 (대판 1995.12.22. 94도3013).

〈인감증명서 사건〉 피고인이 피해자에게서 매수한 재개발아파트 수분양권을 이미 매도하였는데도 마치 자신이 피해자의 입주권을 정당하게 보유하고 있는 것처럼 피해자의 딸과 사위에게 거짓말하여 피해자 명의의 인감증명서 3장을 교부받은 사안에서, 위 인감증명서는 피해자측이 발급받아 소지하게 된 피해자 명의의 것으로서 재물성이 인정된다 할 것인데, 피고인이 피해자측을 기망하여 이를 교부받은 이상 재물에 대한 편취행위가 성립한다(대판 2011.11.10. 2011도9919).

〈부도어음 사건〉 약속어음은 그 자체가 재산적 가치를 지닌 유가증권으로서 만기에 지급장소에서 어음금이 지급되지 아니하는 때라도 소지인은 배서인, 발행인 기타 어음채무자에 대하여 소구권을 행사할 수 있어서 그 효용이 소멸된 것이 아니므로 발행인의 자금부족으로 지급장소에서 지급되지 아니하는 약속어음이라도 사기죄의 객체가 된다(대판 1985.3.9. 85도951).

〈보험가입사실증명원은 사기죄의 객체인 재물이 되지 않는다는 판례〉 보험가입사실증명원은 교통사고를 일으킨 차가 교통사고처리특례법 제4조에서 정한 취지의 보험에 가입하였음을 보험회사가 증명하는 내용의 문서일 뿐이고 거기에 재물이나 재산상의 이익의 처분에 관한 사항을 포함하고 있는 것은 아니므로, 보험가입사실증명원은 사기죄의 객체가 되지 아니한다(대판 1997.3.28. 96도2625).

(2) 타인의 재산상의 이익

재산상의 이익이란 재물 이외의 일체의 경제적 이익을 말하며, 적극적 · 소극적 이익, 일시적 · 영구적 이익을 불문한다. 그리고 사법상 유효할 것도 요하지 않으며 외관상 재산상 이익을 취득하였다는 사실관계 즉 사실상 이익이 있으면 족하다.

[COMMENT] 이러한 내용은 경제적 재산설에 입각한 내용이다.

〈매음료 면탈 사건〉 일반적으로 부녀와의 성행위 자체는 경제적으로 평가할 수 없고, 부녀가 상대방으로부터 금품이나 재산상 이익을 받을 것을 약속하고 성행위를 하는 약속 자체는 선량한 풍속 기타 사회질서에 위반한 사항을 내용으로 하는 법률행위로서 무효이나, 사기죄의 객체가 되는 재산상의 이익이 반드시 사법상 보호되는 경제적 이익만을 의미하지 아니하고, 부녀가 금품 등을 받을 것을 전제로 성행위를 하는 경우 그 행위의 대가는 사기죄의 객체인 경제적 이익에 해당하므로,

부녀를 기망하여 성행위 대가의 지급을 면하는 경우 사기죄가 성립한다(대판 2001.10.23. 2001도2991). (20 변시)

〈비트코인이 사기죄의 객체인 재산상 이익이라는 판례〉 비트코인은 경제적인 가치를 디지털로 표상하여 전자적으로 이전, 저장과 거래가 가능하도록 한 가상자산의 일종으로 사기죄의 객체인 재산상 이익에 해당한다(대판 2021.11.11. 2021도9855). (24 3차)(22 경1)

〈채무이행을 연기받는 것도 재산상 이익이라는 판례〉 약속어음 또는 당좌수표를 수수함에 의하여 채무이행을 연기받는 것도 재산상의 이익이 되므로, 채무이행을 연기받은 사기죄는 성립할 수 있다 (대판 1998.12.9. 98도3282).

〈담보가치도 재산상 이익이라는 판례〉 타인을 기망하여 그 소유의 부동산에 저당권을 설정케 하고 이를 담보로 금원을 융자받은 경우, 위와 같은 행위는 피해자의 저당권설정행위라는 재산적 처분행위에 의하여 위 저당권을 담보로 하여 융자받은 금원상당의 재산상 이익인 담보가치를 취득한 것이 되므로 이는 위 피해자를 피기망자 및 피해자로 하는 사기죄를 구성한다(대판 1985.11.12. 84도984).

〈자금운용의 권한 내지 지위 사건(사기죄를 긍정한 판례)〉 경제적 이익을 기대할 수 있는 자금운용의 권한 내지 지위의 획득도 그 자체로 경제적 가치가 있는 것으로 평가할 수 있다면 사기죄의 객체인 재산상의 이익에 포함된다(대판 2012.9.27. 2011도282).

[비교판례] 〈재산관리인으로 선임된 사건(사기죄를 부정한 판례)〉 법원을 기망하여 부재자의 재산관리인으로 선임된 것만으로 어떤 재산권이나 재산상의 이익을 얻은 것이라고 볼 수 없으므로 그 행위를 사기죄에 해당한다고 볼 수 없다(대판 1973.9.25. 73도1080).

〈타인 명의로 예금하면 예금주는 타인이므로 타인이 예금 지급을 구해도 사기죄는 아니라는 판례〉 갑이 금융기관에 피고인 명의로 예금을 하면서 자신만이 이를 인출할 수 있게 해달라고 요청하여 금융기관 직원이 예금관련 전산시스템에 '갑이 예금, 인출 예정'이라고 입력하였고 피고인도 이의를 제기하지 않았는데, 그 후 피고인이 금융기관을 상대로 예금 지급을 구하는 소를 제기하였다가 금융기관의 변제공탁으로 패소한 사안에서, 제반 사정에 비추어 금융기관과 갑 사이에 실명확인 절차를 거쳐 서면으로 이루어진 피고인 명의의 예금계약을 부정하여 예금명의자인 피고인의 예금반환청구권을 배제하고, 갑에게 이를 귀속시키겠다는 명확한 의사의 합치가 있었다고 인정할 수 없어 예금주는 여전히 피고인이라는 이유로, 이와 달리 예금주가 갑이라는 전제하에 피고인에게 사기미수죄를 인정한 원심판단에 예금계약의 당사자 확정 방법에 관한 법리오해의 위법이 있다고 한 사례(대판 2011.5.13. 2009도5386).

(3) 재물과 재산상 이익의 구별

사기죄의 객체는 재물과 재산상의 이익을 포함하고 있으므로 사기죄의 성립 여부만 검토할 때에는 양자를 구별할 실익이 크지 않다. 그러나 사기죄로 취득한 재산이 장물인지 여부를 검토할 때에는 구별실익이 있다. 이에 대하여 판례는 피해자를 기준으로 재물과 재산상의 이익을 구별하고 있다.

〈사기죄의 객체인 재물과 재산상 이익의 구별〉 사기죄의 객체는 타인이 점유하는 '타인의' 재물 또는 재산상의 이익이므로, 피해자와의 관계에서 살펴보아 그것이 피해자 소유의 재물인지 아니면 피해자가 보유하는 재산상의 이익인지에 따라 '재물'이 객체인지 아니면 '재산상의 이익'이 객체인지 구별하여야 하는 것으로서, 이 사건과 같이 피해자가 본범의 기망행위에 속아 현금을 피고인 명의의 은행 예금계좌로 송금하였다면, 이는 재물에 해당하는 현금을 교부하는 방법이 예금계좌로 송금하는 형식으로 이루어진 것에 불과하여, 피해자의 은행에 대한 예금채권은 당초 발생하지 않는다(대판 2010.12.9. 2010도6256). [2024 3차](12 변시)(19 변시)

(4) 불법원인급여와 사기죄

| 불법원인급여와 사기죄 |

甲은 도박장에서 도박을 하고 있었다. 그런데 甲은 도박자금이 떨어지자 옆에서 구경하고 있던 A에게 사실은 변제할 의사가 없었지만 높은 이자를 약속하고 도박자금을 빌려달라고 하였고, A는 이를 믿고 도박자금으로 300만 원을 빌려주었다. 甲의 죄책은? [2014 변시][2020 1차]

1. 논의점

사람을 기망하여 피해자가 반환청구 할 수 없는 불법한 급여를 하게 한 경우에 사기죄의 성립을 인정할 것인지에 대하여 논의가 있다.

2. 견해의 대립

이에 대하여는 ① 반사회질서행위를 한 피해자를 형법이 보호해 줄 필요가 없으므로 불법원인급여물에 대하여 사기죄의 성립을 부정하는 부정설 ② 사법상의 반환청구권보다는 형법의 독자성이 강조되어야 하므로 불법원인급여물에 대하여도 사기죄의 성립을 긍정하는 긍정설이 대립하고 있다.

3. 판례의 태도

판례는 피해자로부터 도박자금으로 사용하기 위하여 금원을 차용한 사건에서 '민법 제746조의 불법원인급여에 해당하여 급여자가 수익자에 대한 반환청구권을 행사할 수 없다고 하더라도, 수익자가 기망을 통하여 급여자로 하여금 불법원인급여에 해당하는 재물을 제공하도록 하였다면 사기죄가 성립한다'라고 하여 긍정설의 입장이다.

4. 검 토

생각건대 사기죄의 성립 여부는 사법상의 반환청구권과는 관계없이 형법독자적인 입장에서 판단하여야 하므로 긍정설이 타당하다.

5. 관련판례

〈불법원인급여인 도박자금도 사기죄의 객체가 된다는 판례〉 [사실관계] - [쟁점사실관계] [판결요지] [1] 민법 제746조의 불법원인급여에 해당하여 급여자가 수익자에 대한 반환청구권을 행사할 수 없다고 하더라도, 수익자가 기망을 통하여 급여자로 하여금 불법원인급여에 해당하는 재물을 제공하도록 하였다면 사기죄가 성립한다. [2] 피고인이 피해자로부터 도박자금으로 사용하기 위하여 금원을 차용하였더라도 사기죄의 성립에는 영향이 없다고 한 사례(대판 2006.11.23. 2006도6795). 탑 사기죄가 성립한다. (12 변시)(13 변시)(22 변시)(24 1차)(24 2차)

2. 행 위

행위는 기망에 의하여 재물이나 재산상 이익을 취득하는 것이다. 따라서 사기죄는 기망 → 착오 → 처분행위 → 재물 또는 재산상의 이익의 취득 → 손해발생의 단계를 거친다.

(1) 기망행위

1) 기망행위의 의의 : 기망행위란 사람으로 하여금 착오를 일으키게 하는 것을 말한다.

작위에 의한 기망행위 관련 판례 정리

1. 기본 법리 판례

〈기망행위의 개념〉 사기죄의 요건으로서의 기망은 널리 재산상의 거래관계에 있어서 서로 지켜야 할 신의와 성실의 의무를 저버리는 모든 적극적 및 소극적 행위로서 사람으로 하여금 착오를 일으키게 하는 것을 말한다(대판 1992.9.14. 91도2994).

〈귀신을 쫓는 기도비' 사건〉 [1] 피고인이 피해자에게 불행을 고지하거나 길흉화복에 관한 어떠한 결과를 약속하고 기도비 등의 명목으로 대가를 교부받은 경우에 전통적인 관습 또는 종교행위로서 허용될 수 있는 한계를 벗어났다면 사기죄에 해당한다. [2] 피고인이 피해자에게 '피해자의 처가 정신분열병에 걸린 것은 귀신이 들린 것이니 피고인이 기도를 하여 낫게 해줄 수 있다', '피해자의 아들에 액운이 있으니 피고인이 골프공에 피해자의 아들 이름을 적어 골프채로 쳐서 액운을 몰아내야 한다', '피해자의 딸과 가족들에게 귀신이 씌었다'는 등의 말을 하며 돈을 요구하여 피해자로부터 기도비와 차용금 명목으로 합계 1억 889만 원을 교부받은 것에 대하여 사기죄를 인정한 사례(대판 2017.11.9. 2016도12460).

2. 기망행위를 긍정한 판례

〈과다한 보험지급받은 사건〉 피고인이 보험금을 편취할 의사로 허위로 보험사고를 신고하거나 고의로 보험사고를 유발한 경우 보험금에 관한 사기죄가 성립하고, 나아가 설령 피고인이 보험사고에 해당할 수 있는 사고로 경미한 상해를 입었다고 하더라도 이를 기화로 보험금을 편취할 의사로 상해를 과장하여 병원에 장기간 입원하고 이를 이유로 실제 피해에 비하여 과다한 보험금을 지급받는 경우에는 보험금 전체에 대해 사기죄가 성립한다(대판 2011.2.24. 2010도17512). (22 2차)

〈비의료인이 개설한 의료기관이 요양급여비용 청구한 사건〉 비의료인이 개설한 의료기관이 마치 의료법에 의하여 적법하게 개설된 요양기관인 것처럼 국민건강보험공단에 요양급여비용의 지급을 청구하는 것은 국민건강보험공단으로 하여금 요양급여비용 지급에 관한 의사결정에 착오를 일으키게 하는 것으로서 사기죄의 기망행위에 해당하고, 이러한 기망행위에 의하여 국민건강보험공단에서 요양급여비용을 지급받을 경우에는 사기죄가 성립한다. 이 경우 의료기관의 개설인인 비의료인이 개설 명의를 빌려준 의료인으로 하여금 환자들에게 요양급여를 제공하게 하였다 하여도 마찬가지이다(대판 2015.7.9. 2014도11843). (16 변시)

〈장물 담보 사건〉 절도범인이 절취한 장물을 자기 것인 양 제3자에게 담보로 제공하고 금원을 편취한 경우에는 별도의 사기죄가 성립된다(대판 1980.11.25. 80도2310). [COMMENT] 제3자가 선의취득을 하지 못하므로 사기죄가 성립하게 된다.

〈정보이용료 1000원 사건〉 피고인이 접속 후 매 30초당 정보이용료 1,000원이 부과되는 060 회선을 임차하여 휴대폰 사용자들인 피해자들에게 음악편지도착 등의 문자메세지를 무작위로 보내어 마치 아는 사람으로부터 음악 및 음성메세지가 도착한 것으로 오인하게 하여 통화 버튼을 눌러 접속하게 한 후 정보이용료가 부과되게 한 행위는 사기죄의 구성요건에 해당한다(대판 2004.10.15. 2004도4705).

〈허위 작성 매출전표 사건〉 가맹점주가 용역의 제공을 가장한 허위의 매출전표임을 고지하지 아니한 채 신용카드회사에게 제출하여 대금을 청구한 행위는 사기죄의 실행행위로서의 기망행위에 해당하고, 가맹점주에게 이러한 기망행위에 대한 범의가 있었다면, 비록 당시 그에게 신용카드 이용대금을 변제할 의사와 능력이 있었다고 하더라도 사기죄의 범의가 있었음을 인정할 수 있다(대판 1999.2.12. 98도3549). (22 변시)

〈신용보증서 사건〉 실제 주택사업자로부터 주택을 분양받은 사실이 없으면서도 수분양자가 아니면서 주택을 분양받은 사실이 있는 것처럼 주택금융신용보증기금의 관리기관을 속여 신용보증서를 발급받은 경우에 사기죄가 성립하며, 재산상이익은 신용보증상당액이다(대판 2005.11.10. 2005도6026).

〈증자 사건〉 주식매도인이 주식매수인에게 주식거래의 목적물이 증자 전의 주식이 아니라 증자 후의 주식이라는 점을 제대로 알리지 않은 것이 사기죄의 기망행위에 해당한다고 본 사례(대판 2006.10.27. 2004도6503).

〈분식회계로 대출받은 사건〉 분식회계에 의한 재무제표 등으로 금융기관을 기망하여 대출을 받았다면 사기죄는 성립하고, 변제의사와 변제능력의 유무 그리고 충분한 담보가 제공되었다거나 피해자의 전체 재산상에 손해가 없고, 사후에 대출금이 상환되었다고 하더라도 사기죄의 성립에는 영향이 없다(대판 2005.4.29. 2002도7262).

〈기업회계기준 개정 사건〉 기업회계기준이 개정되었지만 그 부칙에 따라 개정 전의 기업회계기준을 적용하여야 할 사안에서, 개정된 기업회계기준을 적용하여 작성한 재무제표를 금융기관에 제출하는 행위가 사기죄의 기망행위에 해당한다(대판 2007.6.1. 2006도1813).

〈알선할 의사나 능력이 없이 알선 명목으로 금품을 받은 사건〉 [1] 금융회사 등의 임직원의 직무에 속하는 사항에 관하여 알선을 할 의사나 능력이 없음에도 이를 알선을 한다고 기망하고, 이에 속은 피해자로부터 알선 명목으로 금품을 받은 경우, 특정경제범죄 가중처벌 등에 관한 법률 위반(알선수재)죄가 성립하는지 여부와 상관없이, 그 행위는 다른 사람을 속여 재물을 받은 행위로서 사기죄를 구성한다. [2] 피고인이 대출을 위한 접대비 등의 명목으로 돈을 받더라도 피해자가 대출받게 해 줄 의사나 능력이 없는데도, 피해자에게 저축은행 부행장을 만나기로 하였으니 접대비 등 경비로 사용할 3,000만 원을 주면 골프장 회원권 10개를 담보로 20억 원 이상을 대출받을 수 있도록 해 주겠다고 거짓말을 하여 피고인이 지정한 계좌로 합계 2,100만 원을 송금받아 이를 편취하였다고 판단한 원심을 수긍한 판례(대판 2016.9.28. 2016도6470).

3. 기망행위를 부정한 판례

〈전산망 접속 사건〉 피고인이 이동통신 판매대리점의 컴퓨터를 이용하여 이동통신회사들의 전산망에 접속한 다음 전산상으로 사용정지된 휴대전화를 사용할 수 있도록 하거나 유심칩 읽기를 통해 문자메시지 발송한도를 해제한 것은 전산상 자동으로 처리된 것일 뿐 사기죄 구성요건인 '사람을 기망하여 재산상 이득을 취득한 경우'에 해당한다고 볼 수 없다(대판 2011.7.28. 2011도5299).

〈GPS 추적 사건〉 피고인 등이 피해자 갑 등에게 자동차를 매도하겠다고 거짓말하고 자동차를 양도하면서 매매대금을 편취한 다음, 자동차에 미리 부착해 놓은 지피에스(GPS)로 위치를 추적하여 자동차를 절취하였다고 하여 사기 및 특수절도로 기소된 사안에서, 피고인이 갑 등에게 자동차를 인도하고 소유권이전등록에 필요한 일체의 서류를 교부함으로써 갑 등이 언제든지 자동차의 소유권이전등록을 마칠 수 있게 된 이상, 피고인이 자동차를 양도한 후 다시 절취할 의사를 가지고 있었더라도 자동차의 소유권을 이전하여 줄 의사가 없었다고 볼 수 없고, 피고인이 자동차를 매도할 당시 곧바로 다시 절취할 의사를 가지고 있으면서도 이를 숨긴 것을 기망이라고 할 수 없다(대판 2016.3.24. 2015도17452). (18 변시)

〈치과의사가 다른 치과의사 명의로 의료기관을 개설한 후 요양급여비용 청구한 것은 사기죄가 성립되지 않는다는 판례〉[1] 의료인으로서 자격과 면허를 보유한 사람이 의료법에 따라 의료기관을 개설하여 건강보험의 가입자 또는 피부양자에게 국민건강보험법에서 정한 요양급여를 실시하여 국민건강보험공단으로부터 요양급여비용을 지급받았다면, 설령 그 의료기관이 다른 의료인의 명의로 개설·운영되어 의료법 제4조 제2항을 위반하였다 하더라도 그 자체만으로는 국민건강보험법상 요양급여비용을 청구할 수 있는 요양기관에서 제외되지 아니하므로, 달리 요양급여비용을 적법하게 지급받을 수 없는 자격 내지 요건이 흠결되지 않는 한 국민건강보험공단을 피해자로 하는 사기죄를 구성한다고 할 수 없다. [2] 치과의사면허를 가진 피고인 2, 3이 치과의사면허를 가진 피고인 1로부터 명의를 빌려 각기 의료기관을 개설, 운영한 후 국민건강보험공단에 요양급여비용을 청구한 사안에서 피고인들의 사기죄의 성립을 부정한 사례(대판 2019.5.30. 2019도1839).

〈하도급 제한 규정 위반 사건〉 구「시설물의 안전관리에 관한 특별법」상 하도급 제한 규정은 시설물의 안전점검과 적정한 유지관리를 통하여 재해와 재난을 예방하고 시설물의 효용을 증진시킨다는 국가적 또는 공공적 법익을 보호하기 위한 것이므로, 이를 위반한 경우 구 시설물안전법에 따른 제재를 받는 것은 별론으로 하고 곧바로 사기죄의 보호법익인 재산권을 침해하였다고 단정할 수 없다. 사기죄가 성립된다고 하려면 이러한 사정에 더하여 이 사건 각 안전진단 용역계약의 내용과 체결 경위, 계약의 이행과정이나 결과 등까지 종합하여 살펴볼 때 과연 피고인들이 안전진단 용역을 완성할 의사와 능력이 없음에도 불구하고 용역을 완성할 것처럼 거짓말을 하여 용역대금을 편취하려 하였는지 여부를 기준으로 판단하여야 한다(대판 2021.10.14. 2016도16343).

〈무자격 건설업자 사건〉 피고인이 설립한 갑 주식회사는 설립 자본금을 가장납입하고, 자격증 대여자를 보유 건설기술자로 등록하는 등 자본금 요건과 기술자 보유 요건을 가장하여 전문건설업을 부정 등록한 무자격 건설업자로 전문공사를 하도급받을 수 없었음에도, 이를 바탕으로 공사 발주기관을 기망하여 특허 사용협약을 체결하고, 해당 공사를 낙찰받은 건설회사 담당자를 기망하여 하도급 계약을 체결한 후, 각 계약들에 따른 공사대금을 지급받아 편취하였다는 이유로 특정경제범죄 가중처벌 등에 관한 법률 위반(사기) 및 사기죄로 기소된 사안에서, 피고인이 발주기관 또는 건설회사들로부터 공사대금을 지급받은 행위가 사기죄에서의 기망행위로 인한 재물의 편취에 해당한다고 보기 어려우므로, 이와 달리 공소사실을 유죄로 본 원심판단에 법리오해의 잘못이 있다고 한 사례(대판 2023.1.12. 2017도14104).

2) 기망행위의 대상

(가) **사실에 관한 기망행위** : 사실이란 구체적으로 증명이 가능한 과거 또는 현재의 일정한 상태를 의미한다. 그리고 기망행위의 대상은 반드시 법률행위의 중요 부분에 관한 허위표시임을 요하지 아니하고 상대방을 착오에 빠지게 하여 행위자가 희망하는 재산적 처분행위를 하도록 하기 위한 판단의 **기초가 되는 사실**에 관한 것이면 족하다.

(나) **가치판단에 의한 기망행위** : 독일 형법은 기망의 대상을 사실로 제한하고 있는 규정이 있지만, 우리 형법은 이에 대한 아무런 규정이 없다. 따라서 기망행위의 대상에 사실

이외에 주관적 가치판단이나 기타 의견의 진술도 포함될 수 있는가에 대하여 ① 적극설과 ② 소극설이 대립하고 있다. 생각건대 가치판단이나 의견의 진술은 개인의 주관적인 의사의 표명에 불과하고 객관적으로 불일치 여부의 확정이 어려우므로 **원칙적으로 기망이 대상이 될 수 없지만, 예외적으로** 가치판단이나 의견의 진술이 진술자의 전문가적 지식과 결부되어 있거나 사실의 중요 부분을 내포하고 있는 것으로 볼 수 있는 경우에는 기망행위가 될 수 있다고 보아야 한다.

㈐ 용도의 기망

용도의 기망(동기의 착오)

1. 기본 법리

용도를 속이고 돈을 빌린 경우에 기망이 인정되는지에 대하여 논의가 있으나, 판례는 '만일 진정한 용도를 고지하였더라면 상대방이 돈을 빌려주지 않았을 것이라는 관계에 있는 때에는 사기죄의 실행행위인 기망은 있다'라고 판시하여 한정적으로 긍정하고 있다.

2. 관련 판례

〈용도 사기 사건〉 [1] 사기죄의 실행행위로서의 기망은 반드시 법률행위의 중요 부분에 관한 허위표시임을 요하지 아니하고 상대방을 착오에 빠지게 하여 행위자가 희망하는 재산적 처분행위를 하도록 하기 위한 판단의 기초가 되는 사실에 관한 것이면 충분하므로, 용도를 속이고 돈을 빌린 경우에 만일 진정한 용도를 고지하였더라면 상대방이 빌려 주지 않았을 것이라는 관계에 있는 때에는 사기죄의 실행행위인 기망은 있는 것으로 보아야 한다. [2] 변호사가 대법관에게 로비자금으로 사용한다고 기망하여 의뢰인에게서 금원을 교부받은 경우 사기죄가 성립할 수 있다는 판례(대판 1995.9.15. 95도707). (12 변시)(23 1차)(24 2차)

〈금전 차용 사기 사건〉 [1] 타인으로부터 금전을 차용함에 있어서 그 차용한 금전의 용도나 변제할 자금의 마련방법에 관하여 사실대로 고지하였더라면 상대방이 응하지 않았을 경우에 그 용도나 변제자금의 마련방법에 관하여 진실에 반하는 사실을 고지하여 금전을 교부받은 경우에는 사기죄가 성립하고, 이 경우 차용금채무에 대한 담보를 제공하였다는 사정만으로는 결론을 달리 할 것은 아니다. [2] 자력있는 보증인이 연대보증을 하였다고 하더라도 차용사기가 성립한다고 한 사례(대판 2005.9.15. 2003도5382).

---

3) 기망행위의 수단(태양)

㈎ **명시적 기망행위** : 명시적 기망행위는 언어 · 문서에 의하여 객관적 진실에 반하는 주장을 하는 것을 의미한다. 그러나 기망은 직접적이어야 하므로, **참고자료에 불과한 사실에 대한 기망은 본죄의 기망이 되지 않는다.**

〈장애인단체 보조금 정산보고서 사건〉 장애인단체의 지회장이 지방자치단체로부터 보조금을 더 많이 지원받기 위하여 허위의 보조금 정산보고서를 제출한 경우, 보조금 정산보고서는 보조금의 지원 여부 및 금액을 결정하기 위한 참고자료에 불과하고 직접적인 서류라고 할 수 없다는 이유로 보조금 편취범행(기망)의 실행에 착수한 것으로 보기 어렵다고 한 사례(대판 2003.6.13. 2003도1279).

〈태풍 피해복구보조금 사건〉 태풍 피해복구보조금 지원절차가 행정당국에 의한 실사를 거쳐 피해자로 확인된 경우에 한하여 보조금 지원신청을 할 수 있도록 되어 있는 경우, 피해신고는 국가가 보조금의 지원 여부 및 정도를 결정함에 있어 그 직권조사를 개시하기 위한 참고자료에 불과하다는 이유로 허위의 피해신고만으로는 위 보조금 편취범행의 실행에 착수한 것이라고 볼 수 없다(대판 1999.3.12. 98도3443).

    ㈏ **묵시적 기망행위** : 묵시적 기망행위란 언어나 문서에 의한 명시적 의사표시 없이 설명 가치가 있는 일정한 거동을 통해서 허위의 주장을 하는 것을 말한다.

> [COMMENT] 묵시적 기망행위와 부작위에 의한 기망행위의 구별은 전자는 기망행위에 의하여 착오에 빠지고, 후자는 착오에 빠진 자를 이용한다는 점에서 차이가 있다.

    ㈐ **부작위에 의한 기망행위** : 부작위에 의한 기망행위란 이미 착오에 빠져있는 상대방에게 그 착오를 제거해야 할 의무 있는 자가 고의로 그 고지의무를 이행하지 아니하고 그 착오를 이용하는 것을 말한다. 그리고 부작위에 의한 기망이 인정되기 위해서는 부작위범의 일반적인 성립요건을 구비해야 한다. 즉 ① 상대방이 스스로 착오에 빠져 있을 것 ② 작위의무가 있을 것 ③ 개별적 행위가능성이 있을 것 ④ 부작위가 있을 것 등을 구비해야 한다.

▌부작위에 의한 기망 관련 판례 정리

1. 기본 법리 판례

〈부작위에 의한 기망의 요건〉 사기죄의 요건으로서의 기망은 널리 재산상의 거래관계에 있어서로 지켜야 할 신의와 성실의 의무를 저버리는 모든 적극적 또는 소극적 행위를 말하는 것이고, 이러한 소극적 행위로서의 부작위에 의한 기망은 법률상 고지의무 있는 자가 일정한 사실에 관하여 상대방이 착오에 빠져 있음을 알면서도 이를 고지하지 아니함을 말하는 것으로서, 일반거래의 경험칙상 상대방이 그 사실을 알았더라면 당해 법률행위를 하지 않았을 것이 명백한 경우에는 신의칙에 비추어 그 사실을 고지할 법률상 의무가 인정되는 것이다(대판 2000.1.28. 99도2884). (23 변시)(23 1차)

〈법률상 고지의무의 근거〉 [1] (위 판례와 동일한 취지 일부 생략) [2] 여기에서 법률상 고지의무는 법령, 계약, 관습, 조리 등에 의하여 인정되는 것으로서 문제가 되는 구체적인 사례에 즉응하여 거래실정과 신의성실의 원칙에 의하여 결정되어야 한다. 그리고 법률상 고지의무를 인정할 것인지는 법률문제로서 상고심의 심판대상이 되지만 그 근거가 되는 거래의 내용이나 거래관행 등 거래실정에 관한 사실을 주장·증명할 책임은 검사에게 있다(대판 2020.6.25. 2018도13696). (22 3차)

〈고지의무의 한계〉 어떤 법률행위를 하려는 사람이 그 법률행위에 따른 상대방의 법률상 지위에 아무런 영향도 미칠 수 없는 사유까지 상대방에게 고지할 의무가 있다고 볼 수는 없다(대판 2012.4.13. 2011도2989).

2. 부작위에 의한 기망을 긍정한 판례

(1) 매매 관련 판례

〈재심소송 사건〉 부동산매매에 있어서 매매목적물에 관하여 소유권귀속에 관한 분쟁이 있어 재심소송이 계속중에 있다면 이러한 사정들은 특별한 사정이 없는 한 매수인으로서는 매매계약의 체결 여부를 결정짓는 매우 중요한 요소이므로 매도인은 거래의 신의성실의 원칙상 매수인에게 고지할 의무가 있다 할 것이고 매도인이 매수인에게 소송계속 사실을 숨기고 매도하여 대금을 교부받았다면 이는 사기죄를 구성한다(대판 1986.9.9. 86도956).

〈경매진행 사건〉임대인이 임대차계약을 체결하면서 임차인에게 임대목적물이 경매진행중인 사실을 알리지 아니한 경우, 임차인이 등기부를 확인 또는 열람하는 것이 가능하더라도 사기죄가 성립한다(대판 1998.12.8. 98도3263). (12 변시)(18 변시)

〈협의매수되거나 수용될 토지 사건〉토지에 대하여 도시계획이 입안되어 있어 장차 협의매수되거나 수용될 것이라는 사정을 매수인에게 고지하지 아니한 행위가 부작위에 의한 사기죄를 구성한다고 본 사례(대판 1993.7.13. 93도14). (14 변시)(18 변시)

〈명도소송과 점유이전금지가처분 사건〉매매에 있어서 매수인이 알았다면 매수하지 아니할 것이 거래의 경험칙상 명백한 사실에 대하여는 매도인은 신의성실의 원칙에 따라 이를 상대방에게 고지할 법률상 의무가 있다고 보아야 할 것이므로 제3자가 매도인을 상대로 대지 및 지상건물에 대한 명도소송을 제기하여 계속중이고 점유이전금지가처분까지 되어 있는 사실을 매수인이 알았다면 거래의 경험칙상 위 대지를 매수하지 아니하였을 것이 분명하므로 신의성실의 원칙에 따라 매도인은 위와 같은 소송관계를 매수인에게 고지할 법률상 의무가 있다(대판 1985.3.26. 84도301).

〈매매목적물의 재단법인 출연 여부가 문제 된 사건〉부동산매매에 있어서 매매목적물에 관하여 유언으로 재단법인에 출연되었는지의 여부가 문제되고 다른 부동산에 관하여는 이미 위 유언이 유효하다는 판결까지 있었다면 이러한 사정들은 특별한 사정이 없는 한 매수인으로서는 매매계약의 체결 여부를 결정짓는 매우 중요한 요소이므로, 매도인은 거래의 신의성실의 원칙상 매수인에게 이를 고지할 법률상의 의무가 있고 매도인이 매수인에게 위와 같은 사실을 숨기고 매도하여 대금을 교부받았다면 이는 사기죄를 구성한다(대판 1992.8.14. 91도2202).

〈가압류 사실을 고지하지 않은 사건〉주식회사 대표이사인 피고인이 피해자와 전기공사업 양도계약을 체결함에 있어, 전기공사공제조합 대출금액을 축소하여 고지하고 대출금 연체 사실 및 공제조합 출자증권에 대한 가압류 사실을 숨기고 고지하지 않은 채 기망하여 이에 속은 피해자로부터 계약금을 송금받아 편취하였다는 공소사실에 대하여, 피고인에게 무죄를 선고한 원심판결을 파기한 사례(대판 2010.2.25. 2009도1950).

〈가등기와 근저당권설정등기가 경료된 사건〉토지를 매도함에 있어서 채무담보를 위한 가등기와 근저당권설정등기가 경료되어 있는 사실을 숨기고 이를 고지하지 아니하여 매수인이 이를 알지 못한 탓으로 그 토지를 매수하였다면 이는 사기죄를 구성하는 것으로 보아야 할 것이다(대판 1981.8.20. 81도1638).

(2) 대출 관련 판례

〈이면약정 숨긴 사건〉대출자금으로 빌딩을 경락받았으나 분양이 저조하여 자금조달에 실패한 피고인들이 수분양자들과 사이에 대출금으로 충당되는 중도금을 제외한 계약금과 잔금의 지급을 유예하고 1년의 위탁기간 후 재매입하기로 하는 등의 비정상적인 이면약정을 체결하고 점포를 분양하였음에도, 금융기관에 대해서는 그러한 이면약정의 내용을 감춘 채 분양 중도금의 집단적 대출을 교섭하여 중도금 대출 명목으로 금원을 지급받은 사안에서, 대출 금융기관에 대하여 비정상적인 이면약정의 내용을 알릴 신의칙상 의무가 있다고 보아 이를 알리지 않은 것은 사기죄의 요건으로서의 부작위에 의한 기망에 해당한다고 한 사례(대판 2006.2.23. 2005도8645).

〈자동차할부금융대출사기 사건〉사채업자가 대출희망자로부터 대출을 의뢰받은 다음 대출희망자가 자동차의 실제 구입자가 아니어서 자동차할부금융의 대상이 되지 아니함에도 그가 실제로 자동차를 할부로 구입하는 것처럼 그 명의의 대출신청서 등 관련 서류를 작성한 후 이를 할부금융회사에 제출하여 자동차할부금융으로 대출금을 받은 경우, 사채업자로서는 신의성실의 원칙상 사전에 할부금융회사에게 자동차를 구입하여 보유할 의사 없이 자동차할부금융대출의 방법으로 자금을 융통하려는 사정을 고지할 의무가 있다 할 것이고, 그럼에도 불구하고 이를 고지하지 아니한 채 대출의뢰인들 명의로 자동차할부금융을 신청하여 그 대출금을 지급하도록 한 행위는 고지할 사실을 묵비함으로써 거래상대방인 할부금융회사를 기망한 것이 되어 사기죄를 구성한다고 한 사례(대판 2004.4.9. 2003도7828).

(3) 보험 관련 판례

〈질병 숨기고 보험계약한 사건〉 특정 질병을 앓고 있는 사람이 보험회사가 정한 약관에 그 질병에 대한 고지의무를 규정하고 있음을 알면서도 이를 고지하지 아니한 채 그 사실을 모르는 보험회사와 그 질병을 담보하는 보험계약을 체결한 다음 바로 그 질병의 발병을 사유로 하여 보험금을 청구하였다면 특별한 사정이 없는 한 사기죄에 있어서의 기망행위 내지 편취의 범의를 인정할 수 있고, 보험회사가 그 사실을 알지 못한 데에 과실이 있다거나 고지의무위반을 이유로 보험계약을 해제할 수 있다고 하여 사기죄의 성립에 영향이 생기는 것은 아니다(대판 2007.4.12. 2007도967). (18 변시)(23 1차)

〈보험사고의 우연성 관련 판례〉 부작위에 의한 기망은 보험계약자가 보험자와 보험계약을 체결하면서 상법상 고지의무를 위반한 경우에도 인정될 수 있다. 다만 보험계약자가 보험자와 보험계약을 체결하더라도 우연한 사고가 발생하여야만 보험금이 지급되는 것이므로, 고지의무위반은 보험사고가 이미 발생하였음에도 이를 묵비한 채 보험계약을 체결하거나 보험사고 발생의 개연성이 농후함을 인식하면서도 보험계약을 체결하는 경우 또는 보험사고를 임의로 조작하려는 의도를 가지고 보험계약을 체결하는 경우와 같이 '보험사고의 우연성'이라는 보험의 본질을 해할 정도에 이르러야 비로소 보험금 편취를 위한 고의의 기망행위에 해당한다(대판 2017.4.26. 2017도1405). (22 2차)

〈초과보험 사건〉 보험자가 보험금액이 목적물의 가액을 현저하게 초과한다는 것을 알았더라면 같은 조건으로 보험계약을 체결하지 않았을 뿐만 아니라 협정보험가액에 따른 보험금을 그대로 지급하지 아니하였을 관계가 인정된다면, 보험계약자가 초과보험 사실을 알지 못하는 보험자에게 목적물의 가액을 묵비한 채 보험금을 청구한 행위는 사기죄의 실행행위로서의 기망행위에 해당한다(대판 2015.7.23. 2015도6905).

〈보험상담원 사건〉 피해자로서는 보험가입자들이 진정으로 보험료를 납부할 의사와 능력이 없이 피고인에 의하여 1회 보험료를 대납하는 방식으로 보험계약을 체결하는 것이어서 1회 보험료 결제 후 보험계약이 유지되지 않을 것이라는 사정을 알았더라면 그 보험계약 체결에 따른 수수료를 지급하지 않았으리라고 보이고, (일부 생략) 그럼에도 불구하고 이를 고지하지 아니한 채 보험가입자로 하여금 피해자와 보험계약을 체결하게 하고 이에 따른 수수료를 지급받은 행위는 고지할 사실을 묵비함으로써 피해자를 기망한 것이 되어 사기죄를 구성한다고 볼 것이다(대판 2014.1.16. 2013도9644). (22 2차)

(4) 기타 부작위에 의한 기망을 긍정한 판례

〈아들을 낳을 수 있다 사건〉 특정 시술을 받으면 아들을 낳을 수 있을 것이라는 착오에 빠져있는 피해자들에게 그 시술의 효과와 원리에 관하여 사실대로 고지하지 아니한 채 아들을 낳을 수 있는 시술인 것처럼 가장하여 일련의 시술과 처방을 행한 의사에 대하여 사기죄의 성립을 인정한 사례(대판 2000.1.28. 99도2884).

〈어음할인 사건〉 어음이 지급기일에 결제되지 않으리라는 점을 예견하였거나 지급기일에 지급될 수 있다는 확신이 없으면서도 그러한 내용을 수취인에게 고지하지 아니하고 이를 속여서 할인을 받았다면 사기죄가 성립한다(대판 1997.2.14. 96도2904).

〈독점판매계약 사건〉 물품의 국내 독점판매계약을 체결하면서 그 물건이 이미 다른 사람에 의하여 판매되고 있음을 고지하지 않은 경우에 물품의 국내 독점판매계약을 체결함에 있어서 고지의무 위반이 있다는 이유로 사기죄를 인정한 원심판결을 수긍한 사례(대판 1996.7.30. 96도1081).

〈대학교수가 학생연구비를 지급받아 개인적인 용도 등으로 사용한 사건〉 의과대학 교수로서 연구책임자인 대학교수가 대학교 산학협력단 등으로부터 지급받은 학생연구비 중 일부를 실질적으로 자신이 관리하는 공동관리계좌에 귀속시킨 후 개인적인 용도 등으로 사용한 경우 산학협력단에 대한 관계에서 부작위에 의한 기망행위 및 불법영득의사가 모두 인정되어 사기죄가 성립된다고 본 원심판결을 수긍한 사례(대판 2021.9.9. 2021도8468).

3. 부작위에 의한 기망을 부정한 판례

(1) 법률상 지위나 권리실현에 장애가 없는 사안 관련 판례

〈신탁금지약정을 체결한 사실을 고지하지 않은 사건〉 [1] 어떤 법률행위를 하려는 사람이 그 법률행위에 따른 상대방의 법률상 지위에 아무런 영향도 미칠 수 없는 사유까지 상대방에게 고지할 의무가 있다고 볼 수는 없다. [2] 피고인이 부동산에 대해 갑과 신탁금지약정을 체결한 사실을 을 은행에 알리지 아니한 채 위 부동산을 담보신탁하고 을 은행에서 대출을 받아 대출금을 편취하였다고 하여 구 특정경제범죄 가중처벌 등에 관한 법률 위반(사기)으로 기소된 사안에서, 신탁금지약정 사실을 고지하지 아니하였다고 하여 을 은행을 기망하였다고 평가할 수 없는데도, 이와 달리 보아 유죄를 인정한 원심판결에 법리오해의 위법이 있다고 한 사례(대판 2012.4.13. 2011도2989).

〈부동산 이중매매에서 후매수인에 대한 고지의무〉 부동산의 이중매매에 있어서 매도인이 제1의 매매계약을 일방적으로 해제할 수 없는 처지에 있었다는 사정만으로는, 바로 제2의 매매계약의 효력이나 그 매매계약에 따르는 채무의 이행에 장애를 가져오는 것이라고 할 수 없음은 물론, 제2의 매수인의 매매목적물에 대한 권리의 실현에 장애가 된다고 볼 수도 없는 것이므로 매도인이 제2의 매수인에게 그와 같은 사정을 고지하지 아니하였다고 하여 제2의 매수인을 기망한 것이라고 평가할 수는 없을 것이고, 부동산의 이중양도담보에 있어서도 마찬가지라고 할 것이다(대판 2012.1.26. 2011도15179).

〈중고자동차 할부금 사건〉 중고 자동차 매매에 있어서 매도인의 할부금융회사 또는 보증보험에 대한 할부금 채무가 매수인에게 당연히 승계되는 것이 아니라는 이유로 그 할부금 채무의 존재를 매수인에게 고지하지 아니한 것이 부작위에 의한 기망에 해당하지 아니한다고 본 원심판결을 수긍한 사례(대판 1998.4.14. 98도231). (13 변시)(18 변시)(24 변시)

〈국가기술자격증 대여 금지 위반 사건〉 구 국가기술자격법 제26조 제3항의 자격증 대여 금지 위반죄는 국가기술자격제도의 효율적 운영과 산업현장의 수요에 적합한 자격제도 확립이라는 국가적 또는 공공적 법익을 보호하기 위한 것이므로, 이를 위반한 경우 국가기술자격법에 따른 제재를 받는 것은 별론으로 하되, 곧바로 사기죄의 보호법익인 재산권을 침해하였다고 단정할 수 없다(대판 2022.7.14. 2017도20911).

(2) 기타 부작위에 의한 기망을 부정한 판례

〈입주권 사건〉 부동산중개업자인 피고인이 아파트 입주권을 매도하면서 그 입주권을 2억 5,000만 원에 확보하여 2억 9,500만 원에 전매한다는 사실을 매수인에게 고지하지 않은 사안에서, 피고인이 매수인을 기망하여 차액 4,500만 원을 편취하였다고 보기 어려워 사기죄가 성립하지 않는다고 본 원심판단을 수긍한 사례(대판 2011.1.27. 2010도5124).

〈특정된 매도위임가격보다 고가로 매도한 사건〉 토지의 공유자 겸 명의수탁자인 피고인이 나머지 공유자들로부터 그들 소유 지분에 관하여 매도가격 및 처분기한을 특정하여 처분권한을 위임받고 그 처분에 따른 양도소득세 등 일체의 경비를 피고인이 부담하기로 약정한 경우,

피고인이 위 매도위임가격보다 훨씬 고가로 매도하였다 하더라도 그와 같은 사실을 위임인에게 고지할 법률상 의무가 없다고 본 사례(대판 1999.5.25. 98도2792).

    (라) **무전취식과 숙박의 경우** : 무전취식과 무전숙박의 경우에는 사기죄가 성립한다는 점에서는 이론이 없으나 ① 부작위에 의한 사기죄로 인정하는 견해와 ② 묵시적 기망행위로 보아 사기죄를 인정하는 견해가 대립하고 있다. 주의할 점은 취식이나 숙박을 하기 전에 지급할 의사가 없어야 한다. 따라서 취식이나 숙박을 한 이후에 지급할 금전이 없다는 것을 안 경우에는 사기죄는 성립하지 아니한다.

    (마) **잔전사기의 경우**

ㅣ 잔전사기 ㅡ

부동산의 매도인 甲은 매수인 A가 매매잔금을 지불할 때 잔금 이외에 100만원짜리 수표를 한 장 더 주고 있다는 사실을 알면서도 이를 A에게 알리지 않고 영득하였다. 甲의 죄책은?

1. 논의점

거래 상대방이 과다한 잔금을 교부한다는 것을 알면서도 이를 수령한 경우에 부작위에 의한 사기죄가 성립할 것인지에 대하여 논의가 있다.

2. 견해의 대립

이에 대하여는 ① 과다한 잔금이 교부되는 현장에서 그 사실을 안 경우에는 그것을 알려줄 신의칙상의 작위의무를 인정할 수 있으므로 부작위에 의한 사기죄의 성립을 인정하는 **긍정설** ② 거래관행상 과다한 잔금을 받은 자가 항상 잔금이 맞는지를 고지해야 할 의무가 있는 것은 아니므로 부작위에 의한 사기죄의 성립을 부정하는 **부정설**이 대립하고 있다.

3. 판례의 태도

판례는 '매수인이 매도인에게 매매잔금을 지급함에 있어 착오에 빠져 지급해야 할 금액을 초과하는 돈을 교부하는 경우, 특별한 사정이 없는 한 매도인으로서는 매수인에게 사실대로 고지하여 매수인의 착오를 제거하여야 할 신의칙상 의무를 지므로 그 의무를 이행하지 아니하고 매수인이 건네주는 돈을 그대로 수령한 경우에는 사기죄에 해당한다'라고 하여 **긍정설**의 입장이다.

4. 검 토

생각건대 거래는 신의칙에 의하여 이루어져야 하므로 거래대금을 교부하는 경우에도 각 당사자는 신의칙에 따라 행동해야 할 의무가 있다고 보아야 한다. 따라서 과다한 잔금을 알면서 교부받은 경우에는 신의칙에 기한 작위의무가 인정되어 부작위에 의한 사기죄가 성립된다고 보는 것이 타당하다.

5. 관련판례

〈초과 잔금을 알면서 받았으면 사기죄가 성립한다는 판례〉 [사실관계] - [쟁점사실관계] [판결요지] [1] 사기죄의 요건으로서의 기망은 널리 재산상의 거래관계에 있어 서로 지켜야 할 신의와 성실의 의무를 저버리는 모든 적극적 또는 소극적 행위를 말하는 것이고, 그 중 소극적 행위로서의 부작위에 의한 기망은 법률상 고지의무 있는 자가 일정한 사실에 관하여 상대방이 착오에 빠져 있음을 알면서도 그 사실을 고지하지 아니함을 말하는 것으로서, 일반거래의 경험칙상 상대방이 그 사실을 알았더라면 당해 법률행위를 하지 않았을 것이 명백한 경우에는 신의칙에 비추어 그 사실을 고지할 법률상 의무가 인정된다 할 것인바, 매수인이 매도인에게 매매잔금을 지급함에 있어 착오에 빠져 지급해야 할 금액을 초과하는 돈을 교부하는 경우, 매도인이 사실대로 고지하였다면 매수인이 그와 같이 초과하여 교부하지 아니하였을 것임은 경험칙상 명백하므로, 매도인이 매매잔금을 교부받기 전 또는 교부받던 중에 그 사실을 알게 되었을 경우에는 특별한 사정이 없는 한 매도인으로서는 매수인에게 사실대로 고지하여 매수인의 그 착오를 제거하여야 할 신의칙상 의무를 지므로 그 의무를 이행하지 아니하고 매수인이 건네주는 돈을 그대로 수령한 경우에는 사기죄에 해당될 것이지만, 그 사실을 미리 알지 못하고 매매잔금을 건네주고 받는 행위를 끝마친 후에야 비로소 알게 되었을 경우에는 주고받는 행위는 이미 종료되어 버린 후이므로 매수인의 착오 상태를 제거하기 위하여 그 사실을 고지하여야 할 법률상 의무의 불이행은 더 이상 그 초과된 금액 편취의 수단으로서의 의미는 없으므로, 교부하는 돈을 그대로 받은 그 행위는 점유이탈물횡령죄가 될 수 있음은 별론으로 하고 사기죄를 구성할 수는 없다. [2] 매도인이 매매잔금을 교부받을 당시 매수인이 자기앞수표 1장을 착오로 보태어 함께 교부한다는 사정을 알면서도 이를 수령하였다고 인정할 만한 증거가 없다는 이유로 원심판결을 파기한 사례(대판 2004.5.27. 2003도4531). 답 사기죄가 성립한다. (19 법행)(22 경간)(24 2차)

4) 기망의 정도

(가) **판단기준** : 기망행위의 정도는 단순히 사람을 착오에 빠뜨리게 하였다는 것만으로는 기망이 있었다고 할 수 없고, 적어도 그것이 거래관계에 있어서 **신의칙에 반하는 정도**에 이르러야 한다.

(나) **과장·허위광고** : 상거래의 관행상 일반적으로 인정되는 범위 내에서 다소의 과장이나 허위가 수반되는 정도의 추상적인 과장·허위광고는 기망에 해당하지 않는다. 그러나 이러한 정도를 넘어 **구체적으로 증명 가능한 허위의 사실**을 기망하여 광고하는 것은 거래상의 신의칙에 반하므로 기망에 해당한다.

▌과장·허위광고 관련 판례 정리

1. 기본 법리 판례

〈상품 광고의 한계〉 상품의 선전·광고에 있어 다소의 과장이나 허위가 수반되었다고 하더라도 일반 상거래의 관행과 신의칙에 비추어 시인될 수 있는 정도의 것이라면 이를 가리켜 기망하였다고는 할 수가 없고, 거래에 있어 중요한 사항에 관한 구체적 사실을 신의성실의 의무에 비추어 비난받을 정도의 방법으로 허위로 고지하여야만 비로소 과장, 허위광고의 한계를 넘어 사기죄의 기망행위에 해당한다(대판 2007.1.25. 2004도45).

2. 사기죄의 기망을 긍정한 판례

〈한우만 취급한다는 식육식당 사건〉 식육식당을 경영하는 자가 음식점에서 한우만을 취급한다는 취지의 상호를 사용하면서 광고선전판, 식단표 등에 한우만을 사용한다고 기재한 경우 음식점에서 수입소갈비를 판매한 것은 사기죄에 해당한다(대판 1997.9.9. 97도1561). (22 경간)

〈신생 브랜드 사건〉 신생 수입브랜드의 시계를 마치 오랜 전통을 지닌 브랜드의 제품인 것처럼 허위광고 함으로써 그 품질과 명성을 오인한 구매자들에게 고가로 판매한 행위가 사기죄의 '기망행위'에 해당한다고 한 사례(대판 2008.7.10. 2008도1664).

〈백화점 변칙세일 사건〉 백화점에서 종전에 출하한 일이 없던 신상품에 대하여 첫 출하시부터 종전가격 및 할인가격을 비교표시하여 막바로 세일에 들어가는 이른바 변칙세일은 진실규명이 가능한 구체적 사실인 가격조건에 관하여 기망이 이루어진 경우로서 그 사술의 정도가 사회적으로 용인될 수 있는 상술의 정도를 넘은 것이어서 사기죄의 기망행위를 구성한다고 한 사례(대판 1992.9.14. 91도2994).

〈백화점 가공일자 사건〉 백화점의 식품매장에서 당일 판매되지 못하고 남은 생식품들에 대하여 그 다음날 아침 포장지를 교체하면서 가공일자가 재포장일자로 기재된 바코드라벨을 부착하여 재판매하는 행위 내지 판매기법은 제품의 신선도에 대한 소비자들의 신뢰를 배신하고 그들의 생식품 구매 동기에 있어서 중요한 요소인 가공일자에 관한 착오를 이용하여 재고상품을 종전 가격에 판매하고자 하는 것으로서 그 사술의 정도가 사회적으로 용인될 수 있는 상술의 정도를 넘은 기망행위라고 한 사례(대판 1995.7.28. 95도1157).

〈녹동달오리골드 사건〉 오리, 하명, 누에, 동충하초, 녹용 등 여러가지 재료를 혼합하여 제조·가공한 '녹동달오리골드'라는 제품이 당뇨병, 관절염, 신경통 등의 성인병 치료에 특별한 효능이 있는 좋은 약이라는 허위의 강의식 선전·광고행위를 하여 이에 속은 노인들로 하여금 위 제품을 고가에 구입하도록 한 것은 그 사술의 정도가 사회적으로 용인될 수 있는 상술의 정도를 넘은 것이어서 사기죄의 기망행위를 구성한다고 한 사례(대판 2004.1.15. 2001도1429).

〈통신판매로 자연산 삼이라고 거짓광고 한 사건〉 TV홈쇼핑업체에 납품한 삼이 인공적으로 재배한 삼이라는 사실을 알면서도 광고방송에 출연하여 자연산 산양산삼이라고 허위 내용의 광고를 한 것은 진실규명이 가능하고 구매의 결정에 있어 가장 중요한 요소로서 구체적 사실인 판매물품의 품질에 관하여 기망한 것으로서 그 사술의 정도가 사회적으로 용인될 수 있는 상술의 정도를 넘은 것이어서 사기죄의 기망행위를 구성한다고 한 사례(대판 2002.2.5. 2001도5789).

〈기획부동산 사건〉 피고인이 이른바 기획부동산 사무실을 차려놓고 영업직원들을 통하여 해당 지역임야에 관한 정보를 제대로 알려주지 아니하고 오히려 지방자치단체의 특정 용역보고서만을 근거로 확정되지도 아니한 개발계획이 마치 확정된 것처럼 허위 또는 심히 과장된 정보를 제공하여 매수인들의 판단을 흐리게 하여 매매계약을 체결하였다면 사기죄를 구성한다(대판 2008.10.23. 2008도6549).

3. 사기죄의 기망을 부정한 판례

〈보고서와 신문스크랩에 기초하여 과장광고한 사건〉 피고인들이 매수인들에게 토지의 매수를 권유하면서 언급한 내용이 객관적 사실에 부합하거나 비록 확정된 것은 아닐지라도 연구용역보고서와 신문스크랩 등에 기초한 것으로서 사기죄에 있어서 기망행위에 해당한다고 보기는 어렵다고 한 사례(대판 2007.1.25. 2004도45).

〈아파트 평형의 수치를 다소 과장광고한 사건〉 아파트를 분양함에 있어 아파트 평형의 수치를 다소 과장하여 광고를 한 사실은 인정되나 분양가 결정방법, 분양계약 체결의 경위 및 최종대금의 절충과정 등 제반 사정에 비추어 볼 때 위 광고는 그 거래당사자 사이에서 매매대금을 산정하기 위한 기준이 되었다고 할 수 없고, 단지 분양대상 아파트를 특정하고 나아가 위 아파트의 분양이 쉽게 이루어지도록 하려는 의도에서 한 것에 지나지 않는다고 하여 위 과대광고가 기망행위에 해당하지 않는다고 본 사례(대판 1991.6.11. 91도788).

〈성인 동영상물 광고 사건〉 인터넷 사이트 초기화면 등에 성인 동영상물에 대한 광고용 선전문구 및 영상을 게재하고 접속한 사람들을 유료회원으로 가입시킨 사안에서, 위 광고내용이 구 정보통신망 이용촉진 및 정보보호 등에 관한 법률상 음란표현물에 해당하지 않으며, 또한 실제 제공되는 영상물과 광고내용에 다소 차이가 있더라도 사기의 기망행위에 해당하지 않는다고 한 사례(대판 2007.5.10. 2007도1780, 동지 대판 2008.6.12. 2008도76).

(2) 피기망자의 착오

1) 착오의 의의와 내용 : 착오는 사실과 일치하지 않는 인식을 의미하는 것으로, 사실에 관한 것이든, 법률관계에 관한 것이든, 법률효과에 관한 것이든 상관없다.

[COMMENT] 기본적으로 착오는 주관적 관념과 객관적 실재가 일치하지 않는 것을 말한다.

〈착오의 대상 - 서명 사기 사건의 일부〉 사기죄의 성립요소로서 기망행위는 널리 거래관계에서 지켜야 할 신의칙에 반하는 행위로서 사람으로 하여금 착오를 일으키게 하는 것을 말하고, 착오는 사실과 일치하지 않는 인식을 의미하는 것으로, 사실에 관한 것이든, 법률관계에 관한 것이든, 법률효과에 관한 것이든 상관없다(대판 2017.2.16. 2016도13362 전합).

2) 피기망자(착오의 주체)

(가) 일반론 : 기망의 상대방인 피기망자는 사람이어야 한다. 따라서 기계에 대한 기망은 불가능하다. 그리고 사실상의 재산처분을 할 수 있는 사람이면 충분하므로 미성년자·심신미약자도 포함되나, 사실상의 재산처분을 할 수 없는 유아나 심신상실자는 제외된다.

(나) 피기망자와 피해자 : 피기망자와 피해자는 일치하는 것이 원칙이지만, 예외적으로 피기망자와 피해자가 일치하지 않는 경우가 있다. 피기망자와 피해자가 일치하지 않는 경우를 삼각사기라 하며, 소송사기가 가장 대표적이다.

[COMMENT] 소송사기에 대하여는 'Ⅳ. 소송사기' 부분 참조.

〈적법하게 개설되지 않은 의료기관 사건〉 적법하게 개설되지 아니한 의료기관의 실질 개설·운영자가 적법하게 개설된 의료기관인 것처럼 의료급여비용의 지급을 청구하여 이에 속은 국민건강보험공단으로부터 의료급여비용 명목의 금원을 지급받아 편취한 경우, 국민건강보험공단을 피해자로 보아야 한다(대판 2023.10.26. 2022도90).

3) 기망과 착오의 인과관계 : 기망과 착오 사이에는 인과관계가 있어야 하며, 기망과 착오 사이에 인과관계가 없다면 미수에 불과하다. 기망행위가 착오에 대한 유일한 원인임을 요하지 아니하므로 피해자의 과실이 경합한 때에도 그 인과관계는 부정되지 아니한다.

1. 기본 법리 판례

〈기망과 착오 및 처분행위 사이에 인과관계가 필요하다는 판례〉 사기죄는 타인을 기망하여 착오에 빠뜨리고 처분행위를 유발하여 재물을 교부받거나 재산상 이익을 얻음으로써 성립하는 것으로서, 기망, 착오, 재산적 처분행위 사이에 인과관계가 있어야 하고, 한편 어떠한 행위가 타인을 착오에 빠지게 한 기망행위에 해당하는지 및 그러한 기망행위와 재산적 처분행위 사이에 인과관계가 있는지는 거래의 상황, 상대방의 지식, 성격, 경험, 직업 등 행위 당시의 구체적 사정을 고려하여 일반적 · 객관적으로 판단하여야 한다(대판 2011.10.13. 2011도8829). [2023 2차]

〈삼각사기와 인과관계〉 사기죄가 성립되려면 피기망자가 착오에 빠져 어떠한 재산상의 처분행위를 하도록 유발하여 재산적 이득을 얻을 것을 요하고 피기망자와 재산상의 피해자가 같은 사람이 아닌 경우에는 피기망자가 피해자를 위하여 그 재산을 처분할 수 있는 권능이나 지위에 놓여져 있어야 하며 기망, 착오, 처분, 이득 사이에 인과관계가 있어야 한다(대판 1991.1.15. 90도2180).

〈착오에 빠진 자에게 과실이 있은 사건〉 대부업자가 대출 당시 대출금채무를 변제할 의사나 능력이 없음에도 있는 것처럼 새마을금고를 기망하여 이에 속은 새마을금고로부터 대출금을 편취하였고 그 편취의 범의도 인정된 사안에서, 위 대출이 새마을금고의 재무상태 등에 대한 실사를 거쳐 실행됨으로써 새마을금고가 위 대출이 가능하다는 착오에 빠지는 원인 중에 새마을금고 측의 과실이 있더라도 사기죄의 성립이 인정된다고 한 사례(대판 2009.6.23. 2008도1697).

2. 기망과 착오의 인과관계를 긍정한 판례

〈학원 운전자금 용도라고 보증신청한 사건〉 명의상의 학원 원장에 불과한 자가 외환위기 후 신규창업 자금을 지원하기 위한 생계형 창업특별보증제도의 목적 및 대출금의 용도에 반하여 창업자금 대출금 중 일부를 개인적인 용도로 사용할 생각이었음에도 불구하고 이를 속이고 위 대출금을 위 학원 운전자금 용도로 사용하겠다면서 보증을 신청한 행위는 기망행위에 해당한다고 할 것이고, 이와 같은 기망행위와 이 사건 보증 사이에 상당인과관계가 없다고 할 수 없다(대판 2003.12.12. 2003도4450).

3. 기망과 착오의 인과관계를 부정한 판례

〈중국산 부세 사건〉 사기죄가 성립하려면 기망행위, 착오, 재산적 처분행위 사이에 인과관계가 있어야 한다. 피고인이 운영하는 한식당에서 굴비처럼 가공한 중국산 부세(약 25~30㎝)를 굴비 대용품으로 사용하였는데 중국산 부세의 가격은 1마리당 5,000원 내지 7,000원인 반면 같은 크기의 국내산 굴비는 1마리에 200,000원 내외의 고가이며, 피고인이 국내산이라고 표시한 소고기, 돼지고기, 해산물, 생선은 한식당에서 제공되는 여러 요리와 반찬들 중 일부의 식재료에 불과하다면, 손님들이 메뉴판에 기재된 국내산이라는 원산지 표시에 속아 피고인이 운영하는 한식당을 이용하였다고 보기는 어렵다(대판 2017.6.8. 2015도12932).

〈금융기관 신용조사 사건〉 일반 사인이나 회사가 금원을 대여한 경우와는 달리 전문적으로 대출을 취급하면서 차용인에 대한 체계적인 신용조사를 행하는 금융기관이 금원을 대출한 경우에는, 비록 대출 신청 당시 차용인에게 변제기 안에 대출금을 변제할 능력이 없었고, 금융기관으로서 자체 신용조사 결과에는 관계없이 '변제기 안에 대출금을 변제하겠다'는 취지의 차용인 말만을 그대로 믿고 대출하였다고 하더라도, 차용인의 이러한 기망행위와 금융기관의 대출행위 사이에 인과관계를 인정할 수는 없다 할 것이다(대판 2000.6.27. 2000도1155).

[COMMENT] 이와 같은 취지의 판례로 아파트 부지의 매매가격을 부풀린 매매계약서 등을 제출하여 국민주택기금 대출금을 신청하더라도 은행은 자체적으로 사정가격을 정하므로 인과관계가 인정되지 않아 사기죄의 성립을 부정한 판례(대판 2016.7.14. 2015도20233)가 있다. (18 변시)

4. 사기죄의 피해자가 법인이나 단체인 경우

〈**최종 의사결정권자가 기망행위를 몰랐다면 사기죄가 성립한다는 판례**〉 [1] 사기죄는 타인을 기망하여 착오에 빠뜨리고 그로 인하여 피기망자(기망행위의 상대방)가 처분행위를 하도록 유발하여 재물 또는 재산상의 이익을 얻음으로써 성립하는 범죄이다. 따라서 사기죄가 성립하려면 행위자의 기망행위, 피기망자의 착오와 그에 따른 처분행위, 그리고 행위자 등의 재물이나 재산상 이익의 취득이 있고, 그 사이에 순차적인 인과관계가 존재하여야 한다. 그리고 사기죄의 피해자가 법인이나 단체인 경우에 기망행위로 인한 착오, 인과관계 등이 있었는지 여부는 법인이나 단체의 대표 등 최종 의사결정권자 또는 내부적인 권한 위임 등에 따라 실질적으로 법인의 의사를 결정하고 처분을 할 권한을 가지고 있는 사람을 기준으로 판단하여야 한다. [2] 따라서 피해자 법인이나 단체의 대표자 또는 실질적으로 의사결정을 하는 최종결재권자 등이 기망행위자와 동일인이거나 기망행위자와 공모하는 등 기망행위임을 알고 있었던 경우에는 기망행위로 인한 착오가 있다고 볼 수 없고, 재물 교부 등의 처분행위가 있었다고 하더라도 기망행위와 인과관계가 있다고 보기 어렵다. 이러한 경우에는 사안에 따라 업무상횡령죄 또는 업무상배임죄 등이 성립하는 것은 별론으로 하고 사기죄가 성립한다고 볼 수 없다. [3] 반면에 피해자 법인이나 단체의 업무를 처리하는 실무자인 일반 직원이나 구성원 등이 기망행위임을 알고 있었다고 하더라도, 피해자 법인이나 단체의 대표자 또는 실질적으로 의사결정을 하는 최종결재권자 등이 기망행위임을 알지 못한 채 착오에 빠져 처분행위에 이른 경우라면, 피해자 법인에 대한 사기죄의 성립에 영향이 없다. [4] 피고인이 피해자 주식회사 A저축은행에 대해 담보가치를 속이는 방법으로 불법대출을 받았다고 특정경제범죄가중처벌등에관한법률위반(사기)죄로 기소된 사안에서, 설령 피고인이 자신이 상담한 피해자 은행의 대출 섭외 직원 B에게는 그러한 사정을 알렸다고 하더라도(B가 그러한 사정을 알고 있었다고 하더라도), 직원 B는 단지 사업자금대출을 하려는 사람들을 섭외하여 실행하는 전반적인 과정을 관리하는 업무를 담당하는 것에 불과하고, 오히려 피해자 회사의 대출 결정은 지점장의 결재를 받아 심사위원회를 거쳐 대표이사의 최종 결재를 받도록 되어 있을 뿐이므로, B가 알고 있었다는 사정만으로는 사기죄의 성립에 영향이 없다고 판단하여 상고기각 한 사례(대판 2017.9.26. 2017도8449). (22 변시)(23 변시)(24 2차)

(3) 처분행위

1) **처분행위의 의의** : 처분행위란 재산을 출연하는 일체의 행위를 말한다.

2) **처분행위의 필요성** : 처분행위는 기망행위와 착오에 의한 재산의 취득과의 인과관계를 명백히 하는데 기여한다. 그리고 사기죄는 처분행위를 필요로 하므로, 처분행위를 필요로 하지 않는 절도죄 내지 강도죄와 구별하는 중요한 역할을 한다.

〈**채권추심 사기 사건**〉 채권자에게 채권을 추심하여 줄 것 같이 속여 채권의 추심승낙을 받아 그 채권을 추심하여 이를 취득하였다면 이는 채권자의 착오에 기한 재산처분행위라고 할 것이므로 이는 사기죄를 구성한다 할 것이다(대판 1983.10.25. 83도1520).

〈**반지갑 사건**〉 [사실관계] 매장 주인이 매장에 유실된 손님(피해자)의 반지갑을 습득한 후 또 다른 손님인 피고인에게 "이 지갑이 선생님 지갑이 맞느냐?"라고 묻자, 피고인은 "내 것이 맞다"라고 대답한 후 이를 교부받아 가져갔다면 피고인에게 절도죄가 성립하는가? 아니면 사기죄가 성립하는가? **[판결요지]** [1] 형법상 절취란 타인이 점유하고 있는 자기 이외의 자의 소유물을 점유자의 의사에 반하여 점유를 배제하고 자기 또는 제3자의 점유로 옮기는 것을 말한다. 이에 반해 기망의 방법으로 타인으로 하여금 처분행위를 하도록 하여 재물 또는 재산상 이익을 취득한 경우에는 절도죄가 아니라 사기죄가 성립한다. [2] 사기죄에서 처분행위는 행위자의 기망행위에 의한 피기망자의 착오와 행위자 등의 재물 또는 재산상 이익의 취득이라는 최종적 결과를 중간에서 매개·연결하는 한편, 착오에 빠진 피해자의 행위를 이용하여 재산을 취득하는 것을 본질적 특성으로 하는 사기죄와 피해자의 행위에 의하지 아니하고 행위자가 탈취의 방법으로 재물을 취득하는 절도죄를 구분하는 역할을 한다. [3] 처분행위가 갖는 이러한 역할과 기능을 고려하면 피기망자의 의사에 기초한 어떤 행위를 통해 행위자 등이 재물 또는 재산상의 이익을 취득하였다고 평가할 수 있는 경우라면, 사기죄에서 말하는 처분행위가 인정된다. [4] 한편 사기죄가 성립되려면 피기망자가 착오에 빠져 어떠한 재산상의 처분행위를 하도록 유발하여 재산적 이득을 얻을 것을 요하고, 피기망자와 재산상의 피해자가 같은 사람이 아닌 경우에는 피기망자가 피해자를 위하여 그 재산을 처분할 수 있는 권능을 갖거나 그 지위에 있어야 한다(대판 2022.12.29. 2022도12494). **답** 사기죄가 성립한다. [2024 1차](24 3차)

3) **처분행위자의 자격** : 사기죄의 처분행위자는 기망에 의해 착오를 일으킨 자로서 피기망자와 일치하여야 한다. 그러나 처분행위자와 재산상 피해자는 반드시 동일할 필요가 없는데, 처분행위자와 피해자가 일치하지 않는 경우를 **삼각사기**라고 한다. 이러한 삼각사기가 성립하기 위해서는 피기망자인 처분행위자는 피해자의 재산에 대한 처분행위를 할 수 있는 자격이 있어야 하는데, 이러한 자격의 근거에 대하여 ① 법규범에 의해 피해자의 재산을 처분할 수 있는 권한이 있어야 한다는 **법적 권한설**도 있지만, ② 다수설과 판례는 법적 처분권한이 있는 경우뿐만 아니라 순전히 사실상 처분할 수 있는 지위를 인정할 수 있으면 된다는 **사실상 지위설**을 따르고 있다. [2018 2차]

〈지위설을 따른 판례〉 사기죄가 성립하려면 피기망자가 착오에 빠져 어떠한 재산상의 처분행위를 하도록 유발하여 재산적 이익을 얻을 것을 요하고, 피기망자와 재산상 피해자가 같은 사람이 아닌 경우에는 피기망자가 피해자를 위하여 그 재산을 처분할 수 있는 권능을 갖거나 그 지위에 있어야 하지만, 여기에서 피해자를 위하여 재산을 처분할 수 있는 권능이나 지위라 함은 반드시 사법상의 위임이나 대리권의 범위와 일치하여야 하는 것은 아니고 피해자의 의사에 기하여 재산을 처분할 수 있는 서류 등이 교부된 경우에는 피기망자의 처분행위가 설사 피해자의 진정한 의도와 어긋나는 경우라고 할지라도 위와 같은 권능을 갖거나 그 지위에 있는 것으로 보아야 한다(대판 1994.10.11. 94도1575). (12 변시)

4) **처분의사의 요부** : 처분의사란 자신의 행위로 인하여 재물의 점유나 기타 권리가 타인에게 이전되거나 또는 채무와 같은 재산상부담이 자신에게 옮겨온다는 점에 대한 인식을 말한다. 이러한 처분의사의 요부에 대하여 논의가 있지만, **다수설과 판례는 필요설**의 입장이다.

〈처분행위와 처분의사〉 사기죄는 타인을 기망하여 착오에 빠뜨리게 하고 그 처분행위를 유발하여 재물, 재산상의 이득을 얻음으로써 성립하는 것이고, 여기서 처분행위라고 하는 것은 재산적 처분행위를 의미하고 그것은 주관적으로 피기망자가 처분의사 즉 처분결과를 인식하고 객관적으로는 이러한 의사에 지배된 행위가 있을 것을 요한다(대판 1999.7.9. 99도1326).

〈처분의사의 존재 - 서명 사기 사건의 일부〉 사기죄는 피기망자의 하자 있는 의사에 따른 처분행위로 재산이 이전되는 경우에 성립한다. 따라서 처분행위는 피기망자의 행위에 의한 것이어야 할 뿐만 아니라 하자 있는 의사라 하더라도 피기망자의 의사에 의한 것이어야 하므로, 의사무능력자의 행위나 무의식 상태에서 이루어진 행위는 처분행위가 될 수 없다(대판 2017.2.16. 2016도13362 전합)

〈서명 사기 사건(피기망자가 처분행위의 의미나 내용을 인식하지 못하였더라도 처분의사가 인정된다는 판례)〉 [1] **[다수의견]** 사기죄의 본질과 구조, 처분행위와 그 의사적 요소로서 처분의사의 기능과 역할, 기망행위와 착오의 의미 등에 비추어 보면, 비록 피기망자가 처분행위의 의미나 내용을 인식하지 못하였더라도, 피기망자의 작위 또는 부작위가 직접 재산상 손해를 초래하는 재산적 처분행위로 평가되고, 이러한 작위 또는 부작위를 피기망자가 인식하고 한 것이라면 처분행위에 상응하는 처분의사는 인정된다. 다시 말하면 피기망자가 자신의 작위 또는 부작위에 따른 결과까지 인식하여야 처분의사를 인정할 수 있는 것은 아니다. [2] 사기죄의 성립요소로서 기망행위는 널리 거래관계에서 지켜야 할 신의칙에 반하는 행위로서 사람으로 하여금 착오를 일으키게 하는 것을 말하고, 착오는 사실과 일치하지 않는 인식을 의미하는 것으로, 사실에 관한 것이든, 법률관계에 관한 것이든, 법률효과에 관한 것이든 상관없다. 또한 사실과 일치하지 않는 하자 있는 피기망자의 인식은 처분행위의 동기, 의도, 목적에 관한 것이든, 처분행위 자체에 관한 것이든 제한이 없다. 따라서 피기망자가 기망당한 결과 자신의 작위 또는 부작위가 갖는 의미를 제대로 인식하지 못하여 그러한 행위가 초래하는 결과를 인식하지 못하였더라도 그와 같은 착오 상태에서 재산상 손해를 초래하는 행위를 하기에 이르렀다면 피기망자의 처분행위와 그에 상응하는 처분의사가 있다고 보아야 한다. [3] 피고인 등이 토지의 소유자이자 매도인인 피해자 甲 등에게 토지거래허가 등에 필요한 서류라고 속여 근저당권설정계약서 등에 서명·날인하게 하고 인감증명서를 교부받은 다음, 이를 이용하여 甲 등의 소유 토지에 피고인을 채무자로 한 근저당권을 乙 등에게 설정하여 주고 돈을 차용하는 방법으로 재산상 이익을 취득하였다고 하여 특정경제범죄 가중처벌 등에 관한 법률 위반(사기)및 사기로 기소된 사안에서, 甲 등은 피고인 등의 기망행위로 착오에 빠진 결과 토지거래허가 등에 필요한 서류로 잘못 알고 처분문서인 근저당권설정계약서 등에 서명 또는 날인함으로써 재산상 손해를 초래하는 행위를 하였으므로 甲 등의 행위는 사기죄에서 말하는 처분행위에 해당하고, 甲 등이 비록 자신들이 서명 또는 날인하는 문서의 정확한 내용과 문서의 작성행위가 어떤 결과를 초래하는지를 미처 인식하지 못하였더라도 토지거래허가 등에 관한 서류로 알고 그와 다른 근저당권설정계약에 관한 내용이 기재되어 있는 문서에 스스로 서명 또는 날인함으로써 그 문서에 서명 또는 날인하는 행위에 관한 인식이 있었던 이상 처분의사도 인정됨에도, 甲 등에게 그 소유 토지들에 근저당권 등을 설정하여 줄 의사가 없었다는 이유만으로 甲 등의 처분행위가 없다고 보아 공소사실을 무죄로 판단한 원심판결에 사기죄의 처분행위에 관한 법리오해의 잘못이 있다고 한 사례(대판 2017.2.16. 2016도13362 전합). [2022 3차][2024 3차](20 변시)(24 변시)

5) **처분행위의 내용** : 사기죄의 처분행위는 민법상 법률행위는 물론 국가권력의 행사(법원의 판결 등)뿐만 아니라 사실상 자기 또는 제3자의 재산감소를 가져오는 일체의 행위를 말한다.

┃ 사기죄의 처분행위 관련 판례 정리

1. 사기죄의 처분행위를 긍정한 판례

(1) 작위에 의한 처분행위를 긍정한 판례

〈가압류 해제 사건〉 부동산가압류결정을 받아 부동산에 관한 가압류집행까지 마친 자가 그 가압류를 해제하면 소유자는 가압류의 부담이 없는 부동산을 소유하는 이익을 얻게 되므로, 가압류를 해제하는 것 역시 사기죄에서 말하는 재산적 처분행위에 해당하고, 그 이후 가압류의 피보전채권이 존재하지 않는 것으로 밝혀졌다고 하더라도 가압류의 해제로 인한 재산상의 이익이 없었다고 할 수 없다(대판 2007.9.20. 2005도5507).

〈항소 취하 사건〉 배당이의 소송의 제1심에서 패소판결을 받고 항소한 자가 그 항소를 취하하면 그 즉시 제1심판결이 확정되고 상대방이 배당금을 수령할 수 있는 이익을 얻게 되는 것이므로 위 항소를 취하하는 것 역시 사기죄에서 말하는 재산적 처분행위에 해당한다(대판 2002.11.22. 2000도4419).

〈무효인 가등기 말소 사건〉 부동산 위에 소유권이전청구권 보전의 가등기를 마친 자가 그 가등기를 말소하면 부동산 소유자는 가등기의 부담이 없는 부동산을 소유하게 되는 이익을 얻게 되는 것이므로, 가등기를 말소하는 것 역시 사기죄에서 말하는 재산적 처분행위에 해당하고, 설령 그 후 위 가등기에 의하여 보전하고자 하였던 소유권이전청구권이 존재하지 않아 위 가등기가 무효임이 밝혀졌다고 하더라도 가등기의 말소로 인한 재산상의 이익이 없었던 것으로 볼 수 없다(대판 2008.1.24. 2007도9417).

(2) 부작위에 의한 처분행위를 긍정한 판례

〈출판부수 속인 사건〉 [사실관계] 출판사 경영자인 甲은 저자 A로 하여금 실제 출판부수를 오신케 할 의도로 출판부수의 1/3정도만 기재한 출고현황표를 A에게 송부함으로써 A로 하여금 위 출판현황표에 기재된 부수가 실제 출판부수에 해당한다고 믿게 한 다음 실제 출판부수의 1/3정도에 해당하는 인세만을 지급하고 그 차액을 지급하지 않았다. 甲의 죄책은? [판결요지] 사기죄는 타인을 기망하여 착오를 일으키게 하고 그로 인한 처분행위를 유발하여 재물·재산상의 이득을 얻음으로써 성립하고, 여기서 처분행위라 함은 재산적 처분행위로서 피해자가 자유의사로 직접 재산상 손해를 초래하는 작위에 나아가거나 또는 부작위에 이른 것을 말하므로, 피해자가 착오에 빠진 결과 채권의 존재를 알지 못하여 채권을 행사하지 아니하였다면 그와 같은 부작위도 재산의 처분행위에 해당한다(대판 2007.7.12. 2005도9221). 답 사기죄가 성립한다.

〈권리금 사건〉 피고인이 점포에 대한 권리금을 지급한 것처럼 허위의 사용내역서를 작성·교부하여 동업자들을 기망하고 출자금 지급을 면제받으려 하였으나 미수에 그친 사안에서, 동업자들이 피고인에 대한 출자의무를 명시적으로 면제하지 않았더라도, 착오에 빠져 이를 면제해 주는 결과에 이를 수 있어, 이는 부작위에 의한 처분행위에 해당한다고 한 사례(대판 2009.3.26. 2008도6641).

2. 사기죄의 처분행위를 부정한 판례

〈등기공무원을 기망하여 소유권이전등기를 한 사건〉 등기공무원을 기망하여 피고인 명의로 소유권이전등기를 마쳤다고 하여도 피해자의 처분행위가 없었을 뿐만 아니라 등기공무원에게는 그 부동산을 처분할 권한이 있다고 볼 수 없어 사기죄를 구성하지 않는다(대판 1981.7.28. 81도529).

〈특허출원자 명의를 변경한 사건〉 피고인이 피해자 공소외인 명의의 양도증서 등 명의변경 서류를 위조하여 일본국 특허청 공무원에게 제출함으로써 피고인 명의로 이 사건 특허의 출원자 명의를 변경하였다고 하더라도 위 피해자의 이 사건 특허를 받을 수 있는 권리에 관한 처분행위가 있었다고 할 수 없을 뿐만 아니라 일본국 특허청 공무원에게 이 사건 특허를 받을 수 있는 권리의 처분권한이 있다고도 볼 수 없으므로, 이 부분 공소사실은 사기죄를 구성한다고 보기 어렵다(대판 2007.11.16. 2007도3475).

〈제3자에게 편취당한 예금 사건〉 [1] 송금의뢰인이 수취인의 예금계좌에 계좌이체 등을 한 이후, 수취인이 은행에 대하여 예금반환을 청구함에 따라 은행이 수취인에게 그 예금을 지급하는 행위는 계좌이체금액 상당의 예금계약의 성립 및 그 예금채권 취득에 따른 것으로서 은행이 착오에 빠져 처분행위를 한 것이라고 볼 수 없으므로, 결국 이러한 행위는 은행을 피해자로 한 형법 제347조의 사기죄에 해당하지 않는다고 봄이 상당하다. [2] 예금주인 피고인이 제3자에게 편취당한 송금의뢰인으로부터 자신의 은행계좌에 계좌송금된 돈을 출금한 사안에서, 피고인은 예금주로서 은행에 대하여 예금반환을 청구할 수 있는 권한을 가진 자이므로, 위 은행을 피해자로 한 사기죄가 성립하지 않는다는 원심의 판단을 정당하다고 한 사례(대판 2010.5.27. 2010도3498). (14 변시)(23 1차)(24 2차)

〈타인의 일반전화 무단사용 사건〉 사기죄가 성립하기 위하여는 기망행위와 이에 기한 피해자의 처분행위가 있어야 할 것인바, 타인의 일반전화를 무단으로 이용하여 전화통화를 하는 행위는 전기통신사업자인 한국전기통신공사가 일반전화 가입자인 타인에게 통신을 매개하여 주는 역무를 부당하게 이용하는 것에 불과하여 한국전기통신공사에 대한 기망행위에 해당한다고 볼 수 없을 뿐만 아니라, 이에 따라 제공되는 역무도 일반전화 가입자와 한국전기통신공사 사이에 체결된 서비스이용계약에 따라 제공되는 것으로서 한국전기통신공사가 착오에 빠져 처분행위를 한 것이라고 볼 수 없으므로, 결국 위와 같은 행위는 형법 제347조의 사기죄를 구성하지 아니한다(대판 1999.6.25. 98도3891).

〈이자에 대한 별도의 처분행위가 있어야 한다는 판례〉 피고인이 피해자들을 기망하여 투자금 명목의 돈을 편취하는 과정에서 이자 지급 약정하에 대여금을 교부받았으나 이자를 지급하지 않은 사안에서, 위 이자 부분에 대해서도 사기죄가 성립하기 위하여는 피고인의 기망행위로 인해 이자 부분에 관한 별도의 처분행위가 있어야 하는데, 이에 대하여 피해자들의 처분행위가 있었다고 단정할 자료가 없는데도, 피고인의 기망행위와 위 이자 발생 사이에 인과관계를 인정하여 유죄를 인정한 원심판단에 심리미진이나 채증법칙 위반 또는 법리오해의 위법이 있다고 한 사례(대판 2011.4.14. 2011도769).

(4) 재물 또는 재산상 이익의 취득

1) 재물 또는 재산상 이익의 취득 : 사기죄가 성립하기 위해서는 기망자 또는 제3자가 피기망자의 처분행위에 의하여 재물을 교부받거나 재산상 이익을 취득하여야 한다. 재물을 교부받거나 이익을 취득하는 것은 **처분행위와 대응관계**에 있다.

▌재산상의 이익의 취득 관련 판례 정리

1. 기본 법리 판례

〈사기죄에서의 재산상 이익의 취득〉 사기죄에서 '재산상의 이익'이란 채권을 취득하거나 담보를 제공받는 등의 적극적 이익뿐만 아니라 채무를 면제받는 등의 소극적 이익까지 포함하며, 채무자의 기망행위로 인하여 채권자가 채무를 확정적으로 소멸 내지 면제시키는 특약 등 처분행위를 한 경우에는 채무의 면제라고 하는 재산상 이익에 관한 사기죄가 성립하고, 후에 재산적 처분행위가 사기를 이유로 민법에 따라 취소될 수 있다고 하여 달리 볼 것은 아니다(대판 2012.4.13. 2012도1101). (22 3차)

〈제3자로 하여금 재물의 교부를 받게 하여 사기죄가 성립하기 위한 요건〉 범인이 기망행위에 의해 스스로 재물을 취득하지 않고 제3자로 하여금 재물의 교부를 받게 한 경우에 사기죄가 성립하려면, 그 제3자가 범인과 사이에 정을 모르는 도구 또는 범인의 이익을 위해 행동하는 대리인의 관계에 있거나, 그렇지 않다면 적어도 불법영득의사와의 관련상 범인에게 그 제3자로 하여금 재물을 취득하게 할 의사가 있어야 한다(대판 2009.1.30. 2008도9985).

2. 재산상 이익의 취득을 긍정한 판례

〈택지분양권 이중매도 사건〉 [1] 재물편취를 내용으로 하는 사기죄에 있어서는 기망으로 인한 재물교부가 있으면 그 자체로써 피해자의 재산침해가 되어 곧 사기죄는 성립하는 것이고, 그로 인한 이익이 결과적으로 누구에게 귀속하는지는 사기죄의 성부에 아무런 영향이 없다. [2] 갑이 을에게 이중매도한 택지분양권을 순차 매수한 병·정에게 이중매도 사실을 숨긴 채 자신의 명의로 형식적인 매매계약서를 작성해 준 사안에서, 갑이 직접 매매대금을 수령하지 않았더라도 병·정에 대한 사기죄가 성립한다고 판단한 사례(대판 2009.1.30. 2008도9985). (22 2차)

〈아파트 가압류 해제 사건〉 아파트 소유권이전등기청구권을 가압류당한 아파트 수분양권자가 위 청구권을 행사하거나 아파트를 매도할 수 없게 되자 가압류채권자에게 가압류를 해제하여 주면 아파트 매도대금으로 채무를 변제하겠다고 거짓말하여 이에 속은 채권자로부터 가압류 해제신청서를 받아 가압류를 해제한 후 아파트를 매도하였으면서도 위 채무를 변제하지 아니한 사안에서, 위 수분양권자로서는 가압류가 해제됨으로써 아파트 매도가 용이해져 매도대금을 수령할 수 있게 된 이익이 있으므로 가압류청구금액 상당의 재산상의 이익을 취득한 사기죄가 성립한다고 한 사례(대판 2007.7.26. 2007도3160).

〈유동적 무효 사건〉 유동적 무효의 상태인 부동산 매매계약이라 하더라도 매수인이 제3자로부터 금전을 융자받을 목적으로 매도인을 기망하여 매도인 소유의 부동산에 제3자 앞으로 근저당권을 설정하게 함으로써 재산상 이익을 취득하였다면, 사기죄가 성립한다고 한 사례(대판 2008.2.14. 2007도10658).

〈상계 사건〉 피고인이 피해자들을 기망하여 부동산을 매도하면서 매매대금 중 일부를 피해자들의 피고인에 대한 기존 채권과 상계하는 방법으로 지급받아 채무 소멸의 재산상 이익을 취득하였다는 내용으로 기소된 사안에서, 피고인이 상계에 의하여 기존 채무가 소멸되는 재산상 이익을 취득하였다고 보아 사기죄를 인정한 원심판단을 정당하다고 한 사례(대판 2012. 4.13. 2012도1101).

3. 재산상의 이익의 취득을 부정한 판례

〈치료비 사건〉 치료비채무의 이행을 모면하기 위하여 피고인이 거짓말을 하고 입원환자(처)와 함께 병원을 빠져 나와 도주하였다 하여도 그것만으로는 피고인이 위 치료비의 지급채무를 면탈받은 것은 아니라 할 것이므로 사기죄가 될 수 없다(대판 1970.9.22. 70도1615).

〈존재하지 않는 채권을 양도한 사건〉 자기의 채권자에 대한 채무이행으로 채권을 양도하였다 하더라도 위 채권이 존재하지 않는다면 이를 양도하였다 하여 권리이전의 효력을 발생할 수 없는 것이고 따라서 채권자에 대한 기존의 채무도 소멸하는 것이 아니므로 채무면탈의 효과도 발생할 수 없어 위 채권의 양도로써 재산상의 이득을 취하였다고는 볼 수 없으므로 사기죄는 성립하지 않는다(대판 1985.3.12. 85도74).

2) **편취액의 산정** : 사기죄의 편취액은 대가가 지급되지 않은 경우에는 가액 전부라 할 것이나, 그 대가가 일부 지급된 경우에도 그 편취액은 피해자로부터 교부된 재물의 가치로부터 그 대가를 공제한 차액이 아니라 교부받은 **가액 전부**이다.

〈금원 편취의 경우 비공제설을 따른 판례〉 금원 편취를 내용으로 하는 사기죄에서는 기망으로 인한 금원 교부가 있으면 그 자체로써 피해자의 재산침해가 되어 바로 사기죄가 성립하고, 상당한 대가가 지급되었다거나 피해자의 전체 재산상에 손해가 없다 하여도 사기죄의 성립에는 영향이 없다.

그러므로 사기죄에서 그 대가가 일부 지급되거나 담보가 제공된 경우에도 편취액은 피해자로부터 교부된 금원으로부터 그 대가 또는 담보 상당액을 공제한 차액이 아니라 교부받은 금원 전부라고 보아야 한다(대판 2017.12.22. 2017도12649). (20 변시)(21 3차)

〈담보로 제공할 목적물의 가액을 허위로 부풀려 금융기관으로부터 대출을 받은 사건〉 담보로 제공할 목적물의 가액을 허위로 부풀려 금융기관으로부터 대출을 받은 경우 그 대출이 기망행위에 의하여 이루어진 이상 그로써 사기죄는 성립하고, 이 경우 사기죄의 이득액에서 담보물의 실제 가액을 전제로 한 대출가능금액을 공제하여야 하는 것은 아니다(대판 2019.4.3. 2018도19772).

〈과다한 통원치료로 인한 보험금 청구 사건〉 장기간 과다하게 통원치료를 받은 후 실제 지급받을 수 있는 보험금보다 많은 보험금을 청구한 경우에 통원치료의 경우에도 수령한 보험금 전액에 대한 편취를 인정한 사례(대판 2021.8.12. 2020도13704).

〈약속어음 사건〉 약속어음은 그 자체가 재산적 가치를 지닌 유가증권으로서 재물성이 있고 이 사건 어음은 단일하여 불가분이므로 설사 피고인이 피해자에 대하여 편취어음금의 일부에 해당하는 채권을 가진다 하더라도 이 사건의 어음을 기망에 의하여 교부받은 경우에는 그 어음금 전부에 대하여 사기죄가 성립한다(대판 1982.9.14. 82도1679).

〈대한주택보증 임대보증금 보증서 발급 사건〉 대한주택보증의 임대보증금 보증서 발급이 피고인 등의 기망행위에 의하여 이루어졌다면, 그로써 곧 사기죄는 성립하는 것이고, 이로 인하여 피고인 등이 취득한 재산상 이익은 대한주택보증이 보증한 임대보증금 상당액이라 할 것이다(대판 2013.11.28. 2011도7229).

〈어음·수표 할인 사건〉 어음·수표의 할인에 의한 사기죄에서 피고인이 피해자로부터 수령한 현금액이 피고인이 피해자에게 교부한 어음 등의 액면금보다 적을 경우, 피고인이 취득한 재산상의 이익액은, 당사자가 선이자와 비용을 공제한 현금액만을 실제로 수수하면서도 선이자와 비용을 합한 금액을 대여원금으로 하기로 하고 대여이율을 정하는 등의 소비대차특약을 한 경우 등의 특별한 사정이 없는 한, 위 어음 등의 액면금이 아니라 피고인이 수령한 현금액이다(대판 2009.7.23. 2009도2384). **[COMMENT]** 편취액을 줄이는 판례이므로 주의하여야 한다.

〈특경법 제3조의 이득액〉 재물편취를 내용으로 하는 사기죄에 있어서는 기망으로 인한 재물교부가 있으면 그 자체로써 피해자의 재산침해가 되어 이로써 곧 사기죄가 성립하는 것이고, 상당한 대가가 지급되었다거나 피해자의 전체 재산상에 손해가 없다 하여도 사기죄의 성립에는 영향이 없고, 다만 부동산 등 재물편취에 관한 사기죄라 해도 그 구체적 이득액을 범죄구성요건요소로 특별히 규정한 「특정경제범죄 가중처벌 등에 관한 법률」제3조를 적용함에 있어서는 그 부동산 등의 시가 상당액에서 근저당권의 채권최고액 범위 내에서의 피담보채권액, 압류에 걸린 집행채권액, 가압류에 걸린 청구금액 범위 내에서의 피보전채권액 등을 뺀 실제의 교환가치를 산정한 다음 위 이득액에 대한 증명이 있는지를 살펴서 그 범죄의 성립 여부를 따져야 할 뿐이다(대판 2010.12.9. 2010도12928). (22 변시)

(5) 재산상 손해

1) **재산상 손해의 의의** : 재산상 손해란 재산의 가치감소를 의미한다.

2) **재산상 손해의 요부** : 제347조는 재산상 손해에 대하여는 기술되어 있지 않다. 따라서 사기죄가 성립하기 위해서는 재물 또는 재산상 이익의 취득 이외에 재산상 손해가 필요한지에 대하여 ① 다수설은 재산상 손해가 필요하다는 입장이지만, ② 판례는 재산상의 손해발생은 필요없다는 불요설의 입장이다. 생각건대 사기죄를 개인적 법익에 관한 죄로 보는 한 손해의 발생이 필요하다고 보는 것이 타당하다.

〈사기죄의 성립에 재산상 손해는 불요하다는 판례〉 사기죄의 요건으로서의 기망은 널리 재산상의 거래관계에 있어서 서로 지켜야 할 신의와 성실의 의무를 저버리는 모든 적극적 및 소극적 행위로서 사람으로 하여금 착오를 일으키게 하는 것을 말하며 사기죄의 본질은 기망에 의한 재물이나 재산상 이익의 취득에 있고, 상대방에게 현실적으로 재산상 손해가 발생함을 그 요건으로 하지 아니한다(대판 1992.9.14. 91도2994). (22 3차)

〈조정절차에서 임의이행의사나 능력에 관하여 거짓말하여 민사조정이 성립된 사건〉 [1] 통상의 조정절차에서는 조정채무 불이행에 대한 제재수단뿐만 아니라 소송비용의 처리 문제나 청구취지에 포함되지 않은 다른 잠재적 분쟁에 관한 합의내용도 포함될 수 있고, 소송절차를 단축시켜 집행권원을 신속히 확보하기 위한 목적에서 조정이 성립되는 경우도 있다. 소송당사자가 조정에 합의한 것은 이러한 부수적 사정에 따른 이해득실을 모두 고려한 이성적 판단의 결과로 보아야 하고, 변호사 등 소송대리인이 조정절차에 참여하여 조정이 성립한 경우에는 더욱 그러하다. [2] 따라서 조정에 따른 이행의무를 부담하는 피고가 조정 성립 이후 청구원인에 관한 주된 조정채무를 제때 이행하지 않았다는 사정만으로 원고에게 신의칙상 주의의무를 다하지 아니하였다거나 조정성립과 상당인과관계 있는 손해가 발생하였다고 쉽사리 단정하여서는 아니 된다(대판 2023.1.25. 2020도10330).

3) **손해판단의 기준** : 재산상 손해가 있는가는 객관적·개별적 방법에 의하여 평가하여야 한다. 재산상 손해는 현실적인 재산감소에 제한되지 않으며, 경제적 관점에서 재산상태가 악화되었다고 볼 수 있는 **재산가치에 대한 구체적 위험**이 있으면 족하다.

(6) 실행의 착수시기와 기수시기

1) **실행의 착수시기** : 사기죄의 실행의 착수시기는 **기망행위를 개시하였을 때**이다. 기망행위가 개시되면 족하고, 상대방이 착오에 빠질 것을 요하지 않는다. 보험사기의 경우에는 보험금을 청구할 때 그 실행의 착수가 있다.

〈보험사기의 실행의 착수〉 보험회사를 기망하여 보험금을 지급받은 편취행위는 다른 특별한 사정이 없는 한 공소외 2가 위 각 보험계약이 유효하게 체결된 것처럼 기망하여 보험회사에 보험금을 청구한 때에 실행의 착수가 있었던 것으로 보아야 할 것이다(대판 2013.11.14. 2013도7494). [2017 3차] (15 변시)

〈생명보험계약 체결 사건〉 타인의 사망을 보험사고로 하는 생명보험계약을 체결함에 있어 제3자가 피보험자인 것처럼 가장하여 체결하는 등으로 그 유효요건이 갖추어지지 못한 경우에도, 보험계약 체결 당시에 이미 보험사고가 발생하였음에도 이를 숨겼다거나 보험사고의 구체적 발생 가능성을 예견할 만한 사정을 인식하고 있었던 경우 또는 고의로 보험사고를 일으키려는 의도를 가지고 보험계약을 체결한 경우와 같이 보험사고의 우연성과 같은 보험의 본질을 해칠 정도라고 볼 수 있는 특별한 사정이 없는 한, 그와 같이 하자 있는 보험계약을 체결한 행위만으로는 미필적으로라도 보험금을 편취하려는 의사에 의한 기망행위의 실행에 착수한 것으로 볼 것은 아니다. 그러므로 그와 같이 기망행위의 실행의 착수로 인정할 수 없는 경우에 피보험자 본인임을 가장하는 등으로 보험계약을 체결한 행위는 단지 장차의 보험금 편취를 위한 예비행위에 지나지 않는다 (대판 2013.11.14. 2013도7494).

2) **기수시기** : 현실적으로 재산상 손해나 손해의 구체적 위험이 발생한 때에 기수가 된다. 구체적으로는 ① 동산의 경우에는 재물의 인도·교부받은 때 ② 부동산의 경우에는 부동산을 현실로 지배하거나 소유권이전등기를 경료한 때 ③ 보험사기의 경우에는 보험금을 지급받았을 때 등이 기수시기가 된다.

〈**보험사기의 기수시기**〉 고의의 기망행위로 보험계약을 체결하고 위 보험사고가 발생하였다는 이유로 보험회사에 보험금을 청구하여 보험금을 지급받았을 때 사기죄는 기수에 이른다(대판 2019.4.3. 2014도2754).

〈**도자기 사건**〉 [1] 사기죄에 있어서 '재물의 교부'란 범인의 기망에 따라 피해자가 착오로 재물에 대한 사실상의 지배를 범인에게 이전하는 것을 의미하는데, 재물의 교부가 있었다고 하기 위하여 반드시 재물의 현실의 인도가 필요한 것은 아니고 재물이 범인의 사실상의 지배 아래에 들어가 그의 자유로운 처분이 가능한 상태에 놓인 경우에도 재물의 교부가 있었다고 보아야 한다. [2] 피고인의 주문에 따라 제작된 도자기 중 실제로 배달된 것뿐만 아니라 피고인이 지정하는 장소로의 배달을 위하여 피해자가 보관중인 도자기도 피고인에게 모두 교부되었다고 판단하여 사기죄의 기수를 인정한 원심을 수긍한 사례(대판 2003.5.16. 2001도1825). (24 1차)(24 2차)

〈**결제되지 않을 어음·수표 발행 사건**〉 어음, 수표의 발행인이 그 지급기일에 결제되지 않으리라는 정을 예견하면서도 이를 발행하고, 거래상대방을 속여 그 할인을 받거나 물품을 매수하였다면 위 발행인의 사기행위는 이로써 완성되는 것이고, 위 거래상대방이 그 어음, 수표를 타에 양도함으로써 전전유통되고 최후소지인이 지급기일에 지급제시하였으나 부도되었다고 하더라도 특별한 사정이 없는 한 그 최후소지인에 대한 관계에서 발행인의 행위를 사기죄로 의율할 수 없다(대판 1998.2.10. 97도3040).

〈**타인 명의 예금계좌 개설 사건**〉 타인의 명의를 빌려 예금계좌를 개설한 후, 통장과 도장은 명의인에게 보관시키고 자신은 위 계좌의 현금인출카드를 소지한 채, 명의인을 기망하여 위 예금계좌로 돈을 송금하게 한 경우, 자신은 통장의 현금인출카드를 소지하고 있으면서 언제든지 카드를 이용하여 차명계좌 통장으로부터 금원을 인출할 수 있었고, 명의인을 기망하여 위 통장으로 돈을 송금받은 이상, 이로써 송금받은 돈을 자신의 지배하에 두게 되어 편취행위는 기수에 이르렀다고 할 것이고, 이후 편취금을 인출하지 않고 있던 중 명의인이 이를 인출하여 갔다 하더라도 이는 범죄성립 후의 사정일 뿐 사기죄의 성립에 영향이 없다(대판 2003.7.25. 2003도2252).

〈**사후에 반환하거나 변상한 사건**〉 사기죄는 사람을 적극적으로 기망하거나 소극적으로 고지할 의무가 있는 사항을 묵비하여 이에 속은 타인으로부터 재물의 교부를 받거나 재산상의 이득을 취득한 경우에 성립하고, 이미 취득한 재물 또는 재산상 이득을 사후에 반환하거나 변상했다고 하더라도 이는 범죄의 성립에 영향을 미치지 않는다(대판 2015.11.26. 2015도3012).

3. 주관적 구성요건

(1) 고 의

상대방을 기망하여 재물이나 재산상 이익을 취득하거나(제347조 제1항), 제3자로 하여금 재물의 교부를 받게 하거나 재산상의 이익을 취득하게 하고(동조 제2항) 이로 인하여 상대방에게 재산상 손해가 초래된다는 점을 인식하여야 한다.

■ 사기죄의 고의 관련 판례 정리

1. 기본 법리 판례

〈차용금 사기〉 민사상의 금전대차관계에서 그 채무불이행 사실을 가지고 바로 차용금 편취의 범의를 인정할 수는 없으나, 피고인이 확실한 변제의 의사가 없거나 또는 차용시 약속한 변제기일 내에 변제할 능력이 없음에도 불구하고 변제할 것처럼 가장하여 금원을 차용한 경우에는 편취의 범의를 인정할 수 있다(대판 1983.8.23. 83도1048).

〈제3자로 하여금 재물의 교부를 받게 하여 사기죄가 성립하기 위한 요건〉 범인이 기망행위에 의해 스스로 재물을 취득하지 않고 제3자로 하여금 재물의 교부를 받게 한 경우에 사기죄가 성립하려면, 그 제3자가 범인과 사이에 정을 모르는 도구 또는 범인의 이익을 위해 행동하는 대리인의 관계에 있거나, 그렇지 않다면 적어도 불법영득의사와의 관련상 범인에게 그 제3자로 하여금 재물을 취득하게 할 의사가 있어야 한다(대판 2012.5.24. 2011도15639).

2. 사기죄의 고의를 긍정한 판례

〈임야매수자금 사건〉 농어촌구조개선 특별회계기금을 재원으로 하여 임업후계자육성을 위해 이루어지는 정책자금대출로서 그 대출의 조건 및 용도가 임야매수자금으로 한정되어 있는 정책자금을 대출받음에 있어 임야매수자금을 실제보다 부풀린 허위의 계약서를 제출함으로써 대출취급기관을 기망하였다면, 피고인에게 대출받을 자금을 상환할 의사와 능력이 있었는지 여부를 불문하고 편취의 고의가 인정된다(대판 2007.4.27. 2006도7634).

〈과다한 부채의 누적을 숨기고 금전차용한 사건〉 이미 과다한 부채의 누적으로 변제의 능력이나 의사마저 극히 의심스러운 상황에 처하고서도 이러한 사실을 숨긴 채 피해자들에게 사업에의 투자로 큰 이익을 볼 수 있다고 속여 금전을 차용한 후 이를 주로 상환이 급박해진 기존채무 변제를 위한 용도에 사용한 사실이 인정된다면 금전차용에 있어서 편취의 범의가 있었다고 볼 수 있다(대판 1993.1.15. 92도2588).

〈파산신청 사건〉 차용금 사기죄로 기소된 피고인이 파산신청을 하여 면책허가결정이 확정된 사안에서, 피고인이 파산신청 2년 전부터 불과 40여 일 전까지 여러 사람들로부터 돈을 빌려서 채무변제와 생활비 등으로 사용한 것은 사기죄를 구성한다고 한 사례(대판 2007.11.29. 2007도8549).

〈쇼핑몰 상가분양 사기 사건〉 쇼핑몰 상가 분양사업을 계획하면서 사채와 분양대금만으로 사업부지 매입 및 공사대금을 충당할 수 있다는 막연한 구상 외에 체계적인 사업계획 없이 무리하게 쇼핑몰 상가 분양을 강행한 경우 편취의 범의를 인정할 수 있다고 한 원심의 판단을 수긍한 사례(대판 2005.4.29. 2005도741).

〈어음할인금 편취 사건〉 어음할인의 방법으로 금원을 교부받은 경우에는 어음이 지급기일에 결제되지 않으리라는 점을 예견하였거나 지급기일에 지급될 수 있다는 확신이 없으면서도 그러한 내용을 수취인에게 고지하지 아니하고 이를 속여서 할인을 받았다면 사기죄가 성립한다 (대판 2008.2.28. 2007도10416).

3. 사기죄의 고의를 부정한 판례

〈차용 당시 변제할 의사와 능력이 있었던 사건〉 차용금의 편취에 의한 사기죄의 성립여부는 차용 당시를 기준으로 판단하여야 하므로, 피고인이 차용 당시에는 변제할 의사와 능력이 있었다면 그 후에 차용사실을 전면 부인하면서 변제를 거부한다고 하더라도 이는 단순한 민사상의 채무불이행에 불과할 뿐 형사상 사기죄가 성립한다고 할 수 없다(대판 1996.3.26. 95도3034).

〈기업경영자 파산 사건〉 사업의 수행과정에서 이루어진 거래에서 기업경영자가 파산에 의한 채무불이행의 가능성을 인식할 수 있었으나 그러한 사태를 피할 수 있는 가능성이 있다고 믿었고, 계약이행을 위해 노력할 의사가 있었을 경우, 사기죄의 고의가 있었다고 단정할 수 없다는 판례(대판 2017.1.25. 2016도18432).

〈차용 후 사업실패로 파산신청한 사건〉 차용인이 대여인으로부터 관광버스 구입자금을 차용한 후 계속된 사업실패로 파산신청을 하여 면책허가결정이 확정되자 대여인이 차용금 사기죄로 고소한 사안에서, 차용 당시 차용인에게 편취의 범의가 있었다고 볼 수 없다고 한 사례 (대판 2008.2.14. 2007도10770).

〈카드대금 연체 사건〉 피해자가 피고인과 계속하여 여러 차례의 금전거래를 하는 동안, 피고인의 카드대금 연체 사실은 물론 그 자금 사정까지 잘 알고 있었다고 보이므로, 피해자는 피고인의 차용 당시 피고인의 자금능력이 충분하지 아니하여 변제기에 변제가 어려울 수 있다는 위험을 예상하고 있었거나 충분히 예상할 수 있었다고 보여 피고인의 편취할 고의를 부정한 사안임(대판 2016.4.28. 2012도14516).

〈일시적인 자금압박 사건〉 계속적인 물품거래 도중 일시적인 자금 압박으로 물품대금을 지급하지 못한 것에 불과한 피고인에게 거래 당시부터 편취 범의가 있었다고 보아 사기죄를 인정한 원심판결을 파기한 사례(대판 2003.1.24. 2002도5265).

(2) 초과주관적 요소

고의 이외에도 불법영득의사 또는 불법이득의 의사가 필요하다.

〈과다한 진료수가 청구 사건〉 의료기관이, 보험회사가 진료수가를 삭감할 것을 미리 예상하고, 허위로 과다하게 진료수가를 청구하여 보험회사로부터 실제 발생하지 않은 진료비를 지급받았다면, 허위·과다청구 부분에 대한 편취의사 및 불법영득의사가 인정된다고 한 사례(대판 2008.2.29. 2006도5945).

Ⅲ. 관련문제

(1) 위법성 : 권리행사의 수단으로 기망한 경우

상대방으로부터 재물 또는 재산상 이익을 취득할 수 있는 권리를 가진 자가 그 권리를 실현할 수단으로 기망행위를 한 경우에 사기죄가 성립하는지에 대하여 ① 다수설은 영득의 불법설을 전제로, 기망행위자에게 청구권이 있어 불법영득의 의사가 없으므로 **부정설**의 입장이지만, ② 판례는 사취의 불법설을 전제로, 기망행위를 수단으로 한 권리행사가 사회통념상의 권리행사의 정도를 넘는다면 불법영득의 의사가 있으므로 **긍정설**의 입장이다. [2013 1차]

〈권리행사와 사기죄〉 기망행위를 수단으로 한 권리행사의 경우 그 권리행사에 속하는 행위와 그 수단에 속하는 기망행위를 전체적으로 관찰하여 <u>그와 같은 기망행위가 사회통념상 권리행사의 수단으로서 용인할 수 없는 정도라면 그 권리행사에 속하는 행위는 사기죄를 구성한다</u>(대판 1997.10.14. 96도1405).

〈매매잔금 공탁 사건〉 부동산 소유권이전등기절차 이행을 구하는 소를 제기하여 동시이행 조건 없이 이행을 명하는 승소확정판결을 받은 피고인이, 부동산 소유권을 이전받더라도 매매잔금을 공탁할 의사나 능력이 없음에도 피해자에게 매매잔금을 공탁해 줄 것처럼 거짓말을 하여 그러한 내용으로 합의한 후 그에 따라 부동산 소유권을 임의로 이전받은 사안에서, <u>피고인의 행위는 사회통념상 권리행사의 수단으로서 용인할 수 있는 범위를 벗어난 것으로 사기죄의 기망행위에 해당한다고 한 사례</u>(대판 2011.3.10. 2010도14856).

〈환전해 주겠다고 기망한 사건〉 피고인의 소위가 피해자에 의한 채권을 변제받기 위한 방편이었다 하더라도 이 사건에서와 같이 피해자에게 환전하여 주겠다고 기망하여 약속어음을 교부받는 행위는 위법성을 조각할 만한 정당한 권리행사방법이라고 볼 수 없다(대판 1982.9.14. 82도1679).

〈시공물량 부풀려 기성금 청구한 사건〉 공사의 도급 또는 하도급계약에서 공사대금을 기성고 비율에 따라 산정한 기성금으로 분할 지급하기로 약정한 경우에 수급인 또는 하수급인이 시공물량을 부풀려 기성금을 청구하고 이를 지급받는 행위가 거래관계에서 신의와 성실의 의무를 저버리는 것으로서 사회통념상 권리행사의 수단으로 용인할 수 없는 정도에 이르렀다고 볼 수 있다면 사기죄로 인정할 수 있다(대판 2016.10.13. 2015도11200).

(2) 죄 수

1) 피해자가 일인인 경우

(가) 1개의 기망행위로 1인으로부터 수회 편취시 : 원칙적으로 사기죄의 포괄일죄가 된다.

(나) 1인 피해자에 대하여 수회에 걸쳐 기망행위를 하여 금원을 편취한 경우에 범의가 단일하고 범행방법이 동일한 경우 : 원칙적으로 사기죄의 포괄일죄가 된다.

〈사기죄의 포괄일죄의 판단 방법〉 사기죄 등 재산범죄에서 동일한 피해자에 대하여 단일하고 계속된 범의하에 동종의 범행을 일정기간 반복하여 행한 경우에는 각 범행은 통틀어 포괄일죄가 될 수 있다. 다만 각 범행이 포괄일죄가 되느냐 경합범이 되느냐는 그에 따라 피해액을 기준으로 가중처벌을 하도록 하는 특별법이 적용되는지 등이 달라질 뿐 아니라 양형 판단 및 공소시효와 기판력에 이르기까지 피고인에게 중대한 영향을 미치게 되므로 매우 신중하게 판단하여야 한다(대판 2016.10.27. 2016도11318).

(다) 1인인 피해자에 대하여 수회에 걸쳐 기망행위를 하여 금원을 편취한 경우에 범의의 단일성·계속성이 불인정되거나 범행방법이 다른 경우 : 사기죄의 실체적 경합범이 성립하

지만, 사기죄 성립 후 기망행위가 새로운 법익을 침해하지 않는 경우에는 후행 행위는 사기죄가 성립하지 않는다.

〈동일한 피해자이면서 범의가 단일한 사건〉 사기죄에 있어서 동일한 피해자에 대하여 수회에 걸쳐 기망행위를 하여 금원을 편취한 경우, 범의가 단일하고 범행 방법이 동일하다면 사기죄의 포괄일 죄만이 성립하고, 범의의 단일성과 계속성이 인정되지 아니하거나 범행 방법이 동일하지 아니하다면 각 범행은 실체적 경합범에 해당한다(대판 2000.2.11. 99도4862).

〈동일한 피해자이지만 시기와 방법이 다른 사건〉 피고인이 동일한 피해자로부터 3회에 걸쳐 돈을 편취함에 있어서 그 시기적 간격이 각 2개월 이상이 되고, 그 기망 방법에 있어서도 처음에는 경매 보증금을 마련하여 시간을 벌어주면 경매목적물을 처분하여 갚겠다고 거짓말을 하였고, 두 번째는 한 번만 더 시간을 벌면 위 부동산이 처분될 수 있다고 하여 돈을 빌려주게 하고, 마지막에는 돈을 갚을 수 없게 되었다고 거짓말을 함으로써 피해자로 하여금 부득이 그 돈을 빌려주지 않을 수 없는 상태에 놓이게 하였다면 피고인에게 범의의 단일성과 계속성이 있었다고 보여지지 아니하므로 위의 각 범행은 실체적 경합범에 해당한다(대판 1989.11.28. 89도1309).

〈자금의 수수 없이 기존 차입원리금을 새로이 투자하는 형식을 취한 사건〉 재물 편취를 내용으로 하는 사기죄에 있어서는 기망으로 인한 재물 교부가 있으면 그 자체로써 피해자의 재산 침해가 되어 이로써 곧 사기죄가 성립하고, 그 후 피해자를 기망하여 편취한 재물의 반환을 회피할 목적으로 현실적인 자금의 수수 없이 기존 차입원리금을 새로이 투자하는 형식을 취하였다 하더라도 이는 새로운 법익을 침해하는 것이 아니므로 별도로 사기죄를 구성하지 않는다(대판 2000.11.10. 2000도3483).

 2) 피해자가 수인인 경우

　　(개) 1개의 기망행위로 수인으로부터 재물을 편취한 경우 : 사기죄의 상상적 경합이 된다.

〈1개의 행위로 다수의 피해자에 대한 사기죄의 죄수 판단〉 1개의 기망행위에 의하여 다수의 피해자로부터 각각 재산상 이익을 편취한 경우에는 피해자별로 수 개의 사기죄가 성립하고, 그 사이에는 상상적 경합의 관계에 있는 것으로 보아야 한다(대판 2015.4.23. 2014도16980). (24 변시)

　　(내) 수개의 행위로 수인으로부터 재물을 편취한 경우 : 사기죄의 실체적 경범이 된다.

〈수개의 행위로 다수의 피해자에 대한 사기죄의 죄수 판단〉 [1] 다수의 피해자에 대하여 각별로 기망행위를 하여 각각 재산상 이익을 편취한 경우에는 범의가 단일하고 범행방법이 동일하더라도 각 피해자의 피해법익은 독립한 것이므로 이를 포괄일죄로 파악할 수 없고 피해자별로 독립한 사기죄가 성립된다. [2] 다만 피해자들이 하나의 동업체를 구성하는 등으로 피해 법익이 동일하다고 볼 수 있는 사정이 있는 경우에는 피해자가 복수이더라도 이들에 대한 사기죄를 포괄하여 일죄로 볼 수도 있을 것이다(대판 2015.4.23. 2014도16980).

〈계 불입금 편취 사건〉 단일하고 계속된 범의 아래 같은 장소에서 반복하여 여러 사람으로부터 계 불입금을 편취한 소위는 피해자별로 포괄하여 1개의 사기죄가 성립하고 이들 포괄일죄 상호간에 상상적 경합관계에 있다고 볼 것이므로, 그 중 일부 피해자들로부터 계 불입금을 편취하였다는 공소사실에 대하여 확정판결이 있었다면 나머지 피해자들에 대한 이 사건 공소사실에 대하여도 위 판결의 기판력이 미치게 된다고 할 것이다(대판 1996.2.13. 89도252).

3) **간접정범을 통한 사기범행에서의 도구로만 이용된 피이용자에 대한 사기죄** : 피해자에 대한 사기죄만 성립하고 도구로서만 이용된 피이용자에 대한 사기죄는 성립하지 않는다.

〈**간접정범을 통한 사기범행에서의 도구로만 이용된 피이용자에 대한 사기죄는 성립하지 않는다는 판례**〉 간접정범을 통한 범행에서 피이용자는 간접정범의 의사를 실현하는 수단으로서의 지위를 가질 뿐이므로, 피해자에 대한 사기범행을 실현하는 수단으로서 타인을 기망하여 그를 피해자로부터 편취한 재물이나 재산상 이익을 전달하는 도구로서만 이용한 경우에는 편취의 대상인 재물 또는 재산상 이익에 관하여 피해자에 대한 사기죄가 성립할 뿐 도구로 이용된 타인에 대한 사기죄가 별도로 성립한다고 할 수 없다(대판 2017.5.31. 2017도3894). [2019 변시](20 변시)(22 변시)

(3) **타죄와의 관계**

1) **횡령죄와의 관계** : 자기가 점유하는 타인의 재물을 기망에 의하여 영득한 때에는 횡령죄만 성립하고 사기죄가 성립되지 않는다. 그 이유는 ① 사기죄는 타인이 점유하는 재물에 대하여만 성립하며 ② 자기가 점유하는 타인의 재물에 대한 기망은 영득행위의 수단에 불과하고 상대방의 처분행위를 인정할 수 없기 때문이다.

> [COMMENT] 본 쟁점은 위탁매매와 관련된 사례문제로 자주 출제되니 정확히 이해하는 것이 바람직하다.

〈**자기가 보관하는 재물을 기망하여 영득해도 횡령죄만 성립한다는 판례**〉 자기가 점유하는 타인의 재물을 횡령하기 위하여 기망 수단을 쓴 경우에는 피기망자에 의한 재산 처분행위가 없으므로 일반적으로 횡령죄만 성립되고 사기죄는 성립되지 아니한다(대판 1980.12.9. 80도1177). (16 변시)(17 변시)

〈**편취한 분양대금을 다시 횡령한 사건**〉 대표이사가 회사의 상가분양 사업을 수행하면서 수분양자들을 기망하여 편취한 분양대금은 회사의 소유로 귀속되는 것이므로, 대표이사가 그 분양대금을 횡령하는 것은 사기 범행이 침해한 것과는 다른 법익을 침해하는 것이어서 회사를 피해자로 하는 별도의 횡령죄가 성립된다(대판 2005.4.29. 2005도741).

〈**사기범행 대가를 다시 편취하거나 횡령한 사건**〉 사기죄에서 피해자에게 그 대가가 지급된 경우, 피해자를 기망하여 그가 보유하고 있는 그 대가를 다시 편취하거나 피해자로부터 그 대가를 위탁받아 보관 중 횡령하였다면, 이는 새로운 법익의 침해가 발생한 경우이므로, 기존에 성립한 사기죄와는 별도의 새로운 사기죄나 횡령죄가 성립한다(대판 2009.10.29. 2009도7052). (22 변시)

〈**공탁된 수용보상금 사건**〉 갑 종친회 회장인 피고인이 위조한 종친회 규약 등을 공탁관에게 제출하는 방법으로 갑 종친회를 피공탁자로 하여 공탁된 수용보상금을 출급받아 편취하고, 이를 종친회를 위하여 업무상 보관하던 중 반환을 거부하여 횡령하였다는 내용으로 기소된 사안에서, 피고인이 공탁관을 기망하여 공탁금을 출급받음으로써 갑 종친회를 피해자로 한 사기죄가 성립하고, 그 후 갑 종친회에 대하여 공탁금 반환을 거부한 행위는 새로운 법익의 침해를 수반하지 않는 불가벌적 사후행위에 해당할 뿐 별도의 횡령죄가 성립하지 않는다고 한 사례(대판 2015.9.10. 2015도8592).

2) 배임죄와의 관계 : ① 타인의 사무를 처리하는 자가 본인에 대하여 기망행위를 하여 재산
상의 이익을 취득하고 본인에게 손해를 가한 경우에는 사기죄와 배임죄의 상상적 경합이
되지만, ② 타인의 사무를 처리하는 자가 제3자에 대하여 기망행위를 하여 사기죄를 구
성하고 그로 인하여 본인에게 손해가 생긴 때에는 사기죄와 배임죄의 실체적 경합이
된다.

〈신용협동조합 전무 사건〉 [1] 업무상배임행위에 사기행위가 수반된 때의 죄수 관계에 관하여 보면,
사기죄와 업무상 배임죄는 그 구성요건을 달리하는 별개의 범죄이고 형법상으로도 각각 별개의 장
(章)에 규정되어 있어, 1개의 행위에 관하여 사기죄와 업무상 배임죄의 각 구성요건이 모두 구비
된 때에는 양 죄를 법조경합 관계로 볼 것이 아니라 상상적 경합관계로 봄이 상당하다 할 것이고,
나아가 업무상 배임죄가 아닌 단순배임죄라고 하여 양 죄의 관계를 달리 보아야 할 이유도 없다. [2]
신용협동조합의 전무인 피고인이 조합의 담당직원을 기망하여 예금인출금 또는 대출금 명목으로
금원을 교부받은 행위에 대하여 업무상 배임죄와 사기죄의 상상적 경합을 인정한 사례(대판 2002.7.18.
2002도669 전합). **[COMMENT]** 본 판례는 타인의 사무처리자가 본인을 기망한 사안이다. [2020 3차](12
변시)

〈월세임대차계약 체결업무를 위임받고 전세임대차계약을 체결하고 그 보증금을 편취한 사건〉 [1] 본인
에 대한 배임행위가 본인 이외의 제3자에 대한 사기죄를 구성한다 하더라도 그로 인하여 본인에
게 손해가 생긴 때에는 사기죄와 함께 배임죄가 성립하고 두 죄는 실체적 경합관계에 있다. 피고
인이 이 사건 각 건물에 관하여 전세임대차계약을 체결할 권한이 없음에도 임차인들을 속이고 전세
임대차계약을 체결하여 그 임차인들로부터 전세보증금 명목으로 돈을 교부받은 행위는 건물주가
민사적으로 임차인들에게 전세보증금반환 채무를 부담하는지 여부와 관계없이 사기죄에 해당하
고, 이 사건 각 건물에 관하여 전세임대차계약이 아닌 월세임대차계약을 체결하여야 할 업무상 임
무를 위반하여 전세임대차계약을 체결하여 그 건물주인 피해자로 하여금 전세보증금반환채무를
부담하게 한 행위는 위 사기죄와 별도로 업무상배임죄에 해당한다. 그리고 나아가 위 각 죄는 서로
구성요건 및 그 행위의 태양과 보호법익을 달리하고 있어 상상적 경합범의 관계가 아니라 실체적
경합범의 관계에 있다고 할 것이다. [2] 건물관리인이 건물주로부터 월세임대차계약 체결업무를 위임
받고도 임차인들을 속여 전세임대차계약을 체결하고 그 보증금을 편취한 경우, 사기죄와 별도로 업무
상배임죄가 성립하고 두 죄가 실체적 경합범의 관계에 있다고 본 원심판단을 수긍한 사례(대판 2010.11.11.
2010도10690). **[COMMENT]** 본 판례는 타인의 사무처리자가 제3자를 기망한 사안이다. (18 변시)

3) 수뢰죄와의 관계 : 공무원이 직무에 관하여 타인을 기망하여 재물을 교부받은 경우 사기
죄와 수뢰죄의 상상적 경합이 된다.

〈공여자를 기망한 사건〉 뇌물을 수수함에 있어서 공여자를 기망한 점이 있다 하여도 뇌물수수죄,
뇌물공여죄의 성립에는 영향이 없고, 이 경우 뇌물을 수수한 공무원에 대하여는 한 개의 행위가
뇌물죄와 사기죄의 각 구성요건에 해당하므로 형법 제40조에 의하여 상상적 경합으로 처단하여야
할 것이다(대판 2015.10.29. 2015도12838). **[COMMENT]** 기망 당하여 하자있는 처분행위를 한 자에게도
뇌물공여죄를 인정하고 있다는 점에서 흥미로운 판례이다. (20 변시)

4) 위조문서행사죄 또는 위조통화행사죄와의 관계 : 위조문서 또는 위조통화를 행사하여 타
인의 재물을 편취한 경우에는 위조문서행사죄 또는 위조통화행사죄와 사기죄는 실체적
경합관계에 있다.

《위조통화행사죄와 사기죄》 통화위조죄에 관한 규정은 공공의 거래상의 신용 및 안전을 보호하는 목적으로 하고 있고, 사기죄는 개인의 재산법익에 대한 죄이어서 양 죄는 그 보호법익을 달리하고 있으므로, 위조통화를 행사하여 재물을 불법 영득한 때에는 위조통화행사죄와 사기죄의 양 죄가 성립된다(대판 1979.7.10. 79도840). **[COMMENT]** 보호법익이 달라 실체적 경합을 인정하고 있는 판례이다.

    5) **도박죄와의 관계** : 사기도박은 도박죄는 성립하지 않고 사기죄만 성립한다. 도박이란 승패가 우연성에 좌우되어야 하는데, 사기도박은 승패가 기망행위자의 지배하에 있어 우연성이 없으므로 도박에 해당하지 않기 때문이다.

《사기도박 사건》 화투의 조작에 숙달하여 원하는 대로 끝수를 조작할 수 있어서 우연성이 없음에도 피해자를 우연에 의하여 승부가 결정되는 것처럼 오신시켜 돈을 도하게 하여 이를 편취한 행위는 이른바 기망방법에 의한 도박으로서 사기죄에 해당한다(대판 1985.4.23. 85도583).

《사기도박의 실행의 착수시기와 죄수판단 및 편취액에 관한 판례》 사기죄는 편취의 의사로 기망행위를 개시한 때에 실행에 착수한 것으로 보아야 하므로, 사기도박에서도 사기적인 방법으로 도금을 편취하려고 하는 자가 상대방에게 도박에 참가할 것을 권유하는 등 기망행위를 개시한 때에 실행의 착수가 있는 것으로 보아야 하고, 그 후에 사기도박을 숨기기 위하여 정상적인 도박을 하였더라도 이는 사기죄의 실행행위에 포함된다. 한편 사기죄에서 동일한 피해자에 대하여 수회에 걸쳐 기망행위를 하여 금원을 편취한 경우에 그 범의가 단일하고 범행 방법이 동일하다면 사기죄의 포괄일죄만이 성립한다. 따라서 피해자의 도박이 피고인들의 기망행위에 의하여 이루어졌다면 그로써 사기죄는 성립하며, 이로 인하여 피고인들이 취득한 재물이나 재산상 이익은 도박 당일 피해자가 잃은 도금 상당액이라 할 것이다(대판 2015.10.29. 2015도10948). (20 변시)

(4) 친족상도례

> 제354조 (친족간의 범행, 동력) 제328조와 제346조의 규정은 본장의 죄에 준용한다.

IV. 소송사기

1. 소송사기의 의의

소송사기란 법원을 기망하여 자기에게 유리한 판결을 얻음으로써 상대방의 재물 또는 재산상 이익을 취득하는 것을 내용으로 하는 범죄이다. 법원을 피기망자로 하고, 소송의 상대방을 피해자로 한다는 점에서 **삼각사기**의 일종이다.

《소송사기의 개념》 소송사기는 법원을 기망하여 자기에게 유리한 판결을 얻음으로써 상대방의 재물 또는 재산상 이익을 취득하는 것을 내용으로 하는 범죄이다(대판 1998.2.27. 97도2786).

2. 소송사기의 성립요건

(1) 소송사기의 주체

소송사기의 주체는 원고뿐만 아니라 피고도 가능하다. 즉 피고도 원고의 주장에 맞서 허위내용의 증거 등을 제출하는 등 적극적인 방법으로 법원을 기망함으로써 재산상의 의무이행을 면할 경우에는 사기죄의 주체가 될 수 있다. 또한 원고 또는 피고가 아니더라도 이들 중 일방을 이용한 **간접정범의** 형태로도 소송사기를 범할 수 있다.

〈**피고도 소송사기의 주체가 될 수 있다는 판례**〉 적극적 소송당사자인 원고뿐만 아니라 방어적인 위치에 있는 피고라 하더라도 허위내용의 서류를 작성하여 이를 증거로 제출하거나 위증을 시키는 등의 적극적인 방법으로 법원을 기망하여 착오에 빠지게 한 결과 승소확정판결을 받음으로써 자기의 재산상의 의무이행을 면하게 된 경우에는 그 재산가액 상당에 대하여 사기죄가 성립한다고 할 것이고, 그와 같은 경우에는 적극적인 방법으로 법원을 기망할 의사를 가지고 허위내용의 서류를 증거로 제출하거나 그에 따른 주장을 담은 답변서나 준비서면을 제출한 경우에 사기죄의 실행의 착수가 있다고 볼 것이다(대판 1998.2.27. 97도2786).

〈**소송사기는 간접정범에 의한 방법으로도 성립할 수 있다는 판례**〉 자기에게 유리한 판결을 얻기 위하여 소송상의 주장이 사실과 다름이 객관적으로 명백하거나 증거가 조작되어 있다는 정을 인식하지 못하는 제3자를 이용하여 그로 하여금 소송의 당사자가 되게 하고 법원을 기망하여 소송 상대방의 재물 또는 재산상 이익을 취득하려 하였다면 간접정범의 형태에 의한 소송사기죄가 성립하게 된다(대판 2007.9.6. 2006도3591). (23 변시)(23 1차)

(2) 소송사기의 수단

1) 처분행위적 효력이 있는 판결 : 기망에 의한 법원의 판결은 피해자의 처분행위와 같은 효력이 있어야 하고 그렇지 않으면 사기죄가 성립하지 않는다. 즉 법원의 승소판결에 기하여 재물 또는 재산상의 이익을 취득할 수 있어야 한다.

〈**소송사기의 재판은 처분행위와 같은 효력이 있어야 한다는 판례**〉 이른바 소송사기에 있어서 피기망자인 법원의 재판은 피해자의 처분행위에 갈음하는 내용과 같은 효력이 있는 것이라야 하고 그렇지 아니하는 경우에는 착오에 의한 재물의 교부행위가 있다고 할 수 없어서 사기죄는 성립하지 아니한다고 할 것이다(대판 1987.8.18. 87도1153).

〈**건축허가명의만을 가진 사람이 강제경매 신청한 사건**〉 [1] (위 판례와 동일한 법리 생략) [2] 자기의 비용과 노력으로 건물을 신축하여 그 소유권을 원시취득한 미등기건물의 소유자가 있고 그에 대한 채권담보 등을 위하여 건축허가명의만을 가진 자가 따로 있는 상황에서, 건축허가명의자에 대한 채권자가 위 명의자와 공모하여 명의자를 상대로 위 건물에 관한 강제경매를 신청하여 법원의 경매개시결정이 내려지고, 그에 따라 위 명의자 앞으로 촉탁에 의한 소유권보존등기가 되고 나아가 그 경매절차에서 건물이 매각되었다고 하더라도, 위와 같은 경매신청행위 등이 진정한 소유자에 대한 관계에서 사기죄가 된다고 볼 수는 없다. 왜냐하면 위 경매절차에서 한 법원의 재판이나 법원의 촉탁에 의한 소유권보존등기의 효력은 그 재판의 당사자도 아닌 위 진정한 소유자에게는 미치지 아니하는 것이어서, 피기망자인 법원의 재판이 피해자의 처분행위에 갈음하는 내용과 효력이 있는 것이라고 보기는 어렵기 때문이다(대판 2013.11.28. 2013도459). (23 변시)

2) 가압류 · 가처분 : 가압류 · 가처분은 강제집행의 보전행위에 불과하고 그 기초가 되는 허위의 채권에 의한 청구의 의사라고 볼 수 없으므로 소송사기가 성립하지 않는다.

〈가압류는 보전방법에 불과하므로 소송사기의 기망이 아니라는 판례〉 가압류는 강제집행의 보전방법에 불과하고 그 기초가 되는 허위의 채권에 의하여 실제로 청구의 의사표시를 한 것이라고 할 수 없으므로 소의 제기 없이 가압류신청을 한 것만으로는 사기죄의 실행에 착수한 것이라고 할 수 없다(대판 1982.10.26. 82도1529). (14 변시)(19 변시)

3) **재판상 화해** : 재판상 화해의 경우는 ① 당사자 사이에서 재판상 화해는 새로운 법률관계를 창설하는 것이므로 화해 내용이 실제 법률관계와 일치하지 않아도 사기죄가 성립하지 않으며 ② 제3자와의 관계에서 재판상 화해는 소송당사자 사이에서만 효력이 미치므로 소송사기가 성립하지 않는다.

〈재판상 화해는 법률관계를 창설하므로 소송사기가 성립할 수 없다는 판례〉 재판상 화해는 그것으로 인하여 새로운 법률관계가 창설되는 것이므로 화해의 내용이 실제 법률관계와 일치하지 않는다고 하여 사기죄가 성립할 여지는 없다(대판 1968.2.27. 67도1579).

4) **지급명령** : 허위채권으로 지급명령을 신청한 경우에 소송사기의 실행의 착수가 있고, 지급명령에 대한 이의신청이 없거나 이의신청이 각하된 경우에는 확정판결과 동일한 효력을 가지므로 사기죄의 기수가 성립한다.

〈허위채권 지급명령신청 사건〉 [1] 허위의 내용으로 지급명령을 신청하여 법원을 기망한다는 고의가 있는 경우에 법원을 기망하는 것은 반드시 허위의 증거를 이용하지 않더라도 당사자의 주장이 법원을 기만하기 충분한 것이라면 기망수단이 된다. [2] 지급명령신청에 대해 상대방이 이의신청을 하면 지급명령은 이의의 범위 안에서 그 효력을 잃게 되고 지급명령을 신청한 때에 소를 제기한 것으로 보게 되는 것이지만 이로써 이미 실행에 착수한 사기의 범행 자체가 없었던 것으로 되는 것은 아니다. [3] 허위의 내용으로 신청한 지급명령이 그대로 확정된 경우에는 소송사기의 방법으로 승소 판결을 받아 확정된 경우와 마찬가지로 사기죄는 이미 기수에 이르렀다고 볼 것이다(대판 2004.6.24. 2002도4151).

5) **제권판결** : 허위의 분실사유를 들어 공시최고 신청을 하고 이에 따라 법원으로부터 제권판결을 받음으로써 수표상의 채무를 면하여 그 수표금 상당의 재산상 이득을 취득하였다면 이러한 행위는 사기죄에 해당한다.

〈가계수표분실 허위신고 사건〉 가계수표발행인이 자기가 발행한 가계수표를 타인이 교부받아 소지하고 있는 사실을 알면서도, 또한 그 수표가 적법히 지급 제시되어 수표상의 소구의무를 부담하고 있음에도 불구하고 허위의 분실사유를 들어 공시최고 신청을 하고 이에 따라 법원으로부터 제권판결을 받음으로써 수표상의 채무를 면하여 그 수표금 상당의 재산상 이득을 취득하였다면 이러한 행위는 사기죄에 해당한다(대판 1999.4.9. 99도364).

〈갈취당한 수표 사건〉 자기앞수표를 갈취당한 자가 이를 분실하였다고 허위로 공시최고신청을 하여 제권판결을 선고받은 경우, 그 수표를 갈취하여 소지하고 있는 자에 대한 사기죄가 성립된다고 한 사례(대판 2003.12.26. 2003도4914).

〈주권 허위분실 신고 사건〉 주권을 교부한 자가 이를 분실하였다고 허위로 공시최고신청을 하여 제권판결을 선고받아 확정되었다면, 그 제권판결의 적극적 효력에 의해 그 자는 그 주권을 소지하지 않고도 주권을 소지한 자로서의 권리를 행사할 수 있는 지위를 취득하였다고 할 것이므로, 이로써 사기죄에 있어서의 재산상 이익을 취득한 것으로 보기에 충분하고, 이는 제권판결이 그 신청인에게 주권상의 권리를 행사할 수 있는 형식적 자격을 인정하는 데 그치며 그를 실질적 권리자로 확정하는 것이 아니라고 하여 달리 볼 것은 아니다(대판 2007.5.31. 2006도8488).

〈기부금 납부 약정이 무효이므로 그 이행을 위해 발행한 약속어음에 대해 허위의 분실신고를 하여 제권판결을 받은 경우에도 사기죄는 성립하지 않는다고 본 판례〉 갑 주식회사의 실질적 경영자인 피고인이, 전(前)대표이사 을이 지방자치단체에 기부금을 납부하기로 약정하고 골프장사업을 승인받으면서 그 이행을 위해 약속어음을 발행·교부한 사실을 잘 알고 있음에도, 위 어음을 분실하였다는 허위 사유를 들어 법원을 기망하고 제권판결을 선고받음으로써 어음금 상당의 재산상 이익을 편취하였다는 공소사실에 대하여, 위 기부금 증여계약은 지방자치단체장의 공무수행과 결부된 금전적 대가로서 그 조건이나 동기가 사회질서에 반하여 무효이므로 지방자치단체로서는 위 어음금의 지급을 청구할 수 없음에도, 위 증여가 유효하다고 판단하여 피고인을 유죄로 인정한 원심판결에 민법 제103조에 관한 법리오해 또는 증여의 효력에 관한 심리미진의 위법이 있다고 한 사례(대판 2010. 1.28. 2007도9331).

6) 소유권이전등기말소의 청구 : 소유권이전등기 말소청구의 경우에는 ① 등기명의자가 후순위 등기명의자의 등기말소를 청구한 경우에는 소송사기가 성립하지만 ② 등기명의가 없는 사람이 등기말소를 청구하는 경우에는 권리를 취득하는 것은 아니므로 소송사기는 성립하지 않는다.

〈소유자로 등기된 적이 있는 자가 소유권이전등기말소 청구한 사건〉 이른바 소송사기는 법원을 기망하여 자기에게 유리한 재판을 얻고 이에 기하여 상대방으로부터 재물의 교부를 받거나 재산상 이익을 취득하는 것을 말하는 것인바, 부동산등기부상 소유자로 등기된 적이 있는 자가 자신 이후에 소유권이전등기를 경료한 등기명의인들을 상대로 허위의 사실을 주장하면서 그들 명의의 소유권이전등기의 말소를 구하는 소송을 제기한 경우 그 소송에서 승소한다면 등기명의인들의 등기가 말소됨으로써 그 소송을 제기한 자의 등기명의가 회복되는 것이므로 이는 법원을 기망하여 재물이나 재산상 이익을 편취한 것이라고 할 것이고 따라서 등기명의인들 전부 또는 일부를 상대로 하는 그와 같은 말소등기청구 소송의 제기는 사기의 실행에 착수한 것이라고 보아야 할 것이다(대판 2003.7.22. 2003도1951). (15 변시)

〈소유자로 등기된 적이 없는 자가 소유권이전등기말소 청구한 사건〉 피고인이 갑 명의로, 갑이 이 건 임야를 매수한 일이 없음에도 매수한 것 처럼 허위의 사실을 주장하여 위 임야에 대한 소유권이전등기를 거친 자들을 상대로 각 그 소유권이전등기말소를 구하는 소송을 제기하였다가 취하하였다고 하여도, 위 소송의 결과 원고로 된 갑이 승소한다고 가정하더라도 위 피고들의 등기가 말소될 뿐이고 이것만으로 피고인이 위 임야에 관한 어떠한 권리를 취득하거나 의무를 면하는 것은 아니므로 법원을 기망하여 재물이나 재산상 이익을 편취한 것이라고 보기 어려우니 위 소제기 행위를 가리켜 사기의 실행에 착수한 것이라고 할 수 없다(대판 1981.12.8. 81도1451).

7) 소유권보존등기말소의 청구

⑦ **소송사기의 성립 여부** : 권리 없는 자가 소유권보존등기의 말소를 청구하는 경우에 대하여 ① 종래 판례는 소유권보존등기 명의자를 상대로 그 보존등기의 말소를 구하는 소송을 제기한 경우에는 승소하더라도 어떠한 권리를 회복 또는 취득하거나 의무를 면하는 것은 아니므로 법원을 기망하여 재물이나 재산상 이익을 편취한 것이라고 볼 수 없다는 **재산상 이익 부정설**의 입장이었으나, ② 최근 전합판례에서는 소유권보존등기말소청구소송에서 승소하여 보존등기 말소를 명하는 내용의 승소확정판결을 받는다면, 자기 앞으로의 소유권보존등기를 신청하여 그 등기를 마칠 수 있게 되므로 재산상 이익을 취득한 것으로 보아야 한다는 **재산상 이익 긍정설**의 입장으로 그 태도를 변경하였다.

⑷ **소유권보존등기말소청구를 통한 소송사기의 실행의 착수시기와 기수시기** : 권리 없는 자가 소유권보존등기말소청구소송을 제기하는 것이 소송사기가 성립된다고 볼 때, 그 실행의 착수시기에 대하여는 소를 제기한 때라고 보는 것에 문제가 없다. 그러나 기수시기를 언제로 볼 것인지에 대하여 ① 대법원의 반대의견은 소유권보존등기의 말소를 명하는 확정판결은 그 자체만으로는 법원을 기망하여 재물이나 재산상 이익을 편취한 것이라고 볼 수 없으므로 새로운 보존등기를 경료한 때를 기수시기로 보아야 한다는 **보존등기경료시설**의 입장이지만, ② 대법원의 다수의견은 소유권보존등기의 말소를 명하는 확정판결에 따라 '위 토지 소유권에 대한 방해를 제거하고 그 소유 명의를 얻을 수 있는 지위'라는 재산상 이익을 취득하게 되므로 승소판결이 확정될 때 범죄는 기수가 된다는 **승소확정판결시설**의 입장이다.

〈보존등기말소청구소송 사건〉[다수의견] 피고인 또는 그와 공모한 자가 자신이 토지의 소유자라고 허위의 주장을 하면서 소유권보존등기 명의자를 상대로 보존등기의 말소를 구하는 소송을 제기한 경우 그 소송에서 위 토지가 피고인 또는 그와 공모한 자의 소유임을 인정하여 보존등기 말소를 명하는 내용의 승소확정판결을 받는다면, 이에 터 잡아 언제든지 단독으로 상대방의 소유권보존등기를 말소시킨 후 위 판결을 부동산등기법 제130조 제2호 소정의 소유권을 증명하는 판결로 하여 자기 앞으로의 소유권보존등기를 신청하여 그 등기를 마칠 수 있게 되므로, 이는 법원을 기망하여 유리한 판결을 얻음으로써 '대상 토지의 소유권에 대한 방해를 제거하고 그 소유명의를 얻을 수 있는 지위'라는 재산상 이익을 취득한 것이고, 그 경우 기수시기는 위 판결이 확정된 때이다(대판 2006.4.7. 2005도9858 전합). (23 변시)

〈보존등기말소청구소송에서 일부가 화해권고결정 확정된 사건〉 甲이 일제시대 사정(査定)받은 토지에 대하여 소유자 미복구를 원인으로 국가 명의의 소유권보존등기가 되어 있는 상태에서, 피고인이 제1심 공동피고인과 공모하여 乙이 사정명의인 甲의 소유권을 대습상속한 것처럼 상속인의 사망 시기 등을 조작한 다음 乙을 원고로 하여 국가를 상대로 소유권보존등기 말소등기 청구소송을 제기하여 이를 일부 인용하는 취지의 화해권고결정이 확정된 사안에서, 위 부동산에 대하여 민법 제1053조 이하의 절차에 따른 국가귀속 절차가 이루어지거나 국가가 소유권을 가지게 된 다른 특별한 사정이 있지 않는 한 당연히 국가 소유가 되는 것은 아니라고 할 것이나, 이미 국가 명의로 소유권보존등기가 되어 있는 상태에서 소유권보존등기의 말소 청구를 하고 청구의 일부인용 판결에 준하는 화해권고결정이 확정된 이상, 청구인용 부분에 대하여는 법원을 기망하여 유리한 결정을 받음으로써 '대상 토지의 소유명의를 얻을 수 있는 지위'라는 재산상 이익을 취득하였다고 할 것이고,

이는 사기죄의 대상인 재산상 이익의 편취에 해당한다는 이유로, 위 청구인용 부분에 대하여 사기죄, 그리고 화해권고결정에 의하여 등기말소청구를 포기한 부분에 대하여 사기미수죄를 각 인정한 원심판단을 수긍한 사례(대판 2011.12.13. 2011도8873).

(3) 소송사기의 상대방

소송사기는 판결에 의하여 재산변동이 가능하면 성립될 수 있으므로 원칙적으로 자연인과 법인 등을 상대로 할 수 있다. 그러나 **사망자** 상대의 소송사기는 그 판결의 내용에 따른 재산변동의 효력이 상속인에게 미치지 아니하므로 사기죄를 구성할 수 없으며, **허무인이나 권한없는 자** 상대의 소송사기의 경우에도 동일한 논리에 의하여 사기죄가 성립하지 아니한다.

〈**사망자를 상대로 한 소송사기는 성립할 수 없다는 판례**〉 소송사기에 있어서 피기망자인 법원의 재판은 피해자의 처분행위에 갈음하는 내용과 효력이 있는 것이어야 하고, 그렇지 아니하는 경우에는 착오에 의한 재물의 교부행위가 있다고 할 수 없어서 사기죄는 성립되지 아니한다고 할 것이므로, 피고인의 제소가 사망한 자를 상대로 한 것이라면 이와 같은 사망한 자에 대한 판결은 그 내용에 따른 효력이 생기지 아니하여 상속인에게 그 효력이 미치지 아니하고 따라서 사기죄를 구성한다고 할 수 없다(대판 2002.1.11. 2000도1881). [2021 2차](15 변시)

〈**허무인을 상대로 한 소송사기는 성립할 수 없다는 판례**〉 소송사기에 있어서 피기망자인 법원의 재판은 피해자의 처분행위에 갈음하는 내용과 효력이 있는 것이어야 하는바 실재하고 있지 아니한 자에 대하여 판결이 선고되더라도 그 판결은 피해자의 처분행위에 갈음하는 내용과 효력을 인정할 수 없고, 따라서 착오에 의한 재물의 교부행위를 상정할 수 없는 것이므로 사기죄의 성립을 시인할 수 없다(대판 1992.12.11. 92도743).

〈**권한없는 자를 상대로 한 소송사기는 성립할 수 없다는 판례**〉 소송사기에 있어서 피기망자인 법원의 재판은 피해자의 처분행위에 갈음하는 내용과 효력이 있는 것이어야 하고 그렇지 않은 경우에는 착오에 의한 재물의 교부행위가 있다고 할 수 없을 것인바, 피고인이 타인소유의 부동산에 관하여 아무런 권한이 없는 사람을 상대로 소유권확인등의 청구소송을 제기함으로써 법원을 기망하여 승소판결을 받고 그 확정판결을 이용하여 동 부동산에 대한 소유권보존등기를 경료했다 하여도, 위 판결의 효력은 소송당사자들 사이에만 미치고 제3자인 부동산소유자에게는 미치지 아니하여 위 판결로 인하여 위 부동산에 대한 제3자의 소유권이 피고인에게 이전되는 것도 아니므로 사기죄를 구성한다고 볼 수 없다(대판 1985.10.8. 84도2642).

(4) 소송사기의 행위

1) **적극적 사술의 사용** : 기망행위가 인정되기 위해서는 법원에 대한 허위사실의 주장 내지 증거조작 등 적극적 사술을 사용하여야 한다. 따라서 단순한 부인이나 불리한 사실에 대해 묵인하는 정도로는 기망이 되지 않는다. 즉 상대방에게 유리한 증거를 제출하지 않거나 상대방에게 유리한 진술을 진술하지 않은 정도만으로는 소송사기의 기망이 될 수 없다.

1. 기본 법리 판례

〈**민사소송에서 상대방에게 유리한 증거를 제출하지 않은 사건**〉 당사자주의 소송구조하에서는 자기에게 유리한 주장이나 증거는 각자가 자신의 책임하에 변론에 현출하여야 하는 것이고, 비록 자기가 상대방에게 유리한 증거를 가지고 있다거나 상대방에게 유리한 사실을 알고 있다고 하더라도 상대방을 위하여 이를 현출하여야 할 의무가 있다고 보기는 어려울 것이므로 상대방에게 유리한 증거를 제출하지 않거나 상대방에게 유리한 사실을 진술하지 않는 행위만으로는 소송사기에 있어 기망이 된다고 할 수 없다(대판 2002.6.28. 2001도1610).

〈**일방적인 주장의 통고서의 내용증명우편 사건**〉 소송사기에서 말하는 증거의 조작이란 처분문서 등을 거짓으로 만들어 내거나 증인의 허위 증언을 유도하는 등으로 객관적·제3자적 증거를 조작하는 행위를 말하는 것이므로, 피고인이 소송 제기에 앞서 그 명의로 피해자에 대한 일방적인 권리주장을 기재한 통고서 등을 작성하여 내용증명우편으로 발송한 다음, 이를 법원에 증거로 제출하였다 하더라도 증거를 조작하였다고 볼 수는 없다(대판 2004.3.25. 2003도7700).

2. 사기죄를 긍정한 판례

〈**원인관계가 소멸된 약속어음 공정증서정본 사건**〉 채무자가 강제집행을 승낙한 취지의 기재가 있는 약속어음 공정증서에 있어서 그 약속어음의 원인관계가 소멸하였음에도 불구하고, 약속어음 공정증서 정본을 소지하고 있음을 기화로 이를 근거로 하여 강제집행을 하였다면 사기죄를 구성한다(대판 1999.12.10. 99도2213).

〈**채권이 소멸된 판결정본 사건**〉 민사판결의 주문에 표시된 채권을 변제받거나 상계하여 그 채권이 소멸되었음에도 불구하고, 판결정본을 소지하고 있음을 기화로 이를 근거로 하여 강제집행을 하였다면 사기죄를 구성한다(대판 1992.12.22. 92도2218).

〈**공사대금채권을 부풀려 유치권 경매신청한 사건**〉 유치권에 의한 경매를 신청한 유치권자는 일반채권자와 마찬가지로 피담보채권액에 기초하여 배당을 받게 되는 결과 피담보채권인 공사대금 채권을 실제와 달리 허위로 크게 부풀려 유치권에 의한 경매를 신청할 경우 정당한 채권액에 의하여 경매를 신청한 경우보다 더 많은 배당금을 받을 수도 있으므로, 이는 법원을 기망하여 배당이라는 법원의 처분행위에 의하여 재산상 이익을 취득하려는 행위로서, 불능범에 해당한다고 볼 수 없고, 소송사기죄의 실행의 착수에 해당한다고 할 것이다(대판 2012.11.15. 2012도9603). (15 변시)

〈**위임장을 위조하여 경매개시결정 정본을 교부받은 사건**〉 근저당권자의 대리인인 피고인이 채무자 겸 소유자인 피해자를 대리하여 경매개시결정 정본을 받을 권한이 없음에도, 경매개시결정 정본 등 서류의 수령을 피고인에게 위임한다는 내용의 피해자 명의의 위임장을 위조하여 법원에 제출하는 방법으로 경매개시결정 정본을 교부받은 사안에서, 위 행위는 사회통념상 도저히 용인될 수 없으므로 비록 근저당권이 유효하다고 하더라도 사기죄의 기망행위에 해당한다고 한 사례(대판 2009.7.9. 2009도295).

〈**정당한 매도를 한 후 불법매도라고 주장한 사건**〉 甲과 乙이 공동소유하고 있던 부동산의 매각처분에 관하여 甲이 乙에게 그 권한을 위임하고 다시 변호사에게 그 취지를 확인하는 내용의 서면을 작성 교부함으로써 매매에 관하여 이의를 제기하지 아니하겠다고 다짐하였음에도 불구하고 甲이 법원에 을이 아무런 권원없이 위 부동산을 불법매도하였다고 허위의 사실을 주장하여 소를 제기하였다면 이는 법관으로 하여금 착오에 빠지게 함으로써 본인에게 유리한 재판을 하게 하고 그 효과로서 위 부동산을 영득하려 한 것이니 위 행위에 대하여 사기미수의 죄가 성립된다(대판 1987.5.12. 87도417).

〈점유취득시효 완성 후라도 증거를 위조하고 위증을 교사하였다면 사기죄가 성립한다는 판례〉 토지를 20년 이상 점유하여 왔더라도 그 점유권원의 성질이 불분명하여 일단 자주점유로 추정받기는 하나, 상대방이 그 추정을 번복시킬 수 있는 사실을 입증하면 취득시효를 인정받을 수 없어 결국 상대방의 입증 여부에 따라 소송의 승패가 결정되는 소송에서, 소송의 승패에 결정적인 증거인 자주점유의 권원에 관한 처분문서를 위조하고, 그 성립에 관한 위증을 교사함으로써 상대방의 추정번복의 입증을 원천적으로 봉쇄하고 법원으로서도 그 처분문서의 성립이 인정되는 한 채증법칙상 그 문서의 내용대로 인정할 수밖에 없도록 하는 등의 소송행위는 사회통념상 도저히 용인될 수 없다고 할 것이므로, 비록 점유자가 자주점유로 추정받는다고 하더라도 위와 같은 기망행위에 의하여 적극적으로 법원을 기망하여 착오에 빠지게 함으로써 승소판결을 받고, 등기까지 했던 것이라면 그 행위는 정당한 권리행사라 할 수 없어 사기죄를 구성한다(대판 1997.10.14. 96도1405).

3. 사기죄를 부정한 판례

〈상대방과 공모하여 의제자백을 받은 사건〉 소송사기에 있어 피기망자인 법원의 재판은 피해자의 처분행위에 갈음하는 내용과 효력이 있는 것이어야 하므로, 피고인이 타인과 공모하여 그 공모자를 상대로 제소하여 의제자백의 판결을 받아 이에 기하여 부동산의 소유권이전등기를 하였다고 하더라도 이는 소송 상대방의 의사에 부합하는 것으로서 착오에 의한 재산적 처분행위가 있다고 할 수 없어 동인으로부터 부동산을 편취한 것이라고 볼 수 없고, 또 그 부동산의 진정한 소유자가 따로 있다고 하더라도 피고인이 의제자백판결에 기하여 그 진정한 소유자로부터 소유권을 이전 받은 것이 아니므로 그 소유자로부터 부동산을 편취한 것이라고 볼 여지도 없다(대판 1997.12.23. 97도2430).

〈대여금채권을 임대차보증금반환채권으로 전환한 사건〉 공사대금채권과 대여금채권을 합산하여 임대차보증금반환채권으로 전환하기로 합의하여 임대차계약을 체결하고, 실제로 임차인이 임대차목적물에 거주하면서 주민등록전입신고를 하고 확정일자를 받은 경우, 임차인이 이에 기하여 경매법원으로부터 배당을 받은 행위를 사기죄로 의율할 수 없다고 한 사례(대판 2004.7.22. 2003도6412).

〈기한 미도래의 채권 지급명령신청 사건〉 기한 미도래의 채권을 소송에 의하여 청구함에 있어서 기한의 이익이 상실되었다는 허위의 증거를 조작하는 등의 적극적인 사술을 사용하지 아니한 채 단지 즉시 지급을 구하는 취지의 지급명령신청은 기망행위에 해당하지 아니한다(대판 1982.7.27. 82도1160).

〈소송비용액확정결정신청 사건〉 피고인이 가처분사건에서 변호사를 선임한 적이 없는데도 그 가처분사건에 관한 소송비용액확정결정신청을 하면서 실제 지출하지 않은 변호사비용을 기재하여 그 소송비용액 상당액을 편취하려다가 미수에 그쳤다는 사기미수로 기소된 사안에서, 피고인이 가처분사건에서 변호사를 선임한 적이 없는데도 소송비용액확정신청을 하면서 소송비용액계산서의 비용항목에 사실과 다르게 변호사비용을 기재하기는 하였으나 이와 관련하여 소명자료 등을 조작하거나 허위의 소명자료를 제출하지는 않았으므로, 피고인의 소송비용액확정신청이 객관적으로 법원을 기망하기에 충분하다고 보기는 어려워 이를 사기죄의 기망행위라고 단정할 수 없다고 보아, 이와 달리 사기미수죄의 성립을 인정한 원심을 파기·환송함(대판 2024.6.27. 2021도2340).

2) 실행의 착수시기와 기수시기

(가) 실행의 착수시기 : ① 원고의 경우에는 자신에게 권리가 없음을 알면서도 법원을 적극적으로 기망할 의사를 가지고 법원에 허위내용의 소장을 제출한 때이고 ② 피고의 경우에는 허위 내용의 서류를 증거로 제출하거나 그에 따른 주장을 담은 답변서나 준비

서면을 제출한 때이고 ③ 강제집행절차를 통한 소송사기는 집행절차의 개시신청을 한 때 또는 진행 중인 집행절차에 배당신청을 한 때에 실행의 착수가 있다.

소송사기의 실행의 착수 관련 판례 정리

1. 기본 법리 판례

〈원고에 의한 소송사기 실행착수시기〉 소송사기는 법원을 기망하여 자기에게 유리한 판결을 얻고 이에 터잡아 상대방으로부터 재물의 교부를 받거나 재산상 이익을 취득하는 것을 말하는 것으로서 소송에서 주장하는 권리가 존재하지 않는 사실을 알고 있으면서도 법원을 기망한다는 인식을 가지고 소를 제기하면 이로써 실행의 착수가 있고 소장의 유효한 송달을 요하지 아니한다고 할 것인바, 이러한 법리는 제소자가 상대방의 주소를 허위로 기재함으로써 그 허위주소로 소송서류가 송달되어 그로 인하여 상대방 아닌 다른 사람이 그 서류를 받아 소송이 진행된 경우에도 마찬가지로 적용된다(대판 2006.11.10. 2006도5811). (22 3차)

〈피고에 의한 소송사기 실행착수시기〉 적극적 소송당사자인 원고뿐만 아니라 방어적 위치에 있는 피고라 하더라도 허위내용의 서류를 작성하여 이를 증거로 제출하거나 위증을 시키는 등의 적극적인 방법으로 법원을 기망하여 착오에 빠지게 한 결과 승소확정판결을 받음으로써 자기의 재산상의 의무이행을 면하게 된 경우에는 그 재산가액 상당에 대하여 사기죄가 성립한다고 할 것이고 이와 같은 경우에는 적극적인 방법으로 법원을 기망할 의사를 가지고 허위내용의 서류를 증거로 제출하거나 그에 따른 주장을 담은 답변서나 준비서면을 제출한 경우에 사기죄의 실행의 착수가 있다(대판 1998.2.27. 97도2786). (10 법행)

〈강제집행절차를 통한 소송사기의 실행의 착수〉 [1] 강제집행절차를 통한 소송사기는 집행절차의 개시신청을 한 때 또는 진행 중인 집행절차에 배당신청을 한 때에 실행에 착수하였다고 볼 것이다. [2] 소유권이전등기청구권에 대한 압류는 당해 부동산에 대한 경매의 실시를 위한 사전 단계로서의 의미를 가지나, 전체로서의 강제집행절차를 위한 일련의 시작행위라고 할 수 있으므로, 허위 채권에 기한 공정증서를 집행권원으로 하여 채무자의 소유권이전등기청구권에 대하여 압류신청을 한 시점에 소송사기의 실행에 착수하였다고 볼 것이다(대판 2015.2.12. 2014도10086). (23 변시)(22 3차)

2. 소송사기의 실행의 착수를 긍정한 판례

〈임차권등기명령 신청 사건〉 진정한 임차권자가 아니면서 허위의 임대차계약서를 법원에 제출하여 임차권등기명령을 신청하면 그로써 소송사기의 실행행위에 착수한 것으로 보아야 하고, 나아가 그 임차보증금 반환채권에 관하여 현실적으로 청구의 의사표시를 하여야만 사기죄의 실행의 착수가 있다고 볼 것은 아니다(대판 2012.5.24. 2010도12732). (15 변시)(17 변시)

〈소유권이전등기청구권 압류신청 사건〉 소유권이전등기청구권에 대한 압류는 당해 부동산에 대한 경매의 실시를 위한 사전 단계로서의 의미를 가지나, 전체로서의 강제집행절차를 위한 일련의 시작행위라고 할 수 있으므로, 허위 채권에 기한 공정증서를 집행권원으로 하여 채무자의 소유권이전등기청구권에 대하여 압류신청을 한 시점에 소송사기의 실행에 착수하였다고 볼 것이다(대판 2015.2.12. 2014도10086).

〈물품공급계약서 사건〉 갑 주식회사와 을 주식회사 사이에 작성된 물품공급계약서는 피고인 등이 을 회사가 발행한 어음을 할인하는 과정에서 허위로 작성한 것이고, 실제로 갑 회사가 을 회사에 물품을 공급한 사실이 없는데도, 갑 회사 경영자인 피고인이 물품공급계약에 따른 공급을 완료하였음을 전제로 을 회사를 상대로 물품대금 청구소송을 제기하면서 증거자료로 위 물품공급계약서를 제출하였다가 그 후 소송을 취하한 사안에서, 피고인의 행위가 사기미수죄에 해당한다고 본 원심판단을 수긍한 사례(대판 2011.9.8. 2011도7262). [2022 3차]

〈조작된 증거를 제출하여 채택되지 않은 사건〉 피고인이 특정 권원에 기하여 민사소송을 진행하던 중 법원에 조작된 증거를 제출하면서 종전에 주장하던 특정 권원과 별개의 허위의 권원을 추가로 주장하는 경우에 그 당시로서는 종전의 특정권원의 인정 여부가 확정되지 아니하였고, 만약 종전의 특정 권원이 배척될 때에는 조작된 증거에 의하여 법원을 기망하여 추가된 허위의 권원을 인정받아 승소판결을 받을 가능성이 있으므로, 가사 나중에 법원이 종전의 특정 권원을 인정하여 피고인에게 승소판결을 선고하였다고 하더라도, 피고인의 이러한 행위는 특별한 사정이 없는 한 소송사기의 실행의 착수에 해당된다(대판 2004.6.25. 2003도7124).

〈변조한 인증합의서 사건〉 피고인이 피해자와 사이에 온천의 시공에 필요한 비용을 포함한 일체의 비용을 자신이 부담하기로 약정하였음에도 피해자를 상대로 공사대금청구의 소를 제기하면서 시공 외의 비용은 모두 피해자가 부담한다는 내용으로 변조한 인증합의서를 소장에 첨부하여 제출한 경우, 소송사기의 실행에 착수하였다고 한 사례(대판 2005.3.24. 2003도2144).

〈재심소송에서 허위의 준비서면과 자술서를 제출한 사건〉 소유권이전등기말소청구사건에 대한 재심의 소 계속 중 재심원고를 승소시키기 위하여 재심피고명의로 허위의 내용을 기재한 준비서면과 자술서를 작성하여 법원에 제출한 행위는 소송사기의 실행의 착수에 해당한다(대판 1988.9.20. 87도964).

3. 소송사기의 실행의 착수를 부정한 판례

〈예고등기 사건〉 예고등기로 인한 경매대상 부동산의 경매가격 하락 등을 목적으로 허위의 채권을 주장하며 채권자대위의 방식에 의한 원인무효로 인한 소유권보존등기 말소청구소송을 제기한 경우, 소송사기의 불법영득의사 및 실행의 착수가 인정되지 않는다(대판 2009.4.9. 2009도128).

〈전부명령신청 사건〉 [1] 채권에 대한 압류 및 전부(추심)명령을 신청한 경우, 집행력 있는 정본의 존부, 집행개시의 요건 구비 여부 등은 법원의 심사 대상이지만 피압류채권의 존부는 그 심사 대상이 아니다. [2] 피고인(甲회사 운영자)이 '甲회사의 乙에 대한 채권'이 존재하지 않는다는 사실을 알면서 그 사실을 모르는 丙(甲회사에 대한 채권자)에게 '甲회사의 乙에 대한 채권'의 압류 및 전부(추심)명령을 신청하게 하여 그 명령을 받게 한 사안에서, 丙이 甲회사에 대하여 진정한 채권을 가지고 있는 이상, 위와 같은 사정만으로는 법원을 기망하였다고 볼 수 없고, 丙이 乙을 상대로 전부(추심)금 소송을 제기하지 않은 이상 소송사기의 실행에 착수하였다고 볼 수도 없다고 한 사례(대판 2009.12.10. 2009도9982). [COMMENT] 본 판결은 피고인의 채권자들이 본안소송을 제기하지 않는 한 소송사기죄의 예비에 불과할 뿐 소송사기죄가 성립하지 않는다는 것을 인정한 최초의 판결이라는 점에 의의가 있다는 평석이 있다.

(내) **기수시기** : 법원을 기망하여 **승소판결이 확정된 때**이다. 법원의 판결에는 집행력이 인정되므로 승소확정판결에 의하여 이미 재물 또는 재산상의 이익을 취득한 것으로 보아야 하기 때문이다. 따라서 별도의 집행절차가 필요한 것은 아니다.

〈소송사기의 기수시기〉 소송사기의 경우 그 기수시기는 소송의 판결이 확정된 때이다(대판 1983.4.26. 83도188).

〈패소한 소송사기미수죄의 종료시기〉 공소시효는 범죄행위가 종료한 때로부터 진행하는 것으로서, 법원을 기망하여 유리한 판결을 얻어내고 이에 터잡아 상대방으로부터 재물이나 재산상 이익을 취득하려고 소송을 제기하였다가 법원으로부터 패소의 종국판결을 선고받고 그 판결이 확정되는 등 법원으로부터 유리한 판결을 받지 못하고 소송이 종료됨으로써 미수에 그친 경우에, 그러한 소송사기미수죄에 있어서 범죄행위의 종료 시기는 위와 같이 소송이 종료된 때라고 할 것이다(대판 2000. 2.11. 99도4459).

(5) 고의와 불법영득의 의사

소송사기가 성립하기 위해서는 행위자에게 허위의 주장과 입증으로써 법원을 기망한다는 인식이 있어야 한다. 그리고 소송사기의 경우에도 일반사기와 마찬가지로 불법영득의사가 있어야 한다.

〈소송사기의 고의〉 소송사기가 성립하기 위하여는 제소 당시에 그 주장과 같은 채권이 존재하지 아니하다는 것만으로는 부족하고 그 주장의 채권이 존재하지 아니한 사실을 잘 알고 있으면서도 허위의 주장과 입증으로써 법원을 기망한다는 인식을 하고 있어야만 하고, 단순히 사실을 잘못 인식하거나 법률적인 평가를 그르침으로 인하여 존재하지 않는 채권을 존재한다고 믿고 제소하는 행위는 사기죄를 구성하지 않는다(대판 2003.5.16. 2003도373).

3. 관련문제

(1) 소송사기의 엄격 적용

소송사기는 법원을 속여 자기에게 유리한 판결을 얻음으로써 상대방의 재물 또는 재산상 이익을 취득하는 범죄로서, 이를 처벌하는 것은 누구든지 자기에게 유리한 주장을 하고 소송을 통하여 권리구제를 받을 수 있는 민사재판제도의 위축을 가져올 수밖에 없으므로 사기죄의 성립은 엄격하게 적용하여야 한다.

〈소송사기의 엄격적용〉 소송사기는 법원을 속여 자기에게 유리한 판결을 얻음으로써 상대방의 재물 또는 재산상 이익을 취득하는 범죄로서, 이를 쉽사리 유죄로 인정하게 되면 누구든지 자기에게 유리한 주장을 하고 소송을 통하여 권리구제를 받을 수 있는 민사재판제도의 위축을 가져올 수밖에 없으므로, 피고인이 그 범행을 인정한 경우 외에는 그 소송상의 주장이 사실과 다름이 객관적으로 명백하고 피고인이 그 주장이 명백히 거짓인 것을 인식하였거나 증거를 조작하려고 하였음이 인정되는 때와 같이 범죄가 성립하는 것이 명백한 경우가 아니면 이를 유죄로 인정하여서는 아니 되고, 단순히 사실을 잘못 인식하였다거나 법률적 평가를 잘못하여 존재하지 않는 권리를 존재한다고 믿고 제소한 행위는 사기죄를 구성하지 아니하며, 소송상 주장이 다소 사실과 다르더라도 존재한다고 믿는 권리를 이유 있게 하기 위한 과장표현에 지나지 아니하는 경우 사기의 범의가 있다고 볼 수 없고, 또한 소송사기에서 말하는 증거의 조작이란 처분문서 등을 거짓으로 만들어 내거나 증인의 허위 증언을 유도하는 등으로 객관적·제3자적 증거를 조작하는 행위를 말한다(대판 2007.9.6. 2006도3591).

(2) 죄수 및 타죄와의 관계

1) 죄수 : 법원을 기망하여 유리한 판결을 받은 후 상대방의 재물을 취득하는 것은 포괄일죄가 된다.

2) 공정증서원본부실기재죄와의 관계 : ① 소송사기를 범한 자가 확정판결에 기한 소유권이전등기를 경료하였으면 본죄와 공정증서원본부실기재죄와 실체적 경합이 되지만, ② 법원의 촉탁에 의하여 이전등기가 경료된 경우에는 공정증서원본부실기재죄는 성립하지 아니한다.

〈소송사기와 공정증서원본실기재죄〉 법원을 기망하여 승소판결을 받고 그 확정판결에 의하여 소유권이전등기를 경료한 경우에는 사기죄와 별도로 공정증서원본실기재죄가 성립하고 양죄는 실체적 경합범 관계에 있다(대판 1996.5.31. 95도1967).

〈법원의 촉탁에 기해 등기한 사건〉 형법 228조 1항 소정의 공정증서원본실기재죄에 있어서 불실의 사실기재는 당사자의 허위신고에 의하여 이루워져야 할 것이니, 불실의 등기가 법원의 촉탁에 의한 경우에는 그 전제 절차에 허위적 요소가 있다고 하더라도 이는 법원의 촉탁에 의하여 이루워진 것이지 당사자의 허위신고에 의하여 이루어진 것이 아니므로 위 공정증서원본실기재죄를 구성하지 아니한다(대판 1976.5.25. 74도568;동지 대판 1983.12.27. 83도2442). (19 변시)

2 컴퓨터등사용사기죄 [미수범 처벌]

> 제347조의2 (컴퓨터등 사용사기) 컴퓨터등 정보처리장치에 허위의 정보 또는 부정한 명령을 입력하거나 권한 없이 정보를 입력·변경하여 정보처리를 하게 함으로써 재산상의 이익을 취득하거나 제3자로 하여금 취득하게 한 자는 10년 이하의 징역 또는 2천만 원 이하의 벌금에 처한다.

Ⅰ. 컴퓨터등사용사기죄

(1) 의의와 법적 성격

컴퓨터등사용사기죄는 컴퓨터 등 정보처리장치에 허위의 정보 또는 부정한 명령을 입력하거나 권한없이 정보를 입력·변경하여 정보처리를 하게 함으로써 재산상의 이익을 취득하거나 제3자로 하여금 재산상의 이익을 취득하게 함으로써 성립하는 범죄이다. 법적 성격은 컴퓨터 조작죄의 일태양이며, 사기죄의 보충적인 구성요건이다.

(2) 객 체

제347조의2는 '재산상의 이익'이라 하여 순수한 이득죄의 형태로 규정되어 있다. 이러한 '재산상의 이익'의 범위를 놓고 ① 제347조의2의 재산상의 이익은 광의의 개념으로 재물과 재산상의 이익을 포함한다는 견해도 있지만, ② 판례는 조문의 문언에 충실하게 재산상의 이익만을 의미한다고 보고 있다.

〈현금자동지급기에서 인출된 현금은 재물이므로 제347조2에 해당하지 않는다는 판례〉 우리 형법은 재산범죄의 객체가 재물인지 재산상의 이익인지에 따라 이를 재물죄와 이득죄로 명시하여 규정하고 있는데, 형법 제347조가 일반 사기죄를 재물죄 겸 이득죄로 규정한 것과 달리 형법 제347조의2는 컴퓨터등사용사기죄의 객체를 재물이 아닌 재산상의 이익으로만 한정하여 규정하고 있으므로, 절취한 타인의 신용카드로 현금자동지급기에서 현금을 인출하는 행위가 재물에 관한 범죄임이 분명한 이상 이를 위 컴퓨터등사용사기죄로 처벌할 수는 없다고 할 것이고, 입법자의 의도가 이와 달리 이를 위 죄로 처벌하고자 하는 데 있었다거나 유사한 사례와 비교하여 처벌상의 불균형이 발생할 우려가 있다는 이유만으로 그와 달리 볼 수는 없다(대판 2003.5.13. 2003도1178).

〈**인터넷뱅킹 사건**〉 甲이 권한 없이 인터넷뱅킹으로 타인의 예금계좌에서 자신의 예금계좌로 돈을 이체한 후 그 중 일부를 인출하여 그 정을 아는 乙에게 교부한 경우, 甲이 컴퓨터등사용사기죄에 의하여 취득한 예금채권은 재물이 아니라 재산상 이익이므로, 그가 자신의 예금계좌에서 돈을 인출하였더라도 장물을 금융기관에 예치하였다가 인출한 것으로 볼 수 없다는 이유로 乙의 장물 취득죄의 성립을 부정한 사례(대판 2004.4.16. 2004도353). (14 변시)(18 변시)(19 변시)(20 변시)

(3) 행 위

컴퓨터 등 정보처리장치에 허위의 정보 또는 부정한 명령을 입력하거나 권한없이 정보를 입력 · 변경하여 정보처리를 하게 하는 것이다.

1) **컴퓨터 등 사무처리 장치** : 자동적으로 계산 또는 정보처리를 행하는 전자장치를 말한다.

2) **허위정보나 부정한 명령의 입력 또는 권한없이 정보를 입력 · 변경**

 ㈎ **허위정보의 입력** : 허위의 정보를 입력한다는 것은 당해 사무처리시스템에 예정되어 있는 사무처리의 목적이나 진실한 내용에 반하는 자료를 정보처리장치에 입력시키는 것을 말한다.

 ㈏ **부정한 명령의 입력** : 부정한 명령을 입력한다는 것은 당해 사무처리시스템에 예정되어 있는 사무처리의 목적에 비추어 지시해서는 안 될 명령을 입력하는 것을 말한다.

〈**전자복권구매시스템 사건**〉 [1] 형법 제347조의2에서의 '부정한 명령의 입력'은 당해 사무처리시스템에 예정되어 있는 사무처리의 목적에 비추어 지시해서는 안 될 명령을 입력하는 것을 의미한다. 따라서 설령 '허위의 정보'를 입력한 경우가 아니라고 하더라도, 당해 사무처리시스템의 프로그램을 구성하는 개개의 명령을 부정하게 변개 · 삭제하는 행위는 물론 프로그램 자체에서 발생하는 오류를 적극적으로 이용하여 그 사무처리의 목적에 비추어 정당하지 아니한 사무처리를 하게 하는 행위도 특별한 사정이 없는 한 위 '부정한 명령의 입력'에 해당한다고 보아야 한다. [2] 피고인이 갑 주식회사에서 운영하는 전자복권구매시스템에서 은행환불명령을 입력하여 가상계좌 잔액이 1,000원 이하로 되었을 때 복권 구매명령을 입력하면 가상계좌로 복권 구매요청금과 동일한 액수의 가상현금이 입금되는 프로그램 오류를 이용하여 잔액을 1,000원 이하로 만들고 다시 복권 구매명령을 입력하는 행위를 반복함으로써 피고인의 가상계좌로 구매요청금 상당의 금액이 입금되게 한 사안에서, 피고인의 행위는 형법 제347조의2에서 정한 '허위의 정보 입력'에 해당하지는 않더라도, 프로그램 자체에서 발생하는 오류를 적극적으로 이용하여 사무처리의 목적에 비추어 정당하지 아니한 사무처리를 하게 한 행위로서 '부정한 명령의 입력'에 해당한다고 한 사례(대판 2013.11.14. 2011도4440). (16 변시)

 ㈐ **권한 없이 정보를 입력 · 변경** : 허위의 정보나 부정한 명령을 입력하는 것은 아니고 진실한 정보와 정당한 명령을 입력하는 것이지만, 권한이 없이 정보를 입력 · 변경하는 것을 말한다.

〈**ARS 전화서비스 사건**〉 타인의 명의를 모용하여 발급받은 신용카드의 번호와 그 비밀번호를 이용하여 ARS 전화서비스나 인터넷 등을 통하여 신용대출을 받는 방법으로 재산상 이익을 취득하는 행위 역시 미리 포괄적으로 허용된 행위가 아닌 이상, 컴퓨터 등 정보처리장치에 권한 없이 정보를 입력하여 정보처리를 하게 함으로써 재산상 이익을 취득하는 행위로서 컴퓨터 등 사용사기죄에 해당한다(대판 2006.7.27. 2006도3126).

〈금융기관 직원 사건〉 형법 제347조의2는 정보처리장치에 허위의 정보 또는 부정한 명령을 입력하거나 권한 없이 정보를 입력·변경하여 정보처리를 하게 함으로써 재산상의 이익을 취득하거나 제3자로 하여금 취득하게 한 자는 이를 처벌하도록 규정하고 있는바, 금융기관 직원이 범죄의 목적으로 전산단말기를 이용하여 다른 공범들이 지정한 특정계좌에 무자원 송금의 방식으로 거액을 입금한 것은 형법 제347조의2에서 정하는 컴퓨터 등 사용사기죄에서의 '권한 없이 정보를 입력하여 정보처리를 하게 한 경우'에 해당한다고 할 것이고, 이는 그 직원이 평상시 금융기관의 여·수신업무를 처리할 권한이 있었다고 하여도 마찬가지이다(대판 2006.1.26. 2005도8507).

〈위조된 신용카드 사건〉 신용카드가맹점의 점주인 피고인이 동남아 외국인들이 가져온 신용카드가 위조카드로서 본인에 의하여 정당하게 사용되지 아니하고 있음을 알고 있었음에도 불구하고 아무런 조치도 취하지 아니한 채 그대로 카드 단말기에 당해 신용카드를 결제하여 승인을 요청한 것은 형법 347조의2가 규정하는 '정보처리장치에 권한 없이 정보를 입력'한 행위에 해당되어 피고인에 대하여 컴퓨터등사용사기죄의 정범의 죄책을 부담한다고 판단한 것은 정당하고, 거기에 상고이유로 주장하는 바와 같은 컴퓨터등사용사기죄의 성립 또는 공동정범에 관한 법리오해 등의 위법이 없다(대판 2007.8.23. 2007도2070).

3) **정보처리** : 정보처리를 하게 하는 것은 허위정보 또는 부정한 명령에 따른 정보처리를 하게 하거나 진실한 정보라도 권한없이 입력·변경한 정보를 처리하도록 하는 것을 말한다. 그리고 허위정보의 입력 등과 정보처리 사이에는 인과관계가 있어야 한다.

〈절취한 타인의 휴대전화 사건〉 휴대전화의 경우 그 사용시 마다 사용자가 정당한 사용권자인지에 대한 정보를 입력하는 절차가 없고 이동통신회사가 서비스를 제공하는 과정에서 휴대전화를 통하여 입력된 신호에 대하여 신원확인절차를 거치지 않기 때문에 휴대전화기의 통화버튼이나 인터넷 접속버튼을 누르는 것만으로는 사용자에 의한 정보 또는 명령의 입력이 행하여졌다고 보기 어렵고 따라서 그에 따른 정보처리도 이루어진 것이 아니기 때문에 컴퓨터사용사기죄는 성립하지 않는다(대판 2010.9.9. 2008도128).

(4) 재산상 이익의 취득

1) **재산상의 이익의 취득** : 재산상의 이익의 취득이란 현실적인 재물의 취득과 관계없이 정보처리의 결과 그 재물을 취득할 수 있는 지위를 얻는 것을 말한다. 따라서 허위의 정보, 부정한 명령을 입력하거나 권한없이 정보를 입력·변경하였더라도 재산상의 이익의 취득이 없으면 상황에 따라 업무방해죄만이 성립할 수 있을 뿐이다.

〈악성프로그램 사건〉 형법 제347조의2는 컴퓨터 등 정보처리장치에 허위의 정보 또는 부정한 명령을 입력하거나 권한 없이 정보를 입력·변경하여 정보처리를 하게 함으로써 재산상의 이익을 취득하거나 제3자로 하여금 취득하게 하는 행위를 처벌하고 있다. 이는 재산변동에 관한 사무가 사람의 개입 없이 컴퓨터 등에 의하여 기계적·자동적으로 처리되는 경우가 증가함에 따라 이를 악용하여 불법적인 이익을 취하는 행위도 증가하였으나 이들 새로운 유형의 행위는 사람에 대한 기망행위나 상대방의 처분행위 등을 수반하지 않아 기존 사기죄로는 처벌할 수 없다는 점 등을 고려하여 신설한 규정이다. 여기서 '정보처리'는 사기죄에서 피해자의 처분행위에 상응하므로 입력된 허위의 정보 등에 의하여 계산이나 데이터의 처리가 이루어짐으로써 직접적으로 재산처분의 결과를 초래하여야 하고, 행위자나 제3자의 '재산상 이익 취득'은 사람의 처분행위가 개재됨이 없이 컴퓨터 등에 의한 정보처리 과정에서 이루어져야 한다(대판 2014.3.13. 2013도16099). **[판결이유 중 일부 인용]** 피고인 1 등이 조달청의 국가종합전자조달시스템에 입찰자들이 선택한 추첨번호가 변경되어 저장되도록 하는 등 권한 없이 정보를 변경하여 정보처리를 하게 함으로써 <u>직접적으로 얻은 것</u>은 낙찰하한가에 대한 정보일 뿐, 위와 같은 정보처리의 직접적인 결과 특정 건설사가 낙찰자로 결정되어 낙찰금액 상당의 재산상 이익을 얻게 되었다거나 그 낙찰자 결정이 사람의 처분행위가 개재됨이 없이 컴퓨터 등의 정보처리과정에서 이루어졌다고 보기 어렵다.

2) 위임범위를 초과하여 현금을 인출하여 영득한 경우

> **▌위임범위를 초과하여 현금을 인출한 경우**
>
> 甲은 '사이버 25시 피씨방'에 게임을 하러 온 A로부터 그 소유의 농협현금카드로 20,000원을 인출해 오라는 부탁과 함께 현금카드를 건네받게 되자, 현금자동인출기에 위 현금카드를 넣고 권한 없이 인출금액을 50,000원으로 입력하여 그 금액을 인출한 후 그 중 20,000원만을 A에게 건네주어 30,000원 상당의 재산상 이익을 취득하였다. 甲의 죄책은? [2022 3차]

1. 논의점

타인의 현금카드를 건네받으면서 일정 금액의 인출을 위임받은 자가 그 범위를 초과한 금액을 인출한 후 그 초과금액을 착복한 경우의 죄책에 대하여 논의가 있다.

2. 견해의 대립

이에 대하여는 ① 현금자동지급기를 이용하여 초과인출된 금전을 재물로 파악하고, 관리자의 의사를 정당한 권리자의 인출만을 허용하겠다는 의사로 파악하여 절도죄가 성립한다는 **절도죄설** ② 현금자동지급기를 이용하여 위임범위를 초과인출하는 경우에는 초과인출로 인하여 재산상의 이익을 감소 내지는 재산상의 채무를 증가시켰으므로 재산상의 이익으로 판단하여 컴퓨터등사용사기죄의 성립을 인정하는 **컴퓨터등사용사기죄설**이 대립하고 있다.

3. 판례의 태도

판례는 이와 유사한 사안에서 '그 인출한 현금 총액 중 인출을 위임받은 금액을 넘는 부분의 비율에 상당하는 재산상 이익을 취득한 것으로 볼 수 있으므로 컴퓨터 등 사용사기죄에 해당된다'라고 하여 **컴퓨터등사용사기죄설**의 입장이다.

4. 검 토

생각건대 위임받은 타인의 현금카드를 이용하여 ① 현금을 초과 인출한 경우에는 재물이 되어 절도죄가 되고 ② 다른 계좌로 계좌이체한 경우에는 재산상의 이익이 되어 컴퓨터사용사기죄가 된다는 것은 타당하지 않다. 따라서 위임초과 금액을 입력하였을 때 피해자의 자산의 감소 내지는 부채를 증가시켰다는 점에 중점을 두어 컴퓨터등사용사기죄가 성립한다고 보는 것이 타당하다.

5. 관련판례

〈카드 소유자로부터 위임받은 권한을 초과하여 현금을 인출하고 이를 영득하였다면 컴사가 성립한다는 판례〉 [사실관계] - [쟁점사실관계] [판결요지] 예금주인 현금카드 소유자로부터 일정한 금액의 현금을 인출해 오라는 부탁을 받으면서 이와 함께 현금카드를 건네받은 것을 기화로 그 위임을 받은 금액을 초과하여 현금을 인출하는 방법으로 그 차액 상당을 위법하게 이득할 의사로 현금자동지급기에 그 초과된 금액이 인출되도록 입력하여 그 초과된 금액의 현금을 인출한 경우에는 그 인출된 현금에 대한 점유를 취득함으로써 이 때에 그 인출한 현금 총액 중 인출을 위임받은 금액을 넘는 부분의 비율에 상당하는 재산상 이익을 취득한 것으로 볼 수 있으므로 이러한 행위는 그 차액 상당액에 관하여 형법 제347조의2(컴퓨터등사용사기)에 규정된 '컴퓨터 등 정보처리장치에 권한 없이 정보를 입력하여 정보처리를 하게 함으로써 재산상의 이익을 취득'하는 행위로서 컴퓨터 등 사용사기죄에 해당된다(대판 2006.3.24. 2005도 3516). 🖫 컴퓨터 등 사용사기죄가 성립한다. (18 변시)(19 변시)

[비교판례] 〈예금통장으로 위임받은 금액을 초과하여 인출한 사건〉 피고인이 1994. 10. 21. 12 : 40경 서울 중랑구 면목1동 102의 34에 있는 피해자 안순희의 집 앞에서 그녀로부터 중소기업 은행 면목동지점에 예치한 예금 200만 원을 인출하여 올 것을 의뢰받고 예금통장과 인장을 교부받아 위 은행으로 가서 예금액 중 금 700만 원을 인출한 다음 소비하였다면 횡령죄가 성립한다(대판 1996.2.9. 95도2753).

(5) 재산상 손해발생

재산상 이익의 취득 이외에 손해가 발생할 것을 요하는지에 대하여 논의가 있으나, 판례는 손해의 발생은 필요하지 않다는 입장이다.

[COMMENT] 아래의 〈입금 취소 사건〉 판례 참조.

(6) 주관적 구성요건

본죄의 고의는 컴퓨터 등 정보처리장치에 허위정보나 부정한 명령을 입력하거나 권한 없이 정보를 입력·변경하여 정보처리를 하게 한다는 사실과 이로 인하여 재산상의 이익을 취득하고 피해자에게 손해를 발생하게 한다는 사실에 대한 의식과 의사이다. 그리고 고의 이외에 불법이득의사가 필요한지에 대하여는 논의가 있지만, 재산죄의 일반논리상 필요하다고 보는 것이 타당하다.

(7) 실행의 착수와 기수시기

컴퓨터에 허위정보나 부정명령을 입력하거나 권한없이 정보를 입력·변경하기 시작한 때에 실행의 착수가 있고, 정보처리의 결과 재산상의 이익을 취득한 때에 기수가 된다.

〈입금 취소 사건〉 금융기관 직원이 전산단말기를 이용하여 다른 공범들이 지정한 특정계좌에 돈이 입금된 것처럼 허위의 정보를 입력하는 방법으로 위 계좌로 입금되도록 한 경우, 이러한 입금절차를 완료함으로써 장차 그 계좌에서 이를 인출하여 갈 수 있는 재산상 이익을 취득하였으므로 형법 제347조의2에서 정하는 컴퓨터 등 사용사기죄는 기수에 이르렀고, 그 후 그러한 입금이 취소되어 현실적으로 인출되지 못하였다고 하더라도 이미 성립한 컴퓨터 등 사용사기죄에 어떤 영향이 있다고 할 수는 없다(대판 2006.9.14. 2006도4127). (12 변시)

(8) 죄수 및 타죄와의 관계

1) **사기죄와의 관계** : 본죄는 사기죄에 대하여 **보충관계**가 있으므로 사기죄가 성립하는 경우에는 본죄는 성립할 여지가 없다.

2) **절도죄와의 관계** : 절도죄와는 **택일관계**에 있다. 그리고 타인의 신용카드를 이용하여 자기계좌로 계좌이체하여 컴퓨터사용사기죄를 범한 후에 자동지급기를 이용하여 자기계좌에서 예금을 찾은 경우에는 컴퓨터사용사기죄 이외에 절도죄는 성립하지 않는다.

〈**절취한 타인의 신용카드로 자신의 계좌로 계좌이체하면 컴사에 해당하며, 이후 현금 찾은 것은 절도죄가 성립하지 않는다는 판례**〉 절취한 타인의 신용카드를 이용하여 현금지급기에서 계좌이체를 한 행위는 컴퓨터등사용사기죄에서 컴퓨터 등 정보처리장치에 권한 없이 정보를 입력하여 정보처리를 하게 한 행위에 해당함은 별론으로 하고 이를 절취행위라고 볼 수는 없고, 한편 위 계좌이체 후 현금지급기에서 현금을 인출한 행위는 자신의 신용카드나 현금카드를 이용한 것이어서 이러한 현금인출이 현금지급기 관리자의 의사에 반한다고 볼 수 없어 절취행위에 해당하지 않으므로 절도죄를 구성하지 않는다(대판 2008.6.12. 2008도2440). [2015 3차](17 변시)(20 변시)

Ⅱ. 카드 관련 범죄

1. 서

(1) 신용카드의 의의

신용카드라 함은 이를 제시함으로써 반복하여 신용카드 가맹점에서 물품의 구입 또는 용역의 제공을 받거나 재정경제부령이 정하는 사항을 결제할 수 있는 증표로서 신용카드업자(외국에서 신용카드업을 영위하는 자를 포함한다)가 발행한 것을 말한다(여신전문금융업법 제2조 제3호).

(2) 법적 성격

1) **재물성** : 신용카드는 재물성이 인정된다.

2) **문서성** : 신용카드는 카드회원의 자격을 나타내는 신용카드회사 작성명의의 사실증명에 관한 사문서로 문서성이 인정된다.

3) **유가증권성** : 신용카드는 그 자체에 경제적 가치가 화체되어 있거나 특정의 재산권을 표창하는 것은 아니므로 유가증권이 아니다.

〈**신용카드의 유가증권성을 부정한 판례**〉 신용카드업자가 발행한 신용카드는 이를 소지함으로써 신용구매가 가능하고 금융의 편의를 받을 수 있다는 점에서 경제적 가치가 있다 하더라도, 그 자체에 경제적 가치가 화체되어 있거나 특정의 재산권을 표창하는 유가증권으로 볼 수 없다(대판 2000.7.9. 99도857).

2. 신용카드 자체에 대한 범죄

(1) 신용카드의 불법영득

1) 절취·강취·편취·갈취의 경우 : 신용카드 그 자체도 재물성이 인정되므로 이에 대한 절도죄·강도죄·사기죄·공갈죄가 성립한다.

> [COMMENT] 주의할 것은 아래의 신용카드나 직불카드의 부정사용죄(제70조 제1항 제3호, 제4호)에서 살펴보듯이 종래 판례에 따르면 신용카드를 사기나 공갈로 편취나 갈취한 경우에는 그 신용카드를 사용한다고 하더라도 다른 범죄는 성립하지 않았다. 그러나 최근 판례에 따르면 기망에 의하여 신용카드를 취득한 후 신용카드를 사용하게 되면 신용카드부정사용죄가 성립하게 되므로 주의를 요한다.

〈현금카드를 갈취하여 예금을 인출하면 공갈죄의 포괄일죄라는 판례〉 [사실관계] 甲은 같은 학원에 다니면서 알게 된 A와 여행하던 중 A에게 "현금카드를 빌려주지 않으면 부산에 있는 아는 깡패를 동원하여 가루로 만들어 버리겠다"고 협박하여 이에 겁을 먹은 A로부터 즉석에서 현금인출카드 1매를 교부받고, 17회에 걸쳐 합계 759만 원을 인출하였다. 甲의 죄책은? [판결요지] 예금주인 현금카드 소유자를 협박하여 그 카드를 갈취하였고, 하자 있는 의사표시이기는 하지만 피해자의 승낙에 의하여 현금카드를 사용할 권한을 부여받아 이를 이용하여 현금을 인출한 이상, 피해자가 그 승낙의 의사표시를 취소하기까지는 현금카드를 적법, 유효하게 사용할 수 있고, 은행의 경우에도 피해자의 지급정지 신청이 없는 한 피해자의 의사에 따라 그의 계산으로 적법하게 예금을 지급할 수밖에 없는 것이므로, 피고인이 피해자로부터 현금카드를 사용한 예금인출의 승낙을 받고 현금카드를 교부받은 행위와 이를 사용하여 현금자동지급기에서 예금을 여러 번 인출한 행위들은 모두 피해자의 예금을 갈취하고자 하는 피고인의 단일하고 계속된 범의 아래에서 이루어진 일련의 행위로서 포괄하여 하나의 공갈죄를 구성한다고 볼 것이지, 현금지급기에서 피해자의 예금을 취득한 행위를 현금지급기 관리자의 의사에 반하여 그가 점유하고 있는 현금을 절취한 것이라 하여 이를 현금카드 갈취행위와 분리하여 따로 절도죄로 처단할 수는 없다(대판 1996.9.20. 95도1728). 📋 공갈죄의 포괄일죄가 된다. [2010 1차](12 변시)(15 변시)(18 변시)(22 2차)(24 3차)

〈현금카드를 편취하고 예금을 인출하면 사기죄의 포괄일죄라는 판례〉 피고인이 현금카드의 소유자로부터 현금카드를 편취하여 예금인출의 승낙을 받고 현금카드를 교부받아 이를 이용하여 현금을 인출한 사안에서, 피고인의 현금 인출행위가 현금지급기 관리자의 의사에 반하여 그가 점유하고 있는 현금을 절취한 것에 해당한다거나 피고인이 인출된 현금의 보관자의 지위에 있는 것이 아니라는 이유로 절취의 주위적 공소사실과 횡령의 예비적 공소사실 모두에 대하여 무죄를 선고한 원심의 판단을 수긍한 사례(대판 2005.9.30. 2005도5869).

2) 카드 사용 후 반환한 경우 : 신용카드나 현금카드 또는 직불카드를 사용 후 반환의사가 있고 이를 반환한 경우에는 신용카드 자체가 가지는 경제적 가치가 인출된 예금액만큼 소모되었다고 볼 수 없으므로 불가벌적 사용절도에 해당한다.

> [COMMENT] 보다 자세한 내용은 절도죄 부분 참조.

(2) 여신전문금융업법 위반 검토 – 이하 법명 생략

1) 신용카드 등의 위조·변조 및 사용죄(제70조 제1항 제1호, 제2호) : 신용카드나 직불카드 또는 선불카드를 위조·변조한 경우에는 제70조 제1항 제1호에 의해 처벌되며, 위조 또는 변조된 신용카드 등을 판매하거나 사용한 자는 동조 동항 제2호에 의하여 처벌된다.

〈회원권카드나 현금카드 사건〉 여신전문금융업법 제70조 제1항 제1호에서 그 위조행위를 처벌하고 있는 '신용카드 등'은 신용카드업자가 발행한 신용카드·직불카드 또는 선불카드만을 의미할 뿐, 회원권카드나 현금카드 등은 신용카드 기능을 겸하고 있다는 등의 특별한 사정이 없는 한 이에 해당할 여지가 없는 것이다(대판 2010.6.10. 2010도3409).

2) 신용카드나 직불카드의 부정사용죄(제70조 제1항 제3호, 제4호)

(가) 분실 또는 도난 카드의 부정사용 : 분실하거나 도난당한 신용카드나 직불카드를 판매하거나 사용한 자는 제70조 제1항 제3호에 따라 처벌된다.

〈여전법 제70조 제1항 3호의 해석〉 여신전문금융업법 제70조 제1항 제3호는 분실 또는 도난된 신용카드를 사용한 자를 처벌하도록 규정하고 있는데, 여기서 분실 또는 도난된 신용카드라 함은 소유자 또는 점유자의 의사에 기하지 않고 그의 점유를 이탈하거나 그의 의사에 반하여 점유가 배제된 신용카드를 가리키는 것으로서, 소유자 또는 점유자의 점유를 이탈한 신용카드를 취득하거나 그 점유를 배제하는 행위를 한 자가 반드시 유죄의 처벌을 받을 것을 요하지 아니한다(대판 1999.7.9. 99도857). [2022 2차]

(나) 강취·횡령·기망·공갈하여 취득한 카드의 부정사용 : 강취·횡령하거나, 사람을 기망하거나 공갈하여 취득한 신용카드나 직불카드를 판매하거나 사용한 자는 제70조 제1항 제4호에 따라 처벌된다. 이에 대하여 **예전 판례는** '제70조 제1항 제4호에서의 강취, 횡령, 기망 또는 공갈로 취득한 신용카드는 소유자 또는 점유자의 의사에 기하지 않고, 그의 점유를 이탈하거나 그의 의사에 반하여 점유가 배제된 신용카드를 가리킨다.'라고 하여 **그 범위를 제한하고** 있었으나, **최근 판례는** '기망하거나 공갈하여 취득한 신용카드나 직불카드'는 문언상 '기망이나 공갈을 수단으로 하여 다른 사람으로부터 취득한 신용카드나 직불카드'라는 의미라고 해석하고 있어 논란이 되고 있다.

> [COMMENT] 주의할 것은 최근 판례가 이전 판례를 폐기한 것은 아니라는 점이다.

〈여전법 제70조 제1항 제4호의 해석〉 [1] 여신전문금융업법 제70조 제1항 제4호에 의하면, '강취·횡령하거나 사람을 기망·공갈하여 취득한 신용카드 또는 직불카드를 판매하거나 사용한 자'에 대하여 '7년 이하의 징역 또는 5천만 원 이하의 벌금에 처한다'고 규정하고 있는바, 여기서 강취, 횡령, 기망 또는 공갈로 취득한 신용카드는 소유자 또는 점유자의 의사에 기하지 않고, 그의 점유를 이탈하거나 그의 의사에 반하여 점유가 배제된 신용카드를 가리킨다. [2] 유흥주점 업주가 과다한 술값 청구에 항의하는 피해자들을 폭행 또는 협박하여 피해자들로부터 일정 금액을 지급받기로 합의한 다음, 피해자들이 결제하라고 건네준 신용카드로 합의에 따라 현금서비스를 받거나 물품을 구입한 경우, 신용카드에 대한 피해자들의 점유가 피해자들의 의사에 기하지 않고 이탈하였거나 배제되었다고 보기 어려워 여신전문금융업법상의 신용카드 부정사용에 해당하지 않는다고 한 사례(대판 2006.7.6. 2006도654). (21 3차)

〈'기망으로 취득한 신용카드 사용' 사건〉 [공소사실의 요지] 피고인은 2019. 2. 19. 춘천교도소에 수용 중인 피해자 공소외인에게 '피해자 명의의 신용카드로 성공사례비를 지불한 뒤 카드대금을 금방 갚겠다'는 취지의 편지를 보냈으나, 피고인은 사실 피해자의 신용카드로 성공사례비를 지불하더라도 그 대금을 변제할 의사나 능력이 없었고, 피해자의 신용카드를 생활비 등 개인적인 용도로 사용할 생각이었다. 그런데도 피고인은 위와 같이 피해자를 기망하여 2019. 2. 22. 춘천교도소에서 피해자로부터 신용카드 1장을 교부받은 뒤, 2019. 2. 26.부터 같은 해 3. 25.까지 이 사건 신용카드로 총 23회에 걸쳐 합계 29,997,718원 상당을 결제하였다. 이로써 피고인은 피해자를 기망하여 취득한 신용카드를 사용하였다. **[판결요지]** [1] 법률을 해석할 때 입법 취지와 목적, 제·개정 연혁, 법질서 전체와의 조화, 다른 법령과의 관계 등을 고려하는 체계적·논리적 해석 방법을 사용할 수 있으나, 문언 자체가 비교적 명확한 개념으로 구성되어 있다면 원칙적으로 이러한 해석 방법은 활용할 필요가 없거나 제한되어야 한다. [2] 여신전문금융업법 제70조 제1항 제4호에서는 '강취·횡령하거나, 사람을 기망하거나 공갈하여 취득한 신용카드나 직불카드를 판매하거나 사용한 자'를 처벌하도록 규정하고 있는데, 여기에서 '사용'은 강취·횡령, 기망 또는 공갈로 취득한 신용카드나 직불카드를 진정한 카드로서 본래의 용법에 따라 사용하는 경우를 말한다. [3] 그리고 '기망하거나 공갈하여 취득한 신용카드나 직불카드'는 문언상 '기망이나 공갈을 수단으로 하여 다른 사람으로부터 취득한 신용카드나 직불카드'라는 의미이므로, '신용카드나 직불카드의 소유자 또는 점유자를 기망하거나 공갈하여 그들의 자유로운 의사에 의하지 않고 점유가 배제되어 그들로부터 사실상 처분권을 취득한 신용카드나 직불카드'라고 해석되어야 한다(대판 2022.12.16. 2022도10629). **[COMMENT]** 원심은 예전 판례의 논지를 따라 신용카드부정사용죄가 성립하지 않는다고 판시하였으나, 대법원은 위와 같은 법리를 바탕으로 신용카드부정사용죄가 성립한다고 보았다.

   (다) 신용카드나 직불카드의 부정사용의 의미 : 제70조 제1항 제3호와 제4호의 부정사용은 신용카드나 직불카드의 본래적 용법에 따른 사용을 말하므로 신용카드나 직불카드를 이용하여 예금을 인출한 경우에는 부정사용죄가 성립하지 않는다.

〈절취한 직불카드로 예금을 인출해도 본래의 용법에 따른 사용이 아니므로 부정사용죄는 성립하지 않는다는 판례〉 여신전문금융업법 제70조 제1항 소정의 부정사용이라 함은 위조·변조 또는 도난·분실된 신용카드나 직불카드를 진정한 카드로서 신용카드나 직불카드의 본래의 용법에 따라 사용하는 경우를 말하는 것이므로, 절취한 직불카드를 온라인 현금자동지급기에 넣고 비밀번호 등을 입력하여 피해자의 예금을 인출한 행위는 여신전문금융업법 제70조 제1항 소정의 부정사용의 개념에 포함될 수 없다(대판 2003.11.14. 2003도3977). [2018 변시][2024 변시](15 변시)(22 변시)

   (라) 미수 처벌 규정이 없음 : 신용카드나 직불카드 부정사용죄는 미수를 처벌하지 않는다(여신전문금융업법 제70조 제6항 참조).

〈결제시 도난카드임이 밝혀진 사건〉 신용카드를 절취한 사람이 대금을 결제하기 위하여 신용카드를 제시하고 카드회사의 승인까지 받았다고 하더라도 매출전표에 서명한 사실이 없고 도난카드임이 밝혀져 최종적으로 매출취소로 거래가 종결되었다면, 신용카드 부정사용의 미수행위에 불과하다고 한 사례(대판 2008.2.14. 2007도8767). [2012 3차](18 변시)

   (마) 신용카드와 직불카드의 부정사용죄와 사문서위조죄 및 동행사죄와의 관계 : 신용카드부정사용죄가 성립하면 사문서위조 및 동행사죄는 이에 흡수된다.

〈신용카드부정사용죄와 사문서위조죄 및 동행사죄〉 부정사용죄의 구성요건적 행위인 신용카드의 사용이라 함은 신용카드의 소지인이 신용카드의 본래 용도인 대금결제를 위하여 가맹점에 신용카드를 제시하고 매출표에 서명하여 이를 교부하는 일련의 행위를 가리키고 단순히 신용카드를 제시하는 행위만을 가리키는 것은 아니라고 할 것이므로, 위 매출표의 서명 및 교부가 별도로 사문서위조 및 동행사의 죄의 구성요건을 충족한다고 하여도 이 사문서위조 및 동행사의 죄는 위 신용카드부정사용죄에 흡수되어 신용카드부정사용죄의 1죄만이 성립하고 별도로 사문서위조 및 동행사의 죄는 성립하지 않는다(대판 1992.6.9. 92도77). **[COMMENT]** 본 판례에서의 신용카드업법 제25조 제1항은 현재 여신전문금융업법 제70조 제1항으로 변경되어 있다. (15 변시)(20 변시)

　3) 신용카드 자금융통죄(제70조 제3항 제2호) : 물품의 판매 또는 용역의 제공 등을 가장하거나 실제 매출금액을 넘겨 신용카드로 거래하거나 이를 대행하게 하는 행위(동호 가목), 신용카드회원으로 하여금 신용카드로 구매하도록 한 물품·용역 등을 할인하여 매입하는 행위(동호 나목) 등은 여신전문금융업법 제70조 제3항 제2호 위반으로 처벌된다. 그리고 기업구매전용카드를 이용한 거래는 본죄의 신용카드에 의한 거래에 포함되지 않는다는 것이 판례이다.

〈**신용카드로 결제하고 물품 가져간 후 물품을 다시 판매해도 신용카드 자금융통죄는 성립하지 않는다는 판례**〉 편의점 업주가 인근 유흥주점 업주의 부탁을 받고 유흥주점 손님인 피해자들의 신용카드로 술값을 결제하도록 하고 결제대금 상당의 물품을 제공하여 유흥주점 업주가 이를 다른 사람들에게 정상가격이나 할인가격으로 처분한 사안에서, 피해자들에게 신용카드대금에 대한 결제의사는 있었으나 자금융통에 대한 의사는 없었고, 실제로 신용카드에 의한 물품거래가 있었으며 그 매출금액대로 매출전표가 작성된 이상 편의점 업주의 행위는 여신전문금융업법상 물품의 판매 또는 용역의 제공 등을 가장한 행위라고 보기 어렵다고 한 사례(대판 2006.7.6. 2006도654).

〈**지급원인이 실제로 존재하고 원인 금액 그대로 결제가 이루어진 사건**〉 신용카드에 의한 결제 대상인 지급원인이 실제로 존재하고 원인 금액 그대로 결제가 이루어진 경우에는 신용카드를 사용한 실질 목적이 자금의 융통에 있더라도 여신전문금융업법상 물품의 판매 또는 용역의 제공 등을 가장한 행위에 의한 처벌 대상은 되지 않는다(대판 2016.10.27. 2015도11504).

〈**기업구매전용카드에 의한 거래는 신용카드에 의한 거래에 해당하지 않는다는 판례**〉 기업구매전용카드가 여신전문금융업법에서 규정한 신용카드에 해당함을 전제로 이를 이용하여 물품의 판매 또는 용역의 제공을 가장하여 거래하는 방법으로 자금을 융통하여 줌으로써 위 법 제70조 제2항 제2호 '가'목을 위반하였다는 내용으로 기소된 사안에서, 기업구매전용카드에 의한 거래를 여신전문금융업법 제70조 제2항 제2호가 규정한 '신용카드에 의한 거래'에 해당한다고 보기는 어렵다는 이유로 무죄를 선고한 원심을 수긍한 사안(대판 2013.7.25. 2011도14687). **[COMMENT]** 구 여신전문금융업법 제70조 제2항 제2호 (가)목은 개정법에 따르면 여전법 제70조 제3항 제2호 (가)목에 해당한다.

3. 자기명의 신용카드를 부정발급 받은 경우

자기명의로 신용카드를 부정발급 받은 후 대금결제 의사나 능력이 없이 자동지급기에 의한 현금인출행위나 가맹점에서 물품을 구입하거나 용역을 제공받는 경우에는 **전체적으로 사기죄의 포괄일죄**에 해당한다.

〈**부정발급 받은 자기의 신용카드를 이용하여 현금인출하고 물품구입하였다면 사기죄의 포괄일죄라는 판례**〉 피고인이 카드사용으로 인한 대금 결제의 의사와 능력이 없으면서도 있는 것 같이 가장하여 카드회사를 기망 하고, 카드회사는 이에 착오를 일으켜 일정 한도 내에서 카드사용을 허용해 줌으로써 피고인은 기망당한 카드회사의 신용공여라는 하자 있는 의사표시에 편승 하여 자동지급기를 통한 현금대출도 받고, 가맹점을 통한 물품구입대금 대출도 받아 카드발급회사로 하여금 같은 액수

상당의 피해를 입게 함으로써, 카드사용으로 인한 일련의 편취행위가 포괄적으로 이루어지는 것이다. 따라서 카드 사용으로 인한 카드회사의 손해는 그것이 자동지급기에 의한 인출행위이든 가맹점을 통한 물품 구입 행위이든 불문하고 모두가 피해자인 카드회사의 기망당한 의사 표시에 따른 카드발급에 터잡아 이루어지는 사기의 포괄일죄이다(대판 1996.4.9. 95도2466). (21 3차)

4. 정당하게 발급받은 자기명의 신용카드의 경우

정당하게 발급받은 카드명의인이 카드회사에 대금을 결제할 의사나 능력이 없음에도 이를 숨기고 자기명의의 신용카드를 사용하여 자동지급기에 의한 현금인출행위나 가맹점에서 물품을 구입하거나 용역을 제공받는 경우에는 **전체적으로 사기죄의 포괄일죄**에 해당한다.

〈과다한 부채 누적자가 자기의 신용카드를 사용하여 물품구입하고 현금서비스를 받았다면 사기죄의 포괄일죄라는 판례〉 피고인이 신용카드 사용으로 인한 대금을 신용카드업자에 결제할 의사나 능력이 없으면서도 신용카드를 사용하여 가맹점으로부터 물품을 구입하고 현금서비스를 받았다면 피고인은 신용카드업자가 가맹점을 통하여 송부된 카드회원 서명의 매출전표를 받은 후 카드회원인 피고인이 대금을 결제할 것으로 오신하여 가맹점에 물품구입대금을 결제하여 줌으로써 신용카드업자로부터 물품구입대금을 대출받고, 현금자동지급기를 통한 현금대출도 받아(현금자동지급기를 통한 현금대출은 단순히 그 지급방법만이 사람이 아닌 기계에 의해서 이루어지는 것에 불과하다) 신용카드업자로 하여금 같은 액수 상당의 피해를 입게 한 것이고, 이러한 카드사용으로 인한 일련의 편취행위는 그것이 가맹점을 통한 물품구입행위이든, 현금자동지급기에 의한 인출행위이든 불문하고 모두가 피해자인 신용카드업자의 기망당한 금전대출에 터잡아 포괄적으로 이루어지는 것이라 할 것이다(대판 2005.8.19. 2004도6859). (23 1차)

5. 타인명의 신용카드를 부정발급 받은 경우

(1) 현금서비스를 받은 경우

처음부터 지불능력이나 지불의사 없이 타인의 이름으로 신용카드를 발급받은 후 현금자동지급기에서 현금서비스를 받은 경우에는 절도죄가 성립한다.

〈타인명의를 모용하여 카드발급 받은 후 현금대출을 받으면 절도죄가 성립한다는 판례〉 피고인이 타인의 명의를 모용하여 신용카드를 발급받은 경우, 비록 카드회사가 피고인으로부터 기망을 당한 나머지 피고인에게 피모용자 명의로 발급된 신용카드를 교부하고, 사실상 피고인이 지정한 비밀번호를 입력하여 현금자동지급기에 의한 현금대출(현금서비스)을 받을 수 있도록 하였다 할지라도, 카드회사의 내심의 의사는 물론 표시된 의사도 어디까지나 카드명의인인 피모용자에게 이를 허용하는 데 있을 뿐, 피고인에게 이를 허용한 것은 아니라는 점에서 피고인이 타인의 명의를 모용하여 발급받은 신용카드를 사용하여 현금자동지급기에서 현금대출을 받는 행위는 카드회사에 의하여 미리 포괄적으로 허용된 행위가 아니라, 현금자동지급기의 관리자의 의사에 반하여 그의 지배를 배제한 채 그 현금을 자기의 지배하에 옮겨 놓는 행위로서 절도죄에 해당한다고 봄이 상당하다 (대판 2002.7.12. 2002도2134). [2015 3차](12 변시)(15 변시)(19 변시)

(2) ARS 전화서비스나 인터넷 등을 통하여 신용대출을 받은 경우

처음부터 지불능력이나 지불의사 없이 타인의 이름으로 신용카드를 발급받은 후 ARS 전화서비스나 인터넷 등을 통하여 신용대출을 받은 경우에는 **컴퓨터 등 사용사기죄**가 성립한다.

〈타인명의 모용하여 카드발급 받은 후 ARS 전화서비스나 인터넷 등을 통하여 신용대출을 받으면 컴사가 성립한다는 판례〉 타인의 명의를 모용하여 발급받은 신용카드의 번호와 그 비밀번호를 이용하여 ARS 전화서비스나 인터넷 등을 통하여 신용대출을 받는 방법으로 재산상 이익을 취득하는 행위 역시 미리 포괄적으로 허용된 행위가 아닌 이상, 컴퓨터 등 정보처리장치에 권한 없이 정보를 입력하여 정보처리를 하게 함으로써 재산상 이익을 취득하는 행위로서 컴퓨터 등 사용사기죄에 해당한다 (대판 2006.7.27. 2006도3126).

6. 타인의 신용카드를 사용한 경우의 죄책

(1) 물품구입 등을 하는 경우

> [GUIDE] 타인의 신용카드를 사취 또는 갈취한 경우에는 물품구입과 현금서비스를 받은 부분 모두를 포괄하여 사기죄 또는 공갈죄만 인정하는 것이 종래 판례이므로, 이곳에서는 편의상 타인의 신용카드를 사취하거나 갈취한 경우를 제외하고 설명한다.

1) 사기죄의 성립과 신용카드부정사용죄와의 죄수관계 : 타인명의의 신용카드를 부정사용하여 가맹점에서 물품이나 용역을 취득하는 경우에는 사기죄와 신용카드부정사용죄의 실체적 경합이 된다. 그리고 수회 물품을 구입한 경우에는 각각의 사기죄는 실체적 경합이 되고, 각각의 신용카드부정사용죄는 포괄일죄가 되며, 실체적 경합인 수개의 사기죄와 포괄일죄인 신용카드부정사용죄는 실체적 경합관계에 있다. [2024 변시]

〈강취한 신용카드로 물품구입하면 부정사용죄와 사기죄는 실체적 경합이 된다는 판례〉 강취한 신용카드를 가지고 자신이 그 신용카드의 정당한 소지인인양 가맹점의 점주를 속이고 그에 속은 점주로부터 주류 등을 제공받아 이를 취득한 것이라면 신용카드부정사용죄와 별도로 사기죄가 성립한다 (대판 1997.1.21. 96도2715).

〈절취한 신용카드로 여러번 물품 구입하면 사기죄는 실체적 경합이지만, 신용카드부정사용죄는 포괄일죄가 된다는 판례〉 [사실관계] 甲은 A의 자취방에서 A의 비씨카드 1매를 절취한 후, 같은 날 위 카드 가맹점 7곳에서 합계 200만 원 상당의 물품을 구입한 후, 그 대금을 절취한 위 비씨카드로 결제하였다. 甲의 죄책은? [판결요지] [1] 신용카드를 절취한 후 이를 사용한 경우 신용카드의 부정사용행위는 새로운 법익의 침해로 보아야 하고 그 법익침해가 절도범행보다 큰 것이 대부분이므로 위와 같은 부정사용행위가 절도범행의 불가벌적 사후행위가 되는 것은 아니다. [2] 피고인은 절취한 카드로 가맹점들로부터 물품을 구입하겠다는 단일한 범의를 가지고 그 범의가 계속된 가운데 동종의 범행인 신용카드 부정사용행위를 동일한 방법으로 반복하여 행하였고, 또 위 신용카드의 각 부정사용의 피해법익도 모두 위 신용카드를 사용한 거래의 안전 및 이에 대한 공중의 신뢰인 것으로 동일하므로, 피고인이 동일한 신용카드를 위와 같이 부정사용한 행위는 포괄하여 일죄에 해당하고, 신용카드를 부정사용한 결과가 사기죄의 구성요건에 해당하고 그 각 사기죄가 실체적 경합관계에 해당한다고 하여도 신용카드부정사용죄와 사기죄는 그 보호법익이나 행위의 태양이 전혀 달라 실체적 경합관계에 있으므로 신용카드 부정사용행위를 포괄일죄로 취급하는데 아무런 지장이 없다고 한 사례(대판 1996.7.12. 96도1181). ☞ 카드에 대한 절도죄와 7개의 사기죄와 신용카드부정사용죄의 포괄일죄가 성립하며, 이들은 실체적 경합관계에 있다. (12 변시)(21 변시)(22 변시)

2) 신용카드부정사용죄와 사문서위조죄 및 동행사죄의 관계 : 타인명의 신용카드를 사용하여 매출전표를 작성한 경우에 여신전문금융업법 제70조에 따른 신용카드부정사용죄만 성립하고, 사문서위조 및 동행사죄는 이에 흡수된다.

(2) 현금자동인출기로부터 현금을 인출한 경우

> **타인의 신용카드로 현금을 인출한 경우**
>
> 甲은 자신이 세들어 살던 A의 집 안방에 다락을 통하여 침입하고 그곳 장롱 서랍 속에 있던 A의 딸 B 소유의 삼성위너스카드 1매를 가지고 나온 후 현금자동인출기에서 절취한 신용카드를 사용하여 현금서비스로 50만 원을 인출하고, 며칠 후에 현금자동인출기에서 같은 방법으로 현금서비스 50만 원을 각 인출하였다. 카드 사용 부분에 대한 甲의 죄책은? [2015 변시][2024 변시]

1. 논의점

타인명의 신용카드를 이용하여 현금자동인출기에서 현금을 인출한 경우의 죄책에 대하여 현금자동인출기는 사람이 아니므로 사기죄가 성립할 수 없어 종래 판례는 절도죄로 의율하였다. 그러나 1995년 개정에서 제347조의2가 신설되자, 개정이후에는 제347조의2로 의율할 수 있을 것인지에 대하여 논의가 있다.

2. 견해의 대립

이에 대하여는 ① 제347조의2의 객체인 '재산상의 이익'을 목적론적으로 확대해석하여 재물을 포괄하는 것으로 볼 수 있으므로 컴퓨터사용사기죄가 성립한다는 **컴퓨터사용사기죄설** ② 무권한자의 현금인출행위는 현금자동지급기 설치관리자의 의사에 반하므로 절도죄가 성립한다는 **절도죄설**이 대립하고 있다.

3. 판례의 태도

판례는 '피해자 명의의 신용카드를 부정사용하여 현금자동인출기에서 현금을 인출하고 그 현금을 취득한 행위는 현금자동인출기 관리자의 의사에 반하여 그의 지배를 배제하고 그 현금을 자기의 지배하에 옮겨 놓는 것이 되므로 절도죄를 구성한다'라고 하여 **절도죄설**의 입장이다.

4. 결 론

생각건대 타인의 신용카드를 이용하여 현금자동인출기에서 현금을 인출한 행위는 컴퓨터사용사기죄로 의율하는 것이 타당하다. ① 제347조의2를 입법한 이유도 종래의 제347조로 의율하기 힘든 행위를 규제하기 위하여 신설한 것이고 ② 객체인 '재산상의 이익'은 재산 일반을 의미하는 것으로 보아도 일반인의 법감정에 크게 반하지 않으므로 불리한 유추해석이라기보다는 목적론적 확장해석이기 때문이다.

5. 관련판례

〈타인의 신용카드로 현금을 인출하면 신용카드부정사용죄와 절도죄는 실체적 경합이 된다는 판례〉
[사실관계] - [쟁점사실관계] [판결요지] 피해자 명의의 신용카드를 부정사용하여 현금자동인출기에서 현금을 인출하고 그 현금을 취득까지 한 행위는 신용카드업법 제25조 제1항의 부정

사용죄에 해당할 뿐 아니라 그 현금을 취득함으로써 현금자동인출기 관리자의 의사에 반하여 그의 지배를 배제하고 그 현금을 자기의 지배하에 옮겨 놓는 것이 되므로 별도로 절도죄를 구성하고, 위 양 죄의 관계는 그 보호법익이나 행위태양이 전혀 달라 실체적 경합관계에 있는 것으로 보아야 한다(대판 1995.7.28. 95도997). 📝 2개의 절도죄와 1개의 신용카드부정사용죄가 성립하며, 실체적 경합관계에 있다. (15 변시)

〈갈취한 현금카드로 예금을 인출하면 공갈죄의 포괄일죄가 되지만, 강취한 현금카드로 예금 인출하면 별도의 절도죄가 성립한다는 판례〉 [1] 예금주인 현금카드 소유자를 협박하여 그 카드를 갈취한 다음 피해자의 승낙에 의하여 현금카드를 사용할 권한을 부여받아 이를 이용하여 현금자동지급기에서 현금을 인출한 행위는 모두 피해자의 예금을 갈취하고자 하는 피고인의 단일하고 계속된 범의 아래에서 이루어진 일련의 행위로서 포괄하여 하나의 공갈죄를 구성하므로, 현금자동지급기에서 피해자의 예금을 인출한 행위를 현금카드 갈취행위와 분리하여 따로 절도죄로 처단할 수는 없다. 왜냐하면 위 예금 인출 행위는 하자 있는 의사표시이기는 하지만 피해자의 승낙에 기한 것이고, 피해자가 그 승낙의 의사표시를 취소하기까지는 현금카드를 적법, 유효하게 사용할 수 있으므로, 은행으로서도 피해자의 지급정지 신청이 없는 한 그의 의사에 따라 그의 계산으로 적법하게 예금을 지급할 수밖에 없기 때문이다. [2] 강도죄는 공갈죄와는 달리 피해자의 반항을 억압할 정도로 강력한 정도의 폭행·협박을 수단으로 재물을 탈취하여야 성립하므로, 피해자로부터 현금카드를 강취하였다고 인정되는 경우에는 피해자로부터 현금카드의 사용에 관한 승낙의 의사표시가 있었다고 볼 여지가 없다. 따라서 강취한 현금카드를 사용하여 현금자동지급기에서 예금을 인출한 행위는 피해자의 승낙에 기한 것이라고 할 수 없으므로, 현금자동지급기 관리자의 의사에 반하여 그의 지배를 배제하고 그 현금을 자기의 지배하에 옮겨 놓는 것이 되어서 강도죄와는 별도로 절도죄를 구성한다(대판 2007.5.10. 2007도1375). (15 변시)(19 변시)(21 변시)

(3) 타인의 신용카드로 계좌이체한 경우

타인의 신용카드를 이용하여 현금지급기에서 계좌이체를 한 행위는 컴퓨터 등 정보처리장치에 권한 없이 정보를 입력하여 정보처리를 하게 한 행위에 해당하여 **컴퓨터등사용사기죄**가 성립한다. [2019 3차][2020 2차]

〈절취한 타인의 신용카드로 자신의 계좌로 계좌이체하면 컴사에 해당하며, 이후 현금 찾은 것은 절도죄가 성립하지 않는다는 판례〉 절취한 타인의 신용카드를 이용하여 현금지급기에서 계좌이체를 한 행위는 컴퓨터등사용사기죄에서 컴퓨터 등 정보처리장치에 권한 없이 정보를 입력하여 정보처리를 하게 한 행위에 해당함은 별론으로 하고 이를 절취행위라고 볼 수는 없고, 한편 위 계좌이체 후 현금지급기에서 현금을 인출한 행위는 자신의 신용카드나 현금카드를 이용한 것이어서 이러한 현금인출이 현금지급기 관리자의 의사에 반한다고 볼 수 없어 절취행위에 해당하지 않으므로 절도죄를 구성하지 않는다(대판 2008.6.12. 2008도2440). (17 변시)(21 변시)(22 변시)

3 **준사기죄** [미수범 처벌]

> 제348조 (준사기) ① 미성년자의 사리분별력 부족 또는 사람의 심신장애를 이용하여 재물을 교부받
> 거나 재산상 이익을 취득한 자는 10년 이하의 징역 또는 2천만원 이하의 벌금에 처한다.
> ② 제1항의 방법으로 제3자로 하여금 재물을 교부받게 하거나 재산상 이익을 취득하게 한 경우에
> 도 제1항의 형에 처한다.

4 **편의시설 부정이용죄** [미수범 처벌]

> 제348조의2 (편의시설부정이용) 부정한 방법으로 대가를 지급하지 아니하고 자동판매기, 공중전화
> 기타 유료자동설비를 이용하여 재물 또는 재산상의 이익을 취득한 자는 3년 이하의 징역, 500만
> 원 이하의 벌금, 구류 또는 과료에 처한다.

〈후불식 통신카드 사건〉 형법 제348조의2에서 규정하는 편의시설부정이용의 죄는 부정한 방법으로
대가를 지급하지 아니하고 자동판매기, 공중전화 기타 유료자동설비를 이용하여 재물 또는 재산상
의 이익을 취득하는 행위를 범죄구성요건으로 하고 있는데, 타인의 전화카드(한국통신의 후불식
통신카드)를 절취하여 전화통화에 이용한 경우에는 통신카드서비스 이용계약을 한 피해자가 그
통신요금을 납부할 책임을 부담하게 되므로, 이러한 경우에는 피고인이 '대가를 지급하지 아니하
고' 공중전화를 이용한 경우에 해당한다고 볼 수 없어 편의시설부정이용의 죄를 구성하지 않는다
(대판 2001.9.25. 2001도3625). (17 변시)

5 **부당이득죄**

> 제349조 (부당이득) ① 사람의 곤궁하고 절박한 상태를 이용하여 현저하게 부당한 이익을 취득한
> 자는 3년 이하의 징역 또는 1천만원 이하의 벌금에 처한다.
> ② 제1항의 방법으로 제3자로 하여금 부당한 이익을 취득하게 한 경우에도 제1항의 형에 처한다.

〈'궁박'과 '현저하게 부당'의 의미〉 부당이득죄에 있어서 궁박이라 함은 '급박한 곤궁'을 의미하는
것으로서, 피해자가 궁박한 상태에 있었는지 여부는 거래당사자의 신분과 상호간의 관계, 피해자
가 처한 상황의 절박성의 정도 등 제반 상황을 종합하여 구체적으로 판단하여야 할 것이고, 특히
부동산의 매매와 관련하여 피고인이 취득한 이익이 '현저하게 부당'한지 여부는 우리 헌법이 규정
하고 있는 자유시장경제질서와 여기에서 파생되는 계약자유의 원칙을 바탕으로 피고인이 당해 토
지를 보유하게 된 경위 및 보유기간, 주변 부동산의 시가, 가격결정을 둘러싼 쌍방의 협상과정 및
거래를 통한 피해자의 이익 등을 종합하여 구체적으로 신중하게 판단하여야 한다(대판 2005.4.15.
2004도1246).

〈알박기가 부당이득죄가 성립하기 위해서는 적극적으로 원인을 제공하였거나 상당한 책임을 부담하는 정도에 이르러야 한다는 판례〉 개발사업 등이 추진되는 사업부지 중 일부의 매매와 관련된 이른바 '알박기' 사건에서 부당이득죄의 성립 여부가 문제되는 경우에도 위와 같은 여러 상황을 종합하여 구체적으로 판단하되, 그 범죄의 성립을 인정하기 위하여는 피고인이 피해자의 개발사업 등이 추진되는 상황을 미리 알고 그 사업부지 내의 부동산을 매수한 경우이거나 피해자에게 협조할 듯한 태도를 취하여 사업을 추진하도록 한 후에 협조를 거부하는 경우 등과 같이 피해자가 궁박한 상태에 빠지게 된 데에 피고인이 적극적으로 원인을 제공하였거나 상당한 책임을 부담하는 정도에 이르러야 한다. 이러한 정도에 이르지 아니하고, 단지 개발사업 등이 추진되기 오래 전부터 사업부지 내의 부동산을 소유하여 온 피고인이 이를 매도하라는 피해자의 제안을 거부하다가 수용하는 과정에서 큰 이득을 취하였다는 사정만으로 함부로 부당이득죄의 성립을 인정하여서는 아니 된다(대판 2009.1.15. 2008도8577).

〈공동주택신축사업 계획을 미리 알고 있었던 사건〉 甲건설회사의 공동주택신축사업 계획을 미리 알고 있던 을이 사업부지 내의 토지소유자 丙을 회유하여 甲과 맺은 토지매매 약정을 깨고 자신에게 이를 매도 및 이전등기하게 한 다음 이를 甲에게 재매도하면서 2배 이상의 매매대금과 양도소득세를 부담시킨 사안에서, 위 토지가 전체 사업부지 내에서 갖는 중요성, 을의 자력, 甲의 사업진행정도 등을 고려할 때 부당이득죄가 성립한다고 한 사례(대판 2008.5.29. 2008도2612).

〈재건축조합의 이익에 가장 부합하다는 판단하에 토지 매수한 사건〉 피고인이 피해자인 재건축조합에게 토지를 시세보다 비싼 가격으로 매도하였더라도 그 매매대금이 현저하게 부당하다고 단정할 수 없거나, 위 조합이 재건축사업을 추진함에 있어서 위 토지가 반드시 필요한 것은 아니었고, 이를 매입하지 아니하고도 재건축을 추진할 대안이 있었음에도 재건축조합의 이익에 가장 부합한다는 판단하에 피고인을 설득하여 위 토지를 매입하게 된 사정 등에 비추어 재건축조합의 궁박 상태를 인정하기에는 부족하다는 이유로 피고인에 대하여 무죄를 선고한 원심판결을 수긍한 사례(대판 2005.4.15. 2004도1246).

〈시가의 40배 사건〉 아파트 건축사업이 추진되기 수년 전부터 사업부지 내 일부 부동산을 소유하여 온 피고인이 사업자의 매도 제안을 거부하다가 인근 토지 시가의 40배가 넘는 대금을 받고 매도한 사안에서, 부당이득죄의 성립을 부정한 사례(대판 2009.1.15. 2008도8577).

〈종전보다 1.5 내지 3배가량 높은 대금을 받은 사건〉 아파트 신축사업이 추진되기 수년 전 사업부지 중 일부 토지를 취득하여 거주 또는 영업장소로 사용하던 피고인이 이를 사업자에게 매도하면서 시가 상승 등을 이유로 대금의 증액을 요구하여 종전보다 1.5 내지 3배가량 높은 대금을 받은 사안에서, 부당이득죄의 성립을 부정한 사례(대판 2009.1.15. 2008도1246).

6 상습사기죄 [미수범 처벌]

> 제351조 (상습범) 상습으로 제347조 내지 전조의 죄를 범한 자는 그 죄에 정한 형의 2분의 1까지 가중한다.

[죄명예규] 상습(제347조 내지 제350조의2 각 죄명)

〈상습성의 판단〉 상습사기에 있어서의 상습성은 반복하여 사기행위를 하는 습벽으로서 행위자의 속성을 말하고, 이러한 습벽의 유무를 판단함에 있어서는 사기의 전과가 중요한 판단자료가 되나 사기의 전과가 없다고 하더라도 범행의 횟수, 수단과 방법, 동기 등 제반 사정을 참작하여 사기의 습벽이 인정되는 경우에는 상습성을 인정하여야 하는 것이며, 특히 처음부터 장기간에 걸쳐 불특정 다수로부터 회원가입비 명목의 금원을 편취할 목적으로 상당한 자금을 투자하여 성인사이트를 개설하고 직원까지 고용하여 사기행위를 영업으로 한 경우에는 그 행위의 반복성이 영업이라는 면에서 행위 그 자체의 속성에서 나아가 행위자의 속성으로서 상습성을 내포하는 성질을 갖게 되고, 또한 이미 투자한 자금에 얽매여 그러한 사기행위를 쉽게 그만둘 수 없다는 자본적 또는 경제활동상의 의존성도 습벽의 내용이 될 수 있으므로 상습성을 인정할 수 있다(대판 2006.9.8. 2006도2860).

〈사기범행의 습벽〉 상습사기죄에 있어서의 상습성이라 함은 반복하여 사기행위를 하는 습벽으로서 행위자의 속성을 말하고, 여기서 말하는 사기행위의 습벽은 행위자의 사기습벽의 발현으로 인정되는 한 동종의 수법에 의한 사기범행의 습벽만을 의미하는 것이 아니라 이종의 수법에 의한 사기범행을 포괄하는 사기의 습벽도 포함한다(대판 2000.2.11. 99도4797).

제4절 | 공갈의 죄

1 공갈죄 [미수범 처벌]

> 제350조 (공갈) ① 사람을 공갈하여 재물의 교부를 받거나 재산상의 이익을 취득한 자는 10년 이하의 징역 또는 2천만 원 이하의 벌금에 처한다.
> ② 전항의 방법으로 제3자로 하여금 재물의 교부를 받게 하거나 재산상의 이익을 취득하게 한 때에도 전항의 형과 같다.

Ⅰ. 서 설

공갈죄는 공갈하여 재물의 교부를 받거나 재산상의 이익을 취득하는 것 또는 제3자로 하여금 재물의 교부를 받게 하거나 재산상의 이익을 취득하게 함으로써 성립하는 범죄이다. 보호법익은 재산과 의사결정의 자유이며, 보호의 정도는 침해범이다.

Ⅱ. 구성요건

1. 객 체

타인이 점유하는 재물 또는 재산상의 이익이다. 이러한 개념은 재산죄 일반론에 의한다.

〈부녀의 정조 사건〉 공갈죄는 재산범으로서 그 객체인 재산상 이익은 경제적 이익이 있는 것을 말하는 것인바, 일반적으로 부녀의 정조 그 자체는 이를 경제적으로 평가할 수 없는 것이므로 부녀를 공갈하여 정교를 맺었다고 하여도 특단의 사정이 없는 한 이로써 재산상 이익을 갈취한 것이라고 볼 수는 없는 것이며, 부녀가 주점 접대부라 할지라도 피고인과 매음을 전제로 정교를 맺은 것이 아닌 이상 피고인이 매음대가의 지급을 면하였다고 볼 여지가 없으니 공갈죄가 성립하지 아니한다(대판 1983.2.8. 82도2714).

〈절취당한 금전 사건〉 [1] 공갈죄의 대상이 되는 재물은 타인의 재물을 의미하므로, 사람을 공갈하여 자기의 재물을 교부받는 경우에는 공갈죄가 성립하지 아니한다. 그리고 타인의 재물인지는 민법, 상법, 기타의 실체법에 의하여 결정되는데, 금전을 도난당한 경우 절도범이 절취한 금전만 소지하고 있는 때 등과 같이 구체적으로 절취된 금전을 특정할 수 있어 객관적으로 다른 금전 등과 구분됨이 명백한 예외적인 경우에는 절도 피해자에 대한 관계에서 그 금전이 절도범인 타인의 재물이라고 할 수 없다. [2] 갑이 을의 돈을 절취한 다음 다른 금전과 섞거나 교환하지 않고 쇼핑백 등에 넣어 자신의 집에 숨겨두었는데, 피고인이 을의 지시로 폭력조직원 병과 함께 갑에게 겁을 주어 쇼핑백 등에 들어 있던 절취된 돈을 교부받아 갈취하였다고 하여 폭력행위 등 처벌에 관한 법률 위반(공동공갈)으로 기소된 사안에서, 피고인 등이 갑에게서 되찾은 돈은 절취 대상인 당해 금전이라고 구체적으로 특정할 수 있어 객관적으로 갑의 다른 재산과 구분됨이 명백하므로 이를 타인인 갑의 재물이라고 볼 수 없고, 따라서 비록 피고인 등이 갑을 공갈하여 돈을 교부받았더라도 타인의 재물을 갈취한 행위로서 공갈죄가 성립된다고 볼 수 없는데도, 이와 달리 보아 유죄를 인정한 원심판결에 공갈죄의 대상인 타인의 재물 등에 관한 법리오해의 위법이 있다고 한 사례(대판 2012.8.30. 2012도6157). [2018 1차][2020 1차](18 변시)(22 변시)(24 2차)(24 3차)

2. 행 위

행위는 공갈에 의하여 재물이나 재산상의 이익을 취득하는 것이다. 따라서 공갈죄는 공갈 ⇒ 공포심의 야기 ⇒ 처분행위 ⇒ 재물 또는 재산상의 이익의 취득 ⇒ 손해발생의 단계를 거친다.

(1) 공 갈

1) **공갈의 의의** : 공갈이란 불법영득의 의사로 타인에게 폭행 또는 협박을 가하여 상대방으로 하여금 두려움을 일으키게 하는 것을 말한다. 폭행의 경우에는 **광의의 폭행**인 사람에 대한 직접적 또는 간접적인 유형력의 행사를 의미하며, 협박의 경우에는 **협의의 협박**인 사람에게 공포심을 생기게 할 정도의 해악의 고지를 의미한다.

▌공갈 관련 판례 정리

1. 기본 법리 판례

〈**공갈죄의 수단으로서의 협박**〉 공갈죄의 수단으로써의 협박은 객관적으로 사람의 의사결정의 자유를 제한하거나 의사실행의 자유를 방해할 정도로 겁을 먹게 할 만한 해악을 고지하는 것을 말하고, 그 해악에는 인위적인 것뿐만 아니라 천재지변 또는 신력이나 길흉화복에 관한 것도 포함될 수 있으나, 다만 천재지변 또는 신력이나 길흉화복을 해악으로 고지하는 경우에는 상대방으로 하여금 행위자 자신이 그 천재지변 또는 신력이나 길흉화복을 사실상 지배하거나 그에 영향을 미칠 수 있는 것으로 믿게 하는 명시적 또는 묵시적 행위가 있어야 공갈죄가 성립한다(대판 2002.2.8. 2000도3245). [2017 3차][2020 변시]

2. 공갈죄를 긍정한 판례

〈**광고 불매운동 사건**〉 피고인이, 갑 주식회사가 특정 신문들에 광고를 편중했다는 이유로 기자회견을 열어 갑 회사에 대하여 불매운동을 하겠다고 하면서 특정 신문들에 대한 광고를 중단할 것과 다른 신문들에 대해서도 특정 신문들과 동등하게 광고를 집행할 것을 요구하고 갑 회사 인터넷 홈페이지에 '갑 회사는 앞으로 특정 언론사에 편중하지 않고 동등한 광고 집행을 하겠다'는 내용의 팝업창을 띄우게 한 사안에서, 제반 사정을 고려할 때 피고인의 행위는 갑 회사의 의사결정권자로 하여금 그 요구를 수용하지 아니할 경우 불매운동이 지속되어 영업에 타격을 입게 될 것이라는 겁을 먹게 하여 의사결정 및 의사실행의 자유를 침해한 것으로 강요죄나 공갈죄의 수단으로서의 협박에 해당한다고 본 원심판단을 수긍한 사례(대판 2013.4.11. 2010도13774).

〈**종업원이 근로를 제공하지 않고 월급받은 사건**〉 종업원이 주인을 협박하여 그 업소에 취직을 하여 그 주인으로부터 월급 상당액을 교부 받은 경우 그 종업원이 주인에게 종업원으로서 상당한 근로를 제공한 바가 없다면 이는 갈취행위로 보아야 한다(대판 1991.10.11. 91도1755).

〈**유혹당한 간통관계를 미끼로 협박하여 금원을 교부받은 사건**〉 피고인과 고소인의 연령이 각 16세, 32세인 점 및 한집에 여러 사람이 취침한다는 점으로 미루어 피고인이 고소인을 강간한 것이 아니라 피해자의 유혹으로 간통관계를 갖게 되었다 하더라도, 이를 미끼로 협박하여 금원을 교부 받은 이상 피고인의 위 소위는 공갈죄를 구성한다(대판 1984.5.9. 84도573).

〈양도소득세 포탈사실을 진정하려고 한 사건〉 피고인이 피해자를 상대로 목재대금청구소송 계속 중 피해자에게 피해자의 양도소득세 포탈사실을 관계기관에 진정하여 일을 벌리려 한다고 말하여 겁을 먹은 피해자로부터 목재대금을 지급하겠다는 약속을 받아낸 행위는 사회상규에 어긋나지 않는다고 할 수 없다(대판 1990.11.23. 90도1864).

〈기자가 공사하자를 계속 보도할 태도를 보인 사건〉 방송기자인 피고인이 피해자에게 피해자 경영의 건설회사가 건축한 아파트의 진입도로미비 등 공사하자에 관하여 방송으로 계속 보도할 것 같은 태도를 보임으로써 피해자가 위 방송으로 말미암아 그의 아파트 건축사업이 큰 타격을 받고 자신이 경영하는 회사의 신용에 커다란 손실을 입게 될 것을 우려하여 방송을 하지 말아 달라는 취지로 돈 2,000,000원을 피고인에게 교부한 경우 공갈죄의 구성요건이 충족되고 또 인과관계도 인정된다고 할 것이다(대판 1991.5.28. 91도80).

〈사과광고로 과다한 광고료 받은 사건〉 신문의 부실공사 관련 기사에 대한 해당 건설업체의 반박광고가 있었음에도 재차 부실공사 관련 기사가 나가는 등 그 신문사 기자들과 그 건설업체 대표이사의 감정이 악화되어 있는 상태에서, 그 신문사 사주 및 광고국장이 보도 자제를 요청하는 그 건설업체 대표이사에게 자사 신문에 사과광고를 싣지 않으면 그 건설업체의 신용을 해치는 기사가 계속 게재될 것 같다는 기자들의 분위기를 전달하는 방식으로 사과광고를 게재토록 하면서 과다한 광고료를 받은 행위가 공갈죄의 구성요건에 해당한다고 본 사례(대판 1997.2.14. 96도1959).

3. 공갈죄를 부정한 판례

〈조상천도제 사건〉 조상천도제를 지내지 아니하면 좋지 않은 일이 생긴다는 취지의 해악의 고지는 길흉화복이나 천재지변의 예고로서 행위자에 의하여 직접, 간접적으로 좌우될 수 없는 것이고 가해자가 현실적으로 특정되어 있지도 않으며 해악의 발생가능성이 합리적으로 예견될 수 있는 것이 아니므로 협박으로 평가될 수 없다고 한 사례(대판 2002.2.8. 2000도3245). [COMMENT] 본 사안은 공갈죄로 기소된 공소사실에 대하여 무죄로 판시한 판례이다.

〈가출자의 소재를 알려주는 조건으로 보험가입을 요구한 사건〉 가출자의 가족에 대하여 가출자의 소재를 알려주는 조건으로 보험가입을 요구한 피고인의 소위는 가출자를 찾으려고 그 소재를 알고 싶어하는 그 가족들의 안타까운 심정을 이용하여 보험가입을 권유 내지 요구하는 언동으로 도의상 비난할 수 있을지언정 그로 인하여 가족들에 새로운 외포심을 일으키게 되거나 외포심이 더하여 진다고는 볼 수 없으므로 이를 공갈죄에 있어서의 협박이라고 단정할 수 없다(대판 1976.4.27. 75도2818).

〈타신문사와 같은 수준 사건〉 지역신문의 발행인이 시정에 관한 비판기사 및 사설을 보도하고 관련 공무원에게 광고의뢰 및 직보배정을 타신문사와 같은 수준으로 높게 해달라고 요청한 사실만으로 공갈죄의 수단으로서 그 상대방을 협박하였다고 볼 수 없다고 한 사례(대판 2002.12.10. 2001도7095).

2) **공갈의 상대방** : 공갈죄에 있어서 공갈의 상대방은 재산상의 피해자와 동일함을 요하지는 아니하나, 공갈의 목적이 된 재물 기타 재산상의 이익을 처분할 수 있는 사실상 또는 법률상의 권한을 갖거나 그러한 지위에 있음을 요한다.

〈주점 종업원 사건〉 [1] 공갈죄에 있어서 공갈의 상대방은 재산상의 피해자와 동일함을 요하지는 아니하나, 공갈의 목적이 된 재물 기타 재산상의 이익을 처분할 수 있는 사실상 또는 법률상의 권한을 갖거나 그러한 지위에 있음을 요한다. [2] 주점의 종업원에게 신체에 위해를 가할 듯한 태도를 보여 이에 겁을 먹은 위 종업원으로부터 주류를 제공받은 경우에 있어 위 종업원은 주류에 대한 사실상의 처분권자이므로 공갈죄의 피해자에 해당된다고 보아 공갈죄가 성립한다고 한 원심의 판단을 수긍한 사례(대판 2005.9.29. 2005도4738). (21 2차)

(2) 공포심의 야기

공갈에 의하여 공포심이 생길 것을 요한다. 공갈을 하였으나 공포심이 생기지 않은 경우에는 공갈죄의 미수만이 성립한다.

(3) 처분행위 · 재물 또는 재산상 이익의 취득

재산상 이익의 취득으로 인한 공갈죄가 성립하려면 폭행 또는 협박과 같은 공갈행위로 인하여 피공갈자가 재산상 이익을 공여하는 처분행위가 있어야 한다. 이러한 **처분행위와 상대방의 재물 또는 재산상 이익의 취득**은 서로 대응하는 관계에 있다. 주의할 것은 판례는 재산상의 이익 공여를 면하기 위하여 폭행 또는 협박이 있었어도 피해자의 처분행위가 없으면 공갈죄가 성립하지 않는다고 판시하고 있다.

〈공갈자가 직접 재물 탈취한 사건〉 공갈취득죄의 본질은 피공갈자의 외포로 인한 하자있는 동의를 이용하는 재물의 영득행위라고 해석하여야 할 것이므로 그 영득행위의 형식에 있어서 피공갈자가 자의로 재물을 제공한 경우뿐 아니라 피공갈자가 외포하여 묵인함을 이용하여 공갈자가 직접 재물을 탈취한 경우에도 이를 공갈죄로 봄이 타당하다(대판 1960.2.29. 4292형상997). (21 2차)

〈택시요금을 면탈하기 위해 폭행하였어도 상대방의 처분행위가 없으면 공갈죄는 성립하지 않는다는 판례〉 [1] 재산상 이익의 취득으로 인한 공갈죄가 성립하려면 폭행 또는 협박과 같은 공갈행위로 인하여 피공갈자가 재산상 이익을 공여하는 처분행위가 있어야 한다. 물론 그러한 처분행위는 반드시 작위에 한하지 아니하고 부작위로도 족하여서, 피공갈자가 외포심을 일으켜 묵인하고 있는 동안에 공갈자가 직접 재산상의 이익을 탈취한 경우에도 공갈죄가 성립할 수 있다. 그러나 폭행의 상대방이 위와 같은 의미에서의 처분행위를 한 바 없고, 단지 행위자가 법적으로 의무 있는 재산상 이익의 공여를 면하기 위하여 상대방을 폭행하고 현장에서 도주함으로써 상대방이 행위자로부터 원래라면 얻을 수 있었던 재산상 이익의 실현에 장애가 발생한 것에 불과하다면, 그 행위자에게 공갈죄의 죄책을 물을 수 없다. [2] 피고인이 피해자가 운전하는 택시를 타고 간 후 최초의 장소에 이르러 택시요금의 지급을 면할 목적으로 다른 장소에 가자고 하였다면서 택시에서 내린 다음 택시요금 지급을 요구하는 피해자를 때리고 달아나자, 피해자가 피고인이 말한 다른 장소까지 쫓아가 기다리다 그곳에서 피고인을 발견하고 택시요금 지급을 요구하였는데 피고인이 다시 피해자의 얼굴 등을 주먹으로 때리고 달아난 사안에서, 피해자가 피고인에게 계속해서 택시요금의 지급을 요구하였으나 피고인이 이를 면하고자 피해자를 폭행하고 달아났을 뿐, 피해자가 폭행을 당하여 외포심을 일으켜 수동적 · 소극적으로라도 피고인이 택시요금 지급을 면하는 것을 용인하여 이익을 공여하는 처분행위를 하였다고 할 수 없는데도, 이와 달리 보아 공갈죄를 인정한 원심판결에 법리오해 등 위법이 있다고 한 사례(대판 2012.1.27. 2011도16044). **[COMMENT]** 피공갈자의 이익처분행위가 없는 경우에는 공갈죄의 성립을 인정할 수 없다고 본 판례이다. 그러나 공갈죄는 미수를 처벌한다는 점에서 논의의 여지가 있을 수 있는 판례이다. (24 3차)

(4) 재산상 손해

공갈죄가 성립하기 위해서는 재산상 손해가 발생해야 되는지에 대하여 논의가 있지만, 판례는 피공갈자의 하자 있는 의사에 기하여 이루어지는 재물의 교부 자체가 공갈죄에서의 재산상 손해에 해당하므로 반드시 피해자의 전체 재산의 감소가 요구되는 것은 아니라고 하여 부정설의 입장이다.

〈재물교부와 재산상 손해〉 공갈죄는 다른 사람을 공갈하여 그로 인한 하자 있는 의사에 기하여 자기 또는 제3자에게 재물을 교부하게 하거나 재산상 이익을 취득하게 함으로써 성립되는 범죄로서, 공갈의 상대방이 재산상의 피해자와 같아야 할 필요는 없고, 피공갈자의 하자 있는 의사에 기하여 이루어지는 재물의 교부 자체가 공갈죄에서의 재산상 손해에 해당하므로, 반드시 피해자의 전체 재산의 감소가 요구되는 것도 아니다(대판 2013.4.11. 2010도13774). (21 3차)

(5) 실행의 착수시기와 기수시기

1) 실행의 착수시기 : 공갈의 의사로 폭행 또는 협박이 개시된 때에 실행의 착수가 있다.

2) 기수시기 : 공갈의 상대방의 하자 있는 재산적 처분행위로 자기 또는 제3자가 재물 또는 재산상의 이익을 취득하면 기수가 된다.

〈자동차 공갈죄의 기수시기〉 자동차를 갈취하는 공갈죄에 있어서 자동차에 대한 소유권이전등록을 받기 전이라고 하더라도 자동차를 현실로 인도받은 때에 공갈죄의 기수가 된다(대판 2001.6.15. 2001도1884)

〈부동산 공갈죄의 기수시기〉 부동산에 대한 공갈죄는 그 부동산에 관하여 소유권이전등기를 경료받거나 또는 인도를 받은 때에 기수로 되는 것이고, 소유권이전등기에 필요한 서류를 교부 받은 때에 기수로 되어 그 범행이 완료되는 것은 아니다(대판 1992.9.14. 92도1506). (21 2차)

〈예금계좌에 입금케 하면 공갈죄의 기수라는 판례〉 피해자들을 공갈하여 피해자들로 하여금 지정한 예금구좌에 돈을 입금케한 이상, 위 돈은 범인이 자유로이 처분할 수 있는 상태에 놓인 것으로서 공갈죄는 이미 기수에 이르렀다 할 것이다(대판 1985.9.24. 85도1687). (23 변시)

(6) 고의와 불법영득의사

공갈죄의 고의는 사람을 공갈하여 재물 또는 재산상의 이익을 취득한다는 인식과 의사이다. 또한 공갈죄도 영득죄이므로 불법영득의사가 필요하다.

Ⅲ. 관련문제

(1) 권리행사와 공갈죄

> **■ 사회상규에 어긋난 협박으로 권리행사한 경우**
>
> 甲은 乙로부터 A에 대한 외상대금채권회수의 의뢰를 받고 이를 승낙한 다음 위 외상대금을 받아주기 위하여 A에게 乙의 채무를 당장 갚고 나서 영업을 하라고 요구하고, 이를 갚기 전에는 영업을 할 수 없다 하면서 "개새끼"라고 욕을 하고 눈을 치켜뜨고 "죽어볼래" 하면서 A의 멱살을 2, 3분 잡아 흔드는 등 겁을 먹게 하여 A로 하여금 금원을 乙에게 교부하게 하였다. 甲의 죄책은?
> [2014 1차][2014 3차][2020 1차]

1. 논의점

권리행사를 위하여 협박을 한 경우에 그것이 사회상규에 어긋나지 않는 때에는 위법성이 조각되어 범죄가 성립되지 않는다. 그러나 권리행사를 위한 협박이 사회상규에 어긋나는 경우에는 어떤 죄가 성립하는지에 대하여 논의가 있다.

2. 견해의 대립

이에 대하여는 ① 권리행사를 위하여 사회상규에 어긋나는 협박을 한 경우에는 영득의 불법이 없어 불법영득의사가 인정하기 어려우므로 협박죄만 성립한다는 **협박죄설** ② 권리행사를 위하여 사회상규에 어긋나는 협박을 한 경우에는 갈취의 불법이 있어 불법영득의사를 인정할 수 있으므로 공갈죄가 성립한다는 **공갈죄설**이 대립하고 있다.

3. 판례의 태도

판례는 '피고인이 피해자에 대하여 채권이 있다고 하더라도 그 권리행사를 빙자하여 사회통념상 용인되기 어려운 정도를 넘는 협박을 수단으로 상대방을 외포케 하여 재물의 교부 또는 재산상의 이익을 받았다면 공갈죄가 되는 것이다'라고 하여 **공갈죄설**의 입장이다.

4. 검 토

생각건대 재산죄에서의 불법영득의 의사는 타인의 재산을 불법하게 자기의 재산으로 한다는 영득의 불법으로 보아야 하므로 협박죄만 성립한다고 보는 것이 타당하다.

5. 관련판례

〈권리행사를 빙자하여 사회통념상 용인되기 어려운 협박을 하였다면 공갈죄가 성립한다는 판례〉 공갈죄의 수단으로서의 협박은 사람의 의사결정의 자유를 제한하거나 의사실행의 자유를 방해할 정도로 겁을 먹게 할 만한 해악을 고지하는 것을 말하고 여기에서 고지된 해악의 실현은 반드시 그 자체가 위법한 것임을 요하지 아니하며 해악의 고지가 권리실현의 수단으로 사용된 경우라고 하여도 그것이 권리행사를 빙자하여 협박을 수단으로 상대방을 겁을 먹게 하였고 권리실행의 수단 방법이 사회통념상 허용되는 정도나 범위를 넘는다면 공갈죄가 성립한다 (대판 2007.10.11. 2007도6406). (17 변시)

〈권리행사와 해악의 고지〉 무릇 공갈죄의 수단으로서 협박은 사람의 의사결정의 자유를 제한하거나 의사실행의 자유를 방해할 정도로 겁을 먹게 할 만한 해악을 고지하는 것을 말하고, 해악의 고지는 반드시 명시의 방법에 의할 것을 요하지 않고 언어나 거동에 의하여 상대방으로 하여금 어떠한 해악에 이르게 할 것이라는 인식을 갖게 한 것이면 족한 것이며, 이러한 해악의 고지가 비록 정당한 권리의 실현 수단으로 사용된 경우라고 하여도 그 권리실현의 수단방법이 사회통념상 허용되는 정도나 범위를 넘는 것인 이상 공갈죄의 실행에 착수한 것으로 보아야 할 것이고, 여기서 어떠한 행위가 구체적으로 사회통념상 허용되는 정도나 범위를 넘는 것이냐의 여부는 그 행위의 주관적인 측면과 객관적인 측면, 즉 추구된 목적과 선택된 수단을 전체적으로 종합하여 판단하여야 할 것이다(대판 1995.3.10. 94도2422).

〈전매차익을 받아낼 생각으로 협박한 사건〉 피해자의 기망에 의하여 부동산을 비싸게 매수한 피고인이라도 그 계약을 취소함이 없이 등기를 피고인 앞으로 둔 채 피해자의 전매차익을 받아낼 셈으로 피해자를 협박하여 재산상의 이득을 얻거나 돈을 받았다면, 이는 정당한 권리행사의 범위를 넘은 것으로서 사회통념상 용인될 수 없으므로 공갈죄를 구성한다(대판 1991.9.24. 91도1824). (13 변시)

〈'죽어볼래' 사건〉[사실관계] - [쟁점사실관계] [판결요지] 피고인이 을로부터 피해자 갑에 대한 외상대금채권회수의 의뢰를 받고 이를 승낙한 다음 위 외상대금을 받아 주기 위하여 갑에게 을의 채무를 당장 갚고 나서 영업을 하라고 요구하고, 이를 갚기 전에는 영업을 할 수 없다 하면서 '개새끼'라고 욕을 하고 눈을 치켜뜨고 '죽어볼래' 하면서 갑의 멱살을 2, 3분 잡아 흔드는 등 겁을 먹게 하여 갑으로 하여금 금원을 을에게 교부하게 하였다면, 피고인의 위 소위는 공갈죄를 구성하는 것으로 이 행위가 단순히 채권회수를 위한 권리행사로서 사회통념상 용인된 행위라고는 할 수 없다(대판 1987.10.26. 87도1656). 답 공갈죄가 성립한다.

〈수사기관에 신고할 듯한 태도를 보인 사건〉 피고인이 교통사고로 2주일간의 치료를 요하는 상해를 당하여 그로 인한 손해배상청구권이 있음을 기화로 사고차량의 운전사가 바뀐 것을 알고서 그 운전사의 사용자에게 과다한 금원을 요구하면서 이에 응하지 않으면 수사기관에 신고할 듯한 태도를 보여 이에 겁을 먹은 동인으로부터 금 3,500,000원을 교부 받은 것이라면, 이는 손해배상을 받기 위한 수단으로서 사회통념상 허용되는 범위를 넘어서 그 권리행사를 빙자하여 상대방을 외포하게 함으로써 재물을 교부 받은 경우에 해당하므로 공갈죄가 성립한다고 할 것이다(대판 1990.3.27. 89도2036).

〈배우자의 퇴원 요구 거절한 사건〉 피해자의 정신병원에서의 퇴원 요구를 거절해 온 피해자의 배우자가 피해자에 대하여 재산이전 요구를 한 경우, 그 배우자가 재산이전 요구에 응하지 않으면 퇴원시켜 주지 않겠다고 말한 바 없더라도 이는 암묵적 의사표시로서 공갈죄의 수단인 해악의 고지에 해당하고 이러한 해악의 고지가 권리의 실현수단으로 사용되었더라도 그 수단방법이 사회통념상 허용되는 정도나 범위를 넘는 것으로서 공갈죄를 구성한다(대판 2001.2.23. 2000도4415).

(2) 죄 수

1) 공갈죄의 죄수 판단 기준 : 판례는 공갈죄의 죄수를 **행위표준설**에 입각하여 판단하고 있다. 따라서 동일인에게 수개의 공갈행위를 한 경우에는 수죄가 성립한다.

〈공갈죄의 죄수판단〉 동일인에 대하여 여러 차례에 걸쳐 금전갈취를 위한 협박의 서신이나 전화한 경우에 포괄일죄가 아니라 1개의 협박행위마다 1개의 공갈미수죄가 성립한다(대판 1958.4.11. 4290형상360).

2) 1개의 공갈행위로 동일한 피해자로부터 여러 번에 걸쳐 재물을 교부받은 경우 : 포괄하여 공갈죄 1죄만이 성립한다.

〈강요하여 횡령자인서를 받아낸 뒤 돈을 갈취하면 공갈죄 일죄만 성립한다는 판례〉 피고인이 투자금의 회수를 위해 피해자를 강요하여 물품대금을 횡령하였다는 자인서를 받아낸 뒤 이를 근거로 돈을 갈취한 경우, 피고인의 주된 범의가 피해자로부터 돈을 갈취하는 데에 있었던 것이라면 피고인은 단일한 공갈의 범의 하에 갈취의 방법으로 일단 자인서를 작성케 한 후 이를 근거로 계속하여 갈취행위를 한 것으로 보아야 할 것이므로 위 행위는 포괄하여 공갈죄 일죄만을 구성한다고 보아야 한다 (대판 1985.6.25. 84도2083).

3) 1개의 공갈행위로 여러 사람을 외포시켜 각각으로부터 재물을 교부받은 경우 : 재물죄는 관리의 수에 따라 죄수를 판단하므로 수죄가 성립하며 상상적 경합이 된다.

(3) 타죄와의 관계

1) **공갈죄와 폭행·협박죄의 관계** : 공갈죄의 수단으로서 한 폭행·협박은 공갈죄에 흡수될 뿐 별도로 폭행죄 또는 협박죄를 구성하지 않는다.

〈공갈죄와 협박죄〉 공갈죄의 수단으로서 한 협박은 공갈죄에 흡수될 뿐 별도로 협박죄를 구성하지 않으므로, 그 범죄사실에 대한 피해자의 고소는 결국 공갈죄에 대한 것이라 할 것이어서 그 후 고소가 취소되었다 하여 공갈죄로 처벌하는 데에 아무런 장애가 되지 아니하며, 검사가 공소를 제기할 당시에는 그 범죄사실을 협박죄로 구성하여 기소하였다 하더라도, 그 후 공판 중에 기본적 사실관계가 동일하여 공소사실을 공갈미수로 공소장 변경이 허용된 이상 그 공소제기의 하자는 치유된다 (대판 1996.9.24. 96도2151). (18 변시)

2) **공갈죄와 사기죄와의 관계** : 공갈과 기망이 별도로 이루어진 경우에는 실체적 경합이 된다. 그리고 기망과 공갈을 함께 사용한 경우에는 견해가 대립하고 있으나, 일반적으로 ① 어느 요소가 하자있는 의사형성에 **결정적 역할**을 했는가에 따라 결정하고 ② 우열을 가릴 수 없는 경우에는 양 죄의 상상적 경합을 인정한다. [2016 3차]

〈예금통장 갈취하고 예금 인출한 사건〉 예금통장과 인장을 갈취한 후, 예금인출에 관한 사문서를 위조하고 이를 행사하여 예금을 인출한 행위는 공갈죄 외에 별도로 사문서위조, 동행사 및 사기죄가 성립한다(대판 1979.10.30. 79도489).

3) **공갈죄와 수뢰죄와의 관계** : 수뢰죄 부분 참조.

4) **공갈죄와 도박죄와의 관계** : 도박행위가 공갈죄의 수단이 되었다 하더라도 양죄는 실체적 경합관계에 있다.

〈공갈죄와 도박죄〉 공갈죄와 도박죄는 그 구성요건과 보호법익을 달리하고 있고, 공갈죄의 성립에 일반적·전형적으로 도박행위를 수반하는 것은 아니며, 도박행위가 공갈죄에 비하여 별도로 고려되지 않을 만큼 경미한 것이라고 할 수도 없으므로, 도박행위가 공갈죄의 수단이 되었다 하여 그 도박행위가 공갈죄에 흡수되어 별도의 범죄를 구성하지 않는다고 할 수 없다(대판 2014.3.13. 2014도212).

5) **공갈죄와 상해죄와의 관계** : 공갈의 수단으로 상해행위가 행해진 경우에는 양 죄는 상상적 경합관계에 있다.

〈공갈죄와 상해죄〉 공갈죄에 있어서 공갈행위의 수단으로 상해행위가 행하여 진 경우에는 공갈죄와 별도로 상해죄가 성립하고 이들 죄는 상상적 경합관계에 있다고 할 것이다(대판 2008.1.24. 2007도9580).

(4) 친족상도례

제354조 (친족간의 범행, 동력) 제328조와 제346조의 규정은 본장의 죄에 준용한다.

2 특수공갈죄 [미수범 처벌]

> 제350조의2 (특수공갈) 단체 또는 다중의 위력을 보이거나 위험한 물건을 휴대하여 제350조의 죄를 범한 자는 1년 이상 15년 이하의 징역에 처한다. [본조신설 2016.1.6.]

특수공갈죄는 단체 또는 다중의 위력을 보이거나 위험한 물건을 휴대하여 사람을 공갈하여 재물의 교부를 받거나 재산상의 이익을 취득함으로써 범죄이다. 행위태양에 의해 불법이 가중된 불법가중유형이다.

[COMMENT] 특수공갈죄의 개념들에 대하여는 특수폭행죄 부분 참조.

3 상습공갈죄 [미수범 처벌]

> 제351조 (상습범) 상습으로 제347조 내지 전조의 죄를 범한 자는 그 죄에 정한 형의 2분의 1까지 가중한다.

[죄명예규] 상습(제347조 내지 제350조의2 각 죄명)

제5절 | 횡령의 죄

1 횡령죄 [미수범 처벌, 진정신분범]

> 제355조 (횡령, 배임) ① 타인의 재물을 보관하는 자가 그 재물을 횡령하거나 그 반환을 거부한 때에는 5년 이하의 징역 또는 1천500만 원 이하의 벌금에 처한다.

I. 서 설

(1) 의의와 보호법익

횡령죄는 자기가 보관하는 타인의 재물을 불법하게 영득함으로써 성립하는 범죄이다. 보호법익은 재물에 대한 소유권이며, 보호의 정도는 판례에 의하면 위험범이지만, 최근에는 횡령죄를 구체적 위험범으로 본 판례가 있다.

〈횡령죄가 위험범이라는 판례〉 횡령죄는 다른 사람의 재물에 관한 소유권 등 본권을 그 보호법익으로 하고 본권이 침해될 위험성이 있으면 그 침해의 결과가 발생되지 아니하더라도 성립하는 이른바 위태범이므로, 다른 사람의 재물을 보관하는 사람이 그 사람의 동의 없이 함부로 이를 담보로 제공하는 행위는 불법영득의 의사를 표현하는 횡령행위로서 사법상 그 담보제공행위가 무효이거나 그 재물에 대한 소유권이 침해되는 결과가 발생하는지 여부에 관계없이 횡령죄를 구성한다 (대판 2002.11.13. 2002도2219). (22 경2)

(2) 횡령죄의 본질

횡령죄의 본질에 대하여는 ① 월권행위설 ② 영득행위설 ③ 결합설 ④ 이분설 등이 대립하고 있으나, 다수설과 판례는 횡령이란 위탁된 타인의 재물을 불법하게 영득하는데 횡령죄의 본질이 있다고 보는 **영득행위설**의 입장이다.

> [COMMENT] 횡령죄와 배임죄는 타인의 신뢰를 배반하여 재산을 영득한다는 점에서는 동일하다. 다만 객체가 횡령죄는 타인의 재물이며, 배임죄는 재산상의 이익이라는 점에서 차이가 있다. 이점을 명확히 정리하였다면, 횡령죄의 본질에 대한 논의는 큰 의미가 있다고 보기 어렵다.

〈횡령죄의 본질에 대하여 영득행위설을 따른 판례〉 횡령죄는 타인의 재물을 보관하는 자가 그 재물을 횡령하는 경우에 성립하는 범죄이고, 횡령죄의 구성요건으로서의 횡령행위란 불법영득의사를 실현하는 일체의 행위를 말하는 것으로서 불법영득의사가 외부에 인식될 수 있는 객관적 행위가 있을 때 횡령죄가 성립한다(대판 2004.12.9. 2004도5904).

Ⅱ. 구성요건

1. 주 체

위탁관계에 의하여 타인의 재물을 보관하는 자이다.

(1) 보 관

1) 의의 : 보관이란 위탁관계에 의하여 타인이 맡긴 재물에 대한 사실상 또는 법률상 지배력이 있는 상태를 말한다. 위탁관계에 의한 보관이라는 점에서 신분요소로서의 보관이다.

〈보관의 의미〉 횡령죄에서 재물의 보관이라 함은 재물에 대한 사실상 또는 법률상 지배력이 있는 상태를 의미하며, 그 보관은 소유자 등과의 위탁관계에 기인하여 이루어져야 하는 것이지만, 그 위탁관계는 사실상의 관계이면 족하고 위탁자에게 유효한 처분을 할 권한이 있는지 또는 수탁자가 법률상 그 재물을 수탁할 권리가 있는지 여부를 불문한다(대판 2005.6.24. 2005도2413).

2) 동산의 보관 : 동산의 보관은 기본적으로 점유의 일반이론에 따르지만, 횡령죄 독자적 입장에서 사실상·법률상 보관 여부를 판단한다. 즉 형법상 점유가 인정되지 않는 간접점유자도 보관자가 될 수 있고, 민법상 점유가 인정되지 않는 점유보조자도 구체적인 상황에 따라서는 보관자가 될 수 있다. 그리고 **등록이 필요한 차량의 경우**에는 보관 위임자나 보관자가 차량의 등록명의자일 필요는 없으며, 이러한 법리는 지입의 경우에도 동일하다.

〈가스대금 사건〉 [사실관계] A는 상점을 운영하면서 甲을 종업원으로 두고 있다. 어느날 A는 甲에게 금고 열쇠와 오토바이 열쇠를 맡기고 금고 안의 돈은 배달될 가스대금으로 지급할 것을 지시한 후 외출하였으나, 甲은 혼자서 점포를 지키다가 금고 안에서 현금을 꺼내어 오토바이를 타고 도주하였다. 甲의 죄책은? [판결요지] [1] 민법상 점유보조자(점원) 라고 할지라도 그 물건에 대하여 사실상 지배력을 행사하는 경우에는 형법상 보관의 주체로 볼 수 있으므로 이를 영득한 경우에는 절도죄가 아니라 횡령죄에 해당한다. [2] 피고인은 점원으로서는 평소는 점포 주인인 위 피해자의 점유를 보조하는 자에 지나지 않으나 위 범행 당시는 위 피해자의 위탁을 받아 금고 안의 현금과 오토바이를 사실상 지배하에 두고 보관한 것이라고 보겠으니, 피고인의 위 범행은 자기의 보관하에 있는 타인의 재물을 영득한 것으로서 횡령죄에 해당한다고 보아야 할 것이다(대판 1982.3.9. 81도3396). 图 횡령죄가 성립한다.

〈지입차주 사건〉 소유권의 취득에 등록이 필요한 타인 소유의 차량을 인도받아 보관하고 있는 사람이 이를 사실상 처분하면 횡령죄가 성립하며, 보관 위임자나 보관자가 차량의 등록명의자일 필요는 없다. 그리고 이와 같은 법리는 지입회사에 소유권이 있는 차량에 대하여 지입회사에서 운행관리권을 위임받은 지입차주가 지입회사의 승낙 없이 보관 중인 차량을 사실상 처분하거나 지입차주에게서 차량 보관을 위임받은 사람이 지입차주의 승낙 없이 보관 중인 차량을 사실상 처분한 경우에도 마찬가지로 적용된다(대판 2015.6.25. 2015도1944 전합). [판결이유 중 일부 인용] 이와 달리 소유권의 취득에 등록이 필요한 차량에 대한 횡령죄에서 타인의 재물을 보관하는 사람의 지위는 일반 동산의 경우와 달리 차량에 대한 점유 여부가 아니라 등록에 의하여 차량을 제3자에게 법률상 유효하게 처분할 수 있는 권능 유무에 따라 결정하여야 한다는 취지의 대법원 1978. 10. 10. 선고 78도1714 판결, 대법원 2006. 12. 22. 선고 2004도3276 판결 등은 이 판결과 배치되는 범위에서 이를 변경하기로 한다. [2020 3차](19 변시)(24 변시)

3) **부동산의 보관** : 부동산의 경우 보관자의 지위는 점유를 기준으로 할 것이 아니라 법률상 부동산을 제3자에게 처분할 수 있는 지위에 있는지 여부 즉 부동산을 제3자에게 유효하게 처분할 수 있는 권능의 유무를 기준으로 한다.

〈부동산 보관과 지위〉 부동산에 관한 횡령죄에 있어서 타인의 재물을 보관하는 자의 지위는 동산의 경우와는 달리 부동산에 대한 점유의 여부가 아니라 법률상 부동산을 제3자에게 처분할 수 있는 지위에 있는지 여부를 기준으로 판단하여야 한다(대판 2005.6.24. 2005도2413).

〈부동산 보관과 권능〉 횡령죄에 있어 부동산에 대한 보관자의 지위는 그 부동산에 대한 점유를 기준으로 할 것이 아니라 그 부동산을 유효하게 처분할 수 있는 권능이 있는지의 여부를 기준으로 하여 결정하여야 한다(대판 1996.1.23. 95도784). (23 3차)

〈상속지분 처분 사건〉 부동산에 관한 횡령죄에 있어서 타인의 재물을 보관하는 자의 지위는 동산의 경우와는 달리 부동산에 대한 점유의 여부가 아니라 부동산을 제3자에게 유효하게 처분할 수 있는 권능의 유무에 따라 결정하여야 하므로, 부동산을 혼자 점유하던 중 다른 공동상속인의 상속지분을 임의로 처분하여도 그에게는 처분권능이 없어 횡령죄가 성립하지 아니한다(대판 2000.4.11. 2000도565). (23 변시)

〈지하주차장 임대 사건〉 [1] 부동산에 관한 횡령죄에 있어서 타인의 재물을 보관하는 자의 지위는 동산의 경우와는 달리 부동산에 대한 점유의 여부가 아니라 부동산을 제3자에게 유효하게 처분할 수 있는 권능의 유무에 따라 결정하여야 하므로, 부동산의 공유자 중 1인이 다른 공유자의 지분을 임의로 처분하거나 임대하여도 그에게는 그 처분권능이 없어 횡령죄가 성립하지 아니한다. [2] 구분소유자 전원의 공유에 속하는 공용부분인 지하주차장 일부를 그 중 1인이 독점 임대하고 수령한 임차료를 임의로 소비한 경우 횡령죄가 성립하지 아니한다고 한 사례(대판 2004.5.27. 2003도6988).

(가) **등기명의인** : 등기명의를 가진 자는 사실상의 지배와는 관계없이 원칙적으로 부동산의 보관자가 되지만, 예외적으로 원인무효인 소유권이전등기의 명의자는 횡령죄의 주체인 타인의 재물을 보관하는 자에 해당한다고 할 수 없다.

〈순차로 상속받은 사건〉 임야의 사정명의자로서 명의수탁자인 조부가 사망함에 따라 그의 자인 부가, 또 위 부가 사망함에 따라 피고인 이 각 그 상속인이 됨으로써 피고인은 위 임야의 수탁관리자로서의 지위를 포괄 승계한 것이어서, 피고인은 위 임야를 유효하게 처분할 수 있는 보관자로서의 지위를 취득하였다고 할 것이다(대판 1996.1.23. 95도784).

〈아들 명의 명의수탁 사건〉 부동산의 소유명의 및 관리를 위탁받은 자가 자기명의로의 소유권이전등기를 생략한 채 그 子에게 소유권이전등기를 하여 주고 사망하였다면 비록 子가 그러한 사정을 알고 있었다고 하더라도 그로써 곧 그 子가 위탁자에 대한 관계에 있어 등기명의 및 관리의 수탁자로서의 지위를 취득하거나 승계하게 된다고는 할 수 없어 위탁자에게 그 부동산의 반환을 거부한다 하더라도 횡령죄를 구성하지는 않는다(대판 1987.2.1. 86도2349).

〈원인무효 등기명의자 사건〉 원인무효인 소유권이전등기의 명의자는 횡령죄의 주체인 타인의 재물을 보관하는 자에 해당한다고 할 수 없다(대판 2007.5.31. 2007도1082).

〈원인무효인 등기의 명의인의 토지수용보상금 사건〉 타인 소유의 토지에 대한 보관자의 지위에 있지 않은 사람이 그 앞으로 원인무효의 소유권이전등기가 되어 있음을 이용하여 토지소유자에게 지급될 보상금을 수령하였더라도 보상금에 대한 점유 취득은 진정한 토지소유자의 위임에 따른 것이 아니므로 보상금에 대하여 어떠한 보관관계가 성립하지 않는다(대판 2021.6.30. 2018도18010).

㈏ 등기명의를 가지지 않은 자 : 등기명의인이 아닐지라도 부동산을 사실상 지배하고 있는 자는 보관자가 된다. 그리고 미등기건물에 대하여는 위탁관계에 의하여 현실로 부동산을 관리, 지배하는 자가 보관자가 된다.

〈명의수탁자의 배우자가 실질적인 처분권을 갖고 있으면 그 부동산의 보관자에 해당한다는 판례〉 부동산의 보관은 원칙적으로 등기부상의 소유명의인에 대하여 인정되지만, 등기부상의 명의인이 아니라도 소유자의 위임에 의거해서 실제로 타인의 부동산을 관리·지배하면서 제3자에게 유효하게 처분할 수 있는 지위에 있는 자는 그 부동산에 대한 지배력을 가지고 있는 자로서 횡령죄의 성립에 있어 그 부동산을 보관하는 자에 해당한다고 보아야 할 것이므로, 등기부상 소유명의인의 배우자로서 소유명의인의 위임에 의하여 그 부동산의 실질적인 지배·관리권 및 대외적인 처분권을 갖고 있는 경우에는 그 부동산의 보관자에 해당한다고 할 것이다(대판 2010.1.28. 2009도1884).

〈미등기건물 사건〉 미등기건물에 대하여는 위탁관계에 의하여 현실로 부동산을 관리, 지배하는 자가 보관자라고 할 수 있다(대판 1993.3.9. 92도2999).

4) 은행예금 또는 유가증권의 소지에 의한 점유 : 은행예금자 또는 유가증권의 소지자는 비록 재물에 대한 사실상의 지배가 없더라도 사실상 처분할 수 있는 지위를 지니므로 법률상의 지배를 가진다.

〈은행 예치 사건〉 타인의 금전을 위탁받아 보관하는 자는 보관방법으로서 이를 은행 등의 금융기관에 예치한 경우에도 보관자의 지위에 영향이 없고, 수표발행 권한을 위임받은 자는 그 수표자금으로서 예치된 금원에 대하여 이를 보관하는 지위에 있다 할 것이다(대판 1983.9.1. 82도75).

〈금전수탁자가 보관방법으로 신탁예금한 후 위탁자의 상속인의 반환요구를 거부하면 횡령죄가 성립한다는 판례〉 [사실관계] 甲은 A로부터 금 3억원의 보관을 위탁받고 자신 명의로 신탁예금을 개설하여 보관하던 중 A가 사망하였다. 그러자 A의 상속인인 B 등은 甲에게 위 금원의 반환을 요구하였는데, 甲은 이를 거부하였다. 甲의 죄책은? [판결요지] [1] 타인의 금전을 위탁받아 보관하는 자는 보관방법으로 이를 은행 등의 금융기관에 예치한 경우에도 보관자의 지위를 갖는 것이다. [2] 타인의 금전을 위탁받아 보관하는 자가 보관방법으로 금융기관에 자신의 명의로 예치한 경우, 위탁자로서는 위 예금의 예금주가 자신이라고 주장할 수는 없으나, 그렇다고 하여 보관을 위탁받은 위 금전이 수탁자 소유로 된다거나 위탁자가 위 금전의 반환을 구할 수 없는 것은 아니므로 수탁자가 이를 함부로 인출하여 소비하거나 또는 위탁자로부터 반환요구를 받았음에도 이를 영득할 의사로 반환을 거부하는 경우에는 횡령죄가 성립한다(대판 2000.8.18. 2000도1856). 답 횡령죄가 성립한다.

(2) 위탁관계에 의한 보관

1) 위탁관계 : 횡령죄에서 보관이란 위탁관계에 따라 재물을 점유하는 것을 뜻하므로, 횡령

죄가 성립하려면 재물의 보관자와 재물의 소유자(또는 그 밖의 본권자) 사이에 위탁관계가 존재해야 한다. 이러한 위탁관계는 사용대차 · 임대차 · 위임 등의 계약뿐만 아니라 사무관리 · 관습 · 조리 · 신의칙 등에 의해서도 성립될 수 있으나, 횡령죄의 본질이 신임관계에 기초하여 위탁된 타인의 물건을 위법하게 영득하는 데 있음에 비추어 볼 때 위탁관계는 횡령죄로 보호할 만한 가치 있는 신임에 의한 것으로 한정함이 타당하다.

위탁관계 관련 판례 정리

1. 기본 법리 판례

〈**횡령죄의 위탁관계**〉 횡령죄에 있어서의 재물의 보관이라 함은 재물에 대한 사실상 또는 법률상 지배력이 있는 상태를 의미하므로 그 보관이 위탁관계에 기인하여야 할 것임은 물론이나 그것이 반드시 사용대차, 임대차, 위임 등의 계약에 의하여 설정되는 것을 요하지 아니하고 사무관리, 관습, 조리, 신의칙에 의해서도 성립된다(대판 1987.10.13. 87도1778). (22 경2)

2. 보이스피싱 관련 판례

(1) 횡령죄의 성립을 긍정한 판례

〈**보이스피싱 사기 전합 판례**〉 피고인 甲, 乙이 공모하여, 피고인 甲 명의로 개설된 예금계좌의 접근매체를 보이스피싱 조직원 丙에게 양도함으로써 丙의 丁에 대한 전기통신금융사기 범행을 방조하고, 사기피해자 丁이 丙에게 속아 위 계좌로 송금한 사기피해금 중 일부를 별도의 접근매체를 이용하여 임의로 인출함으로써 주위적으로는 丙의 재물을, 예비적으로는 丁의 재물을 횡령하였다는 내용으로 기소되었는데, 원심이 피고인들에 대한 사기방조 및 횡령의 공소사실을 모두 무죄로 판단한 사안에서, 피고인들에게 사기방조죄가 성립하지 않는 이상 사기피해금 중 일부를 임의로 인출한 행위는 사기피해자 丁에 대한 횡령죄가 성립한다는 이유로, 원심이 공소사실 중 횡령의 점에 관하여 丙을 피해자로 삼은 주위적 공소사실을 무죄로 판단한 것은 정당하나, 이와 달리 丁을 피해자로 삼은 예비적 공소사실도 무죄로 판단한 데에는 횡령죄에서의 위탁관계 등에 관한 법리를 오해한 위법이 있다고 한 사례(대판 2018.7.19. 2017도17494 전합). [COMMENT] 본 전합 판례는 당 사안을 송금절차 착오 사건과 유사한 논지로 횡령죄의 성립을 인정하였다. 본 전합 판례는 요지만 하더라도 그 양이 상당하여 핵심만 실어놓지만, 그 내용이 상당히 의미가 있으므로 가능하면 원문을 읽어보시기 바란다. [2020 1차] (23 변시)

〈**계좌명의인이 사기범행에 이용된 계좌에서 영득의사로 인출한 사건**〉 [1] 계좌명의인이 송금 · 이체의 원인이 되는 법률관계가 존재하지 않음에도 계좌이체에 의하여 취득한 예금채권 상당의 돈은 송금의뢰인에게 반환하여야 할 성격의 것이므로, 계좌명의인은 그와 같이 송금 · 이체된 돈에 대하여 송금의뢰인을 위하여 보관하는 지위에 있다고 보아야 한다. 따라서 계좌명의인이 그와 같이 송금 · 이체된 돈을 그대로 보관하지 않고 영득할 의사로 인출하면 횡령죄가 성립한다. 이러한 법리는 계좌명의인이 개설한 예금계좌가 사기 범행에 이용되어 그 계좌에 피해자가 사기피해금을 송금 · 이체한 경우에도 마찬가지로 적용된다. [2] 계좌명의인이 개설한 예금계좌가 사기 범행에 이용되어 그 계좌에 피해자가 사기피해금을 송금 · 이체한 경우 계좌명의인은 피해자와 사이에 아무런 법률관계 없이 송금 · 이체된 사기피해금을 피해자에게 반환하여야 하므로 피해자를 위하여 사기피해금을 보관하는 지위에 있다고 보아야 하고, 만약 계좌명의인이 그 돈을 영득할 의사로 인출하면 피해자에 대한 횡령죄가 성립한다(대판 2019.4.3. 2018도7955). [COMMENT] 본 판례는 위의 전합판례의 핵심 부분을 인용하고 있다. (22 변시)

⑵ 횡령죄의 성립을 부정한 판례

〈보이스피싱 사건〉 전기통신금융사기(이른바 보이스피싱 범죄)의 범인이 피해자를 기망하여 피해자의 자금을 사기이용계좌로 송금·이체받으면 사기죄는 기수에 이르고, 범인이 피해자의 자금을 점유하고 있다고 하여 피해자와의 어떠한 위탁관계나 신임관계가 존재한다고 볼 수 없을 뿐만 아니라, 그 후 범인이 사기이용계좌에서 현금을 인출하였더라도 이는 이미 성립한 사기범행이 예정하고 있던 행위에 지나지 아니하여 새로운 법익을 침해한다고 보기도 어려우므로, 위와 같은 인출행위는 사기의 피해자에 대하여 별도의 횡령죄를 구성하지 아니한다. 이러한 법리는 사기범행에 이용되리라는 사정을 알고서 자신 명의 계좌의 접근매체를 양도함으로써 사기범행을 방조한 종범이 사기이용계좌로 송금된 피해자의 자금을 임의로 인출한 경우에도 마찬가지로 적용된다(대판 2017.5.31. 2017도3894). **[COMMENT]** 보이스피싱의 범인이나 방조자가 사기로 취득한 예금을 인출하여도 위탁관계가 인정되지 않아 횡령죄는 성립하지 않는다고 본 판례이다. [2020 1차][2022 2차](18 변시)(19 변시)(21 변시)

3. 위탁관계를 긍정하여 횡령죄를 인정한 판례

〈송금절차 착오 사건〉 어떤 예금계좌에 돈이 착오로 잘못 송금되어 입금된 경우에는 그 예금주와 송금인 사이에 신의칙상 보관관계가 성립한다고 할 것이므로, 피고인이 송금 절차의 착오로 인하여 피고인 명의의 은행 계좌에 입금된 돈을 임의로 인출하여 소비한 행위는 횡령죄에 해당하고, 이는 송금인과 피고인 사이에 별다른 거래관계가 없다고 하더라도 마찬가지이다(대판 2010.12.9. 2010도891). (14 변시)(16 변시)(19 변시)(23 1차)

〈과다하게 송금한 금전 사건〉 **[사실관계]** 甲은 채무자 A가 자기 계좌에 송금한 3억 원이 착오로 과다하게 송금된 것이라는 사실을 알고도 위 금액을 다른 계좌로 이체하였다. 甲의 죄책은? **[판결요지]** 피고인이 자신 명의의 계좌에 착오로 송금된 돈을 다른 계좌로 이체하는 등 임의로 사용한 경우, 횡령죄가 성립한다고 한 원심의 판단을 수긍한 사례(대판 2005.10.28. 2005도5975). 답 횡령죄가 성립한다.

〈가계수표 반환 거부한 사건〉 채무자가 채무총액에 관한 지불각서를 써줄 것으로 믿고, 채권자가 채무자에게 그 액면금 등을 확인할 수 있도록 가계수표들을 교부하였다면, 채권자와 채무자 사이에는 만약 합의가 결렬되어 채무자가 채권자에게 지불각서를 써주지 아니하는 경우에는 곧바로 그 가계수표들을 채권자에게 반환하기로 하는, 횡령죄에 있어서 조리에 의한 위탁관계가 발생하였다(대판 1996.5.14. 96도410).

〈종중 임야 사건〉 피고인이 종중의 회장으로부터 담보 대출을 받아달라는 부탁과 함께 종중 소유의 임야를 이전받은 다음 임야를 담보로 금원을 대출받아 임의로 사용하고 자신의 개인적인 대출금 채무를 담보하기 위하여 임야에 근저당권을 설정하였다면 비록 피고인이 임야를 이전받는 과정에서 적법한 종중총회의 결의가 없었다고 하더라도 피고인은 임야나 위 대출금에 관하여 사실상 종중의 위탁에 따라 이를 보관하는 지위에 있다고 보아야 할 것이어서 피고인의 위 행위가 종중에 대한 관계에서 횡령죄를 구성한다고 한 사례(대판 2005.6.24. 2005도2413).

〈주식매매대금 임의 소비한 사건〉 **[사실관계]** 甲은 ○○주식회사의 대표이사로 재직하던 乙의 처인바, 위 회사의 주식 중 60%를 乙이, 20%를 乙의 동생인 丙이, 나머지 20%를 丁이 각 나누어 소유하고 있는 상황에서, 甲은 乙과 丙 양인을 대리하여 丁과 함께 위 회사의 주식 전부를 戊에게 양도하되 그 대금 중 1억 원을 丁에게 지급하기로 약정한 후, 법무사 사무실에서 戊로부터 위 회사의 양도대금으로 3억 원을 수령하여 그 중 1억 원을 丁을 위하여 보관하던 중 그 무렵 甲의 개인 용도에 임의로 소비하였다. 甲의 죄책은? **[판결요지]** 피고인이 지급받은 주식양도대금에 피해자의 몫도 포함된 것으로 보아 피고인이 사무관리 내지 신의칙상의 위탁관계에 기하여 피해자의 몫에 해당하는 금원을 보관하는 자의 지위에 있었다고 판단한 사례(대판 2006.1.12. 2005도7610). 답 횡령죄가 성립한다.

4. 위탁관계를 부정하여 횡령죄를 인정하지 않은 판례

〈담보조로 교부받은 수표 사건〉 채권자가 그 채권의 지급을 담보하기 위하여 채무자로부터 수표를 발행 교부받아 이를 소지한 경우에는, 단순히 보관의 위탁관계에 따라 수표를 소지하고 있는 경우와는 달리 그 수표상의 권리가 채권자에게 유효하게 귀속하고, 채권자와 채무자 사이의 수표 반환에 관한 약정은 원인관계상 인적 항변사유에 불과하므로, 채권자는 횡령죄의 주체인 타인의 재물을 보관하는 자의 지위에 있다고 볼 수 없다(대판 2000.2.11. 99도4979). (23 1차)

〈보충권의 한도를 넘어 보충한 사건〉 발행인으로부터 일정한 금액의 범위 내에서 액면을 보충·할인하여 달라는 의뢰를 받고 액면 백지인 약속어음을 교부 받아 보관 중이던 자가 발행인과의 합의에 의하여 정해진 보충권의 한도를 넘어 보충을 한 경우에는 발행인의 서명날인 있는 기존의 약속어음 용지를 이용하여 새로운 별개의 약속어음을 발행한 것에 해당하여 이러한 보충권의 남용행위로 인하여 생겨난 새로운 약속어음에 대하여는 발행인과의 관계에서 보관자의 지위에 있다 할 수 없으므로, 설사 그 약속어음을 자신의 채무변제조로 제3자에게 교부하여 임의로 사용하였다고 하더라도, 발행인으로 하여금 제3자에 대하여 어음상의 채무를 부담하는 손해를 입게 한데에 대한 배임죄가 성립될 수 있음은 별론으로 하고, 보관자의 지위에 있음을 전제로 횡령죄가 성립될 수는 없다(대판 1995.1.20. 94도2760). (21 변시)

〈법인에 대한 대여금채권을 공동상속한 사건〉 채무자 법인의 대표이사인 피고인을 비롯한 공동상속인들이 피상속인의 채무자 법인에 대한 대여금채권을 공동상속한 경우, 피고인이 다른 공동상속인들로부터 위 대여금채권의 변제수령에 관한 권한을 위임받은 바가 없음에도 단독으로 피상속인의 채무자 법인에 대한 채권을 변제받는 것으로 회계처리하면서 채무자 법인의 자금을 인출하였다면, 그 인출금액 중 피고인의 상속분을 초과하는 부분에 대하여는 권한 없이 채무자 법인 소유의 금원을 인출한 것이어서 채무자 법인에 대한 업무상횡령죄가 성립한다 할 것이고, 피고인이 위와 같이 인출한 금원에 대하여 다른 공동상속인들과 사이에 어떠한 위탁관계를 맺고 있다고 할 수 없으므로 다른 공동상속인들을 위하여 위 인출금원을 보관하는 자의 지위에 있다고 할 수 없다(대판 2006.6.30. 2005도5338). **[COMMENT]** 법인에 대한 횡령죄는 성립할 수 있지만, 다른 공동상속인들에 대한 횡령죄는 위탁관계가 없어 성립할 수 없다는 판례이다.

〈자동차 매수인이 차량 반환 요구를 거부한 사건〉 甲이 A 측으로부터 차량을 매수하면서, 甲이 매매대금의 지급에 갈음하여 甲이 ○○캐피탈에 대한 차량할부금을 납부한 후 甲 운영의 회사 명의로 이전등록을 하기로 약정하고, 이 사건 차량을 인도받아 사용하던 중 할부대금 및 과태료 등을 납부하지 않자, 이에 A 측이 차량의 반환을 요구하였으나 甲이 이를 거부한 행위에 대해 횡령죄로 기소된 사안에서, 피고인이 이 사건 차량에 관한 매매약정에 따라 정당한 법률상 지위·권리를 보유한 채 이를 사용한 것일 뿐 피해자와의 위탁관계를 전제로 이 사건 차량을 보관하고 있었다고 보기 어렵다는 점 등을 들어 횡령죄의 성립을 부정한 사례(대판 2023.6.1. 2023도1096).

2) **위탁관계의 성질**: 위탁관계는 명시적이나 묵시적으로 사실상의 위탁관계가 있으면 족하고, 위탁자와 수탁자가 위탁할 권한이나 수탁할 권한이 있느냐는 묻지 않는다. 또 위탁관계가 법률상 무효·취소된 때에도 이미 인도된 재물의 점유에 대해서는 사실상의 위탁관계가 인정될 수 있다.

〈국민연금보험료 사건〉 회사의 대표이사인 피고인이 5명의 근로자들의 급여에서 국민연금 보험료 중 근로자 기여금을 공제한 후 이를 업무상 보관하던 중 회사 운영 자금으로 임의로 사용하였다는 업무상횡령의 공소사실에 대하여, 원천공제의 취지상 사용자가 근로자에게 위 기여금을 공제한 임금을 지급하면 그 즉시 사용자는 공제된 기여금을 근로자를 위하여 보관하는 것으로 보아야 한다는 이유로, 이를 유죄로 인정한 원심판단을 수긍한 사례(대판 2011.2.10. 2010도13284).

〈특정 목적을 위하여 공동명의로 예치해 둔 금전 사건〉 공동명의 예금채권자들 각자가 분담하여 출연한 돈을 동업 이외의 특정 목적을 위하여 공동명의로 예치해 둠으로써 그 목적이 달성되기 전에는 공동명의 예금채권자가 단독으로 예금을 인출할 수 없도록 방지·감시하고자 하는 등의 목적으로 공동명의로 예금을 개설한 경우 각 공동명의 예금채권자는 횡령죄에서의 보관자에 해당한다(대판 2008.12.11. 2008도8279).

3) 불법원인급여와 횡령죄

불법원인급여와 횡령죄

甲은 조합장 A로부터 공무원 乙에게 뇌물로 전달하여 달라고 금원을 교부받은 것을 뇌물로 전달하지 않고 자신이 소비하였다. 甲의 죄책은? [2021 변시][2022 3차]

1. 논의점
불법원인급여물이란 불법한 원인으로 재물을 급여하였기 때문에 급여자가 그 재물의 반환을 청구할 수 없는 경우를 말한다. 이러한 불법원인급여의 상대방이 불법원인급여물을 착복한 경우에 횡령죄가 성립할 수 있는지에 대하여 논의가 있다.

2. 견해의 대립
이에 대하여는 ① 형법의 가벌성 여하는 형법의 독자적 입장에서 규율되어야 하므로 불법원인급여의 경우에도 횡령죄는 성립할 수 있다는 **긍정설** ② 불법원인급여 물건의 소유권은 반사적으로 수탁자에게 귀속되므로 횡령죄가 성립할 수 없다는 **부정설** ③ 불법원인급여를 다시 불법원인급여물과 불법원인위탁물로 구분한 후에 전자의 경우에는 횡령죄가 성립하지 않으나, 후자의 경우에는 횡령죄가 성립한다는 **구별설**이 대립하고 있다.

3. 판례의 태도
판례는 불법원인급여물에 대한 횡령죄의 성립을 **원칙적으로 부정**한다. 즉 판례는 '불법원인급여물의 소유권은 급여를 받은 상대방에게 귀속된다'라고 하여 타인의 재물이 아니므로 횡령죄가 성립할 수 없다고 본다. 그러나 **예외적으로** '포주와 윤락녀 사건'에서는 '포주의 불법성이 윤락녀의 불법성보다 현저히 크므로 화대의 소유권이 여전히 윤락녀에게 속한다'는 이유로 횡령죄의 성립을 긍정하고 있다.

4. 검토
생각건대 긍정설에 따르면 국가기관이 불법행위를 조장하는 문제점이 있으므로 원칙적으로 부정설이 타당하다. 그러나 양자가 모두 불법을 범하고 있을 때에는 판례와 같이 예외적으로 불법성을 비교하여 횡령죄의 성부를 구체적으로 판단하는 것이 타당하다.

5. 관련판례

(1) 불법원인급여물에 대하여 횡령죄의 성립을 부정한 원칙적인 판례

〈증뇌물전달죄의 객체인 불법원인급여물은 횡령죄의 객체가 될 수 없다는 판례〉 [사실관계] − [쟁점사실관계] [판결요지] 민법 제746조에 불법의 원인으로 인하여 재산을 급여하거나 노무를 제공한 때에는 그 이익의 반환을 청구하지 못한다고 규정한 뜻은 급여를 한 사람은 그 원인행위가 법률상 무효임을 내세워 상대방에게 부당이득반환청구권을 할 수 없고, 또 급여한 물건의 소유권이 자기에게 있다고 하여 소유권에 기한 반환청구도 할 수 없어서 결국 급여한 물건의 소유권은 급여를 받은 상대방에게 귀속된다는 것이므로 조합장이 조합으로부터 공무원에게 뇌물로 전달하여 달라고 금원을 교부 받은 것은 불법원인으로 인하여 지급 받은 것으로서 이를 뇌물로 전달하지 않고 타에 소비하였다고 해서 타인의 재물을 보관 중 횡령하였다고 볼 수는 없다(대판 1988.9.20. 86도628). ⊟ 증뇌물전달죄만 성립하고, 횡령죄는 성립하지 않는다. (12 변시)(14 변시)(19 변시)

〈노인요양병원 투자금 사건〉 [1] 재물의 위탁행위가 범죄의 실행행위나 준비행위 등과 같이 범죄 실현의 수단으로서 이루어진 경우 그 행위 자체가 처벌 대상인지와 상관없이 그러한 행위를 통해 형성된 위탁관계는 횡령죄로 보호할 만한 가치 있는 신임에 의한 것이 아니라고 봄이 타당하다. [2] 피고인이 의료기관을 개설할 자격이 없는 자(이하 '무자격자')들끼리 노인요양병원을 설립·운영하기로 한 약정에 따라 교부받은 투자금을 임의로 처분하여 횡령죄로 기소된 사안에서, 피고인이 보관하던 투자금은 의료법 제87조, 제33조 제2항에 따라 처벌되는 무자격자의 의료기관 개설·운영이라는 범죄의 실현을 위해 교부되었으므로, 해당 금원에 관하여 피고인과 피해자 사이에 횡령죄로 보호할 만한 신임에 의한 위탁관계는 인정되지 않는다고 보아 횡령죄의 성립을 부정한 사례(대판 2022.6.30. 2017도21286). (23 2차)

〈성매매업소 선불금 사건〉 성매매알선 등 행위에 관하여 동업계약을 체결한 당사자 일방이 상대방에게 그 동업계약에 따라 성매매의 권유·유인·강요의 수단으로 이용되는 선불금 등 명목으로 사업자금을 제공하였다면 그 사업자금 역시 불법원인급여에 해당하여 반환을 청구할 수 없다고 보아야 할 것이다(대판 2013.8.14. 2013도321).

〈자금세탁을 위해 교부받은 범죄수익 등인 수표를 횡령한 사건〉 피고인이 범죄수익 등의 은닉범행 등을 위해 교부받은 이 사건 수표는 불법의 원인으로 급여한 물건에 해당하여 그 소유권이 피고인에게 귀속되고, 따라서 피고인이 그중 교환하지 못한 수표와 이미 교환한 현금을 임의로 소비하였다고 하더라도 횡령죄가 성립하지 않는다(대판 2017.4.26. 2016도18035). (23 3차)

〈금융다단계 상습사기 범죄수익 400만 위안 보관하다 영득한 사건〉 피고인 갑이 피고인 을, 병으로부터 정 등의 금융다단계 상습사기 범죄수익 등인 400만 위안을 교부받아 자신의 은행계좌에 입금하여 보관하다가 임의로 출금·사용하였다고 하여 특정경제범죄 가중처벌 등에 관한 법률 위반(횡령)으로 기소된 사안에서, 피고인 갑이 범죄수익 등의 은닉범행 등을 위해 교부받은 400만 위안은 불법의 원인으로 급여한 물건에 해당하여 소유권이 피고인 갑에게 귀속되므로 횡령죄가 성립하지 않는다는 사례(대판 2017.4.26. 2017도1270).

(2) 불법원인급여물에 대하여 횡령죄의 성립을 긍정한 예외적인 판례

〈포주와 윤락녀 사건(불법비교론에 입각하여 불법원인급여물에 대하여 횡령죄의 성립을 인정한 예외적인 판례)〉 포주가 윤락녀와 사이에 윤락녀가 받은 화대를 포주가 보관하였다가 절반씩 분배하기로 약정하고도 보관중인 화대를 임의로 소비한 경우, 포주와 윤락녀의 사회적 지위, 약정에 이르게 된 경위와 약정의 구체적 내용, 급여의 성격 등을 종합해 볼 때 포주의 불법성이 윤락녀의 불법성보다 현저히 크므로 화대의 소유권이 여전히 윤락녀에게 속한다는 이유로 횡령죄를 구성한다(대판 1999.9.17. 98도2036). [COMMENT] 불법원인급여와 횡령죄에 관한 예외적인 판례이다. 그런데 주의할 것은 사안에서의 불법은 포주와 윤락녀 사이의 윤락업에 대한 계약이 불법이라는 점이다.(19 변시)

(3) 불법원인급여물로 보지 않아 횡령죄의 성립을 긍정한 판례

〈'에스크로(Escrow) 및 자문 계약' 사건〉 피고인이 피해자와 '에스크로(Escrow) 및 자문 계약'을 체결하고 이에 따라 피해자로부터 자금을 교부받아 보관하던 중 횡령한 행위로 기소된 사안에서, 피해자가 피고인에게 교부한 자금이 투자자들에 대한 사기와 유사수신 행위의 규제에 관한 법률 위반 행위로 모집된 것이라고 하더라도, 피해자가 피고인에게 위 자금을 교부한 원인이 된 '에스크로(Escrow) 및 자문 계약'이 범죄수익은닉규제법 위반 등을 내용으로 한다고 보기 어렵고, 위 계약 당시 피고인이 위 자금이 범죄수익금이라는 사실이나 불법적인 해외송금 사실을 알았다거나 이를 알면서도 협조하기로 하였다고 보기 어려우므로 불법원인급여에 해당하지 않는다고 보아 횡령죄가 성립한다고 판단한 원심을 수긍한 사례임(대판 2017.10.31. 2017도11931). [COMMENT] 본 판례는 범죄수익은닉규제법을 위반하지 않았으므로 불법원인급여에 해당하지 않기 때문에 횡령죄를 인정한 판례이다.

〈약국장 사건〉 병원에서 의약품 선정 · 구매 업무를 담당하는 약국장이 병원을 대신하여 제약회사로부터 의약품 제공의 대가로 기부금 명목의 돈을 받아 보관중 임의소비한 사안에서, 위 돈은 병원이 약국장에게 불법원인급여를 한 것에 해당하지 않아 여전히 반환청구권을 가지므로, 업무상 횡령죄가 성립한다고 본 사례(대판 2008.10.9. 2007도2511).

2. 객 체

자기가 보관하는 타인의 재물이다.

(1) 재 물

횡령죄는 재물죄이므로 객체는 재물에 한정된다. 횡령죄에 있어서의 재물은 동산, 부동산의 유체물에 한정되지 아니하고 관리할 수 있는 동력도 재물로 간주되지만, 여기에서 말하는 관리란 물리적 또는 물질적 관리를 가리킨다.

[COMMENT] 같은 재물죄이면서도 횡령죄의 객체인 재물에는 부동산도 포함되는 점이 절도죄와 다르다.

〈횡령죄의 재물〉 횡령죄에 있어서의 재물은 동산, 부동산의 유체물에 한정되지 아니하고 관리할 수 있는 동력도 재물로 간주되지만, 여기에서 말하는 관리란 물리적 또는 물질적 관리를 가리킨다고 볼 것이고, 재물과 재산상 이익을 구별하고 횡령과 배임을 별개의 죄로 규정한 현행 형법의 규정에 비추어 볼 때 사무적으로 관리가 가능한 채권이나 그 밖의 권리 등은 재물에 포함된다고 해석할 수 없다(대판 1994.3.8. 93도2272). (24 2차)

〈광업권 사건〉 광업권은 재물인 광물을 취득할 수 있는 권리에 불과하지 재물 그 자체는 아니므로 횡령죄의 객체가 된다고 할 수 없다(대판 1994.3.8. 93도2272). (16 변시)

〈주식 사건〉 상법상 주식은 자본구성의 단위 또는 주주의 지위(株主權)를 의미하고, 주주권을 표창하는 유가증권인 주권(株券)과는 구분이 되는바, 주권(株券)은 유가증권으로서 재물에 해당되므로 횡령죄의 객체가 될 수 있으나, 자본의 구성단위 또는 주주권을 의미하는 주식은 재물이 아니므로 횡령죄의 객체가 될 수 없다(대판 2005.2.18. 2002도2822).

〈주권이 발행되지 않은 상태에서 주식은 횡령죄의 재물에 해당하지 않는다는 판례〉 예탁결제원에 예탁되어 계좌 간 대체 기재의 방식에 의하여 양도되는 주권은 유가증권으로서 재물에 해당되므로 횡령죄의 객체가 될 수 있으나, 주권이 발행되지 않은 상태에서 주권불소지 제도, 일괄예탁 제도 등에 근거하여 예탁결제원에 예탁된 것으로 취급되어 계좌 간 대체 기재의 방식에 의하여 양도되는 주식은 재물이 아니므로 횡령죄의 객체가 될 수 없다(대판 2023.6.1. 2020도2884). (24 3차)

(2) 타인의 재물

재물은 타인의 재물이어야 한다.

1) 원 칙

(가) **타인의 재물** : 타인의 재물이란 재물의 소유권이 타인에게 속하는 경우를 말한다. 그리고 횡령죄의 객체가 타인의 재물에 속하는 이상 구체적으로 누구의 소유인지는 횡령죄의 성립 여부에 영향이 없다.

〈횡령죄에서 재물과 소유자〉 횡령죄는 타인의 재물에 대한 재산범죄로서 재물의 소유권 등 본권을 보호법익으로 하는 범죄이다. 따라서 횡령죄의 객체가 타인의 재물에 속하는 이상 구체적으로 누구의 소유인지는 횡령죄의 성립 여부에 영향이 없다(대판 2019.12.24. 2019도9773). (23 3차)

〈복권당첨 사건〉 피고인이 2천원을 내어 피해자를 통하여 구입한 복권 4장을 피고인과 피해자를 포함한 4명이 한 장씩 나누어 그 당첨 여부를 확인하는 결과 피해자 등 2명이 긁어 확인한 복권 2장이 1천원씩에 당첨되자 이를 다시 복권 4장으로 교환하여 같은 4명이 각자 한 장씩 골라잡아 그 당첨 여부를 확인한 결과 피해자 등 2명이 긁어 확인한 복권 2장이 2천만원씩에 당첨되었으나 당첨금을 수령한 피고인이 피해자에게 그 당첨금의 반환을 거부한 경우, 피고인과 피해자를 포함한 4명 사이에는 어느 누구의 복권이 당첨되더라도 당첨금을 공평하게 나누거나 공동으로 사용하기로 하는 묵시적인 합의가 있었다고 보아야 하므로 그 당첨금 전액은 같은 4명의 공유라고 봄이 상당하여 피고인으로서는 피해자의 당첨금 반환요구에 따라 그의 몫을 반환할 의무가 있고 피고인이 이를 거부하고 있는 이상 불법영득의사가 있다는 이유로 횡령죄가 성립될 수 있다고 한 사례(대판 2000.11.10. 2000도4335).

〈동업재산 사건〉 [1] 동업재산은 동업자의 합유에 속하므로, 동업관계가 존속하는 한 동업자는 동업재산에 대한 지분을 임의로 처분할 권한이 없고, 동업자 한 사람이 지분을 임의로 처분하거나 또는 동업재산의 처분으로 얻은 대금을 보관 중 임의로 소비하였다면 횡령죄의 죄책을 면할 수 없다. [2] 동업자 사이에 손익분배 정산이 되지 아니하였다면 동업자 한 사람이 임의로 동업자들의 합유에 속하는 동업재산을 처분할 권한이 없는 것이므로, 동업자 한 사람이 동업재산을 보관 중 임의로 횡령하였다면 지분비율에 관계없이 횡령한 금액 전부에 대하여 횡령죄의 죄책을 부담한다(대판 2011.6.10. 2010도17684). (12 변시)(15 변시)(23 변시)

(나) 일반적인 타인의 재물에 대한 판단 기준 : 타인의 재물의 판단은 기본적으로 민법, 상법, 기타의 실체법에 의하여 결정되지만, 구체적인 사안에서는 일반 거래계의 경험칙에 따른다.

■ 일반적인 타인의 재물 관련 판례 정리

1. 기본 법리 판례

〈경락대금 사건〉 부동산 입찰절차에서 수인이 대금을 분담하되 그 중 1인 명의로 낙찰받기로 약정하여 그에 따라 낙찰이 이루어진 경우, 그 입찰절차에서 낙찰인의 지위에 서게 되는 사람은 어디까지나 그 명의인이므로 입찰목적부동산의 소유권은 경락대금을 실질적으로 부담한 자가 누구인가와 상관없이 그 명의인이 취득한다 할 것이므로 그 부동산은 횡령죄의 객체인 타인의 재물이라고 볼 수 없어 명의인이 이를 임의로 처분하더라도 횡령죄를 구성하지 않는다(대판 2000.9.8. 2000도258). (23 변시)

〈공개경쟁입찰절차 사건〉 갑교육청이 을주식회사가 사용해 오던 교육청 토지를 매도하면서 관련 법령에 따라 공개경쟁입찰절차를 거쳐 을회사의 직원인 피고인을 낙찰자로 선정한 다음, 매수인을 피고인으로 명시한 계약서를 작성하고 갑교육청 교육장과 피고인이 각 기명·날인한 사안에서, 매수인의 지위에 있는 자는 계약에서 표시된 바에 따라 '피고인'으로 봄이 상당함에도, 이와 달리 '을회사'가 위 매매계약의 매수인임을 전제로 피고인이 위 토지의 보상금을 임의 소비한 행위가 을회사에 대한 관계에서 횡령죄에 해당한다고 본 원심판결에 법리오해의 위법이 있다는 이유로 파기한 사례(대판 2010.1.28. 2009도11868).

2. 타인의 재물을 긍정한 판례

〈감정평가법인 사건〉 [1] 주식회사의 지점이나 합명회사의 분사무소가 주식회사의 본점이나 합명회사의 주사무소의 회계와는 별도의 독립채산제 방식으로 운영되고 있다고 하더라도 주식회사의 지점이나 합명회사의 분사무소가 보유한 재산은 그 주식회사 또는 합명회사의 소유일 뿐 법인격도 없고 권리주체도 아닌 주식회사의 지점이나 합명회사의 분사무소 구성원들 개인의 소유가 되는 것은 아니다. [2] 감정평가법인 지사에서 근무하는 감정평가사들이 접대비 명목 등으로 임의로 나누어 사용할 목적으로 감정평가법인을 위하여 보관 중이던 돈의 일부를 비자금으로 조성한 사안에서, 위 비자금 조성행위가 업무상횡령죄에 해당한다고 한 원심판단을 수긍한 사례(대판 2010.5.13. 2009도1373).

〈운송수입금 사건〉 운송회사와 소속 근로자 사이에 근로자가 운송회사로부터 일정액의 급여를 받으면서 당일 운송수입금을 전부 운송회사에 납입하는 약정이 체결되었다면, 근로자가 사납금 초과 수입금을 개인 자신에게 직접 귀속시키는 경우와는 달리, 근로자가 애초 거둔 운송수입금 전액은 운송회사의 관리와 지배 아래 있다고 봄이 상당하므로 근로자가 운송수입금을 임의로 소비하였다면 횡령죄를 구성한다. 이는 근로자가 운송회사에 대하여 사납금을 초과하는 운송수입금의 일부를 배분받을 권리를 가지고 있다고 하더라도 다른 특별한 사정이 없는 한 다를 바 없다고 할 것이다(대판 2014.4.30. 2013도8799).

〈주식회사간에 동업계약 체결한 사건〉 오피스텔 등 신축·분양사업의 시행사인 갑 주식회사와 시공사인 을 주식회사가 동업계약을 체결하여 조합을 구성하였는데, 갑 회사의 대표이사인 피고인이 조합 사업과 관련된 부가가치세를 납부한 후 돌려받은 환급금을 공동 운영계좌에 입금하지 않은 사안에서, 위 부가가치세 환급금은 동업재산이므로 피고인이 이를 개인적인 용도에 임의로 사용하였다면 갑 회사와 을 회사의 이익분배비율과 관계없이 그 전액에 대하여 횡령죄의 죄책을 부담한다고 한 사례(대판 2011.5.26. 2011도1904).

3. 타인의 재물을 부정한 판례

〈집행채무자 사건〉 집행채무자가 제3채무자에 대하여 가지는 금전채권에 관하여 압류 및 추심명령이 행하여져서 제3채무자는 집행채무자에게 그 채권금을 지급하는 것이, 집행채무자는 이를 수령하는 것이 각 금지된다고 하더라도(민사집행법 제227조 제1항 참조), 제3채무자가 위와 같은 금지에도 불구하고 피압류채무를 스스로 변제하였거나 또는 그에 관하여 민법 제487조에 기한 변제공탁을 하였다면, 집행채무자가 그로써 수령한 금전은 자기 채권에 관한 원래의 이행으로 또는 변제공탁 등과 같이 변제에 갈음하는 방법을 통하여 취득한 것으로서 역시 그의 소유에 속한다고 할 것이고, 그가 단지 집행채권자 또는 제3채무자의 금전을 '보관'하는 관계에 있다고 할 수 없다. 따라서 집행채무자가 그 금전을 집행채권자에게 반환하는 것을 거부하였다고 하여 그에게 횡령의 죄책을 물을 수는 없다. 이는 제3채무자가 원래 민사집행법 제248조에서 정하는 집행공탁을 하여야 할 것을 착오로 변제공탁을 하였다고 해서 달리 볼 수 없다(대판 2012.1.12. 2011도12604).

〈대표이사가 타인명의로 보수 수령한 사건〉 주식회사의 대표이사가 적법하게 수령할 권한이 있는 보수가 압류당할 우려가 있자 이를 피하기 위하여 비록 실제 근무하지 않는 근로자의 임금 명목으로 보수를 조성하여 타인의 명의로 이를 수령하였다 하더라도 그 수령과 동시에 그 금원에 대한 소유권을 취득하였다고 보아야 할 것이므로, 위 보수를 소비하는 것은 자신의 재물을 소비한 것에 불과하고, 이를 가지고 타인의 재물을 보관하는 자가 그 재물을 횡령한 경우에 해당한다고 볼 수 없다(대판 2003.10.10. 2003도3516).

〈보험회사 시책비 사건〉 피고인들이 보험을 유치하면서 보험회사로부터 지급받은 시책비(저자 주 – 모두 통상적인 실적급여로서의 성격을 가진 시책비) 중 일부를 개인적인 용도로 사용한 행위가 횡령죄를 구성하지 않는다고 본 원심의 판단을 수긍한 사례(대판 2006.3.9. 2003도6733).

〈개인적 필요에 의하여 노트 작성한 사건〉 노트에 피고인이 근무하던 회사의 영업상의 주요사항이 기재되어 있고 그 업무내용과 관련성이 있기는 하였으나, 이는 직무수행상의 일환으로 작성된 것은 아니고 개인적인 필요에 의하여 작성된 것으로서 그 노트에 기재된 내용이 회사의 기밀사항이라 하여도 이 노트는 피고인의 소유에 속한다고 볼 것이어서 퇴직시에 이를 회사에 반환하지 아니하고 가지고 나온 행위가 횡령죄를 구성한다고 할 수 없다(대판 1994.5.24. 94도763).

2) 타인의 재물에 대한 구체적 고찰

▌ 타인의 재물에 대한 구체적 고찰

1. 계금의 소유권

계주가 계원들에게 계금을 수취한 경우에 계금의 소유권은 계주에게 있다. 따라서 계주가 이를 영득한 경우에는 배임죄가 성립할 수 있을 뿐 횡령죄는 성립하지 않는다.

〈계주 사건〉 계주는 계원들과의 약정에 따라 지정된 곗날에 계원으로부터 월불입금을 징수하여 지정된 계원에게 이를 지급할 임무가 있고, 계주의 이러한 임무는 계주 자신의 사무임과 동시에 타인인 계원들의 사무를 처리하는 것도 되는 것이므로, 계주가 계원들로부터 월불입금을 모두 징수하였음에도 불구하고 그 임무에 위배하여 정당한 사유 없이 이를 지정된 계원에게 지급하지 아니하였다면 다른 특별한 사정이 없는 한 그 지정된 계원에 대한 관계에 있어서 배임죄를 구성한다(대판 1994.3.8. 93도2221).

2. 입사보증금과 지입된 차량의 소유권

회사입사시 지급한 입사보증금이나 지입한 차량의 소유권은 회사에 있다. 따라서 회사가 이를 영득하였다고 하더라도 횡령죄는 성립할 수 없다.

〈입사보증금의 소유권은 회사에 있다는 판례〉입사보증금은 고용계약과 관련하여 피용자가 장래 부담하게 될지도 모르는 손해배상 채무의 담보로서 제공되는 신원보증금으로서 일단 그 소유권은 사용자에게 이전되는 것이니 사용자가 이를 소비하여도 횡령죄를 구성하지 아니한다(대판 1976.6.12. 79도656).

〈지입차량 사건〉피고인이 택시를 회사에 지입하여 운행하였다고 하더라도, 피고인이 회사와 사이에 위 택시의 소유권을 피고인이 보유하기로 약정하였다는 등의 특별한 사정이 없는 한, 위 택시는 그 등록명의자인 회사의 소유이고 피고인의 소유는 아니라고 할 것이므로 회사의 요구로 위 택시를 회사 차고지에 입고하였다가 회사의 승낙을 받지 않고 이를 가져간 피고인의 행위는 권리행사방해죄에 해당하지 않는다고 한 사례(대판 2003.5.30. 2000도5767).

〈지입료 사건〉지입차주들이 차량위탁 관리료와 산업재해보상보험료 및 제세공과금을 합한 일정 금액을 일괄하여 납입하는 지입료는 일단 지입 회사의 소유로 되어 회사가 그 지입료 등을 가지고 그 운영비와 전체 차량의 제세공과금 및 보험료에 충당할 수 있는 것이므로 지입 차주들이 낸 보험료나 세금을 회사가 항목을 유용하였다 하더라도 횡령죄가 되지 아니한다(대판 1997.9.5. 97도1592).

3. 익명조합에서의 출자금의 소유권

일반적인 조합이나 내적 조합의 경우에는 합유관계에 있으므로 타인의 재물이 되지만, 익명 조합의 경우에는 영업자인 현명조합원에게 소유권이 있다. 따라서 현명조합원이 익명조합 원이 출자한 금원을 영득하더라도 횡령죄는 성립하지 않는다.

〈익명조합원이 출연한 금전은 영업자에게 소유권이 있다는 판례〉익명조합관계에 있는 영업에 대한 익명조합원이 상대방의 영업을 위하여 출자한 금전 기타의 재산은 상대방인 영업자의 재산으로 되는 것이므로 영업자가 그 영업의 이익금을 함부로 자기 용도에 소비하였다 하여도 횡령죄가 될 수 없다(대판 1971.12.28. 71도2032).

〈익명조합과 유사한 무명계약 사건〉[1] 조합재산은 조합원의 합유에 속하므로 조합원 중 한 사람이 조합재산 처분으로 얻은 대금을 임의로 소비하였다면 횡령죄의 죄책을 면할 수 없고, 이러한 법리는 내부적으로는 조합관계에 있지만 대외적으로는 조합관계가 드러나지 않는 이른바 내적 조합의 경우에도 마찬가지이다. [2] 조합 또는 내적 조합과 달리 익명조합의 경우에는 익명조합원이 영업을 위하여 출자한 금전 기타의 재산은 상대편인 영업자의 재산이 되므로 영업자는 타인의 재물을 보관하는 자의 지위에 있지 않고, 따라서 영업자가 영업이익금 등을 임의로 소비하였더라도 횡령죄가 성립할 수는 없다. [3] 피고인이 갑과 특정 토지를 매수 하여 전매한 후 전매이익금을 정산하기로 약정한 다음 갑이 조달한 돈 등을 합하여 토지를 매수하고 소유권이전등기는 피고인 등의 명의로 마쳐 두었는데, 위 토지를 제3자에게 임의로 매도한 후 갑에게 전매이익금 반환을 거부함으로써 이를 횡령하였다는 내용으로 기소된 사안 에서, 피고인과 갑의 약정은 조합 또는 내적 조합에 해당하는 것이 아니라 '익명조합과 유사한 무명계약'에 해당한다고 보아 횡령죄 성립을 부정한 사례(대판 2011.11.24. 2010도5014). (21 변시)

4. 프랜차이즈계약에서의 판매대금의 소유권

프랜차이즈계약은 계약기간 동안의 계속적인 물품공급계약이며 본사 및 가맹점주는 각각 독립된 상인에 불과하므로, 가맹점주가 판매하여 보관 중인 물품대금은 가맹점주에게 소유권이 있다.

〈프랜차이즈계약의 경우에 물품판매대금은 가맹점주에게 소유권이 있다는 판례〉 이른바 '프랜차이즈계약'에서 본사와 가맹점계약을 동업계약관계로는 볼 수 없고, 따라서 가맹점주들이 판매하여 보관 중인 물품대금은 그들의 소유라 할 것이어서 이를 임의 소비한 행위는 프랜차이즈계약상의 채무불이행에 지나지 아니하므로 결국 횡령죄는 성립하지 아니한다(대판 1998.4.14. 98도292). (16 변시)

5. 위탁매매물의 소유권

위탁물의 소유권은 위탁자에게 있고, 그 판매대금도 수령과 동시에 위탁자에게 귀속한다. 따라서 위탁매매인이 이를 임의로 소비하면 횡령죄가 성립한다. [2015 1차][2016 3차][2018 2차][2021 변시]

〈위탁매매에서 판매대금을 소비하면 횡령죄가 성립한다는 판례〉 위탁매매에 있어서는 위탁품의 소유권은 위임자에게 속하고 그 판매대금은 다른 특약이나 특단의 사정이 없는 한 이를 수령함과 동시에 위탁자에게 귀속한다 할 것이므로 이를 사용 소비한 때에는 횡령죄가 구성된다(대판 1986.6.24. 86도1000). (12 변시)(23 1차)

〈위탁매매에서 특별한 약정이 있는 경우에는 판매대금을 소비해도 횡령죄가 성립하지 않는다는 판례〉 통상 위탁판매의 경우에 위탁판매인이 위탁물을 매매하고 수령한 금원은 위탁자의 소유에 속하여 위탁판매인이 함부로 이를 소비하거나 인도를 거부하는 때에는 횡령죄가 성립한다고 할 것이나, 위탁판매인과 위탁자간에 판매대금에서 각종 비용이나 수수료 등을 공제한 이익을 분배하기로 하는 등 그 대금처분에 관하여 특별한 약정이 있는 경우에는 이에 관한 정산관계가 밝혀지지 않는 한 위탁물을 판매하여 이를 소비하거나 인도를 거부하였다 하여 곧바로 횡령죄가 성립한다고는 할 수 없다(대판 1990.3.27. 89도813).

3) 타인의 재물성이 논의되는 사례들에 대한 검토

㈎ 비전형 담보 : 비전형담보의 경우에는 양도담보와 매도담보가 있다.

▌ 양도담보와 매도담보

1. 동산의 경우

(1) 양도담보의 경우

양도담보의 경우에는 채무자에게 소유권이 있으므로 ① 채무자가 변제하지 않고서 그 재물을 처분하더라도 횡령죄는 성립하지 않고 ② 채권자가 변제기 전에 그 재물을 처분하게 되면 채무자의 소유물을 처분한 것이므로 횡령죄가 성립한다.

〈채무자가 양도담보 목적물을 처분해도 횡령죄는 성립하지 않는다는 판례〉 약한 의미의 양도담보에 있어서는 목적물의 소유권은 채무자에게 유보되어 있고 채권자에게는 그 채무불이행시의 목적물에 대한 담보권 및 환가권만이 귀속되는 것이어서 채무자는 자기의 물건을 보관하고 있는 셈이 되는 것이므로 양도담보의 목적물을 제3자에게 처분하였다 하더라도 횡령죄를 구성하지 아니한다(대판 1980.11.11. 80도2097).

〈채권자가 양도담보 목적물을 처분하면 횡령죄가 성립할 수 있다는 판례〉 채무자가 채무이행의 담보를 위하여 동산에 관한 양도담보계약을 체결하고 점유개정의 방법으로 여전히 그 동산을 점유하는 경우 그 계약이 채무의 담보를 위하여 양도의 형식을 취하였을 뿐이고 실질은 채무의 담보와 담보권실행의 청산절차를 주된 내용으로 하는 것이라면 별단의 사정이 없는 한 그 동산의 소유권은 여전히 채무자에게 남아 있고, 채권자는 단지 양도담보물권을 취득하는 데 지나지 않으므로 그 동산을 다른 사유에 의하여 보관하게 된 채권자는 타인 소유의 물건을 보관하는 자로서 횡령죄의 주체가 될 수 있다(대판 1989.4.11. 88도906). (12 변시)

(2) 매도담보의 경우

매도담보의 경우에는 채권자에게 소유권이 있으므로 ① 채무자가 변제를 하지 않은 상태에서 그 재물을 처분하게 되면 채권자의 소유물을 처분한 것이므로 횡령죄가 성립하고 ② 채권자가 변제기 전에 그 재물을 처분하더라도 횡령죄는 성립하지 않는다.

〈동산의 매도담보 사건〉 타인에게 매도담보로 제공한 동산을 그대로 계속하여 점유하고 있는 경우에 그 동산을 임의로 처분하였다면 횡령죄가 되는 것이고 권리행사방해죄는 성립하지 않는다(대판 1962.2.8. 4292형상470).

2. 부동산의 경우

종래 판례는 부동산의 경우에는 양도담보와 매도담보를 구별하지 않고 횡령죄는 성립하지 않는다고 판시하고 있었다.

(나) 부동산 명의신탁의 경우 [2014 3차][2016 2차][2017 2차][2021 2차][2021 3차]

부동산 명의신탁과 횡령죄

1. 의 의

부동산 명의신탁이란 대내적으로는 신탁자가 소유권을 보유하여 관리·수익하면서 대외적으로 소유명의만 수탁자로 해 두는 것을 말한다.

〈명의신탁약정에 있어 실권리자에 대한 판단〉 부동산 실권리자명의 등기에 관한 법률 제2조 제1호 본문은 "명의신탁 약정이란 부동산에 관한 소유권이나 그 밖의 물권을 보유한 자 또는 사실상 취득하거나 취득하려고 하는 자가 타인과의 사이에서 대내적으로는 실권리자가 부동산에 관한 물권을 보유하거나 보유하기로 하고 그에 관한 등기는 그 타인의 명의로 하기로 하는 약정(위임·위탁매매의 형식에 의하거나 추인에 의한 경우를 포함한다)을 말한다."라고 규정하고 있는바, 부동산에 관한 물권의 실권리자인지 여부를 가리는 핵심적인 징표 중의 하나는 그가 과연 그 부동산에 관한 물권의 취득 자금을 부담하였는지 여부라 할 것이다(대판 2010.7.8. 2008도7546).

2. 부동산실명법상 허용되는 명의신탁인 경우

부동산실명법상으로도 모든 명의신탁이 금지되는 것은 아니다. 종중소유재산이거나 부부사이의 명의신탁은 탈세나 강제집행의 면탈 등의 목적이 없는 경우에는 허용되고 있다. 이러한 경우 수탁자가 부동산을 처분한 경우에는 **당연히 횡령죄가 성립**한다. 아래에서는 부동산 실명법상 허용되지 않는 명의신탁인 경우를 전제로 살펴본다.

3. 2자간 명의신탁의 경우(이전형 명의신탁)

2자간 명의신탁이란 부동산의 소유자가 그 등기명의를 타인에게 신탁하기로 하는 명의신탁 약정을 하고 수탁자에게 등기를 이전하는 형식의 명의신탁을 말한다. 이러한 2자간 명의신탁에서 수탁자가 그 부동산을 임의로 제3자에게 처분한 경우의 죄책에 대하여 종래 판례는 횡령죄의 성립을 긍정하였으나, 최근 전합 판례에서는 부동산실명법에 위반한 이른바 양자간 명의신탁의 경우에도 중간생략등기형 명의신탁에 관한 대법원 2016. 5. 19. 선고 2014도 6992 전원합의체 판결의 법리가 마찬가지로 적용되어, 명의신탁자와 명의수탁자 사이에 무효인 명의신탁약정 등에 기초하여 존재한다고 주장될 수 있는 사실상의 위탁관계를 형법상 보호할 만한 가치 있는 신임에 의한 것이라고 할 수 없으므로 명의수탁자가 신탁부동산을 임의로 처분하여도 횡령죄가 성립하지 않는다고 하여 횡령죄의 성립을 부정하고 있다.

〈2자간 명의신탁의 경우에도 횡령죄의 성립을 부정하여 종래의 판례를 변경한 전합 판례〉 [1] 형법 제355조 제1항이 정한 횡령죄에서 보관이란 위탁관계에 의하여 재물을 점유하는 것을 뜻하므로 횡령죄가 성립하기 위하여는 재물의 보관자와 재물의 소유자(또는 기타의 본권자) 사이에 법률상 또는 사실상의 위탁관계가 존재하여야 한다. 이러한 위탁관계는 사용대차·임대차· 위임 등의 계약에 의하여서뿐만 아니라 사무관리·관습·조리·신의칙 등에 의해서도 성립될 수 있으나, 횡령죄의 본질이 신임관계에 기초하여 위탁된 타인의 물건을 위법하게 영득하는 데 있음에 비추어 볼 때 위탁관계는 횡령죄로 보호할 만한 가치 있는 신임에 의한 것으로 한정함이 타당하다. [2] 부동산 실권리자명의 등기에 관한 법률(이하 '부동산실명법'이라 한다)의 명의신탁관계에 대한 규율 내용 및 태도 등에 비추어 보면, 부동산실명법에 위반하여 명의신탁자가 그 소유인 부동산의 등기명의를 명의수탁자에게 이전하는 이른바 양자간 명의 신탁의 경우, 계약인 명의신탁약정과 그에 부수한 위임약정, 명의신탁약정을 전제로 한 명의 신탁 부동산 및 그 처분대금 반환약정은 모두 무효이다. [3] 나아가 명의신탁자와 명의수탁자 사이에 무효인 명의신탁약정 등에 기초하여 존재한다고 주장될 수 있는 사실상의 위탁관계라 는 것은 부동산실명법에 반하여 범죄를 구성하는 불법적인 관계에 지나지 아니할 뿐 이를 형법상 보호할 만한 가치 있는 신임에 의한 것이라고 할 수 없다. [4] 명의수탁자가 명의신탁 자에 대하여 소유권이전등기말소의무를 부담하게 되나, 위 소유권이전등기는 처음부터 원인 무효여서 명의수탁자는 명의신탁자가 소유권에 기한 방해배제청구로 말소를 구하는 것에 대 하여 상대방으로서 응할 처지에 있음에 불과하다. 명의수탁자가 제3자와 한 처분행위가 부동 산실명법 제4조 제3항에 따라 유효하게 될 가능성이 있다고 하더라도 이는 거래 상대방인 제3자를 보호하기 위하여 명의신탁약정의 무효에 대한 예외를 설정한 취지일 뿐 명의신탁자 와 명의수탁자 사이에 위 처분행위를 유효하게 만드는 어떠한 위탁관계가 존재함을 전제한 것이라고는 볼 수 없다. 따라서 말소등기의무의 존재나 명의수탁자에 의한 유효한 처분가능 성을 들어 명의수탁자가 명의신탁자에 대한 관계에서 '타인의 재물을 보관하는 자'의 지위에 있다고 볼 수도 없다. [5] 이러한 법리는, 부동산 명의신탁이 부동산실명법 시행 전에 이루어 졌고 같은 법이 정한 유예기간 이내에 실명등기를 하지 아니함으로써 그 명의신탁약정 및 이에 따라 행하여진 등기에 의한 물권변동이 무효로 된 후에 처분행위가 이루어진 경우에도 마찬가지로 적용된다(대판 2021.2.18., 2016도18761 전합). [2023 3차](22 변시)(23 2차)(24 3차)

4. 3자간 명의신탁 (중간생략등기형 명의신탁) [2024 2차]

3자간 명의신탁이란 신탁자가 수탁자와 명의신탁약정을 맺고, 신탁자가 매매계약의 당사자 가 되어 매도인과 매매계약을 체결하되 등기는 수탁자 앞으로 직접 이전하는 형식의 명의신 탁을 말한다. 이러한 3자간 명의신탁에 있어 수탁자가 목적물을 영득한 경우에 위탁자에 대 한 횡령죄의 성립여부에 대하여 논의가 있었다. 종래 판례는 횡령죄를 긍정하고 있었으나, **최근 전합 판례**는 '명의신탁자는 신탁부동산의 소유권을 가지지 아니하고, 명의신탁자와 명 의수탁자 사이에 위탁신임관계를 인정할 수도 없다. 따라서 명의수탁자가 명의신탁자의 재 물을 보관하는 자라고 할 수 없으므로, 명의수탁자가 신탁받은 부동산을 임의로 처분하여도 명의신탁자에 대한 관계에서 횡령죄가 성립하지 아니한다'라고 하여 **횡령죄의 성립을 부정**하 고 있다.

〈중간생략등기형 명의신탁 전합 판례〉 명의신탁자와 명의수탁자가 이른바 중간생략등기형 명의신탁약정을 맺고 소유자와 매매계약을 체결한 경우에도, 명의신탁자는 신탁부동산의 소유권을 가지지 아니하고, 명의신탁자와 명의수탁자 사이에 위탁신임관계를 인정할 수 없으므로, 명의수탁자는 매도인에 대하여 소유권이전등기청구권을 가질 뿐인 명의신탁자의 재물을 보관하는 자라고 할 수 없다. 따라서 명의수탁자가 명의신탁자의 재물을 보관하는 자라고 할 수 없으므로, 명의수탁자가 신탁받은 부동산을 임의로 처분하여도 명의신탁자에 대한 관계에서 횡령죄가 성립하지 아니한다(대판 2016.5.19. 2014도6992 전합). [COMMENT] 중간생략등기형 명의신탁물을 영득한 경우에 횡령죄를 인정한 종래 판례를 폐기하여 무죄로 판시하고 있는 전합 판례이다. 판례의 요지만도 상당하여 핵심사항만 게기하니 시간이 허용되신다면 전체 판결 요지만이라도 일독하시기를 권한다. 그리고 이와 관련된 판례로는 증여받은 후 중간생략등기를 한 경우에도 횡령죄가 성립하지 않는다는 대판 2016.05.26. 2015도89 판례가 있다. (17 변시)(18 변시)(19 변시)

5. 계약명의신탁(위임형 명의신탁)

계약명의신탁이란 신탁자가 수탁자에게 부동산의 매수위임과 함께 명의신탁약정을 맺고 수탁자가 매매계약의 당사자가 되어 매도인과 매매계약을 체결하고 수탁자 앞으로 등기 이전하는 형식의 명의신탁이다. 이러한 경우에 수탁자가 목적물을 영득한 경우의 형사책임에 대하여 ① 횡령죄설 ② 배임죄설의 대립이 있으나, ③ **판례는 무죄설**의 입장이다.

〈계약명의신탁과 횡령죄〉 명의신탁자와 명의수탁자가 이른바 계약명의신탁약정을 맺고, 이에 따라 명의수탁자가 이러한 사실을 알지 못하는 소유자와 부동산 매매계약을 체결한 후 명의수탁자 명의로 소유권이전등기를 한 경우, 명의수탁자는 명의신탁자에 대한 관계에서도 유효하게 소유권을 취득하므로 타인의 재물을 보관하는 자라고 볼 수 없다. 이러한 경우 소유자가 계약명의신탁약정이 있음을 알고 있었다면 명의수탁자 명의의 소유권이전등기는 무효이고, 부동산의 소유권은 매도인이 그대로 보유하고 있으므로, 명의수탁자는 부동산 취득을 위한 계약의 당사자도 아닌 명의신탁자의 재물을 보관하는 자의 지위에 있다고 볼 수 없다(대판 2016.8.24. 2014도6740). [COMMENT] 계약명의신탁의 경우에 매도인이 선의든 악의든간에 명의수탁자는 명의신탁자에 대하여 재물을 보관하는 자의 지위에 있지 않아 횡령죄가 성립할 수 없다는 취지의 판례이다. (15 변시)

〈매도인이 악의인 계약명의신탁의 횡령죄와 배임죄〉 [1] 부동산 실권리자명의 등기에 관한 법률(이하 '부동산실명법'이라 한다) 제4조 제2항 본문에 의하여 수탁자 명의의 소유권이전등기는 무효이고 부동산의 소유권은 매도인이 그대로 보유하게 되므로, 명의수탁자는 부동산 취득을 위한 계약의 당사자도 아닌 명의신탁자에 대한 관계에서 횡령죄에서 '타인의 재물을 보관하는 자'의 지위에 있다고 볼 수 없고, 또한 명의수탁자가 명의신탁자에 대하여 매매대금 등을 부당이득으로 반환할 의무를 부담한다고 하더라도 이를 두고 배임죄에서 '타인의 사무를 처리하는 자'의 지위에 있다고 보기도 어렵다. [2] 한편 위 경우 명의수탁자는 매도인에 대하여 소유권이전등기말소의무를 부담하게 되나, 말소등기의무의 존재나 명의수탁자에 의한 유효한 처분가능성을 들어 명의수탁자가 매도인에 대한 관계에서 횡령죄에서 '타인의 재물을 보관하는 자' 또는 배임죄에서 '타인의 사무를 처리하는 자'의 지위에 있다고 볼 수도 없다(대판 2012.11.29. 2011도7361). (15 변시)

〈매도인이 선의인 계약명의신탁과 배임죄〉 신탁자와 수탁자가 명의신탁약정을 맺고, 그에 따라 수탁자가 당사자가 되어 명의신탁약정이 있다는 사실을 알지 못하는 소유자와 사이에서 부동산에 관한 매매계약을 체결한 계약명의신탁에 있어, 수탁자는 신탁자에 대한 관계에서도 신탁 부동산의 소유권을 완전히 취득하고 단지 신탁자에 대하여 명의신탁약정의 무효로 인한 부당이득 반환의무만을 부담할 뿐인바, 그와 같은 부당이득 반환의무는 명의신탁약정의 무효로 인하여 수탁자가 신탁자에 대하여 부담하는 통상의 채무에 불과할 뿐 아니라 신탁자와 수탁자 간의 명의신탁약정이 무효인 이상, 특별한 사정이 없는 한 신탁자와 수탁자 간에 명의신탁약정과 함께 이루어진 부동산 매입의 위임 약정 역시 무효라고 할 것이므로, 수탁자가 신탁자와의 신임관계에 기하여 신탁자를 위하여 신탁 부동산을 관리한다거나 신탁자의 허락 없이 이를 처분하여서는 아니되는 의무를 부담하는 등으로 타인의 사무를 처리하는 자의 지위에 있다고 볼 수 없다(대판 2008.3.27. 2008도455). (12 변시)(15 변시)

6. 명의신탁의 공범

부동산의 수탁자가 신탁자의 승낙 없이 매각 처분함으로써 횡령죄가 성립하는 경우에 매수인이 그 정을 알고 있었다 하더라도 **수탁자와 짜고 불법영득할 것을 공모한 것이 아닌 한 그 횡령죄의 공동정범이 되지 아니한다.**

〈명의신탁물의 횡령행위의 공동정범〉 [1] 부동산의 수탁자가 신탁자의 승낙 없이 매각 처분함으로써 횡령죄가 성립하는 경우에 매수인이 그 정을 알고 있었다 하더라도 수탁자와 짜고 불법영득할 것을 공모한 것이 아닌 한 그 횡령죄의 공동정범이 되지 아니한다. [2] 신탁행위에 있어서는 수탁자가 외부관계에 대하여 소유자로 간주되므로 이를 취득한 제3자는 수탁자가 신탁자의 승낙 없이 매각하는 정을 알고 있는 여부에 불구하고 장물취득죄가 성립되지 아니한다(대판 1979.11.27. 79도2410).

7. 명의수탁자의 매도와 사기죄

부동산의 명의수탁자가 부동산을 제3자에게 매도하더라도 제3자는 부동산의 취득에 아무런 영향이 없으므로 제3자에 대한 사기죄가 성립될 여지가 없다.

〈명의수탁자가 제3자에게 수탁물을 매도해도 사기죄는 성립하지 않는다는 판례〉 부동산의 명의수탁자가 부동산을 제3자에게 매도하고 매매를 원인으로 한 소유권이전등기까지 마쳐 준 경우, 명의신탁의 법리상 대외적으로 수탁자에게 그 부동산의 처분권한이 있는 것임이 분명하고, 제3자로서도 자기 명의의 소유권이전등기가 마쳐진 이상 무슨 실질적인 재산상의 손해가 있을 리 없으므로 그 명의신탁 사실과 관련하여 신의칙상 고지의무가 있다거나 기망행위가 있었다고 볼 수도 없어서 그 제3자에 대한 사기죄가 성립될 여지가 없고, 나아가 그 처분시 매도인(명의수탁자)의 소유라는 말을 하였다고 하더라도 역시 사기죄가 성립하지 않으며, 이는 자동차의 명의수탁자가 처분한 경우에도 마찬가지이다(대판 2007.1.11. 2006도4498). (20 변시)

(다) 금전의 용도를 지정하여 위탁한 경우(금전수수 사무처리를 위임받은 경우도 동일)

금전의 용도를 지정하여 위탁한 경우

甲은 乙과 공모하여 乙이 A로부터 근관충전제 원료구입대금으로 교부받아 보관 중이던 금 600만 원을 甲이 사용할 근관충전제 원료대금으로 지급하였다. 甲의 죄책은?

1. 논의점

일정한 용도를 지정하여 위탁한 금전을 수탁자가 임의로 사용한 때에 이를 타인의 재물을 횡령한 것으로 볼 수 있는지에 대하여 논의가 있다.

2. 견해의 대립

이에 대하여는 ① 목적·용도를 정하여 위탁한 금전은 정해진 목적·용도에 사용할 때까지는 이에 대한 소유권이 위탁자에게 유보되어 있으므로 횡령죄가 성립한다는 **횡령죄설** ② 금전이 갖는 고도의 유통성과 대체성을 고려하여 용도를 특정한 위탁의 경우에도 점유이전과 함께 수탁자에게 소유권도 이전하므로 횡령죄는 성립할 수 없고, 배임죄가 성립한다는 **배임죄설**이 대립하고 있다.

3. 판례의 태도

판례는 '목적·용도를 정하여 위탁한 금전은 정해진 목적, 용도에 사용할 때까지는 이에 대한 소유권이 위탁자에게 유보되어 있는 것으로서, 수탁자가 그 위탁의 취지에 반하여 다른 용도에 소비하면 횡령죄를 구성한다'라고 하여 **횡령죄설**의 입장이다.

4. 검토

생각건대 금전 기타의 대체물도 원칙적으로 재물이며, 목적, 용도에 사용할 때까지는 이에 대한 소유권이 위탁자에게 유보되어 있는 것으로 보아야 하므로 횡령죄설이 타당하다.

5. 관련판례

〈목적·용도를 정하여 위탁한 금전 사건〉 [사실관계] - [쟁점사실관계] **[판결요지]** 목적, 용도를 정하여 위탁한 금전은 정해진 목적, 용도에 사용할 때까지는 이에 대한 소유권이 위탁자에게 유보되어 있는 것으로서, 특히 그 금전의 특정성이 요구되지 않는 경우 수탁자가 위탁의 취지에 반하지 않고 필요한 시기에 다른 금전으로 대체시킬 수 있는 상태에 있는 한 이를 일시 사용하더라도 횡령죄를 구성한다고 할 수 없고, 수탁자가 그 위탁의 취지에 반하여 다른 용도에 소비할 때 비로소 횡령죄를 구성한다(대판 1995.10.12. 94도2076). 〔답〕횡령죄가 성립한다. (14 변시)

〈특수목적법인 사건〉 법인 소유의 자금에 대한 사실상 또는 법률상 지배·처분 권한을 가지고 있는 대표자 등은 법인에 대한 관계에서 자금의 보관자 지위에 있으므로, 법인이 특정 사업의 명목상의 주체로 특수목적법인을 설립하여 그 명의로 자금 집행 등 사업진행을 하면서도 자금의 관리·처분에 관하여는 실질적 사업주체인 법인이 의사결정권한을 행사하면서 특수목적법인 명의로 보유한 자금에 대하여 현실적 지배를 하고 있는 경우에는, 사업주체인 법인의 대표자 등이 특수목적법인의 보유 자금을 정해진 목적과 용도 외에 임의로 사용하면 위탁자인 법인에 대하여 횡령죄가 성립할 수 있다(대판 2017.3.22. 2016도17465).

〈골프회원권 매매중개업체 사건〉 골프회원권 매매중개업체를 운영하는 자가 매수의뢰와 함께 입금받아 보관하던 금원을 일시적으로 다른 회원권의 매입대금 등으로 임의로 소비한 사안에서, 위 매입대금은 그 목적과 용도를 정하여 위탁된 금전으로서 골프회원권 매입시까지 그 소유권이 위탁자에게 유보되어 있으나, 다른 회사자금과 함께 보관된 이상 그 특정성을 인정하기 어렵고, 피고인의 불법영득의사를 추단할 수 없으므로 횡령죄를 구성하지 아니한다고 한 사례(대판 2008.3.14. 2007도7568).

〈특정의 용도나 목적이 소멸된 사건〉 타인으로부터 용도가 엄격히 제한된 자금을 위탁받아 보관하는 자가 그 자금을 제한된 용도 이외의 목적으로 사용하는 것은 횡령죄가 되는 것이고, 이와 같이 용도나 목적이 특정되어 보관된 금전은 그 보관 도중에 특정의 용도나 목적이 소멸되었다고 하더라도 위탁자가 이를 반환받거나 그 임의소비를 승낙하기까지는 횡령죄의 적용에 있어서는 여전히 위탁자의 소유물이라고 할 것이다(대판 2002.11.22. 2002도4291). (23 3차) (24 3차)

〈위임자를 위하여 제3자로부터 수령한 금전 사건〉 금전의 수수를 수반하는 사무처리를 위임받은 자가 그 행위에 기하여 위임자를 위하여 제3자로부터 수령한 금전은, 목적이나 용도를 한정하여 위탁된 금전과 마찬가지로, 달리 특별한 사정이 없는 한 그 수령과 동시에 위임자의 소유에 속하고, 위임을 받은 자는 이를 위임자를 위하여 보관하는 관계에 있다고 보아야 한다(대판 2003.9.26. 2003도3394). (13 변시)

〈약정에 따라 지입차량 처분한 매각대금을 소비한 사건〉 피해자가 피고인으로부터 차량을 매수하여 피고인을 통하여 지입회사에 지입하여 두었으나 그 권리관계에 문제가 발생하자 피고인이 피해자와 합의하여 이를 처분한 다음 그 대금으로 압류되어 있는 다른 차량을 찾아서 피해자에게 넘겨주기로 약정한 경우, 피고인이 그 매각대금을 보관 위탁의 취지에 반하여 임의로 소비하였다면 횡령죄가 성립한다고 한 사례(대판 2003.6.24. 2003도1741).

(라) **채권담보 목적의 채권양도의 경우** : 최근 판례에 의하면 단순히 채권을 양도한 것이 아니라 **채무자가 기존 금전채무를 담보하기 위하여 다른 금전채권을 채권자에게 양도한 후, 그 채권양도사실을 통지하지 않은 채 제3채무자로부터 변제금을 수령하여 소비한 경우에는 채권자에 대한 횡령죄가 성립하지 않는다고 판시하였다.**

〈**채무자가 기존 금전채무를 담보하기 위하여 다른 금전채권을 채권자에게 양도한 사건**〉 [1] 채무자가 기존 금전채무를 담보하기 위하여 다른 금전채권을 채권자에게 양도하는 경우, 채무자가 채권자에 대하여 부담하는 '담보 목적 채권의 담보가치를 유지·보전할 의무'는 채권 양도담보계약에 따라 부담하게 된 채무의 한 내용에 불과하다. [2] 채무자가 채권 양도담보계약에 따라 담보 목적 채권의 담보가치를 유지·보전할 의무는 계약에 따른 자신의 채무에 불과하고, 채권자와 채무자 사이에 채무자가 채권자를 위하여 담보가치의 유지·보전사무를 처리함으로써 채무자의 사무처리를 통해 채권자가 담보 목적을 달성한다는 신임관계가 존재한다고 볼 수 없다. 그러므로 채무자가 제3채무자에게 채권양도 통지를 하지 않은 채 자신이 사용할 의도로 제3채무자로부터 변제를 받아 변제금을 수령한 경우, 이는 단순한 민사상 채무불이행에 해당할 뿐, 채무자가 채권자와의 위탁 신임관계에 의하여 채무자를 위해 위 변제금을 보관하는 지위에 있다고 볼 수 없고, 채무자가 이를 임의로 소비하더라도 횡령죄는 성립하지 않는다(대판 2021.2.25. 2020도12927). (21 법행)

(마) **채권양도의 경우** : 채권자가 채권을 타인에게 양도한 후 양도인이 양도통지 전에 그 정을 모르는 채무자로부터 채권을 추심하여 수령한 금전을 영득한 경우의 죄책에 대하여 논의가 있으나, 판례는 '채권양도의 당연한 귀결로서 그 금전을 자신에게 귀속시키기 위하여 수령할 수는 없는 것이고, 양도인이 수령한 금전은 양도인은 이를 양수인을 위하여 보관하는 관계에 있다고 보아야 할 것이다'라고 하여 **횡령죄설**의 입장이었으나, 최근 전합 판례는 '채권양도인이 채무자에게 채권양도 통지를 하는 등으로 채권양도의 대항요건을 갖추어 주지 않은 채 채무자로부터 채권을 추심하여 금전을 수령한 경우, 특별한 사정이 없는 한 금전의 소유권은 채권양수인이 아니라 채권양도인에게 귀속하고 채권양도인이 채권양수인을 위하여 양도 채권의 보전에 관한 사무를 처리하는 신임관계가 존재한다고 볼 수 없다. 따라서 채권양도인이 위와 같이 양도한 채권을 추심하여 수령한 금전에 관하여 채권양수인을 위해 보관하는 자의 지위에 있다고 볼

수 없으므로, 채권양도인이 위 금전을 임의로 처분하더라도 횡령죄는 성립하지 않는 다'라고 하여 횡령죄의 성립을 부정하면서 종래의 판례를 변경하였다.

〈채권양도인이 이미 양도된 채권을 추심하여 임의로 사용한 사안에서 횡령죄의 성립을 부정하면서 종래 판례를 변경한 전합 판례〉[다수의견] [1] 채권양도인이 채무자에게 채권양도 통지를 하는 등으로 채권양도의 대항요건을 갖추어 주지 않은 채 채무자로부터 채권을 추심하여 금전을 수령한 경우, 특별한 사정이 없는 한 금전의 소유권은 채권양수인이 아니라 채권양도인에게 귀속하고 채권양도인이 채권양수인을 위하여 양도 채권의 보전에 관한 사무를 처리하는 신임관계가 존재한다고 볼 수 없다. 따라서 채권양도인이 위와 같이 양도한 채권을 추심하여 수령한 금전에 관하여 채권양수인을 위해 보관하는 자의 지위에 있다고 볼 수 없으므로, 채권양도인이 위 금전을 임의로 처분하더라도 횡령죄는 성립하지 않는다. [2] 건물의 임차인인 피고인이 임대인 갑에 대한 임대차보증금반환채권을 을에게 양도하였는데도 갑에게 채권양도 통지를 하지 않고 갑으로부터 남아 있던 임대차보증금을 반환받아 보관하던 중 개인적인 용도로 사용하여 이를 횡령하였다는 내용으로 기소된 사안에서, 피고인이 을과 임대차보증금반환채권에 관한 채권양도계약을 체결하고 갑에게 채권양도 통지를 하기 전에 갑으로부터 채권을 추심하여 남아 있던 임대차보증금을 수령하였더라도 임대차보증금으로 받은 금전의 소유권은 피고인에게 귀속할 뿐 을에게 귀속한다고 볼 수 없고, 나아가 채권양도계약을 체결한 피고인과 을은 통상의 권리이전계약에 따른 이익대립관계에 있을 뿐 피고인이 을을 위한 보관자 지위가 인정될 수 있는 신임관계에 있다고 볼 수 없어 횡령죄가 성립하지 않는다는 이유로, 이와 달리 보아 공소사실을 유죄로 인정한 원심판결에 채권양도에서 횡령죄의 성립 등에 관한 법리오해의 잘못이 있다고 한 사례(대판 2022.6.23. 2017도3829 전합). [판례 변경] 이와 달리 채권양도계약을 체결한 채권양도인이 채무자에게 채권양도 통지를 하는 등으로 채권양도의 대항요건을 갖추어 주기 전에 채무자로부터 채권을 추심하여 금전을 수령한 경우, 그 금전은 채권양도인과 채권양수인 사이에서 채권양수인의 소유에 속하고 채권양도인이 채권양수인을 위하여 채권보전에 관한 사무를 처리하는 지위에 있으므로 보관자 지위가 인정된다는 전제에서, 채권양도인이 위 금전을 임의로 처분한 경우 횡령죄가 성립한다고 한 대법원 1999. 4. 15. 선고 97도666 전원합의체 판결, 대법원 2007. 5. 11. 선고 2006도4935 판결을 비롯한 같은 취지의 대법원 판결들은 이 판결의 견해에 배치되는 범위 내에서 모두 변경하기로 한다. [2024 2차](23 2차)

㈐ **일인회사의 경우** : 1인회사의 경우 1인주주와 회사는 독립된 별개의 인격체이다. 따라서 1인회사의 재산은 1인 주주의 소유가 아니므로 1인주주가 보관 중인 회사의 재산을 임의로 소비하면 **횡령죄**가 성립한다.

〈1인회사 사건〉주식회사의 주식이 사실상 1인의 주주에 귀속하는 1인회사의 경우에도 회사와 주주는 별개의 인격체로서 1인회사의 재산이 곧바로 그 1인 주주의 소유라고 볼 수 없으므로, 그 회사 소유의 금원을 업무상 보관 중 임의로 소비하면 횡령죄를 구성하는 것이다(대판 1999.7.9. 99도1040). [COMMENT] 중요 논점은 회사와 1인주주는 별개의 인격이라는 점이고, 구체적인 상황에 따라 횡령과 배임으로 구별될 수 있다.

〈주식회사와 주주〉주식회사는 주주와는 독립한 별개의 권리주체로서 회사와 주주 사이에 그 이해관계가 반드시 일치하는 것은 아니므로, 회사의 자금을 회사의 업무와 무관하게 주주나 대표이사 개인의 채무 변제, 증여나 대여 등과 같은 사적인 용도로 지출하였다면 횡령죄의 죄책을 면할 수 없고, 이는 1인 회사의 경우에도 마찬가지이다(대판 2012.5.24. 2010도8614). (16 변시)

〈유한회사 사건〉 출자지분이 2인의 사원에게 귀속하고 있는 유한회사의 대표사원이 다른 사원의 승낙을 얻어 회사소유 재산을 개인용도에 소비한 경우, 행위의 주체인 대표사원과 그 본인인 유한회사는 별개의 인격체이어서 비록 유한회사의 손해가 궁극적으로는 위 사원들의 손해에 귀착된다고 하더라도 회사의 재산을 사원의 개인용도에 소비하는 행위는 본인의 위탁의 취지에 반함이 명백하여 횡령죄를 구성한다(대판 1986.9.9. 86도280).

〈계열회사 사건〉 피고인이 피해 회사 자금을 인출하여 부외자금을 조성한 뒤 자기 또는 제3자인 다른 계열사들의 이익을 위하여 사용한 사안에서, 이는 피해 회사의 자금을 자기의 소유 자금인 것처럼 처분할 의사로 부외자금을 조성한 것으로 보이므로 피고인의 불법영득의사가 인정되고, 계열회사 전부가 피고인의 1인회사라고 하더라도 달리 볼 수 없다고 한 사례(대판 2011.2.10. 2010도12920).

3. 행 위

횡령하거나 반환을 거부하는 것이다.

(1) 횡 령

1) 횡령행위의 의의 : 횡령행위란 타인의 재물을 보관하는 자가 그 물건에 대한 불법영득의사를 실현하는 일체의 행위를 말한다.

〈횡령죄의 본질에 대하여 영득행위설을 따른 판례〉 횡령죄는 타인의 재물을 보관하는 자가 그 재물을 횡령하는 경우에 성립하는 범죄이고, 횡령죄의 구성요건으로서의 횡령행위란 불법영득의사를 실현하는 일체의 행위를 말하는 것으로서 불법영득의사가 외부에 인식될 수 있는 객관적 행위가 있을 때 횡령죄가 성립한다(대판 2004.12.9. 2004도5904).

■ 횡령행위 관련 판례 정리

1. 횡령행위를 긍정한 판례

(1) 상계 관련 판례

〈레미콘 대금을 상계처리한 사건〉 피고인이 교회신축공사를 감독하면서 위 교회로부터 레미콘 대금을 지급하라는 명목으로 금원을 받았으면서도 거기에 사용하지 아니하고 이를 마음대로 피고인이 받을 채권과 상계 처리하였다면 상계 정산하기로 하였다는 특별한 약정이 없는 한 이는 금원을 위탁한 취지에 반하는 것이어서 횡령죄를 구성한다(대판 1997.9.26. 97도1520).

〈환전하여 달라는 돈으로 상계충당하면 특별한 약정이 없는 한 횡령죄가 성립한다는 판례〉 환전하여 달라는 부탁과 함께 교부받은 돈을 그 목적과 용도에 사용하지 않고 마음대로 피고인의 위탁자에 대한 채권에 상계충당함은, 상계정산하기로 하였다는 특별한 약정이 없는 한, 당초 위탁한 취지에 반하는 것으로서 횡령죄를 구성한다고 볼 것이고 위탁자에 대한 채권의 존재는 횡령죄의 성립에 영향을 미치는 것이 아니며, 또한 상계할 수 있는 반대채권이 있어 그에 상계충당하였다는 것만으로는 용도 내지 목적을 특정하여 위탁한 돈의 반환을 거절할 정당한 사유가 되지 못한다(대판 1997.9.26. 97도1520).

〈위탁의 취지에 반하여 자신의 채권에 충당한 사건〉 타인에 대한 채무의 변제를 위하여 위탁받은 금원을 함부로 자신의 위탁자에 대한 채권에 충당함은 당초의 금원 위탁의 취지에 위반되

는 것으로서 횡령죄를 구성한다고 볼 것이고, 위탁자에 대한 채권의 존재는 횡령죄의 성립에 영향을 미치는 것이 아니다(대판 1984.11.13. 84도1199)

〈금전의 수수를 수반하는 사무처리를 위임받은 자가 상계충당한 사건〉 금전의 수수를 수반하는 사무처리를 위임받은 자가 그 행위에 기하여 위임자를 위하여 제3자로부터 수령한 금전은, 목적이나 용도를 한정하여 위탁된 금전과 마찬가지로, 달리 특별한 사정이 없는 한 그 수령과 동시에 위임자의 소유에 속하고, 위임을 받은 자는 이를 위임자를 위하여 보관하는 관계에 있다고 보아야 하며, 위임받은 자가 그 행위에 기하여 위임자를 위하여 제3자로부터 수령한 금전도 목적이나 용도를 한정하여 위탁된 금전의 경우와 마찬가지로 그 위임의 취지대로 사용하지 않고 마음대로 피고인의 위임자에 대한 채권에 상계충당함은, 상계정산하기로 하였다는 특별한 약정이 없는 한, 당초 위임한 취지에 반하는 것으로서 횡령죄를 구성한다고 할 것이다(대판 2007.2.22. 2006도8939).

(2) 회사의 대표이사 관련 판례

〈다른 횡령사실을 감추려 허위로 회계처리하면서 회사자금을 임의로 지출하면 횡령죄가 성립한다는 판례〉 주식회사의 대표이사가 자신의 다른 횡령사실을 감추기 위한 목적으로 가공의 공사대금을 지급한 것처럼 허위로 회계처리하면서 가공의 공사대금에 대한 부가가치세 명목으로 회사 자금을 임의로 지출한 경우에는 그로써 횡령죄는 기수에 이른다. 그 후에 그 지출액 상당을 매입세액으로 환급받아 회사에 다시 입금하였다고 하더라도 이미 성립한 횡령죄에 영향을 미치지 아니한다(대판 2008.11.13. 2006도4885).

〈가지급금 명목으로 인출·사용한 사건〉 회사의 대표이사 혹은 그에 준하여 회사 자금의 보관이나 운용에 관한 사실상의 사무를 처리하여 온 자가 회사를 위한 지출 이외의 용도로 거액의 회사 자금을 가지급금 등의 명목으로 인출, 사용함에 있어서 이자나 변제기의 약정이 없음은 물론 이사회 결의 등 적법한 절차도 거치지 아니하는 것은 통상 용인될 수 있는 범위를 벗어나 대표이사 등의 지위를 이용하여 회사 자금을 사적인 용도로 임의로 대여, 처분하는 것과 다름없어 횡령죄를 구성한다고 볼 수 있다(대판 2006.4.27. 2003도135).

〈대표이사가 주식매수인으로부터 받은 신주인수대금을 개인적인 용도로 사용하면 횡령죄가 성립한다는 판례〉 [1] 주식회사의 주주 겸 대표이사가 장차 신주발행절차에서 자신이 취득하게 될 주식을 타인에게 매도하고자 하면서 다만 양도소득세 등의 부담을 피하기 위해 주식매수인이 회사에 대해 직접 신주를 인수하는 절차를 취한 경우, 회사에 대한 관계에서 신주인수인은 대표이사가 아니라 주식매수인이므로 대표이사가 주식매수인으로부터 받은 주식매매대금은 신주인수대금으로서 이를 보관 중 개인적인 용도로 사용하였다면 횡령죄를 구성한다. [2] 주식회사의 대표이사가 타인을 기망하여 회사가 발행하는 신주를 인수하게 한 다음 그로부터 납입받은 신주인수대금을 보관하던 중 횡령한 행위는 사기죄와는 전혀 다른 새로운 보호법익을 침해하는 행위로서 별죄를 구성한다(대판 2006.10.27. 2004도6503).

〈주주나 대표이사 또는 그에 준하는 자가 주식회사 소유재산을 임의처분한 사건〉 주식회사는 주주와 독립된 별개의 권리주체로서 이해가 반드시 일치하는 것은 아니므로, 주주나 대표이사 또는 그에 준하여 회사 자금의 보관이나 운용에 관한 사실상의 사무를 처리하는 자가 회사 소유 재산을 제3자의 자금 조달을 위하여 담보로 제공하는 등 사적인 용도로 임의 처분하였다면 그 처분에 관하여 주주총회나 이사회의 결의가 있었는지 여부와는 관계없이 횡령죄의 죄책을 면할 수는 없다(대판 2011.3.24. 2010도17396). (14 변시)(24 3차)

〈대표이사 등이 개인채무지급을 위하여 약속어음 발행하면 업무상배임죄가 성립하고, 이후 회사자금으로 채무를 변제하면 별도의 횡령죄가 성립한다는 판례〉 갑 주식회사의 대표이사와 실질적 운영자인 피고인들이 공모하여, 자신들이 을에 대해 부담하는 개인채무 지급을 위하여 갑 회사로 하여금 약속어음을 공동발행하게 하고 위 채무에 대하여 연대보증하게 한 후에 갑 회사를 위하여 보관 중인 돈을 임의로 인출하여 을에게 지급하여 위 채무를 변제한 사안에서, 피고인들이 갑 회사의 돈을 보관하는 자의 지위에서 회사의 이익이 아니라 자신들의 채무를 변제하려는 의사로 회사 자금을 자기의 소유인 경우와 같이 임의로 인출한 후 개인채무의 변제에 사용한 행위는, 약속어음금채무와 연대보증채무 부담으로 인한 회사에 대한 배임죄와 다른 새로운 보호법익을 침해하는 것으로서 배임 범행의 불가벌적 사후행위가 되는 것이 아니라 별죄인 횡령죄를 구성한다는 이유로, 피고인들에게 배임죄와 별도로 횡령죄를 인정한 원심판단을 정당하다고 한 사례(대판 2011.4.14. 2011도277).

〈회사의 자금관리자가 적절한 내부절차를 거치지 않은 사건〉 A 주식회사의 자금 관리를 사실상 담당하던 피고인이 대표이사의 결재나 승인 등 적법한 내부절차를 거치지 않은 채 공범의 지시에 따라 공범이 사실상 지배하는 다른 회사의 법인계좌로 A 주식회사의 자금을 송금하고 지인들의 자금 대여 요청에 응하여 A 주식회사의 자금을 임의로 처분한 행위가 「특정경제범죄 가중처벌 등에 관한 법률」 위반(횡령)죄를 구성한다고 보아(횡령액 50억 원 이상), 이를 유죄로 판단한 원심판결을 수긍한 사안임(이와 함께, 원심이 무단으로 출금·이체된 회사 자금이 반환된 것처럼 허위의 회계처리를 함으로써 횡령 범행을 은폐하기 위한 목적으로 계좌에 입금 내역을 남긴 후 다시 곧바로 이체한 행위에 대하여는 별개의 횡령행위를 구성한다고 보기 어렵다는 이유로 무죄로 판단한 것 역시 수긍하였음)(대판 2022.4.28. 2022도1271). (23 2차)

(3) 조합이나 협회 관련 판례

〈협회장의 승인 하에 협회의 공금을 개인구좌에 입금시킨 후 소비한 사건〉 협회의 공금을 협회장의 승인 하에 개인구좌에 입금시킨 후 위 돈을 수시로 인출하여 개인적 용도에 소비하였다면, 피고인이 위 금원을 위 협회의 예금구좌로부터 피고인 개인구좌로 옮긴 것 자체는 협회장의 승인을 받았기 때문에 횡령행위가 되지 않는다고 하더라도 위와 같이 자기명의로 예금하여 보관중인 타인의 금원을 인출하여 소비한 행위는 횡령죄에 해당하는 것이며 그만한 돈을 별도로 현금 또는 수표로 보관 중이었다 하여 예금에 대한 불법영득의 의사가 없다고 볼 수는 없다(대판 1984.2.14. 83도3207).

〈조합장이 정관절차 위반하여 급여 명목의 보수를 수령하여 개인 채무변제 등에 사용한 사건〉 관광지조성사업조합의 조합장인 피고인이 정관에서 정한 절차를 거치지 않고 조합 명의의 계좌에서 급여 명목의 보수를 수령하여 개인 채무 변제 등에 사용함으로써 횡령하였다는 내용으로 기소된 사안에서, 피고인이 정관에서 정하고 있는 이사회 결의를 거치거나 총회 인준을 받은 보수규정에 따라 보수를 지급받은 것이 아닌 이상 횡령죄가 성립한다(대판 2013.8.30. 2013도2761).

〈회사명의의 예금으로 자신의 채무변제에 사용한 사건〉 피고인이 동업약정에 따라 주택건축사업 등을 목적으로 하는 주식회사를 설립하고 그 사업을 공동으로 영위하기 위하여 자신이 매수한 토지를 위 회사에 출자하였음에도, 토지의 매수자금에 상당하는 금액이 위 회사의 회계장부상 피고인으로부터의 단기차입금으로 계상되어 있다는 이유만으로 다른 동업자들의 반대에 불구하고 위 회사 명의로 금융기관에 예치중인 돈을 임의로 인출하여 자신의 채무변제에 사용한 행위가 업무상횡령죄를 구성한다고 한 사례(대판 2005.4.15. 2003도7773).

(4) 기타 횡령행위를 긍정한 판례

〈위탁받은 주식과 현금 사용한 사건〉 회사의 경영권 방어 또는 회사의 매각 등을 위하여 위탁받은 주식과 현금을 개인적인 용도로 사용한 경우 횡령죄를 구성한다고 한 사례(대판 2008.5.8. 2008도1652).

〈수표발행 권한을 위임받은 자 사건〉 회사로부터 수표발행 권한을 위임받은 자가 업무상의 임무에 위배하여 자기 또는 제3자의 용도에 충당하기 위하여 수표를 발행하고 그 수표를 이용하여 거래은행으로부터 회사의 예금을 인출하는 행위는 불법영득의 의사를 실현하는 행위로서 업무상 횡령죄가 성립한다(대판 1983.9.1. 82도75). (23 1차)

〈마을 이장 공사비 사건〉 마을 이장인 피고인이 경로당 화장실 개·보수 공사를 위하여 업무상 보관 중이던 공사비를 그 용도 외에 다른 용도로 사용한 이상 횡령죄는 성립하고, 피고인이 과거 마을을 위하여 개인 돈을 지출하였다고 하여 이에 충당할 수는 없다고 한 원심판단을 수긍한 사례(대판 2010.9.30. 2010도7012).

〈금은방 주인 사건〉 금은방을 운영하는 피고인이, 갑이 맡긴 금을 시세에 따라 사고파는 방법으로 운용하여 매달 일정한 이익금을 지급하는 한편 갑의 요청이 있으면 언제든지 보관 중인 금과 현금을 반환하기로 갑과 약정하였는데, 그 후 경제사정이 악화되자 이를 자신의 개인채무 변제 등에 사용한 사안에서, 갑이 매매를 위탁하거나 피고인이 그 결과로 취득한 금이나 현금은 모두 갑의 소유라는 이유로 횡령죄를 인정한 사례(대판 2013.3.28. 2012도16191).

〈부도예상 수표 할인대금 영득 사건〉 丙이 甲에게 위 수표(부도가 예상되는 수표)의 할인을 의뢰하고 이에 따라 甲이 (그러한 사실을 알면서) 乙로부터 위 수표를 할인받았다면, 특별한 사정이 없는 한 甲이 乙로부터 지급받은 수표할인금은 丙의 소유에 속하는 것으로 보아야 할 것이고, 丙을 위하여 위 금원을 보관하는 지위에 있는 甲이 이를 임의로 소비한 것은, 위 사기범행의 피해자인 乙과의 관계에서는 위 사기죄의 불가벌적 사후행위라 할지라도 제3자인 丙에 대한 관계에서는 새로운 법익을 침해한 것으로 횡령죄가 성립한다(대판 1998.4.10. 97도3057). (13 변시)

2. 횡령행위를 부정한 판례

〈매수인이 매매대금 완납 전에 목적물을 담보로 금전을 차용한 사건〉 부동산 매수인이 매매대금의 완납 전에 그 매매목적물을 담보로 하여 금전을 차용함에 있어 매도인의 승낙을 받는 한편 매도인과 사이에 그 차용금액의 일부는 매도인에게 매매대금으로 우선 교부하여 주기로 약정한 다음 금전을 차용하여 이를 전부 임의로 소비한 경우에 매도인과 매수인 사이의 위의 약정은 매매잔대금의 지급방법의 하나를 정한 것에 불과한 것이므로, 이로써 매수인이 대금완납 시까지 매도인을 위하여 위 매매목적물을 관리하거나 담보 제공하여 차용한 금전을 보관하여야 하는 지위에 있다고 볼 수 없고, 매수인이 차용금액의 일부를 매도인에게 지급하지 아니하였다고 하더라도 이는 단순한 민사상의 채무불이행에 지나지 아니할 뿐 횡령죄는 성립하지 아니한다(대판 2005.9.29. 2005도4809).

3. 일부는 긍정하고 일부는 부정한 판례

〈마트 운영자 사건(신용카드 결제 대금과 현금 결제 대금의 구별)〉 마트 운영자와 마트내 정육코너 임차인이 별도로 있고 그 마트내에서 구입하는 물품 전부가 마트의 단일계산대에서 한꺼번에 결제되는 구조 하에서 신용카드로 결제된 판매대금과 현금으로 결제된 판매대금을 나누어, 전자의 경우 그 정산절차 등에 비추어 피고인과 임차인 사이에 그 판매대금의 소유권을 바로 임차인에게 귀속시키기로 하는 약정이 있었다고 보기 어려워 피고인이 그 판매대금을 임의로 사용하더라도 횡령죄가 성립하지 아니하나, 후자의 경우 피고인이 고객들로부터 수취한 판매대금 중 임차인에게 귀속되는 부분을 쉽게 특정할 수 있다는 점에 비추어 피고인이 그 판매대금을 임의로 사용하는 행위는 횡령에 해당한다고 판단한 원심의 결론을 정당한 것으로 수긍한 사례(대판 2010.11.25. 2010도10417).

4. 종합적으로 고려해야 한다는 판례

〈고문위촉 사건〉 [1] 회사 운영자나 대표 등이 그 내부 절차를 거쳐 고문 등을 위촉하고 급여를 지급한 행위가 업무상횡령으로 인정되기 위해서는 그와 같이 고문 등을 위촉할 필요성이나 정당성이 명백히 결여되거나 그 지급되는 급여가 합리적인 수준을 현저히 벗어나는 경우이어야 할 것이다. [2] 그리고 그에 해당하는지를 판단하기 위해서는 고문 등으로 위촉된 자의 업무수행능력뿐만 아니라, 고문 등의 위촉 경위와 동기, 고문 등으로 위촉된 자와 회사 사이의 관계, 그가 회사 발전에 기여한 내용 및 정도, 고문 등으로 위촉되어 담당하기로 한 업무의 내용 및 중요성, 회사 규모와 당시의 경제적 상황, 고문 등의 위촉으로 인하여 회사가 얻을 것으로 예상되는 유·무형의 이익, 관련 업계의 관행 등을 종합적으로 고려하여 판단하여야 할 것이다(대판 2013.6.27. 2012도4848).

2) **변호사 선임 비용의 경우** : 대표이사 등 단체를 대표하는 자가 개인의 소송사건에 대하여 자신이 보관하던 단체의 비용으로 변호사 선임 비용을 지출한 경우에는 ① **원칙적으로 횡령죄가 성립하지만** ② **예외적으로 당해 법적 분쟁이 단체와 업무적인 관련이 깊고 당시의 제반 사정에 비추어 단체의 이익을 위하여 소송을 수행하거나 고소에 대응하여야 할 특별한 필요성이 있는 경우에 한하여 횡령죄가 성립하지 않는다.**

〈**변호사 선임 비용 사건**〉 [1] 법인의 대표자 개인이 당사자가 된 민·형사사건의 변호사 비용은 법인의 비용으로 지출할 수 없는 것이 원칙이고, 예외적으로 분쟁에 대한 실질적인 이해관계는 법인에게 있으나 법적인 이유로 그 대표자의 지위에 있는 개인이 소송 기타 법적 절차의 당사자가 되었다거나 대표자로서 법인을 위해 적법하게 행한 직무행위 또는 대표자의 지위에 있음으로 말미암아 의무적으로 행한 행위 등과 관련하여 분쟁이 발생한 경우와 같이, 당해 법적 분쟁이 법인과 업무적인 관련이 깊고 당시의 제반 사정에 비추어 법인의 이익을 위하여 소송을 수행하거나 고소에 대응하여야 할 특별한 필요성이 있는 경우에 한하여 법인의 비용으로 변호사 선임료를 지출할 수 있다. [2] 반대로 법인 자체가 소송당사자가 된 경우에는 원칙적으로 그 소송의 수행이 법인의 업무수행이라고 볼 수 있으므로 그 변호사 선임료를 법인의 비용으로 지출할 수 있을 것이나, 그 소송에서 법인이 형식적으로 소송당사자가 되어 있을 뿐 실질적인 당사자가 따로 있고 법인으로서는 그 소송의 결과에 있어서 별다른 이해관계가 없다고 볼 특별한 사정이 있는 경우에는, 그 소송의 수행이 법인의 업무수행이라고 볼 수 없어 법인의 비용으로 이를 위한 변호사 선임료를 지출할 수 없다고 할 것이다(대판 2008.6.26. 2007도9679). (22 법행)

〈**재건축조합 조합장 변호사선임비용 사건**〉 재건축조합 조합장이 조합장 개인을 위하여 자신의 위법행위에 관한 형사사건의 변호인을 선임하는 것을 재건축조합의 업무라고 볼 수 없으므로, 그가 재건축조합의 자금으로 자신의 변호사 비용을 지출하였다면 이는 횡령에 해당하고, 위 형사사건의 변호사 선임료를 지출함에 있어 이사 및 대의원회의 승인을 받았다 하여도 재건축조합의 업무집행과 무관한 조합장 개인의 형사사건을 위하여 변호사 선임료를 지출하는 것이 위법한 이상 위 승인은 내재적 한계를 벗어나는 것으로서 횡령죄의 성립에 영향을 미치지 아니한다(대판 2006.10.26. 2004도6280).

〈**법인 이사의 이사직무집행정지가처분결정을 다투기 위하여 소송비용을 지급한 사건**〉 법인의 이사를 상대로 한 이사직무집행정지가처분결정이 된 경우, 당해 법인의 업무를 수행하는 이사의 직무집행이 정지당함으로써 사실상 법인의 업무수행에 지장을 받게 될 것은 명백하므로 법인으로서는 그 이사 자격의 부존재가 객관적으로 명백하여 항쟁의 여지가 없는 경우가 아닌 한 위 가처분에 대항하여 항쟁할 필요가 있다고 할 것이고, 이와 같이 필요한 한도 내에서 법인의 대표자가 법인 경비에서 당해 가처분 사건의 피신청인인 이사의 소송비용을 지급하더라도 이는 법인의 업무수행을 위하여 필요한 비용을 지급한 것에 해당하고, 법인의 경비를 횡령한 것이라고는 볼 수 없다(대판 2003. 5.30. 2003도1174).

〈상가관리운영위원회의 운영위원장 변호사 선임료 사건〉 [1] 법인의 이사를 상대로 한 이사직무집행 정지가처분 신청이 받아들여질 경우, 당해 법인의 업무를 수행하는 이사의 직무집행이 정지당함으로써 사실상 법인의 업무수행에 지장을 받게 될 것이 명백하므로, 해당 법인으로서는 그 이사 자격의 부존재가 객관적으로 명백하여 항쟁의 여지가 없는 경우가 아닌 한 위 가처분신청에 대항하여 항쟁할 필요가 있고, 위와 같은 필요에서 법인의 대표자가 법인 경비에서 당해 가처분사건의 소송비용을 지급하는 것은 법인의 업무수행을 위하여 필요한 비용을 지급하는 것에 해당한다. 따라서 이러한 지급을 가지고 법인의 경비를 횡령한 것이라고 할 수 없다. 이러한 법리는 상가관리운영위원회의 운영위원장이 그에 대하여 제기된 직무집행정지가처분 신청에 대응하기 위하여 선임한 변호사의 선임료를 상가 관리비에서 지급한 경우에도 마찬가지로 적용된다. [2] 그리고 법인 자체가 소송당사자가 된 경우에는 원칙적으로 그 소송의 수행이 법인의 업무수행이라고 볼 수 있으므로 그 소송에서 법인이 형식적으로 소송당사자가 되어 있을 뿐 실질적인 당사자가 따로 있고 법인으로서는 그 소송의 결과에 있어서 별다른 이해관계가 없다고 볼 만한 특별한 사정이 없는 한 그 변호사 선임료를 법인의 비용으로 지출할 수 있다(대판 2019.5.30. 2016도5816).

3) 뇌물을 공여하거나 배임증재한 경우 : 대표이사 등 단체를 대표하는 자가 자기가 보관하는 단체의 금전으로 뇌물을 공여하거나 배임증재한 경우 ① 원칙적으로 횡령죄가 성립하지만 ② 예외적으로 오로지 회사의 이익을 도모할 목적인 경우에는 횡령죄가 성립하지 않는다.

〈뇌물을 공여하거나 배임증재한 사건〉 회사가 기업활동을 하면서 형사상의 범죄를 수단으로 하여서는 안 되므로 뇌물공여를 금지하는 법률 규정은 회사가 기업활동을 할 때 준수하여야 하고, 따라서 회사의 이사 등이 업무상의 임무에 위배하여 보관 중인 회사의 자금으로 뇌물을 공여하였다면 이는 오로지 회사의 이익을 도모할 목적이라기보다는 뇌물공여 상대방의 이익을 도모할 목적이나 기타 다른 목적으로 행하여진 것이라고 보아야 하므로, 그 이사 등은 회사에 대하여 업무상횡령죄의 죄책을 면하지 못한다. 그리고 특별한 사정이 없는 한 이러한 법리는 회사의 이사 등이 회사의 자금으로 부정한 청탁을 하고 배임증재를 한 경우에도 마찬가지로 적용된다(대판 2013.4.25. 2011도9238). (24 1차)

(2) 반환거부

반환거부란 자기가 보관하고 있는 타인의 재물에 관한 소유자의 반환요청에 대하여 그 소유자의 권리를 배제하는 의사표시를 하는 행위를 말한다. 그리고 이러한 반환거부 역시 영득행위이어야 하므로 '반환의 거부'가 횡령죄를 구성하려면 타인의 재물을 보관하는 자가 단순히 반환을 거부한 사실만으로는 부족하고 반환거부의 이유와 주관적인 의사들을 종합하여 반환거부행위가 횡령행위와 같다고 볼 수 있을 정도이어야 한다.

〈송금절차 착오한 금원을 상계한 사건〉 [1] 형법 제355조 제1항에서 정하는 '반환의 거부'란 보관물에 대하여 소유자의 권리를 배제하는 의사표시를 하는 행위를 뜻하므로, '반환의 거부'가 횡령죄를 구성하려면 타인의 재물을 보관하는 자가 단순히 반환을 거부한 사실만으로는 부족하고 반환거부의 이유와 주관적인 의사들을 종합하여 반환거부행위가 횡령행위와 같다고 볼 수 있을 정도이어야 한다. 횡령죄에서 불법영득의 의사는 타인의 재물을 보관하는 자가 그 취지에 반하여 정당한 권원 없이 스스로 소유권자와 같이 이를 처분하는 의사를 말하므로 비록 반환을 거부하였더라도 반환거부에 정당한 이유가 있다면 불법영득의 의사가 있다고 할 수 없다. [2] 주류업체 갑 주식회사의 사내이사인 피고인이 피해자를 상대로 주류대금 청구소송을 제기한 민사 분쟁 중 피해자가 착오로 피고인이 관리하는 갑 회사 명의 계좌로 금원을 송금하여 피고인이 이를 보관하게 되었는데, 피고인은 피해자로부터 위 금원이 착오송금된 것이라는 사정을 문자메시지를 통해 고지받아 위 금원을 반환해야 할 의무가 있었음에도, 피해자와 상계 정산에 관한 합의 없이 피고인이 주장하는 주류대금 채권액을 임의로 상계 정산한 후 반환을 거부하여 횡령죄로 기소된 사안에서, 피고인이 피해자의 착오로 갑 회사 명의 계좌로 송금된 금원 중 갑 회사의 피해자에 대한 채권액에 상응하는 부분에 관하여 반환을 거부한 행위는 정당한 상계권의 행사로 볼 여지가 있으므로, 피고인의 반환거부행위가 횡령행위와 같다고 보아 불법영득의사를 인정한 원심판결에 법리오해의 잘못이 있다고 한 사례(대판 2022.12.29. 2021도2088). (24 변시)(24 3차)

〈부동산의 매도 위임을 받은 자가 계약금반환을 거부한 사건〉 피고인이 금전의 수수를 수반하는 부동산의 매도에 관한 사무의 위탁의 취지에 반하여 부동산의 매매계약금으로 수령한 돈을 자신의 피해자에 대한 채권의 변제에 충당한다는 명목으로 그 반환을 거부하면서 자기의 소유인 것 같이 이를 처분하였다면 피고인이 위 매매계약금의 반환을 거부한 데에는 정당한 사유가 있다고 할 수 없어 불법영득의 의사가 인정된다고 한 사례(대판 2004.3.12. 2004도134).

〈반환하지 못하는 이유를 수시로 번복한 사건〉 피해자로부터 불상(금제삼존불상)을 팔아달라는 부탁을 받았는지 또는 부탁을 받지 않은 상태에서 가지고 나왔는지는 분명하지 아니하나 불상을 보관하고 있었음은 명백한 상태에서, 피해자로부터 불상의 반환을 요구받고도 이를 반환하지 아니하였고, 그와 같이 반환하지 못하는 이유를 수시로 번복하고 있을 뿐 불상의 행방에 관하여 납득할 만한 설명을 하지 못하고 있는 행위가, 형법 제355조 제1항의 '타인의 재물을 보관하는 자가 그 반환을 거부한 때'에 해당한다고 본 사례(대판 2009.12.10. 2008도10669).

〈보관자가 사용처를 제대로 설명 못한 사건〉 불법영득의사를 실현하는 행위로서의 횡령행위가 있다는 점은 검사가 입증하여야 하는 것으로서, 그 입증은 법관으로 하여금 합리적인 의심을 할 여지가 없을 정도의 확신을 생기게 하는 증명력을 가진 엄격한 증거에 의하여야 하는 것이고 이와 같은 증거가 없다면 설령 피고인에게 유죄의 의심이 간다고 하더라도 피고인의 이익으로 판단할 수밖에 없지만, 피고인이 자신이 위탁받아 보관하고 있던 돈이 없어졌는데도 그 행방이나 사용처를 제대로 설명하지 못한다면 일단 피고인이 이를 임의소비하여 횡령한 것이라고 추단할 수 있다(대판 2001. 9.4. 2000도1743).

〈익명조합관계를 주장한 사건〉 실질적으로 피해자가 단독으로 운영하여 오던 사업장이어서 그 사업장의 재산은 피해자의 단독 소유라고 할 것임에도, 익명조합관계의 영업자의 지위에 있다고 주장하면서 사업장의 재산의 반환을 거부한 사안에서, 횡령죄의 성립을 인정한 사례(대판 2009.4.23. 2007도9924).

〈진정한 소유자가 밝혀질 때까지 반환거부한 사건〉 보관자의 지위에 있는 등기명의자가 명의이전을 거부하면서 부동산의 진정한 소유자가 밝혀진 후에 명의이전을 하겠다는 의사를 표시하였다면 불법영득의 의사를 가지고 그 반환을 거부한 것이라고 단정할 수 없다(대판 2002.9.4. 2000도637).

〈납득할 만한 합리적인 설명과 증빙자료 제출한 사건〉 임대인이 피고인의 처이고, 정식으로 임대차계약이 체결되기 전에 임차보증금 명목의 돈을 일부 지급한 것이 사단법인의 기본재산으로 용도가 특정된 금원을 횡령한 것으로 공소제기된 사안에서, 사용처, 사용목적, 경위, 결과 등에 관하여 불법영득의사의 존재를 인정하기 어려운 사유를 들어 납득할 만한 합리적인 설명을 하고 충분한 증빙자료를 제출하고 있다면 위 금원을 횡령한 것으로 추단할 수 없다고 한 사례(대판 2009.4.23, 2009도495).

(3) 횡령죄의 미수

횡령죄는 자기가 보관하는 타인소유물을 영득하는 범죄로서 외관상 점유이전이 없으므로 영득의사의 표현으로 즉시 범죄가 완성된다고 볼 수 있다. 이러한 횡령죄에 대하여 현행법은 제359조에서 미수범 처벌규정을 두고 있지만, 이론적으로 횡령죄의 미수범이 성립될 수 있는지에 대하여 논의가 있었다. 그러나 현재 판례는 횡령죄의 미수를 긍정하고 있다.

(4) 횡령죄의 기수시기

횡령죄의 기수시기를 언제로 볼 것인지에 대하여 ① 행위자의 불법영득의사가 객관적으로 실현된 때에 기수가 된다는 실현설도 있지만, ② 다수설과 판례는 행위자의 불법영득의사가 외부에 인식될 수 있도록 객관적으로 표현되었을 때 기수가 된다는 표현설의 입장이다. 그러나 최근에는 횡령죄가 구체적 위험범이라는 전제하에 횡령죄의 미수를 인정한 판례가 있어 주목을 받고 있다.

〈횡령죄의 기수시기에 대하여 표현설을 따른 판례〉 횡령죄의 구성요건으로서의 횡령행위란 불법영득의사를 실현하는 일체의 행위를 말하고, 횡령죄에 있어서의 행위자는 이미 타인의 재물을 점유하고 있으므로 점유를 자기를 위한 점유로 변개하는 의사를 일으키면 곧 영득의 의사가 있었다고 할 수 있지만, 단순한 내심의 의사만으로는 횡령행위가 있었다고 할 수 없고 영득의 의사가 외부에 인식될 수 있는 객관적 행위가 있을 때 횡령죄가 성립한다(대판 1993.3.9, 92도2999).

〈횡령죄를 구체적 위험범으로 본 판례〉 [사실관계] 甲은 2007년부터 A가 자금을 대 구입한 강원도 평창 소재 임야의 소나무 39그루와 팥배나무 1그루를 관리해왔다. 甲은 2008년 4월 처분권한이 없는데도 乙에게 나무 40그루를 1억9000만 원에 매도하는 계약을 체결하고, 그 자리에서 계약금 명목으로 5000만 원을 받아 임의로 사용하였다. 이후 수목에 대해 甲 혹은 乙 명의의 명인방법 등의 조치를 취한 적도 없었고 수목을 토지에서 분리·보관하거나 분리·반출한 사실도 없는 상황에서 이 사실을 알게 된 A에 의하여 고소되었다. 甲의 죄책은? [판결요지] [1] 횡령죄는 소유권 등 본권이 침해될 위험성이 있으면 그 침해의 결과가 발생하지 않더라도 성립하는 위험범인데, 여기서 위험범이라는 것은 횡령죄가 개인적 법익침해를 전제로 하는 재산범죄의 일종임을 감안할 때 단순히 사회 일반에 대한 막연한 추상적 위험이 발생하는 것만으로는 부족하고 소유자의 본권 침해에 대한 구체적 위험이 발생하는 수준에 이를 것을 요한다. [2] 피고인이 피해자로부터 위탁받아 식재·관리하여 오던 나무들을 피해자 모르게 제3자에게 매도하는 계약을 체결하고 제3자로부터 계약금을 수령한 상태에서 피해자에게 적발되어 위 계약이 더 이행되지 아니하고 무위로 그친 경우, 피고인의 행위를 횡령기수가 아니라 횡령미수에 해당한다고 본 사례(대판 2012.8.17, 2011도9113).
횡령죄의 미수가 성립한다. (14 변시)(23 변시)

4. 주관적 구성요건

(1) 고 의

본죄의 객관적 구성요건요소에 대한 인식과 의사가 있어야 한다. 즉 재물보관자의 지위를 인식하고 자기가 보관하고 있는 재물에 대한 횡령 또는 반환거부를 한다는 인식과 의사가 있어야 한다.

(2) 불법영득의 의사

1) 일반론 : 불법영득의 의사는 타인의 재물을 보관하는 자가 위탁의 취지에 반하여 자기 또는 제3자의 이익을 위하여 권한 없이 재물을 자기의 소유인 것처럼 사실상 또는 법률상 처분하는 의사를 의미한다. 따라서 보관자가 자기 또는 제3자의 이익을 위한 것이 아니라 소유자의 이익을 위하여 이를 처분한 경우에는 특별한 사정이 없는 한 불법영득의 의사를 인정할 수 없다.

┃ 불법영득의사 관련 판례 정리

1. 기본 법리 판례

〈**불법영득의사의 개념**〉 횡령죄에서 불법영득의 의사는 타인의 재물을 보관하는 자가 위탁의 취지에 반하여 자기 또는 제3자의 이익을 위하여 권한 없이 재물을 자기의 소유인 것처럼 사실상 또는 법률상 처분하는 의사를 의미한다(대판 2017.2.15. 2013도14777).

2. 사후에 변상 · 보전하려는 의사가 있어도 불법영득의사가 인정된다는 판례

〈**사후에 반환하거나 변상 · 보전하려는 의사가 있어도 불법영득의사가 인정된다는 판례**〉 업무상횡령죄에 있어서 불법영득의 의사라 함은 자기 또는 제3자의 이익을 꾀할 목적으로 업무상의 임무에 위배하여 보관하는 타인의 재물을 자기의 소유인 경우와 같은 처분을 하는 의사를 말하고 사후에 이를 반환하거나 변상, 보전하는 의사가 있다 하더라도 불법영득의 의사를 인정함에 지장이 없다(대판 2006.6.2. 2005도3431).

〈**대표이사가 대출금 임의 사용하고 상환한 사건**〉 대표이사가 회사 명의로 대출을 받을 당시 금융기관에 '자신이 실제 채무자이고 회사는 단순히 형식상의 주채무자'라는 의사표시를 하거나, 대출담당자가 '회사에 대해서는 채무자로서의 책임을 지우지 아니하려는 의도'를 가지고 있었다고 인정할 아무런 자료가 없는 사안에서, 금융기관과 회사 사이의 대출약정을 통정허위표시로 볼 수 없으므로, 대표이사가 회사에 귀속된 위 대출금을 인출하여 임의로 사용한 행위는 업무상횡령에 해당하고, 그 후 개인자금으로 대출금 상당액을 상환하였다는 등의 사정은 범죄 성립에 영향을 미치지 아니한다고 한 사례(대판 2010.5.27. 2010도369).

3. 소유자의 이익을 위하여 처분하면 불법영득의사가 인정되지 않는다는 판례

〈**소유자의 이익을 위하여 처분한 사건**〉 횡령죄에서의 불법영득의 의사는 타인의 재물을 보관하는 자가 자기 또는 제3자의 이익을 위하여 위탁의 취지에 반하여 권한 없이 그 재물을 자기의 소유인 것처럼 처분하는 의사를 말하므로, 보관자가 소유자의 이익을 위하여 이를 처분하였다면 불법영득의 의사가 없다고 볼 수도 있다(대판 2000.2.28. 99도3982).

〈**아파트 입주자대표회의 회장 특별수선충당금 사건**〉 [1] 횡령죄에서 불법영득의 의사는 타인의 재물을 보관하는 자가 위탁의 취지에 반하여 자기 또는 제3자의 이익을 위하여 권한 없이 재물을 자기의 소유인 것처럼 사실상 또는 법률상 처분하는 의사를 의미하므로, 보관자가 자기 또는 제3자의 이익을 위한 것이 아니라 소유자의 이익을 위하여 이를 처분한 경우에는 특별한 사정이 없는 한 불법영득의 의사를 인정할 수 없다. [2] 甲 아파트의 입주자대표회의 회장인 피고인이, 일반 관리비와 별도로 입주자대표회의 명의 계좌에 적립·관리되는 특별수선충당금을 아파트 구조진단 견적비 및 시공사인 乙 주식회사에 대한 손해배상청구소송의 변호사 선임료로 사용함으로써 아파트 관리규약에 의하여 정하여진 용도 외에 사용하였다고 하여 업무상횡령으로 기소된 사안에서, 피고인이 특별수선충당금을 위와 같이 지출한 것이 위탁의 취지에 반하여 자기 또는 제3자의 이익을 위하여 자기의 소유인 것처럼 처분하였다고 단정하기 어려우므로, 피고인의 불법영득의사를 인정한 원심판결에 업무상횡령죄의 불법영득의사에 관한 법리오해의 잘못이 있다고 한 사례(대판 2017.2.15. 2013도14777). (22 경1)

4. 비자금 관련 판례

〈비자금 조성의 원칙 판례〉 법인의 회계장부에 올리지 않고 법인의 운영자나 관리자가 회계로부터 분리시켜 별도로 관리하는 이른바 비자금은, 법인을 위한 목적이 아니라 법인의 자금을 빼내어 착복할 목적으로 조성한 것임이 명백히 밝혀진 경우에는 조성행위 자체로써 불법영득의 의사가 실현된 것으로 볼 수 있다(대판 2017.5.30. 2016도9027). (22 2차)

〈비자금 조성의 예외 판례〉 법인의 운영자 또는 관리자가 법인의 자금을 이용하여 비자금을 조성하였다고 하더라도 그것이 당해 비자금의 소유인 법인 이외의 제3자가 이를 발견하기 곤란하게 하기 위한 장부상의 분식에 불과하거나 법인의 운영에 필요한 자금을 조달하는 수단으로 인정되는 경우에는 불법영득의 의사를 인정하기 어렵다(대판 2010.12.9. 2010도11015). (19 변시)

〈비자금의 사용처 해명 사건〉 피고인들이 보관·관리하고 있던 회사의 비자금이 인출·사용되었음에도 피고인들이 그 행방이나 사용처를 제대로 설명하지 못하거나, 피고인들이 주장하는 사용처에 사용된 자금이 그 비자금과는 다른 자금으로 충당된 것으로 드러나는 등 피고인들이 주장하는 사용처에 비자금이 사용되었다는 점을 인정할 수 있는 자료가 부족하고 오히려 피고인들이 비자금을 개인적인 용도에 사용하였다는 점에 대한 신빙성 있는 자료가 많은 경우 등에는 피고인들이 그 돈을 불법영득의 의사로써 횡령한 것이라고 추단할 수 있을 것이다. 하지만 이와 달리 피고인들이 불법영득의사의 존재를 인정하기 어려운 사유를 들어 비자금의 행방이나 사용처에 대한 설명을 하고 있고 이에 부합하는 자료도 있다면, 피고인들이 그 보관·관리하고 있던 비자금을 일단 타 용도로 소비한 다음 그만한 돈을 별도로 입금 또는 반환한 것이라는 등의 사정이 인정되지 아니하는 한, 함부로 보관·관리하고 있던 비자금을 불법영득의사로 인출하여 횡령하였다고 인정할 수는 없다(대판 2012.8.23. 2011도14045). (16 변시)

5. 기타 불법영득의사를 긍정한 판례

〈위탁받은 금원을 자신의 채권에 충당한 사건〉 타인에 대한 채무의 변제를 위하여 위탁받은 금원을 함부로 자신의 위탁자에 대한 채권에 충당함은 당초의 금원 위탁의 취지에 위반되는 것으로서 횡령죄를 구성한다고 볼 것이고, 위탁자에 대한 채권의 존재는 횡령죄의 성립에 영향을 미치는 것이 아니다(대판 1984.11.13. 84도1199).

〈별도의 금전채권이 있었던 시간〉 업무상횡령죄는 불법영득의 의사가 확정적으로 외부에 표시되었을 때 성립하는 것이므로, 횡령의 범행을 한 자가 물건의 소유자에 대하여 별도의 금전채권을 가지고 있었다고 하더라도 횡령 범행 전에 상계 정산하였다는 등 특별한 사정이 없는 한 그러한 사유만으로 이미 성립한 업무상횡령죄에 영향을 미칠 수는 없다(대판 2014.5.16. 2013도15895).

〈선거자금 지원 사건〉회사의 이사가 보관 중인 회사 재산을 처분하여 그 대금을 공직선거에 입후보한 타인의 선거자금으로 지원한 경우 그것이 회사의 이익을 도모할 목적으로 합리적인 범위 내에서 이루어졌다면 그 이사에게 횡령죄에 있어서 요구되는 불법영득의 의사가 있다고 할 수 없을 것이나, 그것이 회사의 이익을 도모할 목적보다는 그 후보자 개인의 이익을 도모할 목적이나 기타 다른 목적으로 행하여졌다면 그 이사는 회사에 대하여 횡령죄의 죄책을 면하지 못한다(대판 1999.6.25. 99도1141).

6. 기타 불법영득의사를 부정한 판례

〈대표이사가 회사소유 금전으로 자기 채권 변제충당한 사건〉회사에 대하여 개인적인 채권을 가지고 있는 대표이사가 회사를 위하여 보관하고 있는 회사 소유의 금전으로 자신의 채권의 변제에 충당하는 행위는 회사와 이사의 이해가 충돌하는 자기거래행위에 해당하지 않는다고 할 것이므로, 대표이사가 이사회의 승인 등의 절차 없이 그와 같이 자신의 회사에 대한 채권을 변제하였더라도 이는 대표이사의 권한 내에서 한 회사채무의 이행행위로서 유효하며, 따라서 그에게는 불법영득의 의사가 인정되지 아니하여 횡령죄의 죄책을 물을 수 없다(대판 2002.7.26. 2001도5459).

〈타인의 휴대전화 사용과 횡령죄〉피고인이 갑과 함께 소주방에서 술을 마시다가 서로 몸싸움을 하는 과정에서 갑이 떨어뜨리고 간 휴대전화를 소주방 업주로부터 건네받아 보관하던 중 갑의 휴대전화를 임의로 사용하는 등 횡령하였다는 내용으로 기소된 사안에서, 피고인은 조리상 갑을 위하여 휴대전화를 보관하는 지위에 있으나, 갑의 휴대전화를 임의로 사용한 것만으로는 불법영득의사가 있었다고 단정하기 어렵다고 한 사례(대판 2014.3.13. 2012도5346).

2) 용도가 제한된 자금을 용도 외로 사용한 경우

▌용도가 제한된 자금 관련 판례 정리

1. 용도가 제한된 자금 사용에 대한 논의

용도가 엄격히 제한된 자금을 사용한 경우에는 원칙적으로 횡령죄가 성립한다. 그러나 용도가 엄격히 제한되지 않은 경우에는 개별적으로 고찰하여 판단하여야 한다.

2. 기본 법리 판례

〈용도가 제한된 자금을 용도외로 사용한 경우의 법리〉횡령죄에 있어서의 불법영득의 의사라 함은 자기 또는 제3자의 이익을 꾀할 목적으로 보관하고 있는 타인의 재물을 자기의 소유인 것과 같이 사실상 또는 법률상 처분하는 의사를 의미하는 것으로, 타인으로부터 용도가 엄격히 제한된 자금을 위탁받아 집행하면서 그 제한된 용도 이외의 목적으로 자금을 사용하는 것은, 그 사용이 개인적인 목적에서 비롯된 경우는 물론 결과적으로 자금을 위탁한 본인을 위하는 면이 있더라도, 그 사용행위 자체로서 불법영득의 의사를 실현한 것이 되어 횡령죄가 성립한다(대판 2002.8.23. 2002도366). (12 변시)(22 변시)

3. (업무상) 횡령죄를 긍정한 판례

〈우수상인유치비 사건〉주상복합상가의 매수인들로부터 우수상인유치비 명목으로 금원을 납부받아 보관하던 중 그 용도와 무관하게 일반경비로 사용한 경우 횡령죄를 구성한다고 한 사례(대판 2002.8.23. 2002도366). (12 변시)

〈**통근차량 사건**〉 노동조합이, 사용자단체로부터 조합원들의 출퇴근 편의를 위한 통근차량의 구입 및 유지에 사용하도록 용도가 제한된 자금을 수령하여 위 조합의 '차량유지비' 특별회계로 운용하는 한편 이를 조합간부 등에 대한 유류비로 지급한 행위가 업무상 횡령에 해당하고, 그 후 이루어진 대의원대회에서 결산 결의가 있었다고 하더라도 이미 성립한 업무상 횡령죄에 영향이 없다고 한 사례(대판 2007.2.22. 2006도2238).

〈**특별수선충당금 사건**〉 집합건물의 관리회사가 구분소유자들로부터 특별수선충당금의 명목으로 금원을 납부받아 보관하던 중 이를 일반경비로 사용한 경우 횡령죄를 구성한다고 한 사례 (대판 2004.5.27. 2003도6988).

〈**교비회계자금 사건**〉 사립학교의 교비회계에 속하는 수입을 적법한 교비회계의 세출에 포함되는 용도 즉, 당해 학교의 교육에 직접 필요한 용도가 아닌 다른 용도에 사용하였다면 그 사용행위 자체로서 불법영득의사를 실현하는 것이 되어 그로 인한 죄책을 면할 수 없다(대판 2008.2.29. 2007도9755).

〈**대학 산학협력단 사건**〉 학교법인 이사장인 피고인이, 학교법인이 설치·운영하는 대학 산학협력단이 용도를 특정하여 교부받은 보조금 중 3억 원을 대학 교비계좌로 송금하여 교직원 급여 등으로 사용한 사안에서, 위 행위는 국고보조금으로 교부된 산학협력단 자금을 지정된 용도 외의 용도에 사용한 것으로서 업무상횡령죄에 해당한다고 본 원심판단을 수긍한 사례(대판 2011.10.13. 2009도13751).

〈**거실 확장 공사비용 사건**〉 학교법인의 이사장인 피고인이 그 산하 대학의 건물 중 일부를 정관 기타 규정상의 근거 없이 주거용으로 사용하여 오다가 거실확장 공사 및 인테리어 공사를 하게 한 후 그 공사대금을 대학 교비회계에 속하는 수입으로 지급한 행위는 대학의 교육에 직접 필요한 용도가 아닌 다른 용도에 교비회계 자금을 사용한 것과 마찬가지이므로 사립학교법상 허용되는 교비회계의 세출에 포함된다고 볼 수 없다고 보아 업무상횡령죄의 유죄를 인정한 원심을 수긍한 사례(대판 2012.5.10. 2011도12408).

〈**수개의 학교법인 운영 사건**〉 수 개의 학교법인을 운영하는 자가 각 학교법인의 금원을 다른 학교법인을 위하여 사용한 경우, 각 학교법인은 별개의 법인격을 가진 소유의 주체로서 이를 실질적으로 1개의 학교법인이라고 볼 수 없으므로 각 학교법인의 금원을 다른 학교법인을 위하여 사용한 경우 이를 단순히 예산항목을 유용하거나 장부상의 분식이나 이동에 불과하다고 할 수 없고, 각 학교법인 사이에서의 자금이동이 단순한 대차관계에 불과하다고 할 수도 없다는 이유로 횡령죄의 성립을 인정한 사례(대판 2000.12.8. 99도214).

〈**사회단체보조금 사건**〉 '장흥군 사회단체보조금 지원에 관한 조례' 등의 규정에 비추어 위 조례상의 보조금은 그 용도가 엄격히 제한된 자금으로 보아야 하고, 위와 같은 보조금을 집행할 직책에 있는 자가 자기 자신의 이익을 위한 것이 아니고 경비부족을 메우기 위하여 보조금을 전용하였더라도, 업무상횡령죄의 '불법영득의사'를 부인할 수 없다고 한 사례(대판 2010.9.30. 2010도987). (22 2차)

4. (업무상) 횡령죄를 부정한 판례

〈**용도가 엄격히 제한된 것이 아닌 사건**〉 타인으로부터 용도나 목적이 엄격히 제한된 자금을 위탁받아 집행하면서 그 제한된 용도 이외의 목적으로 자금을 사용하는 것은 그 사용행위 자체로서 불법영득의사를 실현한 것이 되어 횡령죄가 성립한다. 그러나 단체의 대표자가 단체를 위하여 자금을 지출하면서 법령의 규정 또는 단체 내부 규정으로 그 자금의 용도가 엄격하게 제한된 것이 아닐 뿐 아니라 그 자금을 집행하기 위한 단체 내부의 정상적인 절차를 거쳤다면, 본래 사용될 이외의 목적으로 자금을 지출하였다는 사정만으로 그 지출행위에 불법영득의사가 있었다고 단정할 수 없다(대판 2013.2.15. 2011도13606).

3) 예산을 전용한 경우

┃ 예산 전용 관련판례 정리

1. 예산 전용에 대한 논의점

    예산을 전용한 경우에는 그 예산의 항목유용 자체가 위법한 목적을 가지고 있다거나 예산의 용도가 엄격하게 제한되어 있는 경우에는 불법영득의 의사가 인정된다.

2. 관련 판례

    〈예산을 전용한 경우의 법리〉 업무상횡령죄에 있어서의 불법영득의 의사라 함은 자기 또는 제3자의 이익을 꾀할 목적으로 업무상의 임무에 위배하여 보관하고 있는 타인의 재물을 자기의 소유인 것과 같이 사실상 또는 법률상 처분하는 의사를 의미하는 것으로, 예산을 집행할 직책에 있는 자가 자기 자신의 이익을 위한 것이 아니고 경비부족을 메우기 위하여 예산을 전용한 경우, 그것이 본래 책정되거나 영달되어 있어야 할 필요경비이기 때문에 일정한 절차를 거치면 그 지출이 허용될 수 있었던 때에는 그 간격을 메우기 위한 유용이 있었다는 것만으로 바로 그 유용자에게 불법영득의 의사가 있었다고 단정할 수는 없는 것이지만, 그 예산의 항목유용 자체가 위법한 목적을 가지고 있다거나 예산의 용도가 엄격하게 제한되어 있는 경우에는 불법영득의 의사가 인정된다(대판 2004.12.24. 2003도4570).

    〈출장비 사건〉 출장비 예산의 항목유용 자체가 위법한 목적이 있다거나 예산의 용도가 엄격하게 제한되어 있다고 볼만한 사정이 없다면 단지 피고인이 출장비를 지정용도 이외로 임의 소비하였다는 것만으로 바로 피고인에게 불법영득의 의사를 인정할 수는 없다(대판 2002.11.26. 2002도5130).

5. 횡령액의 산정 관련 판례

    〈동업재산 소비 사건〉 동업자 사이에 손익분배 정산이 되지 아니하였다면 동업자 한 사람이 임의로 동업자들의 합유에 속하는 동업재산을 처분할 권한이 없는 것이므로, 동업자 한 사람이 동업재산을 보관 중 임의로 횡령하였다면 지분비율에 관계없이 횡령한 금액 전부에 대하여 횡령죄의 죄책을 부담한다(대판 2011.6.10. 2010도17684). (12 변시)(15 변시)

    〈횡령 후 사후 변상한 사건〉 횡령죄에 있어서 불법영득의 의사라 함은 자기 또는 제3자의 이익을 꾀할 목적으로 임무에 위배하여 보관하는 타인의 재물을 자기의 소유인 경우와 같이 처분을 하는 의사를 말하고, 사후에 이를 반환하거나 변상, 보전하는 의사가 있다 하더라도 불법영득의 의사를 인정함에는 지장이 없으며, 그와 같이 사후에 변상하거나 보전한 금액을 횡령금액에서 공제해야 하는 것도 아니다(대판 2012.1.27. 2011도14247).

    〈과다하게 부풀린 공사대금 사건〉 타인을 위하여 금전 등을 보관·관리하는 자가 개인적 용도로 사용할 자금을 마련하기 위하여, 적정한 금액보다 과다하게 부풀린 금액으로 공사계약을 체결하기로 공사업자 등과 사전에 약정하고 그에 따라 과다 지급된 공사대금 중의 일부를 공사업자로부터 되돌려 받는 행위는 그 타인에 대한 관계에서 과다하게 부풀려 지급된 공사대금 상당액의 횡령이 된다(대판 2015.12.10. 2013도13444). [COMMENT] 제6회 변호사시험 사례형 문제에서 논란이 중심에 섰던 판례이다. 이러한 판례의 논리에 따르면 과다하게 부풀려진 금전을 되돌려 받은 행위는 배임수재죄가 성립하기 어려울 것이다. [2017 변시][2024 1차]

〈특경법상 이득액 판단〉특정경제범죄 가중처벌 등에 관한 법률 제3조 제1항은 특정재산범죄를 범한 자가 범죄행위로 인하여 취득하거나 제3자로 하여금 취득하게 한 재물 또는 재산상 이익의 가액 (이하 '이득액'이라 한다)이 5억 원 이상인 때 가중처벌하고 있는데, 여기서 말하는 '이득액'은 단순일죄의 이득액이나 혹은 포괄일죄가 성립되는 경우 이득액의 합산액을 의미하고, 경합범으로 처벌될 수죄에서 이득액을 합한 금액을 의미하는 것은 아니다(대판 2011.7.28. 2009도8265). (19 변시)

III. 관련문제

(1) 공 범

횡령죄는 진정신분범이다. 따라서 가담자가 비신분이더라도 제33조 본문의 적용으로 횡령죄로 처벌된다. 타인의 재물을 보관하는 자가 업무상 보관자인 경우에는 이중 신분범이므로 제33조의 본문과 단서가 경합하여 적용되게 된다.

(2) 죄 수

1) 죄수 판단 : 횡령죄의 죄수판단은 **위탁관계의 수를 기준**으로 판단한다. 이에 의하면 1개의 행위로 수인으로부터 위탁받은 재물들을 횡령하면 수개의 횡령죄의 상상적 경합이 되고, 1인에게서 위탁받은 수인 소유의 재물들을 횡령하면 단순일죄가 된다. 그리고 수개의 행위로 하나의 위탁된 재물을 횡령한 경우에는 연속범과 같은 포괄일죄가 되는 경우이외에는 실체적 경합이 인정되어야 할 것이다.

〈여러 개의 위탁관계 사건〉여러 개의 위탁관계에 의하여 보관하던 여러 개의 재물을 1개의 행위에 의하여 횡령한 경우 위탁관계별로 수개의 횡령죄가 성립하고, 그 사이에는 상상적 경합의 관계가 있는 것으로 보아야 한다(대판 2013.10.31. 2013도10020).

〈횡령죄의 연속범〉수개의 업무상 횡령행위라 하더라도 피해법익이 단일하고, 범죄의 태양이 동일하며 단일 범의의 발현에 기인하는 일련의 행위라고 인정될 때에는 포괄하여 1개의 범죄라고 봄이 타당하다(대판 2006.6.2. 2005도3431).

2) 횡령물을 다시 횡령한 경우의 죄책

▎보관물을 횡령한 후 다시 횡령한 경우의 죄수관계

1. 보관물을 횡령 후 다시 횡령한 경우의 죄수 관계

보관물을 횡령한 후 다시 횡령한 경우에 종래 판례는 일단 횡령을 한 이후에 다시 그 재물을 처분하는 것은 불가벌적 사후행위에 해당하여 처벌할 수 없다고 보았다. 그러나 최근 전합판례에서는 '후행 처분행위에 의해 새로운 위험을 추가하는 것이 아니라면 후행 처분행위에 의해 발생한 위험은 선행 처분행위에 의하여 이미 성립된 횡령죄에 의해 평가된 위험에 포함되는 것이므로 후행 처분행위는 이른바 불가벌적 사후행위에 해당하지만, 후행 처분행위가 이를 넘어서서 선행 처분행위로 예상할 수 없는 새로운 위험을 추가함으로써 법익침해에 대한 위험을 증가시키거나 선행 처분행위와는 무관한 방법으로 법익침해의 결과를 발생시키는 경우라면 별도로 횡령죄를 구성한다고 보아야 한다'라고 하여 종래의 태도를 변경하여 횡령죄의 성립을 긍정할 수 있다고 판시하였다.

2. 관련 판례

〈보관 부동산에 근저당설정 후 매도한 사건(선행 처분행위에 대하여 횡령죄가 성립한 후에 하는 후행 처분행위는 새로운 위험을 추가하게 된 경우에는 새로운 횡령죄가 성립한다는 판례)〉
[1] [다수의견] (가) 횡령죄는 다른 사람의 재물에 관한 소유권 등 본권을 보호법익으로 하고 법익침해의 위험이 있으면 침해의 결과가 발생되지 아니하더라도 성립하는 위험범이다. 그리고 일단 특정한 처분행위(이를 '선행 처분행위'라 한다)로 인하여 법익침해의 위험이 발생함으로써 횡령죄가 기수에 이른 후 종국적인 법익침해의 결과가 발생하기 전에 새로운 처분행위(이를 '후행 처분행위'라 한다)가 이루어졌을 때, 후행 처분행위가 선행 처분행위에 의하여 발생한 위험을 현실적인 법익침해로 완성하는 수단에 불과하거나 그 과정에서 당연히 예상될 수 있는 것으로서 새로운 위험을 추가하는 것이 아니라면 후행 처분행위에 의해 발생한 위험은 선행 처분행위에 의하여 이미 성립된 횡령죄에 의해 평가된 위험에 포함되는 것이므로 후행 처분행위는 이른바 불가벌적 사후행위에 해당한다. 그러나 후행 처분행위가 이를 넘어서서, 선행 처분행위로 예상할 수 없는 새로운 위험을 추가함으로써 법익침해에 대한 위험을 증가시키거나 선행 처분행위와는 무관한 방법으로 법익침해의 결과를 발생시키는 경우라면, 이는 선행 처분행위에 의하여 이미 성립된 횡령죄에 의해 평가된 위험의 범위를 벗어나는 것이므로 특별한 사정이 없는 한 별도로 횡령죄를 구성한다고 보아야 한다. (나) 따라서 타인의 부동산을 보관 중인 자가 불법영득의사를 가지고 그 부동산에 근저당권설정등기를 경료함으로써 일단 횡령행위가 기수에 이르렀다 하더라도 그 후 같은 부동산에 별개의 근저당권을 설정하여 새로운 법익침해의 위험을 추가함으로써 법익침해의 위험을 증가시키거나 해당 부동산을 매각함으로써 기존의 근저당권과 관계없이 법익침해의 결과를 발생시켰다면, 이는 당초의 근저당권 실행을 위한 임의경매에 의한 매각 등 그 근저당권으로 인해 당연히 예상될 수 있는 범위를 넘어 새로운 법익침해의 위험을 추가시키거나 법익침해의 결과를 발생시킨 것이므로 특별한 사정이 없는 한 불가벌적 사후행위로 볼 수 없고, 별도로 횡령죄를 구성한다. [2] 피해자 갑 종중으로부터 종중 소유의 토지를 명의신탁받아 보관 중이던 피고인 을이 자신의 개인 채무 변제에 사용할 돈을 차용하기 위해 위 토지에 근저당권을 설정하였는데, 그 후 피고인 을, 병이 공모하여 위 토지를 정에게 매도한 사안에서, 피고인들이 토지를 매도한 행위는 선행 근저당권설정행위 이후에 이루어진 것이어서 불가벌적 사후행위에 해당한다는 취지의 피고인들 주장을 배척하고 위 토지 매도행위가 별도의 횡령죄를 구성한다고 본 원심판단을 정당하다고 한 사례(대판 2013.2.21. 2010도10500 전합). (15 변시)(16 변시)(19 변시)(20 변시)(23 2차)

3. 횡령죄의 불가벌적 사후행위로 본 판례

〈다른 상속인의 반환을 거부한 사건〉 공동상속인 중 1인이 상속재산인 임야를 보관 중 다른 상속인들로부터 매도 후 분배 또는 소유권이전등기를 요구받고도 그 반환을 거부한 경우 이때 이미 횡령죄가 성립하고, 그 후 그 임야에 관하여 다시 제3자 앞으로 근저당권설정등기를 경료해 준 행위는 불가벌적 사후행위로서 별도의 횡령죄를 구성하지 않는다고 한 사례(대판 2010.2.25. 2010도93).

〈미등기건물의 관리자가 보존등기하고 담보 설정한 사건〉 미등기건물의 관리를 위임받아 보관하고 있는 자가 임의로 건물에 대하여 자신의 명의로 보존등기를 하거나 동시에 근저당권설정등기를 마치는 것은 객관적으로 불법영득의 의사를 외부에 발현시키는 행위로서 횡령죄에 해당하고, 피해자의 승낙 없이 건물을 자신의 명의로 보존등기를 한 때 이미 횡령죄는 완성되었다 할 것이므로, 횡령행위의 완성 후 근저당권설정등기를 한 행위는 피해자에 대한 새로운 법익의 침해를 수반하지 않는 불가벌적 사후행위로서 별도의 횡령죄를 구성하지 않는다(대판 1993.3.9. 92도2999).

(3) 타죄와의 관계

1) **횡령죄와 배임죄와의 관계** : 법조경합 중 특별관계로 횡령죄만 성립한다. 그러나 회사에 대한 배임 이후에 다시 횡령한 경우에는 실체적 경합범이 성립한다.

〈대표이사 등이 개인채무지급을 위하여 약속어음 발행하면 업무상배임죄가 성립하고, 이후 회사자금으로 채무를 변제하면 별도의 횡령죄가 성립한다는 판례〉 갑 주식회사의 대표이사와 실질적 운영자인 피고인들이 공모하여, 자신들이 을에 대해 부담하는 개인채무 지급을 위하여 갑 회사로 하여금 약속어음을 공동발행하게 하고 위 채무에 대하여 연대보증하게 한 후에 갑 회사를 위하여 보관 중인 돈을 임의로 인출하여 을에게 지급하여 위 채무를 변제한 사안에서, 피고인들이 갑 회사의 돈을 보관하는 자의 지위에서 회사의 이익이 아니라 자신들의 채무를 변제하려는 의사로 회사 자금을 자기의 소유인 경우와 같이 임의로 인출한 후 개인채무의 변제에 사용한 행위는, 약속어음금 채무와 연대보증채무 부담으로 인한 회사에 대한 배임죄와 다른 새로운 보호법익을 침해하는 것으로서 배임 범행의 불가벌적 사후행위가 되는 것이 아니라 별죄인 횡령죄를 구성한다는 이유로, 피고인들에게 배임죄와 별도로 횡령죄를 인정한 원심판단을 정당하다고 한 사례(대판 2011.4.14. 2011도277).

2) **횡령죄와 사기죄와의 관계** : 자기가 점유하는 타인의 재물을 기망에 의하여 영득한 때에는 횡령죄만 성립하고 사기죄가 성립되지 않는다. 그 이유는 ① 사기죄는 타인이 점유하는 재물에 대하여만 성립하며 ② 자기가 점유하는 타인의 재물에 대한 기망은 영득행위의 수단에 불과하고 상대방의 처분행위는 인정할 수 없기 때문이다.

〈자기가 보관하는 재물을 기망하여 영득해도 횡령죄만 성립한다는 판례〉 자기가 점유하는 타인의 재물을 횡령하기 위하여 기망 수단을 쓴 경우에는 피기망자에 의한 재산 처분행위가 없으므로 일반적으로 횡령죄만 성립되고 사기죄는 성립되지 아니한다(대판 1980.12.9. 80도1177). (16 변시)(17 변시)

〈기망으로 약속어음 교부받은 후 채무변제용으로 지급한 사건〉 피고인이 당초부터 피해자를 기망하여 약속어음을 교부받은 경우에는 그 교부받은 즉시 사기죄가 성립하고 그 후 이를 피해자에 대한 피고인의 채권의 변제에 충당하였다 하더라도 불가벌적 사후행위가 됨에 그칠 뿐, 별도로 횡령죄를 구성하지 않는다(대판 1983.4.26. 82도3079). (14 변시)

3) 횡령죄와 장물죄와의 관계

㈎ 장물보관자의 횡령 [2013 변시][2016 1차][2021 변시]

> **▌ 장물보관자가 횡령한 경우**
>
> #### 1. 장물보관자가 장물을 횡령한 경우에 대한 논의
>
> 장물보관자가 장물을 횡령한 경우에는 별개의 횡령죄가 성립할 수 있는지에 대하여 논의가 있으나, 현재의 다수설과 판례는 장물보관을 하는 경우에는 이미 그 소유자의 소유물추구권을 침해하였으므로 그 후의 횡령행위는 불가벌적 사후행위에 불과하여 별도로 횡령죄가 성립하지 않는다는 입장이다.
>
> #### 2. 관련 판례
>
> 〈장물을 보관하는 자가 이를 영득하여도 횡령죄는 성립하지 않는다는 판례〉 절도범인으로부터 장물보관의뢰를 받은 자가 그 정을 알면서 이를 인도받아 보관하고 있다가 임의처분하였다 하여도 장물보관죄가 성립되는 때에는 이미 그 소유자의 소유물추구권을 침해하였으므로 그 후의 횡령행위는 불가벌적 사후행위에 불과하여 별도로 횡령죄가 성립하지 않는다(대판 1976.11.23. 76도3067). (16 변시)(20 변시)(24 변시)
>
> 〈업무상과실 장물보관자가 장물을 영득해도 횡령죄는 성립하지 않는다는 판례〉 [사실관계] 甲은 A로부터 장물인 고려청자 원앙형 향로 1점을 2억 원에 매각하여 달라는 의뢰를 받음에 있어 위 향로가 장물인지 여부를 확인하여야 할 업무상 주의의무가 있음에도 이를 게을리한 과실로 위 향로를 넘겨받아 장물을 보관하던 중, 乙로부터 금원을 차용하면서 위와 같이 보관중이던 위 향로를 담보로 제공하였다. 甲의 죄책은? [판결요지] 피고인이 업무상 과실로 장물을 보관하고 있다가 처분한 행위는 업무상과실장물보관죄의 가벌적 평가에 포함되고 별도로 횡령죄를 구성하지 않는다고 한 원심의 판단을 수긍한 사례(대판 2004.4.9. 2003도8219). 📖 업무상과실장물보관죄만 성립한다. (23 변시)

㈏ 횡령행위와 그 정을 아는 제3자의 매수행위의 죄책 : 자기가 보관하는 타인의 재물을 불법 처분할 때 상대방이 그 정을 알고 매수하는 경우에 그 매수자의 죄책에 대하여 논의가 있으나, 판례는 상대방의 횡령행위에 적극 가담하지 않고 상대방의 횡령행위를 통해 금원을 받은 경우에 장물죄의 성립만 인정하고 있다.

> [COMMENT] 보다 상세한 견해 대립과 판례는 장물죄 부분 참조.

4) 횡령죄와 강제집행면탈죄와의 관계 : 타인의 재물을 보관하는 자가 보관하고 있는 재물을 영득할 의사로 은닉하였다면 이는 횡령죄를 구성하는 것이고 채권자들의 강제집행을 면탈하는 결과를 가져온다 하여 이와 별도로 강제집행면탈죄를 구성하는 것은 아니다.

〈횡령죄와 강제집행면탈죄〉 횡령죄의 구성요건으로서의 횡령행위란 불법영득의 의사, 즉 타인의 재물을 보관하는 자가 자기 또는 제3자의 이익을 꾀할 목적으로 위탁의 취지에 반하여 권한 없이 그 재물을 자기의 소유인 것처럼 사실상 또는 법률상 처분하려는 의사를 실현하는 행위를 말하고, 강제집행면탈죄에 있어서 은닉이라 함은 강제집행을 면탈할 목적으로 강제집행을 실시하는 자로 하여금 채무자의 재산을 발견하는 것을 불능 또는 곤란하게 만드는 것을 말하는 것으로서 진의에 의하여 재산을 양도하였다면 설령 그것이 강제집행을 면탈할 목적으로 이루어진 것으로서 채권자

의 불이익을 초래하는 결과가 되었다고 하더라도 강제집행면탈죄의 허위양도 또는 은닉에는 해당하지 아니한다 할 것이며, 이와 같은 양죄의 구성요건 및 강제집행면탈죄에 있어 은닉의 개념에 비추어 보면 타인의 재물을 보관하는 자가 보관하고 있는 재물을 영득할 의사로 은닉하였다면 이는 횡령죄를 구성하는 것이고 채권자들의 강제집행을 면탈하는 결과를 가져온다 하여 이와 별도로 강제집행면탈죄를 구성하는 것은 아니다(대판 2000.9.8. 2000도1447).

    5) 납입가장죄와 횡령죄와의 관계 : 납입가장의 경우에는 회사의 자본금에는 실제 아무런 변동이 없으므로 횡령죄가 성립할 수 없다.

〈납입가장죄와 업무상횡령죄〉 주식회사의 설립업무 또는 증자업무를 담당한 자와 주식인수인이 사전 공모하여 주금납입취급은행 이외의 제3자로부터 납입금에 해당하는 금액을 차입하여 주금을 납입하고 납입취급은행으로부터 납입금보관증명서를 교부받아 회사의 설립등기절차 또는 증자등기 절차를 마친 직후 이를 인출하여 위 차용금채무의 변제에 사용한 경우, 위와 같은 행위는 실질적으로 회사의 자본을 증가시키는 것이 아니고 등기를 위하여 납입을 가장하는 편법에 불과하여 주금의 납입 및 인출의 전 과정에서 회사의 자본금에는 실제 아무런 변동이 없어 그들에게 회사의 돈을 임의로 유용한다는 불법영득의 의사가 있다고 보기 어렵고, 이러한 관점에서 상법상 납입가장죄의 성립을 인정하는 이상 회사 자본이 실질적으로 증가됨을 전제로 한 업무상 횡령죄가 성립한다고 할 수는 없다(대판 2009.6.25. 2008도10096).

(4) 횡령죄와 친족상도례 : 절도죄의 친족상도례 부분 참조.

제361조 (친족간의 범행, 동력) 제328조와 제346조의 규정은 본장의 죄에 준용한다.

2 업무상 횡령죄 [미수범 처벌, 이중신분범]

제356조 (업무상의 횡령과 배임) 업무상의 임무에 위배하여 제355조의 죄를 범한 자는 10년 이하의 징역 또는 3천만 원 이하의 벌금에 처한다.

(1) 의의와 법적 성격

본죄는 업무상 임무에 의하여 자기가 보관하는 타인의 재물을 횡령하는 것을 내용으로 하는 범죄이다. 업무상 횡령죄는 타인의 재물을 보관하는 자라는 신분 이외에 업무자라는 신분을 필요로 한다. 이러한 의미에서 본죄는 **이중신분범**이다.

(2) 업 무

업무상 횡령죄의 업무는 직업 혹은 직무라는 말과 같아 법령, 계약에 의한 것뿐만 아니라, 관례를 쫓거나 사실상이거나를 묻지 않고 같은 행위를 반복할 지위에 따른 사무를 가리킨다.

〈회사의 대표이사를 사임한 후에도 계속하여 사실상 대표이사 업무를 행하여 왔다면 업무자라는 판례〉
[1] 형법 제356조 소정의 '업무'는 직업 혹은 직무라는 말과 같아 법령, 계약에 의한 것뿐만 아니라, 관례를 쫓거나 사실상이거나를 묻지 않고 같은 행위를 반복할 지위에 따른 사무를 가리킨다. [2] 피고인이 등기부상으로 공소외 회사의 대표이사를 사임한 후에도 계속하여 사실상 대표이사 업무를

행하여 왔고 회사원들도 피고인을 대표이사의 일을 하는 사람으로 상대해 왔다면 피고인은 위 회사 소유 금전을 보관할 업무상의 지위에 있었다고 할 것이다(대판 1982.1.12. 80도1970).

(3) 보관 · 횡령 · 고의 · 불법영득의 의사

보관 · 횡령 · 고의 · 불법영득의 의사는 횡령죄의 경우와 있어 동일한 것이 원칙이다.

(4) 공 범

신분 없는 사람이 업무상 보관자와 공동하거나 이에 가담하여 업무상 횡령죄를 범한 경우 ① 다수설에 의하면 제33조 본문에 의하여 횡령죄의 공범이 될 뿐이고, 제33조 단서에 의해 업무상횡령죄의 공범은 될 수 없지만 ② 판례에 의하면 제33조 본문에 의하여 업무상 횡령죄의 공범이 성립하지만, 제33조 단서에 의하여 횡령죄의 공범으로만 처벌된다.

3 점유이탈물횡령죄

> 제360조 (점유이탈물횡령) ① 유실물, 표류물 또는 타인의 점유를 이탈한 재물을 횡령한 자는 1년 이하의 징역이나 300만 원 이하의 벌금 또는 과료에 처한다.
> ② 매장물을 횡령한 자도 전항의 형과 같다.

[COMMENT] 점유이탈물횡령/매장물횡령

(1) 의의와 법적 성격

본죄는 유실물 · 표류물 · 매장물 기타 타인의 점유를 이탈한 물건을 횡령함으로써 성립하는 범죄이다. 본죄는 위탁관계를 전제로 하지 않으므로, 즉 신임관계의 배반을 내용으로 하지 않는다는 점에서 횡령죄 및 업무상 횡령죄와는 그 성질을 달리하는 **독자적인 범죄**이다.

(2) 객 체

1) **유실물** : 점유자의 의사에 의하지 않고 그 점유를 벗어난 물건 중 특히 잃어버린 물건 즉 분실물을 말한다.

2) **표류물** : 점유를 이탈하여 바다 또는 하천에 떠서 흐르고 있는 물건을 말한다.

3) **매장물** : 토지 · 해저 또는 건조물 등에 포장된 물건으로서 점유이탈물에 준하는 물건을 말한다.

4) **점유이탈물** : 점유이탈물이란 점유자의 의사에 기하지 않고 그의 점유를 벗어났으나 아직 누구의 점유에도 속하지 아니하는 타인의 재물을 말한다. 앞에서 본 유실물 · 표류물 · 매장물도 점유이탈물의 예시에 불과하므로 여기에서 말하는 점유이탈물은 그 어느 하나에도 속하지 않는 그 밖의 점유이탈물만을 의미한다.

5) **고속버스나 지하철에서 승객이 두고 내린 물건의 점유**

甲은 고속버스를 타고 가던 중 승객 A가 두고 내린 물건을 영득하였다. 甲의 죄책은? [2018 2차]

1. 논의점

고속버스(지하철)에서 승객이 두고 내린 물건이 점유이탈물에 해당하는지 즉 고속버스 운전기사에게 점유를 인정할 것인지에 대하여 논의가 있다.

2. 견해의 대립

이에 대하여는 ① 고속버스 운전기사는 고속버스 내의 재물에 대하여 시간적·장소적 작용가능성이 있으므로 운전기사의 점유를 긍정하는 **운전기사 점유긍정설** ② 고속버스 운전기사는 고속버스 전체에 대한 배타적인 실력적 지배를 할 수 없으므로 운전기사의 점유를 부정하는 운전기사 점유부정설이 대립하고 있다.

3. 판례의 태도

판례는 이른바 '고속버스 유실물 사건'에서 '고속버스 운전사는 고속버스의 관수자로서 차내에 있는 승객의 물건을 점유하는 것이 아니고 승객이 잊고 내린 유실물을 교부 받을 권능을 가질 뿐이므로 유실물을 현실적으로 발견하지 않는 한 이에 대한 점유를 개시하였다고 할 수 없고, 그 사이에 다른 승객이 유실물을 발견하고 이를 가져갔다면 절도에 해당하지 아니하고 점유이탈물횡령에 해당한다'라고 하여 **부정설**의 입장이다.

4. 검토 및 사안의 해결

생각건대 현재 고속버스는 운전기사 1인이 운행을 하고 있어, 운전기사가 고속버스 내의 모든 물건에 대한 배타적 지배를 인정하기 곤란하므로 운전기사점유부정설이 타당하다.

5. 관련판례

〈고속버스에서 유실물을 습득하면 점유이탈물횡령죄가 성립한다는 판례〉[사실관계] – [쟁점사실관계] [판결요지] 고속버스 운전사는 고속버스의 관수자로서 차내에 있는 승객의 물건을 점유하는 것이 아니고 승객이 잊고 내린 유실물을 교부 받을 권능을 가질 뿐이므로 유실물을 현실적으로 발견하지 않는 한 이에 대한 점유를 개시하였다고 할 수 없고, 그 사이에 다른 승객이 유실물을 발견하고 이를 가져갔다면 절도에 해당하지 아니하고 점유이탈물횡령에 해당한다 (대판 1993.3.16. 92도3170). 답 점유이탈물횡령죄가 성립한다. (22 경간)

〈지하철에서 유실물을 습득하면 점유이탈물횡령죄가 성립한다는 판례〉 승객이 놓고 내린 지하철의 전동차 바닥이나 선반 위에 있던 물건을 가지고 간 경우, 지하철의 승무원은 유실물법상 전동차의 관수자로서 승객이 잊고 내린 유실물을 교부 받을 권능을 가질 뿐 전동차 안에 있는 승객의 물건을 점유한다고 할 수 없고, 그 유실물을 현실적으로 발견하지 않는 한 이에 대한 점유를 개시하였다고 할 수도 없으므로, 그 사이에 위와 같은 유실물을 발견하고 가져간 행위는 점유이탈물횡령죄에 해당함은 별론으로 하고 절도죄에 해당하지는 않는다(대판 1999.11.26. 99도3963).

(3) 행위 : 횡령이다.

횡령이란 불법영득의사를 가지고 점유이탈물을 자기의 사실상의 지배하에 두는 것을 말한다. 불법으로 점유를 취득하면 기수가 되며, 본죄의 미수범은 처벌하지 않는다.

제6절 | 배임의 죄

1 배임죄 [미수범 처벌, 진정신분범]

> 제355조 (횡령, 배임) ② 타인의 사무를 처리하는 자가 그 임무에 위배하는 행위로써 재산상의 이익을 취득하거나 제3자로 하여금 이를 취득하게 하여 본인에게 손해를 가한 때에도 전항의 형과 같다.

I. 서 설

(1) 의의와 보호법익

배임죄란 타인의 사무를 처리하는자가 그 임무에 위배되는 행위를 하여 스스로 재산상 이익을 취득하거나 또는 제3자로 하여금 이를 취득하게 하여 본인에게 손해를 입히는 범죄이다. 보호법익은 전체로서의 재산권이며, 보호의 정도는 위험범이다.

〈배임죄는 위태범이라는 판례〉 배임죄는 현실적인 재산상 손해액이 확정될 필요까지는 없고 단지 재산상 권리의 실행을 불가능하게 할 염려 있는 상태 또는 손해 발생의 위험이 있는 경우에 바로 성립되는 위태범이다(대판 2000.4.11. 99도334).

(2) 배임죄의 본질

배임죄는 신임관계를 위배하여 타인의 재산권을 침해하는 범죄이므로 사기죄와 유사한 성질을 지닌다. 독일(제266조)과 일본(제247조)은 배임죄를 사기죄와 같은 장에서 규정하는 것도 이와 같은 이유 때문이다. 그러나 현행법은 횡령과 배임을 동일한 장에서 규정하고 있으므로 배임죄의 본질이 무엇이냐에 대하여 논의가 있다. 이에 대하여 종래 ① 권한남용설 ② 배신설 ③ 사무관리설이 대립하고 있었으나, 현재의 다수설과 판례는 배임죄의 본질을 신의성실의 의무를 위반하여 타인에게 재산상 손해를 가하는데 있다고 보는 배신설의 입장을 따르고 있다.

〈배신설을 따른 판례〉 배임죄에 있어서 타인의 사무를 처리하는 자라 함은 양자간의 신임관계에 기초를 둔 타인의 재산보호 내지 관리의무가 있음을 그 본질적 내용으로 하는 것이므로, 배임죄의 성립에 있어 행위자가 대외관계에서 타인의 재산을 처분할 적법한 대리권이 있음을 요하지 아니한다(대판 1999.9.17. 97도3219). [COMMENT] 본 판례는 배임죄가 권한이 있는 자로 한정되지 않으므로 배신설을 따르고 있다고 보는 판례이다.

II. 구성요건

1. 주 체

타인의 사무를 처리하는 자이다.

(1) 사무의 타인성

1) **타인** : 타인은 신의성실에 따라 그 사무를 처리할 신임관계에 있는 자기 이외의 자연인·국가·법인·법인격 없는 단체까지를 포함한다. 일인회사의 경우에도 법인과 주주는 별개의 인격체이므로 회사에 재산상 손해가 발생하면 배임죄가 성립한다.

〈공무원과 업무상배임죄〉 공무원이 그 임무에 위배되는 행위로써 제3자로 하여금 재산상의 이익을 취득하게 하여 국가에 손해를 가한 경우에 업무상배임죄가 성립한다(대판 2013.9.27. 2013도6835). (21 1차)

〈1인주주 사건〉 배임죄의 주체는 타인을 위하여 사무를 처리하는 자이며 그의 임무위반행위로써 그 타인인 본인에게 재산상 손해를 발생케 하였을 때 이 죄가 성립되는 것인즉 주식회사의 주식이 사실상 1인주주에 귀속하는 소위 1인회사에 있어서도 행위의 주체와 그 본인은 분명히 별개의 인격이며 그 본인인 주식회사에 재산상 손해가 발생하였을 때 배임의 죄는 기수가 되는 것이므로 궁극적으로 그 손해가 주주의 손해가 된다고 하더라도 이미 성립한 죄에는 아무 소장이 없다(대판 1983.12.13. 83도2330 전합).

〈유한회사 사건〉 유한회사와 그 사원은 별개의 법인격을 가진 존재로서 동일인이라 할 수 없고 유한회사의 손해가 항상 사원의 손해와 일치한다고 할 수도 없으므로, 1인 사원이나 대지분을 가진 사원도 본인인 유한회사에 손해를 가하는 임무위배행위를 한 경우에는 배임죄의 죄책을 진다(대판 2011.3. 10. 2008도6335).

2) **타인의 사무** : 배임죄의 사무는 타인의 사무여야 한다. 따라서 자기의 사무는 타인을 위해서 처리하더라도 본죄가 성립하지 않는다. 그러나 자기의 사무이면서 동시에 상대방의 재산보전에 협력하는 타인 사무의 처리라는 성격을 가지게 되는 경우에는 타인의 사무로 취급된다.

▌관련 판례 정리

1. 기본 법리 판례

〈자기의 사무를 타인을 위하여 처리하는 경우의 법리〉 배임죄의 주체인 '타인의 사무를 처리하는 자'란 양자 간의 신임관계에 기초를 두고 타인의 재산관리에 관한 사무를 대행하거나 타인 재산의 보전행위에 협력하는 자의 경우 등을 가리키고, 사무의 성질이 타인의 사무가 아니라 자기의 사무에 속하는 것이라면 그 사무를 타인을 위하여 처리하는 경우라도 타인의 사무를 처리하는 자라고 볼 수 없다(대판 2008.3.13. 2008도373).

〈한우 가축보험 사건〉 [1] 배임죄에서 '타인의 사무처리'로 인정되려면, 타인의 재산관리에 관한 사무의 전부 또는 일부를 타인을 위하여 대행하는 경우와 타인의 재산보전행위에 협력하는 경우라야만 되고, 두 당사자 관계의 본질적 내용이 단순한 채권관계상의 의무를 넘어서 그들 간의 신임관계에 기초하여 타인의 재산을 보호 내지 관리하는 데 있어야 한다. 만약, 그 사무가 타인의 사무가 아니고 자기의 사무라면, 그 사무의 처리가 타인에게 이익이 되어 타인에 대하여 이를 처리할 의무를 부담하는 경우라도, 그는 타인의 사무를 처리하는 자에 해당하지 않는다. [2] 공소외 4 회사가 이 사건 동업약정에 따라 한우에 관하여 가축보험계약을 체결하거나 유지하는 것은 고소인 회사에 대한 민사상 채무를 이행하는 것으로서 공소외 4 회사 자신의 사무이지 이를 가리켜 타인인 고소인 회사의 사무라고 할 수 없다(대판 2014.2.27. 2011도3482).

2. 자기의 사무이므로 타인의 사무를 부정한 판례

〈정산의무 불이행 사건〉 [다수의견] 양도담보가 처분정산형의 경우이건 귀속정산형의 경우이건 간에 담보권자가 변제기 경과후에 담보권을 실행하여 그 환가대금 또는 평가액을 채권원리금과 담보권 실행비용 등의 변제에 충당하고 환가대금 또는 평가액의 나머지가 있어 이를 담보제공자에게 반환할 의무는 담보계약에 따라 부담하는 자신의 정산의무이므로 그 의무를 이행하는 사무는 곧 자기의 사무처리에 속하는 것이라 할 것이고 이를 부동산매매에 있어서의 매도인의 등기의무와 같이 타인인 채무자의 사무처리에 속하는 것이라고 볼 수는 없어 그 정산의무를 이행하지 아니한 소위는 배임죄를 구성하지 않는다(대판 1985.11.26. 85도1493 전합).

〈월부상환중인 자동차 사건〉 피고인이 월부상환중인 자동차를 공소외인에게 매도하였으나 자동차등록명의는 피고인의 명의로 남아 있어 그 소유권이 아직 피고인에게 있다면 판매회사에 대하여 할부금을 납부하는 것은 피고인 자신의 사무처리에 불과하고 피고인이 위 매매계약을 체결함에 있어 연체된 할부금을 중도금지급기일까지 완불하여 자동차를 인도받아 사용하는 위 공소외인에게 아무런 손해를 주지 않기로 약정하였다 하여도 이는 단순한 채무를 부담하는 경우에 해당할 뿐, 이로 인하여 피고인이 배임죄에서 말하는 타인의 사무를 처리하는 자에 해당한다고는 볼 수 없다(대판 1983.11.8. 83도2496).

〈염가판매 사건〉 [사실관계] 양도담보권자인 甲은 변제기 경과후에 담보목적물을 부당하게 염가로 처분하였다. 甲의 죄책은? [판결요지] 담보권자가 변제기 경과 후에 담보권을 실행하기 위하여 담보목적물을 처분하는 행위는 담보계약에 따라 담보권자에게 주어진 권능이어서 자기의 사무처리에 속하는 것이지 타인인 채무자의 사무처리에 속하는 것이라고 할 수 없으므로, 담보권자가 담보권을 실행하기 위하여 담보목적물을 처분함에 있어 시가에 따른 적절한 처분을 하여야 할 의무는 담보계약상의 민사채무일 뿐 그와 같은 형법상의 의무가 있는 것은 아니므로 그에 위반한 경우 배임죄가 성립된다고 할 수 없다(대판 1997.12.23. 97도2430). 📖 범죄가 성립하지 않는다. (12 변시)

〈미리 등기이전 받고 잔금 지급하지 않은 사건〉 피고인이 갑에게서 임야를 매수하면서, 계약금을 지급하는 즉시 피고인 앞으로 소유권을 이전받되 매매잔금은 갑의 책임 아래 형질변경과 건축허가를 받으면 일정기간 내에 위 임야를 담보로 대출을 받아 지급하고 건축허가가 나지 아니하면 계약을 해제하여 원상회복해 주기로 약정하였는데도, 위 임야에 관하여 소유권이전등기를 받은 당일 1건, 그 후 1건의 근저당권을 설정한 사안에서, 피고인이 소유권이전등기를 받은 당일 이를 담보로 제공하여 자금을 융통하였고 그 후에도 같은 일을 하였으며 융통한 자금을 갑에게 매매대금으로 지급하지 아니하였다고 하여도 타인의 사무를 처리하는 자가 그 임무에 위배하는 행위를 한 것으로 볼 수 없고, 그러한 담보 제공 등의 행위가 피고인이 위 임야를 갑에게 반환할 의무를 현실적으로 부담하고 있지 아니한 상태에서 행하여진 이상 달라지지 아니한다는 이유로, 피고인에게 배임죄가 성립하지 않는다고 본 원심판단을 정당하다고 한 사례(대판 2011.4.28. 2011도3247). (14 변시)

〈담보 제공 임차권 사건〉 채무자가 투자금반환채무의 변제를 위하여 담보로 제공한 임차권 등의 권리를 그대로 유지할 계약상 의무가 있다고 하더라도, 이는 기본적으로 투자금반환채무의 변제의 방법에 관한 것이고, 성실한 이행에 의하여 채권자가 계약상 권리의 만족이라는 이익을 얻는다고 하여도 이를 가지고 통상의 계약에서의 이익대립관계를 넘어서 배임죄에서 말하는 신임관계에 기초하여 채권자의 재산을 보호 또는 관리하여야 하는 '타인의 사무'에 해당한다고 볼 수 없다(대판 2015.3.26. 2015도1301).

〈골프장 회원권 사건〉 골프시설의 운영자가 일반회원들을 위한 회원의 날을 없애고, 일반회원들 중에서 주말예약에 대하여 우선권이 있는 특별회원을 모집함으로써 일반회원들의 주말예약권을 사실상 제한하거나 박탈하는 결과가 되었다고 하더라도, 이는 일반회원들에 대한 회원가입계약에 따른 민사상의 채무를 불이행한 것에 불과하고, 골프시설의 운영자가 일반회원들의 골프회원권이라는 재산관리에 관한 사무를 대행하거나 그 재산의 보전행위에 협력하는 지위에 있다고 할 수는 없으므로 배임죄의 주체인 타인의 사무를 처리하는 자에 해당하지 아니한다는 이유로 일반회원들에 대한 배임죄를 구성하지 아니한다고 한 사례(대판 2003.9.26. 2003도763).

〈분양대금의 선지급명목으로 대지 소유권이전 받은 사건〉 건설회사가 피해자들로부터 이 사건 다세대주택 분양대금의 선지급 명목으로 피해자들 소유 대지들의 소유권을 이전받았다면, 건설회사의 대표이사인 피고인으로서는 피해자들에 대하여 이 사건 다세대주택 중 각 1세대에 관한 소유권이전등기를 경료해 줄 임무가 있고, 이러한 피고인의 임무는 배임죄에 있어서의 타인의 사무에 해당한다고 볼 수 있으나, 위 공소사실 기재와 같은 이 사건 다세대주택의 건설 목적 범위 내에서 위 대출금을 관리·사용하여야 할 임무는 단순한 채무에 불과하지 피해자들의 재산관리 내지 보전의 사무라고 볼 수 없으므로, 피고인에게 그러한 의무가 있더라도 피고인을 배임죄에 있어서의 타인의 사무를 처리하는 자에 해당한다고 할 수 없다(대판 2007. 10.11. 2007도6161).

〈임대차계약시 임대인이 소유권을 취득하면 제1순위 근저당 다음으로 대항력을 취득할 수 있게 해 주겠다고 하고, 제2, 3순위 저당권을 설정한 것은 배임죄가 성립하지 않는다는 판례〉 피고인이 임차인 갑과 아파트에 관한 임대차계약을 체결하면서 자신이 소유권을 취득하는 즉시 갑에게 알려 갑이 전입신고를 하고 확정일자를 받아 1순위 근저당권자 다음으로 대항력을 취득할 수 있도록 하기로 약정하였는데, 그 후 갑에게서 전세금 전액을 수령하고 소유권을 취득하였음에도 취득 사실을 고지하지 않고 다른 2, 3순위 근저당권을 설정해 주었다고 하여 배임으로 기소된 사안에서, 피고인이 '타인의 사무를 처리하는 자'의 지위에 있지 않다고 한 사례(대판 2015.11.26. 2015도4976). [COMMENT] 전입신고는 임차인도 할 수 있다는 점 등 구체적인 사정을 고려하여 배임죄의 성립을 부정하고 있는 판례이다.

〈추가담보설정을 하지 않기로 약정하고 공증까지 하였지만 추가 근저당 설정한 사건〉 [사실관계] 甲은 A에게 돈 1천만 원을 변제할 것을 약정하면서 그 담보로 甲 소유의 X부동산에 관하여 OO은행에 이미 근저당설정등기가 된 것 이외에는 타에 추가로 담보설정하지 않겠다는 내용의 지불증을 작성한 후 이를 공증까지 한 바 있는데도 이에 위배하여 乙에게 근저당설정등기를 경료하여 주었다. 甲의 죄책은? [판결요지] 배임죄에서 '타인의 사무처리'로 인정되려면, 타인의 재산관리에 관한 사무의 전부 또는 일부를 타인을 위하여 대행하는 경우와 타인의 재산보전행위에 협력하는 경우라야만 되는 것이고, 단순히 타인에 대하여 채무를 부담함에 불과한 경우에는 본인의 사무로 인정될지언정, 타인의 사무처리에 해당한다 할 수는 없다(대판 1984.12.26. 84도2127). 🗒 무죄

〈분양수입금으로 공사대금지급하기로 특약한 사건〉 아파트 건축공사 시행사가 시공사와의 아파트 건축공사 도급계약을 체결하면서 분양수입금을 공동명의로 개설한 예금계좌로만 수령하고 그 분양수입금으로 공사대금 등을 지급하기로 특약하였음에도, 시행사가 이를 어기고 아파트에 대한 분양수입금을 공동명의 예금계좌에 입금하지 아니한 채 이를 자신의 기존 채무의 변제 등에 사용한 사안에서, 위 특약은 시행사의 수급인인 시공사에 대한 공사대금 채무의 변제를 확보하는 방편으로 약정한 것에 불과할 뿐이고, 위 아파트의 수분양자로부터 분양수입금을 수령할 권한 자체는 여전히 시행사에 있으며, 그 분양수입금으로 시공사에 공사대금을 지급하는 사무는 시행사 자신의 사무에 속하는 것이므로, 시행사의 위 행위는 시공사에 대한 단순한 민사상의 채무불이행에 불과할 뿐 배임죄를 구성한다고 볼 수 없다고 한 사례(대판 2008.3.13. 2008도373).

〈경락포기하고 약속어긴 사건〉 부동산을 경락한 피고인이 그 경락허가결정이 확정 된 뒤에 그 경매부동산의 소유자들에게 대하여 그 경락을 포기하겠노라고 약속하여 놓고 그 경매법원에서 경락대금지급명령이 전달되자 위의 약속을 어기고 그 경락대금을 완납함으로써 그 경락부동산에 대한 소유권을 취득한 경우에 피고인은 본조 제2항에서 말하는 타인의 사무를 처리하는 자에 해당하지 아니한다(대판 1969.2.25. 69도46).

〈수분양권 이중양도 사건〉 특별한 사정이 없는 한 수분양권 매도인이 수분양권 매매계약에 따라 매수인에게 수분양권을 이전할 의무는 자신의 사무에 해당할 뿐이므로, 매수인에 대한 관계에서 '타인의 사무를 처리하는 자'라고 할 수 없다. 그러므로 수분양권 매도인이 위와 같은 의무를 이행하지 아니하고 수분양권 또는 이에 근거하여 향후 소유권을 취득하게 될 목적물을 미리 제3자에게 처분하였더라도 형법상 배임죄가 성립하는 것은 아니다(대판 2021.7.8. 2014도12104). (23 3차)

〈동업계약 종료 사건〉 동업자 갑은 자금만 투자하고 동업자 을은 노무와 설비를 투자하여 공사를 수급하여 시공하고 그 대금 등을 추심하는 등 일체의 거래행위를 담당하면서 그 이익을 나누어 갖기로 하는 내용의 동업계약이 체결되었다가 그 계약이 종료된 경우 위 공사 시공 등 일체의 행위를 담당하였던 을이 자금만을 투자한 갑에게 투자금원을 반환하고 또 이익 또는 손해를 부담시키는 내용의 정산의무나 그 정산과정에서 행하는 채권의 추심과 채무의 변제 등의 행위는 모두 을 자신의 사무이지 자금을 투자한 갑을 위하여 하는 타인의 사무라고 볼 수는 없다고 보아 을의 제3자에 대한 채권양도행위를 배임죄에 있어서 타인의 사무를 처리하는 자로서의 임무위배행위라고 할 수 없다고 한 사례(대판 1992.4.14. 91도2390). (23 3차)

3. 자기 사무인 동시에 타인의 사무로서 타인의 사무로 본 판례

〈직무발명 사건〉 직무발명에 대한 특허를 받을 수 있는 권리 등을 사용자 등에게 승계한다는 취지를 정한 약정 또는 근무규정의 적용을 받는 종업원 등은 사용자 등이 이를 승계하지 아니하기로 확정되기 전까지는 임의로 위와 같은 승계 약정 또는 근무규정의 구속에서 벗어날 수 없는 상태에 있는 것이어서, 종업원 등이 그 발명의 내용에 관한 비밀을 유지한 채 사용자 등의 특허권 등 권리의 취득에 협력하여야 할 의무는 자기 사무의 처리라는 측면과 아울러 상대방의 재산보전에 협력하는 타인 사무의 처리라는 성격을 동시에 가지게 되므로, 이러한 경우 종업원 등은 배임죄의 주체인 '타인의 사무를 처리하는 자'의 지위에 있다고 할 것이다. 따라서 위와 같은 지위에 있는 종업원 등이 임무를 위반하여 직무발명을 완성하고도 그 사실을 사용자 등에게 알리지 않은 채 그 발명에 대한 특허를 받을 수 있는 권리를 제3자에게 이중으로 양도하여 제3자가 특허권 등록까지 마치도록 하는 등으로 그 발명의 내용이 공개되도록 하였다면, 이는 사용자 등에게 손해를 가하는 행위로서 배임죄를 구성한다(대판 2012.11.15. 2012도6676).

4. 계 관련 판례 정리

〈계주 사건〉 계주는 계원들과의 약정에 따라 지정된 곗날에 계원으로부터 월불입금을 징수하여 지정된 계원에게 이를 지급할 임무가 있고, 계주의 이러한 임무는 계주 자신의 사무임과 동시에 타인인 계원들의 사무를 처리하는 것도 되는 것이므로, 계주가 계원들로부터 월불입금을 모두 징수하였음에도 불구하고 그 임무에 위배하여 정당한 사유 없이 이를 지정된 계원에게 지급하지 아니하였다면 다른 특별한 사정이 없는 한 그 지정된 계원에 대한 관계에 있어서 배임죄를 구성한다(대판 1994.3.8. 93도2221).

〈계불입금을 징수하지 아니한 계주 사건〉 계주가 계원들로부터 계불입금을 징수하지 아니하였다면 그러한 상태에서 부담하는 계금지급의무는 위와 같은 신임관계에 이르지 아니한 단순한 채권관계상의 의무에 불과하여 타인의 사무에 속하지 아니하고, 이는 계주가 계원들과의 약정을 위반하여 계불입금을 징수하지 아니한 경우라 하여 달리 볼 수 없다(대판 2009.8.20. 2009도3143).

〈계가 파기된 사건〉 계주는 계원들로부터 징수한 계금을 계원에게 지급하여야 할 업무상 임무가 있으므로 그 임무에 위배하여 지정된 계원에게 지급하지 아니하고 임의로 소비한 경우에는 업무상 배임죄가 성립한다고 할 것이나, 계가 파계된 후에 있어서는 계불입금의 청산의무는 있을지언정 계 존속을 전제로 한 위와 같은 계금 지급의무는 인정할 여지가 없는 것이므로 계주가 파계후에 계원들로부터 계가 존속하는 것처럼 계금을 징수하는 것이 계원들과 사이에 사기죄가 성립함은 별론으로 하고 위와 같이 징수한 금원을 계불입금의 청산금이 아니라 계 존속을 전제로 한 계금으로서 계원에게 지급할 업무상 임무가 있다고 볼 수 없다(대판 1982.11.9. 82도2093).

(2) 사무처리의 근거와 내용

1) 사무처리의 근거

(가) 사무처리의 일반적 근거 : 사무처리의 근거, 즉, 신임관계의 발생근거는 법령의 규정, 법률행위, 관습 또는 사무관리에 의하여도 발생할 수 있다.

〈법적인 권한이 소멸된 사건〉 배임죄의 주체로서 타인의 사무를 처리하는 자라 함은 타인과의 대내관계에 있어서 신의성실의 원칙에 비추어 그 사무를 처리할 신임관계가 존재한다고 인정되는 자를 의미하고 반드시 제3자에 대한 대외관계에서 그 사무에 관한 권한이 존재할 것을 요하지 않으며, 또 그 사무가 포괄적 위탁사무일 것을 요하는 것도 아니고, 사무처리의 근거, 즉 신임관계의 발생근거는 법령의 규정, 법률행위, 관습 또는 사무관리에 의하여도 발생할 수 있으므로, 법적인 권한이 소멸된 후에 사무를 처리하거나 그 사무처리자가 그 직에서 해임된 후 사무인계 전에 사무를 처리한 경우도 배임죄에 있어서의 사무를 처리하는 경우에 해당한다(대판 1999.6.22. 99도1095).

(나) 사무처리의 근거인 법률행위가 무효인 경우 : 사무처리의 근거인 법률행위가 무효인 경우에도 사실상의 신임관계가 있으면 사무처리자가 된다는 것이 일반적이다. 그러나 사무처리의 근거인 법률행위가 형법상 보호할 가치가 없는 경우에는 사무처리자의 지위를 인정하지 않는 것이 판례이다.

〈불륜관계 사건〉 내연의 처와의 불륜관계를 지속하는 대가로서 부동산에 관한 소유권이전등기를 경료해 주기로 약정한 경우, 위 부동산 증여계약은 선량한 풍속과 사회질서에 반하는 것으로 무효이어서 위 증여로 인한 소유권이전등기의무가 인정되지 아니하는 이상 동인이 타인의 사무를 처리하는 자에 해당한다고 볼 수 없어 비록 위 등기의무를 이행하지 않는다 하더라도 배임죄를 구성하지 않는다(대판 1986.9.9. 86도1382).

〈농지 매매 사건〉 갑과 을 사이의 농지 매매는 자경 또는 자영할 의사가 없었던 매매로서 병은 구 농지개혁법상 위 토지의 소유권을 취득할 수 없으므로, 피고인이 제3자에게 위 토지를 처분하고 소유권이전등기절차를 마쳤더라도 병에 대하여 배임죄를 구성하지 아니한다고 본 원심판단을 수긍한 사례(대판 2011.1.27. 2009도10701).

〈국토이용관리법상 거래허가 사건〉 국토의 계획 및 이용에 관한 법률에 의하여 허가를 받아야 하는 토지거래계약이 처음부터 허가를 배제하거나 잠탈하는 내용의 계약인 경우에는 허가 여부를 기다릴 것도 없이 확정적으로 무효로서 유효화될 여지가 없다. 그리고 위 법 소정의 규제구역 내에 있는 토지를 매도하였으나 위 법 소정의 거래허가를 받은 바가 없다면, 매도인에게 매수인에 대한 소유권이전등기에 협력할 의무가 생겼다고 볼 수 없고, 따라서 매도인이 배임죄의 주체인 타인의 사무를 처리하는 자에 해당한다고 할 수 없다(대판 2012.4.13. 2011도3469).

2) **사무처리의 범위** : 사무의 범위는 사적 사무뿐만 아니라 공적 사무를 포함한다. 그리고 배임죄에서 말하는 타인의 사무란 타인의 재산유지ㆍ증식과 관련된 **재산상의 사무만**을 의미한다.

〈'타인의 사무를 처리하는 자'의 의미〉 배임죄는 타인의 사무를 처리하는 자가 그 임무에 위배하는 행위에 의하여 재산상의 이익을 취득하거나 제3자로 하여금 이를 취득하게 하여 본인에게 손해를 가함으로써 성립하는 것으로, 여기에서 그 주체인 "타인의 사무를 처리하는 자"란 양자간의 신임관계에 기초를 두고 타인의 재산관리에 관한 사무를 대행하거나 타인 재산의 보전행위에 협력하는 자의 경우 등을 가리킨다(대판 1994.9.9. 94도902).

3) 사무처리자의 범위

┃타인의 사무처리자의 범위 관련 판례 정리

1. 기본 법리

타인의 사무처리자의 범위와 관련하여 ① 주식회사의 이사는 주식회사에 대하여는 타인의 업무처리자가 되지만, 회사의 주주들에 대한 관계에 있어 직접 그들의 사무를 처리하는 자가 아니며 ② 은행원의 예금관련 사무처리는 은행에 대하여는 타인의 업무처리자가 되지만, 예금주와의 그 사무를 처리하는 자가 아니며 ③ 청산회사의 청산인은 청산회사에 대하여는 타인의 업무처리자가 되지만, 회사의 채권자들에 대한 관계에 있어 직접 그들의 사무를 처리하는 자가 아니다.

2. 관련 판례

〈주식회사 이사와 타인의 사무처리자〉 주식회사의 이사는 주식회사의 사무를 처리하는 자의 지위에 있다고 할 수 있지만 주식회사와 별개인 주주들에 대한 관계에서 직접 그들의 사무를 처리하는 자의 지위에 있는 것은 아니고, 더욱이 경영권의 이전은 지배주식을 확보하는 데 따르는 부수적인 효과에 불과한 것이어서, 회사 지분비율의 변화가 기존 주주 자신의 선택에 기인한 것이라면 지배권 이전과 관련하여 이사에게 임무위배가 있다고 할 수 없다(대판 2009.5.29. 2007도4949 전합).

〈은행장과 타인의 사무처리자〉 주식회사 한국외환은행의 매각 관련 신주발행에서 은행장 갑 및 부행장 을이 위 은행에 대한 관계에서 사무처리자의 지위에 있으나 위 은행의 기존 주주들에 대한 관계에서는 사무처리자의 지위에 있지 않고, 한국수출입은행과 코메르츠뱅크가 보유한 위 은행 구주매각에서 협상에 관한 위임을 받아 그들에 대한 사무처리자의 지위에 있다고 본 원심판단을 수긍한 사례(대판 2010.10.14. 2010도387).

<金융기관 임직원과 타인의 사무처리자〉 [1] 이른바 보통예금은 은행 등 법률이 정하는 금융기관을 수치인으로 하는 금전의 소비임치 계약으로서, 그 예금계좌에 입금된 금전의 소유권은 금융기관에 이전되고, 예금주는 그 예금계좌를 통한 예금반환채권을 취득하는 것이므로, 금융기관의 임직원은 예금주로부터 예금계좌를 통한 적법한 예금반환 청구가 있으면 이에 응할 의무가 있을 뿐 예금주와의 사이에서 그의 재산관리에 관한 사무를 처리하는 자의 지위에 있다고 할 수 없다. [2] 임의로 예금주의 예금계좌에서 5,000만 원을 인출한 금융기관의 임직원에게 업무상배임죄가 성립하지 않는다고 한 사례(대판 2008.4.24. 2008도1408). (22 2차)

〈청산인과 타인의 사무처리자〉 청산회사의 대표청산인이 처리하는 채무의 변제, 재산의 환가처분 등 회사의 청산의무는 청산인 자신의 사무 또는 청산회사의 업무에 속하는 것이므로, 청산인은 회사의 채권자들에 대한 관계에 있어 직접 그들의 사무를 처리하는 자가 아니다 (대판 1990.5.25. 90도6).

(3) 사무처리의 독립성

본죄의 주체가 되기 위해서는 그 본질상 사무처리에 대하여 일정한 범위의 결정·판단의 자유와 독립성이 인정되는 경우로 한정되어야 한다. 따라서 본인의 지시에 따라 기계적 사무에 종사하는 자는 제외된다. 다만 고유한 권한이 있을 필요는 없으므로 어느 정도의 제한된 권한을 가진 보조자라도 본죄의 주체가 될 수 있다.

〈보조기관 사건〉 업무상 배임죄에 있어서 타인의 사무를 처리하는 자란 고유의 권한으로서 그 처리를 하는 자에 한하지 않고 그 자의 보조기관으로서 직접 또는 간접으로 그 처리에 관한 사무를 담당하는 자도 포함한다(대판 2004.6.24. 2004도520). (22 2차)

▌타인의 사무처리자 관련 판례 정리

1. 기본 법리 판례

〈호적상 친모 사건〉 [1] 배임죄의 주체로서 '타인의 사무를 처리하는 자'란 타인과의 대내관계에서 신의성실의 원칙에 비추어 그 사무를 처리할 신임관계가 존재한다고 인정되는 자를 의미하고, 반드시 제3자에 대한 대외관계에서 그 사무에 관한 대리권이 존재할 것을 요하지 않으며, 나아가 업무상 배임죄에서 업무의 근거는 법령, 계약, 관습의 어느 것에 의하건 묻지 않고, 사실상의 것도 포함한다. [2] 미성년자와 친생자관계가 없으나 호적상 친모로 등재되어 있는 자가 미성년자의 상속재산 처분에 관여한 경우, 배임죄에 있어서 타인의 사무를 처리하는 자의 지위에 있다고 한 사례이다(대판 2002.6.14. 2001도3534).

2. 타인의 사무처리자를 긍정한 판례

〈예탁금 회원제 골프장 회원권 이중양도 사건〉 [1] 회원 가입시에 일정 금액을 예탁하였다가 탈퇴 등의 경우에 그 예탁금을 반환받는 이른바 예탁금 회원제로 운영되는 골프장의 회원권을 다른 채무에 대한 담보 목적으로 양도한 경우에 회원권은 양도인과 양수인 사이에서는 그 동일성을 유지한 채 양도인으로부터 양수인에게 이전하고, 양도인은 양수인에게 귀속된 회원권을 보전하기 위하여 채무자인 골프장 운영 회사에 채권양도 통지를 하거나 채권양도 승낙(필요한 경우에는 명의개서까지)을 받음으로써 양수인으로 하여금 채무자에 대한 대항요건을 갖출 수 있도록 해 줄 의무를 부담하므로, 회원권 양도의 당사자 사이에서는 양도인은 양수인을 위하여 회원권 보전에 관한 사무를 처리하는 자라고 할 것이다. [2] 피고인과 피해자 사이에 피고인 소유인 이 사건 골프회원권에 관하여 유효하게 담보 계약이 체결되어 피고인이 담보물인 이 사건 골프회원권을 담보 목적에 맞게 보관·관리할 의무를 부담함으로써 피해자의 사무를 처리하는 자의 지위에 있었다는 이유로 이 사건 골프회원권을 제3자에게 매도한 피고인에 대하여 배임죄의 성립을 인정한 사례(대판 2012.2.23. 2011도16385).

〈서면에 의한 증여 사건〉 부동산 매매계약에서 중도금이 지급되는 등 계약이 본격적으로 이행되는 단계에 이른 때에는 계약이 취소되거나 해제되지 않는 한 매도인은 매수인에게 부동산의 소유권을 이전할 의무에서 벗어날 수 없다. 이러한 단계에 이른 때에 매도인은 매수인에게 매수인의 재산보전에 협력하여 재산적 이익을 보호·관리할 신임관계에 있게 되고, 그 때부터 배임죄에서 말하는'타인의 사무를 처리하는 자'에 해당한다고 보아야 한다. 그러한 지위에 있는 매도인이 매수인에게 계약 내용에 따라 부동산의 소유권을 이전해 주기 전에 부동산을 제3자에게 처분하여 등기를 하는 행위는 매수인의 부동산 취득이나 보전에 지장을 초래하는 행위로서 배임죄가 성립한다. 이러한 법리는 서면에 의한 부동산 증여계약에도 마찬가지로 적용된다(대판 2018.12.13. 2016도19038). (20 변시)

3. 타인의 사무처리자를 부정한 판례

〈서면에 의하지 아니한 증여 사건〉 서면에 의하지 아니한 증여계약이 행하여진 경우 당사자는 그 증여가 이행되기 전까지는 언제든지 이를 해제할 수 있으므로 증여자가 구두의 증여계약에 따라 수증자에 대하여 증여 목적물의 소유권을 이전하여 줄 의무를 부담한다고 하더라도 그 증여자는 수증자의 사무를 처리하는 자의 지위에 있다고 할 수 없다(대판 2005.12.9. 2005도5962).

〈경매를 취하한 사건〉 피고인과 甲의 채권을 담보하기 위한 것이지만 피고인의 단독명의로 근저당권이 설정되었고 피고인이 그 자신의 채권의 만족을 위하여 임의경매 신청 중 그 채무를 변제받고 경매신청을 취하하려는 것을, 변제할 이익이 없는 제3자가 甲을 대위한 위 근저당권의 공동관리자임을 자칭하고 경매를 취하하지 말라고 종용하였으나, 피고인이 이를 묵살, 경매를 취하한 사안에서, 피고인은 근저당권을 대위행사 할 수 있는 지위에 있지 아니하는 제3자의 사무를 처리하는 자에 해당되지 아니하므로, 배임죄에 해당되지 않는다(대판 1983.11.8. 83도1553).

〈상표권 양도약정 사건〉 상표권양도약정을 체결한 피고인은 양수인에 대하여 그 상표권에 관하여 양수인 명의로 이전등록하도록 협력할 의무가 있고 그 점에서 양수인의 사무를 처리하는 자의 지위를 가진다 할 것이지만, 피고인이 그 상표권이전등록의무의 이행을 거부하고 양수인과 동종생산업체를 설립하여 그 제품에 위 상표를 부착하여 사용하였다 하더라도 이는 상표권이전등록을 이행하여 자기의 양도행위를 완성하여야 하는 자기의 채무의 불이행에 불과한 것이고 그것이 양수인의 사무를 처리하는 자의 임무위배행위에 해당하여 배임죄를 구성하는 것이라고 할 수는 없다(대판 1984.5.29. 83도2930).

2. 객 체

재산상의 이익이다. 재물이 아닌 점에서 횡령죄와 구별된다. 이와 관련하여 최근 판례는 가상자산을 재산상의 이익으로 보고 있다.

〈비트코인 영득 사건〉 [1] 가상자산은 국가에 의해 통제받지 않고 블록체인 등 암호화된 분산원장에 의하여 부여된 경제적인 가치가 디지털로 표상된 정보로서 재산상 이익에 해당한다. 가상자산은 보관되었던 전자지갑의 주소만을 확인할 수 있을 뿐 그 주소를 사용하는 사람의 인적사항을 알 수 없고, 거래 내역이 분산 기록되어 있어 다른 계좌로 보낼 때 당사자 이외의 다른 사람이 참여해야 하는 등 일반적인 자산과는 구별되는 특징이 있다. 이와 같은 가상자산에 대해서는 현재까지 관련 법률에 따라 법정화폐에 준하는 규제가 이루어지지 않는 등 법정화폐와 동일하게 취급되고 있지 않고 그 거래에 위험이 수반되므로, 형법을 적용하면서 법정화폐와 동일하게 보호해야 하는 것은 아니다. [2] 원인불명으로 재산상 이익인 가상자산을 이체 받은 자가 가상자산을 사용 · 처분한 경우 이를 형사처벌하는 명문의 규정이 없는 현재의 상황에서 착오송금 시 횡령죄 성립을 긍정한 판례를 유추하여 신의칙을 근거로 피고인을 배임죄로 처벌하는 것은 죄형법정주의에 반한다. 이 사건 비트코인이 법률상 원인관계 없이 피해자로부터 피고인 명의의 전자지갑으로 이체되었더라도 피고인이 신임관계에 기초하여 피해자의 사무를 맡아 처리하는 것으로 볼 수 없는 이상, 피고인을 피해자에 대한 관계에서 '타인의 사무를 처리하는 자'에 해당한다고 할 수 없다 (대판 2021.12.16. 2020도9789). (23 2차)(24 변시)(24 3차)

3. 행 위

배임행위로써 재산상의 이득을 취득하여 본인에게 손해를 가하는 것이다.

(1) 배임행위

1) **배임행위 일반론** : 배임행위란 사무처리자로서의 임무에 위배하여 본인과의 신임관계를 배신하는 일체의 행위를 말한다. 배임행위의 태양은 법률행위 · 사실행위, 작위 · 부작위를 포함하며, 배임행위의 유효 · 무효 및 취소가능성을 불문한다.

〈배임행위의 의미〉 배임죄에 있어서 임무에 위배하는 행위라 함은 처리하는 사무의 내용, 성질 등 구체적 상황에 비추어 법령의 규정, 계약의 내용 또는 신의칙상 당연히 하여야 할 것으로 기대되는 행위를 하지 않거나 당연히 하지 않아야 할 것으로 기대되는 행위를 함으로써 본인과의 신임관계를 저버리는 일체의 행위를 의미한다(대판 2004.7.9. 2004도810).

〈배임행위가 법률상 유효한가 여부는 따져 볼 필요가 없다는 판례〉 배임죄에서 그 임무에 위배하는 행위라 함은 처리하는 사무의 내용, 성질 등 구체적 상황에 비추어 법률의 규정, 계약의 내용 혹은 신의칙상 당연히 할 것으로 기대되는 행위를 하지 않거나 당연히 하지 않아야 할 것으로 기대하는 행위를 함으로써 본인과 사이의 신임관계를 저버리는 일체의 행위를 포함하며 그러한 행위가 법률상 유효한가 여부는 따져 볼 필요가 없다(대판 2009.10.29. 2009도7783).

〈채권상계처리가 법률상 무효인 사건〉 甲 주식회사의 실질적 경영자인 피고인이 자신의 개인사업체가 甲 회사에 골프장 조경용 수목을 매도하였다는 허위의 매매계약을 체결하고 그 매매대금 채권과 甲 회사의 피고인에 대한 채권을 상계처리한 사안에서, 피고인의 수목 매매대금 채권이 존재하지 아니하여 상계가 법률상 무효라고 하더라도 甲 회사에 재산상 실해 발생의 위험이 초래되었다고 보아 업무상배임죄가 성립한다고 본 원심판단을 수긍한 사례(대판 2012.2.23. 2011도15857).

2) 본인의 동의가 있거나 본인을 위한 경우 : 본인의 동의가 있거나 본인을 위한 경우에는 배임죄는 성립하지 않지만, 본인을 위한 경우라도 **법령이나 사회상규에 어긋난 행위**는 배임행위가 된다.

〈사무처리와 본인의 동의〉 배임죄에서 '임무에 위배하는 행위'는 처리하는 사무의 내용, 성질 등에 비추어 법령의 규정, 계약의 내용 또는 신의칙상 당연히 하여야 할 것으로 기대되는 행위를 하지 않거나 당연히 하지 않아야 할 것으로 기대되는 행위를 함으로써 본인과의 신임관계를 저버리는 행위를 말하는 것으로서, 그러한 사무처리에 대하여 본인의 동의가 있는 때에는 임무에 위배하는 행위라고 할 수 없다(대판 2015.6.11. 2012도1352).

〈본인을 위하여 법령이나 사회상규에 어긋난 행위를 한 사건〉 행위자가 가사 본인을 위한다는 의사를 가지고 행위를 하였다고 하더라도 그 목적과 취지가 법령이나 사회상규에 위반된 위법한 행위로서 용인할 수 없는 경우에는 그 행위의 결과가 일부 본인을 위하는 측면이 있다고 하더라도 이는 본인과의 신임관계를 저버리는 행위로서 배임죄의 성립을 인정함에 영향이 없다(대판 2002.7.22. 2002도1696).

3) 이사회의 결의나 주주의 양해 : 배임행위가 인정된다면 이에 대하여 이사회의 결의나 대주주의 양해가 있더라도 배임죄가 성립한다.

〈배임행위와 이사회결의〉 주식회사의 경영을 책임지는 이사는 이사회의 결의가 있더라도 그 결의 내용이 주주 또는 회사 채권자를 해하는 불법한 목적이 있는 경우에는 이에 맹종할 것이 아니라 회사를 위하여 성실한 직무수행을 할 의무가 있으므로, 이사가 임무에 위배하여 주주 또는 회사 채권자에게 손해가 될 행위를 하였다면, 회사 이사회의 결의가 있었다고 하여 그 배임행위가 정당화될 수 없다(대판 2000.5.26. 99도2781).

〈배임행위와 사실상의 대주주의 양해나 이사회의 결의〉 회사의 이사 등이 타인에게 회사자금을 대여할 때에 그 타인이 이미 채무변제능력을 상실하여 그에게 자금을 대여할 경우 회사에 손해가 발생하리라는 정을 충분히 알면서 이에 나아갔거나, 충분한 담보를 제공받는 등 상당하고도 합리적인 채권회수조치를 취하지 아니한 채 만연히 대여해 주었다면, 그와 같은 자금대여는 타인에게 이익을 얻게 하고 회사에 손해를 가하는 행위로서 회사에 대하여 배임행위가 되고, 회사의 이사 등은 단순히 그것이 경영상의 판단이라는 이유만으로 배임죄의 죄책을 면할 수는 없으며, 이러한 이치는 그 타인이 자금지원 회사의 계열회사라 하여 달라지지 않는다. 회사의 임원 등이 그 임무에 위배되는 행위로 재산상 이익을 취득하거나 제3자로 하여금 이를 취득하게 하여 회사에 손해를 가한 때에는 이로써 배임죄가 성립하고, 그 임무위배행위에 대하여 사실상 대주주의 양해를 얻었다거나, 이사회의 결의가 있었다고 하여 배임죄의 성립에 어떠한 영향이 있는 것이 아니다(대판 2014.7.10. 2013도10516).

4) 영업비밀이나 주요한 자산 : 회사 직원이 영업비밀이나 영업상 주요한 자산인 자료를 ① 유출 또는 반출하거나 ② 적법하게 반출하였으나 퇴사 시 반환 · 폐기의무가 있음에도 반환 · 폐기하지 아니한 행위는 업무상배임죄에 해당한다.

〈영업비밀 유출 사건〉 기업의 영업비밀을 사외로 유출하지 않을 것을 서약한 회사의 직원이 경제적인 대가를 얻기 위하여 경쟁업체에 영업비밀을 유출하는 행위는 피해자와의 신임관계를 저버리는 행위로서 업무상 배임죄를 구성한다(대판 1999.3.12. 98도4704).

〈영업비밀 또는 영업상 주요한 자산 사건〉 [1] 업무상배임죄의 주체는 타인의 사무를 처리하는 지위에 있어야 한다. 따라서 회사직원이 재직 중에 영업비밀 또는 영업상 주요한 자산을 경쟁업체에 유출하거나 스스로의 이익을 위하여 이용할 목적으로 무단으로 반출하였다면 타인의 사무를 처리하는 자로서 업무상의 임무에 위배하여 유출 또는 반출한 것이어서 유출 또는 반출 시에 업무상배임죄의 기수가 된다. [2] 또한 회사직원이 영업비밀 등을 적법하게 반출하여 반출행위가 업무상배임죄에 해당하지 않는 경우라도, 퇴사 시에 영업비밀 등을 회사에 반환하거나 폐기할 의무가 있음에도 경쟁업체에 유출하거나 스스로의 이익을 위하여 이용할 목적으로 이를 반환하거나 폐기하지 아니하였다면, 이러한 행위 역시 퇴사 시에 업무상배임죄의 기수가 된다. [3] 그러나 회사직원이 퇴사한 후에는 특별한 사정이 없는 한 퇴사한 회사직원은 더 이상 업무상배임죄에서 타인의 사무를 처리하는 자의 지위에 있다고 볼 수 없고, 위와 같이 반환하거나 폐기하지 아니한 영업비밀 등을 경쟁업체에 유출하거나 스스로의 이익을 위하여 이용하더라도 이는 이미 성립한 업무상배임 행위의 실행행위에 지나지 아니하므로, 그 유출 내지 이용행위가 부정경쟁방지 및 영업비밀보호에 관한 법률 위반(영업비밀누설등)죄에 해당하는지는 별론으로 하더라도, 따로 업무상배임죄를 구성할 여지는 없다. 그리고 위와 같이 퇴사한 회사직원에 대하여 타인의 사무를 처리하는 자의 지위를 인정할 수 없는 이상 제3자가 위와 같은 유출 내지 이용행위에 공모·가담하였더라도 타인의 사무를 처리하는 자의 지위에 있다는 등의 사정이 없는 한 업무상배임죄의 공범 역시 성립할 수 없다(대판 2017.6.29. 2017도3808). [2023 변시](18 변시)

〈비밀유지조치를 취하지 아니한 채 판매 등으로 공지된 제품 사건〉 [1] 회사 직원이 경쟁업체 또는 스스로의 이익을 위하여 이용할 의사로 무단으로 자료를 반출한 행위가 업무상배임죄에 해당하기 위하여는, 그 자료가 반드시 영업비밀에 해당할 필요까지는 없다고 하겠지만 적어도 그 자료가 불특정 다수인에게 공개되어 있지 않아 보유자를 통하지 아니하고는 이를 통상 입수할 수 없고 그 보유자가 자료의 취득이나 개발을 위해 상당한 시간, 노력 및 비용을 들인 것으로서, 그 자료의 사용을 통해 경쟁상의 이익을 얻을 수 있는 정도의 영업상 주요한 자산에는 해당하여야 한다. [2] 또한 비밀유지조치를 취하지 아니한 채 판매 등으로 공지된 제품의 경우, 역설계를 통한 정보의 획득이 가능하다는 사정만으로 그 정보가 불특정 다수인에게 공개된 것으로 단정할 수 없으나, 상당한 시간과 노력 및 비용을 들이지 않고도 통상적인 역설계 등의 방법으로 쉽게 입수 가능한 상태에 있는 정보라면 보유자를 통하지 아니하고서는 통상 입수할 수 없는 정보에 해당한다고 보기 어려우므로 영업상 주요한 자산에 해당하지 않는다(대판 2022.6.30. 2018도4794). (23 3차)

(2) 재산상 이익의 취득

배임죄가 성립하기 위해서는 자기 또는 제3자가 재산상의 이익을 취했을 것을 요한다. 따라서 본인에게 손해를 가하였다고 할지라도 이익을 취득한 사실이 없으면 배임죄는 성립하지 아니한다. 재산상의 이익이란 모든 재산적 가치의 증가를 의미하며 적극적·소극적 이득을 불문한다.

▎재산상 이익의 취득 관련 판례 정리

1. 기본 법리 판례

〈배임죄와 재산상 이익의 취득〉 업무상배임죄는 본인에게 재산상의 손해를 가하는 외에 배임행위로 인하여 행위자 스스로 재산상의 이익을 취득하거나 제3자로 하여금 재산상의 이익을 취득하게 할 것을 요건으로 하므로, 본인에게 손해를 가하였다고 할지라도 행위자 또는 제3자가 재산상이익을 취득한 사실이 없다면 배임죄가 성립할 수 없다(대판 2021.11.25. 2016도3452). (23 3차)

2. 재산상 이익의 취득을 긍정한 판례

〈처분금지가처분등기 취하 청탁한 사건〉 부동산에 처분금지가처분결정을 받아 가처분집행까지 마친 경우, 가처분권리자로서는 가처분 유지로 인한 재산상 이익이 인정되고, 그 후 가처분의 피보전채권이 존재하지 않는 것으로 밝혀졌더라도 가처분의 유지로 인한 재산상 이익이 있었던 것으로 보아야 한다(대판 2011.10.27. 2010도7624).

3. 재산상 이익의 취득을 부정한 판례

〈새마을금고 임직원이 금융기관으로부터 금융상품을 매입한 사건〉 새마을금고 임직원이 새마을금고의 여유자금 운영에 관한 규정을 위반하여 금융기관으로부터 금융상품을 매입하여 새마을금고에 액수 불상의 재산상 손해가 발생하였다고 하더라도 금융기관이 취득한 수수료 상당의 이익을 그와 관련성 있는 재산상 이익이라고 인정할 수 없으므로 업무상 배임죄는 성립하지 않는다(대판 2021.11.25. 2016도3452).

〈덤핑판매 사건〉 피고인이 피해 회사의 승낙 없이 임의로 지정 할인율보다 더 높은 할인율을 적용하여 회사가 지정한 가격보다 낮은 가격으로 제품을 판매하는 이른바 '덤핑판매'로 제3자인 거래처에 재산상의 이익이 발생하였는지 여부는 경제적 관점에서 실질적으로 판단하여야 할 것인바, 피고인이 피해 회사가 정한 할인율 제한을 위반하였다 하더라도 시장에서 거래되는 가격에 따라 제품을 판매하였다면 지정 할인율에 의한 제품가격과 실제 판매시 적용된 할인율에 의한 제품가격의 차액 상당을 거래처가 얻은 재산상의 이익이라고 볼 수는 없다고 한 사례(대판 2009.12.24. 2007도2484).

〈연체료 사건〉 입주자대표회의 회장이 지출결의서에 날인을 거부함으로써 아파트 입주자들에게 그 연체료를 부담시킨 사안에서, 열 사용요금 납부 연체로 인하여 발생한 연체료는 금전채무 불이행으로 인한 손해배상에 해당하므로, 공급업체가 연체료를 지급받았다는 사실만으로 공급업체가 그에 해당하는 재산상의 이익을 취득하게 된 것으로 단정하기 어렵고, 나아가 공급업체가 열 사용요금 연체로 인하여 실제로는 아무런 손해를 입지 않았거나 연체료 액수보다 적은 손해를 입었다는 등의 특별한 사정이 인정되는 경우에 한하여 비로소 연체료 내지 연체료 금액에서 실제 손해액을 공제한 차액에 해당하는 재산상의 이익을 취득한 것으로 볼 수 있을 뿐이라는 이유로, 공급업체가 연체료 상당의 재산상 이익을 취득한 것으로 보아 업무상 배임죄의 성립을 인정한 원심판결을 파기한 사례(대판 2009.6.25. 2008도3792). (14 변시)

〈고의로 기계 제작의무 이행하지 않은 사건〉 회사를 대표하여 기계 제작 · 설치 계약의 이행에 관한 업무를 처리하는 사람이 고의로 기계 제작 의무를 이행하지 않아 계약이 해제됨으로써 상대방이 보증보험회사로부터 선급금반환 및 위약금 명목의 보험금을 수령한 사안에서, 위 보험금의 수령사실만으로 상대방이 재산상 이익을 취득하였다고 단정할 수 없다고 한 사례(대판 2007.7.26. 2005도6439).

〈법정폐차 시한 전에 폐차한 사건〉 피고인이 피해자와 공동구입한 택시를 법정폐차 시한 전에 임의로 폐차게 한 경우 특단의 사정이 없는 한 그 폐차조치만으로써는 피해자에게 장차 얻을 수 있었을 수익금상실의 손해는 발생하였을지언정 피고인이 피해자 몫에 해당하는 이익을 취득하였다고 볼 수는 없으므로 배임죄가 성립하지 않는다(대판 1982,2,23, 81도2601).

(3) 재산상 손해

1) 재산상 손해 일반론 : 배임죄가 성립하기 위해서는 이득을 취득하거나 제3자로 하여금 취득하게 한 것 이외에 본인에게 재산상 손해를 가하여야 한다. 재산상 손해란 본인의 전체 재산가치의 감소를 의미하며 적극적 · 소극적 손해를 포함하며 현실적인 손해를 가한 경우뿐만 아니라 재산상 실해 발생의 위험을 초래한 경우도 포함되나, 재산상 손해가 발생하였다고 평가할 수 있는 재산상 실해 발생의 위험은 구체적 · 현실적인 위험이 야기된 정도에 이르러야 하고 단지 막연한 가능성이 있다는 정도로는 부족하다.

■ 재산상 손해 일반론 관련 판례 정리

1. 기본 법리 판례

⟨'재산상의 손해를 가한 때'의 의미⟩ '재산상의 손해를 가한 때'는 현실적인 손해를 가한 경우뿐만 아니라 재산상 실해 발생의 위험을 초래한 경우도 포함된다(대판 2015,2,12, 2014도11244). (21 1차)

⟨본인에게 재산상 손해를 가한다 함의 의미⟩ 업무상배임죄에서 본인에게 재산상 손해를 가한다 함은 총체적으로 보아 본인의 재산상태에 손해를 가하는 경우, 즉 본인의 전체적 재산가치의 감소를 가져오는 것을 말하고, 이와 같은 법리는 타인의 사무를 처리하는 자 내지 제3자가 취득하는 재산상 이익에 대하여도 동일하게 적용되는 것으로 보아야 한다(대판 2021,11,25, 2016 도3452).

⟨재산상 손해의 판단⟩ 배임죄에 있어 재산상의 손해를 가한 때라 함은 현실적인 손해를 가한 경우뿐만 아니라, 재산상 실해 발생의 위험을 초래한 경우도 포함되고, 재산상 손해의 유무에 대한 판단은 본인의 전 재산 상태와의 관계에서 법률적 판단에 의하지 아니하고 경제적 관점에서 파악하여야 하며, 따라서 법률적 판단에 의하여 당해 배임행위가 무효라 하더라도 경제적 관점에서 파악하여 배임행위로 인하여 본인에게 현실적인 손해를 가하였거나 재산상 실해 발생의 위험을 초래한 경우에는 재산상의 손해를 가한 때에 해당되어 배임죄를 구성한다(대판 2005,9,29, 2003도4890). (19 변시)(23 2차)

⟨재산상 손해는 막연한 가능성이 있다는 정도로는 부족하다는 판례⟩ 여기서 '본인에게 재산상 손해를 가한 때'에는 현실적인 손해를 가한 경우뿐만 아니라 재산상 실해 발생의 위험을 초래한 경우도 포함되나, 재산상 손해가 발생하였다고 평가할 수 있는 재산상 실해 발생의 위험은 구체적 · 현실적인 위험이 야기된 정도에 이르러야 하고 단지 막연한 가능성이 있다는 정도로는 부족하다(대판 2017,7,20, 2014도1104 전합). [COMMENT] 본 판례는 배임죄를 위험범으로 보면서도 구체적인 위험이 있는 경우에만 재산상손해가 있다고 판시함으로써 배임죄를 구체적 위험범으로 보고 있다는 평석이 가능한 판례이다. (22 2차)

⟨임무위배행위가 무효로 판단되는 경우와 손해발생⟩ 업무상배임죄에서 타인의 사무를 처리하는 자의 임무위배행위는 민사재판에서 법질서에 위배되는 법률행위로서 무효로 판단될 가능성이 적지 않고, 그 결과 본인(타인)에게도 아무런 손해가 발생하지 않는 경우가 많다. 이러한 경우에는 그 의무부담행위로 인하여 실제로 채무의 이행이 이루어졌는지 또는 본인이 민법상 사용자책임 등을 부담하게 되었는지 등과 같이 현실적인 손해가 발생하거나 실해 발생의 위

험이 생겼다고 볼 수 있는 사정이 있는지를 면밀히 심리 · 판단하여야 한다(대판 2017.10.12. 2017도6151). (23 2차)

〈담보물을 다른 담보물로 교체한 사건〉 [1] 배임죄의 '재산상 손해를 가한 때'에 관한 판단에서, 기왕에 한 담보제공행위로 인하여 이미 재산상의 손해발생 위험이 발생하였다면 그 후에 그 담보물을 다른 담보물로 교체한다 하여도 새로 제공하는 담보물의 가치가 기존 담보물의 가치보다 더 작거나 동일하다면 회사에 새로운 손해발생의 위험이 발생하였다고 볼 수 없으며, 이러한 법리는 제공된 전후의 담보방법이 다소 다른 경우에도 같다. [2] 따라서 동일 채무를 위해 기존의 담보방법을 새로운 담보방법으로 교체하는 행위를 배임죄로 처단하려면 새로운 담보물의 가치가 기존의 담보물에 비해 더 크다거나 선행 담보제공에 의해 발생한 기존의 손해발생의 위험이 어떤 사유로 소멸하고 그 담보교체로 인해 기존의 손해발생의 위험과는 다른 새로운 손해발생의 위험이 발생하였다고 평가할 수 있는 사정이 있어야 한다(대판 2008. 5.8. 2008도484).

2. 재산상 손해를 긍정한 판례

〈과다한 용역비 사건〉 회사의 대표이사 등이 임무에 위배하여 회사로 하여금 다른 사업자와 용역계약을 체결하게 하면서 적정한 용역비의 수준을 벗어나 부당하게 과다한 용역비를 정하여 지급하게 하였다면 다른 특별한 사정이 없는 한 통상 그와 같이 지급한 용역비와 적정한 수준의 용역비 사이의 차액 상당의 손해를 회사에 가하였다고 볼 수 있다(대판 2018.2.13. 2017도17627).

〈매도인이 근저당설정해 준 사건〉 부동산의 매도인이 매수인 앞으로 소유권이전등기 등을 경료하기 이전에 제3자로부터 금원을 차용하고 그 담보로 근저당권설정등기를 해준 경우에는 특별한 사정이 없는 한 매도인은 매수인에게 그 근저당권에 의하여 담보되는 피담보채무 상당액의 손해를 가한 것이라고 할 것이다(대판 1998.2.10. 97도2919).

〈한국농어촌공사 사건〉 한국농어촌공사의 직원이 자금을 농지매매사업의 지원대상에 해당하지 아니하는 농지를 매입하는 데 사용하거나 지원요건을 갖추지 아니한 농업인을 위하여 부당하게 지원하도록 한 것이라면, 매입 농지에 대한 근저당권 설정 등으로 지원금의 회수가 사실상 보장되더라도 특정 목적을 위하여 조성된 기금의 감소를 초래함으로써 기금이 목적을 위하여 사용됨을 저해하였다고 할 것이므로, 이러한 의미에서 한국농어촌공사는 그와 같은 기금의 지원으로 인하여 재산상 손해를 입었다고 보아야 한다(대판 2015.8.13. 2014도5713).

〈염전 2분지 1지분 매도 사건〉 배임죄에 있어서 '재산상 손해를 가한 때'라 함은 현실적으로 손해를 가한 경우뿐만 아니라 손해발생의 위험을 초래한 경우도 포함되는 것이므로 염전의 2분지 1지분을 매도하고 계약금과 중도금을 받은 자가 잔금과 상환으로 이전등기절차를 하여 줄 임무에 위배하여 제3자 앞으로 근저당권설정등기를 하였다면 비록 피해자가 위 근저당권 설정등기를 하기 전에 처분금지가처분을 해 두었다 하더라도 배임죄의 성립에 아무런 영향을 미칠 수 없다(대판 1990.10.16. 90도1702).

〈이의부제기 약정 사건〉 피고인 갑이 피고인 을의 자금 지원 등을 통해 병 주식회사를 인수한 다음 피고인 을의 적극적인 요구에 따라 병 회사로 하여금 별다른 반대급부도 받지 않고 정 주식회사의 피고인 을에 대한 금전채무와 그 담보 목적으로 정 회사가 발행한 약속어음채무를 연대보증하도록 하였는데, 피고인 갑은 그 후 피고인 을이 위 연대보증에 기초하여 강제집행을 할 때 병 회사가 아무런 이의를 제기하지 않기로 하는 약정(이하 '이의부제기약정'이라 한다)을 피고인 을과 체결하여 피고인 을이 병 회사로부터 약속어음금을 추심하도록 함으로써 병 회사에 손해를 입게 한 사안에서, 피고인들의 위와 같은 배임행위가 직접적인 원인이 되어 병 회사가 현실적인 손해를 입은 이상 배임행위의 무효 여부와는 관계없이 배임죄의 죄책을 진다고 본 원심판단을 수긍한 사례(대판 2013.4.11. 2012도15890). (14 변시)

3. 재산상 손해를 부정한 판례

〈손실을 보상할만한 재산상의 이익을 준 사건〉 재산상의 손실을 야기한 임무위배행위가 동시에 그 손실을 보상할 만한 재산상의 이익을 준 경우, 예컨대 그 배임행위로 인한 급부와 반대급 부가 상응하고 다른 재산상 손해(현실적인 손해 또는 재산상 실해 발생의 위험)도 없는 때에 는 전체적 재산가치의 감소, 즉 재산상 손해가 있다고 할 수 없다(대판 2005.4.15. 2004도7053).

〈물품대금 지급보증서 사건〉 甲 은행 지점장인 피고인이 甲 은행을 대리하여 乙 회사가 丙 회사 에 대해 장래 부담하게 될 물품대금 채무에 대하여 지급보증을 하였더라도, 丙 회사가 乙 회사 와 거래를 개시하지 않아 지급보증 대상인 물품대금 지급채무 자체가 현실적으로 발생하지 않은 이상, 보증인인 甲 은행에 경제적인 관점에서 손해가 발생한 것과 같은 정도로 구체적인 위험이 발생하였다고 평가할 수 없다고 한 사례(대판 2015.9.10. 2015도6745).

〈재판상 자백 사건〉 유치권자로부터 점유를 위탁받아 부동산을 점유하는 자가 부동산의 소유 자로부터 인도소송을 당하여 재판상 자백을 한 경우, 그러한 재판상 자백이 손해 발생의 구체 적·현실적인 위험을 초래하기에 이르렀는지를 판단함에 있어서는 재판상 자백이 인도소송 및 유치권의 존속·성립에 어떠한 영향을 미치는지, 소유자가 재판상 자백에 의한 판결에 기 초하여 유치권자 등을 상대로 인도집행을 할 수 있는지, 유치권자가 그 집행을 배제할 방법이 있는지 등 여러 사정을 종합하여 신중하게 판단하여야 한다(대판 2017.2.3. 2016도3674). [COMMENT] 당 사안에서는 구체적 위험을 부정하였다.

〈환지처분 전 체비지대장에 소유권 취득자로 등재된 명의를 임의로 말소한 사건〉 갑 주식회사는 도시개발사업의 시행자인 을 조합으로부터 기성금 명목으로 체비지를 지급받은 다음 이를 다시 병에게 매도하였는데, 을 조합의 조합장인 피고인이 환지처분 전 체비지대장에 소유권 취득자로 등재된 갑 회사와 병의 명의를 임의로 말소함으로써 재산상 이익을 취득하고 병에 게 손해를 가하였다는 배임의 공소사실로 기소된 사안에서, 을 조합이 시행한 도시개발사업 은 도시개발법에 따라 이루어진 것이므로 체비지대장에의 등재가 환지처분 전 체비지 양수인 이 취득하는 채권적 청구권의 공시방법이라고 볼 수 없다는 등의 이유로, 이와 다른 전제에서 피고인의 행위가 배임죄를 구성한다고 본 원심판결에 법리오해의 잘못이 있다고 한 사례(대판 2022.10.14. 2018도13604).

〈에버랜드 사건〉 [다수의견] 신주 등의 발행에서 주주 배정방식과 제3자 배정방식을 구별하는 기준은 회사가 신주 등을 발행하는 때에 주주들에게 그들의 지분비율에 따라 신주 등을 우선 적으로 인수할 기회를 부여하였는지 여부에 따라 객관적으로 결정되어야 할 성질의 것이지, 신주 등의 인수권을 부여받은 주주들이 실제로 인수권을 행사함으로써 신주 등을 배정받았는 지 여부에 좌우되는 것은 아니다. 회사가 기존 주주들에게 지분비율대로 신주 등을 인수할 기회를 부여하였는데도 주주들이 그 인수를 포기함에 따라 발생한 실권주 등을 제3자에게 배정한 결과 회사 지분비율에 변화가 생기고, 이 경우 신주 등의 발행가액이 시가보다 현저하 게 낮아 그 인수권을 행사하지 아니한 주주들이 보유한 주식의 가치가 희석되어 기존 주주들 의 부가 새로이 주주가 된 사람들에게 이전되는 효과가 발생하더라도, 그로 인한 불이익은 기존 주주들 자신의 선택에 의한 것일 뿐이다. 또한, 회사의 입장에서 보더라도 기존 주주들 이 신주 등을 인수하여 이를 제3자에게 양도한 경우와 이사회가 기존 주주들이 인수하지 아니 한 신주 등을 제3자에게 배정한 경우를 비교하여 보면 회사에 유입되는 자금의 규모에 아무런 차이가 없을 것이므로, 이사가 회사에 대한 관계에서 어떠한 임무에 위배하여 손해를 끼쳤다 고 볼 수는 없다(대판 2009.5.29. 2007도4949 전합).

〈전세금 권리질권설정 사건〉 타인에 대한 채무의 담보로 제3채무자에 대한 채권에 대하여 권리 질권을 설정한 경우 질권설정자가 질권의 목적인 채권의 변제를 받았다고 하여 질권자에 대한 관계에서 타인의 사무를 처리하는 자로서 그 임무에 위배하는 행위를 하여 질권자에게 어떤 손해를 가하거나 손해 발생의 위험을 초래하였다고 할 수 없고, 배임죄가 성립하지도 않는다고 보아야 한다(대판 2016.4.29. 2015도5665). **[COMMENT]** 전세권자가 전세금에 대하여 질권을 설정한 후에 질권자의 동의없이 전세권자가 임대인에게 전세금을 돌려받아도 질권자의 임대인에 대한 권리행사에 아무런 지장이 없으므로 전세권자에게 배임죄가 성립되지 않는다고 본 판례이다.

〈보증인이 신규자금을 제공하면서 이미 보증을 한 채무의 변제에 사용되도록 한 사건〉 이미 타인의 채무에 대하여 보증을 하였는데, 피보증인이 변제자력이 없어 결국 보증인이 그 보증채무를 이행하게 될 우려가 있고, 보증인이 피보증인에게 신규로 자금을 제공하거나 피보증인이 신규로 자금을 차용하는 데 담보를 제공하면서 그 신규자금이 이미 보증을 한 채무의 변제에 사용되도록 한 경우라면, 보증인으로서는 기보증채무와 별도로 새로 손해를 발생시킬 위험을 초래한 것이라고 볼 수 없다(대판 2014.7.10. 2013도10516).

2) **대표권 남용과 손해의 발생** : 회사의 대표이사가 대표권을 남용한 경우에 ① 상대방이 대표권남용 사실을 알지 못하였을 때에는 회사에 대하여 유효하므로 배임죄의 실행의 착수는 인정되고 회사에 의무부담이 생기므로 이행전이라도 배임죄의 기수가 되며 ② 상대방이 대표권 남용 사실을 알았거나 알 수 있었을 때에는 회사에 대하여 무효지만 배임죄의 실행의 착수는 인정되고 원칙적으로 미수가 되지만, 실제로 채무이행이 이루어졌다거나 회사가 민법상 불법행위책임을 부담하는 경우에는 기수가 된다. 그리고 ③ 대표이사가 대표권을 남용하여 약속어음을 발행한 경우에도 동일한 논리가 적용되지만, 무효라도 실제로 제3자에게 유통되었다면 이행전이라도 기수가 된다는 점이 다르다.

〈대표권 남용 사건〉[1] **[다수의견]** (가) 주식회사의 대표이사가 대표권을 남용하는 등 그 임무에 위배하여 회사 명의로 의무를 부담하는 행위를 하더라도 일단 회사의 행위로서 유효하고, 다만 상대방이 대표이사의 진의를 알았거나 알 수 있었을 때에는 회사에 대하여 무효가 된다. 따라서 상대방이 대표권남용 사실을 알았거나 알 수 있었던 경우 그 의무부담행위는 원칙적으로 회사에 대하여 효력이 없고, 경제적 관점에서 보아도 이러한 사실만으로는 회사에 현실적인 손해가 발생하였다거나 실해 발생의 위험이 초래되었다고 평가하기 어려우므로, 달리 그 의무부담행위로 인하여 실제로 채무의 이행이 이루어졌다거나 회사가 민법상 불법행위책임을 부담하게 되었다는 등의 사정이 없는 이상 배임죄의 기수에 이른 것은 아니다. 그러나 이 경우에도 대표이사로서는 배임의 범의로 임무위배행위를 함으로써 실행에 착수한 것이므로 배임죄의 미수범이 된다. (나) 그리고 상대방이 대표권남용 사실을 알지 못하였다는 등의 사정이 있어 그 의무부담행위가 회사에 대하여 유효한 경우에는 회사의 채무가 발생하고 회사는 그 채무를 이행할 의무를 부담하므로, 이러한 채무의 발생은 그 자체로 현실적인 손해 또는 재산상 실해 발생의 위험이라고 할 것이어서 그 채무가 현실적으로 이행되기 전이라도 배임죄의 기수에 이르렀다고 보아야 한다. (다) 주식회사의 대표이사가 대표권을 남용하는 등 그 임무에 위배하여 약속어음 발행을 한 행위가 배임죄에 해당하는지도 원칙적으로 위에서 살펴본 의무부담행위와 마찬가지로 보아야 한다. 다만 약속어음 발행의 경우 어음법상 발행인은 종전의 소지인에 대한 인적 관계로 인한 항변으로써 소지인에게 대항하지 못하므로(어음법 제17조, 제77조), 어음발행이 무효라 하더라도 그 어음이 실제로 제3자에게 유통되었다면 회사로서는 어음채무를 부담할 위험이 구체적·현실적으로 발생하였다고 보아야 하고, 따라서 그 어음채무가 실제로 이행되기 전이라도 배임죄의 기수범이 된다. 그러나 약속어음 발행이 무효일 뿐만 아니라 그 어음이 유통되지도 않았다면 회사는 어음발행의 상대방에게 어음채무를 부담하지 않기 때문에 특별한 사정이 없는 한 회사에 현실적으로 손해가 발생하였다거나 실해 발생의 위험이 발생하였다고도 볼 수 없으므로, 이때에는 배임죄의 기수범이 아니라 배임미수죄로 처벌하여야 한다. [2] 甲 주식회사 대표이사인 피고인이, 자신이 별도로 대표이사를 맡고 있던 乙 주식회사의 丙 은행에 대한 대출금채무를 담보하기 위해 丙 은행에 甲 회사 명의로 액면금 29억 9,000만 원의 약속어음을 발행하여 줌으로써 丙 은행에 재산상 이익을 취득하게 하고 甲 회사에 손해를 가하였다고 하여 특정경제범죄 가중처벌 등에 관한 법률 위반(배임)으로 기소된 사안에서, 피고인이 대표권을 남용하여 약속어음을 발행하였고 당시 상대방인 丙 은행이 그러한 사실을 알았거나 알 수 있었던 때에 해당하여 그 발행행위가 甲 회사에 대하여 효력이 없다면, 그로 인해 甲 회사가 실제로 약속어음금을 지급하였거나 민사상 손해배상책임 등을 부담하거나 약속어음이 실제로 제3자에게 유통되었다는 등의 특별한 사정이 없는 한 피고인의 약속어음 발행행위로 인해 甲 회사에 현실적인 손해나 재산상 실해 발생의 위험이 초래되었다고 볼 수 없는데도, 이에 대한 심리 없이 약속어음 발행행위가 배임죄의 기수에 이르렀음을 전제로 공소사실을 유죄로 판단한 원심판결에 배임죄의 재산상 손해 요건 및 기수시기 등에 관한 법리오해의 잘못이 있다고 한 사례(대판 2017.7.20. 2014도1104 전합). [판결이유 중 일부 인용] 이와 달리 대표이사의 회사 명의 약속어음 발행행위가 무효인 경우에도 그 약속어음이 제3자에게 유통되지 아니한다는 특별한 사정이 없는 한 재산상 실해 발생의 위험이 초래된 것으로 보아야 한다는 취지의 대법원 2012. 12. 27. 선고 2012도10822 판결, 대법원 2013. 2. 14. 선고 2011도10302 판결 등은 배임죄의 기수 시점에 관하여 이 판결과 배치되는 부분이 있으므로 그 범위에서 이를 변경하기로 한다. (19 변시)(21 변시)(22 변시)(23 2차)(24 1차)

〈2억 원 약속어음 사건〉 甲 주식회사 대표이사인 피고인이 甲 회사 설립의 동기가 된 동업약정의 투자금 용도로 부친 乙로부터 2억 원을 차용한 후 乙에게 甲 회사 명의의 차용증을 작성·교부하는 한편 甲 회사 명의로 액면금 2억 원의 약속어음을 발행하여 공증해 줌으로써 甲 회사에 재산상 손해를 입게 하고 乙에게 재산상 이익을 취득하게 하였다고 하여 업무상배임으로 기소된 사안에서, 피고인의 행위가 대표이사의 대표권을 남용한 때에 해당하고 그 행위의 상대방인 乙로서는 피고인이 甲 회사의 영리 목적과 관계없이 자기 또는 제3자의 이익을 도모할 목적으로 권한을 남용하여 차용증 등을 작성해 준다는 것을 알았거나 알 수 있었으므로 그 행위가 甲 회사에 대하여 아무런 효력이 없다고 본 원심판단은 수긍할 수 있으나, 乙은 피고인이 작성하여 준 약속어음공정증서에 기하여 甲 회사의 丙 재단법인에 대한 임대차보증금반환채권 중 2억 원에 이르기까지의 금액에 대하여 압류 및 전부명령을 받은 다음 확정된 압류 및 전부명령에 기하여 丙 재단법인으로부터 甲 회사의 임대차보증금 중 1억 2,300만 원을 지급받은 사실에 비추어 피고인의 임무위배행위로 인하여 甲 회사에 현실적인 손해가 발생하였거나 실해 발생의 위험이 생겼으므로 배임죄의 기수가 성립하고, 전부명령이 확정된 후 집행권원인 집행증서의 기초가 된 법률행위 중 전부 또는 일부에 무효사유가 있는 것으로 판명되어 집행채권자인 乙이 집행채무자인 甲 회사에 부당이득 상당액을 반환할 의무를 부담하더라도 배임죄의 성립을 부정할 수 없는데도, 이와 달리 보아 공소사실을 무죄로 판단한 원심판결에 배임죄의 실행의 착수 및 기수 시기에 관한 법리오해의 잘못이 있다고 한 사례(대판 2017.9.21. 2014도9960).

3) 부동산 등기와 손해발생

〈소유권이전등기의무 이행불능 사건〉 위임받은 타인의 사무가 부동산소유권이전등기의무인 경우에 매도인의 임무위배행위로 인하여 매도인의 소유권이전등기의무가 이행불능되거나 이행불능에 빠질 위험성이 있으면 배임죄가 성립하고, 매도인과 매수인 사이에 소유권이전등기절차를 이행하기로 하는 재판상화해가 성립한 경우에도 마찬가지이다(대판 2007.7.26. 2007도3882).

〈대출업무 담당자가 위임장 위조하여 근저당권설정등기 말소한 사건〉 갑 조합의 대출업무 등 담당자인 피고인이 갑 조합에 처와 모친 소유의 토지를 담보로 제공하고 그들 명의로 대출을 받은 다음 위임장 등을 위조하여 담보로 제공된 위 토지에 설정된 근저당권설정등기를 말소하였다고 하여 특정경제범죄 가중처벌 등에 관한 법률 위반(배임)으로 기소된 사안에서, 등기 말소로 갑 조합에 손해가 발생하였다고 할 것임에도, 이와 달리 보아 무죄를 선고한 원심판결에 법리오해의 잘못이 있다고 한 사례(대판 2014.6.12. 2014도2578).

4) 대출과 손해발생

〈동일인 대출한도 초과 사건〉 [다수의견] 동일인 대출한도를 초과하여 대출함으로써 구 새마을금고법을 위반하였다고 하더라도, 대출한도 제한규정 위반으로 처벌함은 별론으로 하고, 그 사실만으로 특별한 사정이 없는 한 업무상배임죄가 성립한다고 할 수 없고, 채무상환능력이 부족하거나 제공된 담보의 경제적 가치가 부실해서 대출채권의 회수에 문제가 있는 것으로 판단되는 경우에 재산상 손해가 발생하였다고 보아 업무상배임죄가 성립한다고 해야 한다(대판 2008.6.19. 2006도4876 전합).

〈신규대출 사건〉 [1] 금융기관이 거래처의 기존 대출금에 대한 원리금에 충당하기 위하여 거래처에게 신규대출을 함에 있어 형식상 신규대출을 하는 것처럼 서류상 정리를 하였을 뿐 실제로 거래처에게 대출금을 새로 교부한 것이 아니라면 그로 인하여 금융기관에게 어떤 새로운 손해가 발생하는 것은 아니라고 할 것이므로 따로 업무상배임죄가 성립된다고 볼 수 없다고 할 것이다. [2] 그러나 금융기관이 실제로 거래처에게 대출금을 새로 교부한 경우에는 거래처가 그 대출금을 임의로 처분할 수 없다거나 그 밖에 어떠한 이유로든 그 대출금이 기존 대출금의 원리금으로 상환될 수밖에 없다는 등의 특별한 사정이 없는 한 비록 새로운 대출금이 기존 대출금의 원리금으로 상환되도록 약정되어 있다고 하더라도 그 대출과 동시에 이미 손해발생의 위험은 발생하였다고 보아야 할 것이므로 업무상배임죄가 성립한다(대판 2013.10.24. 2013도7201). **[COMMENT]** 새로운 대출금을 교부한 것이냐 아니냐가 중요한 배임죄 판단의 기준이 되고 있다.

5) 계열회사와 손해발생

〈유상증자 동원 사건〉 재벌그룹 회장과 그룹 구조조정추진본부 임원들이 해외금융자본과 특정 계열사의 분쟁을 해결하는 방편으로 다른 계열사들로 하여금 해외금융자본과 옵션계약을 체결하게 하는 방식으로 다른 계열사들을 특정 계열사의 유상증자에 동원하여 참여시킴으로써 다른 계열사들에 손해를 입힌 사안에서, 다른 계열사들이 옵션계약을 체결하게 된 사정, 재정상태 등 제반 사정에 비추어 업무상배임죄가 성립한다고 한 사례(대판 2008.5.29. 2005도4640).

〈지급보증한 후 다시 지급보증한 사건〉 대규모 기업집단 내의 계열회사인 A 회사가 다른 계열회사인 B 회사의 지급보증하에 갑 금융기관으로부터 어음담보대출을 받은 뒤 그 어음의 만기도래로 이를 회수하기 위하여 을 금융기관으로부터 어음담보대출을 받을 때 B 회사가 다시 지급보증을 한 경우에, 위 지급보증으로 인하여 지원회사인 B 회사에 기왕의 보증행위로 인한 손해와는 다른 별개의 새로운 손해를 발생시킬 위험이 초래되었다고 보기 어렵다고 볼 여지가 크다고 보아 후행 지급보증행위를 업무상배임죄로 인정한 원심을 파기한 사안(대판 2013.9.26. 2013도5214).

(4) 이익의 취득과 손해발생 사이의 인과관계

배임죄가 성립하기 위해서는 임무위배행위로 인하여 여러 재산상 이익과 손해가 발생하더라도 재산상 이익과 손해 사이에 서로 대응하는 관계에 있는 등 일정한 관련성이 인정되어야 업무상배임죄가 성립한다.

〈재산상 이익과 손해발생 사이에 서로 대응하는 인과관계가 있어야 한다는 판례〉 업무상배임죄는 업무상 타인의 사무를 처리하는 자가 임무에 위배하는 행위를 하고 그러한 임무위배행위로 인하여 재산상의 이익을 취득하거나 제3자로 하여금 이를 취득하게 하여 본인에게 재산상의 손해를 가한 때 성립한다. 여기서 '재산상 이익 취득'과 '재산상 손해 발생'은 대등한 범죄성립요건이고, 이는 서로 대응하여 병렬적으로 규정되어 있다(형법 제356조, 제355조 제2항). 따라서 임무위배행위로 인하여 여러 재산상 이익과 손해가 발생하더라도 재산상 이익과 손해 사이에 서로 대응하는 관계에 있는 등 일정한 관련성이 인정되어야 업무상배임죄가 성립한다(대판 2021.11.25. 2016도3452; 동지 대판 2022. 8.25. 2022도3717).

〈군위군수 사건〉 군위군수이자 사단법인 군위군교육발전위원회(이하 '이 사건 위원회') 이사장인 피고인이, 군위축협 조합원들이 군위군에서 추진하던 신공항 사업을 반대한다는 이유 등으로 이 사건 위원회 명의로 군위축협에 예치된 20억 원 상당의 정기예금을 중도해지하고 그 돈을 군위농협에 재예치함으로써, 군위농협에 '20억 원의 자금을 운용할 수 있는 재산상 이익'을 취득하게 하고 이 사건 위원회에 '정기예금 중도해지로 인해 만기 이자 일부를 지급받지 못하게 된 재산상 손해'를 가하였다는 업무상 배임의 공소사실로 기소된 사안에서, 위 공소사실에 기재된 군위농협의 재산상 이익과 이 사건 위원회의 재산상 손해 사이에 대응관계 등의 관련성이 인정된다고 볼 수 없고, 군위농협이 이 사건 위원회에 통상적인 이율보다 지나치게 낮은 정기예금 이자를 지급하였다는 등의 특별한 사정이 없는 한 군위농협이 취득한 자금운용의 기회가 곧바로 피고인의 임무위배행위로 인하여 취득한 재산상 이익에 해당한다고 단정하기 어려운데 기록상 그러한 특별한 사정을 인정할 증거를 찾을 수 없다는 이유를 들어, 위 공소사실을 유죄로 판단한 원심판결을 파기환송한 사례(대판 2022.8.25. 2022도3717).

(5) 실행의 착수 및 기수시기

1) 배임죄의 실행의 착수시기 : 배임죄의 실행의 착수는 배임의 고의로써 배임행위를 개시한 때 있으며, 부작위에 의한 배임죄의 실행의 착수는 작위의무가 이행되지 않으면 사무처리의 임무를 부여한 사람이 재산권을 행사할 수 없으리라고 객관적으로 예견되는 등으로 구성요건적 결과 발생의 위험이 구체화한 상황에서 부작위가 이루어진 때이다.

2) 배임죄의 기수시기 : 배임죄의 기수시기는 배임행위의 결과로서 자기 또는 제3자가 이익을 취득하여 본인에게 손해를 가한 때 기수에 이른다. 그리고 사후에 손해를 변상되더라도 범죄성립에는 영향이 없다.

〈배임죄의 실행의 착수시기와 기수시기〉 형법은 타인의 사무를 처리하는 자가 그 임무에 위배하는 행위를 할 것과 그러한 행위로 인해 행위자나 제3자가 재산상 이익을 취득하여 본인에게 손해를 가할 것을 배임죄의 객관적 구성요건으로 정하고 있으므로, 타인의 사무를 처리하는 자가 배임의 범의로, 즉 임무에 위배하는 행위를 한다는 점과 이로 인하여 자기 또는 제3자가 이익을 취득하여 본인에게 손해를 가한다는 점에 대한 인식이나 의사를 가지고 임무에 위배한 행위를 개시한 때 배임죄의 실행에 착수한 것이고, 이러한 행위로 인하여 자기 또는 제3자가 이익을 취득하여 본인에게 손해를 가한 때 기수에 이른다(대판 2017.7.20. 2014도1104 전합). (23 경1)

〈환지예정지 사건 – 부작위에 의한 업무상배임죄의 실행의 착수를 부정한 판례〉 [1] 업무상배임죄는 타인과의 신뢰관계에서 일정한 임무에 따라 사무를 처리할 법적 의무가 있는 자가 그 상황에서 당연히 할 것이 법적으로 요구되는 행위를 하지 않는 부작위에 의해서도 성립할 수 있다. 그러한 부작위를 실행의 착수로 볼 수 있기 위해서는 작위의무가 이행되지 않으면 사무처리의 임무를 부여한 사람이 재산권을 행사할 수 없으리라고 객관적으로 예견되는 등으로 구성요건적 결과 발생의 위험이 구체화한 상황에서 부작위가 이루어져야 한다. 그리고 행위자는 부작위 당시 자신에게 주어진 임무를 위반한다는 점과 그 부작위로 인해 손해가 발생할 위험이 있다는 점을 인식하였어야 한다. [2] 환지 방식에 의한 도시개발사업의 시행자인 피해자 조합을 위해 환지계획수립 등의 업무를 수행하던 피고인이 사업 실시계획의 변경에 따른 일부 환지예정지의 가치상승을 청산절차에 반영하려는 조치를 취하지 않은 채 대행회사 대표이사직을 사임하였다는 이유로 업무상배임 미수로 기소된 사안에서, 피해자 조합이 환지예정지의 가치상승을 청산절차에 반영하지 못할 위험이 구체화한 상황에서 피고인이 자신에게 부여된 작위의무를 위반하였다고 인정하기 어려워 피고인이 부작위로써 업무상배임죄의 실행에 착수하였다고 볼 수 없다고 본 사례(대판 2021.5.27. 2020도15529). (22 1차)(24 변시)(23 1차)

〈배임행위인 법률행위가 무효인 경우와 배임죄의 기수시기〉 타인의 사무를 처리하는 자의 임무위배 행위는 민사재판에서 법질서에 위배되는 법률행위로서 무효로 판단될 가능성이 적지 않고, 그 결과 본인에게도 아무런 손해가 발생하지 않는 경우가 많다. 이러한 때에는 배임죄의 기수를 인정할 수 없다. 그러나 의무부담행위로 인하여 실제로 채무의 이행이 이루어지거나 본인이 민법상 불법행위책임을 부담하게 되는 등 본인에게 현실적인 손해가 발생하거나 실해 발생의 위험이 생겼다고 볼 수 있는 사정이 있는 때에는 배임죄의 기수를 인정하여야 한다. 다시 말하면, 형사재판에서 배임죄의 객관적 구성요건요소인 손해 발생 또는 배임죄의 보호법익인 피해자의 재산상 이익의 침해 여부는 구체적 사안별로 타인의 사무의 내용과 성질, 임무위배의 중대성 및 본인의 재산 상태에 미치는 영향 등을 종합하여 신중하게 판단하여야 한다(대판 2017.9.21. 2014도9960).

〈사후에 담보를 취득하거나 피해가 회복된 사건〉 배임죄에서 '재산상의 손해를 가한 때'라 함은 현실적인 손해를 가한 경우뿐만 아니라 재산상 실해 발생의 위험을 초래한 경우도 포함되고 일단 손해의 위험성을 발생시킨 이상 사후에 담보를 취득하였거나 피해가 회복되었다 하여도 배임죄의 성립에 영향을 주는 것은 아니라 할 것이다(대판 2003.10.10. 2003도3516).

〈전환사채 발행 사건〉 회사의 실질적인 경영자인 피고인이, 대표이사와 공모하여, ① 사채업자로부터 자금을 차용하여 인수대금을 납입한 후 전환사채가 발행되자 곧바로 위 인수대금을 인출하여 위 차용금채무를 변제한 경우와 ② 사전에 계획하였던 바에 따라 전환사채발행 주간사인 증권회사로 하여금 전환사채의 최초 인수인이 되도록 하였다가 곧바로 위 증권회사가 납입한 인수대금을 담보로 대출을 받아 위 증권회사로부터 전환사채를 재매수하고 곧이어 위 인수대금을 인출하여 위 대출금채무를 변제한 경우는 모두 실질적으로 인수대금이 납입되지 않은 채로 전환사채를 발행한 것으로서 업무상 배임죄가 성립되고, 이후 피고인이 위와 같이 인수한 전환사채를 처분하여 그 대금 중 일부를 회사에 입금시켰다고 하더라도 이는 사후적으로 피해의 일부를 회복한 것에 불과하여 배임죄의 성립에 영향을 주지 않는다고 한 사례(대판 2015.12.10. 2012도235).

(6) 배임액 산정 관련 판례

▮ 배임액 산정 관련 판례 정리

1. 주식 가액 관련 판례

〈주식의 가액 산정과 경영권 프리미엄〉 회사의 대표이사 등이 그 임무에 위배하여 회사가 보유하는 주식을 적정가액 이하로 매도함으로 인하여 회사에 가한 손해액은 통상 그 주식의 실제 매매대금과 그 주식의 적정가액 사이의 차액 상당이라고 봄이 타당하고, 그 주식이 회사의 경영권을 행사할 수 있는 이른바 경영권 프리미엄을 지니고 있는 경우에는 그 가치를 평가하여 주식의 적정가액 산정에 가산하여야 한다(대판 2009.10.29. 2008도11036).

〈주식의 실질가치가 0인 사건〉 배임죄에서 재산상의 손해를 가한 때라 함은 현실적인 손해를 가한 경우뿐만 아니라 재산상 실해 발생의 위험을 초래한 경우도 포함되고, 주식의 실질가치가 0인 회사가 발행하는 신주를 액면가격으로 인수하는 경우 그로 인한 손해액은 그 신주 인수대금 전액 상당으로 보아야 할 것이다(대판 2012.6.28. 2012도2623).

〈비상장주식의 가액 평가〉 비상장주식을 거래한 경우에 있어서 그 시가는 그에 관한 객관적 교환가치가 적정하게 반영된 정상적인 거래의 실례가 있는 경우에는 그 거래가격을 시가로 보아 주식의 가액을 평가하여야 할 것이나, 만약 그러한 거래사례가 없는 경우에는 거래 당시 당해 비상장법인 및 거래당사자의 상황, 당해 업종의 특성 등을 종합적으로 고려하여 합리적으로 판단하여 적절한 평가방법을 선택하여야 할 것이다(대판 2019.6.13. 2018도20655).

2. 전액을 배임액으로 본 판례(비공제설에 입각한 판례)

〈부실대출 사건〉 부실대출에 의한 업무상배임죄가 성립하는 경우에는 담보물의 가치를 초과하여 대출한 금액이나 실제로 회수가 불가능하게 된 금액만을 손해액으로 볼 것은 아니고, 재산상 권리의 실행이 불가능하게 될 염려가 있거나 손해발생의 위험이 있는 대출금 전액을 손해액으로 보아야 한다(대판 2014.6.26. 2014도753).

〈금형제작·납품계약 사건〉 피고인이, 甲이 운영하는 乙 주식회사의 부사장으로 대외 영업활동을 하여 그 활동 및 계약을 乙 회사에 귀속시키기로 甲과 약정하고도 乙 회사에 알리지 않고 피고인 자신이 乙 회사 대표인 것처럼 가장하거나 피고인이 별도로 설립한 丙 주식회사 명의로 금형제작·납품계약을 체결함으로써 乙 회사에 손해를 가하였다고 하여 업무상배임으로 기소된 사안에서, 乙 회사의 재산상 손해는 피고인의 임무위배행위로 乙 회사의 금형제작·납품계약 체결기회가 박탈됨으로써 발생하므로, 원칙적으로 계약을 체결한 때를 기준으로 금형제작·납품계약 대금에 기초하여 산정하여야 하며, 계약대금 중에서 사후적으로 발생되는 미수금이나 계약 해지로 받지 못하게 되는 나머지 계약대금 등은 특별한 사정이 없는 한 계약대금에서 공제할 것이 아니라고 한 사례(대판 2013.4.26. 2011도6798).

〈이른바 자금돌리기 방식 사건〉 자기자금 납입 없이 이른바 자금돌리기 방식으로 신주인수권부사채를 발행·인수한 후 신주인수권을 행사한 행위 등에 대해서 부정한 수단 등의 사용에 의한 자본시장법위반죄 및 특정경제범죄법위반(배임)죄 등의 성립, '위반행위로 얻은 이익' 및 '손해액' 등이 문제된 사건에서, 대법원은 자금돌리기 방식은 가장납입으로서 부정한 수단 등 사용에 의한 자본시장법위반죄에 해당할 뿐만 아니라 특정경제범죄법위반(배임)죄에서의 임무위반행위에 해당하고, 그 경우 손해액은 미취득 사채 인수대금으로서 인수대금 상당액이라고 판단한 후 업무상배임죄의 손해액을 미취득 인수대금의 운용이익 차액으로 본 원심판단을 파기한 사례(대판 2022.6.30. 2022도3784).

3. 차액을 배임액으로 본 판례(공제설에 입각한 판례)

〈토지매수계약 후 배임행위로 계약이 해제된 사건〉 피고인이 갑과 공동으로 토지를 매수하여 그 지상에 창고사업을 하는 내용의 동업약정을 하고 동업재산이 될 토지에 관한 매매계약을 체결한 다음 매도인에게 계약금을 지급하였는데, 이후 소유권이전등기 업무를 처리하면서 갑 몰래 매도인과 사이에 위 매매계약을 해제하고 갑을 배제하는 내용의 새로운 매매계약을 체결한 다음 제3자 명의로 소유권이전등기를 마친 사안에서, 피해자인 조합으로서는 장차 취득할 것이 기대되었던 토지의 가치에 상응하는 재산이 감소되었지만 다른 한편으로는 토지의 잔금지급의무를 면하게 되었으므로 토지의 매수대금 상당액이 위 배임행위로 인하여 조합이 입게 된 재산상 손해액에 해당한다고 할 수는 없다고 한 사례(대판 2011.4.28. 2009도14268).

〈부당하게 높은 가격으로 도급계약 체결한 사건〉 타인을 위하여 도급계약을 체결할 임무가 있는 자가 부당하게 높은 가격으로 도급계약을 체결하여 타인에게 부당하게 많은 채무를 부담하게 하였다면 그로써 곧바로 업무상배임죄가 성립하고, 그 이후에 타인이 현실로 채무를 이행하였는지 여부는 업무상배임죄의 성립과는 관계가 없다 할 것이고, 그 경우 배임액은 도급계약의 도급금액 전액에서 정당한 도급금액을 공제한 금액으로 보아야 한다(대판 1999.4.27. 99도883).

〈2명이 동업으로 창고사업하려다 일방이 토지를 매매해 버린 사건〉 피고인이 갑과 공동으로 토지를 매수하여 그 지상에 창고사업을 하는 내용의 동업약정을 하고 동업재산이 될 토지에 관한 매매계약을 체결한 다음 매도인에게 계약금을 지급하였는데, 이후 소유권이전등기 업무를 처리하면서 갑 몰래 매도인과 사이에 위 매매계약을 해제하고 갑을 배제하는 내용의 새로운 매매계약을 체결한 다음 제3자 명의로 소유권이전등기를 마친 사안에서, 피해자인 조합으로서는 장차 취득할 것이 기대되었던 토지의 가치에 상응하는 재산이 감소되었지만 다른 한편으로는 토지의 잔금지급의무를 면하게 되었으므로 토지의 매수대금 상당액이 위 배임행위로 인하여 조합이 입게 된 재산상 손해액에 해당한다고 할 수는 없다고 한 사례(대판 2011.4.28. 2009도14268).

4. 손해액을 산정할 수 없다고 본 판례(유동성 장애)

〈유동성 장애 사건〉 조합이 피고인들의 이 사건 각 업무상 배임행위로 말미암아 입게된 재산상 손해는 이 사건 건물의 매입가액 상당액이라고는 할 수 없고, 위와 같은 방법으로 조합의 자본금을 현저히 초과하는 액수의 이 사건 건물을 매입함으로써 받을 채권이 소멸되고 오히려 채무를 부담하게 되어 그만큼 조합의 자금을 그 본래의 목적인 금융업무에 사용할 수 없게 되는 유동성의 장애라 할 것인바, 이러한 재산상 손해는 그 액수를 구체적으로 산정할 수 없는 것이라 할 것이다(대판 2001.11.13. 2001도3531).

4. 주관적 구성요건

(1) 고 의

1) **일반론** : 배임죄의 고의를 인정하기 위해서는 행위자는 타인의 사무를 처리하는 자로서의 임무에 위배하는 행위를 하여 자기 또는 제3자의 재산상의 이익을 취득하고, 본인에게 손해를 가한다는 인식과 의사가 있어야 한다.

〈손해를 가한다는 인식이 필요하다는 판례〉 배임죄가 성립하기 위하여는 주관적 요건으로서 임무에 위배되는 행위를 한다는 인식 이외에도 그로 인하여 자기 또는 제3자의 이득을 취득하고 본인에게 손해를 가한다는 점에 관한 의사 내지 인식을 필요로 하는 것이다(대판 1999.4.13. 98도4022).

〈계열그룹 전체 회생 사건〉 업무상배임죄의 고의는 미필적 인식으로도 충분하므로, 이익을 취득하는 제3자가 같은 계열회사이고, 계열그룹 전체의 회생을 위한다는 목적에서 이루어진 행위로서 그 행위의 결과가 일부 본인을 위한 측면이 있다 하더라도 본인의 이익을 위한다는 의사는 부수적일 뿐이고 이득 또는 가해의 의사가 주된 것임이 판명되면 배임죄의 고의를 부정할 수 없다(대판 2008.5.29. 2005도4640).

〈법인카드 사건〉 주식회사의 임원이 공적 업무수행을 위하여서만 사용이 가능한 법인카드를 개인 용도로 계속적, 반복적으로 사용한 경우 특별한 사정이 없는 한 임원에게는 임무위배의 인식과 그로 인하여 자신이 이익을 취득하고 주식회사에 손해를 가한다는 인식이 있었다고 볼 수 있으므로, 이러한 행위는 업무상배임죄를 구성한다. 위와 같은 법인카드 사용에 대하여 실질적 1인 주주의 양해를 얻었다거나 실질적 1인 주주가 향후 그 법인카드 대금을 변상, 보전해 줄 것이라고 일방적으로 기대하였다는 사정만으로는 업무상배임의 고의나 불법이득의 의사가 부정된다고 볼 수 없다(대판 2014.2.21. 2011도8870). (19 변시)

〈불교방송 사건〉 재단법인 불교방송의 이사장 직무대리인이 후원회 기부금을 정상 회계처리하지 않고 자신과 친분관계에 있는 신도에게 확실한 담보도 제공받지 아니한 채 대여한 경우, 피고인이 그 재단법인의 이익을 위한다는 의사가 있었다 하더라도 그 의사는 부수적일 뿐이고 가해의 의사가 주된 것이라는 이유로 배임의 고의를 인정한 사례(대판 2000.12.8. 99도3338).

〈잔금수령 후 지상건물 철거하기로 약정한 사건〉 대지 및 지상건물의 소유자가 대지를 매도하면서 잔대금 수령 후 일정 기간 내에 매수인을 위하여 그 지상건물을 스스로 철거하고 멸실등기절차를 해주기로 약정하였음에도 매수인으로부터 잔대금을 모두 수령한 뒤에 그 지상건물에 대하여 제3자 앞으로 소유권이전청구권 보전을 위한 가등기를 마쳐주었다면, 그와 같은 매도인의 행위는 대지에 대한 매수인의 소유권행사에 지장을 초래케 하였다는 점에서 매수인 앞으로의 소유권이전등기임무에 위반되는 배임행위라고 할 것이지만, 매도인이 지상건물을 철거하기로 약속한 기한까지 위 가등기를 말소하고 건물철거의무를 이행할 수 있을 것으로 믿었고 객관적으로도 그 이행이 가능하였다는 등의 특별한 사정이 있는 경우에는 배임죄의 고의가 인정되지 않는다고 봄이 상당하다(대판 2006.12.21. 2006도2684).

2) **경영상의 판단과 고의** : 경영상의 판단을 이유로 배임죄의 고의를 인정할 수 있는지는 제반
사정에 비추어 자기 또는 제3자가 재산상 이익을 취득한다는 인식과 본인에게 손해를 가한
다는 인식하의 의도적 행위임이 인정되는 경우인지에 따라 개별적으로 판단하여야 한다.

〈경영상의 판단의 고의 판단〉 경영상의 판단을 이유로 배임죄의 고의를 인정할 수 있는지는 문제된
경영상의 판단에 이르게 된 경위와 동기, 판단대상인 사업의 내용, 기업이 처한 경제적 상황, 손실
발생의 개연성과 이익획득의 개연성 등 제반 사정에 비추어 자기 또는 제3자가 재산상 이익을 취득
한다는 인식과 본인에게 손해를 가한다는 인식하의 의도적 행위임이 인정되는 경우인지에 따라 개
별적으로 판단하여야 한다(대판 2010.10.28, 2009도1149).

〈경영상의 판단의 고의 입증〉 경영상의 판단과 관련하여 기업의 경영자에게 배임의 고의가 있었는지
여부를 판단함에 있어서도 일반적인 업무상배임죄에 있어서 고의의 입증 방법과 마찬가지의 법리
가 적용되어야 함은 물론이지만, 제반 사정에 비추어 자기 또는 제3자가 재산상 이익을 취득한다
는 인식과 본인에게 손해를 가한다는 인식(미필적 인식을 포함)하의 의도적 행위임이 인정되는
경우에 한하여 배임죄의 고의를 인정하는 엄격한 해석기준은 유지되어야 할 것이고, 그러한 인
식이 없는데 단순히 본인에게 손해가 발생하였다는 결과만으로 책임을 묻거나 주의의무를 소홀
히 한 과실이 있다는 이유로 책임을 물을 수는 없다(대판 2019.6.13, 2018도20655).

〈변제능력 상실자에 대한 대출이거나 충분한 담보를 제공받지 않은 대출 사건〉 회사의 이사 등이 타인
에게 회사자금을 대여함에 있어 그 타인이 이미 채무변제능력을 상실하여 그에게 자금을 대여할 경
우 회사에 손해가 발생하리라는 정을 충분히 알면서 이에 나아갔거나, 충분한 담보를 제공받는 등
상당하고도 합리적인 채권회수조치를 취하지 아니한 채 만연히 대여해 주었다면, 그와 같은 자금대
여는 타인에게 이익을 얻게 하고 회사에 손해를 가하는 행위로서 회사에 대하여 배임행위가 되고, 회사
의 이사는 단순히 그것이 경영상의 판단이라는 이유만으로 배임죄의 죄책을 면할 수 없으며, 이러한
이치는 그 타인이 자금지원 회사의 계열회사라 하여 달라지지 않는다(대판 2017.11.9, 2015도12633).

(2) 불법이득의 의사

배임죄도 재산범죄이므로 고의 이외에 이를 초과하는 불법이득의 의사가 있어야 한다. 고의
에 포함되는 이득취득의 인식과 의사에 비하여 이를 초과하는 불법이득의 의사는 이익취득
의 불법성에 대한 인식과 소유자 지위 배제의 지속성에 대한 의사가 있어야 한다.

〈경영자가 당연히 기대되는 행위를 하지 않은 사건〉 경영자의 경영상 판단에 관한 위와 같은 사정을
모두 고려하더라도 법령의 규정, 계약 내용 또는 신의성실의 원칙상 구체적 상황과 자신의 역할·
지위에서 당연히 하여야 할 것으로 기대되는 행위를 하지 않거나 하지 않아야 할 것으로 기대되
는 행위를 함으로써 재산상 이익을 취득하거나 제3자로 하여금 이를 취득하게 하고 본인에게 손해
를 가하였다면 그에 관한 고의 내지 불법이득의 의사는 인정된다(대판 2011.10.27, 2009도14464).

〈대통령 사저부지와 경호부지 사건〉 공무원인 피고인 1, 2가 공소외 1 대통령의 퇴임 후 사용할 사저
부지와 그 경호부지를 일괄 매수하는 사무를 처리하면서 이미 복수의 감정평가업자에게 감정평가
를 의뢰하여 그 결과를 통보받았음에도 굳이 이를 무시하면서 인근 부동산업자들이나 인터넷, 지인
등으로부터의 불확실한 정보를 가지고 감정평가결과와 전혀 다르게 상대적으로 사저부지 가격을
낮게 평가하고 경호부지 가격을 높게 평가하여 매수대금을 배분한 것은 국가사무를 처리하는

자로서의 임무위배행위에 해당하고 위 피고인들에게 배임의 고의 및 불법이득의사도 인정된다(대판 2013.9.27. 2013도6835).

Ⅲ. 공 범

배임죄의 공범과 관련되어 특히 문제가 되는 것은 대향적 행위의 존재를 필요로 하는 유형의 배임죄에서 상대방에게 배임죄의 공동정범이 성립할 수 있는지가 문제된다. 이에 대해 판례는 배임죄의 실행으로 이익을 얻게 되는 수익자는 배임죄의 공범이라고 볼 수 없는 것이 원칙이고, 실행행위자의 행위가 피해자 본인에 대한 배임행위에 해당한다는 점을 인식한 상태에서 배임의 의도가 전혀 없었던 실행행위자에게 배임행위를 교사하거나 또는 배임행위의 전 과정에 관여하는 등으로 배임행위에 적극 가담한 경우에 한하여 배임의 실행행위자에 대한 공동정범으로 인정할 수 있다고 판시하고 있다. [2024 2차]

《대향적 행위 유형의 배임죄에서의 공동정범 1》 거래상대방의 대향적 행위의 존재를 필요로 하는 유형의 배임죄에서 거래상대방은 기본적으로 배임행위의 실행행위자와 별개의 이해관계를 가지고 반대편에서 독자적으로 거래에 임한다는 점을 고려하면, 업무상배임의 실행으로 이익을 얻게 되는 수익자는 배임죄의 공범이라고 볼 수 없는 것이 원칙이고, 실행행위자의 행위가 피해자 본인에 대한 배임행위에 해당한다는 점을 인식한 상태에서 배임의 의도가 전혀 없었던 실행행위자에게 배임행위를 교사하거나 또는 배임행위의 전 과정에 관여하는 등으로 배임행위에 적극 가담한 경우에 한하여 배임의 실행행위자에 대한 공동정범으로 인정할 수 있다(대판 2016.10.13. 2014도17211). (17 변시)(18 변시)

《대향적 행위 유형의 배임죄에서의 공동정범 2》 업무상배임죄의 실행으로 인하여 이익을 얻게 되는 수익자가 소극적으로 실행행위자의 배임행위에 편승하여 이익을 취득하는 데 그치지 않고 배임행위를 교사하거나 또는 배임행위의 전 과정에 관여하는 등으로 실행행위자의 배임행위에 적극 가담한 경우에는 업무상배임죄의 공동정범이 된다(대판 2007.2.8. 2006도483).

《대향적 행위 유형의 배임죄와 공범》 거래상대방의 대향적 행위의 존재를 필요로 하는 유형의 배임죄에 있어서 거래상대방으로서는 기본적으로 배임행위의 실행행위자와는 별개의 이해관계를 가지고 반대편에서 독자적으로 거래에 임한다는 점을 감안할 때, 거래상대방이 배임행위를 교사하거나 그 배임행위의 전 과정에 관여하는 등으로 배임행위에 적극가담함으로써 그 실행행위자와의 계약이 반사회적 법률행위에 해당하여 무효로 되는 경우 배임죄의 교사범 또는 공동정범이 될 수 있음은 별론으로 하고, 관여의 정도가 거기에까지 이르지 아니하여 법질서 전체적인 관점에서 살펴볼 때 사회적 상당성을 갖춘 경우에 있어서는 비록 정범의 행위가 배임행위에 해당한다는 점을 알고 거래에 임하였다는 사정이 있어 외견상 방조행위로 평가될 수 있는 행위가 있었다 할지라도 범죄를 구성할 정도의 위법성은 없다고 봄이 상당하다(대판 2005.10.28. 2005도4915).

《본인에게 손해가 발생하기 전에 미리 이를 매수하기로 합의한 사건》 배임죄는 본인에게 손해를 가한 때에 기수가 되는 것이므로, 피고인들이 본인에게 손해가 발생하기 이전에 업무상 배임행위로 취득할 유류를 그 배임행위자로부터 미리 이를 매수하기로 합의 내지 응탁한 행위는 배임으로 취득한 장물을 취득한 행위에 지나지 않는 것이 아니라 모두 배임행위 자체의 공동정범이 된다(대판 1987.4. 28. 83도1568).

〈영업비밀을 유출하거나 무단 반출과 공동정범〉 회사직원이 영업비밀을 경쟁업체에 유출하거나 스스로의 이익을 위하여 이용할 목적으로 무단으로 반출한 때 업무상배임죄의 기수에 이르렀다고 할 것이고, 그 이후에 위 직원과 접촉하여 영업비밀을 취득하려고 한 자는 업무상배임죄의 공동정범이 될 수 없다고 한 사례(대판 2003.10.30. 2003도4382). (12 변시)(17 변시)(19 변시)

Ⅳ. 죄수 및 타죄와의 관계

(1) 죄 수

배임죄도 횡령죄와 마찬가지로 신임관계의 수를 기준으로 죄수가 정해진다. 따라서 하나의 행위로 여러 사람이 공동으로 위탁한 사무에 대한 배임행위는 하나의 배임죄만이 성립하지만, 하나의 배임행위로 수인의 사무위탁자에게 손해를 가한 때에는 상상적 경합이 된다.

〈부실담보 사건〉 대출에 있어서 부실한 담보를 받고 대출한도 거래약정 또는 여신한도 거래약정을 체결하면 그 때에 그 한도금액 범위 내에서 한 개의 배임죄가 성립한다고 볼 것이며 그 한도금액을 여러 번에 걸쳐 나누어 인출하였다고 하여 그 여러 번의 인출행위를 포괄하여 배임죄의 일죄가 성립한다고 볼 것은 아니다(대판 2001.2.9. 2000도5000).

〈아파트 등기 사건〉 피해자들에 대하여 각 별도로 아파트에 관하여 소유권이전등기 절차를 이행하여 주어야 할 업무상 임무가 있었다면 각 피해자의 보호법익은 독립한 것이므로, 범의가 단일하고 제3자 앞으로 각 소유권이전등기 및 근저당권설정등기를 한 각 행위시기가 근접하여 있으며 피해자들이 소유권이전등기를 받을 동일한 권리를 가진 자라고 하여도 위 범행을 포괄일죄라고 볼 수 없고 피해자별로 독립한 수 개의 업무상 배임죄가 성립된다(대판 1993.6.22. 93도743).

〈근저당 설정 배임행위 후 다시 새로운 담보권을 설정한 사건〉 배임죄는 재산상 이익을 객체로 하는 범죄이므로, 1인 회사의 주주가 자신의 개인채무를 담보하기 위하여 회사 소유의 부동산에 대하여 근저당권설정등기를 마쳐 주어 배임죄가 성립한 이후에 그 부동산에 대하여 새로운 담보권을 설정해 주는 행위는 선순위 근저당권의 담보가치를 공제한 나머지 담보가치 상당의 재산상 이익을 침해하는 행위로서 별도의 배임죄가 성립한다(대판 2005.10.28. 2005도4915).

(2) 사기죄와의 관계

배임죄와 사기죄와의 관계는 ① 배임행위를 하면서 제3자를 기망한 경우에는 배임죄와 사기죄의 실체적 경합범이 성립하고 ② 배임행위를 하면서 본인을 기망한 경우 종래 판례는 사기죄만 성립한다고 보았으나, 그 후 전합 판례에 의하여 배임죄와 사기죄의 상상적 경합이 성립하는 것으로 판례를 변경하였다.

〈신용협동조합 전무 사건〉 [1] 업무상배임행위에 사기행위가 수반된 때의 죄수 관계에 관하여 보면, 사기죄와 업무상 배임죄는 그 구성요건을 달리하는 별개의 범죄이고 형법상으로도 각각 별개의 장(章)에 규정되어 있어, 1개의 행위에 관하여 사기죄와 업무상 배임죄의 각 구성요건이 모두 구비된 때에는 양 죄를 법조경합 관계로 볼 것이 아니라 상상적 경합관계로 봄이 상당하다 할 것이고, 나아가 업무상 배임죄가 아닌 단순배임죄라고 하여 양 죄의 관계를 달리 보아야 할 이유도 없다. [2] 신용협동조합의 전무인 피고인이 조합의 담당직원을 기망하여 예금인출금 또는 대출금 명목으로 금원을 교부받은 행위에 대하여 업무상 배임죄와 사기죄의 상상적 경합을 인정한 사례(대판 2002.
7.18. 2002도669 전합). [COMMENT] 본 판례는 본인을 기망한 사안이다. [2020 3차](12 변시)

(3) 부정수표단속법위반죄와 업무상배임죄와의 관계

〈부정수표단속법위반죄와 업무상배임죄〉 당좌수표를 조합 이사장 명의로 발행하여 그 소지인이 지
급제시기간 내에 지급제시하였으나 거래정지처분의 사유로 지급되지 아니하게 한 사실(부정수표
단속법위반죄)과 동일한 수표를 발행하여 조합에 대하여 재산상 손해를 가한 사실(업무상배임죄)
은 사회적 사실관계가 기본적인 점에서 동일하다고 할 것이어서 1개의 행위가 수 개의 죄에 해당하
는 경우로서 형법 제40조에 정해진 상상적 경합관계에 있다(대판 2004.5.13. 2004도1299).

V. 이중매매와 이중담보 및 지입계약관계

1. 부동산의 이중매매

(1) 부동산 이중매매의 의의

부동산의 이중매매란 매도인 甲이 乙(제1매수인)에게 자기의 부동산을 매도하였으나 소유
권이전등기를 경료해 주지 않은 상태에서 다시 이를 丙(제2매수인)에게 매도한 다음 丙에게
소유권이전등기를 해주는 경우를 말한다.

(2) 부동산 이중매매의 죄책

물권변동에 대하여 형식주의를 취하는 현행 민법하에서는 횡령죄는 성립할 수 없으므로 배
임죄의 성부만이 문제된다. 판례는 배임죄의 주체인 '타인의 사무를 처리하는 자'가 되기 위
해서는 타인의 재산관리에 관한 사무의 전부 또는 일부를 타인을 위하여 대행하는 경우와
같이 당사자 관계의 전형적·본질적 내용이 통상의 계약에서의 이익대립관계를 넘어서 그들
사이의 신임관계에 기초하여 타인의 재산을 보호 또는 관리하는 데에 있어야 한다고 판시하고
있다. 따라서 이러한 관점에 따르면 이론상 부동산 이중매매의 경우에는 배임죄의 성립을
인정하기 어렵지만, 대법원 전합의 다수의견은 논리보다는 우리나라의 현실적인 측면을 고려
하여 배임죄의 성립을 인정하고 있다.

〈부동산 이중매매는 배임죄가 성립한다는 전합 판례〉 [1] 부동산 매매계약에서 계약금만 지급된 단계
에서는 어느 당사자나 계약금을 포기하거나 그 배액을 상환함으로써 자유롭게 계약의 구속력에서
벗어날 수 있다. 그러나 중도금이 지급되는 등 계약이 본격적으로 이행되는 단계에 이른 때에는
계약이 취소되거나 해제되지 않는 한 매도인은 매수인에게 부동산의 소유권을 이전해 줄 의무에
서 벗어날 수 없다. 따라서 이러한 단계에 이른 때에 매도인은 매수인에 대하여 매수인의 재산보
전에 협력하여 재산적 이익을 보호·관리할 신임관계에 있게 된다. 그때부터 매도인은 배임죄에
서 말하는 '타인의 사무를 처리하는 자'에 해당한다고 보아야 한다. 그러한 지위에 있는 매도인이
매수인에게 계약 내용에 따라 부동산의 소유권을 이전해 주기 전에 그 부동산을 제3자에게 처분하
고 제3자 앞으로 그 처분에 따른 등기를 마쳐 준 행위는 매수인의 부동산 취득 또는 보전에 지장을
초래하는 행위이다. 이는 매수인과의 신임관계를 저버리는 행위로서 배임죄가 성립한다. [2] 부동
산 매도인이 매수인으로부터 중도금을 받은 이후 제3자에게 매매목적물인 부동산을 제3자에게 양
도한 사안에서, 부동산 이중매도인에 대하여 배임죄 성립을 인정한 종래의 판례를 유지하고, 원심

판결 중 이와 달리 타인의 사무를 처리하는 자의 지위를 부정하고 이 부분을 무죄로 판단한 부분을 파기한 사례(대판 2018.5.17. 2017도4027 전합). **[COMMENT]** 이러한 다수의견에 대하여, 배임죄에서 '타인의 사무'라고 하려면 타인에게 귀속되는 사무로서 사무의 주체가 타인이어야 할 뿐만 아니라 사무 자체의 내용이나 신뢰관계의 본질적 내용이 타인의 재산적 이익을 보호·관리하는 것이어야 하는데, 부동산 매매계약에서 쌍방이 그 계약에 따라 부담하는 채무는 각자의 '자기의 사무'일 뿐이어서 부동산 매도인을 '타인의 사무를 처리하는 자'로 볼 수 없다는 등의 이유로, 배임죄의 성립을 인정한 종래의 판례는 변경되어야 한다는 취지의 대법관 김창석, 대법관 김신, 대법관 조희대, 대법관 권순일, 대법관 박정화의 반대의견이 있음. [2023 3차](20 변시)(22 변시)

〈**부동산 이중매매에서 매도인이 매수인에게 순위보전의 효력이 있는 가등기를 마쳐 준 사건**〉 [1] (위 판례와 동일한 법리 생략) [2] 그리고 매도인이 매수인에게 순위보전의 효력이 있는 가등기를 마쳐 주었더라도 이는 향후 매수인에게 손해를 회복할 수 있는 방안을 마련하여 준 것일 뿐 그 자체로 물권변동의 효력이 있는 것은 아니어서 매도인으로서는 소유권을 이전하여 줄 의무에서 벗어날 수 없으므로, 그와 같은 가등기로 인하여 매수인의 재산보전에 협력하여 재산적 이익을 보호·관리할 신임관계의 전형적·본질적 내용이 변경된다고 할 수 없다(대판 2020.5.14. 2019도16228). (22 2차)

〈**서면으로 부동산 증여의 의사를 표시하고 근저당설정 등기한 사건**〉 [1] 부동산 매매계약에서 중도금이 지급되는 등 계약이 본격적으로 이행되는 단계에 이른 때에는 계약이 취소되거나 해제되지 않는 한 매도인은 매수인에게 부동산의 소유권을 이전할 의무에서 벗어날 수 없다. 이러한 단계에 이른 때에 매도인은 매수인에게 매수인의 재산보전에 협력하여 재산적 이익을 보호·관리할 신임관계에 있게 되고, 그때부터 배임죄에서 말하는 '타인의 사무를 처리하는 자'에 해당한다고 보아야 한다. 그러한 지위에 있는 매도인이 매수인에게 계약 내용에 따라 부동산의 소유권을 이전해 주기 전에 부동산을 제3자에게 처분하여 등기를 하는 행위는 매수인의 부동산 취득이나 보전에 지장을 초래하는 행위로서 배임죄가 성립한다. 이러한 법리는 서면에 의한 부동산 증여계약에도 마찬가지로 적용된다. 서면으로 부동산 증여의 의사를 표시한 증여자는 계약이 취소되거나 해제되지 않는 한 수증자에게 목적부동산의 소유권을 이전할 의무에서 벗어날 수 없다. 그러한 증여자는 '타인의 사무를 처리하는 자'에 해당하고, 그가 수증자에게 증여계약에 따라 부동산의 소유권을 이전하지 않고 부동산을 제3자에게 처분하여 등기를 하는 행위는 수증자와의 신임관계를 저버리는 행위로서 배임죄가 성립한다. [2] 피고인이 갑과의 증여계약에 따라 목장용지 중 1/2 지분을 갑에게 증여하고 증여의 의사를 서면으로 표시하였는데 그 후 농업협동조합에서 4,000만 원을 대출받으면서 목장용지에 농업협동조합 앞으로 채권최고액 5,200만 원의 근저당권설정등기를 마침으로써 피담보채무액 중 1/2 지분에 해당하는 2,000만 원의 재산상 이익을 취득하고, 갑에게 같은 금액의 재산상 손해를 입혔다고 하여 배임으로 기소된 사안에서, 피고인이 서면으로 증여의 의사를 표시하였는지에 관하여 심리하지 아니한 채, 서면으로 증여의 의사를 표시한 증여자의 소유권이전등기의무는 증여자 자기의 사무일 뿐이라는 전제에서 공소사실을 무죄로 판단한 원심판결에 배임죄에서 '타인의 사무를 처리하는 자' 등에 관한 법리를 오해하고 필요한 심리를 다하지 않은 잘못이 있다고 한 사례(대판 2018.12.13. 2016도19308). **[COMMENT]** 서면으로 부동산 증여의 의사를 표시하고 근저당설정 등기를 한 사안에서 부동산 이중매매의 법리에 따라 배임죄를 긍정하고 있는 판례이다. (22 2차)

〈대물변제 후 제3자에게 양도한 사건〉 부동산소유자가 동 부동산을 제1차 매수인에게 매도하고 계약금과 중도금 까지 수령한 이상 특단의 약정이 없으면 잔금수령과 동시에 매수인 명의로의 소유권이전등기에 협력할 임무가 있고 이 임무는 주로 위 매수인을 위하여 부담하는 임무라고 할 것이므로 위 매매계약이 적법하게 해제되었다면 모르되 그렇지 않은 이상 이를 다시 제3자와의 사이에 그 부동산에 대한 매매계약을 체결하고 계약금과 중도금까지 수령한 것은 위 제1차 매수인에 대한 소유권이전등기 협력의무의 위배와 밀접한 행위로서 배임죄의 실행의 착수라고 보아야 할 것인바 이와 같은 이론은 부동산 소유자가 대물변제로 양도하여 놓고 그 양수인에게 소유권이전등기를 하지 아니하고 제3자에게 양도하는 경우도 동일하다 할 것이다(대판 1984.8.21. 84도691).

(3) 타인의 사무처리자의 지위의 발생시기

> **타인의 사무처리자의 지위의 발생시기**
>
> ### 1. 계약금 수령시
>
> 계약금만 수령한 단계에서의 매도인은 제1매수인의 사무를 처리하는 자가 되지 않는다. 왜냐하면 계약금을 수령하였다 하더라도 특별한 약정이 없는 한 당사자 일방이 이행에 착수할 때까지 매도인은 그 배액을 상환하고 계약을 해제할 수 있기 때문이다(민법 565조).
>
> 〈계약금만 수령한 상태에서는 타인의 사무처리자가 아니라는 판례〉 매도인이 매수인에게 부동산을 매도하고 계약금만을 수수한 상태에서 매수인이 잔대금의 지급을 거절한 이상 매도인으로서는 이행을 최고할 필요없이 매매계약을 해제할 수 있는 지위에 있었으므로 위 매도인을 타인의 사무를 처리하는 자라고 볼 수 없다(대판 1984.5.15. 84도315).
>
> ### 2. 중도금 수령 이후
>
> 중도금 수령 이후부터 매도인은 제1매수인의 사무를 처리하는 자의 지위에 있게 된다. 왜냐하면 중도금의 수수가 있는 경우에는 계약의 이행에 착수한 것이 되어 당사자는 계약을 해제하지 못하고(민법 565조), 이에 따라 매도인은 등기협력의무를 지게 되기 때문이다.
>
> 〈이중매매에서 배임죄의 주체가 되기 위해서는 중도금을 받아야 한다는 판례〉 부동산 매매계약에서 계약금만 지급된 단계에서는 어느 당사자나 계약금을 포기하거나 그 배액을 상환함으로써 자유롭게 계약의 구속력에서 벗어날 수 있다. 그러나 중도금이 지급되는 등 계약이 본격적으로 이행되는 단계에 이른 때에는 계약이 취소되거나 해제되지 않는 한 매도인은 매수인에게 부동산의 소유권을 이전해 줄 의무에서 벗어날 수 없다. 따라서 이러한 단계에 이른 때에 매도인은 매수인에 대하여 매수인의 재산보전에 협력하여 재산적 이익을 보호·관리할 신임관계에 있게 된다. 그때부터 매도인은 배임죄에서 말하는 '타인의 사무를 처리하는 자'에 해당한다고 보아야 한다(대판 2018.5.17. 2017도4027 전합).

⑷ 실행의 착수 및 기수시기

> **이중매매의 실행의 착수시기와 기수시기**
>
> ### 1. 실행의 착수시기
>
> 매도인이 제3자와 매매계약을 체결하고 **계약금과 중도금을 수령한 때** 실행의 착수가 있다.
>
> 〈이중매매에서 제2매수인에게 계약금만 받은 것으로는 실행의 착수를 인정할 수 없다는 판례〉 부동산 이중양도에 있어서 매도인이 제2차 매수인으로부터 계약금만을 지급받고 중도금을 수령한 바 없다면 배임죄의 실행의 착수가 있었다고 볼 수 없다(대판 2010.4.29. 2009도14427). (12 변시)(20 변시)
>
> 〈이중매매에서 제2매수인에게 중도금을 수령하는 행위가 배임죄의 실행의 착수라고 본 판례〉 매도인이 부동산을 제1차 매수인에게 매도하고 계약금과 중도금까지 수령한 이상 특단의 약정이 없으면 잔금수령과 동시에 매수인 명의로의 소유권이전등기에 협력할 임무가 있고 이 임무는 주로 위 매수인을 위하여 부담하는 임무라고 할 것이므로, 위 매매계약이 적법하게 해제되지 않은 이상 매도인이 다시 제3자와 사이에 매매계약을 체결하고 계약금과 중도금까지 수령한 것은 제1차 매수인에 대한 소유권이전등기 협력임무의 위배와 밀접한 행위로서 배임죄의 실행착수라고 보아야 할 것이다(대판 1983.10.11. 83도2057).
>
> ### 2. 기수시기
>
> 제2매수인 등에게 소유권이전등기를 마치거나, 무허가건물을 인도한 때 기수가 된다.
>
> 〈이중매매에 있어서 배임죄의 기수시기는 제2매수인에게 소유권이전등기를 마친 때라는 판례〉 부동산의 매도인이 매수인 앞으로의 소유권이전등기에 협력할 의무가 있음에도 불구하고 제3자에게 이중으로 매도하여 그 소유권이전등기를 마친 경우에는 제1매수인에 대한 소유권이전등기의무는 이행불능이 되어 그에게 그 부동산의 소유권을 취득할 수 없는 손해가 발생하는 것이므로, 부동산 이중매매에 있어서 배임죄의 기수시기는 제2매수인 앞으로 소유권이전등기를 마친 때이다(대판 1984.11.27. 83도1946). (15 변시)(21 차)
>
> 〈이중매매에 있어서 제2매수인에게 가등기를 마쳐 주었다면 배임죄의 기수라는 판례〉 배임죄에 있어서 재산상 손해를 가한 때라 함은 현실적인 손해를 가한 경우뿐 아니라 재산상 손해발생의 위험을 초래한 경우도 포함하는바, 부동산의 매도인으로서 매수인에 대하여 그 앞으로의 소유권이전등기절차에 협력할 의무 있는 자가 그 임무에 위배하여 같은 부동산을 매수인 이외의 제3자에게 이중으로 매도하고 제3자 앞으로 소유권이전청구권 보전을 위한 가등기를 마쳐 주었다면, 이는 매수인에게 손해발생의 위험을 초래하는 행위로서 배임죄를 구성한다(대판 2008.7.10. 2008도3766).
>
> 〈무허가건물의 이중양도에서 무허가건물을 인도하였다면 배임죄의 기수라는 판례〉 양수인에게 무허가건물을 인도할 의무를 부담하는 양도인이 중도금 또는 잔금까지 수령한 상태에서 양수인의 의사에 반하여 제3자에게 그 무허가건물을 이중으로 양도하고 중도금까지 수령하였다면 이는 양수인에 대한 관계에서 임무위배행위로서 배임죄의 실행의 착수가 있었다고 할 것이고, 더 나아가 제3자로부터 잔금을 수령하고 무허가건물을 인도하였다면 이는 배임죄의 기수에 해당한다(대판 2005.10.28. 2005도5713).

(5) 고 의

부동산 이중매매의 고의는 제1매수인에게 중도금을 받은 상태에서 제2매수인에게 중도금 이상을 받아 배신행위를 한다는 인식과 제2매수인에게 등기를 이전해 줄 의사를 말한다.

〈이중매매에서 배임죄의 고의 판단〉 매도인이 부동산을 매도한 후 그 매매계약을 해제하고 이를 다시 제3자에게 매도한 경우에 그 매매계약의 해제가 해제요건을 갖추지 못하여 부적법하더라도 매도인이 그 해제가 적법한 것으로 믿고 그 믿음에 정당한 이유가 있다면 매도인에게 배임죄의 범의를 인정할 수 없는 것이지만, 피고인이 들고 있는 계약해제사유가 적법한 것이 아니고 피고인이 이를 적법한 해제사유로 믿었거나 그 믿음에 정당한 사유가 있었다고 보여지지 아니하는 경우 피고인에게 배임의 범의가 있었다고 할 것이다(대판 1990.11.13. 90도153).

(6) 매도인의 선의의 제2매수인에 대한 형사책임

제2매수인은 목적물에 대하여 완벽한 소유권을 취득하므로 매도인은 제2매수인에 대하여 원칙적으로 책임을 지지 않는다. 또한 부동산을 이중으로 매도한 경우에 매도인이 제1매수인에게 소유권이전의무를 이행하였다고 하여도 후매수인에 대한 배임죄는 성립하지 않는다.

〈부동산 이중매매와 사기죄〉 부동산의 이중매매에 있어서 매도인이 제1의 매매계약을 일방적으로 해제할 수 없는 처지에 있었다는 사정만으로는, 바로 제2의 매매계약의 효력이나 그 매매계약에 따르는 채무의 이행에 장애를 가져오는 것이라고 할 수 없음은 물론, 제2의 매수인의 매매목적물에 대한 권리의 실현에 장애가 된다고 볼 수도 없는 것이므로 매도인이 제2의 매수인에게 그와 같은 사정을 고지하지 아니하였다고 하여 제2의 매수인을 기망한 것이라고 평가할 수는 없을 것이고, 부동산의 이중양도담보에 있어서도 마찬가지라고 할 것이다(대판 2012.1.26. 2011도15179).

〈이중매매 후 선매수인에게 등기 이전한 사건〉 형법상 배임죄의 성립여부에 관하여는 부동산이 매도되면 형법은 부동산을 매도한 자에게 매수인을 위한 임무로 매수인에게 소유권을 이전해 줄 의무를 성실히 이행할 것을 명하는 동시에 그 임무에 위배하여 동 부동산을 다시 타인에게 매도하고 그에게 소유권을 이전하는 것은 이를 금하고 있는 것이라고 할 것이므로 부동산을 이중으로 매도한 경우에 매도인이 선매수인에게 소유권이전의무를 이행하였다고 해서 그를 후매수인에 대하여 그 임무를 위법하게 위배하였다고는 할 수 없다(대판 2010.4.29. 2009도14427).

(7) 악의의 후매수인의 형사책임

1) 배임죄의 성부 : 단순히 이중매매라는 사실을 알고 있는 것만으로는 부족하고, 제1매수인을 해할 목적으로 매도인을 교사하거나 기타 방법으로 양도행위에 적극 가담한 경우에 한하여 배임행위에 대한 공범이 성립한다.

〈부동산 이중매매와 악의의 후매수인〉 이미 타인에게 매도되었으나 소유권이전등기가 경료되지 아니하고 있는 부동산을 이중으로 매수 기타 양수하는 자에 대하여 배임죄의 죄책을 묻기 위해서는 이중으로 양수하는 자가 단지 그 부동산이 이미 타인에게 매도되었음을 알고 이중으로 양수하는 것만으로는 부족하고 먼저 매수한 자를 해할 목적으로 양도를 교사하거나 기타 방법으로 양도행위에 적극 가담한 경우에 한하여 양도인의 배임행위에 대한 공범이 성립된다(대판 1985.1.19. 84도1814).
(15 변시)

〈부동산 이중매매와 선의의 후매수인〉 수분양권 매매계약과 관련하여 제2 매수인이 매수 당시에는 이중매매 사실을 몰랐으나 나중에 그 사실을 알고 매도인을 상대로 소송을 제기하던 중 오히려 매도인과 약정을 맺고 그의 도움으로 승소판결을 받고 분양권에 대한 소유권이전등기까지 마친 사안에서, 제2매수인의 민사상 권리 행사가 매도인의 배임행위를 교사하거나 전 과정에 관여하는 등 배임행위에 적극 가담한 경우에 해당한다고 볼 수 없다는 이유로, 배임죄의 공동정범의 성립을 부정한 사례(대판 2009.9.10. 2009도5630).

〈점포 이중매매 사건〉 점포의 임차인이 임대인이 그 점포를 타에 매도한 사실을 알고 있으면서도 점포의 임대차계약 당시 "타인에게 점포를 매도할 경우 우선적으로 임차인에게 매도한다"는 특약을 구실로 임차인이 매매대금을 일방적으로 결정하여 공탁하고 임대인과 공모하여 임차인 명의로 소유권이전등기를 경료하였다면 임대인의 배임행위에 적극가담한 것으로서 배임죄의 공동정범에 해당한다(대판 1983.7.12. 82도180).

  2) 장물취득죄의 성부 : 이중매매된 부동산은 재산범죄로 인해 영득한 재물이 아니라 배임행위에 제공된 물건에 지나지 않으므로 장물취득죄는 성립하지 않는다.

〈이중매매와 장물죄〉 형법상 장물이라 함은 재산권상의 침해를 가져올 위법행위로 인하여 영득한 물건으로서 피해자가 반환청구권을 가지는 것을 말한다. 이중매매된 부동산의 취득자 또는 전득자에 대하여 배임죄의 가공여부를 논함은 별론으로 하고 장물취득죄로 처단할 수는 없다(대판 1975.12.9. 74도2804). (14 변시)

2. 부동산의 이중저당 · 동산의 이중매매 · 동산의 이중양도담보 등

판례는 배임죄의 주체인 '타인의 사무를 처리하는 자'가 되기 위해서는 타인의 재산관리에 관한 사무의 전부 또는 일부를 타인을 위하여 대행하는 경우와 같이 당사자 관계의 전형적 · 본질적 내용이 통상의 계약에서의 이익대립관계를 넘어서 그들 사이의 신임관계에 기초하여 타인의 재산을 보호 또는 관리하는 데에 있어야 한다고 판시하고 있다. 그리고 이러한 관점에서 최근의 판례는 부동산의 이중매매(증여나 대물변제 포함)를 제외한 부동산의 이중저당 · 동산의 이중매매 · 동산의 이중양도담보 등의 사례에서 모두 배임죄의 성립을 부정하고 있다.

(1) 부동산 관련 배임죄를 부정한 판례

〈유증상속 부동산 대물변제예약 사건〉 [다수의견] 채무자인 피고인이 채권자 갑에게 차용금을 변제하지 못할 경우 자신의 어머니 소유 부동산에 대한 유증상속분을 대물변제하기로 약정한 후 유증을 원인으로 위 부동산에 관한 소유권이전등기를 마쳤음에도 이를 제3자에게 매도함으로써 갑에게 손해를 입혔다고 하여 배임으로 기소된 사안에서, 피고인이 대물변제예약에 따라 갑에게 부동산의 소유권이전등기를 마쳐 줄 의무는 민사상 채무에 불과할 뿐 타인의 사무라고 할 수 없어 피고인이 '타인의 사무를 처리하는 자'의 지위에 있다고 볼 수 없는데도, 피고인이 이에 해당된다고 전제하여 유죄를 인정한 원심판결에 배임죄에서 '타인의 사무를 처리하는 자'의 의미에 관한 법리오해의 위법이 있다고 한 사례(대판 2014.8.21. 2014도3363 전합). (15 변시)(19 변시)(20 변시)

〈부동산 이중저당 사건〉[다수의견] 피고인이 甲으로부터 18억 원을 차용하면서 담보로 피고인 소유의 아파트에 甲 명의의 4순위 근저당권을 설정해 주기로 약정하였음에도 제3자에게 채권최고액을 12억 원으로 하는 4순위 근저당권을 설정하여 줌으로써 12억 원 상당의 재산상 이익을 취득하고 甲에게 같은 금액 상당의 손해를 가하였다고 하여 특정경제범죄 가중처벌 등에 관한 법률 위반(배임)으로 기소된 사안에서, 위 근저당권설정계약에서 피고인과 甲 사이 당사자 관계의 전형적·본질적 내용은 채무의 변제와 이를 위한 담보에 있고, 피고인을 통상의 계약에서의 이익대립관계를 넘어서 甲과의 신임관계에 기초하여 甲의 사무를 맡아 처리하는 것으로 볼 수 없는 이상 甲에 대한 관계에서 '타인의 사무를 처리하는 자'에 해당한다고 할 수 없다는 이유로, 이와 달리 보아 공소사실을 유죄로 인정한 원심판결에 배임죄에서 '타인의 사무를 처리하는 자'의 의미에 관한 법리오해의 잘못이 있다고 한 사례(대판 2020.6.18. 2019도14340 전합). [2021 3차][2022 3차][2023 3차](22 변시)

〈채무변제를 위하여 임야에 가등기를 설정해 주기로 약정하고 제3자에게 저당권을 설정해 준 사건〉 ○○회사의 실질적 대표자인 乙이 A에 대한 차용금 채무를 변제하지 못하여, 00회사의 명의상 대표이사인 甲이 ○○회사 소유의 임야 등에 대하여 A에게 가등기를 마쳐 주기로 한 약정에 위배하여 B에게 임야에 근저당권을 설정해 준 사안에서, ○○회사와 A간 당사자 관계의 전형적·본질적 내용은 위 차용금 채무의 변제와 이를 위한 담보에 있고, ○○회사를 통상의 계약에서의 이익대립관계를 넘어서 A와의 신임관계에 기초하여 A의 사무를 맡아 처리하는 것으로 볼 수 없는 이상, 00회사의 대표이사인 甲을 A에 대한 관계에서 '타인의 사무를 처리하는 자'에 해당한다고 할 수 없다고 보아 배임죄의 성립을 부정한 사례(대판 2020.12.10. 2016도8447).

〈채무담보를 위하여 부동산에 양도담보설정계약을 체결하고 제3자에게 처분한 사건〉 甲이 이 사건 부동산 등의 시공을 동업하던 乙의 A에 대한 채무의 지급을 위하여 이 사건 부동산에 관하여 양도담보설정계약을 체결하였으나 이 사건 부동산을 B에게 매도하고 소유권이전등기를 마쳐 준 사안에서 배임죄를 부정한 사례(대판 2020.7.9. 2015도3820).

〈신탁등기 이행의무에 위배하여 타인에게 소유권보존등기를 한 사건〉 피고인이 甲 새마을금고로부터 특정 토지 위에 건물을 신축하는 데 필요한 공사자금 10억 원을 대출받으면서 이를 담보하기 위하여 乙 신탁회사를 수탁자, 甲 금고를 우선수익자, 피고인을 위탁자 겸 수익자로 한 담보신탁계약 및 자금관리대리사무계약을 체결하였고 계약 내용에 따라 건물이 준공된 후 乙 회사에 신탁등기를 이행하여 甲 금고의 우선수익권을 보장할 임무가 있음에도 이에 위배하여 丙 앞으로 건물의 소유권보존등기를 마쳐줌으로써 甲 금고에 재산상 손해를 가하였다고 하여 특정경제범죄 가중처벌 등에 관한 법률 위반(배임)으로 기소된 사안에서, 피고인이 통상의 계약에서의 이익대립관계를 넘어서 甲 금고와의 신임관계에 기초하여 甲 금고의 우선수익권을 보호 또는 관리하는 등 그의 사무를 처리하는 자의 지위에 있다고 보기 어려우므로 배임죄에서 '타인의 사무를 처리하는 자'에 해당하지 않는다는 이유로, 이와 달리 보아 피고인에게 유죄를 인정한 원심판결에 배임죄에서 '타인의 사무를 처리하는 자'의 의미에 관한 법리를 오해한 잘못이 있다고 한 사례(대판 2020.4.29. 2014도9907). **[COMMENT]** 타인의 우선수익권을 보장하기 위한 건물의 신탁등기를 이행하여 할 의무는 자기의 사무이지 타인의 사무가 아니므로 이에 위배하여 제3자 앞으로 건물의 소유권보존등기를 마쳤어도 배임죄는 성립할 수 없다는 판례이다. (21 변시)

〈점포 임차권 양도계약 사건〉 점포임차권양도계약을 체결한 후 계약금과 중도금까지 지급받았다 하더라도 잔금을 수령함과 동시에 양수인에게 점포를 명도하여 줄 양도인의 의무는 위 양도계약에 따르는 민사상의 채무에 지나지 아니하여 이를 타인의 사무로 볼 수 없으므로 비록 양도인이 위 임차권을 2중으로 양도하였다 하더라도 배임죄를 구성하지 않는다(대판 1986.9.23. 86도811). (21 2차)

(2) 동산·주식 관련 배임죄를 부정한 판례

〈동산 이중매매 사건〉 [1] [다수의견] 매매와 같이 당사자 일방이 재산권을 상대방에게 이전할 것을 약정하고 상대방이 그 대금을 지급할 것을 약정함으로써 그 효력이 생기는 계약의 경우(민법 제563조), 쌍방이 그 계약의 내용에 좇은 이행을 하여야 할 채무는 특별한 사정이 없는 한 '자기의 사무'에 해당하는 것이 원칙이다. [2] [다수의견] 피고인이 '인쇄기'를 갑에게 양도하기로 하고 계약금 및 중도금을 수령하였음에도 이를 자신의 채권자 을에게 기존 채무 변제에 갈음하여 양도함으로써 재산상 이익을 취득하고 갑에게 동액 상당의 손해를 입혔다는 배임의 공소사실에 대하여, 피고인은 갑에 대하여 그의 사무를 처리하는 지위에 있지 않다는 이유로 무죄를 선고한 원심판단을 수긍한 사례(대판 2011.1.20. 2008도10479 전합). (12 변시)(15 변시)(16 변시)(18 변시)

〈권리이전에 등기·등록을 요하는 동산에 대한 이중양도의 경우 배임죄가 성립하지 않는다는 전합 판례〉 동산 매매계약에서의 매도인은 매수인에 대하여 그의 사무를 처리하는 지위에 있지 아니하므로, 매도인이 목적물을 타에 처분하였다 하더라도 형법상 배임죄가 성립하지 아니한다. 위와 같은 법리는 권리이전에 등기·등록을 요하는 동산에 대한 매매계약에서도 동일하게 적용되므로, 자동차 등의 매도인은 매수인에 대하여 그의 사무를 처리하는 지위에 있지 아니하여, 매도인이 매수인에게 소유권이전등록을 하지 아니하고 타에 처분하였다고 하더라도 마찬가지로 배임죄가 성립하지 아니한다(대판 2020.10.22. 2020도6258 전합). [2021 1차]

〈동산을 양도담보로 제공한 채무자가 동산을 처분한 사건〉 갑 주식회사를 운영하는 피고인이 을 은행으로부터 대출을 받으면서 대출금을 완납할 때까지 갑 회사 소유의 동산인 골재생산기기(크러셔)를 점유개정 방식으로 양도담보로 제공하기로 하는 계약을 체결하였음에도 담보목적물인 동산을 병 등에게 매각함으로써 을 은행에 대출금 상당의 손해를 가하였다고 하여 배임의 공소사실로 기소된 사안에서, 위 양도담보계약에서 갑 회사와 을 은행 간 당사자 관계의 전형적·본질적 내용은 대출금 채무의 변제와 이를 위한 담보에 있고, 갑 회사를 통상의 계약에서의 이익대립관계를 넘어서 을 은행과의 신임관계에 기초하여 을 은행의 사무를 맡아 처리하는 것으로 볼 수 없는 이상 갑 회사를 운영하는 피고인을 을 은행에 대한 관계에서 '타인의 사무를 처리하는 자'에 해당한다고 할 수 없다는 이유로, 이와 달리 피고인이 타인의 사무를 처리하는 자의 지위에 있음을 전제로 공소사실을 유죄로 판단한 원심판결에 배임죄에서 '타인의 사무를 처리하는 자' 등에 관한 법리를 오해한 위법이 있다고 한 사례(대판 2020.2.20. 2019도9756 전합). [COMMENT] 이러한 법리는 주식에 관하여 양도담보설정계약을 체결한 채무자가 제3자에게 해당 주식을 처분한 사안에도 마찬가지로 적용된다. (23 경1)(20 법행)

〈자동차 양도담보설정 사건〉 자동차 등에 관하여 양도담보설정계약을 체결한 채무자는 채권자에 대하여 그의 사무를 처리하는 지위에 있지 아니하므로, 채무자가 채권자에게 양도담보설정계약에 따른 의무를 다하지 아니하고 이를 타에 처분하였다고 하더라도 배임죄가 성립하지 아니한다(대판 2022.12.22. 2020도8682 전합). (24 변시)(23 2차)

〈주식을 채권자에게 양도담보로 제공한 사건〉 甲은 주식회사 X 명의로 A 은행으로부터 금원을 대출받으면서 주식회사 B가 보유한 미발행 X 회사 주식을 담보로 제공하는 양도담보계약을 체결하여 주권 발행 시 B 회사가 보유할 이 사건 주식을 乙에게 이 사건 주식을 담보로 제공하거나 매각한 사안에서, 甲에게 배임죄의 성립을 부정한 사례(대판 2021.1.28. 2014도8714).

〈주권발행 전 주식을 이중으로 양도하고 대항요건을 갖추어 주지 아니한 사건 1〉 주권발행 전 주식에 대한 양도계약에서의 양도인은 양수인에 대하여 그의 사무를 처리하는 지위에 있지 아니하여, 양도인이 위와 같은 제3자에 대한 대항요건을 갖추어 주지 아니하고 이를 타에 처분하였다 하더라도 형법상 배임죄가 성립하는 것은 아니다(대판 2020.6.4. 2015도6057). (21 1차)

〈주권발행 전 주식을 이중으로 양도하고 대항요건을 갖추어 준 사건 2〉 甲이 2011. 9. 28.경 A에게 OO주식회사의 비상장주식 36,000주를 1주당 5,000원으로 정하여 양도하고도, 2012. 2. 2.경 Y에게 이 사건 회사의 주식 60,000주를 이중으로 양도한 후, 2012. 3. 28.경 이 사건 회사에 B에 대한 양도사실을 확정일자 있는 증서에 의하여 통지함으로써 제3자에 대한 대항요건을 갖추어 준 사안에서 甲에게 배임죄의 성립을 부정한 사례(대판 2020.10.15. 2020도9688).

〈동산담보권설정계약을 체결한 후 타인에게 매도한 사건〉 채무자가 금전채무를 담보하기 위하여 그 소유의 동산을 채권자에게 동산·채권 등의 담보에 관한 법률(이하 '동산채권담보법'이라 한다)에 따른 동산담보로 제공함으로써 채권자인 동산담보권자에 대하여 담보물의 담보가치를 유지·보전할 의무 또는 담보물을 타에 처분하거나 멸실, 훼손하는 등으로 담보권 실행에 지장을 초래하는 행위를 하지 않을 의무를 부담하게 되었더라도, 이를 들어 채무자가 통상의 계약에서의 이익대립관계를 넘어서 채권자와의 신임관계에 기초하여 채권자의 사무를 맡아 처리하는 것으로 볼 수 없다. 따라서 이러한 경우 채무자를 배임죄의 주체인 '타인의 사무를 처리하는 자'에 해당한다고 할 수 없고, 그가 담보물을 제3자에게 처분하는 등으로 담보가치를 감소 또는 상실시켜 채권자의 담보권 실행이나 이를 통한 채권실현에 위험을 초래하더라도 배임죄가 성립하지 아니한다(대판 2020.8.27. 2019도14770 전합). (23 2차)

〈저당권이 설정된 동산을 임의처분한 경우 배임죄가 성립하지 않는다는 전합 판례〉 채무자가 위와 같은 급부의무를 이행하는 것은 채무자 자신의 사무에 해당할 뿐이고, 채무자가 통상의 계약에서의 이익대립관계를 넘어서 채권자와의 신임관계에 기초하여 채권자의 사무를 맡아 처리한다고 볼 수 없으므로 채무자를 채권자에 대한 관계에서 배임죄의 주체인 '타인의 사무를 처리하는 자'에 해당한다고 할 수 없다. 그러므로 채무자가 담보물을 제3자에게 처분하는 등으로 담보가치를 감소 또는 상실시켜 채권자의 담보권 실행이나 이를 통한 채권실현에 위험을 초래하더라도 배임죄가 성립하지 아니한다. 위와 같은 법리는, 금전채무를 담보하기 위하여 「공장 및 광업재단 저당법」에 따라 저당권이 설정된 동산을 채무자가 제3자에게 임의로 처분한 사안에도 마찬가지로 적용된다(대판 2020.10.22. 2020도6258 전합). (23 경1)

3. 지입계약관계

지입계약관계란 자동차운송사업면허 등을 가진 운송사업자와 실질적으로 자동차를 소유하고 있는 차주간의 계약으로 외부적으로는 자동차를 운송사업자 명의로 등록하여 운송사업자에게 귀속시키고 내부적으로는 각 차주들이 독립된 관리 및 계산으로 영업을 하며 운송사업자에 대하여는 지입료를 지불하는 운송사업형태를 말한다. 이와 관련하여 최근 판례에 의하면 이러한 지입계약관계에서 지입회사 운영자가 지입차량에 임의로 저당권을 설정한다면 배임죄가 성립한다.

〈지입회사 운영자가 지입차량에 임의로 저당권을 설정한 경우 배임죄의 성립한다는 판례〉 피해자가 피고인 측으로부터 이 사건 화물차를 매수하는 내용의 매매계약과 피해자가 매수한 이 사건 화물차를 피고인 측 지입회사로 지입하는 내용의 지입계약이 결합된 약정이 체결된 사안에서, 피해자가 이 사건 화물차의 매수대금을 모두 지급하고 피고인이 제공한 지입회사 명의로 신규 등록까지 이루어진 이상 피해자는 자신이 실질적으로 소유하거나 처분권한을 가진 이 사건 화물차에 관하여 피고인 측에게 소유권등록 명의를 신탁하고 운송사업용 자동차로서 등록 및 그 유지 관련 사무의 대행을 위임하였다고 인정할 수 있다고 보아, 지입회사 운영자인 피고인은 지입차주인 피해자와의 관계에서 '타인의 사무를 처리하는 자'의 지위에 있으므로, 피고인이 피해자의 승낙 없이 이 사건 화물차에 관하여 임의로 이 사건 저당권을 설정해 줌으로써 피해자에게 재산상 손해를 가한 것은 배임죄를 구성한다는 이유로, 유죄로 인정한 원심의 결론은 정당하여 상고기각한 사례(대판 2021.6.30. 2015도19696; 동지 대판 2021.6.24. 2018도14365). (23 3차)

2 업무상 배임죄 [미수범 처벌, 이중신분범]

> 제356조 (업무상의 횡령과 배임) 업무상의 임무에 위배하여 제355조의 죄를 범한 자는 10년 이하의 징역 또는 3천만 원 이하의 벌금에 처한다.

〈업무상 배임죄에서의 업무의 근거〉 배임죄의 주체로서 '타인의 사무를 처리하는 자'란 타인과의 대내관계에서 신의성실의 원칙에 비추어 그 사무를 처리할 신임관계가 존재한다고 인정되는 자를 의미하고, 반드시 제3자에 대한 대외관계에서 그 사무에 관한 대리권이 존재할 것을 요하지 않으며, 나아가 업무상 배임죄에서 업무의 근거는 법령, 계약, 관습의 어느 것에 의하건 묻지 않고, 사실상의 것도 포함한다(대판 2002.6.14. 2001도3534).

3 배임수재죄 [미수범 처벌, 진정신분범, 필요적 몰수]

> 제357조 (배임수증재) ① 타인의 사무를 처리하는 자가 그 임무에 관하여 부정한 청탁을 받고 재물 또는 재산상의 이익을 취득하거나 제3자로 하여금 이를 취득하게 한 때에는 5년 이하의 징역 또는 1천만원 이하의 벌금에 처한다. [개정 2016.5.29]
> ③ 범인 또는 그 사정을 아는 제3자가 취득한 제1항의 재물은 몰수한다. 그 재물을 몰수하기 불가능하거나 재산상의 이익을 취득한 때에는 그 가액을 추징한다. [개정 2016.5.29.] [본조제목개정 2016.5.29]

(1) 의의와 법적 성격

타인의 사무를 처리하는 자가 그 임무에 관하여 부정한 청탁을 받고 재물 또는 재산상의 이익을 취득하거나 제3자로 하여금 이를 취득하게 함으로써 성립하는 범죄이다. 배임죄의 경우처럼 임무에 위배되는 행위가 있을 필요가 없다는 점에서 배임죄와 독립된 독자적 구성요건이다. 그리고 배임수재죄와 배임증재죄는 **필요적 공범관계**에 있다. (22 3차)(23 변시)

〈배임수재와 배임증재의 관계〉형법 제357조 제1항의 배임수재죄와 동조 제2항의 배임수재죄는 통상 필요적 공범의 관계에 있기는 하나 이것은 반드시 수재자와 증재자가 같이 처벌받아야 하는 것을 의미하는 것은 아니고 증재자에게는 정당한 업무에 속하는 청탁이라도 수재자에게는 부정한 청탁이 될 수도 있는 것이다(대판 1991.1.15. 90도2257).

(2) 보호법익과 보호의 정도

본죄의 보호법익은 사무처리의 청렴성 내지 공정성이며, 보호의 정도는 위험범이다.

〈배임수재죄의 보호법익〉형법 제357조 제1항의 배임수재죄는 타인의 사무를 처리하는 자의 청렴성을 보호하려는 것으로서 타인의 사무를 처리하는 자가 그 임무에 관하여 부정한 청탁을 받고 재물 또는 재산상의 이익을 취득함으로써 성립되고 청탁에 따른 일정한 행위가 현실적으로 행하여질 것을 요하지 않는다(대판 1987.11.24. 87도1560).

(3) 주 체

주체는 타인의 사무를 처리하는 자이다. 사무처리자의 구체적 내용 및 사무처리의 근거 등은 배임죄의 사무처리자와 기본적으로 동일하다. 다만 배임죄의 경우에는 재산상의 사무에 국한되지만, 본죄는 재산을 보호법익으로 하지 않기 때문에 **재산상의 사무에 국한되지 않는다.**

▎타인의 사무처리자 관련 판례 정리

1. 기본 법리 판례

〈배임수재죄는 신분범이라는 판례〉형법 제357조 제1항에 정한 배임수재죄는 타인의 사무를 처리하는 자가 그 임무에 관하여 부정한 청탁을 받고 재물 또는 재산상의 이익을 취득한 경우에 성립하는 범죄로서 원칙적으로 타인의 사무를 처리하는 자라야 그 범죄의 주체가 될 수 있고, 그러한 신분을 가지지 아니한 자는 신분 있는 자의 범행에 가공한 경우에 한하여 그 주체가 될 수 있다(대판 2010.7.22. 2009도12878).

〈배임수재죄에서 '타인의 사무를 처리하는 자'의 의미〉배임수재죄의 주체로서 '타인의 사무를 처리하는 자'라 함은 타인과의 대내 관계에 있어서 신의성실의 원칙에 비추어 그 사무를 처리할 신임관계가 존재한다고 인정되는 자를 의미하고, 반드시 제3자에 대한 대외관계에서 그 사무에 관한 권한이 존재할 것을 요하지 않으며, 또 그 사무가 포괄적 위탁사무일 것을 요하는 것도 아니고, 사무처리의 근거, 즉 신임관계의 발생근거는 법령의 규정, 법률행위, 관습 또는 사무관리에 의하여도 발생할 수 있으며, 배임수재죄에 있어 '임무에 관하여'라 함은 타인의 사무를 처리하는 자가 위탁받은 사무를 말하는 것이나 이는 그 위탁관계로 인한 본래의 사무뿐만 아니라 그와 밀접한 관계가 있는 범위 내의 사무도 포함되고, 나아가 고유의 권한으로서 그 처리를 하는 자에 한하지 않고 그 자의 보조기관으로서 직접 또는 간접으로 그 처리에 관한 사무를 담당하는 자도 포함된다(대판 2006.3.24. 2005도6433).

2. 타인의 사무처리자를 긍정한 판례

〈장래에 담당할 것이 합리적으로 기대된 사건〉 타인의 사무를 처리하는 자가 그 신임관계에 기한 사무의 범위에 속한 것으로서 장래에 담당할 것이 합리적으로 기대되는 임무에 관하여 부정한 청탁을 받고 재물 또는 재산상 이익을 취득한 후 그 청탁에 관한 임무를 현실적으로 담당하게 되었다면 이로써 타인의 사무를 처리하는 자의 청렴성은 훼손되는 것이어서 배임수재죄의 성립을 인정할 수 있는바, 피고인이 위와 같이 부정한 청탁을 받고 재산상 이익을 취득한 후 실제 그 청탁과 관련한 임무를 담당하게 되었고 이는 그 청탁 당시 장래에 담당할 것이 합리적으로 기대되었던 임무라고 볼 수 있으므로, 피고인에게 배임수재죄가 성립한다(대판 2010.4.15. 2009도4791).

〈부정한 청탁을 받고 사무분담이 변경된 사건〉 타인의 사무를 처리하는 자가 그 임무에 관하여 부정한 청탁을 받은 이상 그 후 사무분담의 변경으로 동 직무를 담당하지 아니하게 된 상태에서 재물 등을 수수하게 되었다 하더라도 여전히 같은 타인의 사무를 처리하는 지위에 있고 그 재물 등의 수수가 그 부정한 청탁과 관련하여 이루어진 것이라면 배임수재죄는 성립한다고 보아야 할 것이다(대판 1984.11.27. 84도1906).

〈전국화물자동차운송사업연합회 회장 선거 사건〉 시·도 화물자동차운송사업협회(이하 '지역협회'라 한다) 대표자인 피고인들이 갑으로부터 전국화물자동차운송사업연합회(이하 '연합회'라 한다) 회장 선거에서 자신을 지지해달라는 취지의 부정한 청탁을 받고 돈을 수수하였다고 하여 배임수재죄로 기소된 사안에서, 각 지역협회 대표자의 권한행사는 자기의 사무를 처리하는 것이 아니라 타인인 '지역협회'의 사무를 처리하는 것으로 보아야 하므로 배임수재죄가 성립한다고 한 사례(대판 2011.8.25. 2009도5618).

3. 타인의 사무처리자를 부정한 판례

〈타인의 사무처리자의 지위를 취득하기 전에 부정한 청탁을 받은 사건〉 배임수재죄는 타인의 사무를 처리하는 지위를 가진 자에게 부정한 청탁을 행하여야 성립하는 것으로 형법 제357조 제1항에 규정되어 있고, 타인의 사무를 처리하는 자의 지위를 취득하기 전에 부정한 청탁을 받은 행위를 처벌하는 별도의 구성요건이 존재하지 않는 이상, 타인의 사무처리자의 지위를 취득하기 전에 부정한 청탁을 받은 경우에 배임수재죄로는 처벌할 수 없다고 보는 것이 죄형법정주의의 원칙에 부합한다고 할 것이다(대판 2010.7.22. 2009도12878). (16 변시)(20 변시)

〈수산업협동조합의 총대가 후보자들로부터 자신을 지지하여 달라고 부탁받은 사건〉 지역별 수산업협동조합의 총대는 조합의 의결기관인 총회의 구성원일 뿐 임원이나 기타 업무집행기관이 아니며 선출지역 조합원의 지시나 간섭을 받지 않고 스스로의 권한으로 총회에서 임원선거에 참여하고 의결권을 행사하는 등 자주적으로 업무를 수행하는 것이므로 총회에서의 의결권 또는 선거권의 행사는 자기의 사무이고 이를 선거구역 조합원이나 조합의 사무라고 할 수 없는 것이고, 따라서 총대가 조합장선거에 출마한 후보자들로부터 자신을 지지하여 달라는 부탁과 함께 금원을 교부받았더라도 배임수재죄로 처벌할 수 없다(대판 1990.2.27. 89도970).

〈한의과대학 대학원생 학위논문 사건〉 대학원생들이 지도교수들을 통하여 다른 대학교 교수인 피고인에게 '학위논문 작성에 필요한 실험대행 및 논문의 주요부분 작성 등 편의를 제공하여 문제없이 학위를 취득하게 해 달라'는 청탁을 하고 금품을 교부한 사안에서, 위 청탁은 부정한 청탁에 해당하지만, 타 대학 대학원생들에 대한 논문지도 및 심사업무가 피고인의 임무라고 할 수 없으며, 피고인이 대학원생들 지도교수들의 배임수재행위에 공모하였다고 보기도 어렵다고 한 사례(대판 2008.3.27. 2006도3504).

(4) 객 체

본죄의 객체는 재물과 재산상의 이익이며 이는 재산죄 일반론과 동일하다.

(5) 행 위

임무에 관하여 부정한 청탁을 받고 재물 또는 재산상의 이익을 취득하거나 제3자로 하여금 이를 취득하게는 것이다.

1) 임무에 관하여 : '임무에 관하여'라 함은 타인의 사무를 처리하는 자가 위탁받은 사무를 말하는 것이나 이는 그 위탁관계로 인한 본래의 사무뿐만 아니라 그와 밀접한 관계가 있는 범위 내의 사무도 포함되고, 나아가 고유의 권한으로서 그 처리를 하는 자에 한하지 않고 그 자의 보조기관으로서 직접 또는 간접으로 그 처리에 관한 사무를 담당하는 자도 포함된다.

〈배임수재죄에서 '타인의 사무를 처리하는 자'의 의미〉배임수재죄에 있어 '임무에 관하여'라 함은 타인의 사무를 처리하는 자가 위탁받은 사무를 말하는 것이나 이는 그 위탁관계로 인한 본래의 사무뿐만 아니라 그와 밀접한 관계가 있는 범위 내의 사무도 포함되고, 나아가 고유의 권한으로서 그 처리를 하는 자에 한하지 않고 그 자의 보조기관으로서 직접 또는 간접으로 그 처리에 관한 사무를 담당하는 자도 포함된다(대판 2006.3.24. 2005도6433).

〈장래에 담당할 임무 사건〉 [1] 타인의 사무를 처리하는 자가 그 신임관계에 기한 사무의 범위에 속한 것으로서 장래에 담당할 것이 합리적으로 기대되는 임무에 관하여 부정한 청탁을 받고 재물 또는 재산상 이익을 취득한 후 그 청탁에 관한 임무를 현실적으로 담당하게 되었다면 이로써 타인의 사무를 처리하는 자의 청렴성은 훼손되는 것이어서 배임수재죄의 성립을 인정할 수 있다. [2] 피고인이 공소외 1로부터 위 청탁을 받을 당시 아직 정식으로 평가위원에 선정되었다는 통보를 받지는 않았다고 하더라도 위촉될 것이 사실상 확정된 상태였으므로, 피고인은 공소외 4 주식회사와의 관계에서 '타인의 사무를 처리하는 자'의 위치에 있었다(대판 2013.10.11. 2012도13719).

2) 부정한 청탁 : 부정한 청탁이라 함은 청탁이 **사회상규와 신의성실의 원칙에 반하는 것**을 말하고, 이를 판단함에 있어서는 청탁의 내용, 이에 관련되어 취득한 재물이나 재산상 이익의 종류·액수 및 형식, 재산상 이익 제공의 방법과 태양, 보호법익인 거래의 청렴성 등을 종합적으로 고찰하여야 하며, 그 청탁이 반드시 명시적일 필요는 없고 묵시적으로 이루어지더라도 무방하다.

▌부정한 청탁 관련 판례 정리

1. 기본 법리 판례

〈부정한 청탁의 의미〉 형법 제357조에 규정된 배임수재죄에 있어서의 "부정한 청탁"이라 함은 청탁이 사회상규와 신의성실의 원칙에 반하는 것을 말하고, 이를 판단함에 있어서는 청탁의 내용, 이에 관련되어 취득한 재물이나 재산상 이익의 종류·액수 및 형식, 재산상 이익 제공의 방법과 태양, 보호법익인 거래의 청렴성 등을 종합적으로 고찰하여야 하며, 그 청탁이 반드시 명시적일 필요는 없고 묵시적으로 이루어지더라도 무방하다(대판 2008.12.24. 2008도9602).

2. 부정한 청탁을 긍정한 판례

〈주택조합아파트 시공회사 직원 사건〉 주택조합아파트 시공회사 직원인 피고인들이 조합장으로부터 조합의 이중분양에 관한 민원을 회사에 보고하지 않고 묵인하거나 이중분양에 대한 조치를 강구할 때 조합의 입장을 배려하여 달라는 청탁을 받고 위 아파트 분양권을 취득한 사안에서, 피고인들에게 배임수재죄를 인정한 원심판단을 수긍한 사례(대판 2011.2.24. 2010도11784).

〈대학병원의사와 제약회사 사건〉 대학병원 의사인 피고인이, 의약품인 조영제나 의료재료를 지속적으로 납품할 수 있도록 해달라는 부정한 청탁 또는 의약품 등을 사용해 준 대가로 제약회사 등으로부터 명절 선물이나 골프접대 등 향응을 제공받았다고 하여 배임수재의 공소사실로 기소된 사안에서, 피고인은 '타인의 사무를 처리하는 자'에 해당하고, 피고인이 받은 선물, 골프접대비, 회식비 등은 부정한 청탁의 대가로서 단순한 사교적 의례 범위에 해당하지 않는다는 이유로, 피고인에게 유죄를 인정한 원심판단을 수긍한 사례(대판 2011.8.18. 2010도10290).

〈방송국 프로듀서 사건〉 배임수재죄의 수재자에 대한 부정한 청탁이라 함은 업무상 배임에 이르는 정도는 아니나 사회상규 또는 신의성실의 원칙에 반하는 것을 내용으로 하는 청탁을 의미하므로 방송국에서 프로그램의 제작연출 등의 사무를 처리하는 프로듀서가 특정 가수의 노래만을 편파적으로 선곡하여 계속 방송하여서는 아니되고 청취자들의 인기도, 호응도 등을 고려하여 여러 가수들의 노래를 공정 성실하게 방송하여야 할 임무가 있음에도 담당 방송프로그램에 특정가수의 노래만을 자주 방송하여 달라는 청탁은 사회상규나 신의성실의 원칙에 반하는 부정한 청탁이라 할 것이다(대판 1991.1.15. 90도2257).

〈방송국 예능담당 프로듀서 사건〉 방송국 예능담당 프로듀서인 피고인이 연예기획사 운영자로부터 상당한 시세차익이 예상되는 주식의 매수기회를 제공받음으로써 피고인이 제작하는 예능프로그램 등에 그 소속 연예인을 출연시키거나 뮤직비디오를 방영해 달라는 청탁을 받고, 이 주식을 매수함으로써 재산상 이익을 취득한 사안에서, 배임수재죄의 성립을 인정한 사례(대판 2010.4.15. 2009도4791).

〈방송교재 사건〉 방송은 공적 책임을 수행하고 그 내용의 공정성과 공공성을 유지하여야 하는 것이므로, 광고대행업무를 수행하는 주식회사의 대표이사에게, 방송사 관계자에게 사례비를 지급하여서라도 특정학원 소속 강사만을 채용하고 특정회사에서 출판되는 교재를 채택하여 특정회사의 이익을 위해 수능과외방송을 하는 내용의 방송협약을 체결해 달라고 부탁하는 것은 사회상규와 신의성실의 원칙에 반하는 것으로서 부정한 청탁에 해당된다고 한 사례(대판 2002.4.9. 99도2165).

〈대학교재 선택 사건〉 대학교수가 특정출판사의 교재를 채택하여 달라는 청탁을 받고 교재 판매대금의 일정비율에 해당하는 금원을 받은 경우 배임수증죄를 긍정한 사례이다(대판 1996.10.11. 95도2090).

〈이른바 '현장조직'의 간부가 5,000만원 받은 사건〉 노동조합과는 별개의 사업장 내 단체인 이른바 '현장조직'의 간부인 피고인이 회사 측으로부터 두 차례에 걸쳐 합계 5,000만 원을 받은 사안에서, 관련 진술 및 제반 정황을 종합할 때 임금·단체협약 체결을 위한 교섭 등과 관련하여 현장조직 소속의 노조 대의원 등에게 영향력을 행사하여 협상이 원만하게 조속히 타결될 수 있도록 협조해 달라는 취지의 부정한 청탁을 인정할 수 있거나, 묵시적으로나마 이를 인정하기에 충분하다고 한 사례(대판 2010.9.9. 2009도10681).

〈주말부킹권 사건〉 회원제 골프장의 예약업무 담당자인 甲이 부킹대행업자의 청탁에 따라 회원에게 제공해야 하는 주말부킹권을 부킹대행업자에게 판매하고 그 대금 명목의 금품을 받은 경우 배임수재죄가 성립한다(대판 2008.12.11. 2008도6987).

〈위장대출을 묵인 선처해 달라고 청탁받은 사건〉 배임수재죄에 있어서 '부정한 청탁'이라 함은 사회상규 또는 신의성실의 원칙에 반하는 것을 내용으로 하는 청탁을 가리킨다. 따라서 섭외 및 예금 담당의 은행지점차장이 지점장으로부터 중소기업시설자금 대출 대상자를 물색하라는 지시를 받고 그 대출적격이 없는 자의 위장대출을 묵인 선처하여 달라는 청탁을 받아 대부담당대리로 하여금 그 대출절차를 밟도록 하여주고 그 청탁의 대가로 금원을 교부받았다면 배임수재죄가 성립한다(대판 1982.2.9. 80도2130).

〈인수·합병추진 관련 사건〉 인수·합병 추진계획이 있는 피인수회사의 이사로 취임한 갑이 미리 인수회사 그룹에 피인수회사의 매각업무에 관한 정보를 제공하고 인수회사의 대표이사 을로부터 거액의 재산상 이익을 취득한 사안에서, 피고인 갑의 배임수재 및 피고인 을의 배임증재의 공소사실에 대하여 무죄를 선고한 원심판결을 법리오해의 위법을 이유로 파기한 사례 (대판 2010.4.15. 2009도6634).

〈언론사 논설주간 사건〉 언론사 논설주간이던 피고인이 기업 대표이사로부터 우호적인 여론 형성에 도움을 달라는 취지의 부정한 청탁을 받고 유럽여행 비용 등을 제공받았다는 이유로 배임수재죄 등으로 기소된 사안에서, 사회상규 또는 신의성실의 원칙에 반하는 배임수재죄의 부정한 청탁에 해당한다고 보아, 이와 달리 이 부분 공소사실을 무죄로 판단한 원심을 파기·환송한 사례(대판 2024.3.12. 2020도1263).

3. 부정한 청탁을 부정한 판례

〈최대한 선처 사건〉 형법 제357조 제1항 소정의 배임수증재죄는 재물 또는 이익을 공여하는 사람과 취득하는 사람 사이에 부정한 청탁이 개재되지 않는 한 성립하지 않는다고 할 것인데, 여기서 부정한 청탁이라 함은 사회상규 또는 신의성실의 원칙에 반하는 것을 내용으로 하는 청탁을 의미하므로 청탁한 내용이 단순히 규정이 허용하는 범위내에서 최대한의 선처를 바란다는 내용에 불과하다면 사회상규에 어긋난 부정한 청탁이라고 볼 수 없고 따라서 이러한 청탁의 사례로 금품을 수수한 것은 배임증재 또는 배임수재에 해당하지 않는다(대판 1982.9.28. 82도1656). (20 변시)

〈환심을 사두려 했던 사건〉 피고인이 유류 부정처분 대금을 나누어 준 것이 단지 환심을 사두어 후일 범행이 발각되더라도 이를 누설하지 않게끔 하기 위한 것이었다고 보여지는 경우에 있어서는 만연히 임무와 관련하여 재물 또는 재산상 이득을 취득한데 불과하고, 배임수재죄에 있어서 청탁의 내용이라 할 수 있는 구체적이고 특정한 임무행위에 관하여 부정한 청탁이라고 보기 어렵다(대판 1983.12.27. 83도2472).

〈계약관계를 유지시켜 달라고 한 사건〉 형법상 배임수재죄는 재물 또는 이익을 공여하는 사람과 취급하는 사람사이에 부정한 청탁이 개재되지 않는 한 성립되지 아니하며, 여기에 부정한 청탁이라 함은 사회상규 또는 신의성실의 원칙에 반하는 것을 내용으로 하는 청탁을 말하므로, 계약관계를 유지시켜 기존권리를 확보하기 위한 청탁행위는 부정한 청탁이라 할 수 없으므로, 계약관계를 유지시켜 달라는 부탁을 받고 사례금 명목으로 금원을 교부 받은 행위는 배임수재죄에 해당하지 아니한다(대판 1985.10.22. 85도465; 동지 대판 1991.8.27. 91도61).

〈시행업체와 철거업체 사건〉 아파트개발사업 시행업체 측으로부터 철거공사를 담당할 업체를 선정할 권한과 함께 명도·이주 업무를 책임지고 수행할 임무를 위임받은 피고인이, 시행업체의 양해하에 철거업체로 선정되면 철거공사 하도급대금 중 일부를 피고인에게 지급하기로 하는 내용의 약정을 철거업체와 체결한 사안에서, 타인의 부탁을 받아 계약과 사무를 처리하는 사람이 특정인으로부터 계약체결의 상대방이 될 수 있게 해달라는 부정한 청탁을 받고 대가를 받은 경우라고 보기 어렵다고 한 사례(대판 2011.4.14. 2010도8743).

〈학교법인 운영권 사건〉 학교법인의 이사장 또는 사립학교경영자가 학교법인 운영권을 양도하고 양수인으로부터 양수인 측을 학교법인의 임원으로 선임해 주는 대가로 양도대금을 받기로 하는 내용의 '청탁'을 받았다 하더라도, 그 청탁의 내용이 당해 학교법인의 설립 목적과 다른 목적으로 기본재산을 매수하여 사용하려는 것으로서 학교법인의 존립에 중대한 위협을 초래할 것임이 명백하다는 등의 특별한 사정이 없는 한, 그 청탁이 사회상규 또는 신의성실의 원칙에 반하는 것을 내용으로 하는 것이라고 할 수 없으므로 이를 배임수재죄의 구성요건인 '부정한 청탁'에 해당한다고 할 수 없다(대판 2014.1.23. 2013도11735). [2020 변시]

〈사회복지법인 운영권 사건〉 사회복지법인과 어린이집을 계속 운영한다는 의사의 합치 아래 그 운영권 자체를 양도한 경우 운영권 양도계약에 따라 양수인 내지 그가 지정하는 사람을 대표이사로 선임되도록 하여 달라는 청탁을 받고 그 양도대금을 수령하였다고 하더라도 그것이 사회상규 또는 신의성실의 원칙에 반하는 것을 내용으로 하는 청탁이라거나 배임수재죄의 성립 요건인 '부정한 청탁'에 해당한다고 할 수 없다고 한 사례(대판 2013.12.26. 2010도16681).

3) 재물 또는 재산상의 이익의 취득

(가) 부정한 청탁과의 관련성 : 재물 또는 재산상의 이익의 취득은 부정한 청탁과 관련성이 있어야 한다. 그리고 배임수증재죄에서 타인의 업무를 처리하는 자에게 공여한 금품에 부정한 청탁의 대가로서의 성질과 그 외의 행위에 대한 사례로서의 성질이 불가분적으로 결합되어 있는 경우에는 그 전부가 불가분적으로 부정한 청탁의 대가로서의 성질을 갖는 것으로 보아야 한다.

〈청탁과 관계없이 금품을 받은 사건〉 배임수재죄는 타인의 사무를 처리하는 자가 그 임무에 관하여 부정한 청탁을 받고 이에 응하여 재물을 취득함으로써 성립하는 것이고, 재물을 공여하는 자가 부정한 청탁을 하였다 하더라도 그 청탁을 받아들임이 없이 그 청탁과는 관계없이 금품을 받은 경우에는 배임수재죄는 성립하지 아니한다(대판 1982.7.13. 82도874).

〈부정한 청탁을 받은 후 사직하고 재물 수수한 사건〉 형법 제357조 제1항의 배임수재죄는 타인의 사무를 처리하는 자의 청렴성을 보호법익으로 하는 것으로, 그 임무에 관하여 부정한 청탁을 받고 재물을 수수함으로써 성립하고 반드시 수재 당시에도 그와 관련된 임무를 현실적으로 담당하고 있음을 그 요건으로 하는 것은 아니므로, 타인의 사무를 처리하는 자가 그 임무에 관하여 부정한 청탁을 받은 이상 그 후 사직으로 인하여 그 직무를 담당하지 아니하게 된 상태에서 재물을 수수하게 되었다 하더라도, 그 재물 등의 수수가 부정한 청탁과 관련하여 이루어진 것이라면 배임수재죄가 성립한다(대판 1997.10.24. 97도2042). (20 변시)

〈부정한 청탁의 대가로서의 성질과 그 외의 행위에 대한 사례로서의 성질이 불가분적으로 결합되어 있는 사건〉 배임수증재죄에 있어서 타인의 업무를 처리하는 자에게 공여한 금품에 부정한 청탁의 대가로서의 성질과 그 외의 행위에 대한 사례로서의 성질이 불가분적으로 결합되어 있는 경우에는 그 전부가 불가분적으로 부정한 청탁의 대가로서의 성질을 갖는 것으로 보아야 한다(대판 2019.6.13. 2018도20655). (23 변시)

㈏ 자기 또는 제3자의 현실적 취득 : 재물 또는 재산상의 이익은 타인의 사무를 처리하는 자 자기 또는 제3자가 현실적으로 취득하여야 한다.

〈제357조 제1항 배임증재죄의 '제3자'에는 사무처리를 위임한 '타인'이 포함되지 않는다는 판례〉 [1] 2016. 5. 29. 법률 제14178호로 개정되기 전의 형법 제357조 제1항은 타인의 사무를 처리하는 자가 그 임무에 관하여 부정한 청탁을 받고 재물 또는 재산상 이익을 취득한 때에 성립한다고 정하고 있었으나, 형법 개정으로'제3자로 하여금 이를 취득하게 한 때'로 개정되었다. 이는 사무처리자 본인이 직접 재물 등을 취득하는 행위뿐만 아니라 제3자로 하여금 재물 등을 취득하게 하는 행위도 처벌할 수 있도록 하기 위한 것이다. 위와 같은 형법 제357조의 문언, 개정 경위와 이유, 체계적 위치와 보호법익 등을 종합하면, 특별한 사정이 없는 한 형법 제357조 제1항의 '제3자'에는 사무처리를 위임한 '타인'이 포함되지 않는다. [2] 신문사 기자들이 홍보성 기사를 게재하는 대가로 기자들이 소속된 신문사들이 피고인으로부터 돈을 교부받은 행위는 형법 제357조 제1항의 사무처리자 또는 제3자가 돈을 교부받은 경우가 아니므로, 신문사들의 배임수재죄가 성립하지 않고 이를 전제로 하는 피고인의 배임증재죄 역시 성립하지 않는다는 이유로 무죄를 선고한 원심판결을 수긍한 사례 (대판 2021.9.30. 2020도2641, 2019도17102). (22 3차)

〈돈이 입금된 계좌의 예금통장이나 카드를 교부받은 사건〉 타인의 사무를 처리하는 자가 증재자(贈財者)로부터 돈이 입금된 계좌의 예금통장이나 이를 인출할 수 있는 현금카드나 신용카드를 교부받아 이를 소지하면서 언제든지 위 예금통장 등을 이용하여 예금된 돈을 인출할 수 있어 예금통장의 돈을 자신이 지배하고 입금된 돈에 대한 실질적인 사용권한과 처분권한을 가지고 있는 것으로 평가될 수 있다면, 예금된 돈을 취득한 것으로 보아야 한다(대판 2017.12.5. 2017도11564). (23 변시)

〈시세차익이 예상되는 주식 매수 사건〉 방송국 예능국 프로듀서 甲이 연예기획사를 운영하는 사람으로부터 시세차익이 예상되는 주식의 매수기회를 제공받음으로서 甲이 담당하는 예능프로그램에 그 연예기획사 소속 연예인을 출연시키거나 그 뮤직비디오를 방영해 달라는 부정한 청탁을 묵시적으로 받았고 이어 甲의 처제 명의로 그 주식을 매수한 경우에 배임수재죄가 성립한다(대판 2010. 9.9. 2009도7568).

〈공동의 사기 범행 사건〉 공동의 사기 범행으로 인하여 얻은 돈을 공범자끼리 수수한 행위가 공동정범들 사이의 범행에 의하여 취득한 돈이나 재산상 이익의 내부적인 분배행위에 지나지 않는다면 돈의 수수행위가 따로 배임수증재죄를 구성한다고 볼 수는 없다(대판 2016.5.24. 2015도18795). (23 변시)

4) 미수와 기수시기

㈎ 미수 : 본죄는 미수범을 처벌한다. 그리고 본죄는 취득만을 규정하고 있으므로 재물을 요구·약속한 경우에는 미수범이 성립한다. 그러나 판례는 행위자가 현실적인 이득을 취득하지 않은 사안에서 미수범의 성립을 인정하지 않고 있어 논란이 되고 있다.

〈골프장 회원권 사건〉 [사실관계] 乙은 건설회사 대표이사 甲에게 부정한 청탁을 하면서 골프장 회원권의 공여의 의사표시를 하고 甲이 이를 승낙하였지만, 그 골프장 회원권에 관하여 甲 앞으로 명의변경이 이루어지지는 아니하였다. 甲의 죄책은? [판결요지] [1] 형법 제357조 제1항의 배임수재죄로 처벌하기 위하여는 타인의 사무를 처리하는 자가 부정한 청탁을 받아들이고 이에 대한 대가로서 재물 또는 재산상의 이익을 받은 데에 대한 범의가 있어야 할 것이고, 또 배임수재죄에서 말하는 '재산상의 이익의 취득'이라 함은 현실적인 취득만을 의미하므로 단순한 요구 또는 약속만을 한 경우에는 이에 포함되지 아니한다. [2] 골프장 회원권에 관하여 피고인 명의로 명의변경이 이루어지지 아니한 이상 피고인이 현실적으로 재산상 이익을 취득하지 않았으므로 배임수재죄가 성립하지 않는다(대판 1999.1.29. 98도4182). 🔳 범죄가 성립하지 않는다. [COMMENT] 본 판례는 미수규정에 대한 판단을 간과했다는 비판을 받고 있다. (20 변시)

      (나) **기수시기** : 본죄는 추상적 위험범이지만, 재물 또는 재산상의 이익 취득이 구성요건적 결과이므로 이를 현실적으로 취득해야 기수가 된다. 배임행위에 나아갈 것을 요하지 않으며 또한 본인에게 손해가 발생하였는지 여부도 본죄의 성립에 영향이 없다.

〈**배임수재죄와 기수시기**〉 형법 제357조 제1항에서 규정한 배임수재죄는 타인의 사무를 처리하는 자가 그 임무에 관하여 부정한 청탁을 받고 재물 또는 재산상의 이익을 취득한 경우에 성립하고, 재물 또는 이익의 취득만으로 바로 기수에 이르며, 그 청탁에 상응하는 부정행위 내지 배임행위에 나아갈 것이 요구되지 아니한다(대판 2010.9.9. 2009도10681). (23 법행)

〈**배임수재죄와 본인의 손해발생**〉 배임수재죄에 있어서는 본인에게 손해가 발생하였는지의 여부는 그 죄의 성립에 영향이 없다(대판 1984.8.21. 83도2447).

〈**특허권 양도양수계약 사건**〉 [1] 배임수재죄 및 배임증재죄에서 공여 또는 취득하는 재물 또는 재산상 이익은 부정한 청탁에 대한 대가 또는 사례여야 한다. 따라서 거래상대방의 대향적 행위의 존재를 필요로 하는 유형의 배임죄에서 거래상대방이 양수대금 등 거래에 따른 계약상 의무를 이행하고 배임행위의 실행행위자가 이를 이행받은 것을 두고 부정한 청탁에 대한 대가로 수수하였다고 쉽게 단정하여서는 아니 된다. [2] 甲이 특허권에 대하여 A 등으로부터 명의신탁을 받아 관리하는 업무를 맡아오던 乙과 양수대금을 1,000만 원으로 정하여 그 특허권에 관한 양도양수계약을 체결하고 특허권의 전부 이전등록을 받음과 동시에 乙에게 그 양수대금 1,000만 원을 지급한 경우, 乙에게 배임수재죄가 성립하지 않는다(대판 2016.10.13. 2014도17211).

(6) 타죄와의 관계

  1) **죄수** : 배임수재죄의 죄수 판단은 재산죄의 일반논리에 따른다.

〈**여러 사람으로부터 각각 부정한 청탁을 받고 각각 금품을 수수한 사건**〉 타인의 사무를 처리하는 자가 동일인으로부터 그 직무에 관하여 부정한 청탁을 받고 여러 차례에 걸쳐 금품을 수수한 경우, 그것이 단일하고도 계속된 범의 아래 일정기간 반복하여 이루어진 것이고 그 피해법익도 동일한 때에는 이를 포괄일죄로 보아야 한다. 다만, 여러 사람으로부터 각각 부정한 청탁을 받고 그들로부터 각각 금품을 수수한 경우에는 비록 그 청탁이 동종의 것이라고 하더라도 단일하고 계속된 범의 아래 이루어진 범행으로 보기 어려워 그 전체를 포괄일죄로 볼 수 없다(대판 2008.12.11. 2008도6987). (22 변시)

  2) **배임죄와의 관계** : 본죄는 부정한 청탁과 관련하여 재물 또는 재산상 이익을 취득함으로써 성립하는 범죄이며, 취득 후 현실적으로 배임행위가 있어야 하는 것은 아니다. 만약 재산취득 후 배신행위가 있었다면 본죄와 배임죄의 실체적 경합관계가 된다.

〈배임수재죄와 업무상배임죄〉 형법 제357조 제1항의 배임수재죄는 타인의 사무를 처리하는 자가 그 임무에 관하여 부정한 청탁을 받고 재물 등을 취득함으로써 성립하는 것이고 어떠한 임무 위배행위나 본인에게 손해를 가한 것을 요건으로 하는 것이 아닌데 대하여, 동법 제256조, 제355조 제2항의 배임죄는 타인의 사무를 처리하는 자가 그 임무에 위배하는 행위가 있어야 하고 그 행위로서 본인에게 손해를 가함으로써 성립하는 것이나 부정한 청탁을 받거나 금품을 수수한 것을 그 요건으로 하지 않고 있으므로, 이들 양 죄는 행위의 태양을 전연 달리하고 있어 일반법과 특별법관계가 아닌 별개의 독립된 범죄라고 보아야 하고 또 업무상 배임죄의 법정형은 10년 이하의 징역(단순배임죄의 법정형도 5년 이하의 징역)인데 비하여 배임수재죄의 그것은 업무상 배임죄의 법정형 보다 경한 5년 이하의 징역이므로, 업무상 배임죄가 배임수재죄에 흡수되는 관계에 있다거나 결과적 가중범의 관계에 있다고는 할 수 없으므로 위 양 죄를 형법 제37조 전단의 경합범으로 의율 처단하였음은 정당하다(대판 1984.11.27. 84도1906).

　　3) 배임증재죄와의 관계 : 본죄와 배임증재죄는 필요적 공범관계에 있다. 그러나 증재자가 재물을 공여하였지만 금품을 받지 않았다면 본죄는 성립하지 않고, 공여자에게 배임증재죄만 성립할 뿐이다. 또한 재물 또는 이익의 공여자에게 부정한 청탁이 되지 않으면 배임증재죄는 성립되지 아니하며, 이는 배임수재자에게 부정한 청탁이 되더라도 동일하다.

〈배임수재죄와 배임증재죄〉 [1] 농업협동조합 단위조합장이던 피고인이 조합을 위하여 예금유치를 한다는 것은 정당한 업무에 속하고 그를 위하여 청탁을 하는 것도 특단의 사정이 없는 한 부정한 것이라 할 수 없다. [2] 형법 357조 2항에 규정한 재물 또는 이익을 공여하는 사람에게 부정한 것이 없는 한 배임증재죄는 성립되지 않는 것이라고 봄이 상당하다 할 것이고 또 이는 그것을 받는 사람으로 보아 부정한 것인 여부에 구애되지 않으며 또 보통의 경우 뇌물을 주는 사람과 그것을 받는 사람은 상호 필요적공범의 관계에 놓이는 것이기는 하나 그렇다고 해서 예외가 없는 것도 아니며 공범자 모두가 꼭 반드시 처벌되어야 하는 것도 아니다. 이 사건의 경우에 원심 공동피고인이 뇌물을 받은 자로서 유죄가 되었다 하더라도 그것을 준 피고인으로서는 정당한 업무에 속하여 뇌물을 준 죄가 되지 않는다면 그를 처벌할 수는 없다(대판 1979.6.12. 79도708). **[COMMENT]** 사안은 농업협동조합 단위조합장이던 피고인이 조합을 위하여 예금유치를 한다는 것은 정당한 업무에 속하고 그를 위하여 청탁을 하는 것도 특단의 사정이 없는 한 부정한 것이라 할 수 없으므로 배임증재죄가 되지 않는다고 본 판례이다. 즉 조합을 위한 예금유치는 조합장으로서는 부정하지 않지만, 상대방은 부정할 수도 있다는 판례이다.

(7) 몰수 · 추징

제357조 (배임수증죄) ① 타인의 사무를 처리하는 자가 그 임무에 관하여 부정한 청탁을 받고 재물 또는 재산상의 이익을 취득하거나 제3자로 하여금 이를 취득하게 한 때에는 5년 이하의 징역 또는 1천만원 이하의 벌금에 처한다.
③ 범인이 취득한 제1항의 재물은 몰수한다. 그 재물을 몰수하기 불능하거나 재산상의 이익을 취득한 때에는 그 가액을 추징한다.

　　제357조 제3항에서 임의적 몰수(제48조)의 특칙으로 배임수재죄(제357조 제1항)의 경우에만 필요적 몰수규정을 두고 있다.

〈'범인이 취득한 제1항의 재물'의 의미〉 형법(2016. 5. 29. 법률 제14178호로 개정되기 전의 것)은 제3 57조 제1항에서 배임수재죄를, 제2항에서 배임증재죄를 규정하고, 이어 제3항에서 "범인이 취득한 제1항의 재물은 몰수한다. 그 재물을 몰수하기 불능하거나 재산상의 이익을 취득한 때에는 그 가액 을 추징한다."라고 규정하고 있다. 배임수재죄와 배임증재죄는 이른바 대향범으로서 위 제3항에 서 필요적 몰수 또는 추징을 규정한 것은 범행에 제공된 재물과 재산상 이익을 박탈하여 부정한 이익을 보유하지 못하게 하기 위한 것이므로, 제3항에서 몰수의 대상으로 규정한 '범인이 취득한 제1항의 재물'은 배임수재죄의 범인이 취득한 목적물이자 배임증재죄의 범인이 공여한 목적물을 가리키는 것이지 배임수재죄의 목적물만을 한정하여 가리키는 것이 아니다. 그러므로 수재자가 증재자로부터 받은 재물을 그대로 가지고 있다가 증재자에게 반환하였다면 증재자로부터 이를 몰수하거나 그 가액을 추징하여야 한다(대판 2017.4.7. 2016도18104). **[COMMENT]** 필요적 몰수를 규정 한 제357조 제3항의 범인이 취득한 제1항의 재물은 배임수재의 범인이 취득한 목적물이자 배임증재 죄의 범인이 공여한 목적물을 포함한다는 내용의 판례이다. (19 변시)(23 변시)

4 배임증재죄 [미수범 처벌]

> 제357조 (배임수증죄) 제1항의 재물 또는 재산상 이익을 공여한 자는 2년 이하의 징역 또는 500만원 이하의 벌금에 처한다.

(1) 의 의

본죄는 타인의 사무를 처리한 자에게 그 임무에 관하여 부정한 청탁을 하고 재물 또는 재산상 이 익을 제공함으로써 성립하는 범죄이다. 본죄는 배임수재죄와 필요적 공범관계에 있다.

(2) 행 위

타인의 사무를 처리하는 자에게 부정한 청탁을 하고 재물 또는 재산상의 이익을 공여하는 것이다.

1) **부정한 청탁** : 본죄는 부정한 청탁을 하는 것을 그 요건으로 한다. 수재자에게 부정한 청 탁이 되는 것이 증재자에게는 부정한 청탁이라고 볼 수 없는 경우에는 수재자는 배임수재 죄가 성립하나, 증재자에게 본죄는 성립하지 않는다. 따라서 양죄는 필요적 공범관계에 있 기는 하지만, 이는 반드시 양죄가 동시에 성립한다는 것을 의미하는 것은 아니다.

〈배임증재죄에 있어서 부정한 청탁의 의미〉 형법 제357조에 규정된 배임증재죄에 있어서의 부정한 청탁이라 함은 청탁이 사회상규와 신의성실의 원칙에 반하는 것을 말하고 이를 판단함에 있어서 는 청탁의 내용과 이에 관련되어 취득한 재물이나 재산상 이익의 액수와 형식, 보호법익인 거래의 청렴성 등을 종합적으로 고찰하여야 하며, 그 청탁이 반드시 명시적으로 이루어져야 하는 것도 아니고 묵시적으로 이루어지더라도 무방하다(대판 2006.5.11. 2003도4320).

〈처분금지가처분등기 취하 사건(배임증재와 배임수재의 부정한 청탁의 차이)〉 [1] 형법 제357조 제1항 의 배임수재죄와 같은 조 제2항의 배임증재죄는 통상 필요적 공범의 관계에 있기는 하나, 이것은 반드시 수재자와 증재자가 같이 처벌받아야 하는 것을 의미하는 것은 아니고, 증재자에게는 정당 한 업무에 속하는 청탁이라도 수재자에게는 부정한 청탁이 될 수도 있다. [2] 갑 주식회사를 사실상 관리하는 을이 갑 회사가 사업용 부지로 매수한 토지에 관하여 처분금지가처분등기를 마쳐두었는데, 위 토지를 매수하려는 병에게서 가처분을 취하해 달라는 취지의 청탁을 받고 돈을 수수하였다는 내용으로 기소된 사안에서, 을이 받은 돈은 부정한 청탁의 대가임이 분명하고 을에게 부정한 청탁에 대한 인식이 없었다고 볼 수 없어 배임수재죄가 성립하나, 반면 병은 사업의 더 큰 손실을 피하기 위하여 가처분 취하의 대가로 을이 지정하는 계좌로 돈을 송금한 점, 병으로서는 위 돈이 궁극적으로 갑 회사에 귀속될 것인지 을에게 귀속될 것인지에 관한 분명한 인식이 있었다고 볼 수 없는 점 등 제반 사정에 비추어, 병이 가처분 취하의 대가로 돈을 교부한 행위는 사회상규에 위배되지 아니하여 배임증재죄를 구성할 정도의 위법성은 없다고 본 사례(대판 2011.10.27. 2010도7624).

〈까다롭게 하지 말아 달라 사건〉 하도급받은 자가 감독할 지위에 있는 자에게 공사감독을 까다롭게 하지 말고 잘 보아 달라는 취지로 직접 또는 온라인으로 수차례에 걸쳐 금원을 교부한 경우라면 공사감독을 까다롭게 하지 말아 달라는 취지의 위 청탁은 그것이 묵시적이라 하더라도 사회상규 또는 신의성실의 원칙에 반하는 부정한 청탁에 해당한다(대판 1988.3.8. 87도1445).

2) 공여 : 타인의 사무처리자에 대한 현실적 제공을 의미한다. 공여는 현실적인 제공을 의미하고 이때에 기수가 된다. 따라서 공여의 의사표시나 약속만으로는 본죄의 미수에 불과하지만, 현실적인 제공이 있는 한 상대방의 취득 여부는 불문한다.

3) 공여의 상대방 : 공여의 상대방은 타인의 사무를 처리하는 자 또는 제3자이다.

〈편입학 사건〉 교육법 제111조의 2, 동시행령 제69조에 의하면 대학에의 편입학에 관한 사무는 특별한 사정이 없는 한 대학의 총장이나 학장의 임무에 속하고 학교법인의 상무이사가 처리할 임무가 아니므로 가사 피고인이 편입학에 대한 사례로 학교법인의 상무이사에게 재물을 공여한 것으로 인정되더라도 배임증재에는 해당하지 아니한다(대판 1982.4.13. 81도2646).

(3) 공범 및 죄수

배임증재죄를 범한 자가 타인의 배임행위에까지 관여한 경우에는 배임죄의 공범이 될 수 있다. 그리고 횡령한 후에 그 금액을 배임증재한 경우에는 실체적 경합범이 된다.

〈배임증재의 공모공동정범 사건〉 배임증재의 공모공동정범이 다른 공모공동정범에 의하여 수재자에게 재물 또는 재산상 이익이 제공되는 방법을 구체적으로 몰랐다고 하더라도 공모관계를 부정할 수 없다(대판 2015.7.23. 2015도3080).

〈업무상 배임죄와 배임증재죄〉 업무상 배임죄와 배임증재죄는 별개의 범죄로서 배임증재죄를 범한 자라 할지라도 그와 별도로 타인의 사무를 처리하는 지위에 있는 사람과 공범으로서는 업무상 배임죄를 범할 수도 있는 것이다(대판 1999.4.27. 99도883).

〈대표이사가 횡령한 후 그 금액의 일부를 배임증재한 사건〉 회사의 대표이사가 업무상 보관하던 회사자금을 빼돌려 횡령한 다음 그 중 일부를 더 많은 장비 납품 등의 계약을 체결할 수 있도록 해달라는 취지의 묵시적 청탁과 함께 배임증재에 공여한 사안에서, 위 횡령의 범행과 배임증재의 범행은 서로 범의 및 행위의 태양과 보호법익을 달리하는 별개의 행위라고 보아, 위 횡령의 점에 대하여 약식명령이 확정되었다고 하더라도 그 기판력이 배임증재의 점에는 미치지 아니한다고 본 원심판결을 수긍한 사례(대판 2010.5.13. 2009도13463).

(4) **몰수·추징**

본죄에는 필요적 몰수·추징규정이 적용되지 않는다. 그러나 임의적 몰수·추징은 가능하다.

제7절 | 장물의 죄

1 장물죄

제362조 (장물의 취득, 알선등) ① 장물을 취득, 양도, 운반 또는 보관한 자는 7년 이하의 징역 또는
1천500만 원 이하의 벌금에 처한다.
② 전항의 행위를 알선한 자도 전항의 형과 같다.

[죄명예규] 장물(취득, 양도, 운반, 보관)/장물알선

Ⅰ. 서 설

1. 의의와 보호법익

장물에 관한 죄란 장물을 취득·양도·운반·보관하거나 이를 알선함으로써 성립하는 범죄이
며, 대물적 **사후종범**의 일종이다. 보호법익은 재산권이며, 보호의 정도에 대하여는 ① 침해범설
② 위험범설 ③ 개별설의 견해가 대립되고 있다.

2. 장물죄의 본질

> **장물죄의 본질**
>
> **甲은 乙이 A를 공갈하여 취득한 시계라는 정을 알면서 乙 몰래 그 시계를 절취하였다. 甲에게 장
> 물취득죄가 성립하는가?** (23 2차)
>
> **1. 논의점**
>
> 장물이란 재산범죄로 취득한 재물이며, 장물죄란 이러한 장물을 취득·양도·운반·보관·
> 알선함으로써 성립하는 범죄이다. 이러한 장물죄의 본질에 대하여 논의가 있다.
>
> **2. 견해의 대립**
>
> 이에 대하여는 ① 장물죄의 본질은 피해자의 점유를 상실한 재물에 대한 반환청구권의 행사
> 를 곤란하게 하는 데에 있다는 **추구권설** ② 장물죄의 본질은 본범에 의하여 이루어진 위법한
> 재산상태를 본범과 합의하에 유지시키는 데에 있다는 **유지설** ③ 장물죄의 본질은 피해자의
> 반환청구권의 행사를 곤란하게 하고, 재산범죄로 초래된 위법상태를 유지하는 데에 있다는
> **결합설**이 대립하고 있다.
>
> **3. 판례의 태도**
>
> 판례는 '장물을 보관함으로써 피해자의 정당한 반환청구권 행사를 어렵게 하여 위법한 재산
> 상태를 유지시킨 경우에는 장물보관죄에 해당한다'라고 하여 **결합설**의 입장이다.

4. 검 토

생각건대 장물죄는 피해자의 추구권을 곤란하게 함으로써 재산상 손해를 심화시키는 개인적 측면과 위법한 재산상태를 유지하는 사회적 측면을 공유하고 있으므로 추구권설과 유지설을 결합한 결합설이 타당하다.

5. 관련판례

〈장물죄의 본질에 대하여 결합설을 따른 판례〉 장물인 정을 모르고 보관하던 중 장물인 정을 알게 되었고, 위 장물을 반환하는 것이 불가능하지 않음에도 불구하고 계속 보관함으로써 피해자의 정당한 반환청구권 행사를 어렵게 하여 위법한 재산상태를 유지시킨 경우에는 장물보관죄에 해당한다(대판 1987.10.13. 87도1633).

〈장물인 갈취한 재물을 절도하면 절도죄만 성립한다는 판례〉 [사실관계] - [쟁점사실관계] [판결요지] 타인이 갈취한 재물을 그 타인의 의사에 반하여 절취하였다면 절도죄를 구성하고 장물취득죄가 되지 않는다(대판 1966.12.20. 66도1437). 🗊 절도죄만 성립하고, 장물취득죄는 성립하지 않는다. [COMMENT] 본 판례는 유지설이나 결합설의 입장에서 설명될 수 있으나, 판례는 기본 입장이 결합설이므로 결합설을 따른 결론이라고 볼 수 있다.

Ⅱ. 구성요건

1. 주 체

장물죄의 주체는 원칙적으로 제한이 없다. 다만 그 속성상 **재산죄의 본범은 주체가 될 수 없다.** 본범의 범위에는 단독정범, 공동정범, 간접정범, 합동범이 포함된다.

〈장물죄의 주체〉 장물죄는 타인(본범)이 불법하게 영득한 재물의 처분에 관여하는 범죄이므로 자기의 범죄에 의하여 영득한 물건에 대하여는 성립하지 아니하고 이는 불가벌적 사후행위에 해당하나, 여기에서 자기의 범죄라 함은 정범자(공동정범과 합동범을 포함한다)에 한정되는 것이므로 평소 본범과 공동하여 수차 상습으로 절도 등 범행을 자행함으로써 실질적인 범죄집단을 이루고 있었다 하더라도, 당해 범죄행위의 정범자(공동정범이나 합동범)로 되지 아니한 이상 이를 자기의 범죄라고 할 수 없고 따라서 그 장물의 취득을 불가벌적 사후행위라고 할 수 없다(대판 1986.9.9. 86도1273). [2014 3차](20 변시)

2. 객체 : 장물

장물이란 재산죄인 범죄행위에 의하여 영득된 물건을 말한다.

(1) 재산죄

1) 재산죄 : 장물은 재산죄인 범죄행위에 의하여 영득된 물건임을 요하므로 본범은 재산범임을 요한다. 재산죄에는 형법상의 절도죄, 강도죄, 사기죄, 공갈죄, 횡령죄 그리고 장물의 죄가 포함되며, 특히 장물죄도 재산죄이므로 장물죄의 본범이 될 수 있는데 이때의 장물을 특히 **연쇄장물**이라고 한다. 따라서 수뢰죄에 의한 뇌물, 통화위조에 의한 위조통화, 수렵법을 위반하여 포획한 동물 등은 장물이 될 수 없다. 또한 형법상의 재산죄 뿐만 아니

라 산림절도와 같은 특별법상의 재산죄도 포함하지만, 임산물단속법 위반과 같은 단속법규 위반은 제외된다.

〈장물의 개념〉 장물이라 함은 재산죄인 범죄행위에 의하여 영득된 물건을 말하는 것으로서 절도, 강도, 사기, 공갈, 횡령 등 영득죄에 의하여 취득된 물건이어야 한다(대판 2009.4.23. 2008도11921).

〈재산범죄의 특정〉 장물죄에 있어서의 장물이 되기 위하여는 본범이 절도, 강도, 사기, 공갈, 횡령 등 재산죄에 의하여 영득한 물건이면 족하고 그 중 어느 범죄에 의하여 영득한 것인지를 구체적으로 명시할 것을 요하지 않는다(대판 2000.3.24. 99도5275).

〈스키장 리프트 탑승권 사건〉 리프트탑승권 발매기를 전산조작하여 위조한 탑승권을 발매기에서 뜯어 간 행위는 탑승권 위조행위와 위조탑승권 절취행위가 결합된 것이라는 이유로, 위조탑승권의 장물성을 인정한 사례(대판 1998.11.24. 98도2967).

〈산림절도와 임산물단속법 사건〉 장물이라 함은 재산죄인 범죄행위에 의하여 영득된 물건을 말하는 것으로서 절도·강도·사기·공갈·횡령 등 영득죄에 의하여 취득된 물건이어야 하므로 산림법 제93조 소정의 절취한 임산물은 장물이 될 것이나 임산물단속에 관한 법률위반죄에 의하여 생긴 임산물은 그것이 재산 범죄적 행위에 의한 것이 아니기 때문에 장물이 될 수 없다(대판 1975.9.23. 74도1804).

2) **재산범(본범)의 실현정도** : 본범은 구성요건에 해당하고 위법할 것을 요한다.

〈본범의 요건〉 '장물'이라 함은 재산죄인 범죄행위에 의하여 영득된 물건을 말하는 것으로서 절도·강도·사기·공갈·횡령 등 영득죄에 의하여 취득된 물건이어야 한다. 여기에서의 범죄행위는 절도죄 등 본범의 구성요건에 해당하는 위법한 행위일 것을 요한다(대판 2011.4.28. 2010도15350). (22 1차)

〈리스자동차 사건〉 대한민국 국민 또는 외국인이 미국 캘리포니아주에서 미국 리스회사와 미국 캘리포니아주의 법에 따라 차량 이용에 관한 리스계약을 체결하면서 준거법에 관하여는 별도로 약정하지 아니하였는데, 이후 자동차수입업자인 피고인이 리스기간 중 위 리스이용자들이 임의로 처분한 리스계약의 목적물인 차량들을 수입한 사안에서, 위 차량들을 임의로 처분한 행위는 형법상 횡령죄의 구성요건에 해당하는 위법한 행위로 평가되고 이에 의하여 영득된 위 차량들은 장물에 해당한다는 이유로, 피고인에게 장물취득죄를 인정한 원심판단의 결론을 정당하다고 한 사례(대판 2011.4.28. 2010도15350).

3) **본범이 횡령죄인 경우 악의의 매수자의 죄책** : 타인의 재물을 보관하는 자가 그 보관물을 임의처분하는 횡령행위를 하는 경우에 그 정을 알면서 매수한 자에 대하여 장물취득죄를 인정할 것인지에 대하여 논의가 있다. 이에 대하여는 ① 장물취득죄설 ② 횡령죄의 공범과 장물취득죄의 상상적 경합설 ③ 횡령죄의 공범설이 대립하고 있으나, 판례는 상대방의 횡령행위에 적극 가담하지 않고 상대방의 횡령행위를 통해 금원을 받은 경우에 장물죄의 성립만 인정하고 있다.

〈금원교부행위 자체가 횡령행위인 경우에는 횡령죄의 기수가 됨과 동시에 장물이 된다는 판례〉 **[사실 관계]** 甲은 乙과 동업형태로 주식회사 동해를 공동으로 인수하여 甲과 乙이 대표이사가 되어 위 회사를 경영하다가 상호간에 분쟁이 발생하자, 甲은 乙에게 더 이상 동업을 하지 못하겠다고 하면서 동업청산으로서 자신의 주식 인수 및 그 동안의 공로에 대한 대가로 5억 원을 요구하였고, 乙은 이에 응하면서 5회에 걸쳐 분할하여 회사의 자금으로 5억 원을 지급하였고, 甲은 乙이 지급하는 돈이 회사 돈일지도 모른다고 생각하면서 받았다. 甲과 乙의 죄책은? **[판결요지]** 甲이 회사 자금으로 乙에게 주식매각 대금조로 금원을 지급한 경우, 그 금원은 단순히 횡령행위에 제공된 물건이 아니라 횡령행위에 의하여 영득된 장물에 해당한다고 할 것이고, 나아가 설령 甲이 乙에게 금원을 교부한 행위 자체가 횡령행위라고 하더라도 이러한 경우 甲의 업무상횡령죄가 기수에 달하는 것과 동시에 그 금원은 장물이 된다고 한 사례(대판 2004.12.9. 2004도5904). **답** 甲은 업무상횡령죄가 성립하고, 乙은 장물취득죄가 성립한다.

(2) 재물성

1) **재물성** : 장물은 재물임을 요하므로 재산상의 이익이나 채권·무체재산권 등 권리는 장물이 될 수 없다. 재물인 이상 반드시 경제적 가치를 가질 것을 요하지 않으며, 동산·부동산을 불문한다.

〈이중매매의 객체는 재산상 이익이므로 장물죄는 성립할 수 없다는 판례〉 이중매매 배임행위로 인하여 영득한 것은 재산상의 이익이고 위 배임죄 범죄에 제공된 대지는 범죄로 인하여 영득한 것 자체는 아니므로 그 취득자 또는 전득자에게 대하여 배임죄의 가공여부를 논함은 별 문제로 하고 장물취득죄로 처단할 수 없다(대판 1975.12.9. 74도2804). (14 변시)

〈인터넷뱅킹 사건〉 甲이 권한 없이 인터넷뱅킹으로 타인의 예금계좌에서 자신의 예금계좌로 돈을 이체한 후 그 중 일부를 인출하여 그 정을 아는 乙에게 교부한 경우, 甲이 컴퓨터등사용사기죄에 의하여 취득한 예금채권은 재물이 아니라 재산상 이익이므로, 그가 자신의 예금계좌에서 돈을 인출하였더라도 장물을 금융기관에 예치하였다가 인출한 것으로 볼 수 없다는 이유로 乙의 장물취득죄의 성립을 부정한 사례(대판 2004.4.16. 2004도353). (14 변시)(16 변시)(24 1차)

2) **관리가능한 동력** : 장물죄 장에 제346조를 준용하는 규정이 없어 관리가능한 동력이 장물이 될 수 있는가에 대하여 논의가 있다. 이에 대하여는 ① 재물의 개념에 관한 유체성설의 입장에서 제346조를 준용하는 규정이 없는 한 해석론상 관리가능한 동력은 제외시켜야 한다는 견해도 있지만, ② 현재의 다수설과 판례는 재물의 개념에 관한 관리가능성설 입장에서 관리가능한 동력도 재물인 이상 장물에 포함된다고 보고 있다.

〈전화가입권 사건〉 [1] 형법 제41장의 장물에 관한 죄에 있어서의 '장물'은 이른바 '재물'을 말하는 것이고 '재물'은 물리적 관리가능성이 있는 물건을 말하는 것이므로, 설령 재산죄에 의하여 취득된 것이라 하더라도 재산상의 이익은 장물죄의 객체가 될 수 없다. [2] 전화가입권의 실체는 가입권자가 전화관서로부터 전화 역무를 제공받을 하나의 채권적 권리이며, 이는 재산상의 이익은 될지언정 위에 말한 '장물'의 범주에 속하지 아니하므로, 피고인의 전화가입권 매수행위를 업무상과실 장물취득죄로 처단할 수 없다(대판 1971.2.23. 70도2589). **[COMMENT]** 본 판례는 업무상과실 장물취득죄에 대한 판례이지만 장물죄의 객체를 일목요연하게 정리하고자 이곳에 위치시킨다. (24 2차)

(3) 장물의 동일성

장물은 재산죄인 범죄행위에 의하여 영득된 물건이다. 이와 관련하여 다음과 같은 것들이 문제된다.

1) **대체장물** : 장물은 재산죄에 의하여 영득한 재물 그 자체임을 요한다. 따라서 장물의 대가로 얻은 대체장물은 추구권설에 의하면 반환청구권이 없어 장물이 될 수 없고, 유지설에 의하더라도 위법상태의 유지·존속은 본범에 의하여 영득된 재물에 한정하므로 대체장물은 장물성을 인정할 수 없는 것이 원칙이다.

〈**장물처분한 금전 사건**〉 장물이라 함은 영득죄에 의하여 취득한 물건 자체를 말하는 것이므로 장물을 처분하여 얻어진 돈을 받았다고 하더라도 장물취득죄가 성립되지 않는다(대판 1972.2.22. 71도2296).

〈**장물을 전당잡힌 전당표 사건**〉 장물을 전당잡힌 전당표는 그것이 장물 그 자체라고 볼 수 없음은 물론 그 장물과 동일성이 있는 변형된 물건이라고 볼 수도 없는 것이다(대판 1973.3.13. 73도58).

2) 환전통화의 장물성

환전통화의 장물성

○○주식회사의 과장 甲은 거래처로부터 물품대금으로 교부받아 보관 중이던 약속어음 액면 합계 8억 원을 영득할 의사로 이를 할인 의뢰할 권한이 없음에도 그 권한이 있는 것처럼 가장하여 A에게 할인을 의뢰하여, A로부터 그 할인금 명목으로 금 7억 원을 자기앞수표와 현금으로 교부받아 은행에 예치하였다가 다시 현금으로 인출하였다. 한편 乙은 甲으로부터 그가 위와 같이 취득한 현금 중 금 9,500만 원을 보관하여 달라는 부탁을 받고서 이를 교부받아 자신의 집에 보관하였다. 甲과 乙의 죄책은? [2024 2차]

1. 환전통화의 장물성

대체장물은 장물이 아님이 원칙이나 예외적으로 통화를 다른 종류의 통화로 교환하거나 또는 수표를 통화로 교환한 경우의 환전통화도 장물성이 인정되는지에 대하여 논의가 있지만, 판례는 '인출된 현금은 당초의 현금과 물리적인 동일성은 상실되었지만 액수에 의하여 표시되는 금전적 가치에는 아무런 변동이 없으므로 장물로서의 성질은 그대로 유지된다'라고 하여 긍정설의 입장이다.

2. 관련판례

〈**장물인 금전을 예금한 후에 동일한 액수를 인출한 현금도 장물성이 유지된다는 판례**〉 [사실관계] — [쟁점사실관계] [판결요지] 장물이라 함은 재산범죄로 인하여 취득한 물건 그 자체를 말하고 그 장물의 처분대가는 장물성을 상실하는 것이지만, 금전은 고도의 대체성을 가지고 있어 다른 종류의 통화와 쉽게 교환할 수 있고, 그 금전 자체는 별다른 의미가 없고 금액에 의하여 표시되는 금전적 가치가 거래상 의미를 가지고 유통되고 있는 점에 비추어 볼 때, 장물인 현금을 금융기관에 예금의 형태로 보관하였다가 이를 반환받기 위하여 동일한 액수의 현금을 인출한 경우에 예금계약의 성질상 인출된 현금은 당초의 현금과 물리적인 동일성은 상실되었지만 액수에 의하여 표시되는 금전적 가치에는 아무런 변동이 없으므로 장물로서의 성질은 그대로 유지된다고 봄이 상당하고, 자기앞수표도 그 액면금을 즉시 지급받을 수 있는 등 현금에 대신하는 기능을 가지고 거래상 현금과 동일하게 취급되고 있는 점에서 금전의 경우와 동일하게 보아야 한다(대판 2000.3.10. 98도2579). 답 甲은 업무상 횡령죄와 사기죄가 성립하고, 乙은 장물보관죄가 성립한다. [2013 3차][2019 변시](23 변시)(22 2차)(23 2차)

3) 대체장물이 새로운 범죄행위로 영득한 재물인 경우 : 장물은 재산죄에 의하여 영득한 재물 그 자체임을 요한다. 그런데 장물범이 처분행위를 하는 것이 새로운 법익을 침해하는 재산죄가 되는 경우에는 이를 통하여 얻은 재물은 별도의 재산죄로 영득한 장물이 된다. 그리고 그러한 사후행위가 불가벌적 사후행위가 되는 경우에도 장물이 된다.

〈재산범죄 이후에 별도의 재산범죄가 불가벌적 사후행위인 사건〉 형법 제41장의 장물에 관한 죄에 있어서의 '장물'이라 함은 재산범죄로 인하여 취득한 물건 그 자체를 말하므로, 재산범죄를 저지른 이후에 별도의 재산범죄의 구성요건에 해당하는 사후행위가 있었다면 비록 그 행위가 불가벌적 사후행위로서 처벌의 대상이 되지 않는다 할지라도 그 사후행위로 인하여 취득한 물건은 재산범죄로 인하여 취득한 물건으로서 장물이 될 수 있다(대판 2004.4.16. 2004도353). (20 변시)(23 2차)(24 1차)

4) 선의취득과 장물 : 장물을 매도한 경우에 상대방이 선의취득을 할 수 있으면 상대방의 권리실현에 장애가 없으므로 상대방에 대한 사기죄는 성립하지 않는다. 따라서 이러한 경우에는 새로운 장물은 생겨나지 않는다. 그러나 민법상 도품·유실물의 특칙에 따라 상대방이 선의취득을 할 수 없으면 상대방에 대한 사기죄가 성립하므로(민법 제249조, 제250조 참조) 이러한 경우에는 새로운 장물이 생겨날 수 있다.

[COMMENT] 장물을 매도하는 경우 상대방의 선의취득 여부에 따라 사기죄의 성립 여부가 달려 있고, 사기죄가 성립하는 경우에 대가로 얻은 재물은 새로운 장물이 된다.

5) 불법원인급여물 : 민법상 반환청구권이 부정되는 불법원인급여물은 ① 추구권설에 의하면 피해자에게 추구권이 없어 장물성이 부정되지만 ② 유지설에 의하면 위법한 재산상태가 존재하므로 장물성이 긍정된다.

3. 행 위

장물을 취득·양도·운반·보관 또는 알선하는 것이다.

(1) 취 득

취득이란 장물의 점유를 이전받음으로써 그 장물에 대하여 사실상 처분권을 획득하는 것을 말한다. 취득이 있다고 하기 위해서는 **점유 이전과 사실상 처분권의 획득**이라는 두 가지 요소를 충족해야 한다.

〈취득의 의미〉 장물취득죄에서 '취득'이라고 함은 점유를 이전받음으로써 그 장물에 대하여 사실상의 처분권을 획득하는 것을 의미하는 것이므로, 단순히 보수를 받고 본범을 위하여 장물을 일시 사용하거나 그와 같이 사용할 목적으로 장물을 건네받은 것만으로는 장물을 취득한 것으로 볼 수 없다(대판 2003.5.13. 2003도1366). (12 변시)(23 2차)

〈보이스피싱 방조 사건〉[1] 장물취득죄에서 '취득'이라 함은 장물의 점유를 이전받음으로써 그 장물에 대하여 사실상 처분권을 획득하는 것을 의미하는데, 이 사건의 경우 본범의 사기행위는 피고인이 예금계좌를 개설하여 본범에게 양도한 방조행위가 가공되어 본범에게 편취금이 귀속되는 과정 없이 피고인이 피해자로부터 피고인의 예금계좌로 돈을 송금받아 취득함으로써 종료되는 것이고, 그 후 피고인이 자신의 예금계좌에서 위 돈을 인출하였다 하더라도 이는 예금명의자로서 은행에 예금반환을 청구한 결과일 뿐 본범으로부터 위 돈에 대한 점유를 이전받아 사실상 처분권을 획득한 것은 아니므로, 피고인의 위와 같은 인출행위를 장물취득죄로 벌할 수는 없다. [2] 사기 범행에 이용되리라는 사정을 알고서도 자신의 명의로 새마을금고 예금계좌를 개설하여 甲에게 이를 양도함으로써 甲이 乙을 속여 乙로 하여금 1,000만 원을 위 계좌로 송금하게 한 사기 범행을 방조한 피고인이 위 계좌로 송금된 돈 중 140만 원을 인출하여 甲이 편취한 장물을 취득하였다는 공소사실에 대하여, 甲이 사기 범행으로 취득한 것은 재산상 이익이어서 장물에 해당하지 않는다는 원심 판단은 적절하지 아니하지만, 피고인의 위와 같은 인출행위를 장물취득죄로 벌할 수는 없으므로, 위 '장물취득' 부분을 무죄로 선고한 원심의 결론을 정당하다고 한 사례(대판 2010.12.9. 2010도6256). [2014 변시](12 변시)(14 변시)(15 변시)(19 변시)(21 변시)

(2) 양 도

양도란 장물인 정을 알지 못하고 취득한 후 그 정을 알면서 제3자에게 수여하는 것을 말한다.

〈수입자동차 신규등록 사건〉[사실관계] 甲은 2004. 12.경 미등록 상태였던 수입자동차를 취득한 후, 2005. 3. 29.경 최초 등록이 마쳐진 수입자동차가 장물일지도 모른다고 생각하면서도 2005. 5. 28.경 이를 A에게 양도하였다. 甲의 죄책은? [판결요지] 장물인 수입자동차를 신규등록하였다고 하여 그 최초 등록명의인이 해당 수입자동차를 원시취득하게 된다거나 그 장물양도행위가 범죄가 되지 않는다고 볼 수는 없다(대판 2011.5.13. 2009도3552). 🔲 장물양도죄가 성립한다.

(3) 운 반

운반이란 장물의 소재를 장소적으로 이전하는 것을 말한다.

〈절취차량을 운전해 준 사건〉본범자와 공동하여 장물을 운반한 경우에 본범자는 장물죄에 해당하지 않으나 그 외의 자의 행위는 장물운반죄를 구성하므로, 피고인이 본범이 절취한 차량이라는 정을 알면서도 본범 등으로부터 그들이 위 차량을 이용하여 강도를 하려 함에 있어 차량을 운전해 달라는 부탁을 받고 위 차량을 운전해 준 경우, 피고인은 강도예비와 아울러 장물운반의 고의를 가지고 위와 같은 행위를 하였다고 봄이 상당하다(대판 1999.3.26. 98도3030). (22 1차)

〈장물인 승용차에 편승한 사건〉타인이 절취, 운전하는 승용차의 뒷자석에 편승한 것을 가리켜 재물 운반행위의 실행을 분담하였다고는 할 수 없다(대판 1983.9.13. 83도1146).

(4) 보 관

1) 보관 : 보관이란 위탁을 받아 타인을 위하여 장물인 정을 알면서 장물을 자기의 점유하에 두는 것을 말한다.

2) 보관 후에 장물인 정을 안 경우 : 보관의 경우에 문제되는 사안은 보관을 시작할 때에는 장

물인 정을 몰랐으나 후에 장물인 정을 알면서 보관한 경우의 죄책 여부이다.

    (가) 원칙 : 장물인 정을 모르면서 보관한 자가 장물인 정을 안 후에도 계속 장물을 보관하면 장물죄가 성립하는 것이 원칙이다.

〈보관 중인 재물이 장물이라는 정을 알고도 계속 보관한 사건〉 장물인 정을 모르고 보관하던 중 장물인 정을 알게 되었고, 위 장물을 반환하는 것이 불가능하지 않음에도 불구하고 계속 보관함으로써 피해자의 정당한 반환청구권 행사를 어렵게 하여 위법한 재산상태를 유지시킨 경우에는 장물보관죄에 해당한다(대판 1987.10.13. 87도1633).

    (나) 예외 : 장물인 정을 모르면서 보관한 자가 장물인 정을 안후에 계속 장물을 보관한 경우에도 ① 반환이 불가능하거나 ② 점유할 권한이 있는 경우에는 장물죄가 성립하지 아니한다.

〈점유권한이 있는 사건〉 장물인 정을 모르고 장물을 보관하였다가 그후에 장물인 정을 알게 된 경우 그 정을 알고서도 이를 계속하여 보관하는 행위는 장물죄를 구성하는 것이나 이 경우에도 점유할 권한이 있는 때에는 이를 계속하여 보관하더라도 장물보관죄가 성립하지 않는다(대판 1986.1.21. 85도2472).

〈전당포영업자 사건〉 전당포영업자가 보석들을 전당잡으면서 인도받을 당시 장물인 정을 몰랐다가 그 후 장물일지도 모른다고 의심하면서 소유권포기각서를 받은 행위는 장물취득죄에 해당하지 않고, 또한 전당포영업자가 대여금채권의 담보로 보석들을 전당잡은 경우에는 이를 점유할 권한이 있는 때에 해당하여 장물보관죄 역시 성립하지 않는다(대판 2006.10.13. 2004도6084).

(5) 알 선

장물알선이란 장물을 취득·양도·운반·보관하려는 당사자 사이에 서서 이를 중개하거나 편의를 도모하는 것을 말한다. 이러한 장물알선죄의 성립시기에 대하여는 ① 사실상 알선행위만 있으면 본죄의 기수가 되며, 알선에 의하여 매매계약 등이 성립될 것을 요하지 않는다는 **알선행위시설** ② 장물알선죄가 성립하기 위해서는 적어도 장물을 취득·양도·운반·보관하기로 하는 계약의 성립이 필요하다는 **계약성립시설** ③ 장물알선죄가 성립하기 위해서는 알선의 결과 점유의 이전까지 필요하다는 **점유이전시설**이 대립하고 있으나, **다수설과 판례는 알선행위시설을 따르고 있다.** [2024 2차]

〈장물알선죄의 기수시기〉 [1] 형법 제362조 제2항에 정한 장물알선죄에서 '알선'이란 장물을 취득·양도·운반·보관하려는 당사자 사이에 서서 이를 중개하거나 편의를 도모하는 것을 의미한다. 따라서 장물인 정을 알면서, 장물을 취득·양도·운반·보관하려는 당사자 사이에 서서 서로를 연결하여 장물의 취득·양도·운반·보관행위를 중개하거나 편의를 도모하였다면, 그 알선에 의하여 당사자 사이에 실제로 장물의 취득·양도·운반·보관에 관한 계약이 성립하지 아니하였거나 장물의 점유가 현실적으로 이전되지 아니한 경우라도 장물알선죄가 성립한다. [2] 장물인 귀금속의 매도를 부탁받은 피고인이 그 귀금속이 장물임을 알면서도 매매를 중개하고 매수인에게 이를 전달하려다가 매수인을 만나기도 전에 체포되었다 하더라도, 위 귀금속의 매매를 중개함으로써 장물알선죄가 성립한다고 한 사례(대판 2009.4.23. 2009도1203). (13 변시)(17 변시)(22 변시)

4. 주관적 구성요건

(1) 고 의

장물은 취득, 양도, 운반, 보관 또는 알선한다는 사실에 대한 인식과 의사가 있어야 한다. 장물인 정을 알고 있어야 하는 점은 확정적 인식일 필요가 없고 장물일지라도 모른다는 인식, 즉 미필적 인식으로 족하다.

〈취득 당시 장물인 정을 모른 사건〉 장물취득죄는 취득당시 장물인 줄을 알면서 이를 취득하여야 성립하는 것이므로 피고인이 위 자전거의 인도를 받은 후에 비로소 장물이 아닌가 하는 의구심을 가졌다고 해서 그 자전거의 수수행위가 장물취득죄를 구성한다고 할 수 없다(대판 1971.4.20. 71도468).

〈장물의 인식 정도〉 장물취득죄에 있어서 장물의 인식은 확정적 인식임을 요하지 않으며 장물일지도 모른다는 의심을 가지는 정도의 미필적 인식으로서도 충분하고, 또한 장물인 정을 알고 있었느냐의 여부는 장물 소지자의 신분, 재물의 성질, 거래의 대가 기타 상황을 참작하여 이를 인정할 수밖에 없다(대판 1995.1.20. 94도1968).

(2) 불법영득의 의사

고의 이외에 초과주관적 구성요건 요소로 불법영득의사가 필요한지에 대하여는 논의가 있지만, 장물죄의 본질은 추구권행사의 곤란 내지 위법상태의 유지에 있으므로 불요하다는 불요설이 타당하다.

Ⅲ. 죄수 및 타죄와의 관계

(1) 죄 수

1) **장물 보관 후 취득한 경우** : 장물죄는 하나의 구성요건에 수개의 행위태양이 있으므로 협의의 포괄일죄가 발생하는 가장 대표적인 범죄이다. 따라서 장물을 보관하다 취득한 경우에는 취득죄만 성립한다.

2) **장물알선을 위한 운반·보관한 경우** : 장물운반·보관은 알선을 위한 불가벌적 사전행위로서 알선죄만 성립한다.

3) **장물취득 후 양도·운반·보관한 경우** : 장물취득 후 양도·운반·보관·알선한 경우에는 양도·운반·보관·알선한 행위는 불가벌적 사후행위로서 취득죄만 성립한다.

(2) 다른 범죄와의 관계

1) **본범과 장물죄와의 관계** : 장물죄는 타인이 불법하게 영득한 재물에 대하여만 성립한다. 그러므로 자기가 영득한 재물에 대하여는 장물죄는 성립할 여지가 없다. 그러나 **교사범과 방조범**은 스스로 실행한 것이 아니라 타인의 범죄에 가공한 것이므로 장물죄가 성립한다.

〈횡령교사와 장물취득〉 횡령을 교사한 후 그 횡령한 물건을 취득한 때에는 횡령교사죄와 장물취득죄의 경합범이 성립된다(대판 1969.6.24. 69도692).

2) 장물을 보관 중 횡령한 경우 : 장물을 보관하는 자가 그 장물을 횡령한 경우에는 이미 장물죄로 인하여 소유권을 침해했으므로 횡령죄는 불가벌적 사후행위가 된다.

〈장물을 보관하는 자가 이를 영득하여도 횡령죄는 성립하지 않는다는 판례〉 절도범인으로부터 장물 보관의뢰를 받은 자가 그 정을 알면서 이를 인도받아 보관하고 있다가 임의처분하였다 하여도 장물 보관죄가 성립되는 때에는 이미 그 소유자의 소유물추구권을 침해하였으므로 그 후의 횡령행위는 불가벌적 사후행위에 불과하여 별도로 횡령죄가 성립하지 않는다(대판 1976.11.23. 76도3067). (16 변시)(20 변시)

3) 장물의 절취 · 강취 · 편취 · 사취한 경우 : 이에 대하여 판례는 결합설을 바탕으로 하여 장물죄는 성립하지 않고 각 재산죄만 성립한다고 보고 있다.

〈갈취한 재물을 절도한 사건〉 타인이 갈취한 재물을 그 타인의 의사에 반하여 절취하였다면 절도죄를 구성하고 장물취득죄가 되지 않는다(대판 1966.12.20. 66도1437).

4) 증거인멸죄 · 수뢰죄와의 관계 : 장물인 정을 인식하면서 증거를 인멸하기 위하여 보관하거나 뇌물로 수수한 경우에는 상상적 경합이 가능하다.

Ⅳ. 친족간의 범행

> **제365조 (친족간의 범행)** ① 전3조의 죄를 범한 자와 피해자간에 제328조 제1항, 제2항의 신분관계가 있는 때에는 동조의 규정을 준용한다.
> ② 전3조의 죄를 범한 자와 본범간에 제328조 제1항의 신분관계가 있는 때에는 그 형을 감경 또는 면제한다. 단, 신분관계가 없는 공범에 대하여는 예외로 한다.

(1) 친족상도례의 수정

장물죄는 제365조에서 친족간의 재산범죄를 규율하는 일반조항인 제328조의 특칙을 두고 있으므로 주의하여야 한다.

(2) 장물범과 피해자 사이

제365조제1항에 따라 장물죄를 범한 자와 피해자간에 제328조 제1항, 제2항의 신분관계가 있는 때에는 동조의 규정을 준용한다.

(3) 장물범과 본범 사이

제365조 제2항에 따라 장물죄를 범한 자와 본범간에 제328조 제1항의 신분관계가 있는 때에는 그 형을 감경 또는 면제한다. (23 변시)

> [COMMENT] 장물죄의 친족상도례와 관련하여 제328조 제1항이 헌법불합치결정으로 적용이 금지되어 있다는 점을 절도죄의 친족상도례 부분에서 확인하는 것이 바람직하다.

2 상습장물죄

> 제363조 (상습범) ① 상습으로 전조의 죄를 범한 자는 1년 이상 10년 이하의 징역에 처한다.
> ② 제1항의 경우에는 10년 이하의 자격정지 또는 1천500만 원 이하의 벌금을 병과할 수 있다.

> [죄명예규] 상습(제362조 각 죄명)

보통의 상습범의 경우에는 형량의 2분의 1을 가중하지만, 상습장물죄는 **독자적인 형**을 두고 있음을 주의하여야 한다.

〈**장물취득죄와 상습장물알선죄**〉 장물취득죄는 상습장물알선죄와 포괄일죄의 관계에 있다(대판 1975. 1. 14. 73도1848).

3 업무상 과실, 중과실 장물죄

> 제364조 (업무상과실, 중과실) 업무상 과실 또는 중대한 과실로 인하여 제362조의 죄를 범한 자는 1년 이하의 금고 또는 500만 원 이하의 벌금에 처한다.

> [죄명예규] (업무상, 중)과실장물(취득, 양도, 운반, 보관, 알선)

업무상 과실 또는 중과실로 인하여 장물을 취득·양도·운반·보관 또는 알선함으로써 성립하는 범죄이다. 형법상의 재산죄 가운데 과실범을 처벌하는 유일한 규정이지만, 정책적 성격으로 인하여 단순과실은 처벌하지 않는다는 점을 주의하여야 한다.

〈**전당포 경영자의 주의의무**〉 전당포 경영자가 전당물을 입질 받음에 있어 소유관계를 묻고 주민등록증을 제시 받아 전당물 대장에 주소, 성명, 직업, 주민등록번호, 연령 등을 기재하였다면 특별한 사정이 없는 한 전당포 경영자로서의 주의의무를 다한 것이고, 더 나아가 입질 물품이 실제로 상대방의 소유인지의 여부 또는 전당물의 출처, 전당 잡히려는 동기 등을 확인하여야 할 주의의무까지는 없다(대판 1987. 2. 24. 86도2077).

〈**주민등록증으로 인적사항 확인하고 전화번호까지 적어 둔 사건**〉 전당포영업자인 피고인이 전당의뢰자로부터 목적물을 전당잡으면서 전당포영업법 제15조 소정의 확인방법에 따라 의뢰자의 주민등록증을 제시받아 그의 주소, 성명, 직업, 연령 등 인적사항을 확인하고 전당물대장에 전당물과 전당물 주의 특징 등을 기재하는 한편 그의 전화번호까지 적어두었다면 전당업무처리상의 주의의무를 다한 것으로 보아야 할 것이고 더 나아가 전당물의 구입경위나 출처, 전당의 동기까지 확인해야 할 주의의무는 없다(대판 1984. 9. 25. 84도1488).

〈금은방 운영자가 귀금속류를 매수함에 특별한 사정이 있은 사건〉 금은방 운영자가 반지를 매수함에 있어 장물인 정을 알 수 있었거나 장물인지의 여부를 의심할 만한 특별한 사정이 있었다면 매도인의 신원확인 외에 반지의 출처 및 소지경위 등에 대하여도 확인할 업무상 주의의무가 있다고 할 것임에도 그러한 업무상 주의의무가 없다고 보아 무죄를 선고한 원심판결을 파기한 사례(대판 2003.4.25. 2003도348). (18 변시)

제8절 | 손괴의 죄

1 손괴죄 [미수범 처벌]

> 제366조 (재물손괴등) 타인의 재물, 문서 또는 전자기록등 특수매체기록을 손괴 또는 은닉 기타 방법으로 그 효용을 해한 자는 3년 이하의 징역 또는 700만 원 이하의 벌금에 처한다.

(재물, 문서, 전자기록등)(손괴, 은닉)

Ⅰ. 서 설

타인의 재물, 문서 또는 전자기록 등 특수매체기록을 손괴 · 은닉하거나 기타의 방법으로 그 효용을 해함으로써 성립하는 범죄이다. 보호법익은 소유권의 이용가치 또는 기능으로서의 소유권이며, 보호의 정도는 침해범이다.

Ⅱ. 구성요건

1. 객 체

타인의 재물, 문서 또는 전자기록 등 특수매체기록이다.

(1) 재물 · 문서 또는 전자기록 등 특수매체기록

1) 재물 : 유체물뿐만 아니라 관리할 수 있는 동력을 포함하고, 동산 · 부동산을 불문한다. 그리고 손괴죄의 객체로서의 재물은 재물로서의 이용가치나 효용이 없는 물건이어야 한다.

〈아무도 거주하지 않는 아파트 사건〉[1] 재건축사업으로 철거가 예정되어 있었고 그 입주자들이 모두 이사하여 아무도 거주하지 않은 채 비어 있는 아파트라 하더라도, 그 아파트 자체의 객관적 성상이 본래 사용목적인 주거용으로 사용될 수 없는 상태가 아니었고, 더욱이 그 소유자들이 재건축조합으로의 신탁등기 및 인도를 거부하는 방법으로 계속 그 소유권을 행사하고 있는 상황이었다면 위와 같은 사정만으로는 위 아파트가 재물로서의 이용가치나 효용이 없는 물건으로 되었다고 할 수 없으므로, 위 아파트는 재물손괴죄의 객체가 된다고 할 것이다. [2] 재건축사업으로 철거가 예정되어 있고 그 입주자들이 모두 이사하여 아무도 거주하지 않는 아파트에 대해 그 철거 전 관할 구청장에게 신고를 하지 않았다고 하더라도 가집행선고부 판결을 받아 철거하였다면 형법 제20조의 정당행위에 해당하여 재물손괴죄는 성립하지 아니한다(대판 2010.2.25. 2009도8473). (22 변시)

2) 문서 : 문서는 형법 제141조 제1항의 공용서류에 해당하지 않는 모든 문서를 말한다. 공문서 · 사문서를 불문하며, 사문서는 사문서위조죄와는 달리 반드시 권리 · 의무나 사실증명에 관한 것임을 요하지 않지만, 거기에 표시된 내용이 적어도 법률상 또는 사회생활상 중요한 사항에 관한 것이어야 한다.

〈작성 중인 경리장부 사건〉 손괴죄의 객체인 문서란 거기에 표시된 내용이 적어도 법률상 또는 사회생활상 중요한 사항에 관한 것이어야 하는 바, 이미 작성되어 있던 장부의 기재를 새로운 장부로 이기하는 과정에서 누계 등을 잘못 기재하다가 그 부분을 찢어버리고 계속하여 종전 장부의 기재 내용을 모두 이기하였다면 그 당시 새로운 경리장부는 아직 작성 중에 있어서 손괴죄의 객체가 되는 문서로서의 경리장부가 아니라 할 것이고, 또 그 찢어버린 부분이 진실된 증빙내용을 기재한 것이었다는 등의 특별한 사정이 없는 한 그 이기과정에서 잘못 기재되어 찢어버린 부분 그 자체가 손괴죄의 객체가 되는 재산적 이용가치 내지 효용이 있는 재물이라고도 볼 수 없다(대판 1989.10.24. 88도1296).

〈진실에 반하는 허위내용을 기재한 문서를 손괴한 사건〉 확인서가 소유자의 의사에 반하여 손괴된 것이라면 그 확인서가 피고인 명의로 작성된 것이고 또 그것이 진실에 반하는 허위내용을 기재한 것이라 하더라도 피고인은 문서손괴의 죄책을 면할 수 없다(대판 1982.12.28. 82도1807).

〈어음의 수취인란에 타인의 이름을 기입한 사건〉 약속어음의 발행인이 소지인에게 어음의 액면과 지급기일을 개서해서 주겠다고 하여 위 어음을 교부받은 후 위 어음의 수취인란에 타인의 이름을 추가로 기입하여 위 어음배서의 연속성을 상실하게 함으로써 그 효용을 해한 경우에는 문서손괴죄에 해당한다(대판 1985.2.26 84도2802).

  3) 전자기록 등 특수매체기록 : 사람의 지각에 의하여 인식될 수 없는 방식에 의하여 작성되어 컴퓨터 등 정보처리장치에 의한 정보처리를 위하여 제공된 기록을 말하며, 전자기록뿐만 아니라 전기기록이나 광학기록을 포함한다.

(2) 타인의 재물 · 문서 또는 전자기록 등 특수매체기록

재물, 문서 또는 전자기록 등 특수매체기록은 타인의 소유에 속하여야 한다. 여기서 타인은 자연인, 국가, 법인, 법인격 없는 단체를 포함한다. 그리고 재물 등이 타인의 소유에 속하면 족하므로 누가 점유하고 있는지는 문제되지 않는다.

〈쪽파 사건〉 쪽파의 매수인이 명인방법을 갖추지 않은 경우, 쪽파에 대한 소유권을 취득하였다고 볼 수 없어 그 소유권은 여전히 매도인에게 있고 매도인과 제3자 사이에 일정 기간 후 임의처분의 약정이 있었다면 그 기간 후에 제3자가 쪽파를 손괴하였더라도 재물손괴죄가 성립하지 않는다(대판 1996.2.23. 95도2754).

〈권원없이 경작한 콩 사건〉 타인 소유의 토지에 권한 없이 농작물을 경작한 경우라 하더라도 그 농작물의 소유권은 경작한 사람에게 귀속된다 할 것이므로, 피고인이 매수하여 계속 경작하여 오던 토지라 할지라도 피고인이 뽑아버린 콩은 타인이 경작한 것인 이상 피고인은 재물손괴의 죄책을 면할 수 없다(대판 1970.3.10. 70도82).

〈전세금 영수증 사건〉 [1] 문서손괴죄의 객체는 타인소유의 문서이며 피고인 자신의 점유하에 있는 문서라 할지라도 타인소유인 이상 이를 손괴하는 행위는 문서손괴죄에 해당한다.[2] 갑이 피해자 을으로부터 전세금 2,000,000원을 받고 영수증(문서제목은 계약서라고 되어 있다)을 작성교부한 뒤에 을에게 위 전세금을 반환하겠다고 말하여 을로부터 위 영수증을 교부받고 나서 전세금을 반환하기도 전에 이를 찢어버린 사실이 문서손괴죄를 구성한다(대판 1984.12.26. 84도2290).

2. 행 위

손괴·은닉 기타 방법으로 그 효용을 해하는 것이다.

(1) 손 괴

1) 손괴 : 손괴는 재물 또는 문서의 전부나 일부에 직접 물리적 유형력을 행사하여 이용가능성을 침해하는 일체의 행위를 말한다.

〈광고용 간판 사건〉 타인 소유의 광고용 간판을 백색페인트로 도색하여 광고문안을 지원 버린 행위는 재물손괴죄를 구성한다(대판 1991.10.22. 91도2090). (22 경2)

2) 문서 손괴 : 문서에 대한 일반적인 손괴는 문제가 되지 않으나, 문서내용을 변경하는 경우에는 **문서변조죄와의 구별**이 쉽지 않다. 그러나 일응 양자는 기본적으로 작성권한 여부에 따라 구별할 수 있다. 즉 ① 작성권한 없는 자가 타인명의 문서의 내용에 변경을 가하면 문서변조죄가 되며 ② 자기명의의 문서가 타인소유인 경우에 내용에 변경을 가하면 문서손괴죄가 성립하게 된다.

〈약속어음 지급기일 삭제 사건〉 약속어음의 수취인이 차용금의 지급담보를 위하여 은행에 보관시킨 약속어음을 은행지점장이 발행인의 부탁을 받고 그 지급기일란의 일자를 지움으로써 그 효용을 해한 경우에는 문서손괴죄가 성립한다(대판 1982.7.27. 82도223).

〈타인소유의 자기명의 허위문서 사건〉 확인서가 소유자의 의사에 반하여 손괴된 것이라면 그 확인서가 피고인 명의로 작성된 것이고 또 그것이 진실에 반하는 허위내용을 기재한 것이라 하더라도 피고인은 문서손괴의 죄책을 면할 수 없다(대판 1982.12.28. 82도1807).

〈타기관에 접수되어 있는 자기명의 문서 사건〉 비록 자기명의의 문서라 할지라도 이미 타인(타기관)에 접수되어 있는 문서에 대하여 함부로 이를 무효화시켜 그 용도에 사용하지 못하게 하였다면 일응 형법상의 문서손괴죄를 구성한다 할 것이므로 그러한 내용의 범죄될 사실을 허위로 기재하여 수사기관에 고소한 이상 무고죄의 죄책을 면할 수 없다(대판 1987.4.14. 87도177).

〈엘리베이터 벽면에서 회신 문서 떼어 낸 사건(어느 문서에 대한 종래의 사용상태가 문서 소유자의 의사에 반하여 또는 그와 무관하게 이루어진 경우에 문서손괴죄가 성립하지 않는다는 판례)〉 [1] 소유자의 의사에 따라 어느 장소에 게시 중인 문서를 소유자의 의사에 반하여 떼어내는 것과 같이 소유자의 의사에 따라 형성된 종래의 이용상태를 변경시켜 종래의 상태에 따른 이용을 일시적으로 불가능하게 하는 경우에도 문서손괴죄가 성립할 수 있다. [2] 그러나 문서손괴죄는 문서의 소유자가 문서를 소유하면서 사용하는 것을 보호하려는 것이므로, 어느 문서에 대한 종래의 사용상태가 문서 소유자의 의사에 반하여 또는 문서 소유자의 의사와 무관하게 이루어진 경우에 단순히 종래의 사용상태를 제거하거나 변경시키는 것에 불과하고 손괴, 은닉하는 등으로 새로이 문서 소유자의 문서 사용에 지장을 초래하지 않는 경우에는 문서의 효용, 즉 문서 소유자의 문서에 대한 사용가치를 일시적으로도 해하였다고 할 수 없어서 문서손괴죄가 성립하지 아니한다(대판 2015.11.27. 2014도13083). (23 2차)

(2) 은 닉

은닉은 재물 또는 문서의 소재를 불분명하게 하여 그 발견을 곤란하게 하거나 불가능하게 함으로써 물건의 효용을 침해하는 행위이다. 특수매체기록의 은닉은 파일의 속성을 변경하거나 다른 디렉토리로 옮기면 인정될 수 있을 것이다.

(3) 기타 방법

기타 방법이란 손괴 · 은닉 이외의 방법으로 재물 등의 효용을 해하는 일체의 행위를 말한다.

〈매출계산서 반환 거부 사건〉 회사의 경리사무 처리상 필요 불가결한 매출계산서, 매출 명세서 등의 반환을 거부함으로써 그 문서들을 일시적으로 그와 같은 용도에 사용할 수 없게 하는 것도 그 문서의 효용을 해한 경우에 해당한다(대판 1971.11.23. 71도1576).

〈철조망과 경고판 사건〉 재물손괴죄에서의 효용을 해하는 행위에는 일시 물건의 구체적 역할을 할 수 없는 상태로 만드는 경우도 해당하므로 판결에 의하여 명도받은 토지의 경계에 설치해 놓은 철조망과 경고판을 치워 버림으로써 울타리로서의 역할을 해한 때에는 재물손괴죄가 성립한다(대판 1982. 7.13. 82도1057).

〈자동문 사건〉 재물손괴죄에서 손괴 또는 은닉 기타 방법으로 그 효용을 해하는 경우에는 물질적인 파괴행위로 물건 등을 본래의 목적에 사용할 수 없는 상태로 만드는 경우뿐만 아니라 일시적으로 물건 등의 구체적 역할을 할 수 없는 상태로 만들어 효용을 떨어뜨리는 경우도 포함된다. 따라서 자동문을 자동으로 작동하지 않고 수동으로만 개폐가 가능하게 하여 자동잠금장치로서 역할을 할 수 없도록 한 경우에도 재물손괴죄가 성립한다(대판 2016.11.25. 2016도9219). (23 2차)

〈타인의 토지 지상에 건물을 신축한 사건〉 [1] 재물손괴죄(형법 제366조)는 다른 사람의 재물을 손괴 또는 은닉하거나 그 밖의 방법으로 그 효용을 해한 경우에 성립하는 범죄로, 행위자에게 다른 사람의 재물을 자기 소유물처럼 그 경제적 용법에 따라 이용·처분할 의사(불법영득의사)가 없다는 점에서 절도, 강도, 사기, 공갈, 횡령 등 영득죄와 구별된다. [2] 다른 사람의 소유물을 본래의 용법에 따라 무단으로 사용·수익하는 행위는 소유자를 배제한 채 물건의 이용가치를 영득하는 것이고, 그 때문에 소유자가 물건의 효용을 누리지 못하게 되었더라도 효용 자체가 침해된 것이 아니므로 재물손괴죄에 해당하지 않는다. [3] 부지의 점유 권원 없는 건물 소유자였던 피고인은, 토지 소유자와의 철거 등 청구소송에서 패소하고 강제집행을 당했는데도 무단으로 새 건물을 짓자 검사가 피고인이 토지의 효용을 해하였다고 하여 재물손괴죄로 기소한 사안에서, 피고인의 행위는 토지를 본래의 용법에 따라 사용·수익함으로써 그 소유자로 하여금 효용을 누리지 못하게 한 것일 뿐 효용을 침해한 것이 아니라고 보아, 원심의 무죄판결에 대한 검사의 상고를 기각한 사안(대판 2022.11.30. 2022도1410). (23 2차)

(4) 실행의 착수시기 및 기수시기

1) 실행의 착수시기 : 손괴의 고의로 효용침해 행위를 직접적으로 개시하는 때이다.

2) 기수시기 : 재물 등의 효용을 침해했을 때 기수가 된다. 효용을 해한다고 함은 그 물건의 본래의 사용목적에 공할 수 없게 하는 상태로 만드는 것은 물론 일시 그것을 이용할 수 없는 상태로 만드는 것도 포함한다. 그리고 건조물의 벽면이나 구조물 등에 낙서를 하는 행위가 구조물 등의 효용을 해하는 것인지는, 제반 사정을 종합하여 사회통념에 따라 판단하여야 한다.

〈재물의 효용을 해한다의 의미〉 형법 제366조의 재물손괴죄는 타인의 재물을 손괴 또는 은닉하거나 기타의 방법으로 그 효용을 해하는 경우에 성립한다. 여기에서 재물의 효용을 해한다고 함은 사실 상으로나 감정상으로 재물을 본래의 사용 목적에 제공할 수 없는 상태로 만드는 것을 말하고, 일시 적으로 재물을 이용할 수 없는 상태로 만드는 것도 포함한다(대판 2020.3.27. 2017도20455). (23 2차)

〈17~18시간 동안 차량을 운행할 수 없게 된 사건〉 피고인이 평소 자신이 굴삭기를 주차하던 장소에 갑의 차량이 주차되어 있는 것을 발견하고 갑의 차량 앞에 철근콘크리트 구조물을, 뒤에 굴삭기 크 러셔를 바짝 붙여 놓아 갑이 17~18시간 동안 차량을 운행할 수 없게 된 사안에서, 차량 앞뒤에 쉽게 제거하기 어려운 구조물 등을 붙여 놓은 행위는 차량에 대한 유형력 행사로 보기에 충분하고, 차량 자체에 물리적 훼손이나 기능적 효용의 멸실 내지 감소가 발생하지 않았더라도 갑이 위 구조물로 인해 차량을 운행할 수 없게 됨으로써 일시적으로 본래의 사용목적에 이용할 수 없게 된 이상 차량 본래의 효용을 해한 경우라고 한 사례(대판 2021.5.7. 2019도13764). (23 2차)

〈피해자를 피해자의 가방으로 유인한 사건〉 피고인이 피해자 김△순을 좀더 호젓한 곳으로 데리고 가기 위하여 피해자의 가방을 빼앗고 따라 오라고 하였는데 피해자가 따라 오지 아니하고 그냥 돌아 갔기 때문에 위 가방을 돌려주기 위하여 부근일대를 돌아다니면서 피해자를 찾아 나선 것을 가리 켜, 재물을 은닉하거나 그 효용을 해한 경우에 해당한다고 할 수는 없다(대판 1992.7.28. 92도1345).

〈래커 스프레이와 계란 30여개 사건〉 해고노동자 등이 복직을 요구하는 집회를 개최하던 중 래커 스 프레이를 이용하여 회사 건물 외벽과 1층 벽면 등에 낙서한 행위는 건물의 효용을 해한 것으로 볼 수 있으나, 이와 별도로 계란 30여 개를 건물에 투척한 행위는 건물의 효용을 해하는 정도의 것에 해당하지 않는다고 본 사례(대판 2007.6.28. 2007도2590). [2024 2차]

〈경계를 침범한 석축 중 돌 3개에 빨간색 락카로 경계를 표시한 사건〉 건조물의 벽면이나 구조물 등 (이하 '구조물 등'이라 한다)에 낙서를 하는 행위가 구조물 등의 효용을 해하는 것인지는, 해당 구조 물 등의 용도와 기능, 낙서 행위가 구조물 등의 본래 사용 목적이나 기능에 미치는 영향, 구조물 등 의 미관을 해치는 정도, 구조물 등의 이용자들이 느끼는 불쾌감과 저항감, 원상회복의 난이도와 거 기에 드는 비용, 낙서 행위의 목적과 시간적 계속성, 행위 당시의 상황 등 제반 사정을 종합하여 사 회통념에 따라 판단하여야 한다(대판 2022.10.27. 2022도8024). [COMMENT] 당 사안에서는 손괴죄의 성립을 부정하였다.

3. 주관적 구성요건

본죄가 성립하기 위하여는 객관적 구성요건요소에 대한 인식과 의사인 고의가 필요하다. 본죄는 훼기죄이므로 불법영득의사는 필요하지 않다.

〈손괴의 고의〉 재물 손괴의 범의를 인정함에 있어서는 반드시 계획적인 손괴의 의도가 있거나 물건의 손괴를 적극적으로 희망하여야 하는 것은 아니고, 소유자의 의사에 반하여 재물의 효용을 상실케 하는데 대한 인식이 있으면 되는 것이다(대판 1993.12.7. 93도2701).

〈경락받은 공장건물 사건〉 피고인이 경락받은 농수산물 저온저장 공장건물 중 공냉식 저온창고를 수냉식으로 개조함에 있어 그 공장에 시설된 피해자 소유의 자재에 관하여 피해자에게 철거를 최고하는 등 적법한 조치를 취함이 없이 이를 일방적으로 철거하게 하여 손괴하였다면 이는 재물손괴의 범의가 없었다고 할 수 없고 이것이 사회상규상 당연히 허용되는 것이라고 할 수도 없다(대판 1990.5.22. 90도700).

〈자기가 속한 종중 소유라고 믿은 사건〉 甲이 자기가 속하고 있는 종중 소유라고 믿고 있는 임야에 대한 소외인 명의의 등기권리증을 그 소지인이 제시하자 이를 가지고 가서 위 종중이 원고가 되어 그 말소등기를 구하는 민사사건에 증거로 제출한 행위는 문서은닉죄에 해당하지 아니한다(대판 1979.8.28. 79도1266).

〈임차인의 승낙없이 가재도구를 옥상에 옮겨 놓은 사건〉 임차인이 가재도구를 그대로 둔 채 시골로 내려가 버린 사이에 임대인의 모인 피고인이 임차인의 승낙 없이 가재도구를 옥상에 옮겨 놓으면서 그 위에다 비닐장판과 비닐천 등을 덮어씌워 비가 스며들지 않게끔 하고 또한 다른 사람이 열지 못하도록 종이를 바르는 등 조치를 취하였다면 설사 그 무렵 내린 비로 침수되어 그 효용을 해하였다 하더라도 손괴의 범의가 있다고 보기 어렵다(대판 1983.5.10. 83도595).

〈영업방해용 철조망 옮긴 사건〉 甲 소유였다가 약정에 따라 乙 명의로 이전되었으나 권리관계에 다툼이 생긴 토지상에서 甲이 버스공용터미널을 운영하고 있는 데 乙이 甲의 영업을 방해하기 위하여 철조망을 설치하려 하자 甲이 위 철조망을 가까운 곳에 마땅한 장소가 없어 터미널로부터 약 200 내지 300미터 가량 떨어진 甲 소유의 다른 토지 위에 옮겨 놓았다면 甲의 행위에는 재물의 소재를 불명하게 함으로써 그 발견을 곤란 또는 불가능하게 하여 그 효능을 해하게 하는 재물은닉의 범의가 있다고 할 수 없다(대판 1990.9.25. 90도1591).

Ⅲ. 위법성 조각사유

원칙적으로 일반적인 위법성조각사유가 그대로 적용된다.

〈가처분 받아 건물 철거한 사건〉 재건축조합의 조합장이 조합탈퇴의 의사표시를 한 자를 상대로 '사업시행구역 안에 있는 그 소유의 건물을 명도하고 이를 재건축사업에 제공하여 행하는 업무를 방해하여서는 아니 된다'는 가처분의 판결을 받아 위 건물을 철거한 것이 형법 제20조에 정한 업무로 인한 정당행위에 해당한다고 본 사례(대판 1998.2.13. 97도2877).

2 공익건조물파괴죄 [미수범 처벌]

> 제367조 (공익건조물파괴) 공익에 공하는 건조물을 파괴한 자는 10년 이하의 징역 또는 2천만 원 이하의 벌금에 처한다.

3 중손괴죄와 손괴치사상죄

> 제368조 (중손괴) ① 전2조의 죄를 범하여 사람의 생명 또는 신체에 대하여 위험을 발생하게 한 때에는 1년 이상 10년 이하의 징역에 처한다.
> ② 제366조 또는 제367조의 죄를 범하여 사람을 상해에 이르게 한 때에는 1년 이상의 유기징역에 처한다. 사망에 이르게 한 때에는 3년 이상의 유기징역에 처한다.

[죄명예규] 중손괴/(제366조, 제367조 각 죄명)(치상, 치사)

4 특수손괴죄 [미수범 처벌]

> 제369조 (특수손괴) ① 단체 또는 다중의 위력을 보이거나 위험한 물건을 휴대하여 제366조의 죄를 범한 때에는 5년 이하의 징역 또는 1천만 원 이하의 벌금에 처한다.
> ② 제1항의 방법으로 제367조의 죄를 범한 때에는 1년 이상의 유기징역 또는 2천만원 이하의 벌금에 처한다.

[죄명예규] 특수(재물, 문서, 전자기록등)(손괴, 은닉)/특수공익건조물파괴

〈타인 소유의 토지에 수목을 식재할 당시 토지의 소유권자로부터 그에 관한 명시적 또는 묵시적 승낙·동의·허락 등을 받았다면, 해당 수목은 식재자에게 소유권이 있다는 판례〉[1] 민법 제256조에서 부동산에의 부합의 예외사유로 규정한 '권원'은 지상권, 전세권, 임차권 등과 같이 타인의 부동산에 자기의 동산을 부속시켜서 그 부동산을 이용할 수 있는 권리를 뜻한다. 따라서 타인 소유의 토지에 수목을 식재할 당시 토지의 소유권자로부터 그에 관한 명시적 또는 묵시적 승낙·동의·허락 등을 받았다면, 이는 민법 제256조에서 부동산에의 부합의 예외사유로 정한 '권원'에 해당한다고 볼 수 있으므로, 해당 수목은 토지에 부합하지 않고 식재한 자에게 그 소유권이 귀속된다. [2] 피고인은 피해자 갑이 을로부터 매수한 토지의 경계 부분에 매수 전 자신이 식재하였던 수목 5그루를 전기톱을 이용하여 절단하였다고 하여 특수재물손괴의 공소사실로 기소된 사안에서, 제반 사정에 비추어 피고인이 수목을 식재할 당시 토지의 전 소유자 을로부터 명시적 또는 묵시적으로 승낙·동의를 받았거나 적어도 토지 중 수목이 식재된 부분에 관하여는 무상으로 사용할 것을 허락받았을 가능성을 배제하기 어렵고, 이는 민법 제256조에서 부동산에의 부합의 예외사유로 정한 '권원'에 해당한다고 볼 수 있어 수목은 토지에 부합하지 않고 이를 식재한 피고인에게 소유권이 귀속된다는 등의 이유로, 이와 달리 보아 공소사실을 유죄로 인정한 원심판결에 법리오해의 잘못이 있다고 한 사례(대판 2023.11.16. 2023도11885). (24 3차)

〈도로 바닥에 낙서를 하는 행위 등이 재물손괴죄에 해당하는지 판단하는 기준〉 갑 주식회사의 직원인 피고인들이 유색 페인트와 래커 스프레이를 이용하여 갑 회사 소유의 도로 바닥에 직접 문구를 기재하거나 도로 위에 놓인 현수막 천에 문구를 기재하여 페인트가 바닥으로 배어 나와 도로에 배게 하는 방법으로 다중의 위력으로써 도로의 효용을 해하였다고 하여 특수재물손괴로 기소된 사안에서, 피고인들이 위와 같은 방법으로 도로 바닥에 여러 문구를 써놓은 행위가 위 도로의 효용을 해하는 정도에 이른 것이라고 보기 어렵다는 이유로, 이와 달리 보아 공소사실을 유죄로 판단한 원심판결에 재물손괴죄에 관한 법리를 오해하는 등의 잘못이 있다고 한 사례(대판 2020.3.27. 2017도20455). (23 2차)

5 경계침범죄

> 제370조 (경계침범) 경계표를 손괴, 이동 또는 제거하거나 기타 방법으로 토지의 경계를 인식불능하게 한 자는 3년 이하의 징역 또는 500만 원 이하의 벌금에 처한다.

(1) 의의와 보호법익

경계침범죄는 경계표를 손괴·이동 또는 제거하거나 기타 방법으로 토지의 경계를 인식불능케함으로써 성립하는 범죄이다. 보호법익은 토지경계의 명확성이며, 보호의 정도는 침해범이나 미수처벌규정이 없다.

[COMMENT] 재산죄에서 미수범을 벌하지 않는 몇 개 되지 않는 조문이므로 기억하여야 한다.

(2) 객체

토지의 경계표이다. 토지의 경계표란 경계를 확정하기 위하여 그 토지에 만들어진 표지·공작물·입목 기타의 물건을 말한다. 형법 제370조에서 말하는 경계는 반드시 법률상의 정당한 경계를 말하는 것이 아니고 비록 **법률상의 정당한 경계에 부합되지 아니하는 경계**라고 하더라도 이해관계인들의 명시적 또는 묵시적 합의에 의하여 정하여진 것이면 된다. 또한 경계표는 그것이 어느 정도 객관적으로 통용되는 사실상의 경계를 표시하는 것이라면 영속적인 것이 아니고 **일시적인 것이라도** 본죄의 객체에 해당한다.

〈경계표의 범위〉 형법 제370조 소정 경계라 함은 소유권 등 권리의 장소적 한계를 나타내는 지표를 말함이니 실체상의 권리관계에 부합하지는 않더라도 관습으로 인정되었거나, 일반적으로 승인되어 왔다거나, 이해관계인의 명시 또는 묵시의 합의에 의하여 정하여 진 것이거나, 또는 권한 있는 당국에 의하여 확정된 것이어야 함도 아니고 사실상의 경계표로 되어 있다면 침해의 객체가 되는 것이다(대판 1976.5.25. 75도2564).

〈일시적인 경계표 사건〉 형법 제370조에서 말하는 경계표는 그것이 어느 정도 객관적으로 통용되는 사실상의 경계를 표시하는 것이라면 영속적인 것이 아니고 일시적인 것이라도 이 죄의 객체에 해당한다(대판 1999.4.9. 99도480).

⟨수목이나 유수 사건⟩ [1] 경계를 표시하는 경계표는 반드시 담장 등과 같이 인위적으로 설치된 구조물만을 의미하는 것으로 볼 것은 아니고, 수목이나 유수 등과 같이 종래부터 자연적으로 존재하던 것이라도 경계표지로 승인된 것이면 여기의 경계표에 해당한다고 할 것이다. [2] 토지의 경계에 다툼이 있던 중 경계선 부근의 조형소나무 등을 뽑아내고 그 부근을 굴착하여 경계를 불분명하게 한 경우에는 경계침범죄가 성립한다(대판 2007.12.28. 2007도9181).

⟨기존 경계 무시한 사건⟩ 기존 경계가 진실한 권리상태와 맞지 않는다는 이유로 당사자의 어느 한쪽이 기존 경계를 무시하고 일방적으로 경계 측량을 하여 이를 실체권리관계에 맞는 경계라고 주장하면서 그 위에 계표를 설치하더라도 이와 같은 경계표는 위 법조에서 말하는 계표에 해당되지 않는다(대판 1986.12.9. 86도1492).

(3) 행위와 결과

행위는 토지의 경계표를 손괴, 이동 또는 제거하거나 기타 방법으로 토지의 경계를 인식불능케 하는 행위이다. 그리고 손괴 등의 행위로 인하여 토지경계의 전부 또는 일부가 인식불능케 되었을 때 기수가 된다. 미수범 처벌규정이 없으므로 인식불능의 결과가 발생하지 않았다면 본죄는 성립하지 않는다.

⟨손괴 등의 행위와 경계 인식불능의 결과⟩ 형법 제370조의 경계침범죄는 단순히 계표를 손괴하는 것만으로는 부족하고 계표를 손괴, 이동 또는 제거하거나 기타 방법으로 토지의 경계를 인식불능하게 함으로써 비로소 성립되며 계표의 손괴, 이동 또는 제거 등은 토지의 경계를 인식불능케 하는 방법의 예시에 불과하고 이와 같은 행위의 결과로서 토지의 경계가 인식불능케 됨을 필요로 하고 동죄에 대하여는 미수죄에 관한 규정이 없으므로 계표의 손괴 등의 행위가 있더라도 토지경계의 인식불능의 결과가 발생하지 않은 한 본죄가 성립될 수 없다(대판 1991.9.10. 91도856).

⟨타인토지 8평 위에 점포 건축한 사건⟩ 피고인이 자기토지에 인접한 타인소유 토지 8평을 침범하여 점포를 건축함으로써 위 양 토지간의 경계를 인식 불능케 하였다면 본 조 소정의 경계침범죄가 성립한다(대판 1968.9.17. 68도967).

⟨나무 뽑아 버리고 석축을 쌓은 사건⟩ 피고인 소유토지 135평과 높은 언덕으로 인접한 국유지 89평과의 경계선을 표시하는 위 언덕 위의 10년 생 내지 18년생의 포플러 및 아카시아나무 약 30본을 뽑아 버리고 위 국유 대지 1평 7합을 깎아 내려 약 1미터 높이의 석축을 쌓은 소위는 경계침범죄를 구성한다(대판 1980.10.27. 80도225).

⟨처마를 피해자 지붕위로 나오게 한 사건⟩ 피고인이 건물을 신축하면서 그 건물의 1층과 2층 사이에 있는 처마를 피해자 소유의 가옥 지붕 위로 나오게 한 사실만으로는 양 토지의 경계가 인식 불능되었다고 볼 수 없으므로 경계침범죄의 구성요건에 해당하지 아니한다(대판 1984.2.28. 83도1533).

〈기왕의 담벽에 담벽 추가한 사건〉 기왕에 건립되어 있던 담벽의 연장선상에 추가로 담벽을 설치한 행위가 자신이 주장하는 경계를 보다 확실히 하고자 한 행위에 지나지 아니할 뿐 토지경계에 대한 인식불능의 결과를 초래한다고는 볼 수 없다는 이유로 경계침범죄의 성립을 부정한 사례(대판 1992.12.8. 92도1682).

(4) 주관적 구성요건

토지의 경계를 인식불능케 한다는 고의가 있어야 한다. 이러한 고의가 없다면 손괴죄만 성립이 가능하다.

제9절 | 권리행사를 방해하는 죄

1 권리행사방해죄 [친족상도례 적용]

> 제323조 (권리행사방해) 타인의 점유 또는 권리의 목적이 된 자기의 물건 또는 전자기록등 특수매체기록을 취거, 은닉 또는 손괴하여 타인의 권리행사를 방해한 자는 5년 이하의 징역 또는 700만원 이하의 벌금에 처한다.

I. 서 설

권리행사방해죄는 타인의 점유 또는 권리의 목적이 된 자기의 물건 또는 전자기록 등 특수매체기록을 취거·은닉 또는 손괴함으로써 성립하는 범죄이다. 권리행사방해죄의 보호법익은 용익물권·담보물권 등의 제한물권과 채권이며, 보호의 정도는 추상적 위험범이다.

> [COMMENT] 권리행사방해죄는 일명 권리절도라고도 한다. 그리고 재산죄에서 미수범을 벌하지 않는 몇 개 되지 않는 조문이므로 기억하여야 한다.

II. 구성요건

1. 주 체

타인의 점유 또는 권리의 목적이 된 물건 또는 전자기록 등 특수매체기록의 소유자이다. 따라서 권리행사방해죄는 신분범이다.

〈권리행사방해죄가 신분범이라는 판례〉 형법 제323조의 권리행사방해죄는 타인의 점유 또는 권리의 목적이 된 자기의 물건을 취거, 은닉 또는 손괴하여 타인의 권리행사를 방해함으로써 성립하므로 취거, 은닉 또는 손괴한 물건이 자기의 물건이 아니라면 권리행사방해죄가 성립할 수 없다. 물건의 소유자가 아닌 사람은 형법 제33조 본문에 따라 소유자의 권리행사방해 범행에 가담한 경우에 한하여 그의 공범이 될 수 있을 뿐이다(대판 2022.9.15. 2022도5827).

2. 객 체

타인의 점유 또는 권리의 목적이 된 자기의 물건 또는 전자기록 등 특수매체기록이다.

(1) 자기의 물건 또는 전자기록 등 특수매체기록

1) 자기의 소유물 : 자기의 물건 또는 전자기록 등 특수매체기록에서의 '자기'란 '자기소유'를 의미한다. 자기와 타인의 공유물은 타인의 물건으로 취급되므로 본죄의 객체가 되지 않는다. 그러나 자기소유의 물건이라도 '공무소로부터 보관명령을 받거나 공무소의 명령으로 타인이 관리하는'물건인 경우에는 **공무상보관물무효죄의 객체**가 된다(제142조 참조).

〈권리행사방해죄의 객체〉 권리행사방해죄는 타인의 점유 또는 권리의 목적이 된 자기의 물건을 취거, 은닉 또는 손괴하여 타인의 권리행사를 방해함으로써 성립하는 것이므로 그 취거, 은닉 또는 손괴한 물건이 자기의 물건이 아니라면 권리행사방해죄가 성립할 여지가 없다(대판 1985.5.28. 85도494).

〈대표이사가 회사의 물건을 취거한 사건〉 주식회사의 대표이사가 대표이사의 지위에 기하여 그 직무집행 행위로서 타인이 점유하는 위 회사의 물건을 취거한 경우에는, 위 행위는 위 회사의 대표기관으로서의 행위라고 평가되므로, 위 회사의 물건도 권리행사방해죄에 있어서의 '자기의 물건'이라고 보아야 할 것이다(대판 1992.1.21. 91도1170). (23 변시)

〈지입된 차량 사건〉 피고인이 택시를 회사에 지입하여 운행하였다고 하더라도, 피고인이 회사와 사이에 위 택시의 소유권을 피고인이 보유하기로 약정하였다는 등의 특별한 사정이 없는 한, 위 택시는 그 등록명의자인 회사의 소유이고 피고인의 소유는 아니라고 할 것이므로 회사의 요구로 위 택시를 회사 차고지에 입고하였다가 회사의 승낙을 받지 않고 이를 가져간 피고인의 행위는 권리행사방해죄에 해당하지 않는다고 한 사례(대판 2003.5.30. 2000도5767).

〈과점주주 사건〉 선박이 공소외 회사 명의로 소유권 등기가 경료된 것이라면 위 선박은 피고인의 소유라 할 수 없고 피고인이 위 회사의 과점주주라거나 부사장이라 하여도 피고인의 소유라 할 수 없는 것이므로, 피고인이 타인이 점유 중인 위 선박을 취거하였다 하여도 이는 권리행사방해죄를 구성하지 아니한다(대판 1984.6.26. 83도2413).

〈굴삭기 지입 사건〉 피고인이 굴삭기를 취거 할 당시 그 굴삭기를 공소외 회사에 지입하여 그 회사명의로 중기등록원부에 소유권 등록이 되어 있었다면 위 굴삭기는 위 회사의 소유이고 피고인의 소유가 아니라 할 것이므로 이를 취거한 행위는 권리행사방해죄를 구성하지 않는다(대판 1985.9.10. 85도899).

〈자동차 담보제공 사건〉 피고인이 피해자에게 담보로 제공한 차량이 그 자동차등록원부에 타인 명의로 등록되어 있는 이상 그 차량은 피고인의 소유는 아니라는 이유로, 피고인이 피해자의 승낙 없이 미리 소지하고 있던 위 차량의 보조키를 이용하여 이를 운전하여 간 행위가 권리행사방해죄를 구성하지 않는다고 한 사례(대판 2005.11.10. 2005도6604). (17 변시)

〈강제경매절차에서 타인의 명의로 매수한 부동산 사건〉 피고인이, 갑 주식회사가 유치권을 행사 중인 건물을 강제경매를 통하여 자신의 아들 을 명의로 매수한 후 그 잠금장치를 변경하여 점유를 침탈함으로써 갑 회사의 유치권 행사를 방해하였다는 내용으로 기소된 사안에서, 부동산경매절차에서 부동산을 매수하려는 사람이 타인과의 명의신탁약정 아래 타인 명의로 매각허가결정을 받아 자신의 부담으로 매수대금을 완납한 때에는 경매목적 부동산의 소유권은 매수대금의 부담 여부와는 관계없이 그 명의인이 취득하게 되므로, 피고인이 위 건물에 대한 갑 회사의 점유를 침탈하였더라도 피고인의 물건에 대한 타인의 권리행사를 방해한 것으로 볼 수 없다는 이유로, 이와 달리 보아 유죄를 인정한 원심판단에 권리행사방해죄에서 '자기의 물건'에 관한 법리오해의 잘못이 있다고 한 사례(대판 2019.12.27. 2019도14623).

〈자신의 처에게 명의신탁한 점포 사건〉 피고인이 이른바 중간생략등기형 명의신탁 또는 계약명의신탁의 방식으로 자신의 처에게 등기명의를 신탁하여 놓은 점포에 자물쇠를 채워 점포의 임차인을 출입하지 못하게 한 경우, 그 점포가 권리행사방해죄의 객체인 자기의 물건에 해당하지 않는다고 한 사례(대판 2005.9.9. 2005도626). **[COMMENT]** 사안에서 명의신탁자는 내부적인 수탁자 이외의 제3자에 대하여는 소유자가 될 수 없다고 판시하고 있다.

2) **물건** : '물건'은 '재물'을 의미하며, 동산 이외에 부동산 및 관리할 수 있는 동력을 포함한다. 관리할 수 있는 동력의 준용규정이 없어 논의는 있으나, 해석상 당연히 포함된다고 보는 것이 일반적이다.

3) **전자기록 등 특수매체기록** : 1995년 형법개정에서 본죄의 객체에 전자기록 등 특수매체기록이 추가되었다. '전자기록 등 특수매체기록'이란 정보처리에 있어서 컴퓨터 등 정보처리장치에 의하여 제공된 기록으로서 전자기록, 전기기록, 광학기록 등 사람의 지각에 의하여 인식될 수 없는 방식으로 제공된 것을 말한다.

(2) 타인의 점유 또는 권리의 목적

1) **타인의 점유의 목적** : 권리행사방해죄에서의 보호대상인 타인의 점유는 반드시 점유할 권원에 기한 점유만을 의미하는 것은 아니지만, **절도범인의 점유**와 같이 점유할 권리 없는 자의 점유임이 외관상 명백한 경우는 포함되지 아니한다.

▌점유의 목적 관련 판례 정리

1. 기본 법리 판례

〈권리행사방해죄에서의 보호대상인 타인의 점유〉 권리행사방해죄에서의 보호대상인 타인의 점유는 반드시 점유할 권원에 기한 점유만을 의미하는 것은 아니고, 일단 적법한 권원에 기하여 점유를 개시하였으나 사후에 점유 권원을 상실한 경우의 점유, 점유 권원의 존부가 외관상 명백하지 아니하여 법정절차를 통하여 권원의 존부가 밝혀질 때까지의 점유, 권원에 기하여 점유를 개시한 것은 아니나 동시이행항변권 등으로 대항할 수 있는 점유 등과 같이 법정절차를 통한 분쟁 해결시까지 잠정적으로 보호할 가치 있는 점유는 모두 포함된다고 볼 것이고, 다만 절도범인의 점유와 같이 점유할 권리 없는 자의 점유임이 외관상 명백한 경우는 포함되지 아니한다(대판 2006.3.23. 2005도4455). (24 3차)

2. 점유를 긍정한 판례

〈렌트카회사 공동대표 시간〉 렌트카회사의 공동대표이사 중 1인이 회사 보유 차량을 자신의 개인적인 채무담보 명목으로 피해자에게 넘겨 주었는데 다른 공동대표이사인 피고인이 위 차량을 몰래 회수하도록 한 경우, 위 피해자의 점유는 권리행사방해죄의 보호대상인 점유에 해당한다고 한 사례(대판 2006.3.23. 2005도4455). (13 변시)

〈계약만료 후 퇴거하지 않는 자 사건〉 **[사실관계]** 甲은 A에게 자기소유의 건물을 임대하였는데 계약이 만료된 이후에도 A는 퇴거하지 아니하고 그 건물에 거주하고 있었다. 甲은 A로부터 그 건물을 명도받기 이전에 A가 거주하고 있는 방의 천장 및 마루바닥판자 4매를 뜯어내었다. 甲의 죄책은? **[판결요지]** 일단 적법한 권원에 기하여 물건을 점유한 이상 그 후에 그 점유물을 소유자에게 명도하여야 할 사정이 발생하였다 할지라도 점유자가 임의로 명도를 하지 아니하고 계속 점유하고 있다면 그 점유자는 권리행사방해죄에 있어서의 타인의 물건을 점유하고 있는 자이다(대판 1977.9.13. 77도1672). 📖 권리행사방해죄가 성립한다.

〈무효인 경매절차 사건〉 형법 제323조의 권리행사방해죄에 있어서의 타인의 점유라 함은 권원으로 인한 점유 즉 정당한 원인에 기하여 그 물건을 점유하는 권리 있는 점유를 의미하는 것으로서 본권을 갖지 아니한 절도범인의 점유는 여기에 해당하지 아니하나, 반드시 본권에 의한 점유만에 한하지 아니하고 동시이행항변권 등에 기한 점유와 같은 적법한 점유도 여기에 해당한다고 할 것이고, 한편, 쌍무계약이 무효로 되어 각 당사자가 서로 취득한 것을 반환하여야 할 경우, 어느 일방의 당사자에게만 먼저 그 반환의무의 이행이 강제된다면 공평과 신의칙에 위배되는 결과가 되므로 각 당사자의 반환의무는 동시이행 관계에 있다고 보아 민법 제536조를 준용함이 옳다고 해석되고, 이러한 법리는 경매절차가 무효로 된 경우에도 마찬가지라고 할 것이므로, 무효인 경매절차에서 경매목적물을 경락받아 이를 점유하고 있는 낙찰자의 점유는 적법한 점유로서 그 점유자는 권리행사방해죄에 있어서의 타인의 물건을 점유하고 있는 자라고 할 것이다(대판 2003.11.28. 2003도4257). (13 변시)(22 변시)

3. 점유를 부정한 판례

〈소유자가 절도범인이 보관하고 있는 소유자의 솥을 가져간 사건〉 권리행사방해죄에 있어서의 타인의 점유라 함은 권원으로 인한 점유 즉 정당한 원인에 기하여 그 물건을 점유하는 권리 있는 자의 점유를 의미하는 것으로서 본권을 갖지 아니하는 절도범인의 점유는 여기에 해당하지 않는다. 따라서 소유자가 절도범인의 집 마당에 보관하고 있는 이 사건 솥을 가져갔다 하더라도 권리행사방해죄를 구성하지는 않는다(대판 1994.11.11. 94도343).

2) 타인의 권리의 목적 : 권리행사 방해죄에 있어서 타인의 권리에는 ① 제한물권과 ② 물건에 대하여 점유를 수반하거나 수반하지 않는 채권 ③ 정지조건 있는 대물변제의 예약권 등이 있다.

〈점유를 수반하는 채권과 정지조건 있는 대물변제예약권〉 권리행사 방해죄에 있어서 타인의 권리의 목적이 된 자기의 물건이라는 요건의 그 권리 중에는 반드시 제한물권이나 물건에 대하여 점유를 수반하는 채권만이 아니라 정지조건 있는 대물변제의 예약권을 가지는 경우도 포함된다고 보는 것이 타당하다(대판 1968.6.18. 68도616).

〈자동차정비업소 근저당 사건〉 피고인들이 자동차정비업을 운영하는 건물과 기계 · 기구에 근저당권을 설정하고도 건물을 철거한 뒤 멸실등기를 마치고, 기계 · 기구를 양도한 사안에서 권리행사방해죄가 인정된다는 사례(대판 2021.1.14. 2020도14735). [사건의 경과] ① 이 사건 공소사실은 피고인들이 자동차정비업을 운영하는 건물과 기계 · 기구에 근저당권을 설정하고도 담보유지의무를 위반하여, 이 사건 건물을 철거 및 멸실등기하고, 이 사건 기계 · 기구를 양도한 행위를 하였다는 것인데, 검사는 배임의 점으로 공소제기 하였다가 권리행사방해의 점으로 공소장변경을 신청하여 허가되었음. ② 원심은 피고인들의 행위가 피해자의 권리의 목적이 된 피고인들의 물건을 손괴 또는 은닉하여 피해자의 권리행사를 방해하였다고 보아 유죄로 판단하였고, 대법원은 원심의 판단을 수긍함.

〈점유를 수반하지 않는 채권〉 [1] 권리행사방해죄의 구성요건 중 타인의 '권리'란 반드시 제한물권만을 의미하는 것이 아니라 물건에 대하여 점유를 수반하지 아니하는 채권도 이에 포함된다. [2] 피고인과 甲간에 '甲이 임야의 입목을 벌채하는 등의 공사를 완료하면 피고인은 甲에게 그 벌채한 원목을 인도한다'는 계약이 성립되고 甲이 위 계약상 의무를 모두 이행하였더라도 그것만으로 위

원목의 소유권이 바로 甲에게 귀속되는 것이 아니라 별도로 그 소유자인 피고인이 甲에게 위 원목에 관한 소유권이전의 의사표시를 하고 이를 인도함으로써 비로소 그 소유권이전의 효력이 생기는 것이므로, 아직 피고인이 甲에게 위 원목에 관한 소유권이전의 의사표시를 하고 이를 인도하지 아니한 채 이를 타인에게 매도한 행위는 자기 소유 물건의 처분행위에 불과하여 절도죄를 구성하지 아니한다고 본 사례(대판 1991.4.26. 90도1958).

3. 행 위

취거·은닉 또는 손괴하여 타인의 권리행사를 방해하는 것을 말한다.

(1) 취 거

취거란 점유자의 의사에 반하여 목적물을 자기 또는 제3자의 지배로 옮기는 것을 말한다. 절도죄의 절취에 대응하는 개념이지만 자기의 재물이 대상이므로 불법영득의사가 없다는 점에서 다르다. 그리고 점유자의 의사나 그의 하자있는 의사에 기하여 점유가 이전된 경우에는 여기에서 말하는 취거로 볼 수 없다.

〈하자 있는 의사에 기하여 점유가 이전된 사건〉 [사실관계] 채권자 A는 채무자인 甲으로부터 차용금 채무의 담보로 제공받은 甲 소유의 물건을 乙에게 보관시키고 있던 중, 甲은 乙을 기망하여 乙로부터 그 물건을 교부받아 갔다. 甲에게 권리행사방해죄가 성립하는가? [판결요지] 형법 제323조 소정의 권리행사방해죄에 있어서의 취거라 함은 타인의 점유 또는 권리의 목적이 된 자기의 물건을 그 점유자의 의사에 반하여 그 점유자의 점유로부터 자기 또는 제3자의 점유로 옮기는 것을 말하므로 점유자의 의사나 그의 하자있는 의사에 기하여 점유가 이전된 경우에는 여기에서 말하는 취거로 볼 수는 없다(대판 1988.2.23. 87도1952). 답 권리행사방해죄는 성립하지 않는다.

〈지입료 납부 거부 사건〉 원심이 피고인이 주식회사의 실질적인 대표이사로서 피해자 조길준, 유호야가 점유하는 판시 기재 각 차량을 취거하게 함으로써 그들의 트럭운행에 대한 권리행사를 방해한 사실을 인정한 다음, 피해자들이 지입료 납부를 거부하거나 지체하였다는 등의 사실만으로 위 차량들을 무단으로 취거한 행위가 형법상 정당행위에 해당되지 아니한다고 판단한 것은 정당하다(대판 2003.6.27. 2002도6088).

〈법인의 대표기관이 아닌 대리인이나 지배인이 법인의 물건 취거한 사건〉 법인의 대표기관이 아닌 대리인이나 지배인이 대표기관과 공모 없이 한 행위라도 그 직무권한 범위 내에서 직무에 관하여 타인이 점유하는 법인의 물건을 취거한 경우에는 대표기관이 한 행위와 법률적·사실적 효력이 동일하고, 법인의 물건을 법인의 이익을 위해 취거하여 불법영득의사가 없는 점과 범의 내용 등에 관해서 실질적인 차이가 없으므로 권리행사방해죄가 규정하는 '자기의 물건을 취거한 경우'에 해당한다(대판 2020.9.24. 2020도9801).

(2) 은닉 또는 손괴

은닉이란 물건의 소재의 발견을 불가능하게 하거나 현저하게 곤란한 상태에 두는 것을 말하고, 손괴란 물건의 전부 또는 일부에 대하여 물질적으로 훼손하거나 기타 방법으로 그 이용가치를 침해하는 것을 말한다. [2022 1차]

〈이른바 '대포차'로 유통되게 한 사건〉 피고인이 차량을 구입하면서 피해자로부터 차량 매수대금을 차용하고 담보로 차량에 피해자 명의의 저당권을 설정해 주었는데, 그 후 대부업자로부터 돈을 차용하면서 차량을 대부업자에게 담보로 제공하여 이른바 '대포차'로 유통되게 한 사안에서, 피고인이 피해자의 권리의 목적이 된 피고인의 물건을 은닉하여 권리행사를 방해하였다고 본 원심판단이 정당하다고 한 사례(대판 2016.11.10. 2016도13734).

〈가압류된 물건 파괴·철거한 사건〉 가압류된 건물의 소유자가 채권자의 승낙 없이 그 건물을 파괴·철거한 소위는 권리행사방해죄를 구성한다(대판 1960.9.14. 4292형상537).

〈공장근저당권이 설정된 물건을 다른 장소로 옮긴 사건〉 공장근저당권이 설정된 선반기계 등을 이중담보로 제공하기 위하여 이를 다른 장소로 옮긴 경우, 이는 공장저당권의 행사가 방해될 우려가 있는 행위로서 권리행사방해죄에 해당한다(대판 1994.9.27. 94도1439).

〈자동차정비업소 근저당 사건〉 피고인들이 자동차정비업을 운영하는 건물과 기계·기구에 근저당권을 설정하고도 건물을 철거한 뒤 멸실등기를 마치고 기계·기구를 양도한 사안에서, 권리행사방해죄가 인정된다는 사례(대판 2021.1.14. 2020도14735).

(3) 권리행사방해

본죄는 위험범이므로 타인의 권리행사가 권리행사가 방해될 우려가 있는 상태에 이르면 권리행사방해죄가 성립하고 현실로 권리행사가 방해되었을 것까지 필요로 하는 것은 아니다.

〈자동차대여사업자 등록취소 사건〉 [1] 형법 제323조의 권리행사방해죄에서의 '은닉'이란 타인의 점유 또는 권리의 목적이 된 자기 물건 등의 소재를 발견하기 불가능하게 하거나 또는 현저히 곤란한 상태에 두는 것을 말하고, 그로 인하여 권리행사가 방해될 우려가 있는 상태에 이르면 권리행사방해죄가 성립하고 현실로 권리행사가 방해되었을 것까지 필요로 하는 것은 아니다. [2] 피고인들이 공모하여 렌트카 회사인 甲 주식회사를 설립한 다음 乙 주식회사 등의 명의로 저당권등록이 되어 있는 다수의 차량들을 사들여 甲 회사 소유의 영업용 차량으로 등록한 후 자동차대여사업자등록 취소처분을 받아 차량등록을 직권말소시켜 저당권 등이 소멸되게 함으로써 乙 회사 등의 저당권의 목적인 차량들을 은닉하는 방법으로 권리행사를 방해하였다는 내용으로 기소된 사안에서, 이러한 행위는 그 자체로 저당권자인 乙 회사 등으로 하여금 자동차등록원부에 기초하여 저당권의 목적이 된 자동차의 소재를 파악하는 것을 현저하게 곤란하게 하거나 불가능하게 하는 행위에 해당한다고 본 사례(대판 2017.5.17. 2017도2230).

4. 주관적 구성요건

객관적 구성요건요소에 대한 인식과 의사인 고의가 필요하다. 그러나 자기의 물건 등에 대한 것이므로 불법영득의 의사는 필요하지 않다.

Ⅲ. 관련 문제

1. 공 범

본죄는 진정신분범이므로 물건의 소유자가 아닌 사람은 형법 제33조 본문에 따라 소유자의 권리행사방해 범행에 가담한 경우에 한하여 그의 공범이 될 수 있다.

〈아들에게 디지털 도어락의 비밀번호를 변경하도록 한 사건〉[사실관계] 피고인이, 자신이 관리하는 건물 5층에 거주하는 피해자를 내쫓을 목적으로 자신의 아들인 甲을 교사하여 그곳 현관문에 설치된 피고인 소유 디지털 도어락의 비밀번호를 변경하게 하였다면 권리행사방해죄의 교사범이 성립하는가? [판결요지] [1] 교사범이 성립하려면 교사자의 교사행위와 정범의 실행행위가 있어야 하므로, 정범의 성립은 교사범 구성요건의 일부이고 교사범이 성립하려면 정범의 범죄행위가 인정되어야 한다. [2] 형법 제323조의 권리행사방해죄는 타인의 점유 또는 권리의 목적이 된 자기의 물건을 취거, 은닉 또는 손괴하여 타인의 권리행사를 방해함으로써 성립하므로 취거, 은닉 또는 손괴한 물건이 자기의 물건이 아니라면 권리행사방해죄가 성립할 수 없다. 물건의 소유자가 아닌 사람은 형법 제33조 본문에 따라 소유자의 권리행사방해 범행에 가담한 경우에 한하여 그의 공범이 될 수 있을 뿐이다. [3] 甲이 자기의 물건이 아닌 위 도어락의 비밀번호를 변경하였다고 하더라도 권리행사방해죄가 성립할 수 없고, 정범인 甲의 권리행사방해죄가 인정되지 않는 이상 교사자인 피고인에 대하여 권리행사방해교사죄도 성립할 수 없다고 판단하여, 이와 달리 공소사실을 유죄로 인정한 원심판결을 파기·환송한 사례(대판 2022.9.15. 2022도5827). ▣ 권리행사방해죄의 교사범은 성립하지 않는다. (24 3차)

2. 죄 수

권리행사방해죄의 죄수판단 기준은 권리자의 수를 기준으로 한다. 따라서 여러 사람의 권리의 목적이 된 자기의 물건을 취거, 은닉 또는 손괴함으로써 그 여러 사람의 권리행사를 방해하였다면 권리자별로 각각 권리행사방해죄가 성립하고 각 죄는 서로 상상적 경합범의 관계에 있다.

〈권리행사방해죄의 죄수는 권리자별로 판단한다는 판례〉 [1] 여러 사람의 권리의 목적이 된 자기의 물건을 취거, 은닉 또는 손괴함으로써 그 여러 사람의 권리행사를 방해하였다면 권리자별로 각각 권리행사방해죄가 성립하고 각 죄는 서로 상상적 경합범의 관계에 있다. 여러 명의 유류분권리자가 각자의 유류분반환청구권을 보전하기 위하여 부동산에 대한 가압류결정을 받아 가압류등기가 마쳐진 경우, 위 부동산은 유류분권리자들 각자의 유류분반환청구권 집행을 보전하기 위한 가압류의 목적이 되고 이는 유류분권리자들이 가압류를 개별적으로 신청하였는지 공동으로 신청하였는지에 따라 다르지 않다. [2] 부부인 피고인들이 공모하여 피고인들 공유의 건물을 철거함으로써 피고인들에 대한 각자의 유류분반환청구권을 보전하기 위하여 위 건물을 공동으로 가압류한 피해자 갑, 을의 권리행사를 방해한 사건에서, 권리자별로 피해자 갑에 대한 권리행사방해죄와 피해자 을에 대한 권리행사방해죄가 각각 성립한다고 보아 상상적 경합을 인정한 사례(대판 2022.5.12. 2021도16876).

IV. 친족간의 범죄의 특례 : <절도죄 부분 참조>

> 제328조 (친족간의 범행과 고소) ① 직계혈족, 배우자, 동거친족, 동거가족 또는 그 배우자간의 제323
> 조의 죄는 그 형을 면제한다.
> ② 제1항이외의 친족간에 제323조의 죄를 범한 때에는 고소가 있어야 공소를 제기할 수 있다.
> ③ 전2항의 신분관계가 없는 공범에 대하여는 전항을 적용하지 아니한다.

제328조의 친족상도례는 권리행사를 방해하는 죄 중에서 제323조 권리행사방해죄에만 적용된
다는 점을 주의하여야 한다.

2 점유강취, 준점유강취죄 [미수범 처벌]

> 제325조 (점유강취, 준점유강취) ① 폭행 또는 협박으로 타인의 점유에 속하는 자기의 물건을 강취한
> 자는 7년 이하의 징역 또는 10년 이하의 자격정지에 처한다.
> ② 타인의 점유에 속하는 자기의 물건을 취거하는 과정에서 그 물건의 탈환에 항거하거나 체포를
> 면탈하거나 범죄의 흔적을 인멸할 목적으로 폭행 또는 협박한 때에도 제1항의 형에 처한다.
> ③ 제1항과 제2항의 미수범은 처벌한다.

3 중권리행사방해죄

> 제326조 (중권리행사방해) 제324조 또는 제325조의 죄를 범하여 사람의 생명에 대한 위험을 발생하
> 게 한 자는 10년 이하의 징역에 처한다.

4 강제집행면탈죄

> 제327조 (강제집행면탈) 강제집행을 면할 목적으로 재산을 은닉, 손괴, 허위양도 또는 허위의 채무를
> 부담하여 채권자를 해한 자는 3년 이하의 징역 또는 1천만 원 이하의 벌금에 처한다.

I. 서 설

강제집행면탈죄는 강제집행을 면할 목적으로 재산을 은닉·손괴·허위양도 또는 허위의 채
무를 부담하여 채권자를 해함으로써 성립하는 범죄이다. 보호법익은 국가의 강제집행권이 발
동될 단계에 있는 채권자의 채권이며, 보호의 정도는 추상적 위험범이다.

> [COMMENT] 재산죄에서 미수범을 벌하지 않는 몇 개 되지 않는 조문이므로 기억하여야 한다.

Ⅱ. 구성요건

1. 주 체

본죄의 주체는 원칙적으로 채권자로부터 강제집행을 받을 단계에 있는 **채무자**이다. 제3자가 본죄의 주체가 될 수 있는지에 대하여 논의가 있지만, 채무자와 동일한 지위에서 채무자의 재산을 처분할 수 있는 자는 여기에 포함된다고 하여야 할 것이다.

2. 객체 : 재산이다.

본죄의 취지상 재산이란 채무자의 재산 중에서 채권자가 민사집행법상 강제집행 또는 보전처분의 대상으로 삼을 수 있는 것이어야 한다. 따라서 장래의 권리나 특허 내지 실용신안 등을 받을 수 있는 권리도 포함된다.

▎강제집행면탈죄의 재산 관련 판례 정리

1. 기본 법리 판례

〈강제집행과 재산의 범위〉[1] 강제집행면탈죄는 국가의 강제집행권이 발동될 단계에 있는 채권자의 권리를 보호하기 위한 범죄로서, 여기서의 강제집행에는 광의의 강제집행인 의사의 진술에 갈음하는 판결의 강제집행도 포함되고, 강제집행면탈죄의 성립요건으로서의 채권자의 권리와 행위의 객체인 재산은 국가의 강제집행권이 발동될 수 있으면 충분하다. [2] 소유권이전등기의 말소청구 집행을 면탈할 목적으로 허위의 가등기를 마친 사안에서, 소유권에 기한 물권적 청구권이 강제집행면탈죄의 보호대상인 권리에 해당한다고 판단한 원심을 수긍한 사례(대판 2015.9.15. 2015도9883).

〈강제집행 면탈죄의 객체〉 강제집행면탈죄의 객체는 채무자의 재산 중에서 채권자가 민사집행법상 강제집행 또는 보전처분의 대상으로 삼을 수 있는 것이어야 한다(대판 2009.5.14. 2007도2168).(16 변시)

〈산재법상 휴업급여 사건〉[1] 압류금지채권의 목적물을 수령하는 데 사용하던 기존 예금계좌가 채권자에 의해 압류된 채무자가 압류되지 않은 다른 예금계좌를 통하여 그 목적물을 수령하더라도 강제집행이 임박한 채권자의 권리를 침해할 위험이 있는 행위라고 볼 수 없어 강제집행면탈죄가 성립하지 않는다. [2] 산업재해보상보험법 제52조의 휴업급여를 받을 권리는 같은 법 제88조 제2항에 의하여 압류가 금지되는 채권으로서 강제집행면탈죄의 객체에 해당하지 않으므로, 피고인이 장차 지급될 휴업급여 수령계좌를 기존의 압류된 예금계좌에서 압류가 되지 않은 다른 예금계좌로 변경하여 휴업급여를 수령한 행위는 죄가 되지 않는다(대판 2017.8.18. 2017도6229). (22 변시)

2. 강제집행면탈죄의 재산을 긍정한 판례

〈장래의 권리 사건〉 강제집행면탈죄의 객체인 재산은 채무자의 재산 중에서 채권자가 민사집행법상 강제집행 또는 보전처분의 대상으로 삼을 수 있는 것을 의미하는데, 장래의 권리라도 채무자와 제3채무자 사이에 채무자의 장래청구권이 충분하게 표시되었거나 결정된 법률관계가 존재한다면 재산에 해당하는 것으로 보아야 한다(대판 2011.7.28. 2011도6115). (13 변시)(17 변시) (24 3차)

〈특허권 내지 실용신안권 사건〉 강제집행면탈죄에 있어서 재산에는 동산·부동산뿐만 아니라 재산적 가치가 있어 민사소송법에 의한 강제집행 또는 보전처분이 가능한 특허 내지 실용신안 등을 받을 수 있는 권리도 포함된다(대판 2001.11.27. 2001도4759).

3. 강제집행면탈죄의 재산을 부정한 판례

〈계약명의신탁된 부동산 사건〉이른바 계약명의신탁의 경우에는 매도인이 선의이든 악의이든 명의신탁자는 그 매매계약에 의해서는 당해 부동산의 소유권을 취득하지 못하게 되어, 결국 그 부동산은 명의신탁자에 대한 강제집행이나 보전처분의 대상이 될 수 없다(대판 2009.5.14. 2007도2168). (16 변시)

〈'보전처분 단계에서의 가압류채권자의 지위' 사건〉 [1] 강제집행면탈죄의 객체는 채무자의 재산 중에서 채권자가 민사집행법상 강제집행 또는 보전처분의 대상으로 삼을 수 있는 것만을 의미하므로, '보전처분 단계에서의 가압류채권자의 지위' 자체는 원칙적으로 민사집행법상 강제집행 또는 보전처분의 대상이 될 수 없어 강제집행면탈죄의 객체에 해당한다고 볼 수 없고, 이는 가압류채무자가 가압류해방금을 공탁한 경우에도 마찬가지이다. [2] 채무자가 가압류채권자의 지위에 있으면서 가압류집행해제를 신청함으로써 그 지위를 상실하는 행위는 형법 제327조에서 정한 '은닉, 손괴, 허위양도 또는 허위채무부담' 등 강제집행면탈행위의 어느 유형에도 포함되지 않는 것이므로, 이러한 행위를 처벌대상으로 삼을 수 없다(대판 2008.9.11. 2006도8721). (20 변시)

〈요양급여비용 사건〉 의료법에 의하여 적법하게 개설되지 아니한 의료기관에서 요양급여가 행하여졌다면 해당 의료기관은 국민건강보험법상 요양급여비용을 청구할 수 있는 요양기관에 해당되지 아니하여 해당 요양급여비용 전부를 청구할 수 없고, 해당 의료기관의 채권자로서도 위 요양급여비용 채권을 대상으로 하여 강제집행 또는 보전처분의 방법으로 채권의 만족을 얻을 수 없는 것이므로, 결국 위와 같은 채권은 강제집행면탈죄의 객체가 되지 아니한다(대판 2017.4.26. 2016도19982). (21 경2)

〈지상 8층까지 골조공사만 완료된 사건〉 갑 주식회사 대표이사 등인 피고인들이 공모하여 회사 채권자들의 강제집행을 면탈할 목적으로 갑 회사가 시공 중인 건물에 관한 건축주 명의를 갑 회사에서 을 주식회사로 변경하였다는 내용으로 기소된 사안에서, 위 건물은 지하 4층, 지상 12층으로 건축허가를 받았으나 피고인들이 건축주 명의를 변경한 당시에는 지상 8층까지 골조공사가 완료된 채 공사가 중단되었던 사정에 비추어 민사집행법상 강제집행이나 보전처분의 대상이 될 수 있다고 단정하기 어려운데도, 이에 관하여 심리·판단하지 아니한 채 위 건물이 강제집행면탈죄의 객체가 될 수 있다고 본 원심판결에 강제집행면탈죄의 객체에 관한 법리오해 등의 위법이 있다고 한 사례(대판 2014.10.27. 2014도9442).

3. 행 위

(1) 행위상황

채권이 존재하는 상태에서 강제집행을 받을 객관적 상황이 있어야 한다.

1) **채권의 존재** : 본죄는 채권자의 채권 보호에 본질이 있으므로 강제집행의 전제가 되는 채권자의 채권이 존재하여야 한다. **장래조건부로 발생할 채권**이라도 강제집행의 대상이 되는 한 채권이 존재하고, 그 조건의 불성취로 채권이 소멸된 경우에도 일단 성립한 범죄에는 영향이 없다.

〈채권의 존재〉 형법 제327조의 강제집행면탈죄는 채권자의 권리보호를 그 주된 보호법익으로 하고 있는 것이므로 강제집행의 기본이 되는 채권자의 권리 즉 채권의 존재는 강제집행면탈죄의 성립요 건이라 할 것이며 따라서 그 채권의 존재가 인정되지 않을 때에는 강제집행면탈죄는 성립하지 않는다(대판 1988.4.12. 88도48). (13 변시)

〈조건부 채권 사건〉 집행할 채권이 조건부 채권이라 하여도 그 채권자는 이를 피보전권리로 하여 보전처분을 함에는 법률상 아무런 장해도 없다 할 것이니 이와 같은 보전처분을 면할 목적으로 형 법 제327조 소정의 행위를 한 이상 강제집행면탈죄는 성립되며 그 후 그 조건의 불성취로 채권이 소멸되었다 하여도 일단 성립한 범죄에는 영향을 미칠 수 없다고 해석함이 상당하다(대판 1984.6.12. 82도1544).

〈상계 사건〉 상계의 의사표시가 있는 경우에는 각 채무는 상계할 수 있는 때에 소급하여 대등액에 관하여 소멸한 것으로 보게 된다. 따라서 상계로 인하여 소멸한 것으로 보게 되는 채권에 관하여는 그 상계의 효력이 발생하는 시점 이후에는 채권의 존재가 인정되지 않으므로 강제집행면탈죄가 성립하지 않는다고 할 것이다(대판 2012.8.30. 2011도2252). (16 변시)

〈채권이 집행 완료된 후 허위영수증 발행·수취한 사건〉 채권자가 채무자에 대한 채무명의에 기하여 제3채무자에 대한 매매잔대금 채권에 관하여 압류 및 전부명령을 받고 그 명령이 제3채무자에게 송 달되자 피고인이 채무자와 공모하여 위 잔대금이 전부명령 송달 전에 전액 지급된 양 허위영수증을 발행한 경우 피고인이 채무자로부터 허위영수증을 수취한 것이 제3채무자에 대한 전부명령의 송 달로 위 잔대금 채권에 대한 집행이 완료된 후라면 이로써는 동 채권에 대한 채권자의 강제집행 을 방해하였다고는 볼 수 없고 또 위 영수증의 발행 및 그 수취행위는 제3채무자의 재산에 대한 형법 제327조 소정의 어느 행위에도 해당되지 않는다 할 것이므로 강제집행면탈죄는 성립되지 아니한다(대판 1984.6.12. 82도1544).

2) **강제집행** : 강제집행이라 함은 민사소송법에 의한 강제집행 또는 동법을 준용하는 강제 집행 즉 가압류·가처분 등의 집행을 지칭하며, 소유권이전등기 절차이행의 청구소의 제 기도 포함된다.

〈가압류·가처분 사건〉 강제집행면탈죄에 있어서의 강제집행이라 함은 민사소송법에 의한 강제집 행 또는 동법을 준용하는 강제집행 즉 가압류·가처분 등의 집행을 지칭한다(대판 1972.5.31. 72도1090).

〈소유권이전등기 절차이행의 청구소 사건〉 강제집행면탈죄에서 말하는 강제집행이란 소위 광의의 강제집행인 소유권이전등기 절차이행의 청구소의 제기도 포함된다(대판 1983.10.25. 82도808).

3) **강제집행을 당할 구체적 위험이 있는 상태** : 강제집행을 당할 구체적인 위험이 있는 상태란 채권자가 이행청구의 소 또는 그 보전을 위한 가압류, 가처분신청을 제기하거나 제기할 태세를 보인 경우를 말한다.

〈강제집행면탈죄의 행위상황〉 형법 제327조의 강제집행면탈죄는 채무자가 현실적으로 민사소송법 에 의한 강제집행 또는 가압류, 가처분의 집행을 받을 우려가 있는 객관적인 상태 즉 적어도 채권자가 민사소송을 제기하거나 가압류, 가처분의 신청을 할 기세를 보이고 있는 상태에서, 채무자가 강제집행을 면탈할 목적으로, 재산을 은닉, 손괴, 허위양도하거나 허위의 채무를 부담하여 채권자를 해할 위험이 있는 경우에 성립한다(대판 1998.9.8. 98도1949). (17 변시)(20 변시)

〈약 18억 원 정도의 채무초과 사건〉 [1] 형법 제327조의 강제집행면탈죄는 강제집행을 당할 구체적인 위험이 있는 상태에서 재산을 은닉, 손괴, 허위양도 또는 허위의 채무를 부담하여 채권자를 해할 때 성립된다 할 것이고, 여기서 집행을 당할 구체적인 위험이 있는 상태란 채권자가 이행청구의 소 또는 그 보전을 위한 가압류, 가처분신청을 제기하거나 제기할 태세를 보인 경우를 말한다. [2] 약 18억 원 정도의 채무초과 상태에 있는 피고인 발행의 약속어음이 부도가 난 경우, 강제집행을 당할 구체적인 위험이 있는 상태에 있다고 인정한 사례(대판 1999.2.9. 96도3141). (13 변시)

〈허위채무를 공제해도 적극재산이 남는다고 예측된 사건〉 허위채무 등을 공제한 후 채무자의 적극재산이 남는다고 예측되더라도 위 허위채무 부담행위로 채권자를 해할 위험이 있으므로 강제집행면탈죄가 성립한다고 한 사례(대판 2008.4.24. 2007도4585).

〈재산분할 사건〉 이혼을 요구하는 처로부터 재산분할청구권에 근거한 가압류 등 강제집행을 받을 우려가 있는 상태에서 남편이 이를 면탈할 목적으로 허위의 채무를 부담하고 소유권이전청구권보전가등기를 경료한 경우, 강제집행면탈죄가 성립한다고 한 사례(대판 2008.6.26. 2008도3184). [2020 2차]

(2) 행 위

은닉, 손괴, 허위양도 또는 허위의 채무를 부담하여 채권자를 해하는 것이다.

1) 은닉 : 강제집행을 실시하려는 자에 대하여 재산의 발견을 불가능하게 하거나 곤란하게 하는 것을 말하는 것으로서, 재산 소재를 불명하게 하는 경우뿐만 아니라 그 소유관계를 불명하게 하는 경우를 포함한다.

강제집행면탈죄의 은닉 관련 판례 정리

1. 기본 법리 판례

〈은닉의 의미〉 형법 제327조에 규정된 강제집행면탈죄에 있어서의 재산의 '은닉'이라 함은 강제집행을 실시하는 자에 대하여 재산의 발견을 불능 또는 곤란케 하는 것을 말하는 것으로서, 재산의 소재를 불명케 하는 경우는 물론 그 소유관계를 불명하게 하는 경우도 포함하나, 재산의 소유관계를 불명하게 하는 데 반드시 공부상의 소유자 명의를 변경하거나 폐업 신고 후 다른 사람 명의로 새로 사업자 등록을 할 것까지 요구하는 것은 아니다(대판 2003.10.9. 2003도3387).

2. 소유관계를 불명하게 했다고 보아 은닉을 긍정한 판례

〈금전등록기의 사업자 이름만 변경한 사건〉 사업장의 유체동산에 대한 강제집행을 면탈할 목적으로 사업자 등록의 사업자 명의를 변경함이 없이 사업장에서 사용하는 금전등록기의 사업자 이름만을 변경한 경우, 강제집행면탈죄에 있어서 재산의 '은닉'에 해당한다고 한 사례(대판 2003.10.9. 2003도3387).

〈선순위 가등기권자 앞으로 본등기 한 사건〉 부동산의 선순위 가등기권자와 그 부동산 소유자가 사전 모의하여 그 부동산에 관한 다른 채권자의 강제집행을 면할 목적으로 선순위 가등기권자 앞으로 소유권이전의 본등기를 한 경우도 재산의 은닉에 해당한다(대판 1983.5.10. 82도1987).

〈가압류등기 직권말소 사건〉 피고인이 자신의 채권담보의 목적으로 채무자 소유의 선박들에 관하여 가등기를 경료하여 두었다가 채무자와 공모하여 위 선박들을 가압류한 다른 채권자들의 강제집행을 불가능하게 할 목적으로 정확한 청산절차도 거치지 않은 채 의제자백판결을 통하여 선순위 가등기권자인 피고인 앞으로 본등기를 경료함과 동시에 가등기 이후에 경료된 가압류등기 등을 모두 직권말소하게 하였음은 소유관계를 불명하게 하는 방법에 의한 '재산의 은닉'에 해당한다(대판 2000.7.28. 98도4558).

〈어머니 명의로 제3자 이의의 소를 제기한 사건〉 강제집행면탈죄에 있어서 재산의 은닉이라 함은 재산의 소유관계를 불명케하는 행위도 포함하는 것이므로, 채권자에 의하여 압류된 채무자 소유의 유체동산을 채무자의 모 소유인 것으로 사칭하면서 모의 명의로 제3자이의의 소를 제기하고, 집행정지결정을 받아 그 집행을 저지하였다면 이는 재산을 은닉한 경우에 해당한다(대판 1992.12.8. 92도1653).

3. 소유관계를 불명하게 했다고 보지 않아 은닉을 부정한 판례

〈제3자 명의의 사업자등록증 사건〉 채무자가 제3자 명의로 되어 있던 사업자등록을 또 다른 제3자 명의로 변경하였다는 사정만으로는 그 변경이 채권자의 입장에서 볼 때 사업장 내 유체동산에 관한 소유관계를 종전보다 더 불명하게 하여 채권자에게 손해를 입게 할 위험성을 야기한다고 단정할 수 없다(대판 2014.6.12. 2012도2732).

  2) 손괴 : 재물을 물질적으로 훼손하거나 재산의 가치를 감소시켜 그 효용을 해하는 일체의 행위를 말한다.

  3) 허위양도 : 실제로 양도의 진의가 없음에도 불구하고 표면상 양도의 형식을 취하여 재산의 소유명의를 변경시키는 것을 말한다. 그리고 채권의 허위양도의 통지가 있는 때에 그 범죄행위가 종료하여 그때부터 공소시효가 진행된다.

〈진의로 재산을 양도한 사건〉 강제집행면탈죄에 있어서 허위양도라 함은 실제로 양도의 진의가 없음에도 불구하고 표면상 양도의 형식을 취하여 재산의 소유명의를 변경시키는 것이고, 은닉이라 함은 강제집행을 실시하는 자가 채무자의 재산을 발견하는 것을 불능 또는 곤란하게 만드는 것을 말하는 바, 진의에 의하여 재산을 양도하였다면 설령 그것이 강제집행을 면탈할 목적으로 이루어진 것으로서 채권자의 불이익을 초래하는 결과가 되었다고 하더라도 강제집행면탈죄의 허위양도 또는 은닉에는 해당하지 아니한다고 보아야 할 것이다(대판 1998.9.8. 98도1949). (20 변시)

〈허위양도와 공소시효〉 강제집행면탈죄는 채권자의 권리 실현의 이익을 보호법익으로 하는데, 강제집행 면탈의 목적으로 채무자가 그의 제3채무자에 대한 채권을 허위로 양도한 경우에 제3채무자에게 채권 양도의 통지가 행하여짐으로써 통상 제3채무자가 채권 귀속의 변동을 인식할 수 있게 된 시점에서는 채권 실현의 이익이 해하여질 위험이 실제로 발현되었다고 할 것이므로, 늦어도 그 통지가 있는 때에는 그 범죄행위가 종료하여 그때부터 공소시효가 진행된다고 볼 것이다(대판 2011.10.13. 2011도6855). (17 변시)

4) 허위채무의 부담 : 채무가 없음에도 불구하고 제3자에게 채무를 부담하는 것처럼 가장하는 것을 말한다. 그러나 진실한 채무부담인 때에는 본죄가 성립하지 않으므로 장래 발생할 조건부채권담보로 근저당설정을 하여도 본죄에 해당하지 않는다.

〈허위채무를 부담하고 가등기 및 본등기를 경료한 사건〉 재단법인의 이사장인 피고인(甲)이 강제집행을 면탈할 목적으로 재단법인에 대하여 채권을 가지는 양 가장하여 이를 공동피고인(乙)에게 양도함으로써 재단법인으로 하여금 허위의 채무를 부담케 하고 이를 담보한다는 구실하에 재단법인소유 토지를 공동피고인(乙) 명의로 가등기 및 본 등기를 경료케 하였다면 강제집행면탈죄를 구성한다(대판 1982.12.14. 80도2403).

〈약간의 다른 재산이 있는 사건〉 피고인이 강제집행을 면할 목적으로 허위채무를 부담하고 근저당권설정등기를 경료하여 줌으로써 채권자를 해하였다고 인정된다면 설혹 피고인이 그 근저당권이 설정된 부동산외에 약간의 다른 재산이 있더라도 강제집행면탈죄가 성립된다(대판 1990.3.23. 89도2506). (20 변시)

〈허위의 채무부담 공정증서를 작성한 후 채권압류 및 추심명령을 받은 사건〉 허위의 채무를 부담하는 내용의 채무변제계약 공정증서를 작성한 후 이에 기하여 채권압류 및 추심명령을 받은 때에, 강제집행면탈죄가 성립함과 동시에 그 범죄행위가 종료되어 공소시효가 진행한다고 한 사례(대판 2009. 5.28. 2009도875). (16 변시)

〈장래 발생할 조건부채권 사건〉 피고인이 장래에 발생할 특정의 조건부채권을 담보하기 위한 방편으로 부동산에 대하여 근저당권을 설정한 것이라면, 특별한 사정이 없는 한 이는 장래 발생할 진실한 채무를 담보하기 위한 것으로서, 피고인의 위 행위를 가리켜 강제집행면탈죄 소정의 '허위의 채무'를 부담하는 경우에 해당한다고 할 수 없다(대판 1996.10.25. 96도1531).

〈건물철거 및 토지인도청구권 사건〉 채권자의 채권이 금전채권이 아니라 토지 소유자로서 그 지상 건물의 소유자에 대하여 가지는 건물철거 및 토지인도청구권인 경우라면, 채무자인 건물 소유자가 제3자에게 허위의 금전채무를 부담하면서 이를 피담보채무로 하여 건물에 관하여 근저당권설정등기를 경료하였다는 것만으로는 직접적으로 토지 소유자의 건물철거 및 토지인도청구권에 기한 강제집행을 불능케 하는 사유에 해당한다고 할 수 없으므로 건물 소유자에게 강제집행면탈죄가 성립한다고 할 수 없고, 이는 건물 소유자가 토지 임차인으로서 임대인인 토지 소유자에 대하여 민법 제643조의 건물매수청구권을 행사함으로써 건물 소유자와 토지 소유자 사이에 건물에 관한 매매관계가 성립하여 토지 소유자가 건물 소유자에 대하여 건물에 관한 소유권이전등기 및 명도청구권을 가지게 된 후에 건물 소유자가 제3자에게 허위의 금전채무를 부담하면서 이를 피담보채무로 하여 건물에 관하여 근저당권설정등기를 경료한 경우에도 마찬가지이다(대판 2008.6.12. 2008도2279).

5) 채권자를 해할 위험

(가) 일반론 : 본죄는 **추상적 위험범**이므로 강제집행을 당할 구체적인 위험이 있는 상태에서 재산을 은닉, 손괴, 허위양도 또는 허위의 채무를 부담하면 바로 성립하는 것이고, 반드시 채권자를 해하는 결과가 야기되거나 이로 인하여 행위자가 어떤 이득을 취하여야 범죄가 성립하는 것은 아니다.

1. 기본 법리 판례

〈**강제집행면탈죄는 위태범이라는 판례**〉 강제집행면탈죄는 이른바 위태범으로서 강제집행을 당할 구체적인 위험이 있는 상태에서 재산을 은닉, 손괴, 허위양도 또는 허위의 채무를 부담하면 바로 성립하는 것이고, 반드시 채권자를 해하는 결과가 야기되거나 이로 인하여 행위자가 어떤 이득을 취하여야 범죄가 성립하는 것은 아니다(대판 1999.2.12. 98도2474). (24 3차)

〈**충분한 다른 재산이 있는 사건**〉 채권이 존재하는 경우에도 채무자의 재산은닉 등 행위 시를 기준으로 채무자에게 채권자의 집행을 확보하기에 충분한 다른 재산이 있었다면 채권자를 해하였거나 해할 우려가 있다고 쉽사리 단정할 것이 아니다(대판 2011.9.8. 2011도5165). (16 변시)(20 변시)

2. 강제집행면탈죄를 긍정한 판례

〈**허위채무의 부담과 채권자를 해할 위험**〉 현실적으로 강제집행을 받을 우려가 있는 상태에서 강제집행을 면탈할 목적으로 허위의 채무를 부담하는 등의 행위를 하는 경우에는 달리 특별한 사정이 없는 한 채권자를 해할 위험이 있다고 보아야 한다(대판 1996.1.26. 95도2526).

〈**허위양도한 부동산의 시가보다 그 부동산에 담보된 채무액이 더 많은 사건**〉 강제집행면탈죄는 이른바 위태범으로서 강제집행을 당할 구체적인 위험이 있는 상태에서 재산을 은닉, 손괴, 허위양도 또는 허위의 채무를 부담하면 바로 성립하는 것이고, 반드시 채권자를 해하는 결과가 야기되거나 이로 인하여 행위자가 어떤 이득을 취하여야 범죄가 성립하는 것은 아니며, 허위양도한 부동산의 시가액보다 그 부동산에 의하여 담보된 채무액이 더 많다고 하여 그 허위양도로 인하여 채권자를 해할 위험이 없다고 할 수 없다(대판 1999.2.12. 98도2474).(12 변시)

〈**허위채무를 공제해도 적극재산이 남는다고 예측되더라도 강제집행면탈죄가 성립한다는 판례**〉 허위채무 등을 공제한 후 채무자의 적극재산이 남는다고 예측되더라도 위 허위채무 부담행위로 채권자를 해할 위험이 있으므로 강제집행면탈죄가 성립한다고 한 사례(대판 2008.4.24. 2007도4585).

3. 강제집행면탈죄를 부정한 판례

〈**가압류 후에 목적물의 소유권을 취득한 제3자 사건**〉 가압류에는 처분금지적 효력이 있으므로 가압류 후에 목적물의 소유권을 취득한 제3취득자 또는 그 제3취득자에 대한 채권자는 그 소유권 또는 채권으로써 가압류권자에게 대항할 수 없다. 따라서 가압류 후에 목적물의 소유권을 취득한 제3취득자가 다른 사람에 대한 허위의 채무에 기하여 근저당권설정등기 등을 경료하더라도 이로써 가압류채권자의 법률상 지위에 어떤 영향을 미치지 않으므로, 강제집행면탈죄에 해당하지 아니한다(대판 2008.5.29. 2008도2476).

〈**사실혼관계 해소 사건**〉 피고인이 자신을 상대로 사실혼관계해소 청구소송을 제기한 갑에 대한 채무를 면탈하려고 피고인 명의 아파트를 담보로 10억 원을 대출받아 그 중 8억 원을 타인 명의 계좌로 입금하여 은닉하였다고 하여 강제집행면탈죄로 기소된 사안에서, 피고인의 재산은닉 행위 당시 갑의 재산분할청구권은 존재하였다고 보기 어렵고, 가사사건 제1심판결에 근거하여 위자료 4,000만 원의 채권이 존재한다는 사실이 증명되었다고 볼 여지가 있었을 뿐이므로, 피고인에게 위자료채권액을 훨씬 상회하는 다른 재산이 있었던 이상 강제집행면탈죄는 성립하지 않는다(대판 2011.9.8. 2011도5165). [COMMENT] 위의 〈충분한 다른 재산이 있는 사건〉의 법리에 따른 구체적인 사실관계이다. (16 변시)

(나) 채권가압류결정정본이 송달된 날짜와 채권을 허위양도한 날짜가 동일한 경우

> **채권가압류결정정본이 송달된 날짜와 채권을 허위양도한 날짜가 동일한 경우**
>
> 甲은 2003년 A로부터 8000여만 원을 빌렸다가 돈을 갚지 못하자 A는 2008년 9월 서울북부지법에 甲이 제3채무자인 乙에게 가지고 있는 2억7000만 원의 채권에 대해 가압류 신청을 했다. A의 가압류 신청은 2008년 9월26일 인용돼 2008년 10월 1일 오후에 乙에게 가압류 결정이 송달됐다. 그런데 甲은 10월 1일 오전에 처제인 B에게 채무가 없음에도 채권을 양도하는 계약을 맺고 다음날 채무자 乙에게 양도사실을 통지했다. 甲의 죄책은?

1. 논의점

채무자의 채권에 대한 가압류 결정 정본이 제3자 채무자에게 송달되기 전에 채무자가 채권을 허위양도했다면 강제집행면탈죄가 성립되는지에 대하여 논의가 있다.

2. 견해의 대립

이에 대하여는 ① 형법 제327조의 강제집행면탈죄는 위태범으로서 채권자를 해할 위험이 있으면 성립하므로 가압류결정 정본이 송달되기 전에 채권을 허위로 양도하였다면 강제집행면탈죄가 성립한다는 **긍정설** ② 가압류에는 처분금지적 효력이 있어 허위로 채권양도를 하였더라도 압류채권자의 법률상의 지위에는 어떠한 영향을 미칠 수 없으므로 강제집행면탈죄의 성립을 부정하는 **부정설**이 대립하고 있다.

3. 판례

판례는 '채권자인 최모씨가 낸 채권 가압류 결정 정본이 송달된 날짜와 채무자인 갑이 채권을 양도한 날짜가 동일하지만, 가압류 결정 정본이 제3채무자인 배모씨에게 송달되기 전에 갑이 그 채권을 허위로 양도한 행위는 강제집행면탈죄에 해당한다'라고 하여 **긍정설**의 입장이다.

4. 검토

생각건대 강제집행면탈죄가 위험범임을 고려하면 긍정설의 입장이 타당하다.

5. 참조 판례

〈채권 가압류 결정 정본이 송달된 날짜와 채권을 허위 양도한 날짜가 동일한 사건〉 [사실관계] – [쟁점사실관계] **[판결요지]** [1] 강제집행면탈죄는 현실적으로 민사소송법에 의한 강제집행 또는 가압류·가처분 집행을 받을 우려가 있는 객관적인 상태에서 주관적으로 강제집행을 면탈할 목적으로 재산을 은닉, 손괴, 허위양도하거나 허위의 채무를 부담해 채권자를 해할 위험이 있으면 성립하는 것이고 반드시 채권자를 해하는 결과가 야기되거나 행위자가 어떤 이득을 취해야 범죄가 성립하는 것은 아니다. [2] 채권자인 최모씨가 낸 채권 가압류 결정 정본이 송달된 날짜와 채무자인 갑이 채권을 양도한 날짜가 동일하지만, 가압류 결정 정본이 제3채무자인 배모씨에게 송달되기 전에 갑이 그 채권을 허위로 양도한 행위는 강제집행면탈죄에 해당한다(대판 2012.6.28. 2012도3999). 🗒 甲은 강제집행면탈죄가 성립한다. (16 변시)(17 변시)(21 변시)

4. 주관적 구성요건

(1) 고 의

본죄가 성립하기 위해서는 행위자는 강제집행을 받을 우려있는 객관적 상황에서 재산을 은 닉·손괴·허위양도 또는 허위의 채무를 부담하여 채권자를 해한다는 인식과 의사가 있어야 한다.

(2) 목 적

본죄가 성립하기 위해서는 초과주관적 구성요건요소로서 강제집행을 면할 목적이 있어야 한다. 강제집행을 면할 목적이란 강제집행의 실효를 거둘 수 없게 하려는 목적을 말한다.

〈민사집행법 제3편 사건〉 형법 제327조의 강제집행면탈죄가 적용되는 강제집행은 민사집행법 제2편의 적용 대상인 '강제집행' 또는 가압류·가처분 등의 집행을 가리키는 것이고, 민사집행법 제3편의 적용 대상인 '담보권 실행 등을 위한 경매'를 면탈할 목적으로 재산을 은닉하는 등의 행위는 위 죄의 규율 대상에 포함되지 않는다(대판 2015.3.26. 2014도14909). (17 변시)

〈국세체납처분 면탈 사건〉 형법 제327조의 강제집행면탈죄가 적용되는 강제집행은 민사집행법의 적용대상인 강제집행 또는 가압류·가처분 등의 집행을 가리키는 것이므로, 국세징수법에 의한 체납처분을 면탈할 목적으로 재산을 은닉하는 등의 행위는 위 죄의 규율대상에 포함되지 않는다(대판 2012.4.26. 2010도5693). (13 변시)(17 변시)

Ⅲ. 죄수 관련 판례

〈강제집행면탈죄는 채권자별로 성립한다는 판례〉 채권자들에 의한 복수의 강제집행이 예상되는 경우 재산을 은닉 또는 허위양도함으로써 채권자들을 해하였다면 채권자별로 각각 강제집행면탈죄가 성립하고, 상호 상상적 경합범의 관계에 있다(대판 2011.12.8. 2010도4129).

〈담보가등기 설정하여 강제집행면탈죄가 성립한 후 본등기 경료하면 불가벌적 사후행위가 아니라는 판례〉 채무자가 자신의 부동산에 甲명의로 허위의 금전채권에 기한 담보가등기를 설정하고 이를 乙에게 양도하여 乙명의의 본등기를 경료하게 한 사안에서, 甲명의 담보가등기 설정행위로 강제집행면탈죄가 성립한다고 하여 그 후 乙명의로 이루어진 가등기 양도 및 본등기 경료행위가 불가벌적 사후행위가 되는 것은 아니라고 한 사례(대판 2008.5.8. 2008도198).

〈횡령죄가 성립하면 강제집행면탈죄는 성립하지 않는다는 판례〉 타인의 재물을 보관하는 자가 보관하고 있는 재물을 영득할 의사로 은닉하였다면 이는 횡령죄를 구성하는 것이고 채권자들의 강제집행을 면탈하는 결과를 가져온다 하여 이와 별도로 강제집행면탈죄를 구성하는 것은 아니다(대판 2000.9.8. 2000도1447).

제5편

사회적 법익에
대한 죄

제1장 | 공공의 안전과 평온에 대한 죄

제1절 | 공안을 해하는 죄

1 범죄단체 등의 조직죄

> 제114조 (범죄단체 등의 조직) 사형, 무기 또는 장기 4년 이상의 징역에 해당하는 범죄를 목적으로 하는 단체 또는 집단을 조직하거나, 이에 가입하거나 그 구성원으로 활동한 사람은 그 목적한 죄에 정한 형으로 처벌한다. 다만, 형을 감경할 수 있다.〈2013.4.5. 개정〉

[죄명예규] 범죄단체(조직, 가입, 활동)

〈범죄단체조직죄는 즉시범이라고 본 판례〉 구 폭력행위등처벌에관한법률(1990.12.31. 법률 제4294호로 개정되기 전의 것) 제4조 소정의 단체등 조직죄는 같은 법에 규정된 범죄를 목적으로 한 단체 또는 집단을 구성함으로써 즉시 성립하고 그와 동시에 완성되는 즉시범이지 계속범이 아니다(대판 1992.2.25. 91도3192). (19 변시)(21 1차)

〈형법 114조 소정의 '범죄를 목적으로 하는 단체'의 개념〉 [1] 형법 제114조 제1항 소정의 '범죄를 목적으로 하는 단체'라 함은 특정다수인이 일정한 범죄를 수행한다는 공동목적 아래 이루어진 계속적인 결합체로서 단순한 다중의 집합과는 달라 단체를 주도하는 최소한의 통솔체제를 갖추고 있어야 함을 요한다. [2] 특정다수인이 어음사기를 범하기 위하여 전자제품 도매상을 경영하는 것으로 가장하고 업무를 분담한 것만으로는 범죄단체조직죄가 성립하지 않는다는 사례(대판 1985.10.8. 85도1515). (21 1차)

〈범죄단체조직죄는 단체를 조직함으로서 성립한다는 판례〉 형법 제114조 소정 범죄단체조직죄는 범죄를 목적으로 하는 단체를 조직함으로써 성립하는 것이고 그 후 목적한 범죄의 실행행위를 하였는가 여부는 위 죄의 성립에 영향이 없다(대판 1975.9.23. 75도2321). (21 1차)

〈'뜯플', '쌩플' 사건('범죄를 목적으로 하는 집단'의 개념)〉 [1] 형법 제114조에서 정한 '범죄를 목적으로 하는 집단'이란 특정 다수인이 사형, 무기 또는 장기 4년 이상의 범죄를 수행한다는 공동목적 아래 구성원들이 정해진 역할분담에 따라 행동함으로써 범죄를 반복적으로 실행할 수 있는 조직체계를 갖춘 계속적인 결합체를 의미한다. '범죄단체'에서 요구되는 '최소한의 통솔체계'를 갖출 필요는 없지만, 범죄의 계획과 실행을 용이하게 할 정도의 조직적 구조를 갖추어야 한다. [2] 소위 '뜯플', '쌩플'의 수법으로 중고차량을 시세보다 비싸게 판매해 금원을 편취할 목적으로 조직된 이 사건 외부사무실이 형법 제114조의 '범죄집단'에 해당한다고 보아, 이를 무죄로 판단한 원심판결을 파기한 사례(대판 2020.8.20. 2019도16263). (22 경간)

〈조직, 가입 및 활동의 개념〉 범죄집단의 '조직'은 특정 다수인이 의사 연락을 통하여 계속적으로 결합된 집합체를 형성함을 의미하고 일정한 형식을 필요로 하지 않는다. 또한 '가입'이란 이미 조직된 집단의 취지에 동조하여 구성원으로 참가하는 것을 말하고 그 방법이나 형식에 특별한 제한이 있는 것은 아니다. 범죄집단 구성원으로서의 '활동'이란 범죄집단의 조직구조에 따른 조직적·집단적 의사결정에 기초하여 행하는 범죄집단의 존속·유지를 지향하는 적극적인 행위를 일컫는다. 특정한 행위가 범죄집단의 구성원으로서의 '활동'에 해당하는지 여부는 당해 행위가 행해진 일시, 장소 및 그 내용, 행위가 이루어지게 된 동기 및 경위, 목적, 의사 결정자와 실행 행위자 사이의 관계 및 그 의사의 전달 과정 등의 구체적인 사정을 종합하여 실질적으로 판단하여야 한다(대판 2024.7.25. 2024도6909).

〈범죄단체를 구성하고 활동하면 포괄일죄라는 판례〉 범죄단체를 구성하거나 이에 가입한 자가 더 나아가 구성원으로 활동하는 경우, 이는 포괄일죄의 관계에 있다. 한편 포괄일죄의 공소시효는 최종의 범죄행위가 종료한 때로부터 진행하고, 포괄일죄로 되는 개개의 범죄행위가 다른 종류인 죄의 확정판결 전후에 걸쳐 행하여진 때에는 그 죄는 두 죄로 분리되지 않고 확정판결 후인 최종 범죄행위 시점에 완성되는 것이다(대판 2015.9.10. 2015도7081). (18 법행)

〈범죄집단활동죄와 개별범죄는 실체적 경합이라는 판례〉 범죄집단활동죄와 개별 마약류관리에관한법률위반(향정)죄는 그 구성요건, 보호법익 및 입법취지가 다르므로 위 두 죄는 실체적 경합관계에 있다(범죄단체 구성원으로서 활동하는 행위와 집단감금 또는 집단상해행위는 각각 별개의 범죄구성요건을 충족하는 독립된 행위라고 본 대법원 2008. 5. 29. 선고 2008도1857 판결 참조)(대판 2024.7.25. 2024도6909).

〈보이스피싱 사기 범죄단체 사건〉 피고인이 보이스피싱 사기 범죄단체에 가입한 후 사기범죄의 피해자들로부터 돈을 편취하는 등 그 구성원으로서 활동하였다는 내용의 공소사실이 유죄로 인정된 사안에서, 범죄단체 가입행위 또는 범죄단체 구성원으로서 활동하는 행위와 사기행위는 각각 별개의 범죄구성요건을 충족하는 독립된 행위이고 서로 보호법익도 달라 법조경합 관계로 목적된 범죄인 사기죄만 성립하는 것은 아니라고 본 원심판단을 수긍한 사례(대판 2017.10.26. 2017도8600). [COMMENT] 본 판례의 죄수관계와 관련하여 위의 판례의 법리에 따르면 실체적 경합이 된다. (23 변시)(21 1차)

2 소요죄

> **제115조 (소요)** 다중이 집합하여 폭행, 협박 또는 손괴의 행위를 한 자는 1년 이상 10년 이하의 징역이나 금고 또는 1천500만원 이하의 벌금에 처한다.

3 다중불해산죄

> **제116조 (다중불해산)** 폭행, 협박 또는 손괴의 행위를 할 목적으로 다중이 집합하여 그를 단속할 권한이 있는 공무원으로부터 3회 이상의 해산명령을 받고 해산하지 아니한 자는 2년 이하의 징역이나 금고 또는 300만원 이하의 벌금에 처한다

4 전시공수계약불이행죄

> **제117조 (전시공수계약불이행)** ① 전시, 천재 기타 사변에 있어서 국가 또는 공공단체와 체결한 식량 기타 생활필수품의 공급계약을 정당한 이유 없이 이행하지 아니한 자는 3년 이하의 징역 또는 500만원 이하의 벌금에 처한다.
> ② 전항의 계약이행을 방해한 자도 전항의 형과 같다.

> [죄명예규] (전시, 비상시)공수계약불이행/(전시, 비상시)공수계약이행방해

5 공무원자격사칭죄

> **제118조 (공무원자격의 사칭)** 공무원의 자격을 사칭하여 그 직권을 행사한 자는 3년 이하의 징역 또는 700만원 이하의 벌금에 처한다.

〈합동수사반원 사칭 사건〉 공무원자격사칭죄가 성립하려면 어떤 직권을 행사할 수 있는 권한을 가진 공무원임을 사칭하고 그 직권을 행사한 사실이 있어야 하는 바, 피고인들이 그들이 위임받은 채권을 용이하게 추심하는 방편으로 합동수사반 원임을 사칭하고 협박한 사실이 있다고 하여도 위 채권의 추심행위는 개인적인 업무이지 합동수사반의 수사업무의 범위에는 속한다고 볼 수 없어서 다른 사정이 엿보이지 않는 이 사건에 있어서 이를 공무원자격사칭죄로 처벌할 수 없다(대판 1981.9.8. 81도1955).

〈청와대 민원비서관임을 사칭하여 전화 고장 수리시킨 사건〉 피고인이 전신전화관서의 관계관에게 청와대 민원비서관임을 사칭하여 시외전화선로 고장을 수리를 하라고 말한 사실이 있다고 하더라도, 위와 같은 행위는 청와대민원비서관의 직권을 행사하는 요건을 갖춘 것이라고 할 수 없다(대판 1972.12.26. 72도2552).

〈중앙정보부 직원 사칭 사건〉 중앙정보부 직원이 아닌 자가 동 직원임을 사칭하고 청와대에 파견된 감사실장인데 사무실에 대통령사진의 액자가 파손된 채 방치되었다는 사실을 보고 받고 나왔으니 자인서를 작성 제출하라고 말한 행위는 중앙정보부 직원의 직권행사에 해당되지 않는다(대판 1977.12.13. 77도2750). (22 경간)

제2절 | 폭발물에 대한 죄

1 폭발물사용죄 [미수범 처벌, 예비·음모·선동 처벌]

> 제119조 (폭발물사용) ① 폭발물을 사용하여 사람의 생명, 신체 또는 재산을 해하거나 그 밖에 공공의 안전을 문란하게 한 자는 사형, 무기 또는 7년 이상의 징역에 처한다.

〈폭발물의 개념〉 폭발물사용죄에서 말하는 폭발물이란 폭발작용의 위력이나 파편의 비산 등으로 사람의 생명, 신체, 재산 및 공공의 안전이나 평온에 직접적이고 구체적인 위험을 초래할 수 있는 정도의 강한 파괴력을 가지는 물건을 의미한다(대판 2012.4.26. 2011도17254).

〈사제 폭발물 사건〉 피고인이 자신이 제작한 폭발물을 배낭에 담아 고속버스터미널 등의 물품보관함 안에 넣어 두고 폭발하게 함으로써 공안을 문란하게 하였다고 하여 폭발물사용으로 기소된 사안에서, 피고인이 제작한 물건의 구조, 그것이 설치된 장소 및 폭발 당시의 상황 등에 비추어, 위물건은 폭발작용 자체에 의하여 공공의 안전을 문란하게 하거나 사람의 생명, 신체 또는 재산을 해할 정도의 성능이 없거나, 사람의 신체 또는 재산을 경미하게 손상시킬 수 있는 정도에 그쳐 사회의 안전과 평온에 직접적이고 구체적인 위험을 초래하여 공공의 안전을 문란하게 하기에는 현저히 부족한 정도의 파괴력과 위험성만을 가진 물건이므로 형법 제172조 제1항에 규정된 '폭발성 있는 물건'에는 해당될 여지가 있으나 이를 형법 제119조 제1항에 규정된 '폭발물'에 해당한다고 볼 수는 없다(대판 2012.4.26. 2011도17254).

〈소총의 실탄발사와 화염병은 폭발물이 아니라는 판례〉 폭발물은 이화학적 개념에 의존할 필요가 없는 법률적 개념 또는 규범적 개념이므로 폭발의 파괴력이 사람의 생명, 신체, 재산을 해하거나 공안을 문란케 할 정도에 이르러야 한다. 따라서 소총의 실탄발사는 폭발물이 될 수 없으며, 화염병도 또한 폭발물이라고 할 수 없다(대판 1968.3.5. 66도1056).

2 전시폭발물사용죄 [미수범 처벌, 예비·음모·선동 처벌]

> 제119조 (폭발물사용) ② 전쟁, 천재지변 그 밖의 사변에 있어서 제1항의 죄를 지은 자는 사형이나 무기징역에 처한다.

[죄명예규] (전시, 비상시)폭발물사용

3 폭발물사용 예비·음모·선동죄

제120조 (예비·음모·선동) ① 전조 제1항, 제2항의 죄를 범할 목적으로 예비 또는 음모한 자는 2년 이상의 유기징역에 처한다. 단, 그 목적한 죄의 실행에 이르기 전에 자수한 때에는 그 형을 감경 또는 면제한다.
② 전조 제1항, 제2항의 죄를 범할 것을 선동한 자도 전항의 형과 같다.

[죄명예규] (제119조 제1항, 제2항 각 죄명)(예비, 음모, 선동)

[COMMENT] 본죄는 선동은 처벌하되 선전을 처벌하지 않는 형법상 유일한 규정이다.

4 전시 폭발물 제조 등 죄

제121조 (전시폭발물제조 등) 전쟁 또는 사변에 있어서 정당한 이유없이 폭발물을 제조, 수입, 수출, 수수 또는 소지한 자는 10년 이하의 징역에 처한다.

[죄명예규] (전시, 비상시)폭발물(제조, 수입, 수출, 수수, 소지)

[COMMENT] 본죄는 미수범이나 예비·음모·선동을 처벌하지 않는다는 점을 주의하여야 한다.

제3절 | 방화와 실화의 죄

1 현주건조물방화죄 [미수범 처벌, 예비·음모 처벌]

> 제164조 (현주건조물 등 방화) ① 불을 놓아 사람이 주거로 사용하거나 사람이 현존하는 건조물, 기차, 전차, 자동차, 선박, 항공기 또는 지하채굴시설을 불태운 자는 무기 또는 3년 이상의 징역에 처한다.

[죄명예규] (현주, 현존)(건조물, 기차, 전차, 자동차, 선박, 항공기, 지하채굴시설)방화

I. 서 설

현주건조물방화죄는 불을 놓아 사람이 주거로 사용하거나 사람이 현존하는 건조물 등을 불태움으로써 성립하는 범죄이다. 본죄의 보호법익은 공공의 안전과 평온을 주된 보호법익으로 하고 개인의 재산권을 부차적인 보호법익으로 하는 **이중성격**을 지니고 있다. 본죄의 보호의 정도는 추상적 위험범이다.

[COMMENT] 추상적 위험범이면서도 결과범이며, 미수범 처벌규정이 있음을 주의하여야 한다. 제165조와 제166조 제1항의 경우도 동일하다. 그러나 제166조 제2항과 제167조는 구체적 위험범이면서 미수범 처벌규정이 없다.

〈현주건조물방화죄의 이중성격〉 형법 제164조 전단의 현주건조물에의 방화죄는 공중의 생명, 신체, 재산 등에 대한 위험을 예방하기 위하여 공공의 안전을 그 제1차적인 보호법익 으로 하고 제2차적으로는 개인의 재산권을 보호하는 것이라고 할 것이다(대판 1983.1.18. 82도2341). (22 1차)(23 3차)

II. 구성요건

1. 객 체

사람의 주거로 사용하거나 현존하는 건조물·기차·전차·자동차·선박·항공기 또는 지하채굴시설이다.

(1) 사람의 주거로 사용하거나 현존

1) 사람의 주거로 사용하는

(가) **사람** : 사람은 범인 이외의 모든 자연인을 포함한다. 범인의 가족, 동거자, 친족도 공범자가 아닌 이상 여기의 사람에 해당된다. 따라서 범인이 자기 혼자 사는 집에 방화한 경우에는 현주건조물방화죄가 아닌 일반건조물방화죄(제166조)가 성립한다.

(나) **주거로 사용하는** : 주거사용은 사람이 일상생활을 영위하는 장소로 쓴다는 의미이다. 사실상 주거로 사용되고 있으면 충분하며, 건조물의 일부분이 주거로 이용되면 건물 전체가 주거사용에 제공된 것으로 간주한다.

2) 사람의 현존 : 사람의 현존은 방화 당시에 건조물 등의 내부에 범인 이외의 자가 존재하는
것을 말한다.

〈현주건조물의 의미〉 현주건조물등의 방화죄에 있어서 사람의 주거에 사용하거나 사람의 현존하는
건조물이란 행위당시 피고인 이외의 사람이 주거로 사용하거나 피고인 이외의 사람이 현재하는
건조물을 말하므로 그 범죄사실을 적시함에 있어서는 당시 피고인 이외의 사람이 주거로 사용하였
거나 그 건조물에 현재하였음을 명시하여야 한다(대판 1948.3.19. 4281형상5). (15 변시)

(2) 건조물 · 기차 · 전차 · 자동차 · 선박 · 항공기 · 지하채굴시설

형법상 방화죄의 객체인 건조물은 토지에 정착되고 벽 또는 기둥과 지붕 또는 천장으로 구
성되어 사람이 내부에 기거하거나 출입할 수 있는 공작물을 말하고, 반드시 사람의 주거용
이어야 하는 것은 아니라도 사람이 사실상 기거 · 취침에 사용할 수 있는 정도는 되어야 한
다. 그리고 사람이 거주하는 가옥의 일부로 되어 있는 우사 등도 이에 해당한다.

〈건조물의 정도〉 형법상 방화죄의 객체인 건조물은 토지에 정착되고 벽 또는 기둥과 지붕 또는 천장
으로 구성되어 사람이 내부에 기거하거나 출입할 수 있는 공작물을 말하고, 반드시 사람의 주거용
이어야 하는 것은 아니라도 사람이 사실상 기거 · 취침에 사용할 수 있는 정도는 되어야 한다(대판
2013.12.12. 2013도3950). (22 1차)(23 1차)(24 1차)

〈우사 사건〉 사람이 거주하는 가옥의 일부로 되어 있는 우사에 대한 방화는 현주건조물방화에 해당
한다(대판 1967.8.29. 67도925). (21 3차)

2. 행 위

불을 놓아 목적물을 불태우는 것이다.

(1) 불을 놓아

1) 방화의 의의 : 방화란 목적물을 불태우기 위해 일부러 불을 놓는 일체의 행위를 의미한다.
수단, 방법에 제한이 없으며, 소화할 작위의무 있는 자의 경우에는 부작위에 의한 방화도
가능하다.

〈모텔 화재 사건〉 모텔 방에 투숙하여 담배를 피운 후 재떨이에 담배를 끄게 되었으나 담뱃불이 완전
히 꺼졌는지 여부를 확인하지 않은 채 불이 붙기 쉬운 휴지를 재떨이에 버리고 잠을 잔 과실로 담뱃
불이 휴지와 침대시트에 옮겨 붙게 함으로써 화재가 발생한 사안에서, 위 화재가 중대한 과실 있는
선행행위로 발생한 이상 화재를 소화할 법률상 의무는 있다 할 것이나, 화재 발생 사실을 안 상태에
서 모텔을 빠져나오면서도 모텔 주인이나 다른 투숙객들에게 이를 알리지 아니하였다는 사정만
으로는 화재를 용이하게 소화할 수 있었다고 보기 어렵다는 이유로, 부작위에 의한 현주건조물방
화치사상죄의 공소사실에 대해 무죄를 선고한 원심의 판단을 수긍한 사례(대판 2010.1.14. 2009도1210
9. 2009감도38). [COMMENT] 본 판결은 선행행위로 인한 작위의무가 인정되지만, 부작위범의 개별적
행위가능성이 없어 부작위에 의한 현주건조물방화치사상죄를 부정하고 있다. 원심에서는 중과실
치사죄(제268조), 중과실치상죄(제268조) 및 중실화죄(제171조)만을 인정하였다. (13 변시)(21 3차)
(22 1차)

2) 방화죄의 실행의 착수시기 : 방화죄의 실행의 착수시기는 점화 또는 발화가 있을 것을 요한다. 그리고 매개물을 이용한 경우에는 범인이 매개물에 불을 켜서 붙였거나 또는 범인의 행위로 인하여 매개물에 불이 붙게 됨으로써 연소작용이 계속될 수 있는 상태에 이르렀다면 실행의 착수는 인정된다.

〈**방화죄의 실행의 착수시기**〉 피고인이 불을 아직 방화목적물 내지 그 도화물체에 점화하지 아니한 이상 차를 즉시 방화의 착수로 논단하지 못할 것이다(대판 1960.7.22. 4293형상213).

〈**부부싸움 사건**〉 [**사실관계**] 甲은 처 W와 심한 부부싸움을 하다가 격분하여 "집을 불태워 버리고 같이 죽어 버리겠다"며 W와 자기의 집 주위에 휘발유를 뿌렸는데, 이를 말리던 이웃 주민 A의 몸에도 휘발유가 쏟아졌다. A가 휘발유를 씻어내고자 수돗가로 가려고 돌아서는 순간, 甲이 라이터를 꺼내서 켜는 바람에 甲과 A의 몸에 불이 붙게 되었고, 이에 A가 약 4주간의 치료를 요하는 화상을 입게 되었다. 甲의 죄책은? [**판결요지**] [1] 매개물을 통한 점화에 의하여 건조물을 소훼함을 내용으로 하는 형태의 방화죄의 경우에, 범인이 그 매개물에 불을 켜서 붙였거나 또는 범인의 행위로 인하여 매개물에 불이 붙게 됨으로써 연소작용이 계속될 수 있는 상태에 이르렀다면, 그것이 곧바로 진화되는 등의 사정으로 인하여 목적물인 건조물 자체에는 불이 옮겨 붙지 못하였다고 하더라도, 방화죄의 실행의 착수가 있었다고 보아야 할 것이고, 구체적인 사건에 있어서 이러한 실행의 착수가 있었는지 여부는 범행 당시 피고인의 의사 내지 인식, 범행의 방법과 태양, 범행 현장 및 주변의 상황, 매개물의 종류와 성질 등의 제반 사정을 종합적으로 고려하여 판단하여야 한다. [2] 피고인이 방화의 의사로 뿌린 휘발유가 인화성이 강한 상태로 주택주변과 피해자의 몸에 적지 않게 살포되어 있는 사정을 알면서도 라이터를 켜 불꽃을 일으킴으로써 피해자의 몸에 불이 붙은 경우, 비록 외부적 사정에 의하여 불이 방화 목적물인 주택 자체에 옮겨 붙지는 아니하였다 하더라도 현존건조물방화죄의 실행의 착수가 있었다고 봄이 상당하다고 한 사례(대판 2002.3.26. 2001도6641). ⎗ 현주건조물방화치상죄가 성립한다. (12 변시)(20 변시)(23 1차)(23 3차)(24 1차)

(2) 목적물의 불태움

1) 불태움의 의의 : 불태움이란 일반적으로 화력에 의한 건조물의 훼손 내지 손괴를 의미한다. 불태움은 방화죄의 구성요건적 결과로서의 의미를 가지므로 불태움의 결과가 발생함으로써 본죄는 기수가 된다.

2) 방화죄의 기수시기 : 방화죄의 기수시기에 대하여는 ① 불이 매개물을 떠나 목적물이 독자적으로 연소될 때에 기수가 된다는 독립연소설 ② 목적물의 중요부분이 소훼되어 효용을 상실한 때에 기수가 된다는 효용상실설 ③ 목적물의 중요부분이 연소될 때에 기수가 된다는 중요부분연소개시설 ④ 목적물이 소훼되어 일부손괴가 있으면 기수가 된다는 일부손괴설이 대립하고 있으며, ⑤ 판례는 독립연소설의 입장이다.

〈**방화죄의 기수시기에 대하여 독립연소설을 따른 판례**〉 [1] 방화죄는 화력이 매개물을 떠나 스스로 연소할 수 있는 상태에 이르렀을 때에 기수가 되고 반드시 목적물의 중요부분이 소실하여 그 본래의 효용을 상실한 때라야만 기수가 되는 것이 아니다. [2] 피고인이 그 부모에게 용돈을 요구하였다가 거절당하자 홧김에 자기집 헛간 지붕위에 올라가 거기다 라이타불로 불을 놓고, 이어서 몸채, 사랑채 지붕위에 차례로 올라가 거기에다 각각 불을 놓아 헛간지붕 60평방센치미터 가량, 몸채지붕 1평방미터 가량, 사랑채지붕 1평방미터 가량을 태운 경우 방화죄의 기수에 해당한다고 본 사례(대판 1970.3.24. 70도330). (22 1차)

〈불길이 천정에까지 옮겨 붙은 사건〉 피해자의 사체 위에 옷가지 등을 올려놓고 불을 붙인 천조각을 던져서 그 불길이 방안을 태우면서 천정에까지 옮겨 붙었다면 도중에 진화되었다고 하더라도 일단 천정에 옮겨 붙은 때에 이미 현주건조물방화죄의 기수에 이른 것이라고 한 사례(대판 2007.3.16. 2006 도9164). (21 3차)(23 1차)

3. 고의와 착오

(1) 고 의

불을 놓아 주거에 사용하거나 사람이 현존하는 건조물 등을 불태운다는 점에 대한 고의가 필요하다. 본죄는 추상적 위험범이므로 행위자에게 위험발생에 대한 인식이 있을 필요는 없다.

〈절도의 증거인멸 목적과 방화의 고의〉 절취한 물건의 용기에 점화한 목적이 절도의 증거인멸에 있다 할지라도 점화의 수단방법이 인화력이 강한 석유를 사용하여 건물에 연소되기 용이한 방법으로 점화한 결과 건물을 연소케 한 경우에는 건조물 방화의 고의를 인정할 수 있다(대판 1954.1.16. 4287형상47). (23 1차)(24 1차)

〈홧김에 서적 등을 뒷마당에 내어놓고 불태워 버리려 한 사건〉 피고인이 동거하던 공소외인과 가정 불화가 악화되어 헤어지기로 작정하고 홧김에 죽은 동생의 유품으로 보관하던 서적 등을 뒷마당 에 내어놓고 불태워 버리려 했던 점이 인정될 뿐 피고인이 위 공소외인 소유의 가옥을 불태워 버 리겠다고 결의하여 불을 놓았다고 볼 수 없다면 피고인의 위 소위를 가리켜 방화의 범의가 있었 다고 할 수 없다(대판 1984.7.24. 84도1245).

(2) 착 오

방화의 목적물이 주거로 사용되지 않거나 사람이 현존하지 않는 것으로 오인한 경우에는 구성 요건적의 착오로서 고의를 조각하여 제15조 제1항에 따라 일반건조물방화죄의 책임을 진다.

Ⅲ. 방화죄와 피해자의 동의

방화죄는 원칙적으로 사회적 법익에 관한 죄이므로 피해자의 동의는 구성요건해당성이나 위법 성을 조각시키지는 않지만, 방화죄는 소유의 태양에 따라 처벌을 달리하고 있으므로 피해자의 동의가 있는 경우에는 구성요건을 변경시키게 된다.

Ⅳ. 죄수 및 타죄와의 관계

(1) 죄 수

본죄는 공공위험범이므로 죄수는 공공의 안전이라는 보호법익을 기준으로 결정한다. 따라 서 ① 1개의 방화행위로 수개의 건조물을 불태우거나, 같은 구역 내에 있는 수개의 건조물을 동일기회에 차례로 방화한 때에도 1개의 방화죄만 성립하며 ② 1개의 방화행위로 현주건조 물과 일반건조물을 불태운 때에는 중한 범죄인 현주건조물방화죄 1죄만 성립한다.

(2) 타죄와의 관계

1) 손괴죄와의 관계 : 방화행위가 불태움을 넘어 손괴에 이른 경우에도 손괴는 방화와 불가벌적 수반행위로서 방화죄만 성립한다.

2) 화재보험사기 : 화재보험금의 편취를 위하여 방화한 경우에는 보험청구전에는 사기죄의 예비에 불과하여 방화죄만 성립하고, 보험금을 청구한 이후에는 사기죄와 방화죄의 실체적 경합이 된다.

2 현주건조물 등에의 방화치사상죄 [부진정결과적 가중범]

> 제164조 (현주건조물 등 방화) ② 제1항의 죄를 지어 사람을 상해에 이르게 한 경우에는 무기 또는 5년 이상의 징역에 처한다. 사망에 이르게 한 경우에는 사형, 무기 또는 7년 이상의 징역에 처한다.

> [죄명예규] (제1항 각 죄명)(치상, 치사)

(1) 의 의

현주건조물 등에의 방화치사상죄는 현주건조물 등 방화죄를 범하여 사람을 사상에 이르게 함으로써 성립하는 결과적 가중범이다. 특히 본죄는 중한 결과에 대하여 과실이 있는 경우뿐만 아니라 고의가 있는 때에도 성립하는 **부진정결과적 가중범**이다.

(2) 구성요건

결과적 가중범이므로 결과적 가중범의 일반적인 성립요건을 충족시켜야 한다. 다만 **기본범죄가 미수**인 상태에서 중한 결과가 발생한 경우에 본죄의 성립을 인정할 것인지에 대하여 논의가 있지만, 본죄는 미수범을 처벌하지 않고 있으므로 결과적 가중범의 일반논리에 따라 본죄가 성립한다고 보아야 할 것이다. [2017 3차][2014 변시]

(3) 죄 수

1) 과실로 중한 결과를 발생시킨 경우 : 현주건조물방화치사상죄만 성립한다.

2) 고의로 중한 결과를 발생시킨 경우 : 총론 결과적 가중범 부분 참조.

〈집단방화 공모 사건〉 [1] 피고인을 비롯한 30여 명의 공범들이 화염병 등 소지 공격조와 쇠파이프 소지 방어조로 나누어 이 사건 건물을 집단방화하기로 공모하고 이에 따라 공격조가 위 건물로 침입하여 화염병 수십 개를 1층 민원실 내부로 던져 불을 붙여 위 건물 내부를 소훼케 하는 도중에 공격조의 일인이 위 건조물 내의 피해자를 향하여 불이 붙은 화염병을 던진 사실을 알 수 있는바, 이와 같이 공격조 일인이 방화대상 건물 내에 있는 피해자를 향하여 불붙은 화염병을 던진 행위는, 비록 그것이 피해자의 진화행위를 저지하기 위한 것이었다고 하더라도, 공격조에게 부여된 임무 수행을 위하여 이루어진 일련의 방화행위 중의 일부라고 보아야 할 것이고, 따라서 피해자의 화상은 이 사건 방화행위로 인하여 입은 것이라 할 것이므로 피고인을 비롯하여 당초 공모에 참여한 집단원 모두는 위 상해 결과에 대하여 현존건조물방화치상의 죄책을 면할 수 없다. [2] 가사 피해자의 상해가 이 사건 방화 및 건물소훼로 인하여 입은 것이라고 보기 어렵다고 하더라도 형법 제164조 후단이 규정하는 현존건조물방화치상죄와 같은 이른바 부진정결과적 가중범은 예견가능한 결과를 예견하지 못한 경우뿐만 아니라 그 결과를 예견하거나 고의가 있는 경우까지도 포함하는 것이므로 이 사건에서와 같이 사람이 현존하는 건조물을 방화하는 집단행위의 과정에서 일부 집단원이 고의행위로 살상을 가한 경우에도 다른 집단원에게 그 사상의 결과가 예견가능한 것이었다면 다른 집단원도 그 결과에 대하여 현존건조물방화치사상의 책임을 면할 수 없는 것인바, 피고인을 비롯한 집단원들이 당초 공모시 쇠파이프를 소지한 방어조를 운용하기로 한 점에 비추어 보면 피고인으로서는 이 사건 건물을 방화하는 집단행위의 과정에서 상해의 결과가 발생하는 것도 예견할 수 있었다고 보이므로, 이 점에서도 피고인을 현존건조물방화치상죄로 의율할 수 있다고 본 사례(대판 1996.4.12. 96도215). (23 변시)

3 공용건조물 등에의 방화죄 [미수범 처벌, 예비·음모 처벌]

> 제165조 (공용건조물 등 방화) 불을 놓아 공용으로 사용하거나 공익을 위해 사용하는 건조물, 기차, 전차, 자동차, 선박, 항공기 또는 지하채굴시설을 불태운 자는 무기 또는 3년 이상의 징역에 처한다.

[죄명예규] (공용, 공익)(건조물, 기차, 전차, 자동차, 선박, 항공기, 지하채굴시설)방화

4 일반건조물 등에의 방화죄 [제1항만 미수범 처벌, 예비·음모 처벌]

> 제166조 (일반건조물 등 방화) ① 불을 놓아 제164조와 제165조에 기재한 외의 건조물, 기차, 전차, 자동차, 선박, 항공기 또는 지하채굴시설을 불태운 자는 2년 이상의 유기징역에 처한다.
> ② 자기 소유인 제1항의 물건을 불태워 공공의 위험을 발생하게 한 자는 7년 이하의 징역 또는 1천만원 이하의 벌금에 처한다.
> 제176조 (타인의 권리대상이 된 자기의 물건) 자기의 소유에 속하는 물건이라도 압류 기타 강제처분을 받거나 타인의 권리 또는 보험의 목적물이 된 때에는 본장의 규정의 적용에 있어서 타인의 물건으로 간주한다.

[죄명예규] 일반(건조물, 기차, 전차, 자동차, 선박, 항공기, 지하채굴시설)방화/자기소유(건조물, 기차, 전차, 자동차, 선박, 항공기, 지하채굴시설)방화

[GUIDE] 방화죄에서는 제166조 제1항과 제2항을 분기점으로 범죄의 성격과 미수범 처벌 여부가 달라지므로 주의하여야 한다.

(1) 의 의

일반건조물 등에의 방화죄는 불을 놓아 현주건조물 등 방화죄(제164조)와 공용건조물방화죄(제165조)에 해당하지 않는 건조물·기차·전차·자동차·선박·항공기 또는 지하채굴시설을 불태움으로써 성립하는 범죄이다(제166조 제1항·제2항).

(2) 타인소유 일반건조물 등 방화죄(제166조 제1항)

본죄는 일반건조물 등이 범인 자신소유에 속하지 않는 경우일 때 성립한다. 타인소유일반건조물 등 방화죄(제166조 제1항)는 **추상적 위험범**이며, 미수범, 예비·음모를 처벌한다. (23 경1)

(3) 자기소유 일반건조물 등 방화죄(제166조 제2항)

본죄는 일반건조물 등이 행위자 또는 공범자의 소유에 속하는 경우일 때 성립한다. 자기소유일반건조물 등 방화죄(제166조 제2항)는 **구체적 위험범**이므로 공공의 위험에 대한 인식이 있어야 고의가 인정되며, 공공의 위험이 발생하지 않은 때에는 미수범 처벌 규정이 없으므로 본죄가 성립하지 않는다.

(4) 관련문제

1) 소유자의 동의 : 타인소유일반건조물 등 방화죄의 대상일지라도 소유자의 동의가 있으면 구성요건이 변경되어 자기소유일반건조물 등 방화죄가 성립한다.

2) 타인소유의 간주 : 자기소유일반건조물 등 방화죄의 대상일지라도 그 목적물이 압류 기타 강제처분을 받거나 타인의 권리또는 보험의 목적물이 된 때에는 타인의 물건으로 간주한다(제176조). (21 3차)(23 3차)

5 일반물건방화죄

> 제167조 (일반물건 방화) ① 불을 놓아 제164조부터 제166조까지에 기재한 외의 물건을 불태워 공공의 위험을 발생하게 한 자는 1년 이상 10년 이하의 징역에 처한다.
> ② 제1항의 물건이 자기 소유인 경우에는 3년 이하의 징역 또는 700만원 이하의 벌금에 처한다.
> 제176조 (타인의 권리대상이 된 자기의 물건) 자기의 소유에 속하는 물건이라도 압류 기타 강제처분을 받거나 타인의 권리 또는 보험의 목적물이 된 때에는 본장의 규정의 적용에 있어서 타인의 물건으로 간주한다.

[**죄명예규**] 일반물건방화/자기소유일반물건방화

(1) 의 의

일반물건방화죄는 불을 놓아 현주건조물 등 방화죄, 공용건조물 등 방화죄, 일반건조물 등 방화죄의 행위객체 이외의 물건을 소훼하여 공공의 위험을 발생하게 함으로써 성립하는 범죄이다.

(2) 구체적 위험범

본죄는 타인소유(제1항) 자기소유(제2항)를 불문하고 **구체적 위험범**이므로 공공위험에 대한 인식이 있어야 하며, 공공의 위험이 발생하지 아니한 때에는 미수범은 처벌하지 않으므로 본죄가 성립하지 않는다.

〈폐가 방화 사건〉 이 사건 폐가는 지붕과 문짝, 창문이 없고 담장과 일부 벽체가 붕괴된 철거 대상 건물로서 사실상 기거·취침에 사용할 수 없는 상태의 것이므로 형법 제166조의 건조물이 아닌 형법 제167조의 물건에 해당하고, 피고인이 이 사건 폐가의 내부와 외부에 쓰레기를 모아놓고 태워 그 불길이 이 사건 폐가 주변 수목 4~5그루를 태우고 폐가의 벽을 일부 그을리게 하는 정도만으로는 방화죄의 기수에 이르렀다고 보기 어려우므로 무죄를 선고한 사례(대판 2013.12.12. 2013도3950).

(3) 관련문제

1) **소유자의 동의** : 타인소유일반물건 등 방화죄의 대상일지라도 소유자의 동의가 있으면 구성요건이 변경되어 자기소유일반물건 등 방화죄가 성립한다.

2) **무주물** : 무주물에 대한 방화도 자기소유물건방화죄가 성립한다.

〈재활용품과 쓰레기 사건〉 [1] 불을 놓아 무주물을 소훼하여 공공의 위험을 발생하게 한 경우에는 '무주물'을 '자기 소유의 물건'에 준하는 것으로 보아 형법 제167조 제2항을 적용하여 처벌하여야 한다. [2] 노상에서 전봇대 주변에 놓인 재활용품과 쓰레기 등에 불을 놓아 소훼한 사안에서, 그 재활용품과 쓰레기 등은 '무주물'로서 형법 제167조 제2항에 정한 '자기 소유의 물건'에 준하는 것으로 보아야 하므로, 여기에 불을 붙인 후 불상의 가연물을 집어넣어 그 화염을 키움으로써 전선을 비롯한 주변의 가연물에 손상을 입히거나 바람에 의하여 다른 곳으로 불이 옮아붙을 수 있는 공공의 위험을 발생하게 하였다면, 일반물건방화죄가 성립한다고 한 사례(대판 2009.10.15. 2009도7421). (23 1차) (23 3차)(24 1차)

3) **타인소유의 간주** : 자기소유일반물건 등 방화죄의 대상일지라도 그 목적물이 압류 기타 강제처분을 받거나 타인의 권리또는 보험의 목적물이 된 때에는 타인의 물건으로 간주한다(제176조).

6 연소죄 [결과적 가중범]

> 제168조 (연소) ① 제166조 제2항 또는 전조 제2항의 죄를 범하여 제164조, 제165조 또는 제166조 제1항에 기재한 물건에 연소한 때에는 1년 이상 10년 이하의 징역에 처한다.
> ② 전조 제2항의 죄를 범하여 전조 제1항에 기재한 물건에 연소한 때에는 5년 이하의 징역에 처한다.

[죄명예규] 방화연소

[COMMENT] 연소죄는 자기소유건조물이나 물건을 불태우다가 현주건조물 등(제1항)을 연달아 불태우거나, 자기소유물건을 불태우다가 타인소유물건(제2항)을 연달아 불태운 결과적 가중범이며, 중한 결과가 사망이나 상해가 아닌 결과적 가중범이라는 점에 특색이 있다.

7 진화방해죄

제169조 (진화방해) 화재에 있어서 진화용의 시설 또는 물건을 은닉 또는 손괴하거나 기타 방법으로 진화를 방해한 자는 10년 이하의 징역에 처한다.

8 실화죄

제170조 (실화) ① 과실로 제164조 또는 제165조에 기재한 물건 또는 타인 소유인 제166조에 기재한 물건을 불태운 자는 1천500만원 이하의 벌금에 처한다.
② 과실로 자기 소유인 제166조의 물건 또는 제167조에 기재한 물건을 불태워 공공의 위험을 발생하게 한 자도 제1항의 형에 처한다.

(1) 제170조 제1항의 죄

과실로 현주건조물, 공용건조물, 타인소유일반건조물을 불태운 때에 성립하는 범죄이며, 추상적 위험범이다.

(2) 제170조 제2항의 죄

과실로 일반물건 또는 자기소유일반건조물을 불태워 공공의 위험을 발생한 때 성립하는 범죄이며, 구체적 위험범이다.

(3) 제170조 제2항의 적용범위

> **과수원 실화 사건(제170조 제2항의 적용범위)**
>
> 甲은 A 등 소유의 사과나무 밭에서 바람이 세게 불어 그냥 담뱃불을 붙이기가 어려워지자 마른 풀을 모아놓고 성냥불을 켜 담뱃불을 붙인 뒤 그 불이 완전히 소화되었는지 여부를 확인하지 아니한 채 자리를 이탈한 과실로, 남은 불씨가 주변에 있는 마른 풀과 잔디에 옮겨 붙고 계속하여 피해자들 소유의 사과나무에 옮겨 붙어 사과나무 217주 등 시가 671만 원 상당을 소훼케 하였다. 甲의 죄책은? [2023 3차]

1. 논의점

제170조 제2항의 객체는 '자기의 소유에 속하는 제166조 또는 제167조에 기재한 물건'이라고 되어 있다. 이러한 제170조 제2항의 죄의 객체 중 '제167조에 기재한 물건'이 자기 소유에 속하는 일반 물건만을 의미하는 것인지, 타인 소유 일반 물건을 포함하는 것인지에 대해 논의가 있다.

2. 견해의 대립

이에 대하여는 ① 문언의 해석에 얽매이지 않고 방화죄를 전체적·종합적으로 분석하여 타인소유 일반 물건도 본죄의 객체가 될 수 있다는 **타인소유 일반물건 포함설** ② 문언의 해석상

'자기의 소유에 속하는'이라는 수식어는 '제167조에 기재한 물건'까지 연결되는 것이므로 타인소유의 일반물건은 본죄의 객체가 될 수 없다는 **타인소유 일반물건 불포함설**이 대립하고 있다.

3. 판례의 태도

판례는 '과수원실화 사건'에서 전원합의체 다수의견은 '자기의 소유에 속하는 제166조에 기재한 물건 또는 자기의 소유에 속하든, 타인의 소유에 속하든 불문하고 제167조에 기재한 물건을 의미한다'라고 하여 **타인소유 일반물건 포함설**의 태도를 취하고 있다.

4. 검 토

생각건대 만약 타인소유의 일반물건을 본죄의 객체에서 제외하면 자기소유 일반물건에 대한 실화죄는 처벌되지만, 타인소유 일반물건에 대한 실화죄는 처벌할 규정이 없어 처벌의 불균형이 생기므로 형법의 체계적인 해석상 타인소유 일반물건 포함설이 타당하다.

5. 관련판례

〈과수원 실화 사건(제170조 제2항의 제167조는 자기소유와 타인소유를 불문한다는 판례)〉 [사실관계] – [쟁점사실관계] [판결요지] 형법 제170조 제2항에서 말하는 '자기의 소유에 속하는 제166조 또는 제167조에 기재한 물건'이라 함은 '자기의 소유에 속하는 제166조에 기재한 물건 또는 자기의 소유에 속하든, 타인의 소유에 속하든 불문하고 제167조에 기재한 물건'을 의미하는 것이라고 해석하여야 하며, 제170조 제1항과 제2항의 관계로 보아서도 제166조에 기재한 물건(일반건조물 등) 중 타인의 소유에 속하는 것에 관하여는 제1항에서 규정하고 있기 때문에 제2항에서는 그중 자기의 소유에 속하는 것에 관하여 규정하고, 제167조에 기재한 물건에 관하여는 소유의 귀속을 불문하고 그 대상으로 삼아 규정하고 있는 것이라고 봄이 관련조문을 전체적, 종합적으로 해석하는 방법일 것이고, 이렇게 해석한다고 하더라도 그것이 법규정의 가능한 의미를 벗어나 법형성이나 법창조행위에 이른 것이라고 할 수 없어 죄형법정주의 원칙상 금지되는 유추해석이나 확장해석에 해당한다고 볼 수는 없을 것이다(대결 1994.12.20. 94모32 전합). 답 제170조 제2항의 실화죄가 성립한다.

9 업무상 실화 · 중실화죄

> 제171조 (업무상 실화, 중실화) 업무상 과실 또는 중대한 과실로 인하여 제170조의 죄를 범한 자는 3년 이하의 금고 또는 2천만원 이하의 벌금에 처한다.

〈업무상 실화죄의 업무의 범위〉 업무상 실화죄에 있어서의 업무에는 그 직무상 화재의 원인이 된 화기를 직접 취급하는 것에 그치지 않고 화재의 발견 방지 등의 의무가 지워진 경우를 포함한다 (대판 1983.5.10. 82도2279).

〈중실화죄에 있어서의 "중대한 과실"의 판단기준〉 [1] 피고인이 스폰지요, 솜 등을 쌓아두는 방법이나 상태 등에 관하여 아주 작은 주의만 기울였더라면, 스폰지요나 솜 등이 넘어지고 또 그로 인하여 화재가 발생할 것을 예견하여 회피할 수 있었음에도 불구하고, 부주의로 이를 예견하지 못하고 스폰지와 솜 등 을 쉽게 넘어질 수 있는 상태로 쌓아둔 채 방치하였기 때문에 화재가 발생한 것으로 판단이 되어야만, 피고인의 "중대한 과실"로 인하여 화재가 발생한 것으로 볼 수 있는 것이다. [2] 그러나 피고인이 연탄아궁이로부터 80센티미터쯤 떨어진 곳에 비닐로 포장한 스폰지요, 솜 등을 끈으로 묶지 않은 채 쌓아두었다고 하더라도, 피고인이 아주 작은 주의만 기울였더라면 그것들이 연탄아궁이 쪽으로 쉽게 넘어지고 또 그로 인하여 훈소현상(불꽃없이 연기만 내면서 타는 현상)에 의한 화재가 발생할 것을 예견할 수 있었다고 보기는 어렵다(대판 1989.1.17. 88도643).

〈성냥불 사건〉 성냥불이 꺼진 것을 확인하지 아니한 채 플라스틱 휴지통에 던진 것은 중대한 과실에 해당한다(대판 1993.7.27. 93도135).

10 폭발성물건파열죄와 치사상죄 [제1항만 미수범 처벌, 예비·음모 처벌]

제172조 (폭발성물건파열) ① 보일러, 고압가스 기타 폭발성 있는 물건을 파열시켜 사람의 생명, 신체 또는 재산에 대하여 위험을 발생시킨 자는 1년 이상의 유기징역에 처한다.
② 제1항의 죄를 범하여 사람을 상해에 이르게 한 때에는 무기 또는 3년 이상의 징역에 처한다. 사망에 이르게 한 때에는 무기 또는 5년 이상의 징역에 처한다.

[죄명예규] 폭발성물건파열/폭발성물건파열(치상, 치사)

11 가스·전기 등 방류죄와 치사상죄 [제1항만 미수범 처벌, 예비·음모 처벌]

제172조의2 (가스·전기 등 방류) ① 가스, 전기, 증기 또는 방사선이나 방사성물질을 방출, 유출, 또는 산포시켜 사람의 생명, 신체 또는 재산에 대하여 위험을 발생시킨 자는 1년 이상 10년 이하의 징역에 처한다.
② 제1항의 죄를 범하여 사람을 상해에 이르게 한 때에는 무기 또는 3년 이상의 징역에 처한다. 사망에 이르게 한 때에는 무기 또는 5년 이상의 징역에 처한다.

[죄명예규] (가스, 전기, 증기, 방사선, 방사성물질)(방출, 유출, 살포)/(제1항 각 죄명)(치상, 치사)

12 가스·전기 등 공급방해죄와 치사상죄 [제1항과 제2항은 미수범 처벌, 예비·음모 처벌]

제173조 (가스·전기 등 공급방해) ① 가스, 전기 또는 증기의 공작물을 손괴 또는 제거하거나 기타 방법으로 가스, 전기 또는 증기의 공급이나 사용을 방해하여 공공의 위험을 발생하게 한 자는 1년 이상 10년 이하의 징역에 처한다.
② 공공용의 가스, 전기 또는 증기의 공작물을 손괴 또는 제거하거나 기타 방법으로 가스, 전기 또는 증기의 공급이나 사용을 방해한 자도 전항의 형과 같다.
③ 제1항 또는 제2항의 죄를 범하여 사람을 상해에 이르게 한 때에는 2년 이상의 유기징역에 처한다. 사망에 이르게 한 때에는 무기 또는 3년 이상의 징역에 처한다.

13 과실폭발성물건파열등 죄

제173조의2 (과실폭발물파열 등) ① 과실로 제172조 제1항, 제172조의 2 제1항, 제173조 제1항과 제2항의 죄를 범한 자는 5년 이하의 금고 또는 1천 500만원 이하의 벌금에 처한다.
② 업무상 과실 또는 중대한 과실로 제1항의 죄를 범한 자는 7년 이하의 금고 또는 2천만원 이하의 벌금에 처한다.

[죄명예규] 과실(제172조제1항, 제172조의2제1항, 제173조제1항, 제2항 각 죄명)/(업무상, 중)과실(제1항 각 죄명)

[COMMENT] 본죄는 과실폭발성물건파열죄, 과실가스·전기등방류죄, 과실가스·전기등공급방해죄의 세 가지 유형의 과실범을 규정하고 있다는 점을 주의하여야 한다.

〈휴즈콕크 사건〉 임차인이 자신의 비용으로 설치·사용하던 가스설비의 휴즈콕크를 아무런 조치 없이 제거하고 이사를 간 후 가스공급을 개별적으로 차단할 수 있는 주밸브가 열려져 가스가 유입되어 폭발사고가 발생한 경우, 구 액화석유가스의안전및사업관리법상의 관련 규정 취지와 그 주밸브가 누군가에 의하여 개폐될 가능성을 배제할 수 없다는 점 등에 비추어 그 휴즈콕크를 제거하면서 그 제거부분에 아무런 조치를 하지 않고 방치하면 주밸브가 열리는 경우 유입되는 가스를 막을 아무런 안전장치가 없어 가스 유출로 인한 대형사고의 가능성이 있다는 것은 평균인의 관점에서 객관적으로 볼 때 충분히 예견할 수 있다는 이유로 임차인의 과실과 가스폭발사고 사이의 상당인과관계를 인정한 사례(대판 2001.6.1. 99도5086).

14 방화 등 예비·음모죄

제175조 (예비, 음모) 제164조 제1항, 제165조, 제166조 제1항, 제172조 제1항, 제172조의 2 제1항, 제173조 제1항과 제2항의 죄를 범할 목적으로 예비 또는 음모한 자는 5년 이하의 징역에 처한다. 단, 그 목적한 죄의 실행에 이르기 전에 자수한 때에는 그 형을 감경 또는 면제한다.

[죄명예규] (제164조제1항, 제165조, 제166조제1항, 제172조제1항, 제172조의2제1항, 제173조제1항, 제2항 각 죄명)(예비, 음모)

제4절 | 일수와 수리에 대한 죄

1 현주건조물 일수죄와 치사상죄 [미수범 처벌, 예비·음모 처벌]

제177조 (현주건조물 등에의 일수) ① 물을 넘겨 사람이 주거에 사용하거나 사람이 현존하는 건조물, 기차, 전차, 자동차, 선박, 항공기 또는 광갱을 침해한 자는 무기 또는 3년 이상의 징역에 처한다.
② 제1항의 죄를 범하여 사람을 상해에 이르게 한 때에는 무기 또는 5년 이상의 징역에 처한다. 사망에 이르게 한 때에는 무기 또는 7년 이상의 징역에 처한다.

[죄명예규] (현주, 현존)(건조물, 기차, 전차, 자동차, 선박, 항공기, 광갱)일수/(제1항 각 죄명)(치상, 치사)

[COMMENT] 제182조에서 결과적 가중범인 현주건조물일수치사상죄(제177조 제2항)의 미수범을 처벌하는 것은 입법의 과오라는 비판이 있다.

2 공용건조물등 일수죄 [미수범 처벌, 예비·음모 처벌]

제178조 (공용건조물 등에의 일수) 물을 넘겨 공용 또는 공익에 공하는 건조물, 기차, 전차, 자동차, 선박, 항공기 또는 광갱을 침해한 자는 무기 또는 2년 이상의 징역에 처한다.

[죄명예규] (공용, 공익)(건조물, 기차, 전차, 자동차, 선박, 항공기, 광갱)일수

3 일반건조물등 일수죄 [제1항만 미수범 처벌, 예비·음모 처벌]

제179조 (일반건조물 등에의 일수) ① 물을 넘겨 전2조에 기재한 이외의 건조물, 기차, 전차, 자동차, 선박, 항공기 또는 광갱 기타 타인의 재산을 침해한 자는 1년 이상 10년 이하의 징역에 처한다.
② 자기의 소유에 속하는 전항의 물건을 침해하여 공공의 위험을 발생하게 한 때에는 3년 이하의 징역 또는 700만 원 이하의 벌금에 처한다.
③ 제176조의 규정은 본조의 경우에 준용한다.

[죄명예규] 일반(건조물, 기차, 전차, 자동차, 선박, 항공기, 광갱)일수/자기소유(건조물, 기차, 전차, 자동차, 선박, 항공기, 광갱)일수

4 방수방해죄

제180조 (방수방해) 수재에 있어서 방수용의 시설 또는 물건을 손괴 또는 은닉하거나 기타 방법으로 방수를 방해한 자는 10년 이하의 징역에 처한다.

5 과실일수죄

> 제181조 (과실일수) 과실로 인하여 제177조 또는 제178조에 기재한 물건을 침해한 자 또는 제179조에 기재한 물건을 침해하여 공공의 위험을 발생하게 한 자는 1천만원 이하의 벌금에 처한다.

6 수리방해죄

> 제184조 (수리방해) 둑을 무너뜨리거나 수문을 파괴하거나 그 밖의 방법으로 수리를 방해한 자는 5년 이하의 징역 또는 700만원 이하의 벌금에 처한다.

〈몽리민 사건〉 [1] 몽리민들이 계속하여 20년 이상 평온 공연하게 본건 유지의 물을 사용하여 소유농지를 경작하여 왔다면 그 유지의 물을 사용할 권리가 있다고 할 것이므로 그 권리를 침해하는 행위는 수리방해죄를 구성한다 할 것이다. [2] 몽리민들이 1944년경부터 계속하여 20년 이상 평온, 공연하게 본건 유지의 물을 사용하여 소유 농지를 경작하여 왔다면 본법 부칙 제2조, 본조, 본법 제245조 제1항, 제291조, 제292조 등에 의하여 지역권취득기간의 경과로 유지소유자에 대하여 그 저수 관계에 이용할 수 있는 권리를 취득하였다 하여 용수지역권에 관한 등기를 청구할 수 있다 (대판 1968.2.20. 67도1677). **[COMMENT]** 여러 교과서에서 본 판례가 형법 제184조의 수리방해죄의 객체가 되는 수리권의 근거를 관습법에서 찾았다고 거론하나, 판례는 실정법에 따른 용수지역권의 취득(민법 제294조에 의한 동법 제245조 준용)을 인정한 사안이다.

〈하수나 폐수 사건〉 [1] 원천 내지 자원으로서의 물의 이용이 아니라, 하수나 폐수 등 이용이 끝난 물을 배수로를 통하여 내려보내는 것은 형법 제184조 소정의 수리에 해당한다고 할 수 없고, 그러한 배수 또는 하수처리를 방해하는 행위는, 특히 그 배수가 수리용의 인수와 밀접하게 연결되어 있어서 그 배수의 방해가 직접 인수에까지 지장을 초래한다는 등의 특수한 경우가 아닌 한, 수리방해죄의 대상이 될 수 없다. [2] 농촌주택에서 배출되는 생활하수의 배수관(소형 PVC관)을 토사로 막아 하수가 내려가지 못하게 한 경우, 수리방해죄에 해당하지 아니한다고 본 사례(대판 2001.6.26. 2001도404).

〈삽으로 흙을 떠올려 물줄기를 막은 사건〉 수리방해죄가 성립하기 위하여는 행위자가 본 조에 규정된 행위방법으로서 수리를 방해할 것이 필요하다 할 것인 바, 삽으로 흙을 떠올려 물줄기를 막은 행위만으로 수리방해를 인정할 수 없는 것이다(대판 1975.6.24. 73도2594).

7 일수예비 · 음모죄

> 제183조 (예비, 음모) 제177조 내지 제179조 제1항의 죄를 범할 목적으로 예비 또는 음모한 자는 3년 이하의 징역에 처한다.

[**죄명예규**] (제177조, 제178조, 제179조제1항 각 죄명)(예비, 음모)

제5절 | 교통방해의 죄

1 일반교통방해죄 [미수범 처벌]

> 제185조 (일반교통방해) 육로, 수로 또는 교량을 손괴 또는 불통하게 하거나 기타 방법으로 교통을 방해한 자는 10년 이하의 징역 또는 1천500만 원 이하의 벌금에 처한다.

(1) 의 의

일반교통방해죄는 육로, 수로 또는 교량을 손괴 또는 불통하게 하거나 기타 방법으로 교통을 방해하는 범죄이다. 법적 성질은 추상적 위험범이며, 계속범이다.

〈일반교통방해죄는 추상적 위험범이라는 판례〉 일반교통방해죄는 이른바 추상적 위험범으로서 교통이 불가능하거나 또는 현저히 곤란한 상태가 발생하면 바로 기수가 되고 교통방해의 결과가 현실적으로 발생하여야 하는 것은 아니다(대판 2018.5.11. 2017도9146). (21 2차)

〈일반교통방해죄는 계속범이라는 판례〉 일반교통방해죄에서 교통방해 행위는 계속범의 성질을 가지는 것이어서 교통방해의 상태가 계속되는 한 위법상태는 계속 존재한다. 따라서 교통방해를 유발한 집회에 참가한 경우 참가 당시 이미 다른 참가자들에 의해 교통의 흐름이 차단된 상태였더라도 교통방해를 유발한 다른 참가자들과 암묵적·순차적으로 공모하여 교통방해의 위법상태를 지속시켰다고 평가할 수 있다면 일반교통방해죄가 성립한다(대판 2018.5.11. 2017도9146).

(2) 객체 : 육로, 수로, 교량

1) 육로 : 육로란 사실상 일반공중의 왕래에 공용되는 육상의 통로를 널리 일컫는 것으로서 그 부지의 소유관계나 통행권리관계 또는 통행인의 많고 적음 등을 가리지 않는다

2) 수로 : 수로란 선박의 행해에 제공되어 있는 하천, 운하, 해협, 호수 등을 말한다.

3) 교량 : 교량이란 일반의 교통에 제공된 다리를 말한다. 여기에 육교도 포함되나, 철교는 제외된다.

> **육로 관련 판례 정리**
>
> **1. 기본 법리 판례**
> 〈'육로'의 의미〉 형법 제185조의 일반교통방해죄는 일반공중의 교통의 안전을 보호법익으로 하는 범죄로서 여기서의 '육로'라 함은 사실상 일반공중의 왕래에 공용되는 육상의 통로를 널리 일컫는 것으로서 그 부지의 소유관계나 통행권리관계 또는 통행인의 많고 적음 등을 가리지 않는다(대판 2002.4.26. 2001도6903).
>
> **2. '육로'를 긍정한 판례**
> 〈토지 일부의 소유자가 바위를 놓아두거나 파헤친 사건〉 불특정 다수인의 통행로로 이용되어 오던 도로의 토지 일부의 소유자라 하더라도 그 도로의 중간에 바위를 놓아두거나 이를 파헤

침으로써 차량의 통행을 못하게 한 행위는 일반교통방해죄 및 업무방해죄에 해당한다고 한 사례(대판 2002.4.26. 2001도6903).

〈사실상 2가구만 사용하는 통행로 사건〉사실상 2가구 외에는 달리 사용하는 사람들이 없는 통행로의 통행을 방해한 경우에도 교통방해죄를 구성한다(대판 2007.2.22. 2006도8750).

〈경운기 통행로 사건〉이 사건 도로가 농가의 영농을 위한 경운기나 리어카 등의 통행을 위한 농로로 개설되었다 하더라도 그 도로가 사실상 일반 공중의 왕래에 공용되는 도로로 된 이상 경운기나 리어카 등만 통행할 수 있는 것은 아니므로 이러한 차량의 통행을 방해한다면 일반 교통방해죄에 해당한다(대판 1995.9.15. 95도1475).

3. '육로'를 부정한 판례

〈지름길 사건〉토지의 소유자가 자신의 토지의 한쪽 부분을 일시 공터로 두었을 때 인근주민들이 위 토지의 동·서쪽에 있는 도로에 이르는 지름길로 일시 이용한 적이 있다 하여도, 이를 일반공중의 내왕에 공용되는 도로라고 할 수 없으므로 형법 제185조 소정의 육로로 볼 수 없다(대판 1984.11.13. 84도2192).

〈토지 소유자의 일시적 승낙이 있은 사건〉통행로를 이용하는 사람이 적은 경우에도 육로에 해당할 수 있으나, 공로에 출입할 수 있는 다른 도로가 있는 상태에서 토지 소유자로부터 일시적인 사용승낙을 받아 통행하거나 토지 소유자가 개인적으로 사용하면서 부수적으로 타인의 통행을 묵인한 장소에 불과한 도로는 위 규정에서 말하는 육로에 해당하지 않는다(대판 2017.4.7. 2016도12563).

〈목장 사건〉목장 소유자가 목장운영을 위해 목장용지 내에 임도를 개설하고 차량 출입을 통제하면서 인근 주민들의 일부 통행을 부수적으로 묵인한 경우, 위 임도는 공공성을 지닌 장소가 아니어서 일반교통방해죄의 '육로'에 해당하지 않는다고 한 사례(대판 2007.10.11. 2005도7573).

〈음식점 사건〉피고인은 임야 내 공소외 1의 음식점으로 통하는 진입도로에서, 위 임야의 소유권을 취득하였음에도 위 진입도로에 대한 소유권을 행사하지 못한다는 이유로, 포크레인 등의 장비를 동원하여 위 진입도로 노면의 일부를 손괴하고 쇠사슬을 위 진입도로에 걸어 둔 경우에 피고인 소유의 임야 내 타인의 음식점으로 통하는 진입도로가 일반교통방해죄에서 정한 불특정 다수인을 위한 공공성을 가진 도로라고 보기 어렵다고 한 사례(대판 2010.2.25. 2009도13376).

(3) 행 위

손괴 또는 불통하게 하거나 기타 방법으로 교통을 방해하는 것이다.

1) **손괴** : 교통시설물의 전부 또는 일부에 직접 유형력을 행사하여 물리적으로 훼손하거나 본래의 효용을 감소시키는 일체의 행위이다.

2) **불통** : 장애물 등을 설치하여 통행을 방해하는 일체의 행위를 의미한다. 그러나 차량의 앞을 가로막고 앉아서 통행을 일시적으로 방해한 경우에는 여기에 해당하지 않는다.

3) **기타 방법** : 손괴나 불통 이외에 교통방해가 초래될 수 있는 방법이면 무엇이든지 족하다.

4) **교통을 방해** : 교통방해란 교통을 불가능하게 하는 경우일 뿐만 아니라 교통을 현저히 곤란하게 하는 경우도 포함한다.

1. 일반교통방해죄를 긍정한 판례

〈자신 소유의 도로에 깊이 1m 정도의 구덩이를 판 사건〉 주민들이 농기계 등으로 그 주변의 농경지나 임야에 통행하기 위해 이용하는 자신 소유의 도로에 깊이 1m 정도의 구덩이를 판 행위가 일반교통방해죄에 해당하고 자구행위나 정당행위에 해당하지 않는다(대판 2007.3.15. 2006도 9418).

〈유일한 통행로가 자신의 소유라는 이유로 담장 설치한 사건〉 주민들에 의하여 공로로 통하는 유일한 통행로로 오랫동안 이용되어 온 폭 2m의 골목길을 자신의 소유라는 이유로 폭 50 내지 75cm가량만 남겨두고 담장을 설치하여 주민들의 통행을 현저히 곤란하게 하였다면 일반교통방해죄를 구성한다고 한 사례(대판 1994.11.4. 94도2112).

〈승용차 주차시켜 놓은 사건〉 피해자가 불특정·다수인의 통행로로 이용되어 오던 기존통로의 일부 소유자인 피고인으로부터 사용승낙을 받지 아니한 채 통로를 활용하여 공사차량을 통행하게 함으로써 피고인의 영업에 다소 피해가 발생하자 피고인이 공사차량을 통행하지 못하도록 자신 소유의 승용차를 통로에 주차시켜 놓은 행위가 사회상규에 위배되지 않는 정당행위에 해당한다고 할 수 없다고 한 원심의 판단을 수긍한 사례(대판 2005.9.30. 2005도4688).

〈편도 3차로 야간 포장마차 영업 사건〉 서울 중구 소공동의 왕복 4차로의 도로 중 편도 3개 차로 쪽에 차량 2, 3대와 간이테이블 수십개를 이용하여 길가쪽 2개 차로를 차지하는 포장마차를 설치하고 영업행위를 한 것은, 비록 행위가 교통량이 상대적으로 적은 야간에 이루어졌다 하더라도 형법 제185조의 일반교통방해죄를 구성한다고 한 사례(대판 2007.12.14. 2006도4662).

〈민주노총 집회 사건〉 전국민주노동조합총연맹 준비위원회가 주관한 도로행진시위가 사전에 구 집회 및 시위에 관한 법률(2007. 5. 11. 법률 제8424호로 전문 개정되기 전의 것)에 따라 옥외집회신고를 마쳤어도, 신고의 범위와 위 법률 제12조에 따른 제한을 현저히 일탈하여 주요도로 전차선을 점거하여 행진 등을 함으로써 교통소통에 현저한 장해를 일으켰다면, 일반교통방해죄를 구성한다고 한 사례(대판 2008.11.13. 2006도755).

〈집회·시위의 단순참가자 사건〉 신고 범위를 현저히 벗어나거나 집시법 제12조에 따른 조건을 중대하게 위반함으로써 교통방해를 유발한 집회에 참가한 경우 참가 당시 이미 다른 참가자들에 의해 교통의 흐름이 차단된 상태였다고 하더라도 교통방해를 유발한 다른 참가자들과 암묵적·순차적으로 공모하여 교통방해의 위법상태를 지속시켰다고 평가할 수 있다면 일반교통방해죄가 성립한다(대판 2018.1.24. 2017도11408). (21 2차)

〈서울광장 집회 사건〉 피고인이 신고 없이 서울광장에서 열린 집회에 참석한 뒤 다른 집회 참가자들과 함께 질서유지선을 넘어 방송차량을 따라 전 차로를 점거하면서 행진하고, 행진을 제지하는 경찰과 대치하면서 차로에서 머물다가 귀가한 사안에서, 피고인의 도로점거행위가 교통방해의 위법상태를 지속시켰다고 볼 수 있고, 집회 참가자들 사이에 서로의 행위를 인식하며 암묵적·순차적으로 의사의 결합이 이루어졌다고 볼 수 있어 일반교통방해죄의 공동정범으로서 책임이 있다고 보아 피고인에 대해서 무죄로 판단한 원심을 파기한 사례(대판 2018.5.11. 2017도9146).

2. 일반교통방해죄를 부정한 판례

〈공항 여객터미널 사건〉 공항 여객터미널 버스정류장 앞 도로 중 공항리무진 버스 외의 다른 차의 주차가 금지된 구역에서 밴 차량을 40분간 불법주차하고 호객행위를 한 것이, 다른 차량들의 통행을 불가능하거나 현저히 곤란하게 한 것으로 볼 수 없어 형법 제185조의 일반교통방해죄를 구성하지 않는다고 한 사례(대판 2009.7.9. 2009도4266).

〈도로 행진 시위 사건〉 피고인 등 약 600명의 노동조합원들이 차도만 설치되어 있을 뿐 보도는 따로 마련되어 있지 아니한 도로 우측의 편도 2차선의 대부분을 차지하면서 대오를 이루어 행진하는 방법으로 시위를 하고 이로 인하여 나머지 편도 2차선으로 상·하행 차량이 통행하느라 차량의 소통이 방해되었다 하더라도 피고인등의 시위행위에 대하여 일반교통방해죄를 적용할 수 없다고 한 사례(대판 1992.8.18. 91도2771).

〈포터트럭 주차 사건〉 형법 185조의 일반교통방해죄는 일반 공중의 교통안전을 그 보호법익으로 하는 범죄로서 육로 등을 손괴 또는 불통하게 하거나 기타의 방법으로 교통을 방해하여 통행을 불가능하게 하거나 현저하게 곤란하게 하는 일체의 행위를 처벌하는 것을 그 목적으로 하는 것으로서, 피고인이 포터트럭을 도로변의 노상 주차장에 주차된 차량들 옆으로 바짝 붙여 주차시키기는 하였지만 그 옆으로 다소 불편하기는 하겠으나 다른 차량들이 충분히 지나갈 수 있었을 것으로 보인다면 일반교통방해죄로 처벌하기 어렵다(대판 2003.10.10. 2003도4485).

〈'차 없는 거리' 사건〉 피고인이 행사 참석자 3,500명과 공동하여 차로이지만 '차 없는 거리'로 지정된 시간대에 그 차로 위에서 연좌시위를 하여 일반교통방해죄로 기소된 사안에서, 당시 그 차로는 차량이 자유롭게 통행할 수 있는 장소에 해당하지 아니하였으므로 피고인이 차로에 차량을 통행하지 못하게 함으로써 육로의 교통을 방해하여 통행을 불가능하게 하거나 현저하게 곤란하게 하였다고 보기 어렵다고 보아 일반교통방해죄의 성립을 인정한 원심판결을 파기한 사례(대판 2017.9.21. 2015도9493).

3. 일부만 일반교통방해죄를 긍정한 판례

〈폐기물 운반 차량 사건〉 피고인의 가옥 앞 도로가 폐기물 운반 차량의 통행로로 이용되어 가옥 일부에 균열 등이 발생하자 피고인이 위 도로에 트랙터를 세워두거나 철책 펜스를 설치함으로써 위 차량의 통행을 불가능하게 하거나 위 차량들의 앞을 가로막고 앉아서 통행을 일시적으로 방해한 경우, 전자의 경우에만 일반교통방해죄를 구성한다고 한 사례(대판 2009.1.30. 2008도10560).

(4) 기수시기

본죄는 추상적 위험범이므로 교통을 방해하는 행위가 있으면 기수가 되며 현실적으로 교통 방해의 결과가 발생하여야 하는 것은 아니다. 따라서 본죄의 미수는 손괴행위나 불통하게 하는 행위 혹은 기타 방법이라는 행위수단의 사용이 미수에 그친 경우에 인정된다.

(5) 기수 관련 판례

〈물건을 도로에 방치한 도로교통법 위반과 일반교통방해죄가 상상적 경합이라는 판례〉 구 도로교통법(2005. 5. 31. 법률 제7545호로 개정되기 전의 것, 이하 '도로교통법'이라고만 한다) 제109조 제5호, 제63조 제2항은 교통에 방해가 될 만한 물건을 함부로 도로에 방치한 사람을 처벌하도록 규정하고 있는바, 원심이 확정한 바와 같은 포장마차를 도로에 설치하여 교통에 방해가 될 만한 물건을 함부로 도로에 방치한 행위와 그로 인하여 성립하는 형법 제185조의 일반교통방해죄는 1개의 행위가 수개의 죄에 해당하는 형법 제40조 소정의 상상적 경합관계가 있다(대판 2007.12.14. 2006도4662). (21 2차)

2 **기차, 선박등 교통방해죄** [미수범 처벌, 예비·음모 처벌]

> 제186조 (기차, 선박 등의 교통방해) 궤도, 등대 또는 표지를 손괴하거나 기타 방법으로 기차, 전차, 자동차, 선박 또는 항공기의 교통을 방해한 자는 1년 이상의 유기징역에 처한다

> [죄명예규] (기차, 전차, 자동차, 선박, 항공기)교통방해

3 **기차등 전복죄** [미수범 처벌, 예비·음모 처벌]

> 제187조 (기차 등의 전복 등) 사람의 현존하는 기차, 전차, 자동차, 선박 또는 항공기를 전복, 매몰, 추락 또는 파괴한 자는 무기 또는 3년 이상의 징역에 처한다.

> [죄명예규] (기차, 전차, 자동차, 선박, 항공기)(전복, 매몰, 추락, 파괴)

〈추락의 개념〉 제187조에서 말하는 항공기의 "추락"이라 함은 공중에 떠 있는 항공기를 정상시 또는 긴급시의 정해진 방법에 따라 지표 또는 수면에 착륙 또는 착수시키지 못하고, 그 이외의 상태로 지표 또는 수면에 낙하시키는 것을 말하는 것이다(대판 1990.9.11. 90도1486).

〈대형 유조선 사건〉 [1] 형법 제187조에서 정한 '파괴'란 다른 구성요건 행위인 전복, 매몰, 추락 등과 같은 수준으로 인정할 수 있을 만큼 교통기관으로서의 기능·용법의 전부나 일부를 불가능하게 할 정도의 파손을 의미하고, 그 정도에 이르지 아니하는 단순한 손괴는 포함되지 않는다. [2] 총 길이 338m, 갑판 높이 28.9m, 총 톤수 146,848톤, 유류탱크 13개, 평형수탱크 4개인 대형 유조선의 유류탱크 일부에 구멍이 생기고 선수마스트, 위성통신 안테나, 항해등 등이 파손된 정도에 불과한 것은 형법 제187조에 정한 선박의 '파괴'에 해당하지 않는다고 한 사례(대판 2009.4.23. 2008도11921). (21 2차)

〈선박 매몰 사건〉 [사실관계] 선주 甲은 자신의 선박을 침몰시킨 후 보험금을 타기 위하여 선원들이 승선하고 있는 선박의 밑바닥에 구멍을 낸 후, 배가 가라앉기 시작하자 선원들을 모두 안전하게 다른 선박으로 대피시켰다. 그 후 甲은 보험회사에 대하여 선박이 사고로 침몰하였다고 하면서 보험금을 청구하여 수억원의 보험금을 타내었다. 甲의 죄책은? [판결요지] 선박매몰죄의 고의가 성립하기 위하여는 행위시에 사람이 현존하는 것이라는 점에 대한 인식과 함께 이를 매몰한다는 결과발생에 대한 인식이 필요하며, 현존하는 사람을 사상에 이르게 한다는 등 공공의 위험에 대한 인식까지는 필요하지 않고, 사람의 현존하는 선박에 대해 매몰행위의 실행을 개시하고 그로 인하여 선박을 매몰시켰다면 매몰의 결과발생시 사람이 현존하지 않았거나 범인이 선박에 있는 사람을 안전하게 대피시켰다고 하더라도 선박매몰죄의 기수로 보아야 할 것이지 이를 미수로 볼 것은 아니다(대판 2000.6.23. 99도4688). 📄 선박매몰죄와 사기죄가 성립한다.

4 교통방해치사상죄

제188조 (교통방해치사상) 제185조 내지 제187조의 죄를 범하여 사람을 상해에 이르게 한 때에는 무기 또는 3년 이상의 징역에 처한다. 사망에 이르게 한 때에는 무기 또는 5년 이상의 징역에 처한다.

[죄명예규]] (제185조 내지 제187조 각 죄명)(치상, 치사)

〈고속도로에서 **차선변경후 급정차** 한 사건〉 [1] 형법 제188조에 규정된 교통방해에 의한 치사상죄는 결과적 가중범이므로, 위 죄가 성립하려면 교통방해 행위와 사상(사상)의 결과 사이에 상당인과관계가 있어야 하고 행위 시에 결과의 발생을 예견할 수 있어야 한다. 그리고 교통방해 행위가 피해자의 사상이라는 결과를 발생하게 한 유일하거나 직접적인 원인이 된 경우만이 아니라, 그 행위와 결과 사이에 피해자나 제3자의 과실 등 다른 사실이 개재된 때에도 그와 같은 사실이 통상 예견될 수 있는 것이라면 상당인과관계를 인정할 수 있다. [2] 피고인이 고속도로 2차로를 따라 자동차를 운전하다가 1차로를 진행하던 갑의 차량 앞에 급하게 끼어든 후 곧바로 정차하여, 갑의 차량 및 이를 뒤따르던 차량 두 대는 연이어 급제동하여 정차하였으나, 그 뒤를 따라오던 을의 차량이 앞의 차량들을 연쇄적으로 추돌케 하여 을을 사망에 이르게 하고 나머지 차량 운전자 등 피해자들에게 상해를 입힌 사안에서, 편도 2차로의 고속도로 1차로 한가운데에 정차한 피고인은 현장의 교통상황이나 일반인의 운전 습관·행태 등에 비추어 고속도로를 주행하는 다른 차량 운전자들이 제한속도 준수나 안전거리 확보 등의 주의의무를 완전하게 다하지 않을 수도 있다는 점을 알았거나 충분히 알 수 있었으므로, 피고인의 정차 행위와 사상의 결과 발생 사이에 상당인과관계가 있고, 사상의 결과 발생에 대한 예견가능성도 인정된다는 이유로, 피고인에게 일반교통방해치사상죄를 인정한 원심판단이 정당하다고 한 사례(대판 2014.7.24. 2014도6206). (16 변시)(17 변시)(21 2차)

5 과실교통방해죄 · 업무상 과실, 중과실 교통방해죄

제189조 (과실, 업무상 과실, 중과실) ① 과실로 인하여 제185조 내지 제187조의 죄를 범한 자는 1천만 원 이하의 벌금에 처한다.
② 업무상과실 또는 중대한 과실로 인하여 제185조 내지 제187조의 죄를 범한 자는 3년 이하의 금고 또는 2천만 원 이하의 벌금에 처한다.

[죄명예규] 과실(제185조 내지 제187조 각 죄명)/(업무상, 중)과실(제185조 내지 제187조 각 죄명)

〈**손괴의 개념**〉 업무상과실일반교통방해의 한 행위태양으로 규정한 '손괴'라고 함은 물리적으로 파괴하여 그 효용을 상실하게 하는 것을 말하므로, 이 사건 성수대교의 건설 당시의 부실제작 및 부실시공행위 등에 의하여 트러스가 붕괴되는 것도 위 '손괴'의 개념에 포함된다(대판 1997.11.28. 97도1740).

〈**예인선 사건**〉 예인선 정기용선자의 현장소장 갑은 사고의 위험성이 높은 해상에서 철골 구조물 및 해상크레인 운반작업을 함에 있어 선적작업이 지연되어 정조시점에 맞추어 출항할 수 없게 되었음에도, 출항을 연기하거나 대책을 강구하지 않고 예인선 선장 을의 출항연기 건의를 묵살한 채 출항을 강행하도록 지시하였고, 예인선 선장 을은 갑의 지시에 따라 사고의 위험이 큰 시점에 출항하였고

해상에 강조류가 흐르고 있었음에도 무리하게 예인선을 운항한 결과 무동력 부선에 적재된 철골 구조물이 해상에 추락하여 해상의 선박교통을 방해한 사안에서, 갑과 을을 업무상과실일반교통방해죄의 공동정범으로 처벌한 사례(대판 2009.6.11. 2008도11784).

〈성수대교 붕괴 사건〉 업무상과실로 인하여 교량을 손괴하여 자동차의 교통을 방해하고 그 결과 자동차를 추락시킨 경우에는 구 형법 제189조 제2항, 제185조 소정의 업무상과실일반교통방해죄와 같은 법 제189조 제2항, 제187조 소정의 업무상과실자동차추락죄가 성립하고, 위 각 죄는 형법 제40조 소정의 상상적 경합관계에 있다(대판 1997.11.28. 97도1740).

6 예비 · 음모죄

제191조 (예비, 음모) 제186조 또는 제187조의 죄를 범할 목적으로 예비 또는 음모한 자는 3년 이하의 징역에 처한다.

[죄명예규] (제186조, 제187조 각 죄명)(예비, 음모)

제2장 | 공공의 신용에 대한 죄

제1절 | 통화에 대한 죄

1 내국통화 위조 · 변조죄 [미수범 처벌, 예비 · 음모 처벌]

> 제207조 (통화의 위조등) ① 행사할 목적으로 통용하는 대한민국의 화폐, 지폐 또는 은행권을 위조 또는 변조한 자는 무기 또는 2년 이상의 징역에 처한다.

> [죄명예규] 통화(위조, 변조)

I. 서 설

내국통화위조 · 변조죄는 행사할 목적으로 통용하는 대한민국의 화폐 · 지폐 또는 은행권을 위조 또는 변조함으로써 성립하는 범죄이다. 통화죄의 보호법익은 통화에 대한 거래상의 신용과 안전이며, 보호의 정도는 추상적 위험범이다.

II. 구성요건

1. 객 체

통용하는 대한민국의 통화이다.

(1) 통용하는

통용은 법률에 의해 강제통용력이 인정되는 것을 의미하며, 사실상 사용된다는 의미인 유통과 구별된다.

(2) 통 화

1) **통화** : 통화란 금액이 표시된 지급수단으로서 국가 또는 발행권자에 의해 강제통용력이 인정된 교환의 매개물을 말한다. 이러한 통화는 ① 액면금액의 표시와 ② 강제통용력이라는 두 가지 요소를 그 본질로 한다.

2) **현행 형법상의 통화** : 형법은 통화의 종류로 화폐, 지폐, 은행권을 열거하고 있다. 그러나 우리나라는 한국은행이 발권은행이며, 한국은행에서 발행하는 통화는 지폐인 은행권과 주화인 동전만 있다.

2. 행 위

위조 또는 변조하는 것이다.

(1) 위 조

위조란 통화의 발행권자 아닌 자가 통화의 외관을 가지는 물건을 작출하는 것을 말한다. 위조의 방법에는 제한이 없으며, 위조의 정도는 일반인이 진화라고 오인할 우려가 있으면 족하다.

〈통화의 앞, 뒷면을 전자복사한 사건〉 통화위조죄와 위조통화행사죄의 객체인 위조통화는 그 통화과정에서 일반인이 진정한 통화로 오인할 정도의 외관을 갖추어야 할 것이므로, 한국은행발행 일만원권 지폐의 앞, 뒷면을 전자복사기로 복사하여 비슷한 크기로 자른 정도의 것은 객관적으로 진정한 통화로 오인할 정도에 이르지 못하여 통화위조죄 및 위조통화행사죄의 객체가 될 수 없다 (대판 1986.3.25. 86도255). (22 1차)

(2) 변 조

변조란 진정한 통화에 가공하여 그 가치를 변경하는 것을 말한다. **진정한 통화를 전제로 하여** 진화의 동일성이 상실되지 않을 것을 요한다는 점에서 위조와 구별된다. 변조의 정도는 일반인이 오신할 수 있을 정도임을 요한다.

(3) 실행의 착수와 기수시기

위조·변조행위를 개시한 때 실행의 착수가 있고, 본죄는 추상적 위험범이므로 위조·변조 행위가 종료되어 진화로 오인할 만한 위화가 만들어지면 기수가 된다.

3. 주관적 구성요건

(1) 고 의

고의의 내용은 통용하는 대한민국의 화폐, 지폐 또는 은행권을 위조, 변조하는 것에 대한 인식이다.

(2) 행사할 목적

행사의 목적은 위조, 변조한 통화를 진화로 통용시키려는 목적을 말한다. 자기 스스로 행사하는 경우뿐만 아니라 타인을 개입시켜 통용시키려는 목적도 포함한다. 그러나 자신의 신용력을 증명하기 위하여 타인에게 보일 목적인 경우는 행사할 목적에 포함되지 않는다.

〈자신의 신용력 증명 사건〉 형법 제207조에서 정한 '행사할 목적'이란 유가증권위조의 경우와 달리 위조·변조한 통화를 진정한 통화로서 유통에 놓겠다는 목적을 말하므로, 자신의 신용력을 증명하기 위하여 타인에게 보일 목적으로 통화를 위조한 경우에는 행사할 목적이 있다고 할 수 없다 (대판 2012.3.29. 2011도7704). (22 1차)

III. 죄수 또는 타죄와의 관계

(1) 죄 수

여러 종류의 통화를 각각 다른 기회에 위조한 때에는 각각의 종류에 대해서 통화위조죄가 성립하며 실체적 경합이 되지만, 한번의 기회에 인쇄기로 동종의 수개의 통화를 위조한 때에는 1개의 통화위조죄가 성립한다.

(2) 타죄와의 관계

1) 위조죄와 변조죄의 관계 : 같은 기회에 통화를 변조하고 위조한 경우에는 협의의 포괄일 죄가 되어 위조죄만이 성립한다.

2) 위조 · 변조죄와 행사죄의 관계 : 위조 · 변조죄와 행사죄와의 관계에 대하여 논의는 있지 만 실체적 경합설을 따르는 것이 일반적이다.

2 내국유통 외국통화 위조 · 변조죄 [미수범 처벌, 예비 · 음모 처벌]

> 제207조 (통화의 위조등) ② 행사할 목적으로 내국에서 유통하는 외국의 화폐, 지폐 또는 은행권을 위조 또는 변조한 자는 1년 이상의 유기징역에 처한다.

[죄명예규] 외국통화(위조, 변조)

(1) 의 의

행사할 목적으로 내국에서 유통하는 외국의 화폐 · 지폐 또는 은행권을 위조 또는 변조함으 로써 성립하는 범죄이다.

(2) 객 체

내국에서 유통되는 외국의 화폐, 지폐 또는 은행권이다.

1) 내국 : 대한민국 영역 내를 의미한다.

2) 유통 : 사실상 사용되고 있다는 것을 의미한다. 즉 강제통용력이 없이 사실상 거래 대가의 '지급수단'이 되고 있는 상태를 가리킨다. 사실상 유통되면 충분하고 국내에서 그 사용이 금지되어 있는가는 불문하며, 대한민국의 일부지역에서 유통되는 것으로도 충분하다.

〈스위스 화폐 사건〉 [1] 형법 제207조 제2항 소정의 내국에서 '유통하는'이란, 같은 조 제1항, 제3항 소정의 '통용하는'과 달리, 강제통용력이 없이 사실상 거래 대가의 지급수단이 되고 있는 상태를 가리킨다. [2] 스위스 화폐로서 1998년까지 통용되었으나 현재는 통용되지 않고 다만 스위스 은행 에서 신권과의 교환이 가능한 진폐(眞幣)가 형법 제207조 제2항 소정의 내국에서 '유통하는' 외국의 화폐에 해당하지 아니한다고 한 사례(대판 2003.1.10. 2002도3340). (22 1차)

3) 외국통화 : 외국의 통화고권(발권력의 독점)에 의해 발행된 통화를 말한다.

(3) 행 위

위조 또는 변조하는 것이다.

⟨500원 주화 사건⟩ 피고인들이 한국은행발행 500원짜리 주화의 표면 일부를 깎아내어 손상을 가하였지만 그 크기와 모양 및 대부분의 문양이 그대로 남아 있어, 이로써 기존의 500원짜리 주화의 명목가치나 실질가치가 변경되었다거나, 객관적으로 보아 일반인으로 하여금 일본국의 500¥짜리 주화로 오신케 할 정도의 새로운 화폐를 만들어 낸 것이라고 볼 수 없고, 일본국의 자동판매기 등이 위와 같이 가공된 주화를 일본국의 500¥짜리 주화로 오인한다는 사정만을 들어 그 명목가치가 일본국의 500¥으로 변경되었다거나 일반인으로 하여금 일본국의 500¥짜리 주화로 오신케 할 정도에 이르렀다고 볼 수도 없다(대판 2002.1.11. 2000도3950). (23 1차)

⟨미화 1달러 및 2달러 지폐 사건⟩ 진정한 통화인 미화 1달러 및 2달러 지폐의 발행연도, 발행번호, 미국 재무부를 상징하는 문양, 재무부장관의 사인, 일부 색상을 고친 것만으로는 통화가 변조되었다고 볼 수 없다고 한 사례(대판 2004.3.26. 2003도5640).

3 외국통용 외국통화 위조 · 변조죄 [미수범 처벌, 예비 · 음모 처벌]

> 제207조 (통화의 위조등) ③ 행사할 목적으로 외국에서 통용하는 외국의 화폐, 지폐 또는 은행권을 위조 또는 변조한 자는 10년 이하의 징역에 처한다.

[죄명예규] 외국통화(위조, 변조)

객체가 외국에서 통용하는 외국의 통화라는 점에서 다른 범죄와 구별된다. 외국통화는 그 본국에서 강제통용력을 가져야 하며, 본국에서 강제통용력을 상실하게 되면 본죄의 객체가 될 수 없다.

⟨100만 달러 위폐 사건⟩ [1] 형법 제207조 제3항은 "행사할 목적으로 외국에서 통용하는 외국의 화폐, 지폐 또는 은행권을 위조 또는 변조한 자는 10년 이하의 징역에 처한다."고 규정하고 있는바, 여기에서 외국에서 통용한다고 함은 그 외국에서 강제통용력을 가지는 것을 의미하는 것이므로 외국에서 통용하지 아니하는 즉, 강제통용력을 가지지 아니하는 지폐는 그것이 비록 일반인의 관점에서 통용할 것이라고 오인할 가능성이 있다고 하더라도 위 형법 제207조 제3항에서 정한 외국에서 통용하는 외국의 지폐에 해당한다고 할 수 없고, 만일 그와 달리 위 형법 제207조 제3항의 외국에서 통용하는 지폐에 일반인의 관점에서 통용할 것이라고 오인할 가능성이 있는 지폐까지 포함시키면 이는 위 처벌조항을 문언상의 가능한 의미의 범위를 넘어서까지 유추해석 내지 확장해석하여 적용하는 것이 되어 죄형법정주의의 원칙에 어긋나는 것으로 허용되지 않는다. [2] 미국에서 발행된 적이 없이 단지 여러 종류의 관광용 기념상품으로 제조, 판매되고 있는 미합중국 100만 달러 지폐와 과거에 발행되어 은행 사이에서 유통되다가 현재는 발행되지 않고 있으나 화폐수집가나 재벌들이 이를 보유하여 오고 있는 미합중국 10만 달러 지폐가 막연히 일반인의 관점에서 미합중국에서 강제통용력을 가졌다고 오인할 수 있다는 이유로 형법 제207조 제3항의 외국에서 통용하는 지폐에 포함된다고 판단한 원심판결을 파기한 사례(대판 2004.5.14. 2003도3487).

4 위조 · 변조통화행사 등 죄 [미수범 처벌]

제207조 (통화의 위조등) ④ 위조 또는 변조한 전3항 기재의 통화를 행사하거나 행사할 목적으로 수입 또는 수출한 자는 그 위조 또는 변조의 각 죄에 정한 형에 처한다.

[죄명예규] (위조, 변조)(통화, 외국통화)(행사, 수입, 수출)

(1) 의 의

위조 · 변조통화행사 등 죄는 위조 또는 변조한 내외국통화를 행사하거나 행사할 목적으로 수입 또는 수출함으로써 성립하는 범죄이다.

(2) 객 체

본죄의 행위객체는 위조 또는 변조된 통화이다.

〈복사된 정도가 조잡하고, 흑백인 사건〉 위조통화행사죄의 객체인 위조통화는 객관적으로 보아 일반인으로 하여금 진정통화로 오신케 할 정도에 이른 것이면 족하고 그 위조의 정도가 반드시 진물에 흡사하여야 한다거나 누구든지 쉽게 그 진부를 식별하기가 불가능한 정도의 것일 필요는 없으나, 이 사건 위조지폐인 한국은행 10,000원권과 같이 전자복사기로 복사하여 그 크기와 모양 및 앞뒤로 복사되어 있는 점은 진정한 통화와 유사하나 그 복사된 정도가 조잡하여 정밀하지 못하고 진정한 통화의 색채를 갖추지 못하고 흑백으로만 되어 있어 객관적으로 이를 진정한 것으로 오인할 염려가 전혀 없는 정도의 것인 경우에는 위조통화행사죄의 객체가 될 수 없다(대판 1985.4.23. 85도570).

〈위조된 외국의 통화행사와 위조사문서행사죄〉 [1] 형법상 통화에 관한 죄는 문서에 관한 죄에 대하여 특별관계에 있으므로 통화에 관한 죄가 성립하는 때에는 문서에 관한 죄는 별도로 성립하지 않는다. 그러나 위조된 외국의 화폐, 지폐 또는 은행권이 강제통용력을 가지지 않는 경우에는 형법 제207조 제3항에서 정한 '외국에서 통용하는 외국의 화폐 등'에 해당하지 않고, 나아가 그 화폐 등이 국내에서 사실상 거래 대가의 지급수단이 되고 있지 않는 경우에는 형법 제207조 제2항에서 정한 '내국에서 유통하는 외국의 화폐 등'에도 해당하지 않으므로, 그 화폐 등을 행사하더라도 형법 제207조 제4항에서 정한 위조통화행사죄를 구성하지 않는다고 할 것이고, 따라서 이러한 경우에는 형법 제234조에서 정한 위조사문서행사죄 또는 위조사도화행사죄로 의율할 수 있다고 보아야 한다. [2] 위 10만 파운드화는 형법 제207조 제3항에서 정한 외국에서 통용하는 외국의 화폐 등이나 형법 제207조 제2항에서 정한 국내에서 유통하는 외국의 화폐 등에 해당하지 않으므로, 피고인이 이를 행사하였다고 하더라도 형법 제207조 제4항에서 정한 위조통화행사죄를 구성하지 않는다고 할 것이고, 한편 비록 위 10만 파운드화가 영국 지폐의 외관을 갖고 있다고 하더라도, 영국 중앙은행 "CHIEF CASHIER"의 의사의 표현으로서 그 내용이 법률상 또는 사회생활상 의미 있는 사항에 관한 증거가 될 수 있는 것이므로, 형법상 문서에 관한 죄의 객체인 '문서 또는 도화'에 해당한다고 할 것이다. 따라서 피고인이 이 부분 공소사실 기재와 같이 위 10만 파운드화를 행사한 행위는 위조사문서행사죄 또는 위조사도화행사죄로 의율할 수 있다고 보아야 한다(대판 2013.12.12. 2012도2249).

(3) 행 위

행사 · 수입 또는 수출하는 것이다.

1) 행사 : 위조, 변조된 통화의 점유나 처분권을 타인에게 이전하여 **진정한 통화로 유통되게** 하는 것을 말한다. 통화를 유통시켜야 하므로 단순히 자기의 신용력을 보이기 위하여 위조통화를 제시하는 것만으로는 행사라고 할 수 없다. 그리고 **위조된 정을 알고 있는 자에게** 행사하는 것은 원칙적으로 행사가 될 수 없으나, 피교부자가 유통시키리라는 정을 알고 준 경우에는 행사죄가 성립한다.

〈**위조통화임을 알고 있는 자에게 교부한 사건**〉 위조통화임을 알고 있는 자에게 그 위조통화를 교부한 경우에 피교부자가 이를 유통시키리라는 것을 예상 내지 인식하면서 교부하였다면, 그 교부행위 자체가 통화에 대한 공공의 신용 또는 거래의 안전을 해할 위험이 있으므로 위조통화행사죄가 성립한다(대판 2003.1.10. 2002도3340). (22 1차)

2) **수입 또는 수출** : 수입이란 외국에서 국내로 반입하는 것을 말하며, 수출은 국내에서 국외로 반출하는 것을 말한다.

3) **기수시기** : 행사의 경우 상대방이 있는 경우에는 상대방에게 교부가 되어야 기수가 된다. 수입의 경우에는 양륙시가 기수가 되며, 수출의 경우에는 내륙 이탈시에 기수가 된다.

(4) 주관적 구성요건

1) **행사죄** : 위조 또는 변조된 통화를 행사한다는 고의가 있어야 한다.

2) **수입과 수출죄** : 고의 이외에 행사의 목적이 있어야 한다.

(5) 타죄와의 관계

1) **위조죄와 행사죄와의 관계** : 이에 대하여 논의는 있지만, 실체적 경합설이 일반적이다.

2) **사기죄와의 관계** : 일반적으로 자본주의 사회에서 위조통화를 진화처럼 행사하는 경우에는 상대방은 일정한 반대급부를 지급하는 것이 원칙이다. 그러나 상대방은 진화인 줄 알고 반대급부를 지급하였으므로 재산상 손해를 입게 된다. 이러한 경우 위조통화행사죄와 사기죄의 죄수관계에 대하여 ① 흡수관계설 ② 실체적 경합설 ③ 상상적 경합설 등이 대립하고 있으며, **판례는 실체적 경합설을 따르고 있다.**

〈**위조통화행사죄와 사기죄**〉 통화위조죄에 관한 규정은 공공의 거래상의 신용 및 안전을 보호하는 공공적인 법익을 보호함을 목적으로 하고 있고, 사기죄는 개인의 재산법익에 대한 죄이어서 양자는 그 보호법익을 달리하고 있으므로 **위조통화를 행사하여 재물을 불법영득한 때에는 위조통화행사죄와 사기죄의 양 죄가 성립된다**(대판 1979.7.10. 79도840). (12 변시)

5 위조 · 변조통화 취득죄 [미수범 처벌]

> 제208조 (위조통화의 취득) 행사할 목적으로 위조 또는 변조한 제207조 기재의 통화를 취득한 자는 5년 이하의 징역 또는 1천500만 원 이하의 벌금에 처한다.

[죄명예규] (위조, 변조)(통화, 외국통화)취득

6 위조통화 취득 후 지정행사죄

> 제210조 (위조통화 취득 후의 지정행사) 제207조에 기재한 통화를 취득한 후 그 사정을 알고 행사한 자는 2년 이하의 징역 또는 500만원 이하의 벌금에 처한다.

[죄명예규] (위조, 변조)(통화, 외국통화)지정행사

7 통화유사물제조등죄 [미수범 처벌]

> 제211조 (통화유사물의 제조등) ① 판매할 목적으로 내국 또는 외국에서 통용하거나 유통하는 화폐, 지폐 또는 은행권에 유사한 물건을 제조, 수입 또는 수출한 자는 3년 이하의 징역 또는 700만 원 이하의 벌금에 처한다.
> ② 전항의 물건을 판매한 자도 전항의 형과 같다.

[죄명예규] 통화유사물(제조, 수입, 수출)/통화유사물판매

8 통화위조 · 변조 예비 · 음모죄

> 제213조 (예비, 음모) 제207조 제1항 내지 제3항의 죄를 범할 목적으로 예비 또는 음모한 자는 5년 이하의 징역에 처한다. 단, 그 목적한 죄의 실행에 이르기 전에 자수한 때에는 그 형을 감경 또는 면제한다.

[죄명예규] (제207조제1항 내지 제3항 각 죄명)(예비, 음모)

〈필름과 인화지 사건〉 피고인이 행사할 목적으로 미리 준비한 물건들과 옵세트인쇄기를 사용하여 한국은행원 100원권을 사진찍어 그 필름 원판 7매와 이를 확대하여 현상한 인화지 7매를 만들었음에 그쳤다면 아직 통화위조의 착수에는 이르지 아니하였고 그 예비단계에 불과하다(대판 1966.12.6. 66도1317).

제2절 | 유가증권, 우표와 인지에 대한 죄

> [GUIDE] 유가증권에 관한 죄는 문서에 관한 죄의 5가지의 태양인 명의위조, 자격모용, 허위작성, 행사, 부정행사 중에서 부정행사죄가 없다는 점을 주의하여야 한다.

1 유가증권 위조 · 변조죄 [미수범 처벌, 예비 · 음모 처벌]

> 제214조 (유가증권의 위조등) ① 행사할 목적으로 대한민국 또는 외국의 공채증서 기타 유가증권을 위조 또는 변조한 자는 10년 이하의 징역에 처한다.

I. 서 설

유가증권위조 · 변조죄는 행사할 목적으로 대한민국 또는 외국의 공채증서 기타 유가증권을 위조변조함으로써 성립하는 범죄이다. 보호법익은 유가증권에 관한 법적 거래의 신용과 안전이며, 보호의 정도는 추상적 위험범이다.

II. 구성요건

1. 객 체

대한민국 또는 외국의 공채증서 기타 유가증권이다.

(1) 공채증서

국가나 지방자치단체에서 발행하는 국채 또는 지방채와 같은 증권을 말한다.

(2) 유가증권

1) **유가증권의 의의** : 형법 제214조의 유가증권이란 증권상에 표시된 재산상의 권리의 행사와 처분에 증권의 점유를 필요로 하는 것을 총칭하는 것으로서 그 명칭에 불구하고 **재산권이 증권에 화체된다**는 것과 그 **권리의 행사와 처분에 증권의 점유를 필요로 한다**는 두 가지 요소를 갖추면 족하고, 반드시 유통성을 가질 필요는 없다. **예** 어음, 수표, 공중전화카드, 스키장 리프트탑승권, 할부구매전표 등

〈**유가증권의 의미**〉 형법 제214조의 유가증권이란 증권상에 표시된 재산상의 권리의 행사와 처분에 증권의 점유를 필요로 하는 것을 총칭하는 것으로서 그 명칭에 불구하고 재산권이 증권에 화체된다는 것과 그 권리의 행사와 처분에 증권의 점유를 필요로 한다는 두 가지 요소를 갖추면 족하고, 반드시 유통성을 가질 필요는 없다(대판 2001.8.24. 2001도2832). (24 2차)

〈**형법 19장의 유가증권의 의미**〉 형법 19장 소정의 유가증권은 실체법상 유효한 유가증권만을 지칭하는 것이 아니고 절대적 요건 결여 등의 사유로서 실체법성은 무효한 유가증권이라 할지라도 일반인

으로 하여금 일견 유효한 유가증권이라고 오신케 할 수 있을 정도의 외관을 구비한 유가증권도 포함하는 것이다(대판 1975.6.10. 74도2594).

〈할부구매전표(구두티켓)는 유가증권이라는 판례〉 '할부구매전표'가 그 소지인이 판매회사의 영업소에서 그 취급상품을 그 금액의 한도 내에서 구매할 수 있는 권리가 화체된 증권으로서 그 권리의 행사와 처분에 증권의 점유를 필요로 하는 것임이 인정된다면, 이를 유가증권이라 봄이 정당하다(대판 1995.3.14. 95도20).

〈폐공중전화카드는 유가증권이라는 판례〉 공중전화카드는 문자로 기재된 부분과 자기기록부분이 일체로써 공중전화서비스를 제공받을 수 있는 재산상의 권리를 화체하고 있고, 이를 카드식 공중전화기의 카드 투입구에 투입함으로써 그 권리를 행사하는 것으로 볼 수 있으므로, 공중전화카드는 형법 제214조의 유가증권에 해당한다(대판 1998.2.27. 97도2483).

〈스키장 리프트 탑승권은 유가증권이라는 판례〉 스키장의 회원용 리프트탑승권은 그 소지인이 스키장에서 거기에 기재된 일시에 리프트를 탑승할 수 있는 권리가 화체된 증권으로서 그 권리의 행사와 처분에 증권의 점유를 필요로 하는 유가증권이다(대판 1998.11.24. 98도2967).

〈카드일련번호식 국제전화카드는 유가증권이 아니라는 판례〉 이 사건 국제전화카드는 재산권이 증권에 화체되어 있다고 할 수 없고 그 권리의 행사와 처분에 증권의 점유를 필요로 한다고 할 수도 없어 형법 제214조의 유가증권에 해당한다고 보기 어렵다(대판 2011.11.10. 2011도9620).

  2) 재산상의 권리의 화체 : 증권에 재산상의 권리가 화체되어 있어야 한다. 재산권은 물권·채권·사원권 기타 권리(주주권) 등을 불문한다. 재산권이 화체되어 있지 않는 신용카드·물품구입증 등은 유가증권이 아니다.

〈신용카드업자가 발행한 신용카드는 유가증권이 아니라는 판례〉 신용카드업자가 발행한 신용카드는 이를 소지함으로써 신용구매가 가능하고 금융의 편의를 받을 수 있다는 점에서 경제적 가치가 있다 하더라도, 그 자체에 경제적 가치가 화체되어 있거나 특정의 재산권을 표창하는 유가증권이라고 볼 수 없고, 단지 신용카드회원이 그 제시를 통하여 신용카드회원이라는 사실을 증명하거나 현금자동지급기 등에 주입하는 등의 방법으로 신용카드업자로부터 서비스를 받을 수 있는 증표로서의 가치를 갖는 것이다(대판 1999.7.9. 99도857). (24 2차)

  3) 재산권의 행사와 처분에 증권의 점유 필요 : 재산권의 행사·처분에 증권의 점유를 필요로 해야 한다. 그러므로 증서의 점유가 권리행사의 요건이 아닌 면책증권은 유가증권이 아니므로 정기예금증서, 우편예금통장, 물품보관증 등은 유가증권이 아니다.

〈정기예탁금증서는 유가증권이 아니라는 판례〉 정기예탁금증서는 예탁금반환채권의 유통이나 행사를 목적으로 작성된 것이 아니고 채무자가 그 증서 소지인에게 변제하여 책임을 면할 목적으로 발행된 이른바 면책증권에 불과하여 위 증서의 점유가 예탁금반환채권을 행사함에 있어 그 조건이 된다고 볼 수 없는 것이라면 위 증권상에 표시된 권리가 그 증권에 화체되었다고 볼 수 없을 것이므로 위 증서는 형법 제216조, 제217조에서 규정된 유가증권에 해당하지 아니한다(대판 1984.11.27. 84도2147).

2. 행 위

기본적 증권행위에 대한 위조 또는 변조하는 것이다.

> [COMMENT] 위조 또는 변조의 개념과 방법 및 정도는 기본적으로 문서(공문서와 사문서 포함)의 위
> 조 또는 변조와 동일하다. 다만 객체만 다를 뿐이라는 점을 알면 보다 쉽게 정리할 수 있다. 그리고
> 본죄에서 기본적 증권행위인 발행에 대한 위조 또는 변조를 말하는 것은, 제214조 제2항에서 부
> 수적 증권행위인 기재의 위조 또는 변조를 별도로 처벌하고 있기 때문이다.

(1) 위 조

1) **위조의 의의** : 위조란 작성권한 없는 자가 타인명의를 사칭하여 그 본인명의의 유가증권
   을 발행하는 것을 말한다. 그리고 위조는 일반거래의 신용을 해할 위험성이 매우 크므로
   사자 또는 허무인 명의라도 위조죄가 성립한다. 그러나 타인명의를 모용했더라도 거래상 자
   기를 표시하는 방법으로 사용하여 온 경우에는 위조가 되지 아니한다.

〈사망자 또는 허무인 명의의 유가증권을 위조 사건〉 약속어음과 같이 유통성을 가진 유가증권의 위조
는 일반거래의 신용을 해하게 될 위험성이 매우 크다는 점에서 적어도 행사할 목적으로 외형상 일반
인으로 하여금 진정하게 작성된 유가증권이라고 오신케 할 수 있을 정도로 작성된 것이라면 그
발행명의인이 가령 실재하지 않은 사자 또는 허무인이라 하더라도 그 위조죄가 성립된다고 해석
함이 상당하다(대판 2011.7.14. 2010도1025). (23 1차)(24 2차)

〈망부 명의 사건〉 어음에 기재되어야 할 어음행위자의 명칭은 반드시 어음행위자의 본명에 한하는
것은 아니고 상호, 별명 그 밖의 거래상 본인을 가리키는 것으로 인식되는 칭호라면 어느 것이나 다
가능하다고 볼 것이므로 비록 그 칭호가 타인의 명칭이라도 통상 그 명칭은 자기를 표시하는 것으
로 거래상 사용하여 그것이 그 행위자를 지칭하는 것으로 인식되어 온 경우에는 그것을 어음상으
로도 자기를 표시하는 칭호로 사용할 수 있다 할 것이므로 피고인이 그 망부의 사망 후 그의 명의
를 거래상 자기를 표시하는 명칭으로 사용하여 온 경우에는 피고인에 의한 망부 명의의 어음발행은
피고인 자신의 어음행위라고 볼 것이고 이를 가리켜 타인의 명의를 모용하여 어음을 위조한 것이라
고 할 수 없다(대판 1982.9.28. 82도296).

〈대표이사가 이전의 대표이사 명의를 사용한 사건〉 타인의 대리 또는 대표자격으로 문서를 작성하는
경우 그 대표자 또는 대리인은 자기를 위하여 작성하는 것이 아니고 본인을 위하여 작성하는 것으로
서 그 문서는 본인의 문서이고 본인에 대하여서만 효력이 생기는 것이므로 회사를 대표하여 문서를
작성할 권한이 있는 대표이사가 은행과의 당좌거래 약정이 전 대표이사 명의로 되어 있어 당좌거
래 명의를 변경함이 없이 그대로 전 대표이사 명의를 사용하여 회사발행 명의의 수표를 발행하였
다 하여도 그 대표이사는 회사 명의의 수표를 발행할 권한이 있으니 유가증권위조죄가 성립되지
아니한다(대판 1975.9.23. 74도1684).

2) **위조의 수단 · 방법**

   ㈎ **위조의 수단 · 방법** : 위조의 수단 · 방법에는 제한이 없으며, 간접정범의 방법으로도
      가능하다.

〈찢어진 폐지 사건〉 찢어서 폐지로 된 타인발행 명의의 약속어음 파지편을 이용 조합하여 어음의 외형을 갖춘 경우에는 새로운 약속어음을 작성한 것으로서 그 행사의 목적이 있는 이상 유가증권위조죄가 성립한다(대판 1976.1.27. 74도3442). (23 1차)

〈문방구 약속어음 용지 사건〉 유가증권은 일반인이 진정한 것으로 오신할 정도의 형식과 외관을 갖추고 있으면 되므로 증권이 비록 문방구 약속어음 용지를 이용하여 작성되었다고 하더라도 그 전체적인 형식·내용에 비추어 일반인이 진정한 것으로 오신할 정도의 약속어음 요건을 갖추고 있으면 당연히 형법상 유가증권에 해당한다(대판 2001.8.24. 2001도2832).

〈위조약속어음 구입하여 완성한 사건〉 타인이 위조한 액면과 지급기일이 백지로 된 약속어음을 구입하여 행사의 목적으로 백지인 액면란에 금액을 기입하여 그 위조어음을 완성하는 행위는 백지어음 형태의 위조행위와는 별개의 유가증권위조죄를 구성한다(대판 1982.6.22. 82도677).

〈미완성어음을 부당 보충 사건〉 약속어음의 액면금액란에 자의로 합의된 금액의 한도를 엄청나게 넘는 금액을 기입하는 것은 백지 보충권의 범위를 초월하여 서명날인 있는 약속어음 용지를 이용한 새로운 약속어음의 발행에 해당하는 것으로서 그 소위가 유가증권위조죄를 구성한다(대판 1972.6.13. 72도897).

   (나) 폐공중전화카드의 경우 : 위조의 방법과 관련하여 폐공중전화카드의 '자기기록부분'의 자성을 회복시켜 사용가능한 공중전화카드를 만드는 행위가 위조에 해당하는지에 대하여 논의가 있지만, 판례는 긍정설의 입장이다.

〈폐공중전화카드 사건〉 폐공중전화카드의 자기기록 부분에 전자정보를 기록하여 사용가능한 공중전화카드를 만든 행위는 유가증권위조에 해당한다(대판 1998.2.27. 97도2483).

 3) 위조의 정도 : 위조의 정도는 형식상 일반인으로 하여금 유효한 유가증권이라고 오신할 수 있을 정도의 외관을 갖추고 있으면 충분하다.

〈허무인 명의나 요건의 흠결로 무효인 사건〉 유가증권위조죄에 있어서의 유가증권이라 함은 형식상 일반인으로 하여금 유효한 유가증권이라고 오신할 수 있을 정도의 외관을 갖추고 있으면 되므로 그것이 비록 허무인 명의로 작성되었거나 유가증권으로서의 요건의 흠결 등 사유로 무효한 것이라 하여도 유가증권위조죄의 성립에는 아무런 영향이 없다(대판 1979.9.25. 78도1980).

〈수표가 실체법상 무효인 사건〉 수표의 외관이 일반인으로 하여금 진정한 수표라고 신용하게 할 정도의 것이라면 동 수표가 수표요건을 결하여 실체법상 무효의 것이라 해도 위조죄는 성립한다 할 것이다(대판 1973.6.12. 72도1796).

〈대표이사의 날인없는 주권 사건〉 대표이사의 날인이 없어 상법상 무효인 주권이라도 발행인인 대표이사의 기명을 비롯한 그 밖의 주권의 기재요건을 모두 구비하고 회사의 사인까지 날인하였다면, 일반인으로 하여금 일견 유효한 주권으로 오신시킬 정도의 외관을 갖추었으므로 형법 제214조 소정의 유가증권에 해당한다(대판 1974.12.24. 74도294).

〈소비대차의 증표로 약속어음 발행한 사건〉 피고인은 인쇄된 약속어음용지를 사용하기는 하였으나 유가증권인 약속어음을 발행할 의도로 약속어음을 작성한 것이라기보다는 소비대차의 증표로서 발행한 것으로 보이고, 피고인이 위조한 것이라는 위 약속어음은 발행인의 날인이 없고, 발행인 아닌 피고인이 임의로 날인한 무인만이 있으며, 그 작성방식에 비추어 보아도 일반인이 진정하고 유효한 약속어음으로 오신할 정도의 형식과 외관을 갖춘 약속어음이라고 보기 어려우므로 이는 형법 제214조 소정의 유가증권으로 볼 수 없다고 한 사례(대판 1992.6.23. 92도976). **[COMMENT]** 구체적인 사정을 고려하여 유가증권위조죄의 성립을 부정하고 있는 예외적인 판례이다.

(2) 변조

1) **변조의 의의** : 변조는 진정한 유가증권내용을 권한 없는 자가 동일성을 침해하지 않는 범위 안에서 변경하는 것을 말하며, 간접정범에 의하여도 가능하다. 그리고 진실에 합치하도록 변경한 것이라 하더라도 권한 없이 변경한 경우에는 변조가 된다.

〈변조의 의미〉 유가증권변조죄에 있어서 변조라 함은 진정으로 성립된 유가증권의 내용에 권한 없는 자가 그 유가증권의 동일성을 해하지 않는 한도에서 변경을 가하는 것을 말한다(대판 1984.11.27. 84도1862).

〈유가증권위조의 간접정범〉 유가증권변조죄에 있어서 변조라 함은 진정으로 성립된 유가증권의 내용에 권한 없는 자가 그 유가증권의 동일성을 해하지 않는 한도에서 변경을 가하는 것을 말하고, 설사, 진실에 합치하도록 변경한 것이라 하더라도 권한 없이 변경한 경우에는 변조로 되는 것이고 정을 모르는 제3자를 통하여 간접정범의 형태로도 범할 수 있는 것이(대판 1984.11.27. 84도1862).

〈백지어음의 할인을 위임 받은 사건〉 약속어음의 발행인으로부터 어음금액이 백지인 약속어음의 할인을 위임받은 자가 위임 범위 내에서 어음금액을 기재한 후 어음할인을 받으려고 하다가 그 목적을 이루지 못하자 유통되지 아니한 당해 약속어음을 원상태대로 발행인에게 반환하기 위하여 어음금액의 기재를 삭제하는 것은 그 권한 범위 내에 속한다고 할 것이므로, 이를 유가증권변조라고 볼 수 없다고 한 사례(대판 2006.1.13. 2005도6267). (13 변시)

2) **변조의 대상**

(가) **진정하게 성립된 유가증권** : 변조는 이미 진정하게 성립된 유가증권을 전제로 한다. 따라서 이미 실효된 유가증권에 가공하여 새로운 유가증권을 만드는 것은 변조가 아니라 위조가 되며, 위조나 변조된 유가증권은 변조의 대상이 될 수 없다.

〈위조된 약속어음 사건〉 [1] 유가증권변조죄에 있어서 변조라 함은 진정으로 성립된 유가증권의 내용에 권한 없는 자가 그 유가증권의 동일성을 해하지 않는 한도에서 변경을 가하는 것을 말하므로, 이미 타인에 의하여 위조된 약속어음의 기재사항을 권한 없이 변경하였다고 하더라도 유가증권변조죄는 성립하지 아니한다. [2] 약속어음의 액면금액을 권한 없이 변경하는 것은 유가증권변조에 해당할 뿐 유가증권위조는 아니므로, 약속어음의 액면금액을 권한 없이 변경하는 행위가 당초의 위조와는 별개의 새로운 유가증권위조로 된다고 할 수 없다(대판 2006.1.26. 2005도4764). [COMMENT] 액면금액의 변경은 위조가 아니라 변조에 해당한다는 점도 주의하여야 한다. (24 2차)

〈변조된 부분을 다시 변조한 사건〉 유가증권변조죄에 있어서 '변조'는 진정하게 성립된 유가증권의 내용에 권한 없는 자가 그 유가증권의 동일성을 해하지 않는 한도에서 변경을 가하는 것을 의미하고, 이와 같이 권한 없는 자에 의해 변조된 부분은 진정하게 성립된 부분이라 할 수 없다. 따라서 유가증권의 내용 중 권한 없는 자에 의하여 이미 변조된 부분을 다시 권한 없이 변경하였다고 하더라도 유가증권변조죄는 성립하지 않는다고 할 것이다(대판 2012.9.27. 2010도15206). (23 경1)

    (나) 타인명의의 유가증권 : 일반적으로 변조는 타인명의의 유가증권을 권한 없이 변경하는 것이다. 따라서 자기명의의 유가증권에 변경을 가한 때에는 허위유가증권작성죄 또는 문서손괴죄가 논의될 뿐이다.

〈대표이사가 대표권 남용하여 주권기재사항 변경한 사건〉 회사의 대표이사로서 주권 작성에 관한 일반적인 권한을 가지고 있는 자가 대표권을 남용하여 자기 또는 제3자의 이익을 도모할 목적으로 그들 명의의 주권의 기재사항에 변경을 가한 행위는 유가증권변조죄를 구성하지 아니한다(대판 1980.4.22. 79도3034).

〈타인에게 속한 자기명의 유가증권에 변경을 가한 사건〉 타인에게 속한 자기명의의 유가증권에 무단히 변경을 가하였다 하더라도 그것이 문서손괴죄나 허위유가증권작성죄에 해당되는 경우가 있음은 별론으로 하고 유가증권변조죄를 구성하는 것은 아니다(대판 1978.11.14. 78도1904).

  3) 변조의 정도 : 변조는 유가증권의 동일성을 유지하면서 변경되는 것에 한한다. 변경을 가함으로써 유가증권의 동일성이 유지되지 않을 때에는 위조가 되며 변조는 아니다.

(3) 작성권자를 기망한 경우

  1) 작성권자가 작성내용을 알고 있는 경우 : 작성권자가 작성내용을 알고 있는 경우에는 유가증권에 관한 죄는 성립하지 않고, 사기죄 등이 문제된다.

  2) 작성권자가 작성내용을 모르고 있는 경우 : 작성권자가 내용을 모르는 경우에는 작성권자를 이용한 간접정범이 성립한다.

3. 고의와 행사할 목적

유가증권을 위조 또는 변조한다는 점에 대한 고의와 행사할 목적이 있어야 한다.

〈부정수표단속법 제5조와 행사할 목적〉 유가증권위조 · 변조죄에 관한 형법 제214조 제1항은 "행사할 목적으로 대한민국 또는 외국의 공채증서 기타 유가증권을 위조 또는 변조한 자는 10년 이하의 징역에 처한다"라고 규정하고 있는 반면, 수표위조 · 변조죄에 관한 부정수표단속법 제5조는 "수표를 위조 또는 변조한 자는 1년 이상의 유기징역과 수표금액의 10배 이하의 벌금에 처한다"라고 규정하고 있는바, 이러한 부정수표단속법 제5조의 문언상 본조는 수표의 강한 유통성과 거래수단으로서의 중요성을 감안하여 유가증권 중 수표의 위 · 변조행위에 관하여는 범죄성립요건을 완화하여 초과주관적 구성요건인 '행사할 목적'을 요구하지 아니하는 한편, 형법 제214조 제1항 위반에 해당하는 다른 유가증권위조·변조행위보다 그 형을 가중하여 처벌하려는 취지의 규정이라고 해석하여야 한다(대판 2008.2.14. 2007도10100). (13 법행)

III. 죄수 및 타죄와의 관계

(1) 죄 수

본죄의 죄수는 유가증권의 매수를 기준으로 결정한다. 따라서 1통의 유가증권에 수개의 위조 또는 변조가 있는 때에는 포괄일죄가 되고, 수통의 유가증권을 위조한 경우에는 경합범이 된다.

〈유가증권위조죄의 죄수 판단〉 유가증권위조죄의 죄수는 원칙적으로 위조된 유가증권의 매수를 기준으로 정할 것이므로, 약속어음 2매의 위조행위는 포괄일죄가 아니라 경합범이다(대판 1983.4.12. 82도2938). (24 2차)

(2) 다른 범죄와의 관계

1) 유가증권의 위조를 위하여 인장을 위조한 경우 : 유가증권위조죄가 성립하면 인장위조죄는 본죄에 흡수된다.

2) 유가증권을 위조한 후 행사한 경우 : 유가증권위조죄와 동행사죄의 실체적 경합범이 된다.

3) 유가증권의 변조와 문서손괴죄와의 관계 : 작성권한 없는 사람이 타인명의의 유가증권에 변경을 하면 유가증권의 변조가 되지만, 작성권한 있는 사람이 타인소유의 유가증권에 변경을 하면 문서손괴죄가 성립한다.

2 기재의 위조 · 변조죄 [미수범 처벌, 예비 · 음모 처벌]

제214조 (유가증권의 위조등) ② 행사할 목적으로 유가증권의 권리의무에 관한 기재를 위조 또는 변조한 자도 전항의 형과 같다.

[죄명예규] 유가증권(위조, 변조)

(1) 의 의

기재의 위조 · 변조죄는 행사할 목적으로 유가증권의 권리 · 의무에 관한 기재사항을 위조 또는 변조함으로써 성립하는 범죄이다. 본죄는 유가증권이 진정하게 성립한 후에 그 부수적 증권행위(배서 · 보증 · 지급보증 · 인수)와 관련된 범죄라는 점에서 유가증권위조 · 변조죄와 구별된다.

(2) 행 위

권리 · 의무에 관한 기재를 위조 또는 변조하는 것이다.

1) 위조 : 본죄의 위조는 기본적 증권행위가 진정하게 성립한 후에 그 부수적 증권행위에 대하여 작성명의를 모용하는 것이다. 예를 들면 타인명의로 어음을 배서하는 경우이다.

2) 변조 : 본죄의 변조는 진정하게 성립한 유가증권에 대해 그 부수적 증권행위에 속한 기재사항의 내용을 변경하는 것이다. 예를 들면 진정하게 타인명의로 성립된 배서부분에 변경을 가하는 경우이다.

〈발행인이 권리자의 동의없이 기재내용을 변경한 사건〉 형법 제214조 제2항에 규정된 '유가증권의 권리의무에 관한 기재를 변조한다'는 것은 진정하게 성립된 타인 명의의 부수적 증권행위에 관한 유가증권의 기재내용에 작성권한이 없는 자가 변경을 가하는 것을 말하고, 어음발행인이라 하더라도 어음상에 권리의무를 가진 자가 있는 경우에는 이러한 자의 동의를 받지 아니하고 어음의 기재 내용에 변경을 가하였다면 이는 유가증권의 권리의무에 관한 기재를 변조한 것에 해당한다 할 것이다(대판 2003.1.10, 2001도6553).

3 자격모용에 의한 유가증권작성죄 [미수범 처벌, 예비·음모 처벌]

제215조 (자격모용에 의한 유가증권의 작성) 행사할 목적으로 타인의 자격을 모용하여 유가증권을 작성하거나 유가증권의 권리 또는 의무에 관한 사항을 기재한 자는 10년하의 징역에 처한다.

[죄명예규] 자격모용유가증권(작성, 기재)

(1) 의 의

자격모용에 의한 유가증권작성죄는 행사할 목적으로 타인의 자격을 모용하여 유가증권을 작성하거나 유가증권의 권리·의무에 관한 사항을 기재함으로써 성립하는 범죄이다.

(2) 행 위

타인의 자격을 모용하여 유가증권을 작성하거나, 유가증권의 권리·의무에 관한 사항을 기재하는 것이다.

1) 타인의 자격모용

(가) 타인의 자격모용 : 타인의 자격을 모용한다는 것은 대리 또는 대표자격이 없는 자가 타인의 대리인 또는 대표자인양 그 자격을 사칭하여 유가증권을 작성하는 것을 말한다.

(나) 대리권 또는 대표권 없는 자의 경우 : 처음부터 그러한 자격이 없는 자는 물론 이미 가지고 있던 자격을 상실한 자도 포함한다.

〈직무집행정지 가처분결정 사건〉 대표이사 직무집행정지가처분결정은 대표이사의 직무집행만을 정지시킬 뿐 대표이사의 자격까지 박탈하는 것은 아니나 가처분결정이 송달되어 일체의 직무집행이 정지됨으로써 직무집행의 권한이 없게 된 대표이사가 그 권한 밖의 일인 대표이사 명의의 유가증권을 작성 행사하는 행위가 회사업무의 중단을 막기 위한 긴급한 인수인계 행위라 하더라도 합법적인 권한행사라 할 수 없으므로 이는 자격모용유가증권작성 및 동 행사죄에 해당한다(대판 1987.8.18, 87도145).

〈대표이사가 퇴직 후 계속 약속어음을 발행한 사건〉 주식회사 대표이사로 재직하던 피고인이 대표이사가 타인으로 변경되었음에도 불구하고 이전부터 사용하여 오던 피고인 명의로 된 위 회사 대표이사의 명판을 이용하여 여전히 피고인을 위 회사의 대표이사로 표시하여 약속어음을 발행, 행사하였다면, 설사 약속어음을 작성, 행사함에 있어 후임 대표이사의 승낙을 얻었다거나 위 회사의 실질적인 대표이사로서의 권한을 행사하는 피고인이 은행과의 당좌계약을 변경하는 데에 시일이 걸려 잠정적으로 전임 대표이사인 그의 명판을 사용한 것이라 하더라도 이는 합법적인 대표이사로서의 권한행사라 할 수 없어 자격모용유가증권작성 및 동행사죄에 해당한다(대판 1991.2.26. 90도577).

〈회사의 대표이사가 전 대표이사 명의로 수표 발행한 사건〉 회사의 대표이사가 은행과 당좌거래약정이 되어 있는 전 대표이사명의로 수표를 발행한 경우에는 자격모용에 의한 유가증권작성죄가 성립하지 않는다(대판 1975.9.23. 74도1684).

    ㈐ 대리권 또는 대표권을 초월한 경우 : 대리 또는 대표권이 있는 자라 할지라도 그 권한 범위 외의 사항 또는 명백히 권한을 초월한 사항에 관하여 본인 또는 회사 명의의 유가증권을 발행한 때에는 권한 없는 자의 경우와 마찬가지로 본죄가 성립한다.

    ㈑ 대리권 또는 대표권을 남용한 경우 : 대리권 또는 대표권 있는 자가 권한을 남용하여 본인 또는 회사 명의로 유가증권을 발행한 때에는 본죄가 성립하지 않고, 허위유가증권작성죄나 배임죄가 성립할 뿐이다.

〈주식회사의 대표이사가 대표권을 남용한 사건〉 원래 주식회사의 적법한 대표이사는 회사의 영업에 관하여 재판상 또는 재판외의 모든 행위를 할 권한이 있으므로, 대표이사가 직접 주식회사 명의의 문서를 작성하는 행위는 자격모용사문서작성 또는 위조에 해당하지 않는 것이 원칙이다. 이는 그 문서의 내용이 진실에 반하는 허위이거나 대표권을 남용하여 자기 또는 제3자의 이익을 도모할 목적으로 작성된 경우에도 마찬가지이다. 이러한 법리는 주식회사의 대표이사가 대표 자격을 표시하는 방식으로 약속어음 등 유가증권을 작성하는 경우에도 마찬가지로 적용된다(대판 2015.11.27. 2014도17894).

  2) 유가증권의 작성 또는 권리·의무에 관한 사항의 기재 : 발행 등 유가증권의 기본적 증권행위를 하거나, 배서·인수·보증 등 부수적 증권행위를 하는 것을 말한다.

4 허위유가증권작성죄 [미수범 처벌]

> 제216조 (허위유가증권의 작성등) 행사할 목적으로 허위의 유가증권을 작성하거나 유가증권에 허위사항을 기재한 자는 7년 이하의 징역 또는 3천만 원 이하의 벌금에 처한다.

[죄명예규] 허위유가증권작성, 유가증권허위기재

(1) 의 의

허위유가증권작성죄는 행사할 목적으로 허위의 유가증권을 작성하거나 유가증권에 허위의 사항을 기재함으로써 성립하는 범죄이다.

(2) 행 위

허위의 유가증권을 작성하거나 유가증권에 허위사항을 기재하는 것이다.

1) 허위의 유가증권작성 : 허위의 유가증권을 작성한다는 것은 작성권한 있는 자가 타인의 작성명의를 모용하지 않고 기본적 증권행위에 관해 허위의 내용을 기재하여 자기명의의 새로운 유가증권을 만들어 내는 것을 말한다.

허위유가증권 작성죄 관련 판례 정리

1. 허위유가증권 작성죄를 긍정한 판례

〈유령회사 사건〉 실재하지 않는 유령회사 대표이사의 자격을 모용하여 자기명의의 인장을 찍어서 회사명의의 약속어음을 발행한 경우에 허위유가증권작성죄가 성립한다(대판 1970.12.29. 70 도2389).

〈선하증권 사건〉 선하증권 기재의 화물을 인수하거나 확인하지도 아니하고 또한 선적할 선편조차 예약하거나 확보하지도 않은 상태에서 수출면장만을 확인한 채 실제로 선적한 일이 없는 화물을 선적하였다는 내용의 선하증권을 발행, 교부하였다면 피고인들은 위 선하증권을 작성하면서 진실에 반하는 허위의 기재를 하였음이 명백하다(대판 1995.9.29. 95도803).

〈발행일자를 소급시켜 발행한 사건〉 허위유가증권의 작성이란 유가증권의 효력에 영향을 미칠 기재사항에 관하여 진실에 반한 기재를 하는 모든 행위를 말하는 것으로 비록 주권발행의 권한을 위임받았다고 하더라도 행사의 목적으로 발행일자를 소급 기재하여 그 기재일자에 발행된 것처럼 허위내용을 기재한 때는 허위유가증권작성죄를 구성한다(대판 1974.1.15. 73도2041).

〈발행인 명의아래 진실에 반하는 수임자의 인장을 날인한 사건〉 약속어음작성권자의 승낙 내지 위임을 받아 약속어음을 작성에 있어서 발행인 명의 아래 진실에 반하는 내용인 수임자의 인장을 날인하여 일견 유효한 듯한 약속어음을 발행, 교부하였다면 위 약속어음의 발행은 형법 제216조 전단 소정의 허위유가증권작성죄 및 동행사죄가 성립한다(대판 1975.6.10. 74도2594).

〈당좌거래사실 없거나 거래가 정지된 사건〉 수표발행자가 수표에 기재한 지급은행과 당좌거래사실이 없거나 거래가 정지되었음에도 불구하고 이러한 사실을 숨기고 수표를 발행한 경우에 허위 유가증권 작성죄가 성립한다(대판 1956.6.26. 4289형상128).

2. 허위유가증권 작성죄를 부정한 판례

〈은행에 신고하지 않은 인장으로 약속어음을 작성한 사건〉 은행을 통하여 지급이 이루어지는 약속어음의 발행인이 그 발행을 위하여 은행에 신고된 것이 아닌 발행인의 다른 인장을 날인하였다 하더라도 그것이 발행인의 인장인 이상 그 어음의 효력에는 아무런 영향이 없으므로 허위유가증권작성죄가 성립하지 아니한다(대판 2000.5.30. 2000도883).

〈주권발행 전에 주식을 양도받은 자에 대하여 주권을 발행한 사건〉 피고인이 주권발행 전에 주식을 양도받은 자에 대하여 주권을 발행한 경우에 가사 그 주식양도가 주권발행 전에 이루어진 것이어서 상법 제335조에 의하여 무효라 할지라도 권리의 실체관계에 부합되어 허위의 주권발행의 범의가 있다고 할 수 없다(대판 1982.6.22. 81도1935).

〈원인관계없이 약속어음을 발행한 사건〉 발행된 약속어음은 원인채무의 존부와 관계없이 그 어음상의 문언에 따라 어음상의 권리의무관계가 생기는 것이 약속어음의 무인증권성과 설권증권성의 원리에 비추어 명백하다 할 것이므로 원인채무관계가 존재하지 아니한다는 이유만으로는 약속어음의 발행행위를 허위유가증권작성죄로 문의할 수 없다고 봄이 상당하다(대판 1977.5.24. 76도4132).

〈수표자금의 입금없이 자기앞수표 발행한 사건〉 형법 제216조 전단의 허위유가증권작성죄는 작성권한 있는 자가 자기 명의로 기본적 증권행위를 함에 있어서 유가증권의 효력에 영향을 미칠 기재사항에 관하여 진실에 반하는 내용을 기재하는 경우에 성립하는바, 자기앞수표의 발행인이 수표의뢰인으로부터 수표자금을 입금받지 아니한 채 자기앞수표를 발행하더라도 그 수표의 효력에는 아무런 영향이 없으므로 허위유가증권작성죄가 성립하지 아니한다(대판 2005.10.27. 2005도4528).

2) 허위의 사항기재 : 유가증권에 허위사항을 기재한다는 것은 기재권한 있는 자가 기존의 유가증권에 배서·인수·보증과 같은 부수적 증권행위를 할 때에 진실에 반하는 사항을 기재하는 것을 말한다. 그러나 허위의 기재가 기존의 권리관계에 아무런 영향을 미치지 않는 사항인 경우에는 본죄에 해당하지 않는다.

〈배서인 주소 사건〉 배서인의 주소기재는 배서의 요건이 아니므로 약속어음 배서인의 주소를 허위로 기재하였다고 하더라도 그것이 배서인의 인적 동일성을 해하여 배서인이 누구인지를 알 수 없는 경우가 아닌 한 약속어음상의 권리관계에 아무런 영향을 미치지 않는다 할 것이고, 따라서 약속어음상의 권리에 아무런 영향을 미치지 않는 사항은 그것을 허위로 기재하더라도 형법 제216조 소정의 허위유가증권작성죄에 해당되지 않는다(대판 1986.6.24. 84도547).

5 위조유가증권등의 행사등죄 [미수범 처벌]

제217조 (위조유가증권등의 행사등) 위조, 변조, 작성 또는 허위기재한 전3조 기재의 유가증권을 행사하거나 행사할 목적으로 수입 또는 수출한 자는 10년 이하의 징역에 처한다.

[죄명예규] (위조유가증권, 변조유가증권, 자격모용작성유가증권, 자격모용기재유가증권, 허위작성유가증권, 허위기재유가증권)(행사, 수입, 수출)

(1) 의 의

본죄는 위조·변조한 유가증권 혹은 자격을 모용하거나 허위로 작성·기재한 유가증권을 행사하거나 행사할 목적으로 수입·수출함으로써 성립하는 범죄이다.

(2) 객 체

1) 원본의 경우 : 위조·변조·허위작성 또는 허위기재한 유가증권의 원본이 유가증권에 해당함은 의문이 없다.

2) 복사본의 경우 : 위조유가증권을 전자복사기 등을 사용하여 기계적으로 복사한 사본이 이에 해당하는지에 대하여 ① 다수설은 문서에 관한 죄에 규정되어 있는 형법 제237조의2를 확인규정으로 이해하고 이를 유가증권에 관한 죄에 준용하여 복사된 위조유가증권도 본죄의 객체가 된다는 긍정설의 입장이지만, ② 판례는 위조유가증권행사죄에 있어서의 유가증권이라 함은 위조된 유가증권의 원본을 말하는 것이지 전자복사기 등을 사용하여 기계적으로 복사한 사본은 이에 해당하지 않는다고 하여 부정설의 입장이다.

〈위조된 약속어음 복사한 사본 사건〉 위조유가증권행사죄에 있어서의 유가증권이라 함은 위조된 유가증권의 원본을 말하는 것이지 전자복사기 등을 사용하여 기계적으로 복사한 사본은 이에 해당하지 않는다(대판 1998.2.13. 97도2922). (13 변시)

〈위조된 선하증권 사본 사건〉 피고인이 위조 선하증권의 사본을 은행에 제출한 경우에는 위조유가증권행사죄가 성립하지 않는다(대판 2010.5.13. 2008도10678).

〈"COPY NON NEGOTIABLE" 이라고 찍힌 선하증권 사본 사건〉 피고인이 위조한 선하증권은 "COPY NON NEGOTIABLE"이라고 찍힌 선하증권의 사본임을 알 수 있어 유가증권위조에서의 유가증권에 해당하는 것으로 볼 수 없음에도, 이와 달리 판단한 원심판결에 법리오해의 위법이 있다고 한 사례(대판 2010.5.13. 2008도10678).

(3) 행 위

행사, 수입 또는 수출하는 것이다. 행사와 관련하여 위조된 정을 아는 자에게는 **원칙적으로** 행사죄가 성립하지 않으나, 위조된 정을 아는 자가 행사의사가 분명한 경우에는 **예외적으로** 행사죄가 성립할 수 있다.

〈상품권이 자동 배출되도록 한 사건〉 당첨이 된 손님들에게 위조상품권을 직접 교부한 것이 아니라 미리 오락기에 일련번호가 모두 같은 위조된 상품권을 여러 장 투입해 놓고 그 후 오락기 이용자가 게임에서 당첨이 되면 오락기에서 자동으로 그 당첨액수에 상응하는 상품권이 배출되도록 한 경우에는 위조유가증권행사죄가 성립한다(대판 2007.4.12. 2007도796).

〈위조유가증권임을 아는 자에게 교부한 사건〉 위조유가증권임을 알고 있는 자에게 교부하였더라도 피교부자가 이를 소통시킬 것임을 인식하고 교부하였다면 그 교부행위 그 자체가 유가증권의 유통질서를 해할 우려가 있어 위조유가증권행사죄가 성립한다(대판 1983.6.14. 81도2492).

〈행사할 의사가 분명한 자에게 교부한 사건〉 허위작성된 유가증권을 피교부자가 그것을 유통하게 한다는 사실을 인식하고 교부한 때에는 허위작성유가증권행사죄에 해당하고, 행사할 의사가 분명한 자에게 교부하여 그가 이를 행사한 때에는 허위작성유가증권행사죄의 공동정범이 성립된다(대판 1995.9.29. 95도803).

〈위조죄의 공범 사이에서 위조유가증권을 교부한 사건〉 [1] 위조유가증권의 교부자와 피교부자가 서로 유가증권위조를 공모하였거나 위조유가증권을 타에 행사하여 그 이익을 나누어 가질 것을 공모한 공범의 관계에 있다면, 그들 사이의 위조유가증권 교부행위는 그들 이외의 자에게 행사함으로써 범죄를 실현하기 위한 전단계의 행위에 불과한 것으로서 위조유가증권은 아직 범인들의 수중에 있다고 볼 것이지 행사되었다고 볼 수는 없다. [2] 피고인과 갑은 갑이 피고인으로부터 1,500만 원을 차용하는 것처럼 가장하기로 공모한 다음, 피고인이 위조된 100만 원권 자기앞수표 14장 외에 10만 원권 수표 10장이 들어 있는 봉투를 을을 통해 공범 갑과 그 위조사실을 모르는 병이 함께 있는 자리에서 갑에게 교부하자, 갑은 그 자리에서 자신의 연인 병을 보증인으로 하는 차용증을 작성하여 을에게 주었는데, 이때 갑은 봉투에서 10만 원권 수표 10장을 꺼내어 병에게 보여 주었으나 위조된 100만 원권 자기앞수표는 봉투에서 꺼내거나 병에게 보여 주지도 않은 사안에서, 을이나 갑이 위조된 자기앞수표를 병에게 제시하는 등으로 이를 인식하게 하였다고 할 수 없어 이들이 위 봉투를 병의 면전에서 주고받은 행위를 위조된 자기앞수표를 행사한 경우에 해당한다고 볼 수 없고, 따라서 을이나 갑에게 위 수표를 교부한 것이 이를 행사한 경우에 해당한다고 볼 수도 없음에도, 피고인에 대한 위 위조유가증권행사의 공소사실을 유죄로 인정한 원심판결에 법리오해의 위법이 있다고 한 사례(대판 2010.12.9. 2010도12553). (19 변시)

⑷ 죄 수

행사죄는 유가증권의 매수를 기준으로 죄수를 판단한다. 그러므로 수매의 유가증권을 일괄 행사하면 상상적 경합이 된다.

6 인지 · 우표의 위조등 죄 [미수범 처벌, 예비 · 음모 처벌]

제218조 (인지 · 우표의 위조등) ① 행사할 목적으로 대한민국 또는 외국의 인지, 우표 기타 우편요금을 표시하는 증표를 위조 또는 변조한 자는 10년 이하의 징역에 처한다.

[죄명예규] (인지, 우표, 우편요금증표)(위조, 변조)

7 위조 · 변조된 인지 또는 우표의 행사 등죄 [미수범 처벌]

제218조 (인지 · 우표의 위조등) ② 위조 또는 변조된 대한민국 또는 외국의 인지, 우표 기타 우편요금을 표시하는 증표를 행사하거나 행사할 목적으로 수입 또는 수출한 자도 제1항의 형과 같다.

[죄명예규] (위조, 변조)(인지, 우표, 우편요금증표)(행사, 수입, 수출)

〈우표수집상 사건〉[1] 위조우표취득죄 및 위조우표행사죄에 관한 형법 제219조 및 제218조 제2항 소정의 "행사"라 함은 위조된 대한민국 또는 외국의 우표를 진정한 우표로서 사용하는 것으로 반드시 우편요금의 납부용으로 사용하는 것에 한정되지 않고 우표수집의 대상으로서 매매하는 경우도 이에 해당된다. [2] 위조된 우표를 그 정을 알고 있는 자에게 교부하더라도 그 자가 이를 진정하게 발행된 우표로서 사용할 것이라는 정을 인식하면서 교부한다면 위조우표행사죄의 '행사할 목적'에 해당된다(대판 1989.4.11. 88도1105).

8 위조 인지 · 우표 등의 취득죄 [미수범 처벌]

제219조 (위조인지 · 우표등의 취득) 행사할 목적으로 위조 또는 변조한 대한민국 또는 외국의 인지, 우표 기타 우편요금을 표시하는 증표를 취득한 자는 3년 이하의 징역 또는 1천만 원 이하의 벌금에 처한다.

9 소인말소죄

제221조 (소인말소) 행사할 목적으로 대한민국 또는 외국의 인지, 우표 기타 우편요금을 표시하는 증표의 소인 기타 사용의 표지를 말소한 자는 1년 이하의 징역 또는 300만 원 이하의 벌금에 처한다.

[죄명예규] (인지, 우표, 우편요금증표)소인말소

10 인지 · 우표유사물의 제조등죄 [미수범 처벌]

제222조 (인지 · 우표유사물의 제조등) ① 판매할 목적으로 대한민국 또는 외국의 공채 증서, 인지, 우표 기타 우편요금을 표시하는 증표와 유사한 물건을 제조, 수입 또는 수출한 자는 2년 이하의 징역 또는 500만 원 이하의 벌금에 처한다.
② 전항의 물건을 판매한 자도 전항의 형과 같다.

[죄명예규] (공채증서, 인지, 우표, 우편요금증표)유사물(제조, 수입, 수출)/(공채증서, 인지, 우표, 우편요금증표)유사물판매

11 예비 · 음모죄

제224조 (예비, 음모) 제214조, 제215조와 제218조 제1항의 죄를 범할 목적으로 예비 또는 음모한 자는 2년 이하의 징역에 처한다.

[죄명예규] (제214조, 제215조, 제218조제1항 각 죄명)(예비, 음모)

제214조의 유가증권의 위조 등죄와 제215조의 자격모용에 의한 유가증권의 작성죄 그리고 제218조의 인지 · 우표의 위조 등죄의 예비 · 음모를 처벌하고 있다.

[COMMENT] 주의할 점은 예비 · 음모 규정이 제224조에 있지만, 유가증권과 관련된 조문들도 예비 · 음모를 처벌하고 있다는 점이다.

제3절 | 문서에 대한 죄

> [GUIDE] 문서에 관한 죄에 대한 목차구성에 대하여 간단히 설명한다. 문서에 관한 죄를 전체적으로 논리정연하게 이해하기 위해서는 조문의 순서에 따라 정리하는 것이 가장 바람직하다. 그러나 문서에 관한 죄의 설명순서는 교재마다 일정하지 않지만, 일반적으로 문서죄의 성격에 따라 ① 유형위조(명의모용, 자격모용 포함) ② 무형위조 ③ 위조문서 등의 행사죄 ④ 부정행사죄의 순서로 설명을 하고 있다. 따라서 본서에서도 일응 그러한 방식을 따르고자 한다. 그러나 먼저 법조문을 전체적으로 정확히 기억한 후에 개별적인 범죄를 고찰하는 것이 바람직하다. 본서에서의 문서죄의 목차를 전체적으로 개관해 보면 먼저 문서에 관한 죄의 일반이론을 설명하고, 이후 개별적인 문서에 관한 죄를 다루되 ① 위조죄 ② 자격모용죄 ③ 허위작성죄 ④ 위조문서 등의 행사죄 ⑤ 부정행사죄의 5가지 유형의 범죄로 분류한 후에 각죄에 대하여 사문서, 공문서의 순서로 정리하였다.

1 문서에 관한 죄의 일반이론

I. 의 의

문서에 관한 죄는 행사할 목적으로 문서를 위조, 변조 또는 허위작성하거나, 이렇게 작성된 문서를 행사하거나 또는 진정한 문서를 부정행사하는 범죄이다.

II. 보호법익과 보호의 정도

문서에 관한 죄의 보호법익은 문서를 통한 거래의 안전과 공공의 신용이며, 보호의 정도는 추상적 위험범이다.

> 〈문서죄의 보호법익〉 형법상 문서에 관한 죄로써 보호하고자 하는 것은 구체적인 문서 그 자체가 아니라, 문서에 화체된 사람의 의사표현에 관한 안전성과 신용이다(대판 2010.7.29. 2010도2705).

III. 문서죄에 관한 입법주의

문서에 관한 죄의 보호대상이 구체적으로 문서의 어떤 부분인지 즉 문서성립의 진정을 보호하는지 또는 내용의 진실을 보호하는지에 대하여 논의가 있다. 이에 대하여는 ① 문서의 성립의 진정을 보호대상으로 해야 하므로 문서의 작성명의에 허위가 있으면 이를 처벌해야 한다는 형식주의와 ② 문서에 표시된 내용의 진실을 보호대상으로 해야 하므로 문서의 내용을 허위로 작성하는 행위를 처벌하려는 실질주의가 대립하고 있으며, ③ 현행 형법은 형식주의를 원칙으로 하면서 예외적으로 실질주의를 인정하고 있다.

Ⅳ. 유형위조와 무형위조

1. 논의점

문서에 관한 죄를 처벌함에 있어서 문서의 어떤 부분에 대한 허위를 위조개념으로 포섭하느냐가 문제된다. 이와 관련하여 어떤 내용의 허위를 처벌하는지에 관한 입법형식인 형식주의와 실질주의의 차이에 따라 각각 다른 위조개념을 설정하고 있다.

2. 유형위조

유형위조란 문서를 작성할 권한이 없는 자가 타인의 명의를 사칭하여 타인명의의 문서를 작성하는 것을 말한다. 입법주의 중 **형식주의가 반영된 위조개념**이다. 유형위조는 문서의 작성 행위 자체에 허위가 있는 행위를 위조개념에 포섭한다.

3. 무형위조

무형위조란 문서를 작성할 권한이 있는 자가 진실에 반하는 문서를 작성하는 것을 말한다. 입법주의 중 **실질주의가 반영된 위조개념**이다. 무형위조는 문서에 기재된 의사·관념의 내용이 허위인 것을 위조개념으로 포섭한다.

4. 형법의 태도

(1) 형법상 유형위조와 무형위조의 구별

형법상 유형위조는 '위조 또는 변조', 무형위조는 '작성'이라고 표현하여 양자를 일응 구별하고 있다. 그러나 자격모용에 의한 문서의 작성죄는 '작성'이라는 표현을 하고 있지만, 실질적으로 유형위조라는 점을 주의하여야 한다.

(2) 유형위조의 원칙적 처벌

형법은 기본적으로 유형위조를 원칙적으로 처벌하고 있다. 즉 형법은 유형위조는 공·사문서를 모두 처벌하고 있으나, 무형위조는 공문서는 모두 처벌하나 사문서의 경우에는 허위진단서 등 작성죄만을 예외적으로 처벌하여 유형위조를 원칙적으로 처벌하고 있다.

〈사문서의 무형위조〉 피고인들이 작성한 회의록에다 참석한 바 없는 소외인이 참석하여 사회까지 한 것으로 기재한 부분은 사문서의 무형위조에 해당할 뿐이어서 사문서의 유형위조만을 처벌하는 현행 형법하에서는 죄가 되지 아니한다(대판 1984.4.24. 83도2645).

Ⅴ. 문서의 의의

1. 문서의 개념

(1) 문서의 개념요소

문서는 문자 또는 이를 대신하는 부호에 의한 의사표시를 담고, 법적으로 중요한 사실을 증명해 줄 수 있고, 작성명의인을 인식시켜줄 수 있는 물체를 말한다. 광의의 문서에는 문자로 표시된 협의의 문서 외에 도화가 포함된다. 이러한 문서는 ① 계속적 기능 ② 증명적 기능 ③ 보장적 기능의 세 가지 개념요소를 내포하고 있다.

〈생략문서도 문서라는 판례〉 형법상 문서에 관한 죄에 있어서 문서라 함은 문자 또는 이에 대신할 수 있는 가독적 부호로 계속적으로 물체상에 기재된 의사 또는 관념의 표시인 원본 또는 이와 사회적 기능·신용성 등을 동일시할 수 있는 기계적 방법에 의한 복사본으로서 그 내용이 법률상·사회생활상 주요사항에 관한 증거로 될 수 있는 것을 말하는 것으로, 사람의 동일성을 표시하기 위하여 사용되는 일정한 상형인 인장이나, 사람의 인격상의 동일성 이외의 사항에 대해서 그 동일성을 증명하기 위한 부호인 기호와는 구분되며, 이른바 생략문서도 그것이 사람 등의 동일성을 나타내는 데에 그치지 않고 그 이외의 사항도 증명·표시하는 한 인장이나 기호가 아니라 문서로서 취급하여야 한다(대판 1995.9.5. 95도1269).

(2) 복사문서의 문서성

제237조2 (복사문서등) 이 장의 죄에 있어서 전자복사기, 모사전송기 기타 이와 유사한 기기를 사용하여 복사한 문서 또는 도화의 사본도 문서 또는 도화로 본다.

전자복사 내지는 사진복사에 의한 복사문서의 문서성에 대하여 논란이 있었지만, 1995년의 개정형법 제237조의2에서는 복사문서의 문서성을 인정하여 입법적으로 해결하였다.

〈문서의 사본과 재사본도 문서라는 판례〉 형법 제237조의2에 따라 전자복사기, 모사전송기 기타 이와 유사한 기기를 사용하여 복사한 문서의 사본도 문서원본과 동일한 의미를 가지는 문서로서 이를 다시 복사한 문서의 재사본도 문서위조죄 및 동 행사죄의 객체인 문서에 해당한다(대판 2004.10.28. 2004도5183). (12 변시)

2. 계속적 기능

(1) 의 의

계속적 기능이란 문서는 사람의 관념·의사가 물체에 화체되어 외부적으로 표시된 것으로서 어느 정도 계속성이 있어야 한다는 것을 말한다.

(2) 의사표시의 계속성

1) 계속적인 상태 : 문서는 의사 또는 관념이 물체상에 표시되어 어느 정도 계속적인 상태에 있어야 하며, 그 내용을 시각적으로 이해할 수 있어야 한다.

2) 녹음테이프·음반·디스켓 등 : 녹음테이프, 음반, 컴퓨터 등에 사용되는 각종 디스켓 등은 가시적 인식가능성이 없기 때문에 **문서에는 해당되지 않고, 공전자·사전자기록으로서** 형법의 특별한 보호객체가 된다.

3) 컴퓨터 이미지 : 컴퓨터 모니터 화면에 나타나는 이미지는 계속적으로 화면에 고정된 것이 아니므로 문서에 해당하지 않는다.

[COMMENT] 그러나 위조된 문서의 이미지 파일을 전송하는 것은 행사죄가 성립한다는 점을 주의해야 한다.

〈공인중개사 자격증 이미지파일 사건〉 [1] 컴퓨터 모니터 화면에 나타나는 이미지는 이미지 파일을 보기 위한 프로그램을 실행할 경우에 그때마다 전자적 반응을 일으켜 화면에 나타나는 것에 지나지 않아서 계속적으로 화면에 고정된 것으로는 볼 수 없으므로, 형법상 문서에 관한 죄에 있어서의 '문서'에는 해당되지 않는다고 할 것이다. [2] 컴퓨터 스캔 작업을 통하여 만들어낸 공인중개사 자격증의 이미지 파일이 형법상 문서에 관한 죄의 '문서'에 해당하지 않는다고 한 사례(대판 2008.4.10. 2008도1013). (14 변시)(18 변시)(21 변시)

〈졸업증명서 파일 사건〉 이 사건 졸업증명서 파일은 그 파일을 보기 위하여 일정한 프로그램을 실행하여 모니터 등에 이미지 영상을 나타나게 하여야 하므로, 파일 그 자체는 형법상 문서에 관한 죄에 있어서의 문서에 해당되지 않는다고 하여 이 사건 공소사실에 대해 무죄를 선고한 것은 정당하다(대판 2010.7.15. 2010도6068).

〈주민등록증란의 글자를 오려붙인 후 이미지파일 만든 사건〉 자신의 이름과 나이를 속이는 용도로 사용할 목적으로 주민등록증의 이름 · 주민등록번호란에 글자를 오려붙인 후 이를 컴퓨터 스캔 장치를 이용하여 이미지 파일로 만들어 컴퓨터 모니터로 출력하는 한편 타인에게 이메일로 전송하여 열람하도록 한 경우, 컴퓨터 모니터 화면에 나타나는 이미지는 형법상 문서에 관한 죄의 문서에 해당하지 않으므로 공문서위조 및 위조공문서행사죄를 구성하지 않는다(대판 2007.11.29. 2007도7480). (14 변시)(20 변시)

3. 증명적 기능

(1) 의 의

증명적 기능이란 문서 내용은 일정한 법률관계와 사회생활의 중요사항을 증명할 수 있어야 한다는 것을 말한다.

(2) 요 건

문서는 객관적으로 일정한 법률관계와 사회생활의 중요사항을 증명하는 것이어야 하며, 주관적으로 일정한 법률관계와 사회생활의 중요사항을 증명하기 위한 작성자 내지 행사자의 증명의사가 필요하다.

4. 보장적 기능

(1) 의 의

보장적 기능이란 문서에는 의사표시의 내용을 보증할 수 있는 의사표시의 주체 즉 명의인이 표시되어 있어야 한다는 것을 말한다.

(2) 명의인

명의인은 법적 거래에서 문서의 표현내용이 귀속되는 자로서 자연인 · 법인 · 법인격 없는 단체를 불문한다. 그리고 명의인은 특정되어야 하며, 문서의 실제작성자와 일치하지 않더라도 상관없다.

〈작성명의인이 명시되지 않은 문서 사건〉 문서에 작성명의인이 명시되어 있지는 아니하더라도 문서의 내용, 형식, 체제 등에 비추어 그 문서 자체에 의하여 그 작성명의인을 판별할 수 있다면 사문서위조죄의 객체가 되는 문서로 볼 수 있다(대판 2009.3.26. 2008도6895).

(3) 사자 또는 허무인 명의의 문서 [2012 2차][2015 변시][2023 변시]

> **사자 또는 허무인 명의의 문서위조 여부**
>
> ### 1. 기본 법리
>
> 문서의 명의인은 실재할 필요는 없으며 사자나 허무인 명의의 문서라도 공문서·사문서 구별없이 일반인에게 진정한 문서로 오신될 염려가 있으면 문서죄의 객체가 될 수 있다. 종래 판례는 사자나 허무인 명의로 작성된 사문서의 경우에는 원칙적으로 사문서위조죄의 성립을 인정하지 않았으나, 2005년 전합 판례를 통하여 사자나 허무인 명의의 사문서의 경우에도 사문서위조죄의 성립을 인정하여 종전의 판례를 변경하였다.
>
> ### 2. 관련 판례
>
> 〈사자 또는 허무인 명의의 문서도 사문서위조죄가 성립한다는 전합 판례〉 문서위조죄는 문서의 진정에 대한 공공의 신용을 그 보호법익으로 하는 것이므로 행사할 목적으로 작성된 문서가 일반인으로 하여금 당해 명의인의 권한 내에서 작성된 문서라고 믿게 할 수 있는 정도의 형식과 외관을 갖추고 있으면 문서위조죄가 성립하는 것이고, 위와 같은 요건을 구비한 이상 그 명의인이 실재하지 않는 허무인이거나 또는 문서의 작성일자 전에 이미 사망하였다고 하더라도 그러한 문서 역시 공공의 신용을 해할 위험성이 있으므로 문서위조죄가 성립한다고 봄이 상당하며, 이는 공문서뿐만 아니라 사문서의 경우에도 마찬가지라고 보아야 한다(대판 2005.2.24. 2002도18 전합). (12 변시)((15 변시)(18 변시)(21 변시)(24 1차)
>
> 〈실재하지 않거나 해산한 법인 또는 단체 사건〉 (위 판례와 동일한 법리 생략) 이러한 법리는 법률적, 사회적으로 자연인과 같이 활동하는 법인 또는 단체에도 그대로 적용된다고 할 것이다(대판 2005.3.25. 2003도4943).

2 사문서등의 위조·변조죄 [미수범 처벌]

> 제231조 (사문서등의 위조·변조) 행사할 목적으로 권리·의무 또는 사실증명에 관한 타인의 문서 또는 도화를 위조 또는 변조한 자는 5년 이하의 징역 또는 1천만 원 이하의 벌금에 처한다.

[죄명예규] (사문서, 사도화)(위조, 변조)

I. 서 설

행사할 목적으로 권리·의무 또는 사실증명에 관한 타인의 문서·도화를 위조·변조함으로써 성립하는 범죄이다. 보호법익은 사적인 문서에 대한 공공의 신용이며, 보호의 정도는 추상적 위험범이다.

Ⅱ. 구성요건

1. 객 체

권리·의무 또는 사실증명에 관한 타인의 문서 또는 도화이다.

(1) 타인명의의 문서 또는 도화

타인의 문서 또는 도화에서의 타인은 소유자 등을 의미하는 것이 아니라 명의인을 지칭한다. 따라서 타인의 문서 또는 도화란 사문서·사도화 중 범인과 그 공범자 이외의 자가 작성명의자인 문서 또는 도화를 말한다.

〈진정한 작성명의자의 판단〉 사문서위조죄의 객체가 되는 문서의 진정한 작성명의자가 누구인지는 문서의 표제나 명칭만으로 이를 판단하여서는 아니 되고, 문서의 형식과 외관은 물론 문서의 종류, 내용, 일반 거래에서 그문서가 가지는 기능 등 제반 사정을 종합적으로 참작하여 판단하여야 한다 (대판 2016.10.13. 2015도17777).

〈졸업증명서 사건〉 졸업증명서 또는 수료증 성적증명서의 기재내용에 졸업자 수료자의 성명과 생년월일의 기재가 누락되어 있을 뿐이고 그 문서작성자의 성명과 날인은 물론 그 내용에 있어서도 진정한 졸업증명서 수료증과 같은 경우에는 이를 문서위조죄에 있어서의 문서라고 할 수 있다 (대판 1962.9.27. 62도113).

〈담뱃갑 사건〉 담뱃갑은 그 안에 있는 담배가 '길림연초공업유한책임공사'가 제조하는 '장백산' 담배 또는 '북경시연초질량감독검측참'이 제조하는 '중남해' 담배라는 사실을 증명하는 것으로서 각 사문서 등 위조의 대상이 되는 도화에 해당한다는 이유로, 위 공소사실을 무죄로 인정한 원심판단에 법리오해의 위법이 있다고 한 사례(대판 2010.7.29. 2010도2705). (12 변시)

(2) 권리·의무에 관한 문서 또는 도화

'권리·의무에 관한 문서'란 공법상 또는 사법상 권리·의무의 발생·변경·소멸에 관한 사항을 기재한 문서 또는 도화를 말한다.

〈사문서의 의미〉 사문서위조 및 동행사죄의 객체인 사문서는 권리·의무 또는 사실증명에 관한 타인의 문서 또는 도화를 가리키고, '권리·의무에 관한 문서'는 권리 또는 의무의 발생·변경·소멸에 관한 사항이 기재된 것을 말하며, '사실증명에 관한 문서'는 권리·의무에 관한 문서 이외의 문서로서 거래상 중요한 사실을 증명하는 문서를 의미한다(대판 2024.1.4. 2023도1178).

(3) 사실증명에 관한 문서 또는 도화

'사실증명에 관한 문서'란 권리·의무에 관한 문서 이외의 문서로 사회생활상의 거래의 중요한 사실을 증명하는 문서 또는 도화를 말한다. 그리고 '거래상 중요한 사실을 증명하는 문서'는 적어도 실체법 또는 절차법에서 정한 구체적인 권리·의무와의 관련성이 인정되는 경우이어야 한다. 따라서 사물의 동일성만 표시하는 명함, 문패 등은 여기에 속하지 않는다.

〈채권계약서 입회인 사건〉 사실증명에 관한 사문서에는 법률상 또는 사회생활상의 사실의 증명에 관한 문서가 포함된다고 할 것이므로 채권계약서의 입회인으로 타인의 명의를 함부로 써서 작성한 문서는 사문서에 해당한다(대판 2000.2.11. 99도4819).

〈은행의 접수일부인 사건〉 신용장에 날인된 은행의 접수일부인은 사실증명에 관한 사문서에 해당되므로 신용장에 허위의 접수인을 날인한 것은 사문서위조에 해당된다(대판 1979.10.30. 77도1879).

〈허무인 명의 서명부를 작성한 사건〉 [1] '거래상 중요한 사실을 증명하는 문서'는 법률관계의 발생·존속·변경·소멸의 전후 과정을 증명하는 것이 주된 취지인 문서뿐만 아니라 법률관계에 간접적으로만 연관된 의사표시 또는 권리·의무의 변동에 사실상으로만 영향을 줄 수 있는 의사표시를 내용으로 하는 문서도 포함될 수 있지만, 문서의 주된 취지가 단순히 개인적·집단적 의견의 표현에 불과한 것이어서는 아니 되고, 적어도 실체법 또는 절차법에서 정한 구체적인 권리·의무와의 관련성이 인정되는 경우이어야 한다. [2] 피고인이 특정 후보자에 대한 지지선언 형식의 기자회견을 위해 허무인 명의 서명부를 작성한 사안에서, 피고인이 허무인 명의로 작성한 이 사건 서명부 21장은 주된 취지가 특정 대통령후보자에 대한 정치적인 지지 의사를 집단적 형태로 표현하고자 한 것일 뿐, 실체법 또는 절차법에서 정한 구체적인 권리·의무에 관한 문서 내지 거래상 중요한 사실을 증명하는 문서에 해당한다고 보기 어렵다고 보아, 무죄를 선고한 원심판결을 수긍하여 상고를 기각한 사례(대판 2024.1.4. 2023도1178).

2. 행 위

위조 또는 변조하는 것이다.

(1) 위 조

1) 의의 : 작성 권한 없는 자가 타인명의를 모용하여 문서를 작성하는 것을 말한다.

2) 작성 권한 없는 자

　㈎ **작성 권한 없는 자** : 작성 권한이 없는 자란 당해 문서를 작성할 수 있는 정당한 권한이 없는 자를 말한다. 작성 권한의 유무는 법규, 계약, 관례에 따라서 개별적으로 판단해야 한다.

〈세금계산서 사건〉 세금계산서 발행인이 세금계산서를 발행함에 있어 세금계산서상의 공급받는 자는 그 문서 내용의 일부에 불과할 뿐 세금계산서의 작성명의인은 아니라 할 것이니, 공급받는 자 란에 임의로 다른 사람을 기재하였다 하여 그 사람에 대한 관계에서 사문서위조죄가 성립된다고 할 수 없다(대판 2007.3.15. 2007도169). **[COMMENT]** 본 사안은 일종의 사문서의 무형위조만이 성립할 수 있지만, 진단서 등이 아니므로 범죄가 되지 아니한다.

　㈏ **위임의 경우** : 명의인이 아닌 경우에는 원칙적으로 작성권한이 없지만, 명의인이 아닌 경우에도 명의인의 사전승낙을 받은 경우에는 권한을 위임받았으므로 권한이 있는 자가 된다. 이와 관련하여 위임받은 자가 ① 위임권한을 초월한 경우에는 사문서위조죄 등 문서에 관한 죄가 성립하지만 ② **위임권한을 남용한 경우**에는 사기죄 또는 배임죄의 성립을 별론으로 하고 사문서위조죄는 성립하지 아니한다.

1. 기본 법리 판례

〈명의자의 명시적·묵시적 승낙이 있은 사건〉 문서의 위조라고 하는 것은 작성권한 없는 자가 타인 명의를 모용하여 문서를 작성하는 것을 말하는 것이므로 사문서를 작성함에 있어 그 명의자의 명시적이거나 묵시적인 승낙(위임)이 있었다면 이는 사문서위조에 해당한다고 할 수 없다(대판 1998.2.28. 97도183).

〈명의자의 추정적 승낙〉 행위 당시 명의자의 현실적인 승낙은 없었지만 행위 당시의 모든 객관적 사정을 종합하여 명의자가 행위 당시 그 사실을 알았다면 당연히 승낙했을 것이라고 추정되는 경우 역시 사문서의 위·변조죄가 성립하지 않는다고 할 것이나, 명의자의 명시적인 승낙이나 동의가 없다는 것을 알고 있으면서도 명의자 이외의 자의 의뢰로 문서를 작성하는 경우 명의자가 문서작성 사실을 알았다면 승낙하였을 것이라고 기대하거나 예측한 것만으로는 그 승낙이 추정된다고 단정할 수 없다(대판 2008.4.10. 2007도9987). (21 경간)

〈위임받은 권한의 초월과 남용〉 문서 작성권한의 위임이 있는 경우라고 하더라도 그 위임을 받은 자가 그 위임받은 권한을 초월하여 문서를 작성한 경우는 사문서위조죄가 성립하고, 단지 위임받은 권한의 범위 내에서 이를 남용하여 문서를 작성한 것에 불과하다면 사문서위조죄가 성립하지 아니한다고 할 것이다(대판 2012.6.28. 2010도690). (16 변시)(21 3차)(23 1차)

2. 위임 또는 승낙을 인정하여 처벌하지 않은 판례

〈이사회 회의록 사건〉 이사회를 개최함에 있어 공소외 이사들이 그 참석 및 의결권의 행사에 관한 권한을 피고인에게 위임하였다면 그 이사들이 실제로 이사회에 참석하지도 않았는데 마치 참석하여 의결권을 행사한 것처럼 피고인이 이사회 회의록에 기재하였다 하더라도 이는 이른바 사문서의 무형위조에 해당할 따름이어서 처벌대상이 되지 아니한다(대판 1985.10.22. 85도1732).

〈매수인으로부터 포괄적 위임을 받은 대리인 사건〉 매수인으로부터 매도인과의 토지매매계약체결에 관하여 포괄적 권한을 위임받은 자는 위임자 명의로 토지매매계약서를 작성할 적법한 권한이 있다 할 것이므로 매수인으로부터 그 권한을 위임받은 피고인이 실제 매수가격 보다 높은 가격을 매매대금으로 기재하여 매수인 명의의 매매계약서를 작성하였다 하여도 그것은 작성권한 있는 자가 허위내용의 문서를 작성한 것일 뿐 사문서위조죄가 성립될 수는 없다(대판 1984.7.10. 84도1146). (18 변시)

〈사무처리 권한을 포괄적으로 위임받은 사건〉 문서명의인이 문서작성자에게 사전에 문서 작성과 관련한 사무처리의 권한을 포괄적으로 위임함으로써 문서작성자가 위임된 권한의 범위 내에서 그 사무처리를 위하여 문서명의인 명의의 문서를 작성·행사한 것이라면, 비록 문서작성자가 개개의 문서 작성에 관하여 문서명의인으로부터 승낙을 받지 않았다고 하더라도 특별한 사정이 없는 한 사문서위조 및 위조사문서행사죄는 성립하지 않는다고 할 것이다(대판 2015.6.11. 2012도1352). [COMMENT] 포괄적으로 문서의 작성을 위임받은 자는 개개의 문서작성에 승낙을 받지 않더라도 유형위조죄를 범할 수 없다는 취지의 판례이다.

〈주식 명의신탁 사건〉 [1] 신탁자에게 아무런 부담이 지워지지 않은 채 재산이 수탁자에게 명의신탁된 경우 특별한 사정이 없는 한 수탁자는 신탁자에게 자신의 명의사용을 포괄적으로 허용하였다고 봄이 타당한바, 사법행위와 공법행위를 구별하여 신탁재산의 처분 등과 관련한 사법상 행위에 대하여만 명의사용을 승낙하였다고 제한할 수는 없다. [2] 특히 명의신탁된 주식의 처분 후 수탁자 명의의 과세표준신고를 하는 것은 법령에 따른 절차로서 신고를 하지 않는다면 오히려 수탁자에게 불이익할 수 있다는 점까지 고려한다면, 명의수탁자가 명의신탁

주식의 처분을 허용하였음에도 처분 후 과세표준 등의 신고행위를 위한 명의사용에 대하여는 승낙을 유보하였다고 볼 특별한 사정이 존재하지 않는 한 허용된 범위에 속한다고 보아야 할 것이다. [3] 비상장주식을 명의신탁한 피고인이 명의수탁자를 변경하기 위해 제3자에게 주식을 양도한 후 수탁자 명의로 증권거래세 과세표준신고서를 작성하고 이를 제출한 사안에서, 과세표준을 신고하는 행위는 공법행위이므로 수탁자가 명의사용을 승낙하였다고 볼 수 없다고 보아 사문서위조죄 및 위조사문서행사죄가 성립한다고 판단한 원심판결을 파기한 사례(대판 2022.3.31. 2021도17197).

〈가등기에 의한 담보권을 양수한 자가 가등기말소 신청서 작성한 사건〉 고소인의 제3자에 대한 채권의 변제책임을 부담하는 대신 그 채권에 관하여 설정한 가등기에 의한 담보권을 양수한 피고인이 위 가등기를 말소함에 있어서 고소인 명의의 가등기말소신청서 등을 임의로 작성하였다 하더라도 이는 결국 고소인으로부터의 포괄적 위임 내지 승락에 기한 것이어서 피고인이 위 가등기말소신청서 등을 위조하였다고 할 수 없다(대판 1984.2.11. 83도2650).

3. 위임 또는 승낙을 인정하지 않아 처벌한 판례

(1) 위임 또는 승낙 관련 처벌한 판례

〈신탁자가 수탁자 명의 사용한 사건(수탁자가 증여받았다고 한 사건)〉 수탁자가 신탁받은 채권을 자신이 신탁자로부터 증여받았을 뿐 명의신탁받은 것이 아니라고 주장하는 상황에서, 신탁자의 상속인이 수탁자의 동의를 받지 아니하고 그 명의의 채권이전등록청구서를 작성·행사한 행위는 사문서위조 및 위조사문서행사죄에 해당한다고 한 사례(대판 2007.3.29. 2006도9425).

〈수탁자가 협조 거부한 사건(차용금변제 조건으로 거부한 사건)〉 수탁자가 신탁자에게 자신에 대한 차용금 채무를 변제하지 않는 한 신탁재산을 타인에게 매도하는 데 필요한 서류 작성에 협조하지 않겠다는 취지의 말을 한 경우, 신탁자에게 부여하였던 수탁자 명의사용에 대한 포괄적 허용을 철회한 것으로 본 사례(대판 2007.11.30. 2007도4812).

(2) 승낙 또는 추정적 승낙 관련 처벌한 판례

〈부친이 부동산 매매 일체를 위임하고 매도하였는데 부친이 갑자기 사망한 사건〉 피고인이 자신의 부 갑에게서 갑 소유 부동산의 매매에 관한 권한 일체를 위임받아 이를 매도하였는데, 그 후 갑이 갑자기 사망하자 부동산 소유권 이전에 사용할 목적으로 갑이 자신에게 인감증명서 발급을 위임한다는 취지의 인감증명 위임장을 작성한 후 주민센터 담당직원에게 이를 제출한 사안에서, 피고인이 명의자 갑이 승낙하였을 것이라고 기대하거나 예측한 것만으로는 사망한 갑의 승낙이 추정된다고 단정할 수 없는데도, 이와 달리 피고인에게 무죄를 인정한 원심판결에 사망한 사람 명의의 사문서위조죄에서 승낙 내지 추정적 승낙에 관한 법리오해의 위법이 있다고 한 사례(대판 2011.9.29. 2011도6223). (14 변시)

〈법무사가 확인절차 거치지 않은 사건〉 법무사법 제25조에 의하면 법무사가 사건의 위임을 받은 경우에는 주민등록증·인감증명서 등 법령에 의하여 작성된 증명서의 제출이나 제시 기타 이에 준하는 확실한 방법으로 위임인이 본인 또는 그 대리인임을 확인하여야 하는바, 법무사가 타인의 권리의무에 중대한 영향을 미칠 수 있는 문서를 작성함에 있어 이 규정에 위반하여 문서명의자 본인의 동의나 승낙이 있었는지에 대한 아무런 확인절차를 거치지 아니하고 오히려 명의자 본인의 동의나 승낙이 없음을 알면서도 권한 없이 문서를 작성한 경우에는 사문서위조 및 동행사죄의 고의를 인정할 수 있다(대판 2008.4.10. 2007도9987).

(3) 위임권한을 초과하여 처벌한 판례

〈권한을 승낙받은 자가 사기범행을 목적으로 허위문서 작성한 사건〉 피고인이 회사를 인수하면서 회사 대표이사의 명의를 계속 사용하기로 승낙을 받았다고 하더라도, 사기범행을 목적으로 실제로는 위 회사에 근무한 바 없는 제3자의 재직증명서 및 근로소득원천징수영수증 등 허위의 문서를 작성한 행위는 위임된 권한의 범위를 벗어나는 것으로서 사문서위조죄를 구성한다고 한 사례(대판 2005.10.28. 2005도6088).

3) 대리인 · 대표자의 경우

㈎ 대리권 또는 대표권 없는 자가 대리권 또는 대표권을 사칭한 경우 : 현행 형법상 위조가 아니라 자격모용에 의한 사문서 작성죄가 성립한다. 그러나 만약 **본인명의까지 모용**하는 경우에는 사문서 위조가 된다.

㈏ 대리권자 또는 대표자가 권한 있는 경우 : 원칙적으로 권한이 있으므로 문서에 관한 죄는 성립하지 아니하나 ① 권한을 초월한 경우에는 사문서 위조죄 등 문서에 관한 죄가 성립하지만 ② 권한을 남용한 경우에는 사기죄 또는 배임죄의 성립을 별론으로 하고 문서에 관한 죄는 성립하지 아니한다.

〈지배인이 권한 남용한 사건〉 [1] 원래 주식회사의 지배인은 회사의 영업에 관하여 재판상 또는 재판 외의 모든 행위를 할 권한이 있으므로, 지배인이 직접 주식회사 명의 문서를 작성하는 행위는 위조나 자격모용사문서작성에 해당하지 않는 것이 원칙이고, 이는 그 문서의 내용이 진실에 반하는 허위이거나 권한을 남용하여 자기 또는 제3자의 이익을 도모할 목적으로 작성된 경우에도 마찬가지이다. [2] 주식회사의 지배인이 자신을 그 회사의 대표이사로 표시하여 연대보증채무를 부담하는 취지의 회사 명의의 차용증을 작성 · 교부한 경우, 그 문서에 일부 허위 내용이 포함되거나 위 연대보증행위가 회사의 이익에 반하는 것이더라도 사문서위조 및 위조사문서행사에 해당하지 않는다(대판 2010.5.13. 2010도1040). (16 변시)(18 변시)

〈대표이사는 포괄적으로 위임할 수 없다는 판례〉 [1] 주식회사의 적법한 대표이사라 하더라도 그 권한을 포괄적으로 위임하여 다른 사람으로 하여금 대표이사의 업무를 처리하게 하는 것은 허용되지 않는다. 따라서 대표이사로부터 권한을 위임받아 적법하게 주식회사 명의로 문서를 작성하기 위하여는 대표이사로부터 개별적 · 구체적으로 주식회사 명의의 문서 작성에 관하여 위임 또는 승낙을 받아야 한다. [2] 피고인들이 A주식회사로부터 골재채취업 면허와 관련한 명의대여를 받았다고 하더라도 위 차용증의 작성에 관하여 A주식회사 대표자의 구체적 위임 또는 승낙이 없었던 이상, A주식회사 명의로 차용증을 작성하고 그것을 교부한 행위는 사문서위조죄 및 위조사문서행사죄에 해당한다(대판 2010.5.13. 2010도1040).

〈지배인이 제한된 권한 범위를 벗어나 문서 작성한 사건〉 원래 주식회사의 지배인은 회사의 영업에 관하여 재판상 또는 재판 외의 모든 행위를 할 권한이 있으므로, 지배인이 직접 주식회사 명의 문서를 작성하는 행위는 위조나 자격모용사문서작성에 해당하지 않는 것이 원칙이고, 이는 문서의 내용이 진실에 반하는 허위이거나 권한을 남용하여 자기 또는 제3자의 이익을 도모할 목적으로 작성된 경우에도 마찬가지이다. 그러나 회사 내부규정 등에 의하여 각 지배인이 회사를 대리할 수 있는 행위의 종류, 내용, 상대방 등을 한정하여 권한을 제한한 경우에 제한된 권한 범위를 벗어나서 회사 명의의 문서를 작성하였다면, 이는 자기 권한 범위 내에서 권한 행사의 절차와 방식 등을 어긴 경우와 달리 문서위조죄에 해당한다(대판 2012.9.27. 2012도7467).

〈1인 주주가 대표이사의 권한행사를 사실상 제한한 사건〉 [1] 주식회사 대표이사의 대표권은 정관이나 주주총회 또는 이사회 결의 등에 의하여 적법하게 제한할 수 있지만, 회사의 운영을 실질적으로 장악·통제하고 있는 1인 주주가 적법한 대표이사의 권한 행사를 사실상 제한하고 있다는 것만으로는 대표이사의 대표권을 적법하게 제한하였다고 할 수 없으므로, 대표이사가 권한을 행사하는 과정에서 단순히 그 1인 주주의 위임 또는 승낙을 받지 않았다고 하여 그 대표권 행사가 권한을 넘어서는 행위가 되는 것은 아니다. [2] 주식회사의 대표이사가 실질적 운영자인 1인 주주의 구체적인 위임이나 승낙을 받지 않고 이미 퇴임한 전 대표이사를 대표이사로 표시하여 회사 명의의 문서를 작성한 사안에서, 문서위조죄의 성립을 부정한 사례(대판 2008.11.27. 2006도9194).

4) **타인명의의 모용** : 타인명의의 모용은 타인명의를 사칭하여 그 의사표시가 타인이 한 것처럼 허위로 꾸밈으로서 그에 대해 착오를 일으키도록 할 수 있는 행위를 말한다. 타인명의의 사칭으로 충분하고 문서의 기재내용이 진실인 것인가는 문제되지 않으며, 현실의 작성자가 문서에 표시될 필요도 없다.

(개) **명의인** : 명의인이 누구인지 특정될 수 있으면 충분하고 명의인이 반드시 실재해야 할 필요는 없으므로 사자·허무인 명의를 사칭하는 것도 위조에 해당한다. 그리고 사칭한 명의인은 자연인·법인·법인격 없는 단체를 불문한다.

〈교회 탈퇴 사건〉 갑 교회 목사인 피고인이 자신을 지지하는 일부 교인들과 갑 교회를 탈퇴함으로써 대표자의 지위를 상실하였으므로, 그 후 갑 교회 명의로 갑 교회 소유 부동산을 자신에게 매도하는 내용의 매매계약서를 작성하고 이를 행사한 행위는 사문서위조죄 및 위조사문서행사죄에 해당한다고 본 원심판단을 수긍한 사례(대판 2011.1.13. 2010도9725).

〈세금계산서 사건〉 재화 또는 용역을 공급하지 아니한 자가 타인 명의를 위조하여 그를 공급하는 자로 기재하여 세금계산서를 교부한 경우에는 세금계산서에 자신을 공급하는 자로 기재하지 않은 이상 사문서위조죄로 처벌할 수 있다(대판 2014.11.27. 2014도1700).

(내) **타인명의의 모용** : 타인의 명의를 모용하여야 한다. 이와 관련하여 실제의 본명 대신 **가명이나 위명을 사용하여 사문서를 작성한 경우**에 그 문서의 작성명의인과 실제 작성자 사이에 인격의 동일성이 그대로 유지되는 때에는 위조가 되지 않으나, 명의인과 작성자의 인격이 상이할 때에는 위조죄가 성립할 수 있다.

〈가명이나 위명을 사용한 사건〉 실제의 본명 대신 가명이나 위명을 사용하여 사문서를 작성한 경우에 그 문서의 작성명의인과 실제 작성자 사이에 인격의 동일성이 그대로 유지되는 때에는 위조가 되지 않으나, 명의인과 작성자의 인격이 상이할 때에는 위조죄가 성립할 수 있다(대판 2010.11.11. 2010도1835). (23 1차)

(다) **명의모용 방법** : 명의를 모용하는 방법은 성명의 기재가 원칙이나, 성명의 기재가 없더라도 의사표시의 내용·형식 부수사정 등을 종합하여 특정인의 명의를 사칭한 것으로 판단할 수 있으면 충분하다.

〈주취운전자 적발보고서의 운전자란 사건〉 음주단속으로 단속된 자가 주취운전자 적발보고서 및 주취운전자 정황진술보고서의 각 운전자란에 타인의 서명을 한 다음 이를 경찰관에게 제출한 것은 사문서위조 및 동행사죄에 해당한다(대판 2004.12.23. 2004도6483).

5) 문서의 작성

(가) **작성의 방법** : 위조는 타인명의를 모용하여 문서를 작성하여야 하며, 작성방법에는 제한이 없다. 따라서 새로운 문서를 작성하는 것은 물론 기존문서를 이용할 수도 있다.

(나) **기존의 문서를 이용하는 경우** : 기존의 문서를 이용하는 경우에는 네 가지 유형이 있는바 ① 기존의 미완성문서를 가공하여 완성시키는 경우 ② 기존의 진정문서를 동일성이 상실되도록 고치는 경우 ③ 무효가 된 문서를 가공하여 새로운 문서를 작성하는 경우 ④ 복사문서의 문서성이 인정되기 때문에 복사의 방법을 통한 경우가 있다.

〈문서의 중요 부분에 변경을 가하여 새로운 증명력을 가지는 별개의 문서를 작성한 사건〉 문서위조죄는 문서의 진정에 대한 공공의 신용을 그 보호법익으로 하는 것이므로 그 작성된 문서가 일반인으로 하여금 당해 명의인의 권한 내에서 작성된 것이라고 믿을 수 있는 정도의 형식과 외관을 구비하면 성립되는 것이고 자연인 아닌 법인 또는 단체명의의 문서에 있어서는 요건이 구비된 이상 그 문서작성자로 표시된 사람의 실존 여부는 위조죄의 성립에 아무런 지장이 없으며, 기존의 진정문서를 이용하여 문서를 변개하는 경우에도 문서의 중요 부분에 변경을 가하여 새로운 증명력을 가지는 별개의 문서를 작성하는 것은 문서의 변조가 아닌 위조에 해당한다(대판 2003.9.26. 2003도3729). (21 경간)

〈위조된 문서원본을 전자복사하는 것도 위조라는 판례〉 전자복사기로 복사한 문서의 사본도 문서위조죄 및 동 행사죄의 객체인 문서에 해당하고, 위조된 문서 원본을 단순히 전자복사기로 복사하여 그 사본을 만드는 행위도 공공의 신용을 해할 우려가 있는 별개의 문서 사본을 창출하는 행위로서 문서위조행위에 해당한다(대판 1996.5.14. 96도785). (12 변시)(16 변시)

〈변호사회 경유증표 사건〉 변호사인 피고인이 대량의 저작권법 위반 형사고소 사건을 수임하여 피고소인 30명을 각 형사고소하기 위하여 20건 또는 10건의 고소장을 개별적으로 수사관서에 제출하면서 각 하나의 고소위임장에만 소속 변호사회에서 발급받은 진정한 경유증표 원본을 첨부한 후 이를 일체로 하여 컬러복사기로 20장 또는 10장의 고소위임장을 각 복사한 다음 고소위임장과 일체로 복사한 경유증표를 고소장에 첨부하여 접수한 사안에서, 변호사회가 발급한 경유증표는 증표가 첨부된 변호사선임서 등이 변호사회를 경유하였고 소정의 경유회비를 납부하였음을 확인하는 문서이므로 법원, 수사기관 또는 공공기관에 이를 제출할 때에는 원본을 제출하여야 하고 사본으로 원본에 갈음할 수 없으므로, 피고인의 행위가 사문서위조죄 및 동행사죄에 해당한다고 한 사례(대판 2016.7.14. 2016도2081). (21 3차)

(다) **작성의 정도** : 문서작성의 정도는 문서의 형식과 내용면에서 반드시 완전한 것을 요하지 않으며, 일반인들이 진정문서로 오인할 정도의 형식과 외관을 갖추면 충분하다.

1. 기본 법리 판례

〈**사문서위조의 작성의 정도**〉 사문서위조죄는 명의자가 진정으로 작성한 문서로 볼 수 있을 정도의 형식과 외관을 갖추어 일반인이 명의자의 진정한 사문서로 오신하기에 충분한 정도이면 성립한다(대판 2016.7.14. 2016도2081).

〈**사문서위조의 작성의 정도의 판단**〉 사문서위조죄는 그 명의자가 진정으로 작성한 문서로 볼 수 있을 정도의 형식과 외관을 갖추어 일반인이 명의자의 진정한 사문서로 오신하기에 충분한 정도이면 성립하는 것이고, 반드시 그 작성명의자의 서명이나 날인이 있어야 하는 것은 아니나, 일반인이 명의자의 진정한 사문서로 오신하기에 충분한 정도인지 여부는 그 문서의 형식과 외관은 물론 그 문서의 작성경위, 종류, 내용 및 일반거래에 있어서 그 문서가 가지는 기능 등 여러 가지 사정을 종합적으로 고려하여 판단하여야 한다(대판 1997.12.26. 95도2221).

〈**효력이 상실된 홍콩국제운전면허증 사건**〉 [**사실관계**] 甲은 행사할 목적으로 이미 효력이 상실된 홍콩 교통국장이 乙에게 발행한 국제운전면허증에 붙어있던 乙의 사진을 떼어내고 그 자리에 자신의 사진을 붙였다. 甲의 죄책은? [**판결요지**] 문서위조죄는 문서의 진정에 대한 공공의 신용을 그 보호법익으로 하는 것이므로, 피고인이 위조하였다는 국제운전면허증이 그 유효기간을 경과하여 본래의 용법에 따라 사용할 수는 없게 되었다고 하더라도, 이를 행사하는 경우 그 상대방이 유효기간을 쉽게 알 수 없도록 되어 있거나 위 문서 자체가 진정하게 작성된 것으로서 피고인이 명의자로부터 국제운전면허를 받은 것으로 오신하기에 충분한 정도의 형식과 외관을 갖추고 있다면 피고인의 행위는 문서위조죄에 해당한다(대판 1998.4.10. 98도164). 답 사문서위조죄가 성립한다. (23 변시)

2. 일반인을 오인케 할 정도라고 판단하여 처벌한 원칙적인 판례

〈**작성명의자의 인장이 찍히지 않은 사건**〉 사문서의 작성명의자의 인장이 찍히지 아니하였더라도 그 사람의 상호와 성명이 기재되어 그 명의자의 문서로 믿을 만한 형식과 외관을 갖춘 경우에는 사문서위조죄에 있어서의 사문서에 해당한다고 볼 수 있다(대판 2000.2.11. 99도4819).

〈**인장이 압날되지 아니하고 주민등록번호가 기재되지 않은 사건**〉 사문서의 작성명의자의 인장이 압날되지 아니하고 주민등록번호가 기재되지 않았더라도, 일반인으로 하여금 그 작성명의자가 진정하게 작성한 사문서로 믿기에 충분할 정도의 형식과 외관을 갖추었으면 사문서위조죄 및 동행사죄의 객체가 되는 사문서라고 보아야 한다(대판 1989.8.8. 88도2209). (17 변시)

〈**추천서와 경력증명서 사건**〉 피고인이 다른 서류에 찍혀 있던 갑의 직인을 칼로 오려내어 풀로 붙인 후 이를 복사하는 방법으로 갑 명의의 추천서와 경력증명서를 위조하고 이를 행사하였다고 하여 기소된 사안에서, 위 문서는 피고인이 직인을 오려붙인 흔적을 감추기 위하여 복사한 것으로서 일반적으로 문서가 갖추어야 할 형식을 다 구비하고 있고, 주의 깊게 관찰하지 아니하면 외관에 비정상적인 부분이 있음을 알아차리기가 어려울 정도이므로, 일반인이 명의자의 진정한 사문서로 오신하기에 충분한 정도의 형식과 외관을 갖추었다고 한 사례(대판 2011.2.10. 2010도8361). (16 변시)

〈**서명만 있고 날인이 누락된 출금청구서 사건**〉 피고인이 근무하던 증권회사에서는 위탁자의 서명이 있으면 날인이 누락된 위탁자 출금청구서라 하여도 출금이 가능하였으므로 권한없이 위탁자 본인의 의사에 의한 것처럼 가장하여 위탁자의 서명만 있고 날인이 없는 위탁자 출금청구서를 작성, 행사한 피고인의 소위를 사문서위조 동행사죄로 처단하였음은 정당하다(대판 1982.10.12. 81도3176).

〈연대보증인 날인이 없는 사건〉 차용증에 연대보증인의 이름과 주민등록번호 및 주소가 함께 적혀 있다면 비록 날인이 없다고 하더라도 일반인이 위 연대보증인 명의의 진정한 사문서로 오신하기에 충분하다고 본 사례(대판 2007.5.10. 2007도1674).

3. 일반인을 오인케 할 정도가 아니라고 판단하여 처벌하지 않은 예외적인 판례

〈토지사용에 관한 책임각서 사건〉 작성명의자의 승낙이나 위임이 없이 그 명의를 모용하여 토지사용에 관한 책임각서 등을 작성하면서 작성명의자의 서명이나 날인은 하지 않고 다만 피고인이 자신의 이름으로 보증인란에 서명·날인한 경우, 사문서위조죄가 성립되기 어렵다고 본 사례(대판 1997.12.26. 95도2221).

〈매매계약동의서 사건〉 건설시행업자가 재개발사업 대상 토지 소유자들이 일정한 기한 내에 매매계약을 체결할 것을 동의한다는 내용의 매매계약동의서를 컴퓨터 및 필기구를 이용하여 작성하였지만, 위 매매계약동의서에는 동의 당사자들의 성명 및 주소만 기재되어 있을 뿐 날인은 없었던 점, 다른 토지 소유자들의 매매동의를 얻어 날인까지 받은 매매계약동의서와 함께 제시됨으로써 위 매매계약동의서의 소유자들은 확정적으로 매매계약에 동의하지 않았다는 사실을 쉽게 구별·확인가능 한 점, 매매계약동의서의 성격 등을 고려해 볼 때, 위 매매계약동의서가 진정한 문서로 오신하기에 충분한 정도의 형식과 외관을 갖춘 완성된 문서로 인정하기에 부족하다는 이유로 사문서위조죄의 성립을 부정한 사례(대판 2009.5.14. 2009도5).

⒟ 작성명의인을 이용한 간접정범 : 작성명의인이 해당문서의 **작성사실 자체를 알지 못하거나** 그 내용을 오신하고 있다면 위조죄의 간접정범을 인정할 수 있으나, 작성명의인이 해당문서의 내용을 알고 그러한 내용의 문서를 작성할 의사가 있다면 사기 내지 배임은 별론으로 하고 위조는 성립하지 않는다.

〈명의자를 이용한 경우 판례 법리〉 [1] 문서의 작성명의자를 기망하여 명의자가 당해 문서에 기재된 의사표시를 한다는 사실 자체를 알지 못하는 상태에서 문서에 서명날인하게 하거나, 작성 명의자로 하여금 문서의 내용을 오신시켜 이를 이용하여 문서에 서명날인을 받은 경우 타인 명의를 모용한 것으로서 사문서위조죄가 성립한다. [2] 그러나 문서 작성명의자가 당해 문서의 행사결과 취득할 금전이나 재산상 이득의 처분 등에 관하여 타인으로부터 기망을 당하거나 착오에 빠져 직접 문서를 작성하여 타인에게 교부하거나, 문서작성권한을 타인에게 위임하거나 문서작성을 승낙하여 타인으로 하여금 문서를 작성하게 한 경우에는 문서작성 자체는 명의인의 의사에 기인한 것이므로 사문서위조죄를 구성하지 않는다(대판 2003.11.28. 2003도5340).

〈명의인을 기망한 사건〉 명의인을 기망하여 문서를 작성케 하는 경우는 서명, 날인이 정당히 성립된 경우에도 기망자는 명의인을 이용하여 서명 날인자의 의사에 반하는 문서를 작성케 하는 것이므로 사문서위조죄가 성립한다(대판 2000.6.13. 2000도778).

〈명의자를 속여 다른 내용의 문서인 것처럼 날인을 받은 사건〉 권리의무에 관한 사문서인 타인명의의 신탁증서 1통을 작성한 후 마치 이를 다른 내용의 문서인 것처럼 그 타인에게 제시하여 날인을 받은 후 이를 법원에 증거로 제출하여 사용하였다면 사문서위조 및 동행사죄가 성립한다(대판 1983.6.28. 83도1036).

6) 미수와 기수 : 위조의사를 확정적으로 문서에 표시하는 위조행위의 개시가 있는 때 실행의 착수가 있고, 일반인으로 하여금 진정문서라고 오신할 정도의 부진정문서가 작성되었

을 때 기수가 된다.

(2) **변 조**

1) 의의 : 변조는 정당한 권한 없이 이미 진정하게 성립된 타인명의의 문서내용에 그 동일성
   이 침해되지 않을 정도의 변경을 가하는 것을 말한다.

〈사문서변조죄의 개념〉 사문서변조죄는 권한 없는 자가 이미 진정하게 성립된 타인 명의의 문서내
용에 대하여 동일성을 해하지 않을 정도로 변경을 가하여 새로운 증명력을 작출케 함으로써 공공
적 신용을 해할 위험성이 있을 때 성립한다(대판 2011.9.29. 2010도14587).

〈2인 이상의 연명문서 사건〉 문서에 2인 이상의 작성명의인이 있는 때에 그 명의자의 한사람이 타
명의자와 합의 없이 행사할 목적으로 그 문서의 내용을 변경하였을 때는 사문서변조죄가 성립된다
(대판 1977.7.12. 77도1736). (12 변시)(17 변시)

〈명의자의 승낙과 추정적 승낙〉 사문서를 수정할 때 명의자가 명시적이거나 묵시적으로 승낙을 하였
다면 사문서변조죄가 성립하지 않고, 행위 당시 명의자가 현실적으로 승낙하지는 않았지만 명의자
가 그 사실을 알았다면 당연히 승낙했을 것이라고 추정되는 경우에도 사문서변조죄가 성립하지 않
는다(대판 2015.11.26. 2014도781).

〈승낙을 기대하거나 예측한 사건〉 행위 당시 명의자의 현실적인 승낙은 없었지만 행위 당시의 모든
객관적 사정을 종합하여 명의자가 행위 당시 그 사실을 알았다면 당연히 승낙했을 것이라고 추정되
는 경우 역시 사문서의 위·변조죄가 성립하지 않는다고 할 것이나, 명의자의 명시적인 승낙이나
동의가 없다는 것을 알고 있으면서도 명의자가 문서작성 사실을 알았다면 승낙하였을 것이라고
기대하거나 예측한 것만으로는 그 승낙이 추정된다고 단정할 수 없다(대판 2011.9.29. 2010도14587).

2) 변조의 대상 : 변조의 대상은 이미 진정하게 성립된 타인명의의 문서에 한한다. 따라서 위
   조되거나 변조된 문서는 변조의 대상이 될 수 없다. 또한 자기명의의 문서는 변조의 대상
   이 될 수 없으며, 자기명의의 문서가 타인 소유인 경우에는 문서손괴죄에 해당할 수 있을
   뿐이다.

〈진정하게 성립된 타인 명의의 문서가 존재하지 않는다면 사문서변조죄가 성립할 수 없다는 판례〉
사문서변조죄는 권한 없는 자가 이미 진정하게 성립된 타인 명의의 문서 내용에 대하여 동일성을
해하지 않을 정도로 변경을 가하여 새로운 증명력을 작출케 함으로써 공공적 신용을 해할 위험성이
있을 때 성립한다. 따라서 이미 진정하게 성립된 타인 명의의 문서가 존재하지 않는다면 사문서변
조죄가 성립할 수 없다(대판 2017.12.5. 2014도14924).

〈변조된 부분을 다시 변조한 사건〉 사문서변조죄에서 '변조'는 진정하게 성립된 문서의 내용에 권한
없는 자가 문서의 동일성을 해하지 않는 한도에서 변경을 가하여 새로운 증명력을 작출하는 것을
의미하고, 이와 같이 권한 없는 자에 의해 변조된 부분은 진정하게 성립된 부분이라 할 수 없다. 따
라서 문서의 내용 중 권한 없는 자에 의하여 이미 변조된 부분을 다시 권한 없이 변경하였다고
하더라도 사문서변조죄는 성립하지 않는다(대판 2020.6.4. 2020도3809).

3) 동일성을 침해하지 않는 변경

    ㈎ 동일성의 유지 : 문서의 내용변경은 동일성을 해하지 않을 정도여야 한다. 동일성 유지 여부가 위조와 구별기준이 된다.

〈투표지대장 변조 사건〉 투표지대장은 투표자격이 있는 사람을 확인하여 그에게 투표지를 교부하는 업무를 담당하는 사람이 위와 같은 확인업무를 기록에 남기기 위한 용도로 작성된 것으로서(즉 투표자들이 공동의 의사로 어떤 법률관계를 형성한다는 의사표시가 표시된 것이 아니다), 이 사건에서 공소외 1, 2가 그와 같은 업무를 담당하면서 최종적으로 총 16명이 투표지를 받아 투표를 하였다는 사실을 확인한 후 이에 서명한 것이므로, 위와 같이 공소외 1, 2가 서명을 마친 투표지대장은 개별투표자 및 그 총인원수를 증명하는 기능을 가진 공소외 1, 2 명의의 독립적인 문서로도 완성되었다고 할 것이고, 그 후에 피고인이 임의로 17번란에 기명하고 서명한 것은 위와 같이 완성된 문서의 동일성을 해한 것이어서 사문서변조죄가 성립한다고 할 것이다(대판 2010.1.28. 2009도9997). **[CO MMENT]** 판결 문구에서는 동일성을 해한 것이라고 하고 있으나, 그 취지는 동일성을 해한 것은 아니고 내용에 변경을 가한 것이라고 보아야 할 것이다.

    ㈏ **변경의 방법과 정도** : 문서의 내용을 변경하는 한 그 방법은 제한이 없다. 내용변경의 정도는 일반인이 처음부터 그러한 내용으로 작성된 문서라고 오신할 정도의 형식과 외관을 갖추면 된다.

〈이사회 회의록 거부사유 삭제한 사건〉 이사가 이사회 회의록에 서명 대신 서명거부사유를 기재하고 그에 대한 서명을 하면, 특별한 사정이 없는 한 그 내용은 이사회 회의록의 일부가 되고, 이사회 회의록의 작성권한자인 이사장이라 하더라도 임의로 이를 삭제한 경우에는 이사회 회의록 내용에 변경을 가하여 새로운 증명력을 가져오게 되므로 사문서변조에 해당한다(대판 2018.9.13. 2016도20954). (23 3차)

〈변경 내용이 객관적 진실에 합치하는 사건〉 피고인이 나중에 관련 민사소송에서 그 어음을 그 계쟁 부동산을 담보물로 한 은행융자금채무의 상환을 위하여 교부받은 것이라는 주장사실을 입증하는 데 사용할 목적으로 당시 보관 중이던 그 영수증 위의 "할부금"이라는 기재부분 옆에다 그 작성명의인인 망인의 승낙 없이 임의로 그 계쟁 부동산을 지칭하는 표시로서 "733-19번지"라고 써 넣은 것이라면, 그 변경 내용이 비록 객관적인 진실에 합치하는 것이라 하더라도, 이는 그 영수증에 새로운 증명력을 가져오게 한 것임이 분명하므로, 사문서변조죄의 구성요건을 충족한다고 보아야 한다(대판 1995.2.24. 94도2092).

〈명의인의 의사에 합치한 사건〉 사문서변조에 있어서 그 변조 당시 명의인의 명시적, 묵시적 승낙없이 한 것이면 변조된 문서가 명의인에게 유리하여 결과적으로 그 의사에 합치한다 하더라도 사문서변조죄의 구성요건을 충족한다(대판 1985.1.22. 84도2422). (17 변시)(23 변시)(22 3차)

  4) **미수와 기수** : 변조의사를 확정적으로 문서에 표시하는 변조행위를 개시할 때 실행의 착수가 인정되고, 문서에 변경을 가하여 일반인이 종전의 기존문서와 다른 증명력을 가진 문서로 오신할 수 있는 행위가 완료 된 때 기수가 된다.

3. 주관적 구성요건

(1) 고 의

권리·의무 또는 사실증명에 관한 문서를 위조 또는 변조한다는 점에 대한 인식과 의사이다.

〈예금통장의 일부를 지우고 복사하여 법원에 제출한 사건〉 피고인이 행사할 목적으로 권한 없이 甲 은행 발행의 피고인 명의 예금통장 기장내용 중 특정 일자에 乙 주식회사로부터 지급받은 월급여의 입금자 부분을 화이트테이프로 지우고 복사하여 통장 1매를 변조한 후 그 통장사본을 법원에 증거로 제출하여 행사하였다는 내용으로 기소된 사안에서, 피고인이 쟁점이 되는 부분을 가리고 복사함으로써 문서내용에 변경을 가하고 증거자료로 제출한 이상 사문서변조 및 동행사의 고의가 없었다고 할 수 없다(대판 2011.9.29. 2010도14587).

(2) 행사할 목적

1) 행사할 목적의 의의 : 본죄는 고의 이외에 행사의 목적을 필요로 하는 목적범이다. 여기서 행사할 목적이란 거래 일반인에게 착오를 일으켜 위조 또는 변조한 문서를 진정한 문서처럼 사용할 목적을 말한다.

2) 행사할 목적의 인식정도 : 행사할 목적의 인식정도는 미필적 인식으로 족하다.

〈행사할 목적의 인식〉 문서변조죄에 있어서 행사할 목적이란 변조된 문서를 진정한 문서인 것처럼 사용할 목적을 말하는 것으로 적극적 의욕이나 확정적 인식을 요하지 아니하고 미필적 인식이 있으면 족하다(대판 2006.1.26. 2004도788).

Ⅲ. 죄수 및 타죄와의 관계

(1) 죄수의 판단기준

문서에 관한 죄의 죄수를 결정하는 기준에 대하여는 논의가 있지만, 판례는 명의인을 기준으로 한다는 **명의인 기준설**의 입장이다.

〈문서죄의 죄수 판단〉 문서에 2인 이상의 작성명의인이 있을 때에는 각 명의자 마다 1개의 문서가 성립되므로 2인 이상의 연명으로 된 문서를 위조한 때에는 작성명의인의 수대로 수 개의 문서위조죄가 성립하고 또 그 연명문서를 위조하는 행위는 자연적 관찰이나 사회통념상 하나의 행위라 할 것이어서 위 수개의 문서위조죄는 형법 제40조가 규정하는 상상적 경합범에 해당한다(대판 1987.7.21. 87도564).

(2) 다른 범죄와의 관계

1) 위조죄와 행사죄와의 관계 : 위조죄와 행사죄는 실체적 경합관계이다.

〈강취한 예금통장으로 예금인출한 사건〉 피고인이 예금통장을 강취하고 예금자명의의 예금청구서를 위조한 다음 이를 은행원에게 제출 행사하여 예금인출금 명목의 금원을 교부 받았다면 강도, 사문서위조, 동행사, 사기의 각 범죄가 성립하고 이들은 실체적 경합 관계에 있다할 것이다(대판 1991.9.10. 91도1722).

2) 인장위조죄와의 관계 : 인장위조죄는 본죄에 흡수된다.

〈인장위조죄와 사문서위조죄의 관계〉 행사의 목적으로 타인의 인장을 위조하고 그 위조한 인장을 사용하여 권리의무 또는 사실증명에 관한 타인의 사문서를 위조한 경우에는 인장위조죄는 사문서위조죄에 흡수되고 따로 인장위조죄가 성립하는 것은 아니다(대판 1978.9.26. 78도1787).

3 공문서 등의 위조 · 변조죄 [미수범 처벌]

제225조 (공문서등의 위조 · 변조) 행사할 목적으로 공무원 또는 공무소의 문서 또는 도화를 위조 또는 변조한 자는 10년 이하의 징역에 처한다.

[죄명예규] (공문서, 공도화)(위조, 변조)

(1) 의 의

행사할 목적으로 공무원 또는 공무소의 문서 또는 도화를 위조 또는 변조하는 범죄이다.

(2) 주 체

본죄의 주체에는 제한이 없다. 따라서 공무원도 본죄의 주체가 될 수 있다.

(3) 객 체

1) 일반론 : 공문서 또는 공도화이다. 공문서 또는 공도화란 공무원 또는 공무소가 직무상 작성한 문서 또는 도화를 말한다. 공무원 또는 공무소는 반드시 실재함을 요하지 않는다.

2) 공무를 대행하는 경우 : 공무원과 공무소가 아닌 경우에는 형법 또는 기타 특별법에 의하여 공무원 등으로 의제되는 경우를 제외하고는 계약 등에 의하여 공무와 관련되는 업무를 일부 대행하는 경우가 있다고 하더라도 공무원 또는 공무소가 될 수 없다.

공문서 관련 판례 정리

1. 기본 법리 판례

〈공문서의 개념과 범위〉 공문서위조죄의 객체인 공문서는 공무원 또는 공무소가 그 직무에 관하여 작성하는 문서로서, 그 행위 주체가 공무원과 공무소가 아닌 경우에는 형법 또는 기타 특별법에 의하여 공무원 등으로 의제되는 경우를 제외하고는 계약 등에 의하여 공무와 관련되는 업무를 일부 대행하는 경우가 있다고 하더라도 공무원 또는 공무소가 될 수 없고, 특히 형벌법규의 구성요건을 법률의 규정도 없이 유추 해석하는 것은 죄형법정주의 원칙에 반한다 (대판 2016.3.24. 2015도15842).

〈공무소 또는 공무원이 실존하지 않는 사건〉 위조된 문서가 일반인으로 하여금 공무소 또는 공무원의 직무권한내에서 작성된 것으로 믿을 만한 형식 외관을 갖추고 있으면 설령 그러한 공무소 또는 공무원이 실존하지 아니하여도 공문서위조죄가 성립하는 것이다(대판 1976.9.14. 76도1767).

2. 공문서를 긍정한 판례

〈십지지문 지문대조표 사건〉 십지지문 지문대조표는 수사기관이 피의자의 신원을 특정하고 지문대조조회를 하기 위하여 직무상 작성하는 서류로서 비록 자서란에 피의자로 하여금 스스로 성명 등의 인적사항을 기재하도록 하고 있더라도 이를 사문서로 볼 수는 없다(대판 2000.8.22. 2000도2393).

〈합동법률사무소 명의로 작성된 공정증서 사건〉 공증사무 취급이 인가된 합동법률사무소 명의로 작성된 공증에 관한 문서는 형법상 공정증서 기타 공문서에 해당한다(다수의견).(대판 1977.8.23. 74도2715 전합)

〈합동법률사무소 작성의 사서증서에 관한 인증서 사건〉 간이절차에의한민사분쟁사건처리특례법에 의하여 설립된 공증인가 합동법률사무소 작성의 사서증서에 관한 인증서는 공문서이다(대판 1992.10.13. 92도1064).

〈관서의 장을 대리한 공사감독일지 사건〉 공사감독일지는 공사를 발주한 관서의 장을 대리하여 현장에 주재하며 공사전반에 관한 감독업무에 종사하는 공사감독관의 지위에서 직무상 작성하는 문서로서 당해 관할관청에 비치하여야 할 공문서라 할 것이고 단순히 공사감독관이 그 직무를 수행함에 있어 참작할 문서에 불과 하다고 볼 수 없다(대판 1989.12.12. 89도1253).

〈종량제 쓰레기 봉투 위조 사건〉 종량제 쓰레기봉투에 인쇄할 시장 명의의 문안이 새겨진 필름을 제조하는 행위에 그친 경우에는 아직 위 시장 명의의 공문서인 종량제 쓰레기봉투를 위조하는 범행의 실행의 착수에 이르지 아니한 것으로서 그 준비단계에 불과한 것으로 보아 무죄를 선고한 원심판결을 수긍한 사례(대판 2007.2.23. 2005도7430).

〈금융감독원장 명의의 문서는 공문서라는 판례〉 금융위원회법 제29조, 제69조 제1항에서 정한 금융감독원 집행간부인 금융감독원장 명의의 문서를 위조, 행사한 행위는 사문서위조죄, 위조사문서행사죄에 해당하는 것이 아니라 공문서위조죄, 위조공문서행사죄에 해당한다(대판 2021.3.11. 2020도14666). (21 경간)

3. 사인이 국가기관의 업무를 대행하면서 만든 문서는 공문서가 아니라는 판례

〈시중은행의 세금수납영수증 사건〉 지방세의 수납업무를 일부 관장하는 시중은행의 직원이나 은행이 형법 제 225조 소정의 공무원 또는 공무소가 되는 것은 아니고 세금수납영수증도 공문서에 해당하지 않는다는 이유로 공문서변조죄 및 동 행사죄를 유죄로 인정한 원심 판결을 파기한 사례(대판 1996.3.26. 95도3073).

〈대폐차수리통보서 사건〉 협회의 임원과 직원이 화물자동차법령에 따라 국토해양부장관으로부터 '화물자동차법 제3조 제3항 단서에 따른 허가사항 변경신고'에 관한 업무를 위탁받았더라도 형법 제225조의 공문서위조죄나 형법 제227조의 허위공문서작성죄의 주체인 공무원이 될 수 없고, 그 공무원이 아닌 협회 이사장이 작성한 대폐차수리통보서는 사문서에 해당한다(대판 2016.03.24. 2015도15842).

〈선박검사증서 사건〉 공단이 선박안전법 제60조 제1항에 따라 해양수산부장관의 선박검사업무 등을 대행하면서 선박검사증서를 발급하더라도 그 업무를 수행하는 공단 임직원을 공문서의 작성 주체인 공무원으로 볼 수는 없다고 할 것이다. 따라서 공단이 해양수산부장관을 대행하여 이사장 명의로 발급하는 선박검사증서는 공무원 또는 공무소가 작성하는 문서라고 볼 수 없으므로 공문서위조죄나 허위공문서작성죄에서의 공문서에 해당하지 아니한다(대판 2016.1.14. 2015도9133).

〈한국환경공단의 '올바로시스템' 사건〉 [1] 한국환경공단이 환경부장관의 위탁을 받아 건설폐기물 인계 · 인수에 관한 내용 등의 전산처리를 위한 전자정보처리프로그램인 올바로시스템을 구축 · 운영하고 있더라도, 그 업무를 수행하는 한국환경공단 임직원을 공전자기록의 작성권한자인 공무원으로 보거나 한국환경공단을 공무소로 볼 수는 없다. [2] 그리고 한국환경공단법 등이 한국환경공단 임직원을 형법 제129조 내지 제132조의 적용에 있어 공무원으로 본다고 규정한다고 하여 그들 또는 그들이 직무를 행하는 한국환경공단을 형법 제227조의2에 정한 공무원 또는 공무소에 해당한다고 보는 것은 형벌법규를 피고인에게 불리하게 확장해석하거나 유추해석하는 것이어서 죄형법정주의 원칙에 반한다. 이는 한국환경공단 또는 그 임직원이 환경부장관으로부터 위탁받은 업무와 관련하여 직무상 작성한 문서를 공문서로 볼 수 없는 것과 마찬가지이다(대판 2020.3.12. 2016도19170). [COMMENT] 본 판례는 형법 제227조의2 공전자기록위작 · 변작죄와 관련된 판례나 위에 열거된 판례들과 동일한 논지의 판례이므로 같이 게재한다.

4. 일부는 공문서, 일부는 사문서로 본 판례

〈교원실태조사카드(공문서)와 교사작성부분(사문서) 사건〉 공립학교 교사가 작성하는 교원의 인적사항과 전출희망사항 등을 기재하는 부분과 학교장이 작성하는 학교장의견란 등으로 구성되어 있는 교원실태조사카드는 학교장의 작성명의 부분은 공문서라고 할 수 있으나, 작성자가 교사 명의로 된 부분은 개인적으로 전출을 희망하는 의사표시를 한 것에 지나지 아니하여 이것을 가리켜 공무원이 직무상 작성한 공문서라고 할 수는 없을 것이므로 위 카드의 교사 명의 부분을 명의자의 의사에 반하여 작성하였다고 하여도 공문서를 위조한 것이라고 할 수 없다(대판 1991.9.24. 91도1733).

〈이혼의사확인등본(공문서)에 첨부된 이혼신고서(사문서) 사건〉 가정법원의 서기관 등이 이혼의사확인서등본을 작성한 뒤 이를 이혼의사확인신청 당사자 쌍방에게 교부하면서 이혼신고서를 확인서등본 뒤에 첨부하여 그 직인을 간인하였다고 하더라도, 그러한 사정만으로 이혼신고서가 공문서인 이혼의사확인서등본의 일부가 되었다고 볼 수 없다. 따라서 당사자가 이혼의사확인서등본과 간인으로 연결된 이혼신고서를 떼어내고 원래 이혼신고서의 내용과는 다른 이혼신고서를 작성하여 이혼의사확인서등본과 함께 호적관서에 제출하였다고 하더라도, 공문서인 이혼의사확인서등본을 변조하였다거나 변조된 이혼의사확인서등본을 행사하였다고 할 수 없다(대판 2009.1.30. 2006도7777). (21 경I)

(4) 행위 : 위조 또는 변조 : 사문서위조 · 변조죄 참조

1) 위 조

공문서 위조 관련 판례 정리

1. 기본 법리 판례

〈위조의 개념〉 공문서의 위조라 함은 행사할 목적으로 공무원 또는 공무소의 문서를 정당한 작성권한 없는 자가 작성권한 있는 자의 명의로 작성하는 것을 말한다(대판 1983.5.24. 82도1426).

〈공문서위조와 자격모용공문서작성죄의 구별〉 공문서위조죄는 공문서의 작성권한 없는 자가 공무소, 공무원의 명의를 이용하여 문서를 작성하는 것을 말하고, 공문서의 작성권한 없는 자가 공무원의 자격을 모용하여 공문서를 작성하는 경우에는 자격모용공문서작성죄가 성립한다(대판 2008.1.17. 2007도2987).

〈복사하는 행위도 위조라는 판례〉 진정한 문서의 사본을 전자복사기를 이용하여 복사하면서 일부 조작을 가하여 그 사본 내용과 전혀 다르게 만드는 행위는 공공의 신용을 해할 우려가 있는 별개의 문서사본을 창출하는 행위로서 문서위조 행위에 해당한다(대판 2004.10.28. 2004도 5183). (16 변시)

〈공문서위조의 정도〉 일반인으로 하여금 공무원 또는 공무소의 권한 내에서 작성된 문서라고 믿을 수 있는 형식과 외관을 구비한 문서를 작성하면 공문서위조죄가 성립하지만, 평균수준의 사리분별력을 갖는 사람이 조금만 주의를 기울여 살펴보면 공무원 또는 공무소의 권한 내에서 작성된 것이 아님을 쉽게 알아볼 수 있을 정도로 공문서로서의 형식과 외관을 갖추지 못한 경우에는 공문서위조죄가 성립하지 않는다(대판 2020.12.24. 2019도8443). (22 3차)

2. 공문서 위조를 긍정한 판례

〈주민등록증 복사 사건〉 피고인이 타인의 주민등록증을 이용하여 주민등록증상 이름과 사진을 하얀 종이로 가린 후 복사기로 복사를 하고, 다시 컴퓨터를 이용하여 위조하고자 하는 당사자의 인적사항과 주소, 발급일자를 기재한 후 덮어쓰기를 하여 이를 다시 복사하는 방식으로 전혀 별개의 주민등록증사본을 창출시켰다면 공문서위조 및 동행사죄가 성립한다고 한 사례 (대판 2004.10.28. 2004도5183).

〈주민등록증 사진 변경한 사건〉 피고인이 행사할 목적으로 타인의 주민등록증에 붙어 있는 사진을 떼어내고 그 자리에 피고인의 사진을 붙였다면 이는 기존 공문서의 본질적 또는 중요부분에 변경을 가하여 새로운 증명력을 가지는 별개의 공문서를 작성한 경우에 해당하므로 공문서위조죄를 구성한다(대판 1991.9.10. 91도1610). (15 변시)

〈타인의 주민등록증 사본에 자기의 사진을 붙여 복사한 사건〉 타인의 주민등록증사본의 사진란에 피고인의 사진을 붙여 복사하여 행사한 행위가 공문서위조죄 및 동행사죄에 해당한다고 한 사례(대판 2000.9.5. 2000도2855).

〈직인과 계인 날인하였으나 진단서 발행번호나 의사의 서명날인이 없는 사건〉 일반인으로 하여금 공무원 또는 공무소의 권한내에서 작성된 문서라고 믿을 수 있는 형식과 외관을 구비한 문서를 작성하면 공문서위조죄가 성립되므로, 피고인이 국립경찰병원장 명의의 진단서에 직인과 계인을 날인하고 환자의 성명과 병명 및 향후치료소견을 기재하였다면 비록 진단서 발행번호나 의사의 서명날인이 없더라도 이는 공문서로서 형식과 외관을 구비하였으므로 공문서위조죄가 성립한다(대판 1987.9.22. 87도1443).

3. 공문서 위조를 부정한 판례

〈작성인의 지시에 따라 서명을 흉내 내어 서명한 사건〉 공문서의 위조라 함은 행사할 목적으로 공무원 또는 공무소의 문서를 정당한 작성권한 없는 자가 작성권한 있는 자의 명의로 작성하는 것을 말하므로, 공문서인 기안문서의 작성권한자가 직접 이에 서명하지 않고 피고인에게 지시하여 자기의 서명을 흉내내어 기안문서의 결재란에 대신 서명케 한 경우라면 피고인의 기안문서 작성행위는 작성권자의 지시 또는 승낙에 의한 것으로서 공문서위조죄의 구성요건 해당성이 조각된다(대판 1983.5.24. 82도1426).

〈공무원 아닌 자의 기망에 빠져 공무원이 허위내용의 증명서를 발급한 사건〉 어느 문서의 작성권한을 갖는 공무원이 그 문서의 기재 사항을 인식하고 그 문서를 작성할 의사로써 이에 서명날인하였다면, 설령 그 서명날인이 타인의 기망으로 착오에 빠진 결과 그 문서의 기재사항이 진실에 반함을 알지 못한 데 기인한다고 하여도, 그 문서의 성립은 진정하며 여기에 하등 작성명의를 모용한 사실이 있다고 할 수는 없으므로, 공무원 아닌 자가 관공서에 허위 내용의 증명원을 제출하여 그 내용이 허위인 정을 모르는 담당공무원으로부터 그 증명원 내용과 같은 증명서를 발급받은 경우 공문서위조죄의 간접정범으로 의율할 수는 없다(대판 2001.3.9. 2000도938). [COMMENT] 작성권자가 자기가 작성하는 문서의 내용을 알고 있는 경우에는 위조의 개념은 생겨나지 않으며, 이러한 작성권자를 이용하는 경우에는 이용자에게 위조죄의 간접정범의 죄책을 물을 수 없다는 취지의 판례이다. (17 변시)(21 변시)

〈종량제 쓰레기 봉투 사건〉 종량제 쓰레기봉투에 인쇄할 시장 명의의 문안이 새겨진 필름을 제조하는 행위에 그친 경우에는 아직 위 시장 명의의 공문서인 종량제 쓰레기봉투를 위조하는 범행의 실행의 착수에 이르지 아니한 것으로서 그 준비단계에 불과한 것으로 보아 무죄를 선고한 원심판결을 수긍한 사례(대판 2007.2.23. 2005도7430).

〈제주도 콘도 입주민 사건〉 중국인인 피고인이 제주도 콘도 입주민들의 모임인 '한국녹지한라산소진 시설운영위원회' 의 대표로 선출된 후 동 위원회가 대표성을 갖춘 단체라는 외양을 작출할 목적으로, 주민센터에서 가져온 행정용 봉투의 좌측 상단에 미리 제작해 둔 갑 위원회 한자 직인과 한글 직인을 날인한 다음 주민센터에서 발급받은 피고인의 인감증명서 중앙에 있는 '용도'란 부분에 이를 오려 붙이는 방법으로 인감증명서 1매를 작성하고, 이를 휴대전화로 촬영한 사진 파일을 동 위원회에 가입한 입주민들이 참여하는 메신저 단체대화방에 게재하였다고 하여 공문서위조 및 위조공문서행사로 기소된 사안에서, 피고인이 만든 문서가 공문서로서의 외관과 형식을 갖추었다고 인정하기 어렵고, 이를 사진촬영한 파일을 단체대화방에 게재한 행위가 위조공문서행사죄에 해당할 수도 없다고 한 사례(대판 2020.12.24. 2019도8443).

2) 변 조

▌공문서 변조 관련 판례 정리

1. 기본 법리 판례

〈변조의 개념〉 공문서변조죄는 권한 없는 자가 공무소 또는 공무원이 이미 작성한 문서내용에 대하여 동일성을 해하지 않을 정도로 변경을 가하여 새로운 증명력을 작출케 함으로써 공공적 신용을 해할 위험성이 있을 때 성립한다(대판 2003.12.26. 2002도7339).

2. 공문서 변조를 긍정한 판례

〈보조공무원이 변조한 사건〉 최종 결재권자를 보조하여 문서의 기안업무를 담당한 공무원이 이미 결재를 받아 완성된 공문서에 대하여 적법한 절차를 밟지 않고 그 내용을 변경한 경우에도 특별한 사정이 없는 한 공문서변조죄가 성립한다(대판 2017.6.8. 2016도5218).(21 변시)

〈인사이동 사건〉 재산세 과세대장의 작성 권한이 있던 자가 인사이동되어 그 권한이 없어진 후 그 기재내용을 변경한 경우 공문서변조죄에 해당한다(대판 1996.11.22. 96도1862).

〈공무원이 증명한 개인작성부분을 변조한 사건〉 공무원이 작성한 문서와 개인이 작성한 문서가 1개 문서 중에 포함되어 있는 경우에도 공무원이 작성한 증명문구에 의하여 증명되는 개인작성부분을 변조한 경우에는 공문서변조죄가 성립한다(대판 1985.9.24. 85도1490).

〈건축허가서 소급 변조 사건〉 건축허가서에 첨부된 설계도면을 떼내고 건축사협회의 도면등록 일부인을 건축허가 신청당시 일자로 소급 변조하여 새로 작성한 설계도면을 그 자리에 가철한 행위는 공문서 변조죄에 해당한다(대판 1982.12.14. 81도81).

〈자동차등록증 '비고'란 사건〉 피고인들이 행사할 목적으로 권한 없이 사무실에 보관하고 있던 대폐차 신청에 필요한 구비 서류 중 대차 차량 관련 서류로 일반화물차의 자동차등록증 사본 비고란에 불상의 특수화물차의 자동차등록증 사본 비고란에 기재된 특수용도형 차량임을 식별할 수 있는 '세이프티로더' 부분을 오려 붙인 후 이를 복사함으로써 사실증명에 관한 공문서인 영등포구청장 명의의 대차 화물차의 자동차등록증 사본 1장을 변조한 다음, 그 무렵 그 정을 모르는 서울화물협회 대폐차 업무 담당 직원에게 위와 같이 변조된 대차 화물차의 자동차등 록증 사본 1장을 대폐차수리통보서 발급 신청서와 함께 제출하여 행사한 사례(대판 2016.3.24. 2014 도6287).

〈**등기사항전부증명서 열람일시 삭제하여 복사한 사건**〉 피고인이 등기사항전부증명서의 열람일 시를 삭제하여 복사한 행위는 변경 전 등기사항전부증명서가 나타내는 관리·사실관계와 다 른 새로운 증명력을 가진 문서를 만든 것에 해당하고 그로 인하여 공공적 신용을 해할 위험성 도 발생하였으므로 공문서변조죄의 성립을 긍정한 사례(대판 2021.2.25. 2018도19043). (23 변시) (22 3차)(23 3차)

3. 공문서 변조를 부정한 판례

〈**허위로 작성된 공문서 변조 사건**〉 공문서변조라 함은 권한없이 이미 진정하게 성립된 공무원 또는 공무소명의의 문서내용에 대하여 그 동일성을 해하지 아니할 정도로 변경을 가하는 것 을 말한다 할 것이므로 이미 허위로 작성된 공문서는 형법 제225조 소정의 공문서변조죄의 객체가 되지 아니한다(대판 1986.11.11. 86도1984). (22 3차)

〈**주민등록증 번호 덧기재 사건**〉 자신의 주민등록증 비닐커버 위에 검은색 볼펜을 사용하여 주 민등록번호 전부를 덧기재하고 투명 테이프를 붙이는 방법으로 주민등록번호 중 출생연도를 나타내는 "71"을 "70"으로 고친 사안에서, 변조행위가 공문서 자체에 변경을 가한 것이 아니 며 그 변조방법이 조잡하여 공문서에 대한 공공의 위험을 초래할 정도에 이르지 못하였다는 이유로 공문서변조의 점에 대하여 무죄를 선고한 원심판결을 수긍한 사례(대판 1997.3.28. 97도 30).

〈**인낙조서도면 등에 점선을 그은 사건**〉 인낙조서에 첨부되어 있는 도면 및 그 사본에 임의로 그은 점선은 인낙조서 본문이나 도면에서 그에 대한 설명이 없는 이상 특정한 의미 내용을 갖지 아니한 단순한 도형에 불과하여 그 자체로서 새로운 증명력이 작출케 된다고 할 수 없다 는 이유로 그와 같은 점선을 그은 행위가 문서의 손괴에 해당할 수 있음은 별론으로 하고, 공도화로서의 공공적 신용을 해할 위험이 있는 공도화변조죄에 해당한다고 할 수 없다고 한 사례이다(대판 2000.11.10. 2000도3033).

〈**인감증명서의 사용용도란 기재를 고친 사건**〉 권한 없는 자가 임의로 인감증명서의 사용용도란 의 기재를 고쳐 썼다고 하더라도 공무원 또는 공무소의 문서 내용에 대하여 변경을 가하여 새로운 증명력을 작출한 경우라고 볼 수 없으므로 공문서변조죄나 이를 전제로 하는 변조공 문서행사죄가 성립되지는 않는다(대판 2004.8.20. 2004도2767). (21 2차)

(5) 주관적 구성요건

본죄는 고의 이외에 행사할 목적이 필요한 목적범이며, 행사의 목적은 타인으로 하여금 위 조문서를 진정한 문서인 것처럼 오신케 하는 데에 있다. 행사의 목적은 위조행위 당시에 있 으면 족하고, 이를 행사할 때까지 그 목적이 지속되어야 하는 것은 아니다.

〈**도면 바꿔치기한 사건**〉 시장명의로 작성하여 도지사에게 송부한 환지계획인가신청서에 첨부된 당 초의 도면에 잘못 표시된 부분이 있다고 하여도 시에서 도시계획 업무를 담당한 공무원이 적법한 절차를 거침이 없이 임의로 위 도면을 정정도면과 바꿔치기 한 행위에 대하여는 공문서변조, 동 행사의 범의를 인정하기 넉넉하며, 도면에 간인이 없다든가 시장의 승인이 예상된다 하여 그 범의 를 부정할 수는 없다(대판 1985.6.25. 85도540).

〈기안담당자가 누락된 토지를 추가기재한 사건〉 최종 결재권자를 보조하는 기안담당자가 토지가격 감정의뢰서에 첨부된 재산명세서상에 일부 기재가 누락된 토지가 있었으나 그 감정의뢰에 따른 감정을 하는 과정에서 그 누락사실이 발견되어 감정평가사가 그 토지까지 감정하여 작성한 감정평가서를 송부하여 오자, 사후에 이를 일치시킨다는 생각에서 위 재산명세서상에 그 누락된 토지들을 추가기재하였더라도 그 과정에서 적법한 절차를 거침이 없이 임의로 결재된 원문서에 없는 사항을 추가기재한 이상 그러한 행위에 대하여는 공문서변조의 범의를 인정하기에 충분하고, 감정의뢰서에 누락된 토지에 대한 감정까지 하여 작성한 감정평가서에 대하여 위 감정의뢰서 작성명의자인 최종 결재권자의 결재가 있었다고 하여 이로써 위 감정의뢰서 추가기재 행위에 대하여 작성명의자의 승낙이 있었다고 볼 수 없다(대판 1995.3.24. 94도1112).

4 자격모용에 의한 사문서의 작성죄 [미수범 처벌]

> 제232조 (자격모용에 의한 사문서의 작성) 행사할 목적으로 타인의 자격을 모용하여 권리 · 의무 또는 사실증명에 관한 문서 또는 도화를 작성한 자는 5년 이하의 징역 또는 1천만 원 이하의 벌금에 처한다.

[죄명예규] 자격모용(사문서, 사도화)작성

(1) 의의 및 성격

자격모용에 의한 사문서의 작성죄란 대리권 또는 대표권 없는 자가 타인의 대리 또는 대표자격을 사칭하여 자신의 명의로 문서를 작성하는 범죄를 말한다.

[COMMENT] 본죄의 성격이 유형위조인지 무형위조인지에 대하여 논의가 있지만, 형량 등을 고려하여 유형위조라고 보는 것이 일반적이다.

(2) 행 위

타인의 자격을 모용하여 사문서 또는 사도화를 작성하는 것이다.

1) 타인의 자격모용

(가) 타인의 자격모용의 의의 : 대리권 또는 대표권 없는 자가 타인의 대리 또는 대표자격을 사칭하는 것을 말한다. 자격모용에 의한 문서작성은 대리자격 · 대표자격만 모용하고 명의는 자기명의로 작성한다는 점에서, 작성권한 없는 자가 타인의 명의를 모용하여 타인명의의 문서를 작성하는 위조와 구별된다. 따라서 **자격과 명의까지 모용한 경우는 본죄가 아니라 위조죄가 성립한다.**

〈대표 또는 대리관계의 자격이 반드시 표시되어야 할 필요는 없다는 판례〉 [1] 대표자 또는 대리인의 자격으로 임대차 등 계약을 하는 경우 그 자격을 표시하는 방법에는 특별한 규정이 없다. 피고인 자신을 위한 행위가 아니고 작성명의인을 위하여 법률행위를 한다는 것을 인식할 수 있을 정도의 표시가 있으면 대표 또는 대리관계의 표시로서 충분하다. [2] 피고인이 갑 주식회사 소유의 오피스텔에 대한 분양대행 권한을 가지게 되었을 뿐 갑 회사의 동의 없이 오피스텔을 임대할 권한이 없는데도 임차인들과 임대차계약을 체결하면서 갑 회사가 분양사업을 위해 만든 을 회사 명의로 계약서를 작성·교부하였는데, 임대차계약서에는 임대인 성명이 '을 회사(피고인)'로 기재되어 대표자 또는 대리인의 자격 표시가 없고 또 피고인의 개인 도장이 찍혀있는 사안에서, 일반인으로서는 임대차계약서가 을 회사의 대표자 또는 대리인의 자격을 가진 피고인에 의해 을 회사 명의로 작성된 문서라고 믿게 할 수 있는 정도의 형식과 외관을 갖추고 있어 피고인의 행위는 자격모용사문서작성과 자격모용작성사문서행사에 해당된다(대판 2017.12.22. 2017도14560).

〈양식계 계장 사칭한 사건〉 양식계의 계장이나 그 직무를 대행하는 자가 아닌 자가 양식계의 계장 명의의 내수면사용동의신청서 하단의 계장란에 자신의 이름을 쓰게 하고 그 옆에 자신의 도장을 날인하여 사실증명에 관한 문서인 위 내수면사용동의신청서 1매를 작성하고 이를 행사하였다면 이는 자격모용에 의한 사문서작성, 동 행사죄에 해당한다(대판 1991.10.8. 91도1703).

〈최초 매도인의 대리인이라고 기재한 사건〉 최종 양수인의 직전 양도인이 최초 양도인으로부터 대리권한을 수여받지 않고 최초 양도인의 대리인으로서 최종 양수인에게 부동산 매매계약서를 작성·교부하였다면 자격모용에 의한 사문서작성 및 동행사죄가 성립한다(대판 2008.5.29. 2008도1506).

〈대표이사의 승낙을 얻어 지급각서 작성 한 사건〉 회사의 대표이사직에 있었던 자가 재직시에 발행한 약속어음의 발행명의인과 일치시키기 위하여 위 약속어음에 대한 회사명의의 지급각서를 작성함에 있어서 당시의 대표이사의 승락을 받아 작성하였다면 이는 진정한 문서로서 타인의 자격을 모용하여 문서를 작성하였다고 볼 수 없다(대판 1975.11.25. 75도2067).

   (나) 타인의 범위 : 자격모용에 있어 '타인'에는 자연인, 법인 또는 법인격 없는 단체를 비롯하여 거래관계에서 독립한 사회적 지위를 갖고 활동하고 있는 존재로 취급될 수 있으면 여기에 포함된다.

〈'○○부동산' 사건〉 [1] 자격모용에 의한 사문서작성죄에서의 '타인'에는 자연인뿐만 아니라 법인, 법인격 없는 단체를 비롯하여 거래관계에서 독립한 사회적 지위를 갖고 활동하고 있는 존재로 취급될 수 있으면 여기에 해당된다. [2] 부동산중개사무소를 대표하거나 대리할 권한이 없는 사람이 부동산매매계약서의 공인중개사란에 '○○부동산 대표 △△△(피고인의 이름)'라고 기재한 사안에서, '○○부동산'이라는 표기는 단순히 상호를 가리키는 것이 아니라 독립한 사회적 지위를 가지고 활동하는 존재로 취급될 수 있으므로 자격모용사문서작성죄의 '명의인'에 해당한다고 본 사례(대판 2008.2.14. 2007도9606).

  2) 문서·도화의 작성 : 작성자가 본인(명의인)의 의사에 반하여 문서의 내용을 기재하는 것을 말한다. 작성의 정도는 일반인으로 하여금 명의인의 권한 내에서 작성된 문서라고 믿게 할 수 있는 정도의 형식과 외관을 갖추고 있으면 성립한다.

〈대표자가 직무집행정지가처분결정을 받은 후 취소되기까지 작성한 문서는 자격모용문서라고 본 판례〉 종중의 신임 대표자 등이 선임되고 전임 대표자에 대한 직무집행정지가처분결정이 있은 후 위 가처분결정이 취소된 경우, 신임 대표자 선임결의가 무효라 하더라도 전임 대표자가 위 가처분결정을 알면서 가처분결정시부터 취소시 사이에 대표자 자격으로 작성한 이사회 의사록 등은 자격을 모용하여 작성한 문서라고 한 사례(대판 2007.7.26. 2005도4072).

〈종중 대표자 선임결의가 무효인 사건〉 종중의 대표자 등 임원 선임결의가 무효인 경우, 전임 이사들이 계속 종전 그 직무를 수행하면서 임원 자격으로 작성한 이사회 의사록 등은 자격을 모용하여 작성한 문서가 아니라고 한 사례(대판 2007.7.26. 2005도4072).

〈위임금액보다 낮은 매매계약서 작성 사건〉 토지매수권한을 위임받은 대리인이 매도인측 대표자와 공모하여 매매대금 일부를 착복하기로 하고 위임받은 특정 매매금액보다 낮은 금액을 허위로 기재한 매매계약서를 작성한 경우, 자격모용 사문서작성죄를 구성하지 않는다고 한 사례(대판 2007.10.11. 2007도5838).

〈'총괄대표이사' 사건〉 [1] 주식회사의 대표 자격으로 계약을 하는 경우 피고인 자신을 위한 행위가 아니고 작성명의인인 회사를 위하여 법률행위를 한다는 것을 인식할 수 있을 정도의 표시가 있으면 대표관계의 표시라고 할 수 있다. [2] 갑회사의 대표이사인 피고인이 갑회사와 을회사의 '총괄대표이사'의 자격으로 작성된 도급계약서에 자신의 이름과 갑회사 대표이사의 직인을 날인한 사실로 자격모용사문서작성죄 등으로 기소된 사안에서, 도급계약서의 형식과 외관, 계약서 작성 경위, 종류, 내용 등의 사정을 종합할 때 위 계약서를 수령한 상대방으로서는 위 계약서가 을회사의 대표이사 또는 갑회사와 을회사의 총괄대표이사의 자격을 가진 피고인에 의하여 갑회사 및 을회사 명의로 작성된 문서라고 믿게 할 정도의 형식과 외관을 갖추고 있는 것으로 볼 수 있고 설령 상대방이 피고인이 을회사의 대표이사가 아님을 알고 있더라도 자격모용사문서작성죄의 성립에 영향이 없다는 이유로 이 부분 공소사실을 무죄로 판단한 원심을 파기한 사안임(대판 2022.6.30. 2021도17712). (23 3차)

(3) 주관적 구성요건

주관적 요소로서 타인의 자격을 모용하여 문서를 작성한다는 것을 인식·용인하는 고의와 다른 사람으로 하여금 그 문서가 정당한 권한에 기하여 작성된 것으로 오신하게 할 행사할 목적이 있어야 한다.

〈'행사할 목적'의 의미〉 자격모용에 의한 사문서작성죄는 행사할 목적으로 타인의 자격을 모용하여 권리·의무 또는 사실증명에 관한 문서를 작성함으로써 성립하는 것인바, 여기에서 '행사할 목적'이라 함은 다른 사람으로 하여금 그 문서가 정당한 권한에 기하여 작성된 것으로 오신하게 할 목적을 말하므로, 사문서를 작성하는 자가 다른 사람의 대리인 또는 대표자로서의 자격을 모용하여 문서를 작성한다는 것을 인식·용인하면서 이를 진정한 문서로서 어떤 효용에 쓸 목적으로 사문서를 작성하였다면, 자격모용에 의한 사문서작성죄의 행사의 목적과 고의가 있는 것으로 보아야 한다(대판 2007.7.27. 2006도2330).

5 자격모용에 의한 공문서작성죄 [미수범 처벌]

> 제226조 (자격모용에 의한 공문서등의 작성) 행사할 목적으로 공무원 또는 공무소의 자격을 모용하여 문서 또는 도화를 작성한 자는 10년 이하의 징역에 처한다.

[죄명예규] 자격모용(공문서, 공도화)작성

〈전보된 공무원 사건〉 甲구청의 구청장이 乙구청의 구청장으로 전보된 후 甲구청의 구청장의 권한에 속하는 건축허가에 관한 기안용지의 결재란에 서명을 한 것은 자격모용에 의한 공문서작성죄를 구성한다(대판 1993.4.27. 92도2688).

〈국방부 이사관 사건〉 피고인 김△호가 원심 인용의 제1심 판시 부동산매매계약서와 영수증을 작성함에 있어 매도인란 또는 영수인란에 "국방부 합참자료실장 이사관 김△호"라는 이름을 기재하고 그 옆에 위 피고인의 도장을 압날한 다음 그 상단에 "국방부장관"이라는 고무인을 압날함으로써 마치 위 피고인이 국방부장관으로부터 적법한 문서작성권한을 부여받아 그 문서를 작성할 자격이 있는 것처럼 이를 모용하여 위 부동산매매계약서와 영수증을 작성하고 이를 행사하였다면 이는 자격모용에 의한 공문서작성 및 동행사죄가 성립한다(대판 1993.7.27. 93도1435).

〈과장결재란에 서명한 사건〉 [1] 식당의 주·부식 구입 업무를 담당하는 공무원이 주·부식구입요구서의 과장결재란에 권한 없이 자신의 서명을 한 경우, 자격모용공문서작성죄가 성립하고 공문서위조죄는 문제되지 않는다고 한 사례. [2] 식당의 주·부식 구입 업무를 담당하는 공무원이 계약 등에 의하여 공무소의 주·부식구입, 검수업무 등을 담당하는 조리장·영양사 등의 명의를 위조하여 검수결과보고서를 작성한 경우, 공문서위조죄의 성립을 부인한 사례(대판 2008.1.17. 2007도6987). [COMMENT] [2] 부분은 조리장과 영양사는 공무원이 아니므로 검수결과보고서도 공문서가 아니므로 공문서위조죄가 성립하지 않는다고 본 판례이다.

6 허위진단서 등의 작성죄 [미수범 처벌, 진정신분범]

> 제233조 (허위진단서 등의 작성) 의사, 한의사, 치과의사 또는 조산사가 진단서, 검안서 또는 생사에 관한 증명서를 허위로 작성한 때에는 3년 이하의 징역이나 금고, 7년 이하의 자격정지 또는 3천만원 이하의 벌금에 처한다.

[죄명예규] 허위(진단서, 검안서, 증명서)작성

(1) 의 의

허위진단서 등의 작성죄는 의사, 한의사, 치과의사 또는 조산사가 진단서, 검안서 또는 생사에 관한 증명서를 허위로 작성함으로써 성립하는 범죄이다. 우리형법은 사문서의 무형위조는 원칙적으로 처벌하지 않으나, 예외적으로 진단서 등의 허위작성의 경우를 처벌하고 있는 규정이다.

〈사문서의 무형위조〉 피고인들이 작성한 회의록에다 참석한 바 없는 소외인이 참석하여 사회까지 한 것으로 기재한 부분은 사문서의 무형위조에 해당할 뿐이어서 사문서의 유형위조만을 처벌하는 현행 형법하에서는 죄가 되지 아니한다(대판 1984.4.24. 83도2645).

(2) 주 체

의사, 한의사, 치과의사 또는 조산사만이 주체가 되는 진정신분범이다. 따라서 간호사가 의사명의 진단서를 작성한 경우에는 사문서위조죄가 성립한다.

(3) 객 체

진단서, 검안서, 생사에 관한 증명서이다.

1) **진단서** : 의사 등이 진찰 · 진료결과를 종합하여 사람의 건강상태를 증명하기 위해 작성한 문서이다.

〈진단서의 의미〉 형법 제233조의 허위진단서작성죄에서 '진단서'란 의사가 진찰의 결과에 관한 판단을 표시하여 사람의 건강상태를 증명하기 위하여 작성하는 문서를 말하고, 위 조항에서 규율하는 진단서에 해당하는지 여부는 서류의 제목, 내용, 작성목적 등을 종합적으로 고려하여 판단하여야 한다(대판 2013.12.12. 2012도3173).

〈수형자에 대한 의사의 진단서 사건〉 의사가 환자의 수형(受刑)생활 또는 수감(收監)생활의 가능 여부에 관하여 기재한 의견이 환자의 건강상태에 기초한 향후 치료 소견의 일부로서 의료적 판단을 기재한 것으로 볼 수 있다면, 이는 환자의 건강상태를 나타내고 있다는 점에서 허위 진단서 작성의 대상이 될 수 있다(대판 2017.11.9. 2014도15129).

〈입퇴원 확인서 사건〉 의사인 피고인이 환자의 인적사항, 병명, 입원기간 및 그러한 입원사실을 확인하는 내용이 기재된 '입퇴원 확인서'를 허위로 작성하였다고 하여 허위진단서작성으로 기소된 사안에서, 위 '입퇴원 확인서'는 문언의 제목, 내용 등에 비추어 의사의 전문적 지식에 의한 진찰이 없더라도 확인 가능한 환자들의 입원 여부 및 입원기간의 증명이 주된 목적인 서류로서 환자의 건강상태를 증명하기 위한 서류라고 볼 수 없어 허위진단서작성죄에서 규율하는 진단서로 보기 어렵다고 한 사례(대판 2013.12.12. 2012도3173).

2) **검안서** : 의사가 사체에 대하여 사망원인 · 사망시기 · 사망장소 등을 의학적으로 확인한 결과를 기재한 문서이다.

3) **생사에 관한 증명서** : 사람의 출생 또는 사망에 관한 사실을 증명하는 진단서 등을 말한다.

(4) 행 위

본죄의 행위는 허위작성이다.

1) **허위작성의 의의** : 허위작성이란 작성권한 있는 자가 허위내용을 기재하여 허위문서를 작성하는 것을 말한다. 허위란 객관적으로 진실에 반하는 것을 말한다. 따라서 주관적으로 허위라고 생각하였어도 객관적으로 진실한 내용이면 허위가 아니다.

〈허위진단서 작성죄의 허위의 의미〉 허위진단서 작성죄에 있어서 허위의 기재는 사실에 관한 것이건, 판단에 관한 것이건 불문하는 것이나, 본죄는 원래 허위의 증명을 금지하려는 것이므로 그 내용이 허위라는 의사의 주관적 인식이 필요함은 물론, 실질상 진실에 반하는 기재일 것이 필요하다(대판 1990.3.27. 89도2083). (18 변시)

　　2) 기수시기 : 진단서·검안서 또는 생사에 관한 증명서가 작성됨으로써 기수가 되며, 그 후 이를 공무소 기타에 제출한 경우에는 이 죄와 별도로 허위작성진단서행사죄의 경합범이 된다.

(5) 주관적 구성요건

　　의사·한의사·치과의사·조산사가 자신의 신분과 진단서·검안서·생가증명서를 작성한다는 사실을 인식할 뿐만 아니라, 허위내용을 기재한다는 인식과 의사가 있어야 한다. 그리고 본죄는 목적범이 아니므로 행사할 목적은 필요하지 않다는 점을 주의하여야 한다.

〈'빙초산을 먹고 자살하였다' 사건〉 사체검안의가 빙초산의 성상이나 이를 마시고 사망하는 경우의 소견에 대하여 알지 못함에도 불구하고 변사자가 '약물음독', '빙초산을 먹고 자살하였다.'는 취지로 사체검안서를 작성한 경우, 검안서작성에 있어 허위성에 대한 인식이 있다고 본 사례(대판 2001.6.29. 2001도1319).

〈추측만으로 간암이라 진단서 발행한 사건〉 피고인이 주관적으로 피고인의 사인이 간암이 아니었음을 인식하고 있었음을 알 수 있으니 의학상 확실한 증거 없이 추측만으로 사인을 간암이라 하여 진단서를 작성하였다면 피고인에게 허위진단서를 작성한다는 범의가 있다(대판 1970.3.10. 70도53).

〈의사가 소홀히 하거나 착오를 일으킨 사건〉 허위진단서작성죄는 의사가 사실에 관한 인식이나 판단의 결과를 표현함에 있어서 자기의 인식판단이 진단서에 기재된 내용과 불일치하는 것임을 인식하고서도 일부러 진실 아닌 기재를 하는 것을 말하는 것이므로, 의사가 진찰을 소홀히 한다거나 착오를 일으켜 오진한 결과로 객관적으로 진실에 반한 진단서를 작성한 경우는 허위진단서작성에 관한 인식이 있다고 할 수 없으니 허위진단서작성죄는 성립되지 않는다(대판 1978.12.13. 78도2343).

〈골수검사 시행 직후 사망한 환자(만 6개월의 영아) 사건〉 [1] 형법 제233조의 허위진단서작성죄가 성립하기 위하여서는 진단서의 내용이 객관적으로 진실에 반할 뿐 아니라 작성자가 진단서 작성 당시 그 내용이 허위라는 점을 인식하고 있어야 하고, 주관적으로 진찰을 소홀히 한다든가 착오를 일으켜 오진한 결과로 진실에 반한 진단서를 작성하였다면 허위진단서 작성에 대한 인식이 있다고 할 수 없으므로 허위진단서작성죄가 성립하지 않는다. [2] 만 6개월의 영아(이하 '망아'가 골수검사 시행 중 상태가 급격히 악화되어 사망에 이르게 되자, 망아의 주치의인 소아청소년과 교수 피고인 甲과 망아의 담당의사인 소아청소년과 전공의인 피고인 乙은 망아의 사망진단서상 사인을 무엇으로 기재할지 상의한 후, 피고인 B는 사망의 종류 '병사', 직접사인 '호흡정지', 중간선행사인 '범혈구감소증(골수검사확인예정)'으로 기재한 사망진단서를 작성하였는데, 망아의 사망 이후 골수검사 결과는 급성 골수구성 백혈병으로 확인되었고, 망아의 사망 약 1개월 뒤 작성된 망아에 대한 부검감정서는 망아의 사인을 골수채취 바늘이 총장골동맥을 파열하여 발생한 의인성 손상으로 인한 혈복강으로 판정하여, 피고인들이 공모하여 사망진단서를 허위로 작성하였다고 기소된 사안에서, 의사는 사망진단서 작성 당시까지 드러난 환자의 임상 경과를 고려하여 가장 부합하는 사망 원인과 사망의 종류를 자신의 의학적인 판단에 따라 사망진단서에 기재할 수 있으므로, 부검 이전에 작성된 사망진단서에 기재된 사망 원인이 부검으로 밝혀진 사망 원인과 다르다고 하여 피고인들에게 허위진단서 작성의 고의가 있다고 곧바로 추단할 수는 없다고 보아, 허위진단서작성죄를 유죄로 인정한 원심을 파기·환송한 사례(대판 2024.4.4. 2021도15080).

(6) 타죄와의 관계

1) 사문서위조죄 등과의 관계 : 의사 아닌 자가 '의사의 명의'를 모용하여 허위의 진단서·검안서 등을 작성한 때에는 사문서위조죄를 구성하고 본죄가 성립하지 않는다. 반면 의사 아닌 자가 의사의 자격과 칭호를 사칭하여 '자기명의'로 허위진단서를 작성한 때에는 자격모용에 의한 사문서작성죄가 성립한다.

2) 허위공문서작성죄와의 관계 : 허위사문서작성죄의 의사·한의사·치과의사·조산사는 사인으로서 자격을 가진 자만을 의미한다. 이와 관련하여 공무원인 의사가 허위진단서를 작성한 경우 허위공문서작성죄와의 관계가 문제되지만, 판례는 허위공문서작성죄만 성립한다는 입장이다.

〈**공무원인 의사가 공무소의 명의로 허위진단서를 작성하면 허위공문서작성죄만 성립하고 허위진단서작성죄는 별도로 성립하지 않는다는 판례**〉 형법이 제225조 내지 제230조에서 공문서에 관한 범죄를 규정하고, 이어 제231조 내지 제236조에서 사문서에 관한 범죄를 규정하고 있는 점 등에 비추어 볼 때 형법 제233조 소정의 허위진단서작성죄의 대상은 공무원이 아닌 의사가 사문서로서 진단서를 작성한 경우에 한정되고, 공무원인 의사가 공무소의 명의로 허위진단서를 작성한 경우에는 허위공문서작성죄만이 성립하고 허위진단서작성죄는 별도로 성립하지 않는다(대판 2004.4.9. 2003도7762). (12 변시)(18 변시)(24 1차)

---

7 허위공문서작성등죄 [미수범 처벌, 진정신분범]

> 제227조 (허위공문서작성등) 공무원이 행사할 목적으로 그 직무에 관하여 문서 또는 도화를 허위로 작성하거나 변개한 때에는 7년 이하의 징역 또는 2천만 원 이하의 벌금에 처한다.

[죄명예규] 허위(공문서, 공도화)(작성, 변개)

I. 서 설

허위공문서작성등죄는 공무원이 행사할 목적으로 그 직무에 관하여 문서 또는 도화를 허위로 작성하거나 변개함으로써 성립하는 범죄이다. 보호법익은 공문서의 내용의 진실에 대한 공공의 신용이며, 보호의 정도는 추상적 위험범이다.

Ⅱ. 구성요건

1. 주 체

직무에 관하여 문서 또는 도화를 작성할 권한이 있는 공무원이다.

(1) 공무원

본죄의 주체는 직무상 문서 등을 작성할 권한 있는 공무원이므로 진정신분범에 속한다. 따라서 일반인은 본죄에 대한 정범적격이 없다.

〈허위공문서작성죄는 신분범이라는 판례〉 허위공문서작성죄는 그 공문서의 작성권한자인 공무원을 주체로 하는 신분범이라고 볼 것이므로 피고인의 행위가 허위공문서작성죄에 해당한다고 하기 위하여는 피고인에게 그 작성권한이 있음을 확정하여야 한다(대판 1984.3.13. 83도3152).

〈군수에 의하여 위촉된 건축사 사건〉 건축법에 따라 군수에 의하여 건축사무 기술검정 사원으로 위촉된 건축사는 공무원에 준하는 자격을 가지는 자이므로 동인이 허위의 준공검사 조서를 작성한 경우에는 허위공문서를 작성한 경우에 해당한다(대판 1980.5.13. 80도177).

〈영상물등급위원회 임직원 사건〉 처벌법규의 개정으로 형법상 뇌물 관련 범죄에서만 공무원으로 의제되는 영상물등급위원회 임직원은 허위공문서작성죄 및 동행사죄의 주체가 아니다(대판 2009.3.26. 2008도93).

(2) 작성권한 있는 공무원

1) 작성권한 있는 공무원 : 본죄는 공무원 중에서도 해당 공문서를 작성할 권한 있는 공무원만이 주체가 되며, 공무원이라 할지라도 작성권한이 없는 자는 본죄의 주체가 될 수 없다. 따라서 공무원이 직무와 관계없이 그 권한 이외의 사항에 관하여 허위공문서를 작성하거나, 문서작성보조자가 결재를 받지 않고 허위문서를 작성한 경우에는 본죄가 아니라 공문서위조죄가 성립할 뿐이다.

〈호적계장이 임의로 호적을 정정한 사건〉 형법 제227조가 규정한 허위공문서작성죄는 그 문서를 작성할 권한이 있는 공무원이 허위내용의 공문서를 작성한 경우에 성립하는 것이고 그 공무원을 보조하는 직무에 종사하는 공무원이 작성권한을 가진 공무원의 결재도 받지 아니하고 임의로 허위내용의 공문서를 작성권한자 명의로 작성한 때에는 공문서 위조죄가 성립한다고 할 것인 바, 면사무소 호적계장이 면장의 결재 없이 호적의 출생년란, 주민등록번호란에 허위내용의 호적정정 기재를 한 경우에는 공문서 위조 및 동행사죄를 구성하는 것은 별론으로 하고 형법 제227조가 규정한 허위공문서작성죄에 해당할 수는 없다(대판 1990.10.12. 90도1790).

2) 명의인의 일치 여부 : 작성권한 있는 공무원이 문서의 명의인과 반드시 일치하는 것은 아니다. 따라서 명의인이 아니더라도 전결권을 위임받은 자, 명의인의 대리권·대표권을 가진 자도 작성권한 있는 자에 해당하므로 본죄의 주체가 될 수 있다.

2. 객 체

직무에 관한 문서 또는 도화이다.

(1) 직 무

직무에 관한 문서란 공무원의 직무권한에 속하는 사항을 내용으로 하는 문서를 말하며, 직무 권한의 근거는 법률뿐만 아니라 명령, 내규, 관례 등 어떤 것에 의하더라도 상관없다.

〈'직무에 관한 문서'의 의미 및 구체적인 행위가 공무원의 직무에 속하는지 판단하는 기준〉 허위공문서 작성죄에 있어서 직무에 관한 문서라 함은 공무원이 직무권한 내에서 작성하는 문서를 말하고, 그 문서는 대외적인 것이거나 내부적인 것을 구별하지 아니하며, 그 직무권한이 반드시 법률상 근거 가 있음을 필요로 하는 것이 아니고 명령, 내규 또는 관례에 의한 직무집행의 권한으로 작성하는 경우라도 포함되는 것이다. 그리고 구체적인 행위가 공무원의 직무에 속하는지 여부는 그것이 공 무의 일환으로 행하여졌는가 하는 형식적인 측면과 함께 그 공무원이 수행하여야 할 직무와의 관계 에서 합리적으로 필요하다고 인정되는 것이라고 할 수 있는가 하는 실질적인 측면을 아울러 고려하 여 결정하여야 할 것이다(대판 2015.10.29. 2015도9010). (23 3차)

(2) 문서 또는 도화

공문서 또는 공도화이다. 직무에 관한 문서이면 대외적인 것인지 내부적인 것인지 묻지 않는 다. 또한 작성명의인이 명시된 경우뿐만 아니라 작성인이 명시되어 있지 않더라도 문서의 형 식, 내용 등 그 문서 자체에 의하여 누가 작성하였는가를 추정할 수 있는 정도면 족하다.

〈피의자신문조서 사건〉 [1] 허위공문서작성죄에 있어서의 객체가 되는 문서는 문서상 작성명의인 이 명시된 경우뿐 아니라 작성명의인이 명시되어 있지 아니하더라도 문서의 형식, 내용 등 그 문서 자체에 의하여 누가 작성하였는지를 추지할 수 있을 정도의 것이면 된다. [2] 공소외 김△회, 홍△기, 박△선에 대한 각 피의자신문조서는 각 그 조서말미에 작성자의 서명, 날인이 없으나, 위 각 피의자신문조서 첫머리에 작성 사법경찰리와 참여 사법경찰리의 직위와 성명을 적어 넣은 것이 있어 그 문서자체에 의하여 작성자를 추지할 수 있다는 이유로 위 각 피의자신문조서를 허위공문서 작성죄의 객체가 되는 공문서로 볼 수 있다(대판 1995.11.10. 95도2088). (21 변시)

〈국정원 보도자료 사건〉 피고인 8이 작성한 보도자료는 그 내용이 국가정보원의 의견뿐 아니라 국가 정보원 심리전단 소속 직원들이 조직적으로 정치현안에 관한 댓글 등을 게시하였는지 여부에 관한 사실 확인을 포함하고 있어 사실관계에 관한 증명적 기능을 수행하고, 문서의 형식과 내용, 체제에 비추어 국가정보원 대변인 명의인 점이 명백히 드러나므로, 허위공문서작성죄의 객체가 된다(대판 2019.3.14. 2018도18646).

〈영수필 통지서에 날인하는 소인 사건〉 구청 세무계장 명의의 소인을 세금 영수필 통지서에 날인하 는 의미는 은행 등 수납기관으로부터 그 수납기관에 세금이 정상적으로 입금되었다는 취지의 영수 필 통지서가 송부되어 와서 이에 기하여 수납부 정리까지 마쳤으므로 이제 그 영수필 통지서는 보관 하면 된다는 점을 확인함에 있는데, 소인이 가지는 의미가 위와 같은 것이라면 이는 하나의 문서 로 보아야 한다고 한 사례(대판 1995.9.5. 95도1269). [COMMENT] 사안은 소인을 공문서로 보면서 허 위공문서작성죄를 인정한 사안이다.

〈자생식물원 준공검사조서 사건〉 [1] 지방자치단체의 장 또는 계약담당자가 그 검사를 위임받아 수 행한 전문기관으로부터 검사결과를 검사조서로 작성·보고받고 이를 확인하여 승인하는 의미로 검사조서에 결재하였다면 그와 같이 결재된 검사조서는 공무원이 그 직무권한 내에서 작성한 문서로서 허위공문서작성죄의 객체인 공문서에 해당한다. [2] 자생식물원 조성공사의 감리업체의 책임감리원인 갑이, 이 공사를 감독하는 담당공무원 을과 공모하여 허위 내용의 준공검사조서를 작성한 다음 준공검사결과보고서에 첨부하여 을에게 제출하여 공무원들의 결재를 받아 사무실에 비치한 사안에서, 위 '준공검사조서'는 공문서에 해당한다고 한 사례(대판 2010.4.29. 2010도875).

3. 행 위

허위로 작성하거나 변개하는 것이다.

(1) 허위문서작성

1) 허위작성의 의의 : 허위작성이란 작성권한 있는 자가 그 권한의 범위 내에서 객관적 진실에 반하는 허위내용을 기재하는 것을 말한다. 허위작성의 수단 · 방법에는 제한이 없으며, 작위 · 부작위를 불문한다.

■ 허위작성 관련 판례 정리

1. 기본 법리 판례

〈허위공문서작성죄에서 '허위'의 의미 및 허위의 인식 정도〉 허위공문서작성죄에서 허위라 함은 표시된 내용과 진실이 부합하지 아니하여 그 문서에 대한 공공의 신용을 위태롭게 하는 경우를 말하는 것이고, 허위공문서작성죄는 허위공문서를 작성함에 있어 그 내용이 허위라는 사실을 인식하면 성립한다 할 것이다(대판 2015.10.29. 2015도9010).

〈공문서를 작성하는 과정에서 법령 등을 잘못 적용한 사건〉 허위공문서작성죄는 공문서에 진실에 반하는 기재를 하는 때에 성립하는 범죄이므로, 공문서를 작성하는 과정에서 법령 등을 잘못 적용하거나 적용하여야 할 법령 등을 적용하지 아니한 잘못이 있더라도 그 적용의 전제가 된 사실관계에 관하여 거짓된 기재가 없다면 허위공문서작성죄가 성립할 수 없고, 이는 그와 같은 잘못이 공무원의 고의에 기한 것이라도 달리 볼 수 없다. 공문서 작성 과정에서 법령 등을 잘못 적용하였다고 하여 반드시 진실에 반하는 기재를 하여 공문서를 작성하게 되는 것은 아니므로, 공문서 작성 과정에서 법령 등의 적용에 잘못이 있다는 것과 기재된 공문서 내용이 허위인지 여부는 구별되어야 한다(대판 2021.9.16. 2019도18394). (23 3차)(24 2차)

2. 허위공문서작성죄를 긍정한 판례

〈사법경찰관이 재수사 결과서에 허위 내용을 기재한 사건〉 사법경찰관인 피고인이 검사로부터 '교통사고 피해자들로부터 사고 경위에 대해 구체적인 진술을 청취하여 운전자 갑의 도주 여부에 대해 재수사할 것'을 요청받고, 재수사 결과서의 '재수사 결과'란에 피해자들로부터 진술을 청취하지 않았음에도 진술을 듣고 그 진술내용을 적은 것처럼 기재함으로써 허위공문서를 작성하였다는 내용으로 기소된 사안에서, 피해자들 진술로 기재된 내용 중 일부가 결과적으로 사실과 부합하는지, 재수사 요청을 받은 사법경찰관이 검사에 의하여 지목된 참고인이나 피의자 등에 대한 재조사 여부와 재조사 방식 등에 대해 재량을 가지는지 등과 무관하게 피고인의 행위는 허위공문서작성죄를 구성하고, 그에 관한 범의도 인정된다고 한 사례(대판 2023.3.30. 2022도6886).

〈준공검사를 하지 않은 사건〉 준공검사 조서를 작성함에 있어서 정산설계서를 확인하고 준공검사를 한 것이 아님에도 마치 한 것처럼 준공검사용지에 정산설계서에 의하여 준공검사를 하였다는 내용을 기입하였다면 허위공문서작성의 범의가 있었음이 명백하여 그것만으로 곧 허위공문서작성죄가 성립하고 위 준공검사 조서의 내용이 객관적으로 정산설계서 초안이나 그 후에 작성된 정산설계서 원본의 내용과 일치한다거나 공사현장의 준공상태에 부합한다 하더라도 그 성립에 아무런 영향을 미치지 못한다(대판 1983.12.27. 82도3063). [COMMENT] 본 판례는 허위진단서 작성죄의 허위와 비교하여야 한다. 즉 사후에 객관적으로 일치한 것이 중요한 것이 아니라 범행당시 객관적으로 허위이면 허위공문서 작성죄가 성립한다는 취지이다.

〈가옥대장과 다른 내용이지만 객관적으로 사실에 부합된 사건〉 공무원이 작성한 가옥증명서의 기재 내용이 객관적인 사실에 부합되는 것으로 그 내용이 허위가 아닐지라도, 가옥증명서 자체가 시청에 비치한 가옥대장과 대조하여 상위가 없다는 증명서이고 보면, 가옥대장 기재와 다른 내용을 기재하여 가옥증명서를 발행한 이상 허위공문서작성죄가 성립한다(대판 1973.10.23. 73도395).

〈일부를 고의로 누락시킨 사건〉 소유권이전등기와 근저당권설정등기의 신청이 동시에 이루어지고 그와 함께 등본의 교부신청이 있는 경우에는 등기공무원은 소유권이전등기와 근저당권설정등기 모두에 관하여 등기부에의 기입을 마치고 그에 따른 등기부등본을 교부하여야 함에도 불구하고, 등기공무원이 소유권이전등기만 기입하고 근저당권설정등기는 기입하지 아니한 채 등기부등본을 발급하였다면, 비록 그 등기부등본의 기재가 등기부의 기재와 일치한다 하더라도, 그 등기부등본은 이미 접수된 신청서에 따라 기입하여야 할 사항 중 일부를 고의로 누락한 채 작성되어 내용이 진실하지 아니한 것으로서 허위공문서에 해당한다(대판 1996.10.15. 96도1669).

〈출장복명서 사건〉 피고인 2가 실제로 현장확인을 하지 않고 동료 청원경찰인 피고인 1에게 원상복구 여부에 대한 현장확인을 부탁한 다음, 피고인 1이 작성한 출장복명서가 진실한 것인지를 제대로 알지도 못하면서 자신이 직접 현장확인을 하여 보니 원상복구가 완료되었다는 내용의 출장복명서에 자신의 서명을 함으로써 출장복명서를 완성하여 그 정을 모르는 담당공무원에게 제출하였다면 이는 허위공문서작성죄 및 허위작성공문서행사죄에 해당한다고 할 것이다(대판 2013.10.24. 2013도5752).

〈대리인에 의한 것을 본인이 신청한 것으로 기재한 사건〉 인감증명서를 발행함에 있어 인감증명서의 인적사항과 인감 및 그 용도를 일치하게 기재하였어도 대리인에 의한 것을 본인의 신청에 의한 것으로 기재하였다면 그 사항에 관하여는 허위기재한 것으로 보아야 할 것이다(대판 1985.6.25. 85도758).

〈본인이 직접 발급받지 않았음에도 직접 발급받은 것처럼 기재한 사건〉 면사무소 호병계장이 인감증명서 발급신청인 본인이 직접 출두한 바 없는데도 그가 직접 신청 발급 받은 것처럼 그 명의의 인감증명서와 인감증명발급대장에 기재하였다면 이는 허위공문서작성죄를 구성한다 할 것이고, 비록 본인으로부터 대리인을 통하여 인감증명을 발급받겠다는 의사를 확인받았다 하더라도 그 범죄의 성립에는 아무런 영향이 없다(대판 1997.7.11. 97도1082). (21 경간)

〈법무사가 당사자 본인의 날인을 확인한 바 없는 사건〉 공증담당 변호사가 법무사의 직원으로부터 인증촉탁서류를 제출받았을 뿐 법무사가 공증사무실에 출석하여 사서증서의 날인이 당사자 본인의 것임을 확인한 바 없음에도 마치 그러한 확인을 한 것처럼 인증서에 기재한 경우, 인증촉탁 대리인이 법무사일 경우 그 직원이 공증사무실에 촉탁서류를 제출할 뿐 법무사 본인이 사서증서의 날인 또는 서명이 당사자 본인의 것임을 확인하지 아니하는 것이 업계의 관행이라고 할지라도 그와 같은 업계의 관행이 정당하다고 볼 수 없어 허위공문서작성죄가 성립한다고 한 사례(대판 2007.1.25. 2006도3844).

〈원본과 대조함이 없는 사건〉 공무원인 피고인이 그 직무에 관하여 이 건 문제로 된 사문서 사본에 "원본 대조필 토목 기사 안△룡"이라 기재하고 도장을 날인하였다면 그 기재 자체가 공문서로 되고, 이 경우 피고인이 실제로 원본과 대조함이 없이 "원본 대조필"이라고 기재한 이상 그것만으로 곧 허위공문서작성죄가 성립하는 것이고, 피고인이 위 문서작성자에게 전화로 원본과 상위 없다는 사실을 확인하였다거나 객관적으로 그 사본이 원본과 다른 점이 없다고 하더라도 위 죄가 성립한다(대판 1981.9.22. 80도380).

〈매몰공사가 완성되지 아니하였음을 안 사건〉 준공검사관이 준공검사를 함에 있어 수중, 지하 또는 구조물의 내부 등 시공 후 매몰된 부분의 검사는 공사감독관의 감독조서를 근거로 하여 검사를 행하면 되고, 이를 실제로 검사하지 아니한 채 준공조서를 작성하였다 하더라도 허위준공검사조서작성죄의 죄책을 지지 아니하나, 매몰된 부분의 공사가 완성되지 아니하였다는 것을 알면서도 준공검사조서를 작성한 경우에는 위 죄책을 면하지 못한다(대판 1995.6.13. 95도491).

〈농지취득자격증명통보서 사건〉 농지법 제8조 제1항 소정의 농지취득자격증명은 농지를 취득하는 자가 그 소유권에 관한 등기를 신청할 때에 첨부하여야 할 서류로서, 농지를 취득하는 자에게 농지취득의 자격이 있다는 것을 증명하는 것이므로, 신청인에게 농업경영능력이나 영농의사가 없음을 알거나 이를 제대로 알지 못하면서도 농지취득자격에 아무런 문제가 없다는 내용으로 농지취득자격증명통보서를 작성하였다면, 허위공문서작성죄가 성립한다(대판 2007.1.25. 2006도3996).

3. 허위공문서작성죄를 부정한 판례

〈고의로 법령을 잘못 적용한 사건〉 허위공문서작성죄란 공문서에 진실에 반하는 기재를 하는 때에 성립하는 범죄이므로, 고의로 법령을 잘못 적용하여 공문서를 작성하였다고 하더라도 그 법령적용의 전제가 된 사실관계에 대한 내용에 거짓이 없다면 허위공문서작성죄가 성립될 수 없다(대판 2000.6.27. 2000도1858).

〈과세표준 사건〉 허위공문서작성죄란 공문서에 진실에 반하는 기재를 하는 때에 성립하는 범죄이므로, 고의로 법령을 잘못 적용하여 공문서를 작성하였다고 하더라도 그 법령 적용의 전제가 된 사건의 개요에 대한 내용에 거짓이 없다면 허위공문서작성죄가 성립될 수 없는 바, 당사자로부터 뇌물을 받고 고의로 적용하여서는 안 될 조항을 적용하여 과세표준을 결정하고 그 과세표준에 기하여 세액을 산출하였다고 하더라도, 그 세액계산서에 허위 내용의 기재가 없다면 허위공문서작성죄에는 해당하지 않는다(대판 2003.2.11. 2002도4293).

〈기성고 비율 잘못 적용한 사건〉 지방자치단체에서 발주·시행한 교량 공사의 현장감독관인 피고인이, '지방자치단체 입찰 및 계약 집행기준'에 따르면 자재의 제작이 완료되었더라도 현장에 반입되어 시공되지 않은 이상 기성부분으로 인정할 수 없고 예외적으로 제작 공장에서 기성검사를 실시·합격한 경우에 한하여 50% 한도 내에서만 기성고 비율을 인정하여야 함에도, 현장에 반입되지 않아 그 시공이 이루어지지 않은 교량 구조물인 '주탑'이 100% 제작되었음을 전제로 공사 전체의 기성고 비율과 기성부분 준공액을 산정·기재함으로써 허위의 기성검사조서를 작성하였다는 내용으로 기소된 사안에서, 위 조서에는 위 기준 적용의 전제가 되는 사실관계, 즉 주탑 등 자재의 제작 및 현장 반입 여부 등에 관하여 아무런 기재가 없으므로 피고인이 위 기준 적용의 전제가 되는 사실관계에 관하여 허위로 기재할 여지가 없다는 등의 이유로, 위 조서가 허위의 공문서에 해당한다고 본 원심판단에 법리오해의 잘못이 있다고 한 사례(대판 2021.9.16. 2019도18394).

〈세월호 사건 답변서 사건〉 피고인 갑이 세월호 침몰사고 진상규명을 위한 국정조사특별위원회의 국정조사절차에서 대통령비서실장으로서 증언한 후 국회의원으로부터 대통령 대면보고 시점 등에 관한 추가 서면질의를 받고, 실무 담당 행정관으로 하여금 '비서실에서는 20~30분 단위로 간단없이 유·무선으로 보고를 하였기 때문에, 대통령은 직접 대면보고 받는 것 이상으로 상황을 파악하고 있었다고 생각합니다.'라는 내용의 서면답변서를 작성하여 국회에 제출하도록 함으로써 공문서를 허위로 작성·행사하였다는 내용으로 기소된 사안에서, 위 답변서가 공문서에 해당한다고 본 원심판단은 정당하나, 위 답변서 작성 및 제출이 허위공문서작성죄 및 허위작성공문서행사죄에 해당한다고 인정한 원심판단에는 허위공문서작성죄에 관한 법리오해의 잘못이 있다고 한 사례(대판 2022.8.19. 2020도9714).

2) 신고에 의하여 문서의 내용을 기재함에 있어 허위신고임을 알고 기재한 경우

(가) 공무원이 실질적 심사권을 갖는 경우 : 본죄가 성립한다.

(나) 공무원이 형식적 심사권을 갖는 경우 : 공무원이 형식적 심사권만을 갖는 경우에 본죄가 성립할 수 있는지에 대하여 논의가 있지만, 다수설과 판례는 공무원은 그 기재를 거부할 수 있고 허위임을 알면서 기재하면 문서에 대한 공공의 신용이 저해되므로 본죄가 성립한다고 보고 있다.

〈호적리가 신고사항이 허위인 것을 알면서 호적부에 기재한 사건〉 신고사항이 허위인 것이 명백한 경우에는 호적리는 그 기재를 거부할 수 있다고 해석할 것이므로 허위임을 알고 있으면서 이를 호적부에 기재하였다면 허위공문서작성죄가 성립한다(대판 1977.12.27. 77도2155).

(2) 변 개

변개란 작성권한 있는 공무원이 진정하게 작성된 기존문서의 내용을 허위로 고치는 것을 말한다. 진정하게 작성된 기존문서의 내용을 변경한다는 점에서는 유형위조의 변조와 유사하지만 작성권한 있는 자의 변경이라는 점에서 변조와 구별된다. 또 작성권한 있는 자의 행위라는 점에서 허위작성과 동일하나 기존문서의 내용의 동일성을 해하지 않는 범위 내에서의 허위변경이라는 점에서 처음부터 허위작성하는 경우와 다르다.

(3) 기수시기

허위작성죄의 경우에는 작성권한 있는 자가 허위내용을 기재하여 문서작성을 완료한 때, 변개의 경우에는 기존의 진정문서의 내용을 허위로 변경한 때에 기수가 된다.

4. 주관적 구성요건

작성 또는 변개한 공문서의 내용이 허위라는 것과, 그 직무에 관한 것이라는 인식과 작성 또는 변개할 의사가 있어야 고의가 인정된다. 그리고 초과주관적인 요소로 고의이외에 행사할 목적이 있어야 한다.

〈허위의 체포확인서와 허위의 확인서 사건〉 피고인들을 비롯한 경찰관들이 피의자 4명을 현행범으로 체포하거나 현행범인체포서를 작성할 때 체포사유 및 변호인선임권을 고지하지 아니하였음에도 불구하고, '체포의 사유 및 변호인 선임권 등을 고지 후 현행범인 체포한 것임'이라는 내용의 허위의 현행범인체포서 4장과 '현행범인으로 체포하면서 범죄사실의 요지, 구속의 이유와 변호인을 선임할 수 있음을 고지하고 변명의 기회를 주었다'는 내용의 허위의 확인서 4장을 각 작성한 사안에서, 당시 피고인들에게 허위공문서작성에 대한 범의도 있었다고 보아야 함에도 이와 다른 판단을 한 원심판결에 사실오인의 잘못이 있다고 한 사례(대판 2010.6.24. 2008도11226).

〈민원사무 신속 처리 사건〉 공무원이 여러 차례의 출장반복의 번거로움을 회피하고 민원사무를 신속히 처리한다는 방침에 따라 사전에 출장조사한 다음 출장조사내용이 변동없다는 확신하에 출장복명서를 작성하고 다만 그 출장일자를 작성일자로 기재한 것이라면 허위공문서작성의 범의가 있었다고 볼 수 없다(대판 2001.1.5. 99도4101). **[COMMENT]** 본 판례는 객관적으로 허위여부를 판단함에 있어 예외적인 판례이므로 주의하여야 한다.

〈사고도주표시란에 아무런 표시를 하지 않은 사건〉 교통사고 가해자가 사고발생 후 즉시 피해자를 구호조치하지 않고 사고현장으로부터 약600m정도 도주한 후 다시 사고현장으로 되돌아 와 경찰관에게 자신이 사고야기자라고 말한 사안에서, 교통사고 가해자의 사고 후의 행동이 기재된 가해자 및 피해자의 관련자 진술서만 첨부하고 교통사고 실황조사서의 사고원인기재란 중 사고도주표시란에는 아무런 표시를 하지 않은 경우 도주인가 여부에 대한 판단을 명확히 할 수 없어 사고도주표시란에는 아무런 표시를 하지 않은 경우로 허위기재의 범의가 있었다고 할 수 없으므로 허위공문서작성에 해당하지 않는다(대판 1997.3.11. 96도2329).

Ⅲ. 간접정범의 성부

1. 작성권한 있는 자가 타인을 이용한 경우

공문서를 작성할 권한 있는 공무원이 권한 없는 자를 이용한 경우에는 본죄의 간접정범이 성립할 수 있다는 점에 대해서는 이견이 없다.

2. 작성권한 없는 자가 작성권한 있는 자를 이용한 경우

(1) 일반인이 작성권자를 이용한 경우

비신분자인 일반인은 작성권자를 이용한 허위공문서작성죄의 **간접정범이 성립할 수 없다**. 그 근거로는 ① 비공무원 및 작성권한 없는 공무원은 신분범의 **정범적격이 없으며** ② 일반인의 허위공문서작성죄의 간접정범의 처벌은 제228조의 공정증서원본부실기재를 제외하고 처벌하지 않는다는 형법의 **입법취지**를 들 수 있다.

〈공무원이 아닌 자는 허위공문서작성죄의 간접정범이 성립되지 않는다는 판례〉 공무원이 아닌 자는 형법 제228조의 경우를 제외하고는 허위공문서작성죄의 간접정범으로 처벌할 수 없으나, 공무원이 아닌 자가 공무원과 공동하여 허위공문서작성죄를 범한 때에는 공무원이 아닌 자도 형법 제33조, 제30조에 의하여 허위공문서작성죄의 공동정범이 된다(대판 2006.5.11. 2006도1663). (19 변시)

〈거주확인증 사건〉 공무원 아닌 자가 허위공문서작성의 간접정범일 때에는 본법 제228조의 경우를 제외하고는 이를 처단하지 못하므로 면장의 거주확인증발급을 위한 허위사실의 신고는 죄가 되지 않는다(대판 1971.1.26. 70도2598).

(2) 보조작성 공무원이 작성권자를 이용한 경우

> **보조작성 공무원이 작성권자를 이용한 경우**
>
> 甲은 향토예비군훈련을 받은 사실이 없음에도 불구하고 소속 예비군동대 방위병인 乙에게 예비군훈련을 받았다는 내용의 확인서를 발급하여 달라고 부탁하였다. 이에 乙은 작성권자인 예비군 동대장 丙에게 그 사실을 보고하여 그로부터 甲이 예비군훈련에 참가한 여부를 확인한 후 확인서를 발급하도록 지시를 받고서는 미리 예비군 동대장의 직인을 찍어 보관하고 있던 예비군훈련확인서 용지에 甲의 성명 등 인적사항과 훈련일자 등을 기재하여 甲에게 교부하였다. 甲과 乙의 죄책은? [2014 2차][2019 2차][2021 1차][2022 변시]

1. 논의점

작성권자를 보조하는 공무원이 작성권자에게 허위보고를 하여 작성권자가 허위공문서를 작성한 경우에 작성권자를 보조하는 공무원이 허위공문서작성죄의 간접정범이 성립할 수 있는지에 대하여 논의가 있다.

2. 견해의 대립

이에 대하여는 ① 보조공무원은 작성명의인은 아니지만 사실상 또는 실질적으로 작성권한을 가지고 있으므로 허위공문서작성죄의 간접정범을 긍정하는 **긍정설** ② 허위공문서작성죄의 주체는 작성권한 있는 공무원에 국한되는 진정신분범이므로 보조공무원의 허위공문서작성죄의 간접정범을 부정하는 **부정설**이 대립하고 있다.

3. 판례의 태도

판례는 '보조공무원이 허위공문서를 기안하여 허위인 정을 모르는 작성권자에게 제출하고 그로 하여금 그 내용이 진실한 것으로 오신케하여 서명 또는 기명날인케 함으로써 공문서를 완성한 때에는 허위공문서작성죄의 간접정범이 성립한다'라고 하여 **긍정설**의 입장이다.

4. 검 토

생각건대 작성권자를 보조하는 자는 실질적인 작성권한을 가지고 있다고 볼 수 있으며, 작성권자를 이용하는 보조자를 처벌할 형사정책적 필요성도 있으므로 긍정설이 타당하다.

5. 관련판례

(1) 허위공문서작성죄의 간접정범을 긍정한 판례

〈보조공무원 사건〉 허위공문서작성의 주체는 직무상 그 문서를 작성할 권한이 있는 공무원에 한하고 작성권자를 보조하는 직무에 종사하는 공무원은 허위공문서작성죄의 주체가 되지 못한다. 다만 공문서의 작성권한이 있는 공무원의 직무를 보좌하는 사람이 그 직위를 이용하여 행사할 목적으로 허위의 내용이 기재된 문서 초안을 그 정을 모르는 상사에게 제출하여 결재하도록 하는 등의 방법으로 작성권한이 있는 공무원으로 하여금 허위의 공문서를 작성하게 한 경우에는 허위공문서작성죄의 간접정범이 성립한다(대판 2011.5.13. 2011도1415). (22 2차)(23 변시)

〈음주운전자발보고서 사건〉 경찰서 보안과장으로서 음주운전자 적발업무 등을 담당하던 피고인이 A의 음주운전을 눈감아 주기 위하여 그에 대한 음주운전자적발보고서를 찢어버리고, 부하로 하여금 일련번호가 동일한 가짜 음주운전적발보고서에 B에 대한 음주운전 사실을 기재케 하여 그 정을 모르는 담당경찰관으로 하여금 주취운전자음주측정처리부에 B에 대한 음주운전 사실을 기재하도록 한 이상, B가 음주운전으로 인하여 처벌을 받았는지 여부와는 관계없이 허위공문서작성 및 동행사죄의 간접정범으로서의 죄책을 면할 수 없다(대판 1996.10.11. 95도1706).

〈신청보고서가 허위인 정을 아는 계장이 선의의 과장을 이용한 사건〉 공무원 갑이 허위의 사실을 기재한 자동차운송사업변경(증차)허가신청 검토조서를 작성한 다음 이를 자동차운송사업변경(증차)허가신청 검토보고에 첨부하여 결재를 상신하였고, 담당계장으로서 그와 같은 사정을 알고 있는 중간 결재자인 피고인과 담당과장으로서 그와 같은 사정을 알지 못하는 최종 결재자인 을이 차례로 위 검토보고에 결재를 하여 자동차운송사업 변경허가가 이루어진 사안에서, 이는 허위의 정을 모르는 작성권자 을로 하여금 허위의 공문서를 결재 · 작성하게 한 경우에 해당하여 그 간접정범에 해당한다(대판 2011.5.13. 2011도1415). (15 변시)

(2) 공무원이 아닌 자에게 허위공문서작성죄의 간접정범의 공범을 긍정한 판례

〈훈련확인서 사건〉 [사실관계] – [쟁점사실관계] [판결요지] 공문서의 작성권한이 있는 공무원의 직무를 보좌하는 자가 그 직위를 이용하여 행사할 목적으로 허위의 내용이 기재된 문서초안을 그 정을 모르는 상사에게 제출하여 결제하도록 하는 등의 방법으로 작성권한이 있는 공무원으로 하여금 허위의 공문서를 작성하게 한 경우에는 간접정범이 성립되고 이와 공모한 자 역시 그 간접정범의 공범으로서의 죄책을 면할 수 없을 것이고, 여기서 말하는 공범은 반드시 공무원의 신분이 있는 자로 한정되는 것은 아니라고 할 것이다(대판 1992.1.17. 91도2837). 답 乙은 허위공문서작성죄의 간접정범이 성립하고, 甲은 허위공문서작성죄의 간접정범의 공범이 성립한다. (15 변시)(23 1차)

(3) 보조공무원에게 공문서위조죄를 인정한 판례

〈보조공무원이 임의로 공문서를 완성한 사건〉 허위공문서작성죄의 주체는 그 문서를 작성할 권한이 있는 명의인인 공무원에 한하고, 그 공무원의 문서작성을 보조하는 직무에 종사하는 공무원은 위 죄의 주체가 되지 못하므로 보조 공무원이 허위공문서를 기안하여 그 정을 모르는 작성권자의 결재를 받아 공문서를 완성한 때에는 허위공문서작성죄의 간접정범이 되고, 이러한 결재를 거치지 않고 임의로 허위내용의 공문서를 완성한 때에는 공문서위조죄가 성립한다(대판 1981.7.28. 81도898). (22 경1)

〈부대장 명의 직인 담당자를 기망하여 직인을 날인 받은 사건〉 [1] (위 판례와 동일한 내용 생략) 이는 공문서의 작성 권한 없는 사람이 허위공문서를 기안하여 작성권자의 결재를 받지 않고 공문서를 완성한 경우에도 마찬가지이다. [2] 나아가 작성권자의 직인 등을 보관하는 담당자는 일반적으로 작성권자의 결재가 있는 때에 한하여 보관 중인 직인 등을 날인할 수 있을 뿐이다. 이러한 경우 다른 공무원 등이 작성권자의 결재를 받지 않고 직인 등을 보관하는 담당자를 기망하여 작성권자의 직인을 날인하도록 하여 공문서를 완성한 때에도 공문서위조죄가 성립한다. [3] 공군부대 체력단련장 관리사장으로 근무하는 피고인이 임의로 전동카트시스템의 기부채납과 체력단련장 사용 · 수익에 관한 수정 합의서를 작성하고, 작성권자인 부대장의 결재를 받은 것처럼 부대장 명의 직인을 담당하는 자를 기망하여 그로 하여금 부대장의 직인을 문서에 날인하게 한 뒤 행사한 경우에는 피고인의 행위는 공문서위조죄와 위조공문서행사죄에 해당한다한 사례(대판 2017.5.17. 2016도13912). (22 2차)

〈보조공무원이 위임의 취지에 반하여 직인 날인하면 공문서위조죄가 성립한다는 판례〉 공문서 작성권자로부터 일정한 요건이 구비되었는지 여부를 심사하여 그 요건이 구비되었음이 확인될 경우에 한하여 작성권자의 직인을 사용하여 작성권자 명의의 공문서를 작성하라는 포괄적인 권한을 수여받은 업무보조자인 공무원이, 그 위임의 취지에 반하여 공문서 용지에 허위내용을 기재하고 그 위에 보관하고 있던 작성권자의 직인을 날인하였다면, 그 업무보조자인 공무원에게 공문서위조죄가 성립할 것이고, 그에게 위와 같은 행위를 하도록 지시한 중간결재자인 공무원도 공문서위조죄의 공범으로서의 책임을 면할 수 없다(대판 1996.4.23. 96도424).

(4) 작성권자도 보조공무원도 아니므로 허위공문서작성죄의 간접정범을 부정한 판례

〈'산지이용구분 내역 통보' 사건〉 군청 산림과 소속 공무원인 피고인 갑과 을이 공모하여 피고인 을이 기안하고 갑이 전결한 해당 임야에 대한 허위의 '산지이용구분 내역 통보'를 군청 민원봉사과에 보내거나, 또는 피고인 을이 일부 임야에 대하여는 단독으로, 일부 임야에 대하여는 공무원 아닌 피고인 병과 공모하여 허위의 각 '산지이용구분 내역 통보' 공문을 기안하고 그 정을 모르는 피고인 갑의 전결로 위 각 공문을 군청 민원봉사과로 보내어, 그 정을 모르는 민원봉사과 소속 공무원으로 하여금 군수 명의의 위 각 임야에 대한 토지이용계획확인서를 작성·발급하게 한 사안에서, 피고인들이 위 각 토지이용계획확인서의 작성권한자라고 볼 수 없을 뿐만 아니라 위 각 문서의 발급을 담당하는 민원봉사과 소속 공무원의 업무를 보조하는 직무에 종사하거나 위 각 문서의 작성을 기안하는 업무에 종사하는 지위에서 위 각 '산지이용구분 내역 통보' 공문을 보내 준 것으로 보기도 어려우므로, 피고인들을 각 허위공문서작성죄의 간접정범 내지 간접정범의 공동정범으로 볼 수는 없다고 한 사례(대판 2010.1.14. 2009도9963).

IV. 다른 범죄와의 관계

(1) 허위진단서 작성죄와의 관계

공무원인 의사가 허위진단서를 작성한 경우에는 허위공문서작성죄만 성립한다.

[COMMENT] 보다 자세한 것은 허위진단서 작성죄 부분 참조.

(2) 직무유기죄와의 관계

허위공문서작성죄와 직무유기죄와의 관계에 대하여는 ① 공무원이 위법사실을 발견하고 이를 적극적으로 은폐할 목적으로 허위공문서를 작성한 경우에는 원칙적으로 직무유기죄는 허위공문서작성죄에 흡수되어 허위공문서작성죄만 성립하지만 ② 위법사실을 적극적으로 은폐할 목적이 아니라 새로운 권리를 얻기 위하여 허위공문서를 작성한 경우에는 직무유기죄와 허위공문서작성죄의 실체적 경합이 된다.

8 공정증서원본등 부실기재죄 [미수범 처벌]

제228조 (공정증서원본등의 부실기재) ① 공무원에 대하여 허위신고를 하여 공정증서 원본 또는 이와 동일한 전자기록등 특수매체기록에 부실의 사실을 기재 또는 기록하게 한 자는 5년 이하의 징역 또는 1천만 원 이하의 벌금에 처한다.
② 공무원에 대하여 허위신고를 하여 면허증, 허가증, 등록증 또는 여권에 부실의 사실을 기재하게 한 자는 3년 이하의 징역 또는 700만 원 이하의 벌금에 처한다.

[죄명예규] (공정증서원본, 공전자기록등)불실기재/(면허증, 허가증, 등록증, 여권)불실기재

Ⅰ. 서 설

공정증서원본등 부실기재죄는 공무원에게 허위신고를 하여 공정증서원본이나 이와 동일한 전자기록 등 특수매체기록 또는 그와 유사한 공문서인 면허증, 허가증, 등록증, 여권에 부실한 사실을 기재 기록하게 하는 내용의 범죄이다. **허위공문서작성죄의 간접정범**으로서의 성격을 지닌다.

Ⅱ. 구성요건

1. 주 체

주체에는 제한이 없으며 공무원도 주체가 될 수 있다.

2. 객 체

공정증서원본 또는 이와 동일한 전자기록 등 특수매체기록, 면허증·허가증·등록증 또는 여권이다.

(1) 공정증서원본

1) **공정증서** : 공정증서란 공무원이 직무상 작성한 공문서로서 권리·의무에 관한 일정한 사실을 직접 증명하는 효력을 갖는 공문서를 말한다. 권리·의무는 공법상·사법상의 것을 불문하고, 사법상의 권리·의무는 재산상의 것은 물론 신분상의 것도 포함한다. 예 가족관계등록부, 부동산등기부, 상업등기부, 화해조서, 합동법률사무소 명의로 작성된 공정증서, 자동차 등록부 등

> [COMMENT] 공정증서원본의 예 중 6가지 정도는 기억해 두는 것이 바람직하다.

〈**주민등록부와 인감대장 사건**〉 [1] 주민등록부는 권리의무의 득실·변경 등의 증명을 목적으로 하는 공부가 아니라 할 것이므로 형법 제228조 소정의 공정증서가 아니다. [2] 인감대장은 행정청이 출원자의 현재 사용하고 있는 인감을 증명함으로써 국민의 편의를 도모하기 위하여 출원자의 인감신고를 받아두는 공부로서 공정증서가 아니라 할 것이다(대판 1968.11.19. 68도1231).

〈**토지대장 사건**〉 형법 제228조에서 말하는 공정증서란 권리의무에 관한 공정증서만을 가리키는 것이고 사실증명에 관한 것은 이에 포함되지 아니하므로 권리의무에 변동을 주는 효력이 없는 토지대장은 위에서 말하는 공정증서에 해당하지 아니한다(대판 1988.5.24. 87도2696).

〈**자동차운전면허대장 사건**〉 자동차운전면허대장은 사실증명에 관한 것에 불과하므로 형법 제228조 제1항에서 말하는 공정증서원본이라고 볼 수 없다(대판 2010.6.10. 2010도1125). (21 변시)

〈**민사조정법상의 조정조서 사건**〉 민사조정법상 조정신청에 의한 조정제도는 원칙적으로 조정신청인의 신청 취지에 구애됨이 없이 조정담당판사 등이 제반 사정을 고려하여 당사자들에게 상호 양보하여 합의하도록 권유·주선함으로써 화해에 이르게 하는 제도인 점에 비추어, 그 조정절차에서 작

성되는 조정조서는 그 성질상 허위신고에 의해 불실한 사실이 그대로 기재될 수 있는 공문서로 볼 수 없어 공정증서원본에 해당하는 것으로 볼 수 없다(대판 2010.6.10. 2010도3232). (21 2차)(24 3차)

2) **원본** : 본죄의 객체는 원본 즉 공정증서 그 자체여야 하므로 정본 · 등본 · 사본 · 초본 등은 본죄의 객체가 될 수 없다.

〈**공정증서정본 사건**〉 형법 제229조, 제228조 제1항의 규정과 형벌법규는 문언에 따라 엄격하게 해석하여야 하고 피고인에게 불리한 방향으로 지나치게 확장해석하거나 유추해석하여서는 아니되는 원칙에 비추어 볼 때, 위 각 조항에서 규정한 '공정증서원본'에는 공정증서의 정본이 포함된다고 볼 수 없으므로 불실의 사실이 기재된 공정증서의 정본을 그 정을 모르는 법원 직원에게 교부한 행위는 형법 제229조의 불실기재공정증서원본행사죄에 해당하지 아니한다(대판 2002.3.26. 2001도6503).

(2) 공정증서원본과 동일한 전자기록 등 특수매체기록

전자적 기록 또는 광기술을 이용한 특수매체기록으로서 공정증서원본과 동일한 효력과 기능을 가진 것을 말한다. **예** 전산자료화된 부동산등기파일, 자동차등록파일, 특허원부 또는 호적파일 등

(3) 면허증 · 허가증 · 등록증 · 여권

1) **면허증** : 특정인에게 특정한 기능을 부여하기 위하여 공무원이 작성하는 증서를 말한다. **예** 의사면허증, 자동차면허증, 수렵면허증, 침사자격증 등

2) **허가증** : 일정한 영업 또는 업무를 허가하였다는 사실을 증명하는 공무소의 문서를 말한다. **예** 고물상 또는 주류판매의 영업허가증, 자동차의 영업허가증 등

3) **등록증** : 일정한 자격을 취득한 자에게 그 활동에 상응한 권능을 부여하기 위하여 공무원 또는 공무소가 작성하는 증서를 말한다. **예** 변호사 · 법무사 · 공인회계사 · 세무사등록증 등

[COMMENT] 주민등록증은 여기에 포함되지 않는다는 점을 주의하여야 한다.

4) **여권** : 공무소가 여행자에게 발행하는 허가증을 말한다. **예** 외국의 여행자에게 교부하는 여권, 가석방자에 대한 여행허가증 등

〈**사업자등록증 사건**〉 [1] 형법 제228조 제2항의 '등록증'은 공무원이 작성한 모든 등록증을 말하는 것이 아니라, 일정한 자격이나 요건을 갖춘 자에게 그 자격이나 요건에 상응한 활동을 할 수 있는 권능 등을 인정하기 위하여 공무원이 작성한 증서를 말한다. [2] 사업자등록증은 단순한 사업사실의 등록을 증명하는 증서에 불과하고 그에 의하여 사업을 할 수 있는 자격이나 요건을 갖추었음을 인정하는 것은 아니라고 할 것이어서 형법 제228조 제1항에 정한 '등록증'에 해당하지 않는다고 한 원심의 판단을 수긍한 사례(대판 2005.7.15. 2003도6934). (22 경2)

3. 행 위

공무원에 대하여 허위신고를 하여 부실의 사실을 기재 또는 기록하게 하는 것이다.

(1) 공무원

공정증서원본 등에 신고사실을 기재 · 기록할 수 있는 권한을 가진 공무원이다. 다만 공무원

은 기재사실이 부실임을 알지 못하는 자라야 한다. 만일 공무원이 그 정을 알면서도 기재한 때에는 그 공무원은 허위공문서작성죄가 성립하며, 허위신고자는 가담 정도에 따라 허위공문서작성죄의 공범이 될 수 있다.

(2) 허위신고

1) **허위신고의 의의** : 허위신고는 일정한 사실에 대해 진실에 반하는 신고를 하는 것을 말한다.

2) **허위신고의 내용** : 신고내용이 허위인 경우는 물론 신고인의 자격을 사칭하는 경우도 허위신고에 해당한다. 신고 또는 기재사항이 반드시 불법한 것일 필요도 없다.

3) **허위신고의 방법** : 신고방법에는 제한이 없다.

(3) 부실의 사실의 기재나 기록

1) **의의** : 부실의 사실의 기재나 기록이란 공정증서원본이 증명하는 권리·의무 사항과 관련하여 중요한 부분에서 진실에 반하는 사실을 기재·기록하게 하는 것을 말한다.

〈**불실의 개재의 의미**〉 형법 제229조, 제228조 제2항에 정한 불실기재 여권행사죄에서 '허위신고'는 진실에 반하는 사실을 신고하는 것이고, '불실(不實)의 사실'은 '권리의무관계에 중요한 의미를 갖는 사항이 객관적인 진실에 반하는 것'을 말한다(대판 2022.4.28. 2019도9177). (23 3차)

2) **부실의 범위** : 공정증서원본 등에 기재된 사항이 존재하지 아니하거나 외관상 존재한다고 하더라도 무효에 해당하는 하자가 있다면 그 기재는 불실기재에 해당한다. 그리고 중요부분을 사실과 달리 기재하거나 반대로 기재한 경우에도 부실기재가 된다.

(가) **부동산 등기 일반론** : 권리·의무와 관련된 중요한 사실을 다르게 기재한 경우에 부실기재에 해당한다. 따라서 **권리·의무와 관계없는 예고등기를 말소케한 경우**에는 부실기재에 해당하지 않는다. 그리고 기재절차나 내용에 하자가 있거나 등기의 원인관계가 실제와 다르다 하더라도 기재내용의 중요부분이 당사자의 의사와 합치하거나 실체권리관계에 일치하는 경우에는 부실기재라고 할 수 없다. 그러나 **토지거래허가를 잠탈하는 등의 불법적인 목적으로 원인관계를 달리 기재된 경우**에는 부실기재가 될 수 있다.

부동산 등기 부실기재 관련 판례 정리

1. 기본 법리 판례

〈**부존재와 무효에 해당하는 기재**〉 [1] 공정증서원본 등에 기재된 사항이 존재하지 아니하거나 외관상 존재한다고 하더라도 무효에 해당하는 하자가 있다면 그 기재는 불실기재에 해당한다. [2] 부동산 매수인이 매도인과 사이에 부동산의 소유권이전에 관한 물권적 합의가 없는 상태에서, 소유권이전등기신청에 관한 대리권이 없이 단지 소유권이전등기에 필요한 서류를 보관하고 있을 뿐인 법무사를 기망하여 매수인 명의의 소유권이전등기를 신청하게 한 경우, 공정증서원본불실기재죄를 구성한다고 한 사례(대판 2006.3.10. 2005도9402).

〈**취소사유인 하자가 있는 사건**〉 공정증서원본불실기재죄는 공무원에 대하여 허위신고를 함으로써 공정증서원본에 불실의 사실을 기재하게 하는 경우에 성립한다. 공정증서원본에 기재된 사항이 부존재하거나 외관상 존재한다고 하더라도 무효에 해당되는 하자가 있다면, 그 기재는 불실기재에 해당한다. 그러나 기재된 사항이나 그 원인된 법률행위가 객관적으로 존재하고, 다만 거기에 취소사유인 하자가 있을 뿐인 경우, 취소되기 전에 공정증서원본에 기재된 이상, 그 기재는 공정증서원본의 불실기재에 해당하지는 않는다(대판 2018.6.19. 2017도21783). (22 2차)(24 3차)

〈실체적 권리관계의 부합과 부실기재〉 소유권보존등기나 소유권이전등기에 절차상 하자가 있거나 등기원인이 실제와 다르다 하더라도 그 등기가 실체적 권리관계에 부합하게 하기 위한 것이거나 실체적 권리관계에 부합하는 유효한 등기인 경우에는 공정증서원본불실기재 및 동행사죄가 성립되지 않는다고 할 것이나, 이는 등기 경료 당시를 기준으로 그 등기가 실체권리관계에 부합하여 유효한 경우에 한정되는 것이고, 등기 경료 당시에는 실체권리관계에 부합하지 아니한 등기인 경우에는 사후에 이해관계인들의 동의 또는 추인 등의 사정으로 실체권리관계에 부합하게 된다 하더라도 공정증서원본불실기재 및 동행사죄의 성립에는 아무런 영향이 없다(대판 2001.11.9. 2001도3959). (24 1차)

〈사후에 실체적 권리관계에 부합된 사건〉 사문서위조나 공정증서원본불실기재가 성립한 후, 사후에 피해자의 동의 또는 추인 등의 사정으로 문서에 기재된 대로 효과의 승인을 받거나 등기가 실체적 권리관계에 부합하게 되었다 하더라도 이미 성립한 범죄에는 아무런 영향이 없다(대판 2007.6.28. 2007도2714). (23 변시)

2. 공정증서원본부실기재죄를 긍정한 판례

〈토지거래허가 잠탈 사건〉 토지거래 허가구역 안의 토지에 관하여 실제로는 매매계약을 체결하고서도 처음부터 토지거래허가를 잠탈하려는 목적으로 등기원인을 '증여'로 하여 소유권이전등기를 경료한 경우, 비록 매도인과 매수인 사이에 실제의 원인과 달리 '증여'를 원인으로 한 소유권이전등기를 경료할 의사의 합치가 있더라도, 허위신고를 하여 공정증서원본에 불실의 사실을 기재하게 한 때에 해당한다고 한 사례(대판 2007.11.30. 2005도9922).

〈허위의 채무를 가장하고 허위의 근저당권설정등기를 마친 사건〉 실제로는 채권·채무관계가 존재하지 않는데도 허위의 채무를 가장하고 이를 담보한다는 명목으로 허위의 근저당권설정등기를 마친 것이라면 등기공무원에게 허위신고를 하여 등기부에 불실의 사실을 기재하게 한 때에 해당하므로 공정증서원본 등의 불실기재죄 및 불실기재공정증서원본 등의 행사죄(또는 공전자기록등불실기재죄 및 불실기재공전자기록등행사죄)가 성립한다(대판 2017.2.15. 2014도2415).

〈허위이전등기하고 저당권등기 경료한 사건〉 근저당권은 근저당물의 소유자가 아니면 설정할 수 없으므로 타인의 부동산을 자기 또는 제3자의 소유라고 허위의 사실을 신고하여 소유권이전등기를 경료한 후 나아가 그 부동산이 자기 또는 당해 제3자의 소유인 것처럼 가장하여 그 부동산에 관하여 자기 또는 당해 제3자 명의로 채권자와의 사이에 근저당권설정등기를 경료한 경우에는 공정증서원본불실기재 및 동행사죄가 성립한다(대판 1997.7.25. 97도605). (24 3차)

〈사망한 사람 명의로 소유권보존등기를 한 경우〉 이미 사망한 사람의 문서를 함부로 작성하여 등기공무원에게 제출하여 그로 하여금 부동산등기부에 사망한 사람 명의로 소유권보존등기의 사유를 기재케 한 행위는 사망한 사람이 권리의무의 주체가 될 수 없고 따라서 사망자 앞으로의 소유권보존등기가 실체관계에 부합되는 유효한 등기로 볼 수 없는 바이므로 위 행위를 공정증서원본불실기재죄로 처단한 조치는 정당하다(대판 1969.1.28. 68도1596).

〈교회가 분열되어 일방이 타방을 배제한 사건〉 교회의 교인들 간에 갈등이 심화되어 교회가 분열된 후에 일방의 교회가 타방의 교회를 배제한 채 소집·개최한 당회에서 교회 재산인 부동산을 총회유지재단에 증여하기로 하는 내용의 결의를 하고 등기공무원에게 위 결의에 따른 취지의 등기신청을 하여 위 부동산에 관하여 증여를 원인으로 한 소유권이전등기를 마친 사안에서, 위 당회의 결의가 그 소집 및 결의절차가 부적법하다는 이유로 공정증서원본불실기재죄 및 동행사죄가 성립한다고 한 원심의 판단을 수긍한 사례(대판 2005.10.28. 2005도3772).

〈지교회 사건〉 지교회가 소속된 교단의 헌법상 지교회의 부동산을 특정 재단법인 앞으로 등기하도록 하는 규정이 있다고 하더라도, 지교회의 대표자가 총회의 결의 없이 지교회 교인들의 총유에 속하는 교회 부지 및 건물을 위 재단법인 앞으로 소유권이전등기를 마친 행위는 공정증서불실기재죄를 구성한다고 본 사례(대판 2008.9.25. 2008도3198).

3. 공정증서원본부실기재죄를 부정한 판례

〈가장매매 사건〉 가장매매에 인한 소유권이전등기를 경료하여도 그 당사자간에는 소유권이전등기를 경료시킬 의사는 있었던 것이므로 공정증서원본부실기재 및 동 행사죄는 성립하지 아니한다(대판 1972.3.28. 71도2417 전합).

〈소유권이전등기신청의 합의 사건〉 부동산을 관리보존하는 방법으로 이를 타에 신탁하는 의사로서 그 소유권이전등기를 한 경우에는 그 원인을 매매로 가장하였다 하더라도 이는 공정증서원본불실기재죄에 해당하지 아니하고, 피고인이 부동산에 관하여 가장매매를 원인으로 소유권이전등기를 경료하였더라도, 그 당사자 사이에는 소유권이전등기를 경료시킬 의사는 있었다고 할 것이므로 공정증서원본불실기재죄 및 동행사죄는 성립하지 않고, 또한 등기의무자와 등기권리자(피고인) 간의 소유권이전등기신청의 합의에 따라 소유권이전등기가 된 이상, 등기의무자 명의의 소유권이전등기가 원인이 무효인 등기로서 피고인이 그 점을 알고 있었다고 하더라도, 특별한 사정이 없는 한 바로 피고인이 등기부에 불실의 사실을 기재하게 하였다고 볼 것은 아니다(대판 2011.7.14. 2010도1025).

〈의제자백 사건〉 피고인이 그가 점유하고 있는 토지에 대하여 매매를 원인으로 하는 소유권이전등기 소송을 제기하여서 의제자백에 의한 승소판결을 받아 경료된 피고인 명의의 소유권이전등기가 비록 절차상의 하자가 있다 하더라도 점유에 의한 소유권취득시효가 완성함으로써 결국 위 소유권이전등기가 실체적 권리관계에 부합하는 유효한 등기라고 한다면, 위의 소송에 있어서 피고인에게 위 토지를 편취하려는 범의가 있었다고 볼 수 없고 또한 위와 같이 경료된 등기 역시 불실의 등기라고 할 수 없다(대판 1987.3.10. 86도864).

〈계약당사자간의 합의가 있는 사건〉 근저당설정등기는 등기권리자인 채권자와 등기의무자인 근저당권설정자와의 합의를 기초로 이루어지는 것이므로 설사 등기의 편의상 진정한 채무자가 아닌 제3자를 채무자로 등기부상 등재케 하였다 하더라도, 그것이 계약당사자간의 합의에 의하여 이루어진 것이라면 당사자 사이에 이와 같은 등기를 경료하게 할 의사가 있었던 것이므로 이 경우 공정증서원본불실기재죄는 성립되지 않는다(대판 1985.10.8. 84도2461).

〈등기원인을 명의신탁 대신에 매매라고 기재케 한 경우〉 부동산을 관리보존할 목적으로 이를 타에 신탁하는 의미로써 해 소유권이전등기를 함에 있어서 그 원인은 매매로 가장하였다 하여도 이는 형법 제228조 제1항 혹은 동법 제229조 소정죄에 해당하지 아니한다. 당사자들의 합의 없이 경료된 소유권이전등기라고 하더라도 그것이 민사실체법상의 권리관계에 부합되는 유효한 것이라면 이를 불실의 등기라고 할 수 없다(대판 1980.12.9. 80도1323).

〈재산상속인이 상속을 원인으로 등기한 사건〉 재산상속인은 피상속인의 사망으로 인하여 상속개시된 때로부터 피상속인의 재산에 관한 포괄적 권리의무를 승계하게 되므로 어떤 부동산에 관하여 피상속인에게 실제상의 권리가 없었다 하더라도 재산상속인이 상속을 원인으로 한 소유권이전등기를 경료한 경우에는 그 등기는 당시의 등기부상의 권리관계를 나타내는 것에 불과하므로 그와 같은 등기절차를 밟았다 하여 공정증서원본불실기재나 동행사죄가 성립할 수 없다(대판 1987.4.14. 85도2661). (24 3차)

(나) **중간생략등기** : 다수설과 판례는 중간생략등기는 일반사회에서 널리 행해지는 관행이며, 기재내용이 당사자의 의사 또는 실체법률관계와 일치하므로 부실의 기재가 아니라고 보고 있다.

〈중간생략등기 사건〉 정당하게 취득한 건물 소유권에 대한 소유권이전등기를 경유함에 있어서 관계당사자들의 동의를 얻지 않고 함부로 피고인 앞으로 중간생략의 소유권이전등기를 경유하였다 하여 공정증서원본불실기재죄에 해당한다 할 수 없다(대판 1967.11.28. 66도1682).

〈자동차 명의신탁 또는 중간생략의 소유권 이전 등록 사건〉 [1] 형법 제228조 제1항이 규정하는 공정증서원본 불실기재죄나 공전자기록 등 불실기재죄는 특별한 신빙성이 인정되는 권리의무에 관한 공문서에 대한 공공의 신용을 보장함을 보호법익으로 하는 범죄로서 공무원에 대하여 진실에 반하는 허위신고를 하여 공정증서원본 또는 이와 동일한 전자기록 등 특수매체기록에 그 증명하는 사항에 관하여 실체관계에 부합하지 아니하는 '불실의 사실'을 기재 또는 기록하게 함으로써 성립하고, 여기서 '불실의 사실'이라 함은 권리의무관계에 중요한 의미를 갖는 사항이 객관적인 진실에 반하는 것을 말한다. [2] 따라서 피고인 소유의 자동차를 타인에게 명의신탁 하기 위한 것이거나 이른바 권리 이전 과정이 생략된 중간생략의 소유권 이전등록이라도 그러한 소유권 이전등록이 실체적 권리관계에 부합하는 유효한 등록이라면 이를 불실의 사실을 기록하게 하였다고 할 수 없다(대판 2020.11.5. 2019도12042).

(다) **종중원이 종중대표자를 사칭해 보존등기 한 경우** : 종중원이 종중대표자를 사칭해 보존등기를 한 경우에 대하여는 ① 비법인사단·재단의 대표자 표시는 그 내용에 관계없이 그 등기의 효력에 영향을 주는 권리의무에 관한 사항이 아니므로 甲에게 공정증서원본불실기재죄가 성립하지 않는다는 **부정설**도 있지만 ② 판례는 대표자의 기재는 당해 부동산의 처분권한과 관련된 중요한 부분의 기재로서 이에 대한 공공의 신용을 보호할 필요가 있으므로 甲에게 공정증서원본불실기재죄가 성립한다는 **긍정설**의 입장이다.

〈종중원이 종중대표자를 사칭해 보존등기한 사건〉 종중 대표자의 기재는 당해 부동산의 처분권한과 관련된 중요한 부분의 기재로서 이에 대한 공공의 신용을 보호할 필요가 있으므로 이를 허위로 등재한 경우에는 공정증서원본불실기재죄의 대상이 되는 불실의 기재에 해당한다(대판 2006.1.13. 2005도4790).

(라) **혼인관련 판례**

〈중국 조선족 위장결혼 사건〉 피고인들이 중국 국적의 조선족 여자들과 참다운 부부관계를 설정할 의사없이 단지 그들의 국내 취업을 위한 입국을 가능하게 할 목적으로 형식상 혼인하기로 한 것이라면, 피고인들이 중국에서 중국의 방식에 따라 혼인식을 거행하였다고 하더라도 우리 나라의 법에 비추어 그 효력이 없는 혼인의 신고를 한 이상 피고인들의 행위는 공정증서원본부실기재죄 및 동행사죄의 죄책을 면할 수 없다(대판 1996.11.22. 96도2049). (19 변시)

〈기망에 의한 이혼심판 사건〉 이혼심판은 그 내용에 따라 일정한 법률관계를 발생·소멸·변경케 하는 소위 형성판결로서 이혼심판이 확정되면 혼인관계는 해소되고 이에 기한 이혼신고는 기왕에 발생한 법률관계에 관한 보고적 신고에 불과한 것이므로 그 확정판결이 재심청구에 의하여 취소되지 아니하는 이상 혼인해소의 효력에는 영향이 없다 할 것이므로 그 확정판결에 기한 이혼신고 및 이에 따른 호적부 등재와 그 비치를 가리켜 공정증서원본부실기재 및 그 행사죄를 구성하는 것이라고는 볼 수 없다(대판 1997.1.24. 95도448).

〈해외이주의 목적으로 이혼신고를 한 경우〉 피고인들이 해외로 이주할 목적으로 이혼신고를 하였다 하더라도 일시적이나마 이혼할 의사가 있었다고 보여지므로 혼인 및 이혼의 효력발생여부에 있어서 형식주의를 취하는 이상 피고인 등의 이건 이혼신고는 유효하다 할 것이다(대판 1976.9.14. 76도107).

〈가장 혼인 사건〉 중국 국적의 피고인이 허무인의 인적 사항으로 대한민국 남자와 가장 혼인하여 구 국적법 제3조 제1호에 따라 대한민국 국적을 취득한 것처럼 행세하여 대한민국 국민으로서 허무인의 인적사항이 기재된 대한민국 여권을 발급받아 이를 출입국시 출입국심사 담당공무원에게 제출하였다는 사실로 불실기재 여권행사죄, 출입국관리법위반죄로 기소된 사안에서, 대법원이 위와 같은 법리에 따라 이 사건 공소사실을 유죄로 인정한 원심판결이 정당하다고 판단하여 피고인의 상고를 기각한 사례(대판 2022.4.28. 2019도9177; 동지 대판 2022.4.28. 2020도12239). (23 3차)

(마) 해임과 사임 관련 판례

〈1인주주 이사 사임 사건〉 임원의 사임서나 이에 따른 이사사임등기는 위와 같은 주주총회나 이사회의 결의 또는 1인주주의 의사와는 무관하고 오로지 당해 임원의 의사에 따라야 하는 것이므로 당해 임원의 의사에 기하지 아니한 사임서의 작성이나 이에 기한 등기부의 기재를 하였다면 이는 사문서위조 및 공정증서원본불실기재의 죄책을 면할 수 없다(대판 1992.9.14. 92도1564). **[COMMENT]** 사임의 경우와 해임의 경우는 다르다는 점을 주의하여야 한다. 사임은 임원의 의사가 중요하기 때문이다.

〈1인주주 이사 해임 사건〉 1인 주주회사에 있어서는 구 1인 주주의 의사가 바로 주주총회 및 이사회의 결의로서 1인 주주는 타인을 이사 등으로 선임하였다 하더라도 언제든지 해임할 수 있으므로 1인 주주인 피고인이 특정인과의 합의가 없이 주주총회의 소집 등 상법 소정의 형식적인 절차도 거치지 않고 특정인을 이사의 지위에서 해임하였다는 내용을 법인등기부에 기재하게 하였다고 하더라도 공정증서원본에 부실의 사항을 기재케 한 것이라고 할 수는 없다(대판 1996.6.11. 95도2817).

(바) 공증 관련 판례

〈허위채권을 공증인에게 허위신고하여 집행력있는 공정증서원본 작성한 사건〉 형법 제228조 제1항이 규정하는 공정증서원본부실기재죄는 특별한 신빙성이 인정되는 공문서에 대한 공공의 신용을 보장함을 보호법익으로 하는 범죄로서 공무원에 대하여 진실에 반하는 허위신고를 하여 공정증서원본 또는 이와 동일한 전자기록 등 특수매체기록에 실체관계에 부합하지 아니하는 부실의 사실을 기재 또는 등록하게 함으로써 성립하는 것이므로, 실제로는 채권·채무관계가 존재하지 아니함에도 공증인에게 허위신고를 하여 가장된 금전채권에 대하여 집행력이 있는 공정증서원본을 작성하고 이를 비치하게 한 것이라면 공정증서원본부실기재죄 및 부실기재공정증서원본행사죄의 죄책을 면할 수 없다고 할 것이다(대판 2008.12.24. 2008도7836).

〈허위의 어음공정증서원본 사건〉 발행인과 수취인이 통모하여 진정한 어음채무 부담이나 어음채권 취득에 관한 의사 없이 단지 발행인의 채권자에게서 채권 추심이나 강제집행을 받는 것을 회피하기 위하여 형식적으로만 약속어음의 발행을 가장한 경우 이러한 어음발행행위는 통정허위표시로서 무효이므로, 이와 같이 발행인과 수취인 사이에 통정허위표시로서 무효인 어음발행행위를 공증인에게는 마치 진정한 어음발행행위가 있는 것처럼 허위로 신고함으로써 공증인으로 하여금 어음발행행위에 대하여 집행력 있는 어음공정증서원본을 작성케 하고 이를 비치하게 하였다면, 이러한 행위는 공정증서원본불실기재 및 불실기재공정증서원본행사죄에 해당한다고 보아야 한다(대판 2012. 4.26. 2009도5786).

〈채권양도 공정증서 사건〉 공증인이 채권양도 · 양수인의 촉탁에 따라 그들의 진술을 청취하여 채권의 양도 · 양수가 진정으로 이루어짐을 확인하고 채권양도의 법률행위에 관한 공정증서를 작성한 경우 그 공정증서가 증명하는 사항은 채권양도의 법률행위가 진정으로 이루어졌다는 것일 뿐 그 공정증서가 나아가 양도되는 채권이 진정하게 존재한다는 사실까지 증명하는 것으로 볼 수는 없으므로, 양도인이 허위의 채권에 관하여 그 정을 모르는 양수인과 실제로 채권양도의 법률행위를 한 이상, 공증인에게 그러한 채권양도의 법률행위에 관한 공정증서를 작성하게 하였다고 하더라도 그 공정증서가 증명하는 사항에 관하여는 불실의 사실을 기재하게 하였다고 볼 것은 아니고, 따라서 공정증서원본불실기재죄가 성립한다고 볼 수 없다(대판 2004.1.27. 2001도5414).

(사) 총회소집 관련 판례

〈취소사유에 해당되는 하자 사건〉 [1] 공정증서원본에 기재된 사항이 외관상 존재하는 사실이라 하더라도 이에 무효나 부존재에 해당되는 하자가 있다면 그 기재는 불실기재에 해당하나, 그것이 객관적으로 존재하는 사실이고 이에 취소사유에 해당되는 하자가 있을 뿐인 경우에는 취소되기 전에 그 결의 내용이 공정증서원본에 기재된 이상 그 기재가 공정증서원본불실기재죄를 구성하지는 않는다. [2] 대표이사 아닌 이사가 이사회의 소집 결의에 따라서 주주총회를 소집한 것이라면 위 주주총회에 있어서 소집절차상 하자는 주주총회결의의 취소사유에 불과하고 그것만으로 바로 주주총회결의가 무효이거나 부존재가 된다고 볼 수 없다(대판 2004.9.24. 2004도4012).

〈취소사유의 하자가 있지만 취소전에 등기한 사건〉 [1] (위 판례 [1]과 동일한 내용) [2] 주주총회의 소집절차 등에 관한 하자가 주주총회결의의 취소사유에 불과하여 그 취소 전에 주주총회의 결의에 따른 감사변경등기를 한 것이 공정증서원본불실기재죄를 구성하지 않는다고 본 사례(대판 2009.2.12. 2008도10248).

〈총회결의가 사법상 무효인 사건〉 [1] 형법 제228조 제1항에 정하여진 불실의 기재라고 함은, 객관적인 진실에 반하여 존재하지 아니하는 사실을 존재하는 것으로 하거나, 존재하는 사실을 존재하지 아니하는 것으로 기재하는 것을 말하므로 민법상의 사단법인의 총회의 결의에 따라 이사 등의 변경등기를 하는 경우에 있어서 그와 같은 행위가 공정증서원본불실기재의 원인이 되는 행위에 해당하는지 여부는 특별한 사정이 없는 한 총회결의의 사법상 효력의 여부와 관계없이 그와 별도로 현실적으로 사원총회에서 그와 같은 내용의 이사 등 변경에 관한 결의가 있었다고 평가할 수 있는지 여부에 따라서 결정하여야 함이 상당하다. [2] 재건축조합 임시총회의 소집절차나 결의방법이 법령이나 정관에 위반되어 임원개임결의가 사법상 무효라고 하더라도, 실제로 재건축조합의 조합총회에서 그와 같은 내용의 임원개임결의가 이루어졌고 그 결의에 따라 임원변경등기를 마쳤 다면 공정증서원본불실기재죄가 성립하지 아니한다고 한 사례(대판 2004.10.15. 2004도3584).

(아) 범죄에 이용할 목적으로 회사 설립등기 관련 판례

〈범죄에 이용할 목적으로 주식회사 설립등기 한 사건〉 주식회사의 발기인 등이 상법 등 법령에 정한 회사설립의 요건과 절차에 따라 회사설립등기를 함으로써 회사가 성립하였다고 볼 수 있는 경우 회사설립등기와 그 기재 내용은 특별한 사정이 없는 한 공정증서원본 불실기재죄나 공전자기록 등 불실기재죄에서 말하는 불실의 사실에 해당하지 않는다. 발기인 등이 회사를 설립할 당시 ① 회사를 실제로 운영할 의사 없이 회사를 이용한 범죄 의도나 목적이 있었다거나, ② 회사로서의 인적 · 물적 조직 등 영업의 실질을 갖추지 않았다는 이유만으로는 불실의 사실을 법인등기부에 기록하게 한 것으로 볼 수 없다(대판 2020.2.27. 2019도9293). (22 2차)

〈범죄에 이용할 목적으로 유한회사 설립등기 한 사건〉 유한회사의 사원이 상법 등 법령에 정한 회사설립의 요건과 절차에 따라 회사설립등기를 함으로써 회사가 성립하였다고 볼 수 있는 경우 회사설립등기와 그 기재 내용은 특별한 사정이 없는 한 공정증서원본 불실기재죄나 공전자기록 등 불실기재죄에서 말하는 불실의 사실에 해당하지 않는다. 유한회사의 사원 등 회사설립에 관여하는 사람이 ① 회사를 설립할 당시 회사를 실제로 운영할 의사 없이 회사를 이용한 범죄 의도나 목적이 있었다거나, ② 회사로서의 인적 · 물적 조직 등 영업의 실질을 갖추지 않았다는 이유만으로는 불실의 사실을 법인등기부에 기록하게 한 것으로 볼 수 없다(대판 2020.3.26. 2019도7729). [2022 2차]

(자) 기타 판례

〈발행주식 총수와 자본의 총액이 증가한 것이 허위인 사건〉 공정증서원본불실기재죄는 공무원에 대하여 허위신고를 하여 공정증서원본에 진실에 반하는 사실을 기재하게 함으로써 성립하는 것이므로, 유상증자 등기의 신청시 발행주식 총수 및 자본의 총액이 증가한 사실이 허위임을 알면서 증자등기를 신청하여 상업등기부원본에 그 기재를 하게 한 경우, 등기신청서류로 제출된 주금납입금보관증명서가 위조된 것임을 몰랐다고 하더라도 공정증서원본불실기재죄가 성립한다(대판 2006.10.26. 2006도5147).

〈가장납입 사건〉 당초부터 진실한 주금납입으로 회사의 자금을 확보할 의사 없이 형식상 또는 일시적으로 주금을 납입하고 이 돈을 은행에 예치하여 납입의 외형을 갖추고 주금납입증명서를 교부받아 설립등기나 증자등기의 절차를 마친 다음 바로 그 납입한 돈을 인출하여 사용한 경우에는 가장납입죄 및 공정증서원본부실기재와 불실기재공정증서원본행사죄가 성립한다(대판 2004.6.17. 2003도7645).

4. 실행의 착수와 기수시기

(1) 실행의 착수시기

실행의 착수시기는 공무원에게 허위신고를 한 때이며, 기재공무원이 아닌 신고접수를 담당하는 공무원에게 허위신고를 해도 실행의 착수가 인정된다.

〈위장결혼 서류 사건〉 공전자기록등불실기재죄에 있어서의 실행의 착수 시기는 공무원에 대하여 허위의 신고를 하는 때라고 보아야 할 것인바, 이 사건 피고인이 위장결혼의 당사자 및 중국 측 브로커와의 공모 하에 허위로 결혼사진을 찍고, 혼인신고에 필요한 서류를 준비하여 위장결혼의 당사자에게 건네준 것만으로는 아직 공전자기록등불실기재죄에 있어서 실행에 착수한 것으로 보기 어렵다고 판단한 환송 후 원심의 조치는 정당하고, 거기에 상고이유로 주장하는 바와 같은 법리오해 등의 위법이 없다(대판 2009.9.24. 2009도4998). (12 변시)

(2) 기수시기

부실의 기재를 한 때 기수가 되며, 부실의 기재를 한 후 사정의 변경에 의해 사실에 부합되더라도 공정증서원본부실기재죄는 성립한다.

〈부실기재 후에 동의·추인한 사건〉 소유권보존등기나 소유권이전등기에 절차상 하자가 있거나 등기원인이 실제와 다르다 하더라도 그 등기가 실체적 권리관계에 부합하게 하기 위한 것이거나 실체적 권리관계에 부합하는 유효한 등기인 경우에는 공정증서원본불실기재 및 동행사죄가 성립되지 않는다고 할 것이나, 이는 등기 경료 당시를 기준으로 그 등기가 실체권리관계에 부합하여 유효한 경우에 한정되는 것이고, 등기 경료 당시에는 실체권리관계에 부합하지 아니한 등기인 경우에는 사후에 이해관계인들의 동의 또는 추인 등의 사정으로 실체권리관계에 부합하게 된다 하더라도 공정증서원본불실기재 및 동행사죄의 성립에는 아무런 영향이 없다(대판 2001.11.9. 2001도3959). (13 변시)

5. 주관적 구성요건

신고사실이 허위임을 인식하고 이를 신고하여 부실의 기재를 하게 한다는 인식과 의사가 있어야 한다. 따라서 객관적으로 부실의 기재·기록이 있는 때에도 이에 대한 인식이 없으면 본죄의 성립은 부정된다. 그러나 목적범은 아니므로 **행사할 목적은 필요하지 않다.**

〈적법하게 취득한 토지로 알고 등기경료한 사건〉 [1] 공정증서원본부실기재죄는 허위신고에 의하여 부실의 사실을 기재한다는 점에 대한 인식이 있을 것을 요하는 고의범이므로 객관적으로 부실의 기재가 있다 하여도 그에 대한 인식이 없는 경우에는 본죄가 성립하지 않는다. [2] 피고인이 자신의 부친이 적법하게 취득한 토지인 것으로 알고 실체관계에 부합하게 하기 위하여 소유권보존등기를 경료한 경우 등기 당시 부실기재의 점에 대한 고의 내지는 인식이 없었다고 보아 공정증서원본부실기재 및 동 행사죄가 성립하지 않는다고 한 사례(대판 1996.4.26. 95도2468).

Ⅲ. 타죄와의 관계

(1) 행사죄와의 관계

등기부에 부실한 기재를 하게 하고 그 부실기재한 등기부를 등기소에 비치하게 한 경우에는 본죄와 부실기재공정증서원본행사죄의 실체적 경합범이 된다.

(2) 사기죄와의 관계

법원을 기망하여 승소판결을 받고 그 확정판결에 의한 허위신고로 소유권이전등기를 경료하여 비치된 경우에는 사기죄와 본죄 및 동행사죄의 실체적 경합이 된다. 그러나 **법원의 촉**

탁에 의한 경우에는 공정증서원본 부실기재죄는 성립하지 않는다.

〈소송사기죄와 부실기재죄〉 법원을 기망하여 승소판결을 받고 그 확정판결에 의하여 소유권이전등기를 경료한 경우에는 사기죄와 별도로 공정증서원본불실기재죄가 성립하고 양 죄는 실체적 경합범 관계에 있다(대판 1996.5.31. 95도1967).

〈법원의 촉탁에 기해 등기한 사건〉 형법 228조 1항 소정의 공정증서원본불실기재죄에 있어서 불실의 사실기재는 당사자의 허위신고에 의하여 이루워져야 할 것이니, 불실의 등기가 법원의 촉탁에 의한 경우에는 그 전제 절차에 허위적 요소가 있다고 하더라도 이는 법원의 촉탁에 의하여 이루워진 것이지 당사자의 허위신고에 의하여 이루어진 것이 아니므로 위 공정증서원본불실기재죄를 구성하지 아니한다(대판 1976.5.25. 74도568;동지 대판 1983.12.27. 83도2442). (19 변시)(24 3차)

9 사전자기록 위작 · 변작죄 [미수범 처벌]

제232조의2 (사전자기록위작 · 변작) 사무처리를 그르치게 할 목적으로 권리 · 의무 또는 사실증명에 관한 타인의 전자기록 등 특수매체기록을 위작 또는 변작한 자는 5년 이하의 징역 또는 1천만원 이하의 벌금에 처한다.

[죄명예규] 사전자기록등(위작, 변작)

(1) 의 의

사전자기록 위작 · 변작죄는 사무처리를 그르치게 할 목적으로 권리 · 의무 또는 사실증명에 관한 타인의 전자기록 등 특수매체기록을 위작 또는 변작함으로써 성립하는 범죄이다. 보호법익은 전자기록 등 특수매체기록 내용의 진정성에 대한 거래의 안전과 신용이며, 보호의 정도는 추상적 위험범이다.

(2) 객 체

권리 · 의무 또는 사실증명에 관한 타인의 전자기록 등 특수매체기록이다.

1) 타인 : 타인은 작성명의인 이외에 널리 소유자 · 소지인을 포함한다.

2) 전자기록 등 특수매체기록 : 전자기록 등 특수매체기록이라 함은 일정한 저장매체에 전자방식이나 자기방식에 의하여 저장된 기록을 의미한다.

(3) 행 위

위작 또는 변작하는 것이다.

1) 위작 : 위작은 권한 없이 또는 권한의 범위를 일탈하여 처음부터 허위의 전자기록을 만들어 내어 저장 · 기억시키는 행위를 의미한다.

〈형법 제232조의2에서 정한 사전자기록 '위작'의 의미〉 [1] [다수의견] 형법 제227조의2의 공전자기록등위작죄는 사무처리를 그르치게 할 목적으로 공무원 또는 공무소의 전자기록 등 특수매체기록을 위작 또는 변작한 경우에 성립한다. 대법원은, 형법 제227조의2에서 위작의 객체로 규정한 전자기록은 그 자체로는 물적 실체를 가진 것이 아니어서 별도의 표시·출력장치를 통하지 아니하고는 보거나 읽을 수 없고, 그 생성 과정에 여러 사람의 의사나 행위가 개재됨은 물론 추가 입력한 정보가 프로그램에 의하여 자동으로 기존의 정보와 결합하여 새로운 전자기록을 작출하는 경우도 적지 않으며, 그 이용 과정을 보아도 그 자체로서 객관적·고정적 의미를 가지면서 독립적으로 쓰이는 것이 아니라 개인 또는 법인이 전자적 방식에 의한 정보의 생성·처리·저장·출력을 목적으로 구축하여 설치·운영하는 시스템에서 쓰임으로써 예정된 증명적 기능을 수행하는 것이므로, 위와 같은 시스템을 설치·운영하는 주체와의 관계에서 전자기록의 생성에 관여할 권한이 없는 사람이 전자기록을 작출하거나 전자기록의 생성에 필요한 단위정보의 입력을 하는 경우는 물론 시스템의 설치·운영 주체로부터 각자의 직무 범위에서 개개의 단위정보의 입력 권한을 부여받은 사람이 그 권한을 남용하여 허위의 정보를 입력함으로써 시스템 설치·운영 주체의 의사에 반하는 전자기록을 생성하는 경우도 형법 제227조의2에서 말하는 전자기록의 '위작'에 포함된다고 판시하였다. 위 법리는 형법 제232조의2의 사전자기록등위작죄에서 행위의 태양으로 규정한 '위작'에 대해서도 마찬가지로 적용된다. 이와 같은 위작에 관한 대법원의 법리는 타당하므로 이 사건에서도 적용할 수 있다. [2] 코미드라는 상호로 인터넷 가상화폐 거래소를 운영하는 주식회사 코미드의 대표이사 내지 사내이사인 피고인들이 가상화폐 거래시스템상 차명계정에 허위의 원화 포인트 및 가상화폐 포인트를 입력하고, 이를 위 거래시스템상 표시하게 한 것은 사전자기록등위작죄 및 위작사전자기록등행사죄에 해당한다고 보아, 이를 유죄로 판단한 원심판결을 수긍한 사례(대판 2020.8.27. 2019도11294 전합). **[COMMENT]** 공문서위조의 경우에는 유형위조와 무형위조를 모두 처벌하지만, 사문서위죄의 경우에는 원칙적으로 유형위조만을 처벌하는 것이 현행 형법의 입장이다. 공문서위조에 대응하는 공전자기록위작죄의 경우에는 유형위작과 무형위작을 모두 처벌하는 것에 이론이 없다. 그런데 사문서위조에 대응하는 사전자기록위작죄의 경우에 유형위작은 당연히 처벌되겠지만, 무형위작의 경우도 처벌할 수 있는지가 문제된다. 본 판례에서 다수의견은 무형위작도 처벌의 대상이 된다고 하지만, 반대의견은 처벌되지 않는다고 보고 있는 전합 판례이다. [2023 1차](23 변시)(21 경간)

2) **변작** : 변작은 권한 없이 또는 권한의 범위를 일탈하여 기존의 기록을 변경하는 것을 말한다. 즉, 기존의 기록을 부분적으로 고치거나 말소하여 기록의 내용을 변경하는 것을 말한다.

〈램에 올려진 전자기록 사건〉 [1] 형법 제232조의2의 사전자기록위작·변작죄에서 말하는 권리의무 또는 사실증명에 관한 타인의 전자기록 등 특수매체기록이라 함은 일정한 저장매체에 전자방식이나 자기방식에 의하여 저장된 기록을 의미한다고 할 것인데, 비록 컴퓨터의 기억장치 중 하나인 램(RAM, Random Access Memory)이 임시기억장치 또는 임시저장매체이기는 하지만, 위 램에 올려진 전자기록 역시 사전자기록위작·변작죄에서 말하는 전자기록 등 특수매체기록에 해당한다. [2] 램에 올려진 전자기록은 원본파일과 불가분적인 것으로 원본파일의 개념적 연장선상에 있는 것이므로, 비록 원본파일의 변경까지 초래하지는 아니하였더라도 이러한 전자기록에 허구의 내용을 권한 없이 수정 입력한 것은 그 자체로 그러한 사전자기록을 변작한 행위의 구성요건에 해당된다고 보아야 할 것이며 그러한 수정입력의 시점에서 사전자기록변작죄의 기수에 이르렀다고 한 사례(대판 2003.10.9. 2000도4993). (22 경2)

(4) 주관적 구성요건

1) **고의** : 본죄는 권리·의무 또는 사실증명에 관한 타인의 전자기록 등 특수매체기록을 위작 또는 변작하는 것에 대한 고의가 있어야 한다.

2) **사무처리를 그르치게 할 목적** : 본죄는 고의 이외에도 타인의 사무처리를 그르치게 할 목

적이 있어야 한다. '사무처리를 그르치게 할 목적'이란 위작 또는 변작된 전자기록이 사용됨으로써 사무처리 시스템을 설치·운영하는 주체의 사무처리를 잘못되게 하는 것을 말한다.

〈카페에 허위글 게시한 사건〉 [1] 형법 제232조의2는 "사무처리를 그르치게 할 목적으로 권리·의무 또는 사실증명에 관한 타인의 전자기록 등 특수매체기록을 위작 또는 변작한 자는 5년 이하의 징역 또는 1천만 원 이하의 벌금에 처한다"고 규정하고 있는데, 여기에서 전자기록은 그 자체로서 객관적·고정적 의미를 가지면서 독립적으로 쓰이는 것이 아니라 개인 또는 법인이 전자적 방식에 의한 정보의 생성·처리·저장·출력을 목적으로 구축하여 설치·운영하는 시스템에서 쓰임으로써 예정된 증명적 기능을 수행하는 것이므로, "사무처리를 그르치게 할 목적"이란 위작 또는 변작된 전자기록이 사용됨으로써 위와 같은 시스템을 설치·운영하는 주체의 사무처리를 잘못되게 하는 것을 말한다. [2] 인터넷 포털사이트에 개설한 카페의 설치·운영 주체로부터 글쓰기 권한을 부여받은 사람이 위 카페에 접속하여 자신의 아이디로 허위내용의 글을 작성·게시한 사안에서, 위 카페의 설치·운영 주체의 사무처리를 그르치게 할 목적을 인정하기 어렵다고 한 사례(대판 2008.4.24. 2008도294).

〈상조금 사건〉 새마을금고의 예금 및 입·출금 업무를 총괄하는 직원이 전 이사장 명의 예금계좌로 상조금이 입금되자 전 이사장에 대한 금고의 채권확보를 위해 내부 결재를 받아 금고의 예금 관련 컴퓨터 프로그램에 접속하여 전 이사장 명의 예금계좌의 비밀번호를 동의 없이 입력한 후 위 금원을 위 금고의 가수금계정으로 이체한 사안에서, 위 금고의 내부규정이나 여신거래기본약관의 규정에 비추어 이는 위 금고의 업무에 부합하는 행위로서 피해자의 비밀번호를 임의로 사용한 잘못이 있다고 하더라도 사전자기록위작·변작죄의 '사무처리를 그르치게 할 목적'을 인정할 수 없다고 한 사례(대판 2008.6.12. 2008도938).

10 공전자기록 위작·변작죄 [미수범 처벌]

제227조의2 (공전자기록위작·변작) 사무처리를 그르치게 할 목적으로 공무원 또는 공무소의 전자기록등 특수매체기록을 위작 또는 변작한 자는 10년 이하의 징역에 처한다.

[죄명예규] 공전자기록등(위작, 변작)

(1) 의 의

공전자기록 위작·변작죄는 사무처리를 그르치게 할 목적으로 공무원 또는 공무소의 전자기록 등 특수매체기록을 위작 또는 변작함으로써 성립하는 범죄이다. 공전자기록은 사전자기록에 비하여 신용력이 크므로 사전자기록위작·변작죄보다 불법이 가중된 가중적 구성요건이다.

(2) 객 체

공무원 또는 공무소의 전자기록 등 특수매체기록이다. 예 등기부 파일, 토지대장 파일, 자동차등록 파일, 특허등록 마스터 파일 등

(3) 행 위

위작 또는 변작이다. 본죄의 위작·변작의 개념은 문서죄의 유형위조와 무형위조를 모두 포함하는 것으로 보아야 한다.

〈공전자기록 위작·변작의 의미〉형법 제227조의2에서 정하는 전자기록의 '위작'이란 전자기록에 관한 시스템을 설치·운영하는 주체와의 관계에서 전자기록의 생성에 관여할 권한이 없는 사람이 전자기록을 작출하거나 전자기록의 생성에 필요한 단위 정보의 입력을 하는 경우는 물론이고, 시스템의 설치·운영 주체로부터 각자의 직무 범위에서 개개의 단위 정보의 입력 권한을 부여받은 사람이 그 권한을 남용하여 허위의 정보를 입력함으로써 시스템 설치·운영 주체의 의사에 반하는 전자기록을 생성하는 경우도 포함한다. 이 때 '허위의 정보'라 함은 진실에 반하는 내용을 의미하는 것으로서, 관계 법령에 의하여 요구되는 자격을 갖추지 못하였음에도 불구하고 고의로 이를 갖춘 것처럼 단위 정보를 입력하였다고 하더라도 그 전제 또는 관련된 사실관계에 대한 내용에 거짓이 없다면 허위의 정보를 입력 하였다고 볼 수 없다(대판 2011.5.3. 2011도1415). **[COMMENT]** 형법 제227조의2에서 정하는 전자기록의 '위작'이란 ① 전자기록의 생성에 관여할 권한이 없는 사람의 유형위작 뿐만 아니라 ② 정보의 입력 권한을 부여받은 사람의 무형위작을 포함한다는 판례이다.

〈경찰범죄정보시스템 사건〉[1] 경찰범죄정보시스템을 설치·운영하는 주체와의 관계에서 전자기록의 생성에 관여할 권한이 없는 사람이 전자기록을 작출하거나 전자기록의 생성에 필요한 단위 정보의 입력을 하는 경우는 물론 시스템의 설치·운영 주체로부터 각자의 직무 범위에서 개개의 단위정보의 입력 권한을 부여받은 사람이 그 권한을 남용하여 허위의 정보를 입력함으로써 시스템 설치·운영 주체의 의사에 반하는 전자기록을 생성하는 경우도 형법 제227조의2에서 말하는 전자기록의 '위작'에 포함된다. [2] 경찰관이 고소사건을 처리하지 아니하였음에도 경찰범죄정보시스템에 그 사건을 검찰에 송치한 것으로 허위사실을 입력한 행위가 공전자기록위작죄에서 말하는 위작에 해당한다고 한 사례(대판 2005.6.9. 2004도6132).

(4) 주관적 구성요건

주관적 구성요건으로서 고의와 사무처리를 그르치게 할 목적이 필요하며 그 내용은 사전자기록위작·변작죄와 동일하다.

〈출장복명서 사건〉이 사건 각 출장복명서상 실제 체비지 현장에 출장을 나가서 그 현황을 파악한 공무원이 누구인지 여부에 관한 정보는 그 출장복명서의 내용의 신뢰도에 직접 영향을 미치며 그 관련 업무를 처리함에 있어서 중요한 정보가 된다고 할 것이고, 따라서 이에 관하여 허위의 정보를 입력하는 것은 그 사무처리를 그르치게 할 목적으로 위 부천시청 행정지식관리시스템을 설치·운영하는 주체의 의사에 반하는 전자기록인 허위의 출장복명서를 생성하는 것으로서 공전자기록 등위작의 범의가 충분히 인정된다고 할 것이고, 그 출장복명서상 기타 내용이 사실과 다르지 않다는 사정이나 업무관행상 그와 같이 작성하여 왔다는 사정만으로는 위작의 범위를 부정할 수는 없다고 할 것이다(대판 2007.7.27. 2007도3798).

〈복지전산시스템 사건〉공군 복지근무지원단 예하 지구대의 부대매점 및 창고관리 부사관이 창고 관리병으로 하여금 위 지원단의 업무관리시스템인 복지전산시스템에 자신이 그 전에 이미 횡령한 바 있는 면세주류를 마치 정상적으로 판매한 것처럼 허위로 입력하게 한 사안에서, 공전자기록위작·변작죄의 '사무처리를 그르치게 할 목적'이 있었다는 취지의 원심판단을 수긍한 사례(대판 2010. 7.8. 2010도3545).

11 위조사문서 등의 행사죄 [미수범 처벌]

> 제234조 (위조사문서등의 행사) 제231조 내지 제233조의 죄에 의하여 만들어진 문서, 도화 또는 전자기록등 특수매체기록을 행사한 자는 그 각 죄에 정한 형에 처한다.

[죄명예규] (위조, 변조)(사문서, 사도화)행사, 자격모용작성(사문서, 사도화)행사, (위작, 변작)사전자기록등행사, 허위작성(진단서, 검안서, 증명서)행사

(1) 의의 및 성격

위조사문서 등의 행사죄는 사문서위조·변조죄 등에 의하여 만들어진 문서, 도화 또는 전자기록등 특수매체기록을 행사함으로써 성립하는 범죄이다.

(2) 주 체

본죄의 주체는 제한이 없다. 반드시 사문서를 위조·변조 또는 작성한 범인이 행사할 것을 요하지 않는다. 따라서 위조·변조 등의 행위를 한 범인일 필요는 없으며, 범인이 행사한 때에는 사문서위조 등의 죄와 본죄의 경합범이 된다.

(3) 객 체

위조·변조 또는 자격모용에 의하여 작성된 사문서·도화와 허위로 작성된 진단서, 검안서, 생사에 관한 증명서 그리고 위작·변작된 사전자기록 등 특수매체기록이다. 또한 판례에 의하면 위조사문서 등의 복사본도 본죄의 객체가 된다.

[COMMENT] 위조된 유가증권의 복사본은 위조유가증권행사죄의 객체가 되지 않는 것과 비교하여야 한다.

〈위조된 매매계약서 복사본 사건〉 위조문서행사죄에 있어서의 행사는 위조된 문서를 진정한 문서인 것처럼 타인에게 제시함으로써 성립한 것이므로 위조된 매매계약서를 피고인으로부터 교부 받은 변호사가 복사본을 작성하여 원본과 동일한 문서임을 인증한 다음 소장에 첨부하여 법원에 제출함으로써 위조문서행사죄는 성립된다(대판 1988.1.19. 87도1217).

(4) 행 위

행사하는 것이다.

1) 행사의 의의 : 행사란 위조·변조 또는 허위작성된 문서를 진정문서 또는 내용이 진실한 문서로서 사용하는 것을 말한다. 그리고 행사의 방법에는 제한이 없다.

〈행사의 의미〉 위조문서행사죄에 있어서 행사라 함은 위조된 문서를 진정한 문서인 것처럼 그 문서의 효용방법에 따라 이를 사용하는 것을 말하고, 위조된 문서를 제시 또는 교부하거나 비치하여 열람할 수 있게 두거나 우편물로 발송하여 도달하게 하는 등 위조된 문서를 진정한 문서인 것처럼 사용하는 한 그 행사의 방법에 제한이 없다(대판 2008.10.23. 2008도5200).

2) **행사의 상대방** : 행사의 상대방은 문서나 기록이 위조·변조·허위작성된 사실을 알지 못한 자임을 요하며, 작성명의인이나 간접정범의 피이용자도 상대방이 될 수 있다. 그러나 위조 등 사실을 알고 있는 공범자에게 이들 문서를 제시·교부함은 본죄의 행사가 아니다.

〈명의인과 위조사문서행사죄의 상대방〉 위조문서행사죄에 있어서의 행사는 위조된 문서를 진정한 것으로 사용함으로써 문서에 대한 공공의 신용을 해칠 우려가 있는 행위를 말하므로, 행사의 상대방에는 아무런 제한이 없고 위조된 문서의 작성 명의인이라고 하여 행사의 상대방이 될 수 없는 것은 아니다(대판 2005.1.28. 2004도4663). (12 변시)

〈간접정범의 도구와 위조사문서행사죄의 상대방〉 위조문서행사죄에 있어서의 행사는 위조된 문서를 진정한 것으로 사용함으로써 문서에 대한 공공의 신용을 해칠 우려가 있는 행위를 말하므로 그 행사의 상대방에는 아무런 제한이 없고, 다만 문서가 위조된 것임을 이미 알고 있는 공범자 등에게 행사하는 경우에는 위조문서행사죄가 성립할 수 없으나, 간접정범을 통한 위조문서행사범행에 있어 도구로 이용된 자라고 하더라도 문서가 위조된 것임을 알지 못하는 자에게 행사한 경우에는 위조문서행사죄가 성립한다(대판 2012.2.23. 2011도14441). (14 변시)(20 변시)(22 변시)(21 3차)

3) **위조 등의 사문서의 이미지파일을 전송한 경우 행사죄의 성부** : 위조 등의 사문서의 이미지화일을 타인에게 이메일로 보내 이를 컴퓨터 화면상으로 볼 수 있게 한 경우에 본죄가 성립할 수 있는지에 대하여 논의가 있지만, 판례는 모사전송의 방법으로 제시하거나 컴퓨터에 연결된 스캐너(scanner)로 읽어 들여 이미지화한 다음 이를 전송하여 컴퓨터 화면상에서 보게 하는 경우도 행사에 해당한다고 보고 있다.

〈위조문서를 팩시밀리로 제시하는 행위도 행사라는 판례〉 사진기나 복사기 등을 이용하여 기계적인 방법으로 원본을 복사한 복사문서는 사본이라고 하더라도 문서위조죄 및 위조문서행사죄의 객체인 문서에 해당하는 것인바, 위조한 문서를 모사전송(팩시밀리)의 방법으로 타인에게 제시하는 행위도 위조문서행사죄를 구성한다(대판 1994.3.22. 94도4).

〈위조문서를 스캔하여 이미지 파일로 만들어 제3자에게 전송한 사건〉 [1] 위조된 문서 그 자체를 직접 상대방에게 제시하거나 이를 기계적인 방법으로 복사하여 그 복사본을 제시하는 경우는 물론, 이를 모사전송의 방법으로 제시하거나 컴퓨터에 연결된 스캐너(scanner)로 읽어 들여 이미지화한 다음 이를 전송하여 컴퓨터 화면상에서 보게 하는 경우도 행사에 해당하여 위조문서행사죄가 성립한다. [2] 휴대전화 신규 가입신청서를 위조한 후 이를 스캔한 이미지 파일을 제3자에게 이메일로 전송한 사안에서, 이미지 파일 자체는 문서에 관한 죄의 '문서'에 해당하지 않으나, 이를 전송하여 컴퓨터 화면상으로 보게 한 행위는 이미 위조한 가입신청서를 행사한 것에 해당하므로 위조사문서행사죄가 성립한다고 한 사례(대판 2008.10.23. 선고 2008도5200). [2018 2차](12 변시)(19 변시)

〈컴퓨터화면을 프린터로 출력한 후 금액을 변조한 후 팩스로 보낸 사건〉 피고인이 사무실전세계약서 원본을 스캐너로 복사하여 컴퓨터 화면에 띄운 후 그 보증금액란을 공란으로 만든 다음 이를 프린터로 출력하여 검정색 볼펜으로 보증금액을 '삼천만 원(30,000,000원)'으로 변조하고, 이와 같이 변조된 사무실전세계약서를 팩스로 송부하여 행사하였다."는 것이므로, 이 부분 공소사실에서 적시된 범죄사실은 '컴퓨터 모니터 화면상의 이미지'를 변조하고 이를 행사한 행위가 아니라 '프린터로 출력된 문서'인 사무실전세계약서를 변조하고 이를 행사한 행위임을 알 수 있다(대판 2011.11.10. 2011도10468). (23 변시)

> 4) 기수시기 : 행사는 문서나 기록을 상대방이 인식할 수 있는 상태에 둠으로써 기수가 되며 상대방이 문서 등의 내용을 현실로 인식하였거나 그에 대한 신용이 침해되었을 것을 요하지 않는다.

〈행사죄의 기수시기〉 위조사문서의 행사는 상대방으로 하여금 위조된 문서를 인식할 수 있는 상태에 둠으로써 기수가 되고 상대방이 실제로 그 내용을 인식하여야 하는 것은 아니므로, 위조된 문서를 우송한 경우에는 그 문서가 상대방에게 도달한 때에 기수가 되고 상대방이 실제로 그 문서를 보아야 하는 것은 아니다(대판 2005.1.28. 2004도4663). (12 변시)

(5) 죄 수

위조사문서행사죄와 사기죄는 실체적 경합이 된다.

〈위조사문서행사죄와 사기죄〉 위조사문서행사죄와 이로 인한 사기죄와는 상상적 경합관계에 있다고 볼 수 없다(대판 1981.7.28. 81도529). (17 변시)

12 위조공문서 등의 행사죄 [미수범 처벌]

> 제229조 (위조등 공문서의 행사) 제225조 내지 제228조의 죄에 의하여 만들어진 문서, 도화, 전자기록 등 특수매체기록, 공정증서원본, 면허증, 허가증, 등록증 또는 여권을 행사한 자는 그 각 죄에 정한 형에 처한다.

[죄명예규] (위조, 변조)(공문서, 공도화)행사, 자격모용작성(공문서, 공도화)행사, 허위(작성, 변개)(공문서, 공도화)행사, (위작, 변작)공전자기록등행사, 불실기재(공정증서원본, 공전자기록등, 면허증, 허가증, 등록증, 여권)행사

(1) 의 의

위조공문서 등의 행사죄는 공문서위조 · 변조죄 등에 의하여 만들어진 문서, 도화 또는 전자기록등 특수매체기록, 공정증서원 본 등을 행사함으로써 성립하는 범죄이다.

(2) 주체와 객체

본죄의 주체에는 제한이 없으므로 공무원과 일반인 모두 주체가 될 수 있다. 본죄의 객체는 위조 · 변조 또는 자격모용에 의하여 작성되거나 허위로 작성된 공문서 · 공도화와 부실기재

된 공정증서원본 및 위작·변작된 공전자기록 등 특수매체기록이다.

〈공문서위조죄가 성립하지 않는 경우에는 위조공문서행사죄도 성립할 수 없다는 판례〉 위조문서행사죄에 있어서 행사라 함은 위조된 문서를 진정한 문서인 것처럼 그 문서의 효용방법에 따라 이를 사용하는 것을 말하고, 위조된 문서를 진정한 문서인 것처럼 사용하는 한 그 행사의 방법에 제한이 없으므로 위조된 문서를 스캐너 등을 통해 이미지화한 다음 이를 전송하여 컴퓨터 화면상에서 보게 하는 경우도 행사에 해당하지만, 이는 문서의 형태로 위조가 완성된 것을 전제로 하는 것이므로, 공문서로서의 형식과 외관을 갖춘 문서에 해당하지 않아 공문서위조죄가 성립하지 않는 경우에는 위조공문서행사죄도 성립할 수 없다(대판 2020.12.24. 2019도8443).

〈공정증서정본 사건〉 형법 제229조, 제228조 제1항의 규정과 형벌법규는 문언에 따라 엄격하게 해석하여야 하고 피고인에게 불리한 방향으로 지나치게 확장해석하거나 유추해석하여서는 아니되는 원칙에 비추어 볼 때, 위 각 조항에서 규정한 '공정증서원본'에는 공정증서의 정본이 포함된다고 볼 수 없으므로 불실의 사실이 기재된 공정증서의 정본을 그 정을 모르는 법원 직원에게 교부한 행위는 형법 제229조의 불실기재공정증서원본행사죄에 해당하지 아니한다(대판 2002.3.26. 2001도6503). (20 변시)

(3) 행 위

행사하는 것이다. 행사의 의의, 방법, 상대방 등은 위조사문서 등의 행사죄와 동일하다.

〈위조된 신분증 휴대 사건〉 위조문서인 신분증을 항상 휴대하고 다닌 것만으로는 위조문서행사의 착수가 있었다고 할 수 없다(대판 1956.11.2. 4289형상240).

〈위조한 공문서의 이미지 파일을 송부한 사건〉 [1] 위조문서를 공범자 등에게 행사한 경우 위조문서행사죄가 성립하지 않고, 간접정범을 통한 위조문서행사 범행에서 도구로 이용된 자에게 행사한 경우 위조문서행사죄가 성립한다. [2] 피고인이 위조·변조한 공문서의 이미지 파일을 갑 등에게 이메일로 송부하여 프린터로 출력하게 함으로써 '행사'하였다는 내용으로 기소되었는데, 갑 등은 출력 당시 위 파일이 위조된 것임을 알지 못한 사안에서, 피고인의 행위가 위조·변조공문서행사죄를 구성한다고 보아야 하는데도, 이와 달리 보아 무죄를 선고한 원심판결에 법리오해의 위법이 있다고 한 사례(대판 2012.2.23. 2011도14441). (16 변시)

〈위조한 전문건설업등록증을 이메일로 송부한 사건〉 피고인은 위조한 전문건설업등록증 등의 컴퓨터 이미지 파일을 공사 수주에 사용하기 위하여 발주자인 공소외 1 또는 00기술서비스의 담당직원 공소외 2에게 이메일로 송부한 사실, 공소외 1 또는 공소외 2는 피고인으로부터 이메일로 송부받은 컴퓨터 이미지 파일을 프린터로 출력할 당시 그 이미지 파일이 위조된 것임을 알지 못하였던 사실을 알 수 있으므로, 피고인의 위와 같은 행위는 형법 제229조의 위조·변조공문서행사죄를 구성한다고 보아야 할 것이다(대판 2012.2.23. 2011도14441).

〈위조된 정을 아는 공범자에게 제시한 사건〉 위조, 변조, 허위 작성된 문서의 행사죄는 이와 같은 문서를 진정한 것 또는 그 내용이 진실한 것으로 각 사용하는 것을 말하는 것이므로, 그 문서가 위조, 변조, 허위작성 되었다는 정을 아는 공범자 등에게 제시, 교부하는 경우 등에 있어서는 행사죄가 성립할 여지가 없다(대판 1986.2.25. 85도2798). (24 1차)

🔳 사문서 등의 부정행사죄

> **제236조 (사문서의 부정행사)** 권리·의무 또는 사실증명에 관한 타인의 문서 또는 도화를 부정행사한 자는 1년 이하의 징역이나 금고 또는 300만 원 이하의 벌금에 처한다.

[죄명예규] (사문서, 사도화)부정행사

(1) 의 의

사문서 등의 부정행사죄는 진정하게 성립된 권리·의무 또는 사실증명에 관한 타인의 문서 또는 도화를 부정행사함으로써 성립하는 범죄이다. 문서에 관한 죄 중 유일하게 **미수를 처벌하지 않는 구성요건**이다.

(2) 객 체

1) **진정한 문서나 도화** : 본죄의 객체는 권리·의무 또는 사실증명에 관한 타인의 진정문서 또는 도화이다. 따라서 위조나 변조 등 진정하지 않은 문서나 도화는 객체로 되지 않고 실효된 문서도 객체가 되지 않는다. 또한 전자기록 등 특수매체기록도 객체로 하지 않는다는 점에서 위조문서 등의 행사죄와 다르다.

〈**실효된 문서 사건**〉 형법 제236조 소정의 사문서부정행사죄에 있어서 부정행사란 사용할 권한 없는 자가 문서 명의자로 가장 행세하여 이를 사용하거나 또는 사용할 권한이 있더라도 그 문서를 본래의 작성 목적 이외의 다른 사실을 직접 증명하는 용도에 이를 사용하는 것을 말하므로 실효된 문서를 증거로 제출하는 행위는 부정행사에 해당하지 아니한다(대판 1978.2.14. 77도2645).

2) **문서의 사용권자와 용도의 특정** : 본죄의 객체는 사문서 중에서도 사용권자와 용도가 특정되어 작성된 권리의무 또는 사실증명에 관한 타인의 사문서 또는 사도화이다. 따라서 사용권자와 용도가 특정되지 않은 사문서를 행사한 때에는 성립하지 않는다.

〈**차용증과 이행각서 사건**〉 실질적인 채권채무관계 없이 당사자 간의 합의로 작성한 차용증 및 이행각서는 그 작성명의인들이 자유의사로 작성한 문서로 그 사용권한자가 특정되어 있다고 할 수 없고 또 그 용도도 다양하므로, 설령 피고인이 그 작성명의인들의 의사에 의하지 아니하고 위 차용증 및 이행각서상의 채권이 실제로 존재하는 것처럼 그 지급을 구하는 민사소송을 제기하면서 소지하고 있던 위 차용증 및 이행각서를 법원에 제출하였다고 하더라도 그것이 사문서부정행사죄에 해당하지 않는다고 본 사례(대판 2007.3.30. 2007도629). (20 변시)

(3) 행 위

본죄의 행위는 부정행사이다.

1) **부정행사의 의의** : 부정행사란 진정하게 성립한 타인의 사문서를 ① 사용권한 없는 자가 문서명의자를 가장하여 사용하거나 ② 사용할 권한이 있는 자라도 본래의 사용목적 이외의 다른 사실을 직접 증명하는 용도에 이를 사용하는 것을 말한다.

〈부정행사의 개념〉 형법 제236조 소정의 사문서부정행사죄는 사용권한자와 용도가 특정되어 작성된 권리의무 또는 사실증명에 관한 타인의 사문서 또는 사도화를 사용권한 없는 자가 사용권한이 있는 것처럼 가장하여 부정한 목적으로 행사하거나 또는 권한 있는 자라도 정당한 용법에 반하여 부정하게 행사하는 경우에 성립한다(대판 2007.3.30. 2007도629).

　　2) 사용권한 없는 자의 경우 : 진정하게 성립된 타인의 사문서를 사용할 권한이 없는 자가 문서명의인으로 가장하여 사용하는 경우에는 부정행사에 해당한다.

〈절취한 후불식 전화카드로 전화한 사건〉 사용자에 관한 각종 정보가 전자기록되어 있는 자기띠가 카드번호와 카드발행자 등이 문자로 인쇄된 플라스틱 카드에 부착되어 있는 전화카드의 경우 그 자기띠 부분은 카드의 나머지 부분과 불가분적으로 결합되어 전체가 하나의 문서를 구성하므로, 전화카드를 공중전화기에 넣어 사용하는 경우 비록 전화기가 전화카드로부터 판독할 수 있는 부분은 자기띠 부분에 수록된 전자기록에 한정된다고 할지라도, 전화카드 전체가 하나의 문서로서 사용된 것으로 보아야 하고 그 자기띠 부분만 사용된 것으로 볼 수는 없으므로 절취한 전화카드를 공중전화기에 넣어 사용한 것은 권리의무에 관한 타인의 사문서를 부정행사한 경우에 해당한다(대판 2002. 6.25. 2002도461). (13 변시)

　　3) 사용권한 있는 자의 경우 : 진정하게 성립된 타인의 사문서를 사용할 권한 있는 자가 본래의 용도에 따라 사용하는 것은 부정행사죄가 성립될 여지가 없지만, **본래의 용도 이외의 다른 목적으로 사용한 경우에** 부정행사가 되는지에 대하여 논의가 있지만, 판례는 사용할 권원이 있다 하더라도 문서를 본래의 작성 목적 이외의 다른 사실을 직접 증명하는 용도에 사용하면 부정행사에 해당한다고 보아 긍정설의 입장이다.

〈현금보관증 사건〉 사문서부정행사죄에 있어서의 부정사용이란 사문서를 사용할 권원없는 자가 그 문서명의자로 가장행세하여 이를 사용하거나 또는 사용할 권원이 있다 하더라도 문서를 본래의 작성 목적 이외의 다른 사실을 직접 증명하는 용도에 이를 사용하는 것을 말하는 것이므로 현금보관증이 자기 수중에 있다는 사실 자체를 증명키 위하여 증거로서 법원에 제출하는 행위는 사문서의 부정행사에 해당되지 아니한다(대판 1985.5.28. 84도2999). **[COMMENT]** 당 사안은 현금보관증을 증명하는 용도로 사용하는 것이 아니므로 부정행사죄를 부정한 사안이다.

　　4) **부정행사의 방법** : 부정행사의 방법은 행위자가 직접 행사하거나, 제3자를 이용한 간접정범의 형태로 행사하거나 불문한다.

(4) 미수불벌

　　본죄는 문서죄에서 미수를 처벌하지 않는 유일한 조문이다. 따라서 사문서 등을 부정사용하여 상대방이 이를 인식할 수 있는 상태에 도달하여야 처벌할 수 있다. 예컨대 우편송달의 경우 상대방에게 도달하지 않는 경우에는 불가벌이 된다.

14 공문서 등의 부정행사죄 [미수범 처벌]

> 제230조 (공문서등의 부정행사) 공무원 또는 공무소의 문서 또는 도화를 부정행사한 자는 2년 이하의 징역이나 금고 또는 500만 원 이하의 벌금에 처한다.

[죄명예규] (공문서, 공도화)부정행사

(1) 의 의

공문서 등의 부정행사죄는 공무원 또는 공무소의 문서 또는 도화를 부정행사하는 범죄이다.

(2) 객 체

진정하게 성립한 공무원 또는 공무소의 문서 또는 도화이다. 따라서 위조·변조·허위작성된 공문서는 위조 등 공문서행사죄의 객체가 되지만 본죄의 객체는 되지 않는다. 그리고 진정하게 성립된 공문서·공도화 중에서도 **사용권한자와 목적이 특정된 공문서·공도화에 한한다.** [2016 2차]

〈**인감증명서와 등기필증 사건**〉 공문서부정행사죄는 그 사용권한자와 용도가 특정되어 작성된 공문서 또는 공도화를 사용권한 없는 자가 그 사용권한 있는 것처럼 가장하여 부정한 목적으로 행사하거나, 또는 그 권한 있는 자라도 그 정당한 방법에 반하여 부정하게 행사하는 경우에만 성립된다 할 것이므로, 인감증명서나 등기필증과 같이 사용권한자가 특정되어 있는 것도 아니고 그 용도도 다양한 공문서는 설사 그 문서와 아무 관련 없는 사람이 문서상의 명의인인 양 가장하여 이를 행사하였다 하더라도 공문서부정행사죄가 성립되지 아니한다(대판 1983.6.28. 82도1985).

〈**주민등록표등본 사건**〉 주민등록표등본은 그 사용권한자가 특정되어 있다고 할 수 없고, 또 용도도 다양하며, 반드시 본인이나 세대원만이 사용할 수 있는 것이 아니므로, 타인의 주민등록표등본을 그와 아무런 관련 없는 사람이 마치 자신의 것인 것처럼 행사하였다고 하더라도 공문서부정행사죄가 성립되지 아니한다(대판 1999.5.14. 99도206). (14 변시)

〈**신원증명서 사건**〉 신원증명서는 금치산 또는 한정치산의 선고를 받고 취소되지 않은 사실의 해당 여부를 증명하는 문서로서 사용권한자가 특정되어 있다고 할 수 없고 또 그 용도도 다양하며 반드시 피증명인만이 사용할 수 있는 것이 아니므로, 문서상의 피증명인의 의사에 의하지 아니하고 사용하였다 하더라도 그것이 문서 본래의 취지에 따른 용도에 합치되는 이상 공문서부정행사죄는 성립되지 아니한다(대판 1993.5.11. 93도127).

〈**화해조서 갱정결정신청 기각결정문 사건**〉 공문서부정행사죄는 그 사용권자와 용도가 특정되어 작성된 공문서 또는 공도서를 사용권한 없는 자가 그 사용권한이 있는 것처럼 가장하여 부정한 목적으로 행사하거나 또는 사용권한 있는 자라도 그 정당한 용법에 반하여 부정하게 행사하는 경우에 성립되는 것이라 할 것이므로 화해조서 갱정결정신청 기각결정문을 화해조서정본인 것처럼 등기서류로 제출행사하였다고 하더라도 공문서부정행사죄는 성립하지 아니한다(대판 1984.2.28. 82도2851).

(3) 행 위

본죄의 행위는 부정행사이다.

1) **공문서부정행사의 의의** : 공문서부정행사란 사용권한자와 용도가 특정되어 작성된 공문서 또는 공도화를 사용권한 없는 자가 사용권한이 있는 것처럼 가장하여 부정한 목적으로 행사하거나 또는 권한 있는 자라도 정당한 용법에 반하여 부정하게 행사하는 것을 말한다. 이와 관련하여 최근 대법원 판례는 자동차 등의 운전자가 경찰공무원에게 다른 사람의 운전면허증 자체가 아니라 이를 촬영한 이미지파일을 휴대전화 화면 등을 통하여 보여주는 행위는 운전면허증의 특정된 용법에 따른 행사라고 볼 수 없어 공문서부정행사죄를 구성하지 아니한다고 판시하고 있다.

〈**타인명의로 주민등록증 발급받은 후 이를 검문경찰관에게 제시한 사건**〉 [1] 공문서부정행사죄는 사용권한자와 용도가 특정되어 작성된 공문서 또는 공도화를 사용권한 없는 자가 사용권한이 있는 것처럼 가장하여 부정한 목적으로 행사하거나 또는 권한 있는 자라도 정당한 용법에 반하여 부정하게 행사하는 경우에 성립되는 것이다. [2] 피고인이 甲 명의로 주민등록증을 발급받고자 그 정을 모르는 주민등록 담당공무원에게 자기가 甲인 양 허위신고를 하여 착오를 일으킨 위 공무원으로부터 피고인의 사진이 부착되고 피고인의 지문이 찍힌 위 甲 명의의 주민등록증을 발급받아 이를 검문경찰관에게 제시하였다면, 피고인은 비록 그 문서가 형식상으로는 그 사용목적이 그에 부착된 사진상의 인물이 위 甲의 신원 사항을 가진 사람임을 증명하는 용도로 작성되어 있기는 하나 주민등록증의 발행 목적상 피고인에게 위와 같은 허위사실을 증명하는 용도로 이를 사용할 수 있는 권한이 없다는 것을 충분히 인식하고 있었다고 인정되며, 그럼에도 불구하고 이를 위와 같은 부정한 목적을 위하여 행사하였다면 이는 공문서부정행사죄를 구성한다(대판 1982.9.28. 82도1297; 동지 대판 1998.8.21. 98도1701). (21 변시)

〈**자동차운전면허증 이미지파일 사건**〉 운전면허가 취소된 피고인이 자동차를 운전하던 중 음주단속을 하는 경찰관으로부터 자동차운전면허증의 제시를 요구받고, 휴대폰에 저장해 놓은 타인의 자동차운전면허증을 촬영한 이미지파일을 피고인의 자동차운전면허증인 것처럼 제시하여 공문서부정행사로 기소된 사건에서, 공문서부정행사죄의 구성요건과 그 입법취지, 도로교통법 제92조의 규정 내용과 그 입법취지 등에 비추어 자동차 등의 운전자가 경찰공무원에게 다른 사람의 운전면허증 자체가 아니라 이를 촬영한 이미지파일을 휴대전화 화면 등을 통하여 보여주는 행위는 운전면허증의 특정된 용법에 따른 행사라고 볼 수 없어 공문서부정행사죄를 구성하지 아니한다고 판단하여 파기환송한 사례(대판 2019.12.12. 2018도2560). [2020 3차](22 변시)(22 2차)

2) **부정행사의 태양** : 공문서의 행사가 논의될 수 있는 태양은 ① 권한 있는 자가 공문서의 본래용도에 따라 사용하는 경우 ② 권한 있는 자가 공문서 본래용도 이외의 용도로 사용하는 경우 ③ 권한 없는 자가 공문서 본래용도대로 사용하는 경우 ④ 권한 없는 자가 공문서 본래용도 이외의 용도로 사용하는 경우 등을 들 수 있다. 아래에서는 권한 있는 자의 사용과 권한 없는 자의 사용으로 나누어 부정행사 여부를 구체적으로 검토한다.

3) **사용할 권한이 있는 자의 경우**

㉮ **용도 내 사용** : 사용할 권한이 있는 자가 **용도에 따라 사용**하는 것이 본죄에 해당되지 아니함은 의문의 여지가 없다.

〈현대미포 선박 사건〉 어떤 선박이 사고를 낸 것처럼 허위로 사고신고를 하면서 그 선박의 선박국적 증서와 선박검사증서가 함께 제출되었다고 하더라도, 선박국적증서와 선박검사증서는 위 선박의 국적과 항행할 수 있는 자격을 증명하기 위한 용도 그 자체에 사용된 것일 뿐이고, 그 본래의 용도를 벗어나 행사된 것으로 보기는 어려우므로, 이와 같은 행위를 공문서부정행사죄에 해당한다고 할 수 는 없다(대판 2009.2.26. 2008도10851). (14 변시)(20 변시)

> (나) **용도 외 사용** : 사용할 권한이 있는 자가 타인의 공문서를 위임받은 용도가 아닌 **다른 용도에 사용한 경우**에 공문서부정행사죄에 해당하는지에 대하여는 ① 사용권한 없는 자의 용도외 사용을 처벌하지 않으면서 권한 있는 자의 용도외 사용을 처벌하는 것은 균형이 맞지 않으므로 부정사용이 아니라는 부정설도 있으나 ② 판례는 권한 있는 자 라도 정당한 용법에 반하여 부정하게 행사하는 경우에도 부정행사에 해당한다고 보아 긍정설의 입장이다.

〈권한 있는 자의 정당한 용법에 반하여 행사하면 부정행사라는 판례〉 공문서부정행사죄는 사용권한 자와 용도가 특정되어 작성된 공문서 또는 공도화를 사용권한 없는 자가 사용권한이 있는 것처럼 가장하여 부정한 목적으로 행사하거나 또는 권한 있는 자라도 정당한 용법에 반하여 부정하게 행 사하는 경우에 성립되는 것이다(대판 1998.8.21. 98도1701).

 4) **사용할 권한이 없는 자의 경우**

> (가) **용도 내 사용** : 사용할 권한이 없는 사람이 용도에 따라 사용하는 것이 부정행사에 해 당함은 이론이 없다. 이와 관련하여 어떠한 사용이 용도내의 사용인가가 문제되지만, 판례는 **타인의 운전면허증으로 차량을 렌트**하는 경우와 **타인의 운전면허증을 신분확인 용으로 사용**하는 경우 등을 용도내 사용이라고 보고 있다.

〈타인의 운전면허증으로 자동차를 렌트한 사건〉 자동차운전면허증은 운전면허시험에 합격하여 자동 차의 운전이 허락된 자임을 증명하는 공문서로서 운전중에 휴대하도록 되어 있고, 자동차대여약관 상 대여회사는 운전면허증 미소지자에게는 자동차 대여를 거절할 수 있도록 되어 있으므로, 자동차 를 임차하려는 피고인들이 자동차 대여업체의 담당직원들로부터 임차할 자동차의 운전에 필요한 운전면허가 있고 또 운전면허증을 소지하고 있는지를 확인하기 위한 운전면허증의 제시 요구를 받 자 타인의 운전면허증을 소지하고 있음을 기화로 자신이 타인의 자동차운전면허를 받은 사람들인 것처럼 행세하면서 자동차 대여업체의 직원들에게 이를 제시한 것이라면, 피고인들의 위와 같은 행 위는 단순히 신분확인을 위한 것이라고는 할 수 없고, 이는 운전면허증을 사용권한이 없는 자가 사용권한이 있는 것처럼 가장하여 부정한 목적으로 사용한 것이기는 하나 운전면허증의 본래의 용도에 따른 사용행위라고 할 것이므로 공문서부정행사죄에 해당한다(대판 1998.8.21. 98도1701).

〈신분확인을 위해 타인의 운전면허증을 제시한 사건〉 [다수의견] 운전면허증은 운전면허를 받은 사람 이 운전면허시험에 합격하여 자동차의 운전이 허락된 사람임을 증명하는 공문서로서, 운전면허증 에 표시된 사람이 운전면허시험에 합격한 사람이라는 '자격증명'과 이를 지니고 있으면서 내보이는 사람이 바로 그 사람이라는 '동일인증명'의 기능을 동시에 가지고 있다. 한편 우리 사회에서 운전면 허증을 발급받을 수 있는 연령의 사람들 중 절반 이상이 운전면허증을 가지고 있고, 특히 경제활동 에 종사하는 사람들의 경우에는 그 비율이 훨씬 더 이를 앞지르고 있으며, 금융기관과의 거래에 있 어서도 운전면허증에 의한 실명확인이 인정되고 있는 등 현실적으로 운전면허증은 주민등록증과 대등한 신분증명서로 널리 사용되고 있다. 따라서, 제3자로부터 신분확인을 위하여 신분증명서의 제시를 요구받고 다른 사람의 운전면허증을 제시한 행위는 그 사용목적에 따른 행사로서 공문서 부정행사죄에 해당한다고 보는 것이 옳다(대판 2001.4.19. 2000도1985 전합). [2019 1차](14 변시)(16 변시)

〈타인 명의 주민등록증 발급 받고 제시한 사건〉 피고인이 "甲"명의로 주민등록증을 발급받고자 그 정을 모르는 주민등록 담당공무원에게 자기가 "甲"인 양 허위신고를 하여 착오를 일으킨 위 공무원으로부터 피고인의 사진이 부착되고 피고인의 지문이 찍힌 위 "甲" 명의의 주민등록증을 발급받아 이를 검문경찰관에게 제시하였다면, 피고인은 비록 그 문서가 형식상으로는 그 사용목적이 그에 부착된 사진상의 인물이 위 "甲"의 신원 사항을 가진 사람임을 증명하는 용도로 작성되어 있기는 하나 주민등록증의 발행 목적상 피고인에게 위와 같은 허위사실을 증명하는 용도로 이를 사용할 수 있는 권한이 없다는 것을 충분히 인식하고 있었다고 인정되며, 그럼에도 불구하고 이를 위와 같은 부정한 목적을 위하여 행사하였다면 이는 공문서부정행사죄를 구성한다(대판 1998.8.21. 98도1701).

> (나) **용도 외 사용** : 사용할 권한이 없는 사람이 용도 이외의 사용을 한 경우에 공문서 부정행사죄가 성립할 수 있는지에 대하여는 ① 공문서 부정행사죄는 사용권한 없는 자가 공문서를 사용하는 것을 의미하므로 사용권한 없는 자가 공문서의 용도 이외의 사용을 하는 경우에도 공문서의 부정행사죄가 성립한다는 **긍정설**도 있지만, ② 판례는 '공문서를 사용권한 없는 자가 사용한 경우에도 그 공문서 본래의 용도에 따른 사용이 아닌 경우에는 형법 제230조의 공문서부정행사죄가 성립되지 아니한다'라고 하여 **부정설**의 입장이다.

〈다른 사람 명의 국가유공자증을 제시한 사건〉 **[사실관계]** 피고인이 조세범처벌법위반 사건으로 지방세무서 조사과에서 조사를 받으면서 다른 사람인 것처럼 행세하기 위하여 범칙혐의자 심문조서의 진술인란에 다른 사람 명의로 서명하여 이를 조사관에게 제시하고, 다른 사람 명의의 국가유공자증을 조사관에게 제시하였다면 공문서부정행사죄가 성립하는가? **[판결요지]** [1] 형법 제230조의 공문서부정행사죄는 공문서의 사용에 대한 공공의 신용을 보호법익으로 하는 범죄로서 추상적 위험범이다. 형법 제230조는 본죄의 구성요건으로 단지 '공무원 또는 공무소의 문서 또는 도화를 부정행사한 자'라고만 규정하고 있어, 자칫 처벌범위가 지나치게 확대될 염려가 있으므로 본죄에 관한 범행의 주체, 객체 및 태양을 되도록 엄격하게 해석하여 처벌범위를 합리적인 범위 내로 제한하여야 한다. 사용권한자와 용도가 특정되어 있는 공문서를 사용권한 없는 자가 사용한 경우에도 그 공문서의 본래 용도에 따른 사용이 아닌 경우에는 공문서부정행사죄가 성립되지 아니한다. [2] 국가유공자증의 본래 용도는 제시인이 국가유공자법에 따라 등록된 국가유공자로서 관련 혜택을 받을 수 있는 자격이 있음을 증명하는 것이고, 신분의 동일성을 증명하는 것이 아니므로 공문서부정행사죄가 성립하지 않는다고 판단한 원심의 판단에 공문서부정행사죄의 성립에 관한 법리를 오해한 잘못이 없다(대판 2022.10.14. 2020도13344). ▣ 공문서부정행사죄가 성립하지 않는다.

〈이동전화 가입신청 사건〉 [1] 사용권한자와 용도가 특정되어 있는 공문서를 사용권한 없는 자가 사용한 경우에도 그 공문서 본래의 용도에 따른 사용이 아닌 경우에는 형법 제230조의 공문서부정행사죄가 성립되지 아니한다. [2] 피고인이 기왕에 습득한 타인의 주민등록증을 피고인 가족의 것이라고 제시하면서 그 주민등록증상의 명의 또는 가명으로 이동전화 가입신청을 한 경우, 타인의 주민등록증을 본래의 사용용도인 신분확인용으로 사용한 것이라고 볼 수 없어 공문서부정행사죄가 성립하지 않는다고 한 사례(대판 2003.2.26. 2002도4935). (14 변시)(24 1차)

〈**퇴사한 직원의 동의없이 주민등록번호 사용한 사건**〉 보험대리점 업체가 보험회사와 보험모집 법인 대리점 계약을 체결하면서 업체에서 퇴사한 직원의 동의 없이 그의 주민등록번호를 기재한 법인대리점 보험모집 유자격자 명단을 보험회사에 제출한 경우 타인의 주민등록번호를 신분확인과 관련하여 사용한 것으로 볼 수 없어 주민등록번호 부정사용죄에 해당하지 않는다(대판 2009.9.10. 2009도4574).

〈**장애인사용자동차표지 사건**〉 [1] 형법 제230조의 공문서부정행사죄는 공문서의 사용에 대한 공공의 신용을 보호법익으로 하는 범죄로서 추상적 위험범이다. 형법 제230조는 본죄의 구성요건으로 단지 '공무원 또는 공무소의 문서 또는 도화를 부정행사한 자'라고만 규정하고 있어, 자칫 처벌범위가 지나치게 확대될 염려가 있으므로 본죄에 관한 범행의 주체, 객체 및 태양을 되도록 엄격하게 해석하여 처벌범위를 합리적인 범위 내로 제한하여야 한다. 사용권한자와 용도가 특정되어 있는 공문서를 사용권한 없는 자가 사용한 경우에도 그 공문서 본래의 용도에 따른 사용이 아닌 경우에는 공문서부정행사죄가 성립되지 아니한다. [2] 장애인사용자동차표지를 사용할 권한이 없는 사람이 장애인전용주차구역에 주차하는 등 장애인사용자동차에 대한 지원을 받을 것으로 합리적으로 기대되는 상황이 아니라면 단순히 이를 자동차에 비치하였더라도 장애인사용자동차표지를 본래의 용도에 따라 사용했다고 볼 수 없어 공문서부정행사죄가 성립하지 않는다(대판 2022.9.29. 2021도14514). (23 법행)

제4절 | 인장에 대한 죄

1 사인 등의 위조, 부정사용죄 [미수범 처벌]

> 제239조 (사인등의 위조, 부정사용) ① 행사할 목적으로 타인의 인장, 서명, 기명 또는 기호를 위조
> 또는 부정사용한 자는 3년 이하의 징역에 처한다.

> [죄명예규] (사인, 사서명, 사기명, 사기호)(위조, 부정사용)

(1) 의의와 보호법익

사인 등의 위조, 부정사용죄는 행사할 목적으로 개인이나 공무원 또는 공무소의 인장ㆍ서명ㆍ기명 또는 기호를 위조 또는 부정사용하거나, 위조 또는 부정사용한 인장들을 행사하는 범죄이다. 인장 등에 대한 공공의 신용과 거래의 안전이며, 보호의 정도는 추상적 위험범이다.

(2) 객 체

타인의 인장ㆍ서명ㆍ기명ㆍ기호이다.

1) 타 인

(개) 타인의 의의 : 타인이란 우리나라의 공무원 또는 공무소가 아닌 범인 이외의 자로써 자연인, 법인, 법인격이 없는 단체를 불문한다.

(내) 명의인의 실재성 요부 : 명의인의 실재성요부에 대하여 종래 판례는 명의인의 실재가 필요하다고 보았다. 그러나 **최근 전합 판례에서 사망자나 허무인의 경우에도 사문서위조죄의 성립을 긍정하는 것으로 변경되었으므로 인장에 관한 죄도 명의인의 실재가 불요**하다는 입장으로 변경될 것으로 보인다.

〈사망자의 사인을 위조하면 사인위조가 아니라는 예전 판례〉 이미 사망한 사람 명의의 문서를 위조하거나 이를 행사하더라도 사문서위조나 동행사죄는 성립하지 않는다는 문서위조죄의 법리에 비추어 이와 죄질을 같이하는 인장위조죄의 경우에도 사망자 명의의 인장을 위조, 행사하는 소위는 사인위조 및 동행사죄가 성립하지 않는다고 해석함이 상당하다(대판 1984.2.28. 82도2064). **[COMMENT]** 본 판례에서 언급하고 있는 사망자 명의의 사문서에 대해서는 판례가 변경되었으므로 논리가 일관되려면 본 판례도 변경되어야 할 것이다.

2) 인장 : 인장이란 특정인의 동일성을 증명하기 위하여 사용되는 상징물을 말하며 **인영과 인과를 포함**한다.

3) 서명 : 서명이란 특정인이 자기를 표시하기 위하여 성명 기타의 호칭을 문자로 표기한 것을 말한다. 우리형법은 기명을 별도로 규정하고 있으므로 서명은 자서에 한한다.

4) 기명 : 기명은 서명과 용도가 같지만 자서가 아닌 점에서 서명과 구별된다. 그러므로 대필하거나 인쇄 등에 의한 특정인의 표시 등이 기명에 해당한다.

5) 기호 : 기호란 물건에 압날하여 일정한 사실을 증명하는 것으로 넓은 의미에서 인장의 일종에 속한다.

(3) 행 위

위조 또는 부정사용이다.

> [COMMENT] 인장에 관한 죄는 그 속성상 변조가 존재할 수 없다는 점을 주의하여야 한다.

1) 위조 : 권한 없이 또는 권한 있는 자가 권한 이외의 사항에 관하여 타인의 인장·서명·기명·기호를 작출하거나 물체상에 현출 내지 기재하는 것을 말한다. 그 방법에는 제한이 없으므로 인과제조, 인영묘사, 기존의 인영을 소재로 새로운 인영현출 등도 이에 해당한다. 그리고 위조의 정도는 일반인으로 하여금 명의인의 진정한 인장·서명·기명·기호로 오신케 할 정도는 되어야 한다.

〈휴대용정보단말기(PDA) 사건〉 [1] 사서명 등 위조죄가 성립하려면 서명 등이 일반인으로 하여금 특정인의 진정한 서명 등으로 오신하게 할 정도에 이르러야 하고, 일반인이 특정인의 진정한 서명 등으로 오신하기에 충분한 정도인지 여부는 서명 등의 형식과 외관, 작성 경위뿐만 아니라 서명 등이 기재된 문서에 서명 등을 할 필요성, 문서의 작성 경위, 종류, 내용 그리고 일반거래에서 문서가 가지는 기능 등도 함께 고려하여 판단하여야 한다. [2] 피고인이 음주운전으로 단속되자 동생의 이름을 대며 조사를 받다가 휴대용정보단말기(PDA)에 표시된 음주운전단속결과통보 중 운전자의 서명란에 동생의 이름 대신 의미를 알 수 없는 부호를 기재한 행위는 동생의 서명을 위조한 것에 해당한다는 이유로 원심판결을 수긍한 사례(대판 2020.12.30. 2020도14045). (21 법행)

〈피의자신문조서에 자신의 형인 것처럼 서명한 사건〉 피고인이 경찰에서 피의자로서 조사받으면서 자신의 형인 공소외인의 인적 사항을 밝히면서 자신이 공소외인인 것처럼 행세를 하고, 자신에 대한 피의자신문조서의 말미에 위 공소외인의 서명을 하여 수사기록에 편철하게 하였다면 사서명위조 및 동행사죄에 해당한다(대판 2005.7.14. 2005도3357).

〈완성되지 않은 문서지만 서명이 완성된 사건〉 어떤 문서에 권한 없는 자가 타인의 서명 등을 기재하는 경우에는 그 문서가 완성되기 전이라도 일반인으로서는 그 문서에 기재된 타인의 서명 등을 그 명의인의 진정한 서명 등으로 오신할 수도 있으므로, 일단 서명 등이 완성된 이상 문서가 완성되지 아니한 경우에도 서명 등의 위조죄는 성립한다(대판 2011.3.10. 2011도503). (16 변시)

〈경찰관의 서명날인이 완료되기 전에 서명위조사실이 발각된 사건〉 피고인이 음주운전 등으로 경찰서에서 조사를 받으면서 제3자로 행세하여 피의자신문조서의 진술자란에 제3자의 서명을 기재하였으나 그 이후 피고인의 간인이나 조사 경찰관의 서명날인 등이 완료되기 전에 그 서명위조 사실이 발각되었다고 하더라도 사서명위조죄 및 그 행사죄가 성립한다(대판 2005.12.23. 2005도4478).

〈명의자로부터 명시적이거나 묵시적인 승낙 내지 위임을 받은 사건〉 형법 제239조 제1항의 사인위조죄는 그 명의인의 의사에 반하여 위법하게 행사할 목적으로 권한 없이 타인의 인장을 위조한 경우에 성립하므로, 타인의 인장을 조각할 당시에 그 명의자로부터 명시적이거나 묵시적인 승낙 내지 위임을 받았다면 인장위조죄가 성립하지 않는다고 할 것이다(대판 2014.9.26. 2014도9213).

2) **부정사용** : 부정사용이란 진정한 인장·서명 등을 권한 없이 사용하거나 권한 있는 자가 그 권한을 남용하여 부당하게 사용하는 것을 말한다. 위조가 인장 자체의 진정을 침해하는 것임에 비하여 부정사용은 진정하게 만들어진 인장을 부정하게 사용함으로써 그 사용의 진정을 침해하는 것이다.

(4) 주관적 구성요건

주관적 요건으로 고의 이외에 **행사할 목적** 즉 명의인의 의사에 반하여 위조인장을 진정한 인장인 양 거래일반에 사용하려는 목적이 있어야 한다.

〈**동대표 허위 대학졸업학력 사건**〉 아파트 주민대표회 간부들이, 동대표로 당선된 공소외 갑이 사실은 대학을 졸업하지 않았음이 사립대학 교무처장 명의로 된 학력조회 회보서를 통해 확인되자, 갑의 허위학력 사실을 아파트 주민들에게 공고문 형식으로 알리면서 그 공고문의 신뢰성 제고를 위해 공고문 안에 대학 교무처장 명의의 직인을 함께 나타내어 사인장인 위 직인을 위조하였다는 공소사실에 대하여, 위 직인을 대학 교무처장의 정당한 인장인 것처럼 가장하기 위해서 현출하였다거나 위 직인을 위조하여 행사할 의사가 있다고 한 사례(대판 2010.1.14. 2009도5929).

〈**명의인의 승낙을 얻지 못해 돌려준 사건**〉 형법 제239조 제1항 소정의 인장위조죄는 그 명의인의 의사에 반하여 위법하게 행사할 목적이 인정되어야 하며, 타인의 인장을 조각할 당시에는 미처 그 명의인의 승낙을 얻지 아니하였다고 하더라도 인장을 조각하여 그 명의인의 승낙을 얻어 그 명의인의 문서를 작성하는데 사용할 의도로 인장을 조각하였으나 그 명의인의 승낙을 얻지 못하여 이를 사용하지 아니하고 명의인에게 돌려주었다면, 특별한 사정이 없는 한 행사의 목적이 있었다고 인정할 수 없다(대판 1992.10.27. 92도1578).

(5) 타죄와의 관계

1) **유가증권·문서위조죄와의 관계** : 인장 등의 위조·부정사용이 유가증권·문서위조의 수단으로 행해진 경우에는 유가증권위조죄·문서위조죄에 흡수된다.
2) **위조사인등 행사죄와의 관계** : 인장을 위조한 후 다시 행사한 경우에는 양 죄의 실체적 경합범이 된다.

2 위조사인 등의 행사죄 [미수범 처벌]

> 제239조 (사인등의 위조, 부정사용) ② 위조 또는 부정사용한 타인의 인장, 서명, 기명 또는 기호를 행사한 때에도 전항의 형과 같다.

[**죄명예규**] (위조, 부정사용)(사인, 사서명, 사기명, 사기호)행사

(1) 의 의

위조사인 등의 행사죄는 위조 또는 부정사용한 타인의 인장, 서명, 기명 또는 기호를 진정한 것처럼 그 용법에 따라 사용하는 것을 말한다.

(2) 행 위

행사하는 것이다. 행사라 함은 위조된 인장을 진정한 것처럼 용법에 따라 사용하는 행위를 말하므로 위조된 인영을 타인에게 열람할 수 있는 상태에 두든지, 인과의 경우에는 날인하여 일반인이 열람할 수 있는 상태에 두면 그것으로 행사가 된다.

〈위조된 인과 그 자체를 타인에게 교부하는 것은 위조인장행사가 아니라는 판례〉 형법 제239조 제2항의 위조인장행사죄에 있어서 행사라 함은 위조된 인장을 진정한 것처럼 용법에 따라 사용하는 행위를 말한다 할 것이므로 위조된 인영을 타인에게 열람할 수 있는 상태에 두든지, 인과의 경우에는 날인하여 일반인이 열람할 수 있는 상태에 두면 그것으로 행사가 되는 것이고, 위조된 인과 그 자체를 타인에게 교부한 것만으로는 위조인장행사죄를 구성한다고 할 수 없다(대판 1984.2.28. 84도90).

〈타인 행세한 사건〉 피고인이 타인 행세를 하며 피의자로서 조사를 받은 다음 경찰관에 의하여 작성된 피의자신문조서의 말미에 타인의 서명 및 무인을 하고, 타인의 이름이 기재된 수사과정확인서에 무인을 한 사안에서, 피고인에게 사서명 등 위조죄 및 위조사서명 등 행사죄의 유죄를 인정한 원심판단을 수긍한 사례(대판 2011.3.10. 2011도503).

3 공인 등의 위조, 부정사용죄 [미수범 처벌]

> 제238조 (공인등의 위조, 부정사용) ① 행사할 목적으로 공무원 또는 공무소의 인장, 서명, 기명 또는 기호를 위조 또는 부정사용한 자는 5년 이하의 징역에 처한다.

[죄명예규] (공인, 공서명, 공기명, 공기호)(위조, 부정사용)

〈'검찰 공무수행 차량' 사건〉 [1] 형법상 인장에 관한 죄에서 인장은 사람의 동일성을 표시하기 위하여 사용하는 일정한 상형을 의미하고, 기호는 물건에 압날하여 사람의 인격상 동일성 이외의 일정한 사항을 증명하는 부호를 의미한다. 그리고 형법 제238조의 공기호는 해당 부호를 공무원 또는 공무소가 사용하는 것만으로는 부족하고, 그 부호를 통하여 증명을 하는 사항이 구체적으로 특정되어 있고 해당 사항은 그 부호에 의하여 증명이 이루어질 것이 요구된다. [2] 피고인이 온라인 구매 사이트에서 ① 검찰 업무표장(본문내 삽입된 이미지에서 '검찰'을 제외한 부분) 아래 '검찰 PROSECUTION SERVICE'라고 기재하고 그 아래 피고인의 전화번호를 기재한 주차표지판 1개, ② 검찰 업무표장(본문내 삽입된 이미지) 아래 '검찰 PROSECUTION OFFICE'라고 기재하고 그 아래 피고인의 차량번호를 표시한 표지판 1개, ③ 검찰 업무표장(본문내 삽입된 이미지) 아래 '검찰 PROSECUTION SERVICE'라고 기재하고 그 아래 '공무수행'이라고 표시한 표지판 1개를 주문하여 배송받음으로써 행사할 목적으로 공기호인 검찰청 업무표장을 각각 위조하였다는 등의 공소사실로 기소된 사안에서, 위 각 검찰 업무표장을 공기호라고 볼 수 없음에도, 이와 달리 보아 공소사실을 유죄로 인정한 원심판단에 법리오해 등의 잘못이 있다고 한 사례(대판 2024.1.4. 2023도11313). (24 경2)

〈행사할 목적으로 자동차등록번호판을 위조한 사건〉 형법 제238조 제1항에 의하면 행사할 목적으로 공기호인 자동차등록번호판을 위조한 경우에 공기호위조죄가 성립하고, 여기서 '행사할 목적'이란 위조한 자동차등록번호판을 마치 진정한 것처럼 그 용법에 따라 사용할 목적을 말한다. 또한 '위조한 자동차등록번호판을 그 용법에 따라 사용할 목적'이란 위조한 자동차등록번호판을 자동차에 부착하여 운행함으로써 일반인으로 하여금 자동차의 동일성에 관한 오인을 불러일으킬 수 있도록 하는 것을 말한다(대판 2016.4.29. 2015도1413).

4 위조 또는 부정사용된 공인 등 행사죄 [미수범 처벌]

> 제238조 (공인등의 위조, 부정사용) ② 위조 또는 부정사용한 공무원 또는 공무소의 인장, 서명, 기명 또는 기호를 행사한 자도 전항의 형과 같다.

[죄명예규] (위조, 부정사용)(공인, 공서명, 공기명, 공기호)행사

행사의 의미에 대하여는 ① 원심에서는 제시하는 등의 행위를 의미한다고 보았으나 ② 대법원은 용법에 따른 사용행위를 의미한다고 보고 있다. 생각건대 공기호 중 자동차번호판과 같은 공기호 등은 제시에 적합하지 않으므로 용법에 따른 사용을 의미한다고 보는 대법원의 입장이 타당하다.

〈자동차번호판 부착 사건〉 [1] 형법 제238조 제1항에서 규정하고 있는 공기호인 자동차등록번호판의 부정사용이라 함은 진정하게 만들어진 자동차등록번호판을 권한 없는 자가 사용하든가, 권한 있는 자라도 권한을 남용하여 부당하게 사용하는 행위를 말하는 것이고, 같은 조 제2항에서 규정하고 있는 그 행사죄는 부정사용한 공기호인 자동차등록번호판을 마치 진정한 것처럼 그 용법에 따라 사용하는 행위를 말하는 것으로 그 행위개념을 달리하고 있다. [2] 부정사용한 공기호인 자동차등록번호판의 용법에 따른 사용행위인 행사라 함은 이를 자동차에 부착하여 운행함으로써 일반인으로 하여금 자동차의 동일성에 관한 오인을 불러일으킬 수 있는 상태, 즉 그것이 부착된 자동차를 운행함을 의미한다고 할 것이고, 그 운행과는 별도로 부정사용한 자동차 등록판을 타인에게 제시하는 등의 행위가 있어야 비로소 행사죄가 성립한다고 볼 수 없다(대판 1997.7.8. 96도3319).

제3장 | 공중의 보건에 대한 죄

제1절 | 먹는 물에 대한 죄

1 먹는 물의 사용방해죄

제192조 (먹는 물의 사용방해) ① 일상생활에서 먹는 물로 사용되는 물에 오물을 넣어 먹는 물로 쓰지 못하게 한 자는 1년 이하의 징역 또는 500만원 이하의 벌금에 처한다.

[죄명예규] 먹는물사용방해

2 먹는 물 유해물혼입죄 [미수범 처벌, 예비·음모 처벌]

제192조 (먹는 물의 사용방해) ② 제1항의 먹는 물에 독물이나 그 밖에 건강을 해하는 물질을 넣은 사람은 10년 이하의 징역에 처한다.

[죄명예규] 먹는물(독물, 유해물)혼입

3 수돗물사용방해죄

제193조 (수돗물의 사용방해) ① 수도를 통해 공중이 먹는 물로 사용하는 물 또는 그 수원에 오물을 넣어 먹는 물로 쓰지 못하게 한 자는 1년 이상 10년 이하의 징역에 처한다.

4 수돗물 유해물혼입죄 [미수범 처벌, 예비·음모 처벌]

제193조 (수돗물의 사용방해) ② 제1항의 먹는 물 또는 수원에 독물 그 밖에 건강을 해하는 물질을 넣은 자는 2년 이상의 유기징역에 처한다.

[죄명예규] 수돗물(독물, 유해물)혼입

5 **먹는 물 혼독치사상죄** [결과적 가중범]

> **제194조 (먹는 물 혼독치사상)** 제192조제2항 또는 제193조제2항의 죄를 지어 사람을 상해에 이르게 한 경우에는 무기 또는 3년 이상의 징역에 처한다. 사망에 이르게 한 경우에는 무기 또는 5년 이상의 징역에 처한다.

> [죄명예규] (제192조제2항, 제193조제2항 각 죄명)(치상, 치사)

6 **수도불통죄** [미수범 처벌, 예비·음모 처벌]

> **제195조 (수도불통)** 공중이 먹는 물을 공급하는 수도 그 밖의 시설을 손괴하거나 그 밖의 방법으로 불통하게 한 자는 1년 이상 10년 이하의 징역에 처한다.

7 **예비·음모 처벌**

> **제197조 (예비, 음모)** 제192조제2항, 제193조제2항 또는 제195조의 죄를 범할 목적으로 예비 또는 음모한 자는 2년 이하의 징역에 처한다.

> [죄명예규] (제192조제2항, 제193조제2항, 제195조 각 죄명)(예비, 음모)

〈상가 수도배관 사건〉 [1] 구 형법(2020. 12. 8. 법률 제17571호로 개정되기 전의 것) 제195조가 규정한 수도불통죄는 공중의 음용수를 공급하는 수도 기타 시설을 손괴하거나 기타 방법으로 불통하게 함으로써 성립하는 공공위험범죄로서 공중의 건강 또는 보건을 보호법익으로 한다. 수도불통죄의 대상이 되는 '수도 기타 시설'이란 공중의 음용수 공급을 주된 목적으로 설치된 것에 한정되는 것은 아니고, 설령 다른 목적으로 설치된 것이더라도 불특정 또는 다수인에게 현실적으로 음용수를 공급하고 있는 것이면 충분하며 소유관계에 따라 달리 볼 것도 아니다. [2] 주상복합아파트 입주자대표회의 회장인 피고인이 상가입주자들과의 수도 관리비 인상 협상이 결렬되자 상가입주자들이 상가 2층 화장실에 연결하여 이용 중인 수도배관을 분리하여 불통하게 하고 즉각 단수조치를 취한 사안에서, 원래 화장실 용수 공급용으로 설치되었으나 현실적으로 불특정 또는 다수인이 음용수 공급용으로도 이용 중인 수도배관이라면 수도불통죄의 대상에 해당하고, 정당행위로서 위법성조각사유에 해당한다는 피고인의 주장을 배척하여 수도불통죄를 유죄로 판단한 원심을 수긍한 사례(대판 2022.6.9. 2022도2817).

제2절 | 아편에 대한 죄

> [GUIDE] 아편에 관한 죄는 아편을 흡식하거나, 아편 또는 아편흡식기구의 제조·수입·판매 또는 소지 등의 행위를 내용으로 하는 범죄이다. 본죄의 보호법익은 공중의 건강이며, 보호의 정도는 추상적 위험범이다. 아편에 관한 죄의 특별법으로는 「마약류관리에 관한 법률(2000. 1. 12 제정 법률 제6146호)」이 있다. 시험과는 친하지 않으므로 조문 정도를 확인하는 것이 바람직하다.

1 아편 등의 제조 등 죄 [미수범 처벌]

> 제198조 (아편 등의 제조 등) 아편, 몰핀 또는 그 화합물을 제조, 수입 또는 판매하거나 판매할 목적으로 소지한 자는 10년 이하의 징역에 처한다.

> [죄명예규] (아편, 몰핀)(제조, 수입, 판매, 소지)

2 아편흡식기의 제조 등 죄 [미수범 처벌]

> 제199조 (아편흡식기의 제조 등) 아편을 흡식하는 기구를 제조, 수입 또는 판매하거나 판매할 목적으로 소지한 자는 5년 이하의 징역에 처한다.

> [죄명예규] 아편흡식기(제조, 수입, 판매, 소지)

3 세무공무원의 아편 등의 수입죄 [미수범 처벌]

> 제200조 (세관공무원의 아편 등의 수입) 세관의 공무원이 아편, 몰핀이나 그 화합물 또는 아편흡식기구를 수입하거나 그 수입을 허용한 때에는 1년 이상의 유기징역에 처한다.

> [죄명예규]세관공무원(아편, 몰핀, 아편흡식기)(수입, 수입허용)

4 아편흡식 등, 아편흡식장소제공죄 [미수범 처벌]

> 제201조 (아편흡식 등, 동장소제공) ① 아편을 흡식하거나 몰핀을 주사한 자는 5년 이하의 징역에 처한다.
> ② 아편흡식 또는 몰핀주사의 장소를 제공하여 이익을 취한 자도 전항의 형과 같다.

> [죄명예규] 아편흡식, 몰핀주사/(아편흡식, 몰핀주사)장소제공

5 상습아편흡식 · 제조 · 수입 · 판매죄

> **제203조 (상습범)** 상습으로 전5조의 죄를 범한 때에는 각조에 정한 형의 2분의 1까지 가중한다.

> [죄명예규] 상습(제198조 내지 제202조 각 죄명)

6 아편 등의 소지죄

> **제205조 (아편 등의 소지)** 아편, 몰핀이나 그 화합물 또는 아편흡식기구를 소지한 자는 1년 이하의 징역 또는 500만원 이하의 벌금에 처한다.

> [죄명예규] 단순(아편, 몰핀, 아편흡식기)소지

7 필요적 몰수

> **제206조 (몰수, 추징)** 본장의 죄에 제공한 아편, 몰핀이나 그 화합물 또는 아편흡식기구는 몰수한다. 그를 몰수하기 불능한 때에는 그 가액을 추징한다.

> [COMMENT] 현행법상 필요적 몰수를 하는 3가지 죄 중 하나이므로 기억하여야 한다. 나머지 2개는 배임수재죄와 뇌물죄이다.

제4장 | 사회의 도덕에 대한 죄

제1절 | 성풍속에 대한 죄

1 음행매개죄

> 제242조 (음행매개) 영리의 목적으로 사람을 매개하여 간음하게 한 자는 3년 이하의 징역 또는 1천500만 원 이하의 벌금에 처한다. 〈개정 2012.12.18〉

> [COMMENT] 음행매개죄는 **영리의 목적**이 필요하다는 점을 주의하여야 한다.

> 〈**미성년자에 대한 음행매개죄와 그 성립 요건**〉 형법 제242조 소정 미성년자에 대한 음행매개죄의 성립에는 그 미성년자가 음행의 상습이 있거나 그 음행에 자진 동의한 사실은 하등 영향을 미치는 것이 아니다(대판 1955.7.8. 4288형상37).

2 음화등 반포 · 판매 · 임대 · 공연전시죄

> 제243조 (음화반포등) 음란한 문서, 도화, 필름 기타 물건을 반포, 판매 또는 임대하거나 공연히 전시 또는 상영한 자는 1년 이하의 징역 또는 500만 원 이하의 벌금에 처한다.

> [죄명예규] (음화, 음란문서, 음란필름, 음란물건)(반포, 판매, 임대, 전시, 상영)

I. 서 설

음화등 반포 · 판매 · 임대 · 공연전시죄는 음란한 문서, 도화, 필름 기타 물건을 반포, 판매 또는 임대하거나 공연히 전시 또는 상영함으로써 성립하는 범죄이다. 보호법익은 선량한 성풍속이며, 보호의 정도는 추상적 위험범이다.

II. 구성요건

1. 객 체

음란한 문서, 도화, 필름 기타 물건이다.

(1) 음란성

1) **의의** : 음란성은 그 내용이 사람의 성욕을 자극 흥분시키고 보통인의 정상적인 성적 수치심을 해하고 선량한 성적 도의관념에 반하는 것을 말한다.

2) **판단기준** : 음란이란 규범적인 요소이므로 판단기준이 있어야 그 의미를 확정할 수 있다. 다수설과 판례의 입장에 따르면 음란은 사회일반인의 입장에서 사회통념에 따라 **객관적이고 전체적인 관점**에 따라 판단하여야 한다고 한다.

〈음란의 판단〉 형법 제243조 및 제244조에서 말하는 '음란'이라 함은 정상적인 성적 수치심과 선량한 성적 도의관념을 현저히 침해하기에 적합한 것을 가리킨다 할 것이고, 이를 판단함에 있어서는 그 시대의 건전한 사회통념에 따라 객관적으로 판단하되 그 사회의 평균인의 입장에서 문서 전체를 대상으로 하여 규범적으로 평가하여야 할 것이다(대판 2002.8.23. 2002도2889).

〈연극 '미란다' 사건〉 연극공연행위의 음란성의 유무는 그 공연행위 자체로서 객관적으로 판단해야 할 것이고, 그 행위자의 주관적인 의사에 따라 좌우되는 것은 아니다(대판 1996.6.11. 96도980).

〈음란의 판단과 절차〉 음란성을 판단함에 있어 법관이 자신의 정서가 아닌 일반 보통인의 정서를 규준으로 하여 이를 판단하면 족한 것이지 법관이 일일이 일반 보통인을 상대로 과연 당해 문서나 도화 등이 그들의 성욕을 자극하여 성적 흥분을 유발하거나 정상적인 성적 수치심을 해하여 성적 도의관념에 반하는 것인지의 여부를 묻는 절차를 거쳐야만 되는 것은 아니라고 할 것이다(대판 1995. 2.10. 94도2266).

〈18세 관람가 사건〉 영상물등급위원회로부터 18세 관람가로 등급분류 받은 비디오물을 편집·변경함이 없이 그대로 옮겨 제작한 동영상을 정보통신망을 통하여 제공한 사안에서, 정보통신망을 통하여 제공한다는 시청환경 때문에 보다 엄격한 기준으로 음란 여부를 판단할 것은 아니라고 한 사례(대판 2008.3.13. 2006도3558).

3) **과학서·예술작품과 음란성** : 과학서·예술작품에 대하여도 음란성을 인정할 수 있는지에 대하여 ① 학문과 예술은 기존관념을 깨뜨리고 반전해 나가는 데 본질이 있으므로, 성에 대한 정확한 이해를 가능하게 하는 과학적 저서나 교육서·고도의 예술성이 인정되는 예술작품의 음란성은 부정해야 한다는 **부정설**도 있으나 ② **판례는** 학문성·예술성과 음란성은 차원을 달리하는 관념이므로 학술연구서 또는 예술작품이라고 해서 음란성이 당연히 부정되는 것은 아니라는 **긍정설**의 입장이다.

〈문학성 내지 예술성과 음란성〉 [1] 형법 제243조 및 제244조에서 말하는 '음란'이라 함은 정상적인 성적 수치심과 선량한 성적 도의관념을 현저히 침해하기에 적합한 것을 가리킨다 할 것이고, 이를 판단함에 있어서는 그 시대의 건전한 사회통념에 따라 객관적으로 판단하되 그 사회의 평균인의 입장에서 문서 전체를 대상으로 하여 규범적으로 평가하여야 할 것이며, 문학성 내지 예술성과 음란성은 차원을 달리하는 관념이므로 어느 문학작품이나 예술작품에 문학성 내지 예술성이 있다고 하여 그 작품의 음란성이 당연히 부정되는 것은 아니라 할 것이고, 다만 그 작품의 문학적·예술적 가치, 주제와 성적 표현의 관련성 정도 등에 따라서는 그 음란성이 완화되어 결국은 형법이 처벌대상으로 삼을 수 없게 되는 경우가 있을 수 있을 뿐이다. [2] 소설 '내게 거짓말을 해봐'가 음란한 문서에 해당한다고 한 사례(대판 2000.10.27. 98도679).

4) **상대적 음란개념** : 상대적 음란개념이란 과학서나 예술작품은 그 자체로 음란물이 아니지만, 그러한 과학서나 예술작품이라도 상업적으로 이용되거나 차원을 달리하여 공개된 경우에는 음란성을 인정할 수 있다는 이론을 말한다. 이러한 상대적 음란개념을 인정할 것인지에 대하여 논의가 있지만, **판례는 긍정하고 있다.**

〈**명화집 그림 사건**〉 비록 명화집에 실려 있는 그림이라 할지라도 이것을 예술 문학 등 공공의 이익을 위해서가 아닌 성냥갑 속에 넣어 판매할 목적으로 그 카드사진을 복사 제조하거나 시중에 판매하였다면 명화를 모독하여 음화화시켰다 할 것이고 그림의 음란성 유무는 객관적으로 판단해야 할 것이다(대판 1970.10.30. 70도1879).

〈**영화 포스타 사건**〉 공연윤리위원회의 심의를 마친 영화작품이라 하더라도 이것을 영화관에서 상영하는 것이 아니고 관람객을 유치하기 위하여 영화장면의 일부를 포스타나 스틸사진 등으로 제작하였고, 제작된 포스타 등 도화가 그 영화의 예술적 측면이 아닌 선정적 측면을 특히 강조하여 그 표현이 과도하게 성감을 자극시키고 일반인의 정상적인 성적 정서를 해치는 것이어서 건전한 성풍속이나 성도덕 관념에 반하는 것이라면 그 포스타 등 광고물은 음화에 해당한다(대판 1990.10.16. 90도1485).

(2) 문서, 도화, 필름 기타 물건

1) **문서와 도화** : 문서·도화는 비밀침해죄·문서위조죄와 동일하다. (4)

〈**음란 도화의 판단**〉 형법상 음란한 도화라 함은 일반 보통인의 성욕을 자극하여 성적 흥분을 유발하고 정신적인 성적 수치심을 해하여 성적 도의관념에 반하는 것을 가리키고, 도화의 음란성의 판단에 있어서는 당해 도화의 성에 대한 노골적이고 상세한 표현의 정도와 그 수법 당해 도화의 구성 또는 예술성, 사상성 등에 의한 성적 자극의 완화의 정도, 이들의 관점으로부터 당해 도화를 전체로서 보았을 때 주로 독자의 호색적 흥미를 돋우는 것으로 인정되느냐의 여부 등을 검토하는 것이 필요하고 이들의 사정을 종합하여 그 시대의 건전한 사회통념에 비추어 그것이 공연히 성욕을 흥분 또는 자극시키고 또한 보통인의 정상적인 성적 수치심을 해하고 선량한 성적 도의관념에 반하는 것이라고 할 수 있는가의 여부를 결정하여야 한다(대판 1996.6.16. 94도1758).

2) **필름** : 필름이란 사진이나 영화 등으로 재생될 수 있도록 제작된 물체를 말한다. 비디오테이프도 여기에 속한다.

3) **기타 물건** : 기타 물건은 성적 행위를 표현하는 조각품·음반·녹음테이프 등을 의미한다.

〈**음란한 물건의 의미와 판단**〉 음란한 물건이라 함은 성욕을 자극하거나 흥분 또는 만족케 하는 물건들로서 일반인의 정상적인 성적 수치심을 해치고 선량한 성적 도의관념에 반하는 것을 의미하며, 어떤 물건이 음란한 물건에 해당하는지 여부는 행위자의 주관적 의도나 반포, 전시 등이 행하여진 상황에 관계없이 그 물건 자체에 관하여 객관적으로 판단하여야 한다(대판 2003.5.16. 2003도988).

〈**'음란'의 의미 및 '음란한 물건'으로 평가되기 위한 표현의 정도**〉 형법 제243조에서 규정하고 있는 '음란'이란 사회통념상 일반 보통인의 성욕을 자극하여 성적 흥분을 유발하고 정상적인 성적 수치심을 해하여 성적 도의관념에 반하는 것을 뜻한다. 따라서 어떠한 물건을 음란하다고 평가하려면 그 물건을 전체적으로 관찰하여 볼 때 단순히 저속하다는 느낌을 주는 정도를 넘어 사람의 존엄성과 가치를 심각하게 훼손·왜곡하였다고 평가할 수 있을 정도로 노골적으로 사람의 특정 성적 부위 등을 적나라하게 표현 또는 묘사하는 것이어야 할 것이다(대판 2014.7.24. 2013도9228).

〈여성용 자위기구나 돌출콘돔 사건〉 음란한 물건이라 함은 성욕을 자극하거나 흥분 또는 만족케 하는 물품으로서 일반인의 정상적인 성적 수치심을 해치고 선량한 성적 도의관념에 반하는 것을 가리킨다고 할 것인바, 여성용 자위기구나 돌출콘돔의 경우 그 자체로 남성의 성기를 연상케 하는 면이 있다 하여도 그 정도만으로 그 기구 자체가 성욕을 자극, 흥분 또는 만족시키게 하는 물건으로 볼 수 없을 뿐만 아니라 일반인의 정상적인 성적 수치심을 해치고 선량한 성적 도의관념에 반한다고도 볼 수 없으므로 음란한 물건에 해당한다고 볼 수 없다(대판 2000.10.13. 2000도3346).

〈실리콘 소재 남성용 자위기구 사건〉 피고인이 실리콘을 소재로 하여 여성의 특정 신체부위를 개괄적인 형상과 단일한 재질, 색상을 이용하여 재현한 남성용 자위기구를 전시한 사안에서, 위 물품이 '음란한 물건'에 해당하지 않는다고 본 원심판단을 수긍한 사례(대판 2014.5.29. 2014도3312). **[COMMENT]** 본 판례와 유사한 판례들이(대판 2014.5.29. 2013도15643. 대판 2014.6.12. 2013도6345) 더 있음을 참조하기 바란다.

4) **컴퓨터 프로그램 파일** : 컴퓨터 프로그램파일이 본죄의 객체에 포함되는지에 대해서는 ① 컴퓨터프로그램파일은 기타 물건에 해당한다고 보는 **긍정설**도 있지만, ② 판례는 컴퓨터 프로그램파일, 전자적 부호, 음성정보 등과 같이 유체적인 속성을 지니지 않는 것은 문서·도화·필름·기타 물건 중 어느 하나의 개념안에 포섭될 수 없다는 **부정설**의 입장이다.

〈컴퓨터 프로그램 파일 사건〉 형법 제243조는 음란한 문서, 도화, 필름 기타 물건을 반포, 판매 또는 임대하거나 공연히 전시 또는 상영한 자에 대한 처벌 규정으로서 컴퓨터 프로그램파일은 위 규정에서 규정하고 있는 문서, 도화, 필름 기타 물건에 해당한다고 할 수 없으므로, 음란한 영상화면을 수록한 컴퓨터 프로그램파일을 컴퓨터 통신망을 통하여 전송하는 방법으로 판매한 행위에 대하여 전기통신기본법 제48조의2의 규정을 적용할 수 있음은 별론으로 하고, 형법 제243조의 규정을 적용할 수 없다(대판 1999.2.24. 98도3140).

2. 행 위

반포·판매·임대하거나 공연히 전시 또는 상영하는 것이다.

(1) 반포·판매·임대

1) **반포** : 불특정 또는 다수인에게 무상으로 교부하는 것을 말한다.

2) **판매** : 불특정 또는 다수인에게 유상으로 교부하는 것을 말한다.

3) **임대** : 유상의 대여를 말하며 반드시 영업으로 행할 필요는 없다.

(2) 공연전시 또는 공연상영

공연전시란 불특정 또는 다수인이 관람할 수 있는 상태에 두는 것을 말하며, 공연상영이란 불특정 또는 다수인에게 필름을 영사하여 공개하는 것을 의미한다.

〈성행위 촬영물이나 사진을 카페에 게시한 사건〉 [1] 구 정보통신망 이용촉진 및 정보보호 등에 관한 법률 제65조 제1항 제2호의 '공연히 전시'한다고 함은 불특정 또는 다수인이 실제로 음란한 부호·문언·음향 또는 영상을 인식할 수 있는 상태에 두는 것을 의미한다. [2] 인터넷사이트에 집단 성행위 목적의 카페를 개설, 운영한 자가 남녀 회원을 모집한 후 특별모임을 빙자하여 집단으로 성행위를 하고 그 촬영물이나 사진 등을 카페에 게시한 사안에서, 카페가 회원제로 운영되는 등 제한적이고 회원들 상호간에 음란물을 게시, 공유해 온 사정이 있다고 하더라도, 위 카페의 회원수에 비추어 위 게시행위가 음란물을 공연히 전시한 것에 해당한다고 한 사례(대판 2009.5.14. 2008도10914).

3. 주관적 구성요건

객관적 구성요건요소에 대한 인식이 있어야 한다. 특히 규범적 구성요건요소인 음란성에 대한 인식도 있어야 하며, 공연전시 또는 상영의 경우에는 그 행위상황인 공연성에 대한 인식도 필요하다.

③ 음화등 제조·소지·수입·수출죄

> 제244조 (음화제조등) 제243조의 행위에 공할 목적으로 음란한 물건을 제조, 소지, 수입 또는 수출한 자는 1년 이하의 징역 또는 500만 원 이하의 벌금에 처한다.

[죄명예규] (음화, 음란문서, 음란필름, 음란물건)(제조, 소지, 수입, 수출)

④ 공연음란죄

> 제245조 (공연음란) 공연히 음란한 행위를 한 자는 1년 이하의 징역, 500만 원 이하의 벌금, 구류 또는 과료에 처한다.

(1) 의 의

공연음란죄는 공연히 음란한 행위를 함으로써 성립하는 범죄이다. 음란물죄가 음란한 물건에 대한 범죄임에 대하여 본죄는 음란한 행위 자체를 처벌하는 거동범이다.

(2) 행 위

공연히 음란한 행위를 하는 것이다.

1) 공연히 : '공연히'란 불특정 또는 다수인이 직접 인식할 수 있는 상태를 말한다.

2) 음란한 행위 : 사람의 성욕을 자극·흥분시키는 것으로서 보통인의 성적 수치심을 해하고 선량한 성적 도의관념에 반하는 행위를 말한다.

〈연극공연행위와 음란성〉 연극공연행위의 음란성의 유무는 그 공연행위 자체로서 객관적으로 판단해야 할 것이고, 그 행위자의 주관적인 의사에 따라 좌우되는 것은 아니다(대판 1996.6.11. 96도980).

〈고속도로에서 알몸으로 땡깡부린 사건〉 [1] 형법 제245조 소정의 '음란한 행위'라 함은 일반 보통인의 성욕을 자극하여 성적 흥분을 유발하고 정상적인 성적 수치심을 해하여 성적 도의관념에 반하는 것을 가리킨다고 할 것이고, 위 죄는 주관적으로 성욕의 흥분 또는 만족 등의 성적인 목적이 있어야 성립하는 것은 아니지만 그 행위의 음란성에 대한 의미의 인식이 있으면 족하다. [2] 고속도로에서 승용차를 손괴하거나 타인에게 상해를 가하는 등의 행패를 부리던 자가 이를 제지하려는 경찰관에 대항하여 공중 앞에서 알몸이 되어 성기를 노출한 경우, 음란한 행위에 해당하고 그 인식도 있었다고 한 사례이다(대판 2000.12.22. 2000도4372).

〈요구르트 제품 홍보 사건〉 [1] 형법 제245조 소정의 '음란한 행위'라 함은 일반 보통인의 성욕을 자극하여 성적 흥분을 유발하고 정상적인 성적 수치심을 해하여 성적 도의관념에 반하는 행위를 가리키는 것이고, 그 행위가 반드시 성행위를 묘사하거나 성적인 의도를 표출할 것을 요하는 것은 아니다. [2] 요구르트 제품의 홍보를 위하여 전라의 여성 누드모델들이 일반 관람객과 기자 등 수십명이 있는 자리에서, 알몸에 밀가루를 바르고 무대에 나와 분무기로 요구르트를 몸에 뿌려 밀가루를 벗겨내는 방법으로 알몸을 완전히 드러낸 채 음부 및 유방 등이 노출된 상태에서 무대를 돌며 관람객들을 향하여 요구르트를 던진 행위가 공연음란죄에 해당한다고 한 사례(대판 2006.1.13. 2005도1264).

〈말다툼한 후 항의의 표시로 엉덩이를 노출시킨 사건〉 [사실관계] 甲은 자신의 동서인 乙이 A 경영의 상점 앞에 주차한 차량으로 인하여 A와 말다툼하였을 때, A가 자신에게 "술을 먹었으면 입으로 먹었지 똥구멍으로 먹었냐"라며 말하였다는 이유로, 다시 위 상점으로 찾아가 가게를 보고 있던 A의 딸인 B(여, 23세)의 앞에서 바지와 팬티를 무릎까지 내린 후 엉덩이를 들이밀며 "내 항문에 술을 부어라"라고 소리치자 B는 울음을 터뜨렸으나 고개를 돌려 성기는 보지 못하였다. 甲의 형법상 죄책은? [판결요지] 말다툼을 한 후 항의의 표시로 엉덩이를 노출시킨 행위가 음란한 행위에 해당한다고 판단한 원심판결을 파기한 사례(대판 2004.3.12. 2003도6514). 답 범죄가 성립하지 않는다.

(3) 주관적 구성요건

음란성 이외에 공연성에 대한 인식도 고의의 내용이 된다.

(4) 죄수 및 타죄와의 관계

본죄의 죄수는 음란행위의 수를 기준으로 판단한다. 그러나 1회의 출연 중에 수회의 음란행위를 한 경우에는 포괄일죄가 된다.

제2절 | 도박과 복표에 대한 죄

1 도박죄

> 제246조 (도박, 상습도박) ① 도박을 한 사람은 1천만원 이하의 벌금에 처한다. 다만, 일시오락 정도에 불과한 경우에는 예외로 한다. 〈2013.4.5. 개정〉

(1) 의의 및 보호법익

도박죄란 도박하는 범죄이다. 본죄의 보호법익은 건전한 근로관념과 공공의 미풍약속 내지 경제에 관한 건전한 도덕법칙이며, 보호의 정도는 추상적 위험범이다.

(2) 주 체

도박죄의 주체에는 제한이 없다. 다만 수인의 존재를 필요로 한다는 점에서 필요적 공범이다.

(2) 행 위

도박하는 것이다.

> [COMMENT] 종래 '재물로써' 도박한 자라고 되어 있던 조문을 2013년 개정으로 '재물로써'를 삭제하였다. 이는 재산상의 이익도 객체임을 명확하게 하기 위하여 이를 개정한 것이다.

1) **도박** : 도박이란 당사자 상호간에 재물 또는 재산상의 이익을 걸고 **우연한 승부**에 의하여 그 재물 또는 재산상의 이익의 득실을 결정하는 것을 말한다. 즉 도박이 되기 위해서는 재물 또는 재산상의 이익의 득실이 우연에 의해서 결정되어야 한다. 여기서 우연이란 당사자가 확실히 예견하거나 영향을 미칠 수 없는 사정을 말한다. '우연성'과 관련하여서는 다음과 같은 점이 문제된다.

   ㈎ **우연성의 의미** : 승패의 우연성은 당사자에게 주관적으로 불확실하면 족하고 객관적 · 절대적으로 불확실할 필요는 없다. 따라서 주관적으로 불확실한 이상 장래 · 현재 · 과거사실에 대해서도 우연성을 가지고 도박을 할 수 있다.

   ㈏ **내기경기** : 당사자의 육체적 · 정신적 능력, 주의의 정도 및 기능과 기량에 의하여 승패가 결정되는 내기경기의 경우 ① 경기는 우연이 아니라 기능과 기량에 의해 승패가 결정되므로 도박성을 부정하는 **부정설**도 있지만 ② 판례는 '당사자의 능력이 승패의 결과에 영향을 미친다고 하더라도 다소라도 우연성의 사정에 의하여 영향을 받게 되는 때에는 도박죄가 성립할 수 있다'라고 하여 **긍정설**의 입장이다.

〈내기 골프 사건〉 [1] 형법 제246조에서 도박죄를 처벌하는 이유는 정당한 근로에 의하지 아니한 재물의 취득을 처벌함으로써 경제에 관한 건전한 도덕법칙을 보호하는 데 있다. 그리고 도박은 '재물을 걸고 우연에 의하여 재물의 득실을 결정하는 것'을 의미하는바, 여기서 '우연'이란 주관적으로 '당사자에 있어서 확실히 예견 또는 자유로이 지배할 수 없는 사실에 관하여 승패를 결정하는 것'을 말하고, 객관적으로 불확실할 것을 요구하지 아니한다. 따라서 당사자의 능력이 승패의 결과에 영향을 미친다고 하더라도 다소라도 우연성의 사정에 의하여 영향을 받게 되는 때에는 도박죄가 성립할 수 있다. [2] 피고인들이 각자 핸디캡을 정하고 홀마다 또는 9홀마다 별도의 돈을 걸고 총 26 내지 32회에 걸쳐 내기 골프를 한 행위가 도박에 해당한다고 한 사례(대판 2008.10.23. 2006도736).

    ㈐ 사기도박 : 우연성은 도박가담자 모두에게 존재해야 한다. 따라서 가담자의 일방에게만 우연성이 있는 사기도박의 경우에는 그 승패가 우연에 의해서 결정되는 것이 아니라 사기도박자의 기망에 의해 결정되므로 도박죄는 성립할 수 없다. 사기도박의 경우 사기도박자에게만 사기죄가 성립하고, 우연성을 가지고 가담한 그 상대방에게는 도박죄가 성립하지 않는다.

〈사기도박 사건〉 화투의 조작에 숙달하여 원하는 대로 끝수를 조작할 수 있어서 우연성이 없음에도 피해자를 우연에 의하여 승부가 결정되는 것처럼 오신시켜 돈을 도하게 하여 이를 편취한 행위는 이른바 기망방법에 의한 도박으로서 사기죄에 해당한다(도박죄 부정)(대판 1985.4.23. 85도583).

〈카메라 설치 도박 사건〉 [사실관계] 甲과 乙 등은 사기도박의 방법으로 금원을 편취하기로 공모하고, ○○모텔 906호실 천장에 있는 화재감지기에 카메라를 몰래 설치하는 등으로 사기도박을 준비하였다. 甲 등은 A, B 등에게 연락하여 도박을 하자고 유인하여 위 모텔로 오게 하였다. 甲과 乙은 도박을 함에 있어서 21 : 20경부터 22 : 00경까지는 사기도박을 숨기기 위하여 정상적인 도박을 하다가 22 : 00경부터 다음날 02 : 10경까지는 몰래 설치한 카메라를 통하여 도박의 승패를 지배하여 A, B 등으로 하여금 많은 돈을 잃게 하였다. 甲과 乙 등의 죄책은? [판결요지] [1] 도박이란 2인 이상의 자가 상호간에 재물을 도하여 우연한 승패에 의하여 그 재물의 득실을 결정하는 것이므로, 이른바 사기도박과 같이 도박당사자의 일방이 사기의 수단으로써 승패의 수를 지배하는 경우에는 도박에서의 우연성이 결여되어 사기죄만 성립하고 도박죄는 성립하지 아니한다. [2] 피고인 등이 사기도박에 필요한 준비를 갖추고 그러한 의도로 피해자들에게 도박에 참가하도록 권유한 때 또는 늦어도 그 정을 알지 못하는 피해자들이 도박에 참가한 때에는 이미 사기죄의 실행에 착수하였다고 할 것이므로, 피고인 등이 그 후에 사기도박을 숨기기 위하여 얼마간 정상적인 도박을 하였더라도 이는 사기죄의 실행행위에 포함되는 것이어서 피고인에 대하여는 피해자들에 대한 사기죄만이 성립하고 도박죄는 따로 성립하지 아니함에도, 이와 달리 피해자들에 대한 사기죄 외에 도박죄가 별도로 성립하는 것으로 판단하고 이를 유죄로 인정한 원심판결에 사기도박에 있어서의 실행의 착수시기 등에 관한 법리오해의 위법이 있다고 한 사례. [3] 피고인 등이 피해자들을 유인하여 사기도박으로 도금을 편취한 행위는 사회관념상 1개의 행위로 평가하는 것이 타당하므로, 피해자들에 대한 각 사기죄는 상상적 경합의 관계에 있다고 보아야 함에도, 위 각 죄가 실체적 경합의 관계에 있는 것으로 보고 경합범 가중을 한 원심판결에 사기죄의 죄수에 관한 법리오해의 위법이 있다고 한 사례(대판 2011.1.13. 2010도9330). 답 A, B 등에 대한 각 사기죄가 성립하며, 이들은 상상적 경합관계에 있다. (12 변시)(22 변시)

  2) 기수시기 : 본죄는 추상적 위험범이므로 도박행위의 착수와 동시에 기수가 되며 재물이 오가거나 승패가 결정될 필요가 없다. 예컨대 화투도박의 경우 비록 선을 정하기 위한 것이라 하더라도 화투장의 배부가 있으면 즉시 기수가 된다.

⑷ 위법성

    도박행위가 일시오락의 정도에 불과한 때에는 예외로 한다(제246조 제1항 단서). 예외로 한다는 것은 도박죄의 위법성이 조각된다는 의미이다.

〈일시 오락정도에 불과한 오락행위의 기준〉 [1] 형법 제246조 도박죄를 처벌하는 이유는 정당한 근로에 의하지 아니한 재물의 취득을 처벌함으로써 경제에 관한 건전한 도덕법칙을 보호하기 위한 것인바, 그 처벌은 헌법이 보장하는 국민의 행복추구권이나 사생활의 자유를 침해할 수 없고, 동조의 입법취지가 건전한 근로의식을 배양 보호함에 있다면 일반 서민대중이 여가를 이용하여 평소의 심신의 긴장을 해소하는 오락은 이를 인정함이 국가정책적 입장에서 보더라도 허용된다 할 것으로, 일시 오락에 불과한 도박행위를 처벌하지 아니하는 이유가 여기에 있다. [2] 속칭 민화투놀이에 저한 재물이 바로 그 즉시 예정된 방법에 따라 소비되지 아니하고 어느 일방이 승패에 따라 그 재물을 차지하였다 하더라도 그 재물의 득실이 승패결정의 흥미를 북돋우기 위한 것이고 그 재물의 경제적 가치가 근소(매회 1인당 100원식 걸어 합계 300원중 100원은 술값으로 적립하고 200원만 승자소유가 되며 20여회만 하였음)하여 건전한 근로의식을 침해하지 않을 정도라면 일시오락의 정도에 불과하다(대판 1983.3.22. 82도2151).

〈위법성의 한계〉 도박죄에 있어서의 위법성의 한계는 도박의 시간과 장소, 도박자의 사회적 지위 및 재산정도, 재물의 근소성, 그 밖에 도박에 이르게 된 경위 등 모든 사정을 참조하여 구체적으로 판단하여야 할 것이다(대판 1985.11.12. 85도2096).

〈일시 오락 정도에 불과한 도박〉 피고인의 행위의 동기나 목적, 그 수단이나 방법, 보호법익과 침해법익과의 권형성 그리고 일시 오락 정도에 불과한 도박은 그 재물의 경제적 가치가 근소하여 건전한 근로의식을 침해하지 않을 정도이므로 건전한 풍속을 해할 염려가 없는 정도의 단순한 오락에 그치는 경미한 행위에 불과하고, 일반 서민대중이 여가를 이용하여 평소의 심신의 긴장을 해소하는 오락은 이를 인정함이 국가정책적 입장에서 보더라도 허용된다(대판 2004.4.9. 2003도6351).

〈'육백'을 쳐 돈 4,000원으로 술과 안주를 사먹은 사건〉 평소 친하게 지내는 같은 업자들끼리 하루일과를 마치고 속칭 "육백"을 1시간가량 친 결과 딴 돈 4,000원으로 술과 안주를 사서 함께 먹고 논 행위는 이들의 경력, 재산정도, 도박을 하게 된 경위 및 그 방법, 친분관계 내기에 건 금액이 적은 점 등을 종합하여 볼 때 일시 오락의 정도에 불과하고 도박죄를 구성하지 않는다(대판 1983.6.28. 83도1044).

〈자신들이 취식한 4,000원 상당을 갹출한 사건〉 피고인들이 작업을 나간 자신들의 차량이 돌아오기를 기다리는 동안 무료함을 달래기 위하여 자신들이 취식한 막걸리, 음료수의 값 4천원 상당을 갹출하기 위하여 각기 2천원정도의 금원을 소지하고 1회 3점에 300원씩, 판돈 합계 8,500원 상당의 도박을 하였다면, 차주인 피고인들의 이건 화투놀이는 그 동기, 목적, 판돈의 사소함, 장소 등을 종합하여 볼 때 단순히 오락을 목적으로 한 것이고 도박죄를 구성한다고 볼 수 없다(대판 1984.4.24. 84도324).

2 상습도박죄

제246조 (상습도박) ② 상습으로 제1항의 죄를 범한 사람은 3년 이하의 징역 또는 2천만 원 이하의 벌금에 처한다.〈2013.4.5. 개정〉

(1) 의의 및 성격

도박죄에 대하여 상습성을 이유로 책임을 가중하는 가중적 구성요건이며, 부진정신분범의 일종이다. 상습범이지만 2분의 1을 가중하는 것이 아니라 **독자적인 형벌**이 있음을 주의하여야 한다.

(2) 상습성의 의의 및 판단기준

상습성이란 반복하여 도박행위를 하는 습벽으로서 행위자의 속성을 말하는 것인데, 이러한 습벽의 유무를 판단함에 있어서는 도박의 전과나 횟수 등이 중요한 판단자료가 된다. 그러나 도박전과가 없다 하더라도 범죄사실의 반복, 시간적 간격 등을 고려하여 도박의 습벽이 발현되었다면 상습성을 인정할 수 있다.

〈도박전과와 상습성〉 상습도박죄에 있어서의 상습성이라 함은 반복하여 도박행위를 하는 습벽으로서 행위자의 속성을 말하는데, 이러한 습벽의 유무를 판단함에 있어서는 도박의 전과나 도박횟수 등이 중요한 판단자료가 되나 도박전과가 없다 하더라도 도박의 성질과 방법, 도금의 규모, 도박에 가담하게 된 태양 등의 제반 사정을 참작하여 도박의 습벽이 인정되는 경우에는 상습성을 인정하여도 무방하다(대판 1995.7.11. 95도955).

〈단시일내에 전후 6회에 걸쳐 도박한 사건〉 단시일내에 전후 6회에 걸쳐 판돈 3,000,000원여가 오간 도박의 경우, 1회의 도금 및 승패금과 압수된 금원 등에 비추어 이를 일시적인 오락으로 한 것으로는 볼 수 없고 여기에는 상습성이 있다고 할 것이다(대판 1985.6.11. 85도748).

〈21 : 00경 부터 이튿날 09 : 00경까지 도박한 사건〉 상피고인이 사용해 보라고 건네주는 유실물인 자기앞수표 금 1,000,000원권 10매를 건네받은 도박 전과가 없는 피고인이 21 : 00경 부터 이튿날 09 : 00경까지 사이에 위 수표를 가지고 공소외 4인과 함께 화투를 사용하여 1회 도금 최고금 100,000원씩을 걸고 약 200회에 걸쳐 속칭 '모이쪼'라는 도박을 하였다면, 도박에 제공된 돈의 액수가 다소 많은 것은 사실이나 그 돈의 출처, 도박하기에 이른 경위 등에 비추어 도박의 상습성을 인정할 수 없다고 본 사례(대판 1991.10.8. 91도1894).

〈연말과 연초에 단 두 차례 '도리짓고땡'한 사건〉 도박의 전과가 전혀 없고 이 사건 외에 도박을 한 전력이 전혀 나타나 있지 않은 피고인이 연말과 연초에 단 두 차례에 한하여 평소 잘 아는 사이의 사람들과 어울려서 '도리짓고땡'이라는 도박을 한 경우 피고인에게 도박의 습벽 즉 상습성을 인정하기는 어렵다(대판 1990.12.11. 90도2250).

(3) 죄 수

도박의 습벽이 있는 자가 타인의 도박을 방조하면 상습도박방조의 죄에 해당하고, 도박의 습벽이 있는 자가 도박을 하고 또 도박방조를 하였을 경우 상습도박방조의 죄는 무거운 상습도박의 죄에 포괄시켜 1죄로서 처단하여야 한다.

〈도박의 습벽 있는 자가 도박하고 또 도박을 방조한 사건〉 도박의 습벽이 있는 자가 타인의 도박을 방조하면 상습도박방조의 죄에 해당하는 것이며, 도박의 습벽이 있는 자가 도박을 하고 또 도박방조를 하였을 경우 상습도박방조의 죄는 무거운 상습도박의 죄에 포괄시켜 1죄로서 처단하여야 한다 (대판 1984.4.24. 84도195). [2019 1차](20 변시)

3 도박장소 등 개설죄

> 제247조 (도박장소 등 개설) 영리의 목적으로 도박을 하는 장소나 공간을 개설한 사람은 5년 이하의 징역 또는 3천만원 이하의 벌금에 처한다.〈2013.4.5. 개정〉

[죄명예규] (도박장소, 도박공간)개설

(1) 의 의

도박장소 등 개설죄는 영리의 목적으로 도박을 하는 장소나 공간을 개설하는 죄이다. 이러한 도박장소 등 개설죄는 도박죄의 방조범의 한 태양이지만 형법은 독립된 범죄로 규정하고 있다.

[COMMENT] 방조범의 형태를 독자적인 범죄로 두고 있으며, 목적범이며, 단순도박죄에 비하여 훨씬 더 무거운 독자적인 형벌이 있다는 점을 주의하여야 한다.

(2) 도박장소 등 개설

도박장소 등을 개설한다 함은 스스로 주재자가 되어 그 지배하에 도박을 할 수 있는 **장소나 공간을 개설** 하는 것을 말한다. 따라서 인터넷상 유료로 고스톱게임 사이트를 개설하는 것도 여기에 해당한다.

[COMMENT] 2013년 개정이전에도 인터넷상의 도박사이트 개설을 도박개장죄로 처벌할 수 있다는 것이 판례였지만, 2013년 개정으로 '공간'을 추가하여 이를 명백히 하였다.

(3) 기수시기

영리의 목적으로 도박을 개장하기만 하면 기수가 된다. 도박자를 유인하거나 현실적으로 도박이 이루어졌음을 요하지 않는다. 도박장소 등을 개설한 자가 함께 도박을 한 경우에는 본죄와 도박죄의 경합범이 된다. 도박장소 등의 개설에 협조한 경우에는 본죄의 종범이 되며, 도박방조죄는 별도로 성립하지 않는다.

[COMMENT] 도박개장죄와 도박개장방조죄 및 도박방조죄를 잘 구별하여야 한다.

〈도박게임 프로그램 사건〉[1] 형법 제247조의 도박개장죄는 영리의 목적으로 도박을 개장하면 기수에 이르고, 현실로 도박이 행하여졌음은 묻지 않는다. 따라서 영리의 목적으로 속칭 포커나 바둑이, 고스톱 등의 인터넷 도박게임 사이트를 개설하여 운영하는 경우, 현실적으로 게임이용자들로부터 돈을 받고 게임머니를 제공하고 게임이용자들이 위 도박게임 사이트에 접속하여 도박을 하여, 위 게임으로 획득한 게임머니를 현금으로 환전해 주는 방법 등으로 게임이용자들과 게임회사 사이에 있어서 재물이 오고갈 수 있는 상태에 있으면, 게임이용자가 위 도박게임 사이트에 접속하여 실제 게임을 하였는지 여부와 관계없이 도박개장죄는 '기수'에 이른다. [2] 피고인이 단순히 가맹점만을 모집한 상태에서 도박게임 프로그램을 시험가동한 정도에 그친 것이 아니라, 가맹점을 모집하여 인터넷 도박게임이 가능하도록 시설 등을 설치하고 도박게임 프로그램을 가동하던 중 문제가 발생하여 더 이상의 영업으로 나아가지 못한 것으로 볼 여지가 있다면 이로써 도박개장죄는 이미 '기수'에 이르렀다고 볼 수 있고, 나아가 피고인이 모집한 피씨방의 업주들이 그곳을 찾은 이용자들에게 피고인이 개설한 도박게임 사이트에 접속하여 도박을 하게 한 사실이 없다고 하여 도박개장죄의 성립이 부정된다고 할 수 없다고 한 사례(대판 2009.12.10. 2008도5282). (13 변시)

(4) 영리의 목적

본죄는 영리의 목적이 있음을 요하는 이른바 목적범이다. '영리의 목적'이란 도박개장의 대가로 불법한 재산상의 이익을 얻으려는 의사를 의미하는 것으로, 반드시 도박개장의 직접적 대가가 아니라 도박개장을 통하여 간접적으로 얻게 될 이익을 위한 경우에도 영리의 목적이 인정되고, 또한 현실적으로 그 이익을 얻었을 것을 요하지는 않는다.

〈인터넷 고스톱대회 사건〉 [1] '영리의 목적'이란 도박개장의 대가로 불법한 재산상의 이익을 얻으려는 의사를 의미하는 것으로, 반드시 도박개장의 직접적 대가가 아니라 도박개장을 통하여 간접적으로 얻게 될 이익을 위한 경우에도 영리의 목적이 인정되고, 또한 현실적으로 그 이익을 얻었을 것을 요하지는 않는다. [2] 인터넷 고스톱게임 사이트를 유료화하는 과정에서 사이트를 홍보하기 위하여 고스톱대회를 개최하면서 참가자들로부터 참가비를 받고 입상자들에게 상금을 지급한 행위에 대하여 도박개장죄를 인정한 사례(대판 2002.4.12. 2001도5802).

〈유료낚시터 사건〉 유료낚시터를 운영하는 사람이 입장료 명목으로 요금을 받은 후 물고기에 부착된 시상번호에 따라 경품을 지급한 사안에서, 도박개장죄를 인정한 사례(대판 2009.2.26. 2008도10582).

〈인터넷 게임 코인 수수료 사건〉 인터넷 사이트 운영자가 회원들로 하여금 온라인에서 현금화할 수 있는 게임코인을 걸고 속칭 고스톱, 포커 등을 하도록 하고, 수수료 명목으로 일정액을 이익으로 취한 행위는 도박개장죄에 해당한다고 본 사례(대판 2008.9.11. 2008도1667).

〈인터넷 도박 게임머니 수수료 사건〉 성인피시방 운영자가 손님들로 하여금 컴퓨터에 접속하여 인터넷 도박게임을 하고 게임머니의 충전과 환전을 하도록 하면서 게임머니의 일정 금액을 수수료 명목으로 받은 행위를 도박개장죄로 인정한 사례(대판 2008.10.23. 2008도3970).

4 복표발매 · 중개 · 취득죄

제248조 (복표의 발매등) ① 법령에 의하지 아니한 복표를 발매한 사람은 5년 이하의 징역 또는 3천만 원 이하의 벌금에 처한다.〈2013.4.5. 개정〉
② 전항의 복표발매를 중개한 사람은 3년 이하의 징역 또는 2천만 원 이하의 벌금에 처한다.〈2013. 4.5. 개정〉
③ 제1항의 복표를 취득한 사람은 2천만 원 이하의 벌금에 처한다.〈2013.4.5. 개정〉

⟨**광고복권 사건**⟩ [1] 어떠한 표찰이 형법 248조 소정의 복표에 해당하는지 여부는 그 표찰 자체가 갖는 성질에 의하여 결정되어야 하고, 그 기본적인 성질이 복표로서의 개념요소를 갖고 있다면, 거기에 광고 등 다른 기능이 일부 가미되어 있는 관계로 당첨되지 않는 참가자의 손실을 그 광고주 등 다른 사업주들이 대신 부담한다고 하더라도 특별한 사정이 없는 한 복표로서의 성질을 상실하지 않는다고 보아야 할 것이다. [2] 피고인들이 '광고복권'을 발매함에 있어서 특정한 사업자가 아닌 불특정다수의 사업자들을 상대로 하여 그 전체의 당첨확률과 발행비용 및 이윤 등을 감안한 가격으로 이 사건 표찰을 계속적으로 발매함으로써 스스로의 계산 아래 다수인으로부터 금품을 모은 점, 이에 따라 이 사건 표찰은 주택복권의 추첨결과를 이용한 우연성에 의하여 일부 당첨자만 이익을 얻고 그 이외의 사람들은 당연히 손실을 볼 수밖에 없는 구조를 갖추고 있는 점, 이 사건 표찰을 구입한 사업자들은 통상의 경우 홍보 및 판촉 수단으로 고객들에게 이 사건 표찰을 무료로 교부하지만, 이 사건 표찰 자체에 그러한 제한이 설정되어 있는 것은 아니고 사업자들이 이 사건 표찰을 고객 등에게 다시 팔거나 그 구입비용을 상품의 가격에 전가할 수도 있으며, 사업자 자신이 직접 당첨에 응할 수 있는 점 등을 알 수 있으므로, 이 사건 표찰은 복표로서의 성질을 갖추었다고 할 것이다(대판 2003.12.26. 2003도5433).

제3절 | 신앙에 대한 죄

1 장례식 · 제사 · 예배 · 설교방해죄

> 제158조 (장례식등의 방해) 장례식, 제사, 예배 또는 설교를 방해한 자는 3년 이하의 징역 또는 500만 원 이하의 벌금에 처한다.

(1) 의의와 보호법익

장례식 등의 방해죄는 장례식, 제사, 예배 또는 설교를 방해하는 범죄이다. 보호법익은 사회 풍속으로서의 종교감정과 종교생활의 평온이며, 보호의 정도는 추상적 위험범이다.

> [COMMENT] 보호법익과 보호의 정도에 대하여는 아래의 〈제사상 발로 찬 사건〉과 〈장례식방해죄의 기수시기〉 판례 참조.

(2) 행위객체

장례식 · 제사 · 예배 또는 설교이다.

> [COMMENT] 신앙에 관한 죄는 모두 죽음을 전제로 한다. 따라서 객체에 결혼식은 없다.

1) **장례식** : 장례식이란 사자를 장사지내는 의식을 말한다.
2) **제사** : 제사란 제사지내는 의식을 말하다.
3) **예배 또는 설교** : 예배란 종교단체 관례와 형식에 따라 신에게 기도하고 숭경하는 종교적 의식을 말하며, 설교란 종교상의 교의를 해설 · 설명하는 것이다.

〈정식절차를 밟은 위임목사가 아닌 자의 설교나 예배인도 사건〉 정식절차를 밟은 위임목사가 아닌 자가 당회의 결의에 반하여 설교와 예배인도를 한 경우라 할지라도 그가 그 교파의 목사로서 그 교 의를 신봉하는 신도 약 350여명 앞에서 그 교지에 따라 설교와 예배인도를 한 것이라면 다른 특별한 사정이 없는 한 그 설교와 예배인도는 형법상 보호를 받을 가치가 있고, 이러한 설교와 예배인도의 평온한 수행에 지장을 주는 행위를 하면 형법 제158조의 설교 또는 예배 방해죄가 성립한다(대판 1971.9.28. 71도1465).

〈목사면직 판결을 받은 목사 사건〉 소속 교단으로부터 목사면직의 판결을 받은 목사가 일부 신도들 과 함께 소속 교단을 탈퇴한 후 아무런 통보나 예고도 없이, 부활절 예배를 준비 중이던 종전 교회 예배당으로 들어와 찬송가를 부르고 종전 교회의 교인들로부터 예배당을 비워달라는 요구를 받았 으나 이를 계속 거부한 사안에서, 위 목사와 신도들의 행위는 종전 교회의 교인들의 예배를 방해 하는 것으로서 형법 제158조 예배방해죄에서 보호하는 '예배'에 해당한다고 보기는 어렵다고 한 사례(대판 2008.2.28. 2006도4773).

(3) 행 위

방해하는 것이다. 방해란 장례식 등의 평온한 진행에 지장을 주는 일체의 행위를 말한다. 방법에는 제한이 없으나, 그 시기는 장례식 등이 진행중이거나 그 진행과 시간적으로 밀접불가분한 관계에 있는 준비단계에서 방해행위가 있어야 한다.

〈제사상 발로 찬 사건〉 형법 제158조에 규정된 제전방해죄는 제전의 평온을 그 보호법익으로 하는 것이므로 제전이 집행중이거나 제전의 집행과 시간적 밀접 불가분의 관계에 있는 준비단계에서 이를 방해하는 경우에만 성립한다 할 것인바, 피고인이 피해자의 집에 가서 시비 중에 마침 제사상에 사용할 음식을 마련하여 임시로 작은 상위에 올려 놓은 것을 발로 찼다는 정도의 행위는 제전방해죄에 해당하지 않는다고 할 것이다(대판 1982.2.23. 81도2691).

〈예배당 사건〉 교회의 교인이었던 사람이 교인들의 총유인 교회 현판, 나무십자가 등을 떼어 내고 예배당 건물에 들어가 출입문 자물쇠를 교체하여 7개월 동안 교인들의 출입을 막은 사안에서, 장기간 예배당 건물의 출입을 통제한 위 행위는 교인들의 예배 내지 그와 밀접불가분의 관계에 있는 준비단계를 계속하여 방해한 것으로 볼 수 없어 예배방해죄가 성립하지 않는다고 한 사례(대판 2008.2.1. 2007도5296).

(4) 기수시기

본죄는 추상적 위험범이므로 방해행위가 있음으로써 기수가 되고 현실적인 방해의 결과는 요하지 않는다.

〈장례식방해죄의 기수시기〉 장례식방해죄는 장례식의 평온과 공중의 추모감정을 보호법익으로 하는 이른바 추상적 위험범으로서 범인의 행위로 인하여 장례식이 현실적으로 저지 내지 방해되었다고 하는 결과의 발생까지 요하지 않고 방해행위의 수단과 방법에도 아무런 제한이 없으며 일시적인 행위라 하더라도 무방하나, 적어도 객관적으로 보아 장례식의 평온한 수행에 지장을 줄 만한 행위를 함으로써 장례식의 절차와 평온을 저해할 위험이 초래될 수 있는 정도는 되어야 비로소 방해행위가 있다고 보아 장례식방해죄가 성립한다고 할 것이다(대판 2013.2.14. 2010도13450).

2 사체 · 유골 · 유발오욕죄

제159조 (시체등의 오욕) 시체, 유골 또는 유발을 오욕한 자는 2년 이하의 징역 또는 500만원 이하의 벌금에 처한다.

3 분묘발굴죄 [미수범 처벌]

제160조 (분묘의 발굴) 분묘를 발굴한 자는 5년 이하의 징역에 처한다.

(1) 의의와 객체

분묘발굴죄는 분묘를 발굴하는 범죄이다. 본죄는 객체는 분묘이다. 분묘란 사람의 사체, 유골, 유발 등을 매장하여 제사나 예배 또는 기념의 대상으로 하는 장소를 말한다.

〈분묘의 개념〉 분묘발굴죄의 객체인 분묘는 사람의 사체, 유골, 유발 등을 매장하여 제사나 예배 또는 기념의 대상으로 하는 장소를 말하는 것이고, 사체나 유골이 토괴화하였을 때에도 분묘인 것이며, 그 사자가 누구인지 불명하다고 할지라도 현재 제사 숭경하고 종교적 예의의 대상으로 되어 있고 이를 수호봉사하는 자가 있으면 여기에 해당한다고 할 것이다(대판 1990.2.13. 89도2061).

〈이부동복간 사건〉 분묘발굴의 피해법익은 종교감정의 공서양속을 해치는데 있으므로 생모의 묘를 설묘·관리하는 '甲'의 의사에 반하여 그 묘를 발굴한 '乙'은 설령 그 묘가 자기의 생모('甲'과는 이부동복간)의 묘라도 죄가 성립한다(대판 1971.10.25. 71도1727).

(2) 행 위

발굴이다.

1) 발굴 : 발굴이란 복토의 전부 또는 일부를 제거하거나 묘석 등을 파괴·해체하여 분묘를 훼손하는 것이다.

2) 기수시기 : 기수시기와 관련하여 ① 다수설은 분묘 내의 관이나 사체·유골 등을 외부에서 인식할 수 있는 상태로 되었을 때 기수가 된다는 **외부인지설**의 입장이지만, ② 판례는 반드시 관·시체등이 현출될 필요는 없고 복토를 제거한 상태에 이르렀을 때 기수가 된다는 **복토제거설**의 입장이다.

〈분묘발굴죄의 기수시기〉 분묘발굴죄에 있어서의 분묘의 발굴행위에는 유골시체가 외부로부터 인지할 수 있는 상태까지 현출함이 필요치 않다(대판 1962.3.29. 4294형상539).

(3) 위법성

분묘를 개장·이장 또는 수선하기 위하여 관리자나 수호봉사자의 동의를 얻은 경우에는 위법성이 조각된다. 그리고 검증이나 감정에 의하여 분묘발굴이 법에 근거를 가질 경우에는 법령에 의한 행위로서 위법성이 조각된다.

〈분묘발굴행위의 위법성이 조각되기 위한 요건〉 분묘발굴죄는 그 분묘에 대하여 아무런 권한 없는 자나 또는 권한이 있는 자라도 사체에 대한 종교적 양속에 반하여 함부로 이를 발굴하는 경우만을 처벌대상으로 삼는 취지라고 보아야 할 것이므로, 법률상 그 분묘를 수호, 봉사하며 관리하고 처분할 권한이 있는 자 또는 그로부터 정당하게 승낙을 얻은 자가 사체에 대한 종교적, 관습적 양속에 따른 존숭의 예를 갖추어 이를 발굴하는 경우에는 그 행위의 위법성은 조각된다고 할 것이고, 한편 분묘에 대한 봉사, 수호 및 관리, 처분권은 종중이나 그 후손들 모두에게 속하여 있는 것이 아니라 오로지 그 분묘에 관한 호주상속인에게 전속한다(대판 2007.12.13. 2007도8131).

4 시체등의 손괴 · 유기 · 은닉 · 영득죄 [미수범 처벌]

> 제161조 (시체 등의 유기 등) ① 시체, 유골, 유발 또는 관 속에 넣어 둔 물건을 손괴, 유기, 은닉 또는 영득한 자는 7년 이하의 징역에 처한다.
> ② 분묘를 발굴하여 제1항의 죄를 지은 자는 10년 이하의 징역에 처한다.

[죄명예규] (시체, 유골, 유발, 관속물건)(손괴, 유기, 은닉, 영득)/분묘발굴(제1항 각 죄명)

(1) 의의와 보호법익

시체 등의 손괴 · 유기 · 은닉 · 영득죄는 시체 · 유골 · 유발 또는 관내에 장치한 물건을 손괴 · 유기 · 은닉 또는 영득하거나, 분묘를 발굴하여 시체 · 유골 · 유발 또는 관내에 장치한 물건을 손괴 · 유기 · 은닉 또는 영득함으로써 성립하는 범죄이다. 보호법익은 사회 일반의 종교적 감정이며, 보호의 정도는 추상적 위험범이다.

(2) 주체와 객체

주체에는 제한이 없다. 사자의 후손 · 시체 등에 대한 처분권을 가진 자도 주체가 될 수 있다. 객체는 시체 · 유골 · 유발 또는 관내에 장치한 물건이다. 관내에 장치한 물건이란 기념을 위하여 시체와 같이 관내에 넣어 둔 일체의 부장물을 말한다.

(3) 행 위

손괴 · 유기 · 은닉 · 영득하거나, 분묘를 발굴하여 손괴 · 유기 · 은닉 · 영득하는 것이다.

1) 손괴 : 손괴란 종교적 감정을 해할 정도로 물질적으로 훼손 · 파괴하는 것을 말한다.

2) 유기 : 유기란 종교적 · 사회적으로 매장이라고 인정 될 수 없는 방법으로 시체 등을 방기하는 것이다. 장소적 이전을 요하지 않으므로 작위 이외에 부작위에 의해서도 성립할 수 있다. 다만 부작위에 의한 유기는 작위의무가 존재할 것을 요한다. 따라서 법령 또는 관습에 의하여 장제 또는 감호의무 있는 모가 영아를 질식사시키거나 자식이 존속을 살해한 후 사체를 그대로 방치한 때에는 사체유기죄도 성립한다.

[COMMENT] 사체유기죄의 유기의 의미가 일반 유기죄와 다르며, 부작위에 의한 유기도 성립할 수 있다는 점을 주의하여야 한다.

〈일반 장제의 의례를 갖춘 사건〉 일반 화장 절차에 따라 피해자의 시신을 화장하여 일반의 장제의 의례를 갖추었다면 비록 그것이 범행을 은폐할 목적이었다고 하더라도 사자에 대한 종교적 감정을 침해하여 사체를 유기한 것이라고 할 수 없다(대판 1998.3.10. 98도51).

〈사람을 살해하고 시체를 다른 장소에 옮긴 사건〉 사람을 살해한 다음 그 범죄의 흔적을 은폐하기 위하여 그 시체를 다른 장소로 옮겨 유기하였을 때에는 살인죄와 사체유기죄의 경합범이 성립하고, 사체유기를 불가벌적 사후행위라 할 수 없다(대판 1984.11.27. 84도2263). (12 변시)(19 변시)

3) 은닉 : 은닉이란 시체등의 발견을 불가능하게 하거나 심히 곤란하게 하는 일체의 행위를 말한다.

〈인적이 드문 장소로 유인하여 살해한 사건〉 형법 제161조의 사체은닉이라 함은 사체의 발견을 불가능 또는 심히 곤란하게 하는 것을 구성요건으로 하고 있으나, 살인·강도살인 등의 목적으로 사람을 살해한 자가 그 살해의 목적을 수행함에 있어 사후 사체의 발견이 불가능 또는 심히 곤란하게 하려는 의사로 인적이 드문 장소로 피해자를 유인하거나 실신한 피해자를 끌고 가서 그 곳에서 살해하고 사체를 그대로 둔 채 도주한 경우에는 비록 결과적으로 사체의 발견이 현저하게 곤란을 받게되는 사정이 있다 하더라도 별도로 사체은닉죄가 성립되지 아니한다(대판 1986.6.24. 86도891). (12 변시) (19 변시)

4) 영득 : 영득이란 시체 등에 대한 점유를 불법하게 취득하는 것을 말한다. 점유취득의 방법은 제한이 없다. 따라서 직접적·간접적, 유상·무상을 불문한다.

5) 분묘발굴 : 분묘발굴이란 분묘발굴죄(제160조)와 동일하다.

5 변사체검시방해죄

제163조 (변사체 검시 방해) 변사자의 시체 또는 변사로 의심되는 시체를 은닉하거나 변경하거나 그 밖의 방법으로 검시를 방해한 자는 700만원 이하의 벌금에 처한다.

[COMMENT] 벌금형만이 있다는 점도 주의하여야 한다.

(1) 의 의

변사체검시방해죄는 변사자의 시체 또는 변사의 의심 있는 시체를 은닉 또는 변경하거나 기타 방법으로 검시를 방해함으로써 성립하는 범죄이다. 본죄는 종교적 평온과 종교감정을 보호하기 위한 범죄가 아니라 **공무방해의 죄로서의 성질을 가진 범죄**이다.

(2) 객 체

변사자의 시체 또는 변사의 의심있는 시체이다. 이는 사망의 원인이 분명치 않은 시체 또는 범죄로 인한 사망의 의심이 있는 시체를 말한다. 따라서 **범죄로 인하여 사망한 것이 명백한 경우는 변사자가 아니다.**

〈범죄로 사망한 것이 명백한 사건〉 형법 제163조의 변사자라 함은 부자연한 사망으로서 그 사인이 분명하지 않은 자를 의미하고 그 사인이 명백한 경우는 변사자라 할 수 없으므로, 범죄로 인하여 사망한 것이 명백한 자의 사체는 같은 법조 소정의 변사체검시방해죄의 객체가 될 수 없다(대판 2003. 6.27. 2003도1331).

(3) 행 위

시체를 은닉 또는 변경하거나 기타 방법으로 검시를 방해하는 것이다.

1) **은닉 또는 변경하거나 기타 방법** : 은닉이란 변사체의 소재를 불명하게 하여 그 발견을 곤란하게 하는 일체의 행위를 말하고, 변경이란 시체의 원상을 변경시키는 일체의 행위를 말한다. 기타 방법의 예로는 화장하거나 손괴하는 경우를 들 수 있다.

2) **검시방해** : 검시방해란 검시를 불가능하게 하거나 현저히 곤란하게 하는 것이다. 여기서 검시란 사망이 범죄로 인한 것인가를 판단하기 위하여 수사기관이 변사자의 상황을 조사하는 것이다. 수사의 단서에 지나지 않는다는 점에서 수사처분인 검증과 구별된다.

3) **기수시기** : 검시를 방해할 위험성이 있으면 기수가 되고, 현실로 방해의 결과가 발생할 필요는 없다.

제6편

국가적 법익에
대한 죄

제1장 국가의 존립과 권위에 대한 죄
제2장 국가의 기능에 대한 죄

제1장 | 국가의 존립과 권위에 대한 죄

제1절 | 내란에 대한 죄

1 내란죄 [미수범 처벌, 예비·음모·선동·선전 처벌]

> 제87조 (내란) 대한민국 영토의 전부 또는 일부에서 국가권력을 배제하거나 국헌을 문란하게 할 목적
> 으로 폭동을 일으킨 자는 다음 각 호의 구분에 따라 처벌한다.
> 1. 우두머리는 사형, 무기징역 또는 무기금고에 처한다.
> 2. 모의에 참여하거나 지휘하거나 그 밖의 중요한 임무에 종사한 자는 사형, 무기 또는 5년 이상의
>   징역이나 금고에 처한다. 살상, 파괴 또는 약탈의 행위를 실행한 자도 같다.
> 3. 부화수행하거나 단순히 폭동에만 관여한 자는 5년 이하의 징역 또는 금고에 처한다.

[죄명예규] 내란우두머리/내란(모의참여, 중요임무종사, 실행)/내란부화수행

I. 서 설

내란죄는 대한민국 영토의 전부 또는 일부에서 국가권력을 배제하거나 국헌을 문란하게 할 목
적으로 폭동함으로써 성립하는 범죄이다. 보호법익은 국가의 내적 안전이며, 보호의 정도는 추
상적 위험범이다.

II. 구성요건

1. 주 체

주체는 제한이 없지만 상당수의 다수인의 공동을 필요로 한다.

(1) 주체의 범위

주체에는 제한이 없으나, 본죄는 다중을 집합을 요하는 집합범이므로 성질상 상당수의 다수
인의 공동을 필요로 한다. 형법은 관여의 정도에 따라 처벌을 달리하고 있다.

(2) 주체의 분류

[COMMENT] 내란죄는 필요적 공범 중 주체가 개별화되어 있는 대표적인 범죄이다.

1) 우두머리 : 폭동을 조직·지휘·통솔하는 자를 말한다.
2) 모의참여자 : 수괴를 보좌하여 폭동계획에 참여하는 자를 말한다.
3) 지휘자 : 폭동에 있어서 다수인의 전부 또는 일부를 지휘하는 자를 말한다.
4) 중요임무종사자 : 음모참여자와 지휘자 이외의 자로서 폭동에 관하여 중요한 책임있는 지위에 있는 자를 말한다.
5) 부화수행자 또는 단순관여자 : 막연하게 폭동에 참가하여 폭동의 세력을 확장·증대시킨 자를 말한다.

2. 행 위

폭동하는 것이다. 폭동이란 다수인이 결합하여 살상·파괴·폭행·협박하는 국가의 평온을 해하는 일체의 행위이다. 폭동은 적어도 한 지방의 평온을 해할 정도의 것이어야 한다.

〈폭동의 의미〉 내란죄의 구성요건인 폭동의 내용으로서의 폭행 또는 협박은 일체의 유형력의 행사나 외포심을 생기게 하는 해악의 고지를 의미하는 최광의의 폭행·협박을 말하는 것으로서, 이를 준비하거나 보조하는 행위를 전체적으로 파악한 개념이며, 그 정도가 한 지방의 평온을 해할 정도의 위력이 있음을 요한다(대판 1997.4.17. 96도3376 전합). (23 1차)

〈폭동의 의미〉 [다수의견] 형법 제87조의 구성요건으로서의 "폭동"이라 함은 다수인이 결합하여 폭행, 협박하는 것을 말하는 것으로서 다수인의 결합은 어느 정도 조직화될 필요는 있으나, 그 수효를 특정할 수는 없는 것이고, 내란되는 폭동행위로서의 집단행동이 개시된 후 국토참절 또는 국헌문란의 목적을 달성하였는가의 여부에 관계없이 기수로 될 수 있음은 소론과 같으나, 그 폭동행위로 말미암아 한 지방의 평온을 해할 정도에 이르렀을 경우라야 기수로 된다고 할 것이고, 폭동의 내용으로서의 폭행 또는 협박은 최광의의 것으로서 이를 준비하거나 보조하는 행위를 총체적으로 파악한 개념이라고 할 것이다(대판 1980.5.20. 80도306). (23 1차)

〈내란죄의 기수시기〉 내란죄는 국토를 참절하거나 국헌을 문란할 목적으로 폭동한 행위로서, 다수인이 결합하여 위와 같은 목적으로 한 지방의 평온을 해할 정도의 폭행·협박행위를 하면 기수가 되고, 그 목적의 달성 여부는 이와 무관한 것으로 해석되므로, 다수인이 한 지방의 평온을 해할 정도의 폭동을 하였을 때 이미 내란의 구성요건은 완전히 충족된다고 할 것이어서 상태범으로 봄이 상당하다(대판 1997.4.17. 96도3376 전합). (14 변시)(19 변시)(23 1차)

3. 주관적 구성요건

(1) 고 의

다수인이 집합하여 폭동한다는 인식 · 의사가 있어야 한다.

(2) 목적

국토를 참절하거나 국헌을 문란할 목적이 있어야 한다.

1) 대한민국 영토의 전부 또는 일부에서 국가권력을 배제할 목적 : 대한민국의 영토주권의 일부 또는 전부를 배제할 목적 즉 영토내란의 목적을 말한다.

2) 국헌을 문란하게 할 목적 : 우리 헌법을 지배하는 헌법의 기본질서를 침해할 목적 즉 헌법내란의 목적을 말한다(제91조 참조).

〈'권능행사를 불가능하게 한다'의 의미〉 형법 제91조 제2호에 의하면 헌법에 의하여 설치된 국가기관을 강압에 의하여 전복 또는 그 권능행사를 불가능하게 하는 것을 국헌문란의 목적의 하나로 규정하고 있는데, 여기에서 '권능행사를 불가능하게 한다'고 하는 것은 그 기관을 제도적으로 영구히 폐지하는 경우만을 가리키는 것은 아니고 사실상 상당기간 기능을 제대로 할 수 없게 만드는 것을 포함한다(대판 1997.4.17. 96도3376 전합). (23 1차)

3) 목적의 인식정도 : 목적의 인식정도는 미필적 인식으로 족하다.

〈내란죄의 목적은 미필적 인식으로도 족하다는 판례〉 내란죄에 있어서의 국헌문란의 목적은 현행의 헌법 또는 법률이 정한 정치적 기본조직을 불법으로 파괴하는 것을 말하고 구체적인 국가기관인 자연인만을 살해하거나, 그 계승을 기대하는 것은 이에 해당하지 않으나 반드시 초법규적인 의미는 아니라고 할 것이며, 공산, 군주 또는 독재제도로 변경하여야 하는 것은 더욱 아니고, 그 목적은 엄격한 증명사항에 속하고 직접적임을 요하나 결과발생의 희망, 의욕임을 필요로 한다고는 할 수 없고, 또 확정적 인식임을 요하지 아니하며, 다만 미필적인식이 있으면 족하다 할 것이다(대판 1980.5.20. 80도306 전합).

Ⅲ. 죄수 및 타죄와의 관계

1. 내란죄의 간접정범

내란죄는 목적범이므로 '국헌문란의 목적'을 가진 자가 그러한 목적이 없는 자를 이용하여 이를 실행할 수 있다.

〈내란죄의 간접정범〉 범죄는 '어느 행위로 인하여 처벌되지 아니하는 자'를 이용하여서도 이를 실행할 수 있으므로, 내란죄의 경우에도 '국헌문란의 목적'을 가진 자가 그러한 목적이 없는 자를 이용하여 이를 실행할 수 있다(대판 1997.4.17. 96도3376 전합). (23 1차)

2. 죄수 및 타죄와의 관계

(1) 폭동에 수반한 살인 · 상해 · 강도 · 방화 · 손괴 등의 행위

내란죄와 폭동에 수반한 살인 · 상해 · 강도 · 방화 · 손괴 등의 행위는 내란목적을 달성하기 위한 수단에 불과하므로 내란죄에 흡수된다.

(2) 국가보안법과의 관계

1) 반국가단체를 구성 · 가입한 경우 : 내란예비 · 음모행위이지만, 특별법인 국가보안법의 우선 적용된다.

2) 반국가단체를 구성 · 가입한 이후 내란행위로 나간 경우 : 국가보안법은 내란죄에 규정을 두고 있지 않으므로 형법상의 내란죄가 적용된다.

2 내란목적살인죄 [미수범 처벌, 예비 · 음모 · 선동 · 선전 처벌]

> 제88조 (내란목적의 살인) 대한민국 영토의 전부 또는 일부에서 국가권력을 배제하거나 국헌을 문란하게 할 목적으로 사람을 살해한 자는 사형, 무기징역 또는 무기금고에 처한다.

(1) 의의와 보호법익

내란목적살인죄는 대한민국 영토의 전부 또는 일부에서 국가권력을 배제하거나 국헌을 문란하게 할 목적으로 사람을 살해함으로써 성립하는 범죄이다. 본죄의 보호법익은 국가의 내부적 안전과 사람의 생명이며, 보호의 정도는 국가의 내적 안전은 추상적 위험범으로 보호되고, 사람의 생명은 침해범으로 보호된다.

(2) 타죄와의 관계

내란과정에서 내란목적살인이 범해진 경우에는 ① 내란의 실행과정에서 **폭동행위에 수반하여 개별적으로 발생한 살인행위는 내란행위의 한 구성요소**를 이루는 것이므로 내란행위에 흡수되어 내란목적살인의 별죄를 구성하지 아니하나 ② 특정인 또는 일정한 범위 내의 한정된 집단에 대한 살해가 내란의 와중에 **폭동에 수반하여 일어난 것이 아니라 그것 자체가 의도적으로 실행된 경우**에는 이러한 살인행위는 내란에 흡수될 수 없고 내란목적살인의 별죄를 구성한다.

〈5.18 사건〉 내란목적살인죄는 국헌을 문란할 목적을 가지고 직접적인 수단으로서 사람을 살해함으로써 성립하는 범죄라 할 것이므로, 국헌문란의 목적을 달성함에 있어 내란죄가 '폭동'을 그 수단으로 함에 비하여 내란목적살인죄는 '살인'을 수단으로 하는 점에서 두 죄는 엄격히 구별된다. 따라서 내란의 실행과정에서 폭동행위에 수반하여 개별적으로 발생한 살인행위는 내란행위의 한 구성요소를 이루는 것이므로 내란행위에 흡수되어 내란목적살인의 별죄를 구성하지 아니하나, 특정인 또는 일정한 범위 내의 한정된 집단에 대한 살해가 내란의 와중에 폭동에 수반하여 일어난 것이 아니라 그것 자체가 의도적으로 실행된 경우에는 이러한 살인행위는 내란에 흡수될 수 없고 내란목적살인의 별죄를 구성한다(대판 1997.4.17. 96도3376 전합).

3 내란등예비 · 음모 · 선동 · 선전죄

제90조 (예비, 음모, 선동, 선전) ① 제87조 또는 제88조의 죄를 범할 목적으로 예비 또는 음모한 자는 3년 이상의 유기징역이나 유기금고에 처한다. 단, 그 목적한 죄의 실행에 이르기 전에 자수한 때에는 그 형을 감경 또는 면제한다.
② 제87조 또는 제88조의 죄를 범할 것을 선동 또는 선전한 자도 전항의 형과 같다.

[죄명예규] (내란, 내란목적살인)(예비, 음모, 선동, 선전)

〈이석기 사건(내란 음모)〉 [1] 내란음모가 성립하였다고 하기 위해서는 개별 범죄행위에 관한 세부적인 합의가 있을 필요는 없으나, 공격의 대상과 목표가 설정되어 있고, 그 밖의 실행계획에 있어서 주요 사항의 윤곽을 공통적으로 인식할 정도의 합의가 있어야 할 것이다. [2] 내란음모죄에 해당하는 합의가 있다고 하기 위해서는 단순히 내란에 관한 범죄결심을 외부에 표시 · 전달하는 것만으로는 부족하고 객관적으로 내란범죄의 실행을 위한 합의라는 것이 명백히 인정되고, 그러한 합의에 실질적인 위험성이 인정되어야 할 것이다(대판 2015.1.22. 2014도10978 전합).

〈이석기 사건(내란 선동)〉 [1] 내란선동이라 함은 내란이 실행되는 것을 목표로 하여 피선동자들에게 내란행위를 결의, 실행하도록 충동하고 격려하는 일체의 행위를 말한다. [2] 내란을 실행시킬 목표를 가지고 있다 하여도 단순히 특정한 정치적 사상이나 추상적인 원리를 옹호하거나 교시하는 것만으로는 내란선동이 될 수 없고, 그 내용이 내란에 이를 수 있을 정도의 폭력적인 행위를 선동하는 것이어야 하고, 나아가 피선동자의 구성 및 성향, 선동자와 피선동자의 관계 등에 비추어 피선동자에게 내란 결의를 유발하거나 증대시킬 위험성이 인정되어야만 내란선동으로 볼 수 있다. [3] 선동행위는 선동자에 의하여 일방적으로 행해지고, 그 이후 선동에 따른 범죄의 결의 여부 및 그 내용은 선동자의 지배영역을 벗어나 피선동자에 의하여 결정될 수 있으며, 내란선동을 처벌하는 근거가 선동행위 자체의 위험성과 불법성에 있다는 점 등을 전제하면, 내란선동에 있어 시기와 장소, 대상과 방식, 역할분담 등 내란 실행행위의 주요 내용이 선동 단계에서 구체적으로 제시되어야 하는 것은 아니고, 또 선동에 따라 피선동자가 내란의 실행행위로 나아갈 개연성이 있다고 인정되어야만 내란선동의 위험성이 있는 것으로 볼 수도 없다(대판 2015.1.22. 2014도10978 전합).

제2절 | 외환의 죄

1 외환유치죄 [미수범 처벌, 예비·음모·선동·선전 처벌]

> 제92조 (외환유치) 외국과 통모하여 대한민국에 대하여 전단을 열게 하거나 외국인과 통모하여 대한민국에 항적한 자는 사형 또는 무기징역에 처한다.

> [죄명예규] 외환(유치, 항적)

2 여적죄 [미수범 처벌, 예비·음모·선동·선전 처벌]

> 제93조 (여적) 적국과 합세하여 대한민국에 항적한 자는 사형에 처한다.

3 모병이적죄 [미수범 처벌, 예비·음모·선동·선전 처벌]

> 제94조 (모병이적) ① 적국을 위하여 모병한 자는 사형 또는 무기징역에 처한다.
> ② 전항의 모병에 응한 자는 무기 또는 5년 이상의 징역에 처한다.

> [죄명예규]모병이적/응병이적

4 군용시설제공이적죄 [미수범 처벌, 예비·음모·선동·선전 처벌]

> 제95조 (시설제공이적) ① 군대, 요새, 진영 또는 군용에 공하는 선박이나 항공기 기타 장소, 설비 또는 건조물을 적국에 제공한 자는 사형 또는 무기징역에 처한다.
> ② 병기 또는 탄약 기타 군용에 공하는 물건을 적국에 제공한 자도 전항의 형과 같다.

> [죄명예규] 군용시설제공이적/군용물건제공이적

5 군용시설파괴이적죄 [미수범 처벌, 예비·음모·선동·선전 처벌]

> 제96조 (시설파괴이적) 적국을 위하여 전조에 기재한 군용시설 기타 물건을 파괴하거나 사용할수 없게 한 자는 사형 또는 무기징역에 처한다.

6 물건제공이적죄 [미수범 처벌, 예비 · 음모 · 선동 · 선전 처벌]

> 제97조 (물건제공이적) 군용에 공하지 아니하는 병기, 탄약 또는 전투용에 공할 수 있는 물건을 적국에 제공한 자는 무기 또는 5년 이상의 징역에 처한다.

7 간첩죄 [미수범 처벌, 예비 · 음모 · 선동 · 선전 처벌]

> 제98조 (간첩, 간첩방조) ① 적국을 위하여 간첩하거나 적국의 간첩을 방조한자는 사형, 무기 또는 7년 이상의 징역에 처한다.
> ② 군사상의 기밀을 적국에 누설한 자도 전항의 형과 같다.

[죄명예규] 간첩, 간첩방조/군사상기밀누설

1. 의의와 보호법익

간첩죄는 적국을 위해 간첩하거나 적국의 간첩을 방조하거나 또는 군사상 기밀을 적국에 누설함으로써 성립하는 범죄이다. 보호법익은 국가의 외적 안전이며, 보호의 정도는 추상적 위험범이다.

[GUIDE] 간첩죄는 3가지 태양이 있으므로 아래에서는 이를 분설하여 설명한다.

2. 간첩죄

적국을 위하여 국가기밀을 탐지 · 수집하는 것을 말한다.

(1) 적국을 위하여

적국이란 대한민국에 적대하는 외국 또는 외국인의 단체를 말한다. 북한도 본죄의 적국에 해당한다. 적국을 위한다는 의사가 있어야 하므로 이러한 의사가 없다면 간첩죄는 성립하지 아니한다.

〈편면적 간첩은 간첩이 아니라는 판례〉 형법 제98조 제1항의 간첩이라 함은 적국을 위하여 적국의 지령 사주 기타 의사의 연락하에 군사상 기밀사항 또는 도서 물건을 탐지 모집하는 것을 의미하는 것이므로 북괴의 지령사주 기타의 의사의 연락 없이 단편적으로 지득하였던 군사상의 기밀사항을 북괴에 납북된 상태하에서 제보한 행위는 위 법조 소정의 간첩죄에 해당하지 아니한다(대판 1975.9.23. 75도1773).

(2) 국가기밀

1) 의의 : 국가기밀이란 대한민국의 외적 안전에 중대한 불이익이 될 위험을 회피하기 위하 한정된 인적 범위에서만 입수되고 또한 타국에 비밀로 해야 할 사실 · 대상 또는 지식을 말한다.

2) 판단기준 : 국가기밀의 판단기준은 실질적 비밀개념에 의한다. 즉 그 내용이 누설되는 경우 국가의 안전에 위험을 초래할 우려가 있어 보호할 실질가치를 갖춘 것이어야 한다.

3) 범위 : 국가기밀의 범위는 군사기밀뿐만 아니라 정치 · 경제 · 문화 · 사회 등 각 방면에 걸쳐 대한민국의 이익이 되는 모든 기밀을 포함한다. 그러나 국내에서의 적법한 절차 등을 거쳐 이미 일반인에게 알려진 **공지의 사실**, 물건 또는 지식에 속하는 것은 이에 해당하지 않는다.

〈**국가기밀은 실질적 기밀개념이며, 공지의 사실은 기밀이 아니라는 판례**〉 [다수의견] 국가보안법 제4조 제1항 제2호 (나)목에 정한 기밀을 해석함에 있어서 그 기밀은 정치, 경제, 사회, 문화 등 각 방면에 관하여 반국가단체에 대하여 비밀로 하거나 확인되지 아니함이 대한민국의 이익이 되는 모든 사실, 물건 또는 지식으로서 그것들이 국내에서의 적법한 절차 등을 거쳐 이미 일반인에게 알려진 공지의 사실, 물건 또는 지식에 속하지 아니한 것이어야 하고 또 그 내용이 누설되는 경우 국가의 안전에 위험을 초래할 우려가 있어 보호할 실질가치를 갖춘 것이어야 한다(대판 1997.7.16. 97도985 전합).

(3) 간첩의 실행의 착수시기와 기수시기

1) 실행의 착수시기

⑦ **대남간첩의 경우** : 대남간첩의 경우에는 간첩하기 위하여 **국내에 잠입 · 입국할 때**에 실행의 착수가 있다.

〈**대남간첩의 실행의 착수시기**〉 간첩의 목적으로 외국 또는 북한에서 국내에 침투 또는 월남하는 경우에는 기밀탐지가 가능한 국내에 침투 상륙함으로써 간첩죄의 실행의 착수가 있다고 할 것이다 (대판 1984.9.11. 84도1381). (24 1차)

⑷ **고정간첩의 경우** : 고정간첩의 경우에는 국가기밀을 **탐지 · 수집할 때**에 실행의 착수가 있다.

〈**고정간첩의 실행의 착수시기**〉 국가보안법 2조, 7조, 형법98조 2항에서 말하는 간첩미수죄는 국가기밀을 탐지수집하라는 지령을 받았거나 소위 무인포스트를 설정하는 것만으로는 부족하고 그 지령에 따라 국가기밀을 탐지수집하는 행위의 실행의 착수가 있어야 성립된다(대판 1974.11.12. 74도2662).

2) 기수시기 : 국가기밀을 탐지 · 수집한 때에 기수가 되며, 국가기밀을 적국에 누설한 것은 불가벌적 행위가 된다.

〈**기밀 탐지 · 수집한 후 보고 · 누설한 사건**〉 형법 제98조 제1항에서 간첩이라 함은 적국에 제보하기 위하여 은밀한 방법으로 우리나라의 군사상은 물론 정치, 경제, 사회, 문화, 사상 등 기밀에 속한 사항 또는 도서, 물건을 탐지 · 수집하는 것을 말하고, 간첩행위는 기밀에 속한 사항 또는 도서, 물건을 탐지 · 수집한 때에 기수가 되므로 간첩이 이미 탐지 · 수집하여 지득하고 있는 사항을 타인에게 보고 · 누설하는 행위는 간첩의 사후행위로서 위 조항에 의하여 처단의 대상이 되는 간첩행위 자체라고 할 수 없다(대판 2011.1.20. 2008재도11 전합).

3. 간첩방조죄

(1) 의 의

적국의 간첩임을 알면서 그의 간첩행위를 지원하여 그 실행을 용이하게 하는 일체의 행위를 의미한다. 본죄는 방조행위이지만 간첩과 대등한 독립범죄이므로 총칙의 공범규정이 적용되지 아니한다.

(2) 행 위

적국의 간첩을 방조하는 것이다.

1) 간첩방조의 의미 : 간첩방조란 적국의 간첩이라는 정을 알면서 그의 간첩행위를 원조하여 그 실행을 용이하게 하는 일체의 행위를 말한다. 따라서 간첩행위 그 자체를 방조하여야 하므로 간첩행위가 아닌 간첩에게 숙식의 편의나 은닉처를 제공하는 것은 간첩방조에 해당하지 아니하다.

〈간첩방조죄는 간첩이 간첩하는 것을 방조하여야 성립한다는 판례〉 국가보안법 제4조 제1항 제2호, 형법 제98조 제1항에 의한 반국가단체의 구성원 또는 그 지령을 받은 자에 대한 간첩방조죄가 성립하기 위하여는 행위자는 그 방조의 상대방이 반국가단체의 간첩임을 인식하면서 간첩행위를 원조하여 용이하게 하는 행위가 요구된다(대판 1994.3.11. 93도3145).

〈단순히 숙식제공하거나 무전기 매몰을 도와준 것만으로는 간첩방조가 아니라는 판례〉 간첩이라 함은 적국을 위하여 국가기밀을 탐지 · 수집하는 행위를 말하는 것이므로 간첩방조죄가 성립하려면 간첩의 활동을 방조할 의사로서 그의 기밀의 탐지 · 수집행위를 용이하게 하는 행위가 있어야 하고 단순히 숙식을 제공한다거나 또는 무전기를 매몰하는 행위를 도와주었다거나 하는 사실만으로서는 간첩방조죄가 성립할 수 없다(대판 1986.2.25. 85도2533).

〈간첩을 숨겨준 것은 간첩방조가 아니라는 판례〉 간첩을 숨겨준 사실이 있다 하더라도 그 간첩이 군사기밀을 탐지, 수집, 누설하거나 하려한 사실을 인정할 수 없어서 간첩의 범행을 용이하게 하려는 의사가 있다고 볼 수 없으면 간첩방조죄는 성립되지 아니한다(대판 1979.10.10. 75도1003).

2) 총론상의 방조와의 차이점 : ① 간첩방조죄는 간첩죄와 대등한 독립범죄이고 동일하게 처벌하므로 총론상의 종범규정은 적용될 여지가 없고 ② 간첩방조행위 그 자체가 실행의 착수가 된다는 점에서 총론상의 방조와 차이점이 있다.

4. 군사상의 기밀누설죄

(1) 의 의

직무에 관하여 군사상 기밀을 지득한 자가 이를 알면서 그 기밀을 적국에 알리는 것을 말한다.

(2) 주 체

법문에는 규정이 없으나 본죄의 주체는 직무상 지득한 경우에 한하므로 일종의 신분범이다. 그러므로 직무와 관계없이 알게 된 기밀을 누설한 경우에는 일반이적죄가 성립한다.

〈**군사상 기밀누설죄와 직무관련성**〉 직무에 관하여 군사상 기밀을 지득한 자가 이를 적국에 누설한 경우에는 형법 제98조 제2항(간첩)에, 직무에 관계없이 지득한 군사상 기밀을 적국에 누설한 경우에는 형법 제99조(일반이적)에 각 해당한다(대판 1982.7.13. 82도968).

(3) 객 체

군사기밀이다.

〈**군사기밀의 요건**〉 [1] 군사기밀의 지정이 적법절차에 의해 해제되었거나 국방부장관에 의해 공개되지 않는 한 비록 군내부에서 그 사항이 평문으로 문서수발이 되었다거나 군사기밀사항이 장비제작사의 장비설명 팜플렛, 상업견적서요구공문에 기재되어 배포되었다고 하더라도 군사기밀로서의 성질을 그대로 가지고 있다고 할 것이다. [2] 누설한 사항 중 일부내용이 실제 군사기밀 내용과 다른 경우에도 나머지 부분이 군사기밀인 내용을 제대로 담고 있다면 전체적으로 보아 군사기밀보호법 제12조 소정의 군사기밀누설죄에 해당한다(대판 2000.1.28. 99도4022).

8 일반이적죄 [미수범 처벌, 예비 · 음모 · 선동 · 선전 처벌]

제99조 (일반이적) 전7조에 기재한 이외에 대한민국의 군사상이익을 해하거나 적국에 군사상의 이익을 공여한 자는 무기 또는 3년 이상의 징역에 처한다.

9 외환예비 · 음모 · 선동 · 선전죄

제101조 (예비, 음모, 선동, 선전) ① 제92조 내지 제99조의 죄를 범할 목적으로 예비 또는 음모한 자는 2년 이상의 유기징역에 처한다. 단, 그 목적한 죄의 실행에 이르기 전에 자수한 때에는 그 형을 감경 또는 면제한다.
② 제92조 내지 제99조의 죄를 선동 또는 선전한 자도 전항의 형과 같다.

[죄명예규] (제92조 내지 제99조 각 죄명)(예비, 음모, 선동, 선전)

10 전시군수계약불이행죄

제103조 (전시군수계약불이행) ① 전쟁 또는 사변에 있어서 정당한 이유없이 정부에 대한 군수품 또는 군용공작물에 관한 계약을 이행하지 아니한 자는 10년 이하의 징역에 처한다.
② 전항의 계약이행을 방해한 자도 전항의 형과 같다.

[죄명예규] (전시, 비상시)군수계약불이행/(전시, 비상시)군수계약이행방해

제3절 │ 국기에 대한 죄

1 국기 · 국장의 모독죄

> 제105조 (국기, 국장의 모독) 대한민국을 모욕할 목적으로 국기 또는 국장을 손상, 제거 또는 오욕한
> 자는 5년 이하의 징역이나 금고, 10년 이하의 자격정지 또는 700만원 이하의 벌금에 처한다.

2 국기 · 국장비방죄

> 제106조 (국기, 국장의 비방) 전조의 목적으로 국기 또는 국장을 비방한 자는 1년 이하의 징역이나
> 금고, 5년 이하의 자격정지 또는 200만 원 이하의 벌금에 처한다.

제4절 | 국교에 대한 죄

1 외국원수에 대한 폭행등 죄 [반의사불벌죄]

> **제107조 (외국원수에 대한 폭행등)** ① 대한민국에 체재하는 외국의 원수에 대하여 폭행 또는 협박을 가한 자는 7년 이하의 징역이나 금고에 처한다.
> ② 전항의 외국원수에 대하여 모욕을 가하거나 명예를 훼손한 자는 5년 이하의 징역이나 금고에 처한다.

[죄명예규] 외국원수(폭행, 협박)/외국원수(모욕, 명예훼손)

외국원수에 대한 폭행등 죄는 대한민국에 체재하는 외국원수에 대하여 폭행 · 협박 · 모욕을 가하거나 명예를 훼손함으로써 성립하는 범죄이다. 행위객체로 인하여 폭행죄 · 협박죄 · 모욕죄 · 명예훼손죄 보다 불법이 가중되는 가중적 구성요건이다. **주의할 점은** ① 제107조 제2항의 모욕 · 명예훼손은 공연성을 요건으로 하지 않으며 ② 명예훼손의 경우에도 제310조의 위법성조각사유가 적용되지 않으며 ③ 모욕의 경우에도 친고죄가 아니라 반의사불벌죄라는 점이다.

2 외국사절에 대한 폭행등 죄 [반의사불벌죄]

> **제108조 (외국사절에 대한 폭행등)** ① 대한민국에 파견된 외국사절에 대하여 폭행 또는 협박을 가한 자는 5년 이하의 징역이나 금고에 처한다.
> ② 전항의 외국사절에 대하여 모욕을 가하거나 명예를 훼손한 자는 3년 이하의 징역이나 금고에 처한다.

[죄명예규] 외국사절(폭행, 협박)/외국사절(모욕, 명예훼손)

〈외국사절 일행의 자동차에 계란을 투척한 사건〉 [1] 형법 제108조 제1항에서 말하는 외국사절에 대한 폭행죄에 있어서의 폭행이라 함은 외국사절의 신체에 대한 위법한 일체의 유형력의 행사를 의미하며 또 여기서의 유형력의 행사는 외국사절의 신체에 대하여 가해지면 충분하며 반드시 신체에 직접적으로 접촉할 필요는 없다. [2] 외국사절의 숙소 앞에서 시위를 벌이다가 숙소에서 나오던 외국사절을 태운 승용차를 발견하고 5m도 되지 않는 거리에서 위 승용차를 향하여 연이어 계란 4개를 던져 그 중 2개를 위 승용차 운전석 유리창 및 본넷트에 맞힌 행위는 외국사절폭행죄에서의 폭행에 해당한다고 한 사례(대판 2003.7.11. 2003도1800).

3 외국의 국기 · 국장의 모독죄 [반의사불벌죄]

> 제109조 (외국의 국기, 국장의 모독) 외국을 모욕할 목적으로 그 나라의 공용에 공하는 국기 또는
> 국장을 손상, 제거 또는 오욕한 자는 2년 이하의 징역이나 금고 또는 300만 원 이하의 벌금에 처한다.

[죄명예규] 외국(국기, 국장)모독

4 외국에 대한 사전죄 [미수범 처벌, 예비 · 음모 처벌]

> 제111조 (외국에 대한 사전) ① 외국에 대하여 사전한 자는 1년 이상의 유기금고에 처한다.
> ② 전항의 미수범은 처벌한다.
> ③ 제1항의 죄를 범할 목적으로 예비 또는 음모한 자는 3년 이하의 금고 또는 500만 원 이하의
> 벌금에 처한다. 단, 그 목적한 죄의 실행에 이르기 전에 자수한 때에는 감경 또는 면제한다.

[죄명예규] 외국에대한사전/(제1항 죄명)미수/(제1항 죄명)예비, 음모

5 중립명령위반죄

> 제112조 (중립명령위반) 외국간의 교전에 있어서 중립에 관한 명령에 위반한 자는 3년 이하의 금고
> 또는 500만 원 이하의 벌금에 처한다.

6 외교상기밀의 누설죄

> 제113조 (외교상기밀의 누설) ① 외교상의 기밀을 누설한 자는 5년 이하의 징역 또는 1천만 원 이하의
> 벌금에 처한다.
> ② 누설할 목적으로 외교상의 기밀을 탐지 또는 수집한 자도 전항의 형과 같다.

[죄명예규] 외교상기밀누설/외교상기밀(탐지, 수집)

(1) 의 의

외교상기밀의 누설죄는 외교상의 기밀을 누설하거나, 누설할 목적으로 외교상의 기밀을 탐지 · 수집함으로써 성립하는 범죄이다. 국가의 대외적 지위를 보호법익으로 하며, 보호의 정도는 추상적 위험범이다.

(2) **주 체**

주체에는 제한이 없다. 이 점에서 신분범인 공무상 비밀누설죄(제127조) 그리고 군사상 기밀누설죄(제98조 제2항)와 다르다.

(3) **객 체**

외교상의 기밀이다.

1) **외교상의 기밀** : 외교상의 기밀이란 외국과의 관계에서 국가가 보지해야 할 기밀을 말한다. 외국과의 비밀조약을 체결했거나 체결하려는 사실 또는 외교정책상 외국에 대하여 비밀로 하거나 확인되지 않음이 대한민국의 이익이 되는 모든 정보자료가 여기에 해당한다.

2) **공지의 사실** : 국내에서 공지에 속한 사실은 비록 외국에 알려지지 않은 사실이라도 이미 외국에 대하여도 비밀로 해야 할 이익이 있는 기밀이라고 할 수 없고, 외국 언론에 이미 보도되어 외국에 있어서 공지인 사실은 비록 그것이 정부의 보도자제·금지의 요청이 있더라도 외교상의 기밀이 될 수 없다.

〈**보도지침 사건**〉 [1] 형법 제113조 제1항의 소정의 외교상의 기밀이라 함은 외국과의 관계에서 국가가 보지해야 할 기밀로서, 외교정책상 외국에 대하여 비밀로 하거나 확인되지 아니함이 대한민국의 이익이 되는 모든 정보자료를 말한다. [2] 외국에 널리 알려져 있는 사항은 특단의 사정이 없는 한 이를 비밀로 하거나 확인되지 아니함이 외교정책상 이익이 된다고는 할 수 없는 것이어서 외교상의 기밀에 해당하지 아니한다. [3] 외국 언론에 이미 보도된 바 있는 우리나라의 외교정책이나 활동 등에 관련된 사항에 관하여 정부가 이른바 보도지침의 형식으로 국내언론기관의 보도 여부 등을 통제하고 있다는 사실을 알리는 것은 외교상의 기밀을 누설한 경우에 해당하지 아니한다(대판 1995.12.5. 94도2379).

제2장 | 국가의 기능에 대한 죄

제1절 | 공무원의 직무에 대한 죄

■ 제1항 직무위배범죄

1 직무유기죄 [진정신분범]

> 제122조 (직무유기) 공무원이 정당한 이유없이 그 직무수행을 거부하거나 그 직무를 유기한 때에는 1년 이하의 징역이나 금고 또는 3년 이하의 자격정지에 처한다.

I. 서 설

직무유기죄는 공무원이 정당한 이유없이 그 직무수행을 거부하거나 그 직무를 유기함으로써 성립하는 범죄이다. 보호법익은 일반적인 국가의 기능이며, 보호의 정도는 구체적 위험범이다.

II. 구성요건

1. 주 체

공무원이다. 공무원이란 법령의 근거에 의하여 국가 또는 지방자치단체 및 이에 준하는 공법인의 사무에 종사하는 자로서 그 노무의 내용이 단순한 기계적·육체적인 것에 한정되어 있지 않은 자를 말한다.

> 〈병가중인 철도공무원 사건〉 [1] 병가중인 자의 경우 구체적인 작위의무 내지 국가기능의 저해에 대한 구체적인 위험성이 있다고 할 수 없어 직무유기죄의 주체로 될 수는 없다. [2] 노동조합의 승인 없이 또는 지시에 반하여 일부 조합원의 집단에 의하여 이루어진 쟁의행위가 그 경위와 목적, 태양 등에 비추어 정당행위에 해당하지 아니하고, 그 쟁의행위에 참가한 일부 조합원이 병가 중이어서 직무유기죄의 주체로 될 수는 없다 하더라도 직무유기죄의 주체가 되는 다른 조합원들과의 공범관계가 인정된다는 이유로, 그 쟁의행위에 참가한 조합원들 모두 직무유기죄로 처단되어야 한다고 본 사례(이 사건은 병가중인 철도공무원들이 그렇지 아니한 철도공무원들과 함께 전국철도노동조합의 일부 조합원들로 구성된 임의단체인 전국기관차협의회가 주도한 파업에 참가한 사례임)(대판 1997.4.22. 95도748). (22 1차)

2. 행 위

정당한 이유없이 직무수행을 거부하거나 직무를 유기하는 것이다.

(1) 정당한 이유 없이

'정당한 이유 없이'란 법률의 규정에 의하지 아니하거나 일반적 업무규칙 · 예규 · 관행을 벗어나 자의적으로 위법 · 불공정하게 행위하였음을 말한다.

(2) 직무의 범위

1) **고유한 직무** : 공무원이 공무원법에 의하여 수행해야 할 본래의 직무 또는 고유한 직무이어야 한다. 따라서 공무원이라는 신분관계로 인하여 부수적 · 파생적으로 발생하는 일반적 고발의무 등은 여기에 포함되지 않는다.

2) **직무의 내용** : 본죄의 직무는 공무원이 맡은 직무를 그때에 수행하지 않으면 실효를 거둘 수 없는 구체적인 직무임을 요하므로 법령에 근거가 있거나 일반적인 업무규칙 · 예규에 따른 것이어야 한다.

〈**경찰관이 벌금미납자를 검거하지 않은 사건**〉 사법경찰관리도 검사의 지휘를 받아 벌금미납자에 대한 노역장유치의 집행을 위하여 형집행장의 집행 등을 할 권한이 있으므로, 이 경우 벌금미납자에 대한 검거는 사법경찰관리의 직무범위에 속한다고 보아야 한다(대판 2011.9.8. 2009도13371).

(3) 직무수행의 거부와 직무유기

1) **직무수행의 거부** : 직무수행의 거부란 직무를 능동적으로 이행해야 할 의무 있는 공무원이 정당한 이유 없이 그 근무의무에 위배하여 이를 이행하지 않는 것을 말한다.

〈**직무유기죄는 부진정부작위범이라는 판례**〉 직무유기죄는 이른바 부진정부작위범으로서 구체적으로 그 직무를 수행하여야 할 작위의무가 있는데도 불구하고 이러한 직무를 버린다는 인식하에 그 작위의무를 수행하지 아니함으로써 성립하는 것이다(대판 1983.3.22. 82도3065). (21 2차)

2) **직무유기** : 직무유기란 정당한 이유 없이 직무를 의식적으로 방임 · 포기함으로써 직무를 수행하지 않는 것을 말한다.

〈**당직사관 사건**〉 학생군사교육단의 당직사관으로 주번근무를 하던 육군 중위가 당직근무를 함에 있어서 훈육관실에서 학군사관후보생 2명과 함께 술을 마시고 내무반에서 학군사관후보생 2명 및 애인 등과 함께 화투놀이를 한 다음 애인과 함께 자고 난 뒤 교대할 당직근무자에게 당직근무의 인계 · 인수도 하지 아니한 채 퇴근하였다면 직무유기죄가 성립된다(대판 1990.12.21. 90도2425).

〈**오토바이 사건**〉 경찰관이 장기간에 걸쳐 여러 번 오토바이를 오토바이 상회 운영자에게 보관시키고도 경찰관 스스로 소유자를 찾아 반환하도록 처리하거나 상회 운영자에게 반환 여부를 확인한 일이 전혀 없고, 상회 운영자로부터 오토바이를 보내준 대가 또는 그 처분대가로 돈까지 지급 받았다면, 경찰관의 이와 같은 행위는 습득물을 단순히 상회 운영자에게 보관시키거나 소유자를 찾아서 반환하도록 협조를 구한 정도를 벗어나 상회 운영자에게 그 습득물에 대한 임의적인 처분까지 용인한 것으로서 습득물 처리 지침에 따른 직무를 의식적으로 방임 내지 포기하고 정당한 사유 없이 직무를 수행하지 아니한 경우에 해당한다고 한 사례(대판 2002.5.17. 2001도6170).

〈차량번호판 재교부 사건〉 차량번호판의 교부담당 직원은 자동차 운수사업법 제32조 제1항의 규정에 비추어 행정처분에 의하여 자동차의 사용이 정지된 경우에는 특별한 사정이 없는 한 그 번호판을 재교부하여서는 안되는 직무상의 의무가 있다고 보는 것이 상당하다(대판 1972.6.27. 72도969).

〈불법체류자 인적사항 기재하지 않은 사건〉 경찰관이 불법체류자의 신병을 출입국관리사무소에 인계하지 않고 훈방하면서 이들의 인적사항조차 기재해 두지 아니하였다면 직무유기죄가 성립한다고 한 사례(대판 2008.2.14. 2005도4202).

3) **직무수행의 거부와 직무유기의 정도** : 직무유기죄는 공무원이 법령 · 내규 등에 의한 추상적 충근의무를 태만히 하는 일체의 경우에 성립하는 것이 아니라, 직장의 무단이탈이나 직무의 의식적인 포기 등과 같이 국가의 기능을 저해하고 국민에게 피해를 야기시킬 **구체적 위험성이 있고 불법과 책임비난의 정도가 높은 법익침해의 경우에 한하여 성립한다.**

〈'직무를 유기한 때'의 의미〉 [1] 형법 제122조에서 정하는 직무유기죄에서 '직무를 유기한 때'란 공무원이 법령, 내규 등에 의한 추상적 성실의무를 태만히 하는 일체의 경우에 성립하는 것이 아니라 직장의 무단이탈, 직무의 의식적인 포기 등과 같이 국가의 기능을 저해하고 국민에게 피해를 야기시킬 가능성이 있는 경우를 가리킨다. [2] 그리하여 일단 직무집행의 의사로 자신의 직무를 수행한 경우에는 그 직무집행의 내용이 위법한 것으로 평가된다는 점만으로 직무유기죄의 성립을 인정할 것은 아니고, 공무원이 태만 · 분망 또는 착각 등으로 인하여 직무를 성실히 수행하지 아니한 경우나 형식적으로 또는 소홀히 직무를 수행한 탓으로 적절한 직무수행에 이르지 못한 것에 불과한 경우에도 직무유기죄는 성립하지 아니한다(대판 2013.4.26. 2012도15257). (22 경2)(22 1차)

〈전공노 파업 사건〉 [1] 직무유기죄는 공무원이 법령 · 내규 등에 의한 추상적 충근의무를 태만히 하는 일체의 경우에 성립하는 것이 아니라, 직장의 무단이탈이나 직무의 의식적인 포기 등과 같이 국가의 기능을 저해하고 국민에게 피해를 야기시킬 구체적 위험성이 있고 불법과 책임비난의 정도가 높은 법익침해의 경우에 한하여 성립하므로, 어떠한 형태로든 직무집행의 의사로 자신의 직무를 수행한 경우에는 그 직무집행의 내용이 위법한 것으로 평가된다는 점만으로 직무유기죄의 성립을 인정할 것은 아니다. [2] 지방자치단체장이 전국공무원노동조합이 주도한 파업에 참가한 소속 공무원들에 대하여 관할 인사위원회에 징계의결요구를 하지 아니하고 가담 정도의 경중을 가려 자체 인사위원회에 징계의결요구를 하거나 훈계처분을 하도록 지시한 행위가 직무유기죄를 구성하지 않는다고 한 사례(대판 2007.7.12. 2006도1390). (14 변시)(22 변시)

〈사법경찰관리가 직무집행의사로 위법사실을 입건수사하지 않고 훈방한 사건〉 공무원이 직무를 유기한 때라 함은 공무원이 법령 내규 또는 지시 통첩에 의한 추상적인 충근의무를 게을리한 일체의 경우를 지칭하는 것이 아니라 주관적으로 직무집행의사를 포기하고 객관적으로 정당한 이유 없이 직무집행을 하지 아니하는 부작위상태가 있어 국가기능을 저해하는 경우를 말한다 할 것인바, 사법 경찰관리가 직무집행의사로 위법사실을 조사하여 훈방하는 등 어떤 형태로든지 그 직무집행행위를 하였다면 형사피의사건으로 입건수사하지 않았다 하여 곧 직무유기죄가 성립한다고 볼 수는 없다(대판 1982.6.8. 82도117).

〈주무부 장관의 징계요구에 대법원에 이의제기한 사건〉 지방자치단체의 교육기관 등의 장이 국가위임사무인 교육공무원에 대한 징계사무를 처리함에 있어 주무부장관의 직무이행명령을 받은 경우에도 이의가 있으면 대법원에 소를 제기할 수 있다 할 것이므로, 수사기관 등으로부터 징계사유를 통보받고도 징계요구를 하지 아니하여 주무부장관으로부터 징계요구를 하라는 직무이행명령을 받았다 하더라도 그에 대한 이의의 소를 제기한 경우에는, 수사기관 등으로부터 통보받은 자료 등으로 보아 징계사유에 해당함이 객관적으로 명백한 경우 등 특별한 사정이 없는 한 징계사유를 통보받은 날로부터 1개월 내에 징계요구를 하지 않았다는 것만으로 곧바로 직무를 유기한 것에 해당한다고 볼 수는 없다(대판 2013.6.27. 2011도797).

〈기간제 교원 사건〉 기간제 교원인 피고인이 기말고사 답안지를 교부받고도 무단결근하고 임기 종료 시까지 답안지와 채점결과를 학교 측에 인계하지 않은 사안에서, 학사일정상 피고인의 임기 종료일까지 기말고사 성적 처리에 대한 최종 업무를 종료할 것이 예정되어 있지 않았고, 피고인이 임기 종료 직전 2일을 무단결근한 사유에 참작할 사정이 있으며, 그 후로는 출근이나 업무 수행을 할 의무가 없음을 이유로 피고인에 대한 직무유기죄 성립을 인정한 원심판단을 파기한 사례(대판 2022.6.30. 2021도8361).

3. 고 의

직무수행의 거부 및 직무유기를 한다는 고의가 있어야 한다. 즉 직무유기에 대한 의식적인 방임 내지 포기가 있어야 한다. 따라서 태만, 착각, 분망 등의 과실이 있는 경우는 물론 고의·과실이 없이 형식적으로 또는 소홀히 직무를 수행한 경우는 직무유기죄가 성립하지 아니한다.

■ 직무유기죄 고의 관련 판례 정리

1. 기본 법리 판례

〈직무유기죄와 고의〉 형법 제122조 소정의 공무원이 정당한 이유 없이 직무를 유기한 때라 함은 직무에 관한 의식적인 방임 내지는 포기 등 정당한 사유 없이 직무를 수행하지 아니한 경우를 의미하는 것이므로 공무원이 태만·착각 등으로 인하여 직무를 성실히 수행하지 아니한 경우나 형식적으로 또는 소홀히 직무를 수행하였기 때문에 성실한 직무수행을 못한 것에 불과한 경우에는 직무유기죄는 성립하지 아니한다(대판 1994.2.8. 93도3568). (22 1차)

〈직무유기죄는 의식적으로 그 작위의무를 수행하지 아니함으로써 성립한다는 판례〉 직무유기죄는 구체적으로 그 직무를 수행하여야 할 작위의무가 있는데도 불구하고 이러한 직무를 버린다는 인식하에 그 작위의무를 수행하지 아니함으로써 성립하는 것이다(대판 1997.4.22. 95도748).

〈징계의결서 사건〉 교육기관·교육행정기관·지방자치단체 또는 교육연구기관의 장이 징계의결을 집행하지 못할 법률상·사실상의 장애가 없는데도 징계의결서를 통보받은 날로부터 법정 시한이 지나도록 집행을 유보하는 모든 경우에 직무유기죄가 성립하는 것은 아니고, 그러한 유보가 직무에 관한 의식적인 방임이나 포기에 해당한다고 볼 수 있는 경우에 한하여 직무유기죄가 성립한다고 보아야 한다(대판 2014.4.10. 2013도229).

2. 직무유기죄의 고의를 긍정한 판례

〈도박혐의자 체포 사건〉 피고인들을 비롯한 경찰관들이 현행범으로 체포한 도박혐의자 17명에 대해 현행범인체포서 대신에 임의동행동의서를 작성하게 하고, 그나마 제대로 조사도 하지 않은 채 석방하였으며, 현행범인 석방사실을 검사에게 보고도 하지 않았고, 석방일시·사유를 기재한 서면을 작성하여 기록에 편철하지도 않았으며, 압수한 일부 도박자금에 관하여 압수조서 및 목록도 작성하지 않은 채 검사의 지휘도 받지 않고 반환하였고, 일부 도박혐의자의 명의도용 사실과 도박 관련 범죄로 수회 처벌받은 전력을 확인하고서도 아무런 추가조사 없이 석방한 사안에서, 이는 단순히 업무를 소홀히 수행한 것이 아니라 정당한 사유 없이 의도적으로 수사업무를 방임 내지 포기한 것이라고 봄이 상당하다는 이유로, 피고인들에 대하여 직무유기죄의 성립을 부정한 원심판단에 법리오해 또는 사실오인의 잘못이 있다고 한 사례(대판 2010.6.24. 2008도11226). (22 경2)

〈편법적으로 사용하기 위한 것이라는 것을 안 사건〉 A시의 ○○과 과장 甲이 시장과 절친하며 자신과도 가깝게 지내온 乙의 물건적치기간 연장신청이 허가대상토지를 골재생산영업을 위한 부대시설로 편법적으로 사용하기 위한 것이라는 점을 잘 알면서도, 허가요건 등을 자세히 검토하지도 않고 그 신청한 내용대로 물건적치기간 연장허가를 내어준 경우에 갑의 행위가 자신의 직무를 의식적으로 방임하거나 포기한 것으로서 직무유기죄에 해당한다(대판 2009.3.26. 2007도7725).

3. 직무유기죄의 고의를 부정한 판례

〈피호송자들이 집단 도주한 사건〉 교도소 보안과 출정계장과 감독교사가 호송지휘관 및 감독교사로서 호송교도관 5명을 지휘하여 재소자 25명을 전국의 각 교도소로 이감하는 호송업무를 수행함에 있어서, 시간이 촉박하여 호송교도관들이 피호송자 개개인에 대하여 규정에 따른 검신 등의 절차를 철저히 이행하지 아니한 채 호송하는 데도 위 호송교도관들에게 호송업무 등을 대강 지시한 후에는 그들이 이를 제대로 수행할 것으로 믿고 구체적인 확인, 감독을 하지 아니한 잘못으로 말미암아 피호송자들이 집단도주하는 결과가 발생한 경우, 위 출정계장과 감독교사가 재소자의 호송계호업무를 수행함에 있어서 성실하게 그 직무를 수행하지 아니하여 충근의무에 위반한 잘못은 인정되나 고의로 호송계호업무를 포기하거나 직무 또는 직장을 이탈한 것이라고는 볼 수 없으므로 형법상 직무유기죄를 구성하지 아니한다(대판 1991.6.11. 91도96).

〈세무공무원이 통고처분이나 고발조치 건의하지 않은 사건〉 통고처분이나 고발을 할 권한이 없는 세무공무원이 그 권한자에게 범칙사건 조사 결과에 따른 통고처분이나 고발조치를 건의하는 등의 조치를 취하지 않았다고 하더라도, 구체적 사정에 비추어 그것이 직무를 성실히 수행하지 못한 것이라고 할 수 있을지언정 그 직무를 의식적으로 방임 내지 포기하였다고 볼 수 없다고 한 사례(대판 1997.4.11. 96도2753).

Ⅲ. 죄수 및 타죄와의 관계

1. 죄 수

직무유기죄의 죄수판단은 원칙적으로 직무의 수에 따라 정해진다. 그리고 직무유기교사죄는 피교사자인 공무원별로 1개의 죄가 성립한다.

〈직무유기죄는 즉시범이 아니라는 판례〉 [사실관계] 교통경찰관 P는 교통사고를 낸 A와 B가 보험처리만 하기로 합의하였으니 사고처리를 하지 말아달라는 부탁을 하자 교통사고를 입건하여 수사하지 않았다. 그러나 보험금을 지급받지 못한 A가 교통사고를 신고하자 뒤늦게 수사에 나섰다. P의 죄책은? [판결요지] 직무유기죄는 그 직무를 수행하여야 하는 작위의무의 존재와 그에 대한 위반을 전제로 하고 있는바, 그 작위의무를 수행하지 아니함으로써 구성요건에 해당하는 사실이 있었고 그 후에도 계속하여 그 작위의무를 수행하지 아니하는 위법한 부작위상태가 계속되는 한 가벌적 위법상태는 계속 존재하고 있다고 할 것이며 형법 제122조 후단은 이를 전체적으로 보아 1죄로 처벌하는 취지로 해석되므로 이를 즉시범이라고 할 수 없다(대판 1997.4.22. 97도675). 直무유기죄가 성립한다. (22 변시)(22 1차)

〈직무유기교사죄의 죄수 판단〉 직무유기교사죄는 피교사자인 공무원별로 1개의 죄가 성립되는 것이 므로 피교사자인 공무원별로 사실을 특정할 수 있도록 공소사실을 기재하여야 한다(대판 1997.8.22. 95도984).

2. 타죄와의 관계

(1) 허위공문서작성죄와의 관계

1) **적극적 은폐의 목적인 경우** : 공무원이 위법상태를 발견하고도 직무상 의무에 따른 적절한 조치를 취하지 아니하고 위법사실을 적극적으로 은폐할 목적으로 허위공문서를 작성·행사한 경우에는 직무위배의 위법상태는 허위공문서작성 당시부터 그 속에 포함되는 것으로 작위범인 허위공문서작성죄와 동행사죄만 성립하고 부작위범인 직무유기죄는 따로 성립하지 아니한다.

〈출장복명서 사건〉 [1] 공무원이 어떠한 위법사실을 발견하고도 직무상 의무에 따른 적절한 조치를 취하지 아니하고 위법사실을 적극적으로 은폐할 목적으로 허위공문서를 작성, 행사한 경우에는 직무위배의 위법상태는 허위공문서작성 당시부터 그 속에 포함되는 것으로 작위범인 허위공문서 작성 및 그 행사죄만이 성립하고 부작위범인 직무유기죄는 따로 성립하지 아니한다. [2] 그런데 원심이 유죄로 인정한 판시 허위공문서작성죄의 범죄사실에 의하더라도, 피고인은 그 일시, 장소 에서 적발한 공소외 1 주식회사의 폐수배출시설 폐쇄명령 불이행 사실을 은폐하는 데 행사할 목적 으로 그 출장복명서의 폐쇄명령 이행사항 확인란을 허위로 작성하였다는 것이므로, 폐수배출시설 등 지도·단속 업무를 담당하는 피고인의 직무 위배의 위법상태는 그 출장복명서를 허위로 작성할 당시부터 그 속에 포함되어 판시 허위공문서작성죄만 성립하고, 직무유기죄는 따로 성립하지 아니 한다 할 것이다(대판 2004.3.26. 2002도5004). (21 2차)(22 1차)

〈예비군 학급편성 명부 사건〉 예비군 중대장이 그 소속 예비군대원의 훈련불참사실을 알았다면 이를 소속 대대장에게 보고하는 등의 조치를 취할 직무상의 의무가 있음은 물론이나, 그 소속 예비군대 원의 훈련불참 사실을 고의로 은폐할 목적으로 당해 예비군대원이 훈련에 참석한 양 허위내용의 학급편성 명부를 작성, 행사하였다면, 직무위배의 위법상태는 허위공문서작성 당시부터 그 속에 포함되어 있는 것이고 그 후 소속대대장에게 보고하지 아니하였다 하더라도 당초에 있었던 직무위 배의 위법 상태가 그대로 계속된 것에 불과하다고 보아야 하고, 별도의 직무유기죄가 성립하여 양 죄가 실체적 경합범이 된다고 할 수 없다(대판 1982.12.28. 82도2210).

〈도박범행사실 적발한 사건〉 [사실관계] 수사경찰관 P는 甲 등 18명의 도박범행사실을 적발하였으 나, 甲 등으로부터 이를 묵인하여 달라는 부탁을 받고 범죄수사에 필요한 조치를 취하지 아니하고, 그 도박사실을 발견하지 못한 것처럼 근무일지를 허위로 작성하고 소속 파출소장에게 이를 허위로 보고하였다. P의 죄책은? [판결요지] 공무원이 어떠한 위법사실을 발견하고도 직무상 의무에 따른 적절한 조치를 취하지 아니하고 위법사실을 적극적으로 은폐할 목적으로 허위공문서를 작성, 행사 한 경우에는 직무위배의 위법상태는 허위공문서작성 당시부터 그 속에 포함되는 것으로 작위범인 허위공문서작성, 동행사죄만이 성립하고 부작위범인 직무유기죄는 따로 성립하지 아니한다(대판 1999.12.14. 99도2240). 답 허위공문서작성죄와 동행사죄가 성립한다.

2) 은폐의 목적이 아닌 경우 : 허위공문서의 작성 · 행사가 위법사실을 은폐하기 위한 것이 아니라, 새로운 위법상태를 창출하기 위한 것인 경우에는 직무유기죄도 성립하며 허위공문서작성죄, 동행사죄 및 직무유기죄는 실체적 경합관계에 있다.

〈농지전용허가 사건〉 **[사실관계]** 농지사무를 담당하고 있는 군직원 甲은 乙의 농지불법전용사실을 알고 있으면서도 이에 대하여 아무런 조치를 취하지 않을 뿐만 아니라, 농지전용허가를 해주어서는 안된다는 사실을 알면서도 허가하는 것이 타당하다는 취지의 현장출장복명서 및 심사의견서를 작성하여 결재권자에게 제출하였다. 甲의 죄책은? **[판결요지]** 공무원이 어떠한 위법사실을 발견하고도 직무상 의무에 따른 적절한 조치를 취하지 아니하고 <u>위법사실을 적극적으로 은폐할 목적으로</u> 허위공문서를 작성 행사한 경우에는 직무위배의 위법상태는 허위공문서작성 당시부터 그 속에 포함되는 것으로 작위범인 허위공문서작성, 동행사죄만이 성립하고 부작위범인 직무유기죄는 따로 성립하지 아니하나, 위 복명서 및 심사의견서를 허위작성한 것이 농지일시전용허가를 신청하자 이를 허가하여 주기 위하여 한 것이라면 직접적으로 농지불법전용 사실을 은폐하기 위하여 한 것은 아니므로 위 허위공문서작성, 동행사죄와 직무유기죄는 실체적 경합범의 관계에 있다(대판 1993.12.24. 92도3334). 답 허위공문서작성죄와 동행사죄 및 직무유기죄가 성립한다.

3) 검사의 소추재량 : 하나의 행위가 부작위범인 직무유기죄와 작위범인 허위공문서작성 · 행사죄의 구성요건을 동시에 충족하는 경우, 공소제기권자는 재량에 의하여 작위범인 허위공문서작성 · 행사죄로 공소를 제기하지 않고 부작위범인 직무유기죄로만 공소를 제기할 수 있다.

〈불법체류자 사건〉 [1] 경찰관이 불법체류자의 신병을 출입국관리사무소에 인계하지 않고 훈방하면서 이들의 인적사항조차 기재해 두지 아니하였다면 직무유기죄가 성립한다고 한 사례. [2] <u>하나의 행위가 부작위범인 직무유기죄와 작위범인 허위공문서작성 · 행사죄의 구성요건을 동시에 충족하는 경우, 공소제기권자는 재량에 의하여 작위범인 허위공문서작성 · 행사죄로 공소를 제기하지 않고 부작위범인 직무유기죄로만 공소를 제기할 수 있다</u>(대판 2008.2.14. 2005도4202). **[COMMENT]** 본 판례는 형사소송법상 일죄의 일부에 대한 공소제기를 인정한 판례라고 일반적으로 평가하고 있다. (12 변시)(13 변시)(22 변시)

〈군수사관이 범인을 도피시킨 사건〉 **[사실관계]** 군수사관 甲은, 국방부 합동조사단장 乙로부터 병무비리사건과 관련하여 뇌물수수 혐의로 수배 중인 A를 체포하도록 지시를 받았음에도 불구하고, A와 수차에 걸쳐 전화통화를 하고, 서류 전달 및 예금통장까지 개설해 주었고 그와 같은 사실을 乙에게 보고조차 하지 않았다. 따라서 군검찰관 K는 甲을 범인도피죄가 아닌 직무유기죄로 기소하였다. 이러한 K의 기소는 적법한가? **[판결요지]** [1] 직무유기죄는 구체적으로 그 직무를 수행하여야 할 작위의무가 있는데도 불구하고 이러한 직무를 버린다는 인식하에 그 작위의무를 수행하지 아니하면 성립하는 것이다. [2] <u>하나의 행위가 부작위범인 직무유기죄와 작위범인 범인도피죄의 구성요건을 동시에 충족하는 경우 공소제기권자는 재량에 의하여 작위범인 범인도피죄로 공소를 제기하지 않고 부작위범인 직무유기죄로만 공소를 제기할 수도 있다</u>(대판 1999.11.26. 99도1904). 답 적법하다.

(2) 범인도피죄 · 증거인멸죄 · 위계에 의한 공무집행방해죄와의 관계

작위범인 범인도피죄나 증거인멸죄 및 위계에 의한 공무집행방해죄만이 성립하고 부작위범인 직무유기죄는 따로 성립하지 않는다.

〈'무조건 튀라' 사건〉 [1] 피고인(사법경찰관)이 검사로부터 범인을 검거하라는 지시를 받고서도 그 직무상의 의무에 따른 적절한 조치를 취하지 아니하고 오히려 범인에게 전화로 도피하라고 권유하여 그를 도피케 하였다는 범죄사실만으로는 직무위배의 위법상태가 범인도피행위 속에 포함되어 있는 것으로 보아야 할 것이므로, 이와 같은 경우에는 작위범인 범인도피죄만이 성립하고 부작위범인 직무유기죄는 따로 성립하지 아니한다. [2] 상상적 경합 관계에 있는 수죄 중 그 일부만이 유죄로 인정된 경우와 그 전부가 유죄로 인정된 경우와는 양형의 조건을 참작함에 있어서 차이가 생겨 선고형을 정함에 있어 차이가 있을 수 있으므로, 위 [1]항의 범죄사실만으로 범인도피죄와 동시에 직무유기죄가 성립하고 양 죄는 상상적 경합범 관계에 있다고 본 원심판결의 위법은 판결 결과에 영향을 미친 것이다(대판 1996.5.10. 96도51). **[COMMENT]** 본 판례는 상상적 경합을 인정하는 것이 위법임을 판시하고 있다. [2022 3차](19 변시)(23 1차)

〈경찰공무원이 지명수배 범인을 발견하고도 도피시킨 사건〉 경찰공무원이 지명수배 중인 범인을 발견하고도 직무상 의무에 따른 적절한 조치를 취하지 아니하고 오히려 범인을 도피하게 하는 행위를 하였다면, 그 직무위배의 위법상태는 범인도피행위 속에 포함되어 있다고 보아야 할 것이므로, 이와 같은 경우에는 작위범인 범인도피죄만이 성립하고 부작위범인 직무유기죄는 따로 성립하지 아니한다(대판 2017.3.15. 2015도1456). (22 변시)

〈압수한 변조기판 돌려 준 사건〉 경찰서 방범과장이 부하직원으로부터 음반·비디오물 및 게임물에 관한 법률 위반 혐의로 오락실을 단속하여 증거물로 오락기의 변조 기판을 압수하여 사무실에 보관 중임을 보고받아 알고 있었음에도 그 직무상의 의무에 따라 위 압수물을 수사계에 인계하고 검찰에 송치하여 범죄 혐의의 입증에 사용하도록 하는 등의 적절한 조치를 취하지 않고, 오히려 부하직원에게 위와 같이 압수한 변조 기판을 돌려주라고 지시하여 오락실 업주에게 이를 돌려준 경우, 작위범인 증거인멸죄만이 성립하고 부작위범인 직무유기죄는 따로 성립하지 아니한다(대판 2006. 10.19. 2005도3909 전합). (15 변시)(18 변시)(22 변시)

〈부하직원이 위계로 농수산국장 결재 받은 사건〉 피고인이, 출원인이 어업허가를 받을 수 없는 자라는 사실을 알면서도 그 직무상의 의무에 따른 적절한 조치를 취하지 않고 오히려 부하직원으로 하여금 어업허가 처리기안문을 작성하게 한 다음 피고인 스스로 중간결재를 하는 등 위계로써 농수산국장의 최종결재를 받았다면, 직무위배의 위법상태가 위계에 의한 공무집행방해행위 속에 포함되어 있는 것이라고 보아야 할 것이므로, 이와 같은 경우에는 작위범인 위계에 의한 공무집행방해죄만이 성립하고 부작위범인 직무유기죄는 따로 성립하지 아니한다(대판 1997.2.28. 96도2825).

2 피의사실공표죄 [진정신분범]

제126조 (피의사실공표) 검찰, 경찰 그 밖에 범죄수사에 관한 직무를 수행하는 자 또는 이를 감독하거나 보조하는 자가 그 직무를 수행하면서 알게 된 피의사실을 공소제기 전에 공표(公表)한 경우에는 3년 이하의 징역 또는 5년 이하의 자격정지에 처한다.

3 공무상 비밀누설죄 [진정신분범]

> 제127조 (공무상비밀의 누설) 공무원 또는 공무원이었던 자가 법령에 의한 직무상 비밀을 누설한 때에는 2년 이하의 징역이나 금고 또는 5년 이하의 자격정지에 처한다.

(1) 의의와 보호법익

공무상 비밀누설죄는 공무원 또는 공무원이었던 자가 법령에 의한 직무상 비밀을 누설하였을 때에 성립하는 범죄이다. 보호법익은 공무원의 비밀누설에 의하여 위협받는 국가의 기능이며, 보호의 정도는 추상적 위험범이다.

〈공무상비밀누설죄의 보호법익〉 공무상비밀누설죄는 기밀 그 자체를 보호하는 것이 아니라 공무원의 비밀엄수의무의 침해에 의하여 위험하게 되는 이익, 즉 비밀의 누설에 의하여 위협받는 국가의 기능을 보호하기 위한 것이다(대판 2007.6.14. 2004도5561).

(2) 주 체

공무원 또는 공무원이었던 자이다. 본죄는 필요적 공범 중 대향범이지만, 누설받은 상대방을 처벌하는 규정이 없으므로 처벌되지 않는다.

〈변호사 사무실 직원 사건〉 [1] 2인 이상 서로 대향된 행위의 존재를 필요로 하는 대향범에 대하여는 공범에 관한 형법총칙 규정이 적용될 수 없는데, 형법 제127조는 공무원 또는 공무원이었던 자가 법령에 의한 직무상 비밀을 누설하는 행위만을 처벌하고 있을 뿐 직무상 비밀을 누설받은 상대방을 처벌하는 규정이 없는 점에 비추어, 직무상 비밀을 누설받은 자에 대하여는 공범에 관한 형법총칙 규정이 적용될 수 없다고 보는 것이 타당하다. [2] 변호사 사무실 직원인 피고인 갑이 법원공무원인 피고인 을에게 부탁하여, 수사 중인 사건의 체포영장 발부자 53명의 명단을 누설받은 사안에서, 피고인 을이 직무상 비밀을 누설한 행위와 피고인 갑이 이를 누설받은 행위는 대향범 관계에 있으므로 공범에 관한 형법총칙 규정이 적용될 수 없는데도, 피고인 갑의 행위가 공무상비밀누설 교사죄에 해당한다고 본 원심판단에 법리오해의 위법이 있다고 한 사례(대판 2011.4.28. 2009도3642). [2014 변시][2017 3차][2016 2차][2023 변시](15 변시)(19 변시)

(3) 객 체

법령에 의한 직무상의 비밀이다. 직무상의 비밀이란 직무수행 중 알게 된 비밀을 말하며, 그 범위는 법령에 의해 비밀로 분류된 것만이 아니라 객관적·일반적으로 외부에 알려지지 않은 것에 상당한 이익이 있는 것을 포함한다.

┃ 법령에 의한 직무상 비밀 관련 판례 정리

1. 기본 법리 판례

〈법령에 의한 직무상 비밀의 범위〉 형법 제127조는 공무원 또는 공무원이었던 자가 법령에 의한 직무상 비밀을 누설하는 것을 구성요건으로 하고 있는바, 여기서 법령에 의한 직무상 비밀이란 반드시 법령에 의하여 비밀로 규정되었거나 비밀로 분류 명시된 사항에 한하지 아니하고,

정치, 군사, 외교, 경제, 사회적 필요에 따라 비밀로 된 사항은 물론 정부나 공무소 또는 국민이 객관적, 일반적인 입장에서 외부에 알려지지 않는 것에 상당한 이익이 있는 사항도 포함하나, 실질적으로 그것을 비밀로서 보호할 가치가 있다고 인정할 수 있는 것이어야한다(대판 2007.6.14. 2004도5561). (23 변시)

2. 직무상 비밀을 긍정하여 공무상비밀누설죄로 처벌한 판례

〈검찰고위간부가 수사상황 누설한 사건〉 검찰의 고위 간부가 특정 사건에 대한 수사가 계속 진행중인 상태에서 해당 사안에 관한 수사책임자의 잠정적인 판단 등 수사팀의 내부 상황을 확인한 뒤 그 내용을 수사 대상자 측에 전달한 행위가 형법 제127조에 정한 공무상 비밀누설에 해당한다고 한 사례(대판 2007.6.14. 2004도5561).

〈수사지휘서 사건〉 수사지휘서의 기재 내용과 이에 관계된 수사상황은 해당 사건에 대한 종국적인 결정을 하기 전까지는 외부에 누설되어서는 안 될 수사기관 내부의 비밀에 해당한다(대판 2018.2.13. 2014도11441).

〈증거에 관한 정보를 피의자에게 알려준 사건〉 경찰공무원이 간통행위에 대한 형사고소 사건에 있어서 제출된 증거에 관한 정보를 피의사실을 부인하는 피의자에게 알려준 경우, 비록 관계 법령에서 이를 비밀사항으로 규정한 바 없다 하더라도 형사 사건에 있어서 제출된 증거에 관한 정보는 실질적으로 비밀성을 지녔다 할 것이므로 이를 피의자에게 알려주는 등으로 특정인의 이익을 도모하여 정당한 이유 없이 누설함은 형법 제127조 소정의 공무상 비밀누설죄에 해당한다(대판 2005.9.15. 2005도4843).

〈특사단 추천 의원을 정리한 문건 누출 사건〉 제18대 대통령 당선인 甲의 비서실 소속 공무원인 피고인이 당시 甲을 위하여 중국에 파견할 특사단 추천 의원을 정리한 문건을 乙에게 이메일 또는 인편 등으로 전달함으로써 법령에 의한 직무상 비밀을 누설하였다는 내용으로 기소된 사안에서, 위 문건이 사전에 외부로 누설될 경우 대통령 당선인의 인사 기능에 장애를 초래할 위험이 있으므로, 종국적인 의사결정이 있기 전까지는 외부에 누설되어서는 아니 되는 비밀로서 보호할 가치가 있는 직무상 비밀에 해당한다고 한 사례(대판 2018.4.26. 2018도2624). (21 3차)

〈이전부지 알려준 사건〉 서울시 도시계획국에 근무하는 토목기사가 서울시 청사 이전계획과 관련하여 이전부지를 알려준 경우, 비록 도시계획사업을 규율하는 도시계획법 등에 도시계획시설결정 사실을 비밀 사항으로 규정한 바 없다 하더라도 판시와 같은 도시계획시설결정 사실은 실질적으로 비밀성을 지녔다 할 것이므로 이를 특정인의 이익을 도모하여 정당한 이유 없이 누설함은 형법 제127조 소정의 공무상 비밀누설죄에 해당한다(대판 1982.6.22. 80도2822).

〈공사예정가격 알려준 사건〉 담당공무원이 수해복구 공사계약을 수의계약 방식으로 체결하기로 하면서, 미리 선정된 공사업체에게 공사 예정가격을 알려준 행위가 형법 제127조의 공무상 비밀누설죄에 해당한다고 한 사례(대판 2008.3.14. 2006도7171).

〈구술시험문제 누설 사건〉 [1] 피고인이 시험 정리원으로서 그 직무에 관련하여 "병"으로부터 돈을 받는 것은 뇌물수수죄가 된다. [2] 피고인이 그 직무상 지득한 구술시험 문제 중에서 소론 사항을 "병"에게 알린 것은 공무상 비밀의 누설인 동시에 형법 제131조 제1항의 부정한 행위를 한 때에 해당한다(대판 1970.6.30. 70도562). (17 변시)

3. 직무상 비밀을 부정하여 공무상비밀누설죄로 처벌하지 않은 판례

〈차적 조회 시스템 사건〉 구청에서 체납차량 영치 및 공매 등의 업무를 담당하던 공무원인 피고인이 甲의 부탁을 받고 차적 조회 시스템을 이용하여 乙의 유사휘발유 제조 현장 부근에서 경찰의 잠복근무에 이용되고 있던 경찰청 소속 차량의 소유관계에 관한 정보를 알아내 甲에게 알려줌으로써 공무상비밀을 누설하였다는 내용으로 기소된 사안에서, 피고인이 甲에게 제공한 차량 소유관계에 관한 정보가 형법 제127조에서 정한 '법령에 의한 직무상 비밀'에 해당한다고 볼 수 없는데도, 이와 달리 보아 유죄를 인정한 원심판결에 법리오해의 위법이 있다고 한 사례(대판 2012.3.15. 2010도14734).

〈국가정보원 내부 감찰 사건〉 국가정보원 내부의 감찰과 관련하여 감찰조사 개시시점, 감찰대상자의 소속 및 인적 사항을 일부 누설한 사실만으로 국가정보원의 정상적인 정보수집활동 등의 기능에 지장을 초래할 것도 아니고, 달리 국가 또는 국가정보원의 기능에 위협이 있을 것이라고 볼 수도 없어 위 누설사실들은 비밀로서의 가치가 없다고 한 사례(대판 2003.11.28. 2003도5547).

(4) 행 위

누설하는 것이다. 누설이란 비밀사항을 제3자에게 알리는 것을 말한다.

〈형사수석부장판사 사건〉 [1] '누설'이란 비밀을 아직 모르는 다른 사람에게 임의로 알려주는 행위를 의미한다. 한편, 공무상비밀누설죄는 공무상 비밀 그 자체를 보호하는 것이 아니라 공무원의 비밀엄수의무의 침해에 의하여 위험하게 되는 이익, 즉 비밀누설에 의하여 위협받는 국가의 기능을 보호하기 위한 것이다. 그러므로 공무원이 직무상 알게 된 비밀을 그 직무와의 관련성 혹은 필요성에 기하여 해당 직무의 집행과 관련 있는 다른 공무원에게 직무집행의 일환으로 전달한 경우에는, 관련 각 공무원의 지위 및 관계, 직무집행의 목적과 경위, 비밀의 내용과 전달 경위 등 제반 사정에 비추어 비밀을 전달받은 공무원이 이를 그 직무집행과 무관하게 제3자에게 누설할 것으로 예상되는 등 국가기능에 위험이 발생하리라고 볼 만한 특별한 사정이 인정되지 않는 한, 위와 같은 행위가 비밀의 누설에 해당한다고 볼 수 없다. [2] 형사수석부장판사인 A가 같은 법원 영장전담판사인 B, C 등으로부터 보고받은 정보를 법원행정처 차장에게 보고하였다는 사안에서, A가 법원행정처 차장에게 한 보고는 공무상 비밀의 누설행위에 해당하지 않는다고 본 사례(대판 2021.11.25. 2021도2486). (22 경2)

〈법원장이 법원행정처 차장에게 보고서를 전달한 사건〉 [1] (위 판례 [1] 부분과 동일한 취지 생략) [2] 법원장인 피고인이 소속 법원 기획법관으로 하여금 집행관사무원 비리 사건에 관하여 영장재판 정보가 포함된 보고서를 작성한 후 법원행정처 차장에게 전달하도록 한 사안에서, 위 보고서에는 외부에 알려질 경우 수사기관의 기능에 장애를 초래할 위험이 있는 비밀이 포함되어 있기는 하나, 피고인의 행위는 직무집행의 일환으로 비밀을 취득할 지위 내지 자격이 있는 법원행정처 차장에게 그 내용을 전달한 것이므로, 공무상비밀누설죄가 성립하지 않는다고 판단한 원심판결을 수긍한 사례(대판 2021.12.30. 2021도11924).

■ 제2항 직권남용죄

1 직권남용죄 [진정신분범]

제123조 (직권남용) 공무원이 직권을 남용하여 사람으로 하여금 의무없는 일을 하게 하거나 사람의 권리행사를 방해한 때에는 5년 이하의 징역, 10년 이하의 자격정지 또는 1천만 원 이하의 벌금에 처한다.

(1) 의의와 보호법익

공무원이 일반적 권한을 가지고 있는 사항에 대하여 직권을 남용하여 사람에게 의무없는 일을 행하게 하거나 권리행사를 방해함으로써 성립하는 범죄이다. 보호법익은 국가기능의 공정한 행사이며, 보호의 정도는 추상적 위험범이다.

(2) 주 체

공무원이다. 법률상의 강제력을 수반하는 직권을 가진 공무원 뿐만 아니라 직권이 남용될 경우 직권행사의 상대방으로 하여금 법률상 의무 없는 일을 하게 하거나 정당한 권리행사를 방해하기에 충분한 권한을 가진 공무원이면 족하다. 그리고 본 죄는 신분범이므로 공무원이 다른 공무원과 공모하여 직권남용권리행사방해죄를 범하였으나, 공무원이 퇴임한 이후에는 직권이 존재하지 않는다. 따라서 퇴임 후에도 실질적 영향력을 행사하는 등으로 퇴임 전 공모한 범행에 관한 기능적 행위지배가 계속되었다고 인정할 만한 특별한 사정이 없는 한, 퇴임 후의 범행에 관하여는 공범으로서 책임을 지지 않는다.

〈**직권남용죄의 직무 범위**〉 직권남용죄는 공무원이 그 일반적 직무권한에 속하는 사항에 관하여 직권의 행사에 가탁하여 실질적, 구체적으로 위법·부당한 행위를 한 경우에 성립하고, 그 일반적 직무권한은 반드시 법률상의 강제력을 수반하는 것임을 요하지 아니하며, 그것이 남용될 경우 직권행사의 상대방으로 하여금 법률상 의무 없는 일을 하게 하거나 정당한 권리행사를 방해하기에 충분한 것이면 된다(대판 2004.5.27. 2002도6251). (22 3차)(23 2차)

〈**조윤선 사건(공무원의 공직 퇴임과 공범으로서의 책임)**〉 직권남용권리행사방해죄는 공무원에게 직권이 존재하는 것을 전제로 하는 범죄이고, 직권은 국가의 권력 작용에 의해 부여되거나 박탈되는 것이므로, 공무원이 공직에서 퇴임하면 해당 직무에서 벗어나고 그 퇴임이 대외적으로도 공표된다. 공무원인 피고인이 퇴임한 이후에는 위와 같은 직권이 존재하지 않으므로, 퇴임 후에도 실질적 영향력을 행사하는 등으로 퇴임 전 공모한 범행에 관한 기능적 행위지배가 계속되었다고 인정할 만한 특별한 사정이 없는 한, 퇴임 후의 범행에 관하여는 공범으로서 책임을 지지 않는다고 보아야 한다(대판 2020.2.13. 2019도5186).

(3) 행 위

직권을 남용하여 의무없는 일을 행하게 하거나 권리행사를 방해하는 것이다.

1) **직권남용** : 공무원이 그 일반적 직무권한에 속하는 사항에 관하여 직권의 행사에 가탁하여 실질적, 구체적으로 위법·부당한 행위를 하는 경우를 의미한다.

〈**직권남용의 의미**〉 직권남용권리행사방해죄는 공무원이 일반적 직무권한에 속하는 사항에 관하여 직권을 행사하는 모습으로 실질적, 구체적으로 위법·부당한 행위를 한 경우에 성립한다. '직권남용'이란 공무원이 일반적 직무권한에 속하는 사항에 관하여 그 권한을 위법·부당하게 행사하는 것을 뜻한다. 어떠한 직무가 공무원의 일반적 직무권한에 속하는 사항이라고 하기 위해서는 그에 관한 법령상 근거가 필요하다. 법령상 근거는 반드시 명문의 규정만을 요구하는 것이 아니라 명문의 규정이 없더라도 법령과 제도를 종합적, 실질적으로 살펴보아 그것이 해당 공무원의 직무권한에 속한다고 해석되고, 이것이 남용된 경우 상대방으로 하여금 사실상 의무 없는 일을 하게 하거나 권리를 방해하기에 충분한 것이라고 인정되는 경우에는 직권남용죄에서 말하는 일반적 직무권한에 포함된다. 남용에 해당하는가를 판단하는 기준은 구체적인 공무원의 직무행위가 본래 법령에서 그 직권을 부여한 목적에 따라 이루어졌는지, 직무행위가 행해진 상황에서 볼 때 필요성·상당성이 있는 행위인지, 직권행사가 허용되는 법령상의 요건을 충족했는지 등을 종합하여 판단하여야 한다(대판 2020.2.13. 2019도5186 전합). (20 변시)

〈직권남용의 의미〉 직권남용권리행사방해죄는 공무원이 직권을 남용하여 사람으로 하여금 의무 없는 일을 하게 하거나 사람의 권리행사를 방해한 때에 성립하는 범죄이다. 여기에서 '직권남용'이란 공무원이 그 일반적 직무권한에 속하는 사항에 관하여 직권의 행사에 가탁하여 실질적, 구체적으로 위법·부당한 행위를 하는 경우를 의미하고, 공무원이 직무와는 상관없이 단순히 개인적인 친분에 근거하여 문화예술 활동에 대한 지원을 권유하거나 협조를 의뢰한 것에 불과한 경우까지 직권남용에 해당한다고 할 수는 없다. 그리고 직권남용죄에서 말하는 '의무'란 법률상 의무를 가리키고, 단순한 심리적 의무감 또는 도덕적 의무는 이에 해당하지 아니한다(대판 2009.1.30. 2008도6950). (24 3차)

〈직권남용과 불법행위의 구별〉 직권남용죄는 공무원이 그 일반적 직무권한에 속하는 사항에 관하여 직권의 행사에 가탁하여 실질적, 구체적으로 위법·부당한 행위를 한 경우에 성립한다. 여기에서 말하는 '직권의 남용'이란 공무원이 일반적 직무권한에 속하는 사항을 불법하게 행사하는 것, 즉 형식적, 외형적으로는 직무집행으로 보이나 실질적으로는 정당한 권한 이외의 행위를 하는 경우를 의미하고, 공무원이 그의 일반적 직무권한에 속하지 않는 행위를 하는 경우인 지위를 이용한 불법행위와는 구별된다.(대판 2019.3.14. 2018도18646). (21 3차)(22 3차)

2) 의무없는 일을 하게 하는 것 : 법률상 의무 없는 자에게 이를 강요하는 것을 말한다. 따라서 단순한 심리적 의무감 또는 도덕적 의무는 이에 해당하지 아니한다.

〈의무의 범위〉 직권남용죄에서 말하는 '의무'란 법률상 의무를 가리키고, 단순한 심리적 의무감 또는 도덕적 의무는 이에 해당하지 아니한다(대판 2009.1.30. 2008도6950). (20 변시)(24 3차)

〈직권남용권리행사방해죄에서 '의무 없는 일을 하게 한 때'의 의미〉 직권남용권리행사방해죄에서 '의무 없는 일을 하게 한 때'란 '사람'으로 하여금 법령상 의무 없는 일을 하게 하는 때를 의미하는바, 공무원이 자신의 직무권한에 속하는 사항에 관하여 실무 담당자로 하여금 그 직무집행을 보조하는 사실행위를 하도록 하더라도 이는 공무원 자신의 직무집행으로 귀결될 뿐이므로 원칙적으로 직권남용권리행사방해죄에서 말하는 '의무 없는 일을 하게 한때'에 해당한다고 할 수 없으나, 직무집행의 기준과 절차가 법령에 구체적으로 명시되어 있고 실무 담당자에게도 직무집행의 기준을 적용하고 절차에 관여할 고유한 권한과 역할이 부여되어 있다면 실무 담당자로 하여금 그러한 기준과 절차에 위반하여 직무집행을 보조하게 한 경우에는 '의무 없는 일을 하게 한 때'에 해당한다(대판 2011.2.10. 2010도13766). (20 변시)(22 3차)(23 2차)(24 3차)

〈서울특별시 교육감 사건〉 서울특별시 교육감인 피고인이 인사담당장학관 등에게 지시하여 승진후보자명부상 승진 또는 자격연수 대상이 될 수 없는 특정 교원들을 적격 후보자인 것처럼 추천하거나 임의로 평정점을 조정하는 방법으로 승진임용하거나 그 대상자가 되도록 한 사안에서,

서울특별시교육청 소속 교육공무원에 대한 인사권은 교육감인 피고인의 일반적인 직무권한에 속하는 사항이지만, 피고인이 승진대상자를 특정한 후 그들을 승진시킬 목적으로 법령에 위반하여 위와 같은 행위를 한 것이라면 그 실질은 정당한 권한 행사를 넘어 직무의 행사에 가탁한 부당한 행위라고 할 것이므로 직권남용에 해당하고, 인사 실무를 담당하는 장학관이나 장학사로 하여금 법령에 위배되는 일을 하게 하여 그들이 이와 같은 역할을 수행한 것은 그들에게 법령상 의무 없는 일을 하게 한 것이라는 이유로, 피고인에 대한 직권남용권리행사방해의 공소사실을 유죄로 인정한 원심판단을 수긍한 사례(대판 2011.2.10. 2010도13766).

〈평정순위 변경 사건〉 시장(市長)인 피고인 甲이 자신의 인사관리업무를 보좌하는 행정과장 피고인 乙과 공동하여, 관련 법령에서 정한 절차에 따라 평정대상 공무원에 대한 평정단위별 서열명부가 작성되고 이에 따라 평정순위가 정해졌는데도 평정권자나 실무 담당자 등에게 특정 공무원들에 대한 평정순위 변경을 구체적으로 지시하여 평정단위별 서열명부를 새로 작성하도록 한 사안에서, 지방공무원법, 지방공무원 임용령, 지방공무원 평정규칙의 입법 목적에 비추어 평정권자나 확인권자가 아닌 지방자치단체의 장이나 그의 인사관리업무를 보좌하는 자에게는 소속 공무원에게 지시하여 관련 법령에서 정해진 절차에 따라 작성된 평정단위별 서열명부를 특정 공무원에 대한 평정순위를 변경하는 내용으로 재작성하게 할 권한이 없으므로, 피고인들의 행위가 공무원이 일반적 직무권한에 속하는 사항에 관하여 직권을 남용하여 평정권자나 실무 담당자 등으로 하여금 의무 없는 일을 하도록 한 것으로서 직권남용권리행사방해죄에 해당한다고 본 원심판단을 수긍한 사례(대판 2012.1.27. 2010도11884).

〈재경원장관이 대출을 해 주도록 요구한 사건〉 재정경제원장관이 대기업에 해당되지도 아니하며 회생 가능성도 불투명하여 대출이 가능한 요건을 갖추었다고 보기 어려운 기업에 대하여 은행감독원장으로부터 경영개선명령을 받아 신규대출을 기피하고 있던 위 기업의 주거래 은행의 은행장에게 개인적 친분이 있는 위 기업을 도와주기 위한 목적으로 대출을 실행하여 줄 것을 요구하고, 위 요구에 따라 위 은행장이 이미 같은 은행으로부터 대출신청이 거절당한 바 있는 위 기업에 대하여 새로이 다른 채권은행장들과 협조융자를 추진하고 대출하도록 한 행위가 직권남용죄에 해당한다고 한 사례(대판 2004.5.27. 2002도6251).

〈검찰 고위 간부가 내사중단시킨 사건〉 검찰의 고위 간부가 내사 담당 검사로 하여금 내사를 중도에서 그만두고 종결처리토록 한 행위가 직권남용권리행사방해죄에 해당한다고 한 사례(대판 2007.6.14. 2004도5561). [판결이유 중 일부 인용] 내사를 중도에서 그만두고 종결처리토록 한 행위는 대검찰청 차장검사 혹은 검찰총장의 직권을 남용하여 담당 검사로 하여금 의무 없는 일을 하게 한 행위에 해당한다는 이유로, 피고인 1의 이 사건 직권남용권리행사방해의 공소사실을 유죄로 인정하였다.

〈문체부 블랙리스트 사건〉 [1] 직권남용권리행사방해죄는 단순히 공무원이 직권을 남용하는 행위를 하였다는 것만으로 곧바로 성립하는 것이 아니다. 직권을 남용하여 현실적으로 다른 사람이 법령상 의무 없는 일을 하게 하였거나 다른 사람의 구체적인 권리행사를 방해하는 결과가 발생하여야 하고, 그 결과의 발생은 직권남용 행위로 인한 것이어야 한다. '사람으로 하여금 의무 없는 일을 하게 한 것'과 '사람의 권리행사를 방해한 것'은 형법 제123조가 규정하고 있는 객관적 구성요건요소인 '결과'로서 둘 중 어느 하나가 충족되면 직권남용권리행사방해죄가 성립한다. 이는 '공무원이 직권을 남용하여'와 구별되는 별개의 범죄성립요건이다. 따라서 공무원이 한 행위가 직권남용에 해당한다고 하여 그러한 이유만으로 상대방이 한 일이 '의무 없는 일'에 해당한다고 인정할 수는 없다. '의무 없는 일'에 해당하는지는 직권을 남용하였는지와 별도로 상대방이 그러한 일을 할 법령상 의무가 있는지를 살펴 개별적으로 판단하여야 한다. 직권을 남용한 행위가 위법하다는 이유로 곧바로 그에 따른 행위가 의무 없는 일이 된다고 인정하면 '의무 없는 일을 하게 한 때'라는 범죄성립요건의 독자성을 부정하는 결과가 되고, '권리행사를 방해한 때'의 경우와 비교하여 형평에도 어긋나게 된다. [2] 직권남용 행위의 상대방이 일반 사인인 경우 특별한 사정이 없는 한 직권에 대응하여 따라야 할 의무가 없으므로 그에게 어떠한 행위를 하게 하였다면 '의무 없는 일을 하게 한 때'에 해당할 수 있다. [3] 그러나 상대방이 공무원이거나 법령에 따라 일정한 공적 임무를 부여받고 있는 공공기관 등의 임직원인 경우에는 법령에 따라 임무를 수행하는 지위에 있으므로 그가 직권에 대응하여 어떠한 일을 한 것이 의무 없는 일인지 여부는 관계 법령 등의 내용에 따라 개별적으로 판단하여야 한다. [4] 공무원이 직권을 남용하여 사람으로 하여금 어떠한 일을 하게 한 때에 상대방이 공무원 또는 유관기관의 임직원인 경우에는 그가 한 일이 형식과 내용 등에 있어 직무범위 내에 속하는 사항으로서 법령 그 밖의 관련 규정에 따라 직무수행 과정에서 준수하여야 할 원칙이나 기준, 절차 등을 위반하지 않는다면 특별한 사정이 없는 한 법령상 의무 없는 일을 하게 한 때에 해당한다고 보기 어렵다(대판 2020.1.30. 2018도2236 전합). (21 3차)(23 2차)

〈안태근 전 검찰국장 사건 – 검사 전보인사 관련 직권남용권리행사방해 사건〉 법무부 검찰국장인 피고인이 검찰국 마련의 인사안 결정과 관련한 직권을 남용하여 검사인사담당 검사로 하여금 부치지청에 근무하고 있던 경력검사를 다시 부치지청으로 배치하는 인사안을 작성하게 함으로써 의무 없는 일을 하게 하였다는 공소사실로, 형법 제123조의 직권남용죄로 기소된 사안에서, 관련 법령 등의 내용에 따르면 검사 전보인사에서 인사권자의 직무집행을 보조 내지 보좌하는 실무 담당자는 여러 인사기준과 고려사항을 종합하여 인사안을 작성할 재량이 있고, 이 사건 인사안은 그러한 재량의 범위를 벗어난다고 단정하기 어려우므로, 검사인사담당 검사로 하여금 이 사건 인사안을 작성하게 한 것을 두고 법령에서 정한 검사 전보인사의 원칙과 기준을 위반하여 직권남용죄에서 말하는 '의무 없는 일을 하게 한 때'에 해당한다고 볼 수 없다(대판 2020.1.9. 2019도11698).

〈기장군수 사건〉 지방자치단체의 장이 승진후보자명부 방식에 의한 5급 공무원 승진임용 절차에서 인사위원회의 사전심의·의결 결과를 참고하여 승진후보자명부상 후보자들에 대하여 승진임용 여부를 심사하고서 최종적으로 승진대상자를 결정하는 것이 아니라, 미리 승진후보자명부상 후보자들 중에서 승진대상자를 실질적으로 결정한 다음 그 내용을 인사위원회 간사, 서기 등을 통해 인사위원회 위원들에게 '승진대상자 추천'이라는 명목으로 제시하여 인사위원회로 하여금 자신이 특정한 후보자들을 승진대상자로 의결하도록 유도하는 행위는 인사위원회 사전심의 제도의 취지에 부합하지 않는다는 점에서 바람직하지 않다고 볼 수 있지만, 그것만으로는 직권남용권리행사방해죄의 구성요건인 '직권의 남용' 및 '의무 없는 일을 하게 한 경우'로 볼 수 없다(대판 2020.12.10. 2019도17879). (22 경2)

〈형사수석부장판사가 계속 중인 사건의 재판에 관여한 사건〉 서울중앙지방법원 형사수석부장판사로 재직하던 피고인이 계속 중인 사건의 재판에 관여하였다는 이유로 직권남용권리행사방해죄로 기소된 사안에서, 피고인의 행위는 부당하거나 부적절한 재판관여행위에 해당하나, 재판관여행위가 피고인의 일반적 직무권한에 속하는 사항에 관하여 직권을 행사하는 모습으로 이루어진 것은 아닌 점, 피고인의 재판관여행위가 담당재판장, 담당판사의 권한 행사를 방해하였다고 볼 수 없는 점, 피고인의 재판관여행위가 담당재판장, 담당판사 등에게 의무 없는 일을 하게 한 것으로 볼 수 없는 점, 피고인의 재판관여행위와 결과 사이에 상당인과관계가 인정되지 않는 점 등을 이유로 공소사실을 무죄로 판단한 원심판단을 수긍한 사례(대판 2022.4.28. 2021도11012).

〈전 국방부장관의 '국군사이버사령부 530단 정치관여 등 의혹 사건' 수사 사건〉 전 국방부장관인 피고인이 '국군사이버사령부 530단 정치관여 등 의혹 사건'의 수사과정에서 국방부조사본부장으로부터 530단장에 대한 구속영장 신청 상황을 보고받은 후 국방부조사본부장에게 청와대 민정수석실에 구속 여부에 관한 의견을 묻게 하고 결국은 국방부조사본부장에게 530단장의 불구속 송치를 지시한 사건에서, 피고인의 국방부조사본부장에 대한 불구속 송치 지시는 피고인에게 주어진 신병처리에 관한 구체적이고 최종적인 권한 내의 행위로서 피고인은 법령이 허용하는 범위 내에서 불구속수사의 원칙 등 여러 사항을 참작하여 신병에 관한 결정을 할 수 있는 재량을 가지고 있으므로 일부 부적절한 사정을 고려하였다고 하여 그 직무행사의 목적이 위법하다고 볼 수 없고, 피고인이 피의자 신병에 관한 구체적이고 최종적인 결정권한을 행사하는 과정에서 여러 견해를 참고할 필요가 있어 국방부조사본부장에게 그에 관한 지시를 하였다고 볼 수 있어서 그 직권의 행사가 당시의 상황에 비추어 필요성이나 상당성이 없다고 단정하기 어렵다고 보아, 청와대 민정수석실에 피의자의 구속에 관한 의견을 묻게 하고 불구속 송치를 지시한 행위가 직권남용권리행사방해죄를 구성한다고 본 원심 판단을 파기·환송한 사안임(대판 2022.10.27. 2020도15105).

   3) **권리행사를 방해하는 것** : 법률상 가지고 있는 권리를 행사하지 못하게 하는 것을 말한다. 여기서의 권리는 법률에 명기된 권리에 한하지 않고 법령상 보호되어야 할 이익이면 족한 것으로서, 공법상의 권리인지 사법상의 권리인지를 묻지 않는다.

〈권리의 범위〉 형법 제123조의 직권남용권리행사방해죄에서 말하는 '권리'는 법률에 명기된 권리에 한하지 않고 법령상 보호되어야 할 이익이면 족한 것으로서, 공법상의 권리인지 사법상의 권리인지를 묻지 않는다고 봄이 상당하다(대판 2010.1.28. 2008도7312). (20 변시)

〈검사가 고발사건 불기소결정한 사건〉 형법 제123조가 규정하는 타인의 권리행사방해죄에서 권리행사를 방해한다 함은 법령상 행사할 수 있는 권리의 정당한 행사를 방해하는 것을 말한다고 할 것이므로 이에 해당하려면 구체화된 권리의 현실적인 행사가 방해된 경우라야 할 것이어서 검사가 고발사건을 불기소결정하여 피고발인으로 하여금 처벌받게 하려는 고발인의 의도가 이루어질 수 없게 되었다 하여 고발인의 권리행사를 방해하였다고는 말할 수 없다(대결 1986.6.30. 86모12).

(4) 기수시기

   의무없는 일을 하게 하거나 권리행사를 방해하는 **결과가 발생할 것을 요하지만**, 이로 인하여 국가의 기능이 현실적으로 침해될 필요는 없다. 이러한 의미에서 본죄는 추상적 위험범이다.

〈직권남용죄의 기수가 되려면 결과가 발생할 것을 요한다는 판례〉 [1] 형법 제123조가 규정하는 직권남용권리행사방해죄에 해당하려면 구체화된 권리의 현실적인 행사가 방해된 경우라야 할 것이고, 또한 공무원의 직권남용행위가 있었다 할지라도 현실적으로 권리행사의 방해라는 결과가 발생하지 아니하였다면 본죄의 기수를 인정할 수 없다. [2] 정보통신부장관이 개인휴대통신 사업자 선정과 관련하여 서류심사는 완결된 상태에서 청문심사의 배점방식을 변경함으로써 직권을 남용하였다 하더라도, 이로 인하여 최종 사업권자로 선정되지 못한 경쟁업체가 가진 구체적인 권리의 현실적 행사가 방해되는 결과가 발생하지는 아니하였다는 이유로 무죄를 선고한 원심의 판단을 수긍한 사례(대판 2006.2.9. 2003도4599). (20 변시)(23 2차)(24 3차)

〈위험범과 결과의 발생〉 제123조의 죄가 원판결 설시와 같이 그 보호객체(법익)가 국권의 공정에 있고 이 법익침해는 침해결과의 발생의 위험이 있으면 족하다고 보아야 하는 점에서 강학상 위태범이라 함은 옳으나 이 문제와 행위객체로서의 범죄구성요건에 있어서의 행위에 결과가 있어야 그 요건이 충족된다 함은 다르기 때문에 위태범이라는 이유를 들어 제123조의 죄에 있어서 권리침해사실이 현실적으로 있을 필요가 없다고 할 수는 없다(대판 1978.10.10. 75도2665).

〈직권남용과 결과발생의 인과관계〉 형법 제123조의 직권남용죄에 해당하려면 현실적으로 다른 사람이 의무 없는 일을 하였거나 다른 사람의 구체적인 권리행사가 방해되는 결과가 발생하여야 하며, 또한 그 결과의 발생은 직권남용 행위로 인한 것이어야 한다(대판 2005.4.15. 2002도3453).

(5) 고 의

주관적 구성요건으로서의 고의는 직권을 남용한다는 인식과 의무없는 일을 하거나 권리행사를 방해한다는 의사가 있어야 한다.

〈직권남용죄의 고의〉 형법 제123조의 죄에 관한 주관적 구성요건으로서의 범의에는 권리행사를 방해한다는 인식 이외에 직권을 남용한다는 인식도 포함되는 것이므로 교도소에서 접견업무를 담당하던 교도관이 접견신청에 대하여 행형법 제18조 제2항 소정의 "필요한 용무"가 있는 때에 해당하지 아니한다고 판단하여 그 접견신청을 거부하였다면, 단지 접견신청거부행위의 위법성에 대한 인식이 없었던 것에 불과한 것이 아니라 애초부터 직권남용에 대한 범의 자체가 없어 위 범죄를 구성하지 아니한다(대결 1993.7.26. 92모29).

(6) 죄 수

'권리행사를 방해함으로 인한 직권남용권리행사방해죄'와 '의무 없는 일을 하게 함으로 인한 직권남용권리행사방해죄'가 경합하면 '권리행사를 방해함으로 인한 직권남용권리행사방해죄'만 성립하고 '의무 없는 일을 하게 함으로 인한 직권남용권리행사방해죄'는 따로 성립하지 아니한다.

〈상급 경찰관이 부하 경찰관의 수사를 중단시킨 사건〉 상급 경찰관이 직권을 남용하여 부하 경찰관들의 수사를 중단시키거나 사건을 다른 경찰관서로 이첩하게 한 경우, 일단 '부하 경찰관들의 수사권 행사를 방해한 것'에 해당함과 아울러 '부하 경찰관들로 하여금 수사를 중단하거나 사건을 다른 경찰관서로 이첩할 의무가 없음에도 불구하고 수사를 중단하게 하거나 사건을 이첩하게 한 것'에도 해당된다고 볼 여지가 있다. 그러나 이는 어디까지나 하나의 사실을 각기 다른 측면에서 해석한 것에 불과한 것으로서 위 두 가지 행위 태양에 모두 해당하는 것으로 기소된 경우, '권리행사를 방해함으로 인한 직권남용권리행사방해죄'만 성립하고 '의무 없는 일을 하게 함으로 인한 직권남용권리행사방해죄'는 따로 성립하지 아니하는 것으로 봄이 상당하다(대판 2010.1.28. 2008도7312). (20 변시) (24 3차)

〈전 국군기무사령관의 온라인 여론조작 활동 지시 사건〉 [1] 직권남용권리행사방해죄는 국가기능의 공정한 행사라는 국가적 법익을 보호하는 데 주된 목적이 있으므로, 공무원이 동일한 사안에 관한 일련의 직무집행 과정에서 단일하고 계속된 범의로 일정 기간 계속하여 저지른 직권남용행위에 대하여는 설령 그 상대방이 여러 명이더라도 포괄일죄가 성립할 수 있다. 다만 개별 사안에서 포괄일죄의 성립 여부는 직무집행 대상의 동일 여부, 범행의 태양과 동기, 각 범행 사이의 시간적 간격, 범의의 단절이나 갱신 여부 등을 세밀하게 살펴 판단하여야 한다. [2] 전 국군기무사령관인 피고인의 관련 행위(온라인 여론조작 활동 지시 또는 불법 신원조회 활동 지시)는 동일한 사안에 관한 일련의 직무집행 과정에서 단일하고 계속된 범의로 일정 기간 계속하여 저지른 직권남용행위에 해당하므로 그 전체 범행에 대하여 포괄하여 하나의 직권남용죄가 성립한다(대판 2021.9.9. 2021도2030). (23 2차)

2 불법 체포 · 감금죄 [미수범 처벌, 진정신분범]

> 제124조 (불법체포, 불법감금) ① 재판, 검찰, 경찰 기타 인신구속에 관한 직무를 행하는 자 또는 이를 보조하는 자가 그 직권을 남용하여 사람을 체포 또는 감금한 때에는 7년 이하의 징역과 10년 이하의 자격정지에 처한다.
> ② 전항의 미수범은 처벌한다.

[죄명예규] 직권남용(체포, 감금)/(제1항 각 죄명)미수

(1) 의의와 보호법익

불법 체포 · 감금죄는 재판, 검찰, 경찰 기타 인신구속에 관한 직무를 행하는 자 또는 이를 보조하는 자가 그 직권을 남용하여 사람을 체포 또는 감금함으로써 성립하는 범죄이다. 보호법익은 국가기능의 공정성과 개인의 인권이며, 보호의 정도는 침해범이다.

(2) 법적 성격

일반체포 · 감금죄에 대하여 특수공무원이라는 점에서 형을 가중하는 책임이 가중되는 부진정신분범이다.

(3) 주 체

재판, 검찰, 경찰 기타 인신구속에 관한 직무를 행하는 자 또는 이를 보조하는 자이다.

(4) 행 위

직권을 남용하여 체포 · 감금하는 것이다. 따라서 직권과 관계없는 체포 · 감금은 일반체포 · 감금죄가 성립한다. 체포란 사람의 신체에 대한 사실적 지배를 설정하는 것이며, 감금이란 사람을 일정한 장소에서 탈출하지 못하게 하는 것이다. 일반적인 체포 · 감금죄와 마찬가지로 전면적인 자유박탈일 필요는 없으며, 간접정범의 형식으로도 가능하다.

〈허위의 진술조서 사건(직권남용감금죄의 간접정범)〉 감금죄는 간접정범의 형태로도 행하여질 수 있는 것이므로, 인신구속에 관한 직무를 행하는 자 또는 이를 보조하는 자가 피해자를 구속하기 위하여 진술조서 등을 허위로 작성한 후 이를 기록에 첨부하여 구속영장을 신청하고, 진술조서 등이 허위로 작성된 정을 모르는 검사와 영장전담판사를 기망하여 구속영장을 발부받은 후 그 영장에 의하여 피해자를 구금하였다면 형법 제124조 제1항의 직권남용감금죄가 성립한다(대판 2006.5.25. 2003도3945).

〈수사기관이 피의자를 임의동행 후 귀가시키지 아니한 사건〉 수사기관이 피의자를 수사하는 과정에서 구속영장없이 피의자를 함부로 구금하여 피의자의 신체의 자유를 박탈하였다면 직권을 남용한 불법감금의 죄책을 면할 수 없고, 수사의 필요상 피의자를 임의동행한 경우에도 조사 후 귀가시키지 아니하고 그의 의사에 반하여 경찰서 조사실 또는 보호실 등에 계속 유치함으로써 신체의 자유를 속박하였다면 이는 구금에 해당한다(대결 1985.7.29. 85모16). (17 변시)

〈경찰서 밖으로 나가지 못하게 한 사건〉 감금죄에 있어서의 감금행위는 사람으로 하여금 일정한 장소 밖으로 나가지 못하도록 하여 신체의 자유를 제한하는 행위를 가리키는 것이고, 그 방법은 반드시 물리적·유형적 장애에 의하는 경우뿐만 아니라 심리적·무형적 장애에 의하는 경우도 포함되는 것인바, 설사 피해자가 경찰서 안에서 직장동료인 피의자들과 같이 식사도 하고 사무실 안팎을 내왕하였다 하여도 피해자를 경찰서 밖으로 나가지 못하도록 그 신체의 자유를 제한하는 유형·무형의 억압이 있었다면 이는 감금행위에 해당한다(대결 1991.12.30. 91모5).

〈즉결심판 피의자 사건〉 형사소송법이나 경찰관직무집행법 등의 법률에 정하여진 구금 또는 보호유치 요건에 의하지 아니하고는 즉결심판 피의자라는 사유만으로 피의자를 구금, 유치할 수 있는 아무런 법률상 근거가 없고, 경찰 업무상 그러한 관행이나 지침이 있었다 하더라도 이로써 원칙적으로 금지되어 있는 인신구속을 행할 수 있는 근거로 할 수 없으므로, 즉결심판 피의자의 정당한 귀가요청을 거절한 채 다음날 즉결심판법정이 열릴 때까지 피의자를 경찰서 보호실에 강제유치시키려고 함으로써 피의자를 경찰서 내 즉결피의자 대기실에 10-20분 동안 있게 한 행위는 형법 제124조 제1항의 불법감금죄에 해당하고, 이로 인하여 피의자를 보호실에 밀어넣으려는 과정에서 상해를 입게 하였다면 특정범죄가중처벌등에관한법률 제4조의2 제1항 위반죄에 해당한다(대판 1997.6.13. 97도877).

〈사법경찰관이 자신의 재량 범위를 벗어난다는 사실을 인식하고 사람을 체포한 사건〉 피고인이 인신구속에 관한 직무를 집행하는 사법경찰관으로서 체포 당시 상황을 고려하여 경험칙에 비추어 현저하게 합리성을 잃지 않은 채 판단하면 체포 요건이 충족되지 아니함을 충분히 알 수 있었는데도, 자신의 재량 범위를 벗어난다는 사실을 인식하고 그와 같은 결과를 용인한 채 사람을 체포하여 권리행사를 방해하였다면, 직권남용체포죄와 직권남용권리행사방해죄가 성립한다(대판 2017.3.9. 2013도16162).

〈위헌적 법령에 따른 체포 사건〉 수사기관이 영장주의를 배제하는 위헌적 법령에 따라 체포·구금을 한 경우 비록 그것이 형식상 존재하는 당시의 법령에 따른 행위라고 하더라도 그 법령 자체가 위헌이라면 결과적으로 그 수사에 기초한 공소제기에 따른 유죄의 확정판결에는 수사기관이 형법 제124조의 불법체포·감금죄를 범한 경우와 마찬가지의 중대한 하자가 있다고 보아야 한다(대결 2018.5.2. 2015모3243).

(5) 피해자의 승낙

본죄는 피해자의 승낙이 있더라도 위법성이 조각되지 않는다. 본죄의 보호법익은 국가기능의 공정성이고, 피해자 개인의 신체활동의 자유는 부차적인 법익에 불과하기 때문이다.

3 폭행 · 가혹행위죄 [진정신분범]

> 제125조 (폭행, 가혹행위) 재판, 검찰, 경찰 그 밖에 인신구속에 관한 직무를 수행하는 자 또는 이를 보조하는 자가 그 직무를 수행하면서 형사피의자나 그 밖의 사람에 대하여 폭행 또는 가혹행위를 한 경우에는 5년 이하의 징역과 10년 이하의 자격정지에 처한다.

[죄명예규] 독직(폭행, 가혹행위)

4 선거방해죄 [진정신분범]

> 제128조 (선거방해) 검찰, 경찰 또는 군의 직에 있는 공무원이 법령에 의한 선거에 관하여 선거인, 입후보자 또는 입후보자 되려는 자에게 협박을 가하거나 기타 방법으로 선거의 자유를 방해한 때에는 10년 이하의 징역과 5년 이상의 자격정지에 처한다.

■ 제3항 뇌물죄

1 수뢰죄 [진정신분범]

> 제129조 (수뢰) ① 공무원 또는 중재인이 그 직무에 관하여 뇌물을 수수, 요구 또는 약속한 때에는 5년 이하의 징역 또는 10년 이하의 자격정지에 처한다.

[죄명예규]뇌물(수수, 요구, 약속)

I.서 설

(1) 의의와 보호법익

공무원 또는 중재인이 직무에 관하여 뇌물을 수수 · 요구 또는 약속함으로써 성립하는 범죄이다. 보호법익에 대해서는 논의가 있지만, 판례는 직무집행의 공정과 이에 대한 사회의 신뢰 및 직무행위의 불가매수성을 직접의 보호법익으로 보고 있다. 보호의 정도는 추상적 위험범이다.

〈뇌물죄의 보호법익〉 뇌물죄는 직무집행의 공정과 이에 대한 사회의 신뢰 및 직무행위의 불가매수성을 그 보호법익으로 하고 있고, 직무에 관한 청탁이나 부정한 행위를 필요로 하는 것은 아니기 때문에 수수된 금품의 뇌물성을 인정하는 데 특별한 청탁이 있어야만 하는 것은 아니고, 또한 금품이 직무에 관하여 수수된 것으로 족하고 개개의 직무행위와 대가적 관계에 있을 필요는 없으며, 그 직무행위가 특정된 것일 필요도 없다(대판 2000.1.21. 99도4940).

(2) 필요적 공범 여부

뇌물죄에 있어 수뢰자와 증뢰자는 필요적 공범관계에 있다.

〈뇌물죄는 필요적 공범이라는 판례〉 뇌물수수죄는 필요적 공범으로서 형법 총칙의 공범이 아니므로, 이에 형법 제30조를 따로 적용하여야 하는 것이 아니다(대판 1971.3.9. 70도2536).

〈뇌물공여죄와 뇌물수수죄〉 [1] 필요적 공범이라는 것은 법률상 범죄의 실행이 다수인의 협력을 필요로 하는 것을 가리키는 것으로서 이러한 범죄의 성립에는 행위의 공동을 필요로 하는 것에 불과하고 반드시 협력자 전부가 책임이 있음을 필요로 하는 것은 아니다. [2] 뇌물증여죄가 성립되기 위하여서는 뇌물을 공여하는 행위와 상대방 측에서 금전적으로 가치가 있는 그 물품 등을 받아들이는 행위(부작위포함)가 필요할 뿐이지 반드시 상대방측에서 뇌물수수죄가 성립되어야만 한다는 것을 뜻하는 것은 아니다(대판 1987.12.22. 87도1699). (12 변시)(18 변시)(21 변시)(22 변시)

Ⅱ. 구성요건

1. 주 체

공무원 또는 중재인이다.

(1) 공무원

국가공무원법과 지방공무원법상 공무원 및 다른 법률에 따라 위 규정들을 적용할 때 공무원으로 간주되는 자 외에 법령에 기하여 국가 또는 지방자치단체 및 이에 준하는 공법인의 사무에 종사하는 자로서 노무의 내용이 단순한 기계적·육체적인 것에 한정되어 있지 않은 자를 말한다.

> **│ 수뢰죄의 공무원 관련 판례 정리**
>
> **1. 기본 법리 판례**
>
> 〈수뢰죄 주체의 범위〉 형법 제129조 내지 제132조 및 구 변호사법(2007. 3. 29. 법률 제8321호로 개정되기 전의 것) 제111조에서 정한 '공무원'이란 국가공무원법과 지방공무원법상 공무원 및 다른 법률에 따라 위 규정들을 적용할 때 공무원으로 간주되는 자 외에 법령에 기하여 국가 또는 지방자치단체 및 이에 준하는 공법인의 사무에 종사하는 자로서 노무의 내용이 단순한 기계적·육체적인 것에 한정되어 있지 않은 자를 말한다(대판 2011.3.10. 2010도14394). (23 1차)
>
> **2. 수뢰죄의 공무원을 긍정한 판례**
>
> 〈임용결격자 사건〉 법령에 기한 임명권자에 의하여 임용되어 공무에 종사하여 온 사람이 나중에 그가 임용결격자이었음이 밝혀져 당초의 임용행위가 무효라고 하더라도, 그가 임용행위라는 외관을 갖추어 실제로 공무를 수행한 이상 공무 수행의 공정과 그에 대한 사회의 신뢰 및 직무행위의 불가매수성은 여전히 보호되어야 한다. 따라서 이러한 사람은 형법 제129조에서 규정한 공무원으로 봄이 타당하고, 그가 그 직무에 관하여 뇌물을 수수한 때에는 수뢰죄로 처벌할 수 있다(대판 2014.3.27. 2013도11357). (17 변시)(18 변시)

〈정비사업조합 임원 사건〉 정비사업조합의 임원이 조합 임원의 지위를 상실하거나 그 직무수행권을 상실하였음에도 조합 임원으로 등기되어 있는 상태에서 계속하여 실질적으로 조합 임원으로서의 직무를 수행하여 왔다면, 그 조합 임원은 뇌물죄에 있어서 공무원으로 의제된다고 본 사례(대판 2016.1.14. 2015도15798).

〈도시계획위원회의 위원 사건〉 도시계획법 제75조 제2항, 제76조 제2항, 같은법시행령 제61조 제1항, 제3항에 따라 도시계획에 관하여 시장 또는 구청장의 자문에 응하며, 당해 시 또는 구의 도시계획에 관한 사항을 심의하기 위하여 설치된 시·구도시계획위원회의 위원도 형법 제129조에서 말하는 공무원에 해당된다(대판 1997.6.13. 96도1703).

〈지방교통영향심의위원회 위원 임명 또는 위촉된 사건〉 시·도지사에 의하여 '지방교통영향심의위원회의 위원'으로 임명 또는 위촉된 자는 그때부터 형법 제129조에 규정된 수뢰죄의 주체인 공무원에 해당하게 되고, 특정 안건을 심의하기 위한 '지방교통영향심의위원회의 회의' 개최를 앞두고 위원장에 의하여 그 회의의 위원으로 지명된 때에 비로소 위 법조에 정한 '공무원'에 해당하게 되는 것은 아니다(대판 2009.2.12. 2007도2733).

〈중앙약사위원회 사건〉 중앙약사위원회 소분과위원회의 그 후보자군에 포함 편성되는 것만으로는 그 때부터 공무에 종사하는 것이라고 할 수는 없으나, 그 후보자들 중 중앙약사심의위원회 소분과위원회의 개최를 앞두고 소분과위원회 위원으로 위촉된 사람은 그 때부터 보건사회부장관이 자문을 구한 당해 안건의 심의가 끝날 때까지의 기간 동안은 위의 근거 법령에 의하여 공무에 종사하는 자로서 형법 제129조에 규정된 수뢰죄의 주체인 공무원이라고 할 것이다(대판 2002.11.22. 2000도4593).

〈등록한 정비사업전문관리업자 사건〉 도시 및 주거환경정비법 제84조의 문언과 취지를 고려하면, 정비사업전문관리업자의 임·직원이 일정한 자본·기술인력 등의 기준을 갖추어 시·도지사(2006. 12. 28. 법률 제8125호로 개정되기 전에는 건설교통부 장관)에게 등록한 후에는 조합설립추진위원회로부터 정비사업전문관리업자로 선정되기 전이라도 그 직무에 관하여 뇌물을 수수한 때에 형법 제129조 내지 제132조의 적용대상이 되고, 정비사업전문관리업자가 조합설립추진위원회로부터 정비사업에 관한 업무를 대행할 권한을 위임받은 후에야 비로소 그 임·직원이 위 법의 적용대상이 되는 것은 아니다(대판 2008.9.25. 2008도2590).

〈도시개발조합 임직원 사건〉 도시개발법 제84조는 "조합의 임직원, 제20조에 따라 그 업무를 하는 감리원은 형법 제129조부터 제132조까지의 규정에 따른 벌칙을 적용할 때 공무원으로 본다."고 규정하고 있으므로, 도시개발구역의 토지 소유자가 도시개발을 위하여 설립한 조합(이하 '도시개발조합'이라 한다)의 임직원 등은 형법 제129조 내지 제132조가 정한 죄의 주체가 된다(대판 2014.6.12. 2014도2393).

〈지방의회의원도 공무원이라고 본 판결〉 비록 지방의회의원이 일정한 비용을 지급받을 뿐 정기적인 급여를 지급받지는 아니한다고 하더라도 공무를 담당하고 있는 이상 지방의회의원은 형법상 공무원에 해당한다(대판 1997.3.11. 96도1258). [COMMENT] 판례 문구에는 나와있지 않지만 수뢰죄의 주체인 공무원인지 여부가 문제된 사안이다.

〈지방공사와 지방공단 직원 사건〉 형법 제129조 내지 제132조의 적용에 있어서 지방공사와 지방공단의 직원까지 공무원으로 본다고 규정한 지방공기업법 제83조는 헌법 제11조 제1항, 제37조 제2항 등에 위반된다고 볼 수 없고, 또한 지방공기업법 제83조의 명문의 규정에 반하여 지방공사와 지방공단의 직원을 특정범죄가중처벌등에관한법률 제4조 제1항 소정의 간부직원, 즉 과장대리급 이상의 직원으로 한정하여 해석할 수도 없다(대판 2002.7.26. 2001도6721).

〈인천도시개발공사 4급직원 사건〉 피고인들이 인천도시개발공사(이하 '공사'라 한다)의 4급 직원으로 근무하던 기간 중에 해외관광 및 골프접대 등 명목으로 향응 등 재산상 이익을 제공받음으로써 공무원으로 의제되는 지방공기업 직원의 직무에 관하여 뇌물을 수수하였다는 내용으로 기소된 사안에서, '과장'은 공사 정관의 위임을 받은 인사규정에 따라 4급 직원들로 임용되는 직위로서 엄연히 존재하므로, 피고인들이 공사의 4급 직원으로서 과장의 직위를 가지고 근무하고 있었던 이상 지방공기업법 시행령 제80조에 정한 간부직원에 해당하여 같은 법 제83조에 의하여 형법 제129조 제1항에서 정한 뇌물수수죄의 주체가 될 수 있고, 설령 공사의 직제상 '과'라는 조직이 존재하지 않더라도 뇌물수수죄의 성립에 장애가 될 수 없다고 한 사례 (대판 2011.1.13. 2009도14660).

3. 수뢰죄의 공무원을 부정한 판례

〈집행관사무소 사무원 사건〉 집행관사무소의 사무원이 집행관을 보조하여 담당하는 사무의 성질이 국가의 사무에 준하는 측면이 있다는 사정만으로는 형법 제129조 내지 제132조 및 구 변호사법 제111조에서 정한 '공무원'에 해당한다고 보기 어렵다(대판 2011.3.10. 2010도14394).

〈위촉기간 종료 사건〉 국가공무원이 지방자치단체의 업무에 관하여 전문가로서 위원 위촉을 받아 한시적으로 그 직무를 수행하는 경우와 같이 공무원이 그 고유의 직무와 관련이 없는 일에 관하여 별도의 위촉절차 등을 거쳐 다른 직무를 수행하게 된 경우에는 그 위촉이 종료되면 그 위원 등으로서 새로 보유하였던 공무원 지위는 소멸한다고 보아야 할 것이므로, 그 이후에 종전에 위촉받아 수행한 직무에 관하여 금품을 수수하더라도 이는 사후수뢰죄에 해당할 수 있음은 별론으로 하고 일반 수뢰죄로 처벌할 수는 없다고 할 것이다(대판 2013.11.28. 2013도10011).

〈뇌물의 수수 등을 할 당시 이미 공무원의 지위를 떠난 사건〉 형법은 공무원이었던 자가 재직 중에 청탁을 받고 직무상 부정한 행위를 한 후 뇌물을 수수, 요구 또는 약속을 한 때에는 제131조 제3항에서 사후수뢰죄로 처벌하도록 규정하고 있으므로, 뇌물의 수수 등을 할 당시 이미 공무원의 지위를 떠난 경우에는 제129조 제1항의 수뢰죄로는 처벌할 수 없고 사후수뢰죄의 요건에 해당할 경우에 한하여 그 죄로 처벌할 수 있을 뿐이다(대판 2013.11.28. 2013도10011).

(2) 중재인

중재인이란 법령에 의하여 중재의 직무를 담당하는 자를 말한다. 노동중재위원, 상사중재위원 등이 이에 해당하며, 사실상의 중재인으로서 분쟁의 해결을 알선하는 자나 사적 조정자는 제외된다.

2. 객 체

뇌물이다. 즉, 직무와 관련된 부당한 대가로서의 이익이다.

〈뇌물 판단의 기준〉 공무원이 얻는 어떤 이익이 직무와 대가관계가 있는 부당한 이익으로서 뇌물에 해당하는지 여부는 당해 공무원의 직무의 내용, 직무와 이익제공자와의 관계, 쌍방간에 특수한 사적인 친분관계가 존재하는지의 여부, 이익의 다과, 이익을 수수한 경위와 시기 등의 제반 사정을 참작하여 결정하여야 할 것이고, 뇌물죄가 직무집행의 공정과 이에 대한 사회의 신뢰 및 직무행위의 불가매수성을 그 보호법익으로 하고 있음에 비추어 볼 때, 공무원이 그 이익을 수수하는 것으로 인하여 사회일반으로부터 직무집행의 공정성을 의심받게 되는지 여부도 뇌물죄의 성부를 판단함에 있어서의 판단 기준이 된다(대판 2000.1.21. 99도4940). (24 2차)

(1) 직무관련성

1) **직무** : 직무란 공무원 또는 중재인이 그 지위에 따라 공무로 담당하는 일체의 사무를 말한다.

㈎ **뇌물죄의 직무의 범위** : 뇌물죄의 직무에는 법령에 정하여진 직무뿐만 아니라 그와 관련 있는 직무, 과거에 담당하였거나 장래에 담당할 직무 외에 사무분장에 따라 현실적으로 담당하지 않는 직무라도 법령상 일반적인 직무권한에 속하는 직무 등 공무원이 그 직위에 따라 공무로 담당할 일체의 직무로서 직무와 밀접한 관계가 있는 행위 또는 관례상이나 사실상 소관하는 직무행위도 포함한다.

〈**직무의 범위 1**〉 뇌물죄에서 말하는 '직무'에는 법령에 정하여진 직무뿐만 아니라 그와 관련 있는 직무, 과거에 담당하였거나 장래에 담당할 직무 외에 사무분장에 따라 현실적으로 담당하지 않는 직무라도 법령상 일반적인 직무권한에 속하는 직무 등 공무원이 그 직위에 따라 공무로 담당할 일체의 직무로서 직무와 밀접한 관계가 있는 행위 또는 관례상이나 사실상 소관하는 직무행위도 포함한다 (대판 2000.1.28. 99도4022). (14 변시)(22 경간)

〈**직무의 범위 2**〉 뇌물죄에 있어서 직무라 함은 공무원이 법령상 관장하는 직무 그 자체뿐만 아니라 그 직무와 밀접한 관계가 있는 행위 또는 관례상이나 사실상 소관하는 직무행위 및 결정권자를 보좌하거나 영향을 줄 수 있는 직무행위도 포함된다(대판 2001.1.19. 99도5753).

〈**교통계 근무 경찰관 사건**〉 경찰관직무집행법 제2조 제1호는 경찰관이 행하는 직무 중의 하나로 '범죄의 예방·진압 및 수사'를 들고 있고, 이와 같이 범죄를 예방하거나, 진압하고, 수사하여야 할 일반적 직무권한을 가지는 피고인이 도박장개설 및 도박범행을 묵인하고 편의를 봐주는 데 대한 사례비 명목으로 금품을 수수하고, 나아가 도박장개설 및 도박범행사실을 잘 알면서도 이를 단속하지 아니하였다면, 이는 경찰관으로서 직무에 위배되는 부정한 행위를 한 것이라 할 것이고, 비록 피고인이 이 사건 범행당시 원주경찰서 교통계에 근무하고 있어 도박범행의 수사 등에 관한 구체적인 사무를 담당하고 있지 아니하였다 하여도 달리 볼 것은 아니라고 할 것이다(대판 2003.6.13. 2003도1060). (14 변시)

〈**시의회 의장 사건**〉 시의회 의장이 토지구획정리사업에 대한 시의회의 심의와 관련하여 영향을 미칠 수 있는 지위에 있다는 이유로, 뇌물죄의 직무관련성을 인정한 사례(대판 1996.11.15. 95도1114).

〈**도시계획국장 사건**〉 시 도시계획국장인 피고인 갑이, 시에서 병 주식회사를 시공사로 하여 진행하던 구청 신축공사 및 그에 인접하여 정 주식회사가 병 회사를 시공사로 하여 진행하던 건물 증축공사에 대한 관리·감독 업무를 수행하면서, 무 회사를 운영하는 피고인 을의 부탁을 받고 병 회사에 부탁하여 위 증축공사 중 건축공사 부분을 무 회사에 하도급받도록 해 준 다음 그 대가로 돈을 받은 사안에서, 갑의 위와 같은 행위는 직무와 밀접한 관계가 있는 행위에 관하여 금품을 수수한 것으로서 뇌물수수죄에 해당한다고 본 원심판단을 수긍한 사례(대판 2011.3.24. 2010도17797).

〈**해운정책과 소속 공무원 사건**〉 구 해양수산부 해운정책과 소속 공무원인 피고인이 갑 해운회사의 대표이사 등에게서 중국의 선박운항허가 담당부서가 관장하는 중국 국적선사의 선박에 대한 운항허가를 받을 수 있도록 노력해 달라는 부탁을 받고 돈을 받은 사안에서, 관련 규정에 의하면 해운정책과 업무에는 대한민국 국적선사의 선박에 관한 것만 포함되어 있을 뿐 외국 국적선사의 선박에 대한 행정처분에 관한 것은 포함되어 있지 않고, 또한 외국 국적선사의 선박에 대한 구체적인 행정처분은, 해운정책과 소속 공무원에게 이를 좌우할 수 있는 어떠한 영향력이 있다고 할 수도 없어 해운정책과 소속 공무원의 직무와 밀접한 관계에 있는 행위라거나 또는 그가 관여하는 행위에 해당한다고 볼 수 없다는 이유로, 직무관련성이 없어 뇌물수수죄가 성립하지 않는다고 본 원심판단을 수긍한 사례(대판 2011.5.26. 2009도2453). (21 경2)

     (나) **전직 후에 전직 전의 직무에 관하여 뇌물을 받은 경우** : 공무원이 추상적 권한을 달리하는 다른 직무로 전직한 후에 전직 전의 직무와 관련하여 뇌물을 수수한 경우에 직무행위의 공정과 사회일반의 신뢰가 침해될 위험성이 있으므로 뇌물죄가 성립한다.

〈**직무의 범위**〉 뇌물죄는 직무집행의 공정과 직무행위의 불가매수성을 그 보호법익으로 하고 있으므로, 뇌물성은 의무위반행위의 유무와 청탁의 유무 및 수수시기가 언제인지를 가리지 아니하는 것이고, 따라서 과거에 담당하였거나 장래 담당할 직무 및 사무분장에 따라 현실적으로 담당하지 아니하는 직무라 하더라도 뇌물죄에 있어서의 직무에 해당할 수 있다(대판 1994.3.22. 93도2962).

  2) **직무관련성** : 직무관련성이란 뇌물은 공무원 또는 중재인의 직무에 관련된 이익이어야 한다는 것을 의미한다. 따라서 공무원이 직무와 관련되지 않은 사적 행위에 대한 이익은 뇌물이 될 수 없다.

▎직무관련성 관련 판례 정리

1. 기본 법리 판례

  〈**장래에 담당할 직무 사건**〉 공무원이 장래에 담당할 직무에 대한 대가로 이익을 수수한 경우에도 뇌물수수죄가 성립할 수 있지만, 그 이익을 수수할 당시 장래에 담당할 직무에 속하는 사항이 그 수수한 이익과 관련된 것임을 확인할 수 없을 정도로 막연하고 추상적이거나, 장차 그 수수한 이익과 관련지을 만한 직무권한을 행사할지 자체를 알 수 없다면, 그 이익이 장래에 담당할 직무에 관하여 수수되었다거나 그 대가로 수수되었다고 단정하기 어렵다(대판 2017.12.22. 2017도12346).

2. 직무관련성을 긍정한 판례

  〈**경찰청장 수뢰사건**〉 경찰청장으로서 모든 범죄수사에 관하여 직무상 또는 사실상의 영향력을 행사할 수 있는 지위에 있던 피고인이, 1년에 3, 4차례 정도 전화로 안부 인사를 나눌 정도였던 갑으로부터 미화 2만 달러를 받은 것은 직무와 관련하여 뇌물로 수수한 것이라고 한 원심판단을 수긍한 사례(대판 2010.4.29. 2010도1082).

  〈**경찰관이 진정사건을 처리하면서 금원을 수수한 사건**〉 경찰관이 재건축조합 직무대행자에 대한 진정사건을 수사하면서 진정인 측에 의하여 재건축 설계업체로 선정되기를 희망하던 건축사사무소 대표로부터 금원을 수수한 사안에서, 금원의 수수와 경찰공무원의 직무인 진정사건 수사와의 관련성을 배척할 수 없다고 한 사례(대판 2007.4.27. 2005도4204).

  〈**음주운전 피단속자에게 금원 교부받은 사건**〉 음주운전을 적발하여 단속에 관련된 제반 서류를 작성한 후 운전면허 취소업무를 담당하는 직원에게 이를 인계하는 업무를 담당하는 경찰관이 피단속자로부터 운전면허가 취소되지 않도록 하여 달라는 청탁을 받고 금원을 교부받은 경우 직무관련성이 인정된다(대판 1999.11.9. 99도2530).

  〈**도립대학교 교수 사건**〉 도립대학교 교수가 그 대학 특성화사업단의 단장으로서 용역계약체결의 요청, 납품검사 등의 직무수행과정에서 금품을 수수한 경우 직무관련성이 인정된다(대판 2009.9.24. 2007도4785).

〈지방의회 의장 선거 사건〉 지방자치법 제42조 제1항의 규정에 의하면 지방의회는 의장을 의원들간의 무기명투표로 선거하도록 되어 있으므로 의장선거에서의 투표권을 가지고 있는 군의원들이 이와 관련하여 금품 등을 수수할 경우 이는 군의원으로서의 직무와 관련된 것이라 할 것이므로 뇌물죄가 성립한다고 한 사례(대판 2002.5.10. 2000도2251).

〈도시계획시설 결정 승인신청서 사건〉 도시계획시설 결정 승인이 시장의 소관사항 아니고 도지사의 소관사항일지라도 시 군시계획계장으로서 위 승인신청서를 수리하여 결재를 거쳐 상급 승인기관에 전달하는 직무에 종사하고 있다면은 그 신청에 관한 금품수수는 직무에 관한 것이라 할 수 있으므로 뇌물수수죄가 성립한다(대판 1983.8.23. 82도2350).

3. 직무관련성을 부정한 판례

〈법원 참여주사 사건〉 법원의 참여주사가 공판에 참여하여 양형에 관한 사항의 심리내용을 공판조서에 기재한다고 하더라도 이를 가지고 형사사건의 양형이 참여주사의 직무와 밀접한 관계가 있는 사무라고는 할 수 없으므로 참여주사가 형량을 감경케 하여 달라는 청탁과 함께 금품을 수수하였다고 하더라도 뇌물수수죄의 주체가 될 수 없다(대판 1980.10.14. 80도1373). (14 변시)

〈정보과 근무 경찰관 사건〉 경찰청 정보과 근무 경찰관의 직무와 중소기업협동조합중앙회장의 외국인산업연수생에 대한 국내 관리업체 선정업무는 직무관련성이 없다고 본 사례(대판 1999.6.11. 99도275).

〈경찰서장에게 승진부탁한 사건〉 보안부대소속 치안본부 연락관이 경찰서장에게 경찰공무원의 승진을 부탁하고 이에 관하여 금원을 받았더라도 경찰공무원의 승진 여부는 치안본부의 인사에 관한 고유의 직무에 속하는 것이므로 이는 알선수뢰죄나 변호사법 제54조의 행위에 해당할지는 몰라도 자기의 직무에 관한 수뢰죄는 되지 아니한다(대판 1983.10.11. 83도425).

〈서울대 의대 교수 사건〉 서울대학교 의과대학 교수 겸 서울대학교병원 의사가 구치소로 왕진을 나가 진료하고 진단서를 작성해 주거나 법원의 사실조회에 대하여 회신을 해주는 것은 의사로서의 진료업무이지 교육공무원인 서울대학교 의과대학 교수의 직무와 밀접한 관련 있는 행위라고 할 수 없다는 이유로 뇌물수수의 공소사실에 대하여 무죄를 선고한 원심의 조치를 수긍한 사례(대판 2006.6.15. 2005도1420).

〈국립대학교 부설 연구소 사건〉 수산업법시행령 제62조 및 어업면허및어장관리에관한규칙 제51조의2에 의하여 해양수산부가 지정 고시한 어업손실액 조사기관인 국립대학교 부설 연구소(국립대학교 부설 연구소 아닌 사립대학교 부설 연구소도 조사기관으로 지정되어 있다.)가 국가를당사자로하는계약에관한법률에 근거하지 아니하고 국가와는 별개의 지위에서 연구소라는 단체의 명의로 체결한 어업피해조사용역계약상의 과업 내용에 의하여 국립대학교 교수가 위 연구소 소속 연구원으로서 수행하는 조사용역업무는 교육공무원의 직무 또는 그와 밀접한 관계가 있거나 그와 관련된 행위에 해당한다고 볼 수 없다(대판 2002.5.31. 2001도670).

(2) 부당한 이익

1) **부당** : 뇌물은 부당한 것이어야 한다.

2) **직무와의 대가관계**

   (가) **대가관계의 요부** : 뇌물이 인정되기 위해서는 직무와의 대가관계가 필요한지에 대하여 논의가 있지만, 다수설과 판례는 뇌물은 직무에 관한 부정한 보수임을 요하므로 뇌물과 직무행위 사이에 대가관계가 있어야 한다는 입장이다.

〈뇌물의 판단〉 공무원이 수수한 금원이 직무와 대가관계가 있는 부당한 이익으로서 뇌물에 해당하는지 여부는 당해 공무원의 직무 내용, 직무와 이익제공자와의 관계, 쌍방간에 특수한 사적인 친분관계가 존재하는지 여부, 이익의 다과, 이익을 수수한 경위와 시기 등의 제반 사정을 참작하여 결정하여야 할 것이고, 뇌물죄가 직무집행의 공정과 이에 대한 사회의 신뢰를 그 보호법익으로 하고 있음에 비추어 볼 때 공무원이 금원을 수수하는 것으로 인하여 사회일반으로부터 직무집행의 공정성을 의심받게 되는지의 여부도 하나의 판단 기준이 된다(대판 2001.9.18. 2000도5438).

〈뇌물과 사례가 불가분인 사건〉 공무원이 수수·요구 또는 약속한 금품에 그 직무행위에 대한 대가로서의 성질과 직무 외의 행위에 대한 사례로서의 성질이 불가분적으로 결합되어 있는 경우에는, 그 수수·요구 또는 약속한 금품 전부가 불가분적으로 직무행위에 대한 대가로서의 성질을 가진다(대판 2013.4.11. 2012도16277).

〈공무원이 공무원 아닌 사람과 공모하여 금품을 수수한 사건〉 [1] 뇌물죄에서의 수뢰액은 그 많고 적음에 따라 범죄구성요건이 되므로 엄격한 증명의 대상이 된다. 이때 공무원이 수수한 금품에 그 직무행위에 대한 대가로서의 성질과 직무 외의 행위에 대한 대가로서의 성질이 불가분적으로 결합되어 있는 경우에는 그 수수한 금품 전부가 불가분적으로 직무행위에 대한 대가로서의 성질을 가진다. 다만 그 금품의 수수가 수회에 걸쳐 이루어졌고 각 수수 행위별로 직무 관련성 유무를 달리 볼 여지가 있는 경우에는 그 행위마다 직무와의 관련성 여부를 가릴 필요가 있다. 그리고 공무원이 아닌 사람과 공무원이 공모하여 금품을 수수한 경우에도 각 수수자가 수수한 금품별로 직무 관련성 유무를 달리 볼 수 있다면, 각 금품마다 직무와의 관련성을 따져 뇌물성을 인정하는 것이 책임주의 원칙에 부합한다. [2] 공무원으로 간주되는 도시개발조합장인 피고인 1과 공무원이 아닌 피고인 2가 공모하여 뇌물을 수수하였다고 기소된 사안에서, 뇌물 가액 산정에 있어 각 수수자가 수수한 금품별로 직무 관련성 유무를 달리 볼 수 있다면 각 금품마다 직무와의 관련성을 따져 뇌물성을 인정하여야 한다는 법리를 설시하면서, 피고인들이 공모하여 수수한 금품 중 일부는 피고인 1의 직무와 직접 관련이 없어 수수한 금품 전부를 피고인 1의 직무행위에 대한 대가라고 보기 어렵다고 보아, 이와 달리 판단한 원심을 파기·환송한 사례(대판 2024.3.12. 2023도17394).

(나) 포괄적 뇌물 : 대가관계와 관련하여 특정한 직무에 대한 대가관계이외에 전체적·포괄적인 직무와 대가관계가 있는 경우에도 뇌물죄가 성립될 수 있는지 즉 포괄적 뇌물죄가 성립할 수 있는지에 대하여 논의가 있지만, 다수설과 판례는 긍정하고 있다.

〈국회의원과 포괄적 뇌물〉 국회의원이 의정활동과 관련하여 전체적·포괄적으로 대가관계가 있는 금원을 교부받았다면 금원수수가 어느 직무행위와 대가관계에 있는 것인지 특정할 수 없다고 하더라도 국회의원의 직무에 관련된 것으로 보아야 한다(대판 1997.12.26. 97도2609).

〈대통령과 포괄적 뇌물〉 뇌물죄는 직무집행의 공정과 이에 대한 사회의 신뢰에 기하여 직무행위의 불가매수성을 그 직접의 보호법익으로 하고 있고, 뇌물성을 인정하는 데에는 특별히 의무위반행위의 유무나 청탁의 유무 등을 고려할 필요가 없는 것이므로, 뇌물은 대통령의 직무에 관하여 공여되거나 수수된 것으로 족하고 개개의 직무행위와 대가적 관계에 있을 필요가 없으며, 그 직무행위가 특정된 것일 필요도 없다(대판 1997.4.17. 96도3377 전합). (18 변시)

㈐ 사교적 의례로서의 선물과 뇌물의 기준 : 일반적으로 사교적 의례로서의 선물은 뇌물이라고 보기 어렵다. 그런데 사교적 의례로서의 선물과 직무상 대가관계 있는 경우에 뇌물이 될 수 있는지에 대하여 논의가 있지만, 판례는 사교적 의례의 형식을 사용하고 있다 하여도 직무행위의 대가로서의 의미를 가질 때에는 뇌물이 된다고 보고 있다.

〈사교적 의례와 뇌물〉 공무원의 직무와 관련하여 금품을 수수하였다면 그 수수한 금품은 뇌물이 되는 것이고, 그것이 사교적 의례의 형식을 사용하고 있다 하여도 직무행위의 대가로서의 의미를 가질 때에는 뇌물이 된다(대판 1999.1.29. 98도3584). (23 1차)(24 2차)

〈뇌물과 선물의 구별기준〉 공무원이 직무의 대상이 되는 사람으로부터 금품 기타 이익을 받은 때에는 그것이 그 사람이 종전에 공무원으로부터 접대 또는 수수받은 것을 갚는 것으로서 사회상규에 비추어 볼 때에 의례상의 대가에 불과한 것이라고 여겨지거나, 개인적인 친분관계가 있어서 교분상의 필요에 의한 것이라고 명백하게 인정할 수 있는 경우 등 특별한 사정이 없는 한 직무와 관련성이 있다고 볼 수 있다. 그리고 공무원의 직무와 관련하여 금품을 주고받았다면 비록 사교적 의례의 형식을 빌어 금품을 주고받았다고 하더라도 수수한 금품은 뇌물이 된다. 공무원이 얻는 어떤 이익이 직무와 대가관계가 있는 부당한 이익으로서 뇌물에 해당하는지 또는 사회상규에 따른 의례상의 대가 혹은 개인적 친분관계에 따른 교분상의 필요에 의한 것으로서 직무와의 관련성이 없는 것인지는 공무원의 직무 내용, 직무와 이익 제공자의 관계, 이익의 수수 경위와 시기 등의 사정과 아울러 제공된 이익의 종류와 가액도 함께 참작하여 이를 판단하여야 한다(대판 2017.1.12. 2016도15470). (18 변시)

㈑ 정치자금 등과 뇌물의 기준 : 선물과 뇌물의 구별과 동일한 논리에 의하여 대가성이 인정된다면 뇌물이 된다.

〈정치자금의 명목 사건〉 정치자금의 기부행위는 정치활동에 대한 재정적 지원행위이고, 뇌물은 공무원의 직무행위에 대한 위법한 대가로서, 양자는 별개의 개념이다. 정치자금의 명목으로 금품을 주고받았고 정치자금법에 정한 절차를 밟았다고 할지라도, 정치인의 정치활동 전반에 대한 지원의 성격을 갖는 것이 아니라 공무원인 정치인의 특정한 구체적 직무행위와 관련하여 금품 제공자에게 유리한 행위를 기대하거나 또는 그에 대한 사례로서 금품을 제공함으로써 정치인인 공무원의 직무행위에 대한 대가로서의 실체를 가진다면 뇌물성이 인정된다(대판 2017.3.22. 2016도21536).

〈정치자금·선거자금이 동시에 뇌물로서의 성격을 가진 사건〉 [1] 정치자금의 기부행위는 정치활동에 대한 재정적 지원행위이고 뇌물은 공무원의 직무행위에 대한 위법한 대가로서 수수되는 것이므로, 어느 금품이 정치자금으로 수수되었다고 하더라도 그 실질에 있어 정치자금으로서의 성격을 띠는 동시에 뇌물로서의 성격을 아울러 갖게 되는 것이 반드시 불가능한 것은 아니라고 하겠다. [2] 공무원이 수수·요구 또는 약속한 금품에 그 직무행위에 대한 대가로서의 성질과 직무 외의 행위에 대한 사례로서의 성질이 불가분적으로 결합되어 있는 경우에는, 그 수수·요구 또는 약속한 금품 전부가 불가분적으로 직무행위에 대한 대가로서의 성질을 가진다. 또한 정치자금·선거자금 등의 명목으로 이루어진 금품의 수수라 하더라도 그것이 정치인인 공무원의 직무행위에 대한 대가로서의 실체를 가지는 한 뇌물로서의 성격을 잃지 아니하고, 설령 수수된 금품 중 순수한 정치자금의 성격이 일부 포함되어 있는 경우가 있다고 하더라도 이를 뇌물로 보는 데에는 지장이 없으며, 다만 그 금품의 수수가 수회에 걸쳐 이루어졌고 각 수수 행위별로 직무관련성 유무를 달리 볼 여지가 있는 경우에는 그 행위마다 직무와의 관련성 여부를 가릴 필요가 있을 뿐이다(대판 2012. 1.12. 2011도12642). (22 법행)

〈국회의원과 정치자금 · 선거자금〉 정치자금 · 선거자금 등의 명목으로 이루어진 금품의 수수라 하더라도 그것이 정치인인 공무원의 직무행위에 대한 대가로서의 실체를 가지는 한 뇌물로서의 성격을 잃지 아니한다(대판 1997.12.26. 97도2609).

〈국회의원의 후원금 사건〉 국회의원이 특정 협회로부터 요청받은 자료를 제공하고 그 대가로서 후원금 명목으로 금원을 교부받은 사안에서, 직무관련성이 있어 뇌물죄가 성립한다고 한 사례(대판 2009. 5.14. 2008도8852). (21 경2)

　3) **이익** : 이익이란 금전, 물품 기타의 재산적 이익뿐만 아니라 사람의 수요 · 욕망을 충족시키기에 족한 일체의 유형 · 무형의 이익을 포함한다.

〈검사실에서 성행위한 사건〉 뇌물죄에서 뇌물의 내용인 이익이라 함은 금전, 물품 기타의 재산적 이익뿐만 아니라 사람의 수요 · 욕망을 충족시키기에 족한 일체의 유형 · 무형의 이익을 포함하며, 제공된 것이 성적 욕구의 충족이라고 하여 달리 볼 것이 아니다(대판 2014.1.29. 2013도13937). (24 변시)

〈무기한 · 무이자로 금원을 차용한 사건〉 공무원이 그 직무에 관하여 금원을 무기한 · 무이자로 차용한 경우에는 수뢰자가 받은 실질적 이익은 무기한 · 무이자 차용금의 금융이익 상당이므로 위의 경우에는 그 금융이익이 뇌물이라 할 것이다(대판 2004.5.28. 2004도1442).

〈무이자 금전 차용과 공소시효〉 공소시효는 범죄행위를 종료한 때로부터 진행하는데(형사소송법 제252조 제1항), 공무원이 직무에 관하여 금전을 무이자로 차용한 경우에는 차용 당시에 금융이익 상당의 뇌물을 수수한 것으로 보아야 하므로, 공소시효는 금전을 무이자로 차용한 때로부터 기산한다(대판 2012.2.23. 2011도7282).

〈투기적 사업에 참여할 기회를 제공받은 사건〉 [1] 뇌물죄에서 뇌물의 내용인 이익이라 함은 금전, 물품 기타의 재산적 이익뿐만 아니라 사람의 수요 욕망을 충족시키기에 족한 일체의 유형 · 무형의 이익을 포함한다고 해석되고, 투기적 사업에 참여할 기회를 얻는 것도 이에 해당한다. [2] 직무와 관련하여 장래 시가앙등이 예상되는 체비지의 지분을 낙찰원가에 매수한 것은 투기적 사업에 참여할 기회를 제공받은 것으로 뇌물수수죄에 해당한다(대판 1994.11.4. 94도129). (24 2차)

〈투기적 사업 참여와 기수시기〉 공무원이 뇌물로 투기적 사업에 참여할 기회를 제공받은 경우, 뇌물수수죄의 기수 시기는 투기적 사업에 참여하는 행위가 종료된 때로 보아야 하며, 그 행위가 종료된 후 경제사정의 변동 등으로 인하여 당초의 예상과는 달리 그 사업 참여로 인한 아무런 이득을 얻지 못한 경우라도 뇌물수수죄의 성립에는 아무런 영향이 없다(대판 2002.5.10. 2000도2251). (12 변시)

〈토지 교환 사건〉 피고인이 그 소유의 甲 토지를 乙 토지와 교환한 것과 관련하여 수뢰를 하였다는 공소사실에 대하여, 원심은 교환된 토지 간에 시가의 차이가 있다고 인정할 수 없다는 이유로 무죄를 선고하였으나, 甲 토지의 시가가 乙 토지의 시가보다 비싸다고 하더라도 피고인으로서는 장기간 처분하지 못하던 토지를 처분하는 한편 매수를 희망하던 전원주택지로 향후 개발이 되면 가격이 많이 상승할 토지를 매수하게 되는 무형의 이익을 얻었다고 봄이 상당하다는 이유로 원심판결을 파기한 사례(대판 2001.9.18. 2000도5438).

〈보험계약 사건〉 갑 생명보험 주식회사의 보험설계사이자 도시 및 주거환경정비법상 재건축정비사업조합의 조합장인 피고인이, 을에게서 시공사 선정 등에 도움을 달라는 청탁을 받고 을로 하여금 갑 회사 보험상품에 대한 보험계약을 체결하게 한 후 그에 대한 보험계약 모집수수료를 교부받음으로써 직무에 관하여 뇌물을 수수하였다는 내용으로 기소된 사안에서, 피고인이 을에게서 제공받은 뇌물은 '보험계약 체결에 따라 모집수수료 등을 지급받을 수 있는 지위 또는 기회'이고, 재산적 가치는 적어도 보험계약 모집수수료 상당은 된다고 한 사례(대판 2014.10.15. 2014도8113).

〈연대보증 사건〉 군에서 일차진급 평정권자가 그 평정업무와 관련하여 진급대상자로 하여금 자신의 은행대출금채무에 연대보증하게 한 행위는 직무에 관련하여 이익인 뇌물을 받은 것에 해당된다 (대판 2001.1.5. 2000도4714).

〈뇌물로 수수한 수표가 부도난 사건〉 뇌물로 공여된 당좌수표가 수수후 부도가 되었다 하더라도 뇌물죄의 성립에는 아무런 소장이 없다(대판 1983.2.22. 82도2964).

〈수의계약금액 사건〉 수의계약을 체결하는 공무원이 해당 공사업자와 적정한 금액 이상으로 계약금액을 부풀려서 계약하고 부풀린 금액을 자신이 되돌려 받기로 사전에 약정한 다음 그에 따라 수수한 돈은 성격상 뇌물이 아니고 횡령금에 해당한다고 한 사례(대판 2007.10.12. 2005도7112). (23 변시)

3. 행 위

직무에 관하여 뇌물을 수수 · 요구 · 약속하는 것이다.

> **[COMMENT]** 제129조 제1항의 단순수뢰죄는 행위상황으로서 청탁이나 부정한 청탁을 요건으로 하지 않는다. 참고로 제129조 제2항의 사전수뢰죄는 청탁을 요건으로 하고, 제130조의 제3자뇌물제공죄는 부정한 청탁을 요건으로 한다.

(1) 수 수

수수란 뇌물을 현실적으로 취득하는 것을 말한다. 그리고 여기에서 취득이란 뇌물에 대한 **사실상의 처분권을 획득**하는 것을 의미하고, 뇌물인 물건의 법률상 소유권까지 취득하여야 하는 것은 아니다. 일반적으로 유형의 재물인 경우에는 점유취득에 의하여, 무형의 이익인 경우에는 현실적으로 그 이익을 향유함으로써 수수가 인정된다.

> ▌**수뢰죄의 수수 관련 판례 정리**
>
> **1. 기본 법리 판례**
>
> **〈형법 제129조 제1항 소정 뇌물수수죄의 요건〉** 형법 제129조 제1항에 규정한 공무원의 뇌물수수죄는 공무원이 직무에 관하여 뇌물을 수수하면 성립되는 것이고 별도로 뇌물을 요구 또는 약속이 있어야만 하는 것은 아니다(대판 1986.11.25. 86도1433). (24 1차)

〈이재용 삼성 부회장 사건 – 최순실에게 제공한 말 3필 사건〉 [1] 뇌물죄에서 뇌물의 내용인 이익은 금전, 물품 기타의 재산적 이익과 사람의 수요 욕망을 충족시키기에 충분한 일체의 유형·무형의 이익을 포함한다. 뇌물수수에서 말하는 '수수'란 받는 것, 즉 뇌물을 취득하는 것이고, 뇌물공여에서 말하는 '공여'란 뇌물을 취득하게 하는 것이다. 여기에서 취득이란 뇌물에 대한 사실상의 처분권을 획득하는 것을 의미하고, 뇌물인 물건의 법률상 소유권까지 취득하여야 하는 것은 아니다. 뇌물수수자가 법률상 소유권 취득의 요건을 갖추지는 않았더라도 뇌물로 제공된 물건에 대한 점유를 취득하고 뇌물공여자 또는 법률상 소유자로부터 반환을 요구받지 않는 관계에 이른 경우에는 그 물건에 대한 실질적인 사용·처분권한을 갖게 되어 그 물건 자체를 뇌물로 받은 것으로 보아야 한다. [2] 뇌물수수자가 뇌물공여자에 대한 내부관계에서 물건에 대한 실질적인 사용·처분권한을 취득하였으나 뇌물수수 사실을 은닉하거나 뇌물공여자가 계속 그 물건에 대한 비용 등을 부담하기 위하여 소유권 이전의 형식적 요건을 유보하는 경우에는 뇌물수수자와 뇌물공여자 사이에서는 소유권을 이전받은 경우와 다르지 않으므로 그 물건을 뇌물로 수수하고 공여하였다고 보아야 한다. 뇌물수수자가 교부받은 물건을 뇌물공여자에게 반환할 것이 아니므로 뇌물수수자에게 영득의 의사도 인정되고, 뇌물공여자가 교부한 물건을 뇌물수수자로부터 반환받을 것이 아니므로 뇌물공여자에게 고의도 인정된다(대판 2019.8.29. 2018도2738 전합). [COMMENT] 비공무원(최순실)에게 제공한 3필의 말들에 관한 실질적인 사용·처분권한이 비공무원에게 있다는 의사의 합치가 있었으므로 말들 자체가 뇌물이라고 보아야 한다는 이유로, 이와 달리 말들이 뇌물이 아니라고 판단한 원심판결을 파기한 사례이며, 이와 동일한 내용의 판시가 〈최순실 국정농단 사건〉(대판 2019.8.29. 2018도13792 전합)에도 있다. (22 2차)

〈자동차 뇌물 사건〉 [1] 자동차를 뇌물로 제공한 경우 자동차등록원부에 뇌물수수자가 그 소유자로 등록되지 않았다고 하더라도 자동차의 사실상 소유자로서 자동차에 대한 실질적인 사용 및 처분권한이 있다면 자동차 자체를 뇌물로 취득한 것으로 보아야 한다. [2] 피고인에게 뇌물로 제공되었다는 자동차는 리스차량으로 리스회사 명의로 등록되어 있는 점, 피고인이 처분승낙서, 권리확인서 등 원하는 경우 소유권이전을 할 수 있는 서류를 소지하고 있지도 아니한 점, 리스계약상 리스계약이 기간만료 또는 리스료 연체로 종료되어 리스회사에서 위 승용차의 반환을 구하는 경우 피고인은 이에 응할 수밖에 없다고 보이는 점 등에 비추어 볼 때 피고인에게 위 승용차에 대한 실질적 처분권한이 있다고 할 수 없어 자동차 자체를 뇌물로 수수한 것으로 볼 수 없다고 한 사례(대판 2006.4.27. 2006도735). [2022 변시](21 변시)(23 1차)(24 2차)

〈다른 사람에게 뇌물 공여하도록 한 사건〉 형법 제129조 제1항의 뇌물수수죄는 공무원이 직무에 관하여 뇌물을 수수한 때에 적용되는 것으로서, 이와 별도로 형법 제130조에서 공무원이 직무에 관하여 부정한 청탁을 받고 제3자에게 뇌물을 공여하게 한 때에는 제3자뇌물제공죄로 처벌하도록 규정하고 있는 점에 비추어 보면, 공무원이 직접 뇌물을 받지 않고 증뢰자로 하여금 다른 사람에게 뇌물을 공여하도록 한 경우에는 다른 사람이 공무원의 사자(使者) 또는 대리인으로서 뇌물을 받은 경우 등과 같이 사회통념상 다른 사람이 뇌물을 받은 것을 공무원이 직접 받은 것과 같이 평가할 수 있는 관계가 있는 경우에 한하여 형법 제129조 제1항의 뇌물수수죄가 성립한다(대판 2016.6.23. 2016도3540).

〈자신이 아닌 정비사업전문관리업자에 뇌물공여하게 한 사건〉 공무원으로 의제되는 정비사업전문관리업자의 임·직원이 직무에 관하여 자신이 아닌 정비사업전문관리업자에 뇌물을 공여하게 하는 경우에도 마찬가지라고 할 것이어서, 임·직원이 법인인 정비사업전문관리업자를 사실상 1인 회사로서 개인기업과 같이 운영하거나, 그렇지 않더라도 사회통념상 정비사업전문관리업자에 뇌물을 공여한 것이 곧 그 임·직원에게 공여한 것과 같다고 볼 수 있을 정도로 경제적·실질적 이해관계를 같이 하는 것으로 평가되는 경우에 한하여 형법 제129조 제1항의 뇌물수수죄가 성립한다(대판 2010.5.13. 2008도5506).

〈공범들이 내부적으로 분배한 사건〉 공범들이 횡령행위를 공동실행하여 얻은 돈을 공범자끼리 수수한 행위가 공동정범들 사이의 범행에 의하여 취득한 돈을 공모에 따라 내부적으로 분배한 것에 지나지 않는다면 별도로 그 돈의 수수행위에 관하여 뇌물죄가 성립하는 것은 아니다(대판 2019.11.28. 2019도1056). (22 변시)(23 2차)(23 3차)

2. 수뢰죄의 수수를 긍정한 판례

〈제3자가 증뢰하고 증뢰자에게 상환받은 사건〉 뇌물죄는 공여자의 출연에 의한 수뢰자의 영득의사의 실현으로서, 공여자의 특정은 직무행위와 관련이 있는 이익의 부담 주체라는 관점에서 파악하여야 하므로, 금품이나 재산상 이익 등이 반드시 공여자와 수뢰자 사이에 직접 수수될 필요는 없고, 그 사이에서 제3자가 먼저 공여자를 대신하여 자신의 자금으로 수뢰자에게 지급한 다음 공여자로부터 그 금액을 상환받는 방식으로 수수되었다 할지라도, 공여자와 수뢰자 사이에 금품 제공에 관한 의사의 합치가 존재하고 또한 그러한 지급방법에 관하여 수뢰자가 양해하였다고 인정되는 한, 공여자와 수뢰자 사이에 직접 금품이 수수되지 아니하였다는 사정만으로는 뇌물수수죄의 죄책을 면할 수 없다(대판 2008.6.12. 2006도8568).

〈공개된 장소에서 뇌물 받은 사건〉 뇌물죄에 있어서 금품을 수수한 장소가 공개된 장소이고, 금품을 수수한 공무원이 이를 부하직원들을 위하여 소비하였을 뿐 자신의 사리를 취한 바 없다 하더라도 그 뇌물성이 부인되지 않는다(대판 1996.6.14. 96도865).

〈공여자를 기망한 사건〉 뇌물은 수수함에 있어서 공여자를 기망한 점이 있다 하여도 뇌물수수, 뇌물공여죄의 성립에는 아무런 소장이 없다(대판 1985.2.8. 84도2625).

〈공여자들의 함정교사 사건〉 피고인의 뇌물수수가 공여자들의 함정교사에 의한 것이기는 하나, 뇌물공여자들에게 피고인을 함정에 빠뜨릴 의사만 있었고 뇌물공여의 의사가 전혀 없었다고 보기 어려울 뿐 아니라, 뇌물공여자들의 함정교사라는 사정은 피고인의 책임을 면하게 하는 사유가 될 수 없다고 한 사례(대판 2008.3.13. 2007도10804). (19 변시)

3. 수뢰죄의 수수를 부정한 판례

〈퇴직 후 뇌물을 수수한 사건〉 공무원이 직무와 관련하여 뇌물수수를 약속하고 퇴직 후 이를 수수하는 경우, 뇌물약속죄 및 사후수뢰죄가 성립할 뿐 뇌물수수죄는 성립하지 않는다고 한 사례(대판 2008.2.1. 2007도5190).

(2) 요 구

요구란 취득의 의사로 상대방에게 뇌물공여를 청구하는 것을 말한다. 요구가 있으면 족하고 뇌물의 교부가 있을 것을 요하지 않으며, 상대방이 응하였는지도 문제되지 않는다.

(3) 약 속

약속이란 양당사자 사이에 뇌물의 수수를 합의하는 것을 말한다. 여기에서 '합의'란 그 방법에 아무런 제한이 없고 명시적일 필요도 없지만, 장래 공무원의 직무와 관련하여 뇌물을 주고 받겠다는 양 당사자의 의사표시가 확정적으로 합치하여야 한다. 그리고 뇌물약속죄에 있어서 뇌물의 목적물인 이익은 약속 당시에 현존할 필요는 없고 약속 당시에 예견할 수 있는 것이라도 무방하며, 뇌물의 목적물이 이익인 경우에는 그 가액이 확정되어 있지 않아도 뇌물약속죄가 성립하는 데는 영향이 없다.

〈**약속의 개념**〉 형법 제129조의 구성요건인 뇌물의 '약속'은 양 당사자 사이의 뇌물수수의 합의를 말하고, 여기에서 '합의'란 그 방법에 아무런 제한이 없고 명시적일 필요도 없지만, 장래 공무원의 직무와 관련하여 뇌물을 주고 받겠다는 양 당사자의 의사표시가 확정적으로 합치하여야 한다 (대판 2012.11.15. 2012도9417).

〈**뇌물약속죄의 성립요건**〉 뇌물약속죄에서 뇌물의 약속은 직무와 관련하여 장래에 뇌물을 주고받겠다는 양 당사자의 의사표시가 확정적으로 합치하면 성립하고, 뇌물의 가액이 얼마인지는 문제되지 아니한다. 또한 뇌물의 목적물이 이익인 경우에 그 가액이 확정되어 있지 않아도 뇌물약속죄가 성립하는 데에는 영향이 없다(대판 2016.6.23. 2016도3753). (18 법행)

〈**건축업자 사건**〉 뇌물약속죄에 있어서 뇌물의 목적물인 이익은 약속 당시에 현존할 필요는 없고 약속 당시에 예견할 수 있는 것이라도 무방하며, 뇌물의 목적물이 이익인 경우에는 그 가액이 확정되어 있지 않아도 뇌물약속죄가 성립하는 데는 영향이 없으므로, 공무원이 건축업자로부터 그가 건축할 주택을 공사비 상당액으로 분양 받기로 약속한 경우에는 매매시가 중 공사비를 초과하는 액수만큼의 이익을 뇌물로서 약속한 것이 되어 뇌물약속죄가 성립한다(대판 1981.8.20. 81도698).

〈**골프장 인허가 사건**〉 갑 유한회사의 이사 피고인 을과 대표 피고인 병이 공모하여, 갑 회사가 추진하는 골프장 조성 공사와 관련하여 피고인 정이 관할 시장으로서 인허가 절차가 신속하게 처리되도록 하는 등 편의를 봐준 데 대한 사례 차원에서 시장직 퇴임 후의 해외 연수비용 명목으로 미화 50,000달러를 제공하기로 하고, 피고인 정은 위 돈을 제공받기로 함으로써 공무원의 직무에 관하여 뇌물을 약속하였다는 내용으로 기소된 사안에서, 제반 사정에 비추어 피고인 병과 피고인 정 사이에 또는 피고인들 3자 사이에 뇌물을 공여하고 수수하기로 하는 확정적인 의사의 합치로서 약속이 있었다고 보기 어렵다고 한 사례(대판 2012.11.15. 2012도9417).

4. 주관적 구성요건

공무원 또는 중재인이라는 신분에 대한 인식과 직무에 관하여 뇌물을 수수 · 요구 · 약속한다는 사실에 대한 인식이 있어야 한다. 그리고 뇌물을 받는다는 것은 영득의 의사로 금품을 받는 것을 말하므로, 뇌물인지 모르고 받았다가 뇌물임을 알고 즉시 반환하거나 또는 증뢰자가 일방적으로 뇌물을 두고 가므로 나중에 기회를 보아 반환할 의사로 어쩔 수 없이 일시 보관하다가 반환하는 등 영득의 의사가 없었다고 인정되는 경우라면 뇌물을 받았다고 할 수 없다.

〈**뇌물죄와 영득의 의사**〉 [1] 뇌물을 받는다는 것은 영득의 의사로 금품을 받는 것을 말하므로, 뇌물인지 모르고 받았다가 뇌물임을 알고 즉시 반환하거나 또는 증뢰자가 일방적으로 뇌물을 두고 가므로 나중에 기회를 보아 반환할 의사로 어쩔 수 없이 일시 보관하다가 반환하는 등 영득의 의사가 없었다고 인정되는 경우라면 뇌물을 받았다고 할 수 없다. [2] 그러나 피고인이 먼저 뇌물을 요구하여 증뢰자로부터 돈을 받았다면 피고인에게는 받은 돈 전부에 대한 영득의 의사가 인정된다(대판 2017. 3.22. 2016도21536).

〈**뇌물 액수가 너무 많은 사건**〉 [1] 일단 영득의 의사로 뇌물을 수수하였지만 그 액수가 너무 많아서 나중에 반환할 의사로 보관하였다 하더라도 뇌물죄의 성립에는 영향이 없다. [2] 뇌물을 수수한 자가 그 후에 자신의 편의에 따라 그 중 일부를 타인에게 교부하였어도 위 뇌물 전액을 수수하였다고 보아야 한다(대판 1992.2.28. 91도3364).

〈뇌물이 과다하여 후에 반환한 사건〉 피고인이 먼저 뇌물을 요구하여 증뢰자가 제공하는 돈을 받았다면 피고인에게는 받은 돈 전부에 대한 영득의 의사가 인정된다고 하지 않을 수 없고, 이처럼 영득의 의사로 뇌물을 수령한 이상 그 액수가 피고인이 예상한 것보다 너무 많은 액수여서 후에 이를 반환하였다고 하더라도 뇌물죄의 성립에는 영향이 없다(대판 2007.3.29. 2006도9182). (21 경간)

〈승진 청탁 사건〉 피고인이 부하직원으로부터 승진 청탁과 함께 돈을 교부받은 경위, 언제든지 그 돈을 반환할 기회가 있었음에도 반환하지 않은 점, 그 돈을 사용한 뒤 6개월 후에 그 청탁을 들어줄 수 없는 처지에 이르자 반환한 점 등에 비추어 피고인에게 그 돈을 뇌물로서 영득할 의사가 있었다고 인정한 사례(대판 2001.10.12. 2001도3579).

〈자기앞수표 건네받고 10일 후 반환한 사건〉 공무원인 피고인 1은 부동산업자인 공소외 1로부터 이 사건 을왕동 토지에 관하여 건축허가를 내 줄 것을 부탁받고 그로부터 1~2일 후 만나 3,000만 원권 자기앞수표가 든 봉투를 건네받았는데, 그 후 공소외 1과 수시로 통화하면서도 이를 즉시 공소외 1에게 돌려주지 않고 위 자기앞수표를 10일 가량 가지고 있다가 돌려주었다면 수뢰죄가 성립한다고 한 사례(대판 2012.8.23. 2010도6504).

Ⅲ. 관련문제

(1) 공 범

수뢰죄는 진정신분범이므로 이에 신분없는 자가 가담하는 경우에는 형법 제33조에 따라 신분범으로 처벌된다.

〈과장대리급 아닌 직원 사건〉 정부관리기업체의 과장대리급 이상이 아닌 직원도 다른 과장대리급 이상인 직원들과 함께 뇌물수수죄의 공동정범이 될 수 있다(대판 1992.8.14. 91도3191).

〈최순실 국정농단 사건〉 [다수의견] [1] 공무원이 아닌 사람(이하 '비공무원'이라 한다)이 공무원과 공동가공의 의사와 이를 기초로 한 기능적 행위지배를 통하여 공무원의 직무에 관하여 뇌물을 수수하는 범죄를 실행하였다면 공무원이 직접 뇌물을 받은 것과 동일하게 평가할 수 있으므로 공무원과 비공무원에게 형법 제129조 제1항에서 정한 뇌물수수죄의 공동정범이 성립한다. [2] 형법은 제130조에서 제129조 제1항 뇌물수수죄와는 별도로 공무원이 그 직무에 관하여 뇌물공여자로 하여금 제3자에게 뇌물을 공여하게 한 경우에는 부정한 청탁을 받고 그와 같은 행위를 한 때에 뇌물수수죄와 법정형이 동일한 제3자뇌물수수죄로 처벌하고 있다. 제3자뇌물수수죄에서 뇌물을 받는 제3자가 뇌물임을 인식할 것을 요건으로 하지 않는다. 그러나 공무원이 뇌물공여자로 하여금 공무원과 뇌물수수죄의 공동정범 관계에 있는 비공무원에게 뇌물을 공여하게 한 경우에는 공동정범의 성질상 공무원 자신에게 뇌물을 공여하게 한 것으로 볼 수 있다. 공무원과 공동정범 관계에 있는 비공무원은 제3자뇌물수수죄에서 말하는 제3자가 될 수 없고, 공무원과 공동정범 관계에 있는 비공무원이 뇌물을 받은 경우에는 공무원과 함께 뇌물수수죄의 공동정범이 성립하고 제3자뇌물수수죄는 성립하지 않는다. [3] 뇌물수수죄의 공범들 사이에 직무와 관련하여 금품이나 이익을 수수하기로 하는 명시적 또는 암묵적 공모관계가 성립하고 공모 내용에 따라 공범 중 1인이 금품이나 이익을 주고받았다면, 특별한 사정이 없는 한 이를 주고받은 때 그 금품이나 이익 전부에 관하여 뇌물수수죄의 공동정범이 성립하고, 금품이나 이익의 규모나 정도 등에 대하여 사전에 서로 의사의 연락이 있거나 금품 등의 구체적 금액을 공범이 알아야 공동정범이 성립하는 것은 아니다. [4] 금품이나 이익 전부에 관하여 뇌물수수죄의 공동정범이 성립한 이후에 뇌물이 실제로 공동정범인 공무원 또는 비공무원 중 누구에게 귀속되었는지는 이미 성립한 뇌물수수죄에 영향을 미치지 않는다. 공무원과 비공무원이 사전에 뇌물을 비공무원에게 귀속시키기로 모의하였거나 뇌물의 성질상 비공무원이 사용하거나 소비할 것이라고 하더라도 이러한 사정은 뇌물수수죄의 공동정범이 성립한 이후 뇌물의 처리에 관한 것에 불과하므로 뇌물수수죄가 성립하는 데 영향이 없다(대판 2019. 8.29. 2018도13792 전합). [COMMENT] 비공무원(최순실)의 딸에 대한 승마 지원과 관련한 뇌물이 비공무원에게 모두 귀속되었더라도 공무원인 대통령과 비공무원 사이에 뇌물수수죄의 공동정범이 성립될 수 있다는 판례이다. 그리고 〈이재용 삼성 부회장 사건〉(대판 2019.8.29. 2018도2738 전합)에도 동일한 내용의 판시가 있다. (20 변시)(22 변시)(23 변시)(21 1차)(23 1차)(23 2차)

(2) 죄 수

수수죄가 성립하면 요구나 약속 등의 행위는 수수죄에 흡수된다. 즉 뇌물을 요구 또는 약속한 후 이를 수수한 때에는 포괄하여 한 개의 뇌물 수수죄가 성립한다. 뇌물을 여러 차례에 걸쳐 수수하였더라도 단일하고도 계속된 범의 하에 받은 일자가 상당한 기간에 걸쳐 있었더라면 각 수수기간 사이에 간격이 상당하여도 포괄일죄가 된다.

〈단일한 범의로 계속하여 수뢰한 사건〉 단일하고도 계속된 범의 아래 동종의 범행을 일정기간 반복하여 행하고 그 피해법익도 동일한 경우에는 각 범행을 통틀어 포괄일죄로 볼 것이고, 수뢰죄에 있어서 단일하고도 계속된 범의 아래 동종의 범행을 일정기간 반복하여 행하고 그 피해법익도 동일한 것이라면 돈을 받은 일자가 상당한 기간에 걸쳐 있고, 돈을 받은 일자 사이에 상당한 기간이 끼어 있다 하더라도 각 범행을 통틀어 포괄일죄로 볼 것이다(대판 2000.1.21. 99도4940). (19 법행)

〈17회에 걸쳐 상납받은 사건〉 공무원인 이 사건 피고인들이 1987.7.15.부터 1988.12.28.까지 사이에 전후 17회에 걸쳐 정기적으로 동일한 납품업자로부터 신속한 검수, 검수과정에서의 함량미달 등 하자를 눈감아 달라는 청탁명목으로 계속하여 금원을 교부받아 그 직무에 관하여 뇌물을 수수한 것이라면, 공무원이 직무에 관하여 뇌물을 수수한다는 단일한 범의 아래 계속하여 일정기간 동종행위를 반복한 것이 분명하므로, 뇌물수수의 포괄일죄로 보아 특정범죄 가중처벌 등에 관한 법률에 의율하여야 한다(대판 1990.9.25. 90도1588).

〈3개월 동안 3회 수뢰한 사건〉 단일하고 계속된 범의하에 동종의 범행을 일정기간 반복하여 행하고 그 피해법익도 동일한 경우에는 각 범행을 통털어 포괄일죄로 보아야 하는 것이므로 공무원이 동일인으로부터 다른 공무원 소관의 관광호텔사업승인에 따른 직무사항의 알선에 관하여 교제비명목으로 3개월여동안 3회에 걸쳐 합계금 4,500,000원을 받은 사실을 포괄일죄로 다스린 원심의 조치는 정당하다(대판 1990.6.26. 90도466).

(3) 다른 범죄와의 관계

1) 공갈죄와 수뢰죄와의 관계

경찰공무원인 甲은 직무집행의 의사는 물론이고 직무처리와 대가적인 관계도 없이 술집을 운영하는 A에게 세무조사를 받을 수 있다고 협박하여 A는 어쩔 수 없이 甲에게 100만원을 주었다. 甲의 죄책은?

1. 논의점

공무원이 직무집행에 관련하여 상대방을 공갈하여 재물을 취득한 경우에는 공갈죄와 수뢰죄가 문제된다. 공갈죄가 성립한다는 것은 일반적으로 확립되어 있지만, 수뢰죄의 성립을 어떠한 기준으로 인정할 것인지에 대하여 논의가 있다.

2. 견해의 대립

이에 대하여는 ① 직무집행의사를 기준으로 하여 공무원이 직무를 집행할 의사로 공갈한 경우에는 공갈죄와 수뢰죄의 상상적 경합이 되고, 직무집행의 의사가 없는 경우에는 공갈죄만 성립한다는 직무집행의사 기준설 ② 직무관련성을 기준으로 하여 직무관련성이 인정될 때에는 공갈죄와 수뢰죄의 상상적 경합이 되고, 직무관련성이 인정되지 않을 때에는 공갈죄만 성립한다는 직무관련성 기준설이 대립하고 있다.

3. 판례의 태도

판례는 '공무원이 직무집행의 의사 없이 또는 직무처리와 대가적 관계없이 타인을 공갈하여 재물을 교부하게 한 경우에는 공갈죄만이 성립한다'라고 하여 직무집행의사 기준설을 따르고 있다.

4. 검토

생각건대 공무원이 직무집행을 할 의사가 전혀 없는 경우까지 수뢰죄의 성립을 인정하는 것은 무리가 있으므로 직무집행의사설이 타당하다.

5. 증뢰죄의 성부 검토

위의 논의에서 공무원에게 수뢰죄가 성립한다고 할 경우에 상대방이 증뢰죄가 성립할 수 있는지에 대하여 논의가 있다. 이에 대하여는 ① 단순한 공포심에 의한 경우이므로 증뢰죄가 성립한다는 긍정설과 ② 금품의 교부가 하자이므로 증뢰죄가 성립하지 않는다는 부정설이 대립하고 있다. ③ 판례는 공무원에게 수뢰죄가 성립하지 않는다면 증뢰죄도 성립하지 않는다고 판시한 판례는 있으나, 공무원에게 수뢰죄가 성립하는 경우에 대한 판례는 아직 없는 것으로 보인다.

6. 관련 판례

〈공무원이 직무집행의 의사없이 공갈하여 재물 교부 받은 사건〉 [사실관계] -[쟁점사실관계] [판결요지] [1] 공무원이 직무집행의 의사 없이 또는 직무처리와 대가적 관계없이 타인을 공갈하여 재물을 교부하게 한 경우에는 공갈죄만이 성립하고, 이러한 경우 재물의 교부자가 공무원의 해악의 고지로 인하여 외포의 결과 금품을 제공한 것이라면 그는 공갈죄의 피해자가 될 것이고 뇌물공여죄는 성립될 수 없다고 하여야 할 것이다. [2] 세무공무원에게 회사에 대한 세무조사라는 직무집행의 의사가 있었고, 과다계상된 손금항목에 대한 조사를 하지 않고 이를 묵인하는 조건으로, 다시 말하면 그 직무처리에 대한 대가관계로서 금품을 제공받았으며,

회사의 대표이사는 공무원의 직무행위를 매수하려는 의사에서 금품을 제공하였고, 그 세무공무원은 세무조사 당시 타회사 명의의 세금계산서가 위장거래에 의하여 계상된 허위의 계산서라고 판단하고 이를 바로잡아 탈루된 세금을 추징할 경우 추징할 세금이 모두 50억 원에 이를 것이라고 알려 주었음이 명백하다면, 문제된 세금계산서가 진정한 거래에 기하여 제출된 것인지, 세무공무원의 묵인행위로 인하여 회사에게 추징된 세금액수가 실제적으로 줄어든 것이 있는지 여부에 관계없이 그 세무공무원 및 대표이사의 행위가 뇌물죄를 구성한다고 한 사례. [3] 피고인들의 행위는 뇌물수수죄가 아니라 공갈죄를 구성하는 것이라거나 뇌물공여죄는 성립되지 않고 공갈죄의 피해자에 불과하다는 주장은, 형사소송법 제323조 제2항에 의하여 유죄판결의 이유에 판단을 명시하여야 하는 법률상 범죄의 성립을 조각하는 이유나 형의 감면 이유에 해당하는 사실의 주장이 아닐 뿐만 아니라 피고인들의 행위가 뇌물죄에 해당한다고 인정한 판단에는 피고인들의 주장을 심리하고 이를 배척하는 판단이 포함되어 있다고 보아야 할 것이다(대판 1994.12.22. 94도2528). 🗒 공갈죄만 성립한다. [COMMENT] 참고로 94도2528 판례는 피고인들에게 수뢰죄와 증뢰죄를 인정한 사안이지, 공갈죄와 관련된 사안이 아니다. 다만 피고인들 특히 증뢰자가 자신은 공갈죄의 피해자이지 증뢰자가 될 수 없다고 항변하는 과정에서 공갈죄와 증뢰죄에 대한 법리를 설시하고 있어 의미가 있는 판례이다. [2014 2차] [2016 변시][2016 1차][2019 3차](12 변시)(20 변시)(21 2차)(23 1차)(24 1차)

2) **사기죄와의 관계** : 공무원이 직무에 관하여 타인을 기망하고 재물을 교부받았다면 수뢰죄와 사기죄의 상상적 경합이 된다.

〈**총기 분실 사건**〉 [**사실관계**] 병기과 전임하사직에 있는 甲은 사병 乙이 총을 분실하였다는 착오(사실은 乙의 총은 행정착오로 다른 부대에 있었다)에 빠져있자 이를 해결해 줄 것처럼 하면서 돈을 받았다. 甲의 죄책은? [**판결요지**] 원래 1개의 행위가 뇌물죄와 사기죄의 각 구성요건에 해당될 수 있는 바이므로 이런 경우에는 형법 40조에 의하여 상상적 경합으로 처단하여야 할 것이다(대판 1977.6.7. 77도1069). 🗒 사기죄와 수뢰죄의 상상적 경합범이 된다.

〈**공여자를 기망한 사건**〉 뇌물을 수수함에 있어서 공여자를 기망한 점이 있다 하여도 뇌물수수죄, 뇌물공여죄의 성립에는 영향이 없고, 이 경우 뇌물을 수수한 공무원에 대하여는 한 개의 행위가 뇌물죄와 사기죄의 각 구성요건에 해당하므로 형법 제40조에 의하여 상상적 경합으로 처단하여야 할 것이다(대판 2015.10.29. 2015도12838). [COMMENT] 기망당하여 하자있는 처분행위를 한 자에게도 뇌물공여죄를 인정하고 있다는 점에서 흥미로운 판례이다. (24 변시)(24 1차)

IV. 뇌물의 몰수와 추징

> **제134조 (몰수, 추징)** 범인 또는 사정을 아는 제3자가 받은 뇌물 또는 뇌물로 제공하려고 한 금품은 몰수한다. 이를 몰수할 수 없을 경우에는 그 가액을 추징한다.

(1) 제134조의 의의

뇌물의 몰수와 추징은 필요적이므로 법관에게 자유재량이 인정되지 않는다. 따라서 제134조는 임의적 몰수·추징을 규정한 제48조에 대한 특칙이다. 이러한 제134조의 취지는 뇌물죄와 관련된 이익을 보유하지 못하도록 하는데 있다.

〈검사가 필요적 몰수 규정의 적용을 누락한 사건〉 검사가 공소를 제기함에 있어 필요적 몰수규정의 적용을 빠뜨렸다고 하더라도 법원은 직권으로 이를 적용하여야 하는 것이므로 같은 취지에서 원심이 이를 적용한 조치는 정당하고 원심판결에 불고불리의 원칙에 위반된 위법이 있다는 취지로 보이는 이점 논지는 이유없다(대판 1978.6.13. 78도1033).

〈당좌수표가 부도나자 현금이나 유가증권을 다시 교부한 사건〉 증뢰자가 교부한 당좌수표가 부도나자 부도 된 당좌수표를 반환 받고 그 수표에 대체하여 수표의 액면가액에 상응하는 현금이나 유가증권을 수뢰자에게 다시 교부하고 수뢰자가 이를 수수하였다면, 형법 제134조의 규정취지가 수뢰자로 하여금 불법한 이득을 보유시키지 않으려는 데에 있는 점에 비추어 볼 때, 이 현금이나 유가증권이 몰수, 추징의 대상이 된다(대판 1992.12.8. 92도1995).

(2) 몰수와 추징

1) **몰수 · 추징의 법적 성질** : 몰수는 범죄에 의한 이득의 박탈을 그 목적으로 하는 형벌이고, 추징은 이러한 몰수의 취지를 관철하기 위한 사법처분이다.

2) **몰수 · 추징의 일반원칙**

   ㈎ 뇌물의 몰수가 가능한 경우 : 몰수한다.

   ㈏ 뇌물의 전부 또는 일부를 몰수하기 불가능한 경우 : 전부 또는 일부의 가액을 추징한다.

   ㈐ 몰수 · 추징 자체가 애초에 불가능한 경우 : 원칙적으로 몰수 · 추징을 할 수 없다.

3) **뇌물의 추징가액산정의 기준시기** : 추징가액산정시기에 대해서는 ① 수뢰시를 기준으로 하는 수수시설 ② 몰수할 수 없을 때를 기준으로 하는 몰수불능시설 ③ 판결선고시를 기준으로 하는 판결선고시설이 대립하고 있지만, **판례는 판결선고시설의 입장이다.**

〈추징가액 산정기준시기는 재판선고시의 가격이라는 판례〉 몰수의 취지가 범죄에 의한 이득의 박탈을 그 목적으로 하는 것이고 추징도 이러한 몰수의 취지를 관철하기 위한 것이라는 점을 고려하면 몰수하기 불능한 때에 추징하여야 할 가액은 범인이 그 물건을 보유하고 있다가 몰수의 선고를 받았더라면 잃었을 이득상당액을 의미한다고 보아야 할 것이므로 그 가액산정은 재판선고시의 가격을 기준으로 하여야 할 것이다(대판 1991.5.28. 91도352).

〈금품의 무상대여와 추징〉 [1] 금품의 무상대여를 통하여 위법한 재산상 이익을 취득한 경우 추징의 대상이 되는 금융이익 상당액은 객관적으로 산정되어야 할 것인데, 특별한 사정이 없는 한 금품수수일로부터 약정된 변제기까지 금품을 무이자로 차용하여 얻은 금융이익의 수액을 산정한 뒤 이를 추징하여야 한다. [2] 나아가 그와 같이 약정된 변제기가 없는 경우에는, 판결 선고일 전에 실제로 차용금을 변제하였다거나 대여자의 변제 요구에 의하여 변제기가 도래하였다는 등의 특별한 사정이 없는 한, 금품수수일로부터 판결 선고시까지 금품을 무이자로 차용하여 얻은 금융이익의 수액을 산정한 뒤 이를 추징하여야 할 것이다(대판 2014.5.16. 2014도1547). (15 변시)

(3) 몰수와 추징의 대상

1) **뇌물의 특정** : 몰수의 대상은 기본적으로 범인 또는 정을 아는 제3자가 받은 뇌물이다. 그리고 뇌물에 공할 금품도 몰수의 대상이 되므로 공여하였으나 수수되지 않은 뇌물과 공

여를 약속한 뇌물도 포함한다. 그러나 **뇌물은 특정되어야** 하며 만약 특정되지 않았다면 몰수할 수 없다. 따라서 그 가액도 추징할 수 없다.

〈**뇌물에 공할 금품이 특정되지 않은 사건**〉 형법 제134조는 뇌물에 공할 금품을 필요적으로 몰수하고 이를 몰수하기 불가능한 때에는 그 가액을 추징하도록 규정하고 있는바, 몰수는 특정된 물건에 대한 것이고 추징은 본래 몰수할 수 있었음을 전제로 하는 것임에 비추어 뇌물에 공할 금품이 특정되지 않았던 것은 몰수할 수 없고 그 가액을 추징할 수도 없다(대판 2015.10.29. 2015도12838). (18 변시)(24 변시)

2) 부수적 비용 : 뇌물을 받음에 있어서 그 취득을 위하여 상대방에게 뇌물의 가액에 상당하는 금원의 일부를 비용의 명목으로 출연하거나 그밖에 경제적 이익을 제공하였다 하더라도 이는 뇌물을 받는데 지출한 부수적 비용에 불과하므로 뇌물 자체를 몰수 또는 추징하여야 한다.

[COMMENT] 지출한 부수적 비용을 공제하지 않는 태도를 비공제설이라고 한다.

〈**뇌물을 받는데 부수적 비용을 지출한 사건**〉 공무원이 뇌물을 받음에 있어서 그 취득을 위하여 상대방에게 뇌물의 가액에 상당하는 금원의 일부를 비용의 명목으로 출연하거나 그밖에 경제적 이익을 제공하였다 하더라도, 이는 뇌물을 받는데 지출한 부수적 비용에 불과하다고 할 것이지, 이로 인하여 공무원이 받은 뇌물이 그 뇌물의 가액에서 위와 같은 지출액을 공제한 나머지 가액에 상당한 이익에 한정되는 것이라고 볼 수는 없으므로, 그 공무원으로부터 뇌물죄로 얻은 이익을 몰수·추징함에 있어서는 그 받은 뇌물 자체를 몰수하여야 하고, 그 뇌물의 가액에서 위와 같은 지출을 공제한 나머지 가액에 상당한 이익만을 몰수·추징할 것은 아니다(대판 1999.12.10. 99도577). (19 변시)(22 변시)

3) 불가분적 결합물 : 대가관계 있는 금원과 대가관계 없는 금원이 불가분적으로 결합된 경우에는 전부가 불가분적으로 직무행위에 대한 대가로서의 성질을 지니므로 **전부를 몰수** 또는 추징한다.

〈**대가관계있는 금원과 그렇지 않은 금원이 불가분적으로 혼재된 사건**〉 공무원이 수수·요구 또는 약속한 금품에 그 직무행위에 대한 대가로서의 성질과 직무 외의 행위에 대한 사례로서의 성질이 불가분적으로 결합되어 있는 경우에는, 그 수수·요구 또는 약속한 금품 전부가 불가분적으로 직무행위에 대한 대가로서의 성질을 가진다(대판 2012.1.12. 2011도12642).

(4) 몰수와 추징의 상대방

1) 뇌물을 반환하지 않은 경우 : 뇌물을 반환하지 않은 경우에는 수뢰자에게 몰수·추징한다.

〈**타인 명의의 예금계좌로 수수한 사건**〉 공무원의 직무에 속한 사항의 알선에 관하여 금품을 받음에 있어 타인의 동의하에 그 타인 명의의 예금계좌로 입금받는 방식을 취하였다고 하더라도 이는 범인이 받은 금품을 관리하는 방법의 하나에 지나지 아니하므로, 그 가액 역시 범인으로부터 추징하지 않으면 안된다고 할 것이다(대판 2006.10.27. 2006도4659). (19 변시)

2) 뇌물인 원물을 반환한 경우 : 뇌물 그 자체인 원물을 반환한 경우에는 증뢰자에게 몰수·추징한다.

〈수뢰자가 뇌물 그대로 반환한 사건〉 수뢰자가 뇌물을 그대로 보관하였다가 증뢰자에게 반환한 때에는 증뢰자로 부터 몰수·추징할 것이므로 수뢰자로 부터 추징함은 위법하다(대판 1984.2.28. 83도2783). (14 변시)

3) 뇌물을 사용 또는 소비 후 동가치의 것을 반환한 경우 : 수뢰자가 사용 또는 소비 후 동가치의 것을 반환한 경우에는 수뢰자가 몰수·추징의 상대방이다.

〈수수한 뇌물을 소비하고 후에 동액을 반환한 사건〉 수뢰죄에 있어서 수뢰자가 일단 수수한 뇌물을 소비하여 몰수하기 불능하게 되었을 때에는 그 후에 동액의 금원을 증뢰자에게 반환하였다 하여도 수뢰자로부터 그 가액을 추징하여야 한다(대판 1986.10.14. 86도1189). (14 변시)

〈뇌물로 받은 금전을 예금하였다가 후에 동액을 반환한 사건〉 뇌물로 받은 돈을 은행에 예금한 경우 그 예금행위는 뇌물의 처분행위에 해당하므로 그 후 수뢰자가 같은 액수의 돈을 증뢰자에게 반환하였다 하더라도 이를 뇌물 그 자체의 반환으로 볼 수 없으니 이러한 경우에는 수뢰자로부터 그 가액을 추징하여야 한다(대판 1996.10.25. 96도2022). (20 변시)

〈자기앞수표를 뇌물로 받아 소비하고 상당액을 반환한 사건〉 수뢰자가 자기앞수표를 뇌물로 받아 이를 소비한 후 자기앞수표 상당액을 증뢰자에게 반환하였다 하더라도 뇌물 그 자체를 반환한 것은 아니므로 이를 몰수할 수 없고 수뢰자로부터 그 가액을 추징하여야 할 것이다(대판 1999.1.29. 98도3584). (12변시)(20 변시)

4) 수뢰자가 일부를 다시 타인에게 뇌물공여한 경우

(가) 제1수뢰자가 제2수뢰자에게 임의로 상납한 경우 : 제1수뢰자에게 전액을 몰수·추징하고, 제2수뢰자에게는 독자적으로 받은 액을 몰수·추징한다.

〈수뢰한 금원을 수뢰자가 다시 타인에게 공여한 사건〉 피고인들이 뇌물로 받은 돈을 그후 다른 사람에게 다시 뇌물로 공여하였다 하더라도 그 수뢰의 주체는 어디까지나 피고인들이고 그 수뢰한 돈을 다른 사람에게 공여한 것은 수뢰한 돈을 소비하는 방법에 지나지 아니하므로 피고인들로부터 그 수뢰액 전부를 각 추징하여야 한다(대판 1986.11.25. 86도1951).

(나) 제1수뢰자가 증뢰자의 부탁으로 제2수뢰자에게 준 경우 : 제1수뢰자에게 자기가 영득한 부분, 제2수뢰자에게 나머지를 몰수·추징한다.

〈수뢰 후 관계공무원에게 다시 뇌물공여한 사건〉 [1] 공무원의 직무에 속한 사항의 알선에 관하여 금품을 받고 그 금품 중의 일부를 실제로 금품을 받은 취지에 따라 청탁과 관련하여 관계 공무원에게 뇌물로 공여하거나 다른 알선행위자에게 청탁의 명목으로 교부한 경우에는 그 부분의 이익은 실질적으로 범인에게 귀속된 것이 아니므로 그 부분을 제외한 나머지 금품만을 몰수하거나 그 가액을 추징하여야 한다. [2] 그러나 공무원의 직무에 속한 사항의 알선에 관하여 금품을 받은 자가 그 금품 중의 일부를 다른 알선행위자에게 청탁의 명목으로 교부하였다 하더라도 당초 금품을 받을 당시부터 그 금품을 그와 같이 사용하기로 예정되어 있었기 때문에 금품을 받은 취지에 따라 그와 같이 사용한 것이 아니라, 범인이 독자적인 판단에 따라 경비로 사용한 것이라면 이는 범인이 받은 돈을 소비하는 방법에 지나지 아니하므로 그 금액 역시 범인으로부터 추징하여야 할 것이다(대판 1999. 5.11. 99도963).

5) 수인이 같이 수뢰한 경우

(가) 일반론 : 수인이 같이 수뢰한 경우에는 각자 실제로 수수한 금품을 몰수하거나 개별적
으로 추징하는 것이 원칙이다. 그러나 예외적으로 수수한 뇌물을 공동으로 소비하였
거나 분배율이 불분명한 경우에는 평등하게 몰수하거나 추징한다.

〈수인이 공동하여 수수한 뇌물 분배 사건〉 수인이 공동으로 수재한 경우에는 그 분배받은 금원, 즉
실질적으로 귀속된 이익금만을 개별적으로 몰수·추징하여야 하고, 여기서 범인에는 공동정범자
뿐만 아니라 종범 또는 교사범도 포함되고 소추 여부를 불문한다(대판 2004.10.27. 2003도6738).

〈공동 수뢰 사건〉 여러 사람이 공동으로 뇌물을 수수한 경우 그 가액을 추징하려면 실제로 분배받
은 금품만을 개별적으로 추징하여야 하고 수수금품을 개별적으로 알 수 없을 때에는 평등하게
추징하여야 하며 공동정범뿐 아니라 교사범 또는 종범도 뇌물의 공동수수자에 해당할 수 있으나,
공동정범이 아닌 교사범 또는 종범의 경우에는 정범과의 관계, 범행 가담 경위 및 정도, 뇌물 분배에
관한 사전약정의 존재 여부, 뇌물공여자의 의사, 종범 또는 교사범이 취득한 금품이 전체 뇌물수수
액에서 차지하는 비중 등을 고려하여 공동수수자에 해당하는지를 판단하여야 한다. 그리고 뇌물을
수수한 자가 공동수수자가 아닌 교사범 또는 종범에게 뇌물 중 일부를 사례금 등의 명목으로
교부하였다면 이는 뇌물을 수수하는 데 따르는 부수적 비용의 지출 또는 뇌물의 소비행위에
지나지 아니하므로, 뇌물수수자에게서 수뢰액 전부를 추징하여야 한다(대판 2011.11.24. 2011도9585).
(18 변시)(20 변시)

〈뇌물수수자가 교사범이나 종범에게 뇌물 중 일부를 교부한 사건〉 뇌물을 수수한 자가 공동수수자가
아닌 교사범 또는 종범에게 뇌물 중 일부를 사례금 등의 명목으로 교부하였다면 이는 뇌물을 수수
하는 데 따르는 부수적 비용의 지출 또는 뇌물의 소비행위에 지나지 아니하므로, 뇌물수수자에게
서 수뢰액 전부를 추징하여야 한다(대판 2011.11.24. 2011도9585).

〈제3자 초대 사건〉 피고인이 증뢰자와 함께 향응을 하고 증뢰자가 이에 소요되는 금원을 지출한 경
우 이에 관한 피고인의 수뢰액을 인정함에 있어서는 먼저 피고인의 접대에 요한 비용과 증뢰자가
소비한 비용을 가려내어 전자의 수액을 가지고 피고인의 수뢰액으로 하여야 하고 만일 각자에 요한
비용액이 불명일 때에는 이를 평등하게 분할한 액을 가지고 피고인의 수뢰액으로 인정하여야 할 것
이고, 피고인이 향응을 제공받는 자리에 피고인 스스로 제3자를 초대하여 함께 접대를 받은 경우
에는, 그 제3자가 피고인과는 별도의 지위에서 접대를 받는 공무원이라는 등의 특별한 사정이
없는 한 그 제3자의 접대에 요한 비용도 피고인의 접대에 요한 비용에 포함시켜 피고인의 수뢰액
으로 보아야 한다(대판 2001.10.12. 99도5294).

(나) 효과 : 형법상의 몰수는 이익박탈에 목적이 있으므로 수인이 같이 수뢰한 경우에 분할
채무관계임이 원칙이다. 그러나 일부 특별형법상의 몰수는 징벌적 제재의 성격으로
인해 부진정연대채무관계가 성립되는 경우도 있다.

> [COMMENT] 보다 자세한 내용은 총론 형벌론 중 몰수 부분 참조.

〈특가법상의 수뢰액 산정 기준〉 수인이 공동하여 뇌물수수죄를 범한 경우에 공범자는 자기의 수뢰액
뿐만 아니라 다른 공범자의 수뢰액에 대하여도 그 죄책을 면할 수 없는 것이므로, 특정범죄가중처

벌등에관한법률 제2조 제1항의 적용 여부를 가리는 수뢰액을 정함에 있어서는 그 공법자 전원의 수뢰액을 합한 금액을 기준으로 하여야 할 것이고, 각 공범자들이 실제로 취득한 금액이나 분배받기로 한 금액을 기준으로 할 것이 아니다(대판 1999.8.20. 99도1557).

2 사전수뢰죄 [진정신분범]

> **제129조 (사전수뢰)** ② 공무원 또는 중재인이 될 자가 그 담당할 직무에 관하여 청탁을 받고 뇌물을 수수, 요구 또는 약속한 후 공무원 또는 중재인이 된 때에는 3년 이하의 징역 또는 7년 이하의 자격정지에 처한다.

[죄명예규] 사전뇌물(수수, 요구, 약속)

(1) 의 의

공무원 또는 중재인이 될 자가 그 담당할 직무에 관하여 청탁을 받고 뇌물을 수수·요구 또는 약속한 후 공무원 또는 중재인이 됨으로써 성립하는 범죄이다. 취임 전의 비공무원의 수뢰행위라는 점에서 단순수뢰죄보다 불법이 감경되는 감경적 구성요건이다.

(2) 주 체

공무원 또는 중재인이 될 자이다. '공무원 또는 중재인이 될 자'란 공무원채용시험에 합격하여 발령을 대기하고 있는 자 또는 선거에 의해 당선이 확정된 자 등 공무원 또는 중재인이 될 것이 예정되어 있는 자뿐만 아니라 공직취임의 가능성이 확실하지는 않더라도 **어느 정도의 개연성을 갖춘 자를 포함**한다고 할 것이다.

〈공직취임의 개연성 사건〉 [1] 형법 제129조 제2항에 정한 '공무원 또는 중재인이 될 자'란 공무원채용시험에 합격하여 발령을 대기하고 있는 자 또는 선거에 의해 당선이 확정된 자 등 공무원 또는 중재인이 될 것이 예정되어 있는 자뿐만 아니라 공직취임의 가능성이 확실하지는 않더라도 어느 정도의 개연성을 갖춘 자를 포함한다고 할 것이다. [2] 도시개발조합의 임원인 조합장 또는 상무이사로 선출될 상당한 개연성이 있는 피고인들이 그 담당할 직무에 관하여 청탁을 받고 소유권이전등기를 마칠 수 있는 기회를 제공받는 방법으로 이익을 수수한 사안에서, 사전수뢰죄의 성립을 긍정한 사례(대판 2010.5.13. 2009도7040).

(3) 행 위

담당할 직무에 관하여 청탁을 받고 뇌물을 수수·요구 또는 약속하는 것이다.

1) **담당할 직무** : 장래 공무원·중재인이 되었을 때에 담당할 것으로 예정되어 있는 직무를 말한다.

2) **청탁을 받고** : '청탁'이라 함은 공무원에 대하여 일정한 직무행위를 할 것을 의뢰하는 것을 말하는 것으로서 그 직무행위가 부정한 것인가 하는 점은 묻지 않으며 그 청탁이 반드시 명시적이어야 하는 것도 아니다. 청탁을 '받고'란 그러한 의뢰에 응할 것을 약속하는 것을 말한다.

〈사전수뢰죄의 청탁〉 형법 제129조 제2항의 사전수뢰는 단순수뢰의 경우와는 달리 청탁을 받을 것을 요건으로 하고 있는바, 여기에서 청탁이라 함은 공무원에 대하여 일정한 직무행위를 할 것을 의뢰하는 것을 말하는 것으로서 그 직무행위가 부정한 것인가 하는 점은 묻지 않으며 그 청탁이 반드시 명시적이어야 하는 것도 아니라고 할 것이다(대판 1999.7.23. 99도1911). (22 1차)

(4) 객관적 처벌조건

본죄는 공무원 또는 중재인이 될 자가 뇌물을 수수·요구 또는 약속함으로써 성립하며, 공무원 또는 중재인이 되었을 때에 처벌된다. 따라서 공무원 또는 중재인이 되는 것은 객관적 처벌조건에 해당한다. 현행 형법상으로는 유일한 객관적 처벌조건이다.

3 제3자 뇌물제공죄 [진정신분범]

> 제130조 (제3자 뇌물제공) 공무원 또는 중재인이 그 직무에 관하여 부정한 청탁을 받고 제3자에게 뇌물을 공여하게 하거나 공여를 요구 또는 약속한 때에는 5년 이하의 징역 또는 10년 이하의 자격정지에 처한다.

[죄명예규]] 제3자뇌물(수수, 요구, 약속)

(1) 의 의

제3자 뇌물제공죄는 공무원 또는 중재인이 그 직무에 관하여 부정한 청탁을 받고 제3자에게 뇌물을 공여하게 하거나 공여를 요구 또는 약속함으로써 성립하는 범죄이다.

(2) 부정한 청탁

제3자 뇌물제공죄는 직무에 관하여 부정한 청탁을 받아야 한다. 제3자 뇌물제공죄에서 '부정한 청탁'을 요건으로 하고 있는 취지는 처벌의 범위가 불명확해지지 않도록 하기 위한 것이다. '부정한 청탁'이란 위법한 것뿐만 아니라 사회상규나 신의성실의 원칙에 위배되는 부당한 경우도 포함한다. 그리고 청탁의 대상이 된 직무집행 그 자체는 위법·부당하지 않더라도 직무집행을 어떤 대가관계와 연결시켜 직무집행에 관한 대가의 교부를 내용으로 하는 경우도 포함한다.

[COMMENT] 제129조 제1항의 단순수뢰죄는 청탁을 요하지 않으며, 제129조 제2항의 사전수뢰죄는 청탁을 필요로 한다는 점에서 차이가 있다.

〈부정한 청탁의 입법취지〉 제3자뇌물공여죄에서 '부정한 청탁'을 요건으로 하고 있는 취지는 처벌의 범위가 불명확해지지 않도록 하기 위한 것이다(대판 2008.6.12. 2006도8568).

〈부정한 청탁의 의미〉 [1] 형법 제130조의 제3자 뇌물공여죄에 있어서 뇌물이란 공무원의 직무에 관하여 부정한 청탁을 매개로 제3자에게 교부되는 위법 혹은 부당한 이익을 말하고, '부정한 청탁'이란 위법한 것뿐만 아니라 사회상규나 신의성실의 원칙에 위배되는 부당한 경우도 포함한다. [2] 나아가 비록 청탁의 대상이 된 직무집행 그 자체는 위법·부당한 것이 아니라 하더라도 당해 직무집행을 어떤 대가관계와 연결시켜 그 직무집행에 관한 대가의 교부를 내용으로 하는 청탁이라면 이는 의연 '부정한 청탁'에 해당하는 것으로 볼 수 있으며, 청탁의 대상인 직무행위의 내용도 구체적일 필요가 없고 묵시적인 의사표시라도 무방하며, 실제로 부정한 처사를 하였을 것을 요하지도 않는다 (대판 2007.1.26. 2004도1632).

〈제3자뇌물제공죄에서 '부정한 청탁'의 의미〉 [1] 형법 제130조의 제3자뇌물제공죄에서 '청탁'이란 공무원에 대하여 일정한 직무집행을 하거나 하지 않을 것을 의뢰하는 행위를 말하고, '부정한' 청탁이란 의뢰한 직무집행 자체가 위법하거나 부당한 경우 또는 의뢰한 직무집행 그 자체는 위법하거나 부당하지 아니하지만 당해 직무집행을 어떤 대가관계와 연결시켜 그 직무집행에 관한 대가의 교부를 내용으로 하는 경우 등을 의미한다. [2] 그런데 제3자뇌물제공죄에서 공무원이 '그 직무에 관하여 부정한 청탁을 받을 것'을 요건으로 하는 취지는 처벌의 범위가 불명확해지지 않도록 하기 위한 것으로서, 이러한 부정한 청탁은 명시적 의사표시에 의해서뿐만 아니라 묵시적 의사표시에 의해서도 가능하지만, 묵시적 의사표시에 의한 부정한 청탁이 있다고 하려면 청탁의 대상이 되는 직무집행의 내용과 제3자에게 제공되는 이익이 그직무집행에 대한 대가라는 점에 대하여 공무원과 이익 제공자 사이에 공통의 인식이나 양해가 있어야 한다. 따라서 그러한 인식이나 양해 없이 막연히 선처하여 줄 것이라는 기대나 직무집행과는 무관한 다른 동기에 의하여 제3자에게 금품을 공여한 경우에는 묵시적 의사표시에 의한 부정한 청탁이 있다고 볼 수 없다(대판 2014.9.4. 2011도14482). (22 경간)

〈이재용 삼성 부회장 사건 – 승계작업 사건〉 [1] 형법 제130조 제3자뇌물수수죄는 공무원 또는 중재인이 직무에 관하여 부정한 청탁을 받고 제3자에게 뇌물을 공여하게 하는 행위를 구성요건으로 한다. 여기에서 뇌물이란 공무원의 직무에 관하여 부정한 청탁을 매개로 제3자에게 교부되는 위법·부당한 이익을 말하고, 형법 제129조 뇌물죄와 마찬가지로 직무관련성이 있으면 인정된다. [2] '부정한 청탁'이란 청탁이 위법·부당한 직무집행을 내용으로 하는 경우는 물론, 청탁의 대상이 된 직무집행 그 자체는 위법·부당하지 않더라도 직무집행을 어떤 대가관계와 연결시켜 직무집행에 관한 대가의 교부를 내용으로 하는 경우도 포함한다. 청탁의 대상인 직무행위의 내용을 구체적으로 특정할 필요도 없다. 부정한 청탁의 내용은 공무원의 직무와 제3자에게 제공되는 이익 사이의 대가관계를 인정할 수 있을 정도로 특정하면 충분하고, 이미 발생한 현안뿐만 아니라 장래 발생될 것으로 예상되는 현안도 위와 같은 정도로 특정되면 부정한 청탁의 내용이 될 수 있다. 부정한 청탁은 명시적인 의사표시가 없더라도 청탁의 대상이 되는 직무집행의 내용과 제3자에게 제공되는 금품이 직무집행에 대한 대가라는 점에 대하여 당사자 사이에 공통의 인식이나 양해가 있는 경우에는 묵시적 의사표시로 가능하다. [3] 제3자뇌물수수죄에서 직무와 관련된 뇌물에 해당하는지 또는 부정한 청탁이 있었는지를 판단할 때에는 직무와 청탁의 내용, 공무원과 이익 제공자의 관계, 이익의 다과, 수수 경위와 시기 등의 여러 사정과 아울러 직무집행의 공정, 이에 대한 사회의 신뢰와 직무수행의 불가매수성이라고 하는 뇌물죄의 보호법익에 비추어 이익의 수수로 말미암아 사회 일반으로부터 직무집행의 공정성을 의심받게 되는지 등이 기준이 된다(대판 2019.8.29. 2018도2738 전합). **[COMMENT]** 대통령의 직무와 특정 단체에 제공되는 이익 사이의 대가관계를 인정할 수 있을 정도로 묵시적 청탁의 대상으로서 이른바 '승계작업'이 특정되었으므로 이는 부정한 청탁의 내용이 될 수 있다는 이유로, 같은 취지에서 승계작업에 대한 묵시적 청탁과 특정 단체에 대한 지원금 사이에 대가관계가 있다고 본 원심의 판단에 상고이유에서 주장하는 법리오해 등 잘못이 없다고 판단함, 그리고 〈최순실 국정농단 사건〉(대판 2019.8.29. 2018도13792 전합)에서도 동일한 내용의 판시가 있다.

(3) 제3자

제3자란 행위자와 공동정범 이외의 사람을 말하고, 교사자나 방조자도 포함될 수 있다.

〈제3자의 범위〉 제3자뇌물수수죄에서 제3자란 행위자와 공동정범 이외의 사람을 말하고, 교사자나 방조자도 포함될 수 있다(대판 2017.3.15. 2016도19659). (22 변시)

〈제3자가 뇌물임을 인식할 필요 없다는 판례〉 형법은 제130조에서 제129조 제1항 뇌물수수죄와는 별도로 공무원이 그 직무에 관하여 뇌물공여자로 하여금 제3자에게 뇌물을 공여하게 한 경우에는 부정한 청탁을 받고 그와 같은 행위를 한 때에 뇌물수수죄와 법정형이 동일한 제3자뇌물수수죄로 처벌하고 있다. 제3자뇌물수수죄에서 뇌물을 받는 제3자가 뇌물임을 인식할 것을 요건으로 하지 않는다(대판 2019.8.29. 2018도13792 전합).

〈지방자치단체장과 지방자치단체는 동일하지 않다는 판례〉 공무원인 지방자치단체장이 직무에 관하여 부정한 청탁을 받고 지방자치단체에 금품을 제공하게 하였다면 공무원 개인이 금품을 취득한 경우와 동일시할 수는 없고 그 공무원이 단체를 대표하는 지위에 있는 경우에도 마찬가지여서 형법 제130조의 제3자뇌물제공죄가 성립할 수 있다(대판 2011.4.14. 2010도12313). (21 1차)

다만 제3자가 공무원의 사자 또는 대리인으로서 뇌물을 받은 경우 등과 같이 사회통념상 제3자가 뇌물을 받은 것을 공무원이 직접 받은 것과 같이 평가할 수 있는 관계가 있는 경우에는 형법 제129조 제1항 뇌물수수죄가 성립한다.

〈공무원과 동일시 되는 제3자〉 형법 제129조 제1항 뇌물수수죄는 공무원이 직무에 관하여 뇌물을 수수한 때에 적용되는 것으로서, 공무원이 직접 뇌물을 받지 아니하고 증뢰자로 하여금 다른 사람에게 뇌물을 공여하도록 한 경우라도 다른 사람이 공무원의 사자 또는 대리인으로서 뇌물을 받은 경우 등과 같이 사회통념상 다른 사람이 뇌물을 받은 것을 공무원이 직접 받은 것과 같이 평가할 수 있는 관계가 있는 경우에는 형법 제129조 제1항 뇌물수수죄가 성립하고, 이러한 법리는 공무원으로 의제되는 정비사업전문관리업자의 임·직원이 직무에 관하여 자신이 아닌 정비사업전문관리업자 또는 그 밖의 제3자에게 뇌물을 공여하게 하는 경우에도 마찬가지이다(대판 2011.11.24. 2011도9585).

〈정비사업전문관리업체 임원 사건〉 도시 및 주거환경정비법상 정비사업전문관리업체인 갑 주식회사 대표이사인 피고인이 여러 건설회사들에게서 재개발정비사업 시공사로 선정되도록 도와달라는 취지의 부탁을 받고 자신이 실질적으로 장악하고 있는 컨설팅회사 명의 계좌로 돈을 교부받았다는 내용으로 기소된 사안에서, 피고인이 건설회사와 컨설팅회사 간의 용역계약을 가장하여 건설회사들에게서 뇌물을 수수하는 과정에서 건설회사들이 형식적인 용역계약 상대방인 컨설팅회사 계좌로 뇌물을 입금한 것은 사회통념상 피고인에게 직접 뇌물을 공여한 것과 동일하게 평가할 수 있다고 보아 형법 제129조 제1항 뇌물수수죄를 인정한 원심판단을 수긍한 사례(대판 2011.11.24. 2011도9585).

〈공무원이 회사 명의 예금계좌로 송금받은 사건〉 공무원이 실질적인 경영자로 있는 회사가 청탁 명목의 금원을 회사 명의의 예금계좌로 송금받은 경우에 사회통념상 위 공무원이 직접 받은 것과 같이 평가할 수 있어 뇌물수수죄가 성립한다고 한 사례(대판 2004.3.26. 2003도8077). (12 변시)(18 변시)(24 변시)

〈새우젓 택배 사건〉 [1] 뇌물죄는 공여자의 출연에 의한 수뢰자의 영득의사의 실현으로서, 공여자의 특정은 직무행위와 관련이 있는 이익의 부담 주체라는 관점에서 파악하여야 할 것이므로, 금품이나 재산상 이익 등이 반드시 공여자와 수뢰자 사이에 직접 수수될 필요는 없다. [2] 뇌물공여자가 공무원인 뇌물수수자가 제공한 명단 기재 대상자들에게 택배를 이용하여 뇌물수수자의 명의로 새우젓을 선물발송한 사안에서, 뇌물수수자가 선물수령자들에 대한 관계에서 이전에도 개인적 부담으로 선물 등을 보내왔다거나 선물을 보낼 것이 예정되어 있었는데 뇌물공여자로 하여금 대신 선물을 보내도록 하여 자신의 부담을 면하게 된 사정이 증명되지 않았으므로 사회통념상 뇌물수수자가 직접 새우젓을 받은 것과 같이 평가할 수 없다고 보아 무죄로 판단한 원심판결에 대하여, 뇌물공여자는 뇌물수수자가 지정한 자들에게 뇌물수수자의 이름으로 새우젓에 대한 배송업무를 대신하여 주었을 뿐이고 새우젓을 받은 사람들은 보낸 사람을 뇌물수수자로 인식하였으며, 뇌물공여자와 뇌물수수자 사이에 새우젓 제공에 관한 의사합치가 존재하고 위와 같은 제공방법에 관하여 뇌물수수자가 양해하였다고 보이므로, 이로써 뇌물공여자의 새우젓 출연에 의하여 뇌물수수자의 영득의사가 실현되어 단순뇌물공여죄 및 수수죄가 성립한다고 보아야 함을 이유로 파기환송한 사례 (대판 2020.9.24. 2017도12389).

(4) 기수시기

제3자에게 뇌물을 공여하게 하거나 공여를 요구 또는 약속한 때에 기수가 된다. 제3자가 뇌물인 정을 알고 있는가의 여부, 제3자가 현실적으로 뇌물을 수수하였는지 여부도 불문한다.

〈특정사찰 시주 사건〉 형법 제130조 뇌물죄에 있어서의 뇌물성은 형법 제129조 뇌물죄에 있어서와 마찬가지로 직무와의 관련성이 있으면 인정되는 것이고, 그 뇌물을 받는 제3자가 뇌물임을 인식할 것을 요하지 아니하며, 그 뇌물을 제3자에게 공여하게 한 동기를 묻지 아니하므로, 어떤 금품이 공무원의 직무행위와 관련하여 교부된 것이라면 그것이 시주의 형식으로 교부되었고 또 불심에서 우러나온 것이라 하더라도 뇌물임을 면할 수 없다(대판 2006.6.15. 2004도3424).

(5) 공 범

공무원 또는 중재인이 제3자에게 뇌물을 제공하게 하고, 제3자가 그러한 공무원 또는 중재인의 범죄행위를 알면서 방조한 경우에는 제3자에게는 제3자뇌물수수방조죄가 성립한다.

〈제3자뇌물수수방조죄 사건〉 제3자뇌물수수죄에서 제3자란 행위자와 공동정범 이외의 사람을 말하고, 교사자나 방조자도 포함될 수 있다. 그러므로 공무원 또는 중재인이 부정한 청탁을 받고 제3자에게 뇌물을 제공하게 하고 제3자가 그러한 공무원 또는 중재인의 범죄행위를 알면서 방조한 경우에는 그에 대한 별도의 처벌규정이 없더라도 방조범에 관한 형법총칙의 규정이 적용되어 제3자뇌물수수방조죄가 인정될 수 있다(대판 2017.3.15. 2016도19659). [COMMENT] 제3자 뇌물제공죄에서 제3자에게 제3자 뇌물수수방조죄를 인정하고 있는 판례이다. [2024 1차](20 변시)(22 변시)

(6) 죄수 관련 판례

〈제3자뇌물수수죄와 직권남용권리행사방해죄의 상상적 경합으로 본 판례〉 공무원이 직무관련자에게 제3자와 계약을 체결하도록 요구하여 계약 체결을 하게 한 행위가 제3자뇌물수수죄의 구성요건과 직권남용권리행사방해죄의 구성요건에 모두 해당하는 경우에는, 제3자뇌물수수죄와 직권남용권리행사방해죄가 각각 성립하되, 이는 사회 관념상 하나의 행위가 수 개의 죄에 해당하는 경우이므로 두 죄는 형법 제40조의 상상적 경합관계에 있다(대판 2017.3.15. 2016도19659). (20 변시)

4 수뢰후 부정처사죄 [진정신분범]

> 제131조 (수뢰후 부정처사) ① 공무원 또는 중재인이 전2조의 죄를 범하여 부정한 행위를 한 때에는 1년 이상의 유기징역에 처한다.

(1) 의 의

수뢰후 부정처사죄는 공무원 또는 중재인이 단순수뢰 · 사전수뢰 · 제3자 뇌물 제공죄를 범한 후에 부정행위를 한 경우에 성립하는 범죄이다. 단순수뢰죄 등에 대한 불법가중적 구성요건이다.

(2) 부정한 행위

부정한 행위란 그 직무에 위배하는 작위 · 부작위의 일체의 행위를 말한다. 위법 · 부당한 행위뿐만 아니라 직권남용행위 · 재량권의 남용도 포함한다. 그러나 직무위반행위이어야 하므로 직무 외에 직무와 관계없는 사적 행위에 대해서는 본죄가 성립하지 않는다.

(3) 기수시기

수뢰후 일정한 부정한 행위를 함으로써 기수가 되고 그로 인해 국가 또는 공공단체에 현실로 손해가 초래되었음을 요하지 않는다. 뇌물을 요구 · 약속한 후 부정한 행위를 하고, 다시 그 후에 뇌물을 수수한 경우에도 본죄가 성립한다.

(4) 죄수 및 타죄와의 관계

1) **죄수** : 본죄는 단순수뢰죄, 사전수뢰죄, 제3자뇌물공여죄를 범한 것을 전제로 하여, 다시 직무상 부정한 행위를 하는 경우를 가중처벌하는 것이므로 뇌물을 수수 · 요구 · 약속한 후에 부정한 행위를 하지 아니한 때에는 전제되는 범죄만 성립하고 본 죄는 성립하지 않는다. 그리고 단일하고도 계속된 범의 아래 일정 기간 반복하여 일련의 뇌물수수 행위와 부정한 행위가 행하여졌고 그 뇌물수수 행위와 부정한 행위 사이에 인과관계가 인정되며 피해법익도 동일하다면, 최후의 부정한 행위 이후에 저질러진 뇌물수수 행위도 최후의 부정한 행위 이전의 뇌물수수 행위 및 부정한 행위와 함께 수뢰후부정처사죄의 포괄일죄로 처벌된다.

〈일련의 뇌물수수 등 행위 중간에 부정한 행위 일부가 개재된 사건〉 수뢰후부정처사죄를 정한 형법 제131조 제1항은 공무원 또는 중재인이 형법 제129조(수뢰, 사전수뢰) 및 제130조(제3자뇌물제공)의 죄를 범하여 부정한 행위를 하는 것을 구성요건으로 하고 있다. <u>여기에서 '형법 제129조 및 제130조의 죄를 범하여'란 반드시 뇌물수수 등의 행위가 완료된 이후에 부정한 행위가 이루어져야 함을 의미하는 것은 아니고, 결합범 또는 결과적 가중범 등에서의 기본행위와 마찬가지로 뇌물수수 등의 행위를 하는 중에 부정한 행위를 한 경우도 포함하는 것으로 보아야 한다.</u> 따라서 단일하고도 계속된 범의 아래 일정 기간 반복하여 일련의 뇌물수수 행위와 부정한 행위가 행하여졌고 그 뇌물수수 행위와 부정한 행위 사이에 인과관계가 인정되며 피해법익도 동일하다면, 최후의 부정한 행위 이후에 저질러진 뇌물수수 행위도 최후의 부정한 행위 이전의 뇌물수수 행위 및 부정한 행위와 합계 수뢰후부정처사죄의 포괄일죄로 처벌함이 타당하다(대판 2021.2.4. 2020도12103). (22 변시)(24 1차)

2) 타죄와의 관계

(가) 횡령죄 또는 배임죄와의 관계 : 부정한 행위가 동시에 횡령죄 또는 배임죄를 구성하면 이 죄와 횡령죄 또는 배임죄의 상상적 경합이 된다.

(나) 허위공문서작성죄와 동행사죄와의 관계 : 부정한 행위의 일환으로 허위공문서 등을 작성하여 이를 행사한 경우에는 허위공문서작성죄와 동행사죄는 각각 실체적 경합관계에 있지만 이들 각죄는 수뢰후부정처사죄와 상상적 경합관계에 있으므로 **연결효과에 의한 상상적 경합**이 문제된다. 그러나 연결효과의 상상적 경합을 인정할 필요없이 허위공문서작성죄와 동행사죄의 실체적 경합을 한 후에 이를 수뢰후 부정처사죄와 상상적 경합을 인정하면 족하다 할 것이다.

[COMMENT] 보다 자세한 것은 총론 죄수론의 상상적 경합 부분 참조.

〈연결효과의 상상적 경합 관련 판례〉 예비군 중대장이 그 소속예비군으로부터 금원을 교부받고 그 예비군이 예비군훈련에 불참하였음에도 불구하고 참석한 것처럼 허위내용의 중대학급편성명부를 작성, 행사한 경우라면 수뢰후 부정처사죄 외에 별도로 허위공문서작성 및 동행사죄가 성립하고 이들 죄와 수뢰후 부정처사죄는 각각 상상적 경합관계에 있다고 할 것이다. 허위공문서작성죄와 동행사죄가 수뢰후 부정처사죄와 각각 상상적 경합관계에 있을 때에는 허위공문서작성죄와 동행사죄 상호간은 실체적 경합범 관계에 있다고 할지라도 상상적 경합범 관계에 있는 수뢰후 부정처사죄와 대비하여 가장 중한 죄에 정한 형으로 처단하면 족한 것이고 따로이 경합가중을 할 필요가 없다(대판 1983.7.26. 83도1378). [2022 3차](24 1차)

5 사후수뢰죄 [진정신분범]

제131조 (사후수뢰) ② 공무원 또는 중재인이 그 직무상 부정한 행위를 한 후 뇌물을 수수, 요구 또는 약속하거나 제3자에게 이를 공여하게 하거나 공여를 요구 또는 약속한 때에도 전항의 형과 같다.
③ 공무원 또는 중재인이었던 자가 그 재직 중에 청탁을 받고 직무상 부정한 행위를 한 후 뇌물을 수수, 요구 또는 약속한 때에는 5년 이하의 징역 또는 10년 이하의 자격정지에 처한다.

[죄명예규] 부정처사후수뢰

(1) 제131조 제2항의 죄

제131조 제2항의 사후수뢰죄는 현재 공무원 또는 중재인의 지위에 있는 자가 먼저 부정한 행위를 한 후에 수뢰를 하는 범죄이다. 이는 수뢰후부정처사죄(제131조 제1항)와 대칭되는 사후수뢰죄이다.

〈**부정행위 후 전별금 받으면 사후수뢰죄가 성립한다는 판례**〉 공사의 입찰업무를 담당하고 있는 장교가 비밀로 하여야 할 그 공사의 입찰예정가격을 응찰자에게 미리 알려준 소위는 직무에 위배되는 행위로서 형법 제131조 제2항의 부정한 행위에 해당한다 할 것이어서 입찰이 끝난 후 20여일이 경과한 후 전속시의 전별금 명목으로 금원을 받았다 하더라도 이는 직무행위의 부정행위와 관련된 금품의 수수에 해당하므로 사후수뢰죄를 구성한다(대판 1983.4.26. 82도2095).

(2) 제131조 제3항의 사후수뢰죄

제131조 제3항의 사후수뢰죄는 과거에 공무원 또는 중재인이었던 자가 재직 중에 청탁을 받고 부정한 행위를 한 후 퇴직한 다음에 수뢰를 하는 범죄이다. 이는 사전수뢰죄(제129조 제2항)와 대칭되는 사후수뢰죄이다.

〈**퇴직 후 뇌물수수 사건**〉 공무원이 직무와 관련하여 뇌물수수를 약속하고 퇴직 후 이를 수수하는 경우, 뇌물약속죄 및 사후수뢰죄가 성립할 뿐 뇌물수수죄는 성립하지 않는다(대판 2008.2.1. 2007도5190). (22 1차)

6 알선수뢰죄 [진정신분범]

> 제132조 (알선수뢰) 공무원이 그 지위를 이용하여 다른 공무원의 직무에 속한 사항의 알선에 관하여 뇌물을 수수, 요구 또는 약속한 때에는 3년 이하의 징역 또는 7년 이하의 자격정지에 처한다.

[**죄명예규**] 알선뇌물(수수, 요구, 약속)

(1) 의 의

알선수뢰죄는 공무원이 그 지위를 이용하여 다른 공무원의 직무에 속한 사항의 알선에 관하여 뇌물을 수수·요구 또는 약속함으로써 성립하는 범죄이다. 수뢰죄가 '자신의 권한에 속한 사항에 관한 직무행위'의 대가로 뇌물을 수수한 경우에 성립하는 반면, 본죄는 '다른 공무원의 직무에 속한 사항의 알선'에 관하여 알선의 대가로 뇌물을 수수하는 경우에 성립한다.

(2) 주 체

공무원이다. 알선수뢰죄의 주체가 되기 위한 공무원은 적어도 당해 직무를 처리하는 공무원과 직무상 직접, 간접의 연관관계를 가지고 법률상이거나 사실상 이거나를 막론하고 어떠한 영향력을 미칠 수 있는 지위에 있는 공무원이라야 한다.

〈**알선수뢰죄의 주체**〉 알선수뢰죄의 주체가 되기 위해서는 적어도 당해 직무를 처리하는 공무원과 직무상 직접, 간접의 연관관계를 가지고 법률상이거나 사실상 이거나를 막론하고 어떠한 영향력을 미칠 수 있는 지위에 있는 공무원이라야 한다(대판 1982.6.8. 82도403). (22 경간)

〈**서울대학교 병원 의사 사건**〉 서울대학교병원의 조직과 운영, 임직원들의 직무내용, 인사 및 보수에 관하여 공무원인 서울대학교 교직원과 별도로 규율, 운영되고 있는 점에 비추어 보면, 서울대학교 의과대학 교수가 서울대학교병원 의사를 겸직하더라도 의사로서의 진료행위의 실질이나 직무성격이 바로 공무로 되거나 당연히 공무적 성격을 띤다고 할 수 없으며, 이 사건에서 문제가 되고 있는 진료행위 등은 고등교육법 제15조 제2항, 제1조 제2항에 의하여 교원의 임무로 되어 있는 학생의 교육지도나 학문연구와는 밀접하게 관련되어 있다고도 볼 수 없다고 판단하여 특정범죄 가중처벌 등에 관한 법률 위반(알선수재)의 공소사실에 관하여 무죄를 선고한 것은 정당하다(대판 2006.5.26. 2005도1904). **[COMMENT]** 서울대학교 교수는 공무원이지만 서울대학교 병원 의사로서는 공무원이 아니므로 이를 겸직하는 사람이 의사로서의 직무를 행하는 것은 공무가 아니라고 본 판례이다.

(3) 행 위

지위를 이용하여 다른 공무원의 직무에 속한 사항의 알선에 관하여 뇌물을 수수·요구 또는 약속하는 것을 말한다.

1) **지위이용** : '지위를 이용하여'라 함은 친구, 친족관계 등 사적인 관계를 이용하는 경우에는 이에 해당한다고 할 수 없으나, 다른 공무원이 취급하는 사무의 처리에 법률상이거나 사실상으로 영향을 줄 수 있는 관계에 있는 공무원이 그 지위를 이용하는 경우에는 이에 해당하고, 그 사이에 상하관계, 협동관계, 감독권한 등의 특수한 관계가 있음을 요하지 않는다.

〈**'지위를 이용하여'의 의미**〉 알선수뢰죄는 공무원이 그 지위를 이용하여 다른 공무원의 직무에 속한 사항의 알선에 관하여 뇌물을 수수, 요구 또는 약속하는 것을 그 성립요건으로 하고 있고, 여기서 '공무원이 그 지위를 이용하여'라 함은 친구, 친족관계 등 사적인 관계를 이용하는 경우에는 이에 해당한다고 할 수 없으나, 다른 공무원이 취급하는 사무의 처리에 법률상이거나 사실상으로 영향을 줄 수 있는 관계에 있는 공무원이 그 지위를 이용하는 경우에는 이에 해당하고, 그 사이에 상하관계, 협동관계, 감독권한 등의 특수한 관계가 있음을 요하지 않는다고 할 것이고, '다른 공무원의 직무에 속한 사항의 알선행위'는 그 공무원의 직무에 속하는 사항에 관한 것이면 되는 것이지 그것이 반드시 부정행위라거나 그 직무에 관하여 결재권한이나 최종 결정권한을 갖고 있어야 하는 것이 아니다(대판 2006.4.27. 2006도735). (16 변시)(22 1차)

2) **알 선**

㈎ **알선의 의의** : 알선이란 일정한 사항에 관하여 어떤 사람과 그 상대방의 사이에 서서 중개하거나 편의를 도모하는 것을 말한다.

〈**알선의 의미**〉 '알선'이란 형식을 불문하고 '일정한 사항에 관하여 어떤 사람과 그 상대방의 사이에 서서 중개하거나 편의를 도모하는 것'을 의미하므로, 어떤 사람이 청탁한 취지를 상대방에게 전하거나 그 사람을 대신하여 스스로 상대방에게 청탁을 하는 행위는 '알선'에 해당하고, 그 알선행위가 정당한 직무행위를 대상으로 하는 경우에도 이에 포함된다(대판 2014.6.26. 2011도3106).

㈏ **알선의 대상** : 알선의 대상은 다른 공무원의 직무에 속한 사항이어야 한다. 그리고 부정행위에 관한 알선으로 제한되는 것은 아니므로 정당한 직무행위를 알선한 경우에도 본죄가 성립한다. 또한 알선행위는 장래의 것이라도 무방하므로, 뇌물을 수수할 당시 상대방에게 알선에 의하여 해결을 도모하여야 할 현안이 반드시 존재하여야 할 필요는 없지만, 알선뇌물수수죄가 성립하려면 알선할 사항이 다른 공무원의 직무에 속하는 사항으로서 뇌물수수의 명목이 그 사항의 알선에 관련된 것임이 어느 정도는 구체적으로 나타나야 한다.

〈알선행위는 장래의 것이라도 무방하다는 판례〉 알선행위는 장래의 것이라도 무방하므로, 알선뇌물요구죄가 성립하기 위하여는 뇌물을 요구할 당시 반드시 상대방에게 알선에 의하여 해결을 도모하여야 할 현안이 존재하여야 할 필요는 없다(대판 2009.7.23. 2009도3924). (21 경1)

〈알선 사항의 구체성에 관한 판례〉 [1] 형법 제132조에서 말하는 '다른 공무원의 직무에 속한 사항의 알선에 관하여 뇌물을 수수한다'라고 함은, 다른 공무원의 직무에 속한 사항을 알선한다는 명목으로 뇌물을 수수하는 행위로서 반드시 알선의 상대방인 다른 공무원이나 그 직무의 내용을 구체적으로 특정할 필요까지는 없다. [2] 알선행위는 장래의 것이라도 무방하므로, 뇌물을 수수할 당시 상대방에게 알선에 의하여 해결을 도모하여야 할 현안이 반드시 존재하여야 할 필요는 없지만, 알선뇌물수수죄가 성립하려면 알선할 사항이 다른 공무원의 직무에 속하는 사항으로서 뇌물수수의 명목이 그 사항의 알선에 관련된 것임이 어느 정도는 구체적으로 나타나야 한다. [3] 단지 상대방으로 하여금 뇌물을 수수하는 자에게 잘 보이면 어떤 도움을 받을 수 있다거나 손해를 입을 염려가 없다는 정도의 막연한 기대감을 갖게 하는 정도에 불과하고, 뇌물을 수수하는 자 역시 상대방이 그러한 기대감을 가질 것이라고 짐작하면서 수수하였다는 사정만으로는 알선뇌물수수죄가 성립하지 않는다(대판 2017.12.22. 2017도12346). (22 변시)(21 1차)

〈구청 공무원 사건〉 구청 공무원이 유흥주점의 업주에게 '유흥주점 영업과 관련하여 세금이나 영업허가 등에 관하여 문제가 생기면 다른 담당 공무원에게 부탁하여 도움을 주겠다'면서 그 대가로 1,000만 원을 요구한 사안에서, 그 뇌물요구의 명목이 상대방의 막연한 기대감을 전제로 한 것이고 당시 알선할 사항이 구체적으로 특정되었다거나 알선에 의하여 해결을 도모해야 할 현안이 존재하였다는 사실을 인정할 증거가 없어 알선뇌물요구죄가 성립하지 않는다고 판단한 원심판결을, 알선뇌물요구죄에 관한 법리를 오해하였다는 이유로 파기한 사례(대판 2009.7.23. 2009도3924). [COMMENT] 본 판례는 현안이 존재하여야 한다는 원심의 법리를 현안이 존재할 필요가 없다라는 법리로 파기한 사례이다.

　　(다) **알선의 방법** : 알선은 자신의 지위를 이용하여야 한다. 알선행위는 직접이든 타인을 통하든 불문하며, 청탁의 유무도 불문한다.

〈알선행위할 사람을 소개시켜 준 사건〉 공무원의 직무에 속한 사항에 관한 청탁을 받고 스스로 알선행위를 하지 아니하고 알선행위를 할 사람을 소개시켜 준 경우, 특정범죄가중처벌등에관한법률 제3조 소정의 알선수재죄가 성립한다고 한 사례(대판 2002.10.8. 2001도3931).

　3) **수수 · 요구 또는 약속** : 수뢰죄 부분 참조.

〈체비지불하 약속사건〉 서울시 공무원으로 11년 이상 근무하여 왔고 5급 별정직의 신분으로 서울시 부시장의 비서관으로 재직하던 자가 시청 관재과 소속공무원에게 부탁하여 체비지를 불하받도록 하여 주겠다고 약속하고 그 교제비로 금원을 교부받았다면, 이는 체비지 불하업무를 취급하는 시청 관재과 소속 공무원과의 사이에 직무상 연관관계를 가지고 사실상 어떤 영향력을 미칠 수 있는 지위를 이용하여 그 공무원의 직무에 속하는 사항의 알선에 관하여 뇌물을 수수한 것이라고 봄이 상당하다(대판 1989.11.14. 89도1700).

〈뇌물공여죄의 공동정범관계 있는 자에게 공여할 금품을 교부받은 사건〉 갑이 뇌물공여의 점에 대해 공동정범의 관계에 있는 을로부터 뇌물로 공여할 금품을 교부받은 경우, 그 행위는 상호간의 뇌물공여를 위한 예비행위에 불과할 뿐 자신의 이익을 취득하기 위하여 받은 것으로 볼 수는 없다는 이유로, 갑의 구 특정범죄가중처벌 등에 관한 법률 위반(알선수재)의 점에 대해 무죄를 인정한 사례 (대판 2010.4.15. 2009도11146).

    4) **대가관계** : 공무원의 직무에 속한 사항의 알선과 수수한 금품 사이에 대가관계가 있어야 하며, 알선과 수수한 금품 사이에 전체적·포괄적으로 대가관계가 있으면 충분하다.

〈**알선과 수수한 금품 사이의 대가관계**〉 공무원의 직무에 속한 사항의 알선과 수수한 금품 사이에 대가관계가 있는지 여부는 당해 알선의 내용, 알선자와 이익 제공자 사이의 친분관계 여부, 이익의 다과, 이익을 수수한 경위와 시기 등의 제반 사정을 종합하여 결정하되, 알선과 수수한 금품 사이에 전체적·포괄적으로 대가관계가 있으면 충분하고, 나아가 알선자가 수수한 금품에 그 알선행위에 대한 대가로서의 성질과 그 외의 행위에 대한 대가로서의 성질이 불가분적으로 결합되어 있는 경우에는 그 전부가 불가분적으로 알선행위에 대한 대가로서의 성질을 가진다고 봄이 상당하다(대판 2017.1.12. 2016도15470).

(4) 타죄와의 관계

    1) **단순수뢰죄와의 관계** : 뇌물이 알선 행위와 관련하여 수수된 경우에도 그것이 당해 공무원의 직무와 밀접한 관계가 있어 단순수뢰죄에 해당하는 이상 단순수뢰죄가 성립하고 알선수뢰죄는 성립하지 않는다.

    2) **증뢰죄와의 관계** : 알선수뢰한 금원 중 일부를 증뢰한 경우에는 알선수뢰죄 외에 증뢰죄가 따로 성립한다.

7 증뢰죄와 증뢰물전달죄

> 제133조 (뇌물공여등) ① 제129조부터 제132조까지에 기재한 뇌물을 약속, 공여 또는 공여의 의사를 표시한 자는 5년 이하의 징역 또는 2천만원 이하의 벌금에 처한다.
> ② 제1항의 행위에 제공할 목적으로 제3자에게 금품을 교부한 자 또는 그 사정을 알면서 금품을 교부받은 제3자도 제1항의 형에 처한다.

[**죄명예규**] 뇌물(공여, 공여약속, 공여의사표시)/제3자뇌물(교부, 취득)

(1) 의 의

증뢰죄란 뇌물을 약속·공여 또는 공여의 의사를 표시하는 범죄이고, 증뇌물전달죄란 증뢰에 공할 목적으로 제3자에게 금품을 교부하거나 그 정을 알면서 교부받음으로써 성립하는 범죄이다.

(2) 증뢰죄(제133조 제1항)

    1) **주체와 상대방** : 주체에는 제한이 없으며, 공무원도 본죄의 주체가 될 수 있다. 그 상대방은 공무원 또는 중재인 자신일 것을 요하지 않으므로 공무원의 처나 자녀에게 할 수도 있다.

    2) **행위** : 뇌물의 약속·공여·공여의 의사표시를 하는 것이다.

㈎ **약속** : 뇌물의 제공과 수령에 관하여 증뢰자와 수뢰자 사이에 뇌물의 수수를 합의하는 것을 말한다. 공무원·중재인의 요구를 승낙하는 경우는 물론 장차 뇌물을 공여할 것을 자진하여 약속하는 경우도 포함된다.

㈏ **공여** : 뇌물을 수수하도록 제공하는 것을 말한다. 상대방이 뇌물을 수수할 수 있는 상태에 두면 족하고, 현실적으로 취득할 것을 요하지 않는다. 따라서 공무원에게 제공할 의사로 그 처나 동거가족에게 주는 것도 공여에 해당된다.

〈조합아파트 프리미엄 사건〉 재개발주택조합의 조합장이 그 재직 중 고소하거나 고소당한 사건의 수사를 담당한 경찰관에게 액수 미상의 프리미엄이 예상되는 그 조합아파트 1세대를 분양해 준 경우, 그 아파트가 당첨자의 분양권 포기로 조합에서 임의분양하기로 된 것으로서 예상되는 프리미엄의 금액이 불확실하였다고 하더라도, 조합, 즉 조합장이 선택한 수분양자가 되어 분양계약을 체결한 것 자체가 경제적인 이익이라고 볼 수 있으므로 뇌물공여죄에 해당한다고 한 사례(대판 2002.11.26. 2002도3539).

〈건설회사의 유일한 지배자가 현장 소장들의 뇌물공여행위에 관여하면 공모공동정범이 성립한다는 판례〉 건설 관련 회사의 유일한 지배자가 회사 대표의 지위에서 장기간에 걸쳐 건설공사 현장소장들의 뇌물공여행위를 보고받고 이를 확인·결재하는 등의 방법으로 위 행위에 관여한 사안에서, 비록 사전에 구체적인 대상 및 액수를 정하여 뇌물공여를 지시하지 아니하였다고 하더라도 그 핵심적 경과를 계획적으로 조종하거나 촉진하는 등으로 기능적 행위지배를 하였다고 보아 공모공동정범의 죄책을 인정하여야 함에도 이를 인정하지 아니한 원심판단에 법리 오해의 위법이 있다고 한 사례(대판 2010.7.22. 2009도12878).

〈배임증재자가 무상으로 빌려 준 물건을 사용하던 배임수재자가 공무원이 된 이후에도 계속 그 물건을 사용하게 하였다 하더라도 원칙적으로 뇌물공여죄는 성립하지 않는다는 판례〉 배임수재자가 배임증재자에게서 그가 무상으로 빌려준 물건을 인도받아 사용하고 있던 중에 공무원이 된 경우, 그 사실을 알게 된 배임증재자가 배임수재자에게 앞으로 물건은 공무원의 직무에 관하여 빌려주는 것이라고 하면서 뇌물공여의 뜻을 밝히고 물건을 계속하여 배임수재자가 사용할 수 있는 상태로 두더라도, 처음에 배임증재로 무상 대여할 당시에 정한 사용기간을 추가로 연장해 주는 등 새로운 이익을 제공한 것으로 평가할 만한 사정이 없다면, 이는 종전에 이미 제공한 이익을 나중에 와서 뇌물로 하겠다는 것에 불과할 뿐 새롭게 뇌물로 제공되는 이익이 없어 뇌물공여죄가 성립하지 않는다(대판 2015.10.15. 2015도6232).

㈐ **공여의 의사표시** : 상대방에게 뇌물을 공여하겠다는 일방적 의사표시를 말한다. 의사표시의 방법은 명시적·묵시적을 불문한다.

3) **고의** : '공무원에게 그 직무에 관하여 뇌물을 공여한다'는 사실에 대한 인식과 의사를 말하고, 미필적 고의로도 충분하다.

〈이재용 삼성 부회장 사건〉 형법 제133조 제1항, 제129조 제1항에서 정한 뇌물공여죄의 고의는 '공무원에게 그 직무에 관하여 뇌물을 공여한다'는 사실에 대한 인식과 의사를 말하고, 미필적 고의로도 충분하다. 공여자가 공무원의 요구에 따라 비공무원에게 뇌물을 공여한 경우 공무원과 비공무원 사이의 관계가 형법 제129조 제1항 뇌물수수죄의 공동정범에 해당하고 공여자가 이러한 사실을 인식하였다면 공여자에게 형법 제133조 제1항, 제129조 제1항에서 정한 뇌물공여죄의 고의가 인정된다(대판 2019.8.29. 2018도2738 전합).

(3) 증뢰물전달죄(제133조 제2항)

1) 주체 : 증뢰물전달죄의 주체는 제한이 없으며, 제3자란 증뢰자와 공동정범 이외의 자를 말한다.

〈증뢰물전달죄에서의 제3자〉 증뢰물전달죄에서 제3자란 행위자와 공동정범 이외의 자를 말한다 (대판 2006.6.15. 2004도756).

〈증뢰물전달죄의 주체〉 형법 제133조 제2항은 증뢰자가 뇌물에 공할 목적으로 금품을 제3자에게 교부하거나 또는 그 정을 알면서 교부받는 증뢰물전달행위를 독립한 구성요건으로 하여 이를 같은 조 제1항의 뇌물공여죄와 같은 형으로 처벌하는 규정으로서, 제3자의 증뢰물전달죄는 제3자가 증뢰자로부터 교부받은 금품을 수뢰할 사람에게 전달하였는지의 여부에 관계없이 제3자가 그 정을 알면서 금품을 교부받음으로써 성립하는 것이고, 본죄의 주체는 비공무원을 예정한 것이나 공무원일지라도 직무와 관계되지 않는 범위 내에서는 본죄의 주체에 해당될 수 있다 할 것이므로, 피고인이 자신의 공무원으로서의 직무와는 무관하게 군의관 등의 직무에 관하여 뇌물에 공할 목적의 금품이라는 정을 알고 이를 전달해준다는 명목으로 취득한 경우라면 제3자뇌물취득죄가 성립된다(대판 2002.6.14. 2002도1283). (12 변시)

2) 증뢰물전달죄의 성립시기 : 증뢰물전달죄는 ① 증뢰자가 뇌물에 공할 목적으로 금품을 제3자에게 교부함으로써 성립하고 ② 제3자가 그 정을 알면서 금품을 교부받음으로써 성립하므로 이후에 제3자가 금품을 수뢰할 사람에게 전달하였는지 여부는 상관없다.

〈제3자가 교부받은 금전을 전달한 사건〉 형법 제133조 제2항은 증뢰자가 뇌물에 공할 목적으로 금품을 제3자에게 교부하거나 또는 그 정을 알면서 교부받는 증뢰물전달행위를 독립한 구성요건으로 하여 이를 같은 조 제1항의 뇌물공여죄와 같은 형으로 처벌하는 규정으로서, 제3자의 증뢰물전달죄는 제3자가 증뢰자로부터 교부받은 금품을 수뢰할 사람에게 전달하였는지 여부에 관계없이 제3자가 그 정을 알면서 금품을 교부받음으로써 성립하는 것이며, 나아가 제3자가 그 교부받은 금품을 수뢰할 사람에게 전달하였다고 하여 증뢰물전달죄 외에 별도로 뇌물공여죄가 성립하는 것은 아니다(대판 1997.9.5. 97도1572). (12 변시)

〈제3자가 전달 후 공무원이 증뢰자에게 반환한 사건〉 제133조 제2항의 행위에 제공할 목적으로 제3자에게 금품을 교부하고 제3자가 수뢰할 공무원에게 전달한 후 그 공무원이 전달받은 금품을 곧바로 증뢰자에게 반환해도 제133조 제2항 전단의 증뢰물전달죄의 성립에는 영향이 없다(대판 1983.6.28. 82도3129).

(4) 죄수 및 타죄와의 관계

1) 죄수 : 1개의 행위로 수인의 공무원에게 증뢰한 경우에는 수개의 증뢰죄의 상상적 경합이 되고, 약속·공여의 의사표시를 한 후에 뇌물을 공여한 경우에는 1개의 공여죄가 성립된다.

〈**상당한 시간이 지난 사건**〉피고인이 공소외 5 등과 공모하여 공동피고인 1에게 뇌물공여의 의사를 표시한 다음 그에 따라 그 뇌물을 공여한 것이 아니라 총인처리시설 설계평가와 관련하여 높은 점수를 달라는 취지로 뇌물을 공여하려다가 거절당하고는 그로부터 수개월이 지난 후에 처음과는 다른 명목으로 뇌물을 공여한 것으로 평가함이 상당하다는 이유로 위 피고인 1에 대한 2011. 4. 중순경 5,000만 원의 뇌물공여의사표시가 2011. 8.경 500만 원의 뇌물공여에 흡수되지 않는다(대판 2013.11.28. 2013도9003). (24 변시)

  2) **수뢰죄와의 관계** : 뇌물공여죄는 뇌물을 공여하는 행위와 상대방이 그 물품을 받아들이는 행위가 필요할 뿐이지 반드시 상대방이 뇌물수수죄가 성립하여야 하는 것은 아니므로 상대방에게 뇌물수수죄가 성립하지 않더라도 뇌물공여죄는 성립한다.

〈**뇌물공여죄와 뇌물수수죄**〉뇌물공여죄가 성립하기 위하여는 뇌물을 공여하는 행위와 상대방측에서 금전적으로 가치가 있는 그 물품 등을 받아들이는 행위가 필요할 뿐 반드시 상대방측에서 뇌물수수죄가 성립하여야 함을 뜻하는 것은 아니다(대판 2006.2.24. 2005도4737).

제2절 | 공무방해에 대한 죄

1 공무집행방해죄

> 제136조 (공무집행방해) ① 직무를 집행하는 공무원에 대하여 폭행 또는 협박한 자는 5년 이하의 징역 또는 1천만 원 이하의 벌금에 처한다.

I. 서 설

본죄는 직무를 집행하는 공무원에 대하여 폭행·협박함으로써 성립하는 범죄이다. 보호법익은 공무원에 의하여 실현되는 국가기능으로서의 공무이며, 보호의 정도는 추상적 위험범이다.

II. 구성요건

1. 주 체

주체에는 제한이 없으며, 공무원도 본죄의 주체가 될 수 있다.

2. 객 체

직무를 집행하는 공무원이다.

(1) 공무원

공무원이란 법령에 의하여 국가 또는 공공단체의 공무에 종사하는 자를 말한다.

〈파출소에서 근무하는 방범대원 폭행 사건〉 파출소에서 근무하는 방범원은 직할시·도·시·군·자치구지방고용직공무원의 임용등에 관한 조례(준칙) 제4조의 2에 의한 임용권자의 명에 따라 경찰서·지서 또는 파출소에 파견되어 근무하는 지방공무원법 제2조 제3항 제4호 소정의 지방고용직공무원임이 분명하므로 형법 제136조 소정의 '공무원'에 해당한다(대판 1991.3.27. 90도2930).

〈기간제근로자 사건〉 피고인이, 국민권익위원회 운영지원과 소속 기간제근로자로서 청사 안전관리 및 민원인 안내 등의 사무를 담당한 갑의 공무집행을 방해하였다는 내용으로 기소된 사안에서, 갑은 국민권익위원회 위원장과 계약기간 1년의 근로계약을 체결한 점, 공무원으로 임용된 적이 없고 공무원연금이 아니라 국민연금에 가입되어 있는 점, 국민권익위원회 훈령으로 '무기계약근로자 및 기간제근로자 관리운용 규정'이 있으나 국민권익위원회 내부규정으로 그 내용도 채용, 근로조건 및 퇴직 등 인사에 관한 일반적인 사항을 정하는 것에 불과하고, 달리 갑이 법령의 근거에 기하여 위 사무에 종사한 것이라고 볼 만한 자료가 없는 점 등 제반 사정에 비추어 갑은 법령의 근거에 기하여 국가 등의 사무에 종사하는 형법상 공무원이라고 보기 어려운데도, 갑이 공무집행방해죄에서 공무원에 해당한다고 단정한 원심판단에 형법상 공무원에 관한 법리오해의 잘못이 있다고 한 사례(대판 2015.5.29. 2015도3430).

〈복지도우미 사건〉 피고인이 국민기초생활 보장법상 '자활근로자'로 선정되어 주민자치센터 사회복지담당 공무원의 복지도우미로 근무하던 갑을 협박하여 그 직무집행을 방해하였다는 내용으로 기소된 사안에서, 갑이 공무원으로서 공무를 담당하고 있었다고 볼 수 없다고 판단한 원심판결을 수긍한 사례(대판 2011.1.27. 2010도14484).

(2) 직무집행

1) **직무집행의 의의** : 공무원이 직무상 취급할 수 있는 일체의 사무를 행하는 것을 말한다.

〈청원경찰 불법주차 단속업무 사건〉 야간 당직 근무중인 청원경찰이 불법주차 단속요구에 응하여 현장을 확인만 하고 주간 근무자에게 전달하여 단속하겠다고 했다는 이유로 민원인이 청원경찰을 폭행한 사안에서, 야간 당직 근무자는 불법주차 단속권한은 없지만 민원 접수를 받아 다음날 관련 부서에 전달하여 처리하고 있으므로 불법주차 단속업무는 야간 당직 근무자들의 민원업무이자 경비업무로서 공무집행방해죄의 '직무집행'에 해당하여 공무집행방해죄가 성립한다고 한 사례(대판 2009.1.15. 2008도9919). (22 경2)

〈군 단속계 요원으로 근무하는 청원경찰관 사건〉 청원경찰관법 제3조, 경찰관직무집행법 제2조 규정에 비추어 보면 군 도시과 단속계 요원으로 근무하고 있는 청원경찰관이 허가 없이 창고를 주택으로 개축하는 것을 단속하는 것은 그의 정당한 공무집행에 속한다고 할 것이므로 이를 폭력으로 방해하는 소위는 공무집행방해죄에 해당된다(대판 1986.1.28. 85도2448).

2) **직무집행의 성질** : 공무원의 권한사항에 속하는 한 반드시 국가 또는 공공단체의 권력적 작용에 제한되지 않는다.

3) **직무집행의 시간적 범위** : 시간적으로는 원칙적으로 직무집행을 개시하여 종료되기 이전일 것을 요하지만, 직무집행과 밀접불가분의 관계가 있는 행위도 직무집행 중인 것으로 포함해야 한다. 따라서 직무집행에 착수하기 전의 준비행위, 일시적 휴식행위도 직무집행에 포함하지만, 직무집행을 위하여 출근하는 행위와 같이 직무의 집행이 있을 것으로 예상되는 것만으로는 직무집행이라 할 수 없다.

〈직무집행의 범위〉 형법 제136조 제1항에 규정된 공무집행방해죄에서 '직무를 집행하는'이라 함은 공무원이 직무수행에 직접 필요한 행위를 현실적으로 행하고 있는 때만을 가리키는 것이 아니라 공무원이 직무수행을 위하여 근무중인 상태에 있는 때를 포괄하고, 직무의 성질에 따라서는 그 직무수행의 과정을 개별적으로 분리하여 부분적으로 각각의 개시와 종료를 논하는 것이 부적절하고 여러 종류의 행위를 포괄하여 일련의 직무수행으로 파악함이 상당한 경우가 있으며, 나아가 현실적으로 구체적인 업무를 처리하고 있지는 않다 하더라도 자기 자리에 앉아 있는 것만으로도 업무의 집행으로 볼 수 있을 때에는 역시 직무집행 중에 있는 것으로 보아야 하고, 직무 자체의 성질이 부단히 대기하고 있을 것을 필요로 하는 것일 때에는 대기 자체를 곧 직무행위로 보아야 할 경우도 있다(대판 2002.4.12. 2000도3485). (23 2차)

〈불법주차 스티커 사건〉 불법주차 차량에 불법주차 스티커를 붙였다가 이를 다시 떼어 낸 직후에 있는 주차단속 공무원을 폭행한 경우, 폭행 당시 주차단속 공무원은 일련의 직무수행을 위하여 근무중인 상태에 있었다고 보아야 한다는 이유로 공무집행방해죄의 성립을 인정한 사례(대판 1999.9.21. 99도383).

〈수도검침원 사건〉 시청 소속 수도검침원인 피해자가 수도검침차 피고인 집으로 가다가 그 집과 약 32미터 떨어진 공터에서 피고인으로부터 폭행을 당한 경우, 피고인이 피해자가 공무원인 사실을 알았다거나 나아가 위 피해자가 폭행을 당할 당시 공무집행 중이었고 또는 공무집행중이라고 볼만한 근접한 행위가 있었다고 볼 수 없으므로 공무집해방해죄가 성립하지 않는다(대판 1979.7.24. 79도1201).

(3) 직무집행의 적법성

직무집해의 적법성에 대하여는 ① 적법성의 요부 ② 적법성의 요건 ③ 적법성의 판단기준 ④ 적법성의 체계적 지위 ⑤ 적법성의 착오의 효과 등이 문제된다.

1) **적법성의 요부** : 공무집행의 적법성이 필요하냐에 대하여 종래 논의가 있었으나, 현재는 직무집행이 위법한 경우에는 형법이 보호할 필요성이 없고 법치국가의 원리가 확립된 이상 **적법성은 필요하다**는 것이 다수설과 판례의 태도이다.

> [COMMENT] 참고로 독일 형법은 제113조 제3항에서는 공무집행방해죄가 성립하기 위해서는 직무 집행의 적법성을 요건으로 하고 있다.

〈**공무원의 직무집행의 적법성**〉 공무집행방해죄는 공무원의 직무집행이 적법한 경우에 한하여 성립하는 것으로서 적법한 공무집행이라고 함은 그 행위가 공무원의 추상적 권한에 속할 뿐 아니라 구체적 직무집행에 관한 법률상 요건과 방식을 갖춘 것을 말하는 것이므로, 이러한 적법성이 결여된 직무행위를 하는 공무원에게 항거하였다고 하여도 그 항거행위가 폭력을 수반한 경우에 폭행죄 등의 죄책을 묻는 것은 별론으로 하고 공무집행방해죄로 다스릴 수는 없다(대판 1992.2.11. 91도2797). (24 2차)

〈**공무집행의 위법성의 판단**〉 범죄의 예방·진압 및 수사는 경찰관의 직무에 해당하고(경찰관직무집행법 제2조), 그 직무행위의 구체적 내용이나 방법 등은 경찰관의 전문적 판단에 기한 합리적인 재량에 위임되어 있다고 할 것이다. 따라서 경찰관이 구체적 상황에 비추어 그 인적·물적 능력의 범위 내에서 적절한 조치라는 판단에 따라 범죄의 진압 및 수사에 관한 직무를 수행한 경우에는, 그러한 직무수행이 객관적 정당성을 상실하여 현저하게 불합리한 것으로 인정되지 않는 한 이를 위법하다고 할 수 없다(대판 2010.11.11. 2010도7621). (23 2차)

〈**국회회의장 출입문 막은 사건**〉 당직자로서 그 직무가 국회의원의 의사활동과 밀접한 관련성이 있어 소속 정당 국회의원의 지시에 따라 회의장 앞으로 소집된 피고인 손제종, 박종만이 민주당 소속 외통위 위원들을 회의장으로 들여보내기 위하여 그들과 함께 출입문을 막고 있는 국회 경위들을 밀어내는 과정에서 국회 경위들의 옷을 잡아당기는 등의 행위를 하였다고 하더라도, 이러한 행위는 적법성이 결여된 직무행위를 하는 공무원에게 대항하여 한 것에 지나지 아니하므로 공무집행이 적법함을 전제로 하는 공무집행방해죄는 성립하지 않는다고 보아야 할 것이다(대판 2013.6.13. 2010도13609).

2) **적법성의 요건** [2024 1차]

(가) **적법성의 요건 일반** : 공무집행이 적법하기 위하여는 그 행위가 당해 공무원의 추상적인 직무권한에 속할 뿐 아니라 구체적으로도 그 권한 내에 있어야 하며, 또한 직무행위로서의 중요한 방식을 갖추어야 한다.

㈏ **추상적 권한** : 직무집행행위가 당해 공무원의 추상적 직무권한에 속하는 것이어야 한다. 이는 법령에 정해져 있는 장소적 · 사항적 범위를 초과하지 않아야 함을 의미한다. 따라서 이 범위를 초과한 행위는 직무집행이라 할 수 없다. 다만 공무원의 내부적 사무분담은 여기에 영향을 미치지 않는다.

㈐ **구체적 권한** : 직무집행행위가 당해 공무원의 구체적 권한에 속해야 한다. 이는 집행행위가 법령상의 요건을 갖추어야 함을 의미한다. 그리고 공무원에게 재량권이 있는 경우에는 그 재량권의 행사는 적법한 직무집행이 된다.

㈑ **법령이 정한 절차와 방식** : 직무집행행위가 법령에 의한 절차와 방식에 따르는 것이어야 한다. 이에 따르지 않은 경우에는 적법한 직무집행이 될 수 없다. 다만 사소한 절차 또는 훈시규정의 위반인 경우에는 경우에 따라서 적법성이 인정될 수 있다는 것이 일반적이다. 그러나 형사소송법상 강제처분과 관련된 절차조항을 위반한 경우에는 적법성을 인정할 수 없을 것이다.

▌직무집행의 적법성 관련 판례 정리

1. 기본 법리 판례

〈**공무집행의 적법성의 요건**〉 공무집행방해죄는 공무원의 적법한 공무집행이 전제가 되고, 그 공무집행이 적법하기 위하여는 그 행위가 당해 공무원의 추상적인 직무권한에 속할 뿐 아니라 구체적으로도 그 권한 내에 있어야 하며, 또한 직무행위로서의 중요한 방식을 갖추어야 한다(대판 2002.4.12. 2000도3485).

〈**'적법한 공무집행'의 의미**〉 형법 제136조가 규정하는 공무집행방해죄는 공무원의 직무집행이 적법한 경우에 한하여 성립한다. 이때 적법한 공무집행은 그 행위가 공무원의 추상적 권한에 속할 뿐 아니라 구체적 직무집행에 관한 법률상 요건과 방식을 갖춘 경우를 가리키므로, 경찰관이 적법절차를 준수하지 않은 채 실력으로 현행범인을 연행하려 하였다면 적법한 공무집행이라고 할 수 없다(대판 2017.3.15. 2013도2168).

〈**형집행장 관련 판례**〉 사법경찰관리가 벌금형을 받은 사람을 그에 따르는 노역장유치의 집행을 위하여 구인하려면 검사로부터 발부받은 형집행장을 그 상대방에게 제시하여야 하지만(형사소송법 제85조 제1항 참조), 형집행장을 소지하지 아니한 경우에 급속을 요하는 때에는 그 상대방에 대하여 형집행 사유와 형집행장이 발부되었음을 고하고 집행할 수 있다(형사소송법 제85조 제3항 참조). 그리고 형집행장의 제시 없이 구인할 수 있는 '급속을 요하는 때'란 애초 사법경찰관리가 적법하게 발부된 형집행장을 소지할 여유가 없이 형집행의 상대방을 조우한 경우 등을 가리킨다(대판 2013.9.12. 2012도2349).

〈**시청청사 내 주민생활복지과 사무실에서 소란을 피운 사건**〉 시청 청사 내 주민생활복지과 사무실에 술에 취한 상태로 찾아가 소란을 피우던 피고인을 소속 공무원 갑과 을이 제지하며 밖으로 데리고 나가려 하자, 피고인이 갑과 을의 멱살을 잡고 수회 흔든 다음 휴대전화를 휘둘러 갑의 뺨을 때림으로써 시청 공무원들의 주민생활복지에 대한 통합조사 및 민원 업무에 관한 정당한 직무집행을 방해하였다는 공소사실로 기소된 사안에서, 피고인의 행위는 시청 소속 공무원들의 적법한 직무집행을 방해한 행위에 해당하므로 공무집행방해죄를 구성한다고 한 사례(대판 2022.3.17. 2021도13883). (23 2차)

2. 직무집행의 적법성을 긍정하여 공무집행방해죄로 처벌한 판례

⑴ 수사기관 관련 판례

〈현행범으로 체포된 자가 사후에 무죄로 판단된 사건〉 공무집행방해죄는 공무원의 적법한 공무집행이 전제로 되는데, 추상적인 권한에 속하는 공무원의 어떠한 공무집행이 적법한지 여부는 행위 당시의 구체적 상황에 기하여 객관적·합리적으로 판단하여야 하고 사후적으로 순수한 객관적 기준에서 판단할 것은 아니다. 마찬가지로 현행범 체포의 적법성은 체포 당시의 구체적 상황을 기초로 객관적으로 판단하여야 하고, 사후에 범인으로 인정되었는지에 의할 것은 아니다(대판 2013.8.23. 2011도4763).

〈미란다 고지시기에 관한 판례(기재에 다소 차이가 있은 사건)〉 경찰관의 현행범인 체포경위 및 그에 관한 현행범인체포서와 범죄사실의 기재에 다소 차이가 있더라도, 그것이 논리와 경험칙상 장소적·시간적 동일성이 인정되는 범위 내라면 그 체포행위가 공무집행방해죄의 요건인 적법한 공무집행에 해당한다고 한 사례(대판 2008.10.9. 2008도3640). (21 법행)

〈불심검문과 신분증 제시〉 검문하는 사람이 경찰관이고 검문하는 이유가 범죄행위에 관한 것임을 피고인이 충분히 알고 있었다고 보이는 경우에는 신분증을 제시하지 않았다고 하여 그 불심검문이 위법한 공무집행이라고 할 수 없다(대판 2014.12.11. 2014도7976).

〈정확한 음주측정기로 검사받을 것을 요구한 사건〉 도로교통법 제41조 제2항에 의하여 경찰공무원이 운전자에 대하여 음주 여부나 주취정도를 측정함에 있어서는 그 측정방법이나 측정회수에 있어서 합리적인 필요한 한도에 그쳐야 하겠지만 그 한도 내에서는 어느 정도의 재량이 있다고 하여야 할 것인바, 경찰공무원이 승용차에 가족을 태우고 가던 술을 마시지 않은 운전자에게 음주 여부를 확인하려고 후렛쉬봉에 두 차례 입김을 불게 했으나 잘 알 수 없어 동료경찰관에게 확인해 줄 것을 부탁하였고 그와 같은 방법으로 다시 확인하려 했으나 역시 알 수 없어 보다 정확한 음주측정기로 검사받을 것을 요구했다면 다른 사정이 없는 한 위와 같은 상황에서의 음주 여부의 확인을 위하여 한 위 경찰공무원의 행위는 합리적인 필요한 한도를 넘은 것이라고 할 수 없어 적법한 공무집행에 해당한다(대판 1992.4.28. 92도220).

〈경찰관이 음주측정을 위해 도주하는 피고인을 추격하여 도주를 제지한 사건〉 음주운전 신고를 받고 출동한 경찰관이 만취한 상태로 시동이 걸린 차량 운전석에 앉아있는 피고인을 발견하고 음주측정을 위해 하차를 요구함으로써 도로교통법 제44조 제2항이 정한 음주측정에 관한 직무에 착수하였다고 할 것이고, 피고인이 차량을 운전하지 않았다고 다투자 경찰관이 지구대로 가서 차량 블랙박스를 확인하자고 한 것은 음주측정에 관한 직무 중 '운전' 여부 확인을 위한 임의동행 요구에 해당하고, 피고인이 차량에서 내리자마자 도주한 것을 임의동행 요구에 대한 거부로 보더라도, 경찰관이 음주측정에 관한 직무를 계속하기 위하여 피고인을 추격하여 도주를 제지한 것은 앞서 본 바와 같이 도로교통법상 음주측정에 관한 일련의 직무집행 과정에서 이루어진 행위로써 정당한 직무집행에 해당한다(대판 2020.8.20. 2020도7193). (22 경간)

(2) 기타 적법한 공무집행 관련 판례

〈철야농성 천막 설치 제지 사건〉 피고인이 평택시청 동문 앞 인도에 철야농성을 위하여 무단으로 천막을 설치하려는 것을 평택시청 소속 공무원이 제지한 행위는 정당한 직무집행에 해당한다고 보아, 이에 대항하여 폭행 등을 가한 피고인의 행위가 공무집행방해죄를 구성한다고 판단한 사안(대판 2014.2.13. 2011도10625).

〈농성용 천막을 철거한 사건〉 피고인들이 갑 시(시)에서 관리하는 도로의 보도에서 농성용 천막을 설치하던 중 이를 제지하려는 갑 시청 소속 공무원들에게 상해 또는 폭행을 가한 사안에서, 도로관리청인 갑 시청 소속 공무원들이 보도에서 피고인들의 천막 설치를 제지하거나 설치 중인 천막을 철거하려고 한 행위는 구 도로법(2012. 6. 1. 법률 제11471호로 개정되기 전의 것. 이하 같다) 제83조에 따라 구 도로법 제45조에 규정된 도로에 관한 금지행위를 제지하기 위한 합리적 상당성이 있는 조치로서 보도의 본래 목적을 달성하도록 하기 위한 관리권 범위

내의 행위에 해당하므로, 이러한 도로관리권에 근거하여 적법하게 공무집행을 하는 공무원들에게 폭행 등을 가한 피고인들의 행위는 공무집행방해죄를 구성한다고 한 사례(대판 2014.2.27. 2013도5356).

〈교정시설내 부착물을 제거한 사건〉 수용자에게 부착물의 내용, 부착의 경위 등에 비추어 교정시설의 소장에 의하여 허용된 범위를 넘은 부착 행위를 하게 된 정당한 사유가 인정되는 등의 특별한 사정이 없는 한, 교정시설의 소장에 의하여 허용된 범위를 넘어 사진 또는 그림 등을 부착한 수용자에 대하여 교도관이 부착물의 제거를 지시한 행위는 수용자가 복종하여야 할 직무상 지시로서 적법한 직무집행이라고 보아야 한다(대판 2014.9.25. 2013도1198).

〈주정차 단속 공무원에 대한 폭행을 제지한 사건〉 피고인이 불법 주정차 단속을 하는 공무원을 폭행함으로써 전체적인 직무수행을 방해받게 되자 다른 공무원들이 피고인의 폭행을 제지한 것은 일련의 주정차 단속업무가 원활·용이하게 수행되게 하기 위하여 취한 불가피한 조치이었을 뿐만 아니라 피고인의 불법적 폭행행위를 사회적 상당성이 있는 방법으로 저지한 것에 불과하다고 할 것이며, 오늘날 우리사회에서 주정차 위반차량에 대한 단속현장에서 피고인과 같이 단속공무원에게 부당한 폭력을 행사하는 경우가 적지 아니한 실정까지 감안하면 이는 주정차단속 공무원의 직무에 수반되는 행위로 파악함이 상당하고 그 직무권한의 범위를 벗어난 행위라고 볼 것은 아니다(대판 2003.11.28. 2003도5234). [COMMENT] 주정차 단속하는 공무원을 폭행하고 있는 피고인을 제지하는 다른 공무원을 폭행한 경우 그 공무원에 대한 폭행도 공무집행방해죄가 성립한다고 본 판례이다.

〈공무원 복무관리 사건〉 행정안전부장관이 공무원 노동조합의 통합 및 상급단체 가입 여부 결정을 위한 전국공무원노동조합의 총투표와 관련하여 공무원 복무관리 지침을 각 지방자치단체에 통보한 후 갑 등 소속 공무원들을 파견하여 복무규정 위반사례 등을 점검하도록 지시하였는데, 조합원인 피고인들이 위 지시에 따라 을 구청에 파견되어 점검 중이던 갑의 직무집행을 방해하였다는 내용으로 기소된 사안에서, 갑의 복무 점검행위가 적법한 공무집행으로서 부당노동행위에 해당하지 않는다고 본 원심판단의 결론을 정당하다고 한 사례(대판 2013.2.15. 2010도11281).

〈권한에 속하지 않은 사항이 포함된 사건〉 회의의 의결사항 중에 지방의회의 권한에 속하지 아니하는 사항이 포함되어 있었다 하더라도 지방의회 의원들이 그 회의에 참석하고 그 회의에서 의사진행을 하는 직무행위는 적법한 것이라고 보아야 한다(대판 1998.5.12. 98도662).

〈약학대학 학제개편 공청회 사건〉 교육인적자원부 장관이 약학대학 학제개편에 관한 공청회를 개최하면서 행정절차법상 통지 절차를 위반하였더라도, 위 공청회 개최업무는 적법한 공무집행으로 볼 수 있다(대판 2007.10.12. 2007도6088).

3. 직무집행의 적법성을 부정하여 공무집행방해죄로 처벌하지 않은 판례

(1) 체포 요건 관련 판례 [2014 변시][2016 3차][2018 1차]

〈자진출석자를 합리적 근거없이 긴급체포한 것은 위법한 공무집행이라는 판례〉 검사가 참고인 조사를 받는 줄 알고 검찰청에 자진출석한 변호사사무실 사무장을 합리적 근거 없이 긴급체포하자 그 변호사가 이를 제지하는 과정에서 위 검사에게 상해를 가한 것이 정당방위에 해당한다고 본 사례(대판 2006.9.8. 2006도148).

〈경미한 범죄로 현행범체포한 사건〉 공소외인의 행위가 법정형 5만 원 이하의 벌금, 구류 또는 과료에 해당하는 경미한 범죄에 불과한 경우 비록 그가 현행범인이라고 하더라도 영장 없이 체포할 수는 없고, 또한 범죄의 사전 진압이나 교통단속의 목적만을 이유로 그에게 임의동행을 강요할 수도 없다 할 것이므로, 경찰관이 그의 의사에 반하여 강제로 연행하려고 한 행위는 적법한 공무집행이라고 볼 수 없고, 따라서 피고인이 위 경찰관의 행위를 제지하기 위하여 경찰관에게 폭행을 가하였다고 하여도 이는 공무집행방해죄를 구성하지 아니한다(대판 1992.5.22. 92도506).

〈현행범이나 준현행범이 아닌 사건〉 경찰관들이 현행범이나 준현행범도 아닌 피고인을 체포하려고 (법원의 영장도 없이) 피고인의 집(주거)에 강제로 들어가려고 하여 피고인이 이를 제지하는 행위를 한 경우, 위 경찰관들의 행위는 적법한 공무집행이라 볼 수 없으므로 피고인의 행위는 공무집행방해죄에 해당하지 아니한다(대판 1991.12.10. 91도2395).

〈음주운전 종료한 수 40분 지난 후 현행범으로 체포한 사건〉 음주운전을 종료한 후 40분 이상이 경과한 시점에서 길가에 앉아 있던 운전자를 술냄새가 난다는 점만을 근거로 음주운전의 현행범으로 체포한 것은 적법한 공무집행으로 볼 수 없다(대판 2007.4.13. 2007도1249).

〈현행범인의 요건을 갖추지 못한 사건〉 현행범인으로서의 요건을 갖추고 있었다고 인정되지 않는 상황에서 경찰관들이 동행을 거부하는 자를 체포하거나 강제로 연행하려고 하였다면, 이는 적법한 공무집행이라고 볼 수 없으므로 강제연행을 거부하는 자를 도와 경찰관들에 대하여 폭행을 하는 등의 방법으로 그 연행을 방해하였다고 하더라도, 공무집행방해죄는 성립되지 않는다(대판 1991.9.24. 91도1314). (22 변시)

(2) 미란다 고지 등 고지 관련 판례

〈미란다 고지를 하지 않은 사건〉 사법경찰관 등이 피의자에 대한 구속영장을 소지하였다 하더라도 피의자를 체포하기 위하여는 체포 당시에 피의자에 대한 범죄사실의 요지, 구속의 이유와 변호인을 선임할 수 있음을 말하고 변명할 기회를 준 후가 아니면 체포할 수 없고, 이와 같은 절차를 밟지 아니한 채 실력으로 연행하려 하였다면 적법한 공무집행으로 볼 수 없다(대판 1996.12.23. 96도2673).

〈경찰관들이 애초부터 미란다 원칙을 체포 후에 고지할 생각이었던 사건〉 피고인이 경찰관들과 마주하자마자 도망가려는 태도를 보이거나 먼저 폭력을 행사하며 대항한 바 없는 등 경찰관들이 체포를 위한 실력행사에 나아가기 전에 체포영장을 제시하고 미란다 원칙을 고지할 여유가 있었음에도 애초부터 미란다 원칙을 체포 후에 고지할 생각으로 먼저 체포행위에 나선 행위는 적법한 공무집행이라고 보기 어렵다는 등의 이유로 공소사실에 대하여 무죄를 선고한 원심판단이 정당하다고 한 사례(대판 2017.9.21. 2017도10866).

〈형집행장이 발부되어 있는 사실을 고지하지 않은 사건〉 경찰관 갑이 도로를 순찰하던 중 벌금 미납으로 지명수배된 피고인과 조우하게 되어 벌금 미납 사실을 고지하고 벌금납부를 유도하였으나 피고인이 이를 거부하자 벌금 미납으로 인한 노역장 유치의 집행을 위하여 구인하려 하였는데, 피고인이 이에 저항하여 갑을 폭행함으로써 벌금수배자 검거를 위한 경찰관의 공무집행을 방해하였다는 내용으로 기소된 사안에서, 갑이 피고인을 구인하는 과정에서 형집행장이 발부되어 있는 사실은 고지하지 않았던 사정에 비추어 갑의 직무집행은 위법하다고 보아 공소사실을 무죄로 판단한 원심판결이 정당하다고 한 사례(대판 2017.9.26. 2017도9458). (21 법행)

(3) 기타 위법한 공무집행 관련 판례

〈행정상 즉시강제 사건〉 위법한 집회에 참가하기 위하여 예정시간으로부터 약 5시간 30분 전에 그 예정장소로부터 약 150km 떨어진 곳에서 출발하려는 甲, 乙 등을 경찰이 물리력으로 제지하자 甲이 경찰관을 폭행한 경우, 구 집회 및 시위에 관한 법률(2007. 5. 11. 법률 제8424호로 개정되기 전의 것)에 의하여 금지되어 그 주최 또는 참가행위가 형사처벌의 대상이 되는 위법한 집회·시위가 장차 특정지역에서 개최될 것이 예상된다고 하더라도, 이와 시간적·장소적으로 근접하지 않은 다른 지역에서 그 집회·시위에 참가하기 위하여 출발 또는 이동하는 행위를 함부로 제지하는 것은 경찰관직무집행법 제6조 제1항의 행정상 즉시강제인 경찰관의 제지의 범위를 명백히 넘어 허용될 수 없다. 따라서 이러한 제지 행위는 공무집행방해죄의 보호대상이 되는 공무원의 적법한 직무집행이 아니다(대판 2008.11.13. 2007도9794). (22 경)

〈경직법상 보호조치 요건이 구비되지 않은 사건〉 경찰관직무집행법 제4조 제1항 제1호(이하 '이 사건 조항'이라 한다)의 보호조치 요건이 갖추어지지 않았음에도, 경찰관이 실제로는 범죄수사를 목적으로 피의자에 해당하는 사람을 이 사건 조항의 피구호자로 삼아 그의 의사에 반하여 경찰관서에 데려간 행위는, 달리 현행범체포나 임의동행 등의 적법 요건을 갖추었다고 볼 사정이 없다면, 위법한 체포에 해당한다고 보아야 한다(대판 2012.12.13. 2012도11162).

〈불법체류자 단속 사건〉 [1] 영장주의 원칙의 예외로서 출입국관리공무원 등에게 외국인 등을 방문하여 외국인동향조사 권한을 부여하고 있는 출입국관리법 규정의 입법 취지 및 그 규정 내용 등에 비추어 볼 때, 출입국관리공무원 등이 출입국관리법 제81조 제1항에 근거하여 제3자의 주거 또는 일반인의 자유로운 출입이 허용되지 아니한 사업장 등에 들어가 외국인을 상대로 조사하기 위해서는 그 주거권자 또는 관리자의 사전 동의가 있어야 한다. [2] 출입국관리공무원이 관리자의 사전 동의 없이 사업장에 진입하여 불법체류자 단속업무를 개시한 사안에서, 공무집행행위의 적법성이 부인되어 공무집행방해죄가 성립하지 않는다고 한 사례(대판 2009.3.12. 2008도7156).

3) **적법성의 판단기준** : 적법성의 판단기준에 대하여는 논의가 있지만, 다수설과 판례는 법원이 법령해석을 통하여 객관적으로 판단해야 한다는 **객관설**의 입장을 따르고 있다.

〈공무집행 적법성의 판단기준〉 공무집행방해죄는 공무원의 적법한 공무집행이 전제로 된다 할 것이고, 그 공무집행이 적법하기 위하여는 그 행위가 당해 공무원의 추상적 직무 권한에 속할 뿐 아니라 구체적으로도 그 권한 내에 있어야 하며 또한 직무행위로서의 중요한 방식을 갖추어야 한다고 할 것이며, 추상적인 권한에 속하는 공무원의 어떠한 공무집행이 적법한지 여부는 행위 당시의 구체적 상황에 기하여 객관적 합리적으로 판단하여야 하고 사후적으로 순수한 객관적 기준에서 판단할 것은 아니라고 할 것이다(대판 1991.5.10. 91도453).

4) **적법성의 체계적 지위** : 적법성의 체계적 지위에 대하여는 ① 구성요건요소라고 보는 **구성요건요소설** ② 위법요소라고 보는 **위법요소설** ③ 처벌조건으로 보는 **처벌조건설**이 대립하고 있다. 생각건대 본죄에서 보호필요성이 있는 직무는 적법한 직무집행뿐이며, 현재는 규범적 요소도 구성요건요소가 될 수 있다는 점이 확립되어 있으므로 구성요건요소설이 타당하다.

5) **적법성에 대한 착오** : 적법한 직무집행을 위법한 직무집행으로 오인하고 이에 대해 저항하는 행위에 대한 평가는 적법성요건의 체계적 지위를 어떻게 파악하느냐에 따라 달라진다. 즉 ① 구성요건요소설에 의하면 구성요건적 착오가 되어 고의가 조각되며 ② 위법성요소설에 의하면 법률의 착오가 되어 제16조의 적용을 받게 될 것이며 ③ 처벌조건설에 따르면 착오는 범죄성립에 영향을 주지 못한다. [2014 3차][2020 2차]

3. 행위

폭행 · 협박이다.

(1) 폭행

본죄의 폭행은 **광의의 폭행**으로서 공무를 집행하는 공무원에 대한 직접 · 간접의 유형력의 행사를 말한다. 따라서 직접적으로는 물건에 대한 유형력이지만, 그것이 공무집행에 형향을 줄 수 있는 경우에도 본죄의 폭행이 된다.

█ 공무집행방해죄의 폭행 관련 판례 정리

1. 기본 법리 판례

〈**공무집행방해죄의 폭행**〉 공무집행방해죄에 있어서의 폭행이라 함은 공무원에 대한 직접적인 유형력의 행사뿐 아니라 간접적인 유형력의 행사도 포함하는 것이다(대판 1998.5.12. 98도662). (24 1차)(24 2차)

〈**공무집행방해죄의 폭행·협박의 정도**〉 공무집행방해죄의 성립에는 폭행 또는 해악의 고지가 있으면 족한 것이고 그로써 피해자에게 현실로 공포심을 일으켰거나 현실적으로 피해자의 자유의사가 제압될 것을 요하는 것은 아니다(대판 1970.6.30. 70도1121). (24 1차)

〈**집회·시위 과정에서 음향을 발생시킨 사건**〉 민주사회에서 공무원의 직무수행에 대한 시민들의 건전한 비판과 감시는 가능한 한 널리 허용되어야 한다는 점에서 볼 때, 공무원의 직무수행에 대한 비판이나 시정 등을 요구하는 집회·시위 과정에서 일시적으로 상당한 소음이 발생하였다는 사정만으로는 이를 공무집행방해죄에서의 음향으로 인한 폭행이 있었다고 할수는 없다. 그러나 의사전달수단으로서 합리적 범위를 넘어서 상대방에게 고통을 줄 의도로 음향을 이용하였다면 이를 폭행으로 인정할 수 있을 것인바, 구체적인 상황에서 공무집행방해죄에서의 음향으로 인한 폭행에 해당하는지 여부는 음량의 크기나 음의 높이, 음향의 지속시간, 종류, 음향발생 행위자의 의도, 음향발생원과 직무를 집행 중인 공무원과의 거리, 음향발생 당시의 주변 상황을 종합적으로 고려하여 판단하여야 한다(대판 2009.10.29. 2007도3584).

2. 공무집행방해죄의 폭행을 긍정한 판례

〈**파출소에 인분을 투척한 사건**〉 경찰관이 공무를 집행하고 있는 파출소 사무실 바닥에 인분이 들어 있는 물통을 집어던지고 책상 위에 있던 재떨이에 인분을 퍼담아 사무실 바닥에 던지는 행위는 동 경찰관에 대한 폭행이다(대판 1981.3.24. 81도326).

〈**지구대에서 1시간 40분 소란 피운 사건**〉 피고인이 지구대 내에서 약 1시간 40분 동안 큰 소리로 경찰관을 모욕하는 말을 하고, 그곳 의자에 드러눕거나 다른 사람들에게 시비를 걸고 그 과정에서 경찰관들이 피고인을 내보낸 뒤 문을 잠그자 다시 들어오기 위해 출입문을 계속해서 두드리거나 잡아당기는 등 소란을 피운 사안에서, 피고인이 밤늦은 시각에 술에 취해 위와 같이 한참 동안 소란을 피운 행위는 그 정도에 따라 공무원에 대한 간접적인 유형력의 행사로서 형법 제136조에서 규정한 '폭행'에 해당할 여지가 있는데도, 이와 달리 보아 공무집행방해의 점을 무죄로 판단한 원심판결에 법리오해 등 잘못이 있다고 한 사례(대판 2013.12.26. 2013도11050).

3. 공무집행방해죄의 폭행을 부정한 판례

〈**경찰관이 운전석 유리창 잡은 사건**〉 차량을 일단 정차한 다음 경찰관의 운전면허증 제시요구에 불응하고 다시 출발하는 과정에서 경찰관이 잡고 있던 운전석 쪽의 열린 유리창 윗 부분을 놓지 않은 채 어느 정도 진행하다가 차량속도가 빨라지자 더 이상 따라가지 못하고 손을 놓아 버렸다면 이러한 사실만으로는 피고인의 행위가 공무집행방해죄에 있어서의 폭행에 해당한다고 할 수 없다고 본 원심판결을 수긍한 사례(대판 1996.4.26. 96도281). (23 법행)

(2) 협 박

본죄의 협박은 상대방에게 공포심을 일으킬 목적으로 해악을 고지하는 행위를 말한다. 고지하는 해악의 내용이 객관적으로 상대방으로 하여금 공포심을 느끼게 하는 것이어야 하고, 그 협박이 경미하여 상대방이 전혀 개의치 않을 정도인 경우에는 협박에 해당하지 않는다.

〈'이 순사새끼들 죽고 싶으냐' 사건〉 폭력행위 등 전과 12범인 피고인이 그 경영의 술집에서 떠들며 놀다가 주민의 신고를 받고 출동한 경찰로부터 조용히 하라는 주의를 받은 것뿐인데 그 후 새벽 4시의 이른 시각에 파출소에까지 뒤쫓아 가서 '우리 집에 무슨 감정이 있느냐, 이 순사새끼들 죽고 싶으냐'는 등의 폭언을 하였다면, 이는 단순한 불만의 표시나 감정적인 욕설에 그친다고 볼 수 없고, 경찰이 계속하여 단속하는 경우에 생명, 신체에 어떤 위해가 가해지리라는 것을 통보함으로써 공포심을 품게 하려는데 그 목적이 있었다고 할 것이고, 또 이는 객관적으로 보아 상대방으로 하여금 공포심을 느끼게 하기에 족하다고 할 것이다(대판 1989.12.26. 89도1204).

〈악취방지법위반 수사 사건〉 수산업협동조합 조합장인 피고인이 수사 중인 해양경찰서 소속 경찰공무원인 갑에게 전화를 걸어 폭언하며 협박함으로써 범죄수사 등에 관한 직무집행을 방해하였다는 공소사실에 대하여, 피고인의 폭언은 단순히 경찰공무원의 수사에 대한 불만의 표시나 감정적인 욕설에 그친다고 볼 수는 없고, 수사를 계속하는 경우에는 담당 경찰관에게 어떤 인사상 불이익이 가해지리라는 것을 통보함으로써 공포심을 품게 하려는 데 그 목적이 있었다 할 것이고, 또 이는 객관적으로 보아 상대방으로 하여금 공포심을 느끼게 하기에 충분하다는 이유로, 이를 유죄로 인정한 원심판단을 정당하다고 한 사례(대판 2011.2.10. 2010도15986).

〈협박이 경미하여 상대방이 전혀 개의치 않을 정도인 경우에는 협박에 해당하지 않는다는 판례〉 공무집행방해죄에 있어서 협박이라 함은 상대방에게 공포심을 일으킬 목적으로 해악을 고지하는 행위를 의미하는 것으로서 고지하는 해악의 내용이 그 경위, 행위 당시의 주위 상황, 행위자의 성향, 행위자와 상대방과의 친숙함의 정도, 지위 등의 상호관계 등 행위당시의 여러 사정을 종합하여 객관적으로 상대방으로 하여금 공포심을 느끼게 하는 것이어야 하고, 그 협박이 경미하여 상대방이 전혀 개의치 않을 정도인 경우에는 협박에 해당하지 않는다(대판 2006.1.13. 2005도4799). (23 2차)

(3) 폭행·협박의 적극성

본죄의 폭행·협박은 공권력을 행사하는 국가공무원을 대상으로 하는 것이기 때문에 적극성을 띠어야 하고, 소극적인 저항이나 불복종 등은 본죄의 폭행·협박이라고 할 수 없다.

〈자신이 죽어버리겠다고 한 사건〉 경찰관의 임의동행 요구에 안방으로 피하여 문을 잠그었다면 이는 임의동행 요구를 거절한 것이므로 피요구자의 승낙을 조건으로 하는 임의동행 하려는 직무행위는 끝난 것이고, 피고인이 문을 잠근 방안에서 면도칼로 앞가슴 등을 그어 피를 보이면서 자신이 죽어버리겠다고 불온한 언사를 농하였다 하여도 이는 자해, 자학행위는 될지언정 위 경찰관에 대한 유형력의 행사나 해악의 고지표시가 되는 폭행 또는 협박으로 볼 수 없다(대판 1976.3.9. 75도3779).

(4) 기수시기

본죄는 추상적 위험범이므로 폭행·협박시에 기수가 되며 직무집행방해라는 결과가 발생하였을 것은 요하지 않는다. 그러나 위계에 의한 공무집행방해죄는 직무집행이 현실적으로 방해되어야 범죄가 성립된다고 하고 있으므로 주의하여야 한다.

〈공무집행방해죄의 기수시기〉 [1] 형법 제136조에서 정한 공무집행방해죄는 직무를 집행하는 공무원에 대하여 폭행 또는 협박한 경우에 성립하는 범죄로서 여기서의 폭행은 사람에 대한 유형력의 행사로 족하고 반드시 그 신체에 대한 것임을 요하지 아니하며, 또한 추상적 위험범으로서 구체적으로 직무집행의 방해라는 결과 발생을 요하지도 아니한다. [2] 피고인이 갑과 주차문제로 언쟁을 벌이던 중, 112 신고를 받고 출동한 경찰관 을이 갑을 때리려는 피고인을 제지하자 자신만 제지를 당한데 화가 나서 손으로 을의 가슴을 밀치고, 피고인을 현행범으로 체포하며 순찰차 뒷좌석에 태우려고 하는 을의 정강이 부분을 양발로 걷어차는 등 폭행함으로써 경찰관의 112 신고처리에 관한 직무집행을 방해하였다는 내용으로 기소된 사안에서, 공소사실을 무죄라고 판단한 원심판결에 공무집행방해죄의 폭행이나 직무집행, 현행범 체포의 요건 등에 관한 법리오해 등의 잘못이 있다고 한 사례(대판 2018.3.29. 2017도21537). (22 2차)

4. 주관적 구성요건

(1) 고의와 착오

행위자는 직무를 집행하는 공무원에 대하여 폭행·협박한다는 사실에 대한 인식이 있어야 한다. 직무집행의 적법성도 고의의 내용이 되며 공무집행의 적법성 여부에 대한 착오는 적법성의 체계적 지위에 따른다.

(2) 방해의사 요부

고의와 더불어 공무집행을 방해한다는 의사의 필요성과 관련하여 논의가 있지만, 본죄는 목적범의 형식으로 이루어진 것이 아니므로 방해의사까지는 필요가 없다고 보는 **불요설**이 다수설과 판례이다.

[COMMENT] 그러나 제137조 위계에 의한 공무집행방해죄는 공무집행을 방해할 의사가 필요하다고 보는 것이 다수설과 판례의 태도이므로 주의하여야 한다.

〈제136조의 고의와 방해의사〉 공무집행방해죄에 있어서의 범의는 상대방이 직무를 집행하는 공무원이라는 사실, 그리고 이에 대하여 폭행 또는 협박을 한다는 사실을 인식하는 것을 그 내용으로 하고, 그 인식은 불확정적인 것이라도 소위 미필적 고의가 있다고 보아야 하며, 그 직무집행을 방해할 의사를 필요로 하지 아니한다(대판 1995.1.24. 94도1949).

Ⅲ. 죄수 및 타죄와의 관계

(1) 공무집행방해죄의 죄수

공무집행방해죄의 죄수판단기준에 대하여는 ① 다수설은 공무의 수를 기준으로 하지만, ② 판례는 공무원의 수를 기준으로 하고 있다. 따라서 동일한 직무를 수행하는 수인의 공무원을 동시에 폭행한 경우에 판례에 의하면 수죄의 상상적 경합이 된다.

〈두 명의 경찰관 사건〉 [1] 동일한 공무를 집행하는 여럿의 공무원에 대하여 폭행·협박 행위를 한 경우에는 공무를 집행하는 공무원의 수에 따라 여럿의 공무집행방해죄가 성립하고, 위와 같은 폭행·협박 행위가 동일한 장소에서 동일한 기회에 이루어진 것으로서 사회관념상 1개의 행위로 평가 되는 경우에는 여럿의 공무집행방해죄는 상상적 경합의 관계에 있다.[2] 범죄 피해 신고를 받고 출동 한 두 명의 경찰관에게 욕설을 하면서 차례로 폭행을 하여 신고 처리 및 수사 업무에 관한 정당한 직무 집행을 방해한 사안에서, 동일한 장소에서 동일한 기회에 이루어진 폭행 행위는 사회관념상 1개의 행 위로 평가하는 것이 상당하다는 이유로, 위 공무집행방해죄는 형법 제40조에 정한 상상적 경합의 관 계에 있다고 한 사례(대판 2009.6.25. 2009도3505). (22 3차)(23 2차)(24 2차)

(2) 타죄와의 관계

1) 폭행죄·협박죄와의 관계 : 폭행죄와 협박죄는 본죄가 성립하면 이에 흡수된다.

2) 살인죄와 상해죄와의 관계 : 본죄를 범하여 공무원을 살해·상해한 경우에는 본죄와 살인 죄·상해죄는 상상적 경합관계에 있다.

3) 준강도죄와 강도죄와의 관계 : ① 절도가 체포를 면탈할 목적으로 경찰관에게 폭행을 가한 때에는 준강도와 본죄의 상상적 경합이 되며 ② 강도가 체포를 면탈할 목적으로 경찰관 에게 폭행을 가한 때에는 강도죄와 본죄의 실체적 경합이 된다.

〈준강도·강도와 공무집행방해죄〉 절도범인이 체포를 면탈할 목적으로 경찰관에게 폭행·협박을 가 한 때에는 준강도죄와 공무집행방해죄를 구성하고 양죄는 상상적 경합관계에 있으나, 강도범인이 체포를 면탈할 목적으로 경찰관에게 폭행을 가한 때에는 강도죄와 공무집행방해죄는 실체적 경합 관계에 있고 상상적 경합관계에 있는 것이 아니다(대판 1992.7.28. 92도917). (13 변시)(16 변시)(17 변시)(22 3차)

4) 업무방해죄와의 관계 : 본죄와 업무방해죄의 관계에 대하여는 논의는 있지만, 업무방해죄 의 업무에 공무는 제외되므로 본죄가 성립한 경우에는 별도로 업무방해죄는 성립하지 않 는다.

[COMMENT] 보다 자세한 내용은 업무방해죄 부분 참조.

2 직무·사직강요죄

제136조 (공무집행방해) ② 공무원에 대하여 그 직무상의 행위를 강요 또는 저지하거나 그 직을 사퇴 하게 할 목적으로 폭행 또는 협박한 자도 전항의 형과 같다.

[죄명예규] 공무집행방해 - 제1항과 동일하게 공무집행방해로 기재한다.

[COMMENT] 목적범이라는 것을 주의하여야 한다.

3 위계에 의한 공무집행방해죄

> 제137조 (위계에 의한 공무집행방해) 위계로써 공무원의 직무집행을 방해한 자는 5년 이하의 징역 또는 1천만 원 이하의 벌금에 처한다.

[죄명예규] 위계공무집행방해

(1) 의 의

본죄는 위계에 의하여 공무원의 직무집행을 방해함으로써 성립하는 범죄이다.

[COMMENT] 제136조의 공무집행방해죄와는 ① 수단이 폭행 또는 협박이 아닌 위계이며 ② 현재 집행되는 공무에 한하지 않고 장래에 집행할 공무도 대상이 되며 ③ 공무원의 직무집행과 관련 있는 제3자도 위계의 상대방이 될 수 있으며 ④ 공무집행방해의 결과가 있어야 하며 ⑤ 공무집행방해 의사가 필요하다는 점에서 차이가 있다.

(2) 행 위

위계로써 공무집행을 방해하는 것이다.

1) **공무집행** : 공무집행의 범위에 대하여는 법령의 위임에 따른 공무원의 적법한 직무집행인 이상 공권력의 행사를 내용으로 하는 권력적 작용뿐만 아니라 사경제주체로서의 활동을 비롯한 비권력적 작용도 포함된다.

〈위계에 의한 공무집행방해죄의 공무의 범위〉 위계에 의한 공무집행방해죄는 행위목적을 이루기 위하여 상대방에게 오인, 착각, 부지를 일으키게 하여 이를 이용함으로써 법령에 의하여 위임된 공무원의 적법한 직무에 관하여 그릇된 행위나 처분을 하게 하는 경우에 성립하고, <u>여기에서 공무원의 직무집행이란 법령의 위임에 따른 공무원의 적법한 직무집행인 이상 공권력의 행사를 내용으로 하는 권력적 작용뿐만 아니라 사경제주체로서의 활동을 비롯한 비권력적 작용도 포함되는 것으로 봄이 상당하다</u>(대판 2003.12.26. 2001도6349). (24 2차)

2) **위 계**

㈎ **위계의 의의** : 위계란 행위자의 목적달성을 위하여 상대방에 오인·착각·부지를 일으키게 하여 그 오인 등을 이용하는 것을 말한다.

〈위계의 의미〉 위계에 의한 공무집행방해죄에 있어서 위계라 함은 행위자의 행위목적을 이루기 위하여 상대방에게 오인, 착각, 부지를 일으키게 하여 그 오인, 착각, 부지를 이용하는 것을 말하는 것으로 상대방이 이에 따라 그릇된 행위나 처분을 하였다면 이 죄가 성립된다(대판 1997.2.28. 96도2825). (21 2차)

〈담당 공무원들 모두의 공모 또는 양해 아래 이루어진 부정행위 사건〉 위계에 의한 공무집행방해죄에서 '위계'라 함은 행위자의 행위목적을 이루기 위하여 상대방인 담당 공무원에게 오인 등을 일으키게 하여 그 오인 등을 이용하는 것을 말한다. 따라서 <u>담당 공무원들 모두의 공모 또는 양해 아래</u>

부정한 행위가 이루어졌다면 이로 말미암아 오인 등을 일으킨 상대방이 있다고 할 수 없으므로, 그러한 행위는 위계에 의한 공무집행방해죄에서의 위계에 해당한다고 볼 수 없다(대판 2015.2.26. 2013도13217). [COMMENT] 담당공무원들이 공모한 경우에는 오인을 일으킨 상대방이 없으므로 위계에 해당하지 않는다는 취지의 판례이다. (22 법행)

    (나) **위계의 수단 · 방법** : 위계의 수단 · 방법에는 제한이 없다. 따라서 기망이나 유혹, 공연히 하거나 비밀리에 하거나를 불문한다. 그러나 일정한 사항에 대하여 그 진위를 수사 또는 심리해야 할 책무를 지고 있는 공무원에게 허위진술을 하거나 허위신고를 하였다는 것만으로 바로 위계에 해당한다고 할 수는 없으며, 이때에는 **충분한 심사를 해도** 적정한 업무를 수행하지 못했을 때에 한하여 본죄가 성립한다.

    (다) **위계의 상대방** : 위계의 상대방은 직무집행 중에 있는 공무원, 장차 직무집행의 수행이 예상되는 공무원 그리고 직무집행과 관련되는 제3자이다.

▌위계에 의한 공무집행방해 관련 판례 정리

1. 출원 관련 판례 정리

(1) 기본 법리 판례

〈출원과 위계에 의한 공무집행방해죄의 성부〉 [1] 행정관청이 출원에 의한 인 · 허가처분을 함에 있어서는 그 출원사유가 사실과 부합하지 아니하는 경우가 있음을 전제로 하여 인 · 허가할 것인지 여부를 심사 결정하는 것이므로, 행정관청이 사실을 충분히 확인하지 아니한 채 출원자가 제출한 허위의 출원사유나 허위의 소명자료를 가볍게 믿고 인가 또는 허가를 하였다면, 이는 행정관청의 불충분한 심사에 기인한 것으로서 출원자의 위계에 의한 것이었다고 할 수 없어 위계에 의한 공무집행방해죄를 구성하지 않는다. [2] 출원에 대한 심사업무를 담당하는 공무원이 출원인의 출원사유가 허위라는 사실을 알면서도 결재권자로 하여금 오인, 착각, 부지를 일으키게 하고 그 오인, 착각, 부지를 이용하여 인 · 허가처분에 대한 결재를 받아낸 경우에는 출원자가 허위의 출원사유나 허위의 소명자료를 제출한 경우와는 달리 더 이상 출원에 대한 적정한 심사업무를 기대할 수 없게 되었다고 할 것이어서 그와 같은 행위는 위계로써 결재권자의 직무집행을 방해한 것에 해당하므로 위계에 의한 공무집행방해죄가 성립한다 (대판 1997.2.28. 96도2825).

〈등기신청 사건〉 등기신청은 단순한 '신고'가 아니라 신청에 따른 등기관의 심사 및 처분을 예정하고 있으므로, 등기신청인이 제출한 허위의 소명자료 등에 대하여 등기관이 나름대로 충분히 심사를 하였음에도 이를 발견하지 못하여 등기가 마쳐지게 되었다면 위계에 의한 공무집행방해죄가 성립할 수 있다. 등기관이 등기신청에 대하여 부동산등기법상 등기신청에 필요한 서면이 제출되었는지 및 제출된 서면이 형식적으로 진정한 것인지를 심사할 권한은 갖고 있으나 등기신청이 실체법상의 권리관계와 일치하는지를 심사할 실질적인 심사권한은 없다고 하여 달리 보아야 하는 것은 아니다(대판 2016.1.28. 2015도17297). (22 2차)

(2) 위계에 의한 공무집행방해죄를 긍정한 판례

〈어업허가 처리기안문 사건〉 피고인이, 출원인이 어업허가를 받을 수 없는 자라는 사실을 알면서도 그 직무상의 의무에 따른 적절한 조치를 취하지 않고 오히려 부하직원으로 하여금 어업허가 처리기안문을 작성하게 한 다음 피고인 스스로 중간결재를 하는 등 위계로써 농수산국장의 최종결재를 받았다면, 직무위배의 위법상태가 위계에 의한 공무집행방해행위 속에 포함되어 있는 것이라고 보아야 할 것이다(대판 1997.2.28. 96도2825). (13 변시)

〈담당자가 아닌 공무원이 담당공무원을 위계한 사건〉 담당자가 아닌 공무원이 출원인의 청탁을 들어줄 목적으로 자신의 업무 범위에 속하지도 않는 업무에 관하여 그 일부를 담당공무원을 대신하여 처리하면서 위계를 써서 담당공무원으로 하여금 오인, 착각, 부지를 일으키게 하고 그 오인, 착각, 부지를 이용하여 인·허가 처분을 하게 하였다면, 이는 허가관청의 불충분한 심사가 그의 원인이 된 것이 아니라 담당자가 아닌 공무원의 위계행위가 원인이 된 것이어서 위계에 의한 공무집행방해죄가 성립한다(대판 2008.3.13. 2007도7724).

〈허위진단서를 소명자료로 제출하여 인가를 받은 사건〉 개인택시 운송사업 양도·양수를 위하여 허위의 출원사유를 주장하면서 의사로부터 허위 진단서를 발급받아 이를 소명자료로 제출하여 행정관청으로부터 양도·양수 인가처분을 받은 경우, 위계에 의한 공무집행방해죄가 성립한다고 한 사례(대판 2002.9.4. 2002도2064). (14 변시)

〈강제출국 당한 사람이 허위의 호구부 등을 제출한 사건〉 범죄행위로 인하여 강제출국당한 전력이 있는 사람이 외국 주재 한국영사관 담당직원에게 허위의 호구부 및 외국인등록신청서 등을 제출하여 사증 및 외국인등록증을 발급받은 사안에서, 위계에 의한 공무집행방해죄가 성립한다고 한 사례(대판 2009.2.26. 2008도11862).

〈호구부 사건〉 불법체류를 이유로 강제출국 당한 중국 동포인 피고인이 중국에서 이름과 생년월일을 변경한 호구부를 발급받아 중국 주재 대한민국 총영사관에 제출하여 변경된 명의로 입국사증을 받은 다음, 다시 입국하여 그 명의로 외국인등록증을 발급받고 귀화허가신청서까지 제출한 사안에서, 피고인이 자신과 동일성을 확인할 수 없도록 변경된 호구부를 중국의 담당관청에서 발급받아 위 대한민국 총영사관에 제출하였으므로, 영사관 담당직원 등이 호구부의 기재를 통하여 피고인의 인적사항 외에 강제출국 전력을 확인하지 못하였더라도, 사증 및 외국인등록증의 발급요건 존부에 대하여 충분한 심사를 한 것으로 보아야 하고, 이러한 경우 행정청의 불충분한 심사가 아니라 출원인의 적극적인 위계에 의해 사증 및 외국인등록증이 발급되었던 것이므로 위계에 의한 공무집행방해죄가 성립한다(대판 2011.4.28. 2010도14696).

〈전문연구요원으로 근무할 의사가 없는 사건〉 구 병역법(2005. 5. 31. 법률 제7541호로 개정되기 전의 것)상 지정업체에서 전문연구요원으로 근무할 의사가 없음에도 허위내용의 편입신청서를 제출하여 관할관청으로부터 전문연구요원 편입을 승인받고, 관할지방병무청장에게 허위의 공동연구 협약서를 작성·제출하여 파견근무를 신청하여 승인받았다면, 이러한 편입 및 파견근무의 승인은 관할관청의 불충분한 심사가 원인이 아니라 출원인의 위계행위가 원인이 된 것이어서 위계에 의한 공무집행방해죄가 성립한다(대판 2008.6.26. 2008도1011).

〈산업기능요원으로 근무할 의사가 없는 사건〉 구 병역법(2004. 3. 11. 법률 제7186호로 개정되기 전의 것)상의 지정업체에서 산업기능요원으로 근무할 의사가 없음에도 해당 지정업체의 장과 공모하여 허위내용의 편입신청서를 제출하여 관할관청으로부터 산업기능요원 편입을 승인받고, 나아가 관할관청의 실태조사를 회피하기 위하여 허위서류를 작성·제출하는 등의 방법으로 파견근무를 신청하여 관할관청으로부터 파견근무를 승인받았다면, 이러한 파견근무의 승인 등은 관할관청의 불충분한 심사가 원인이 된 것이 아니라 출원인의 위계행위가 원인이 된 것이어서 위계에 의한 공무집행방해죄가 성립한다(대판 2009.3.12. 2008도1321).

(3) 위계에 의한 공무집행방해죄를 부정한 판례

〈개인택시면허 사건〉 일반적으로 출원 등에 의한 행정관청의 인허가처분은 신청서 기재와 부속 소명자료 등에 의하여 그 인허가요건을 심사 결정하는 것이며 이는 출원 사유가 사실과 부합되지 아니하는 경우가 있음을 전제로 하는 것이므로 출원자가 그 출원사유에 허위의 사실을 기재하고 허위의 소명자료를 첨부하였음에도 불구하고 행정관청이 그 출원사유에 대하여 진실한 것으로 가볍게 믿은 나머지 인허가처분을 하였다면 이는 행정관청의 불충분한 심사에 기인한 것이라 할 것이고 출원자의 위계에 의한 것이라고 할 수 없다(대판 1988.5.10. 87도2079).

〈개인택시 운송사업면허 신청시 허위소명자료 첨부한 사건〉 개인택시 운송사업면허 신청은 출원에 의한 행정관청의 일반적인 인·허가처분과 마찬가지로 행정관청이 면허요건에 해당하는 여부를 심리하여 면허 여부를 결정하는 것이고 그 신청서에 첨부된 소명자료가 진실한 것인지를 가리지 않고 면허를 결정하는 것이 아니므로 그 면허신청서에 허위의 소명자료를 첨부한 소위는 위계에 의한 공무집행방해죄에 해당하지 않는다(대판 1988.9.27. 87도2174).

〈허위의 준공신고서 첨부 사건〉 건축공사를 하면서 허위의 준공신고서, 준공검사 현장조사서 등을 첨부하여 준공검사를 신청하였고, 이를 진실한 것으로 알고 받아들인 관계공무원으로부터 준공필증을 교부받은 경우 출원에 의한 행정관청의 허가는 그 허가요건에 해당하는지의 여부를 심사하여 그 허가 여부를 결정하는 것이고 심사를 하는 것은 출원사유가 사실에 부합되지 아니하는 경우가 있음을 전제로 하는 것이므로 출원자가 그 출원사유에 허위사실을 기재하고 이에 부합되는 허위의 소명자료를 첨부 제출한 출원자에 대하여 허가관청이 그 출원사유를 사실인 것으로 경신하고 이를 허가하였다면 이는 허가관청의 불충분한 심사에 기인하였다 할 것이고 출원자의 위계로 인하여 공무집행이 방해되었다고는 할 수 없어 공무집행방해죄가 성립하지 아니한다(대판 1975.7.8. 75도324).

〈허위의 소독작업결과서가 첨부된 사건〉 수출입화물방제업체 운영자인 피고인이 국립식물검역소 출장소에 허위의 소독작업결과서가 첨부된 수출식물검사신청서를 제출하여 수출검사합격증명서를 발급받음으로써 위계로써 위 출장소의 수출식물 검역 및 검사합격증명서 발급 업무의 집행을 방해하였다는 공소사실에 대하여, 담당공무원이 신청사유를 정당하게 조사하였다면 허위임을 알 수 있었을 터인데 그 사실 여부를 조사하지 아니한 채 신청사유 및 첨부서류가 진실한 것으로 가볍게 믿은 나머지 위 합격증명서를 발급한 것이라면, 이는 위 담당공무원이 신청사유를 충분히 심사하지 못한 데에 기인한 결과라고 할 것이므로 그 공무집행이 방해되었다고 단정할 수는 없다(대판 2010.10.28. 2008도9590).

〈화물자동차 운송주선사업자가 부정한 방법으로 신고한 사건〉 화물자동차 운송주선사업자인 피고인이 관할 행정청에 주기적으로 허가기준에 관한 사항을 신고하는 과정에서 가장납입에 의하여 발급받은 허위의 예금잔액증명서를 제출하는 부정한 방법으로 허가를 받아 위계로써 공무원의 직무집행을 방해하였다는 내용으로 기소된 사안에서, 제반 사정에 비추어 위 신고는 행정청의 단순한 접수나 형식적 심사를 거친 수리 외에 신고에 대응한 어떠한 적극적·실질적 행정작용에 나아갈 것이 예정되어 있다고 볼 수 없을 뿐 아니라, 행정청이 신고내용의 진실성이나 첨부자료의 취지를 제대로 따져보지 않아 추가 조사를 통한 적정한 관리감독권의 행사에 나아가지 않았더라도 이를 신고인의 위계에 의한 방해의 결과로 볼 수 없어 위계에 의한 공무집행방해죄가 성립한다고 볼 수 없는데도, 이와 달리 보아 피고인에게 유죄를 인정한 원심판결에 법리오해의 위법이 있다고 한 사례(대판 2011.8.25. 2010도7033).

2. 수사기관 · 법원 · 교도소 관련 판례

(1) 기본 법리 판례

〈수사기관과 위계에 의한 공무집행방해죄〉 수사기관이 범죄사건을 수사함에 있어서는 피의자나 피의자로 자처하는 자 또는 참고인의 진술여하에 불구하고 피의자를 확정하고 그 피의사실을 인정할 만한 객관적인 제반증거를 수집 조사하여야 할 권리와 의무가 있는 것이라고 할 것이므로 피의자나 참고인이 아닌 자가 자발적이고 계획적으로 피의자를 가장하여 수사기관에 대하여 허위사실을 진술하였다 하여 바로 이를 위계에 의한 공무집행방해죄가 성립된다고 할 수 없다(대판 1977.2.8. 76도3685). [2023 1차][2023 3차](22 변시)(21 2차)

〈국정원 심리전단 사무실 압수 사건(피의자 등이 수사기관에 조작된 허위의 증거를 제출함으로써 수사기관의 수사활동을 적극적으로 방해한 경우에 위계공무집행방해죄가 성립한다는 판례)〉 수사기관이 범죄사건을 수사함에 있어서는 피의자 등의 진술 여하에 불구하고 피의자를 확정하고 그 피의사실을 인정할 만한 객관적인 모든 증거를 수집·조사할 권한과 의무가 있다. 한편 피의자는 진술거부권 및 자기에게 유리한 진술을 할 권리와 유리한 증거를 제출할 권리를 가질 뿐이고, 수사기관에 대하여 진실만을 진술하여야 할 의무가 있는 것은 아니다. 따라서 피의자 등이 수사기관에 대하여 허위사실을 진술하거나 피의사실 인정에 필요한 증거를 감추고 허위의 증거를 제출하였더라도, 수사기관이 충분한 수사를 하지 않은 채 이와 같은 허위의 진술과 증거만으로 증거의 수집·조사를 마쳤다면, 이는 수사기관의 불충분한 수사에 의한 것으로서 피의자 등의 위계에 의하여 수사가 방해되었다고 볼 수 없어 위계에 의한 공무집행 방해죄가 성립된다고 할 수 없다. 그러나 피의자 등이 적극적으로 허위의 증거를 조작하여 제출하고 그 증거 조작의 결과 수사기관이 그 진위에 관하여 나름대로 충실한 수사를 하더라도 제출된 증거가 허위임을 발견하지 못할 정도에 이르렀다면, 이는 위계에 의하여 수사기관의 수사행위를 적극적으로 방해한 것으로서 위계공무집행방해죄가 성립된다(대판 2019.3.14. 2018도18646). (22 2차)

〈법원과 위계에 의한 공무집행방해죄〉 법원은 당사자의 허위 주장 및 증거 제출에도 불구하고 진실을 밝혀야 하는 것이 그 직무이므로 가처분 신청시 당사자가 허위의 주장을 하거나 허위의 증거를 제출하였다 하더라도 그것만으로 법원의 구체적이고 현실적인 어떤 직무집행이 방해되었다고 볼 수 없으므로 이로써 바로 위계에 의한 공무집행방해죄가 성립한다고 볼 수 없다(대판 2012.4.26. 2011도17125). (14 변시)(21 2차)

(2) 위계에 의한 공무집행방해죄를 긍정한 판례

〈타인의 혈액 제출 사건〉 [1] 피의자나 참고인이 피의자의 무고함을 입증하는 등의 목적으로 적극적으로 허위의 증거를 조작하여 제출하였고 그 증거 조작의 결과 수사기관이 그 진위에 관하여 나름대로 충실한 수사를 하더라도 제출된 증거가 허위임을 발견하지 못하여 잘못된 결론을 내리게 될 정도에 이르렀다면, 이는 위계에 의하여 수사기관의 수사행위를 적극적으로 방해한 것으로서 위계에 의한 공무집행방해죄가 성립된다. [2] 음주운전을 하다가 교통사고를 야기한 후 그 형사처벌을 면하기 위하여 타인의 혈액을 자신의 혈액인 것처럼 교통사고 조사 경찰관에게 제출하여 감정하도록 한 행위는, 단순히 피의자가 수사기관에 대하여 허위사실을 진술하거나 자신에게 불리한 증거를 은닉하는 데 그친 것이 아니라 수사기관의 착오를 이용하여 적극적으로 피의사실에 관한 증거를 조작한 것으로서 위계에 의한 공무집행방해죄가 성립한다(대판 2003.7.25. 2003도1609). (19 변시)(24 1차)

〈동양화 1점 뇌물 사건〉 피고인 2가 위 뇌물수수 사건의 조사 직전에 이 사건 기증물관리대장을 조작하도록 지시하고, 담당 직원으로 하여금 위 동양화 1점을 정상적인 절차에 따라 기증받아 종전부터 존재하는 기증물관리대장에 등재하여 관리하고 있는 것처럼 허위 진술하도록 지시한 행위는, 단순히 수사기관에 대하여 허위사실을 진술하거나 자신에게 불리한 증거를 은닉하는 데 그친 것이 아니라 적극적으로 피의사실에 관한 증거를 조작한 것으로 볼 수 있고, 이는 위계에 의한 공무집행방해죄에 해당한다(대판 2011.2.10. 2010도15986).

〈변호사가 구치소에 휴대전화를 반입한 사건〉 [1] 구체적이고 현실적으로 감시·단속업무를 수행하는 교도관에 대하여 그가 충실히 직무를 수행한다고 하더라도 통상적인 업무처리과정하에서는 사실상 적발이 어려운 위계를 적극적으로 사용하여 그 업무집행을 하지 못하게 하였다면 이에 대하여 위계에 의한 공무집행방해죄가 성립한다. [2] 변호사가 접견을 핑계로 수용자를 위하여 휴대전화와 증권거래용 단말기를 구치소 내로 몰래 반입하여 이용하게 한 행위가 위계에 의한 공무집행방해죄에 해당한다고 한 원심의 판단을 수긍한 사례(대판 2005.8.25. 2005도1731). (21 2차)

(3) 위계에 의한 공무집행방해죄를 부정한 판례

〈피의자나 참고인이 허위사실을 진술하거나 허위의 증거를 제출한 사건〉 피의자나 참고인이 피의자의 무고함을 입증하는 등의 목적으로 수사기관에 대하여 허위사실을 진술하거나 허위의 증거를 제출하였다 하더라도, 수사기관이 충분한 수사를 하지 아니한 채 이와 같은 허위의 진술과 증거만으로 잘못된 결론을 내렸다면, 이는 수사기관의 불충분한 수사에 의한 것으로서 피의자 등의 위계에 의하여 수사가 방해되었다고 볼 수 없어 위계에 의한 공무집행방해죄가 성립된다고 할 수 없다(대판 2003.7.25. 2003도1609). [2024 변시]

〈수사기관에서 참고인으로 허위진술한 사건〉 수사기관에서 참고인으로 조사를 받음에 당하여 허위의 진술을 하였다고 하더라도 위계에 의한 공무집행방해죄는 성립되지 아니한다(대판 1972.10.10. 72도1974).

〈허위증거에 의해 법원의 가처분신청을 받은 사건〉 피고인들이 허위의 매매계약서 및 영수증을 소명자료로 첨부하여 가처분신청을 하여 법원으로부터 유체동산에 대한 가처분결정을 받은 행위로 인하여 법원의 가처분 결정 업무의 적정성이 침해되었다고 볼 여지는 있으나 법원의 구체적이고 현실적인 어떤 직무집행이 방해되었다고 할 수는 없으므로, 피고인들의 기만적인 행위로 인하여 잘못된 가처분결정이 내려졌다는 이유만으로 바로 위계에 의한 공무집행방해죄가 성립하지는 않는다고 판단한 원심을 수긍한 사례(대판 2012.4.26. 2011도17125). (14 변시)

〈교도소 수용자 담배 소지 사건〉 [사실관계] 교도소 수용자인 甲은 교도관의 감시, 단속을 피하여 금지물품인 담배를 소지 · 수수 · 교환하거나 허가 없이 전화 등의 방법으로 다른 사람과 연락하곤 하였다. 甲에게 공무집행방해죄가 성립하는가? [판결요지] 법령에서 어떤 행위의 금지를 명하면서 이를 위반하는 행위에 대한 벌칙을 두는 한편, 공무원으로 하여금 그 금지규정의 위반 여부를 감시, 단속하게 하고 있는 경우 그 공무원에게는 금지규정 위반행위의 유무를 감시하여 확인하고 단속할 권한과 의무가 있으므로 단순히 공무원의 감시, 단속을 피하여 금지규정에 위반하는 행위를 한 것에 불과하다면 그에 대하여 벌칙을 적용하는 것은 별론으로 하고 그 행위가 위계에 의한 공무집행방해죄에 해당하는 것이라고는 할 수 없다(대판 2003. 11.13. 2001도7045). [답] 위계에 의한 공무집행방해죄가 성립하지 않는다.

〈녹음·녹화 등을 할 수 있는 전자장비를 교정시설 안으로 반입한 사건〉 [1] 법령에서 일정한 행위를 금지하면서 이를 위반하는 행위에 대한 벌칙을 정하고 공무원으로 하여금 금지규정의 위반 여부를 감시·단속하도록 한 경우 공무원에게는 금지규정 위반행위의 유무를 감시하여 확인하고 단속할 권한과 의무가 있으므로 구체적이고 현실적으로 감시·단속 업무를 수행하는 공무원에 대하여 위계를 사용하여 업무집행을 못하게 하였다면 위계에 의한 공무집행방해죄가 성립하지만, 단순히 공무원의 감시·단속을 피하여 금지규정을 위반한 것에 지나지 않는다면 그에 대하여 벌칙을 적용하는 것은 별론으로 하고 그 행위가 위계에 의한 공무집행방해죄에 해당한다고 할 수 없다. 피고인이 금지규정을 위반하여 감시·단속을 피하는 것을 공무원이 적발하지 못하였다면 이는 공무원이 감시·단속이라는 직무를 소홀히 한 결과일 뿐 위계로 공무집행을 방해한 것이라고 볼 수 없다. [2] 구 형집행법의 관련 규정의 내용과 입법취지 등을 종합하면, 녹음·녹화 등을 할 수 있는 전자장비가 교정시설의 안전 또는 질서를 해칠 우려가 있는 금지물품에 해당하여 반입을 금지할 필요가 있다면 교도관은 교정시설 등의 출입자와 반출·반입 물품을 검사·단속해야 할 일반적인 직무상 권한과 의무가 있으므로 수요자가 아닌 사람이 금지물품을 교정시설 내로 반입하였다면 교도관의 검사·단속을 피하여 단순히 금지규정을 위반하는 행위를 한 것일 뿐 이로써 위계에 의한 공무집행방해죄가 성립한다고 할 수는 없다고 보아, 이 부분 공소사실을 무죄로 판단한 원심을 유지하고 검사의 상고를 기각한 사안 (대판 2022.3.31. 2018도15213).

〈구치소장의 허가 없이 녹음·녹화장비를 착용하고 접견실에 들어간 사건〉 구 형집행법의 관련 규정의 내용과 입법취지 등을 종합하면, 녹음·녹화 등을 할 수 있는 전자장비가 교정시설의 안전 또는 질서를 해칠 우려가 있는 금지물품에 해당하여 반입을 금지할 필요가 있다면 교도관은 교정시설 등의 출입자와 반출·반입 물품을 검사·단속해야 할 일반적인 직무상 권한과 의무가 있으므로 수요자가 아닌 사람이 금지물품을 교정시설 내로 반입하였다면 교도관의 검사·단속을 피하여 단순히 금지규정을 위반하는 행위를 한 것일 뿐 이로써 위계에 의한 공무집행방해죄가 성립한다고 할 수는 없다(대판 2022.4.28. 2020도8030). (24 변시)

〈집사변호사 사건〉 접견변호사들이 미결수용자인 피고인의 개인적인 업무나 심부름을 위해 접견신청행위를 한 후 피고인과 소송서류 이외의 서류를 주고받고 피고인의 개인적인 연락업무 등을 수행한 것이 교도관들에 대한 위계에 해당한다거나 그로 인해 교도관의 직무집행이 구체적이고 현실적으로 방해되었다고 할 수 없으므로, 피고인이 지시한 접견이 접견교통권의 남용에 해당할 수는 있겠지만 위계공무집행방해죄를 구성하지는 않는다(대판 2022.6.30. 2021도244).

3. 기타 위계에 의한 공무집행방해죄 관련 판례

(1) 위계에 의한 공무집행방해죄를 긍정한 판례

〈입학원서 추천서 사건〉 고등학교 입학원서 추천서란을 사실과 다르게 조작 허위기재하여 그 추천서 성적이 고등학교입학전형의 자료가 되었다면 위계에 의하여 고등학교입학전형업무를 방해한 것이다(대판 1983.9.2. 83도1864).

〈감척어선 입찰 사건〉 감척어선 입찰자격이 없는 자가 제3자와 공모하여 제3자의 대리인 자격으로 제3자 명의로 입찰에 참가하고, 낙찰받은 후 자신의 자금으로 낙찰대금을 지급하여 감척어선에 대한 실질적 소유권을 취득한 경우, 위계에 의한 공무집행방해죄가 성립한다고 한 사례(대판 2003.12.26. 2001도6349).

〈허위작성된 간호학원 수료증명서 사건〉 허위작성된 간호학원 수료증명서를 시험관리당국에 제출하여 응시자격을 인정받아 간호조무사자격시험에 응시한 경우 위계에 의한 공무집행방해죄가 성립한다(대판 1982.7.27. 82도1301).

〈원동기장치 자전거운전면허시험에 대리로 응시하면 위계에 의한 공무집행방해죄가 성립한다는 판례〉 피고인이 마치 그의 형인양 시험감독자를 속이고 원동기장치 자전거운전면허시험에 대리로 응시하였다면 피고인의 소위는 위계에 의한 공무집행방해죄가 성립한다(대판 1986.9.9. 86도1245).

(2) 위계에 의한 공무집행방해죄를 부정한 판례

〈'파워매직세이퍼' 사건〉 [1] 어떠한 행위가 공무원이 관계 법령에 따라 금지규정 위반행위의 유무를 충분히 감시하여 확인·단속하더라도 이를 발견하지 못할 정도에 이른 경우, 위계에 의한 공무집행방해죄가 성립한다. [2] 과속단속카메라에 촬영되더라도 불빛을 반사시켜 차량 번호판이 식별되지 않도록 하는 기능이 있는 제품('파워매직세이퍼')을 차량 번호판에 뿌린 상태로 차량을 운행한 행위만으로는, 교통단속 경찰공무원이 충실히 직무를 수행하더라도 통상적인 업무처리과정 하에서 사실상 적발이 어려운 위계를 사용하여 그 업무집행을 하지 못하게 한 것으로 보기 어렵다고 한 사례(대판 2010.4.15. 2007도8024).

〈실효된 임대차계약서 사본 사건〉 건물점유자로서 명도집행을 저지할 수 있는 정당한 기능이 있는 자가 그 점유사실을 입증하기 위한 수단으로 임대차계약서 사본을 제시하면서 그 실효된 사실을 고지하지 아니하고 자신이 정당한 임차인인 것처럼 주장하였다고 하더라도 이로써 형법 제137조 소정의 위계에 해당한다고는 볼 수 없다(대판 1984.1.31. 83도2290).

〈운전면허 구술시험 사건〉 초등학교를 졸업하였음에도 초등학교 중퇴 이하의 학력자라는 허위내용의 인우보증서를 첨부하여 운전면허 구술시험에 응시하였다는 사실만으로는 위계에 의한 공무집행방해죄가 성립하지 않는다고 한 사례(대판 2007.3.29. 2006도8189).

〈국립대학교 전임교원 공채 사건〉 [1] 국립대학교의 전임교원 공채심사위원인 학과장 갑이 지원자 을의 부탁을 받고 이미 논문접수가 마감된 학회지에 을의 논문이 게재되도록 돕고, 그 후 연구실적심사의 기준을 강화하자고 제안한 것은 해당 학과의 전임교원 임용 목적에 부합하는 것으로서 공정한 경우에 해당하므로 형법 제137조에서 말하는 '위계'에 해당하지 않는다고 한 사례. [2] 국립대학교의 전임교원 공채 지원자인 을이 학과장 갑의 도움으로 이미 논문접수가 마감된 학회지에 논문을 추가게재하여 심사요건 이상의 전공논문실적을 확보하였더라도, 이는 을이 자신의 노력에 의한 연구결과물로서 심사기준을 충족한 것이고 이후 다른 전형절차들을 모두 거쳐 최종 선발된 것이라면, 을의 행위가 공채관리위원회 위원들로 하여금 을의 자격에 관하여 오인이나 착각, 부지를 일으키게 하였다거나 그로 인하여 그릇된 행위나 처분을 하게 한 경우에 해당한다고 할 수 없어, 형법 제137조에 정한 '위계'에 해당하지 않는다고 한 사례(대판 2009.4.23. 2007도1554). (21 경would)

〈화물자동차 운송주선사업자 주기적 신고 사건〉 화물자동차 운송주선사업자인 피고인이 관할 행정청에 주기적으로 허가기준에 관한 사항을 신고하는 과정에서 허위 서류를 제출하는 부정한 방법으로 허가를 받고 사업을 경영하였다고 하여 구 화물자동차 운수사업법 위반으로 기소된 사안에서, 피고인은 기존 사업에 관하여 주기적 신고를 한 것이어서 같은 법 제48조 제2호의 처벌대상이 아니라고 본 원심판단을 수긍한 사례(대판 2011.9.8. 2010도7034).

(3) 위계에 의한 공무집행방해죄를 일부는 긍정하고 일부는 부정한 판례

〈시의회 의장 선거 사건〉 피고인들 등은 甲 정당 소속 시(市)의회 의원으로서 시의회 의장선거를 앞두고 개최된 甲 정당 의원총회에서 乙을 의장으로 선출하기로 합의한 다음, 합의 내용의 이행을 확보하고 이탈표 발생을 방지하기 위하여 공모에 따라 피고인별로 미리 정해 둔 투표용지의 가상의 구획 안에 '乙'의 이름을 각각 기재하는 방법으로 투표하여 乙이 의장으로 당선되게 함으로써, 무기명·비밀투표 권한을 가진 丙 등 공모하지 않은 의원들의 직무집행을, 투·개표 업무에 관한 감표위원 丁 등의 직무집행을, 무기명투표 원칙에 따라 의장선거를 진행하는 사무국장의 직무집행을 각각 방해하였다는 내용으로 기소된 사안에서, 공소사실 중 감표위원들과 사무국장에 대한 위계에 의한 공무집행방해죄를 인정한 원심판단은 정당하나, 공모하지 않은 의원들에 대한 위계에 의한 공무집행방해죄를 인정한 원심판단은 수긍하기 어렵다고 한 사례(대판 2024.3.12. 2023도7760).

3) 공무집행방해의 결과 : 제137조는 다른 공무집행방해죄와는 달리 '직무집행을 방해한 자'라고 하여 '방해'라는 구성요건적 결과를 명시하고 있다. 이와 관련하여 기수시기를 언제로 볼 것인지에 대해 논의가 있으나, 판례는 공무집행방해라는 결과가 발생한 때에 기수가 된다고 판시하고 있다.

〈공무집행방해가 미수에 그친 사건〉 위계에 의한 공무집행방해죄에 있어서 위계라 함은 행위자의 행위목적을 이루기 위하여 상대방에게 오인, 착각, 부지를 일으키게 하여 그 오인, 착각, 부지를 이용하는 것을 말하는 것으로 상대방이 이에 따라 그릇된 행위나 처분을 하여야만 이 죄가 성립하는 것이고, 만약 범죄행위가 구체적인 공무집행을 저지하거나 현실적으로 곤란하게 하는 데까지는

이르지 아니하고 미수에 그친 경우에는 위계에 의한 공무집행방해죄로 처벌할 수 없다(대판 2021. 4.29. 2018도18582). (22 3차)(24 2차)

〈피고인의 주소를 허위로 기재한 사건〉 민사소송을 제기함에 있어 피고인 주소를 허위로 기재하여 법원공무원으로 하여금 변론기일 소환장 등을 허위주소로 송달케 하였다는 사실만으로는 이로 인하여 법원공무원의 구체적이고 현실적인 어떤 직무집행이 방해되었다고 할 수는 없으므로 이로써 바로 위계에 의한 공무집행방해죄가 성립한다고 할 수 없다(대판 1996.10.11. 96도312).

(3) 주관적 구성요건

고의, 즉 공무원에 대해 위계를 사용한다는 점에 대한 인식·의사와 **공무집행을 방해한다는** 의사가 있어야 한다. 본죄의 구성요건이 다른 공무집행방해죄의 구성요건과는 달리 '위계로써 공무원의 직무집행을 방해한 자'로 되어 있을 뿐 아니라 모든 위계가 공무집행을 방해하는 것으로 볼 수도 없는 이상 공무원의 직무집행을 방해할 의사를 필요로 한다고 보아야하기 때문이다.

〈위계에 의한 공무집행방해죄와 방해의사〉 위계에 의한 공무집행방해죄가 성립되려면 자기의 위계행위로 인하여 공무집행을 방해하려는 의사가 있을 경우에 한한다고 보는 것이 상당하다할 것이므로 피고인이 경찰관서에 허구의 범죄를 신고한 까닭은 피고인이 생활에 궁하여 오로지 직장을 구하여 볼 의사로서 허위로 간첩이라고 자수를 한 데 불과하고 한 걸음 더 나아가서 그로 말미암아 공무원의 직무집행을 방해하려는 의사까지 있었던 것이라고는 인정되지 아니한다(대판 1970.1.27. 69도2260).

(4) 타죄와의 관계

1) 범인은닉죄와의 관계 : 참고인이 수사기관에 허위사실을 진술한 경우에는 위계에 의한 공무집행방해죄는 성립하지 않더라도 **범인을 자처한 경우**에는 예외적으로 범인은닉죄는 성립할 수 있다.

2) 직무유기죄와의 관계 : 공무원이 인·허가사항과 관련하여 출원인이 허위사실을 신고한다는 사실을 알면서도 직무상의 의무에 따른 적절한 조치를 취함이 없이 오히려 결재권자를 위계로서 기망하여 최종결재를 받은 경우에 위계에 의한 공무집행방해죄만이 성립하고 부작위범인 직무유기죄는 따로 성립하지 아니한다.

〈어업허가 처리 기안문 사건〉 피고인이, 출원인이 어업허가를 받을 수 없는 자라는 사실을 알면서도 그 직무상의 의무에 따른 적절한 조치를 취하지 않고 오히려 부하직원으로 하여금 어업허가 처리기안문을 작성하게 한 다음 피고인 스스로 중간결재를 하는 등 위계로써 농수산국장의 최종결재를 받았다면, 직무위배의 위법상태가 위계에 의한 공무집행방해행위 속에 포함되어 있는 것이라고 보아야 할 것이므로, 이와 같은 경우에는 작위범인 위계에 의한 공무집행방해죄만이 성립하고 부작위범인 직무유기죄는 따로 성립하지 아니한다(대판 1997.2.28. 96도2825).

4 법정 또는 국회회의장모욕죄

제138조 (법정 또는 국회회의장모욕) 법원의 재판 또는 국회의 심의를 방해 또는 위협할 목적으로 법정이나 국회회의장 또는 그 부근에서 모욕 또는 소동한 자는 3년 이하의 징역 또는 700만 원 이하의 벌금에 처한다.

[죄명예규] (법정, 국회회의장)(모욕, 소동)

〈제138조에서의 '법원의 재판'에 '헌법재판소의 심판'이 포함된다는 판례〉 제138조에서의 법원의 재판에 헌법재판소의 심판이 포함된다고 보는 해석론은 문언이 가지는 가능한 의미의 범위 안에서 그 입법 취지와 목적 등을 고려하여 문언의 논리적 의미를 분명히 밝히는 체계적 해석에 해당할 뿐, 피고인에게 불리한 확장해석이나 유추해석이 아니라고 볼 수 있다(대판 2021.8.26. 2020도12017). (22 경간)

5 인권옹호직무방해죄 [진정신분범]

제139조 (인권옹호직무방해) 경찰의 직무를 행하는 자 또는 이를 보조하는 자가 인권옹호에 관한 검사의 직무집행을 방해하거나 그 명령을 준수하지 아니한 때에는 5년 이하의 징역 또는 10년 이하의 자격정지에 처한다.

[죄명예규] 인권옹호직무(방해, 명령불준수)

〈인권옹호직무방해죄와 직무유기죄〉 형법 제139조에 규정된 인권옹호직무명령불준수죄와 형법 제122조에 규정된 직무유기죄의 각 구성요건과 보호법익 등을 비교하여 볼 때, 인권옹호직무명령불준수죄가 직무유기죄에 대하여 법조경합 중 특별관계에 있다고 보기는 어렵고 양 죄를 상상적 경합관계로 보아야 한다(대판 2010.10.28. 2008도11999).

6 공무상 봉인 등 표시무효죄 [미수범 처벌]

제140조 (공무상비밀표시무효) ① 공무원이 그 직무에 관하여 실시한 봉인 또는 압류 기타 강제처분의 표시를 손상 또는 은닉하거나 기타 방법으로 그 효용을 해한 자는 5년 이하의 징역 또는 700만 원 이하의 벌금에 처한다.

[죄명예규] 공무상(봉인, 표시)(손상, 은닉, 무효)

(1) 의 의

공무원이 그 직무에 관하여 실시한 봉인 또는 압류 기타 강제처분의 표시를 손상 또는 은닉하거나 기타 방법으로 그 효용을 해함으로써 성립하는 범죄이다.

(2) 객 체

공무원이 그 직무에 관하여 실시한 봉인 또는 압류 기타 강제처분의 표시이다.

1) **봉인** : 봉인이란 물건을 임의적으로 처분하지 못하게 하기 위하여 봉함 기타 이와 유사한 장치를 한 것을 말한다.

2) **압류** : 압류란 공무원이 직무상 보전해야 할 물건을 자기의 점유로 옮기는 강제처분을 말한다.

3) **기타 강제처분의 표시** : 봉인 또는 압류에 속하지 않는 것으로서 타인에게 일정한 작위 또는 부작위를 명하는 강제처분을 말한다. 그리고 처분의 고시에만 그쳐서는 안되고 **구체적인 집행행위**가 있어야 한다.

〈강제처분표시의 현존〉 공무상표시무효죄가 성립하기 위하여는 행위 당시에 강제처분의 표시가 현존할 것을 요한다(대판 1997.3.11. 96도2801).

〈집행관의 구체적인 집행행위가 없었던 사건〉 집행관이 법원으로부터 피신청인에 대하여 부작위를 명하는 가처분이 발령되었음을 고시하는 데 그치고 나아가 봉인 또는 물건을 자기의 점유로 옮기는 등의 구체적인 집행행위를 하지 아니하였다면, 단순히 피신청인이 가처분의 부작위명령을 위반하였다는 것만으로는 공무상 표시의 효용을 해하는 행위에 해당하지 아니한다(대판 2016.5.12. 2015도20 322).

〈영업방해금지 가처분결정 공시서 사건〉 집행관이 영업방해금지 가처분결정의 취지를 고시한 공시서를 게시하였을 뿐 어떠한 구체적 집행행위를 하지 않은 상태에서 위 가처분에 의하여 부과된 부작위명령을 피고인이 위반한 사안에서, 공무상 표시의 효용을 해하는 행위를 하였다고 볼 수 없다고 하여, 공무상표시무효의 공소사실에 대하여 무죄를 선고한 원심판단을 수긍한 사례(대판 2010.9.30. 2010도3364). (12 법행)

4) **강제처분의 유효성과 적법성**

(가) **강제처분의 유효성** : 봉인 또는 압류 등 강제처분의 표시는 먼저 그 기초되는 국가의 의사표시가 유효하여야 한다. 따라서 강제처분 자체가 중대하고 명백한 하자로 인하여 무효이거나 이미 강제처분이 해제된 경우에는 본죄의 객체가 될 수 없다.

〈강제집행 완료 사건〉 집달관이 채무자 겸 소유자의 건물에 대한 점유를 해제하고 이를 채권자에게 인도한 후 채무자의 출입을 봉쇄하기 위하여 출입문을 판자로 막아둔 것을 채무자가 이를 뜯어내고 그 건물에 들어갔다 하더라도 이는 강제집행이 완결된 후의 행위로서 채권자들의 점유를 침범하는 것은 별론으로 하고 공무상표시무효죄에 해당하지는 않는다(대판 1985.7.23. 85도1092). [COMMENT] 사안은 현행형법에 따른다면 부동산강제집행효용침해죄가 성립할 것이다. (12 법행)

(나) **강제처분의 적법성** : 봉인 또는 압류 등 강제처분의 표시는 적법하여야 하며 부적법한 강제처분의 표시는 보호받을 수 없다. 따라서 공무원이 그 직권을 남용하여 위법하게 실시한 봉인 또는 압류 기타 강제처분의 표시임이 명백하여 법률상 **당연무효 또는 부존재**라고 볼 수 있는 경우에는 그 봉인 등의 표시는 본죄의 객체가 되지 아니한다. 그러나 공무원이 실시한 봉인 등의 표시에 **절차상 또는 실체상의 하자**가 있다고 하더라도 객관적·일반적으로 그것이 공무원이 그 직무에 관하여 실시한 봉인 등으로 인정할

수 있는 상태에 있다면 적법한 절차에 의하여 취소되지 아니하는 한 공무상표시무효죄의 객체가 된다.

〈강제처분의 표시의 하자〉 [1] 공무원이 그 직권을 남용하여 위법하게 실시한 봉인 또는 압류 기타 강제처분의 표시임이 명백하여 법률상 당연무효 또는 부존재라고 볼 수 있는 경우에는 그 봉인 등의 표시는 공무상표시무효죄의 객체가 되지 아니하여 이를 손상 또는 은닉하거나 기타 방법으로 그 효용을 해한다 하더라도 공무상표시무효죄가 성립하지 아니한다 할 것이지만, 공무원이 실시한 봉인 등의 표시에 절차상 또는 실체상의 하자가 있다고 하더라도 객관적 · 일반적으로 그것이 공무원이 그 직무에 관하여 실시한 봉인 등으로 인정할 수 있는 상태에 있다면 적법한 절차에 의하여 취소되지 아니하는 한 공무상표시무효죄의 객체로 된다고 할 것이다. [2] 이러한 법리에 따라 원심판결 및 원심이 인용한 제1심판결의 채용증거를 기록에 비추어 살펴보면, 원심이 피고인에 대한 이 사건 판시 공무상표시무효의 범행을 유죄로 인정한 것은 정당하고, 상고이유의 주장과 같이 이 사건 가처분집행은 피고인이 이 사건 특허권을 침해하였다는 소명이 있다는 이유로 행하여졌으나 후일 그 본안소송에서 위 특허가 무효라는 취지의 대법원 판결이 선고되어 그 피보전권리의 부존재가 확정되었다 하더라도 피고인에 대한 이 사건 판시 공무상표시무효죄가 성립함에는 아무런 영향이 없다(대판 2007.3.15. 2007도312). (12 법행)

〈가처분결정이 부당한 사건〉 법원의 가처분결정에 기하여 집달관이 한 강제처분표시의 효력은 그 가처분결정이 적법한 절차에 의하여 취소되지 않는 한 지속되는 것이며, 그 가처분결정이 가령 부당한 것이라 하더라도 그 효력을 부정할 수 없는 것이므로 그 효력이 존속하고 있는 동안에 그 효용을 해치는 행위는 공무상비밀표시무효죄에 해당한다(대판 1985.7.9. 85도1165).

(4) 행 위

손상 또는 은닉하거나 기타 방법으로 그 효용을 해하는 것이다.

1) **손상** : 손상이란 물질적인 훼손으로 봉인의 외표를 파괴하는 경우뿐만 아니라 봉인 전부를 뜯어내는 것도 포함한다.

2) **은닉** : 은닉이란 소재를 불분명하게 하여 찾아내지 못하도록 하는 일체의 행위를 말한다.

3) **기타 방법** : 기타 방법이란 손상 또는 은닉 이외의 방법으로 그 표시 자체의 효력을 사실상으로 감쇄 또는 멸각시키는 것을 의미한다.

〈압류물의 보관장소 이동시킨 사건〉 압류물을 채권자나 집달관 몰래 원래의 보관장소로부터 상당한 거리에 있는 다른 장소로 이동시킨 경우에는 설사 그것이 집행을 면탈할 목적으로 한 것이 아니라 하여도 객관적으로 집행을 현저히 곤란하게 한 것이 되어 형법 제140조 제1항 소정의 "기타의 방법으로 그 효용을 해한" 경우에 해당된다(대판 1986.3.25. 86도69).

〈압류된 골프장 개장 사건〉 압류된 골프장시설을 보관하는 회사의 대표이사가 위 압류시설의 사용 및 봉인의 훼손을 방지할 수 있는 적절한 조치 없이 골프장을 개장하게 하여 봉인이 훼손되게 한 경우, 부작위에 의한 공무상표시무효죄의 성립을 인정한 사례(대판 2005.7.22. 2005도3034). (23 경1)

〈가압류된 유체동산을 제3자에게 양도한 사건〉 [1] 형법 제140조 제1항이 정한 공무상표시무효죄 중 '공무원이 그 직무에 관하여 실시한 압류 기타 강제처분의 표시를 기타 방법으로 그 효용을 해하는 것'이란 손상 또는 은닉 이외의 방법으로 그 표시 자체의 효력을 사실상으로 감쇄 또는 멸각시키는 것을 의미하는 것이지, 그 표시의 근거인 처분의 법률상 효력까지 상실케 한다는 의미는 아니다. [2] 집행관이 유체동산을 가압류하면서 이를 채무자에게 보관하도록 한 경우 그 가압류의 효력은 압류된 물건의 처분행위를 금지하는 효력이 있으므로, 채무자가 가압류된 유체동산을 제3자에게 양도하고 그 점유를 이전한 경우, 이는 가압류집행이 금지하는 처분행위로서, 특별한 사정이 없는 한 가압류표시 자체의 효력을 사실상 감쇄 또는 멸각시키는 행위에 해당한다. 이는 채무자와 양수인이 가압류된 유체동산을 원래 있던 장소에 그대로 두었더라도 마찬가지이다(대판 2018.7.11. 2015도5403).

4) **효용을 해하는 것** : 반드시 효용을 해하는데 국한하지 않고, 사실상 표시의 무효화를 초래하는 모든 경우를 의미한다.

〈간접점유자에게 점유이전한 사건〉 직접 점유자에 대한 점유이전금지가처분결정이 집행된 후 그 피신청인인 직접점유자가 가처분 목적물의 간접점유자에게 그 점유를 이전한 경우에는 그 가처분표시의 효용을 해한 것이 된다(대판 1980.12.23. 80도1963).

〈가처분 채권자의 승낙 사건〉 출입금지가처분은 그 성질상 가처분 채권자의 의사에 반하여 건조물 등에 출입하는 것을 금지하는 것이므로 비록 가처분결정이나 그 결정의 집행으로서 집행관이 실시한 고시에 그러한 취지가 명시되어 있지 않다고 하더라도 가처분 채권자의 승낙을 얻어 그 건조물 등에 출입하는 경우에는 출입금지가처분 표시의 효용을 해한 것이라고 할 수 없다(대판 2006.10.13. 2006도4740).

〈특별한 사정이 있어 채권자의 승낙을 얻은 사건〉 집행관이 그 점유를 옮기고 압류표시를 한 다음 채무자에게 보관을 명한 유체동산에 관하여 채무자가 이를 다른 장소로 이동시켜야 할 특별한 사정이 있고, 그 이동에 앞서 채권자에게 이동사실 및 이동장소를 고지하여 승낙을 얻은 때에는 비록 집행관의 승인을 얻지 못한 채 압류물을 이동시켰다 하더라도 형법 제140조 제1항 소정의 '기타의 방법으로 그 효용을 해한' 경우에 해당한다고 할 수 없다고 할 것이다(대판 2004.7.9. 2004도3029).

〈온천수 사용금지 가처분 사건〉 [1] 가처분은 가처분 채무자에 대한 부작위 명령을 집행하는 것이므로 가처분의 채무자가 아닌 제3자가 그 부작위 명령을 위반한 행위는 그 가처분집행 표시의 효용을 해한 것으로 볼 수 없다. [2] 온천수 사용금지 가처분결정이 있기 전부터 온천이용허가권자인 가처분 채무자로부터 이를 양수하고 임대차계약의 형식을 빌어 온천수를 이용하여 온 제3자가 위 금지명령을 위반하여 계속 온천수를 사용한 경우, 위 제3자가 위 가처분 사건 당사자 사이의 권리관계 내용을 잘 알고 있었다거나 그가 실질적으로는 가처분 채무자와 같은 당사자 위치에 있었다는 등의 사정이 있다 하여도 위 위반행위가 공무상표시무효죄를 구성하지 않는다고 한 사례(대판 2007.11.16. 2007도5539).

(5) 주관적 구성요건

1) **고의** : 본죄의 고의는 공무원이 직무상 실시한 봉인 등의 강제처분의 표시를 손상·은닉 기타 방법으로 효용을 해한다는 것에 대한 인식과 의사이다.

2) **강제처분의 유효성과 적법성에 대한 인식** : 고의의 내용으로 강제처분의 유효성과 적법성에 대한 인식을 필요로 하는지에 대하여 논의가 있지만, 강제처분의 유효성과 적법성은

규범적 구성요건요소이므로 고의의 인식대상이 된다고 보아야 할 것이다. 그리고 이에 대한 착오가 있다면 논리상 구성요건적 착오로 보아야 할 것이지만, 판례는 봉인 등의 표시가 효력이 없다고 착오한 사안을 법률의 착오로 보고 있다.

〈봉인 등의 표시가 효력이 없다고 착오한 사건〉 공무원이 그 직무에 관하여 실시한 봉인 등의 표시를 손상 또는 은닉 기타의 방법으로 그 효용을 해함에 있어서 그 봉인 등의 표시가 법률상 효력이 없다고 믿은 것은 법규의 해석을 잘못하여 행위의 위법성을 인식하지 못한 것이라고 할 것이므로 그와 같이 믿은 데에 정당한 이유가 없는 이상, 그와 같이 믿었다는 사정만으로는 공무상표시무효죄의 죄책을 면할 수 없다고 할 것이다(대판 2000.4.21. 99도5563). [COMMENT] 봉인 등의 표시가 효력이 없다고 착오한 사안을 법률의 착오로 보고 있는 판례이다.

7 공무상비밀침해죄 [미수범 처벌]

제140조 (공무상비밀표시무효) ② 공무원이 그 직무에 관하여 봉함 기타 비밀장치한 문서 또는 도화를 개봉한 자도 제1항의 형과 같다.
③ 공무원이 그 직무에 관하여 봉함 기타 비밀장치한 문서, 도화 또는 전자기록 등 특수매체기록을 기술적 수단을 이용하여 그 내용을 알아낸 자도 제1항의 형과 같다.

[죄명예규] 공무상비밀(봉함, 문서, 도화)개봉/공무상비밀(문서, 도화, 전자기록등)내용탐지

8 부동산강제집행효용침해죄

제140조의2 (부동산강제집행효용침해) 강제집행으로 명도 또는 인도된 부동산에 침입하거나 기타 방법으로 강제집행의 효용을 해한 자는 5년 이하의 징역 또는 700만원 이하의 벌금에 처한다.

(1) 의 의

부동산강제집행효용침해죄는 강제집행으로 명도 또는 인도된 부동산에 침입하거나 기타 방법으로 강제집행의 효용을 해함으로써 성립하는 범죄이다.

(2) 신설취지

판결의 집행력과 강제집행의 효력을 보호하기 위하여 신설된 규정이다. 즉 승소판결에 의한 집행관의 명도집행 후에는 이미 채무명의의 집행력이 소멸되기 때문에 다시 채무자가 부동산에 침입하여도 공무상 비밀표시무효죄(제140조)가 성립하지 않는바, 본죄는 이를 대처하기 위한 규정이다.

(3) 주 체

본죄의 주체는 제한이 없다. 강제집행을 받은 자는 물론이고, 그 친족이나 제3자도 주체가 될 수 있다.

(4) 객 체

강제집행으로 명도 또는 인도된 부동산이다. 부동산의 강제집행에는 ① 부동산의 인도 또는 명도를 목적으로 하는 채권의 강제집행 ② 부동산에 관한 인도청구권의 압류 ③ 부동산의 강제경매 ④ 담보권실행을 위한 부동산의 경매 등이 있다.

〈강제집행으로 퇴거집행된 부동산 사건〉 형법 제140조의2 부동산강제집행효용침해죄의 입법취지와 체제 및 내용과 구조를 살펴보면, 부동산강제집행효용침해죄의 객체인 강제집행으로 명도 또는 인도된 부동산에는 강제집행으로 퇴거집행된 부동산을 포함한다고 해석된다(대판 2003.5.13. 2001도3212).

(5) 행 위

침입하거나 기타 방법으로 강제집행의 효용을 해하는 것이다.

1) **침입 또는 기타 방법** : 침입이란 권리자 또는 점유자의 의사 또는 추정적 의사에 반하여 부동산의 경계 안으로 들어가는 것을 말한다. 기타 방법이란 부동산을 훼손하거나 출입구에 장애물을 설치하는 등 권리자의 점유 기타의 권리행사를 방해하는 일체의 행위를 말한다.

2) **강제집행의 효용을 해함** : 강제집행으로 인도 또는 명도 받은 부동산에 대하여 권리자가 그 용도에 따라 사용 · 수익하거나 권리를 행사하는 데 지장을 초래하는 일체의 행위를 말한다.

3) **실행의 착수와 기수시기** : 강제집행으로 명도 · 인도된 부동산에 침입 기타의 방해행위를 개시한 때에 실행의 착수가 인정된다. 기수시기는 침입 또는 기타 방법에 의한 방해 행위로 인하여 강제집행의 효용이 저해되거나 권리자의 권리실현이 지체되는 효과가 발행한 때이다.

(6) 죄수관계

주거침입죄와 손괴죄는 본죄에 대하여 보충관계에 있다. 따라서 본죄가 성립하면 주거침입죄와 손괴죄는 별도로 성립하지 않는다.

9 공용서류등 무효죄 [미수범 처벌]

제141조 (공용서류등의 무효) ① 공무소에서 사용하는 서류 기타 물건 또는 전자기록등 특수매체기록을 손상 또는 은닉하거나 기타 방법으로 그 효용을 해한 자는 7년 이하의 징역 또는 1천만 원 이하의 벌금에 처한다.

[죄명예규] 공용(서류, 물건, 전자기록등)(손상, 은닉, 무효)

공용서류등 무효죄 관련 판례 정리

1. 기본법리 판례

〈공용서류등의 범위〉 형법 제141조 제1항은 공무소에서 사용하는 서류 기타 물건 또는 전자기록 등 특수매체기록을 손상 또는 은닉하거나 기타 방법으로 그 효용을 해한 자를 처벌하도록 규정하고 있다. '공무소에서 사용하는 서류 기타 전자기록'에는 공문서로서의 효력이 생기기 이전의 서류라거나, 정식의 접수 및 결재 절차를 거치지 않은 문서, 결재 상신 과정에서 반려된 문서 등을 포함하는 것으로, 미완성의 문서라고 하더라도 본죄의 성립에는 영향이 없다(대판 2020.12.10. 2015도19296). (23 경1)

2. 객체 관련 판례

(1) 객체를 긍정한 판례

〈자신이 작성한 허위내용 문서 사건〉 피고인 자신이 작성한 허위내용의 문서라 할지라도 공용문서로서 면사무소에서 비치 보관되어 있는 문서라면 이를 찢은 행위는 공무소에서 사용하는 문서를 손상한 경우에 해당한다 할 것이다(대판 1972.9.26. 72도1132).

〈미완성 또는 효력이 없는 진술조서 사건〉 형법 제141조 제1항이 규정하고 있는 공용서류은닉죄에 있어서의 범의란 피고인에게 공무소에서 사용하는 서류라는 사실과 이를 은닉하는 방법으로 그 효용을 해한다는 사실의 인식이 있음으로써 족하고, 경찰이 작성한 진술조서가 미완성이고 작성자와 진술자가 서명·날인 또는 무인한 것이 아니어서 공문서로서의 효력이 없다고 하더라도 공무소에서 사용하는 서류가 아니라고 할 수는 없다(대판 2006.5.25. 2003도3945).

〈진술조서를 편철치 않고 휴지통에 버린 사건〉 공용서류무효죄의 객체는 그것이 공무소에서 사용되는 서류인 이상, 정식절차를 밟아 접수되었는지 또는 완성되어 효력이 발생되었는지의 여부를 묻지 않는다 할 것이므로 피고인이 작성한 이 사건 진술조서가 상사에게 정식으로 보고되어 수사기록에 편철된 문서가 아니라거나 완성된 서류가 아니라 하여 형법 제141조 제1항 소정의 공무소에서 사용하는 서류에 해당하지 않는 것이라고 할 수 없으니, 피고인이 진술자의 서명무인과 간인까지 받아 작성한 진술조서를 수사기록에 편철하지 않은 채 보관하고 있다가 휴지통에 버려 폐기한 소위는 공용서류무효죄에 해당한다(대판 1982.10.12. 82도368).

〈대통령기록물 무단파기 사건〉 문서관리카드에 의사결정과정에서 제기된 의견, 수정된 내용 및 지시 사항, 의사결정내용이 기록·관리될 수 있도록 한 구 사무관리규정, 노무현 전 대통령이 첨부한 지시사항의 내용, 문서관리시스템을 통한 업무처리 절차 등에 비추어 노무현 전 대통령은 2007. 10. 21. 이 사건 회의록의 내용을 확인한 후 이 사건 문서관리카드에 서명을 생성함으로써 이 사건 회의록이 첨부된 이 사건 문서관리카드를 공문서로 성립시킨다는 의사를 표시하였고, 이에 따라 이 사건 문서관리카드는 대통령기록물로 생산되었으며, 공무소에서 사용하는 전자기록에도 해당한다고 판단하여 원심을 파기한 사안임(대판 2020.12.10. 2015도19296).

(2) 객체를 부정한 판례

〈경찰관이 임의로 넘겨 준 진술서 사건〉 형법 제141조 제1항에 규정한 공용서류무효죄는 공문서나 사문서를 묻지 아니하고 공무소에서 사용 중이거나 사용할 목적으로 보관하는 서류 기타 물건을 그 객체로 하므로, 형사사건을 조사하던 경찰관이 스스로의 판단에 따라 자신이 보관하던 진술서를 임의로 피고인에게 넘겨준 것이라면, 위 진술서의 보관책임자인 경찰관은 장차 이를 공무소에서 사용하지 아니하고 폐기할 의도하에 처분한 것이라고 보아야 할 것이므로, 위 진술서는 더 이상 공무소에서 사용하거나 보관하는 문서가 아닌 것이 되어 공용서류로서의 성질을 상실하였다고 보아야 한다(대판 1999.2.24. 98도4350).

〈세무공무원이 임의로 반환한 사건〉 공용서류무효죄에 있어서의 객체는 그것이 공무소에서 사용하는 서류인 이상 공문서이거나 사문서이거나 또는 정식절차를 밟아 접수 또는 작성된 것이거나 완성된 것이거나를 묻지 않는다고 할 것이므로 세무공무원이 상속세신고서 및 세무서 작성의 부과결정서 등을 임의로 반환한 경우에는 위죄에 해당한다(대판 1981.8.25. 81도1830).

〈상사가 결재하는 단계에서 실황조사서 현장약도를 다시 작성한 사건〉 교통사고 실황조사서를 작성한 경찰관 甲이 피해자에게 보험혜택을 받도록 하가 위해 현장약도를 다시 작성하여 이에 기하여 실황조사서를 변경하여 상사에게 제출한 경우, 형법 제141조 제1항이 규정한 공용서류무효죄는 정당한 권한 없이 공무소에서 사용하는 서류의 효용을 해함으로써 성립하는 죄이므로 권한 있는 자의 정당한 처분에 의한 공용서류의 파기에는 적용의 여지가 없고, 또 공무원이 작성하는 공문서는 그것이 작성자의 지배를 떠나 작성자로서도 그 변경 삭제가 불가능한 단계에 이르렀다면 모르되 그렇지 않고 상사가 결재하는 단계에 있어서는 작성자는 결재자인 상사와 상의하여 언제든지 그 내용을 변경 또는 일부 삭제할 수 있는 것이며 그 내용을 정당하게 변경하는 경우는 물론 내용을 허위로 변경하였다 하여도 그 행위가 허위공문서작성죄에 해당할지언정 따로 형법 제141조 소정의 공용서류의 효용을 해하는 행위에 해당한다고는 할 수 없다(대판 1995.11.10. 95도1395).

3. 고의 관련 판례

〈공용서류은닉죄의 범의〉 형법 제141조 제1항의 '공무소에서 사용하는 서류'란 공무소에서 사용 또는 보관 중인 서류이면 족하고, 그 범의란 피고인에게 공무소에서 사용하는 서류라는 사실과 이를 은닉하는 방법으로 그 효용을 해한다는 사실의 인식이 있음으로써 충분하며 반드시 그에 관한 계획적인 의도나 적극적인 희망이 있어야 하는 것은 아니다(대판 2013.11.28. 2011도5329).

4. 위법성조각사유 관련 판례

〈공립유치원 놀이시설 사건〉 갑 주식회사가 피고인에게 공립유치원의 놀이시설 제작 및 설치공사를 하도급주었는데, 피고인이 유치원 행정실장 등에게 공사대금의 직접 지급을 요구하였으나 거절당하자 놀이시설의 일부인 보호대를 칼로 뜯어내고 일부 놀이시설은 철거하는 방법으로 공무소에서 사용하는 물건을 손상하였다는 내용으로 기소된 사안에서, 피고인에게 공사대금 직불청구권이 있고 놀이시설의 정당한 유치권자로서 공사대금 채권을 확보할 필요가 있었다고 하더라도, 위와 같은 피고인의 행위가 수단과 방법의 상당성이 인정된다거나 공사대금 확보를 위한 유치권을 행사하는 데에 긴급하고 불가피한 수단이었다고 볼 수 없는데도, 공용물건손상의 공소사실에 대하여 무죄를 선고한 원심판결에 정당행위에 관한 법리오해의 잘못이 있다고 한 사례(대판 2017.5.30. 2017도2758).

10 공용물의 파괴죄 [미수범 처벌]

제141조 (공용물의 파괴) ② 공무소에서 사용하는 건조물, 선박, 기차 또는 항공기를 파괴한 자는 1년 이상 10년 이하의 징역에 처한다.

[죄명예규] 공용(건조물, 선박, 기차, 항공기)파괴

11 공무상보관물의 무효죄 [미수범 처벌]

제142조 (공무상보관물의 무효) 공무소로부터 보관명령을 받거나 공무소의 명령으로 타인이 관리하는 자기의 물건을 손상 또는 은닉하거나 기타 방법으로 그 효용을 해한 자는 5년 이하의 징역 또는 700만 원 이하의 벌금에 처한다.

[죄명예규] 공무상(보관물, 간수물)(손상, 은닉, 무효)

12 특수공무집행방해죄

제144조 (특수공무방해) ① 단체 또는 다중의 위력을 보이거나 위험한 물건을 휴대하여 제136조, 제138조와 제140조 내지 전조의 죄를 범한 때에는 각조에 정한 형의 2분의 1까지 가중한다.

[죄명예규] 특수(제136조, 제138조, 제140조 내지 제143조 각 죄명)

〈전공노조 사건〉 법외 단체인 전국공무원노동조합의 지부가 당초 공무원 직장협의회의 운영에 이용되던 군(군) 청사시설인 사무실을 임의로 사용하자 지방자치단체장이 자진폐쇄 요청 후 행정대집행법에 따라 행정대집행을 하였는데, 지부장 등인 피고인들과 위 지부 소속 군청 공무원들이 위 집행을 행하던 공무원들에게 대항하여 폭행 등 행위를 한 사안에서, 위 행정대집행은 주된 목적이 조합의 위 사무실에 대한 사실상 불법사용을 중지시키기 위하여 사무실 내 조합의 물품을 철거하고 사무실을 폐쇄함으로써 군 청사의 기능을 회복하는 데 있으므로, 전체적으로 대집행의 대상이 되는 대체적 작위의무인 철거의무를 대상으로 한 것으로 적법한 공무집행에 해당한다고 볼 수 있고, 그에 대항하여 피고인 등이 폭행 등 행위를 한 것은 단체 또는 다중의 위력으로 공무원들의 적법한 직무집행을 방해한 것에 해당한다는 이유로, 피고인들에게 특수공무집행방해죄를 인정한 원심판단의 결론을 정당하다고 한 사례(대판 2011.4.28. 2007도7514).

〈시끄러운 이웃 사건〉 피고인은 평소 집에서 심한 고성과 욕설, 시끄러운 음악 소리 등으로 이웃 주민들로부터 수회에 걸쳐 112신고가 있어 왔던 사람인데, 피고인의 집이 소란스럽다는 112신고를 받고 출동한 경찰관 갑, 을이 인터폰으로 문을 열어달라고 하였으나 욕설을 하였고, 경찰관들이 피고인을 만나기 위해 전기차단기를 내리자 화가 나 식칼(전체 길이 약 37cm, 칼날 길이 약 24cm)을 들고 나와 욕설을 하면서 경찰관들을 향해 찌를 듯이 협박함으로써 갑, 을의 112신고 업무 처리에 관한 직무집행을 방해하였다고 하여 특수공무집행방해로 기소된 사안에서, 구체적인 사정들을 종합하여 특수공무집행방해죄를 긍정한 사례(대판 2018.12.13. 2016도19417).

〈서울광장 천막 철거대집행 사건〉 도심광장으로서 '서울특별시 서울광장의 사용 및 관리에 관한 조례'에 의하여 관리되고 있는 '서울광장'에서, 서울시청 및 중구청 공무원들이 행정대집행법이 정한 계고 및 대집행영장에 의한 통지절차를 거치지 아니한 채 위 광장에 무단설치된 천막의 철거대집행에 착수하였고, 이에 피고인들을 비롯한 '광우병위험 미국산 쇠고기 전면 수입을 반대하는 국민대책회의' 소속 단체 회원들이 몸싸움을 하거나 천막을 붙잡고 이를 방해한 사안에서, 위 서울광장은 비록 공부상 지목이 도로로 되어 있으나 도로법 제65조 제1항 소정의 행정대집행의 특례규정이 적용되는 도로법상 도로라고 할 수 없으므로 위 철거대집행은 구체적 직무집행에 관한 법률상 요건과 방식을 갖추지 못한 것으로서 적법성이 결여되었고 따라서 피고인들이 위 공무원들에 대하여 폭행·협박을 가하였더라도 특수공무집행방해죄는 성립되지 않는다는 이유로, 같은 취지에서 피고인들에 대해 무죄를 선고한 원심판단을 수긍한 사례(대판 2010.11.11. 2009도11523).

13 특수공무집행방해치사상죄

> **제144조 (특수공무방해)** ② 제1항의 죄를 범하여 공무원을 상해에 이르게 한 때에는 3년 이상의 유기징역에 처한다. 사망에 이르게 한 때에는 무기 또는 5년 이상의 징역에 처한다.

> **[죄명예규]** (제1항 각 죄명, 다만 제143조 미수의 죄명은 제외한다)(치상, 치사)

(1) 의의와 성립요건

특수공무집행방해치사상죄는 특수공무집행방해죄를 범하여 공무원을 사상에 이르게 한 경우에 성립하는 결과적 가중범이다. 성립요건은 일반적인 논리에 따른다. 주의할 것은 **특수공무집행방해치상죄는 부진정결과적 가중범**이라는 점이다.

〈특수공무집행방해죄의 성격〉 특수공무집행방해치사상죄는 단체 또는 다중의 위력을 보이거나 위험한 물건을 휴대하고 직무를 집행하는 공무원에 대하여 폭행, 협박을 하여 공무원을 사상에 이르게 한 경우에 성립하는 결과적가중범으로서 행위자가 그 결과를 의도할 필요는 없고 그 결과의 발생을 예견할 수 있으면 족하다(대판 1997.10.10. 97도1720). (22 1차)

〈특수공무집행방해치상죄의 성격〉 특수공무집행방해치상죄는 원래 결과적 가중범이기는 하지만, 이는 중한 결과에 대하여 예견 가능성이 있었음에 불구하고 예견하지 못한 경우에 벌하는 진정결과적 가중범이 아니라 그 결과에 대한 예견가능성이 있었음에도 불구하고 예견하지 못한 경우뿐만 아니라 고의가 있는 경우까지도 포함하는 부진정결과적 가중범이다(대판 1995.1.20. 94도2842). (22 3차)(24 변시)

〈금속연맹 지역본부장 사건〉 집회 및 시위에 참가한 노동조합원 중 일부가 시위진압 경찰관들과의 몸싸움 과정에서 경찰관들에게 상해를 입게 한 사안에서 금속연맹 지역 본부장의 직책을 가지고 그 집회 및 시위에 적극적으로 참가한 피고인에게 특수공무집행방해치상의 공모공동정범으로서의 죄책을 인정한 사례(대판 2002.4.12. 2000도3485).

〈공장바닥에 윤활유나 철판조각을 뿌려 놓은 사건〉 피고인이 노조원들과 함께 경찰관인 피해자들이 파업투쟁 중인 공장에 진입할 경우에 대비하여 그들의 부재 중에 미리 윤활유나 철판조각을 바닥에 뿌려 놓은 것에 불과하고, 위 피해자들이 이에 미끄러져 넘어지거나 철판조각에 찔려 다쳤다는 것에 지나지 않은 사안에서, 피고인 등이 위 윤활유나 철판조각을 위 피해자들의 면전에서 그들의 공무집행을 방해할 의도로 뿌린 것이라는 등의 특별한 사정이 있는 경우는 별론으로 하고 이를 가리켜 위 피해자들에 대한 유형력의 행사, 즉 폭행에 해당하는 것으로 볼 수 없는데도, 피고인의 위 행위를 특수공무집행방해치상죄로 의율한 원심의 조치에 법리오해 또는 사실오인의 위법이 있다고 한 사례(대판 2010.12.23. 2010도7412).

〈차 본넷 위에 경찰관 매달고 달린 사건〉 신호위반에 따른 정지 지시를 무시하고 도주하던 사람이 자신을 추격해 온 경찰관의 하차 요구에 불응한 채 계속 도주를 시도하다가 자동차 앞 범퍼로 경찰관을 들이받고, 차 본넷 위에 경찰관을 매달은 채로 그대로 차를 몰고 진행하던 중 인도에 있던 가로수를 들이받아 결국 경찰관을 사망에 이르게 한 사안에서, '위험한 물건'인 자동차를 이용하여 경찰관의 정당한 업무를 방해하고, 이로 인해 사망에 이르게 한 특수공무방해치사죄에 해당한다고 한 사례(대판 2008.2.28. 2008도3).

(2) 죄수 〈총론의 결과적 가중범 부분 참조〉

〈음주단속 경찰관 차로 들이받은 사건〉 직무를 집행하는 공무원에 대하여 위험한 물건을 휴대하여 고의로 상해를 가한 경우에는 특수공무집행방해치상죄만 성립할 뿐, 이와는 별도로 폭력행위 등 처벌에 관한 법률 위반(집단·흉기 등 상해)죄를 구성하지 않는다(대판 2008.11.27. 2008도7311).(23 변시)

제3절 | 도주와 범인은닉의 죄

1 도주죄 [미수범 처벌, 진정신분범]

> **제145조 (도주)** ① 법률에 따라 체포되거나 구금된 자가 도주한 경우에는 1년 이하의 징역에 처한다.

(1) 의의와 보호법익

도주죄는 법률에 의하여 체포·구금된 자가 도주함으로써 성립하는 범죄이다. 보호법익은 국가의 구금기능이며, 보호의 정도는 침해범이다.

(2) 주 체

법률에 의하여 체포 또는 구금된 자이다. '법률에 의하여 체포 또는 구금된 자'란 널리 법률에 근거하여 적법하게 신체의 자유를 구속받고 있는 자를 말한다. 여기에는 수형자와 미결구금자 및 감정유치중인 자를 포함한다. 그러나 형의 집행정지 중인 자는 법률에 의하여 구금된 자가 아니므로 도주죄의 주체가 될 수 없다. 그리고 적법하게 구속당한 자에 한하므로 불법체포된 자는 도주죄의 주체가 될 수 없다.

〈**불법한 임의동행 사건**〉 사법경찰관이 피고인을 수사관서까지 동행한 것이 사실상의 강제연행, 즉 불법 체포에 해당하고, 불법 체포로부터 6시간 상당이 경과한 후에 이루어진 긴급체포 또한 위법하므로 피고인이 불법체포된 자로서 형법 제145조 제1항에 정한 '법률에 의하여 체포 또는 구금된 자'가 아니어서 도주죄의 주체가 될 수 없다고 한 사례(대판 2006.7.6. 2005도6810). (15 변시)

〈**법정구속된 피고인이 도주하려 한 사건**〉 [공소사실의 요지] 甲은 2018. 5. 3. 서울남부지방법원 형사법정에서 준강제추행죄 등으로 징역 1년 6개월을 선고받고 구속영장에 의해 법정구속되어 구속 피고인 대기실로 인치된 상태에서 서울남부구치소 교감 A와 교위 B가 甲에게 인적사항을 확인하던 중, 갑자기 구속 피고인 대기실 출입문을 열고 법정으로 뛰어 들어가 법정 내부의 재판관계인석과 방청석 사이 공간을 통해 맞은편의 법정 출입문 방향으로 뛰어가 도주하려고 하였으나, 당시 법정 내에서 다른 수용자를 계호하고 있던 서울남부구치소 교위 C, 교위 D에 의해 검거되었다. 이로써 甲은 법률에 의하여 체포된 후 도주하려 하였으나 그 뜻을 이루지 못하고 미수에 그쳤다. [판결요지] 법원이 선고기일에 피고인에 대하여 실형을 선고하면서 구속영장을 발부하는 경우 검사가 법정에 재정하여 법원으로부터 구속영장을 전달받아 집행을 지휘하고, 그에 따라 피고인이 피고인 대기실로 인치되었다면 다른 특별한 사정이 없는 한 피고인은 형법 제145조 제1항의 '법률에 의하여 체포 또는 구금된 자'에 해당한다. 그 이유는 다음과 같다. ㈎ 형사소송법은 재판의 집행 일반에 관하여 재판의 성질상 법원 또는 법관이 지휘할 경우를 제외하면 재판을 한 법원에 대응한 검찰청 검사가 지휘한다고 정하면서(제460조 제1항), 구속영장(제81조 제1항 본문, 제209조), 체포영장(제81조 제1항 본문, 제200조의6), 압수·수색·검증영장(제115조 제1항 본문, 제219조)의 집행 등에 관하여도 검사의 지휘에 의하여 집행한다고 규정하고 있다. 따라서 검사가 법정에서 법원으로부터 구속영장을 전달받아 교도관 등으로 하여금 피고인을 인치하도록 하였다면 집행절차가 적법하게 개시되었다고 볼 수 있다. ㈏ 구속영장의 집행을 통하여 최종적으로 피고인에 대한 신병을 인계받아 구금을 담당하는 교도관이 법정에서 곧바로 피고인에 대한 신병을 확보하였다면 구속의 목적이 적법하게 달성된 것으로 볼 수 있다. (다) 구속영장 발부, 구속영장 집행, 구금 등 모든 과정이 공개된 법정 및 법관의 면전에서 이루어졌다면 특별한 사정이 없는 한, 피고인의 방어권이나 절차적 권리 및 신체의 자유가 침해될 만한 위법이 있다고 평가하기 어렵다(대판 2023.12.28. 2020도12586).

(3) 행 위

도주하는 것이다.

1) **도주의 의미** : 도주란 피구금자가 구금상태로부터 이탈하는 것을 말한다.

2) **실행의 착수시기** : 체포 또는 구금 작용이 침해되기 시작한 때이다.

3) **기수시기** : 체포 또는 구금으로부터 벗어난 때 즉 체포자 또는 간수자의 실력적 지배로부터 완전히 벗어난 때 즉시 기수가 된다.

〈**도주죄는 즉시범이라는 판례**〉 도주죄는 즉시범으로서 범인이 간수자의 실력적 지배를 이탈한 상태에 이르렀을 때에 기수가 되어 도주행위가 종료하는 것이다(대판 1991.10.11. 91도1656). (19 변시)

2 집합명령위반죄 [미수범 처벌, 진정신분범]

> 제145조 (집합명령위반) ② 제1항의 구금된 자가 천재지변이나 사변 그 밖에 법령에 따라 잠시 석방된 상황에서 정당한 이유없이 집합명령에 위반한 경우에도 제1항의 형에 처한다.

[COMMENT] 집합명령위반죄는 진정부작위범으로써 그 본질이 거동범임에도 불구하고 미수범 처벌 규정이 있어 논란이 되고 있다.

3 특수도주죄 [미수범 처벌, 진정신분범]

> 제146조 (특수도주) 수용설비 또는 기구를 손괴하거나 사람에게 폭행 또는 협박을 가하거나 2인 이상이 합동하여 전조 제1항의 죄를 범한 자는 7년 이하의 징역에 처한다.

(1) 의 의

특수도주죄는 수용설비 또는 기구를 손괴하거나 사람에게 폭행 또는 협박을 가하거나 2인 이상이 합동하여 도주함으로써 성립하는 범죄이다. 단순도주죄에 비하여 불법이 가중된 가중구성요건이다.

(2) 손괴도주

수용설비 또는 기구를 손괴하여 도주하는 것이다.

1) **수용설비** : 수용설비란 사람의 신체를 계속적으로 구금하기 위한 장소·시설을 말하며 교도소·유치장·소년원 등이 여기에 포함된다.

2) **기구** : 기구란 사람의 신체를 직접 구속하는데 사용되는 장비를 말하며 포승·수갑 등 계

구가 여기에 해당한다.

3) 손괴 : 손괴란 물리적으로 훼손하는 것을 말한다. 따라서 수갑을 풀고 도주하거나, 수갑을 찬 채 도주하여 후에 이를 손괴하는 것은 단순도주죄에 불과하다.

(3) 강요도주

사람에게 폭행 또는 협박하여 도주하는 것이다.

1) **폭행 또는 협박** : 본죄는 사람의 신체의 안전성을 보호법익으로 하는 것이 아니므로 여기서의 폭행 · 협박은 광의의 폭행 · 협박을 말한다.

2) **폭행 또는 협박의 대상** : 폭행 · 협박의 상대방은 간수자에 제한되지 않고 간수자는 물론 간수 · 호송을 위임받은 사인이나 도주방지에 협력하는 지위에 있는 제3자도 포함된다.

3) **폭행 또는 협박의 시기** : 폭행 · 협박의 시기는 도주의 착수 전후를 불문한다.

(4) 합동도주

2인 이상이 합동하여 도주하는 것이다. '2인 이상'은 모두 법률에 의하여 구금된 자일 것을 요하며, 2인 이상이 '합동하여'란 현장설에 의하면 시간적 · 장소적 협동을 의미한다.

4 도주원조죄 [미수범 처벌, 예비 · 음모 처벌]

> 제147조 (도주원조) 법률에 의하여 구금된 자를 탈취하거나 도주하게 한 자는 10년 이하의 징역에 처한다.

[**죄명예규**] 피구금자(탈취, 도주원조)

(1) 의 의

도주원조죄는 법률에 의하여 구금된 자를 탈취하거나 도주하게 함으로써 성립하는 범죄이다. 본죄는 도주죄에 대한 교사 · 방조행위를 독립된 구성요건으로 규정한 것으로 총칙상의 공범규정이 적용되지 않는다.

(2) 주 체

제한이 없지만, 법률에 의하여 구금되어 있는 자는 도주죄의 주체가 되는 것은 별론으로 하고 원칙적으로 본죄의 주체가 될 수 없다. 따라서 법률에 의하여 구금된 자가 ① 다른 구금자를 도주하게 한 때에는 본죄에 해당하지만 ② 타인에게 자신을 도주시켜 달라고 부탁하여 타인의 도움으로 도주한 때에는 타인은 본죄에 해당할지라도 구금된 자는 도주죄에 해당할 뿐이다.

(3) 객 체

법률에 의하여 구금된 자이다. 구금된 자에 한하므로 ① 체포되어 연행중인 자 ② 구인된 피고인 · 피의자는 본죄의 객체가 될 수 없다. 또한 구금된 자라야 하므로 이미 구금상태로부터 벗어난 자 즉 도주죄가 기수에 이른 자의 도피를 도와주는 행위는 범인도피죄(제151조)에 해당하는 것은 별론으로 하고 도주원조죄는 성립하지 아니한다.

〈도주죄가 기수에 이른 후 도피를 도와 준 사건〉 [사실관계] 甲은 서산시 소재 용병원에 수감 중이던 동생 乙이 간수자를 폭행하고 병원에서 탈주에 성공하자, 乙이 보다 멀리 서울로 도피할 수 있도록 乙 소유의 승용차를 인도하여 주었다. 甲에게 도주원조죄가 성립하는가? [판결요지] 도주죄는 즉시 범으로서 범인이 간수자의 실력적 지배를 이탈한 상태에 이르렀을 때에 기수가 되어 도주행위가 종료하는 것이고, 도주원조죄는 도주죄에 있어서의 범인의 도주행위를 야기시키거나 이를 용이하게 하는 등 그와 공범관계에 있는 행위를 독립한 구성요건으로 하는 범죄이므로, 도주죄의 범인이 도주행위를 하여 기수에 이르른 이후에 범인의 도피를 도와 주는 행위는 범인도피죄에 해당할 수 있을 뿐 도주원조죄에는 해당하지 아니한다(대판 1991.10.11. 91도1656). 답 도주원조죄는 성립하지 않는다. (19 변시)(20 변시)

(4) 행 위

탈취하거나 도주하게 하는 것이다.

1) 탈취 : 탈취란 피구금자를 간수자의 실력적 지배로부터 이탈시켜 자기 또는 제3자의 실력적 지배로 옮기는 것을 말한다.

2) 도주하게 하는 것 : 도주하게 하는 것이란 피구금자의 도주를 야기시키는 것은 물론 이미 도주의사를 가진 자에게 도주를 용이하게 하는 일체의 행위를 말한다.

5 간수자도주원조죄 [미수범 처벌, 예비ㆍ음모 처벌, 부진정신분범]

제148조 (간수의 도주원조) 법률에 의하여 구금된 자를 간수 또는 호송하는 자가 이를 도주하게 한 때에는 1년 이상 10년 이하의 징역에 처한다.

6 범인은닉죄 [친족간의 특례 적용]

제151조 (범인은닉과 친족간의 특례) ① 벌금 이상의 형에 해당하는 죄를 범한 자를 은닉 또는 도피하게 한 자는 3년 이하의 징역 또는 500만 원 이하의 벌금에 처한다.

[죄명예규] 범인(은닉, 도피)

I. 서 설

범인은닉죄는 벌금 이상의 형에 해당하는 죄를 범한 자를 은닉 또는 도피하게 함으로써 성립하는 범죄이다. 본죄의 보호법익은 국가의 형사사법의 기능이며, 보호의 정도는 추상적 위험범이다.

Ⅱ. 구성요건

1. 주 체

범인 이외의 자이다. 따라서 자기범인도피는 범죄가 되지 않지만, 공동정범의 한 사람이 다른 공동정범을 도피하게 하는 경우에는 본죄의 주체가 될 수 있다.

〈공동정범 사건〉 형법 제151조 제1항 소정의 범인도피죄에 있어서 공동정범 중의 1인이 타 공동정범을 도피시킴에 대하여 동조 제2항과 같은 불처벌의 특례를 규정한 바 없으므로 범인도피죄의 죄책을 면치 못한다고 해석함이 타당하다(대판 1958.1.14. 4290형상393).

2. 객 체

벌금 이상의 형에 해당하는 죄를 범한 자이다.

(1) 벌금 이상의 형에 해당하는 죄

범인은닉죄는 본범의 범죄가 벌금 이상의 형을 포함하고 있는 범죄를 전제로 하여 성립한다. 여기서 벌금 이상의 형은 법정형을 의미하고, 법정형 중에서 가장 중한 형이 벌금형이면 선택형으로 구류나 과료를 함께 규정하고 있어도 무방하다.

〈교특법위반 사건〉 [1] '벌금 이상의 형에 해당하는 죄를 범한 자'라 함은 범죄의 혐의를 받아 수사대상이 되어 있는 자도 포함하고, 벌금 이상의 형에 해당하는 자에 대한 인식은 실제로 벌금 이상의 형에 해당하는 범죄를 범한 자라는 것을 인식함으로써 족하고 그 법정형이 벌금 이상이라는 것까지 알 필요는 없으며, 범인이 아닌 자가 수사기관에 범인임을 자처하고 허위사실을 진술하여 진범의 체포와 발견에 지장을 초래하게 한 행위는 위 죄에 해당한다. [2] 범인에 대하여 적용 가능한 죄가 도로교통법위반죄로부터 교통사고처리특례법위반죄를 거쳐 상해죄에 이르기까지 다양하고, 그 죄들은 모두 벌금 이상의 형을 정하고 있으며 범인에게 적용될 수 있는 죄가 교통사고처리특례법위반죄에 한정된다고 하더라도 자동차종합보험 가입사실만으로 범인의 행위가 형사소추 또는 처벌을 받을 가능성이 없는 경우에 해당한다고 단정할 수 없을 뿐 아니라, 피고인이 수사기관에 적극적으로 범인임을 자처하고 허위사실을 진술함으로써 실제 범인을 도피하게 하였다는 이유로 범인도피죄의 성립을 인정한 사례(대판 2000.11.24. 2000도4078).

(2) 죄를 범한 자

1) 죄를 범한 자의 의미 : '죄를 범한 자'는 정범뿐만 아니라 교사범·방조범, 미수범 또는 예비·음모자 등을 포함한다. 그리고 '죄'는 범죄를 의미하며 구성요건에 해당하고 위법·유책할 뿐만 아니라 원칙적으로 처벌조건과 소송조건을 구비하였음을 요한다. 이러한 요건을 구비하게 되면 유죄판결의 확정여부, 공소제기 여부, 수사개시 여부를 불문한다.

〈수배중인 자를 투숙 시킨 사건〉 형법 제151조에서 죄를 범한 자라 함은 반드시 공소제기가 되거나 유죄의 판결을 받은 자 뿐만 아니라 범죄의 혐의를 받아 수사중인 자도 포함되므로 경찰에서 수배중인 자임을 인식하면서 동인을 투숙케 하여 체포를 면하게 한 경우에는 범인은닉죄가 성립한다(대판 1983.8.23. 83도1486).

〈수사 개시 이전에 범인을 도피시킨 사건〉 형법 제151조 제1항의 이른바, 죄를 범한 자라 함은 범죄의 혐의를 받아 수사대상이 되어 있는 자를 포함하며, 나아가 벌금 이상의 형에 해당하는 죄를 범한 자라는 것을 인식하면서도 도피하게 한 경우에는 그 자가 당시에는 아직 수사대상이 되어 있지 않았다고 하더라도 범인도피죄가 성립한다고 할 것이다(대판 2003.12.12. 2003도4533). (21 경간)

2) 구체적인 검토

(개) 친고죄의 경우 : 고소가 있는 경우는 물론 고소가 없는 경우에도 본죄의 객체가 되나, 고소권이 소멸한 경우에는 본죄의 객체가 아니다.

(내) 진범임을 요하는지에 대한 논의

범인은닉 · 도피죄에 있어 객체의 진범 여부

乙은 우연히 친구들이 A를 상해하는 현장에 있었으나 범행에는 전혀 가담하지 않았다. 그러나 이로 인해 乙은 경찰로부터 공범으로 수사를 받게 되자 동생 甲에게 사정을 설명하고 도피자금을 마련해 달라고 부탁하였다. 이에 甲은 乙에게 도피자금으로 500만 원을 제공하였다. 甲의 죄책은?

1. 논의점

범인은닉 · 도피죄에 있어 객체가 진범임을 요하는지에 대하여 논의가 있다.

2. 견해의 대립

이에 대하여는 ① 진범이 아닌 자에 대한 은닉행위는 국가의 정당한 형벌권행사를 방해한다고 볼 수 없으므로 범인은닉죄의 객체는 진범이어야 한다는 **긍정설** ② 진범이 아닐지라도 범죄의 혐의를 받고 수사 또는 소추중인 자를 은닉하는 행위는 국가의 형사사법작용을 해하는 점에서 진범을 은닉하는 경우와 다르지 않으므로 범인은닉죄의 객체는 반드시 진범일 필요는 없다는 **부정설** 등이 대립하고 있다.

3. 판례의 태도

판례는 '형법 제151조 제1항 소정의 "죄를 범한 자"라 함은 범죄의 혐의를 받아 수사대상이 되어 있는 자를 포함한다. 따라서 구속수사의 대상이 된 공소외인이 그 후 무혐의로 석방되었다 하더라도 위 죄의 성립에는 영향이 없다'라고 하여 **부정설**의 입장이다.

4. 검 토

생각건대 범인은닉죄는 형사사법 기능을 보호법익으로 하고 있으므로 진범이 아닌 자도 수사의 대상이 되어 있다면 범인은닉죄의 객체가 된다는 부정설이 타당하다.

5. 관련판례

〈범인은닉 후 무혐의로 석방되더라도 범인도피죄가 성립한다는 판례〉 [사실관계] - [쟁점사실관계] [판결요지] 범인은닉죄는 형사사법에 관한 국권의 행사를 방해하는 자를 처벌하고자 하는 것이므로 형법 제151조 제1항 소정의 '죄를 범한 자'라 함은 범죄의 혐의를 받아 수사대상이 되어 있는 자를 포함한다. 따라서 구속수사의 대상이 된 공소외인이 그 후 무혐의로 석방되었다 하더라도 위 죄의 성립에는 영향이 없다(대판 1982.1.26. 81도1931). 탑 범인도피죄의 구성요건에 해당하지만, 친족간의 특례의 적용으로 책임이 조각된다. (22 2차)

3. 행 위

은닉 또는 도피하게 하는 것이다.

(1) 은 닉

은닉이란 죄를 범한 자임을 인식하면서 장소를 제공하여 체포를 면하게 하는 것을 말한다. 그리고 범인 아닌 자가 수사기관에서 범인임을 자처하고 허위사실을 진술하여 진범의 체포와 발견에 지장을 초래하게 한 행위도 범인은닉에 해당한다

〈범인에게 장소 제공한 사건〉 범인은닉죄라 함은 죄를 범한 자임을 인식하면서 장소를 제공하여 체포를 면하게 하는 것만으로 성립한다 할 것이고, 죄를 범한 자에게 장소를 제공한 후 동인에게 일정 기간 동안 경찰에 출두하지 말라고 권유하는 언동을 하여야만 범인은닉죄가 성립하는 것이 아니며, 또 그 권유에 따르지 않을 경우 강제력을 행사하여야만 한다거나, 죄를 범한 자가 은닉자의 말에 복종하는 관계에 있어야만 범인은닉죄가 성립하는 것은 더욱 아니다(대판 2002.10.11. 2002도3332).

(2) 도 피

1) 도피의 의의 : 은닉 이외의 방법으로 수사기관의 발견·체포를 곤란 내지 불가능하게 하는 일체의 행위를 말한다. 다만 도피행위는 직접 범인을 도피시키는 행위 또는 도피를 직접적으로 용이하게 하는 행위에 한정된다.

┃ 범인도피 관련 판례 정리

1. 기본 법리 판례

〈'도피하게 하는 행위'의 의미〉 형법 제151조 소정의 범인도피죄에서 '도피하게 하는 행위'는 은닉 이외의 방법으로 범인에 대한 수사, 재판 및 형의 집행 등 형사사법의 작용을 곤란 또는 불가능하게 하는 일체의 행위를 말하는 것으로서 그 수단과 방법에는 어떠한 제한이 없다(대판 2003.2.14. 2002도5374).

〈범인도피죄는 간접적으로 범인이 안심하고 도피할 수 있게 한 경우는 포함되지 않는다는 판례〉 형법 제151조 소정의 범인도피죄는 위험범으로서 현실적으로 형사사법의 작용을 방해하는 결과가 초래될 것이 요구되지 아니하지만, 같은 조에 함께 규정되어 있는 은닉행위에 비견될 정도로 수사기관의 발견·체포를 곤란하게 하는 행위 즉 직접 범인을 도피시키는 행위 또는 도피를 직접적으로 용이하게 하는 행위에 한정된다고 해석함이 상당하고, 그 자체로는 도피시키는 것을 직접적인 목적으로 하였다고 보기 어려운 어떤 행위의 결과 간접적으로 범인이 안심하고 도피할 수 있게 한 경우까지 포함되는 것은 아니다(대판 2003.2.14. 2002도5374). (20 변시)

2. 범인도피죄를 긍정한 판례

〈임대차계약 사건〉 [사실관계] 甲은 친구인 乙이 마약류관리법위반죄로 기소중지된 사실을 알면서도, 乙이 기소중지를 당하는 바람에 집에 들어갈 수 없다며 방 값이 싼 데를 알아봐 달라거나 계약서를 대신 작성해 달라는 부탁을 하자, 자신의 처 W로 하여금 W의 명의로 오피스텔에 대한 임대차계약을 체결하게 해 주고 乙로 하여금 거주하게 하였다. 甲의 죄책은? [판결요지] 범인도피죄는 직접 범인을 도피시키는 행위 또는 도피를 직접적으로 용이하게 하는 행위에 한정되는 것인바, 범인이 기소중지자임을 알고도 범인의 부탁으로 다른 사람의 명의로 대신 임대차계약을 체결해 준 경우, 비록 임대차계약서가 공시되는 것은 아니라 하더라도 수사기관이 탐문수사나 신고를 받아 범인을 발견하고 체포하는 것을 곤란하게 하여 범인도피죄에 해당한다(대판 2004.3.26. 2003도8226). 🖐 범인도피죄가 성립한다.

〈피의자간에 연락하여 만나게 해준 사건〉 형법 제151조에서 규정하는 범인을 도피하게 한 경우란 은닉 이외의 방법으로 관헌의 체포, 발견을 곤란 또는 불가능하게 하는 일체의 행위를 의미하는 것이므로 피고인이 살인미수의 피의자를 상피고인에게 연락하여 만나게 해주고 동인으로 하여금 도피를 용이하게 한 경우 범인도피죄에 해당한다(대판 1990.12.26. 90도2439).

3. 범인도피죄를 부정한 판례

〈열심히 살면서 건강에 조심하라 사건〉 범인도피죄에 있어서의 '도피'란 은닉 이외의 방법으로 수사기관의 발견, 체포를 곤란 내지 불가능하게 하는 일체의 행위를 뜻하는 것으로, 단순히 안부를 묻거나 통상적인 인사말 등만으로는 범인을 도피하게 한 것이라고 할 수 없을 것인바, 주점 개업식 날 찾아 온 범인에게 '도망다니면서 이렇게 와 주니 고맙다. 항상 몸조심하고 주의하여 다녀라. 열심히 살면서 건강에 조심하라.'고 말한 것은 단순히 안부인사에 불과한 것으로 범인을 도피하게 한 것으로 볼 수 없다(대판 1992.6.12. 92도736).

2) 수사기관에서의 허위진술 : 수사기관에 출두한 피의자나 참고인이 범인에 관하여 조사를 받으면서 알고 있는 사실을 묵비하거나 허위로 진술하여 진범인이 석방되었다고 하여도 그것만으로는 범인도피죄가 성립하지 않는다. 그러나 범인이 아닌 자가 수사기관에 **범인임을 자처하고 허위사실을 진술하여 적극적으로 수사기관을 착오에 빠지게 함**으로써 범인의 발견 또는 체포를 곤란 내지 불가능하게 한 경우에는 범인도피죄에 해당한다. [2024 변시]

▌수사기관에서의 허위진술 관련 판례 정리

1. 기본 법리 판례

〈참고인이나 피의자의 묵비 또는 허위진술〉 원래 수사기관은 범죄사건을 수사함에 있어서 피의자나 참고인의 진술 여하에 불구하고 피의자를 확정하고 그 피의사실을 인정할 만한 객관적인 제반 증거를 수집·조사하여야 할 권리와 의무가 있으므로, 참고인이 수사기관에서 범인에 관하여 조사를 받으면서 그가 알고 있는 사실을 묵비하거나 허위로 진술하였다고 하더라도, 그것이 적극적으로 수사기관을 기만하여 착오에 빠지게 함으로써 범인의 발견 또는 체포를 곤란 내지 불가능하게 할 정도가 아닌 한 형법 제151조 소정의 범인도피죄를 구성하지 않으며, 이러한 법리는 피의자가 수사기관에서 공범에 관하여 묵비하거나 허위로 진술한 경우에도 그대로 적용된다(대판 2008.12.24. 2007도11137).

〈범인 자처 사건〉 범인 아닌 자가 수사기관에서 범인임을 자처하고 허위사실을 진술하여 진범의 체포와 발견에 지장을 초래하게 한 행위는 범인은닉죄에 해당한다(대판 1996.6.14. 96도1016).

2. 바지사상 관련 법리 판례

〈바지사장 사건〉 게임산업진흥에 관한 법률 위반, 도박개장 등의 혐의로 수사기관에서 조사받는 피의자가 사실은 게임장·오락실·피씨방 등의 실제 업주가 아니라 그 종업원임에도 불구하고 자신이 실제 업주라고 허위로 진술하였다고 하더라도, 그 자체만으로 범인도피죄를 구성하는 것은 아니다. 다만, 그 피의자가 실제 업주로부터 금전적 이익 등을 제공받기로 하고 단속이 되면 실제 업주를 숨기고 자신이 대신하여 처벌받기로 하는 역할(이른바 '바지사장')을 맡기로 하는 등 수사기관을 착오에 빠뜨리기로 하고, 단순히 실제 업주라고 진술하는 것에서 나아가 게임장 등의 운영 경위, 자금 출처, 게임기 등의 구입 경위, 점포의 임대차계약 체결 경위 등에 관해서까지 적극적으로 허위로 진술하거나 허위 자료를 제시하여 그 결과 수사기관이 실제 업주를 발견 또는 체포하는 것이 곤란 내지 불가능하게 될 정도에까지 이른 것으로 평가되는 경우 등에는 범인도피죄를 구성할 수 있다(대판 2010.1.28. 2009도10709). (22 2차)

3. 범인도피죄를 부정한 판례

〈참고인이 허무인의 이름을 댄 사건〉 폭행사건 현장의 참고인이 출동한 경찰관에게 범인의 이름 대신 허무인의 이름을 대면서 구체적인 인적사항에 대한 언급을 피한 사안에서, 범인도피죄가 성립하지 않는다고 한 사례(대판 2008.6.26. 2008도1059).

〈피의자가 공범 이름 묵비한 사건〉 피고인이 절도사건과 관련하여 사법경찰리로부터 조사 받는 과정에서 공범의 이름을 단순히 묵비하였다 하여 절도범인을 도피하게 하였다고는 볼 수 없다(대판 1984.4.10. 83도3288).

〈단독운영했다고 하며 공범의 존재를 숨긴 사건〉 사행행위 등 규제 및 처벌특례법 위반죄의 피의자가 수사기관에서 조사받으며 오락실을 단독 운영하였다고 허위진술하여 오락실 공동운영자인 공범의 존재를 숨긴 것이 범인도피죄에 해당하지 않는다(대판 2008.12.24. 2007도11137).

〈동일인 사건〉 참고인이 범인 아닌 다른 자를 진범이라고 내세우는 경우 등과 같이 적극적으로 허위의 사실을 진술하여 수사관을 기망, 착오에 빠지게 함으로서 범인의 발견, 체포에 지장을 초래케 하는 경우와는 달리 참고인이 수사기관에서 진술을 함에 있어 단순히 범인으로 체포된 사람과 동인이 목격한 범인이 동일함에도 불구하고 동일한 사람이 아니라고 허위진술을 한 정도의 것만으로는 참고인의 그 허위진술로 말미암아 증거가 불충분하게 되어 범인을 석방하게 되는 결과가 되었다 하더라도 바로 범인도피죄를 구성한다고 할 수 없다(대판 1987.2.10. 85도897).

〈신원보증 사건〉 수사절차에서 작성되는 신원보증서는 체포된 피의자 석방의 필수적인 요건이거나 어떠한 법적 효력이 있는 것은 아니고, 다만 피의자나 신원보증인에게 심리적인 부담을 줌으로써 수사기관이나 재판정에의 출석 또는 형 집행 등 형사사법절차상의 편의를 도모하는 것에 불과하여 보증인에게 법적으로 진실한 서류를 작성·제출할 의무가 부과된 것은 아니므로, 신원보증서를 작성하여 수사기관에 제출하는 보증인이 피의자의 인적 사항을 허위로 기재하였다고 하더라도, 그로써 적극적으로 수사기관을 기망한 결과 피의자를 석방하게 하였다는 등 특별한 사정이 없는 한, 그 행위만으로 범인도피죄가 성립되지 않는다고 한 사례(대판 2003.2.14. 2002도5374). (12 변시)

(3) 부작위에 의한 은닉·도피

부작위에 의한 은닉·도피도 가능하다. 다만 부작위의 경우는 경찰관의 경우와 같이 범인을 체포해야 할 보증인지위에 있을 것을 요한다. 따라서 범인체포 내지 신고의무가 없는 일반인이 범인을 신고하지 않거나 체포한 범인을 수사기관에 인계하지 않아도 본죄가 성립되지 않는다.

(4) 기수시기

범인을 은닉 또는 도피하게 함으로써 기수가 되고, 범인도피행위가 계속되는 동안에는 범죄행위도 계속되고 행위가 끝날 때 비로소 범죄행위가 종료된다.

〈범인도피죄의 종료시기〉범인도피죄는 범인을 도피하게 함으로써 기수에 이르지만, 범인도피행위가 계속되는 동안에는 범죄행위도 계속되고 행위가 끝날 때 비로소 범죄행위가 종료된다(대판 2017. 3.15. 2015도1456).

4. 주관적 구성요건

(1) 고 의

본죄의 객관적 구성요건요소인 벌금 이상의 형에 해당하는 죄를 범한 자를 은닉 또는 도피하게 한다는 인식과 의사가 있어야 한다.

〈벌금 이상의 형에 해당하는 자에 대한 인식의 정도〉범인도피죄에 있어서 벌금 이상의 형에 해당하는 자에 대한 인식은 실제로 벌금 이상의 형에 해당하는 범죄를 범한 자라는 것을 인식함으로써 족하고 그 법정형이 벌금 이상이라는 것까지 알 필요는 없는 것이고 범죄의 구체적인 내용이나 범인의 인적 사항 및 공범이 있는 경우 공범의 구체적 인원수 등까지 알 필요는 없다(대판 1995.12.26. 93도904).

〈수표부도직전에 발행인을 은닉한 사건(긍정)〉예금부족으로 제시일에 수표가 지급거절되리라는 것을 알면서 그 수표부도직전에 발행인을 은닉한 경우, 부정수표단속법 제2조 제2항 위반의 범죄는 예금부족으로 인하여 제시일에 지급되지 아니할 것이라는 결과발생을 예견하고 수표를 발행한 때에 바로 성립하는 것이고 수표소지인의 제시일에 수표금의 지급이 거절된 때에 비로소 성립하는 것은 아니므로, 피고인이 수표발행인을 은닉한 것이 그 수표가 부도나기 전날이라고 하더라도 그 수표가 부도날 것이라는 사정과 수표발행인이 부정수표단속법 위반으로 수사관서의 수배를 받게 되리라는 사정을 알았다면 범인은닉에 관한 범의가 없다고 할 수는 없을 것이다(대판 1990.3.27. 89도1480).

〈박종철씨 고문치사 사건(긍정)〉공범이 더 있다는 사실을 숨긴 채 허위보고를 하고 조사를 받고 있는 범인에게 다른 공범이 더 있음을 실토하지 못하도록 하는 등의 행위를 하였다면 도피행위에 대한 고의가 있었다고 인정한 사례(대판 1995.12.26. 93도904).

〈참고인이 범인이 누군지도 정확하게 모르는 상태에서 범인 지목한 사건(부정)〉참고인이 실제의 범인이 누군지도 정확하게 모르는 상태에서 수사기관에서 실제의 범인이 아닌 어떤 사람을 범인이 아닐지도 모른다고 생각하면서도 그를 범인이라고 지목하는 허위의 진술을 한 경우에는 참고인의 허위진술에 의하여 범인으로 지목된 사람이 구속기소됨으로써 실제의 범인이 용이하게 도피하는 결과를 초래한다고 하더라도 그것만으로는 그 참고인에게 적극적으로 실제의 범인을 도피시켜 국가의 형사사법의 작용을 곤란하게 할 의사가 있었다고 볼 수 없어 그 참고인을 범인도피죄로 처벌할 수는 없다(대판 1997.9.9. 97도1596). (21 경간)

(2) 범인이 벌금 이상의 형에 해당하는 죄가 아니라고 오인한 경우

벌금이상에 해당하는 죄임에도 범인이 벌금 이상의 형에 해당하는 죄가 아니라고 오인한 경우에 대하여는 ① 금지의 착오설도 있지만 ② 다수설은 구성요건적 착오설의 입장이다. 생각건대 벌금 이상의 형에 해당하는 죄를 범한 자에 대한 인식은 규범적 구성요건요소에 대한 인식이므로 이에 대한 착오는 구성요건적 착오로 보는 것이 타당하다.

5. 공 범

(1) 일반론

범인도피죄의 공범은 일반논리에 따라 공동정범, 교사범 그리고 방조범이 성립가능하다. 따라서 타인의 범인도피행위 도중에 그 범행을 인식하면서 그와 공동의 범의를 가지고 범인을 도피한 경우에는 범인도피죄의 공동정범이 성립하고, 타인의 범인도피행위를 방조한 경우에는 방조범이 성립한다.

〈공범자의 범인도피 사건〉 범인도피죄는 범인을 도피하게 함으로써 기수에 이르지만, 범인도피행위가 계속되는 동안에는 범죄행위도 계속되고 행위가 끝날 때 비로소 범죄행위가 종료된다. 따라서 공범자의 범인도피행위 도중에 그 범행을 인식하면서 그와 공동의 범의를 가지고 기왕의 범인도피 상태를 이용하여 스스로 범인도피행위를 계속한 경우에는 범인도피죄의 공동정범이 성립하고, 이는 공범자의 범행을 방조한 종범의 경우도 마찬가지이다(대판 2012.8.30. 2012도6027). (24 2차)

〈변호사가 피고인의 허위자백을 유지시킨 사건〉 甲이 수사기관 및 법원에 출석하여 乙 등의 사기 범행을 자신이 저질렀다는 취지로 허위자백하였는데, 그 후 甲의 사기 피고사건 변호인으로 선임된 피고인이 甲과 공모하여 진범 乙 등을 은폐하는 허위자백을 유지하게 함으로써 범인을 도피하게 하였다는 내용으로 기소된 사안에서, 피고인의 행위는 정범인 甲에게 결의를 강화하게 한 방조행위로 평가될 수 있다는 이유로 범인도피방조죄를 인정한 원심판단을 정당하다고 한 사례(대판 2012.8.30. 2012도6027). (21 경간)

(2) 범인의 자기은닉·도피의 교사

> **범인의 자기은닉·도피의 교사**
>
> 운전면허가 없는 甲은 동생인 乙의 차로 운전을 하다 사고를 내자, 乙에게 乙이 사고를 낸 것처럼 위장자수를 하도록 부탁하였고, 乙은 경찰서에 나아가 사고사실을 적극적으로 진술하였다. 甲에게 범인도피죄의 교사범이 성립하는가? [2015 1차][2015 2차][2016 2차][2018 3차][2021 변시][2021 3차] [2023 1차]

1. 논의점

범인이 타인을 교사하여 자기를 은닉 또는 도피하게 한 경우에 본죄의 교사범이 성립할 수 있는지에 대하여 논의가 있다.

2. 견해의 대립

이에 대하여는 ① 본범이 타인을 교사하여 자기를 은닉 또는 도피하게 한 경우는 자기비호권의 한계를 일탈한 것으로서 기대가능성이 부정되는 경우가 아니므로 자기범인은닉의 교사범을 인정하는 **긍정설**과 ② 본범이 타인을 교사하여 자기를 은닉 또는 도피하게 한 경우는 자기비호권의 연장이라고 볼 수 있으므로 자기범인은닉의 교사범을 부정하는 **부정설**이 대립하고 있다.

3. 판례의 태도

판례는 '범인 스스로 도피하는 행위는 처벌되지 아니하므로, 범인이 도피를 위하여 타인에게 도움을 요청하는 행위 역시 도피행위의 범주에 속하는 한 처벌되지 아니하며, 범인의 요청에 응하여 범인을 도운 타인의 행위가 범인도피죄에 해당한다고 하더라도 마찬가지이다. 다만 범인이 타인으로 하여금 허위의 자백을 하게 하는 등으로 범인도피죄를 범하게 하는 경우와 같이 그것이 방어권의 남용으로 볼 수 있을 때에는 범인도피교사죄에 해당할 수 있다'라고 하여 방어권의 남용으로 볼 수 있는 경우에만 한정적으로 자기은닉·도피의 교사범을 인정하고 있다.

4. 검 토

생각건대 현행법이 자기범인은닉죄를 구성요건화하지 않은 것은 사회적 측면에서 불법을 창출하였더라도 개인적 측면에서 적법행위에 대한 기대가능성이 없기 때문이다. 그렇다면 타인의 교사하여 범인은닉죄를 범하게 하였다고 하더라도 범인자신은 개인적 측면이 고려되어 교사범의 성립을 인정하지 않는 부정설이 타당하다.

5. 관련판례

(1) 기본 법리 판례

〈범인이 범인도피죄의 교사범이 되기 위한 요건〉 범인 스스로 도피하는 행위는 처벌되지 아니하므로, 범인이 도피를 위하여 타인에게 도움을 요청하는 행위 역시 도피행위의 범주에 속하는 한 처벌되지 아니하며, 범인의 요청에 응하여 범인을 도운 타인의 행위가 범인도피죄에 해당한다고 하더라도 마찬가지이다. 다만 범인이 타인으로 하여금 허위의 자백을 하게 하는 등으로 범인도피죄를 범하게 하는 경우와 같이 그것이 방어권의 남용으로 볼 수 있을 때에는 범인도피교사죄에 해당할 수 있다. 이 경우 방어권의 남용이라고 볼 수 있는지 여부는, 범인을 도피하게 하는 것이라고 지목된 행위의 태양과 내용, 범인과 행위자의 관계, 행위 당시의 구체적인 상황, 형사사법의 작용에 영향을 미칠 수 있는 위험성의 정도 등을 종합하여 판단하여야 한다(대판 2014.4.10. 2013도12079). **[판결이유 중 일부 인용]** 원심은 이 사건 공소사실 중 당시 벌금 이상의 형에 해당하는 죄를 범하고 도피 중이던 피고인이 공소외인에게 자동차를 이용하여 원하는 목적지로 이동시켜 달라고 요구하거나 속칭 '대포폰'을 구해 달라고 부탁함으로써 공소외인으로 하여금 피고인의 요청에 응하도록 하였다는 내용인 범인도피교사의 점을 유죄로 인정하였다. 그러나 원심의 이러한 판단은 그대로 수긍하기 어렵다. 원심이 적법하게 채택한 증거에 의하여 인정되는 다음과 같은 사정들, 즉, 공소외인은 피고인이 평소 가깝게 지내던 후배인 점, 피고인은 자신의 휴대폰을 사용할 경우 소재가 드러날 것을 염려하여 공소외인에게 요청하여 대포폰을 개설하여 받고, 공소외인에게 전화를 걸어 자신이 있는 곳으로 오도록 한 다음 공소외인이 운전하는 자동차를 타고 청주시 일대를 이동하여 다닌 것으로서, 피고인의 이러한 행위는 형사사법에 중대한 장애를 초래한다고 보기 어려운 통상적 도피의 한 유형으로 볼 여지가 충분하다. 그런데도 원심은 공소외인의 범인도피행위가 인정된다는 이유만으로 피고인에 대하여 범인도피교사의 점을 유죄로 판단하였으니, 이러한 원심판결에는 범인도피교사죄의 성립요건에 관한 법리를 오해하여 필요한 심리를 다하지 아니함으로써 판결에 영향을 미친 잘못이 있다. (20 변시)(21 경간)

(2) 자기은닉·도피 교사나 방조를 긍정한 판례

〈형제 사건〉 [사실관계] – [쟁점사실관계] **[판결요지]** [1] 범인이 자신을 위하여 타인으로 하여금 허위의 자백을 하게 하여 범인도피죄를 범하게 하는 행위는 방어권의 남용으로 범인도피교사죄에 해당하는바, 이 경우 그 타인이 형법 제151조 제2항에 의하여 처벌을 받지 아니하는 친족, 호주 또는 동거 가족에 해당한다 하여 달리 볼 것은 아니다. [2] 무면허 운전으로 사고를 낸 사람이 동생을 경찰서에 대신 출두시켜 피의자로 조사받도록 한 행위는 범인도피교사죄를 구성한다(대판 2006.12.7, 2005도3707). [답] 범인도피죄의 교사범이 성립한다.(12 변시)(14 변시)(17 변시) (22 변시)(23 변시)

〈범인이 처에게 자신을 도피하도록 방조한 사건〉 [1] (위 판례 [1]과 같은 법리 생략) 한편, 이와 같은 법리는 범인을 위해 타인이 범하는 범인도피죄를 범인 스스로 방조하는 경우에도 마찬가지로 적용된다 할 것이다. [2] 원심은 제1심 및 원심이 적법하게 채용한 증거들을 종합하여, 피고인이 처인 공소외인의 피고인을 위한 범인도피범행을 돕기 위하여 공소외인에게 사고발생 경위, 도주 경위 등에 관하여 상세한 정보를 제공하여 주는 등의 방법으로 공소외인으로 하여금 심리적으로 안정할 수 있도록 함으로써 범인도피범행을 방조하였다고 인정하였는바, 앞서 본 법리와 기록에 비추어 살펴보면 이러한 원심의 판단은 정당한 것으로 수긍할 수 있고 거기에 상고이유의 주장과 같은 심리미진, 범인도피죄에 있어서의 방조범에 관한 법리오해 등의 위법이 없다(대판 2008.11.13, 2008도7647). (12 변시)

〈"어떻게 좀 해 보라" 사건〉 피고인은 음주운전 혐의로 적발되자 평소 알고 지내던 공소외 1을 불러내어 그로 하여금 단속경찰관인 공소외 2가 피고인에 대한 주취운전자 적발보고서를 작성하거나 재차 음주측정을 하지 못하도록 제지하는 등으로 공소외 2의 수사를 곤란하게 했던 사실을 인정할 수 있는바, 이러한 피고인의 행위는 범인도피죄에서 말하는 도피에 해당하고, 나아가 피고인이 위 공소외 1에게 전화를 걸어 음주단속 현장으로 나오게 한 점이나 그에게 "어떻게 좀 해 보라"고 계속 재촉한 사정 등에 비추어 보면 피고인에게 범인도피교사에 대한 범의가 없었다고 보기도 어렵다(대판 2006.5.26, 2005도7528). (22 3차)

(3) 자기은닉·도피 교사나 방조를 부정한 판례

〈콜라텍 사건〉 [1] 범인도피죄는 타인을 도피하게 하는 경우에 성립할 수 있는데, 여기에서 타인에는 공범도 포함되나 범인 스스로 도피하는 행위는 처벌되지 않는다. 또한 공범 중 1인이 그 범행에 관한 수사절차에서 참고인 또는 피의자로 조사받으면서 자기의 범행을 구성하는 사실관계에 관하여 허위로 진술하고 허위 자료를 제출하는 것은 자신의 범행에 대한 방어권 행사의 범위를 벗어난 것으로 볼 수 없다. 이러한 행위가 다른 공범을 도피하게 한 결과가 된다고 하더라도 범인도피죄로 처벌할 수 없다. 이때 공범이 이러한 행위를 교사하였더라도 범죄가 될 수 없는 행위를 교사한 것에 불과하여 범인도피교사죄도 성립하지 않는다. [2] 강제집행 대상인 콜라텍을 허위양수하는 방법으로 채무자와 공모하여 강제집행면탈죄를 범한 양수인이 실제 양수한 것처럼 진술해달라는 채무자의 요청에 따라 수사기관에서 참고인 또는 피의자 지위로 콜라텍을 실제 양수하였다고 진술하고 그에 관한 허위자료를 제출하였고 양수인과 채무자가 범인도피와 범인도피교사로 기소되었는데 원심이 직권으로 모두 무죄를 선고하였고, 대법원은 자기 범행을 구성하는 사실관계에 대한 허위진술과 허위자료 제출은 방어권 행사 범위를 벗어난 것으로 볼 수 없어 범인도피죄가 성립할 수 없고 그에 대한 교사죄도 성립하지 않는다는 이유로 검사의 상고를 기각한 사례임(대판 2018.8.1, 2015도20396). (20 변시)(21 3차)(23 2차)

6. 죄수 및 타죄와의 관계

(1) 죄 수

동일한 범인을 은닉하여 도피하게 한 경우에는 협의의 포괄일죄로서 범인도피죄만 성립한다. 동일사건에 관한 수인의 공범자를 하나의 행위로 은닉 또는 도피하게 한 때에는 수죄가 성립하며 상상적 경합이 된다. 그러나 동일사건이라도 수인의 공범자를 수 개의 행위로 각각 은닉 또는 도피하게 한 때에는 수죄에 대한 실체적 경합이 된다.

(2) 타죄와의 관계

범인을 체포해야 할 작위의무있는 수사기관이 작위로 범인도피죄를 범하면 부작위범인 직무유기죄는 따로 성립하지 않는다.

〈'무조건 튀라' 사건〉 피고인이 검사로부터 범인을 검거하라는 지시를 받고서도 그 직무상의 의무에 따른 적절한 조치를 취하지 아니하고 오히려 범인에게 전화로 도피하라고 권유하여 그를 도피케 하였다는 범죄사실만으로는 직무위배의 위법상태가 범인 도피행위 속에 포함되어 있는 것으로 보아야 할 것이므로, 이와 같은 경우에는 작위범인 범인도피죄만이 성립하고 부작위범인 직무유기죄는 따로 성립하지 아니한다(대판 1996.5.10. 96도51).

Ⅲ. 친족간의 특례

> 제151조 (범인은닉과 친족간의 특례) ② 친족 또는 동거의 가족이 본인을 위하여 전항의 죄를 범한 때에는 처벌하지 아니한다.

(1) 형법규정

형법은 제151조 제2항에서 친족 또는 동거의 가족이 본인을 위하여 범인은닉·도피죄를 범한 때에는 처벌하지 아니한다는 규정을 두고 있다.

(2) 법적 성질

종래 친족간의 특례의 법적 성질에 대하여 논의가 있었지만, 현재는 책임조각설로 확립되어 있다.

(3) 친족간의 특례의 적용요건

1) **주체** : 친족 또는 동거의 가족이다. 친족 등의 의미는 규범적 요소이므로 민법에 따른다. **사실상의 친족이 포함되느냐**에 대하여 판례는 ① 사실혼관계에 있는 자는 민법 소정의 친족이라 할 수 없어 포함되지 않는다는 부정설의 입장이며 ② 생부가 인지하지 않아 법률상 친자관계가 발생하지 않은 경우에도 친족에 포함되지 않는다는 부정설의 입장이다.

〈사실혼관계 사건〉 형법 제151조 제2항 및 형법 제155조 제4항은 친족, 호주 또는 동거의 가족이 본인을 위하여 범인도피죄, 증거인멸죄 등을 범한 때에는 처벌하지 아니한다고 규정하고 있는바, 사실혼관계에 있는 자는 민법 소정의 친족이라 할 수 없어 위 조항에서 말하는 친족에 해당하지 않는다(대판 2003.12.12. 2003도4533). (19 변시)(22 2차)

〈생부 사건〉 생부가 인지하지 않아 법률상 친자관계가 발생하지 않은 경우에는 비록 생부와 혼인외 출생자 사이의 자연적 혈연관계로 말미암아 도피시키지 않을 것을 기대하기 어려운 경우가 있다고 하더라도 형법 제151조 제2항을 유추적용할 수는 없다(대판 2024.11.28. 2022도10272).

2) **본인을 위하여** : 벌금 이상의 죄를 범한 자의 **형사상의 이익**을 위한 것을 의미하며, 재산상의 이익은 포함하지 않는다. 본인을 위하여 범한 경우에 제한되므로 본인의 불이익을 위한 경우나 공범자만을 위한 경우에는 특례는 적용되지 아니한다.

(4) 친족간의 특례와 공범규정

1) **친족이 비친족과 공동정범인 경우** : 친족간의 특례는 친족에게만 적용된다.

2) **비친족이 친족을 교사 · 방조한 경우** : 특례는 친족에게만 적용되며, 비친족은 제한종속설의 입장에 따라 교사 · 방조범이 성립한다.

3) **친족이 비친족을 교사 · 방조한 경우** : 비친족은 당연히 범죄가 성립하지만, 친족의 경우에는 논의가 있지만, 아직 명시적인 판례는 없다.

4) **범인이 친족을 교사 또는 방조하여 자기를 은닉 · 도피시킨 경우** : 〈범인의 자기은닉 · 도피의 교사 부분 참조〉

제4절 | 위증과 증거인멸의 죄

1 위증죄 [자수범, 신분범, 표현범, 자수ㆍ자백의 특례 적용]

> 제152조 (위증, 모해위증) ① 법률에 의하여 선서한 증인이 허위의 진술을 한 때에는 5년 이하의 징역 또는 1천만원 이하의 벌금에 처한다.

I. 서 설

(1) 의의와 보호법익

위증죄는 법률에 의하여 선서한 증인이 허위의 진술을 함으로써 성립하는 범죄이다. 보호법익은 국가의 사법기능이며, 보호의 정도는 추상적 위험범이다.

(2) 법적 성격

위증죄는 진정신분범ㆍ거동범이며, 자수범의 가장 대표적인 범죄이다. 따라서 선서한 증인의 신분을 갖지 않는 자는 간접정범이나 공동정범이 될 수 없고, 다만 교사범 또는 방조범으로서 신분 있는 정범에 가담할 수 있을 뿐이다.

(3) 위증죄와 증거인멸죄와의 관계

양자 모두 국가의 사법기능을 보호법익으로 삼는다는 점에서 공통점이 있다. 다만 위증죄는 허위진술과 같은 무형적 방법을 사용하는 것임에 반하여, 증거인멸죄는 물적 또는 인적 증거를 인멸 또는 은닉시키는 등의 유형적 방법을 사용하는 점에서 서로 구별된다. 이러한 양 죄의 관계에 대하여는 위증죄는 증거인멸죄에 대해 특별관계에 있다고 보는 것이 일반적이다.

II. 구성요건

1. 주 체

법률에 의하여 선서한 증인이다.

(1) 진정신분범

본죄의 주체는 법률에 의하여 선서한 증인이어야 하므로, 선서하지 않은 증인은 위증죄의 주체가 될 수 없다.

(2) 법률에 의한 선서

법률의 규정에 따라 유효하게 행하여질 것을 요한다는 의미이다.

1) **법률** : 형식적 의미의 법률을 의미하지만 법률의 위임에 의한 명령 등을 포함한다. 따라서 선서의 근거가 직접 법률에 규정되어 있는 경우뿐만 아니라 법률의 위임에 의한 명령 기타 하위법규에 규정되는 경우도 포함된다.

〈가처분 사건〉 가처분사건이 변론절차에 의하여 진행될 때에는 제3자를 증인으로 선서하게 하고 증언을 하게 할 수 있으나 심문절차에 의할 경우에는 법률상 명문의 규정도 없고, 또 구 민사소송법 (2002.1.26. 법률 제6626호로 전문 개정되기 전의 것)의 증인신문에 관한 규정이 준용되지도 아니 하므로 선서를 하게하고 증언을 시킬 수 없다고 할 것이고, 따라서 제3자가 심문절차로 진행되는 가처분신청사건에서 증인으로 출석하여 선서를 하고 진술함에 있어서 허위의 공술을 하였다고 하더 라도 그 선서는 법률상 근거가 없어 무효라고 할 것이므로 위증죄는 성립하지 않는다(대판 2003.7.25. 2003도180).

〈소송비용확정신청사건에서 허위 공술한 사건〉 제3자가 심문절차로 진행되는 소송비용확정신청사 건에서 증인으로 출석하여 선서를 하고 진술함에 있어서 허위의 공술을 하였다고 하더라도 그 선서 는 법률상 근거가 없어 무효라고 할 것이므로 위증죄는 성립하지 않는다(대판 1995.4.11. 95도186).

2) **선서의 의의** : 증인이 선서를 하게 할 권한 있는 기관에 대하여 '양심에 따라 숨김과 보탬 이 없이 사실 그대로 말하고 만일 거짓말이 있으면 위증의 벌을 받기로 맹세합니다'라고 서약하는 것을 말한다(형사소송법 제157조 제2항 등 참조).

3) **선서의 요건**

    (개) **선서의 상대방** : 선서는 선서를 하게 할 권한 있는 기관에 대한 것이어야 한다. 따라서 법원이 아닌 수사기관에게 한 선서는 선서의 효력이 없다.

    (내) **선서무능력자** : 16세 미만의 자나 선서의 취지를 이해하지 못하는 선서무능력자의 선 서는 선서로서의 효력이 없다(형사소송법 제159조 등 참조). 주의할 것은 선서무능력 자의 증언도 증언의 효력은 있으나, 위증죄의 주체가 될 수 없을 뿐이다.

    (대) **선서의 시기** : 선서는 증언 전에 하는 사전선서인 것이 원칙이지만, 증언 후에 하는 사후 선서도 유효하다. 단 사후선서의 경우에는 사후선서 시가 위증죄의 기수시기가 된다.

(3) 증 인

1) **의의** : 법원 또는 법관에 대하여 자신이 경험한 과거의 사실을 진술하는 제3자를 말한다.

2) **제3자** : 증인은 제3자이어야 하므로, 제3자가 아닌 형사피고인이나 민사소송의 당사자 및 법인의 대표 등은 증인이 될 수 없다.

> [COMMENT] 그러나 영미법에서는 피고인이 진술거부권을 포기한다면 피고인의 증인적격도 인정하고 있다.

〈법인 대표자와 위증죄〉 민사소송의 당사자는 증인능력이 없으므로 증인으로 선서하고 증언하였다 고 하더라도 위증죄의 주체가 될 수 없고, 이러한 법리는 민사소송에서의 당사자인 법인의 대표자 의 경우에도 마찬가지로 적용된다(대판 1998.3.10. 97도1168).

3) **공동피고인의 증인적격** : 공동피고인이 증인적격이 있는지에 대하여 논의는 있지만, 다수 설과 판례는 공동피고인을 구별하여 ① 공범자 아닌 공동피고인은 증인적격이 있지만 ② 공범자인 공동피고인은 증인적격이 없다는 절충설의 입장이다. 단, 공범자인 공동피고 인도 변론이 분리되면 증인적격이 인정된다.

〈공동피고인의 증인적격〉 [1] 공범인 공동피고인은 당해 소송절차에서는 피고인의 지위에 있으므로 다른 공동피고인에 대한 공소사실에 관하여 증인이 될 수 없으나, 소송절차가 분리되어 피고인의 지위에서 벗어나게 되면 다른 공동피고인에 대한 공소사실에 관하여 증인이 될 수 있다. [2] 게임장의 종업원이 그 운영자와 함께 게임산업진흥에 관한 법률 위반죄의 공범으로 기소되어 공동피고인으로 재판을 받던 중, 운영자에 대한 공소사실에 관한 증인으로 증언한 내용과 관련하여 위증죄로 기소된 사안에서, 소송절차가 분리되지 않은 이상 위 종업원은 증인적격이 없어 위증죄가 성립하지 않는다고 한 사례(대판 2008.6.26. 2008도3300). (23 2차)

〈변론이 분리된 사건〉 피고인을 공동피고로 한 민사사건에서 피고인이 의제자백에 의해 분리되고, 공소외인 만이 피고로 남았다면 이는 타인 사이의 사건이라고 할 것이므로 그 사건에서 한 증언이 기억에 반한 것인 이상 위증죄에 해당한다(대판 1983.10.25. 83도1318).

4) 증언을 거부할 수 있는 자가 증언거부권을 행사하지 않고 선서 후 위증한 경우 : 논의는 있지만 증언거부권은 증인의 권리이지 의무가 아니므로 이를 행사하지 않고 위증한 때에는 본죄가 성립한다.

〈증언거부권을 행사하지 않고 위증하면 위증죄가 성립한다는 판례〉 증인신문절차에서 형사소송법 제160조에 정해진 증언거부권이 고지되었음에도 불구하고 위와 같이 증인적격이 인정되는 피고인이 자기의 범죄사실에 대하여 증언거부권을 행사하지 아니한 채 허위로 진술하였다면 위증죄가 성립된다고 할 것이다(대판 2024.2.29. 2023도7528). (21 3차)

5) 증언을 거부할 수 있는 자가 증언거부권이 있음을 고지받지 못하고 위증한 경우

│ 증언거부권 불고지 관련 판례 정리

1. 기본 법리

증언을 거부할 수 있는 자가 증언거부권을 고지받지 못하고 위증한 경우에 위증죄가 성립할 수 있는지에 대하여 판례는 '원칙적으로 위증죄가 성립하지만, 예외적으로 증인이 증언거부권을 고지받지 못함으로 인하여 그 증언거부권을 행사하는 데 사실상 장애가 초래되었다고 볼 수 있는 경우에는 위증죄의 성립을 부정할 수 있다'고 판시하고 있다. [2014 2차]

2. 기본 법리 판례

〈증언거부권자에게 증언거부권을 고지하지 않은 사건〉 [1] 증언거부권 제도는 증인에게 증언의무의 이행을 거절할 수 있는 권리를 부여한 것이고, 형사소송법상 증언거부권의 고지 제도는 증인에게 그러한 권리의 존재를 확인시켜 침묵할 것인지 아니면 진술할 것인지에 관하여 심사숙고할 기회를 충분히 부여함으로써 침묵할 수 있는 권리를 보장하기 위한 것임을 감안할 때, 재판장이 신문 전에 증인에게 증언거부권을 고지하지 않은 경우에도 당해 사건에서 증언 당시 증인이 처한 구체적인 상황, 증언거부사유의 내용, 증인이 증언거부사유 또는 증언거부권의 존재를 이미 알고 있었는지 여부, 증언거부권을 고지 받았더라도 허위진술을 하였을 것이라고 볼 만한 정황이 있는지 등을 전체적·종합적으로 고려하여 증인이 침묵하지 아니하고 진술한 것이 자신의 진정한 의사에 의한 것인지 여부를 기준으로 위증죄의 성립 여부를 판단하여야 한다. 그러므로 헌법 제12조 제2항에 정한 불이익 진술의 강요금지 원칙을 구체화한 자기부죄거부특권에 관한 것이거나 기타 증언거부사유가 있음에도 증인이 증언거부권을 고

지받지 못함으로 인하여 그 증언거부권을 행사하는 데 사실상 장애가 초래되었다고 볼 수 있는 경우에는 위증죄의 성립을 부정하여야 할 것이다. [2] 피고인이 공소외인과 쌍방 상해 사건으로 공소 제기되어 공동피고인으로 함께 재판을 받으면서 자신은 폭행한 사실이 없다고 주장하며 다투던 중 공소외인에 대한 상해 사건이 변론분리되면서 피해자인 증인으로 채택되어 검사로부터 신문받게 되었고 그 과정에서 피고인 자신의 공소외인에 대한 폭행 여부에 관하여 신문을 받게 됨에 따라 증언거부사유가 발생하게 되었는데도, 재판장으로부터 증언거부권을 고지받지 못한 상태에서 자신의 종전 주장을 그대로 되풀이함에 따라 결국 거짓 진술에 이르게 된 사정 등을 이유로 피고인에게 위증죄의 죄책을 물을 수 없다고 판단한 것은 결론에 있어 정당하고, 거기에 상고이유에서 주장하는 바와 같은 위증죄의 성립 범위에 관한 법리오해의 위법은 없다(대판 2010.1.21. 2008도942 전합). (13 변시)(16 변시)(18 변시)(20 변시)(23 변시)(23 2차)

3. 사실상 장애가 초래되었다고 보아 위증죄의 성립을 부정한 판례

〈사촌이 도박한 사건〉 사촌관계에 있는 갑의 도박 사실 여부에 관하여 증언거부사유가 발생하게 되었는데도 재판장으로부터 증언거부권을 고지받지 못한 상태에서 허위 진술을 하게 된 사안에서, 위증죄의 성립을 부정한 사례(대판 2010.2.25. 2009도13257).

〈뇌물죄 사건〉 피고인들은 뇌물증·수뢰사건으로 공소 제기되어 공동피고인으로 함께 재판을 받으면서 서로 뇌물을 주고받은 사실이 없다고 주장하며 다투던 중 뇌물증·수뢰의 상대방인 공동피고인에 대한 사건이 변론분리되면서 뇌물공여 또는 뇌물수수의 증인으로 채택되어 검사로부터 신문받게 되었고, 이러한 경우 위 피고인들로서는 증인신문과정에서 그들 자신의 뇌물공여 또는 뇌물수수 여부에 관하여 신문을 받게 됨에 따라 유죄판결을 받을 수 있는 범죄사실이 발각될 염려가 있어 증언거부사유가 발생하게 되었음에도, 재판장으로부터 증언거부권을 고지받지 못한 상태에서 그들의 종전 주장을 그대로 되풀이함에 따라 결국 거짓 진술에 이르게 되었다면 위 피고인들이 이 사건 증언 당시 증언거부권을 고지받지 못함으로 인하여 그 증언거부권을 행사하는 데 사실상 장애가 초래되었다고 보기에 충분하므로, 이를 위증죄로 처벌할 수는 없다고 본 사례(대판 2012.3.29. 2009도11249).

4. 사실상 장애가 초래되지 않았다고 보아 위증죄의 성립을 긍정한 판례

〈전 남편 위해 증언한 사건〉 전 남편에 대한 도로교통법 위반(음주운전) 사건의 증인으로 법정에 출석한 전처가 증언거부권을 고지받지 않은 채 공소사실을 부인하는 전 남편의 변명에 부합하는 내용을 적극적으로 허위 진술한 사안에서, 증인으로 출석하여 증언한 경위와 그 증언 내용, 증언거부권을 고지받았더라도 그와 같이 증언을 하였을 것이라는 취지의 진술 내용 등을 전체적·종합적으로 고려할 때 선서 전에 재판장으로부터 증언거부권을 고지받지 아니하였다 하더라도 이로 인하여 증언거부권이 사실상 침해당한 것으로 평가할 수는 없다는 이유로 위증죄의 성립을 긍정한 사례(대판 2010.2.25. 2007도6273).

5. 민사소송과 증언거부권고지

〈민사재판과 증언거부권고지 규정〉 [1] 형사소송법은 증언거부권에 관한 규정(제148조, 제149조)과 함께 재판장의 증언거부권 고지의무에 관하여도 규정하고 있는 반면 제160조), 민사소송법은 증언거부권 제도를 두면서도(제314조 내지 제316조) 증언거부권 고지에 관한 규정을 따로 두고 있지 않다. 그렇다면 민사소송절차에서 재판장이 증인에게 증언거부권을 고지하지 아니하였다 하여 절차위반의 위법이 있다고 할 수 없고, 따라서 적법한 선서절차를 마쳤는데도 허위진술을 한 증인에 대해서는 달리 특별한 사정이 없는 한 위증죄가 성립한다고 보아야 한다. [2] 민사소송절차에 증인으로 출석한 피고인이, 민사소송법 제314조에 따라 증언거부권이 있는데도 재판장으로부터 증언거부권을 고지받지 않은 상태에서 허위의 증언을 한 사안에서, 민사소송법이 정하는 절차에 따라 증인으로서 적법하게 선서를 마치고도 허위진술을 한 피고인의 행위는 위증죄에 해당하고 기록상 달리 특별한 사정이 보이지 아니하는데도, 법적 근거가 없는 증언거부권의 고지절차가 없었다는 이유로 무죄를 인정한 원심판단에 민사소송 절차의 증언거부권 고지에 관한 법리오해의 위법이 있다고 한 사례(대판 2011.7.28, 2009도14928). (16 변시)

6) 확정판결을 받은 공범의 증언거부권 여부

■ 확정판결을 받은 공범의 증언거부권 여부

1. 기본 법리

증언거부권이 있었던 공범이라도 이미 유죄의 확정판결을 받은 피고인은 공범의 형사사건에서 그 범행에 대한 증언을 거부할 수 없다. 따라서 확정판결을 받은 피고인이 위증을 하는 경우에는 원칙적으로 위증죄가 성립하지만, 예외적으로 유죄의 확정판결의 증거의 신빙성을 인정하기 어렵고, 달리 피고인의 증언이 허위라고 인정할 만한 증거가 없다면 위증죄가 성립하지 않는다.

2. 위증죄의 성립을 긍정한 원칙적인 판례

〈유죄판결 확정된 사건 1〉 [1] 피고인에게 적법행위를 기대할 가능성이 있는지 여부를 판단하기 위하여는 행위 당시의 구체적인 상황하에 행위자 대신에 사회적 평균인을 두고 이 평균인의 관점에서 그 기대가능성 유무를 판단하여야 한다. 또한, 자기에게 형사상 불리한 진술을 강요당하지 아니할 권리가 결코 적극적으로 허위의 진술을 할 권리를 보장하는 취지는 아니며, 이미 유죄의 확정판결을 받은 경우에는 일사부재리의 원칙에 의해 다시 처벌되지 아니하므로 증언을 거부할 수 없는바, 이는 사실대로의 진술 즉 자신의 범행을 시인하는 진술을 기대할 수 있기 때문이다. 이러한 점 등에 비추어 보면, 이미 유죄의 확정판결을 받은 피고인은 공범의 형사사건에서 그 범행에 대한 증언을 거부할 수 없을 뿐만 아니라 나아가 사실대로 증언하여야 하고, 설사 피고인이 자신의 형사사건에서 시종일관 그 범행을 부인하였다 하더라도 이러한 사정은 위증죄에 관한 양형참작사유로 볼 수 있음은 별론으로 하고 이를 이유로 피고인에게 사실대로 진술할 것을 기대할 가능성이 없다고 볼 수는 없다. [2] 자신의 강도상해 범행을 일관되게 부인하였으나 유죄판결이 확정된 피고인이 별건으로 기소된 공범의 형사사건에서 자신의 범행사실을 부인하는 증언을 한 사안에서, 피고인에게 사실대로 진술할 기대가능성이 있으므로 위증죄가 성립한다고 판단한 사례(대판 2008.10.23. 선고 2005도10101). **[COMMENT]** 본 판례는 평균인표준설의 입장을 따르고 있다. 그러나 본 판례에 대하여는 기대가능성의 판단기준에 대하여 형식적으로는 평균인 표준설을 취하면서도 실질적으로는 국가표준설에 가깝다는 비판이 따르고 있다. (12 변시)(18 변시)(19 변시)(20 변시)(24 3차)

〈유죄판결 확정된 사건 2〉 피고인이 마약류관리에 관한 법률 위반(향정)죄로 이미 유죄판결을 받아 확정된 후 별건으로 기소된 공범 갑에 대한 공판절차의 증인으로 출석하여 허위의 진술을 한 사안에서, 피고인에게 증언을 거부할 권리가 없으므로 증언에 앞서 증언거부권을 고지받지 못하였더라도 증인신문절차상 잘못이 없다고 판단하여 위증죄를 인정한 원심판단을 수긍한 사례(대판 2011.11.24. 2011도11994). (13 변시)

3. 위증죄의 성립을 부정한 예외적인 판례

〈유죄확정판결의 증거가 신빙성이 없는 사건〉 [1] 형사재판에서 이와 관련된 다른 형사사건의 확정판결에서 인정된 사실은 특별한 사정이 없는 한 유력한 증거자료가 되는 것이나, 당해 형사재판에서 제출된 다른 증거 내용에 비추어 관련 형사사건 확정판결의 사실판단을 그대로 채택하기 어렵다고 인정될 경우에는 이를 배척할 수 있다. [2] 피고인이 '甲 등과 공동하여 乙을 폭행하고, 피고인은 乙을 마구 때려 사망에 이르게 하였다'는 내용의 유죄판결이 확정된 후, 관련 형사사건의 증인으로 출석하여 '乙을 때린 사실이 없고, 피고인과 甲은 乙의 사망과 관련이 없다'는 취지로 허위 진술을 하여 위증하였다는 내용으로 기소된 사안에서, 유죄 확정 판결이 내려지게 된 결정적 증거들이 여러 사정에 비추어 신빙성을 인정하기 어렵고, 달리 피고인의 증언이 허위라고 인정할 만한 증거가 없다고 보아 무죄를 인정한 원심판단을 수긍한 사례(대판 2012.6.14. 2011도15653).

2. 행 위

허위의 진술을 하는 것이다.

(1) 진술의 허위성

> **위증죄에 있어 진술의 허위성**
>
> 甲은 상해죄로 기소된 A를 모해할 목적으로 증인 乙에게 "A가 피해자를 상해하는 장면을 보았다고 위증해주면 3백만 원을 주겠다."라고 제안하였다. 乙은 A가 아니라 B가 피해자를 상해한 것으로 기억하고 있었다. 하지만 乙은 다른 증인들도 있었기 때문에 자신의 위증이 A에게 불이익이 되리라고 전혀 생각하지 않았고, 마침 돈도 궁하였기 때문에 甲의 제안을 받아들였다. 공판기일에 재판정에 출석한 乙은 증인선서를 한 후 "피해자를 상해한 사람은 분명히 A다."라고 진술하였다. 피해자를 상해한 사람이 ① A로 밝혀진 경우와 ② B로 밝혀진 경우에 乙의 죄책은?

1. 논의점

위증죄는 법률에 의하여 선서한 증인이 허위의 진술을 함으로써 성립하는 범죄이다. 이 경우 허위를 어떠한 기준으로 판단할 것인지에 대하여 논의가 있다.

2. 견해의 대립

이에 대하여는 ① 위증죄는 증인의 불성실을 벌하는 것이 아니고, 객관적 진실과 일치하는 증언은 사법에 대한 진실발견의 위험이 초래될 수 없으므로 허위를 객관적 사실에 반하는 것으로 이해하는 **객관설** ② 증인이 자기 기억에 반하는 진술을 한 때에는 이미 국가의 심판기능의 적정한 행사에 대한 추상적 위험을 인정할 수 있으므로 허위를 증인이 자기 기억에 반하는 진술을 하는 것으로 이해하는 **주관설**이 대립하고 있다.

3. 판례의 태도

판례는 '위증죄에 있어서의 허위의 공술이란 증인이 자기의 기억에 반하는 사실을 진술하는 것을 말하는 것으로서 그 내용이 객관적 사실과 부합한다고 하여도 위증죄의 성립에 장애가 되지 않는다'라고 하여 **주관설**의 입장이다.

4. 검 토

생각건대 증인에게 자기의 기억이상의 진술을 기대할 수 없으며, 증인의 사명은 자기의 기억을 진술하여 법원에 의한 실체적 진실발견을 돕는데 그쳐야 하므로 주관설이 타당하다. 📖 판례의 태도인 주관설에 따르면 ①과 ②의 두 경우 모두 위증죄가 성립한다.

5. 주관설과 객관설의 실질적인 차이

1) 의사에 합치되었고 객관적으로도 일치한 경우 : 주관설과 객관설 모두 무죄이다.

2) 의사에 반해 진술하였으나 객관적으로도 일치하지 않은 경우 : 주관설과 객관설 모두 유죄이다.

3) 의사에 반해 진술하였으나 객관적으로 일치한 경우 : 주관설에 따르면 유죄가 되지만 객관설에 따르면 무죄가 된다.

4) 의사에 합치하나 객관적으로 일치하지 않은 경우 : 주관설에 따르면 무죄이나 객관설의 입장에서도 외형상 위증의 사실은 있으나 고의가 없어 무죄가 되므로 양 학설의 결론은 동일하다.

5) 실질적 차이점 : 따라서 주관설과 객관설의 실질적 차이점은 3)의 경우뿐이다.

6. 관련판례

〈기억에 반하는 진술이라도 객관적 사실과 부합한 사건〉 위증죄에 있어서의 허위의 공술이란 증인이 자기의 기억에 반하는 사실을 진술하는 것을 말하는 것으로서 그 내용이 객관적 사실과 부합한다고 하여도 위증죄의 성립에 장애가 되지 않는다(대판 1989.1.17. 88도580). (13 변시)

〈객관적 사실과 부합하지 않은 사건〉 위증죄는 법률에 의하여 선서한 증인이 자기의 기억에 반하는 사실을 진술함으로써 성립하는 것이므로 그 진술이 객관적 사실과 부합하지 않는다고 하여 그 증언이 곧바로 위증이라고 단정할 수는 없다(대판 1996.8.23. 95도192).

〈기억하고 있는 사실을 진술한 사건〉 위증죄는 법률에 의하여 선언한 증인이 자기의 기억에 반하는 사실을 진술함으로써 성립하는 것이므로, 경험을 통하여 기억하고 있는 사실을 진술한 이상 그 진술이 객관적 사실에 부합되지 아니하거나 경험한 사실에 기초한 주관적 평가나 그 법률적 효력에 관한 견해를 부연한 부분에 다소의 오류나 모순이 있다고 하여 위증죄가 성립하는 것은 아니다(대판 1984.2.14. 83도37).

〈허위진술인지 여부는 증언 전체를 일체로 파악하여 판단하여야 한다는 판례〉 증인의 증언이 기억에 반하는 허위진술인지 여부는 그 증언의 단편적인 구절에 구애될 것이 아니라 당해 신문절차에 있어서의 증언 전체를 일체로 파악하여 판단하여야 할 것이고, 증언의 전체적 취지가 객관적 사실과 일치되고 그것이 기억에 반하는 공술이 아니라면 사소한 부분에 관하여 기억과 불일치하더라도 그것이 신문취지의 몰이해 또는 착오에 인한 것이라면 위증이 될 수 없다(대판 2007.10.26. 2007도5076).

(2) 허위의 진술

허위의 진술이란 증인이 허위의 사실을 진술하는 것을 말한다.

1) **진술의 대상** : 진술대상은 증인이 경험한 사실에 한정되고, 가치판단은 제외된다.

▌허위의 진술 관련 판례 정리

1. 기본 법리 판례

〈단순의 의견이나 추측과 허위의 공술〉 증인이 스스로 경험할 수 없었던 과거의 사실에 관한 증언내용이 증인 나름대로의 단순한 의견이나 추측에 의한 것인 때에는 그 진술이 위증죄의 구성요건인 허위의 공술에 해당한다고 할 수는 없다(대판 1985.4.9. 83도44). (23 2차)

〈허위의 진술의 범위〉 위증죄는 법률에 의하여 선서한 증인이 사실에 관하여 기억에 반하는 진술을 한 때에 성립하고, 증인의 진술이 경험한 사실에 대한 법률적 평가이거나 단순한 의견에 지나지 아니하는 경우에는 위증죄에서 말하는 허위의 공술이라고 할 수 없으며, 경험한 객관적 사실에 대한 증인 나름의 법률적·주관적 평가나 의견을 부연한 부분에 다소의 오류나 모순이 있더라도 위증죄가 성립하는 것은 아니라고 할 것이다(대판 2009.3.12. 2008도11007). (13 변시)

〈진술이 전해 준 내용이나 알게 된 문서의 내용과 일치되지 아니한 사건〉 증언의 내용이 타인이 경험한 바를 전해들은 것이거나 기록 또는 문서를 보고 간접적으로 알게 된 것이라면 그 진술이 전해 준 내용이나 알게 된 문서의 내용에 일치되지 아니하는 때에는 그 진술은 일응 기억에 반한 것으로 보아야 할 것이므로 위증죄에 해당한다 할 것이니 이러한 경우에는 증인이 그 증언내용을 알게 된 경위에 따라 그 증언내용이 기억에 반한 진술인지의 여부를 가려야 한다(대판 1985.4.9. 83도44). (23 2차)

2. 허위의 사실로 보아 위증죄를 긍정한 판례

〈전해들은 사실을 목격한 사실처럼 진술한 사건〉 위증죄에 있어서의 허위의 진술은 증인의 기억에 반하는 진술을 말하는 것으로서 그 허위 여부는 주관적으로 증인이 인식한 경험사실을 기준으로 판단하는 것인바, 증인이 예컨대 전해들은 사실을 마치 목격하여 알게 된 사실인 것처럼 진술한 경우에는 경험의 경위에 관하여 기억에 반하는 허위의 진술을 한 것에 해당하는 것이다(대판 1985.10.8. 85도783).

〈타인으로부터 전해들은 금품전달 사실을 자신이 전달한 것처럼 진술한 사건〉 타인으로부터 전해들은 금품의 전달사실을 마치 증인 자신이 전달한 것처럼 진술한 것은 증인의 기억에 반하는 허위 진술이라고 할 것이므로 그 진술부분은 위증에 해당한다(대판 1990.5.8. 90도448).

〈잘 알지 못하면서도 잘 아는 것으로 증언한 사건〉 선서를 하고서 진술한 증언내용이 자신이 그 증언내용사실을 잘 알지 못하면서도 잘 아는 것으로 증언한 것이라면 그 증언은 기억에 반한 진술이어서 위증죄가 성립된다(대판 1986.9.9. 86도57).

3. 법률적 평가나 단순한 의견으로 보아 위증죄를 부정한 판례

〈사실에 대한 법적 평가나 의견〉 증인의 진술이 경험한 사실에 대한 법률적 평가이거나 단순한 의견에 지나지 아니하는 경우에는 위증죄에서 말하는 허위의 공술이라고 할 수 없다(대판 1996.2.9. 95도1797).

〈똑같이 대했다 사건〉 피고인이 공소외 2와의 사이를 원장과 직원 관계라고 한 것이나 다른 직원과 똑같이 대했다고 한 것은 사실 그대로이거나 주관적 평가 내지 의견을 말한 것에 지나지 않는다고 봄이 상당하고, 이를 위증죄의 대상이 되는 과거에 경험한 사실을 허위로 진술한 경우에 해당한다고 보기는 어렵다고 할 것이다(대판 2009.3.12. 2008도11007). (13 변시)

〈'압니다' 사건〉 '…한 사실을 압니다.' '…은 …의 소유였읍니다.'라는 증인의 진술이 경험사실이 아닌 증인 나름대로의 단순한 의견이나 평론에 불과한 경우에는 위증죄의 구성요건인 허위의 공술에 해당되지 않는다(대판 1983.9.27. 83도42).

〈주관적 평가 등에 다소의 오류가 있는 사건〉 기억하고 있는 사실을 진술한 이상 경험한 사실에 기초한 주관적 평가나 법률적 효력에 관한 견해를 부연한 부분에 다소의 오류가 있다 하여도 위증죄가 성립되는 것이 아니다(대판 1988.9.27. 88도236).

2) **진술의 방법** : 진술방법에는 제한이 없다. 그러나 증인이 진술서나 진술조서에 기재된 내용이 사실대로라는 취지의 진술만으로는 기재내용을 진술했다고 보기에는 부족하다.

〈진술서의 내용이 사실대로 진술한 사건〉 증인이 법정에서 선서 후 증인진술서에 기재된 구체적인 내용에 관하여 진술함이 없이 단지 그 증인진술서에 기재된 내용이 사실대로라는 취지의 진술만을 한 경우에는 그것이 증인진술서에 기재된 내용 중 특정 사항을 구체적으로 진술한 것과 같이 볼 수 있는 등의 특별한 사정이 없는 한 증인이 그 증인진술서에 기재된 구체적인 내용을 기억하여 반복 진술한 것으로는 볼 수 없으므로, 가사 거기에 기재된 내용에 허위가 있다 하더라도 그 부분에 관하여 법정에서 증언한 것으로 보아 위증죄로 처벌할 수는 없다고 할 것이다(대판 2010.5.13. 2007도1397).

〈진술조서의 내용이 상위없다고 진술한 사건〉 판사가 증인이 경찰과 검사에게 진술한 내용이 사실이냐고 묻고 수사기록을 제시하고 그 요지를 고지한 즉 증인이 사실대로 진술하였으며 그 내용도 상위없다고 답변하였을 뿐이라면 증인이 수사기록에 있는 그의 진술조서에 기재된 내용을 기억하여 반복 진술한 것이라고 할 수는 없으므로 설사 그 진술조서에 기재된 내용 중 증인의 기억에 반하는 부분이 있다고 하여도 그 기재내용을 상위없다고 하는 진술자체가 위증이 될 수 있음은 별론으로 하고 그 진술기재내용을 위증한 것이라고 할 수는 없다(대판 1989.9.12. 88도1147).

3) **진술의 내용** : 증인신문의 내용이 된 것이면 모두 해당된다. 반드시 요증사실에 대한 것으로 판결에 영향을 미칠 수 있는 것임을 요하지 않는다.

〈진술 내용의 범위〉 위증죄는 선서한 증인이 고의로 자신의 기억에 반하는 증언을 함으로써 성립하고, 그 진술이 당해 사건의 요증사항인 여부 및 재판의 결과에 영향을 미친 여부는 위증죄의 성립에 아무 관계가 없다(대판 1981.8.25. 80도2783). (13 변시)

(3) **진술의 허위성의 판단방법**

진술의 허위성 여부는 증언의 단편적 구절에 구애되어 판단할 것이 아니라 증인이 진술하고자 하는 전체 취지에 따라 판단하여야 한다. 따라서 그 신문절차에서의 증언 전체를 일체로 파악하여야 하므로 사소한 부분에 관하여 기억과 불일치하는 면이 있어도 허위의 진술이라고 할 수 없다.

〈허위진술인지에 대한 판단〉 증인의 증언이 기억에 반하는 허위진술인지 여부는 그 증언의 단편적인 구절에 구애될 것이 아니라 당해 신문절차에 있어서의 증언 전체를 일체로 파악하여 판단하여야 할 것이고, 증언의 의미가 그 자체로 불분명하거나 다의적으로 이해될 수 있는 경우에는 언어의 통상적인 의미와 용법, 문제된 증언이 나오게 된 전후 문맥, 신문의 취지, 증언이 행하여진 경위 등을 종합하여 당해 증언의 의미를 명확히 한 다음 허위성을 판단하여야 한다(대판 2006.2.10. 2003도7487).

〈극히 사소한 부분이 기억과 불일치한 사건〉 증언의 전체적 취지가 객관적 사실에 일치하고 그것이 기억에 반하는 진술이 아니라면 극히 사소한 부분에 관하여 기억과 불일치하는 점이 있다 하더라도 그것이 신문취지의 몰이해나 착오로 인한 진술이라고 인정되면 위증죄는 성립될 수 없다(대판 1993.9.28. 93도425).

(4) 기수시기

> **위증죄의 기수시기**
>
> 피고인 甲으로부터 위증의 교사를 받은 W는 관련사건의 제1심 제9회 공판기일에 증인으로 출석하여 한 허위 진술이 철회·시정된 바 없이 증인신문절차가 그대로 종료되었다가, 그 후 증인으로 다시 신청·채택된 W가 위 관련사건의 제21회 공판기일에 다시 출석하여 종전 선서의 효력이 유지됨을 고지받고 증언하면서 종전 기일에 한 진술이 허위 진술임을 시인하고 이를 철회하는 취지의 진술을 하였다. W의 죄책은?

1. 논의점

증인의 진술은 일순간에 그치는 것이 아니라 주신문과 반대신문 그리고 재주신문과 재반대신문으로 계속 이어지므로 언제를 기수시기로 볼 것인지에 대하여 논의가 있다.

2. 견해의 대립

이에 대하여는 ① 증인이 당해 허위진술을 하였을 때에는 신문의 종료를 기다리지 않고 즉시 기수가 된다는 허위진술시설과 ② 1회의 증인에 대한 신문절차에 있어서의 증언은 포괄적으로 1개의 행위라고 파악함이 타당하므로 증인에 대한 신문절차가 종료된 때에 기수가 된다는 신문절차종료시설이 대립되고 있다.

3. 판례의 태도

판례는 '증인의 증언은 그 전부를 일체로 관찰 판단하는 것이므로 위증죄의 기수시기는 신문 진술이 종료한 때로 해석할 것이다'라고 하여 **신문절차종료시설**의 입장이다.

4. 검토

생각건대 증인신문절차의 속성상 신문절차종료시설이 타당하다. 따라서 신문절차가 종료되기 전에 허위진술을 정정하면 위증죄는 성립하지 않는다. 그러나 신문절차가 종료된 후 다시 출석하여 종래의 허위진술을 정정하더라도 이미 기수에 이른 이후이므로 위증죄의 성립에 영향이 없다.

5. 관련 판례

〈위증죄의 기수시기는 신문 진술이 종료한 때라는 판례〉 증인의 증언은 그 전부를 일체로 관찰 판단하는 것이므로 선서한 증인이 일단 기억에 반한 허위의 진술을 하였더라도 그 신문이 끝나기 전에 그 진술을 취소 시정한 경우에는 위증이 되지 아니한다고 봄이 상당하며 따라서 위증죄의 기수시기는 신문 진술이 종료한 때로 해석할 것이다(진술후에 선서를 명하는 경우는 선서종료한 때 기수가 될 것이다)(대판 1974.6.25. 74도1231). (23 2차)

〈신문이 끝나기전 진술을 철회·시정한 사건〉 증인의 증언은 그 전부를 일체로 관찰 판단하는 것이므로 선서한 증인이 일단 기억에 반하는 허위의 진술을 하였더라도 그 신문이 끝나기 전에 그 진술을 철회 시정한 경우 위증이 되지 아니한다(대판 2008.4.24. 2008도1053). (24 3차)

〈재판장 신문시에 취소 시정한 사건〉 증언의 전체 취지에 비추어 원고 대리인 신문시에 한 증언을 피고 대리인과 재판장 신문시에 취소 시정한 것으로 보여진다면 앞의 증언 부분만을 따로 떼어 위증이라고 보는 것은 위법하다(대판 1984.3.27. 83도2853).

〈다시 증인으로 출석하여 종전 기일의 허위진술을 철회한 사건〉 [사실관계] – [쟁점사실관계] [판결요지] 피고인으로부터 위증의 교사를 받은 갑이 관련사건의 제1심 제9회 공판기일에 증인으로 출석하여 한 허위 진술이 철회·시정된 바 없이 증인신문절차가 그대로 종료되었다가, 그 후 증인으로 다시 신청·채택된 갑이 위 관련사건의 제21회 공판기일에 다시 출석하여 종전 선서의 효력이 유지됨을 고지받고 증언하면서 종전 기일에 한 진술이 허위 진술임을 시인하고 이를 철회하는 취지의 진술을 한 사안에서, 갑의 위증죄는 이미 기수에 이른 것으로 보아야 하고, 그 후 다시 증인으로 신청·채택되어 종전 신문절차에서 한 허위 진술을 철회하였더라도 이미 성립한 위증죄에 영향을 미친다고 볼 수는 없음에도, 이와 달리 본 원심판단에 법리오해의 위법이 있다고 한 사례(대판 2010.9.30. 2010도7525). 답 위증죄가 성립한다. (19 변시)(23 변시)(24 변시)

3. 고 의

법률에 의하여 선서한 증인이라는 신분에 대한 인식뿐만 아니라 허위의 사실을 진술한다는 점에 대한 인식이 있어야 한다. 그러므로 오해 또는 착오에 의한 진술이나, 기억이 분명하지 못하여 잘못 진술한 때에는 본죄가 성립하지 않는다.

〈신문취지를 오해한 사건〉 증언 당시 판사의 신문취지를 오해 내지 착각하고 진술한 것이라면 위증의 고의가 있었다고 보기 어렵다(대판 1986.7.8. 86도1050). (24 변시)

Ⅲ. 관련문제

1. 공범관계

(1) 간접정범과 공동정범

위증죄는 그 성격이 자수범이므로 증언하는 자 이외의 자는 본죄에 대한 간접정범과 공동정범은 성립할 수 없다.

(2) 교사범과 방조범

위증죄는 자수범이기는 하지만, 증언하지 않은 자라도 공범과 신분 규정인 제33조에 의하여 교사범과 방조범의 성립은 가능하다.

(3) 자기사건에 대하여 타인을 교사하여 위증하게 한 경우

> **자기사건에 대하여 타인을 교사하여 위증하게 한 경우**
>
> 甲은 절도죄의 혐의로 공소제기되어 불구속으로 재판을 받고 있다. 甲은 자신의 범행이 탄로나는 것을 막기 위하여 친구 乙에게 범행시각에 자신이 乙과 같이 있었다고 위증해 줄 것을 부탁하였다. 乙은 친구의 부탁이므로 법정에서 선서하고 위증하였다. 甲의 죄책은? [2024 2차]

1. 논의점

현행법상 당해 사건의 피고인은 증인적격이 없으므로 위증죄의 주체가 될 수 없다. 그러나 이러한 피고인이 당해 사건에 대하여 타인을 교사하여 위증하게 한 경우에 교사범이 성립될 수 있는지에 대하여 논의가 있다.

2. 견해의 대립

이에 대하여는 ① 교사에는 새로운 범죄 창조라는 특수한 반사회성이 있으며, 타인에게 위증을 교사하는 경우까지 기대가능성이 없다고 할 수 없으므로 형사피고인도 본죄의 교사범이 성립될 수 있다는 **긍정설**과 ② 정범으로 처벌되지 않는 피고인을 교사범으로 처벌하는 것은 부당하며, 형사피고인의 위증교사는 자기비호의 연장으로 기대가능성이 없으므로 형사피고인은 교사범이 성립될 수 없다는 **부정설**이 대립하고 있다.

3. 판례의 태도

판례는 '자기의 형사사건에 관하여 타인을 교사하여 위증죄를 범하게 하는 것은 이러한 방어권을 남용하는 것이라고 할 것이어서 교사범의 죄책을 부담케 함이 상당하다'라고 하여 **긍정설**의 입장이다.

4. 검 토

생각건대 피고인이란 신분은 소극적 신분 중 책임조각적 신분이라고 보아야 한다. 그렇다면 ① 논리상 책임조각적 신분을 가진 사람이 타인의 범죄에 가담하더라도 처벌되지 않아야 하며 ② 정범이 될 수 없는 자가 가벼운 교사범이 성립된다는 것도 논리상 모순이므로 부정설이 타당하다.

5. 관련판례

〈자기의 형사사건에 대한 위증교사 사건〉[사실관계] - [쟁점사실관계] [판결요지] 피고인이 자기의 형사사건에 관하여 허위의 진술을 하는 행위는 피고인의 형사소송에 있어서의 방어권을 인정하는 취지에서 처벌의 대상이 되지 않으나, 법률에 의하여 선서한 증인이 타인의 형사사건에 관하여 위증을 하면 형법 제152조 제1항의 위증죄가 성립되므로 자기의 형사사건에 관하여 타인을 교사하여 위증죄를 범하게 하는 것은 이러한 방어권을 남용하는 것이라고 할 것이어서 교사범의 죄책을 부담케 함이 상당하다(대판 2004.1.27. 2003도5114). 답 위증죄의 교사범이 성립한다. (13 변시)(17 변시)(19 변시)(20 변시)

2. 죄수 및 타죄와의 관계

(1) 죄 수

위증죄의 죄수 판단은 기일을 기준으로 한다. 그러나 최초의 선서의 효력을 유지시킨 채 여러차례의 변론기일에 출석하여 수 개의 허위진술을 하더라도 1죄가 된다.

〈위증죄의 죄수 판단은 기일을 기준으로 한다는 판례〉 하나의 사건에 관하여 한 번 선서한 증인이 같은 기일에 여러 가지 사실에 관하여 기억에 반하는 허위의 공술을 한 경우 이는 하나의 범죄의사에 의하여 계속하여 허위의 공술을 한 것으로서 포괄하여 1개의 위증죄를 구성하는 것이고 각 진술마다 수개의 위증죄를 구성하는 것이 아니다(대판 1992.11.27. 92도498). (13 변시)(21 경간)

〈최초 한 선서의 효력을 유지시킨 사건〉 행정소송사건의 같은 심급에서 변론기일을 달리하여 수차 증인으로 나가 수 개의 허위진술을 하더라도 최초 한 선서의 효력을 유지시킨 후 증언한 이상 1개의 위증죄를 구성함에 그친다(대판 2007.3.15. 2006도9463). (13 변시)(19 변시)

(2) 타죄와의 관계

1) **증거인멸죄와의 관계** : 위증죄는 증거인멸죄에 대하여 법조경합의 특별관계에 있으므로 선서한 자의 위증은 위증죄만 성립하고, 증거인멸죄는 별도로 성립하지 않는다.
2) **사기죄와의 관계** : 재물편취의 의사로 사기소송을 제기한 후 다시 위증을 한 경우에는 사기죄와 위증죄의 경합범이 된다.
3) **무고죄와의 관계** : 타인을 무고하고 그로 인한 재판에서 다시 위증까지 한 경우에는 무고죄와 위증죄의 경합범이 된다.

3. 자백, 자수의 특례

제153조 (자백, 자수) 전조의 죄를 범한 자가 그 공술한 사건의 재판 또는 징계처분이 확정되기 전에 자백 또는 자수한 때에는 그 형을 감경 또는 면제한다.

(1) 자백, 자수의 특례

본죄를 범한 자가 그 공술한 사건의 재판 또는 징계처분이 확정되기 전에 자백 또는 자수한 때에는 그 형을 감경 또는 면제한다. 이러한 특례는 위증에 의한 오판을 방지하기 위한 정책적 규정이다.

(2) 자백 · 자수의 개념

1) **자백** : 자백이란 허위의 진술을 한 사실을 고백하는 것을 말한다. 이러한 고백은 자발적인 경우는 물론 법원이나 수사기관의 심문에 의한 고백을 포함한다.

〈제153조의 자백의 범위〉 형법 제153조 소정의 위증죄를 범한 자가 자백, 자수를 한 경우의 형의 감면규정은 재판확정 전의 자백을 형의 필요적 감경 또는 면제사유로 한다는 것이며, 또 위 자백의 절차에 관하여는 아무런 제한이 없으므로 그가 공술한 사건을 다루는 기관에 대한 자발적인 고백은 물론, 위증사건의 피고인 또는 피의자로서 법원이나 수사기관의 심문에 의한 고백도 위 자백의 개념에 포함된다(대판 1973.11.27. 73도1639).

〈자백의 방법〉 형법 제157조, 제153조는 무고죄를 범한 자가 그 신고한 사건의 재판 또는 징계처분이 확정되기 전에 자백 또는 자수한 때에는 그 형을 감경 또는 면제한다고 하여 이러한 재판확정 전의 자백을 필요적 감경 또는 면제사유로 정하고 있다. 위와 같은 자백의 절차에 관해서는 아무런 법령 상의 제한이 없으므로 그가 신고한 사건을 다루는 기관에 대한 고백이나 그 사건을 다루는 재판부 에 증인으로 다시 출석하여 전에 그가 한 신고가 허위의 사실이었음을 고백하는 것은 물론 무고 사건의 피고인 또는 피의자로서 법원이나 수사기관에서의 신문에 의한 고백 또한 자백의 개념에 포함된다(대판 2024.9.12. 2024도7400).

　　2) **자수** : 자수란 범인이 자발적으로 수사기관에 대하여 자기의 범죄사실을 신고하여 소추 를 구하는 의사표시이다.

(3) 자백 또는 자수의 시기

자백 또는 자수의 시기는 증언한 사건의 재판 또는 징계처분이 확정되기 전까지이다.

〈'재판이 확정되기 전'의 범위〉 형법 제153조에서 정한 '재판이 확정되기 전'에는 피고인의 고소사건 수사 결과 피고인의 무고 혐의가 밝혀져 피고인에 대한 공소가 제기되고 피고소인에 대해서는 불기 소결정이 내려져 재판절차가 개시되지 않은 경우도 포함된다(대판 2018.8.1. 2018도7293).

(4) 적용범위

본조는 정범은 물론이고 협의의 공범에게도 적용된다. 다만, 형의 감면은 일신전속적이기 때문에 수인의 정범, 정범과 협의의 공범의 사이에서는 실제로 자백 또는 자수한 자에게만 형의 감면이 적용된다.

2　모해위증죄 [자수범, 신분범, 표현범, 부진정목적범, 자수 · 자백의 특례]

> **제152조 (모해위증)** ② 형사사건 또는 징계사건에 관하여 피고인, 피의자 또는 징계혐의자를 모해할 목적으로 전항의 죄를 범한 때에는 10년 이하의 징역에 처한다.

(1) 의 의

모해위증죄 형사사건 또는 징계사건에 관하여 피고인 · 피의자 · 징계혐의자를 모해할 목적으로 위증함으로써 성립하는 범죄이다. 목적으로 인하여 불법이 가중되는 가중적 구성요건이다.

(2) 모해할 목적

모해할 목적이란 피고인 · 피의자 · 징계혐의자에게 불이익하게 형사처분 또는 징계처분을 받게 할 목적을 말한다. 여기서 피의자를 포함시킨 것은 증거보전절차(형사소송법 제184조) 나 증인신문의 청구(형사소송법 제221조의 2)의 경우에는 피의사건에 대한 증인신문이 가능하기 때문이다.

〈모해목적의 인식〉 형법 제152조 제2항의 모해위증죄에 있어서 '모해할 목적'이란 피고인·피의자 또는 징계혐의자를 불리하게 할 목적을 말하고, 허위진술의 대상이 되는 사실에는 공소 범죄사실을 직접, 간접적으로 뒷받침하는 사실은 물론 이와 밀접한 관련이 있는 것으로서 만일 그것이 사실로 받아들여진다면 피고인이 불리한 상황에 처하게 되는 사실도 포함된다. 그리고 이러한 모해의 목적은 허위의 진술을 함으로써 피고인에게 불리하게 될 것이라는 인식이 있으면 충분하고 그 결과의 발생까지 희망할 필요는 없다(대판 2007.12.27. 2006도3575). (22 2차)

(3) 모해목적과 신분

이론적으로는 행위관련적인 목적은 행위자관련적인 특별한 인적 특성·관계·상황인 신분이 아니므로 제33조가 적용될 수 없다. 그러나 판례는 모해목적을 신분으로 보고, 모해목적을 가진 자에 대하여 공범과 신분 규정인 제33조를 적용하고 있다.

[COMMENT] 보다 자세한 내용은 총론의 공범과 신분 부분 참조.

〈모해위증 사건〉 [사실관계] 甲은 피고인 A를 모해할 목적으로 A의 재판에서 증인으로 나설 乙에게 위증하도록 교사하여 乙이 증인으로 출석하여 기억에 반하는 증언을 하였다. 乙에게는 단순위증죄만 성립한다고 할 때 甲의 죄책은? [판결요지] [1] 형법 제33조 소정의 이른바 신분관계라 함은 남녀의 성별, 내·외국인의 구별, 친족관계, 공무원인 자격과 같은 관계뿐만 아니라 널리 일정한 범죄행위에 관련된 범인의 인적관계인 특수한 지위 또는 상태를 지칭하는 것이다. [2] 형법 제152조 제1항과 제2항은 위증을 한 범인이 형사사건의 피고인 등을 '모해할 목적'을 가지고 있었는가 아니면 그러한 목적이 없었는가 하는 범인의 특수한 상태의 차이에 따라 범인에게 과할 형의 경중을 구별하고 있으므로, 이는 바로 형법 제33조 단서 소정의 '신분관계로 인하여 형의 경중이 있는 경우'에 해당한다고 봄이 타당하다. [3] 피고인이 갑을 모해할 목적으로 을에게 위증을 교사한 이상, 가사 정범인 을에게 모해의 목적이 없었다고 하더라도, 형법 제33조 단서의 규정에 의하여 피고인을 모해위증교사죄로 처단할 수 있다. [4] 타인을 교사하여 죄를 범하게 한 자는 죄를 실행한 자와 동일한 형으로 처벌한다.'고 규정한 형법 제31조 제1항은 협의의 공범의 일종인 교사범이 그 성립과 처벌에 있어서 정범에 종속한다는 일반적인 원칙을 선언한 것에 불과하고, 따라서 이 사건과 같이 신분관계로 인하여 형의 경중이 있는 경우에 신분이 있는 자가 신분이 없는 자를 교사하여 죄를 범하게 된 때에는 형법 제33조 단서가 위 제31조 제1항에 우선하여 적용됨으로써 신분이 있는 교사범이 신분이 없는 정범보다 중하게 처벌된다고 할 것이므로, 이와 달리 정범이 단순위증죄로 처벌된 이상 위 형법 제31조 제1항에 따라 피고인도 단순위증죄의 동일한 형으로 처벌할 수밖에 없다는 소론은 위에서 설시한 법리와 상치되는 독자적 견해에 불과하여 받아들일 수 없다(대판 1994.12.23. 93도1002). [답] 모해위증죄의 교사범이 성립한다. [2016 1차](12 변시)(14 변시)(16 변시)(23 변시)(21 3차)

3 허위의 감정·통역·번역죄 [자수범, 신분범, 표현범, 자수·자백의 특례]

제154조 (허위의 감정, 통역, 번역) 법률에 의하여 선서한 감정인, 통역인 또는 번역인이 허위의 감정, 통역 또는 번역을 한 때에는 전 2조의 예에 의한다.

[죄명예규] (허위, 모해허위)(감정, 통역, 번역)

〈수 차례 허위감정보고서 사건〉 [1] 허위감정죄는 고의범이므로 비록 감정내용이 객관적 사실에 반한다고 하더라도 감정인의 주관적 판단에 반하지 않는 이상 허위의 인식이 없어 허위감정죄로 처벌할 수 없다. [2] 하나의 소송사건에서 동일한 선서 하에 이루어진 법원의 감정명령에 따라 감정인이 동일한 감정명령 사항에 대하여 수 차례에 걸쳐 허위의 감정보고서를 제출하는 경우에는 각 감정보고서 제출행위시마다 각기 허위감정죄가 성립한다 할 것이나, 이는 단일한 범의 하에 계속하여 허위의 감정을 한 것으로서 포괄하여 1개의 허위감정죄를 구성한다(대판 2000.11.28. 2000도1089).

4 증거인멸죄 [친족간의 특례 적용]

> 제155조 (증거인멸등과 친족간의 특례) ① 타인의 형사사건 또는 징계사건에 관한 증거를 인멸, 은닉, 위조 또는 변조하거나 위조 또는 변조한 증거를 사용한 자는 5년 이하의 징역 또는 700만 원 이하의 벌금에 처한다.
> ④ 친족 또는 동거의 가족이 본인을 위하여 본조의 죄를 범한 때에는 처벌하지 아니한다.

[죄명예규] 증거(인멸, 은닉, 위조, 변조), (위조, 변조)증거사용

I. 서 설

증거인멸죄는 타인의 형사사건 또는 징계사건에 관한 증거를 인멸·은닉·위조·변조하거나 위조·변조한 증거를 사용함으로써 성립하는 범죄이다. 보호법익은 국가의 사법기능이며, 보호의 정도는 추상적 위험범이다.

II. 구성요건

1. 주 체

범인 이외의 자이다. 따라서 자기증거인멸은 범죄로 되지 않는다. 그리고 친족 또는 동거가족도 본죄의 주체가 될 수 있으나, 친족간의 특례규정(제155조 제4항)에 따라 책임이 조각된다.

2. 객 체

타인의 형사사건 또는 징계사건에 관한 증거이다.

(1) 타인의 사건

1) 타인 : 타인이란 형사사건 또는 징계사건의 당사자 이외의 자를 말한다. 따라서 자기의 형사사건·징계사건에 대한 증거는 본죄의 객체가 되지 않는다.

〈제3자와 공동으로 자기증거 은닉한 사건〉 증거은닉죄는 타인의 형사사건이나 징계사건에 관한 증거를 은닉할 때 성립하고, 범인 자신이 한 증거은닉 행위는 형사소송에 있어서 피고인의 방어권을 인정하는 취지와 상충하여 처벌의 대상이 되지 아니하므로 범인이 증거은닉을 위하여 타인에게 도움을 요청하는 행위 역시 원칙적으로 처벌되지 아니한다. 따라서 피고인 자신이 직접 형사처분을 받

게 될 것을 두려워한 나머지 자기의 이익을 위하여 그 증거가 될 자료를 은닉하였다면 증거은닉 죄에 해당하지 않고, 제3자와 공동하여 그러한 행위를 하였다고 하더라도 마찬가지이다(대판 2018. 10.25. 2015도1000). (20 법행)

2) 공범자의 형사피고사건에 대한 증거인멸의 경우

■ 공범자의 형사피고사건에 대한 증거인멸의 경우

甲과 乙은 합동하여 서점에서 고가의 책을 절도하였다. 甲은 이 책을 보관하던 중 아무래도 처분도 어렵고 범죄가 발각될 것을 염려하여 乙과의 상의도 없이 이를 불태워 버렸다. 甲의 죄책은?
[2013 3차][2017 3차][2021 2차][2021 3차]

1. 논의점

공범자의 형사피고사건에 대한 증거를 타인의 형사사건에 대한 증거라고 볼 수 있는지에 대하여 논의가 있다.

2. 견해의 대립

이에 대하여는 ① 공범자의 형사사건에 대한 증거도 타인의 증거로 보아 증거인멸죄가 성립한다는 긍정설 ② 공범자의 형사사건에 관한 증거는 '자기'의 형사사건에 관한 증거라고 보아 증거인멸죄가 성립하지 않는다는 부정설 ③ 공범자만을 위한 증거인멸은 타인의 형사사건에 관한 것으로 보아 본죄를 구성하지만, 자기만을 위하거나 자기와 공범자의 이익을 위한 증거인멸은 본죄를 구성하지 않는다는 절충설이 대립하고 있다.

3. 판례의 태도

판례는 '피고인 자신이 자기의 이익을 위하여 그 증거가 될 자료를 인멸하였다면, 그 행위가 동시에 다른 공범자의 증거를 인멸한 결과가 된다고 하더라도 이를 증거인멸죄로 다스릴 수 없다'라고 하여 절충설의 입장이다.

4. 검 토

생각건대 자기증거인멸을 처벌하지 않는 것은 기대가능성이 없기 때문이므로, 자기의 이익만을 위하거나 자기와 공범자의 이익을 위하여 증거인멸하는 경우에도 범인에게 기대가능성이 없는 경우라는 것은 동일하므로 절충설이 타당하다.

5. 관련판례

〈자기증거인멸이 동시에 공범자의 증거인멸이 된 사건〉 [사실관계] - [쟁점사실관계] [판결요지]
증거인멸죄는 타인의 형사사건 또는 징계사건에 관한 증거를 인멸하는 경우에 성립하는 것으로서, 피고인 자신이 직접 형사처분이나 징계처분을 받게 될 것을 두려워한 나머지 자기의 이익을 위하여 그 증거가 될 자료를 인멸하였다면, 그 행위가 동시에 다른 공범자의 형사사건이나 징계사건에 관한 증거를 인멸한 결과가 된다고 하더라도 이를 증거인멸죄로 다스릴 수 없고, 이러한 법리는 그 행위가 피고인의 공범자가 아닌 자의 형사사건이나 징계사건에 관한 증거를 인멸한 결과가 된다고 하더라도 마찬가지이다(대판 1995.9.29. 94도2608). 탑 범죄가 성립하지 않는다. (15 변시)(17 변시)(19 변시)

(2) 형사사건 또는 징계사건

1) 형사사건 또는 징계사건에 대한 증거 : 형사사건 또는 징계사건에 대한 증거임을 요하므로, 민사·행정 또는 선거사건에 대한 증거는 여기에 포함되지 않는다.

2) 형사사건 : 형사사건인 한 유죄의 종국판결의 선고·확정여부를 불문하므로 재심·비상상고사건도 당연히 포함된다. 형사사건은 반드시 공소가 제기되어야 할 필요가 없으므로 형사피고사건은 물론 형사피의사건도 포함된다. 또한 수사개시이전의 증거인멸도 포함된다.

〈수사개시 이전의 증거인멸 사건〉 형법 제155조 제1항의 증거은닉죄에 있어서 "타인의 형사사건 또는 징계사건"이라함은 이미 수사가 개시되거나 징계절차가 개시된 사건만이 아니라 수사 또는 징계절차 개시전이라도 장차 형사사건 또는 징계사건이 될 수 있는 사건을 포함한 개념이라고 해석할 것이다(대판 1982.4.27. 82도274). (19 변시)

〈형사사건의 범위〉 형법 제155조 제1항의 증거위조죄에서 타인의 형사사건이란 증거위조 행위시에 아직 수사절차가 개시되기 전이라도 장차 형사사건이 될 수 있는 것까지 포함하고, 그 형사사건이 기소되지 아니하거나 무죄가 선고되더라도 증거위조죄의 성립에 영향이 없다(대판 2011.2.10. 2010도15986). (21 2차)

3) 징계사건 : 징계사건이란 국가의 징계사건에 한정되고 **사인간의 징계사건은 포함되지 않는다.**

〈사인간의 징계사건〉 형법 제155조 제1항의 증거인멸 등 죄는 위증죄와 마찬가지로 국가의 형사사법작용 내지 징계작용을 그 보호법익으로 하므로, 위 법조문에서 말하는 '징계사건'이란 국가의 징계사건에 한정되고 사인간의 징계사건은 포함되지 않는다(대판 2007.11.30. 2007도4191). (21 2차)

(3) 증거

1) 증거의 의의 : 범죄사실의 존부와 양형에 관련된 일체의 자료를 말한다.

2) 증거의 범위 : 증인 등 인적 증거에 대하여는 별도로 증인은닉·도피죄가 성립하므로, 본죄의 증거에는 인적 증거이외의 물적 증거를 말한다.

〈증거인멸죄에서의 증거의 범위〉 증거인멸죄에서 '증거'라 함은 타인의 형사사건 또는 징계사건에 관하여 수사기관이나 법원 또는 징계기관이 국가의 형벌권 또는 징계권의 유무를 확인하는 데 관계있다고 인정되는 일체의 자료를 의미하고, 타인에게 유리한 것이건 불리한 것이건 가리지 아니하며 또 증거가치의 유무 및 정도를 불문한다(대판 2013.11.28. 2011도5329).

3. 행위

인멸·은닉·위조·변조 또는 위조·변조증거를 사용하는 것이다.

(1) 인 멸

인멸이란 증거에 대한 물질적 멸실 뿐만 아니라 그 가치·효력을 멸실·감소시키는 행위도 포함한다.

(2) 은 닉

은닉이란 적극적으로 증거를 숨기거나 그 발견을 곤란하게 하는 일체의 행위를 말한다. 따라서 단순한 증거제출거부나 소지사실부인만으로는 은닉이라 볼 수 없다.

(3) 위 조

위조란 부진정한 새로운 증거를 작출하는 것이다. 문서 등의 작성권한 유무나 문서내용의 진실 여부는 본죄 성립에 영향이 없다. 그러나 증거를 위조한다 함은 증거 자체를 위조함을 말하므로 선서무능력자에게 위증을 하도록 하거나 참고인이 수사기관에서 허위진술을 하는 것은 증거위조죄에 해당하지 않는다.

(4) 변 조

변조란 진정한 증거에 가공하여 증거의 효과를 변경시키는 행위이다.

(5) 사 용

사용이란 위조 등의 증거를 법원, 수사기관 또는 감독기관에 진정한 증거인 것처럼 제출하는 것을 말한다.

> **│ 증거위조 관련 판례 정리**
>
> **1. 기본 법리 판례**
>
> 〈증거위조죄에서의 위조의 개념〉 타인의 형사사건 또는 징계사건에 관한 증거를 위조한 경우에 성립하는 형법 제155조 제1항의 증거위조죄에서 '위조'란 문서에 관한 죄에 있어서의 위조 개념과는 달리 새로운 증거의 창조를 의미하는 것이므로 존재하지 아니한 증거를 이전부터 존재하고 있는 것처럼 작출하는 행위도 증거위조에 해당하며, 증거가 문서의 형식을 갖는 경우 증거위조죄에 있어서의 증거에 해당하는지 여부가 그 작성권한의 유무나 내용의 진실성에 좌우되는 것은 아니다(대판 2007.6.28. 2002도3600). (15 변시)
>
> 〈입금 후 다른 계좌로 돌려받은 사안에서의 입금영수증 사건〉 [사실관계] 乙은 지방자치단체에서 발주하는 공사를 丙사가 수주할 수 있도록 알선해주는 대가로 3억 5600만 원을 받은 혐의로 기소돼 1심에서 징역 2년 및 추징금 3억 5600만 원을 선고 받았다. 변호사 甲은 의뢰인 乙로부터 "(항소심 형사재판에서) 감형을 받기 위한 방안을 마련해달라"는 요청을 받고, 항소심단계에서 사건을 수임하였다. 甲은 "丙사에서 받은 돈을 반환한 것으로 하면 감형을 받을 수 있다"며 "반환할 돈이 없으니, 丙사 측에 돈을 입금한 후 다시 돌려받는 방법이 있다"고 조언했다. 乙은 甲의 말대로 丙사에 돈을 입금한 뒤 다른 계좌로 돌려받았고, 이때 만들어진 입금자료(영수증)를 甲에게 전달했다. 결과적으로 乙이 丙사에 돈을 반환한 것은 아니고, 송금 영수증만 남은 것이다. 이후 甲은 항소심 재판부에 "乙이 알선대가로 받은 돈을 반환했으니 감형

받아야 한다"고 주장했고, 항소심은 이를 토대로 乙의 형량을 6개월 감형해 징역 1년 6개월을 선고했다. 甲에게 증거위조죄가 성립하는가? **[판결요지]** [1] 형법 제155조 제1항의 증거위조죄에서 말하는 '증거'란 타인의 형사사건 또는 징계사건에 관하여 수사기관이나 법원 또는 징계기관이 국가의 형벌권 또는 징계권의 유무를 확인하는 데 관계있다고 인정되는 일체의 자료를 뜻한다. 따라서 범죄 또는 징계사유의 성립 여부에 관한 것뿐만 아니라 형 또는 징계의 경중에 관계있는 정상을 인정하는 데 도움이 될 자료까지도 본조가 규정한 증거에 포함된다. [2] 형법 제155조 제1항은 타인의 형사사건 또는 징계사건에 관한 증거를 인멸, 은닉, 위조 또는 변조하거나 위조 또는 변조한 증거를 사용한 자를 처벌하고 있고, 여기서의 '위조'란 문서에 관한 죄의 위조 개념과는 달리 새로운 증거의 창조를 의미한다. 그러나 사실의 증명을 위해 작성된 문서가 그 사실에 관한 내용이나 작성명의 등에 아무런 허위가 없다면 '증거위조'에 해당한다고 볼 수 없다. 설령 사실증명에 관한 문서가 형사사건 또는 징계사건에서 허위의 주장에 관한 증거로 제출되어 그 주장을 뒷받침하게 되더라도 마찬가지이다(대판 2021.1.28. 2020도2642). 답 증거위조죄는 성립하지 않는다. (21 3차)(23 변시)(22 2차)(24 변시)(24 3차)

2. 증거위조죄를 긍정한 판례

〈처분문서 작성일 소급 사건〉 타인의 형사사건과 관련하여 수사기관이나 법원에 제출하거나 현출되게 할 의도로 법률행위 당시에는 존재하지 아니하였던 처분문서, 즉 그 외형 및 내용상 법률행위가 그 문서 자체에 의하여 이루어진 것과 같은 외관을 가지는 문서를 사후에 그 작성일을 소급하여 작성하는 것은, 가사 그 작성자에게 해당 문서의 작성권한이 있고, 또 그와 같은 법률행위가 당시에 존재하였다거나 그 법률행위의 내용이 위 문서에 기재된 것과 큰 차이가 없다 하여도 증거위조죄의 구성요건을 충족시키는 것이라고 보아야 하고, 비록 그 내용이 진실하다 하여도 국가의 형사사법기능에 대한 위험이 있다는 점은 부인할 수 없다(대판 2007.6.28. 2002도3600). (15 변시)

〈공문 일자 소급 작성 사건〉 기부금 횡령 사건의 수사가 개시되기 전이라도 장차 형사사건이 될 수 있는 상태에서 풍어제 경비 지출 관련 공문을 허위로 작성한 행위는 위 공문 작성일자로 기재된 날에 실제 존재하지 아니한 문서를 그 당시 존재하는 것처럼 작출하는 것으로서 문서의 작성 명의, 내용의 진위 여부에 불구하고 증거위조 행위에 해당한다(대판 2011.2.10. 2010도15986).

3. 허위진술을 위조가 아니라고 보아 증거위조죄를 부정한 판례

〈참고인의 허위진술 사건〉 형법 제155조 제1항에서 타인의 형사사건에 관한 증거를 위조한다 함은 증거 자체를 위조함을 말하는 것이고, 참고인이 수사기관에서 허위의 진술을 하는 것은 이에 포함되지 아니한다(대판 1995.4.7. 94도3412).

〈참고인의 허위의 사실확인서나 진술서 사건〉 참고인이 타인의 형사사건 등에서 직접 진술 또는 증언하는 것을 대신하거나 그 진술 등에 앞서서 허위의 사실확인서나 진술서를 작성하여 수사기관 등에 제출하거나 또는 제3자에게 교부하여 제3자가 이를 제출한 것은 존재하지 않는 문서를 이전부터 존재하고 있는 것처럼 작출하는 등의 방법으로 새로운 증거를 창조한 것이 아닐뿐더러, 참고인이 수사기관에서 허위의 진술을 하는 것과 차이가 없으므로, 증거위조죄를 구성하지 않는다고 할 것이다(대판 2015.10.29. 2015도9010). (14 변시)(15 변시)

〈허위의 진술을 하거나 허위진술을 교사한 사건〉 단순히 타인의 형사피의사건에 관하여 수사기관에서 허위의 진술을 하거나 허위의 진술을 하도록 교사하는 정도의 행위로서는 타인의 형사사건에 관한 증인을 은닉 또는 도피하게 한 것에 해당되지 아니함은 물론 증거의 현출을 방해하여 증거로서의 효과를 멸실 또는 감소시키는 증거인멸 등의 적극적 행위에 나선 것으로 볼 수 없다 할 것이므로 위와 같은 행위가 증거를 위조하고 또는 그 위조를 교사한 죄를 구성한다고 볼 수 없다(대판 1977.9.13. 77도997).

〈선서무능력자 사건〉 형법 제155조 제1항에서 타인의 형사사건에 관하여 증거를 위조한다 함은 증거 자체를 위조함을 말하는 것으로서, 선서무능력자로서 범죄현장을 목격하지도 못한 사람으로 하여금 형사법정에서 범죄현장을 목격한 양 허위의 증언을 하는 것은 위 조항이 규정하는 증거위조죄를 구성하지 아니한다(대판 1998.2.10. 97도2961). **[COMMENT]** 선서무능력자는 위증죄의 주체가 될 수 없으므로 증거위조죄로 공소제기된 사건이지만, 증거위조죄의 성립도 인정하지 않고 있는 판례이다. (13 법행)

4. 허위진술을 녹음한 녹음파일을 만든 행위에 대해 증거위조죄를 긍정한 판례

〈녹음파일 또는 녹취록 사건(딸 강간 사건)〉 [1] 참고인이 타인의 형사사건 등에 관하여 제3자와 대화를 하면서 허위로 진술하고 위와 같은 허위 진술이 담긴 대화 내용을 녹음한 녹음파일 또는 이를 녹취한 녹취록은 참고인의 허위진술 자체 또는 참고인 작성의 허위 사실확인서 등과는 달리 그 진술내용만이 증거자료로 되는 것이 아니고 녹음 당시의 현장음향 및 제3자의 진술 등이 포함되어 있어 그 일체가 증거자료가 된다고 할 것이므로, 이는 증거위조죄에서 말하는 '증거'에 해당한다. 또한 위와 같이 참고인의 허위 진술이 담긴 대화 내용을 녹음한 녹음파일 또는 이를 녹취한 녹취록을 만들어 내는 행위는 무엇보다도 그 녹음의 자연스러움을 뒷받침하는 현장성이 강하여 단순한 허위진술 또는 허위의 사실확인서 등에 비하여 수사기관 등을 그 증거가치를 판단함에 있어 오도할 위험성을 현저히 증대시킨다고 할 것이므로, 이러한 행위는 허위의 증거를 새로이 작출하는 행위로서 증거위조죄에서 말하는 '위조'에도 해당한다고 봄이 상당하다. 따라서 참고인이 타인의 형사사건 등에 관하여 제3자와 대화를 하면서 허위로 진술하고 위와 같은 허위 진술이 담긴 대화 내용을 녹음한 녹음파일 또는 이를 녹취한 녹취록을 만들어 수사기관 등에 제출하는 것은, 참고인이 타인의 형사사건 등에 관하여 수사기관에 허위의 진술을 하거나 이와 다를 바 없는 것으로서 허위의 사실확인서나 진술서를 작성하여 수사기관 등에 제출하는 것과는 달리, 증거위조죄를 구성한다 [2] 피고인 겸 피부착명령청구자(이하 '피고인'이라고 한다)가 친딸인 피해자 공소외 1을 강간하였다는 등의 범죄사실로 재판을 받던 중 누나인 공소외 2로 하여금 위 공소외 1이 공소외 2의 딸인 공소외 3과 대화를 하면서 '아빠가 때려서 그것 때문에 화나서 아빠가 몸에다 손댔다고 거짓말하였다'는 취지로 허위진술하는 것을 공소외 2의 휴대폰에 녹음하게 한 다음 위와 같은 허위진술이 담긴 대화 내용을 녹취한 이 사건 녹취록을 만들어 담당재판부에 증거로 제출하게 하였다는 이 부분 공소사실은 증거위조교사죄에 해당한다(대판 2013.12.26. 2013도8085). (15 변시)(23 변시)

Ⅲ. 관련문제

(1) 공 범

1) **공범자들 사이의 증거인멸** : 일정한 범죄를 범한 공범들이 자신들의 증거를 공동으로 인멸한 경우에는 타인의 사건에 대한 것이 아니므로 증거인멸 등의 죄는 성립하지 않는다.

〈조합회의록 조작 사건〉 노동조합 지부장인 피고인 甲이 업무상횡령 혐의로 조합원들로부터 고발을 당하자 피고인 乙과 공동하여 조합 회계서류를 무단 폐기한 후 폐기에 정당한 근거가 있는 것처럼 피고인 乙로 하여금 조합 회의록을 조작하여 수사기관에 제출하도록 교사한 사안에서, 회의록의 변조·사용은 피고인들이 공범관계에 있는 문서손괴죄 형사사건에 관한 증거를 변조·사용한 것으로 볼 수 있어 피고인 乙에 대한 증거변조죄 및 변조증거사용죄가 성립하지 않으며, 피교사자인 피고인 乙이 증거변조죄 및 변조증거사용죄로 처벌되지 않은 이상 피고인 甲에 대하여 공범인 교사범은 물론 그 간접정범도 성립하지 않는다고 본 원심판단을 수긍한 사례(대판 2011.7.14. 2009도13151). (23 1차)

2) 타인을 교사하여 자기증거인멸한 경우

타인을 교사하여 자기증거인멸한 경우

甲은 횡령죄의 혐의로 구속되어 있다. 甲의 부인인 W가 면회를 오자 甲은 W에게 횡령죄의 증거물인 회사장부의 위치를 알려주며 증거를 인멸하라고 교사하였고, W는 남편을 위하여 장부를 불태워버렸다. 甲의 죄책은? [2022 1차]

1. 논의점

자기의 형사사건에 대한 증거를 인멸하기 위하여 타인을 교사한 경우에 증거인멸죄의 교사범을 인정할 것인가에 대하여 논의가 있다.

2. 견해의 대립

이에 대하여는 ① 교사에는 새로운 범죄 창조라는 특수한 반사회성이 있으며, 타인에게 증거인멸을 교사하는 경우까지 기대가능성이 없다고 할 수 없으므로 범인도 증거인멸죄의 교사범이 성립될 수 있다는 **긍정설**과 ② 정범으로 처벌되지 않는 범인을 교사범으로 처벌하는 것은 부당하며, 범인의 증거인멸교사는 자기비호의 연장이어서 기대가능성이 없으므로 범인은 교사범이 성립될 수 없다는 **부정설**이 대립하고 있다.

3. 판례의 태도

종래 판례는 '자기의 형사 사건에 관한 증거를 인멸하기 위하여 타인을 교사하여 죄를 범하게 한 자에 대하여는 증거인멸교사죄가 성립한다'라고 하여 **긍정설**의 입장이었으나, 최근 판례에서는 방어권의 남용이 있는 경우에만 증거인멸교사죄의 성립을 긍정하고 있다.

4. 검 토

생각건대 범인의 증거인멸죄를 처벌하지 않는 것은 범인에게 적법행위에 대한 기대가능성이 없기 때문이므로 범인은 책임조각적 신분이다. 따라서 책임조각적 신분은 개인적인 사유로 인한 경우이므로 범인이 타인에게 증거인멸을 교사하였더라도 처벌되지 않아야 하며 또한 정범이 될 수 없는 자가 보다 가벼운 교사범이 성립된다는 것도 논리상 모순이므로 부정설이 타당하다.

5. 관련판례

〈자기증거 인멸 교사 사건〉 [사실관계] – [쟁점사실관계] [판결요지] 자기의 형사 사건에 관한 증거를 인멸하기 위하여 타인을 교사하여 죄를 범하게 한 자에 대하여는 증거인멸교사죄가 성립한다(대판 2000.3.24. 99도5275). 🖹 증거인멸죄의 교사범이 성립한다. (15 변시)

〈자기증거 은닉 교사범과 방어권의 남용〉 증거은닉죄는 타인의 형사사건이나 징계사건에 관한 증거를 은닉할 때 성립하고 자신의 형사사건에 관한 증거은닉 행위는 형사소송에 있어서 피고인의 방어권을 인정하는 취지와 상충하여 처벌의 대상이 되지 아니하므로 자신의 형사사건에 관한 증거은닉을 위하여 타인에게 도움을 요청하는 행위 역시 원칙적으로 처벌되지 아니하나, 다만 그것이 방어권의 남용이라고 볼 수 있을 때는 증거은닉교사죄로 처벌할 수 있다. 방어권 남용이라고 볼 수 있는지 여부는, 증거를 은닉하게 하는 것이라고 지목된 행위의 태양과 내용, 범인과 행위자의 관계, 행위 당시의 구체적인 상황, 형사사법작용에 영향을 미칠 수 있는 위험성의 정도 등을 종합하여 판단하여야 한다(대판 2016.7.29. 2016도5596).

(2) 죄수 및 타죄와의 관계

1) **포괄일죄** : 본죄의 각 행위태양 사이에는 포괄일죄로 된다. 따라서 증거를 위조한 후 이를 사용하더라도 본죄의 포괄일죄로 될 뿐이다.

2) **위증죄와의 관계** : 위증죄는 본죄의 특별규정이므로 위증죄가 성립하면 본죄는 성립하지 않는다.

3) **장물죄와의 관계** : 타인이 형사사건에 관한 증거를 은닉하기 위하여 장물을 은닉한 경우에는 본죄와 장물죄의 상상적 경합이 된다.

4) **문서위조죄와의 관계** : 타인의 형사사건에 관한 증거로서 문서를 위조한 경우에는 본죄와 문서위조죄의 상상적 경합이 된다.

(2) 친족간의 특례

친족 또는 동거의 가족이 본인을 위하여 본조의 죄를 범한 때에는 처벌하지 아니한다(제155조 제4항).

5 증인은닉 · 도피죄 [친족간의 특례 적용]

> **제155조 (증거인멸 등과 친족간의 특례)** ② 타인의 형사사건 또는 징계사건에 관한 증인을 은닉 또는 도피하게 한 자도 제1항의 형과 같다.
> ④ 친족 또는 동거의 가족이 본인을 위하여 본조의 죄를 범한 때에는 처벌하지 아니한다.

(1) 의 의

증인 은닉 · 도피죄는 타인의 형사사건 또는 징계사건에 관한 증인을 은닉 또는 도피하게 함으로써 성립하는 범죄이다.

(2) 객 체

1) **타인의 형사사건 또는 징계사건에 대한 증인** : 증인은 형사소송법상의 증인뿐만 아니라 수사기관에서 조사하는 참고인을 포함한다. 즉, 광의의 증인을 의미한다. 그리고 타인의 형사사건 또는 징계사건에 대한 증인이어야 하므로 자기사건의 증인을 도피시킨 경우에는 본죄가 성립하지 않는다.

2) **공범자와 공통된 증인을 도피시킨 경우** : 공범자의 증거인멸의 경우와 동일한 논의가 있다. 따라서 판례도 공범자와 공통된 증인을 도피하게 한 사안에서 '피고인이 자기의 이익을 위하여 증인이 될 사람을 도피하게 하였다면, 그 행위가 동시에 다른 공범자의 형사사건이나 징계사건에 관한 증인을 도피하게 한 결과가 된다고 하더라도 이를 증인도피죄로 처벌할 수 없다'라고 하여 **절충설**의 입장이다.

[COMMENT] 보다 자세한 내용은 공범자의 증거인멸의 경우 부분 참조

〈공범자와 공통된 증인을 도피시킨 행위에 대해 절충설을 따른 판례〉형법 제155조 제2항의 소정의 증인도피죄는 타인의 형사사건 또는 징계사건에 관한 증인을 은닉·도피하게 한 경우에 성립하는 것으로서, 피고인 자신이 직접 형사처분이나 징계처분을 받게 될 것을 두려워한 나머지 자기의 이익을 위하여 증인이 될 사람을 도피하게 하였다면, 그 행위가 동시에 다른 공범자의 형사사건이나 징계사건에 관한 증인을 도피하게 한 결과가 된다고 하더라도 이를 증인도피죄로 처벌할 수 없다(대판 2003.3.14. 2002도6134). (14 법행)

(3) 행 위

은닉 또는 도피하게 하는 것이다. 은닉은 증인을 숨겨주는 것을 말하며, 도피는 은닉 이외의 방법으로 수사관의 발견·체포를 곤란 내지 불가능하게 하는 일체의 행위를 말한다. 그러나 단순히 타인의 피의사건에 관해 수사기관에서 허위진술을 하거나 이를 교사하는 것은 여기에 포함되지 않는다.

(4) 친족간의 특례

친족 또는 동거의 가족이 본인을 위하여 본조의 죄를 범한 때에는 처벌하지 아니한다(제155조 제4항). 그리고 판례에 의하면 사실혼관계에 있는 자는 친족에 해당하지 않는다.

〈사실혼관계에 있는 범인을 도피시켜도 친족간의 특례는 적용되지 않는다는 판례〉형법 제151조 제2항 및 형법 제155조 제4항은 친족, 호주 또는 동거의 가족이 본인을 위하여 범인도피죄, 증거인멸죄 등을 범한 때에는 처벌하지 아니한다고 규정하고 있는바, 사실혼관계에 있는 자는 민법 소정의 친족이라 할 수 없어 위 조항에서 말하는 친족에 해당하지 않는다(대판 2003.12.12. 2003도4533). (21 2차)

6 모해증거인멸 · 증인도피죄 [부진정목적범, 친족간의 특례 적용]

> 제155조 (증거인멸 등과 친족간의 특례) ③ 피고인, 피의자 또는 징계혐의자를 모해할 목적으로 전2항의 죄를 범한 자는 10년 이하의 징역에 처한다.
> ④ 친족 또는 동거의 가족이 본인을 위하여 본조의 죄를 범한 때에는 처벌하지 아니한다.

[죄명예규] 모해(제1항, 제2항 각 죄명)

〈피의자의 시기〉[1] 형법 제155조 제1항은 "타인의 형사사건 또는 징계사건에 관한 증거를 인멸, 은닉, 위조 또는 변조하거나 위조 또는 변조한 증거를 사용한 자는 5년 이하의 징역 또는 700만 원 이하의 벌금에 처한다"고 하고, 그 제3항은 "피고인, 피의자 또는 징계혐의자를 모해할 목적으로 제1항의 죄를 범한 자는 10년 이하의 징역에 처한다"고 규정하고 있는바, 그 문언 내용 및 입법 목적과 형벌법규 엄격해석의 원칙 등에 비추어 보면 형법 제155조 제3항에서 말하는 '피의자'라고 하기 위해서는 수사기관에 의하여 범죄의 인지 등으로 수사가 개시되어 있을 것을 필요로 하고, 그 이전의 단계에서는 장차 형사입건될 가능성이 크다고 하더라도 그러한 사정만으로 '피의자'에 해당한다고 볼 수는 없다. [2] 사법경찰관리 집무규칙 제21조에 의하면 사법경찰관이 범죄를 인지하는 경우에는 범죄인지보고서를 작성하는 절차를 거치도록 되어 있으므로 특별한 사정이 없는 한 수사기관이 그와 같은 절차를 거친 때에 범죄 인지가 된 것으로 볼 수 있겠으나, 사법경찰관이 그와 같은 절차를 거치기 전에 범죄의 혐의가 있다고 보아 수사에 착수하는 행위를 한 때에는 이때에 범죄를 인지한 것으로 보아야 하고 그 뒤 범죄인지보고서를 작성한 때에 비로소 범죄를 인지하였다고 볼 것은 아니다(대판 2010.6.24. 2008도12127).

제5절 | 무고의 죄 [자수·자백의 특례 적용]

> 제156조 (무고) 타인으로 하여금 형사처분 또는 징계처분을 받게 할 목적으로 공무소 또는 공무원에 대하여 허위의 사실을 신고한 자는 10년 이하의 징역 또는 1천500만 원이하의 벌금에 처한다.

I. 서 설

무고죄는 타인으로 하여금 형사처분 또는 징계처분을 받게 할 목적으로 공무소 또는 공무원에 대하여 객관적 진실에 반하는 허위사실을 신고함으로써 성립하는 범죄이다. 보호법익은 국가의 사법·징계기능과 피무고자 개인의 법적 안전이다. 보호의 정도는 추상적 위험범이다.

〈승낙무고도 무고죄가 성립한다는 판례〉 무고죄는 국가의 형사사법권 또는 징계권의 적정한 행사를 주된 보호법익으로 하고 다만, 개인의 부당하게 처벌 또는 징계받지 아니할 이익을 부수적으로 보호하는 죄이므로, 설사 무고에 있어서 피무고자의 승낙이 있었다고 하더라도 무고죄의 성립에는 영향을 미치지 못한다 할 것이다(대판 2005.9.30. 2005도2712). (13 변시)(14 변시)

II. 구성요건

1. 주 체

제한이 없다. 이와 관련하여 무고자가 타인의 이름으로 무고하거나 타인을 대리한 경우에는 실제 고소의 의사를 가진 사람이 무고자가 된다.

〈타인명의의 고소장 사건〉 비록 외관상으로는 타인 명의의 고소장을 대리하여 작성하고 제출하는 형식으로 고소가 이루어진 경우라 하더라도 그 명의자는 고소의 의사가 없이 이름만 빌려준 것에 불과하고 명의자를 대리한 자가 실제 고소의 의사를 가지고 고소행위를 주도한 경우라면 그 명의자를 대리한 자를 신고자로 보아 무고죄의 주체로 인정하여야 할 것이다(대판 2007.3.30. 2006도6017).

〈고발 대리 사건〉 위증죄는 국가의 사법기능을 보호법익으로 하는 죄로서 개인적 법익을 보호법익으로 하는 것이 아니므로 위증사실의 신고는 고소의 형식을 취하였더라도 고발이고, 고발은 피해자 본인 및 고소권자를 제외하고는 누구나 할 수 있는 것이어서 고발의 대리는 허용되지 않고 고발의 의사를 결정하고 고발행위를 주재한 자가 고발인이라고 할 것이므로 타인명의의 고소장 제출에 의해 위증사실의 신고가 행하여졌더라도 피고인이 고소장을 작성하여 수사기관에 제출하고 수사기관에 대하여 고발인진술을 하는 등 피고인의 의사로 고발행위를 주도하였다면 그 고발인은 피고인이다(대판 1989.9.26. 88도1533). (15 변시)

2. 행 위

공무소 또는 공무원에 대하여 허위의 사실을 신고하는 것이다.

(1) 공무소 또는 공무원

공무소 또는 공무원이란 신고를 받고 형사처분 또는 징계처분을 내릴 권한이 있는 담당관서 또는 그 소속 상급기관을 말하고, 형사처분 또는 징계처분을 촉구할 수 있는 기관이나 상급자를 포함한다.

〈공무소 또는 공무원의 범위〉 형법 제156조의 '공무소 또는 공무원'이란 징계처분에 있어서는 징계권자 또는 징계권의 발동을 촉구하는 직권을 가진 자와 그 감독기관 또는 그 소속 구성원을 말한다 (대판 2010.11.25. 2010도10202).

〈변호사회에 허위 내용의 진정서를 제출하면 무고죄가 성립한다는 판례〉 [1] 변호사에 대한 징계처분은 형법 제156조에서 정하는 '징계처분'에 포함된다고 봄이 상당하고, 구 변호사법 제97조의2 등 관련 규정에 의하여 그 징계 개시의 신청권이 있는 지방변호사회의 장은 형법 제156조에서 정한 '공무소 또는 공무원'에 포함된다. [2] 피고인이 변호사인 피해자로 하여금 징계처분을 받게 할 목적으로 서울지방변호사회에 위 변호사회 회장을 수취인으로 하는 허위 내용의 진정서를 제출한 사안에서, 무고죄를 인정한 원심판단을 수긍한 사례(대판 2010.11.25. 2010도10202).

〈국세청장에게 진정한 사건〉 국세청장은 조세범칙행위에 대하여 벌금 상당액의 통고처분을 하거나 검찰에 이를 고발할 수 있는 권한이 있으므로, 국세청장에 대하여 탈세혐의사실에 관한 허위의 진정서를 제출하였다면 무고죄가 성립한다(대판 1991.12.13. 91도2127).

〈농업협동조합중앙회나 농업협동조합중앙회장 사건〉 농업협동조합중앙회나 농업협동조합중앙회장은 형법 제156조 무고죄에 있어서의 공무소나 공무원에 해당되지 아니한다(대판 1980.2.12. 79도3109).

(2) 허위의 사실

1) **허위의 사실의 의의** : 허위의 사실이란 객관적 진실에 반하는 사실을 말한다. 따라서 무고자가 허위의 사실이라고 생각하였으나 진실인 경우에는 무고죄는 성립하지 않는다.

〈객관적 사실에 부합한 사건〉 무고죄는 타인으로 하여금 형사처분 등을 받게 할 목적으로 신고한 사실이 객관적 진실에 반하는 허위사실인 경우에 성립되는 범죄로서, 신고자가 그 신고내용을 허위라고 믿었다 하더라도 그것이 객관적으로 진실한 사실에 부합하는 때에는 허위사실의 신고에 해당하지 않아 무고죄는 성립하지 않는 것이며, 한편 위 신고한 사실의 허위여부는 그 범죄의 구성요건과 관련하여 신고사실의 핵심 또는 중요내용이 허위인가에 따라 판단하여 무고죄의 성립 여부를 가려야 한다(대판 1991.10.11. 91도1950).

2) **법률평가 등을 잘못한 경우** : 무고죄는 허위의 사실을 신고하는 것이므로 객관적 사실과 일치하는 경우에는 법률평가를 잘못하거나 죄명을 잘못 적은 경우에도 허위의 사실의 신고라고는 할 수 없다. 또한 신고한 사실이 진실인 이상 형사책임을 부담할 자를 잘못 선택하였다고 하여 무고죄가 성립하지는 않는다.

〈주관적 법률평가를 잘못한 사건〉 객관적 사실관계를 그대로 신고한 이상 그러한 사실관계를 토대로 한 나름대로의 주관적 법률평가를 잘못하고 이를 신고하였다고 하여 그 사실만 가지고 허위의 사실을 신고한 것에 해당한다고 할 수는 없다(대판 2024.5.30. 2021도2656).

〈명의신탁이라고 표현한 사건〉 피고인의 고소가 매매대금 수령 전에 등기를 넘겨받은 매수인이 대금을 지급하지 않은 채 타에 처분한 것을 탓하는 취지라면 피고인이 주관적 법률평가의 잘못으로 명의신탁이라는 표현을 썼어도 매수인의 행위는 형사범죄가 되지 않는 것이므로 이러한 내용의 허위사실의 신고는 무고죄에 해당하지 않는다고 한 사례(대판 1992.10.13. 92도1799).

〈형사책임을 부담할 자를 잘못 택한 사건〉 허위사실을 신고한 것이 아닌 이상 그 신고된 사실에 대한 형사책임을 부담할 자를 잘못 택하였다고 해도 무고죄는 성립하지 아니한다(대판 1982.4.27. 81도2341).

3) 허위사실의 내용 정도 : 허위사실의 내용은 형사처분 또는 징계처분을 받게 될 위험이 있을 정도이어야 한다.

> ### ▌허위사실의 내용 정도
>
> #### 1. 기본 법리
>
> 무고죄에서의 허위의 사실이란 피신고자가 형사처분 또는 징계처분을 받게 될 위험이 있는 사실이어야 한다. 형사처분 또는 징계처분의 원인이 될 수 있는 사실임을 요하므로 ① 처벌규정이 없거나 ② 범죄성립을 조각하는 사유가 있거나 ③ 사면 또는 공소시효가 완성된 사실의 신고는 무고가 아니다. 그러나 객관적으로는 위법조각사유가 있음에도 위법조각사유에 해당되지 않는 것처럼 고소하거나, 공소시효가 완성된 사실을 공소시효가 완성되지 아니한 것처럼 고소한 경우는 무고죄가 성립한다.
>
> #### 2. 기본 법리 판례
>
> **〈공소시효완성 여부의 판단〉** 무고죄는 타인으로 하여금 형사처분 등을 받게 할 목적으로 공무소 등에 허위의 사실을 신고함으로써 성립하는 범죄이므로, 그 신고된 범죄사실이 이미 공소시효가 완성된 것이어서 무고죄가 성립하지 아니하는 경우에 해당하는지 여부는 그 신고시를 기준으로 하여 판단하여야 한다고 할 것이다(대판 2008.3.27. 2007도11153).
>
> **〈신고사실 자체가 범죄를 구성하지 않는 사건〉** 타인에게 형사처분을 받게 할 목적으로 '허위의 사실'을 신고한 행위가 무고죄를 구성하기 위해서는 신고된 사실 자체가 형사처분의 대상이 될 수 있어야 하므로, 가령 허위의 사실을 신고하였다고 하더라도 신고 당시 그 사실 자체가 형사범죄를 구성하지 않으면 무고죄는 성립하지 않는다(대판 2017.5.30. 2015도15398). (15 변시)(23 3차)
>
> **〈판례의 변경과 무고〉** 허위로 신고한 사실이 무고행위 당시 형사처분의 대상이 될 수 있었던 경우에는 국가의 형사사법권의 적정한 행사를 그르치게 할 위험과 부당하게 처벌받지 않을 개인의 법적 안정성이 침해될 위험이 이미 발생하였으므로 무고죄는 기수에 이르고, 이후 그러한 사실이 형사범죄가 되지 않는 것으로 판례가 변경되었다고 하더라도 특별한 사정이 없는 한 이미 성립한 무고죄에는 영향을 미치지 않는다(대판 2017.5.30. 2015도15398). (19 변시)(20 변시)(21 변시)(24 변시)(21 1차)(23 3차)

3. 무고죄를 긍정한 판례

〈문서손괴죄 고소 사건〉 비록 자기명의의 문서라 할지라도 이미 타인(타기관)에 접수되어 있는 문서에 대하여 함부로 이를 무효화시켜 그 용도에 사용하지 못하게 하였다면 일응 형법상의 문서손괴죄를 구성한다 할 것이므로 그러한 내용의 범죄될 사실을 허위로 기재하여 수사기관에 고소한 이상 무고죄의 죄책을 면할 수 없다(대판 1987.4.14. 87도177).

〈위법성조각사유가 있음을 알면서 고소하면 무고죄가 성립한다는 판례〉 위법성조각사유가 있음을 알면서도 '피고소인이 허위사실을 공표하였다.'고 고소함으로써 결국 적극적으로 위법성조각사유가 적용되지 않는 공직선거및선거부정방지법 제250조의 허위사실공표죄로 처벌되어야 한다고 주장한 것과 같이 보아 무고죄의 성립을 인정한 사례(대판 1998.3.24. 97도2956).

〈공소시효 미완성 가장 사건〉 객관적으로 고소사실에 대한 공소시효가 완성되었더라도 고소를 제기하면서 마치 공소시효가 완성되지 아니한 것처럼 고소한 경우에는 국가기관이 직무를 그르칠 염려가 있으므로 무고죄를 구성한다(대판 1995.12.5. 95도1908). (15 변시)(20 변시)

〈고소보충진술시 공소시효 미완성 가장한 사건〉 범행일시를 특정하지 않은 고소장을 제출한 후, 고소보충진술시에 범죄사실의 공소시효가 아직 완성되지 않은 것으로 진술한 피고인이 그 이후 검찰이나 제1심 법정에서 다시 범죄의 공소시효가 완성된 것으로 정정 진술한 사안에서, 이미 고소보충진술시에 무고죄가 성립하였다고 본 사례(대판 2008.3.27. 2007도11153).

〈무고행위 이후 판례가 변경된 사건〉 피고인이 피무고인을 상대로 제기한 고소의 내용이 허위의 사실에 해당하고 피고인도 이러한 사정을 알고 있었으며 무고행위 당시 피고인에 의해 신고된 사실 자체가 형사처분의 원인이 될 수 있었던 경우 이후 그러한 사실이 형사범죄가 되지 않는 것으로 판례가 변경되었다고 하더라도 이미 성립한 무고죄에 영향이 없다고 하여 피고인의 상고를 기각한 사례임(대판 2017.5.30. 2015도15398). (19 변시)

4. 무고죄를 부정한 판례

〈송이 채취권 사건〉 "피고소인이 송이의 채취권을 이중으로 양도하여 손해를 입었으니 엄벌하여 달라"는 내용의 고소사실이 횡령죄나 배임죄 기타 형사범죄를 구성하지 않는 내용의 신고에 불과하여 그 신고 내용이 허위라고 하더라도 무고죄가 성립할 수 없다고 한 사례(대판 2007.4.13. 2006도558). [2018 변시](21 1차)

〈친고죄에서 고소기간이 경과한 사건〉 타인으로 하여금 형사처분을 받게 할 목적으로 공무소에 대하여 허위의 사실을 신고하였다고 하더라도, 그 사실이 친고죄로서 그에 대한 고소기간이 경과하여 공소를 제기할 수 없음이 그 신고내용 자체에 의하여 분명한 때에는 당해 국가기관의 직무를 그르치게 할 위험이 없으므로 이러한 경우에는 무고죄는 성립하지 아니한다(대판 1998.4.14. 98도150). (20 변시)(21 변시)(23 3차)

〈공소시효완성이 명백한 사건〉 타인으로 하여금 형사처분을 받게 할 목적으로 공무소에 대하여 허위사실을 신고하였다고 하더라도, 신고된 범죄사실에 대한 공소시효가 완성되었음이 신고내용 자체에 의하여 분명한 경우에는 형사처분의 대상이 되지 않는 것이므로 무고죄가 성립하지 아니한다(대판 1994.2.8. 93도3445).

4) **허위의 사실의 내용과 적시의 정도** : 허위사실의 내용은 허위인 이상 요증사항이 아니거나 재판의 결과에 영향을 미치는 내용일 필요는 없다. 허위사실의 적시의 정도는 수사관서 또는 감독관서에 대하여 수사권 또는 징계권의 발동을 촉구할 수 있는 정도면 충분하다.

《허위사실의 범위》위증죄는 진술내용이 당해 사건의 요증사항이 아니거나 재판의 결과에 영향을 미친 바 없더라도 선서한 증인이 그 기억에 반하여 허위의 진술을 한 경우에는 성립되어 그 죄책을 면할 수 없으므로, 위증으로 고소, 고발한 사실 중 위증한 당해사건의 요증사항이 아니고 재판결과에 영향을 미친 바 없는 사실만이 허위라고 인정되더라도 무고죄의 성립에는 영향이 없다(대판 1989.9.26. 88도1533).

《허위사실의 적시 정도》무고죄에 있어서 허위사실의 적시는 수사관서 또는 감독관서에 대하여 수사권 또는 징계권의 발동을 촉구하는 정도의 것이라면 충분하고 그 사실이 해당될 죄명 등 법률적 평가까지 명시하여야 하는 것은 아니다(대판 1987.3.24. 87도231).

5) 허위의 사실의 증명 : 신고한 사실이 객관적 사실에 반하는 허위사실이라는 요건은 적극적인 증명이 있어야 한다.

《허위사실의 증명》무고죄는 타인으로 하여금 형사처분이나 징계처분을 받게 할 목적으로 신고한 사실이 객관적 진실에 반하는 허위사실인 경우에 성립되는 범죄이므로 신고한 사실이 객관적 진실에 반하는 허위사실이라는 점에 관하여는 적극적인 증명이 있어야 하며, 신고사실의 진실성을 인정할 수 없다는 점만으로 곧 그 신고사실이 객관적 진실에 반하는 허위사실이라고 단정하여 무고죄의 성립을 인정할 수는 없고, 이는 수표금액의 지급 또는 거래정지처분을 면할 목적으로 금융기관에 거짓 신고를 하는 경우에 성립하는 부정수표 단속법 제4조 위반죄에서도 마찬가지이다(대판 2014.2.13. 2011도15767). (21 변시)

《직장 상사 기습 키스 사건(성폭행 고소에 관하여 피고소인이 증거불충분을 이유로 혐의없음의 불기소 처분되었어도 고소인에게 무고죄가 성립하지 않는다는 판례)》성폭행 등의 피해를 입었다는 신고사실에 관하여 불기소처분 내지 무죄판결이 내려졌다고 하여, 그 자체를 무고를 하였다는 적극적인 근거로 삼아 신고내용을 허위라고 단정하여서는 아니 됨은 물론, 개별적, 구체적인 사건에서 피해자임을 주장하는 자가 처하였던 특별한 사정을 충분히 고려하지 아니한 채 진정한 피해자라면 마땅히 이렇게 하였을 것이라는 기준을 내세워 성폭행 등의 피해를 입었다는 점 및 신고에 이르게 된 경위 등에 관한 변소를 쉽게 배척하여서는 아니 된다(대판 2019.7.11. 2018도2614). (21 1차)(23 3차)

(3) 허위사실 판단과 관련 문제

1) 정황의 과장

│ 정황의 과장

1. 정황의 과장의 취지

고소내용이 사실에 기초하였으나 그 정황을 다소 과장한 정황의 과장은 허위의 사실이라고 할 수 없다. 이러한 정황의 과장을 인정하는 이유는 고소의 본질은 고소인의 피해를 국가가 해결해준다는 점에 있으며, 피해를 입은 사실만 있으면 실체적 진실은 국가가 발견해 준다는 사상이 전제되어 있기 때문이다.

2. 기본 법리 판례

〈무고죄와 정황의 과장〉무고죄는 타인으로 하여금 형사처분이나 징계처분을 받게 할 목적으로 신고한 사실이 객관적인 진실에 반하는 허위사실인 경우에 성립하는 범죄이므로, 신고한 사실이 객관적 진실에 반하는허위 사실이라는 요건은 적극적 증명이 있어야 하고, 신고사실의 진실성을 인정할 수 없다는 소극적 증명만으로 곧 그 신고사실이 객관적 진실에 반하는 허위의 사실이라 단정하여 무고죄의 성립을 인정할 수는 없으며, 신고내용에 일부 객관적 진실에 반하는 내용이 포함되어 있더라도 그것이 범죄의 성부에 영향을 미치는 중요한 부분이 아니고 단지 신고사실의 정황을 과장하는 데 불과하다면 무고죄는 성립하지 않는다(대판 2019.7.11. 2018도2614). (24 3차)

3. 정황의 과장을 인정하여 무고죄의 성립을 부정한 판례

〈폭행 당했음에도 상해를 당했다고 고소한 사건〉구타를 당하여 상해를 입었다는 고소내용은 하나의 폭력행위에 대한 고소사실로서 이를 분리하여 폭행에 대한 고소사실과 상해에 관한 고소사실의 두 가지의 고소내용이라고 할 수 없으므로 피고인이 구타당한 것이 사실인 이상 이를 고소함에 있어서 입지 않은 상해사실을 포함시켰다 하더라도 이는 고소내용의 정황의 과장에 지나지 않으므로 위 상해부분만이 따로 무고죄를 구성한다고 할 수 없다(대판 1973.12.16. 73도2771).

〈밀고 당기는 과정에서 상처 입은 사건〉피고인이 공소외인과 주주총회 회의장에서 상대방을 비난하다가 감정이 격해져서 서로 의자를 밀치면서 달려 나와 상대방의 멱살을 붙잡고 밀고 당기면서 회의장 출구쪽으로 나가던 중 피고인이 넘어지면서 의자에 다리를 부딪쳐서 상처를 입게 된 경우, 서로 멱살을 잡고 밀고 당기는 과정에서 상처를 입게 된 이상 위 공소외인으로부터 폭행당하여 상해를 입었다고 고소하였다 하더라도 허위사실을 신고한 것이라고 볼 수는 없다(대판 1986.7.22. 86도582).

〈불법대체조제 사건〉피고인이 제약회사가 의약품의 동등성이 입증되지 않은 데다 보험가도 없는 의약품을 약국에 판매한 사실에 기초하여 약국에서 불법대체조제 등으로 사용되도록 조장한다는 내용으로 그 사실의 정황을 다소 과장하여 청원한 사안에서, 전체적으로 볼 때 그 청원 내용이 허위라고 볼 수 없다고 한 사례(대판 2009.9.10. 2009도6027).

4. 정황의 과장을 일부 부정하여 무고죄의 성립을 긍정한 판례

〈싸움 말리는 사람을 자신에게 폭행했다고 고소한 사건〉피고소인들이 피고인과 제3자와의 싸움을 말리려고 하다가 피고인이 말을 듣지 아니하여 만류를 포기하고 옆에서 보고만 있었을 뿐 피고소인들이 피고인의 팔을 잡은 사실이 없었고, 또한 피고인이 그 싸움에서 턱 부위에 상해를 입은 사실은 있으나 그 상해 역시 피고인이 제3자로부터 안면부를 얻어맞아 입은 것이 아니라 서로 멱살을 잡고 밀고 당기는 과정에서 입은 상해임을 엿볼 수 있는 경우, 이와 같은 사실관계에서 '피고소인들이 피고인의 양팔을 잡아 가세하고 제3자가 피고인의 안면부를 때려 상해를 입혔다'는 취지의 고소내용은 그 제3자에 대한 관계에서는 신고사실의 정황을 다소 과장한 것에 불과하다고 볼 수도 있겠으나, 피고소인들에 대한 관계에서는 고소내용 전체가 객관적인 진실에 반하는 허위의 사실을 신고한 것으로서 그것이 단지 신고사실의 정황을 과장하는 데 불과하다고 볼 수는 없다고 한 사례(대판 1995.2.24. 94도3068).

2) 신고사실의 일부에 허위의 사실이 포함된 경우

신고사실의 일부에 허위의 사실이 포함된 경우

1. 기본 법리

신고사실의 일부에 허위의 사실이 포함된 경우에는 ① 수개의 혐의사실 중 일부만이 허위인 경우에는 그 부분만 무고죄가 성립하고 ② 하나의 혐의사실 중 일부만이 허위인 경우에는 일부 허위인 사실이 국가의 심판 작용을 그르치거나 부당하게 처벌을 받지 아니할 개인의 법적 안정성을 침해할 우려가 있을 때에는 무고죄가 성립한다.

2. 기본 법리 판례

〈일부가 허위사실일 때의 법리〉 신고사실의 일부에 허위의 사실이 포함되어 있다고 하더라도 그 허위부분이 범죄의 성부에 영향을 미치는 중요한 부분이 아니고, 단지 신고한 사실을 과장한 것에 불과한 경우에는 무고죄에 해당하지 아니하지만, 그 일부 허위인 사실이 국가의 심판 작용을 그르치거나 부당하게 처벌을 받지 아니할 개인의 법적 안정성을 침해할 우려가 있을 정도로 고소사실 전체의 성질을 변경시키는 때에는 무고죄가 성립한다(대판 2009.1.30. 2008도8573). (22 경1)

3. 수개의 혐의 중 일부가 허위인 경우

〈1통의 고발장으로 수개의 혐의사실을 고발한 사건〉 1통의 고소, 고발장에 의하여 수개의 혐의사실을 들어 무고로 고소, 고발한 경우 그 중 일부사실은 진실이나 다른 사실은 허위인 때에는 그 허위사실부분만이 독립하여 무고죄를 구성하는 것이다(대판 1989.9.26. 88도1533).

〈은행에 대한 사기죄의 공동범행과는 별도로 자신에게 사기죄를 범했다고 고소한 사건〉 피고인이 갑, 을과 공모하여 은행으로부터 대출금을 편취한 것과는 별도로 갑이 피고인을 기망하여 위 대출금을 편취하였으니 처벌해 달라는 취지로 고소하여 갑에 대해 사기죄로 공소제기까지 된 사안에서, 위 고소는 갑에 대한 관계에서 독립하여 형사처분 등의 대상이 되는 허위사실의 고소로 볼 여지가 있음에도 피고인이 공범이었다는 이유로 무고죄가 성립하지 않는다고 판단한 원심판결에 법리오해의 위법이 있다고 한 사례(대판 2010.2.25. 2009도1302).

4. 한 개의 혐의 중 과정의 일부를 숨긴 경우

(1) 무고죄를 긍정한 판례

〈경찰관을 불법체포로 고소한 사건〉 [사실관계] A는 경찰관 P와 Q가 B를 현행범인으로 체포하는 것을 몸싸움을 하며 방해하다가 공무집행방해죄의 현행범인으로 체포되었다. 체포된 A는 경찰관 P와 Q가 자신을 불법으로 체포한 사실이 없었음에도 불구하고, 'P와 Q가 B를 상해죄의 현행범인으로 체포하려 할 때 자신은 이를 방해한 사실이 전혀 없으며, B가 사과하고 끝났는데 왜 체포를 하느냐고 항의하였다는 이유로 P와 Q가 자신을 폭행하고 강제로 수갑을 채워 직권을 남용하여 자신을 체포하였다'는 내용의 고소장을 작성·제출하였다. A의 죄책은? [판결요지] 경찰관이 갑을 현행범으로 체포하려는 상황에서 을이 경찰관을 폭행하여 을을 현행범으로 체포하였는데, 을이 경찰관의 현행범 체포업무를 방해한 일이 없다며 경찰관을 불법체포로 고소한 사안에서, 무고죄가 성립한다고 한 사례(대판 2009.1.30. 2008도8573). 🔑 무고죄가 성립한다.

〈'자신을 때려 주면 돈을 주겠다' 사건〉 피고인이 먼저 자신을 때려 주면 돈을 주겠다고 하여 갑, 을이 피고인을 때리고 지갑을 교부받아 그 안에 있던 현금을 가지고 간 것임에도, '갑 등이 피고인을 폭행하여 돈을 빼앗았다'는 취지로 허위사실을 신고한 사안에서, 무고죄가 성립한다고 한 원심판단을 수긍한 사례(대판 2010.4.29. 2010도2745).

〈담보물인 자동차 처분 사건〉 피고인이 갑 주식회사에서 리스한 승용차를 을에게 담보로 제공하고 돈을 차용하면서 약정 기간 내에 갚지 못할 경우 이를 처분하더라도 아무런 이의를 제기하지 않기로 하였는데, 변제기 이후 을 등이 차량을 처분하자 피고인의 허락 없이 마음대로 처분하였다는 취지로 고소한 사안에서, 위 고소 내용은 허위사실 기재로서 그 자체로 독립하여 무고죄가 성립하는데도, 이와 달리 보아 무죄를 인정한 원심판결에 법리오해의 위법이 있다고 한 사례(대판 2012.5.24. 2011도11500).

(2) 무고죄를 부정한 판례

〈자신의 가담사실을 숨기고 공범만을 고소한 사건〉 피고인 자신이 상대방의 범행에 공범으로 가담하였음에도 자신의 가담사실을 숨기고 상대방만을 고소한 경우, 피고인의 고소내용이 상대방의 범행 부분에 관한 한 진실에 부합하므로 이를 허위의 사실로 볼 수 없고, 상대방의 범행에 피고인이 공범으로 가담한 사실을 숨겼다고 하여도 그것이 상대방에 대한 관계에서 독립하여 형사처분 등의 대상이 되지 아니할뿐더러 전체적으로 보아 상대방의 범죄사실의 성립 여부에 직접 영향을 줄 정도에 이르지 아니하는 내용에 관계되는 것이므로 무고죄가 성립하지 않는다(대판 2008.8.21. 2008도3754). (15 변시)

3) 도박자금대여를 숨기고 사기죄로 고소한 경우

도박자금대여를 숨기고 사기죄로 고소한 경우

1. 기본 법리

도박자금대여를 숨기고 차용금 사기로 고소한 경우에는 ① 차용금의 용도를 속이는 바람에 대여하였다고 주장하며 고소한 경우에는 무고죄가 성립하고 ② 단순히 차용인이 변제의사와 능력의 유무에 관하여 기망하였다는 내용으로 고소한 경우에는 무고죄가 성립하지 않는다.

2. 기본 법리 판례

〈차용금 사기 고소와 무고〉 금원을 대여한 고소인이 차용금을 갚지 않은 차용인을 사기죄로 고소하는 데 있어서, 피고소인이 차용금의 용도를 사실대로 이야기하였더라면 금원을 대여하지 않았을 것인데 차용금의 용도를 속이는 바람에 대여하였다고 주장하는 사안이라면, 차용금의 실제 용도는 사기죄의 성립 여부에 영향을 미치는 것으로서 고소사실의 중요한 부분이 되고 따라서 실제 용도에 관하여 고소인이 허위로 신고할 경우에는 그것만으로도 무고죄에서 허위의 사실을 신고한 경우에 해당한다고 할 수 있다. 그러나 단순히 차용인이 변제의사와 능력의 유무에 관하여 기망하였다는 내용으로 고소한 경우에는, 차용금의 용도와 무관하게 다른 자료만으로도 충분히 차용인의 변제의사나 능력의 유무에 관한 기망사실을 인정할 수 있는 경우도 있을 것이므로, 차용금의 실제 용도에 관하여 사실과 달리 신고하였다는 것만으로는 범죄사실의 성립 여부에 영향을 줄 정도의 중요한 부분을 허위로 신고하였다고 할 수 없다. 이와 같은 법리는 고소인이 차용사기로 고소할 때 묵비하거나 사실과 달리 신고한 차용금의 실제 용도가 도박자금이었더라도 달리 볼 것은 아니다(대판 2011.9.8. 2011도3489). (13 법행)

3. 무고죄의 성립을 긍정한 판례

〈고소보충 진술시 금전 대여 경위를 진술한 사건〉 [사실관계] 甲은 도박현장에서 A에게 도박자금으로 120만 원을 빌려주었다가 이를 돌려받지 못하게 되자, 위 금원을 도박자금으로 빌려주었다는 사실을 감추고 단순한 대여금인 것처럼 하여 "A가 120만 원을 빌려 간 후 변제하지 아니하고 있으니 처벌하여 달라"는 취지로 고소하였고, 경찰서에서 고소보충 진술을 하면서 금전의 대여경위에 대하여 A가 사고가 나서 급해서 그러니 120만 원을 빌려주면 다음날 아침에 카드로 현금서비스를 받아 갚아 주겠다고 하여 금전을 빌려준 것이라고 허위로 진술하였다. 甲의 죄책은? **[판결요지]** [1] 그 대여한 금전의 용도에 대하여 허위로 진술한 것은, 수사기관이 피고인의 고소내용을 근거로 피고소인의 범행방법을 특정하여 수사권을 발동하고, 이를 기초로 하여 당해 행위에 있어 사기죄의 기망행위와 편취범의를 조사하여 형사처분을 할 것인지와 어떠한 내용의 형사처분을 할 것인지를 결정하는 데에 직접적인 영향을 줄 정도에 이르는 내용에 관하여 허위의 사실을 고소한 것이므로, 피고인의 신고내용에 포함된 허위의 사실이 독립하여 형사처분 등의 대상이 되지 아니하고, 단지 신고사실의 정황을 과장하는 데 불과하거나 허위의 일부 사실의 존부가 전체적으로 보아 범죄사실의 성립 여부에 직접 영향을 줄 정도에 이르지 아니한다고 할 수는 없는 것이고, 또한 피고인은 고소 당시에 고소사실이 객관적으로 허위인 사정을 알고 있었으므로 무고의 범의도 인정된다. [2] 도박자금으로 대여한 금전의 용도에 대하여 허위로 신고한 것이 무고죄의 허위신고에 해당한다고 한 사례(대판 2004.1.16. 2003도7178). ⬚ 무고죄가 성립한다. (15 변시)

4. 무고죄의 성립을 부정한 판례

〈**도박자금으로 빌려 준 사실을 숨기고 사기죄로 고소한 사건**〉 피고인이 차용인을 사기죄로 고소함에 있어서 도박자금으로 사용하는 것을 알고 있었던 사실을 밝히지 않았다는 등의 사유만으로는 피고인이 허위의 사실을 신고하였다고 할 수 없다고 한 사례(대판 2004.12.9. 2004도2212).

〈**도박자금으로 빌려 준 사실을 숨기고 사기죄로 고소한 사건 2**〉 피고인이 돈을 갚지 않는 차용인들을 사기죄로 고소하면서 대여 장소를 허위기재하여 도박자금으로 빌려 준 사실을 숨기고, 피고소인들에게 대여 장소를 묵비하도록 종용하였다는 사정만으로는 무고죄에서 '허위사실의 신고'로 보기 어려운데도, 이와 달리 본 원심판단에 법리오해의 위법이 있다고 한 사례(대판 2011.1.13. 2010도14028).

〈**내비게이션 구입자금 사건**〉 피고인이 돈을 갚지 않는 갑을 차용금 사기로 고소하면서 대여금의 용도에 관하여 '도박자금'으로 빌려준 사실을 감추고 '내비게이션 구입에 필요한 자금'이라고 허위 기재하고, 대여의 일시 · 장소도 사실과 달리 기재하여 갑을 무고하였다는 내용으로 기소된 사안에서, 피고인의 고소 내용은 갑이 변제의사와 능력도 없이 차용금 명목으로 돈을 편취하였으니 사기죄로 처벌하여 달라는 것이고, 갑이 차용금의 용도를 속이는 바람에 대여하게 되었다는 취지로 주장한 사실은 없으며, 수사기관으로서는 차용금의 용도와 무관하게 다른 자료들을 토대로 갑이 변제의사나 능력 없이 돈을 차용하였는지를 조사할 수 있는 것이므로, 비록 피고인이 도박자금으로 대여한 사실을 숨긴 채 고소장에 대여금의 용도에 관하여 허위로 기재하고 대여 일시 · 장소 등 변제의사나 능력의 유무와 관련성이 크지 아니한 사항에 관하여 사실과 달리 기재한 사정만으로는 사기죄 성립 여부에 영향을 줄 정도의 중요한 부분을 허위 신고하였다고 보기 어려운데도, 피고인에게 유죄를 인정한 원심판단에 무고죄에 관한 법리오해의 위법이 있다고 한 사례(대판 2011.9.8. 2011도3489). **[COMMENT]** 차용금의 용도를 속이는 바람에 대여하게 되었다는 취지로 주장한 사실은 없어 무고죄를 부인한 판례이다.

(4) 신 고

1) 신고의 의의 : 신고란 자진하여 사실을 고지하는 것을 말하며, 자발성이 없는 경우에는 신고가 될 수 없다. 따라서 신고는 **자발성**을 요건으로 하므로 수사기관의 추문에 의한 진술은 신고가 아니지만, **고소보충조서**를 받으면서 자발적으로 진술한 경우에는 진술부분까지 신고한 것으로 보아야 한다.

〈무고죄의 신고〉 무고죄에 있어서의 신고는 자발적인 것이어야 하고 수사기관 등의 추문에 대하여 허위의 진술을 하는 것은 무고죄를 구성하지 않는 것이지만, 참고인의 진술이 수사기관 등의 추문에 의한 것인지 여부는 수사가 개시된 경위, 수사의 혐의사실과 참고인의 진술의 관련성 등을 종합하여 판단하여야 한다(대판 2005.12.22. 2005도3203). (24 3차)

〈검사의 추문에 답한 사건〉 피고인이 수사기관에 한 진정 및 그와 관련된 부분을 수사하기 위한 검사의 추문에 대한 대답으로서 진정내용의 이외의 사실에 관하여 한 진술은 피고인의 자발적 진정내용에 해당되지 아니하므로 무고죄를 구성하지 않는다(대판 1990.8.14. 90도595).

〈고소보충조서 사건〉 무고죄에 있어서의 신고는 자발적인 것이어야 하고 수사기관 등의 추문에 대하여 허위의 진술을 하는 것은 무고죄를 구성하지 않는 것이지만, 당초 고소장에 기재하지 않은 사실을 수사기관에서 고소보충조서를 받을 때 자진하여 진술하였다면 이 진술부분까지 신고한 것으로 보아야 한다(대판 1996.2.9. 95도2652). (22 경1)

〈수표발행인이 은행원의 고발을 이용한 사건〉 수표발행인인 피고인이 은행에 지급제시된 수표가 위조되었다는 내용의 허위의 신고를 하여 그 정을 모르는 은행 직원이 수사기관에 고발을 함에 따라 수사가 개시되고, 피고인이 경찰에 출석하여 수표위조자로 특정인을 지목하는 진술을 한 경우, 이는 피고인이 위조 수표에 대한 부정수표단속법 제7조의 고발의무가 있는 은행원을 도구로 이용하여 수사기관에 고발을 하게하고 이어 수사기관에 대하여 특정인을 위조자로 지목함으로써 자발적으로 수사기관에 대하여 허위의 사실을 신고한 것으로 평가하여야 한다고 한 사례(대판 2005.12.22. 2005도3203).

〈확인서와 합의서 사건〉 피고인이 수사기관에 '갑이 민사사건 재판과정에서 위조된 확인서를 제출하였으니 처벌하여 달라'는 내용으로 허위 사실이 기재된 고소장을 제출하면서 '갑이 위조된 합의서도 제출하였다'는 취지로 기재하였으나, 고소보충 진술 확인서가 위조되었다는 점에 관하여만 진술한 사안에서, 피고인이 제출한 고소장에 '합의서도 도장을 찍은 바가 없으므로 위조 및 행사 여부를 가려주시기 바랍니다'라고 기재한 내용이 허위의 사실이라면 이 부분에 대해서도 '허위 사실을 신고한 것'으로 보아야 함에도, 이 부분 기재 내용이 '허위의 사실'인지 여부 등에 대해 심리하지 아니한 채 이 부분에 대하여 무죄를 선고한 원심판결에 무고죄의 '신고'에 관한 법리오해 등의 위법이 있다고 한 사례(대판 2014.3.13. 2012도2468). (22 2차)

2) 신고의 방법 : 신고의 방법에는 제한이 없지만, 피무고자는 특정되어야 한다.

    (개) 신고의 방법 : 신고의 방법에는 제한이 없으므로 구두·서면을 불문하고, 서면인 경우 고소장·고발장 등 명칭의 여하도 불문한다.

    (나) 피무고자의 특정 : 피무고자는 특정되어야 하지만 객관적으로 피무고자가 누구인가를 알 수 있는 이상 피무고자의 성명을 표시할 필요는 없다.

〈'목포교도소 징벌위원회' 사건〉 [1] 공무원 또는 공무소에 대한 허위 사실의 신고를 무고죄로 처벌하기 위하여는 그 신고에 피무고자의 성명이 표시되어 있지 않더라도 그 신고 내용에 의하여 객관적으로 피무고자를 특정할 수 있으면 족하다. [2] 진정서에 피진정인이 '목포교도소 징벌위원회'로 되어 있지만 그 진정 내용은 징벌위원회 회의록이 허위로 작성되었다는 취지이므로 그 회의록의 작성권한을 가지는 징벌위원회 위원장을 그 피진정인으로 특정할 수 있다고 한 사례(대판 2006.6.9. 2006도417).

(5) 기수시기

본죄는 허위사실의 신고가 **공무소 또는 공무원에게 도달한 때**에 기수가 된다. 그리고 공무소에 도달한 이상 후에 고소장을 되돌려받았다 하여도 본죄의 성립에 영향이 없다.

〈**경찰관에게 제출하였다가 반환 받은 사건**〉 피고인이 최초에 작성한 허위내용의 고소장을 경찰관에게 제출하였을 때 이미 허위사실의 신고가 수사기관에 도달되어 무고죄의 기수에 이른 것이라 할 것이므로 그 후에 그 고소장을 되돌려 받았다 하더라도 이는 무고죄의 성립에 아무런 영향이 없다 (대판 1985.2.8. 84도2215). (15 변시)

3. 주관적 요건

(1) 고 의

1) 고의의 내용 : 본죄는 고의범이므로 공무소 · 공무원에게 허위의 사실을 신고한다는 인식과 의사가 있어야 한다. 그리고 반드시 상대방을 처벌받도록 의도할 필요도 없다.

〈**무고의 고의**〉 무고죄는 타인으로 하여금 형사처분이나 징계처분을 받게 할 목적으로 신고한 사실이 객관적 진실에 반하는 허위사실인 경우에 성립되는 범죄인데 여기에서 허위사실의 신고라 함은 신고사실이 객관적 사실에 반한다는 것을 확정적이거나 미필적으로 인식하고 신고하는 것을 말하는 것이니, 가사 고소사실이 객관적 사실에 반하는 허위의 것이라 할지라도 그 허위성에 대한 인식이 없을 때에는 무고에 대한 고의가 없다(대판 2003.1.24. 2002도5939).

〈**'혐의없는 것으로 인정되면 무고죄로 처벌해달라'고 맞고소한 사건**〉 무고죄의 허위신고에 있어서 다른 사람이 그로 인하여 형사처분 또는 징계처분을 받게 될 것이라는 인식이 있으면 족하므로, 고소당한 범죄가 유죄로 인정되는 경우에, 고소를 당한 사람이 고소인에 대하여 '고소당한 죄의 혐의가 없는 것으로 인정된다면 고소인이 자신을 무고한 것에 해당하므로 고소인을 처벌해 달라'는 내용의 고소장을 제출하였다면 설사 그것이 자신의 결백을 주장하기 위한 것이라고 하더라도 방어권의 행사를 벗어난 것으로서 고소인을 무고한다는 범의를 인정할 수 있다(대판 2007.3.15. 2006도9453). [COMMENT] 사안에서 고소당한 범죄는 미성년자의제강간미수죄이고, 피고소인은 유죄로 해당범죄로 처벌되었다.

〈**시비를 가려 달라는 사건**〉 고소를 한 목적이 상대방을 처벌받도록 하는 데 있지 않고 시비를 가려달라는 데에 있다고 하여 무고죄의 범의가 없다고 할 수 없으며, 그가 신문사의 대표이사로서 위 신문사 수습대책위원회의 요구에 따라 수동적으로 행동한 것이라고 하여도 무고죄의 성립에는 지장이 없다(대판 1995.12.12. 94도3271).

〈**비리를 밝혀 정당한 정산만 구한 사건**〉 피고인이 고소를 한 목적이 피고소인들을 처벌받도록 하는 데에 있지 아니하고 단지 회사 장부상의 비리를 밝혀 정당한 정산을 구하는 데에 있다 하여 무고의 범의가 없다 할 수 없다(대판 1991.5.10. 90도2601).

⟨진실한 객관적인 사실을 근거로 고소한 사건⟩ 진실한 객관적인 사실들에 근거하여 고소인이 피고소인의 주관적인 의사에 관하여 갖게 된 의심을 고소장에 기재하였을 경우에 법률 전문가 아닌 일반인의 입장에서 볼 때 그와 같은 의심을 갖는 것이 충분히 합리적인 근거가 있다고 볼 수 있다면, 비록 그 의심이 나중에 진실하지 않는 것으로 밝혀졌다고 하여 곧바로 고소인에게 무고의 미필적 고의가 있었다고 단정하여서는 안된다(대판 1996.3.26. 95도2998).

2) 허위의 사실의 인식의 정도 : 허위의 사실의 인식의 정도는 미필적 고의로 족하다.

⟨신고자가 진실하다는 확신이 없는 사실을 신고하면 무고죄가 성립한다는 판례⟩ 무고죄에 있어서의 범의는 확정적 고의임을 요하지 아니하고 미필적 고의로써 족하다 할 것이므로 신고자가 진실하다는 확신이 없는 사실을 신고함으로써 무고죄는 성립하고 그 신고사실이 허위라는 것을 확신할 것까지는 없다(대판 1991.12.13. 91도2127). (23 변시)(24 변시)(23 3차)

⟨허위일 가능성을 인식했음에도 자신의 주장만이 옳다고 고소하면 무고죄가 성립할 수 있다는 판례⟩ 무고죄에 있어서 허위사실의 신고라 함은 신고사실이 객관적 사실에 반한다는 것을 확정적이거나 미필적으로 인식하고 신고하는 것을 말하는 것이므로 객관적 사실과 일치하지 않는 것이라도 신고자가 진실이라고 확신하고 신고하였을 때에는 무고죄가 성립하지 않는다고 할 것이나, 여기에서 진실이라고 확신한다 함은 신고자가 알고 있는 객관적인 사실관계에 의하더라도 신고사실이 허위라거나 또는 허위일 가능성이 있다는 인식을 하지 못하는 경우를 말하는 것이지, 신고자가 알고 있는 객관적 사실관계에 의하여 신고사실이 허위라거나 허위일 가능성이 있다는 인식을 하면서도 이를 무시한 채 무조건 자신의 주장이 옳다고 생각하는 경우까지 포함되는 것은 아니다(대판 2000. 7.4. 2000도1908). (22 경1)

⟨'국민신문고' 사건⟩ [사실관계] 피고인이 국민권익위원회 운영의 국민신문고 홈페이지에 약사가 무자격자인 종업원으로 하여금 다수의 환자들에게 의약품을 판매하도록 지시하는 것을 전혀 보거나 듣지 못한 것임에도, 마치 자신이 직접 확인하고 겪은 사실인 것처럼 '약사가 무자격자인 종업원으로 하여금 불특정 다수의 환자들에게 의약품을 판매하도록 지시하거나 실제로 자신에게 의약품을 판매하였다'는 등의 내용으로 민원을 제기하였다면 무고죄에 대한 고의가 인정되는가? [판결요지] [1] 무고죄의 범의는 미필적 고의로도 충분하므로 신고자가 진실하다는 확신 없는 사실을 신고하는 경우에도 그 범의를 인정할 수 있고, 신고자가 허위 내용임을 알면서도 신고한 이상 그 목적이 필요한 조사를 해 달라는 데에 있다는 등의 이유로 무고의 범의가 없다고 할 수 없으며, 알고 있는 객관적 사실관계에 의하여 신고사실이 허위라거나 허위일 가능성이 있다는 인식을 하면서도 그 인식을 무시한 채 무조건 자신의 주장이 옳다고 생각하는 경우까지 범의를 부정할 수 없다. [2] 피고인이 국민권익위원회 운영의 국민신문고 홈페이지에 '약사가 무자격자인 종업원으로 하여금 불특정 다수의 환자들에게 의약품을 판매하도록 지시하거나 실제로 자신에게 의약품을 판매하였다'는 등의 내용으로 제기한 민원의 내용이 객관적 사실관계에 반하는 허위사실임이 확인되고, 그러한 민원 제기에는 미필적으로나마 그 내용이 허위이거나 허위일 가능성을 인식한 무고의 고의가 있었다고 보아, 유죄를 인정한 원심판단을 수긍한 사례(대판 2022.6.30. 2022도3413). 🔖 무고죄의 고의가 인정된다. (23 3차)(24 2차)

(2) **타인으로 하여금 형사처분 또는 징계처분을 받게 할 목적**

　1) **타인의 의의와 구체적인 검토** : 타인이란 특정되고 인식할 수 있는 범인 이외의 자를 말하며 자연인 · 법인을 불문한다.

　　㈎ **자기무고** : 자기무고란 자신을 무고하는 경우이다. 무고죄는 타인을 대상으로 해야 하므로 자기무고는 본죄의 구성요건해당성이 없으며, 최근 판례에 따르면 자기무고의 공동정범도 인정되지 않는다.

〈**자기무고의 공동정범을 부정한 판례**〉[1] 형법 제156조에서 정한 무고죄는 타인으로 하여금 형사처분 또는 징계처분을 받게 할 목적으로 허위의 사실을 신고하는 것을 구성요건으로 하는 범죄이다. 자기 자신으로 하여금 형사처분 또는 징계처분을 받게 할 목적으로 허위의 사실을 신고하는 행위, 즉 자기 자신을 무고하는 행위는 무고죄의 구성요건에 해당하지 않아 무고죄가 성립하지 않는다. 따라서 자기 자신을 무고하기로 제3자와 공모하고 이에 따라 무고행위에 가담하였다고 하더라도 이는 자기 자신에게는 무고죄의 구성요건에 해당하지 않아 범죄가 성립할 수 없는 행위를 실현하고자 한 것에 지나지 않아 무고죄의 공동정범으로 처벌할 수 없다. [2] 피고인이 자기 자신을 무고하기로 제3자와 공모하고 그 공모에 따라 제3자는 피고인을 허위로 고소하고, 피고인은 수사기관의 예상 질문에 대한 대답을 준비한 사안에서, 자기 자신을 무고하는 행위에 피고인이 공모 · 가담하였다 하더라도 이는 자기 자신에게는 무고죄의 구성요건에 해당하지 않는 행위에 가담한 것에 지나지 않으므로 무고죄의 공동정범으로 처벌할 수 없다는 이유로 상고기각한 사안임(대판 2017.4.26. 2013도12592). [COMMENT] 자기무고의 교사범은 성립가능하다는 것이 종래의 판례이지만, 본 판례에서는 자기무고의 공동정범은 성립할 수 없다고 판시하고 있어 의미있는 판례이다. (20 변시)

　　㈏ **자기무고를 교사하거나 방조한 경우**

▌ **자기 무고에 대한 교사 · 방조**

甲은 살인죄를 범한 자이다. 甲의 친구인 乙은 甲의 살인죄를 감추기 위해 甲이 살인을 범행하는 시간에 甲이 乙을 폭행을 한 것처럼 알리바이를 만들기 위해 甲을 고소하겠다고 하였다. 이에 甲은 乙에게 "그렇게 하라"고 하면서 관련되는 내용을 알려주었고, 乙은 甲이 자신을 폭행했다는 내용을 수사기관에 고소하였다. 甲의 죄책은? [2020 1차]

1. 논의점

　자기무고는 범죄가 되지 않는다. 그런데 타인으로 하여금 자신을 무고하도록 교사하거나 방조한 경우에 무고죄의 공범이 성립될 수 있는지에 대하여 논의가 있다.

2. 견해의 대립

　이에 대하여는 ① 자기무고의 교사 · 방조행위는 권리의 남용이고, 자기무고를 교사 · 방조하는 것까지 기대가능성이 없다고 할 수 없으므로 자기무고방조를 긍정하는 **긍정설** ② 정범으로도 처벌되지 않음에도 불구하고 교사범으로 처벌된다는 것은 부당하고, 피고인이 타인을 교사하여 자기를 무고하도록 하는 것은 자기무고와 다를 바 없으므로 자기무고방조를 부정하는 **부정설**이 대립하고 있다.

3. 판례의 태도

판례는 '피무고자의 교사 · 방조 하에 제3자가 피무고자에 대한 허위의 사실을 신고한 경우에는 제3자의 행위는 무고죄의 구성요건에 해당하여 무고죄를 구성하므로, 제3자를 교사 · 방조한 피무고자도 교사 · 방조범으로서의 죄책을 부담한다'라고 하여 **긍정설**의 입장이다.

4. 검토 및 사안의 해결

생각건대 무고죄는 기본적으로 국가적 법익에 관한 죄이므로 제3자를 교사 · 방조한 피무고자도 국가의 사법기능을 위태롭게 한 것이므로 긍정설이 타당하다.

5. 관련판례

〈제3자를 교사 · 방조하여 자신을 무고하게 하면 무고죄의 교사 · 방조범이 성립할 수 있다는 판례〉
[사실관계] ─ [쟁점사실관계] [판결요지] 형법 제156조의 무고죄는 국가의 형사사법권 또는 징계권의 적정한 행사를 주된 보호법익으로 하는 죄이나, 스스로 본인을 무고하는 자기무고는 무고죄의 구성요건에 해당하지 아니하여 무고죄를 구성하지 않는다. 그러나 피무고자의 교사 · 방조 하에 제3자가 피무고자에 대한 허위의 사실을 신고한 경우에는 제3자의 행위는 무고죄의 구성요건에 해당하여 무고죄를 구성하므로, 제3자를 교사 · 방조한 피무고자도 교사 · 방조범으로서의 죄책을 부담한다(대판 2008.10.23. 2008도4852). 🗒 무고죄의 방조범이 성립한다. (15 변시)(17 변시)(20 변시)

(다) **공동무고** : 공동무고란 자기와 타인이 공범관계에 있다고 신고한 경우이다. 이러한 경우에는 타인 부분에 대한 것만 무고죄가 성립한다.

(라) **사자나 허무인 무고** : 타인은 실재인임을 요하므로 사자나 허무인에 대한 무고는 무고죄가 성립하지 않는다.

2) 형사처분과 징계처분을 받게 할 목적

(가) **형사처분** : 형사처분은 형법에 의한 형벌은 물론 이에 대신하는 보안처분이나 보호처분 및 사회봉사명령 또는 수강명령도 포함한다.

(나) **징계처분** : 징계처분이란 공법상의 특별권력관계에 기인하여 질서유지를 위하여 과하여지는 제재를 의미하므로 사립학교의 징계처분은 포함되지 않지만, 판례에 의하면 변호사에 대한 징계처분은 형법 제156조에서 정하는 징계처분에 포함된다.

〈사립학교 교원 징계처분 사건〉 [1] 사립학교 교원에 대한 학교법인 등의 징계처분은 형법 제156조의 '징계처분'에 포함되지 않는다고 해석함이 옳다. [2] 피고인이 사립대학교 교수인 피해자들로 하여금 징계처분을 받게 할 목적으로 국민권익위원회에서 운영하는 범정부 국민포털인 국민신문고에 민원을 제기한 사안에서, 피해자들은 사립학교 교원이므로 피고인의 행위는 무고죄에 해당하지 않는다(대판 2014.7.24. 2014도6377). (21 변시)(23 변시)

〈변호사 징계처분 사건〉 피고인이 변호사인 피해자로 하여금 징계처분을 받게 할 목적으로 서울지방변호사회에 위 변호사회 회장을 수취인으로 하는 허위 내용의 진정서를 제출한 사안에서, 무고죄를 인정한 원심판단을 수긍한 사례(대판 2010.11.25. 2010도10202).

3) 목적의 인식 정도 : 형사처분 또는 징계처분이라는 결과발생에 대한 인식은 미필적 인식으로 족하며 그 결과발생을 희망하는 것까지를 요하는 것은 아니다.

⟨무고죄의 목적의 인식의 정도⟩ 무고죄에 있어서 형사처분 또는 징계처분을 받게 할 목적은 허위신고를 함에 있어서 다른 사람이 그로 인하여 형사 또는 징계처분을 받게 될 것이라는 인식이 있으면 족한 것이고 그 결과발생을 희망하는 것까지를 요하는 것은 아니다(대판 2005.9.30. 2005도2712). (22 변시)

III. 관련문제

(1) 죄 수

본죄의 죄수는 피무고자의 수를 기준으로 결정하므로 ① 1개의 행위로 동일인에 대하여 수개의 허위사실을 신고한 때에는 일죄가 되고 ② 1개의 행위로 수인을 무고한 경우는 수죄의 상상적 경합이 되고 ③ 수개의 행위로 계속하여 동일인을 무고한 경우는 접속범 또는 연속범이 되지 않는 한 수죄의 경합범이 된다.

[COMMENT] 피무고자의 수를 기준으로 하는 것은 무고죄는 국가적 법익에 대한 죄이지만 부차적으로 개인적 법익이 결합되어 있기 때문이다.

⟨1통의 고발장에 의하여 수개의 혐의사실을 들어 고발한 사건⟩ 1통의 고발장에 의하여 수개의 혐의사실을 들어 고발한 경우, 그 중 일부 사실이 진실이라 하더라도 다른 사실이 허위이면 그 허위사실 부분은 독립하여 무고죄를 구성한다(대판 2007.3.29. 2006도8638).

(2) 자백 · 자수에 대한 특례

제157조 (자백, 자수) 제153조는 전조에 준용한다.
제153조 (자백, 자수) 전조의 죄를 범한 자가 그 공술한 사건의 재판 또는 징계처분이 확정되기 전에 자백 또는 자수한 때에는 그 형을 감경 또는 면제한다.

본죄는 자백 · 자수에 대한 특례규정인 제153조를 준용하고 있다(제157조).

⟨무고죄의 자백⟩ 무고죄에 있어서 형의 필요적 감면사유에 해당하는 자백이란 자신의 범죄사실, 즉 타인으로 하여금 형사처분 또는 징계처분을 받게 할 목적으로 공무소 또는 공무원에 대하여 허위의 사실을 신고하였음을 자인하는 것을 말하고, 단순히 그 신고한 내용이 객관적 사실에 반한다고 인정함에 지나지 아니하는 것은 이에 해당하지 아니한다(대판 1995.9.5. 94도755).

⟨형법 제157조의 '자백'과 '재판이 확정되기 전'의 범위⟩ [1] 형법 제157조, 제153조는 무고죄를 범한 자가 그 신고한 사건의 재판 또는 징계처분이 확정되기 전에 자백 또는 자수한 때에는 그 형을 감경 또는 면제한다고 하여 이러한 재판확정 전의 자백을 필요적 감경 또는 면제사유로 정하고 있다. [2] 위와 같은 자백의 절차에 관해서는 아무런 법령상의 제한이 없으므로 그가 신고한 사건을 다루는 기관에 대한 고백이나 그 사건을 다루는 재판부에 증인으로 다시 출석하여 전에 그가 한 신고가 허

위의 사실이었음을 고백하는 것은 물론 무고 사건의 피고인 또는 피의자로서 법원이나 수사기관에서의 신문에 의한 고백 또한 자백의 개념에 포함된다. [3] 형법 제153조에서 정한 '재판이 확정되기 전'에는 피고인의 고소사건 수사 결과 피고인의 무고 혐의가 밝혀져 피고인에 대한 공소가 제기되고 피고소인에 대해서는 불기소결정이 내려져 재판절차가 개시되지 않은 경우도 포함된다 (대판 2018.8.1. 2018도7293; 동지 대판 2021.1.14. 2020도13077). (23 변시)

2026 해커스변호사 Law Man 형법 각론

부록

판례색인

대판 1982.12.28. 82도2210	629	대판 1983.9.27. 83도42	734
대판 1982.12.28. 82도2525	5	대판 1983.10.11. 83도2057	408
대판 1983.1.18. 81도824	170	대판 1983.10.11. 83도425	649
대판 1983.1.18. 82도2341	473	대판 1983.10.25. 82도808	459
대판 1983.2.8. 82도2486	144	대판 1983.10.25. 83도1318	728
대판 1983.2.8. 82도2714	327	대판 1983.10.25. 83도1520	134, 284
대판 1983.2.8. 82도696	199	대판 1983.10.25. 83도2190	118
대판 1983.2.22. 82도2964	653	대판 1983.10.25. 83도2432	211
대판 1983.2.22. 82도3115	209	대판 1983.11.8. 83도1553	386
대판 1983.3.8. 82도1363	179	대판 1983.11.8. 83도1667	13
대판 1983.3.8. 82도2944	211	대판 1983.11.8. 83도1798	159
대판 1983.3.22. 82도2151	597	대판 1983.11.8. 83도2496	380
대판 1983.4.12. 82도2938	507	대판 1983.12.13. 83도2330 전합	379
대판 1983.4.12. 83도297	216	대판 1983.12.27. 82도3063	548
대판 1983.4.26. 82도2095	672	대판 1983.12.27. 83도2442	310, 565
대판 1983.4.26. 82도3079	373	대판 1983.12.27. 83도2472	419
대판 1983.4.26. 83도188	308	대판 1984.1.24. 83도1873	15
대판 1983.4.26. 83도323	72	대판 1984.1.31. 83도2290	698
대판 1983.4.26. 83도524	15	대판 1984.1.31. 83도2941	257
대판 1983.5.10. 82도1987	460	대판 1984.1.31. 83도3027	206
대판 1983.5.10. 82도2279	482	대판 1984.2.11. 83도2650	523
대판 1983.5.10. 83도595	444	대판 1984.2.14. 83도2897	179
대판 1983.5.24. 82도1426	534, 535	대판 1984.2.14. 83도3186, 83감도535	21
대판 1983.5.24. 83도942	22	대판 1984.2.14. 83도3207	360
대판 1983.6.14. 81도2492	512	대판 1984.2.14. 83도3242	211
대판 1983.6.28. 82도1985	575	대판 1984.2.14. 83도37	732
대판 1983.6.28. 82도3129	677	대판 1984.2.28. 82도2064	580
대판 1983.6.28. 83도1036	528	대판 1984.2.28. 82도2851	575
대판 1983.6.28. 83도1044	597	대판 1984.2.28. 83도1533	447
대판 1983.6.28. 83도996	6, 16	대판 1984.2.28. 83도2783	663
대판 1983.7.12. 82도180	410	대판 1984.2.28. 83도3321	251, 257
대판 1983.7.12. 83도1258	99	대판 1984.2.28. 84도38	204
대판 1983.7.12. 83도1394	179	대판 1984.2.28. 84도90	583
대판 1983.7.26. 83도1378	671	대판 1984.3.13. 83도3152	545
대판 1983.8.23. 82도2350	649	대판 1984.3.27. 83도2853	736
대판 1983.8.23. 83도1048	293	대판 1984.4.10. 83도3288	719
대판 1983.8.23. 83도1486	715	대판 1984.4.10. 83도49	138
대판 1983.9.1. 82도75	339, 361	대판 1984.4.10. 84도353	26
대판 1983.9.2. 83도1864	697	대판 1984.4.24. 83도2645	516, 542
대판 1983.9.13. 83도1146	433	대판 1984.4.24. 84도195	599
대판 1983.9.13. 83도1817	4	대판 1984.4.24. 84도324	597

대판 2004.6.17. 2003도7645	563	
대판 2004.6.24. 2002도4151	301	
대판 2004.6.24. 2004도1098	260	
대판 2004.6.24. 2004도520	385	
대판 2004.6.25. 2003도7124	308	
대판 2004.7.9. 2002도631	165	
대판 2004.7.9. 2004도3029	703	
대판 2004.7.9. 2004도810	387	
대판 2004.7.22. 2003도6412	306	
대판 2004.8.20. 2003도4732	160	
대판 2004.8.20. 2004도2767	537	
대판 2004.8.30. 2004도3212	180	
대판 2004.9.24. 2004도4012	562	
대판 2004.10.15. 2004도3584	563	
대판 2004.10.15. 2004도4467	156	
대판 2004.10.15. 2004도4505	228	
대판 2004.10.15. 2004도4705	272	
대판 2004.10.27. 2003도6738	664	
대판 2004.10.28. 2004도1256	147	
대판 2004.10.28. 2004도5183	198, 517, 535	
대판 2004.11.18. 2004도5074 전합	249	
대판 2004.12.9. 2004도2212	759	
대판 2004.12.9. 2004도5904	336, 358, 430	
대판 2004.12.23. 2004도6483	526	
대판 2004.12.24. 2003도4570	370	
대판 2005.1.28. 2004도4663	570, 571	
대판 2005.2.18. 2002도2822	346	
대판 2005.2.18. 2004도8351	139	
대판 2005.2.24. 2002도18 전합	519	
대판 2005.3.10. 2004도341	156	
대판 2005.3.24. 2003도2144	308	
대판 2005.3.25. 2003도4943	519	
대판 2005.4.15. 2002도3453	640	
대판 2005.4.15. 2003도7773	360	
대판 2005.4.15. 2004도1246	324, 325	
대판 2005.4.15. 2004도7053	393	
대판 2005.4.15. 2004도8701	147	
대판 2005.4.29. 2002도7262	272	
대판 2005.4.29. 2003도2137	130	
대판 2005.4.29. 2005도741	293, 297	
대판 2005.5.26. 2005도1039	101	

대판 2005.5.27. 2004도8447	158	
대판 2005.6.9. 2004도6132	568	
대판 2005.6.10. 2005도1373	9	
대판 2005.6.24. 2005도2413	337, 338, 341	
대판 2005.6.24. 2005도2861	208	
대판 2005.7.14. 2005도3357	581	
대판 2005.7.15. 2003도6934	556	
대판 2005.7.22. 2005도3034	702	
대판 2005.8.19. 2004도6859	320	
대판 2005.8.25. 2005도1731	696	
대판 2005.9.9. 2005도3108	42	
대판 2005.9.9. 2005도626	451	
대판 2005.9.9. 2005도7545	167	
대판 2005.9.15. 2003도5382	274	
대판 2005.9.15. 2005도4843	633	
대판 2005.9.29. 2003도4890	391	
대판 2005.9.29. 2005도4738	330	
대판 2005.9.29. 2005도4809	361	
대판 2005.9.30. 2005도2712	751, 765	
대판 2005.9.30. 2005도4688	489	
대판 2005.9.30. 2005도5869	316	
대판 2005.10.7. 2005도5351	178	
대판 2005.10.27. 2005도4528	511	
대판 2005.10.27. 2005도5432	158	
대판 2005.10.28. 2005도3772	559	
대판 2005.10.28. 2005도4915	403, 404	
대판 2005.10.28. 2005도5713	408	
대판 2005.10.28. 2005도5975	341	
대판 2005.10.28. 2005도6088	524	
대판 2005.11.10. 2005도6026	272	
대판 2005.11.10. 2005도6604	450	
대판 2005.12.9. 2004도2880	118	
대판 2005.12.9. 2005도5962	386	
대판 2005.12.9. 2005도7527	17	
대판 2005.12.22. 2005도3203	760	
대판 2005.12.23. 2005도4478	581	
대판 2006.1.12. 2005도7610	341	
대판 2006.1.13. 2005도1264	594	
대판 2006.1.13. 2005도4790	560	
대판 2006.1.13. 2005도4799	688	
대판 2006.1.13. 2005도6267	505	

[헌법재판소 결정례]

MEMO

MEMO

MEMO